GUIDE

PITTORESQUE,

PORTATIF ET COMPLET

DU VOYAGEUR EN FRANCE.

OUVRAGES DU MEME AUTEUR

QUI SE TROUVENT

A LA LIBRAIRIE DE FIRMIN DIDOT.

DESCRIPTION du département de l'Aube; in-18, 1826.

DICTIONNAIRE usuel des Artistes ; guide du Peintre, du Sculpteur, de l'Architecte et de l'Amateur ; in-18, 1830.

HISTOIRE NATIONALE. Description du département de la Seine-Inférieure; in-8°, 1828. Cartes et grav.

id.   Description du département de la Loire-Inférieure; in-8°, 1828. Cartes et grav.

id.   Description du département de l'Aisne; in-8°, 1828. Cartes et grav.

id.   Description du département d'Ille-et-Vilaine; in-8°, 1829. Cartes et grav.

id.   Description du département de l'Aude; in-8°, 1830. Cartes et grav.

id.   Description du département de Seine-et-Oise; in-8°, 1830. Cartes et grav.

GUIDE PITTORESQUE DU VOYAGEUR EN FRANCE; 5 vol. in-8° ornés de 86 cartes et de 700 gravures et portraits, 1836-1838.

GUIDE PITTORESQUE DU VOYAGEUR EN ÉCOSSE; in-8° orné de gravures, 1839.

REVUE DES ROMANS, dictionnaire analytique de plus de 1200 romans français et étrangers; 2 vol. in-8°, 1840.

Paris.—Imprimerie de Firmin Didot Frères, rue Jacob, 56.

GUIDE

PITTORESQUE,

PORTATIF ET COMPLET

DU VOYAGEUR EN FRANCE,

CONTENANT : LES RELAIS DE POSTE,

Dont la distance a été convertie en kilomètres,

ET LA DESCRIPTION

DES VILLES, BOURGS, VILLAGES, CHATEAUX, ET GÉNÉRALEMENT DE TOUS LES LIEUX REMARQUABLES QUI SE TROUVENT, TANT SUR LES GRANDES ROUTES DE POSTE QUE SUR LA DROITE OU SUR LA GAUCHE DE CHAQUE ROUTE,

PAR GIRAULT DE S^T-FARGEAU.

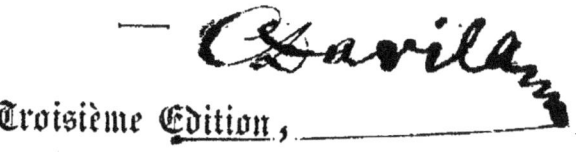

Troisième Édition,

ORNÉE D'UNE BELLE CARTE ROUTIÈRE,
ET DE TRENTE GRAVURES EN TAILLE-DOUCE.

PARIS,

TYPOGRAPHIE DE FIRMIN DIDOT FRÈRES,
IMPRIMEURS DE L'INSTITUT, RUE JACOB, 56.

1842.

GUIDE PITTORESQUE
Portatif et Complet
DU VOYAGEUR EN FRANCE

LIVRE DE POSTE DESCRIPTIF

de tous les lieux remarquables situés tant sur les routes de poste, qu'à droite et à gauche de chaque route.

PARIS,

FIRMIN DIDOT FRÈRES, RUE JACOB, 56.

1844.

AVIS DES ÉDITEURS

SUR LA TROISIÈME ÉDITION

DU

GUIDE PITTORESQUE DU VOYAGEUR EN FRANCE.

Deux éditions successives, tirées à 4,500 exemplaires, et épuisées en moins de trois ans, dispensent les éditeurs de faire l'éloge de ce charmant ouvrage, qui est aujourd'hui entre les mains de tous les touristes, de tous les savants, des antiquaires, des archéologues, et que l'on trouve dans les chaises de poste de tous les voyageurs fashionables, qui ont pris ce livre en affection, pour l'avantage qu'il leur procure de faire avec plaisir, et sans fatigue, un cours complet de géographie pittoresque.

Jamais, en effet, aucun livre portatif n'a rempli aussi complétement le but auquel il est destiné, celui de donner de chaque ville, bourg ou village intéressant, une description exacte et assez étendue pour qu'on puisse instantanément s'en faire une idée juste et en conserver un souvenir durable, et celui de faire connaître non-seulement les lieux remarquables et les sites intéressants qui se rencontrent sur les routes que parcourt le voyageur, mais encore de lui indiquer les localités dignes de remarque qui se trouvent sur la droite ou sur la gauche de chaque route.

Les deux premières éditions ont été publiées sous le pseudonyme de l'auteur du *Guide pittoresque*, en 5 vol. in-8°, dont le véritable nom n'était connu que de quelques-uns de ses amis. Cédant cette fois aux sollicitations des éditeurs, M. Girault de Saint-Fargeau, connu par de savantes recherches sur les villes et sur les communes de la France, a bien voulu les autoriser à le nommer, après toutefois avoir fait vérifier de nouveau sur les lieux, par les nombreux correspondants de MM. Didot, la description de toutes les principales villes dont il est fait mention dans cette troisième édition du *Guide du Voyageur en France*.

Au nombre des additions importantes que renferme cette nouvelle édition, les éditeurs citeront principalement : 1° la conversion en kilomètres de toutes les distances précédemment indiquées en lieues de poste, conversion qui ne se trouve jusqu'à présent dans aucun autre guide du voyageur en France ; 2° l'indication, pour chaque localité importante, des voitures publiques, des chemins de fer ou des bateaux à vapeur ; 3° l'indication des buts d'excursions intéressants situés à proximité de chaque ville; 4° la bibliographie locale, indiquant les titres des ouvrages les plus remarquables publiés sur la topographie, l'histoire ou la géographie de chaque département, de chaque ville, bourg ou village; addition des plus importantes, qui a nécessité d'immenses recherches, et qui comprend les titres de plus de dix-huit cents ouvrages anciens ou modernes.

Comme dans les éditions précédentes, le GUIDE PITTORESQUE, PORTATIF ET COMPLET DU VOYAGEUR EN FRANCE, donne une description exacte et fort étendue des villes, des bourgs, des villages, et généralement de tous les lieux remarquables de la France, ainsi que des sites, des monuments, édifices et autres objets intéressants qu'ils renferment. Cette description, pour l'étendue, l'exactitude et la rédaction de chaque article, se distingue sous tous les rapports de toutes celles publiées jusqu'à ce jour, ainsi qu'il est facile à chacun de s'en assurer, en vérifiant et en comparant les articles descriptifs de ce livre avec les mêmes articles qui se trouvent dans les divers guides publiés précédemment.

L'ordre adopté est celui de la description par route, d'après le livre de poste, mais avec l'addition dont il a déjà été fait mention, de tous les lieux intéressants qui se trouvent sur la droite ou sur la gauche de chaque route; méthode qui force pour ainsi dire le voyageur à ne rien passer de ce qui mérite de fixer l'attention.

En résumé, ce Guide peut être considéré comme un abrégé de la grande description des communes de la France, dont M. Girault de Saint-Fargeau s'occupe depuis plus de vingt ans. Les importantes rectifications et les nombreuses additions qui y ont été introduites, ajoutent un grand intérêt à cette nouvelle édition, et prouvent que les éditeurs n'ont rien négligé pour continuer de mériter la réputation dont jouit leur GUIDE DU VOYAGEUR EN FRANCE, d'être *l'ouvrage portatif le plus agréable, le plus exact, le plus complet et le plus utile qui ait encore été publié jusqu'à ce jour.*

EXPLICATION DES SIGNES ET DES ABRÉVIATIONS.

✉ Bureau de poste aux lettres.
⚘ Relais de poste.
* Indication des lieux remarquables qui se trouvent décrits dans le Guide, et dont on trouve la nomenclature dans la table alphabétique.
A D. de la R. A droite de la route.
A G. de la R. A gauche de la route.
N. B. Chaque route porte un numéro qui se trouve répété en tête de chaque page; pour éviter les répétitions, on a renvoyé à ce numéro toutes les fois qu'il n'a pas été possible de renvoyer au N° de la page.

APERÇU STATISTIQUE DE LA FRANCE.

La France, un des pays de la zone tempérée de l'Europe, est comprise entre 42° 20' et 51° 5' de latitude septentrionale, et entre 7° 9' de longitude occidentale et 5° 56' de longitude orientale.

Étendue. — Sa plus grande longueur, du nord au sud (de Dunkerque à Perpignan), est de 877 kilomètres; sa plus grande largeur, de l'est à l'ouest (de Strasbourg à Brest), est de 802 kilomètres; sa moindre largeur, entre la Rochelle et le Pont-de-Beauvoisin, est de 735 kilomètres. Sa superficie est de 54,452,600 hectares, correspondant à 35,172 lieues de 2000 toises.

Limites. — Ses bornes sont : au nord-ouest, le canal de la Manche; au nord-est, la Belgique, les provinces rhénanes de la Bavière et de la Prusse; à l'est, le grand-duché de Bade, la Suisse et les États sardes, dont elle est séparée par le Rhin, le mont Jura, les Alpes et le cours inférieur du Var; au sud, la Méditerranée; au sud-ouest, les monts Pyrénées et le cours inférieur de la Bidassoa, qui la séparent de l'Espagne; à l'ouest, l'océan Atlantique.

Lignes de partage d'eaux. — Ainsi que les grands États de l'Europe, la France est traversée par la ligne de faîte qui, partant des monts élevés de Chemokonski, situés entre les sources du Volga et de la Dwina, et se prolongeant jusqu'à l'extrémité sud de l'Espagne, divise en deux versants généraux, l'un au nord-ouest et l'autre au sud-est, les territoires de cette partie du monde. Cette grande dorsale européenne entrant en France par 47° 30', s'élève d'abord au nord avec le Jura, et après avoir projeté dans la même direction la courte mais forte branche des Vosges, s'avance ensuite vers l'ouest avec les monts Faucilles, d'où, se retournant brusquement au sud, elle va par le plateau de Langres, la côte d'Or, la longue chaîne des Cévennes, continuer à l'ouest, en s'y réunissant, les Pyrénées centrales et occidentales, et entrer en Espagne aux sources de l'Heure Peleca et de l'Agra.

On compte six grands bassins où coulent les six principaux fleuves qui arrosent la France : le Rhin, la Meuse, la Seine, la Loire, la Garonne et le Rhône; et plusieurs petits bassins desquels surgissent les fleuves de l'Escaut, de l'Aa, de la Canche, de l'Authie, de la Somme, de la Touques, de l'Orne, de la Vire, de la Selune, de la Rance, de l'Aulne, du Blavet, de la Vilaine, du Lay, de la Sèvre Niortaise, de la Charente, du Leyre, de l'Adour, du Tet, de l'Agly, de l'Aude, de l'Orb, de l'Hérault et du Var. Des six grands fleuves, trois, la Seine, la Loire et la Garonne, coulent, sur la plus grande longueur de leur cours, de l'est à l'ouest : un seul, le Rhône, coule du nord au midi; le Rhin et la Meuse coulent du midi au nord.

Outre les fleuves ou rivières de premier ordre désignés ci-dessus, les diverses parties du territoire de la France sont arrosées par quatre-vingt-quatorze rivières de second ordre, navigables dans une partie de leur cours, représentant une étendue de près de 10,000 kilomètres, et par plus de cinq mille cours d'eau de troisième ordre, rivières non navigables ou ruisseaux. Le nombre des canaux de navigation actuellement terminés ou en cours d'exécution est de cent un, et leur étendue est de 3,664 kilomètres. Les plus remarquables sont : le canal du Midi, qui s'étend de Cette à Toulouse et établit la communication de la Méditerranée avec l'Atlantique; le canal du Rhône au Rhin, qui joint ces deux fleuves; le canal de Bourgogne, qui joint la Saône à l'Yonne; le canal du Centre, qui fait communiquer la Saône à la Loire; le canal de Briare ou du Loing, qui joint la Loire à la Seine; le canal de Saint-Quentin, qui réunit l'Oise, la Somme et l'Escaut. — La somme des rivières et des canaux flottables est d'environ 2,900 lieues.

Routes. — La France est sillonnée par un grand nombre de belles routes

APERÇU STATISTIQUE

solidement construites, assez bien nivelées et bien dirigées, mais qui pourraient être beaucoup mieux entretenues, et par une multitude de chemins vicinaux, pour la plupart dans un état d'entretien vraiment déplorable. Ces routes sont divisées en trois ordres : les routes royales, entretenues aux frais de l'État ; les routes départementales, entretenues par les ressources des départements ; et les routes vicinales, dont l'entretien est à la charge des communes ; elles ont toutes un point de départ commun, l'église Notre-Dame de Paris, et sont mesurées de mille en mille toises par une borne qui indique le nombre de milles parcourus. On les divise en trois classes : celles de la première classe ont de 13 à 20 mètres de largeur ; celles de la seconde, 12; celles de la troisième, moins encore. Un huitième des routes royales est pavé et généralement bordé de fossés et d'arbres de haute futaie ; un autre huitième n'est ouvert qu'en terrain naturel ; le reste est en chaussées d'empierrement. En beaucoup d'endroits, les routes traversent les cours d'eau sur des ponts remarquables : tels sont ceux de Bordeaux sur la Garonne ; ceux d'Orléans, de Saumur, de Tours et de Nantes sur la Loire ; les ponts suspendus jetés sur le Rhône ; les beaux ponts de la capitale ; ceux jetés sur le Rhône et la Saône, à Lyon, etc., etc., etc. Il existe dans les 37,187 communes de la France environ 2,239,736 kil. (574,586 lieues de poste) de chemins publics, avec voie de charrette, pour la plupart impraticables, non compris les routes royales et départementales. Pour mettre en état la partie de ces chemins qui conduisent aux chefs-lieux des communes les plus voisines, et dont l'étendue est d'environ 748,836 kil. (192,108 lieues), la dépense est évaluée à 1,974,880,959 fr.

La France est divisée en 86 départements, qui prennent leurs noms des fleuves ou rivières qui les arrosent ou qui les baignent, des montagnes qu'on y trouve, de leur situation, ou de quelque autre localité. L'étendue et les limites de tous les départements sont parfaitement connues et circonscrites, et, dans la plupart d'entre eux, le cadastre est achevé ou très-avancé.

AIN, Bourg.
AISNE, Laon.
ALLIER, Moulins.
ALPES (BASSES-), Digne.
ALPES (HAUTES-), Gap.
ARDÈCHE, Privas.
ARDENNES, Mézières.
ARIÉGE, Foix.
AUBE, Troyes.
AUDE, Carcassonne.
AVEYRON, Rodez.
BOUCHES-DU-RHÔNE, Marseille.
CALVADOS, Caen.
CANTAL, Aurillac.
CHARENTE, Angoulême.
CHARENTE-INFÉR., la Rochelle.
CHER, Bourges.
CORRÈZE, Tulle.
CORSE, Ajaccio.
CÔTE-D'OR, Dijon.
CÔTES-DU-NORD, Saint-Brieux.
CREUSE, Guéret.
DORDOGNE, Périgueux.
DOUBS, Besançon
DRÔME, Valence.
EURE, Évreux.
EURE-ET-LOIR, Chartres.
FINISTÈRE, Quimper.

GARD, Nîmes.
GARONNE (HAUTE-), Toulouse.
GERS, Auch.
GIRONDE, Bordeaux.
HÉRAULT, Montpellier.
ILLE-ET-VILAINE, Rennes.
INDRE, Châteauroux.
INDRE-ET-LOIRE, Tours.
ISÈRE, Grenoble.
JURA, Lons-le-Saulnier.
LANDES, Mont-de-Marsan.
LOIR-ET-CHER, Blois.
LOIRE, Montbrison.
LOIRE (HAUTE-), le Puy.
LOIRE-INFÉRIEURE, Nantes.
LOIRET, Orléans.
LOT, Cahors.
LOT-ET-GARONNE, Agen.
LOZÈRE, Mende.
MAINE-ET-LOIRE, Angers.
MANCHE, Saint-Lô.
MARNE, Châlons.
MARNE (HAUTE-), Chaumont.
MAYENNE, Laval.
MEURTHE, Nancy.
MEUSE, Bar-le-Duc.
MORBIHAN, Vannes.
MOSELLE, Metz.

DE LA FRANCE. ix

NIÈVRE, Nevers.
NORD, Lille.
OISE, Beauvais.
ORNE, Alençon.
PAS-DE-CALAIS, Arras.
PUY-DE-DÔME, Clermont-Ferrand.
PYRÉNÉES (BASSES-), Pau.
PYRÉNÉES (HAUTES-), Tarbes.
PYRÉNÉES-ORIENTALES, Perpignan
RHIN (BAS-), Strasbourg.
RHIN (HAUT-), Colmar.
RHÔNE, Lyon.
SAÔNE (HAUTE-), Vesoul.
SAÔNE-ET-LOIRE, Mâcon.
SARTHE, le Mans.

SEINE, Paris.
SEINE-ET-MARNE, Melun.
SEINE-ET-OISE, Versailles.
SEINE-INFÉRIEURE, Rouen.
SÈVRES (DEUX-), Niort.
SOMME, Amiens.
TARN, Albi.
TARN-ET-GARONNE, Montauban.
VAR, Draguignan.
VAUCLUSE, Avignon.
VENDÉE, Bourbon-Vendée.
VIENNE, Poitiers.
VIENNE (HAUTE-), Limoges.
VOSGES, Épinal.
YONNE, Auxerre.

Météorologie. — La France, située dans la partie la plus tempérée de l'Europe, ne le cède à aucune autre contrée sous le rapport de la position géographique et du climat. L'air y est généralement pur, et les hivers y sont peu rigoureux : cependant la distance qui existe entre les provinces opposées, la différence de leur élévation au-dessus du niveau de la mer, leur proximité ou leur éloignement des hautes montagnes ou des côtes, la nature de leur sol, la direction des vallées, y modifient beaucoup l'influence générale du climat, et contribuent à établir une différence sensible dans leurs températures, différence qu'il est facile d'apercevoir en observant la végétation. Dans les provinces méridionales, vers la Méditerranée et les Pyrénées, c'est-à-dire, dans la majeure partie de l'étendue des bassins du Rhône et de la Garonne, les étés sont longs et chauds; le ciel y conserve presque constamment la pureté de celui de l'Italie, et l'on n'y connaît pas la rigueur de l'hiver, ou plutôt cette saison n'y est qu'un long automne. Dans le nord, au contraire, c'est-à-dire, sur le bassin du Rhin et sur la majeure partie de celui de la Manche, on trouve des hivers longs et souvent rigoureux; la moitié de l'année au moins y est froide ou humide. Enfin, dans la région intermédiaire, et spécialement dans toute l'étendue du bassin de la Loire, le climat, heureusement partagé entre ce que le nord et le sud peuvent avoir d'extrême, est d'une grande douceur.

Productions végétales. — Le règne végétal offre en France une multitude d'arbres et de plantes de toute espèce, dont la plupart sont une source inépuisable de richesses pour ce beau pays : les plantes céréales et oléagineuses, les fruits et les légumes y sont cultivés avec un tel succès, que non-seulement ils suffisent aux besoins de la population, mais permettent encore souvent qu'on en exporte une quantité immense. D'un autre côté, les vins et les eaux-de-vie, constamment recherchés par les étrangers, sont, pour l'agriculture et le commerce, une source intarissable de prospérité. Indépendamment de ces objets du premier intérêt, les fleurs, les plantes tinctoriales, les herbes médicinales y sont encore répandues avec profusion, et les végétaux des quatre parties du monde, que la nature semblait lui avoir refusés, croissent au milieu des productions indigènes.

Productions animales. — La France est l'un des pays de l'Europe le plus heureusement favorisé pour élever des bestiaux de belle race et de bonne qualité. Par la nature variée de ses pâturages et de son sol, elle est le plus heureusement située pour se livrer avec avantage à leur reproduction, et cependant les produits y sont, en ce genre, constamment au-dessous des besoins.

Productions minérales. — La France est riche en métaux et en minéraux de toute espèce. La nature l'a abondamment pourvue de fer, de cuivre, de plomb, d'antimoine, de manganèse, de houille, de porphyre, de granites, de marbres variés, d'ardoises, etc. La France abonde en eaux minérales de

a.

toute espèce; on y compte 78 établissements principaux, près desquels sont placés des médecins sous le nom d'inspecteurs, et plus de 800 sources plus ou moins efficaces. Des établissements thermaux, dont quelques-uns sont des plus splendides, offrent toutes les commodités désirables aux nombreux baigneurs qui s'y rendent chaque année : les plus complets et les plus fréquentés sont ceux de Bagnères de Bigorre, de Bagnères de Luchon, Cauteretz, Bourbonne, Bourbon-Lancy, le Mont-Dore, Vichy, Rennes, Ax, Bains, etc. — Les soixante-dix-huit principaux établissements sont fréquentés annuellement par 50,000 individus, dont 25,000 étrangers au pays, 10,000 habitant les pays voisins, et 15,000 individus habitant les pays où se trouvent les sources ou les arrondissements voisins.

Instruction publique. — L'instruction publique se divise en trois degrés : instruction primaire, instruction secondaire, instruction supérieure. — L'instruction primaire est donnée en France dans la plupart des villes et des villages par un simple maître d'école, ou par les directeurs d'écoles mutuelles, les frères de la doctrine chrétienne et les sœurs de charité. — L'instruction secondaire est donnée dans cinq sortes d'établissements : dans les colléges royaux, dans les colléges communaux, dans quelques colléges particuliers, dans les institutions et dans les pensions. — L'enseignement supérieur appartient aux écoles dites Facultés. Il comprend l'étude de la théologie, du droit, de la médecine, des sciences et des lettres. Il y a en France 26 académies fixées à Aix, Amiens, Angers, Besançon, Bordeaux, Bourges, Caen, Cahors, Clermont, Dijon, Douai, Grenoble, Limoges, Lyon, Metz, Montpellier, Nancy, Nimes, Orléans, Paris, Pau, Poitiers, Rennes, Rouen, Strasbourg et Toulouse.

Cultes. — Tous les cultes sont permis en France; mais la masse de la population professe la religion catholique, apostolique et romaine; le gouvernement n'accorde des traitements qu'aux ministres des cultes chrétiens. Le concordat de 1801 avait fixé le nombre des archevêchés, évêchés, paroisses et succursales; un nouveau concordat, conclu en 1817, a augmenté le nombre des évêchés et des archevêchés. Il y a maintenant 14 archevêchés, ayant 67 évêchés pour suffragants.

Justice. — Il y a sept espèces de juridictions civiles, savoir : les justices de paix, les tribunaux de première instance ou d'arrondissement, les conseils de prud'hommes, les tribunaux de commerce, les tribunaux administratifs, les cours royales et la cour de cassation. En matière criminelle, il y a les tribunaux de simple police, les tribunaux correctionnels, les cours d'assises, les conseils de guerre, les tribunaux maritimes, la cour de cassation, et la cour des pairs, qui connaît des crimes de haute trahison.

État militaire. — La France est organisée en 21 divisions militaires dont chacune embrasse dans sa circonscription un certain nombre de départements. On compte 183 places de guerre, citadelles, forts, châteaux et postes militaires, divisés en quatre classes : la première et la deuxième classe en comprennent 110; la troisième, 21, et la quatrième, 52. L'effectif des troupes de toutes armes est d'environ 300,000 hommes. Celui des chevaux, de 52,000.

L'effectif des gardes nationaux inscrits sur les contrôles est de 1,300,000.

Industrie et Commerce. — L'industrie française embrasse tous les genres de travaux opérés par la main des hommes et soumis aux combinaisons de leur intelligence et de leurs besoins. Mieux partagée que l'Angleterre, qui ne fonde en grande partie son commerce étranger que sur l'exportation de produits industriels, dont les autres nations, par leur propre travail, peuvent un jour apprendre à se passer, la France possède, dans son sol aussi étendu que varié, une mine inépuisable de produits naturels, et ces produits, par les qualités qui leur sont propres, lui assurent sans rivalité l'entrée et la conservation des marchés du monde entier. Chaque année elle vend au dehors pour plus de 760 millions de produits de son sol et d'objets manufacturés excédant ses besoins, et achète en retour pour plus de 690 millions de matières pre-

STATUE D'HENRI IV
sur le Pont-Neuf.

mières ou déjà travaillées, dont elle a besoin pour son agriculture et ses fabriques; c'est là son commerce général, dont le mouvement est de plus de 1,450 millions. Son commerce spécial, celui qui ne se rapporte qu'à sa seule consommation, ainsi qu'à l'excédant de ses produits qu'elle vend au dehors, est d'environ un milliard 50 millions, dont 490 millions pour les importations, et 560 millions pour les exportations.

La marine marchande française compte 15,025 navires, jaugeant ensemble 647,107 tonneaux, et occupant environ 60,000 marins.

VILLE DE PARIS.

Paris, capitale de la France et la seconde ville de l'Europe pour la population, est la première ville du monde pour le nombre, la beauté et la variété de ses monuments publics. Cette ville a 8,400 mètres de longueur de l'arc de triomphe de l'Étoile à la barrière de Picpus, et 6,000 dans sa plus grande largeur, de la barrière de la Villette à la barrière d'Enfer. Un mur d'enceinte l'environne entièrement; au dehors de ce mur règnent des promenades plantées d'arbres, dites boulevards extérieurs; en dedans sont d'autres promenades, dites boulevards intérieurs. La Seine divise Paris en deux parties : l'une septentrionale, qui est la plus considérable, et l'autre méridionale. Vingt-deux ponts traversent cette rivière, et établissent des communications entre les quais magnifiques qui bordent ses rives. Les rues ont un développement de 90 lieues : si l'on y pénètre du côté de l'ouest et du nord-ouest, elles frappent par leur largeur, leur régularité, l'élégance ou la magnificence de leurs constructions : dans les autres parties elles sont en général assez larges et assez mal percées ; un grand nombre même sont étroites, tortueuses, bordées de maisons fort élevées, et dans quelques quartiers malpropres et fort malsaines. Les passages, que l'on a beaucoup multipliés depuis quelques années, sont les plus magnifiques que l'on connaisse : les plus beaux sont les galeries Vivienne, Colbert, Véro-Dodat, Choiseul, du Caire, du Saumon, etc., etc. — Paris ne compte qu'un petit nombre de belles places, et il en a peu d'étendues ; la plus vaste est la place du Carrousel; les plus belles sont la place Vendôme, vaste quadrilatère à angles coupés, au milieu duquel s'élève une colonne revêtue de bronze, et surmontée par la statue pédestre de Napoléon ; la place de la Concorde, décorée de deux magnifiques édifices présentant une riche colonnade corinthienne, et ornée au centre par un bel obélisque égyptien ; la place de la Bourse; la place des Victoires, ornée d'une statue équestre de Louis XIV, etc. La plupart des autres places sont ornées de belles fontaines, parmi lesquelles on remarque celles des Innocents, du Châtelet, etc.

Paris est sans contredit la première ville de l'Europe pour la magnificence des palais. Il suffit de citer les Tuileries, résidence du souverain ; le palais du Louvre, renfermant le plus riche musée que l'on connaisse; le palais du Luxembourg, où siège la chambre des pairs ; le Palais-Royal, belle habitation princière, dont les galeries renferment le plus splendide bazar du monde ; le palais de la chambre des députés ; le palais de justice où siégent les divers tribunaux ; le palais de la Bourse, l'un des plus beaux édifices modernes de Paris ; le palais de l'Élysée-Bourbon, la plus belle et la plus confortable maison de plaisance que renferme l'enceinte de la capitale ; le palais de l'Institut ; le palais des Beaux-Arts ; le palais du quai d'Orsay, etc. — On compte à Paris 56 églises, temples ou chapelles, dont plusieurs sont des chefs-d'œuvre d'architecture ; ceux qui méritent une attention particulière sont : l'église métropolitaine de Notre-Dame, qui se fait remarquer par son élévation, par la beauté et l'étendue de son vaisseau, et par le caractère imposant de son architecture; l'église Saint-Sulpice, que décore un superbe portique, chef-d'œuvre de Servandoni; l'église de Saint-Germain des Prés, la plus ancienne de Paris; l'église Saint-Roch; l'église Saint-Eustache; l'église Saint-Étienne du Mont; la nouvelle église Notre-Dame de Lorette, la plus fastueusement décorée de toutes les églises de Paris; la magnifique église de la Madeleine, dont les travaux sont sur le point d'être achevés; et enfin le Panthéon, admirable temple destiné à recevoir les cendres des grands hommes. — Parmi les établissements militaires on remarque principalement l'hôtel des Invalides, l'École militaire et l'Arsenal; et parmi les établissements de bienfaisance, l'Hôtel-Dieu, l'hospice de la Salpêtrière et celui des Quinze-Vingts. — Au nombre des autres édifices publics dignes de remarque, on ne doit pas omettre l'hôtel de ville, qui vient de recevoir de notables embellissements; l'hôtel des monnaies; le muséum d'histoire naturelle; l'observatoire; la halle aux grains; les écoles de droit et de médecine; le théâtre français, l'opéra, le théâtre italien, l'Odéon, etc., etc. Plusieurs barrières par lesquelles on arrive dans la capitale sont remarquables par leur architecture; on distingue principalement les barrières de Passy, de Neuilly, de Courcelles, de la Villette, de la Chopinette, du Trône, de Reuilly, etc., etc. — Paris possède quatre arcs de triomphe : l'arc de triomphe du Carrousel, la porte Saint-Denis, la porte Saint-Martin et le magnifique arc de triomphe de l'Étoile. Nulle cité ne peut rivaliser avec cette capitale pour l'importance et le nombre de ses bibliothèques publiques et de ses autres établissements d'instruction littéraire et scientifique. Enfin, aucune ville n'offre d'aussi vastes et d'aussi agréables promenades que celles des Tuileries, du Luxembourg, du Jardin des plantes, des Champs-Élysées, et surtout que ses magnifiques boulevards. — Paris est le chef-lieu du département de la Seine, le séjour du roi des Français, le siège des chambres législatives, des divers ministères, des grandes administrations et des directions générales de l'État. Chef-lieu de la 1re division militaire. — Hôtel des monnaies (lettre A). Poste aux chevaux. Grande et petite poste. Population, 899,313 habitants.

Paris est à 507 kil. (130 l.) d'Amsterdam; 472 kil. (121 l.) de Bâle; 1,091 kil. (280 l. 1/2) de Berlin; 293 kil. (75 l.) de Bruxelles; 507 kil. (130 l.) de Chambéry; 1,518 kil. (389 l. 1/2) de Constantinople; 1,263 kil. (324 l.) de Copenhague; 480 kil. (123 l.) de Genève; 1,364 kil. (350 l.) de Lisbonne; 392 kil. (98 l.) de Londres; 1,092 kil. (280 l.) de Madrid; 947 kil. (243 l.) de Milan; 2,339 kil. (600 l.) de Moscou; 1,104 kil. (283 l.) de Naples; 985 kil. (252 l. 1/4) de Rome; 1,481 kil. (380 l.) de Stockholm; 1,949 kil. (500 l.) de St-Pétersbourg; 764 kil. (196 l.) de Turin; 1,682 kil. (431 l. 1/2) de Varsovie; 858 kil. (220 l.) de Venise; 858 kil. (220 l.) de Vienne; 549 kil. (140 l.) de Zurich.

PALAIS DES THERMES.

Curiosités naturelles et sites pittoresques

DES DÉPARTEMENTS.

AIN.

Cascade de Marcellin, près de Cerdon, page 219.
Cascade de la Fouque à 5 kil. de Cerdon, page 219.
Le site et le lac de Nantua, page 219.
Les ruines d'Izernore, page 219.
Les cascades de la Valserine, près de Bellegarde, page 220.
La cascade de Corveyssiat, page 429.

ALPES (BASSES-).

La grotte de St-Vincent, près Mélan, page 336.
La grotte de St-Benoit, près d'Annot, page 337.
Le roc de Castellane, page 337.
Le site de Moustiers, page 337.

ALPES (HAUTES-).

La grotte de la Baume-Noire, près de la Faurie, page 335.
Le site et le chemin de la Bréolle, p. 371.
Les chutes du torrent de la Grave, près de Châteauroux, p. 372.
Le site de l'Arche et les lacs de la Madeleine, page 372.
La cascade de la Biaisse, près de Dormilhouze, page 372.
Le site et le fort de Queyraz, près de Ville-Vieille, page 372.
Le glacier d'Allefroide, près de Vallelouise, page 373.
La belle chute de la Romanche, près de la Grave en Oysans, et le col du Lautaret, page 373.
Le col du mont Genèvre, page 373.
La grotte de la Baume des Arnauds, près de laquelle est une magnifique cascade, page 374.

ARDÈCHE.

La coupe d'Aisac, près d'Antraigues, page 484.
Le site d'Antraigues, p. 484.
Le site de Rochemaure, p. 484.

Les cascades de la Volane, près de Vals, page 485.
Les chaussées basaltiques du pont Brédore, près de Vals, p. 485.
La grotte volcanique de la Baume, page 486.
La grotte de l'Argentière, p. 486.
Le site de Ruoms, p. 487.
La grotte de Tournes, près de Saint-Andéol, page 488.
La cascade de Ray-Pic, près de Vallon, page 488.
Le pont d'Arc, près de Vallon, page 488.
La grotte de Vallon, page 488.

ARIÉGE.

La grotte de Varilhes et l'église de Vals, taillée dans le roc, page 363.
Les grottes des environs de Tarascon, page 363.
La belle grotte de Bédaillac, p. 363.
Le site des Forges et la cascade d'Orlu, page 366.
La source et le site de Belesta, et la fontaine intermittente de Fontestorbe, page 603.

AUDE.

Les cavernes de Bèze, page 99.
Les grottes et carrières de marbre de Caunes, page 601.

AVEYRON.

La grotte de la Poujades, près de Nant, page 203.
Le site d'Estaing sur le Lot, p. 318.
La grotte de Salle-Pinson, près de Clairvaux, page 318.
La cascade de Salle la Source, page 318.
La montagne brûlante de Fontaynes, près de Cransac, page 319.

BOUCHES-DU-RHONE.

L'ermitage de Puyloubier, page 32.

Site de Tholonet, page 32.
Le précipice de Garagual et le camp retranché près de Vauvenargues, page 33.
La plaine de la Crau, page 73.
L'île de la Camargue, page 73.
La grotte du trou des Fées, près de Fontvieille, page 78.
La grotte du Puy de Minet, près de Minet, page 664.

CANTAL.

La cascade d'Auzi, près de Salins, page 50.
La grotte des Fées, près de Mauriac, page 50.
La cascade de Sivière, près de Mauriac, page 50.
Les coquilles fossiles de Veaurs, les grottes de la Roquevieille, et le souterrain de Tidernat, près d'Aurillac, page 52.
Le pas des Compains, près de Vic-sur-Cère, un des plus beaux sites de l'Auvergne, page 312.
Le pas de la Cère, page 312.
Les cascades de Vaurs, page 312.
Le site et la cascade de Laprade, page 312.
Les grottes de Chabanuse, page 312.
La vallée de Raulhac, près de Carla, page 313.
La cascade de Saillant, près de St-Flour, page 315.
Les maisons souterraines creusées dans le basalte près de Bredon, p. 315.
La cascade de St-Flour à Chaudesaigues, notamment le saut du Loup, page 315.

CHARENTE.

Le sanctuaire souterrain de St-Germain, près de Confolens, page 29.
La source de la Tourve, près de Beaulieu, page 183.

CHARENTE-INFÉRIEURE.

Le site de Pellouailles, près St-Jean d'Angely, page 583.
L'aqueduc de Douhet, page 583.
La belle source de St-Vénérand, p. 583.

CHER.

Un châtaignier âgé de plus de neuf siècles, près de Sancerre, p. 480.

CORREZE.

La cascade 'de Coraino', près de Tulle, page 49.
La cascade de Gimel, page 49.
La montagne basaltique de Bort, p. 544.
La cascade de la Vézère, près de Treignac, page 676.

COTE-D'OR.

Les pierres herborisées de Vitteaux, page 68.
Les grottes de Val-Suzon, page 150.
La source de la Cusanne, près de Nolay, page 533.

DORDOGNE.

La grotte de Teyjat, près de Nontron, page 422.
La grotte et la cascade de Sourzac, page 423.
La fontaine de Ladoux, près de la Cassagne, page 455.
La célèbre grotte de Miremont, près du Bugue, page 596.

DOUBS.

Le site et la cascade du Bout du Monde, près de Beurre, page 158.
La grotte de Grosbois, page 468.
La glacière naturelle, près de Chaux les Passavants, page 468.
La source et la grotte du Lison, page 614.
La chute du Doubs au sortir du lac de Chaillaxon, près du village du Lac, page 615.
La source de la Loue, près d'Ouhans, page 615.

DROME.

La grotte de St-Julien-en-Quint, p. 335.
La grotte de la montagne de Solore, p. 335.
Les carrières de granit de Tain, page 458.
Le passage de la Rochetaillée, près de St-Vallier, page 483.
La grotte de Tom-Jones, près de Dieu-le-Fit, page 486.
La grotte de Molans, page 489.
Le site de St-Jean de Royans, p. 700.
La grotte de St-Nazaire, la source et la cascade de la Bourne, près de

Bouvante, et non loin de là, la perte de la rivière la Lionne, page 700.

EURE-ET-LOIR.

Les ruines de l'aqueduc de Maintenon, page 281.

FINISTÈRE.

La pointe du Raz, près de Plogoff, page 575.
La pointe et les rochers de Penmarck, page 575.
Les célèbres mines de plomb argentifère de Poullaouen, page 576.

GARD.

Le pont du Gard, près de Lafoux, page 80.
Les salines de Peccais, page 84.

GARONNE (HAUTE-).

Le canal du Midi, page 91.
Les sources de la Garonne, près de St-Béat, page 686.
Le lac d'Oo, page 687.
Le lac et la cascade de Séculéjo, près d'Oo, page 687.
La vallée du Lis, page 108.
La Maladeta, page 108.
Le port de la Picade, page 108.
Le port de Venasque, page 108.

GIRONDE.

Les grottes de Langoiran, page 192.
L'ermitage de St-Émilion, creusé dans le roc, page 426.

HÉRAULT.

La chute du pont du Verdier, près de Colombières, page 85.
La cascade du Lez, au-dessous de Lattes, page 89.
Le chemin de l'Escalette, près du Caylar, page 90.
La source de pétrole de Gabian, p. 92.
Les grottes et les cascades de Saint-Chinian, page 99.
La grotte de Cesseras, près de Minerve, page 99.
La source de St-Pons de Thomières, page 99.
La grotte de St-Bauzille du Putois, page 528.
La grotte des Juifs, près de Lodève, page 529.

La grotte de St-Guilhem le Désert, et la jolie cascade que forme le Verdué, page 530.
La source du Lez, près de Prades, page 530.

ILLE-ET-VILAINE.

La roche aux Fées, près d'Essé, p. 620.

INDRE.

L'if gigantesque du château de la Motte-Feuilly, page 684.

INDRE-ET-LOIRE.

Les falunières de Bossée, page 176.
Les grottes de Villandry, près de Savonières, page 546.

ISÈRE.

Les grottes de Sassenage, page 331.
Le pont de Claix, page 334.
La Grande-Chartreuse, page 333.
Le mont Aiguille, page 334.
Le site d'Allevard, page 391.
La grotte de la Balme, page 467.
Le site de Pont en Royans, p. 701.
Le site de Choranches, page 701.

JURA.

La cascade des Planches, page 383.
Le passage des Faucilles, près de la Vatay, page 384.
Les sources salées de Lons-le-Saulnier, page 387.
La belle cascade de Pont-de-Poite, page 387.
La cascade des environs de Nozeroy, page 404.
Le site de la tour du Meix, p. 428.
Le pont de la Pile, près de la tour du Meix, page 428.
Les belles grottes de Loisia, p. 467.

LOIRE (HAUTE-).

Les grottes d'Arlempdes, page 463.
Les grottes de Chanteloube, près de Chaudeyrolles, page 463.
La cascade de la Taume, près de Solignac-s.-Loire, page 463.
Le rocher pyramidal d'Aiguilhe, p. 464.
Les grottes de Ceyssac et de Loudes, non loin du Puy, page 466.
La montagne volcanique d'Allègre, page 618.

CURIOSITÉS NATURELLES

LOIRE-INFÉRIEURE.
Les salines de Batz, page 571.
Le site de Clisson, page 613.
Les rochers et le phare du Four, près du Croisic, page 572.

LOIRET.
La grotte de St-Grégoire, près de Pithiviers, page 587.

LOT.
La cascade d'Auctoire, page 54.
La grotte de Blars, près de Marcillac, page 55.
La butte de St-Céré, page 56.
La cascade de l'Alzou et les abîmes de Bède, près de Gramat, page 56.
La fontaine des Chartreux, près de Cahors, page 58.
La grotte de St-Médard de la Presque, page 677.

LOZÈRE.
Le cratère de St-Lager, près de Jaujac, page 509.
Les grottes de Meyrueis, page 584.
Le site pittoresque du Pas du Souci, près de Préjet, page 584.

MAINE-ET-LOIRE.
La fontaine de Doué, page 210.
Le camp de Chennehutte, page 548.
Les carrières d'ardoises d'Angers, p. 549.

MANCHE.
Le mont St-Michel, page 621.
La cascade de Mortain, page 623.

MARNE.
Les immenses caves d'Épernay, page 368.

MARNE (HAUTE-).
La source de Blanche-Fontaine, près de Langres, page 146.

MAYENNE.
Le camp de Jublains, page 234.
Les grottes dites caves à Margot, près de St-Jean d'Erve, page 411.
Les remparts vitrifiés de Sainte-Suzanne, page 411.

MEURTHE.
Les ruines de Tarquinpol, page 400.
Le site de Liverdun, page 513.

Les ruines romaines d'Aviothe, page 520.

MORBIHAN.
Le tumulus de Grandmont, près de Sarzeau, page 573.
Le monument druidique de Carnac, page 573.
Le dolmen de Locmariaker, p. 574.

MOSELLE.
La grotte de Pierre, page 654.

OISE.
Le site de Betz, page 514.
Le parc et les jardins d'Ermenonville, page 519.

ORNE.
La fontaine de la Herse, près de Belesme, page 13.

PAS-DE-CALAIS.
Les îles flottantes de Clairmarais, près de St-Omer, page 6.

PUY-DE-DOME.
La fontaine St-Allyre à Clermont, page 308.
Les carrières de Chaptuzat, près d'Aiguesperse, page 308.
Le volcan de Gravenoire, près de Clermont, page 310.
Les magnifiques sources de St-Vincent, page 310.
Le site pittoresque de Royat, p. 310.
Le puy de Pariou, page 310.
Le puy de Dôme, page 310.
Le site et les cascatelles de Thiers, p. 453.
Le puy de Cordelon, près de Billom, page 454.
Les grottes de Rochefort, page 454.
La cascade de la Vernière, la cascade de Queureilh, le lac Pavin, le lac de Servières, près des bains du Mont-Dore, page 456.
Le panorama du Mont-Fournol, près de St-Rambert-sur-Loire, page 525.
Le lac Chambon, près de Murals, p. 526.
Les basaltes de Besse, page 527.
L'éboulement de Pardines, près d'Issoire, page 617.

PYRÉNÉES (BASSES-).
Biarritz (grottes et bains de), p. 129

ET SITES PITTORESQUES. xvij

Le pic du Midi d'Osseau, près de Gabas, page 595.
La grotte d'Osseau et le pont d'Enfer, près des Eaux-Chaudes, p. 595.

PYRÉNÉES (HAUTES-).

La vallée de Campan et la grotte de ce nom, pages 105 et 106.
La cascade de Caplan, près d'Aragnouet, page 106.
La chapelle de Pouex-la-Huc, taillée dans le roc, près de Tarbes, p. 121.
Les grottes de Lourdes, page 122.
La fontaine incrustante de Luz, page 122.
Le site et la grotte de Gèdre, p. 124.
Les cirque et cascade de Gavarnie, p. 124.
La Maladetta, le Marboré, la Brèche de Roland, page 125.
Le pic du Midi de Bigorre, page 127.
Le pont d'Espagne, près de Cauterets, page 269.
La cascade de Maouhourat, p. 270.
Les grottes de Lortet, page 364.
Les carrières de marbre et la source de Sarrancolin, page 687.

PYRÉNÉES-ORIENTALES.

La grotte de Coba-Bastère, près de Villefranche, page 603.
La vallée de Carol, page 607.
La cascade de Fontpedrouse, p. 607.
La grotte de Brichot, près de Prats-de-Mollo, page 607.
Le précipice de Corsavy, près d'Arles-sur-Tech, page 608.

RHIN (BAS-).

La cascade de Niedeck, près de Oberhaslach, page 325.
La montée de Saverne, page 325.
Les pétrifications de Bouxwiller, p. 408.
Les mines de plomb argentifère de Ste-Marie aux Mines, page 542.

RHIN (HAUT-).

Le mur des Païens, près de Ribauvillé, page 322.
La belle cascade de la Thur, près de Wildenstein, page 537.

SAONE (HAUTE-).

La grotte de Frétigney, page 154.
La grotte d'Échenoz la Meline, dite le trou de la Baume, page 154.

La fontaine de la Balme, près de Cuiseaux, page 468.

SARTHE.

Le camp romain, près de Mamers, p. 13.
Le tumulus de Beaumont, page 15.
Le dolmen de Connéré, page 558.

SEINE.

Les carrières de Montmartre, p. 256.

SEINE-ET-MARNE.

Le site de Montaiguillon, près de Louan, page 141.

SEINE-ET-OISE.

Les fossiles d'Étampes, page 167.
Les grottes des environs de Conflans-Ste-Honorine, page 399.

SEINE-INFÉRIEURE.

Le site du Tréport, page 10.

SÈVRES (DEUX-).

Le puy d'Enfer, près de St-Maixent, page 629.

SOMME.

Les carrières de pétrifications à Albert, page 19.

TARN.

Le camp de St-Sulpice, page 12.
Le saut de Sabo, près de St-Juéri, page 599.
La grotte d'El-Catel et le réservoir de St-Ferréol, près Sorrèze, page 691.

VAR.

Le site de Barjols, le Tivoli de la Provence, page 34.
Le site de la Garde-Freinet, page 35.
La cascade de Vidauban, page 36.
Le site de N. D. de la Roque, près du Muy, page 36.
La Sainte-Baume, près de Fréjus, page 38.
La vallée des Thorences, près de Valderouse, page 337.
Le chemin taillé dans le roc près de St-Auban, page 338.
Le Pont-à-Dieu, près St-Vallier, p. 338.
La grotte de Gourdon sur le Loup, page 338.
L'ermitage de St-Arnoux, près Gourdon, page 338.

CURIOSITÉS NATURELLES ET SITES PITTORESQUES.

La vallée de St-Barthélemy, près de Salernes, page 352.
La grotte de Villecrosse, page 352.
La grotte de la Lioure, près de Claviers, page 353.
La grotte de Mons, page 353.
Les îles d'Hyères, page 403.
La Sainte-Baume, près de Nans, p.504.
Les vaux d'Ollioulles, page 664.

VAUCLUSE.

Le mont Ventoux, page 490.
La grotte des Enfers, près de Cavaillon, page 494.
La fontaine de Vaucluse, page 502.

VENDÉE.

Le chêne de Pouzauges la Ville, p. 211.

Le site de Tiffauges, page 614.
Le site des Lucs, page 563.
La grotte du Père-Moussent, près de Fontenay, page 581.

VIENNE (HAUTE-).

Les carrières de kaolin de St-Yrieix, page 421.

VOSGES.

La cascade de la Cave, près de Vagney, page 537.
La cascade du Bouchot, près de Sapois, page 538.

YONNE.

Les grottes de Druyes, page 64.
Les magnifiques grottes d'Arcy-sur-Cure, page 66.

ITINÉRAIRES DESCRIPTIFS DE PARIS AUX PRINCIPALES VILLES DE FRANCE.

Itinéraire de PARIS à BELFORT et à BALE............ Voyez pages 136
— de PARIS à BORDEAUX................ — 160
— de BORDEAUX à BAYONNE............ — 164
— de PARIS à BREST.................. — 223
— de PARIS à CALAIS................. — 253
— de PARIS à CHERBOURG.............. — 289
— de PARIS à GEX et GENÈVE.......... — 378
— de PARIS à ROUEN et au HAVRE....... — 392
— de PARIS à LYON. V. route de MARSEILLE à PARIS. — 471
[— de LYON à CHAMBÉRY............... — 469
— de PARIS à MARSEILLE.............. — 471
— de PARIS à NANTES................. — 543
— de PARIS à STRASBOURG............. — 645

EXTRAIT
De l'Instruction sur le service des Postes.

Les maîtres de poste ne peuvent fournir des chevaux à aucun voyageur, au point de départ, si ce voyageur ne justifie d'un passe-port délivré conformément aux lois et règlements de police.

Il existe dans chaque relais un registre d'ordre destiné à recevoir les plaintes que les voyageurs auraient à consigner, soit contre le maître de poste ou les postillons du relais, soit contre le maître de poste ou les postillons de tout autre relais. Ce registre doit toujours rester à la disposition des voyageurs, auxquels les maîtres de poste sont tenus de le représenter à la première réquisition.

Lorsque deux routes conduisent à la même destination, les maîtres de poste et les postillons doivent se conformer au désir, librement exprimé par les voyageurs, de prendre l'une ou l'autre de ces routes. Il en est de même pour le choix des auberges, lequel appartient exclusivement aux voyageurs.

Dans le cas où un relais se trouverait vacant ou abandonné, les maîtres de poste correspondant à ce relais sont tenus de se mettre en communication sans en attendre l'ordre de l'administration. Lorsqu'il ne résultera de cette communication qu'une course de deux myriamètres ou moins, les maîtres de poste ne pourront prétendre à aucun dédommagement de la part des voyageurs ; mais si la course se trouve excéder deux myriamètres, il sera payé au maître de poste, indépendamment du prix ordinaire pour les distances parcourues, quatre kilomètres d'augmentation pour indemnité de rafraîchissement des chevaux, jusqu'à concurrence de deux myriamètres huit kilomètres ; l'indemnité de rafraîchissement sera égale au prix de huit kilomètres lorsque la course excédera deux myriamètres huit kilomètres, et jusqu'à concurrence de quatre myriamètres, terme au delà duquel les maîtres de poste ne peuvent être tenus de communiquer entre eux.

Lorsque tous les chevaux d'un relais suffisamment garni sont en course, les voyageurs arrivant du relais voisin doivent attendre que des chevaux soient de retour et qu'ils aient rafraîchi.

Le service des malles et celui des courriers du Gouvernement doivent être faits de préférence à tous les autres. Hors ces deux cas, les voyageurs doivent être servis dans les relais selon l'ordre de leur arrivée ou de l'arrivée de leur avant-courrier, quand ils en ont un qui les précède. Les maîtres de poste ne peuvent être forcés à fournir des chevaux pour les routes de traverse ; cependant ils sont autorisés à conduire les voyageurs sur ces routes, à prix défendu, de manière cependant que le service du relais ne puisse en souffrir : cette faculté ne peut s'étendre à des distances au delà de celles que le relais parcourt sur les lignes de poste avec lesquelles il est en communication. Les voyageurs habitant les maisons de campagne situées sur les grandes routes, ou à proximité, doivent être servis, au départ, par le relais le plus rapproché de leur habitation, ou par le relais qui, bien que n'étant pas le plus voisin, se trouve dans la direction vers laquelle les voyageurs veulent se rendre. A l'arrivée, ils pourront se faire conduire à leur maison de campagne par le dernier relais, sans être obligés de relayer au plus voisin, pourvu que la distance qui sépare le dernier relais de la maison de campagne n'excède pas quatre kilomètres.

Le nombre des chevaux à atteler aux voitures, selon leurs dimensions, le nombre de postillons, et le prix à payer par cheval et par personne transportée, sont réglés ainsi qu'il suit :

EXTRAIT DE L'INSTRUCTION

TARIF DE LA POSTE AUX CHEVAUX RECTIFIÉ.

NOM ET CLASSEMENT, par division, des différentes espèces de voitures à l'usage des voyageurs en poste.	NOMBRE de personnes.	NOMBRE de chevaux.	PRIX à payer par cheval et par myriamètre.	PRIX total des chevaux par myriamètre.	NOMBRE de postillons.
PREMIÈRE DIVISION. Chaises ou cabriolets.......	1, 2 / 3	2 / 3	2 fr. / 2	4 fr. / 6	1 / 1
Petites calèches à un seul fond avec *timon*............. Il sera payé en sus 1 fr. 50 cent. par chaque personne excédant le nombre de deux. Toutefois, s'il se trouve 4 personnes ou plus, le maître de poste est libre d'atteler 4 chevaux au prix du tarif, et dans ce cas il sera payé 1 fr. 50 c. par myriamètre pour chaque personne excédant le nombre 4.	1, 2	2	2	4	1
DEUXIÈME DIVISION. *Limonières.* Voitures fermées et coupées, et calèches avec *brancard*.. Il sera payé en sus 1 fr. 50 cent. par myriam. pour chaque personne excédant le nombre de 3.	1, 2, 3	3	2	6	1
TROISIÈME DIVISION. *Berlines.* Voitures fermées ou non à deux fonds égaux, et calèches à deux fonds avec *timon*................ S'il y a une cinquième personne, il sera payé en sus 1 fr. 50 c. par myriamètre. NOTA. Les voyageurs auront désormais la faculté de n'employer qu'un seul postillon, au lieu de deux, à la conduite des voitures à 4 chevaux ; une modification apportée au tarif leur en accorde le droit. Il n'y a d'exception à cette disposition que pour l'entrée et la sortie des villes de Paris et de Lyon. Les frais des guides seront toujours proportionnés au nombre de postillons réellem. employé.	1, 2, 3, 4	4	2	8	2
Les mêmes voitures...... Il sera payé en sus 1 fr. 50 cent. par myriam., par chaque personne excédant le nombre 6.	6	6	2	12	2

SUR LE SERVICE DES POSTES. xxj

Calcul proportionnel de ce qui doit être payé aux Maîtres de poste par les Voyageurs.

DISTANCES.	NOMBRE DE CHEVAUX ET LEUR PRIX.									
	1	2	3	4	5	6	7	8	9	10
	fr. c.	fr. c.	fr. c.	fr. c.	fr. c.	fr. c.	fr. c.	fr. c.	fr. c.	fr.
1 kilomètre............	0 20	0 40	0 60	0 80	1	1 20	1 40	1 60	1 80	2
2 kilomètres...........	0 40	0 80	1 20	1 60	2	2 40	2 80	3 20	3 60	4
3 kilomètres...........	0 60	1 20	1 80	2 40	3	3 60	4 20	4 80	5 40	6
4 kilomètres...........	0 80	1 60	2 40	3 20	4	4 80	5 60	6 40	7 20	8
5 kilomètres...........	1 00	2 00	3 00	4 00	5	6 00	7 00	8 00	9 00	10
6 kilomètres...........	1 20	2 40	3 60	4 80	6	7 20	8 40	9 60	10 80	12
7 kilomètres...........	1 40	2 80	4 20	5 60	7	8 40	9 80	11 20	12 60	14
8 kilomètres...........	1 60	3 20	4 80	6 40	8	9 60	11 20	12 80	14 40	16
9 kilomètres...........	1 80	3 60	5 40	7 20	9	10 80	12 60	14 40	16 20	18
1 myriam. ou 10 kilom.	2 00	4 00	6 00	8 00	10	12 00	14 00	16 00	18 00	20
1 myr. et 1 k. ou 11 k.	2 20	4 40	6 60	8 80	11	13 20	15 40	17 60	19 80	22
1 myr. et 2 k. ou 12 k.	2 40	4 80	7 20	9 60	12	14 40	16 80	19 20	21 60	24
1 myr. et 3 k. ou 13 k.	2 60	5 20	7 80	10 40	13	15 60	18 20	20 80	23 40	26
1 myr. et 4 k. ou 14 k.	2 80	5 60	8 40	11 20	14	16 80	19 60	22 40	25 20	28
1 myr. et 5 k. ou 15 k.	3 00	6 00	9 00	12 00	15	18 00	21 00	24 00	27 00	30
1 myr. et 6 k. ou 16 k.	3 20	6 40	9 60	12 80	16	19 20	22 40	25 60	28 80	32
1 myr. et 7 k. ou 17 k.	3 40	6 80	10 20	13 60	17	20 40	23 80	27 20	30 60	34
1 myr. et 8 k. ou 18 k.	3 60	7 20	10 80	14 40	18	21 60	25 20	28 80	32 40	36
1 myr. et 9 k. ou 19 k.	3 80	7 60	11 40	15 20	19	22 80	26 60	30 40	34 20	38
2 myriam. ou 20 kilom.	4 00	8 00	12 00	16 00	20	24 00	28 00	32 00	36 00	40
2 myr. et 1 k. ou 21 k.	4 20	8 40	12 60	16 80	21	25 20	29 40	33 60	37 80	42
2 myr. et 2 k. ou 22 k.	4 40	8 80	13 20	17 60	22	26 40	30 80	35 20	39 60	44
2 myr. et 3 k. ou 23 k.	4 60	9 20	13 80	18 40	23	27 60	32 20	36 80	41 40	46
2 myr. et 4 k. ou 24 k.	4 80	9 60	14 40	19 20	24	28 80	33 60	38 40	43 20	48
2 myr. et 5 k. ou 25 k.	5 00	10 00	15 00	20 00	25	30 00	35 00	40 00	45 00	50
2 myr. et 6 k. ou 26 k.	5 20	10 40	15 60	20 80	26	31 20	36 00	41 60	46 80	52
2 myr. et 7 k. ou 27 k.	5 40	10 80	16 20	21 60	27	32 40	37 80	43 20	48 60	54
2 myr. et 8 k. ou 28 k.	5 60	11 20	16 80	22 40	28	33 60	39 20	44 80	50 40	56
2 myr. et 9 k. ou 29 k.	5 80	11 60	17 40	23 20	29	34 80	40 60	46 40	52 20	58
3 myriam. ou 30 kilom.	6 00	12 00	18 00	24 00	30	36 00	42 00	48 00	54 00	60
3 myr. et 1 k. ou 31 k.	6 20	12 40	18 60	24 80	31	37 20	43 40	49 60	55 80	62
3 myr. et 2 k. ou 32 k.	6 40	12 80	19 20	25 60	32	38 40	44 80	51 20	57 60	64
3 myr. et 3 k. ou 33 k.	6 60	13 20	19 50	26 40	33	39 60	46 20	52 80	59 40	66
3 myr. et 4 k. ou 34 k.	6 80	13 60	20 40	27 20	34	40 80	47 60	54 40	61 20	68
3 myr. et 5 k. ou 35 k.	7 00	14 00	21 00	28 00	35	42 00	49 00	56 00	63 00	70
3 myr. et 6 k. ou 36 k.	7 20	14 40	21 60	28 80	36	43 20	50 40	57 60	64 80	72
3 myr. et 7 k. ou 37 k.	7 40	14 80	22 20	29 60	37	44 40	51 80	59 20	66 60	74
3 myr. et 8 k. ou 38 k.	7 60	15 20	22 80	30 40	38	45 60	53 20	60 80	68 40	76
3 myr. et 9 k. ou 39 k.	7 80	15 60	23 40	31 20	39	46 80	54 60	62 40	70 20	78
4 myriam. ou 40 kilom.	8 00	16 00	24 00	32 00	40	48 00	56 00	64 00	72 00	80

EXTRAIT DE L'INSTRUCTION

Chaque espèce de voitures a un attelage et une contenance qui lui sont propres. Un cabriolet doit communément contenir deux personnes et être conduit par un postillon et deux chevaux ; une limonière doit contenir trois personnes et être conduite par un postillon et trois chevaux ; une berline doit contenir quatre personnes ou six au plus, et être conduite par deux postillons et quatre ou six chevaux. Le voyageur doit payer le prix du transport à raison du nombre de chevaux qu'il emploie. Le tarif doit donc supposer cette double condition, que les voitures seront chargées du nombre de personnes qui leur est propre, et qu'elles seront attelées du nombre de chevaux que comporte leur espèce. Mais lorsque, par un surcroît de charge, on change, pour ainsi dire, l'espèce de la voiture, on dérange dès lors les proportions du tarif. De là l'obligation de payer un franc par myriamètre en sus du prix des chevaux, pour chaque personne excédant le nombre que comportent l'espèce et l'attelage de la voiture. On proportionne le nombre des chevaux à celui des personnes, autant que la disposition des voitures le permet. Ainsi, on peut atteler jusqu'à trois chevaux aux cabriolets et jusqu'à six aux berlines.

Un enfant de plus de dix ans sera compté pour une personne. Un enfant de dix ans et au-dessous ne sera point compté dans le prix de la course. Deux enfants de dix ans et au-dessous de trois ans compteront pour une personne.

Il est dû, pour prix des guides, un franc par postillon et par myriamètre, aux termes de l'ordonnance du roi du 25 décembre 1839 ; mais l'usage s'est introduit généralement de payer les guides sur le même pied que les chevaux, c'est-à-dire, deux francs par myriamètre. Les voyageurs conservent donc la faculté de restreindre le prix des guides à un franc, à titre de punition ; et ils seront invités par les maîtres de poste, et dans l'intérêt du service, à ne jamais dépasser la rétribution de deux francs par myriamètre.

Le nombre de chevaux énoncé à la seconde colonne du tableau du tarif doit être réellement attelé. Les voyageurs ne sont pas obligés de payer ceux qui manqueraient à cet effectif, à moins d'une composition à l'amiable.

Les voitures montées sur deux roues ayant brancard, ou montées sur quatre roues à un seul fond et en limonière, ne pourront être chargées sur le derrière de plus de 50 kilogrammes, et sur le devant de plus de 20 kilogrammes. Chaque voiture peut être chargée d'une malle et d'une vache, soit en une, soit en deux parties, selon que la voiture est à un ou deux fonds, c'est-à-dire, selon que la voiture fait partie de la première ou de la deuxième et troisième division du tarif. Néanmoins, les petites calèches de la 1re division du tarif ne peuvent être chargées que d'une malle seulement ou d'une vache.

Les maîtres de poste sont autorisés à employer un cheval de renfort dans certaines localités, à cause de la difficulté des chemins. Cette concession leur est accordée, soit pour l'année entière, soit pour six mois seulement, qui commencent au 1er novembre et finissent au 30 avril.

Le prix du cheval de renfort est fixé, comme le prix des autres chevaux, à deux francs par myriamètre, et se paye en sus du prix des chevaux fixés par le tarif. Les voyageurs peuvent exiger que le cheval de renfort soit attelé ; et les maîtres de poste ne peuvent en demander le payement lorsqu'ils ne l'attellent pas. Cependant, comme il faudrait atteler le cheval de renfort en arbalète aux calèches de la première division du tarif et aux limonières de la seconde, et que cette sorte d'attelage occasione souvent des accidents, le maître de poste peut offrir de suppléer à ce renfort, en fournissant des chevaux plus vigoureux, et les voyageurs peuvent, dans leur propre intérêt, consentir à payer le prix du cheval de renfort, sans qu'il soit attelé ; mais cette disposition ne peut avoir lieu que par consentement mutuel. Quant aux chaises de poste et aux cabriolets à deux roues, comme on peut toujours y atteler un troisième cheval de front, il n'y a pas lieu à composition, et il faut toujours que le cheval de renfort soit attelé, pour que le payement soit exigible. — Dans les localités où le cheval de renfort est attelé à une calèche de la première division du tarif, chargée de trois personnes, les voyageurs payeront seulement le prix des trois chevaux, et il ne sera rien dû pour la troisième personne. Lorsqu'une chaise de poste ou un cabriolet, en raison du nombre de personnes que cette voiture contient, se trouve attelé de trois chevaux, la concession du cheval de renfort n'est pas applicable.

Il est accordé à l'entrée et à la sortie de quelques villes, à raison du parcours dans l'intérieur de ces villes, des distances dites *supplémentaires*. Ces distances supplémentaires sont payées, tant pour le prix des courses que pour celui des guides, en sus des distances réelles et conformément au tarif.

A l'entrée et à la sortie des lieux où le roi a fixé momentanément son séjour, la première poste, y compris les guides, se paye double, mais à compter seulement de l'heure de minuit qui suit le jour où le roi est arrivé, et jusqu'à l'heure de minuit du jour après lequel il en est parti. Lorsque l'on paye cette double poste, appelée poste *royale*, les distances supplémentaires ne sont pas dues.

Les droits de bac, d'entretien des routes, de pont ou de barrière, sont à la charge des voyageurs, tant à l'aller qu'au retour du postillon, et indépendamment du prix de la course et des guides.

Les voyageurs qui auront commandé des chevaux de poste et qui les renverront sans s'en servir, payeront le prix d'une poste pour les chevaux et les guides à titre de dédommagement. Ceux qui auront fait venir des chevaux et qui ne partiront pas immédiatement, payeront une demi-poste de plus, et les guides dans la même proportion, pour chaque heure de retard.

Les voyageurs dont la voiture casse dans le trajet d'un relais à un autre, sans que l'accident puisse être attribué à la maladresse du postillon ou à la mauvaise qualité des chevaux, payeront, à titre de dédommagement, un quart de poste par chaque heure de retard, toutes les fois que le retard excédera deux heures au delà du temps accordé pour la course.

Les voyageurs payeront 75 centimes, par postillon et par cheval, toutes les fois que la fermeture des portes d'une ville, ou tout autre empêchement de cette nature, aura forcé les postillons qui les auront amenés à coucher hors de leur relais. Dans les villes fermées où les voyageurs ont la faculté, moyennant une rétribution déterminée, de faire ouvrir les portes pendant la nuit, pour entrer ou sortir, les maîtres de poste ne peuvent réclamer que le montant de cette rétribution. Elle est à la charge des voyageurs, et doit être payée double lorsque la rentrée des chevaux, dans la ville fermée d'où ils sont partis, doit précéder l'heure ordinaire de l'ouverture des portes. Le temps nécessaire pour le retour est fixé à raison d'une demi-heure pour le rafraîchissement et d'une heure et demie par poste.

Les maîtres de poste peuvent déroger aux droits que le tarif leur accorde, par rapport au nombre de chevaux dont les voitures doivent être attelées ; ils les conduisent alors à prix de composition : cette dérogation est purement facultative. Toute dérogation au tarif doit être convenue d'avance entre les voyageurs et les maîtres de poste.

Les postillons en course ne peuvent se dépasser sur la route ; ils doivent marcher dans l'ordre où ils sont partis du relais, à moins qu'un accident ne soit survenu à la voiture qui les précède. Cette disposition ne concerne ni les malles-poste ni les estafettes.

Un myriamètre doit être parcouru entre quarante et cinquante minutes au plus dans les localités ordinaires. Le temps employé pour le relayage des voitures en poste ne doit pas dépasser cinq minutes pendant le jour et un quart d'heure pendant la nuit. Les postillons ne peuvent s'arrêter sans la permission des voyageurs, que le temps nécessaire pour laisser souffler leurs chevaux.

Il est défendu aux postillons, lorsqu'ils se rencontrent, d'échanger leurs chevaux, à moins qu'ils n'en aient obtenu le consentement respectif des voyageurs qu'ils conduisent. Il est expressément défendu aux postillons de descendre de cheval pendant la durée de la course.

EXTRAIT DE L'INSTRUCTION SUR LE SERVICE DES POSTES

On appelle avant-courrier un homme à cheval qui court devant une voiture, pour faire préparer les chevaux. L'avant-courrier ne peut jamais devancer que d'une poste la voiture à laquelle il appartient. Il lui est défendu de partir, et aux maîtres de poste de lui fournir des chevaux avant l'arrivée de la voiture au relais. S'il part plus d'un quart d'heure après la voiture, il lui sera donné un guide.

Les chevaux de selle dits *bidets* se payent, comme ceux de trait, à raison de deux francs par myriamètre. Lorsque le courrier voyage avec un guide, le cheval du guide est payé deux francs, et le salaire du postillon comme pour le prix de la course.

MALLES-POSTE.

Toute personne qui veut voyager dans les malles-poste doit préalablement s'être fait inscrire dans un bureau de poste. Elle ne peut être inscrite que sur le vu d'un passe-port en bonne forme.

La place demandée à l'avance à l'un des points extrêmes d'une route desservie en malles, par un voyageur allant à l'autre point extrême de cette route ou à une destination égale en distance aux trois quarts au moins de cette route, lui sera assurée définitivement, à quelque moment que le voyageur se présente, si la place est libre. La place qui sera demandée à l'avance, pour un trajet d'une moindre étendue que celle qui est indiquée ci-dessus, ne sera donnée d'abord que conditionnellement; et elle ne pourra être assurée définitivement que la veille du départ à midi. Si le trajet à parcourir par le voyageur n'est pas égal au moins au quart de la route, la place ne sera assurée à ce voyageur qu'au moment du départ.

Aucun voyageur ne peut être admis dans les malles-poste, s'il n'a à parcourir au moins un trajet de huit myriamètres, ou le quart de la route desservie en malles, quand cette étendue est de moins de quarante postes. Si cependant le voyageur n'est porteur d'aucun bagage, il peut être admis pour un moindre trajet.

Les voyageurs qui emmènent des enfants doivent payer, pour chacun d'eux, le prix intégral de sa place. Si cependant des voyageurs, ayant payé le prix des places de l'intérieur de la voiture, ont avec eux un enfant en bas âge, ils peuvent le faire admettre sans rétribution.

Le prix de chaque place dans les malles-poste est fixé à *un franc soixante et quinze centimes* par myriamètre. Aucun voyageur ne peut partir avant d'avoir acquitté le prix intégral de sa place.

Le bagage d'un voyageur ne doit pas excéder le poids de 25 kilogrammes. Ce bagage doit être renfermé dans une malle ou dans un porte-manteau. L'argent monnayé ne peut entrer dans le bagage d'un voyageur que pour un poids de 5 kilogrammes. En cas de perte de bagage en route, le *maximum* de l'indemnité qui peut être accordée aux voyageurs est limité à 150 francs.

Les directeurs ne doivent pas admettre dans les malles-poste des voyageurs évidemment atteints de maladies ou d'infirmités qui seraient de nature à ralentir la marche des voitures ou à incommoder les autres voyageurs.

FIN DE L'EXTRAIT DE L'INSTRUCTION SUR LE SERVICE DES POSTES.

AVIS ESSENTIEL.

Les distances entre chaque relais sont exprimées en kilomètres; mais pour l'intelligence des personnes qui ne sont point encore familiarisées avec les nouvelles mesures, on a conservé sur la carte routière la désignation des distances en anciennes lieues de poste.

GUIDE

PITTORESQUE, PORTATIF ET COMPLET

DU VOYAGEUR EN FRANCE,

CONTENANT : L'INDICATION DES RELAIS DE POSTE

et leurs distances en kilomètres;

LA DESCRIPTION DES VILLES, BOURGS, VILLAGES, CHATEAUX, ET GÉNÉRA-
LEMENT DE TOUS LES LIEUX REMARQUABLES QUI SE TROUVENT TANT SUR
LES GRANDES ROUTES DE POSTE, QUE SUR LA DROITE ET SUR LA GAUCHE
DE CHAQUE ROUTE.

N° 1.

ROUTE DE PARIS A ABBEVILLE (SOMME).

1re Route, par BEAUVAIS, Voyez N° 34, 1re Route de PARIS à CALAIS, 15 myriamètres 7 kilomètres, ou 158 kilomètres.
2e Route, par AMIENS, Voy. N° 34, 2e Route de PARIS à CALAIS, 17 myr. 4 kil., ou 173 kil.

D'ABBEVILLE A ARRAS, 7 myriamètres 6 kilomètres, ou 76 kilomètres.

	m. k.
* D'ABBEVILLE ◊ à * SAINT-RIQUIER	0,9
SAINT-RIQUIER à BAUMETZ ◊	1,3
* BERNAVILLE (à gauche de la route).	
BAUMETZ à * DOULLENS ◊	1,9
* LUCHEUX (à gauche de la route).	
DOULLENS à L'ARBRET ◊	1,7
L'ARBRET à * ARRAS ◊	1,8

(Un kilomètre équivaut à environ un quart de lieue de poste de 2,000 toises.)

Description des Lieux remarquables.

Pour l'aspect du pays que parcourt le voyageur, voyez l'ITINÉ-
RAIRE DESCRIPTIF DE PARIS A CALAIS, n° 34, route de Calais.

ABBEVILLE (Somme). Grande ville, située sur la Somme. Sous-Préfect. Tribunaux de 1re instance et de commerce. Direction des douanes. Entrepôt réel. Collége communal. Société royale des sciences et lettres. Dépôt d'étalons. Population, 17,522 hab. Cette ville a quelques rues longues et bien percées, et un plus grand nombre de rues étroites, tortueuses et mal pavées. Elle est presque entièrement et fort proprement construite en briques. On y trouve aussi quelques hôtels bâtis en pierre de taille, et beaucoup de vieilles maisons en bois, dont quelques-unes fixent l'attention des antiquaires. Les remparts offrent d'assez belles promenades bien plantées, d'où la vue est triste et bor-

Nº 1. ROUTE DE PARIS A ABBEVILLE.

née ; du côté de la Somme, ces remparts sont remplacés par des promenades en forme-de quai, qu'anime le mouvement de la navigation.

Parmi les monuments qui décorent Abbeville, on distingue surtout la belle église Saint-Vulfran, dont le portail, construit sous le règne de Louis XII et par les soins du cardinal George d'Amboise, est vraiment magnifique; il présente une ordonnance régulière et élégante. Les statues des saints qui le décorent sont remarquables par la singularité de leurs costumes et les divers ornements dont ils sont chargés. Les tours ont environ 53 mètres de hauteur; elles portent, comme tout le reste de cette église, l'empreinte du style du XVᵉ siècle. La porte en bois du grand portail est curieuse à cause de ses sculptures ; elles représentent les douze apôtres et les mystères de la Vierge. Les galeries à compartiments qui règnent le long de la nef attirent les regards des connaisseurs. — Bibliothèque publique, 25,000 volumes ; on y voit les bustes des hommes célèbres à qui la ville a donné le jour, et un évangile sur vélin pourpré et en lettres d'or, dont Charlemagne fit, dit-on, présent à Angilbert, son gendre. Le champ de foire mérite d'être vu. Il en est de même de la manufacture autrefois si renommée de Van Robais établie par Colbert, et où l'on continue à fabriquer des draps fins.

PATRIE du cardinal Alegrain, du géographe Sanson, du poëte Millevoye, de M. de Pongerville, de M. Lerminier, du compositeur Lesueur, etc.

MANUFACTURES de draps fins, moquettes, velours d'Utrecht, serges, calicots, mousselines, toiles d'emballage. Fabriques de cordages, cordes, ficelles, fil à voiles, serrurerie et quincaillerie, savon gras, noir de [fumée. Filatures de laine, de lin et de chanvre ; blanchisseries de toiles ; teintureries ; tanneries; construction de bateaux. — COMMERCE de blé, menus grains, graines oléagineuses, graines de trèfle et de luzerne, vins, eaux-de-vie, cidre, huile, épiceries, lins filés, chanvre, laines, draps fins, étoffes de laine et de coton, linge de table, toiles de toute espèce, emballages communs, toiles à voiles; serrureries d'Escarbotin. — A (*) 39 kilomètres (10 l.) d'Amiens, 146 kil. (37 l. 1/2) de Paris. — HÔTELS de l'Europe, de la Tête de Bœuf, d'Angleterre, de l'Écu, de Brabant.

VOITURES PUBLIQUES. Tous les jours pour Paris, Calais, Doullens, Boulogne, St-Valery-S.-S.; pour Amiens, 2 voit.; pour Dieppe, tous les jours; pour Neufchâtel, 2 voit., correspond. avec Rouen; 2 voit. pour Hesdin; tous les jours voit. pour Saint-Omer. — BARQUE pour Amiens, tous les jours.

BUTS D'EXCURSIONS : à *St-Riquier* (10 kil.), *voy.* ci-après ce mot ; au *Château de Rambures* (20 kil.); au champ de bataille de *Crécy*, *voy.* ci-après, route d'Abbeville à Dunkerque; à la *Chapelle du St-Esprit de Rue* (28 kil.).

OUVRAGES A CONSULTER, qui se trouvent à la librairie de Paillard, à Abbeville (**): *Histoire ancienne et moderne d'Abbeville et de son arrondissement*, par Louandre, in-6°, 1835.
Biographie des hommes célèbres d'Abbeville, par le même.

RIQUIER (SAINT-) (*Somme*). Ville à 8 kil. (2 l.) d'Abbeville, 1,513 habitants. L'abbaye, fondée vers l'an 570, était une des plus célèbres de France. L'église

---

(*) La distance d'un relais à l'autre, et la distance de Paris aux principales villes, indiquées en tête de chaque route, sont les distances indiquées sur le livre de poste, pour la perception des droits à percevoir par les maîtres de poste.

La distance indiquée à la fin de la description de chaque grande ville, est celle de la nomenclature des bureaux de poste, qui se trouve en tête du Dictionnaire des postes; distance qui a été calculée par l'administration pour la perception de la taxe des lettres.

Il était nécessaire de faire cette remarque, parce qu'il existe des différences assez grandes entre la distance indiquée par le livre de poste et celle indiquée par le Dictionnaire des postes aux lettres.

(**) Les ouvrages qui traitent particulièrement d'une province ou d'un département sont indiqués à la suite de la description du chef-lieu de chaque département.

fut bâtie à la fin du XVᵉ siècle ; elle a 104 mètres de longueur, 27 de largeur et 42 d'élévation du pavé au toit. L'architecture du portail est noble et élégante. Le tympan du porche est décoré d'un arbre généalogique, représentant les ancêtres de J. C. Dans l'intérieur de cette charmante église, on remarque les voûtes des bas côtés et les tribunes en pierre, existant au fond du croisillon à gauche. Mais ce qui fixe surtout les regards, c'est un Christ, chef-d'œuvre de Girardon, placé au-dessus du maitre-autel. Le mur de l'ancienne trésorerie est décoré de peintures à fresque très-curieuses, représentant Hugues Capet rapportant dans cette abbaye les reliques de saint Riquier. Au-dessus de ces peintures il en est d'autres fort lugubres et qui rappellent la fameuse danse macabre ou des morts. Trois personnages à cheval, magnifiquement vêtus, paraissent saisis de terreur à l'aspect de trois squelettes qui s'offrent tout à coup à leurs yeux. Le premier de ces spectres hideux porte une bêche, le second tient une pique, et le troisième une longue flèche dont il frappe une croix. Ces peintures, dont la découverte est due à M. Dusevel, sont d'autant plus précieuses, que la représentation de la danse des morts est devenue très-rare en France.

OUVRAGE A CONSULTER. *Description historique de l'église de l'ancienne abbaye de St-Riquier*, par Gilbert, in-8°, 1836.

BERNAVILLE (*Somme*). Village à 11 kil. (3 l.) de Doullens. 1,066 hab. On y voit une tombelle bien conservée de 7 à 8 mètres d'élévation, et de plus de 16 m. de circonférence.

DOULLENS (*Somme*). Ville. Sous-préf. Trib. de 1ʳᵉ inst. 3,703 hab. Elle est bâtie au fond d'une vallée qu'arrosent les rivières d'Authie et de Grouche ; son étendue est peu considérable, mais elle offre un aspect assez agréable. L'église Saint-Martin de Doullens est remarquable par la délicatesse et la légèreté de ses piliers. La citadelle, réparée par Vauban, passe avec raison pour une des plus belles de France : on y jouit d'un coup d'œil délicieux sur la superbe filature hydraulique de Nouval-lez-Doullens. Depuis 1832, la citadelle intérieure, renfermée dans la première, qui seule est visible du dehors, a été spécialement affectée à une prison d'État pour les condamnés politiques. — FABRIQUE de tartes renommées dès le XIIIᵉ siècle. Filature hydraulique de coton. — COMMERCE de grains, huile, chanvre, lin, bestiaux. Entrepôt de toiles d'emballage dont la fabrique est considérable dans l'arrondissement.

VOITURES PUBLIQUES. Pour Paris, Amiens, Arras, Saint-Pol, Aire, Saint-Omer, Lille. — MALLE-POSTE pour Abbeville, Saint-Pol.

OUVRAGE A CONSULTER. *Mémoires sur les anciens monuments de l'arrondissement de Doullens*, par Dusevel (Eug.), in-8°.

BUT D'EXCURSION : au *Château de Lucheux*, dans la forêt de ce nom (10 kil.); château célèbre au moyen âge, d'où Louis XI data l'ordonnance qui établit les postes en France.

ARRAS (*Pas-de-Calais*). Grande et forte ville, chef-lieu du département du Pas-de-Calais. Place de guerre de 3ᵉ classe. Trib. de 1ʳᵉ inst. et de comm. Chambre c. des manuf. Soc. R. pour l'enseignement des lettres, sciences et arts. Collége comm. Sém. dioc. Instit. des sourds-muets. École régimentaire du génie. Évêché. ⊠ ☞ 23,419 hab. — Cette ville est située au milieu d'une plaine fertile, sur la Scarpe, qui y reçoit le Crinchon. Elle est bâtie partie à mi-côte et partie dans un terrain plat, et se compose de quatre parties : la Cité, la ville Haute, la Basse ville et la Citadelle; plusieurs faubourgs ajoutent à sa grandeur. La cité, qui occupe le terrain le plus élevé, est à peu près sur le même emplacement qu'occupait celle qui reçut César ; la nouvelle ville eut pour noyau un petit oratoire élevé par saint Waast, au VIᵉ siècle, sur le bord du Crinchon, oratoire qui devint, sous un des fils de Clovis, une abbaye bâtie sur un plan magnifique. La ville basse est moderne, régulièrement bâtie, et touche aux glacis de la citadelle, élevée sous Louis XIV par le maréchal de Vauban. Cette partie d'Arras est fort belle, et formée de maisons en pierre de taille à plusieurs étages. Les places publiques sont magnifiques ; les deux plus grandes, contiguës, sont entourées de bâtiments de construction gothique, formant des arcades soutenues par des colonnes de grès. Arras renferme aussi de vastes et beaux hôtels, parmi lesquels on distingue celui de la préfecture.

L'ÉGLISE CATHÉDRALE d'Arras, dédiée à Notre-Dame, est un vaste et bel édifice de construction gothique ; le chœur et la croisée, soutenus par des colonnes très-minces, offrent une construction d'une grande hardiesse ; mais le reste du vaisseau n'a pas, à beaucoup près, la même élégance. — Bibliothèque publique, 36,000 vol.; collection de tableaux et de gravures; cabinet d'histoire nat., renfermant divers objets d'ant. trouvés dans l'Artois; l'hôtel de ville; la salle de spectacle ; les casernes ; le manège ; la tour du beffroi ; l'église Saint-Waast ; l'arsenal, etc., etc. — Arras est la patrie de Damiens, assassin de Louis XV ; des deux frères Robespierre et de Joseph Lebon, tous trois députés à la Convention nationale, décapités en 1794 et 1795 ; du naturaliste Palissot. — FABRIQUES de bonneteries, dentelles, fil à dentelles, pipes de terre, savon. Filatures de fil et de coton. Lavoirs de laine. Raffineries de sel et de sucre de betteraves. Huileries. Clouteries. Poteries. Brasseries. Tanneries et corroieries. — COMMERCE considérable d'huile de colza, graines, farines, graines grasses, vins, eaux-de-vie, dentelles, fil, laines, cuirs, etc. — A 45 kil. (11 l. 1/2) de Lille, 53 kil. (14 l.) de Beauvais, 121 kil. (31 l.) de Paris. — HÔTELS de l'Europe, du Petit Saint-Paul, du Damier, de l'Univers, du Griffon.

VOITURES PUBLIQUES. Tous les jours pour Douai, Lille, Cambrai. Passage des voitures de Lille, Dunkerque, à Paris.

BUTS D'EXCURSIONS: aux ruines de l'*Abbaye du Mont St-Éloy* (6 kil.), beaux restes d'architecture du milieu du XVIIIe siècle ; au village d'*Acq*, près duquel on voit deux pierres énormes, monuments de la défaite des armées de Charles le Chauve, par Baudouin, en 863.

OUVRAGES A CONSULTER, qui se trouvent à la librairie de Topino, à Arras. *Mémoires pour servir à l'histoire de la province d'Artois*, par Deslyons, in-12, 1778. *Mémoires pour servir à l'histoire de la province d'Artois, et principalement de la ville d'Arras*, par Harduin, in-12, 1765.
Souvenirs historiques du département du Pas-de-Calais, grand in-4°, 1827-28.

D'ABBEVILLE A DUNKERQUE, 13 myriamètres 4 kilomètres.

	m. k.
* D'ABBEVILLE ⚘ à CANCHY ⚘	1,0
CANCHY à * HESDIN ⚘	2,5
* CRÉCY (à gauche de la route).	
HESDIN à * FRUGES ⚘	1,8
FRUGES à AVROULT ⚘	1,5
AVROULT à * SAINT-OMER ⚘	1,6
* FAUQUEMBERGUES (à gauche de la route).	
SAINT-OMER à * CASSEL ⚘	2,0
CASSEL à * BERGUES ⚘	2,0
BERGUES à * DUNKERQUE ⚘	1,0

CRÉCY (Somme). Bourg à 16 kil. (4 l.) d'Abbeville. 1,569 h. Les rois de la seconde race y avaient une maison de plaisance. Les champs de Crécy rappellent les souvenirs de la sanglante bataille qui y fut livrée en 1346 ; 30,000 Français perdirent la vie, par la faute du duc d'Alençon. Les Anglais qui voyagent dans le Ponthieu ne manquent jamais de se rendre à Crécy. On remarque, près de l'ancien champ de bataille, une croix et un moulin à vent dans lequel on assure qu'Édouard se tenait pendant le combat. Les murs de ce moulin sont couverts de noms d'Anglais qui l'ont visité. — PATRIE du cardinal Jean Lemoine. — FABRIQUES de savon vert. — COMMERCE considérable de bois.

HESDIN (P.-de-C.). Forte ville, à 19 kil. (5 l. 1/2) de Montreuil. Place de guerre de 3e classe. ✉ ⚘ 3,425 hab. — Hesdin fut fondé en 1554 par Philibert-Emmanuel, duc de Savoie. Le site de cette ville, dans la jolie et riche vallée de la Canche, est des plus agréables : entourée de canaux, de prairies et de chemins ombragés, de jardins, de vergers et de bosquets, elle ressemble à un château fort placé au milieu d'un vaste parc. Elle est bien bâtie en briques, bien percée, ceinte de remparts, et entourée de fossés en tout temps inondés par les eaux de la Canche. L'air y est très-sain ; les environs charmants et remplis de traditions historiques. — L'hôtel de ville est un édifice extrêmement gracieux. — PATRIE de l'abbé Prévost ; de M. Tripier, avocat ; du lieutenant général du génie Garbé. — FABRIQUES de bonneterie en fil et en coton, huile, faïence, poterie. Raffinerie de sel. Tanneries.

VOITURES PUBLIQUES. Pour Paris, Calais, St-Omer, Arras, Abbeville, Montreuil, Boulogne.

FRUGES (*Pas-de-C.*). Ville à 27 kil. (7 l.) de Montreuil. ✉ ⌂ 3,038 hab. Elle est bâtie au pied d'une côte extrêmement rapide, et se compose de plusieurs rues qui aboutissent à une vaste place publique. On y trouve une source d'eau minérale. — FABRIQUES de draps et de bonneterie. Tanneries.

FAUQUEMBERQUES (*Pas-de-C.*). Village situé à 20 kil. (5 l.) de Saint-Omer. 1,000 hab. Il doit son origine à un château fort dont il ne reste plus que de très-faibles vestiges.—PATRIE du célèbre compositeur de musique Monsigny, auteur des opéras de la belle Arsène, du Déserteur, d'Aline, de Rose et Colas.

BUT D'EXCURSION : à *Azincourt*, célèbre par la bataille de ce nom, gagnée par Henri V, roi d'Angleterre, sur les généraux de Charles VI, le 25 octobre 1415.

OMER (SAINT-) (*Pas-de-C.*). Jolie et forte ville. Sous-préfecture. Place de guerre de 3ᵉ classe. Trib. de 1ʳᵉ instance et de commerce. Ch. cons. des manuf. Soc. d'agric. Collége comm. ✉ ⌂ 19,344 hab. — Cette ville est située dans une contrée marécageuse, sur l'Aa, qui y est navigable, à l'embouchure du canal du Neuf-Fossé, et à la jonction de six grandes routes. Son pourtour extérieur sur le rempart est de 43,000 mètres ; l'extérieur, sur le glacis, est à peu près double. Au delà de ces glacis sont six forts et grands ouvrages extérieurs ; des marais impraticables l'environnent sur plus de la moitié de sa circonférence ; des inondations, dont l'art a disposé les moyens, peuvent encore couvrir un quart de plus ; il reste un quart de la fortification qui ne peut être défendu par les eaux, mais on y a suppléé par le nombre et la force des ouvrages, ainsi que par un appareil de mines. Ses casernes peuvent loger 4,000 hommes et 1,500 chevaux. Les rues sont larges, spacieuses et bien percées. La place d'armes est grande, carrée et environnée de maisons irrégulièrement bâties. Douze fontaines, distribuées dans divers quartiers, y entretiennent la fraîcheur et la propreté.

L'ÉGLISE NOTRE-DAME, située sur le haut et au sud-ouest de la ville, fut originairement bâtie par saint Omer, et n'était point achevée vers le milieu du XVᵉ siècle. Après la destruction de Thérouane en 1553, les chanoines de Saint-Omer obtinrent gratuitement le grand portail de cette capitale des Morins, l'une des plus anciennes et des plus magnifiques des Pays-Bas ; ayant presque aussitôt reconnu qu'il ne pouvait être adapté à leur église, ils se contentèrent de faire extraire les ornements les plus beaux qu'offrait l'ensemble de cet édifice, parmi lesquels se trouvèrent les figures colossales qu'on voit encore aujourd'hui dans l'église de Saint-Omer. Cette église, dont la longueur, prise intérieurement, est de 98 mètres, forme une croix latine, avec bas côtés entourés d'une ceinture de chapelles, dont les arcades sont fermées par des balustrades en marbre. Des piliers gothiques soutiennent les voûtes de la nef principale et des bas côtés, au-dessus desquels règne un rang de galeries. La hardiesse des voûtes, élevées à 22 mètres au-dessus du pavé, la boiserie du chœur, la chaire du prédicateur, suspendue entre deux piliers, le buffet d'orgues, l'horloge placée à l'extrême gauche de la croisée, dont le cadran indique les heures, les mois, les signes du zodiaque et les phases de la lune, sont autant d'objets dignes de fixer l'attention des connaisseurs.

Il ne reste plus aujourd'hui que des débris de l'église de l'abbaye de Saint-Bertin, où Childéric III termina ses jours.

N° 1. ROUTE DE PARIS A ABBEVILLE.

L'ancienne église des Jésuites, dont les bâtiments conventuels sont aujourd'hui occupés par le collége, fut commencée en 1615 et achevée en 1636. La hauteur de ce bâtiment, accompagné de deux tours carrées, placées extérieurement de chaque côté du chœur; la hardiesse de la voûte principale, élevée de 24 mètres au-dessus du pavé, et celle du frontispice, orné de tous les ordres d'architecture, en rendent l'aspect majestueux. — On remarque encore à Saint-Omer la bibliothèque, renfermant 20,000 vol.; les hospices; le mont-de-piété; les promenades; le muséum, riche en antiquités et en médailles; l'hôtel de ville, récemment construit d'après les plans et sous la direction de M. Lefranc, architecte du roi. Quoique parfaitement proportionné dans ses dimensions, ce monument offre au premier coup d'œil, à l'extérieur, un aspect lourd et écrasé, à cause de la forme carrée qu'on lui a donnée, et surtout à cause du peu d'élévation de l'attique sur lequel repose le dôme. Mais l'intérieur rachète largement ce que l'extérieur peut avoir de disgracieux; en effet, la distribution des nombreux locaux que renferme cet édifice est parfaite, et l'architecture en est simple et gracieuse à la fois. La salle de spectacle, qui occupe le centre du bâtiment, est charmante; la salle qui doit servir de musée de tableaux est digne aussi de la destination qu'on lui a donnée; en un mot, les amateurs ne sauraient regretter les moments qu'ils donnent à l'examen de tous les détails de ce monument.

Sous les murs de la ville sont deux faubourgs considérables, peuplés de 3,000 hab., dont le langage habituel est le flamand, et qui s'occupent principalement de jardinage. C'est entre ces deux faubourgs et Clairmarais que se trouvent les îles flottantes, petites portions de terre, liées par des racines d'herbes, de roseaux et d'arbrisseaux, qui se maintiennent constamment au-dessus de l'eau et vont çà et là comme une barque, quoique chargées de bestiaux qui trouvent une abondante nourriture dans leurs vigoureux herbages.—
FABRIQUES de draps, couvertures de laine, fil retors, amidon, huile, colle forte, pipes de terre, filets de pêche. Raffineries de sel. Distilleries d'eau-de-vie. Papeteries. Brasseries. Tanneries. — Centre d'un commerce important en grains, vins, huiles, lin, houille, etc., etc. — A 66 kil. (17 l.) d'Arras, 228 kil. (58 l. 1/2) de Paris. — HÔTELS du Commerce, de l'ancienne Poste, de Sainte-Catherine, du Canon d'Or, d'Angleterre, de Londres.

VOITURES PUBLIQUES. Tous les jours pour Paris et Calais, et pour Arras, Dunkerque et Lille.

BUTS D'EXCURSIONS: à *Clairmarais* (8 kil.), où l'on voit les ruines de l'abbaye de ce nom, et des *îles flottantes* plantées d'arbres, que l'on fait mouvoir comme un bateau; à *Blandèques* (4 kil.), village remarquable par son site romantique et ses moulins; à *Arques*, bourg où l'on voit un ancien château dont il est fait mention avant le septième siècle.

OUVRAGES A CONSULTER, qui se trouvent à la librairie de Ligier, à St-Omer:
Variétés historiques sur St-Omer, par Piers, in-8°, 1832.
Notice historique sur St-Omer, par Collet, in-12, 1829.
Mémoires de la Société des Antiquaires de la Morinie, 3 vol. in-8°, 1833-40.

CASSEL (*Nord*). Ville ancienne, sur la montagne de son nom, à 14 kil. (3 l. 1/2) d'Hazebrouck. Collége comm. ⌧ ⚘ 4,233 habit. Elle est bâtie au sommet d'une montagne conique, isolée, au milieu d'une vaste et riche plaine. La place ou grand marché est au centre; les rues sont peu nombreuses, propres, assez bien entretenues, et pourvues chacune d'une fontaine abondante. Les maisons sont solidement bâties en briques, la plupart à un seul étage, surmontées de greniers spacieux, tenues avec une propreté remarquable, et pourvues chacune d'un jardin bien soigné; on en voit encore quelques-unes de construction espagnole. — Parmi les édifices publics, on remarque l'église paroissiale, bâtie en 1290; le maître-autel est en marbre et décoré d'une statue de la Vierge, qui est réputée miraculeuse dans tout le pays; dans la tour, ont été placés l'horloge de l'ancienne cathédrale de Thérouane et un beau carillon.— Derrière cette église se voient encore les restes du couvent et du collége des Jésuites.— Sur la grande place, est un bâtiment spacieux où s'assemblaient les administrateurs de la Flandre maritime ; maintenant, il sert de dépôt aux anciennes archives de la châtellenie, et la mairie en occupe une grande partie. Vis-à-vis de ce bâtiment existe une belle fontaine. On voit encore sur la même place un bâtiment de construction espagnole, qui servait anciennement de maison de ville. — Des six portes fortifiées qui servaient d'entrée à Cassel, il en existe encore trois dont la maçonnerie est très-bien conservée : ce sont celles d'Ypres, d'Aire et de Bergues ; ces deux dernières passent pour être l'ouvrage des Romains. Quant à la muraille garnie de bastions qui entourait la ville, on en voit encore quelques fragments le long de la promenade des remparts. On voit aussi, sur la terrasse de l'ancien Castellum, les restes d'une voûte de chemin souterrain, avec un puits très-profond de construction romaine. — A l'occident de la ville, se trouvent le château et le beau jardin paysager du général Vandamme, que les étrangers ne doivent pas manquer de visiter. On y remarque, entre autres morceaux curieux, de belles statues en marbre, des colonnes de divers marbres rares, de beaux kiosques. Des bassins de forme élégante, dont les eaux sont recueillies, contenues et conservées avec beaucoup d'art, se montrent au milieu des pelouses émaillées. Des fenêtres du château, qui présente le front au nord, on jouit d'une vaste perspective qui s'étend jusqu'à la mer.

Cassel, placé sur le point le plus élevé de la Flandre, offre une des vues les plus étendues que l'on connaisse, et que l'on peut dire unique en Europe. C'est un immense jardin, percé d'avenues qui se dirigent en tous sens, planté de plusieurs milliers d'arbres forestiers et fruitiers, dont le vert foncé nuance de la manière la plus pittoresque avec le vert tendre des gras pâturages et la teinte dorée des moissons. Mais l'œil y chercherait en vain des aspects grandement variés : à l'exception du mont des Récollets, et des monts des Cattes, qui frappent les regards dirigés vers l'orient, tout est plane, uniforme, et l'on serait attristé de la monotonie de ce territoire, si les riches moissons, si les gras pâturages et les nombreux bâtiments qui les couvrent n'attestaient l'aisance et le bonheur des habitants. Là, une vigueur de végétation et une variété de culture qu'on ne trouve point ailleurs ; des prés au milieu des champs, et des vergers entourés de prairies, divisés en une foule de propriétés dont les compartiments réguliers et irréguliers offrent toute sorte de figures. Mais ce qu'il y a de plus remarquable dans cette immense vue, ce sont les villes qui, même à plus de quinze lieues d'éloignement dans toutes les directions, peuvent être aperçues aisément ; ce qui fait que Cassel, placé au centre de plusieurs grandes routes, possède journellement beaucoup de voyageurs, curieux de jouir d'un coup d'œil si ravissant. C'est surtout lorsqu'on se place à l'endroit où était le vieux castel des Morins, bien plus élevé que le sol de la ville, que l'on découvre aisément par un temps serein les côtés de la mer du Nord, avec les vaisseaux de la rade de Dunkerque, Gravelines et Calais. Avec le secours de lunettes d'approche, et même à l'œil nu, on voit trente-deux villes fortes plus ou moins considérables ; près de cent bourgs, dont les tours et les cimes des clochers s'élèvent au-dessus des bouquets d'arbres qui les entourent et couvrent au loin la plaine. — PATRIE du lieutenant général Vandamme. — FABRIQUES de dentelles, toiles, chapeaux, bas de laine et de fil, savon, poterie de terre. Nombreux moulins à huile. Blanchisseries de toile et de fil. Raffineries de sel. Brasseries. Tanneries et corroieries.' — COMMERCE de grains, légumes secs, beurre, volailles, bestiaux, etc.

VOITURES PUBLIQUES. Tous les jours pour Paris, Lille, Dunkerque et St-Omer.
OUVRAGE A CONSULTER. *Topographie historique, physique, statistique, etc., de Cassel*, par Smythère, in-8°, 1828.

BERGUES ou **BERGUES-SAINT-WINOC** *(Nord)*. Jolie et forte ville, à 10 kil. (2 l. 1/2) de Dunkerque. Place de guerre de Ire classe. Collège comm. ⊠ ☞ 5,962 hab. — Elle est située dans une contrée marécageuse, au pied d'une montagne, à la jonction des canaux de Dunkerque et de la haute et basse

Colme, qui en font le centre d'un commerce très-étendu. Elle est généralement bien bâtie en briques, et possède un port commode sur le canal de son nom, qui conduit directement à la mer, et peut recevoir des navires chargés de trois cents tonneaux; au moyen d'une grande écluse placée à l'embouchure du port de Dunkerque. — L'édifice le plus remarquable de cette ville est l'hôtel de ville, dont la construction date de 1664; son architecture est extrêmement gracieuse, et l'on ne trouverait peut-être pas dans le département de salon plus vaste et plus majestueux que celui réservé aux séances du conseil d'administration. — Le beffroi est, sans contredit, l'édifice le plus curieux de Bergues. Sa construction est excessivement hardie, et sa forme d'une élégance recherchée; son origine est espagnole, mais la date de sa construction est restée inconnue; sa hauteur est 50 mètres. — On remarque encore à Bergues les deux tours de l'abbaye de Saint-Winoc, qui ont été conservées pour servir de point de vue aux navigateurs et faciliter l'entrée du port de Dunkerque; les bâtiments du mont-de-piété; la bibliothèque publique, renfermant environ 5,000 volumes, et quelques manuscrits, parmi lesquels on distingue un superbe psautier du quinzième siècle, orné de charmantes miniatures; un commencement de musée de tableaux, où l'on voit quelques ouvrages de Rubens, Van Dyck, Brouwer, Ségers, etc., etc.; la promenade Saint-Pierre, qui offre un coup d'œil très-agréable, et un champ de Mars commode pour les exercices. — FABRIQUES d'amidon, savon noir, poterie de terre, bonneterie. Filatures de coton. Raffineries de sel et de sucre. Distilleries. Tanneries. Construction de bateaux. Centre de la fabrique de dentelles des environs. — COMMERCE considérable de grains, fromages façon de Hollande qui se fabriquent aux environs, beurre, vins, eau-de-vie, bestiaux, etc. — Chaque semaine, marché aux grains et aux bestiaux, le plus considérable du pays. — HÔTELS de la Tête d'or, de l'Ange, de l'Hôtel de Ville.

OUVRAGE A CONSULTER. *Histoire de la ville de Bergues St-Winoc*, par Piers, in-8°, 1835.

DUNKERQUE (*Nord*). Grande et forte ville maritime. Chef-lieu de sous-préfecture et de deux cantons. Place de guerre de 2º classe. Trib. de 1ʳᵉ instance et de commerce. Chambre et bourse de comm. Dir. des douanes. Soc. d'agriculture. Collége comm. École d'hydrographie de 3ᵉ classe. Syndicat maritime. Consulats étrangers. ⊠ ⚓ 24,037 hab. — *Établissement de la marée du port, 11 heures 18 minutes.*

Dunkerque n'était au septième siècle qu'un hameau, auquel une chapelle, qu'y fit bâtir saint Éloi, donna le nom de Dunkerque, qui, dans l'idiome flamand, signifie église des dunes. Cette ville est dans une situation très-avantageuse pour le commerce, sur le bord de la mer, à la jonction des canaux de Bergues, de Bourbourg et de Furnes. Elle est grande, bien bâtie, propre, bien pavée, avec des trottoirs en dalles, et l'une des plus jolies villes de France. Les places publiques sont belles, vastes et régulières; mais elle n'a d'autre eau potable que celle des citernes. Son port est grand, commode, très-fréquenté; il est précédé d'une rade très-sûre, regardée comme une des plus belles de l'Europe. — On y remarque l'hôtel de ville, construit en 1644; la tour du port, sur laquelle est construit un phare qui sert de guide aux vaisseaux; le champ de Mars; la place Jean Bart, plantée d'arbres et décorée du buste de ce héros, inauguré en 1806; le collége, élevé en 1806 sur l'emplacement de l'antique église des jésuites; le bassin de la marine, restauré en 1794, où le gouvernement fit construire des frégates jusqu'en 1810; le bassin et l'écluse de chasse, achevés en 1826; la bibliothèque publique, renfermant 18,000 volumes; les salles de spectacle et du concert; le péristyle de l'église Saint-Éloi, etc. — PATRIE de Jean Bart; du général Guilleminot; de l'amiral Roussin, etc., etc. — FABRIQUES de poterie. Raffineries de sucre, brasseries, distilleries de genièvre, amidonneries, tanneries, savonneries, salineries, corderies, fonderies. Pêche de la morue d'Islande, de Terre-Neuve et du Droguebanc, dite pêche du Nord;

vente publique du produit de cette pêche, toutes les semaines, depuis le mois d'avril jusqu'au mois d'octobre. — COMMERCE de grains, vins, eau-de-vie, poisson, charbon de terre, etc.— Entrepôt général. — Parc de homards et d'huîtres à l'instar d'Ostende.— A 74 kil. (19 l.) de Lille, 265 kil. (68 l.) de Paris.—HÔTELS de la Poste, de Flandre, du Sauvage, du Chapeau Rouge. Prix des chambres, 1 fr. 25 à 1 fr. 50. Dîner, 3 fr.; vin, 2 fr.

VOITURES PUBLIQUES. Pour Ostende tous les jours; pour Lille, Paris, Calais, Abbeville, Saint-Omer et Furnes, plusieurs fois par jour ; BARQUES pour Bergues, Saint-Omer, Furnes, bateau de Bourbourg.

PAQUEBOTS A VAPEUR ET NAVIRES A VOILES, faisant le service du port de Dunkerque. — DE DUNKERQUE A HAMBOURG. Le Nord, l'Elbe, paquebots à vapeur (140 chevaux). Départs tous les mardis de Dunkerque et de Hambourg; traversée, 36 à 40 heures. Prix : 100 et 30 fr. — Cette ligne correspond avec Londres, Hull, Amsterdam, Magdebourg, Berlin, Dresde, Leipsick, Cuxhoven, Heligoland, Norderney, Husbourg, Lubeck, Kiel, Brême et Brunswick, Copenhague, Stockholm. — DE DUNKERQUE A RAMSGATTE ET LONDRES : trois navires à voiles; départs tous les samedis. — De DUNKERQUE AU HAVRE : deux bateaux à vapeur ; départs de l'un et de l'autre port les 3, 8, 13, 18, 23 et 28 de chaque mois. Prix : 23 fr. — DE DUNKERQUE A BELFORT, quatre navires à voiles, partant tous les 20 ou 25 jours. — DE DUNKERQUE A HULL, six navires anglais; départs tous les 8 ou 10 jours. — DE DUNKERQUE A DUNKEL, quatre navires anglais ; départs tous les 10 jours. — DE DUNKERQUE A ROTTERDAM. L'Estafette, le Dunkerquois, paquebots à vapeur ; départs les 5, 10, 15, 20, 25 et fin de chaque mois, de l'un et l'autre point. Prix : 23 fr. sans nourriture. — Cette ligne correspond avec Amsterdam, Hambourg, Lubeck et St-Pétersbourg — DE DUNKERQUE AU HAVRE. Le Commerce de Lille, le Maréchal de Villiers, paquebots à vapeur ; départs de Dunkerque et du Havre les 3, 8, 13, 18, 23 et 28 de chaque mois. Prix sans nourriture : 25 fr. — Cette ligne correspond avec Caen, Honfleur, Rouen, Paris, Cherbourg, Bordeaux, la Hollande, Londres et St-Pétersbourg. — DE DUNKERQUE A HULL, par quatre et six navires à voiles; départs tous les 10 à 15 jours. — DE DUNKERQUE A DUNDÉE, par quatre ou six navires à voiles; départs tous les 8 à 10 jours. Passage, nourriture comprise, 80 fr.

OUVRAGES A CONSULTER, qui se trouve à la librairie de Lemonnier, à Dunkerque. Description historique de Dunkerque, par Faulconnier, in-fol. fig. 1730.

D'ABBEVILLE AU HAVRE, 16 myr. 8 kil.

	m. k.
* D'ABBEVILLE à VALINES	1,8
VALINES à * EU	1,6
EU à TOCQUEVILLE	1,1
TOCQUEVILLE à * DIEPPE	1,9
DIEPPE au BOURG-D'UN	1,8
BOURG-D'UN à * SAINT-VALLERY (Seine-Inf.).	1,3
SAINT-VALLERY à * CANY	1,2
CANY à * FÉCAMP	1,9
FÉCAMP à GODERVILLE	1,2
GODERVILLE à ÉPOUVILLE	1,4
* MONTIVILLIERS (à droite de la route).	
ÉPOUVILLE au * HAVRE	1,6

NOTA. On s'embarque au Havre pour Honfleur.

- EU (Seine-Inf.) Ville, à 30 kil. (7 l. 1/2) de Dieppe. Trib. de comm. Collège comm. 3,543 hab. C'est une ville assez bien bâtie, située dans un vallon agréable, sur la Bresle. On y remarque l'église paroissiale, édifice d'un beau gothique, décoré de magnifiques vitraux, et dont on cite la chapelle souterraine ; l'église du collège, où l'on voit les tombeaux du duc de Guise et de son épouse ; la vieille porte de ville, dite porte de l'Empire. On doit visiter le magnifique château royal d'Eu, entouré d'un beau parc et de vastes jardins. Cette antique demeure des Guises et de mademoiselle de Montpensier appartient à S. M. Louis-Philippe Ier, qui y a fondé une des collections historiques de portraits de personnages illustres, les plus précieuses et les plus complètes

N° 1 ROUTE DE PARIS A ABBEVILLE.

qui existent en Europe. Le château d'Eu contient soixante appartements de maitre, deux cent cinquante logements de suite, des écuries pour cent trente chevaux, et des remises pour soixante voitures. — FABRIQUES de toiles de ménage et de toiles à voiles, de serrurerie de pacotille, de cordages pour la marine, savon vert, etc.—COMMERCE de grains, toiles, chanvre, lin, bois de hêtre et de chêne, etc., qui s'exportent par le port de Tréport, qui en est à 3 kil. (3/4 l.). — HÔTEL de la Poste.

BUT D'EXCURSION : au *Tréport*, village maritime remarquable par son site, par le portail de son église et par ses magnifiques moulins.
OUVRAGES A CONSULTER. *Essais historiques sur l'antiquité du comté d'Eu*, par Capperon. (*Mémoires de Trévoux*, mai 1714.)
Histoire des comtes d'Eu, par Estancelin, in-8°, 1828.
Le château d'Eu, notices historiques par Vatout, 8 vol. in-8°, 1836.
Résidences royales (château d'Eu), par Vatout, in-8°, 1839.
Eu et le Tréport, guide du voyageur dans ces deux villes, par Lebeuf, in-18, fig.
Le château d'Eu, par M. Fontaine, in-4°.

DIEPPE. Voyez N° 47, Route de Paris à Dieppe.

VALLERY-EN-CAUX (ST.-) (*S.-Inf.*). Ville maritime, sur l'Océan, à 30 kil. (7 l. 1/2) d'Yvetot. Trib. de comm. ⊠ ☞ 5,328 hab. (*Établissement de la marée du port, 9 heures 45 m.*) Elle est très-agréablement située dans une campagne abondante en bons pâturages, et possède un petit port très-sûr, resserré entre deux falaises, et par conséquent peu susceptible d'agrandissement. — FABRIQUES de soude. Filatures de coton. Armements pour la pêche de la morue, du hareng et du maquereau. Les hommes de Saint-Vallery ont la renommée d'être d'excellents matelots. — COMMERCE de grains, colza, poisson frais et salé, bestiaux, etc. — HÔTEL de France.

CANY (*Seine-Inférieure*). Bourg sur la Durdent, à 25 kil. (6 l. 1/4) d'Yvetot. ⊠ ☞ 1,800 hab. Il est assez bien bâti, et possède un joli château dont le parc est embelli par les eaux vives de la Durdent. — FABRIQUES de toiles à claire-voie. Filatures de coton. Nombreuses huileries.—COMMERCE de toiles de toute sorte, graines oléagineuses, huile, lin, fil et bestiaux.

FÉCAMP (*Seine-Inf.*). Ville maritime. Trib. de comm. École d'hydrographie de 4° classe. ⊠ ☞ 9,123 h. (*Établissement de la marée du port, 9 heures 45 minutes.*)

Fécamp est une ville très-ancienne, dont quelques historiens font remonter la fondation à l'époque de la conquête des Gaules par les Romains. En 988, Richard Ier, duc de Normandie, y fonda, sur les ruines d'un ancien monastère, une célèbre abbaye, qui a subsisté jusqu'à la fin du XVIIIe siècle. L'église seule a été conservée : c'est un bel édifice, à l'édification duquel ont concouru les arts de cinq ou six siècles, depuis le XIe jusqu'au XVIe. On y descend par 12 degrés ; le vaisseau est vaste et les jours y sont habilement distribués ; le chœur, revêtu et pavé en marbre, est de la plus grande richesse. Cette ville est avantageusement située sur l'Océan et à l'embouchure de la rivière de son nom ; mais l'abord en est triste, cette petite cité étant comme enterrée entre deux rangs de collines incultes. Elle ne forme, pour ainsi dire, qu'une seule rue de plus de trois quarts de lieue de long, depuis l'église jusqu'au port, qui passe pour un des meilleurs de la côte. L'air y est vif et sain, et le sang très-beau ; les femmes surtout s'y font remarquer par une grande fraîcheur, une belle taille, des formes agréables, et tous les attributs de la santé. — FABRIQUES de toiles, souliers de pacotille, huile de rabette. Filatures hydrauliques de coton. Raffineries de sucre. Tanneries. Construction de navires. Armements pour la pêche de la morue, du hareng et du maquereau. Entrepôt de denrées coloniales, sel, genièvre, etc. — A 39 kil. (10 l.) du Havre. — HÔTELS de la Poste, du Commerce, du Grand Cerf, du Cheval Blanc.

VOITURES PUBLIQUES. Tous les jours pour Dieppe, Rouen, le Havre.
OUVRAGES A CONSULTER. *Histoire de l'abbaye de Fescan*, par de·Mareste d'Algé. (Manuscrit de la bibl. roy.)

Essai historique et littéraire sur l'abbaye de Fécamp, par Leroux de Lincy, in-8°, fig. 1840.

MONTIVILLIERS (*S.-Inf.*). Petite ville, à l'extrémité d'une jolie vallée arrosée par la Lézarde, à 10 kil. (2 l. 1/2) du Havre. ⊠ 3,828 hab. Elle doit son origine à un monastère fondé en 682. Vers la fin du XIVe siècle, on en fit une place forte, dont il ne reste plus qu'une porte voûtée, flanquée de deux tours, et quelques débris de murailles. L'église, de construction gothique, est surmontée d'une tour qui fixe l'attention des curieux. — FABRIQUES de draps, dentelles. Raffineries de sucre. Nombreuses blanchisseries de toiles. — COMMERCE considérable de grains.

HAVRE (LE). Voyez N° 68, Route de Paris au Havre.

                                                       m, k.

D'ABBEVILLE à SAINT-VALLERY-SUR-SOMME........ 2,0

SAINT-VALLERY SUR SOMME*. Voyez N° 21, Route de Beauvais à Eu.

N° 2.

ROUTE DE PARIS A AGEN (LOT-ET-GARONNE).

60 myr. 3 kil., ou 603 kil.

                                                       m. k.

De PARIS à LIMOGES, V. N° 138................ 38,0
LIMOGES à PÉRIGUEUX, V. N° 77................ 9,6
PÉRIGUEUX à AGEN, V. N° 106................ 13,3

(Un kilomètre équivaut à environ un quart de lieue de poste de 2,000 toises.)

N° 3.

ROUTE DE PARIS A ALBI (TARN).

67 myriam. 9 kil., ou 679 kil.

(Un kilomètre équivaut à environ un quart de lieue de poste de 2,000 toises.)

                                                     m. k.

De PARIS à CLERMONT, V. N° 44................ 38,0
CLERMONT à RODEZ, V. N° 44, R. de CLERMONT à TOULOUSE.. 22,2
RODEZ à ALBI, V. N° 108, 1re R. de PARIS à PERPIGNAN.. 7,7

D'ALBI A TOULOUSE, 7 myr. 5 kil.

                                             m. k.

D'ALBI à * GAILLAC ☞........................ 2,1
GAILLAC à la * POINTE SAINT-SULPICE ☞........ 2,3
  *RABASTENS (à droite de la route).
LA POINTE SAINT-SULPICE à MONTBERT ☞..... 1,6
MONTBERT à * TOULOUSE ☞.................. 1,5

GAILLAC (*Tarn*). Ville ancienne. Sous-préfect. Trib. de 1re inst. Société d'agricult. Collége com. ✉ ☞ 7,725 hab. Cette ville est bâtie partie dans un fond et partie dans une belle et fertile plaine, sur la rive droite du Tarn. Elle est en général mal percée et entourée de faubourgs : celui où l'on arrive du côté d'Albi est vaste, bien aligné et dans une situation charmante ; il aboutit à une grande place qui laisse apercevoir la partie la plus élevée de la cité, ainsi qu'un petit jardin qui la décore du nord au sud. On y remarque une belle fontaine, ornée de statues en bronze. — Le territoire de cette ville produit en abondance des vins spiritueux, foncés en couleur, et qui peuvent supporter les plus longues traversées maritimes sans altération. — PATRIE (de l'historien du Languedoc, dom Vaissette ; du célèbre médecin Portal. — FABRIQUES de futailles, chapellerie, ouvrages au tour. Distillerie d'eau-de-vie. Teintureries. Tanneries. Construction de bateaux. — COMMERCE de vins, eau-de-vie, grains, fruits, produits du jardinage, etc. — A 19 kil. (5 l.) d'Albi, 666 kil. (171 l.) de Paris. — HÔTELS Astruc, Raffis, Salabert.

RABASTENS (*Tarn*). Ville ancienne, agréablement située sur la rive droite du Tarn, à 10 kil. (2 l. 1/2) de Gaillac. ✉ 6,966 hab. Elle est généralement mal bâtie, formée de rues étroites et mal percées ; mais son faubourg et les promenades qui le séparent sont fort agréables. On y voit les restes d'un antique château fort qui a souvent été assiégé, pris et repris dans les guerres du XIIIe et du XIVe siècle. — COMMERCE de grains, vins, fruits, etc.

SULPICE (SAINT-) (*Tarn*). Village sur la rive gauche de l'Agout, non loin de son embouchure dans le Tarn, à 12 kil. (3 l.) de Lavaur. 1,260 hab.— Près de l'embouchure de l'Agout, on voit un camp construit dans les guerres contre les Albigeois, où existent encore des fossés, des redoutes, et autres fortifications en usage dans le XIIIe siècle.

TOULOUSE. Voyez N° 138, Route de Toulouse.

N° 4.

ROUTE DE PARIS A ALENÇON (ORNE).

1re R., par MORTAGNE, V. N° 31, 1re R. de PARIS à BREST, 19 myr. 4 kil., ou 194 kil.

2e R., par REGMALARD, 20 myr.

(Un kilomètre équivaut à environ un quart de lieue de poste de 2,000 toises.)

	m. k.
De PARIS à DREUX (Voy. N° 31)	8,2
DREUX à MORVILLETTE ☞	1,3
MORVILLETTE à * CHATEAUNEUF-EN-THIMERAIS ☞	0,8
CHATEAUNEUF à SAINT-JEAN DES MURGERS ☞	2,3
SAINT-JEAN à * REGMALARD ☞	1,8
REGMALARD à * BELLESME ☞	1,7
BELLESME à * MAMERS ☞	1,5
MAMERS à * ALENÇON ☞	2,4

CHATEAUNEUF-EN-THIMERAIS (*Eure-et-Loir*). Petite ville à 19 kil. (5 l.) de Dreux. ✉ ☞ 1,231 hab. Elle est assez bien bâtie, dans une plaine fertile, près d'une belle forêt. Dans l'intérieur de l'hôtel de ville, on voit sur l'une des poutres la représentation des armoiries données à Châteaudun en 1595 par Henri IV.

REGMALARD (*Orne*). Bourg sur l'Huisne, à 17 kil. (4 l. 1/2) de Mortagne.

⊠ ♀ 1,830 hab. On remarque aux environs les ruines des anciens châteaux orts de Villeroy et de Riveray.

BELLESME (*Orne*). Ville à 15 kil. (3 l. 3/4) de Mortagne. ⊠ ♀. 3,413 hab. Elle est assez bien bâtie, sur une hauteur qui domine tous les environs, près de la belle forêt de Bellesme ; les rues sont droites, propres et bien pavées. On y remarque une promenade en forme de boulevard, dont la situation aérée offre un bel effet ; la vue dont on jouit du château sur cette promenade et sur la forêt environnante est on ne peut plus agréable.

BUT D'EXCURSION. A 2 kilomètres de Bellesme, dans la forêt de ce nom, on trouve deux sources d'eaux minérales froides, connues sous le nom de la Herse. Ces eaux, quoique estimées dans le pays, sont cependant peu fréquentées. Elles furent découvertes en 1607 par René Courtin, qui fit des essais sur la qualité des eaux de la fontaine de la Herse, située dans une commune nommée le Vieux-Bellesme, à 1 l. 1/4 de la ville de ce nom. D'après l'analyse qui a été faite des eaux de cette fontaine, on est porté à croire qu'elles doivent être rangées dans la classe des eaux sulfureuses.

La fontaine de la Herse est construite de six pierres calcaires ; elle n'a que 6 décimètres 9 cent. de largeur, sur une longueur de 1 mètre 5 cent. Sa profondeur est de 8 décimètres. Sur une des pierres les plus élevées qui l'entourent, on lit : *Aphrodisium ;* une seconde pierre porte l'inscription suivante :

DIIS INFERI VENERI
MARTI ET MERCVRIO
SACRVM.

On a élagué circulairement les arbres qui ombragent la source, de manière à en faire le centre d'une espèce de tonnelle en rotonde, entourée de bancs gazonnés et pareillement circulaires, qui offrent aux buveurs des siéges frais et rustiques, on ne peut mieux adaptés à la nature du lieu. — *Fabriques* de tissus de coton, toiles cretonnes, linge de table, canevas. Filatures de coton. Papeterie. — *Commerce* de graines de trèfle, merrain, toiles, chevaux et bestiaux.

MAMERS (*Sarthe*). Ville ancienne. Trib. de 1re inst. et de com. ⊠ ♀ 6,000 hab., à 47 kil. du Mans. Elle s'est beaucoup embellie depuis une quarantaine d'années. Elle est précédée de belles avenues, et consiste en deux belles places publiques, auxquelles aboutissent plusieurs rues formées de maisons bien bâties. On y remarque les halles, et quelques restes de retranchements connus sous le nom de fossés de Robert le Diable. — FABRIQUES de toiles. — COMMERCE de bestiaux. — HÔTEL d'Espagne, récemment restauré, tenu par Poupry ; table d'hôte à 10 et à 5 heures ; chevaux et voitures à volonté.

VOITURES PUBLIQUES. Tous les jours pour le Mans, Mortagne, Orléans, Alençon, Rennes, Paris ; tous les jours pour la Ferté-Bernard et retour ; de Paris tous les jours.

BUT D'EXCURSION : aux environs (6 kilom.), les restes d'un camp romain bien conservés.

OUVRAGE A CONSULTER. *Essais sur la statistique de l'arrondissement de Mamers*, par Chauvin, in-12, 1829.

ALENÇON. Voy. N° 31, Route de Paris à Brest.

D'ALENÇON A BLOIS, 15 myr. 1 kil.

	m. k.
*D'ALENÇON à MAMERS ♀	2,4
MAMERS à SAINT-COSME ♀	1,1
SAINT-COSME à la FERTÉ-BERNARD ♀	3,0
LA FERTÉ-BERNARD à VIBRAYE ♀	1,6
VIBRAYE à SAINT-CALAIS. ♀	1,6
SAINT-CALAIS à ÉPUISAY ♀	1,5
ÉPUISAY à *VENDÔME ♀	1,7
VENDÔME au BREUIL ♀	1,6
LE BREUIL à *BLOIS ♀	1,6

D'ALENÇON A CAEN, 10 myr. 1 kil.

D'ALENÇON à SÉEZ ♀ 2,1

N° 4. ROUTE DE PARIS A ALENÇON.

Séez à *Argentan.	2,3
*Mortrée (à droite de la route).	
Argentan à *Falaise.	2,2
*Chambois (à droite de la route).	
Falaise à Langannerie.	1,5
Langannerie à *Caen.	2,0
*Saint-Silvain (à droite de la route).	

SÉEZ. Voy. N° 56, Route de Paris à Évreux.
MORTRÉE (*Orne*). Ville à 14 kil. (3 l. 1/2) d'Argentan. ⊠ 1,590 hab. Fabriques de toiles. — Le château d'O est une dépendance de la commune de Mortrée. Ce château, l'un des plus remarquables du département, et dont la tradition attribue la construction à la célèbre Isabeau de Bavière, qui, après l'expulsion des Anglais, y fut pendant quelque temps retenue prisonnière, est un édifice gothique, décoré de magnifiques sculptures ; il est bâti sur pilotis, au milieu d'un bassin très-profond rempli d'eaux vives ; il passait pour très-fort, et soutint plusieurs siéges. Vendu nationalement à l'époque de la révolution, il a eu divers maîtres, et est heureusement tombé entre les mains d'un propriétaire homme de goût, qui l'a fait réparer et embellir.

ARGENTAN (*Orne*). Jolie ville. Sous-préf. Trib. de 1re inst. et de comm. Collége comm. ⊠ \o/ 6,147 hab. Cette ville est agréablement située sur une hauteur qui domine une vaste et fertile plaine, bornée à l'est par la forêt de Gouffern. Elle est traversée par l'Orne, bien bâtie, propre et bien percée. Les fossés des anciennes fortifications ont été convertis en de charmantes promenades, qui longent les murs de l'ancien château des comtes d'Argentan, converti en une maison d'arrêt, et où est la salle d'audience du trib. de 1re inst. On y remarque encore le donjon et quelques restes de fortifications assez bien conservées. Le portail de l'église Saint-Germain mérite une attention particulière. —Fabriques de gants et de toiles. Blanchisseries de toiles. Tanneries et corroieries. — Commerce de grains, cuirs, arbres fruitiers, bestiaux, volailles, et de fromages qui jouissent d'une réputation méritée.—A 37 kil. (9 l. 1/2) d'Alençon, 189 kil. (48 l. 1/2) de Paris. — Hôtels Dévary, des Trois Maures, du Pont de France, du Point du Jour, de Saint-Louis.

BUTS D'EXCURSIONS: au *Haras du Pin* (18 kil.); aux bains de *Bagnoles*. Aux environs, restes d'un camp romain et plusieurs monuments druidiques curieux.
OUVRAGE A CONSULTER : *Essai sur l'histoire et les antiquités d'Argentan*, par Chrétien, in-8°, fig.

FALAISE. Voy. N° 31, 3e Route de Paris à Brest.

CHAMBOIS (*Orne*). Village à 12 kil. (3 l.) d'Argentan. 677 hab. On y remarque un ancien château fort dont la façade est percée de trente-huit croisées.

SILVAIN (SAINT-) (*Calvados*). Village à 19 kil. (5 l.) de Falaise. 877 hab. L'église paroissiale paraît être du xiiie siècle. Aux environs on voit les vestiges d'un monument romain qui fut désigné plus tard sous le nom de Saint-Pierre d'Exvilliers. — Fabrique considérable de caparaçons, carnassières, sangles et licols, qui occupe plus de cinq cents ouvriers. — Commerce de bestiaux.

CAEN. Voy. N° 32, Route de Paris à Caen.

D'ALENÇON AU MANS.

1re Route, V. ci-après R. d'Alençon à Tours, 13 myr. 1 kil.
2e Route, par Saint-Côme, 7 myr. 3 kil.

	m. k.
D'Alençon à *Mamers.	2,4
Mamers à Saint-Côme.	1,1
Saint-Côme à *Bonnetable.	1,1

N° 4. ROUTE DE PARIS A ALENÇON.

BONNETABLE à SAVIGNÉ ᴏ................. 1,5
SAVIGNÉ au * MANS ᴏ................. 1,2

BONNETABLE (*Sarthe*). Ville à 22 kil. (5 l. 3/4) de Mamers. ⊠ ᴏ 5,803 hab. Elle est située dans une contrée très-fertile, et se compose de deux rues principales et parallèles, dont une sert de passage à la grande route; le reste de la ville ne consiste qu'en petites rues de communication, pour la plupart étroites et escarpées. On y remarque de grandes et belles halles et un château gothique flanqué sur le devant de quatre tours rondes, de deux sur le derrière, avec créneaux et mâchicoulis. Ce château, dont la construction remonte à 1479, est un des plus lourds monuments de la féodalité et l'un des mieux conservés; il n'a qu'un étage, et sa hauteur n'est pas proportionnée à son étendue. Au milieu s'élève un belvédère qui présente l'apparence d'un petit clocher. Dans l'intérieur on voit une salle remarquable par ses sculptures en bois, où sont placés plusieurs portraits des seigneurs de Bonnetable. — FABRIQUES de grosses étoffes de laine, siamoises, mouchoirs, blouses en toile, poterie de terre commune. Filatures de laine. Tanneries. — COMMERCE de grains, fruits, chanvre, fil, graine de trèfle, chevaux, porcs gras, etc.

MANS (le). Voy. N° 100, Route de Paris à Nantes.

D'ALENÇON A TOURS, 13 myr. 1 kil.

m. k.
D'ALENÇON à LA HUTTE ᴏ................. 1,4
LA HUTTE à * BEAUMONT-SUR-SARTHE ᴏ........ 0,9
* FRESNAY (à droite de la route).
BEAUMONT à la BAZOGE ᴏ................. 1,5
LA BAZOGE au * MANS ᴏ:................. 1,2
MANS à ÉCOMMOY ᴏ................. 2,1
* ARTINS (à gauche de la route).
ÉCOMMOY au * CHATEAU-DU-LOIR ᴏ.......... 1,9
* COURCELLES (à droite de la route).
CHATEAU-DU-LOIR à la ROUE ᴏ.............. 2,0
La ROUE à * TOURS ᴏ................. 2,1
* SAMBLANÇAY (à droite de la route).

FRESNAY (*Sarthe*). Ville située sur la rive gauche de la Sarthe, à 31 kil. (8 l.) de Mamers. ⊠ 2,840 hab. Elle est bâtie sur la pente d'un coteau qui domine la rive gauche de la Sarthe, que l'on passe sur un pont par lequel on communique à une espèce de faubourg. Elle est généralement mal bâtie et mal percée; mais elle offre néanmoins de l'agrément par son site pittoresque. On y remarque les restes de l'ancien château élevé à pic sur le bord de la Sarthe, consistant en une porte d'entrée défendue par deux tours rondes; l'hôtel de ville, petit édifice d'assez bon style; l'église paroissiale, l'un des plus beaux édifices du style romain que possède le département. — FABRIQUES de toiles fines et de linge de table. Blanchisseries de toiles. — COMMERCE de grains, toiles et bestiaux.

ARTINS (*Loir-et-Cher*). Bourg sur la rive droite, à 24 kil. (6 l.) de Vendôme. Au temps des Celtes et des Romains, c'était une ville assez considérable. On y voit encore les piles d'un pont antique que l'eau ni les siècles n'ont pu ébranler. L'église a été élevée sur les ruines d'un temple qui était consacré à Jupiter.

BEAUMONT-SUR-SARTHE ou **LE VICOMTE** (*Sarthe*). Ville à 25 kil. (6 l. 1/2) de Mamers. ⊠ ᴏ 2,832 hab. Elle est bâtie en amphithéâtre sur le penchant d'un coteau, au bas duquel coule la Sarthe, que l'on y passe par deux ponts. Elle est généralement mal bâtie, et n'offre guère que des rues tortueuses et très-escarpées. On y remarque les restes d'un ancien château fort qui sert actuellement de prison. — Près de la ville est un des plus beaux tumulus qui existent en France, formant un cône tronqué, autour duquel on a dessiné un sentier en spirale conduisant au sommet qui est planté d'arbres, d'arbrisseaux, orné d'un parterre de fleurs et de siéges en gazon entretenus avec soin. — FABRIQUES de toiles de chanvre, couvertures de laine. Filatures de laine et de coton. Tanneries.—COMMERCE de grains, graine de trèfle, chanvre, fil, miel, cire, volailles et bestiaux.

COURCELLES (*Sarthe*). Village situé sur une éminence d'où la vue s'étend fort loin, près de la forêt de Vadré, à 12 kil. (3 l.) de la Flèche. 900 hab. Près de la forêt, on voit un antique château remarquable par l'étendue de ses bâtiments, par ses belles avenues et par les belles plantations qui l'environnent. A peu de distance de ce château est l'ancien manoir des Vieilles-Courcelles.

CHATEAU-DU-LOIR (*Sarthe*). Petite ville à 43 kil (10 l. 1/2) de Saint-Calais. ✉ ☞ 3,056 hab.

, Cette ville est placée sur le penchant d'un coteau qui domine la délicieuse vallée du Loir. Autrefois ce n'était qu'un château fort, célèbre dans l'histoire pour avoir soutenu un siége de sept ans. Construit sur un rocher isolé et entouré d'eau, ce château avait été séparé de main d'homme d'un coteau, au pied duquel coulent à droite et à gauche deux ruisseaux, dont le plus considérable est appelé Ire. Un rocher tendre et calcaire, comme celui qui règne le long du Loir depuis Vendôme, couronnait les tours et les murailles du fort ; mais ce rocher et ce fort ont disparu en même temps : on les a fait sauter, et de leurs ruines on a comblé le fossé. Une jolie place, plantée d'arbres, qui forme aujourd'hui une promenade agréable, a remplacé les retranchements du fort, le rocher escarpé et les créneaux gothiques au milieu desquels on ne respirait que la guerre et les combats. Un autre rocher, qui s'élevait à côté de celui qu'on a fait disparaitre, domine la grande place et presque toute la ville. On y a construit une habitation singulière, dont la cour et les cuisines sont à cent pieds au-dessous du comble. Cette habitation, qui paraît avoir été détachée du roc, est double en quelque sorte au moyen d'une rampe creusée dans le tuf qui conduit à un second bâtiment dont le rez-de-chaussée forme le deuxième étage du premier. Cette belle propriété est surtout remarquable par ses jardins, qu'on a osé placer sur un fragment de rocher, et qui sont pratiqués en terrasses ascendantes et circulaires. Ces espèces de labyrinthes isolés à deux cents pieds au-dessus de la ville, semblent dans l'éloignement ne tenir à rien et être suspendus dans les airs. Du point le plus élevé de ce rocher, ombragé par les arbres les plus rares, on a sous ses pieds la ville entière, ainsi que les trois vallons qui y aboutissent, et l'on embrasse d'un coup d'œil la vallée du Loir, une des plus belles et des plus riches de la France.

La ville de Château-du-Loir se compose d'une rue principale tirée au cordeau, ornée de jolies boutiques, de belles maisons bourgeoises et de jardins en terrasses. Cette rue traverse la ville en entier, et est divisée par une place carrée servant de promenade ; le surplus consiste en plusieurs rues montueuses, étroites, mal percées et assez mal bâties ; en petites places où se trouvent l'hôtel de ville, la halle, l'hôpital, etc. L'église Saint-Guingalois, la seule des deux anciennes églises paroissiales qui existe actuellement, est un édifice d'une belle construction, à arcades intérieures cintrées du côté droit, et semiogives à gauche, à ouvertures également de différents styles ; on y remarque un bel autel à la romaine en marbre, et un groupe aussi en marbre, placé au fond du chœur, représentant le Christ mort, couché sur les genoux de sa mère. Cette place, qui tenait pour la Ligue, se soumit à Henri IV en 1589.

INDUSTRIE. Château-du-Loir est le centre d'une fabrique de toiles renommées par leur bonne qualité, qui occupe environ huit cents métiers dans quarante communes des environs. Filatures de coton. Tanneries. — COMMERCE de grains, chanvre, lin, gibier, volailles, bestiaux, vins estimés du territoire. Commerce considérable de marrons, dont il s'exporte chaque année pour près de 200,000 fr.

N° 5. ROUTE DE PARIS A AMIENS.

VOITURES PUBLIQUES. Tous les jours pour Tours, le Mans, la Flèche, Vendôme, St-Calais.

BUT D'EXCURSION. A un quart de lieue de Château-du-Loir se trouvent le hameau de Coëmon et le pont qui traverse le Loir. De cet endroit, l'œil se repose avec plaisir sur le beau vallon où serpente le Loir ; de nombreuses maisons de campagne, le point de vue de Château-du-Loir, plus loin, le village de Dissal, bâti au pied d'un coteau dont le sommet est couronné par le château gothique de Courcillon; plus vers la droite, d'autres châteaux et d'autres villages, disséminés dans un pays fertile, offrent un tableau réellement enchanteur.

TOURS. Voy. N° 25, Route de Paris à Bordeaux.

SAMBLANÇAY (*Indre-et-Loire*). Bourg à 14 kil. (3 l. 1/2) de Tours. 650 hab. Il était jadis célèbre par un château fort, bâti au milieu d'un étang. Dans le fond des rochers qui servaient autrefois de fondations à cet antique château, coule une source minérale ferrugineuse, qui a beaucoup d'analogie avec celle de Forges, mais qui est loin d'en avoir la célébrité. Ces eaux, auxquelles on attribue de grandes propriétés médicinales, mériteraient d'être analysées avec soin et de fixer l'attention de l'autorité locale.

N° 5.

ROUTE DE PARIS A AMIENS (SOMME).

1re R., par CHANTILLY. Voy. N° 34, 1re R. de PARIS à CALAIS, 12 myr. 8 kil., ou 128 kil.

(Un kilomètre équivaut à environ un quart de lieue de poste de 2,000 toises.)

2e R., par BEAUVAIS, 13 myr. 2 kil.

                                                m. k.

De PARIS à BEAUVAIS (Voyez N° 34, 2e Route de PARIS à CALAIS).................... 7,2

De BEAUVAIS à AMIENS, V. N° 34............. 6,0

3e R., par MONTDIDIER, 13 myr. 3 kil.

De PARIS à *SAINT-JUST (Voy. N° 34)........ 7,8
SAINT-JUST (Oise) à *MONTDIDIER ⚭......... 1,9
MAIGNELAY (à droite de la route).
MONTDIDIER à *MOREUIL ⚭................. 1,6
MOREUIL à *AMIENS ⚭.................... 2,0

JUST-EN-CHAUSSÉE (SAINT-) (*Oise*). Village à 17 kil.(4 l.1/4)de Clermont. ⚭ ✉ 1,120 hab. Il est bâti sur la pente de la vallée, en face d'une montagne nommée Mirmont. — A l'ouest de Saint-Just, et à 2 kil. (1/2 lieue) de cette commune, on visite la trouée de Nourard, chemin large comme une porte cochère, à travers lequel on distingue les clochers de Laon, à 98 kil. (25 l.) de distance, et les tours de Coucy-le-Château, dans le département de l'Aisne.

MAIGNELAY (*Oise*). Bourg et château situés dans une plaine à 25 kil. (6 l. 1/4) de Clermont. Pop. 775 hab. L'église offre un portail qui n'est pas dépourvu d'élégance. Le château est d'une construction ancienne. C'était une forteresse, comme la plupart des manoirs féodaux, où l'on reconnaît les restes de tours. Quelque temps avant la révolution, M. de la Rochefoucauld acheta cette terre au marquis de Longeval, qui ne la vendit qu'après avoir convoqué ses vassaux, et réduit généreusement leurs rentes à de très-faibles redevances.

FORGES-LES-EAUX (*Seine-Inf.*). Bourg à 23 kil. (6 l.) de Neufchâtel.

en abandonnant les arrérages qui lui étaient dus : noble conduite trop rarement imitée par les possesseurs féodaux du royaume.

MONTDIDIER (*Somme*). Ville anc. Sous-préfect. Trib. de 1re inst. et de comm. Soc. d'agric. Collége comm. ✉ ⚐ 3,960 hab. — Cette ville est bâtie sur le penchant d'une montagne, au pied de laquelle coule la rivière du Dom. Elle était jadis fortifiée, et l'on voit encore quelques restes de ses anciennes fortifications. L'intérieur de Montdidier est assez triste. Une partie des maisons sont vieilles, et presque toutes les rues sont inégales et mal pavées. On y remarque : — L'hôtel de ville, édifice du XVIIe siècle, et surmonté d'un beffroi où l'on voit une niche dans laquelle une petite figure, appelée Jean Duquesne, frappe les heures. — L'ancien bailliage, occupé aujourd'hui par les salles du tribunal de 1re instance; il existe peu de palais de justice dont les salles d'audience et des pas perdus soient aussi vastes et aussi majestueuses. Dans les vestibules, on voit d'anciennes tapisseries représentant la Fuite en Égypte, Moïse faisant jaillir l'eau du rocher, le Veau d'or, etc.— L'église Saint-Pierre, lourde et massive, malgré la quantité de sculptures à jour qui en décorent le principal porche. — On voit dans l'intérieur un monument curieux, sculpture d'une époque antérieure aux croisades, représentant Raoul II, comte de Montdidier, couché sur le dos, la tête nue sur un coussin, les mains jointes, les pieds posés sur deux lionceaux, vêtu d'une longue tunique et ayant à son côté son épée : près de la tête, à droite, est un ange avec les ailes déployées; malheureusement la tête de l'ange, le nez et les mains du comte ont été mutilés. — On voit à l'entrée de l'église Saint-Sépulcre une pierre sépulcrale extrêmement curieuse, qui couvrait jadis les restes de Raoul de Crespy, comte de Montdidier, mort vers l'an 1074, et l'un des plus fameux usurpateurs de seigneuries de son temps. La chaire et le banc-d'œuvre de cette église méritent d'être remarqués. — Le collége offre un joli point de vue en arrivant à Montdidier par la route d'Amiens; cet édifice est très-vaste : on y voit un cabinet d'histoire naturelle et d'antiquités assez remarquable. — L'hôpital possède de vastes et commodes bâtiments récemment construits et ajoutés aux anciens : de belles cours, de beaux jardins où l'on jouit d'un air pur, offrent aujourd'hui aux malades de belles promenades et la distraction qui accélère leur convalescence. — PATRIE du médecin Fernel; de Claude et Jean Capperonnier; de Parmentier, célèbre agronome et l'un des écrivains les plus dévoués au bien général; de M. Caussin de Perceval, membre de l'Institut. — FABRIQUES de bonneterie, métiers à bas. Tanneries et corroieries. — COMMERCE de grains, légumes, bestiaux, charbon de terre, tourbe, pâtés de cochon de lait renommés, etc. — A 35 kil. (8 l. 3/4) d'Amiens, 82 kil. (21 l.) de Paris. — HÔTELS du Grenadier, de Condé.

VOITURES PUBLIQUES. Tous les jours pour Paris, Roye, Compiègne et Amiens. Pour Paris, par Clermont, Montdidier, Moreuil, Amiens.
BUT D'EXCURSION : au *Château de Baisse* (8 kil.), promenade fort agréable.
OUVRAGE A CONSULTER, qui se trouve à la librairie de Ve Darras, à Montdidier, *Histoire de la ville de Montdidier*, par Daire, in-12, 1765.

MOREUIL (*Somme*). Bourg sur la rive droite de l'Avre, à 14 kil. (3 l. 1/2) de Montdidier. ✉ ⚐ 1,941 hab. Le château du marquis de Rougé, ancien pair de France, quoique très-simple, a un aspect fort agréable. — FABRIQUES de papier, de bas et de métiers à bas.

AMIENS. Voy. N° 34, 1re Route de Paris à Calais.

D'AMIENS A ARRAS.

1re R., par DOULLENS, V. ci-après 1re R. d'AMIENS à LILLE..
2e R., par BAPAUME.. 6,5
.... 6,7

                                                      m. k.
D'AMIENS à * ALBERT ⚐.. 2,9
   * MAILLY (à gauche de la route).

N° 5. ROUTE DE PARIS A AMIENS.

* BAPAUME (sur la route).
ALBERT à ERVILLERS ☞.................... 2,3
ERVILLERS à * ARRAS ☞................... 1,5

ALBERT (*Somme*). Ville à 18 kil. (4 l. 1/2) de Péronne. ⊠ 2,668 hab. Elle est traversée par un bras de la rivière d'Ancre, dont les eaux se réunissent au bout de la place, se précipitent avec fracas du haut d'un roc factice, et forment une fort belle cascade. La magnifique carrière de pétrifications, découverte à Albert, en 1752, attire encore chaque année nombre de physiciens et de naturalistes dans cette ville; mais les pétrifications sont très-difficiles à détacher, depuis qu'on en a envoyé beaucoup au Jardin des plantes de Paris. L'église d'Albert possède une image de la Vierge fort révérée dans le département; elle est connue sous le nom de Notre-Dame de Breberie, et chaque année les bergers et les bergères des environs, précédés de plusieurs joueurs de cornemuse, viennent offrir leurs hommages à cette Vierge, portant de gros gâteaux sur la tête et sous les bras.

BUT D'EXCURSION : aux environs, tilleul de quatorze mètres de circonférence.

MAILLY (*Somme*). Village à 19 kil. (5 l.) de Doullens. 1,457 hab. Le portail de l'église est décoré d'un bas-relief représentant Isabeau d'Ailly, à qui l'on doit la construction de ce bel édifice.

BAPAUME. Voy. N° 9, Route de Paris à Arras.

D'AMIENS A DIEPPE, 11 myr. 5 kil.

D'AMIENS à * NEUFCHATEL ☞ (Voyez ci-après, R. m. k.
d'Amiens à Rouen)....................... 6,8
NEUFCHATEL (Seine-Inf.) à POMMEREVAL ☞...... 1,8
POMMEREVAL à DIEPPE (V. N° 124, Route de Rouen
à DIEPPE)........................... 2,9

NEUFCHATEL (*Seine-Inf.*). Ville. Sous-préfect. Trib. de 1re inst. Société d'agric. ⊠ ☞ 3,430 hab. Elle est agréablement située dans une contrée boisée et montagneuse, sur le penchant d'un coteau et près de la rive droite de la Béthune. Henri Ier, roi d'Angleterre, y fit bâtir, au commencement du XIIe siècle, un château fort, auquel elle doit son nom, et qui l'a rendue célèbre dans les fastes de l'histoire. Neufchâtel est renommé pour les excellents fromages qui se fabriquent dans les communes des vallées environnantes; on en distingue de trois sortes : la première est celle des fromages à la crème pure ; la seconde sorte est celle des cœurs de Bray, moins estimés que les premiers; les fromages ronds composent la troisième sorte. — Les vitraux de l'église; le château de Mesnière, où l'on montre une chambre qu'habita Henri IV. — FABRIQUES d'étoffes de laine, faïence, porcelaine. Filature de coton. Verrerie. — COMMERCE de cidre, fromages renommés, excellent beurre, etc. — A 125 kil. (32 l.) de Paris. — HÔTELS du Grand-Cerf, du Lion d'Or, de la Ville d'Aumale.

VOITURES PUBLIQUES : Gillet. Tous les jours pour Rouen, départ à 7 heures du matin et à 4 h. du soir; pour Paris, les lundis, mercredis et samedis, à 1 h. après midi.

DIEPPE. Voy. N° 47.

D'AMIENS A DUNKERQUE.

m. k.
Voyez N° 52, Route de Dunkerque............ 15,2

D'AMIENS AUX EAUX DE FORGES, 9 myr. 3 kil.

*D'AMIENS à * NEUFCHATEL ☞ (Seine-Inf.) (Voyez
ci-après, Route d'Amiens à Rouen)......... 6,8
NEUFCHATEL à * FORGES-LES-EAUX ☞......... 2,5

✉ ⚒ 1,460 hab. Il est bâti sur une montagne qui domine un vallon agréable, près de la forêt de Bray ; l'air que l'on y respire est très-sain.

Forges possède des sources d'eaux minérales ferrugineuses, qui jouissent depuis longtemps d'une grande réputation, notamment depuis le séjour qu'y fit Louis XIII avec la reine Anne d'Autriche et le cardinal de Richelieu, en 1632. Les sources sont au nombre de trois : la Reinette, la Royale et la Cardinale. Elles sont situées au couchant du bourg, dans un vallon marécageux dominé par de petites éminences, où l'on arrive par une belle avenue. Elles coulent dans un enfoncement pratiqué en maçonnerie dans le sol, de deux mètres à peu près de profondeur, et où l'on a conservé pour chacune un petit bassin séparé. Ces trois sources sont également abondantes pendant l'hiver et l'été, et n'augmentent pas de volume, même dans les plus grandes pluies. Elles se réunissent dans un seul et même canal, après avoir parcouru environ deux mètres de chemin dans une rigole qui termine chacun des petits bassins destinés à recevoir l'eau des sources. — SAISON DES EAUX. On prend les eaux depuis le mois de juillet jusqu'au 15 septembre. Le séjour de Forges est très-agréable : les habitants n'ont rien négligé pour ajouter aux divers agréments de ce lieu, pour multiplier les distractions et varier les plaisirs ; les promenades, les jardins, les sites champêtres, les eaux et les bocages semblent se réunir pour y élever un temple à la santé. Les malades trouvent des maisons commodes et toutes les ressources nécessaires à la vie. — PROPRIÉTÉS PHYSIQUES. Les eaux de Forges sont inodores, claires et limpides à leur source. Leur saveur est d'une astringence métallique très marquée. Leur pesanteur spécifique diffère peu de celle de l'eau distillée. Leur température est constamment de 6° du th. de Réaumur. — PROPRIÉTÉS CHIMIQUES. D'après l'analyse faite par M. Robert, pharmacien distingué de Rouen, il résulte que les eaux de Forges contiennent, dans différentes proportions, de l'acide carbonique, du carbonate de chaux et de fer, de l'hydrochlorate de soude et de magnésie, du sulfate de chaux et de magnésie, et de la silice. — PROPRIÉTÉS MÉDICINALES. Les eaux de Forges sont essentiellement toniques : on les administre avec succès dans les engorgements abdominaux, les hydropisies, les leucorrhées anciennes. Elles sont surtout très-recommandées contre la stérilité. — MODE D'ADMINISTRATION. On emploie les eaux de Forges en boisson, à la dose d'un verre jusqu'à sept. On commence par boire l'eau de la source de la Reinette ; on passe ensuite à celle de la Royale, et insensiblement à celle de la Cardinale, la plus active et la plus pénétrante des trois sources.

VOITURES PUBLIQUES. Tous les jours pour Rouen, Paris, Neufchâtel, Gournay, Beauvais.

OUVRAGE A CONSULTER. *Statistique de Forges-les-Eaux*, par Ciszeville, in-8°, an XIII.

D'AMIENS AU HAVRE, 17 myr. 8 kil.

D'AMIENS à *NEUFCHATEL ⚒ (Voyez ci-après, R. m. k.
   d'Amiens à Rouen)........................... 6,8
NEUFCHATEL à SAINT-SAENS ⚒.............. 1,4
SAINT-SAENS à TÔTES ⚒..................... 1,9
TÔTES à YERVILLE ⚒......................... 1,2
YERVILLE à * YVETOT ⚒...................... 1,3
YVETOT au * HAVRE ⚒ (V. N° 68)........... 5,2

D'AMIENS A LILLE.

1re R., par ARRAS, 11 myr. 1 kil.

D'AMIENS à TALMAS ⚒......................... 1,6
TALMAS à DOULLENS ⚒......................... 1,4
DOULLENS à L'ALBRET.......................... 1,7

N° 5. ROUTE DE PARIS A AMIENS.

L'Albret à *Arras ⟲.	1,8
Arras à *Lens ⟲.	1,7
Lens à *Carvin ⟲.	1,1
Carvin à *Lille ⟲.	1,8

LENS (*P.-de-C.*). Ville très-ancienne, qui portait autrefois le nom d'Elcux, située sur le Souchez, à 19 kil. (5 l.) de Béthune. ⊠ ⟲ 2,560 hab. Elle était jadis fortifiée, et a été prise plusieurs fois. En 1648, le prince de Condé remporta sous ses murs une victoire signalée sur les Espagnols. — Fabriques considérables 'd'eaux-de-vie de grains et de pommes de terre. Tanneries. Savonneries. — Commerce de grains, lin et chanvre.

CARVIN-ÉPINOY (*Pas-de-C.*). Gros bourg, situé à 29 kil. (7 l. 1/2) de Béthune. ⊠ ⟲ 4,950 hab. — Fabriques d'amidon.

2º R., par Péronne, 14 myr. 7 kil.

	m. k.
D'Amiens à Péronne (Voyez ci-après).	5,0
Péronne à Lille (Voyez N° 76).	9,7

D'AMIENS A MÉZIÈRES, 20 myr. 2 kil.

D'Amiens à *Villers-Bretonneux ⟲.	1,6
Villers-Bretonneux à Faucaucourt ⟲.	1,9
Faucaucourt à *Péronne ⟲.	1,5
Péronne à *Beauvois ⟲ (Aisne).	1,7
Beauvois à *Saint-Quentin ⟲ (Aisne).	1,6
Vermand (à gauche de la route).	
Saint-Quentin à *Origny ⟲.	1,5
Origny à *Guise ⟲.	1,2
Guise à Leschelle ⟲.	1,2
Leschelle à *La Capelle ⟲.	1,1
La Capelle à *Mézières ⟲ (Voy. N° 76, R. de Lille à Mézières).	6,9

De Guise à Vervins ⟲.	2,4
Vervins à Montcornet ⟲.	2,0

VILLERS-BRETONNEUX (*Somme*). Village à 16 kil. (4 l.) d'Amiens. C'est une des communes les plus riches et les plus commerçantes du département. ⊠ 2,163 hab. — Fabriques de bas de laine et de flanelles.

PÉRONNE (*Somme*). Ville. Sous-préf. Trib. de 1re inst. Cons. de prud. — A 131 kil. (33 l. 1/2) de Paris, 39 kil. (10 l.) d'Amiens. ⊠ ⟲ 3,802 hab. — Cette ville, surnommée la Pucelle, parce qu'elle n'a jamais été prise, est environnée de marais et défendue par des ouvrages qui la rendent très-forte ; la place n'est point régulière, mais l'hôtel de ville mérite d'être vu. On conserve dans ses archives une bannière extrêmement curieuse : le siège mémorable que soutint Péronne en 1536 contre le comte de Nassau, et les divers ornements qui existaient alors dans cette ville, s'y trouvent représentés. Le château actuel passe pour avoir été construit sous le règne de Henri IV ; on y remarque une ancienne tour, appelée vulgairement Tour Hébert, dans laquelle on suppose que l'infortuné Charles IV perdit la vie ; on croit aussi que c'est dans la même tour que Philippe-Auguste fit enfermer le comte de Boulogne après la bataille de Bouvines, et que Louis XI fut détenu par le duc de Bourgogne, à la nouvelle de la révolte des Liégeois. — On remarque encore à Péronne les fortifications, presque entièrement construites en briques ; l'église gothique de Saint-Farcy ; l'ancien château fortifié d'Applincourt, où fut proposée et signée, le 13 février 1577, l'association criminelle connue sous le nom de traité de la Ligue. — FABRIQUES de percales, linons, batistes. Tanneries.

OUVRAGES A CONSULTER, qui se trouvent à la librairie de Quentin, à Montdidier. *Priviléges, franchises, libertés des bourgeois de Péronne*, in-8°, 1636. *Relation du siége mémorable de la ville de Péronne*, par Ferrier, in-12, 1732.
VOITURES PUBLIQUES. Tous les jours pour Paris, Valenciennes, Amiens.

SAINT-QUENTIN. Voyez N° 76, 4° Route de Paris à Lille.

ORIGNY (*Aisne*). Village sur la rive droite du Ton, à 7 kil. (1 l. 3/4) de Vervins. 2,001 hab. — Centre d'une fabrique considérable de vannerie fine et de vannerie commune, qui s'exporte en France et à l'étranger.

GUISE. Petite ville forte à 20 kil. (5 l.) de Vervins. Place de guerre de 3° classe. ⊠ ↺ 3,072 hab.
La ville de Guise est dans une belle situation, sur la rive gauche de l'Oise, et traversée par un canal de dérivation de cette rivière. Les fortifications de la place se réduisent à peu près à un simple mur d'enceinte. Le château, construit par Claude de Lorraine, en 1549, domine la ville d'environ 50 mètres (150 pieds), et s'élève de ce côté par un escarpement à pic. Sa forme est à peu près triangulaire, et ses fortifications très-irrégulières. Sa capacité intérieure est peu considérable; on y rencontre cependant une tour ronde très-élevée, un vaste magasin pour l'artillerie, et des casernes pour environ 250 hommes. Le château de Guise renferme, de plus, des souterrains assez beaux et un puits creusé dans le roc jusqu'au niveau de la rivière. — On trouve dans les environs de cette ville une fontaine d'eau minérale légèrement ferrugineuse; des carrières de grès à paver, et des terres vitrioliques. Guise est la patrie de l'infâme Jean de Luxembourg, qui vendit Jeanne d'Arc aux Anglais; de l'historien Dormay, du bibliographe Marchand, de Camille Desmoulins, du général Dubois. — FABRIQUES de toiles. Filatures de coton. Tanneries et briqueteries. — HÔTEL de la Couronne.

CAPELLE (la) (*Aisne*). Petite ville dans une plaine fertile, à l'intersection de quatre grandes routes, et à 16 kil. (4 l.) de Vervins. ⊠ ↺ 1,341 hab. — En 1533, ce n'était qu'une chétive bourgade que François Ier fit fortifier, et qui devint alors une place importante. Ses fortifications ont été rasées en 1757. — FABRIQUES de café-chicorée. Brasseries. — COMMERCE considérable de grains.

MÉZIÈRES. Voyez N° 90, Route de Paris à Mézières.

D'AMIENS A REIMS.

1re R., par COMPIÈGNE et SOISSONS, 16 myr. 6 kil.

	m. k.
*D'AMIENS à MOREUIL ↺	2,0
MOREUIL à *MONTDIDIER ↺	1,6
MONTDIDIER à CUVILLY ↺	1,6
CUVILLY à *COMPIÈGNE ↺	1,9
COMPIÈGNE à JAULZY ↺	1,8
JAULZY à *SOISSONS ↺	1,9
SOISSONS à BRAISNE ↺	1,8
BRAISNE à *REIMS ↺ (Voy. N° 126)	4,0

2e R., par ROYE, NOYON et LA FÈRE, 16 myr. 3 kil.

*D'AMIENS à HOURGES	1,7
HOURGES à ROYE	2,5
ROYE à *NOYON	2,0
NOYON à CHAUNY	1,7
CHAUNY à *LA FÈRE	1,3
LA FÈRE à *LAON	2,3
LAON à CORBENY	2,0

N.º 5. ROUTE DE PARIS A AMIENS.

Corbeny à Berry-au-Bac	0,9
Berry-au-Bac à * Reims	1,9

3ᵉ R., par Péronne et Saint-Quentin (Aisne), 17 myr. 6 kil.

D'Amiens à Saint-Quentin (Voy. page 21)	8,3
* Saint-Quentin (Aisne) à Cerizy ☜	1,0
Cerizy à * La Fère ☜	1,2
La Fère à * Laon ☜	2,3
Laon à * Reims ☜ (Voy. la 1ʳᵉ route)	4,8

D'AMIENS A ROUEN, 11 myr. 4 kil.

	m. k.
D'Amiens à Quevauvillers ☜	1,7
Quevauvillers à * Poix ☜	0,9
Poix à * Aumale ☜	1,7
Aumale à * Neufchatel ☜ (Seine-Inf.)	2,5
Neufchatel à La Boissière ☜	1,5
La Boissière au Vert-Galant ☜	1,4
Vert-Galant à * Rouen ☜	1,7

* Darnetal (à gauche de la route).

POIX (*Somme*). Bourg à 23 kil. (6 l.) d'Amiens. ⊠ ☜ 986 hab. Il est situé dans un fond et généralement bien bâti. — L'église date du commencement du XIIᵉ siècle ; mais la voûte du chœur est plus moderne : on y voit des clefs pendantes ornées de curieux bas-reliefs.

AUMALE (*S.-Inf.*) Ancienne ville, très-agréablement située, sur la Bresle, à 24 kil. (6 l. 1/4) de Neufchâtel. Collége comm. ⊠ ☜ 1,980 hab. — Aumale était autrefois défendu par un château fort. Cette place a soutenu onze siéges et a été saccagée plusieurs fois. A l'une des extrémités du pont qui traverse la Bresle, existait anciennement une porte de ville, où Henri IV, qui revenait de visiter le siége de Rouen, fut atteint dans les reins d'un coup d'arquebuse : deux colonnes ont été érigées aux extrémités du pont en mémoire de cet événement. — Dans une prairie au nord de cette ville, on trouve rassemblées dans un beau bassin trois sources d'eaux minérales acidules ferrugineuses qui jouissent d'une grande réputation et s'emploient avec succès dans les maladies chroniques. — A peu de distance des murs, on remarque les ruines pittoresques de l'ancienne porte de l'abbaye d'Auchy. — Fabriques de draps, serges, toiles, blondes. Filatures hydrauliques de laines. Faïenceries. Tanneries. Moulin à foulon.

DARNETAL (*S.-Inf.*) Petite ville, dans une charmante situation, au fond d'une vallée étroite, bordée de fabriques et de riches habitations, à 4 kil. (1 l.) de Rouen. ⊠ 3,570 hab. Elle est traversée dans toute sa longueur par la rivière de Robec, et dans sa largeur par celle d'Aubette, qui y font mouvoir une infinité d'usines en tout genre. — Dans la partie la plus élevée de la ville, on remarque l'église de Longpaon, édifice d'une vaste étendue et d'un gothique assez délicat. A l'extrémité opposée est une autre paroisse d'architecture moderne, à l'exception de la tour, qui en est détachée et comme isolée, suivant un usage rare en France, mais commun en Italie. Cette tour, de forme carrée et d'un gothique fort ancien, est couronnée par une galerie ou plate-forme, d'où l'on découvre le vaste panorama des deux vallons pittoresques et frais qui se réunissent à Darnetal. Les toits pressés et les hautes tours de Rouen, la magnifique ceinture d'arbres qui remplace ses anciens fossés, terminent au midi l'horizon de ce gracieux paysage, auquel les verdoyantes pelouses de la montagne Sainte-Catherine prêtent quelque chose de grandiose et d'alpestre. — Darnetal est célèbre par ses diverses fabriques de draps et d'étoffes de laine, par ses filatures et par ses teintureries en rouge des Indes. Plus de seize cents ouvriers sont occupés dans ses filatures de laine et de coton.

OMNIBUS pour Rouen.

OUVRAGE A CONSULTER. *Notice sur la ville de Darnetal*, par Lesguillez, in-8°.

D'AMIENS À SAINT-QUENTIN.

1re Route, par PÉRONNE, Voyez page 21, Route d'AMIENS à MÉZIÈRES, 8 myr. 3 kil.

2e Route, par ROUPY, 9 myr. 9 k.

	m. k.
D'AMIENS à * BEAUVOIS ⌘ (Voy. page 21)	6,7
BEAUVOIS (Aisne) à ROUPY ⌘	0,7
ROUPY à * SAINT-QUENTIN (Aisne) ⌘	1,0
De BEAUVAIS (Aisne) à HAM	1,8

HAM (*Aisne*). Ville à 20 kil. (5 l.) de Péronne. ⌘ ⌘. La ville de Ham domine une plaine fertile; des marais l'entourent. Le château fort, qu'on découvre d'assez loin, jette dans l'âme la terreur et l'effroi. Il fut bâti vers l'an 1470 par Louis de Luxembourg, comte de Saint-Pol, que Louis XI fit plus tard décapiter. Au-dessus de la porte on lit cette inscription en caractères gothiques :

Mon Mieux.

La grosse tour a cent pieds de hauteur et de diamètre ; c'est la plus forte qui existe en France. — Ce château sert depuis longtemps de prison d'État ; c'est là où ont été détenus pendant six ans les ex-ministres de Charles X. — L'église de Ham, dont le chœur est magnifique, contient d'admirables bas-reliefs, représentant divers traits de l'Écriture sainte. Le jeu d'orgues est soutenu par de riches colonnes de marbre, ainsi que le superbe baldaquin qu'on remarque à l'entrée du chœur. — PATRIE du général Foy, du poëte Vadé.

N° 6.

ROUTE DE PARIS A ANGERS (MAINE-ET-LOIRE).

1re Route, par LE MANS, Voyez N° 100, 1re Route, de PARIS à NANTES, 30 myr. 2 kil.

2e Route, par VENDÔME, Voyez N° 100, 2e Route, de PARIS à NANTES, 34 myr. 1 kil.

3e Route, par ORLÉANS, 34 myr. 2 kil.

	m. k.
De PARIS à TOURS (V. N° 25, Route de Bordeaux).	23,2
TOURS à ANGERS (V. N° 100, Route de Nantes).	11,0

D'ANGERS A BOURBON-VENDÉE, 12 myr. 4 kil.

D'ANGERS à SAINT-LAMBERT DU LATTAY ⌘	2,4
SAINT-LAMBERT à CHEMILLÉ ⌘	1,3
CHEMILLÉ à * CHOLET ⌘	2,3
CHOLET à * BOURBON-VENDÉE ⌘ (Voy. N° 27)	6,4

CHOLET, BOURBON-VENDÉE. Voy. N° 27, Route de Paris à Bourbon-Vendée.

N.° 6. ROUTE DE PARIS A ANGERS.

D'ANGERS A LAVAL, 7 myr. 5 kil.

	m. k.
D'ANGERS au *LION-D'ANGERS ⚲...............	2,2
LION-D'ANGERS à CHATEAU-GONTIER ⚲.........	2,3
*BRISSARTHE (à droite de la route).	
CHATEAU-GONTIER à LA LOGE ⚲ (Mayenne)....	1,3
LA LOGE (Mayenne) à *LAVAL ⚲...............	1,7

De CRAON à *CHATEAU-GONTIER ⚲.............	1,9
CHATEAU-GONTIER à *SABLÉ ⚲...............	3,1
SABLÉ à POILLÉ ⚲.........................	1,0
POILLÉ à LA LUNE DE BRULON ⚲..............	1,3

LION-D'ANGERS (le) (*Maine-et-L.*). Joli bourg très-agréablement situé sur l'Oudon, un peu au-dessus de son confluent avec la Mayenne, à 14 k. (3 l. 1/2) de Segré. ✉ 2,500 h. — COMMERCE de vins, cidre, bestiaux, merceries, etc.

BRISSARTHE (*M.-et-L.*). Bourg sur la rive droite de la Sarthe, à 3 myr. (7 l. 1/2) de Ségré. C'est près de la porte de l'église de ce village que Robert le Fort fut tué, en 866, par les Normands qui s'étaient retirés dans cet édifice. La mort de Robert rend l'église de Brissarthe un monument historique du plus grand intérêt, non-seulement pour l'Anjou, mais pour la France entière. Elle a été bâtie à différentes époques, mais sa nef est bien celle dans laquelle les Normands se tinrent renfermés; sa construction paraît être du huitième ou du commencement du neuvième siècle; le côté de cette nef, à droite et en haut, est percé de trois petits vitraux à plein cintre, d'un pied de largeur sur quatre de hauteur.

CHATEAU-GONTIER (*Mayenne*). Petite ville. Sous-préf. Trib. de 1re inst. Soc. d'agric. Coll. comm. ✉ ⚲ 6,143 h. — Cette ville est agréablement située au milieu d'une riante campagne; elle est mal percée, mais assez bien bâtie, sur la Mayenne, que l'on y passe sur un pont de pierre, qui la sépare de son principal faubourg. Elle possède une église gothique et une jolie promenade d'où l'on jouit d'une vue délicieuse sur le bassin de la Mayenne, dont les rives sont bordées de noyers, de vergers, de prairies, et dominées par des escarpements ombragés qui produisent un effet très-pittoresque. Il ne reste de l'ancien château qu'un pan de mur qui fait partie d'une maison particulière, et qui a environ neuf pieds d'épaisseur. Le site que ce château occupait est devenu une place, sous laquelle la tradition prétend qu'il existe d'anciens souterrains. — On trouve aux environs une source d'eau minérale. — FABRIQUES de toiles, serges, étamines. Blanchisseries de toiles et de fil. Tanneries. — COMMERCE de graine de trèfle, toiles, fils, fers, bois, vins, etc. — A 27 kil. (7 l.) de Laval, 304 kil. (78 l.) de Paris. — HÔTELS de la Boule d'Or, des Trois-Trompettes.

SABLÉ (*Sarthe*). Petite et ancienne ville, sur la rive gauche de la Sarthe, à 29 kil. (7 l. 1/2) de la Flèche. ✉ ⚲ 3,999 hab. C'était autrefois une des plus fortes places du Maine. Elle est bâtie dans une situation fort agréable sur le sommet d'une colline couronnée par un magnifique château qui s'élève à pic sur le cours de la Sarthe : construit par Mansard pour un frère du grand Colbert, ce château présente une façade imposante, et domine au loin la ville et la campagne. La Sarthe divise la ville en deux parties inégales, réunies par un pont en marbre noir, du haut duquel on jouit d'une fort belle vue sur le château, sur les belles prairies arrosées par la Sarthe, sur les jolis coteaux que baigne cette rivière, et sur un boulevard à demi circulaire élevé en terrasse.

BUT D'EXCURSION : à *Solesme*, à 4 k. de Sablé. — Sur le point le plus élevé d'un coteau d'où l'œil découvre un des plus beaux aspects qu'offre cette partie de la France, s'élevait l'antique prieuré de Solesme, fondé en l'année 1010; il n'en reste aujourd'hui que l'église, bel édifice construit vers la fin du douzième siècle ou au commencement du treizième, qui renferme deux morceaux d'architecture à plusieurs étages ornés de plus de cinquante statues de grandeur naturelle, et adossés aux murs des deux chapelles formant les extrémités de la croisée.

L'église de Solesme occupe le côté nord de l'ancien prieuré, vaste et bel édifice reconstruit en 1722; sa forme est celle d'une croix latine ayant 63 m. de longueur dans œuvre, sur 14 de large à la croisée; elle n'a qu'une seule nef sans collatéraux. Au centre de la croisée sont les deux chapelles dont nous parlerons ci-après. Le chœur offre un autel à la romaine et des stalles bien conservées d'une forme très-élégante, disposées sur deux rangs, au nombre de vingt-quatre de chaque côté, et offrant chacune sur le dossier une tête en bas-relief très-saillant avec un nom au-dessous. — La chapelle de droite de la croisée a été construite vers la fin de 1496; elle offre un mélange curieux d'architecture gothique et du style de la renaissance. On y remarque, sur le côté droit, l'entrée d'un petit caveau qui renferme le tombeau prétendu de Geoffroy de Sablé. En face de l'entrée de ce caveau, on voit sur le mur un bas-relief encadré en pierre blanche, qui représente le massacre des innocents et rappelle la grande composition de Raphaël. Sur le troisième côté, faisant face au chœur, se trouve, dans un enfoncement du mur, un des monuments désignés sous le nom de Saints de Solesme, qui représente Jésus-Christ déposé dans le sépulcre; c'est un vaste bas-relief de toute la hauteur de la chapelle, 10 à 11 mètres, et de 5 à 6 m. de large. La partie supérieure présente, au milieu de beaucoup d'ornements du style qu'on est convenu d'appeler gothique, deux niches élégantes séparées par une croix de grande dimension, où le Christ ne se retrouve plus, et sous lesquelles sont placées deux figures de saint et de docteur: des frises de chardon d'une extrême délicatesse décorent ce morceau, qui est d'une conservation parfaite. La partie inférieure offre un renfoncement de 12 pieds environ de profondeur, figurant un sépulcre, dont la voûte très-surbaissée présente un bandeau chargé de plusieurs rangs de feuillages et de découpures à jour parfaitement conservés: les nervures de la voûte intérieure se confondent gracieusement en un beau cul-de lampe, au-dessous duquel, dans le sépulcre, sont réunies quatorze figures en pierre blanche du pays, représentant Jésus-Christ dans son linceul, la Vierge avec les disciples et les saintes femmes, Nicodème et Joseph d'Arimathie, etc. Il y a beaucoup de mérite dans l'exécution de ces diverses figures: celle de la Madeleine est surtout remarquable par sa pose aussi naturelle que vraie, et par l'agencement heureux des draperies. — La chapelle de gauche de la croisée a été construite en l'an 1553; les statues qui la décorent passent pour être de Germain Pilon le père; le style est entièrement celui de la renaissance, et n'offre que des arcades à plein cintre, des ordres grecs dans toute leur pureté, des frises et des entablements de la plus grande richesse. Cette chapelle présente trois monuments distincts, encastrés dans les murs qui en forment les trois côtés. Celui du côté droit se compose, dans la partie supérieure, d'une gloire représentant l'assomption de la Vierge, soutenue par deux anges qui la couronnent; aux deux côtés sont des statues portant les mots: *humilitas* et *fides*; plus bas est figuré un animal à sept têtes hideuses, qui doit être la bête de l'Apocalypse: un ange paraît la montrer, et au-dessous d'elle on lit cette inscription: *Quando morietur et peribit nomen ejus?* Un étage séparé du précédent par une frise élégante offre trois arcades très-surbaissées, d'inégale largeur, présentant les quatre statues des Vertus théologales avec leurs noms. Enfin, tout à fait dans la partie inférieure et dans une niche enfoncée, est un ensemble de quatorze figures représentant la Vierge priant à l'agonie, soutenue par l'apôtre saint Pierre et recevant la communion des mains de Jésus-Christ. Tout cet ensemble offre de grandes beautés; la figure de la Vierge et celle de saint Pierre sont surtout fort remarquables. Le monument adossé au côté gauche de la chapelle n'a qu'un seul étage: il offre un groupe remarquable représentant Jésus enfant enseignant au milieu des docteurs. Le morceau qui occupe le milieu de la chapelle est formé de trois étages distincts: celui d'en haut, qui simule un arc de triomphe à trois arcades, montre des figures agenouillées qu'il est difficile de caractériser; l'étage inférieur présente dans des niches demi-cylindriques quatre bustes de saints ou de docteurs: dans l'étage au-dessous sont deux figures en pied représentant saint Thomas et saint Denis. Enfin, dans la partie tout à fait au niveau du sol, et dans un enfoncement qui peut avoir 3 à 4 mètres de profondeur, on a représenté, par un groupe de quinze figures, la mort de la Vierge, qui se trouve ainsi servir de pendant au sépulcre de Jésus-Christ, placé dans la chapelle située en face, de l'autre côté du chœur. Ce groupe, de grandeur naturelle, est regardé comme le plus beau de tous ceux qui décorent l'église de Solesme. La figure de la Vierge est vraiment admirable, et rappelle fort bien l'Atala de Girodet; elle est enveloppée à demi d'un linceul dont les coins sont portés par des apôtres et par un moine bénédictin que l'on dit représenter J. Bougler, prieur de Solesme, à qui l'on doit la construction des deux chapelles qu'on a coutume de désigner sous le nom de Saints de Solesme.

OUVRAGE A CONSULTER: *Histoire de Sablé*, par Ménage, in-fol 1683.

D'ANGERS A NANTES.

Par CHEMILLÉ, 10 myr. 5 kil.

	m. k.
D'ANGERS à CHEMILLÉ ☞ (Voy. ci-dessus)	3,7
De CHEMILLÉ à * BEAUPRÉAU ☞	2,0
BEAUPRÉAU à VALLET ☞	2,3
VALLET à TOURNEBRIDE ☞	1,2
TOURNEBRIDE à * NANTES ☞	1,3

De VALLET à * CLISSON ☞ 0,9

D'ANGERS A POITIERS, 13 myr. 7 kil.

	m. k.
D'ANGERS à LA CROIX-VERTE ☞ (Voyez N° 100, 1re Route de Paris à Nantes)	4,6
LA CROIX-VERTE * (Saumur) à FONTEVRAULT ☞	1,7
FONTEVRAULT à * LOUDUN ☞	2,1
LOUDUN à MIREBEAU (Vienne) ☞	2,6
MIREBEAU (VIENNE) à * POITIERS ☞	2,7

De FONTEVRAULT à *SAUMUR ☞ 1,6

D'ANGERS A RENNES.

1re R., par CANDÉ, 12 myr. 4 kil.

	m. k.
D'ANGERS à BECON ☞	2,0
BECON à CANDÉ ☞	1,9
CANDÉ à LA CHAPELLE-GLAIN ☞	1,4
LA CHAPELLE-GLAIN à * CHATEAUBRIANT ☞	1,8
CHATEAUBRIANT à * RENNES ☞ (V. N° 119)	5,3

2e R., par SÉGRÉ, 12 myr. 9 kil.

D'ANGERS au LION-D'ANGERS ☞	2,2
LE LION-D'ANGERS à * SÉGRÉ ☞	1,4
SÉGRÉ à POUANCÉ ☞	2,4
POUANCÉ à * CHATEAUBRIANT ☞	1,6
CHATEAUBRIANT à * RENNES ☞ (Voy. N° 119)	5,3

De CANDÉ à * SÉGRÉ ☞ 1,9

N° 7.

ROUTE DE PARIS A ANGOULÊME (CHARENTE).

1re R., par ORLÉANS, V. N° 25, 1re R. de PARIS à BORDEAUX, 44 myr. 4 kil., ou 444 kil.

2e Route, par CHARTRES, Voyez N° 25, Route de PARIS à BORDEAUX, 44 myr. 3 kil.

N° 7. ROUTE DE PARIS A ANGOULÊME.

D'ANGOULÊME A LIMOGES, 10 myr. 7 kil.

	m. k.
*D'ANGOULÊME à *LA ROCHEFOUCAULD ☜........	2,3
*RUELLE (à droite de la route).	
LA ROCHEFOUCAULD à FONTAFIE ☜...........	1,9
*LES SALLES (à droite de la route).	
FONTAFIE à *CHABANNAIS ☜................	1,5
*CONFOLENS (à gauche de la route).	
*SAINT-GERMAIN (à gauche de la route).	
*SAINT-MAURICE (à gauche de la route).	
CHABANNAIS à *SAINT-JUNIEN ☜.............	1,6
*ROCHECHOUART (à droite de la route).	
SAINT-JUNIEN au PETIT-BUISSON ☜............	1,8
LE PETIT-BUISSON à *LIMOGES ☜.............	1,6

RUELLE (*Charente*). Bourg à 7 kil. (1 l. 3/4) d'Angoulême, sur la Tourve et à peu de distance de sa source. 1,250 hab. On y remarque une belle fonderie de canons de fer pour la marine royale, un moulin à poudre et plusieurs forges et hauts-fourneaux.

ROCHEFOUCAULD (la) (*Charente*). Ville à 23 kil. (6 l.) d'Angoulême. ☒ ☜ 2,706 hab. Cette ville est sur la Tardouère, que l'on passe sur un pont fort ancien, qui sert de promenade publique ; elle consiste en une seule rue, dominée par un château flanqué de quatre grosses tours rondes à combles pyramidaux, et d'une tour carrée plus élevée et beaucoup plus ancienne. Le château de la Rochefoucauld, tel qu'il existe aujourd'hui, date de la renaissance ; c'est un monument remarquable de cette belle époque. Dans l'intérieur, on voit un escalier en spirale, construit en pierres de taille et en vignot, qui mérite de fixer l'attention : le parc sert de promenade publique. C'est dans ce château qu'est né le célèbre auteur des *Maximes*, qui se plaisait à y réunir les Racine, les Boileau, les la Fayette, les Sévigné, etc. — FABRIQUES de toiles, droguets, rubans de fil. Tanneries renommées. — COMMERCE de fil, bois merrain, lattes, futailles, bestiaux.

SALLES-LA-VAUGUYON (les) (*Haute-Vienne*). Bourg à 15 kil. (3 l. 3/4) de Rochechouart. 716 hab. — Forges et affineries. On y voit des débris assez considérables de l'antique château de la Vauguyon, qui s'élève sur une hauteur au bord de la forêt, et à l'entrée du bourg : la façade offre au milieu une belle tour carrée, en avant de laquelle on reconnait l'emplacement du pont-levis ; sur la droite se voient les ruines de la chapelle, et sur la gauche des salles basses et obscures qui passent pour avoir été des prisons.

CONFOLENS (*Charente*). Petite ville. Sous-préf. Trib. de 1re inst. Collége comm. ☒ 2,687 hab. C'est une ville ancienne et généralement mal bâtie. On y remarque une petite bibliothèque publique, renfermant 13,000 volumes ; et les restes d'une tour carrée, qui dépendait autrefois d'un ancien château fort. On s'arrête avec plaisir sur le pont de la Vienne pour admirer le large cours de cette rivière, la beauté de son onde et les paysages qui bordent ses rives : la construction de ce pont remonte à une haute antiquité. — INDUSTRIE. Élève de bestiaux, que l'on envoie dans la Haute-Vienne pour y être engraissés. — COMMERCE considérable de bois de construction, de merrain, de bœufs gras et autres bestiaux. Foires très-fréquentées. — A 74 kil. (19 l.) d'Angoulême, 45 kil. (11 l. 1/2) de Limoges, 438 kil. (112 l.) de Paris. — HÔTELS Courteau, Lagrange.

VOITURES PUBLIQUES : pour Angoulême, Niort, Bellac, Limoges.

GERMAIN (SAINT-) (*Charente*). Village situé sur la Vienne, à 4 kil. (1 l.) de Confolens. 350 hab.

N° 7. ROUTE DE PARIS A ANGOULÊME.

BUT D'EXCURSION. En descendant la Vienne, à 2 kil. environ de Confolens, et un peu au-dessous du bourg de Saint-Germain, on trouve une île d'un agréable aspect, mais d'une étendue peu considérable. A peu près au centre de cette île et au milieu d'un petit bosquet, est une excavation peu profonde. On y descendait autrefois par quatre marches; mais les deux dernières sont aujourd'hui recouvertes par les parties terreuses et les dépouilles des arbres qui, en s'accumulant, ont insensiblement exhaussé le fond de la cavité. Les terres environnantes sont retenues par de petits murs de soutènement construits en pierres mal taillées et sans mortier, comme la plupart des édifices gaulois. Ces murs, que le temps a dégradés en plusieurs endroits, ne s'élèvent qu'à la hauteur du sol. L'espace ainsi environné, quoique d'une forme peu régulière, donne assez bien l'idée d'un temple découvert; et il n'est pas douteux que ce ne soit un des premiers que les Gaulois aient construits, lorsque, dans leurs pratiques religieuses, ils commencèrent à se départir de leur simplicité primitive. La longueur de ce temple, d'occident en orient, est de 12 mètres, et sa largeur moyenne de 8 mètres environ. La figure que présente cette espèce de sanctuaire est terminée par deux lignes latérales, à peu près parallèles, mais qui cependant convergent un peu vers l'orient, où elles sont réunies par une courbe à peu près circulaire. Elles aboutissent, du côté de l'occident, à une autre ligne droite, transversale, et un peu plus sur la droite que la muraille, qui est interrompue par les marches dont nous avons parlé. Vers l'extrémité arrondie, s'élèvent quatre colonnes disposées en quadrilatère à peu près parallélogrammique, mais de telle sorte cependant que celles de devant, espacées d'un axe à l'autre de 2 mètres 10 cent. d'entr'axe. Ces colonnes, toutes semblables, se composent d'un fût d'une seule pièce ayant 30 cent. de diamètre à la base, et 1 mètre 75 de hauteur, surmonté d'un chapiteau de deux pièces assez mal taillées, dont la seconde forme tailloir. Le chapiteau, dans son ensemble, offre une hauteur de 60 cent. Chaque colonne repose sur une base de 35 cent. de hauteur, à peu près semblable à la première pièce du chapiteau, et posant elle-même sur une pierre carrée qui forme piédestal, mais que les terres accumulées par le temps recouvrent presque entièrement aujourd'hui. Quoique toutes ces parties soient d'une très-grossière exécution, on remarque dans leur ensemble les premières étincelles du goût. Les colonnes sont agréablement renflées, et seraient même d'une assez belle proportion, si les chapiteaux étaient un peu plus délicats. Sur ces quatre colonnes repose une pierre brute irrégulière, d'une moyenne grosseur, et dont le poids, évalué d'après le volume peut s'élever à 18,000 kil. Les bords de cette pierre ressortent un peu au delà des chapiteaux qui la supportent, à l'exception d'un angle arrondi, qui fait une forte saillie du côté de l'orient, c'est-à-dire au-dessus de la partie circulaire du temple, qu'il recouvre presque entièrement. C'est au-dessous de cette partie saillante qu'on avait construit un autel que le temps et les hommes ont renversé, mais dont les débris subsistent encore sous le monument. Le devant de cet autel faisait face à l'occident, en sorte que le prêtre, qui officiait à couvert, était tourné vers le soleil levant. La pierre qui formait le dessus de l'autel, et qui est parfaitement bien conservée, est un parallélogramme rectangle, d'un mètre 20 cent. de longueur sur 78 cent. de largeur et 20 d'épaisseur. Elle n'est percée nulle part. La face latérale de derrière est plane; mais les trois autres sont évidées en quart de rond, à l'arête inférieure. Il serait possible de reconstruire cet autel dans la forme qu'il avait autrefois, en en rajustant toutes les parties, qui ne sont que désunies.

A l'entrée du sanctuaire et dans l'angle qui se trouve à la droite de l'escalier, est une espèce de bénitier, creusé dans une pierre absolument semblable, pour la forme et pour la dimension, à celle qui compose la première partie de chaque chapiteau. Elle est posée sur un tronçon de colonne également semblable à celles du monument, et s'élève à peu près autant que les murs du temple, c'est-à-dire à la hauteur du sol environnant.

Les colonnes, la pierre qu'elles supportent, l'autel et le bénitier sont d'une espèce de roche granitique très-abondante dans la contrée, et qu'on appelle grison.

Il n'a pas été possible de recueillir aucun indice sur l'époque où fut construit ce monument. Les habitants du pays, qui en ignorent l'origine et qui ne conçoivent pas comment des hommes auraient pu enlever une pierre d'un poids aussi considérable, pour la poser sur quelques frêles appuis, lui supposent naturellement une existence miraculeuse : car il est dans la nature de l'homme ignorant et simple, comme dans celle de l'enfant, d'expliquer par le merveilleux tout ce qui passe les bornes de son intelligence. Ils débitent à ce sujet une fable ridicule, et disent que sainte Madeleine vint autrefois faire pénitence dans l'île qui avoisine Saint-Germain, et qu'ils appellent l'île de Sainte-Madeleine; qu'en y abordant, elle portait cette pierre énorme sur sa tête, les quatre chandeliers (c'est ainsi qu'ils désignent les colonnes) dans son tablier, et le bénitier dans sa poche; ils ajoutent, sans doute pour rendre le fait plus extraordinaire, qu'elle filait en même temps sa quenouille; ils montrent même, à l'appui de cette singulière assertion, l'empreinte d'une des pantoufles de la sainte voyageuse, sur un rocher très-dur, qui se trouve à découvert à 4 ou 500 mètres de la rive gauche de la Vienne. Cette empreinte ressemble en effet médiocrement à celle d'un pied droit de grandeur moyenne; mais l'observateur raisonnable n'y voit qu'un jeu de la nature, dont l'illusion a été probablement favorisée par les meuniers des environs, qui se seront amusés à perfectionner à coups de marteau ce qui se trouvait tout naturellement ébauché. Le pied gauche est, dit-on, marqué de la même manière sur un autre quartier de roche, faisant partie de la digue d'un moulin construit sur la rivière; mais comme les eaux ne la laissent que très-rarement à découvert, il est assez difficile d'en vérifier l'existence. Au reste, comment les gens crédules des campagnes n'auraient-ils pas adopté le conte de la Madeleine morte à Éphèse, et faisant dans le même temps pénitence dans l'île de Saint-Germain, lorsqu'ils ont vu, peu d'années encore avant 1789, le clergé catholique allant tous les ans en procession, le jour de la fête de sainte Madeleine, sur l'autel druidique que nous avons décrit?

MAURICE (ST.-) (*Char.*). Bourg à 10 kil. (2 l. 1/2) de Confolens. 1750 h. — Sur la place qui avoisine l'église paroissiale de cette commune, on remarque un lion taillé en pierre granitique du pays, et dont les dimensions surpassent un peu celles de la nature. Le bloc dont il est formé est adossé à un massif de maçonnerie, servant à soutenir la croix de bois au pied de laquelle on dépose les morts. Ce lion, qu'on a représenté couché, offre bien plutôt une ébauche qu'un travail achevé : de simples trous représentent les yeux, le nez, la bouche et les oreilles. La grossièreté du travail, l'imperfection des formes, attestent l'enfance de l'art, et par conséquent une très-haute antiquité.

CHABANNAIS (*Char.*). Ville à 16 kil. (4 l.) de Confolens. ✉ ☎ 1,780 hab. Elle est bâtie dans une position agréable, sur la Vienne, qu'on y passe sur un pont fort ancien. On y remarque une tour antique et les ruines d'un château qui a appartenu à Colbert. C'est la patrie de l'ex-ministre Dupont de l'Étang. — COMMERCE de grains, haricots, châtaignes et bestiaux.

ROCHECHOUART (*H.-Vienne*). Ville. Sous-préf. Trib. de 1re instance. ✉ 3,996 hab. — Cette ville, qu'Adémar de Chabannais appelle *Roca-Cavardi*, est bâtie sur le penchant d'un rocher que baignent les eaux de la Grenne. On présume qu'elle tire son nom de ce roc, qui semble suspendu dans quelques endroits et prêt à rouler dans le vallon. — Le château de Rochechouart est remarquable par sa situation pittoresque ; c'est le berceau de la brillante famille des Mortemart, dont l'esprit était passé en proverbe sous Louis XIV, au milieu des mœurs élégantes de la cour la plus polie et la plus spirituelle de l'Europe. Cette antique demeure est en partie dégradée ; la plupart des bâtiments, qui étaient très-considérables, se trouvent maintenant découverts. Le plan assez irrégulier de ce château offre un quadrilatère flanqué de plusieurs tours, dont la principale sert aujourd'hui de prison de ville. Une autre tour moins considérable, dite la tour du Lion, offre dans sa paroi extérieure une figure d'animal grossièrement taillée, et tout à côté sort du mur une autre figure semblable, mais plus petite : on voit aussi dans cette tour des peintures à fresque fort curieuses.—A 35 kil. (9 l.) de Limoges, 421 kil. (108 l.) de Paris.

JULIEN (ST.-) (*H.-Vienne*). Ville à 11 kil. (2 l. 3/4) de Rochechouart. ✉ ☎ 5,895 hab. — Cette ville est bâtie en amphithéâtre, sur le penchant d'un coteau dont le pied est baigné par la Vienne, qui y reçoit la rivière de Glane. Elle est entourée de boulevards garnis de belles plantations, d'où l'on découvre de jolis jardins, de belles prairies, et des campagnes dont la culture est très-variée. L'église paroissiale est une des plus belles du département ; c'est un édifice d'un style aussi hardi qu'imposant, présentant dans ses détails le genre d'ornement qui caractérise les ouvrages du douzième et du treizième siècle ; quelques parties sont néanmoins d'une date plus récente ; on y remarque surtout le maître-autel, revêtu de beaux marbres, et décoré d'un superbe bas-relief représentant les disciples d'Emmaüs. Derrière cet autel est le tombeau du saint à qui la ville doit son nom. — A l'entrée du pont jeté sur la Vienne, se trouve une chapelle dédiée à la Vierge, à laquelle Louis XI avait une dévotion particulière ; il la visita en 1465, et donna des ordres pour sa reconstruction et pour son embellissement. — FABRIQUES de serges, couvertures de laine et de coton, pelleteries, gants de peau, faïence, poterie commune. Manufacture de porcelaine. Nombreuses papeteries. Teintureries. Blanchisseries de cire. Tanneries. — COMMERCE considérable de chevaux et de mulets.

D'ANGOULÊME A PÉRIGUEUX, 8 myriam. 3. kilom.

	m.k.
D'ANGOULÊME * A DIGNAC ☞	1,6
DIGNAC au château de la ROCHE-BEAUCOURT ☞	1,3
La ROCHE-BEAUCOURT à MAREUIL (Dordogne) ☞	0,9
MAREUIL à BRANTOME ☞	2,0
BRANTOME à VESSAT ☞	1,2
VESSAT à * PÉRIGUEUX ☞	1,3

D'ANGOULÊME A LA ROCHELLE.

Ire R., par ROUILLAC, 12 myriam., 7 kilom.

* D'ANGOULÊME à ROUILLAC ☞	2,5
ROUILLAC à MATHA ☞	2,3
MATHA à SAINT-JEAN-D'ANGELY ☞	1,8
SAINT-JEAN-D'ANGELY à SURGÈRES ☞	2,8
SURGÈRES à la ROCHELLE ☞ (V. N° 121)	3,3

2e R., par HIERSAC, 14 myriam. 2 kilom.

* D'ANGOULÊME à HIERSAC ☞	1,5
HIERSAC à JARNAC ☞	1,5
JARNAC à * COGNAC ☞	1,5
COGNAC à PONTREAU ☞	1,4
PONTREAU à * SAINTES ☞	1,3
SAINTES à la * ROCHELLE ☞. (Voy. N° 25, Route de BORDEAUX à NANTES)	7,0

N° 8.

ROUTE DE PARIS A ANTIBES (VAR).

93 myr. 7 kil.

	m.k.
De PARIS à * LYON ☞. (V. N° 82, Route de LYON).	46,8
LYON à * VALENCE ☞. (Voy. N° 82, Route de LYON à MARSEILLE)	10,1
VALENCE à * AIX. (Voy. N° 85, Route de PARIS à MARSEILLE)	20,3
AIX à CHATEAUNEUF-LE-ROUGE ☞	1,2
* PUYLOUBIER (à gauche de la route).	
* LA ROQUE (à gauche de la route).	
* LE THOLONET (à gauche de la route).	
* SAINT-MARC (à gauche de la route).	
* VAUVENARGUES (à gauche de la route).	
CHATEAUNEUF à LA GRANDE-PUGÈRE ☞	1,1
LA GRANDE-PUGÈRE à * TOURVES ☞	2,2

*Trets (à droite de la route).
* Saint-Maximin (à droite de la route).
Tourves à *Brignolles ⟲............................. 1,2
*Barjols (à gauche de la route).
Brignolles au Luc ⟲............................... 2,3
* Cabasse (à gauche de la route).
* La Garde-Freinet (à droite de la route).
Le Luc à *Vidauban ⟲............................. 1,2
Vidauban au *Muy ⟲.............................. 1,3
Muy à * Fréjus ⟲................................. 1,5
Fréjus à l'Éstérel ⟲............................ 1,4
* Fayence (à gauche de la route).
L'Estérel à *Cannes ⟲............................ 2,0
Cannes à * Antibes ⟲............................ 1,1
* Iles-de-Lérins (sur la droite de la route).

2e Route, par Draguignan, 95 myr. 2 kil.

De Paris à Vidauban ⟲ (Voy. la 1re Route)..... 86,4
*Vidauban à Draguignan ⟲................... 1,7
Draguignan à Garron ⟲...................... 1,6
Garron à la Colle-Noire ⟲.................. 1,6
Colle-Noire à * Grasse ⟲.................... 1,6
*Aiglun (à gauche de la route).
Grasse à *Antibes ⟲........................ 2,3
D'Antibes à * Grasse (Vacant)................ 2,3

*Mouans (à gauche de la route).
De *Cannes à *Grasse ⟲..................... 1,7
* Cannet (à gauche de la route).

PUYLOUBIER (*Bouches-du-Rhône*). Village à 16 kil. (4 l.) d'Aix. 900 h. Il est bâti en amphithéâtre, sur le penchant méridional de la chaîne de Sainte-Victoire, et jouit d'un point de vue magnifique. — Il existe à Puyloubier un ermitage célèbre, connu sous le nom de Saint-Ser ; il est construit dans une grotte de la montagne Sainte-Victoire, au-dessus de laquelle est la chapelle bâtie dans une grotte plus élevée et plus spacieuse, renfermant un réservoir d'eau limpide et le tombeau modeste du saint. L'ermitage est environné de rochers, recouverts en partie de lierre et de pervenche; en avant, et un peu au-dessous, est une plate-forme d'où l'on découvre une vue admirable. L'ermitage lui-même présente de loin un paysage d'un effet pittoresque : l'humble toiture de la cellule et le petit clocher de la chapelle se laissent entrevoir à travers le feuillage des noyers, des cerisiers et des micocouliers, dont la verdure contraste d'une manière agréable avec la teinte grisâtre des rochers qui occupent le fond du tableau.

ROQUE-D'ANTHERON (la) (*B.-du-R.*). Village à 21 kil. (5 l. 1/2) d'Aix. 1,400 hab. On y remarque un des plus magnifiques et des plus agréables châteaux de la Provence; les bâtiments sont vastes et joignent la solidité à l'élégance ; les jardins sont entretenus avec le plus grand soin; au delà est un parc superbe terminé par le canal de Craponne, et ayant vue sur les ruines de Sylvacane.

THOLONET (le) (*B.-du-R.*). Village à 4 kil (1 l.) d'Aix. 480 hab. Le Tholonet est une commune composée d'un beau château et d'environ cent maisons disséminées dans un charmant vallon qu'arrose le ruisseau des Infernels. Le château, surmonté de rochers arides, et précédé d'un parterre élégant ; les beaux arbres qui garnissent le parc; les eaux abondantes qui de tous côtés descendent en cascades et vont arroser les prairies; enfin, le contraste singulier d'un vallon verdoyant et fertile qu'entourent des rocs entièrement nus et horriblement escarpés, font du Tholonet un des lieux les plus agréables et les plus pittoresques de toute la contrée. Ce site est pour la ville d'Aix ce que le vallon de Saint-Pons est pour la ville de Marseille; dans la belle saison, et surtout le dimanche, la foule y afflue et ne se lasse jamais de parcourir ces beaux lieux. — Les traces de monuments romains sont nombreuses sur le territoire de cette commune; le plus remarquable est un énorme massif de maçonnerie qui barre le lit du ruisseau que l'on désigne sous le nom de Tholonet. Dans un lieu où le ruisseau, tout à coup abandonné de son lit, fait une chute perpendiculaire de 45 pieds, un grand mur établi sur le vallon supérieur s'attache aux flancs opposés des rochers; il est déchiré dans son milieu, mais ses extrémités, s'avançant sur les deux rives, semblent lutter de majesté avec les masses qui les environnent. Peu de monuments sont placés d'une manière aussi heureuse, et bien peu produisent un aussi grand effet. Nous ne saurions trop recommander aux amateurs des beautés pittoresques de visiter ce site vraiment romantique, de remonter le ruisseau pour contempler les aspects et les accidents des énormes rochers qui se rapprochent pour encaisser son lit.

MARC (SAINT-) (*B.-du-R.*). Village à 5 kil. (1 l. 1/4) d'Aix. 300 hab. On y voit un château anciennement fortifié pour défendre les gorges de Vauvenargues et d'Aix, qui a soutenu plusieurs siéges. Aux environs, sur un plateau élevé de 400 mètres au-dessus de la mer, on remarque la tour dite des Signaux, qui correspondait avec celles du Puy-Sainte-Réparade et des Milles.

VAUVENARGUES (*B.-du-R.*). Village à 11 kil. (2 l. 3/4) d'Aix. 550 hab. Ce village est bâti dans une petite plaine qui domine le fond d'une vallée célèbre par les souvenirs qu'elle rappelle de la victoire de Marius sur les Ambrons et les Teutons. On y voit encore les restes de deux camps retranchés, entre lesquels est le puits d'Auson, creusé, dit-on, par les soldats romains. Tout le long du défilé qui forme le vallon de Vauvenargues, et sur les bords de la grande rivière, on voit les restes d'un aqueduc qui portait les eaux de Claps à Aix. Vis-à-vis du village est la ferme du Délubre, auprès de laquelle on voit quelques ruines d'un temple élevé à la Victoire après la défaite des barbares. Le château, bâti dans le quatorzième siècle, sur un monticule isolé, est d'une solide construction, et remarquable par la grandeur des appartements, ainsi que par l'ancienneté de l'ameublement; il a été illustré par le séjour du célèbre moraliste Vauvenargues. — Le village de Vauvenargues est situé à la base septentrionale de la montagne de Sainte-Victoire, dont le sommet est couronné par un antique ermitage, où se rend annuellement, le 24 avril, un grand concours d'étrangers. Cette fête, dont nous parlons à l'article PERTUIS, paraît se rattacher à la victoire de Marius sur les Teutons. On assure que la bataille se donna le 24 avril, et que le soir les Romains allumèrent un grand feu au sommet de la montagne, qu'ils désignèrent alors sous le nom de *Mons Victoriæ*. On montre encore dans les escarpements de la montagne un précipice nommé Garaguaï, où l'on prétend que Marius, pour plaire à la druidesse Galla, fit précipiter trois cents prisonniers teutons. C'est une espèce de grande chaudière de cent toises de diamètre environ, escarpée dans tout son contour, à la profondeur de plus de 360 pieds, et offrant dans son fond une très-belle prairie naturelle, où les bergers des environs sont dans l'usage de descendre avec des cordes leurs chèvres ou leurs brebis malades, dont la guérison a ordinairement lieu après avoir brouté pendant quelques semaines l'herbe abondante qui tapisse cette prairie.

TRETS (*B.-du-R.*). Ancienne ville, à 22 kil. (5 l. 3/4) d'Aix. 3,014 hab. Cette ville est située sur le penchant septentrional de la chaîne de l'Olympe, et domine une vaste plaine. Elle était autrefois entourée de remparts flanqués de tours, qui ont été en partie démolis, et environnée de fossés aujourd'hui comblés; on y entrait par quatre portes. Les rues en sont étroites, irrégulières, et bordées de maisons assez mal bâties, dont quelques-unes sont encore supportées par des arcades, selon l'ancien usage. On y remarque l'ancien château

2.

seigneurial, où l'on voit un grand escalier qui conduit à de vastes salles ; le clocher de l'église paroissiale, belle tour carrée percée de meurtrières, supportant à chaque angle des tourelles également carrées et saillantes, couvertes en pierres qui débordent et qui se terminent par des figures d'animaux ; un vaste hôtel de ville et un bel hospice civil. — FABRIQUES d'eaux-de-vie, de sel de Saturne. Blanchisseries de cire. Tuileries. Exploitation de houille.

MAXIMIN (SAINT-) (*Var*). Petite ville à 16 kil. (4 l.) de Brignolles. ⊠ 3,637 hab. Elle est entourée de murailles construites par ordre du roi René, pour la sûreté des reliques de sainte Madeleine qui y étaient renfermées, dit-on, dans un caveau au centre de l'église. Saint-Maximin possède une des plus belles églises du département, construite par Charles II, roi de Naples et comte de Provence, qui régnait en 1283. C'est un des plus beaux monuments d'architecture gothique de ce temps ; elle est surtout admirable par ses proportions et par la hardiesse des piliers qui soutiennent la voûte. Les orgues passent pour être les plus belles du royaume ; la boiserie et les stalles du chœur sont d'un fort bon goût ; mais rien n'approche de la beauté de la chaire à prêcher, sculptée en bois par un frère de l'ancien couvent, et regardée comme un véritable chef-d'œuvre.

TOURVES (*Var*). Village à 12 kil. (3 l.) de Brignolles. ☞ 2,800 hab. Il est généralement bien bâti, dans une riche et belle plaine, au milieu de laquelle se trouvent plusieurs lacs ; il possède une jolie place publique, ainsi que d'agréables promenades qui faisaient partie du parc de l'ancien château seigneurial, dont on remarque les ruines pittoresques sur un mamelon qui domine le bourg et la plaine. Au milieu de ces ruines s'élève une pyramide grossièrement taillée, imitant celle de Sextius à Rome. — FABRIQUES de savon. Distilleries d'eau-de-vie. Tanneries. Papeterie.

BARJOLS (*Var*). Petite ville à 13 kil. (3 l. 1/4) de Brignolles. ⊠ 3,512 hab. Elle est bâtie dans une jolie exposition en amphithéâtre, sur le penchant d'une plaine arrosée par de belles eaux : on y voit une fort jolie place, ombragée de beaux ormes, et ornée d'une belle fontaine. Les environs sont on ne peut plus pittoresques, et visités chaque année par un grand nombre de dessinateurs, qui ont surnommé Barjols le Tivoli de la Provence : on y voit de magnifiques cascades qui entretiennent par leurs irrigations une fraîcheur de verdure continuelle. — FABRIQUES de colle forte et de poterie de terre. Papeteries. Moulins à foulon. Tanneries. Distilleries d'eau-de-vie. Blanchisseries de cire. — COMMERCE d'huile estimée, figues, raisins, olives, eau-de-vie, etc. — HÔTEL de Notre-Dame.

BRIGNOLLES (*Var*). Jolie ville. Sous-préfect. Trib. de 1re instance et de comm. Soc. d'agric. ⊠ ☞ 5,940 hab.

Dès le sixième siècle, Brignolles était une ville importante, entourée de faubourgs et de nombreux hameaux que les habitants furent obligés d'abandonner dans les guerres civiles, pour se réfugier sur une éminence où est bâtie la ville actuelle, qu'ils entourèrent de murs et de bastions flanqués de tours. L'heureuse situation de la ville, la bonté de son climat, la beauté de ses promenades et la fertilité de son territoire engagèrent les comtes de Provence à venir l'habiter pendant la belle saison ; les comtesses venaient y faire leurs couches et y passer leur convalescence ; nombre de familles opulentes y fixèrent leur domicile, et Brignolles devint la seconde capitale de la Provence. Cette ville est dans une belle situation, au milieu d'un bassin agréable et fertile, dominé par des montagnes boisées, et arrosé par la petite rivière du Calami. Elle est assez bien percée, possède plusieurs places publiques plantées de beaux arbres et décorées de belles fontaines, qui y entretiennent la propreté et contribuent à la salubrité de l'air qu'on y respire. Sur la place Carami est un orme colossal, dont le tronc caverneux servait autrefois de logement à un cordonnier ; la porte de cet hôtel d'un genre particulier a été murée il y a quelques années par mesure de sûreté. — PATRIE de M. Raynouard, auteur des *Templiers* et de travaux d'érudition sur la langue et les poésies des troubadours; du peintre Parrocel.—FABRIQUES de draps communs, savon, colle-forte, bougies. Filatures de soie; moulins à foulon; faïenceries; tanneries nombreuses et renommées; distilleries d'eaux-de-vie.—COMMERCE de vins, eaux-de-vie, liqueurs, huile d'olive, oranges, et surtout de prunes excellentes, connues dans le commerce sous le nom de *prunes de Brignolles.*— A 43 kil. (11 l.) de Draguignan, 830 kil. (213 l.) de Paris.— HÔTEL de la Cloche d'Argent. —Pifard, Reynaud.

VOITURES PUBLIQUES. Tous les jours pour Draguignan, Grasse, Aix, Toulon et Marseille.

OUVRAGE A CONSULTER, qui se trouve à la librairie de Blancard, à Brignolles. *Notice sur Brignolles*, in-12, 1829.

CABASSE (*Var*). Village sur l'Issole, à 12 kil. (3 l.) de Brignolles. 1,500 h. Son territoire renferme plusieurs restes d'antiquités, et l'on y a trouvé, à différentes époques, un grand nombre de médailles romaines. Sur la route du Tholonet, et près de la chapelle Saint-Loup, sont les ruines d'un château bâti par les Sarrasins, près desquelles se trouve la romantique vallée de l'Issole, que l'on ne peut parcourir sans admiration.

GARDE-FREINET (la) (*Var*). Village à 33 kil. (8 l. 1/2) de. Draguignan. 2,000 h. Il est situé auprès d'une montagne de difficile accès, où existait jadis le fort Freinet ou Fraxinet, si célèbre au neuvième et au dixième siècle par le séjour des Sarrasins. On voit encore l'emplacement de ce fort, sur un rocher isolé dominant toute la chaîne de monts qui court du nord au sud ; la partie vers le midi est tout à fait escarpée, et l'on ne peut y monter qu'à l'aide des degrés mal taillés dans une roche schisteuse, qui conduisent aux restes de la porte de l'ancien château. Au delà est une plate-forme d'une petite étendue, entourée de deux côtés par un fossé d'environ douze pieds de largeur sur huit ou neuf de profondeur, et des autres côtés par de grands précipices : au milieu existe une citerne carrée, dans laquelle on descend par des degrés taillés dans la pierre et bien conservés; autour sont à peine quelques vestiges de remparts et de logements. — Les Sarrasins établirent leur quartier général dans la forteresse du Fraxinet vers l'an 890, et profitèrent habilement de cette position avantageuse pour s'y maintenir pendant un siècle contre les attaques de leurs ennemis, et fondre de là sur les lieux qui leur offraient un riche butin. Placés sur les hautes montagnes de la Garde-Freinet, ils avaient derrière eux le golfe de Grimaud, qui leur offrait un abri assuré pour leurs navires, et une communication facile par mer avec leurs compatriotes d'Espagne et d'Afrique. De là ils se répandirent comme un torrent dévastateur dans toute la Provence, dans le Languedoc et le Dauphiné, pillant les villes, massacrant tous les hommes en état de porter les armes, emmenant les femmes et les enfants esclaves en Afrique, détruisant par le fer et par la flamme les édifices publics et particuliers. Les chrétiens firent de grands efforts pour purger le sol de la Provence de cette poignée d'Africains qui le désolaient. Hugues, roi d'Arles, les vainquit sans les détruire; l'empereur d'Occident, Othon Ier, les fit combattre sans succès; Conrad le Pacifique détruisit un de leurs corps d'armée, et les affaiblit au point qu'ils ne purent continuer leurs courses de quelque temps. Cependant, malgré leurs combats journaliers et leurs pertes fréquentes, les Sarrasins n'avaient pu être entamés dans leurs montagnes, où ils s'étaient retranchés; mais en 973 Gibelin de Grimaldi, Boniface de Castellane, Buvon et plusieurs autres seigneurs joignirent leurs troupes à celles de Guillaume Ier, comte de Provence, et sous ses auspices attaquèrent la redoutable forteresse du Fraxinet, qui fut enfin prise d'assaut et rasée, après qu'on eut massacré ou fait prisonniers les soldats qui la défendaient.

Le village de la Garde était autrefois resserré dans une espèce de creux entouré de rochers escarpés, et couvert par un ravin profond qui en rendait l'accès difficile ; ses maisons étaient basses, étroites, ses rues sombres et tortueuses, ses habitants pauvres et misérables. Depuis une cinquantaine d'années, le commerce des bouchons a répandu l'aisance dans ce pays peu favorisé de la nature; le village s'est rapidement étendu vers la route de Saint-Tropez; des places plantées d'arbres, des rues larges et droites, bordées de maisons de belle apparence, quatre fontaines, donnant une eau toujours abondante et limpide, en ont fait un des séjours les plus agréables.

FABRIQUES de bouchons justement renommés dans le nord de la France et à l'étranger. — COMMERCE de marrons renommés sous le nom de marrons de Luc et de Lyon.

LUC (le) (*Var*). Gros bourg, dans un territoire fertile en excellents marrons, à 26 kil. (6 l. 3/4) de Draguignan. ⌧ ⚘ 3,580 hab. — FABRIQUES de draps, bouchons de liége, sel de Saturne, huile d'olive. Filatures de laine. Distilleries d'eau-de-vie. Tanneries. — Aux environs, belle verrerie où l'on fabrique des verres blancs dits de Bohême et des cristaux. — COMMERCE de marrons enommés.

VIDAUBAN (*Var*). Joli village, sur la rive gauche de l'Argens, à 16 kilom. (4 l.) de Draguignan. ⚘ 1,500 hab. — Il est bâti dans une jolie plaine, fertilisée par plusieurs sources et par un canal de dérivation des eaux de l'Argens. Entre Vidauban et le Tholonet, près de la Chapelle Saint-Michel, cette rivière se précipite du haut d'un rocher très-élevé dans des gouffres très-profonds, et forme de magnifiques cataractes; l'eau disparait entièrement pour aller reparaître à un quart de lieue de là.

MUY (*Var*). Joli village, près du confluent de l'Argens et de la Nartubie, à 15 kil. (3 l. 3/4) de Draguignan. ⚘ 1,800 hab. On y remarque une tour fameuse où s'enfermèrent sept gentilshommes provençaux qui avaient projeté de faire périr l'empereur Charles-Quint, lorsqu'il venait pour s'emparer de la Provence. La machine qu'ils employèrent écrasa effectivement la voiture du prince; mais comme en ce moment il se trouvait à cheval, il fut assez heureux d'échapper à ce danger. Les sept gentilshommes se défendirent contre toute l'armée; cinq furent blessés mortellement; les deux autres capitulèrent, et furent pendus à l'instant à un mûrier qui se trouvait près de la tour.

FABRIQUES de cuirs. Nombreuses scieries hydrauliques.

BUT D'EXCURSION. A 5 k. de Muy, sur la rive gauche de l'Argens, on trouve, au pied d'une montagne, des rochers granitiques dont les déchirements forment une infinité de petits sites fort agréables que l'on parcourt pour arriver à la chapelle Notre-Dame de la Roque, où l'on parvient par un chemin étroit et tortueux, sous un berceau de verdure. Près de la chapelle est un ancien monastère, au-devant duquel sont des places gazonnées, ombragées de beaux arbres. Non loin de là, on voit un antre appelé le Saint-Trou, crevasse formée dans le rocher, où l'on grimpe au hasard, privé de lumière, et en se trainant entre trois rochers ne laissant qu'un étroit passage qui conduit à une grotte assez éclairée, dont la voûte s'élève fort haut, et d'où l'on sort pour entrer dans un long et large déchirement de la montagne, nommé le Jeu-de-Ballon, entièrement ouvert aux deux extrémités.

FRÉJUS (*Var*). Très-ancienne ville, située à un quart de lieue de la mer, et à 29 kil. (7 l. 1/2) de Draguignan. Trib. de comm. ⌧ ⚘ 2,665 hab.

L'origine de Fréjus remonte aux Celto-Lygiens, qui bâtirent sur la côte quelques habitations pour se livrer à la pêche et à des courses sur mer. Lors du passage de Bellovèse en Italie, des Phocéens s'établirent sur le littoral depuis Marseille jusqu'au Var, et de cette époque date la fondation de Fréjus, qui vit changer ses cabanes en une multitude de maisons construites dans le genre de celles qui formaient la ville de Marseille. Sous les Romains, Jules-César, trouvant en ce lieu une ville déjà considérable, y fit bâtir de nouveaux quartiers qu'il embellit de beaux édifices, établit un marché, fit creuser le port, et donna à la ville le nom de *Forum Julii*. Le port de Fréjus ne fut achevé que sous Auguste, qui y envoya les deux cents galères prises sur Antoine à la bataille d'Actium, et y plaça une colonie de soldats de la 3ᵉ légion; il fit construire un phare pour la marine, un amphithéâtre, et un superbe aqueduc qui conduit dans la ville les eaux pures et limpides de la Siagne. Fréjus dut encore à cet empereur une maison de bains, un panthéon dont on voit des vestiges à la ferme de Villeneuve, un beau théâtre et plusieurs autres édifices publics. La ville, qui avait alors environ une lieue de circonférence et 40,000 âmes de population, fut entourée de fortes murailles flanquées de tours, percées de quatre portes magnifiques, dont les principales étaient la porte Dorée et la porte Romaine. Agrippa contribua aussi à l'embellissement et à la prospérité de Fréjus ; quelques auteurs pensent que ce fut lui qui y amena les eaux de la Siagne. Cette ville, célèbre par sa vaste étendue, par les hommes illustres qui y reçurent le jour, par le second triumvirat qui y fut signé entre Antoine et Lépide, subsista pendant plusieurs siècles dans l'état florissant où elle avait été mise par les Romains. Elle fut prise et saccagée plusieurs fois par les barbares et par les pirates. En 940, les Sarrasins abattirent une grande partie de ses remparts, détruisirent les tours les plus fortes, pillèrent les maisons et les incendièrent. Vers 1475, des corsaires la surprirent, y mirent le feu, et firent entièrement disparaître les restes de son ancienne splendeur. Au commencement du seizième siècle, la ville n'était peuplée que de chanoines, de moines et de religieuses, répartis dans un grand nombre de monastères, dont Charles-Quint pilla les églises en 1536. Quelque temps après, ce monarque entreprit de la rebâtir et lui donna même son nom ; mais sa retraite précipitée ne lui permit pas d'effectuer ce projet.

Le port de Fréjus, creusé dans l'intérieur des terres, sous les murs de la ville, communiquait à la mer par un chenal sinueux de 2,000 mètres de longueur ; une dérivation de l'Argens formait une espèce d'écluse de chasse, qui entretenait l'entrée constamment libre ; cette dérivation ayant cessé d'être entretenue, le chenal se combla, et le port, ne communiquant plus avec la mer, devint un marais pestilentiel qui a été depuis peu desséché et livré à l'agriculture. On voit encore de beaux restés de quais ; deux bornes d'amarre en granit, où le frottement des cordages est encore visible ; un phare circulaire terminé par une tour ; entre le port et la ville est un arc triomphal de grande dimension, désigné aujourd'hui sous le nom de porte Dorée.

L'aqueduc qui portait à Fréjus une dérivation de la Siagne avait un développement de 30,000 mètres ; selon les inégalités du terrain, il en traverse l'intérieur ou s'élève au-dessus, sur un et quelquefois sur deux rangs d'arcades, dont les plus éloignées des lieux fréquentés sont les mieux conservées. Arrivé à la porte de Fréjus, du côté de l'Italie, l'aqueduc se divisait en deux branches : on reconnaît encore l'endroit où se faisait le partage ; une division entrait dans la ville du côté du nord, l'autre se dirigeait vers le port pour le service public.

L'amphithéâtre, dont le pourtour extérieur est de 200 mètres, était de forme elliptique. Le massif de la maçonnerie est en grès et en pierres volcaniques, et ses parements extérieurs en petites pierres équarries ; il ne reste plus rien du podium extérieur ni des gradins ; l'arène, enfouie sous dix pieds de décombres, est peut-être restée intacte ; le pourtour des galeries inférieures existe encore, mais encombré ; les autres galeries sont écroulées. Une route traverse le monument par ses deux grandes portes ; à côté est une des portes antiques qui s'ouvrait au centre d'un demi-cercle concave, formé de gros murs, dont une tour défendait chaque extrémité.

L'ancien palais épiscopal et les tours qui environnent l'église renferment dans leurs parements des portions de pilastres cannelés qui appartenaient à de grands édifices antiques. Dans un des bas-côtés de l'église, à peu de distance de quelques tombeaux d'évêques, on lit sur un fragment de marbre blanc servant de pavé les lettres AVG. La chapelle du baptistère est octogone et ornée de huit colonnes d'ordre corinthien, d'une seule pièce de granit noir ; la corniche en saillie porte la naissance des arcs à plein cintre qui forment le dôme ; des chapelles sont pratiquées dans les entre-colonnements.

N° 8. ROUTE DE PARIS A ANTIBES.

On remarque encore à Fréjus le séminaire, l'hôpital récemment construit, et plusieurs autres beaux édifices.

Aucune ville de la Provence ne se présente sous un aussi bel aspect que celui de Fréjus. Elle n'est point resserrée par des montagnes qui la privent de la circulation de l'air et des vents alizés; elle n'est point environnée d'un terrain sec, maigre et infertile, qui rend la campagne triste et fatigante. La ville se montre de plusieurs lieues au loin sur une petite éminence qui domine d'un côté une vaste étendue de mer, et de l'autre une grande plaine couverte de moissons, de prairies, d'une multitude de jardins, de lacs et de ruisseaux. De la ville on découvre la vallée de l'Argens et de la Nartubie; à droite et à gauche sont des montagnes schisteuses en partie nues et en partie couvertes de pins maritimes, dont la verdure se marie agréablement avec celle des oliviers qui forment le fond du tableau.

PATRIE de Tacite; de Sièyes, ex-membre de la Convention et du Directoire; du chansonnier Désaugiers. — FABRIQUES de bouchons de liége. Scieries hydrauliques de planches.

BUTS D'EXCURSIONS. Sur le territoire de Fréjus se trouve la montagne de l'Estérel, sur laquelle on voyait jadis un temple dédié à la déesse des forêts : toutes les dépendances de cette montagne lui étaient consacrées, et comme il y avait peine de mort contre ceux qui toucheraient aux arbres de la forêt, ce lieu fut longtemps redouté par le peuple, à tel point que, même après le culte de cette déesse et la destruction de son temple, on croyait que la divinité continuait à résider dans un lieu qui lui avait appartenu. Il existe sur le sommet de cette montagne plusieurs cavités souterraines où les bergers renferment de nombreux troupeaux de chèvres qui paissent habituellement sur les rochers. C'est sur le côté de la montagne qui regarde la mer, au bord d'un précipice affreux, que se trouve la Sainte-Baume, où saint Honorat, évêque d'Arles, vint passer plusieurs années avant d'aller fonder dans l'île de Lérins la célèbre abbaye de son nom. L'intérieur de cette grotte est très-obscur, et la lumière n'y pénètre que par une ouverture venant de la voûte, par où les eaux pluviales tombent dans une citerne. On y voit un autel où, tous les ans, le 1er mai, on célèbre une messe, où assistent un grand nombre d'habitants de Fréjus et de Saint-Raphaël, qui y viennent en pèlerinage. Au-devant de la grotte on a formé, sur un plateau, un jardin garni d'un grand nombre d'orangers qui y croissent en pleine terre.

A 2 kil. de Fréjus, restes de temple antique, dans une maison nommée *Villeneuve*.

C'est à Saint-Raphaël, petit port de pêcheurs situé à une demi-lieue S. E. de cette ville, que Napoléon débarqua à son retour d'Égypte, le 8 octobre 1799. C'est aussi en cet endroit qu'il vint s'embarquer en 1814 pour l'île d'Elbe. Il avait le projet d'y débarquer à son retour; mais les vents contraires le forcèrent de prendre terre, le 1er mars 1815, au golfe Juan, dans le territoire de Vallauris.

OUVRAGES A CONSULTER : *Histoire de la ville de Fréjus*, par Garcin, 2 vol. in-12. *Notice sur la ville de Fréjus*, par Fabre, in-8°, 1817.

CANNES (*Var*). Petite ville maritime, située au bord de la Méditerranée, dans une campagne agréable et fertile, à 16 kil. (4 l.) de Grasse. ☒ ☞ 2,994 hab. Cannes fut fondée par les Marseillais sur les ruines de l'ancienne Oxibia, détruite par les Sarrasins qui emmenèrent les habitants en esclavage, rebâtie et repeuplée par quelques familles génoises. Cette ville est dans une situation pittoresque, sur le penchant d'une colline qui s'avance en cap dans la mer. Elle est assez bien bâtie, sans rade ni bassin ; elle a seulement une anse peu profonde où les vaisseaux jettent l'ancre à peu de distance du rivage. Le quai est large, propre, bien ombragé et bordé de jolies maisons ; il offre une promenade charmante et très fréquentée. La plage est commandée par une tour et par un château gothique bâti sur un rocher surmonté d'une ancienne église.

— Les environs de Cannes, comme tous ceux qui se trouvent dans cette partie délicieuse de la Provence, offrent des sites enchanteurs et de superbes jardins couverts d'orangers et de citronniers. C'est sur la plage, et non loin de cette ville, que Napoléon débarqua à son retour de l'île d'Elbe, le 1er mars 1815.

— FABRIQUES de parfumerie. — COMMERCE de sardines salées, anchois, vins, huile d'olive, oranges, citrons, fruits délicieux et autres productions du

N° 8. ROUTE DE PARIS A ANTIBES. 39

pays. — Haras. — HÔTELS Pinchinat, pittoresquement situé près de la mer, Grimbert.

FAYENCE (*Var*). Bourg assez mal bâti, situé dans un climat agréable, à 23 kil. (6 l.) de Draguignan. Pop. 2,554 hab. On y remarque une chapelle, dédiée à Notre-Dame, dont la construction paraît être du XIIe siècle, et près de laquelle est un puits creusé dans le roc. — FABRIQUES d'huile d'olive. Tanneries. Faïenceries. Verreries.

LÉRINS (ILES DE) (*Var*). Ces îles, connues sous le nom de Sainte-Marguerite et de Saint-Honorat, sont situées vis-à-vis de Cannes, entre le cap Roux et celui de la Garoupe.

L'île Sainte-Marguerite, la plus grande et la plus voisine de la côte, dont elle n'est éloignée que de 2 kil., avait été défrichée par les religieux de Saint-Honorat; mais, en 1637, le cardinal de Richelieu en fit prendre possession au nom du roi. Le gouvernement y fit élever un château fort, qui subsiste encore, et dut à sa position insulaire l'honneur de renfermer des prisonniers de haut rang, notamment le célèbre masque de fer, dont toute l'Europe a connu les infortunes et dont jamais personne n'a connu le nom. Cette île a 6 kil. (1 l. 1/2) de long; elle n'a d'autres habitants que la garnison et quelques familles de pêcheurs. Presque toute son étendue est couverte par une forêt de pins que M. Talou, prisonnier d'État, fit percer de plusieurs routes.

L'île Saint-Honorat, séparée de la précédente par un canal d'un kilomètre, n'a pas plus de 1000 pas de long sur 400 de large; elle est aussi agréable que l'autre est triste et stérile. Cette île est célèbre dans l'histoire ecclésiastique par un des plus anciens monastères des Gaules, fondé par saint Honorat vers l'an 410. Ce monastère devint bientôt la plus célèbre des communautés de la Gaule, tant par la foule des solitaires de toutes les nations qui s'y retiraient, que par le nombre des prélats et des savants qui en sortirent. Pour se mettre à l'abri des barbares, Aldebert II, abbé de Lérins, y fit jeter, vers 1088, les fondements d'une tour qui existe encore à la pointe sud de l'île : quelques années après, vers 1107, l'ancien monastère fut pillé et brûlé par les infidèles, le jour de la Pentecôte, pendant que les pères assistaient aux offices. Cette invasion détermina les moines à hâter, autant qu'ils le pourraient, la construction de la tour, qui ne fut achevée que vers 1400; construite sur une pointe de rocher s'avançant dans la mer au sud de l'île, cette tour existe encore, mais dans un état de dégradation qui en fait craindre le prochain anéantissement. Dans l'intérieur, on voit un vaste carré à jour, où se trouve une belle citerne, et autour une galerie formée de colonnes gothiques qui se distinguent par leur légèreté et par l'irrégularité de leurs chapiteaux. A l'étage supérieur existe un second péristyle, dont les colonnes, plus petites et plus nombreuses, sont en marbre blanc statuaire. Deux escaliers conduisent aux innombrables appartements que renferme cette tour massive. On reconnaît encore une chapelle, plusieurs oratoires, deux énormes cuisines, un réfectoire et une infinité de cellules disposées avec ordre. Dans quelques-unes plus grandes, en remarquant les peintures qui en décorent les plafonds, on est surpris d'y trouver des sujets mythologiques alliés à des sujets sacrés. L'on ne gravit pas sans danger jusqu'aux étages supérieurs : mais, si l'on parvient à franchir ces escaliers presque verticaux et souvent interrompus; si l'on ne craint pas de se confier à ces planchers mouvants, on est amplement dédommagé par la magnificence du spectacle qui se déroule à la vue : l'immensité de la mer, dont les flots viennent battre avec fracas et miner sourdement le pied de la tour, les sombres crêtes du cap Roux, le vaste amphithéâtre de la Napoule et son château ruiné, Cannes et ses jardins embaumés d'orangers, Mougins que l'on prendrait pour une forteresse, Grasse se détachant sur des montagnes arides, et les Alpes couronnant le tableau de leurs cimes imposantes, offrent un coup d'œil des plus majestueux.

ANTIBES (*Var*). Ancienne et forte ville maritime. Place de guerre de 3^e

classe. École d'hydrographie de 4ᵉ classe. Trib. de comm. Conseil de prud'h. pêcheurs. ⊠ ⚲ 5,565 hab.

Antibes doit sa fondation aux premiers Marseillais. Les Romains l'agrandirent et l'embellirent de plusieurs édifices remarquables, ainsi que d'un bel aqueduc encore en bon état, qui conduisait au cirque les eaux de la source de Fonvieille. Cette ville devint opulente par son commerce, et rivalisait avantageusement avec plusieurs autres villes plus importantes; mais l'invasion des Sarrasins et les pirates, les incursions des peuples du Nord et les différents sièges qu'elle essuya, anéantirent son commerce et firent disparaître ses habitants. François Iᵉʳ et Henri IV la firent fortifier; les ouvrages qu'on y a construits depuis en ont fait une place importante : le côté de la mer est très-bien défendu, et même inabordable.

Antibes est dans une belle situation sur le bord de la Méditerranée, près des confins du Piémont, à l'opposite de Nice. Son port, couvert par une longue jetée qui se courbe en demi-cercle, est ceint d'un quai et d'une rangée circulaire d'arcades; il est peu vaste, mais profond, sûr et d'un abord très-commode; à son entrée est un îlot de roc, qui porte le fort Carré, formé de quatre bastions; un petit fort a été construit en 1834 à l'extrémité du môle, pour indiquer et faciliter l'entrée du port. — Des hauteurs qui dominent Antibes, on jouit d'une vue magnifique; l'œil se promène sur le port, sur la ville, sur ses fortifications, sur le golfe entier, et sur toute la côte qui se prolonge en demi-cercle et trace un amphithéâtre; on aperçoit des collines couvertes de maisons, au milieu desquelles est la ville de Nice; derrière s'élèvent les hautes montagnes des Alpes maritimes, que la neige couronne pendant une grande partie de l'année. — L'église paroissiale, bâtie sur un rocher élevé qui domine le port, occupe l'emplacement d'un temple dédié à Diane; à côté, on remarque deux hautes tours qu'on croit avoir été bâties deux cents ans avant l'ère chrétienne. L'hôtel de ville est un fort joli édifice. — Le territoire d'Antibes est presque entièrement composé de jardins, de vignes et de vergers; les oliviers y sont très-beaux, et l'huile qu'ils produisent est excellente; les figues sont délicieuses, et préférables même à celles de Grasse; le tabac qu'on y cultive est d'une très-bonne qualité; les orangers, les jasmins d'Espagne, les tubéreuses, les roses et une multitude d'autres fleurs odoriférantes alimentent un grand nombre de fabriques de parfumeries et d'eaux de senteur. — Antibes est le lieu de naissance du lieutenant général Reille, et la patrie adoptive de l'Enfant chéri de la Victoire, du maréchal Masséna, né à quelque distance de là, sur le territoire de Nice. — Commerce de poissons salés, vins, huile d'olive, oranges, cédrats, figues et fruits secs renommés. A 23 kil. (6 l.) de Grasse. — Hôtel de l'Aigle d'Or.

BUTS D'EXCURSIONS : à *Saint-Laurent du Var* (22 kil.), village renommé par ses vins muscats, où l'on passe le Var sur un pont de 80 mètres de long; à *Nice* (24 kil.).

MOUANS (*Var*). Joli village, à 6 kil. (1 l. 1/2) de Grasse. 600 hab. Il est formé de rues tirées au cordeau, et remarquable par les ruines d'un ancien château.

GRASSE (*Var*). Jolie ville. Sous-préfecture. Trib. de 1ʳᵉ inst. et de comm. Société d'agriculture. Collége communal. ⊠ ⚲ 12,716 hab.

Grasse fut fondée, selon l'opinion vulgaire, par Crassus, et servait d'entrepôt aux armées romaines qui pénétraient dans les Gaules par la Ligurie et les Alpes maritimes. La ville actuelle passe pour avoir été bâtie dans le sixième siècle, par une colonie de juifs venus de la Sardaigne, qui embrassèrent le christianisme en 585, et obtinrent l'autorisation de construire une ville auprès d'une belle source où les Romains avaient jadis, pour la garde des eaux, une tour et un corps de garde, dont on voit encore quelques vestiges. Cette ville, devenue très-commerçante, soutint plusieurs sièges pour préserver ses richesses; elle fut surprise par les Sarrasins, qui emmenèrent une partie des habitants en esclavage; détruite par les citoyens lors du passage de Charles-Quint, afin que les chefs ennemis n'y trouvassent aucune ressource; rebâtie peu de temps après; assiégée plus tard par le baron de Vins, qui fut tué sous ses murs par ses propres soldats. En 1815, Napoléon, à son retour de l'île d'Elbe, établit son premier bivouac à Grasse, sur un petit tertre en gazon qui couronne le rocher des Ribes; il ne pouvait se rassasier de contempler l'immense point de vue que l'on découvre de cette sommité remarquable, d'où l'empereur salua, en partant pour Paris, les rives de la Méditerranée et les montagnes de l'île de Corse, qu'il ne devait plus jamais revoir.

Grasse est dans une situation charmante, sur le revers méridional d'une colline très-élevée, qui présente un superbe amphithéâtre. Cette ville couvre un terrain fort incliné et onduleux : elle est bien bâtie, mais généralement mal percée; ses rues sont rapides, tortueuses et étroites. Sur la partie la plus élevée jaillit une source abondante qui alimente plusieurs jolies fontaines, renouvelle incessamment l'eau de deux lavoirs publics, met en mouvement un grand nombre de moulins et de fabriques, et sert ensuite à l'irrigation des prairies et des charmants jardins environnants, où l'oranger, le jasmin, l'héliotrope, la tubéreuse et mille autres fleurs confondent leurs délicieux parfums. Vainement on chercherait à se faire une idée de ces lieux enchantés : quand on voit ces merveilles de la nature et de l'industrie, on n'ose plus accuser les poëtes de mensonge; les images qu'ils nous présentent et que nous croyons n'être que le fruit d'ingénieuses fictions, se trouvent là heureusement réalisées. — Vue de la plaine, la ville de Grasse offre l'aspect le plus pittoresque; différents étages de maisons hautes et propres, à façades peintes en blanc ou en jaune, s'élèvent les uns au-dessus des autres, et sont surmontés par le clocher de la principale église et par une grosse tour antique. Cette église est un édifice gothique assez vaste, mais bas et lourd, qui n'a de curieux qu'une belle Assomption de Subleiras, peintre espagnol, et un autre bon tableau de Fragonard père, originaire de Grasse. La porte principale offre un double perron dont le dessin fut donné par Vauban, à l'époque où il traçait les belles fortifications d'Antibes. On remarque aussi les voûtes souterraines taillées dans le roc, longtemps après la construction de l'église, d'après le projet de M. de Mcgrigny, évêque de Grasse, que le chapitre et la ville rendirent responsable de tous les événements que faisait craindre une entreprise aussi hardie. — La place du marché est grande, propre, bien ombragée et bordée de beaux magasins. L'hôpital est un bel édifice, renfermant de vastes salles bien aérées, où les malades reçoivent les secours les plus empressés : on y voit une chapelle d'une élégante simplicité, décorée de trois tableaux de Rubens, légués depuis peu à cet établissement, à la condition de ne jamais les aliéner.

Les seules antiquités que l'on remarque à Grasse sont les anciens fondements du palais de la reine Jeanne, comtesse de Provence, ainsi qu'une tour romaine attenant à l'hôtel de ville, et l'ancienne chapelle de Saint-Sauveur, vulgairement appelée Saint-Hilaire. C'est un bâtiment en forme de coupole de 10 mètres de diamètre, auquel on arrive par un chemin parallèle à la belle promenade du Cours ; l'intérieur est de forme octogone. L'inscription *Fanum Jovis* que l'on voyait encore sur la pierre formant la clef de cette rotonde, avant que le propriétaire actuel y eût fait faire des réparations, annonçait que ce temple avait été consacré à Jupiter.

La vue qu'on découvre des promenades de Grasse offre le tableau le plus magnifique : au sud-est, les Alpes s'élèvent graduellement et se terminent au loin en cachant dans les nues leur sommet couvert de neige; au midi et au levant, on embrasse une campagne délicieuse, entremêlée de jardins, de vergers et de prairies, dont les sites variés et pittoresques sont animés par un grand nombre de villes, de bourgs et de villages, qui bordent les côtes de la belle Provence ; au delà, la mer se déploie avec majesté, et laisse apercevoir, dans les jours sereins, les montagnes de l'île de Corse, qui en est à plus de 156 kil. (40 lieues); du côté de l'est on découvre les coteaux de Mougins, ainsi qu'une partie des îles de Lérins ; vers le sud apparaît, dans le lointain, l'embouchure de la Siagne, ainsi que la rade de la Napoule et le cap Théoulé. C'est surtout de la belle promenade du Cours, dont la principale allée est ornée d'une très-jolie fontaine surmontée d'un obélisque en marbre du pays, qu'on jouit de ce magnifique panorama.

La ville de Grasse possède une bibliothèque publique contenant 5,700 volumes, et deux gouaches très-estimées, représentant le passage du Rhin, etc., etc. La salle de spectacle, fraîchement restaurée, est d'une coupe élégante et légère ; sa distribution intérieure est imitée des théâtres d'Italie. — Grasse est une ville renommée pour son commerce de parfumerie, qui date du milieu du siècle dernier ; elle achète une grande partie des eaux de senteur de l'Italie et des différentes contrées de l'Orient, les fleurs de la principauté de Monaco et du comté de Nice, les huiles de l'arrondissement. Ses parfumeries s'expédient dans toutes les parties du globe, et ses huiles dans l'intérieur de tout le royaume. — PATRIE d'Isnard ; du général Guidal, un des chefs de la conspiration Mallet ; du lieutenant général Gazan. — FABRIQUES de grosses draperies, d'organsins pour le tissage et le moulinage de la soie, de liqueurs, savon, huile d'olive. Distilleries en grand d'essences et de parfums recherchés dans toutes les parties du monde. Exploitation des carrières de marbre et d'albâtre qui se trouvent aux environs. — COMMERCE d'huiles d'olives fines, savons renommés, cuirs, figues, essences, parfums, etc. — A 51 kil. (13 l.) de Draguignan, 35 kil. (9 l.) de Nice, 949 kil. (243 l. 1/2) de Paris. — HÔTELS des Ministres, de la Poste, des Étrangers.

VOITURES PUBLIQUES. Tous les jours pour Draguignan, pour Antibes et Cannes, correspondant avec celles de Nice.

BUTS D'EXCURSIONS : au plateau de *Ribes*, bivouac de Napoléon en 1815 ; à la cascade de Ribes ; au *Castelarat* ; à l'église *Notre-Dame de Vaucluse*.

AIGLUN (*Var*). Village situé à 35 kil. (9 l.) de Grasse. Pop. 800 hab. On y remarque une grotte curieuse, qui renferme beaucoup de cristal de roche, et une jolie cascade formée par la petite rivière de la Gironde.

CANNET (le) (*Var*). Village à 16 kil. (4 l.) de Grasse. 1,350 h. Il est bâti sous le plus beau climat de la Provence, dans une exposition magnifique, abritée de tous les vents par des coteaux garnis d'oliviers et d'une grande quantité de beaux orangers dont les fleurs répandent les plus doux parfums : les roses, les tubéreuses, la cassie et une multitude d'autres fleurs odorantes embellissent les jardins et alimentent de nombreuses distilleries ; la campagne est arrosée d'une infinité de sources, qui font de ce pays un séjour délicieux. Des hauteurs du village, on jouit d'une vue magnifique sur une vaste étendue de mer et sur les îles de Lérins ; lorsque le ciel est sans nuages, on aperçoit à l'horizon l'île de Corse, située à une distance de plus de 156 kil. (40 l.).

N° 9.

ROUTE DE PARIS A ARRAS (PAS-DE-CALAIS).

1ʳᵉ Route, par AMIENS, 19 myr. 2 kil.   m. k.
   De PARIS à *AMIENS (Voy. N° 24)............... 12,7
     AMIENS à ARRAS (Voy. page 18)............... 6,5

2ᵉ Route, par PÉRONNE, 17 myr. 3 kil.
   De PARIS à *SENLIS (V. N° 143).............. 4,3
     SENLIS à *PÉRONNE (V. N° 76)............. 8,7
     PÉRONNE à SAILLY..................... 1,3

HÔTEL DE VILLE DE BÉTHUNE.

N° 9. ROUTE DE PARIS A ARRAS. 43

SAILLY à ÉVILLERS ⚐........................ 1,5
ÉVILLERS à *ARRAS ⚐.................... 1,5

D'ARRAS A DUNKERQUE, 11 myr. 4 kil.
m. k.
*D'ARRAS à SOUCHEZ ⚐....................... 1,2
SOUCHEZ à *BÉTHUNE ⚐................... 1,8
BÉTHUNE à LILLERS ⚐...................... 1,3
LILLERS à *AIRE (Pas-de-Calais) ⚐.......... 1,3
AIRE à *HAZEBROUCK ⚐.................. 1,5
HAZEBROUCK à *CASSEL ⚐................... 1,3
CASSEL à *BERGUES ⚐..................... 2,0
BERGUES à *DUNKERQUE ⚐ 1,0

ARRAS. Voyez page 3, Route de Paris à Abbeville.
BÉTHUNE (*Pas-de-Calais*). Ville forte. Sous-préf. Place de guerre de 2ᵉ classe. Trib. de 1ʳᵉ instance. Collége comm. ✉ ⚐ 6,889 hab. Elle est située sur un roc baigné par la rivière de Brette qui la traverse dans son entier, sur le canal de la Lawe et celui d'Aire à la Bassée, qui y forment un beau bassin et favorisent les exportations par eau. Elle est assez bien bâtie, et possède une vaste place publique, dont le milieu est occupé par un beffroi de forme antique et d'une construction bizarre ; une partie de l'un des côtés de cette place est occupée par l'hôtel de ville, où l'on remarque une belle salle de concerts. Les puits artésiens, qui y sont très-communs, alimentent plusieurs fontaines jaillissantes, dont l'eau est d'excellente qualité. On sait que c'est à Béthune que l'on doit la découverte des puits artésiens. L'église principale est remarquable par l'élégante légèreté de sa nef, portée sur des colonnes extrêmement délicates.
— FABRIQUES de batistes, d'huiles, savon, draps. Distillerie de genièvre. Raffineries de sel et de sucre de betterave. Tanneries. — COMMERCE de grains, vins, eaux-de-vie, huiles, graines grasses, fromages estimés, toiles, poterie. — A 28 kil. (7 l.) d'Arras, 35 kil. (9 l.) de Lille, 201 kil. (51 l. 1/2) de Paris. — HÔTELS de France, d'Angleterre, du Lion d'Or, du Pas-de-Calais.
VOITURES PUBLIQUES: pour Paris, Lille, Arras, Saint-Omer, Douai et Saint-Pol, et voitures d'eau. Départ pour Lille les mardis.
BUTS D'EXCURSIONS : à *Amezin* (1 kil.), village où se trouvent plusieurs guinguettes, fréquentées dans la belle saison par le monde élégant; au bois des *Dames chartreuses*, d'où l'on découvre un magnifique panorama.
LILLERS (*Pas-de-Calais*). Petite et ancienne ville, bâtie sur la Nave, à 15 kil. (3 l. 3/4) de Béthune. ✉ ⚐ 4,620 hab. Elle est située au milieu d'une plaine verdoyante, et remarquable par la beauté de ses eaux : il y a des fontaines dans toutes les maisons de quelque importance, et il en est qui fournissent, au sortir de leur bassin, un volume d'eau assez considérable pour faire tourner des moulins. C'est à Lillers où fut foré le premier puits artésien exécuté en France. — FABRIQUES de poterie de terre. Blanchisseries. Brasseries. Tanneries. Teintureries. Moulins à huile.
AIRE. Voyez N° 52, Route de Paris à Dunkerque.
CASSEL. Voyez page 6.
DUNKERQUE. Voyez page 8.

D'ARRAS A MONTREUIL-SUR-MER, 8 myr. 1 kil.
m. k.
*D'ARRAS à TINQUES ⚐...................... 2,2
TINQUES à *SAINT-POL ⚐................... 1,2
SAINT-POL à *HESDIN ⚐................... 2,2
HESDIN à *MONTREUIL-SUR-MER ⚐ 2,5

POL (SAINT-) (*Pas-de-Calais*). Ville ancienne. Sous-préf. Trib. de 1ʳᵉ instance. Collége comm. Société d'agriculture. Société des antiquaires. Bibliothèque publique, 3,000 volumes, éclairée et chauffée pendant l'hiver. Musée. ✉ ⚐ 3,504 hab. — C'était une place forte où l'on voit encore quelques vestiges

des anciens forts et des deux châteaux des comtes de Saint-Pol, si célèbres dans l'histoire. Cette ville est dans une position favorable pour le commerce, à l'intersection de sept grandes routes très-fréquentées. Elle est agréablement située, à la naissance d'une vallée qu'arrose la Ternoise, entourée de promenades charmantes et variées, et jouit d'une salubrité remarquable. C'est une ville irrégulièrement bâtie, qui s'adosse sur plusieurs versants, et dont l'aspect est pittoresque. — PATRIE du célèbre ingénieur géographe Bacler d'Albe; du savant chroniqueur Locrius (Ferry de Locre); de l'historien Thomas Turpin; du missionnaire Lamiot; du médecin Froideval; des poëtes Guy et Ph. Pol, du chansonnier Albert Leroy; d'Ernest Sauvage, littérateur, etc., etc. — FABRIQUES de savon. Brasseries, savonneries, tanneries, tuileries et briqueteries. — HÔTELS d'Angleterre, du Nord, de France, de la Poste. — A 33 kil. (8 l. 1/4) d'Arras, 72 kil. (18 l.) de Boulogne, 184 kil. (46 l.) de Paris.
VOITURES PUBLIQUES. Tous les jours pour Paris, Calais, Arras, Amiens.
BUTS D'EXCURSIONS : à l'arbre de *Flers;* au puits de *Boyaval;* aux anciens châteaux de *Bours* et d'*Auvin;* au *Tumulus d'Aubigny;* aux ruines du *Vieil-Hesdin;* à l'église de *Ligny-sur-Canche;* aux souterrains de *Guincourt;* aux moulins pittoresques de *Pierremont;* aux usines de la *Canche* et de la *Ternoise.*
OUVRAGES A CONSULTER, qui se trouvent à la librairie de Thomas, à Saint-Pol.
Chronographie des comtes de Saint-Pol, par Ferry de Locre.
Annales historiques des comtes de Saint-Pol, par Th. Turpin (en latin).
Mémoires pour servir à l'histoire et description des comté, pays et ville de Saint-Pol en Ternoise (manuscrit), par le même.
Histoire de Saint-Pol, par E. Em. Sauvage.
Histoire du Vieil-Hesdin, par le docteur Danvin.
Le Puits artésien, recueil de documents historiques et de morceaux de littérature, 1837 et années suiv.
L'Abeille de la Ternoise, journal hebdomadaire de l'arrondissement.

MONTREUIL (*Pas-de-Calais*). Jolie et forte ville Sous-préf. Place de guerre de 2ᵉ classe. Trib. de 1ʳᵉ instance. Société d'agriculture. Collége comm. ⌧ ⚲ 4,215 hab.— L'origine de Montreuil remonte à une haute antiquité. Les Normands la détruisirent en 815; Hergot, comte de Tervanne, releva ses murailles, agrandit son enceinte, et y fit construire un château fort magnifique, remplacé aujourd'hui par la citadelle, mais dont les principales tours existent encore. La forteresse résista aux efforts des Normands en 918; elle eut beaucoup à souffrir sous le règne de François Iᵉʳ, fut prise et brûlée en 1537 par les Espagnols, qui l'assiégèrent de nouveau en 1544.— Cette ville est agréablement située sur une colline, près de la rive droite de la Canche. Elle est bien bâtie en briques, assez bien percée, défendue par une citadelle, et ceinte de remparts d'où l'on jouit d'une vue délicieuse sur la verdoyante vallée de la Canche, sur les dunes et sur les côtes de la mer, qui en est à plus de 12 kilomètres (3 l.). Les murailles sont assez bien entretenues.— FABRIQUES de savon noir. Brasseries. Tanneries. — COMMERCE de vins, eaux-de-vie, épiceries, etc. — A 74 kil. (18 l. 1/2) d'Arras, 188 kil. (47 l.) de Paris.
VOITURES PUBLIQUES. Tous les jours pour Abbeville, Paris, Boulogne, Calais, Hesdin et Hucqueliers.
BUT D'EXCURSION : à *Étaples*, petit port de mer à 8 kil. de Montreuil.

D'ARRAS A VALENCIENNES, 6 myr. 8 kil.

	m. k.
D'ARRAS à MARQUION ⚲	2,4
MARQUION à *CAMBRAI ⚲	1,2
*SOLESME (sur la droite de la route).	
CAMBRAI à *BOUCHAIN ⚲	1,5
BOUCHAIN à *VALENCIENNES ⚲	1,7
De BOUCHAIN à *ORCHIES ⚲	2,3

CAMBRAI. Voyez N° 76, Route de Paris à Lille.

SOLESME (*Nord*). Bourg considérable, sur la rive droite de la Selle, à 21 kil. (5 l. 1/4) de Cambrai. 4,995 hab. Sur le territoire du bourg existait jadis une célèbre abbaye d'hommes, dont les bâtiments sont aujourd'hui occupés par un pensionnat : on y voit encore les restes des fenêtres gothiques de l'ancien cloître. Non loin de là se trouve une des plus belles fontaines du pays. L'église paroissiale, bâtie en 1780, est grande, fort belle, et surmontée d'une flèche de 65 mètres d'élévation. — FABRIQUES de batistes, linons, mouchoirs unis et imprimés, gazes, tissus de coton et mérinos. Filatures de coton et de lin. Nombreuses brasseries. Tanneries. Savonneries.

BOUCHAIN (*Nord*). Ville à 18 kil. (4 l. 1/2) de Valenciennes. Place de guerre de 2ᵉ classe. ⊠ ⚹ 1,183 hab. — Cette ville est bâtie dans une forte position, sur l'Escaut, et a l'avantage, au moyen de plusieurs écluses, de pouvoir inonder tous les environs à une grande distance. On y remarque la tour d'Ostrevent, reste de l'ancien château, qui sert maintenant de bâtiment militaire à l'artillerie et au génie. — FABRIQUES de sucre de betterave. Blanchisseries de toiles. Raffineries de sel. Brasseries.— COMMERCE de bestiaux.

VALENCIENNES (*Nord*). Grande, riche et forte ville, autrefois capitale du Hainaut Sous-préf. Place de guerre de 2ᵉ classe. Trib. de 1ʳᵉ instance et de comm Chambre consult. des manufact. Collège comm. Direct. des douanes. ⊠ ⚹ 18,953 hab.

La ville de Valenciennes est située au confluent de l'Escaut et de la Rhonelle, entourée de bonnes fortifications, et défendue par une citadelle construite par le célèbre Vauban. Elle est assez bien bâtie et bien pavée; les rues, jadis étroites et tortueuses, sont aujourd'hui assez bien percées. L'Escaut traverse la ville du sud au nord, et la coupe en deux parties inégales. Cette ville possède plusieurs édifices et établissements remarquables, parmi lesquels nous citerons : — L'hôtel de ville, bâti en 1612. Cet édifice, riche de décoration, où se confondent le style gothique et plusieurs ordres d'architecture, vient d'être restauré; il présente une belle façade uniforme prolongée, surmontée d'un attique orné de cariatides, parmi lesquelles on remarque les quatre saisons. L'intérieur est bien distribué, et offre de vastes salles, de beaux salons, de nombreux bureaux; le second étage est occupé par la galerie de peinture, où l'on remarque trois tableaux de Rubens, provenant de l'ancienne abbaye de Saint-Amand.— Le beffroi, bâti en 1237. C'est aujourd'hui la seule tour ou clocher qui annonce aux approches de Valenciennes l'existence d'une ville ; il a 56 mètres de hauteur, et est un des principaux ornements de l'hôtel de ville, sur lequel il s'élève d'une manière pittoresque. De sa lanterne on découvre Cambrai, le Quesnoy, Condé et Saint-Amand. — La salle de spectacle, exécutée sur les dessins de M. de Pujol, alors prévôt de la ville, et amateur éclairé des beaux-arts. Elle est de forme semi elliptique, à trois rangs de loges, et offre des ornements de fort bon goût. Le rez-de-chaussée de cet édifice sert de halle au blé.— L'hôpital général, fondé en 1751. C'est un des plus vastes établissements qui existent en ce genre. La chapelle est digne d'attention par sa construction et la coupe des pierres de ses arcades. — L'église de Saint-Géry, dont la première pierre fut posée en 1225, par la comtesse Jeanne, fille de Baudouin, empereur de Constantinople. La longueur totale de l'édifice est de 50 mètres 50 centimètres, dont 27 pour le chœur; sa largeur est de 20 mètres. On y admire deux tableaux de Rubens, et un beau Christ en bronze, qui décore le maître-autel.— La bibliothèque publique, renfermant 18,000 volumes imprimés et de précieux manuscrits. Le muséum d'histoire naturelle y est contigu, et sa galerie contient une précieuse collection de minéraux, de coquillages rares et quantité d'oiseaux étrangers. On y voit aussi de belles armures anciennes et plusieurs portraits des hommes qui ont illustré Valenciennes. — L'académie de peinture, sculpture et architecture, fondée en 1782, par le baron de Pujol, alors prévôt de Valenciennes. Les places de professeurs sont données au concours Le nombre des élèves pour les trois classes de sculpture, de peinture et d'architecture, dépasse 200. Depuis peu d'années, cette académie a produit, entre autres artistes distingués, M. Abel de Pujol, membre de l'Institut, et M. Lemaire, auteur du fronton de la Madeleine de Paris.

On remarque encore à Valenciennes : le collége et sa chapelle, les églises Notre-Dame et de Saint-Nicolas, les hospices de l'Hôtellerie et des Orphelins, le magasin des vivres, le nouvel arsenal, les casernes, la place d'armes, etc. Les promenades sont : le cours de Bourbon et la place Verte, dans l'intérieur de la ville ; la Dique, entre la ville et les faubourgs ; le tour des fortifications extérieures, de la porte de Mons à celle du Quesnoy ; le faubourg de Cambrai et le tour de la citadelle, d'où l'on découvre une vue étendue de la vallée de l'Escaut.

Valenciennes est la patrie de Froissard, historien du XIV⁰ siècle ; de Louis Delafontaine, de Louis d'Oultremont et de Simon le Boucq, historiens ; des peintres Watteau, Gérin, Abel de Pujol ; de Mlle Duchesnois, célèbre actrice du Théâtre-Français. — FABRIQUES considérables de batistes et de dentelles, de toiles fines, bonneterie, couvertures, toiles métalliques, clous à froid et à chaud, amidon, salpêtre, huile de colza et de lin, chicorée-café, faïence et poterie fine, pipes. Imprimeries d'indiennes, batistes, gazes, foulards, etc. Manufacture de jouets d'enfants. Huileries. Nombreuses raffineries de sucre de betterave. Teintureries. Blanchisseries de toiles ; filatures de lin à la mécanique ; raffineries de sel ; savonneries ; tanneries ; distilleries d'eaux-de-vie de grain. — COMMERCE de vins, eaux-de-vie, huiles, savon, charbon de terre, bois de chauffage et de construction, batistes, linons, dentelles et articles de ses nombreuses manufactures. — Mont-de-Piété. — A 38 kil. (9 l. 1/2) de Douai, 34 kil. (8 l. 1/2) de Mons, 208 kil. (52 l.) de Paris. — HÔTELS du Canard, de la Biche, du Grand-Cygne, du Commerce, de la Porte, du Pot d'Étain, du Petit-Ours.

VOITURES PUBLIQUES. Tous les jours 2 pour Paris, 2 pour Lille, 4 pour Bruxelles, 3 pour Condé, 1 pour Saint-Quentin, Péronne, Calais, Saint-Amand, Douai, Maubeuge, Avesnes, Sédan, Verdun, le Quesnoy, Quiévrain. Messageries et voitures pour Ayesnes, Maubeuge, Douai, 2 pour Mons.

BUTS D'EXCURSIONS : à *Famars* (4 k.), ancienne ville romaine, où des fouilles récentes ont fait découvrir beaucoup de beaux restes d'antiquité et plus de 20 mille médailles ; à la pyramide de *Denain* (8 kil.), sur la route de Paris, obélisque quadrangulaire en marbre bleu, d'une seule pierre de 9 mètres de hauteur, élevé sur une base en forme de cube, en mémoire de la célèbre bataille de Denain, gagnée par le maréchal de Villars ; aux *mines d'Anzin* (2 kil.), qui occupent 4,300 ouvriers, 400 chevaux, et près de 200 employés. — Chemin de fer de Saint-Waast à Anzin et à Denain.

OUVRAGES A CONSULTER, qui se trouvent à la librairie de Lemaître, à Valenciennes.
Précis histor. et statistique sur Valenciennes, in-8°, 1825.
Histoire de la ville et du comté de Valenciennes, par d'Oultreman, in-fol., 1639.
L'Indicateur Valenciennois, annuaire historique et statistique, 1828.

ORCHIES. Petite et ancienne ville, située dans une plaine, à 18 kil. (4 l. 1/2) de Douai. ⌧ ⚭ 3,425 hab. Elle est généralement bien bâtie, bien percée, fermée d'une simple muraille défendue par un fossé sans fortifications. — FABRIQUES d'huile, savon, poterie de terre. Filatures de lin. Brasseries. Genièvreries. Tanneries. — COMMERCE de grains et de bestiaux.

N° 10.

ROUTE DE PARIS A AUCH (GERS).

1ʳᵉ R., par PÉRIGUEUX et AGEN, V. N° 106, 67 myr. 7 kil.
2ᵉ Route, par TOULOUSE, 75 myr. 3 kil.

                                                                       m. k.
De PARIS à TOULOUSE (V. N° 138). 68,7
    TOULOUSE à AUCH (Voy. N° 138, Route de TOU-
        LOUSE à BAYONNE). 7,6

N° 11.

ROUTE DE PARIS A AURILLAC (CANTAL).

55 myr. 4 kil.

	m. k.
De Paris à Uzerche (V. N° 138)	43,9
Uzerche à Tulle	3,0
Tulle à la Chapelonne de la Garde	1,4
La Chapelonne de la Garde à Argentat	1,7
Argentat à Montvert (Cantal)	2,6

*Chalvignac (à gauche de la route).
*Mauriac (à gauche de la route).

| Montvert à Aurillac | 2,8 |

*La Roquebrou (à droite de la route).
*Saint-Cernin (à gauche de la route).
*Drugeac (à gauche de la route).
*Tournemire (à gauche de la route).
*Salins (à gauche de la route).
*Auzers (à gauche de la route).

UZERCHE (*Corrèze*). Ancienne et jolie ville, à 27 kil. (7 l.) de Tulle, 444 kil. (114 l.) de Paris. Collége com. ⌧ ☸ 3,200 h. Elle est bâtie sur le penchant d'un coteau escarpé au pied duquel coule la Vezère, rivière profondément encaissée, qui l'entoure de trois côtés. Au midi est la seule avenue par où on puisse y arriver naturellement; vers le nord, un pont jeté sur la rivière offre un autre point de communication. Toutes les maisons sont propres, couvertes en ardoises, et la plupart sont ornées de petites tourelles, qui avaient donné lieu au proverbe : *Qui a maison à Uzerche a château en Limousin.* Quoiqu'à une hauteur considérable du lit de la Vezère, et même de la grande route de Paris à Toulouse qui longe sa partie orientale, la ville est dominée de tous côtés par une chaîne de collines dont plusieurs ont conservé leurs premières dénominations, légèrement altérées par le temps. Uzerche a deux faubourgs qui, depuis quelques années, ont attiré à eux seuls presque tout le commerce et toute l'industrie de la ville. Au nord, par delà la rivière, est celui qui porte le nom de Sainte-Eulalie. Il y existe une chapelle sous l'invocation de cette vierge ; monument restauré dans ces derniers temps, mais dont la fondation remonte à une époque assez reculée. On appelle l'autre faubourg, placé au sud, la Pomme.

On ne peut rien voir de plus pittoresque que le site d'Uzerche, dont la position est vraiment unique. Lorsqu'on se place à l'aspect de l'orient, on a à ses pieds des jardins soutenus par des terrasses d'une élévation prodigieuse ; au bas de ces terrasses, la route de Paris à Toulouse; au-dessous de cette route et à une grande profondeur, la Vezère qui semble sortir de la base du Peuch de Chammart, et dont l'œil suit avec délices le cours paisible et sinueux, dominé par le clocher de l'église paroissiale, qui s'élève majestueusement à près de trois cents pieds au-dessus du sol. En face, de l'autre côté de la Vezère, est le Peuch Groslié, dont la cime, couverte de terres labourables, contraste merveilleusement avec les prairies, les bouquets d'arbres et même les rocs à demi découverts qui garnissent ses flancs et descendent jusqu'au rivage. Sur le côté sud de ce Peuch est un vieux bâtiment flanqué de quatre tourelles, depuis longtemps inhabité. Du côté opposé, vers le septentrion, est une autre masure, connue sous le nom de château de Fargeas. Le côté occidental ne présente qu'une nature triste et sauvage, et la vue, très-bornée sur ce point, ne se repose que sur des collines couvertes de bruyères et de châtaigniers, derrière lesquels on aperçoit quelques villages.

BUTS D'EXCURSIONS : au *haras de Pompadour* (12 k.). *Voy*. n° 138, route de Paris à Toulouse. Aux forges de *la Grénerie* et de *Chacons*; à l'ancien *Château de la Blanche*.

TULLE ou TULLES (*Corrèze*). Ville ancienne. Chef-lieu du département de la Corrèze. Trib. de 1re inst. et de comm. Soc. d'agr. Collége comm. ⊠ ⚭ 8,689 hab.

Tulle était jadis la capitale du bas Limousin. Cette ville est située entre plusieurs vallons verdoyants et pittoresques, sur le penchant d'une montagne, au confluent de la Corrèze et de la Solane. La vallée, baignée par la Corrèze, et sur les flancs de laquelle sont groupées la plus grande partie des maisons de Tulle, est entourée de collines couvertes d'arbres : les points de vue sont bornés, mais bien variés et bien romantiques ; tout est verdure, ombrage, noyers, ruisseaux et prairies dans le vallon ; tout est verdure, ombrage, bois, châtaigneraies et rochers sur les flancs des montagnes, dont quelques parties, distribuées en terrasses étagées les unes sur les autres, offrent diverses cultures, parmi lesquelles domine celle du sarrasin. La ville est petite, les maisons sont vieilles et laides ; mais elle possède une jolie promenade au bord de la rivière, de beaux quais, des ponts nombreux, une église semi-gothique, semi-carlovingienne, dont la flèche élancée a de la hardiesse et de l'élégance ; un palais de justice bien distribué ; de vastes bâtiments consacrés à la manufacture d'armes ; un bel hôpital bien tenu ; une caserne de gendarmerie ; une prison départementale ; un collége ; un séminaire ; une salle de spectacle et une bibliothèque riche de 2,000 volumes. On trouve d'ailleurs chez les habitants un grand penchant aux embellissements. Aussi peut-on espérer d'y voir dans quelques années des rues garnies de beaux édifices et des places régulières. — Tulle possède quelques maisons ornées de sculptures originales, d'une architecture gothique ou de la renaissance, qui témoignent de l'opulence des familles qui habitaient autrefois cette ville. Nous indiquerons aux curieux une maison du XIVe siècle, dite la Maison Sage, située sur la place principale, et dont la façade gothique, parfaitement conservée, est ornée d'arabesques sculptées du meilleur goût et d'une belle exécution, entremêlées de figures d'hommes ou d'animaux ; aux angles sont des tourelles, et le quatrième étage conserve encore quelques restes de vitraux. — Le cimetière de Tulle, dans une position remarquable, est situé sur un mamelon isolé qui domine la ville, et sur la croupe duquel, un peu plus bas, se trouve une haute tour carrée dont la construction est attribuée aux Romains. Cette tour a longtemps servi de prison. — Tulle est la patrie de l'historien Baluze, du général Delmas, etc. — Sur le plateau qui sépare les vallées de la Corrèze et de la Vezère, à une lieue en avant de Tulle, dans la direction du nord, se trouve une esplanade dite vulgairement les Ruines de Tintignac. Ce lieu dut être sans doute de quelque importance ; l'étendue des ruines, les débris encore existants de monuments d'utilité publique et de luxe, l'attestent. Quel fut ce lieu, quel fut son nom, à quelle époque a-t-il cessé d'être ? Série de questions épineuses et difficiles à résoudre, par l'absence de tout document écrit. — FABRIQUES de bougies, huile de noix, clous, cartes à jouer. Tanneries. — MANUFACTURE royale d'armes à feu. — COMMERCE d'eaux-de-vie, liqueurs, huile de noix, papiers, etc. — Courses de chevaux de deuxième ordre pour plusieurs départements. — A 92 kil. (23 l. 1/2) de Limoges, 134 kil. (32 l.) de Clermont, 472 kil. (121 l.) de Paris. — HÔTELS des Voyageurs, de l'Aigle d'Argent, de Lyon, du Périgord.

VOITURES PUBLIQUES. Tous les jours pour Paris, Clermont, Brives, Cahors, Montauban et Toulouse.

BUTS D'EXCURSIONS. A la manufacture de canons de fusil de *Souillac* (2 kil.), située sur la Solane, rivière sur les bords de laquelle s'élèvent de magnifiques rochers granitiques; à la *cascade de Gimel* (*Voy.* n° 82, R. de Lyon à Bordeaux); à *Tintiniac* (commune de Naves), 6 kil. de Tulle, les vestiges d'un théâtre romain, construit sur l'emplacement de l'antique *Tintiniacum*, fondée par les Romains, et détruite par les Vandales sous le règne d'Honorius. En avant du village de Tintiniac est une éminence d'où l'on jouit d'une vue étendue sur une partie de la chaîne du Cantal. Dans la vallée, on doit visiter la jolie *cascade de Gordino*, environnée de rochers et de verts ombrages d'un aspect pittoresque.

OUVRAGES A CONSULTER, qui se trouvent à la librairie de Descaich, à Tulle : *Histoire de la ville et des antiquités de Tulle*, par Baluze, 2 vol. in-4°, 1717 (en latin). *Annuaires de la Corrèze*, 1825 à 1840.

ARGENTAT (*Corrèze*). Petite ville à 26 kil. (6 l. 3/4) de Tulle. ⌧ ⚜ 3,121 h. — C'est une ville assez commerçante, bâtie dans une riante vallée, sur la rive droite de la Dordogne, qu'on y traverse sur un beau pont en fil de fer, d'une longueur de 100 mètres, jeté à 15 mètres au-dessus du niveau de la rivière ; ses piles sont élevées à la hauteur totale de 23 mètres 70 centimètres au-dessus de la Dordogne. Plusieurs améliorations dans le système des ponts suspendus signalent celui d'Argentat, élevé aux frais d'un estimable philanthrope, M. le comte Alexis de Noailles, et construit par les soins de M. Vicat. — La cathédrale est un édifice gothique dont le vaisseau est remarquable, mais il est défiguré par des peintures de mauvais goût. — COMMERCE considérable de bois merrain, de blé, de charbon de bois et de houille exploitée dans les environs. — HÔTEL Notre-Dame.

CHALVIGNAC (*Cantal*). Village à 6 kil. (1 l. 1/2) de Mauriac. 1,300 hab. Cette commune occupe une assez grande étendue sur la rive gauche de la Dordogne, dont les côtes sont très-boisées.

Sur un plateau basaltique très-élevé, escarpé de tous côtés, on aperçoit de fort loin les ruines imposantes de l'antique château de MIREMONT, qui présente aujourd'hui l'aspect des anciennes fortifications des temps féodaux : pont-levis, mâchicoulis, meurtrières, double enceinte, etc. Ces ruines dominent les gorges de la Dordogne, et plus de cent villages du Cantal ou de la Corrèze.

MAURIAC (*Cantal*). Ancienne et jolie petite ville. Sous-préfecture. Trib. de 1re instance. ⌧ 3,575 hab. — Elle est avantageusement située sur le penchant d'une colline volcanique, au centre d'un territoire bien cultivé, et abondant en grains et en excellents légumes. — L'église gothique de Notre-Dame des Miracles, fondée par Théodéchille et reconstruite au treizième siècle, est fort jolie, bien conservée et ornée de figures singulières ; le chœur et la porte principale paraissent remonter au neuvième ou au dixième siècle, tandis que la nef, les bas-côtés, et surtout les chapelles latérales, sont d'un temps beaucoup plus moderne ; un beau bas-relief représentant l'Ascension occupe la partie inférieure de l'archivolte de la porte d'entrée. Elle doit son nom aux miracles qui s'y opéraient, dit-on, anciennement, et que l'on attribuait à une statue de la Vierge, en bois très-noir, placée au-dessus du maître-autel. Cette image attire encore de nos jours, le 9 mai de chaque année, un grand concours de peuple. — Sur la cime d'une colline voisine se voient les restes de l'antique chapelle de saint Mary ou Marius, apôtre de la haute Auvergne. On jouit, de ce point, d'une vue très-étendue. C'est sur le penchant de cette butte, autour de la chapelle, que se tient la célèbre foire du 8 juin, la plus considérable de l'arrondissement. — L'immortel Montyon fit embellir la ville au moyen d'un atelier de charité, et la fontaine, en forme d'obélisque, qui se voit à l'extrémité de la promenade appelée Placette, est due à cet intendant philanthrope. On y lit une inscription composée par Marmontel, qui était du voisinage et qui avait fait ses premières études au collège de Mauriac. Une autre fontaine, placée plus au centre de la ville, est aussi digne de remarque. — Mauriac n'a d'édifices modernes que son hôtel de ville, qui orne la principale place, et un assez grand nombre de maisons particulières construites avec goût, quelque-

3.

fois avec élégance. La sous-préfecture, le tribunal, les prisons, l'hospice et la gendarmerie, occupent les bâtiments de l'ancien monastère, ainsi que ceux du couvent des religieuses de Saint-Dominique. — On remarque encore à Mauriac : la promenade dite la Placette, en forme de terrasse, et plantée par les soins de M. Grasset, ancien maire; elle domine de beaux jardins, et un joli vallon tapissé de prairies dont les hauts côtés sont garnis de maisons ; la pierre plantée de la Roussille ; la Lanterne des Morts, à l'entrée du cimetière.
— PATRIE de l'abbé Chappe, auteur de quelques ouvrages sur l'astronomie.
— COMMERCE actif de diverses denrées et marchandises nécessaires aux montagnes, telles que les grains, les vins, les fruits, le sel, les objets de luxe ; il s'y fait un commerce considérable de bêtes à cornes, de mulets, de chevaux estimés, de moutons et de cochons gras. — A 35 kil. (9 l.) d'Aurillac, 471 kil. (121 l.) de Paris. — HÔTELS de l'Écu de France, des Voyageurs, de l'Europe.

VOITURES PUBLIQUES. Tous les jours pour Aurillac, Clermont et Limoges.
BUTS D'EXCURSIONS : à *Salins* (6 kil.) (*Voy.* ce mot ci-après) ; à la vallée et au village de *Drugeac* (*Voy.* ce mot ci-après) ; au *château de Mazerolles ;* aux ruines de celui de *la Chambre ;* à la *fontaine des Druides ;* au *tumulus* du hameau d'*Albo ;* aux ruines du *château de Miremont ;* à la source minérale de *Jaleyrac ;* aux châteaux de *Montbrun,* de *Valens,* de *Veysset,* de *Chavaroche,* de la *Veyssière,* de *Cheyrouse ;* aux tours de l'*Herm* et de *Marlat ;* à l'ancienne ville de *Cotteughe,* dans le bois de *Merliou ;* à la cascade du ruisseau de *Sirière ;* à la vieille tour près d'*Arches ;* au *pic de Charlus ;* aux ruines de *Chastel-Morlac ;* à la *grotte des Fées.*

ROQUEBROU (la) (*Cantal*). Petite ville sur la Cère, à 10 kil. (4 l. 3/4) d'Aurillac. 1,361 hab. Elle est dominée par les ruines d'un antique château. — FABRIQUES de poterie de terre estimée. Tanneries. — COMMERCE de moutons.

CERNIN (SAINT-) (*Cantal*). Bourg à 15 kil. (3 l. 3/4) d'Aurillac. 3,180 h. On remarque sur son territoire les châteaux de Cros, de Bourzanel, l'antique tour de Marzères, et les jolies campagnes du Cambon et des Réjaux.

DRUGEAC (*Cantal*). Joli village situé dans la partie la plus agréable d'un riant vallon, à 8 kil. (2 l.) de Mauriac. 1,550 hab. Il y a un ancien château incendié à l'époque de la révolution, et restauré depuis peu : on admire l'énorme tilleul placé dans la cour. — L'église paroissiale offre une voûte gothique assez belle et des vitraux de couleur très-anciens. Deux tilleuls remarquables par leur grosseur et par leur élévation ombragent la place de l'église et lui servent d'ornement.

TOURNEMIRE (*Cantal*). Village situé dans un joli vallon arrosé par la Doire, à 13 kil. (3 l. 1/4) d'Aurillac. 700 hab. — L'église de ce village est ancienne, le chœur est orné de peintures à fresque, et quelques-unes des chapelles le sont de sculptures en bois fort curieuses ; — Le château d'Anjony, construit sur un conglomérat très-escarpé du côté de la vallée, joint le village de Tournemire. C'est un vrai manoir féodal, dont la construction rappelle l'époque où chaque résidence seigneuriale était une véritable forteresse. Le corps principal est un parallélogramme flanqué de quatre tours rondes très-élevées. Tout dans cette demeure porte l'empreinte du temps où les arts, encore dans l'enfance, manifestaient cependant leurs efforts par des productions remarquables ; on y voit un appartement meublé avec toutes les somptuosités du seizième siècle : riches tapisseries, meubles de toute espèce, tableaux d'histoire, portraits de famille, s'y trouvent réunis, pour donner une idée du luxe de ces anciens temps.

SALINS (*Cantal*). Village à 7 kil. (1 l. 1/2) de Mauriac. 500 hab. On remarque, à peu de distance, le joli château de Mazerolles, bâti sur une hauteur, de la manière la plus pittoresque, au milieu de jardins disposés en terrasses, et de promenades qu'ombragent de beaux arbres.

BUT D'EXCURSION. A 1 kil. de Salins, la rivière d'Auze se précipite perpendiculairement, d'une hauteur de plus de 35 mètres, et forme la plus belle cascade de tout le département. L'aspect de cette belle chute, sa majestueuse élévation, la blancheur éblouissante de ses eaux, qui contraste agréablement avec la verdure des arbres qui la dominent et avec la couleur foncée du basalte, donnent au paysage un caractère particulier de beauté qui étonne et charme la vue. Les voyageurs peuvent se procurer le plaisir de voir cette belle cascade en se détournant seulement d'un petit quart d'heure de la route d'Aurillac, au-dessus du pont de Mazerolles.

AUZERS (*Cantal*). Village à 18 kil. (4 l. 1/2) de Mauriac. 1,031 hab. On y remarque un vaste château flanqué de trois grosses tours, et surmonté de plusieurs tourelles crénelées, bâti vers la fin du quinzième siècle. A quelque distance du bourg se voit l'antique tour de Marlat, qui remonte à une antiquité reculée; elle est aujourd'hui entièrement cachée sous le lierre qui la tapisse.

AURILLAC. Ancienne et jolie ville. Chef-lieu du département du Cantal. Trib. de 1re inst. et de comm. Collège comm. ⊠ ☞ 1,089 hab.

Cette ville est agréablement située sur la rive droite de la Jordanne, à l'extrémité d'une vallée pittoresque qu'arrose cette rivière. Au-dessous de la ville, la vallée s'élargit et va joindre celle de la Cère; l'ensemble de ces deux vallées est borné au sud et à l'est par des coteaux peu élevés couverts de forêts ; au nord et à l'ouest apparaissent les extrémités des chaînes de montagnes du Cantal. Aurillac est une ville bien bâtie, qui se présente agréablement aux yeux du voyageur ; les rues sont assez mal percées, mais larges, propres et arrosées par des ruisseaux d'eau courante, alimentés par deux sources très-abondantes reçues dans un grand réservoir au haut de la ville, et par un canal dérivé de la Jordanne, qui fait mouvoir plusieurs usines, et qui traverse les rues basses. Les maisons sont couvertes en ardoises provenant des carrières environnantes. Au bas de la ville est une belle promenade appelée cours Montyon, ou plus communément le Gravier, qui longe le cours de la Jordanne : les routes de Rodez, de Clermont, de Saint-Flour et de Tulle forment aussi aux abords de la ville autant de belles avenues, dont l'agrément est encore augmenté par la beauté des campagnes environnantes.—Les plus anciens monuments d'Aurillac sont : le château de Saint-Étienne, qui domine la ville à l'ouest; encore ne reste-t-il des temps anciens qu'une tour carrée, tout le reste étant beaucoup plus moderne. Ce château, ancienne habitation des comtes d'Auvergne, a soutenu plusieurs siéges, et a été saccagé à plusieurs époques.—L'église Saint-Géraud ou du Chapitre, ornée de beaucoup de tableaux —L'abbaye des Bénédictines, située dans le faubourg de Buis. — L'église de Notre-Dame des Neiges, édifice du treizième siècle, ornée de beaucoup de tableaux, et dont la voûte est très-belle. — Le collège ; l'hôtel de ville, renfermant la bibliothèque publique, contenant 7,000 volumes, et le cabinet de minéralogie.—On remarque encore à Aurillac l'hôtel de la préfecture, la halle au blé, précédée d'une place où l'on voit un beau bassin de serpentine, de dix pieds de diamètre; la salle de spectacle; le pont sur la Jourdanne; la colonne élevée pour perpétuer la mémoire de M. de Montyon, dont le nom est justement vénéré dans toute la contrée ; le haras, composé de chevaux arabes, turcs, anglais, normands, et de races indigènes ; la grande place du marché; l'hippodrome, situé à 1 kil. (1/4 l.) de la ville, destiné aux courses de chevaux, auxquelles concourent tous les départements du Midi : ces courses ont lieu, depuis 1825, du 1er au 15 juin de chaque année.

Aurillac est la patrie de plusieurs hommes distingués, parmi lesquels nous citerons : saint Gérand; le pape Sylvestre II; le professeur d'hébreu Jean de Cinq-Arbres ; le maréchal de Noailles ; Piganiol de la Force, auteur d'une description de la France; le général Destaing, qui s'illustra en Égypte et en Italie ; le général de division Delzons, mort glorieusement dans la fatale campagne de Russie.

FABRIQUES de dentelles et de blondes, d'orfèvrerie, de chaudrons et d'ustensiles de cuivre rouge et jaune. Martinets à cuivre. Papeteries. Tanneries. Brasseries. Teintureries. — COMMERCE considérable de chevaux et de mulets, bestiaux, fromages, chaudronnerie. Entrepôt de diverses marchandises et commerce très-actif. — A 55 kil. (14 l.) de Tulle, 53 kil. (13 l. 1/2) de Rodez

N° 11. ROUTE DE PARIS A AURILLAC.

540 k. (138 l. 1/2) de Paris.—HÔT. des Voyageurs, des Trois-Frères, de St.-Pierre.

VOITURES PUBLIQUES. Tous les jours pour Paris, Rodez, Saint-Flour, Clermont-Ferrand, Tulle, Limoges, Mauriac, Montauban, Cahors, Toulouse.

BUTS D'EXCURSIONS. Au gisement de coquilles fossiles de la côte de *Veaurs*; au *château de Carlat*; à la vallée de *Raulhac*; aux eaux minérales de *Cropières*; aux châteaux de *Valduces* et de *Missiliac*; aux eaux minérales de *Teissières les Boulies*; aux ruines du château *d'Espinassol*; à la vallée de *Marmagnac*; aux châteaux de *Sedaiges* et de *la Vodre*; à l'ancien fort de *Roquenatou*; aux rochers pyramidaux et aux grottes de *Laroquevieille*; au souterrain de *Tidernat*.

OUVRAGES A CONSULTER, qui se trouvent à la librairie de Picut, à Aurillac ;
Dictionnaire statistique du Cantal, par Deribier, in-8°, 1824
Recherches sur les antiquités du Cantal, par Raulhac, in-fol., 1825.
Voyage dans la ci-devant haute Auvergne, par Legrand d'Aussy, 3 vol. in-8°, an III.
Relation de la haute Auvergne, par Beynaguet, in-8°, 1826.
Description historique et scientifique de la haute Auvergne, par Bouillet, 2 vol. in-8° et pl, 1834.
L'Indicateur d'Auvergne, par Lecoq, in-8°, 1833.
Promenade au Cantal, par Pighoux, in-8°, 1833.
Tableau topographique, historique et statistique du Cantal, par Durat-Lassalle.
Dictionnaire statistique du département du Cantal, par Deribier du Châtelet, in-8°.
Essai sur la statistique du département du Cantal, par Laforce, in-8°.
Annuaires du Cantal, in-18, 1827-1842.

D'AURILLAC A CAHORS, 16 myr.   m.k.

D'AURILLAC à SAINT-MAMET (Cantal) ⚲ 1,7
* ARPAJON (à gauche de la route).
SAINT-MAMET (Cantal) à * MAURS ⚲ 2,7
* MONTSALVY (à gauche de la route).
MAURS à * FIGEAC ⚲ 2,4
* CARDAILHAC (à droite de la route).
* ASSIER (à gauche de la route).
* AUTOIRE (à droite de la route).
FIGEAC au BOURG (Lot) ⚲ 1,9
* MARCILLAC (à gauche de la route).
LE BOURG (Lot) à * GRAMAT ⚲ 1,7
* SAINT-CERÉ (à droite de la route).
GRAMAT à * LA BASTIDE-FORTUNIÈRE ⚲ 2,2
LA BASTIDE-FORTUNIÈRE à PELACOY ⚲ 1,8
PELACOY à * CAHORS ⚲ 1,6

ARPAJON (*Cantal*). Bourg à 5 kil. (1 l. 1/4) d'Aurillac. 2,234 hab. Il est dans un magnifique vallon arrosé par les rivières de Cère et de Jourdanne. On y remarque de belles maisons de campagne. L'église, dédiée à Saint-Vincent, renfermait autrefois un tombeau en marbre blanc. — L'antique château de Conros, où, selon Grégoire de Tours, Clotaire se retira pendant quelque temps, fait partie de cette commune. — Martinets. Tuilerie. Fours à chaux.

MAURS (*Cantal*). Petite ville à 31 kil. (8 l. 1/2) d'Aurillac. ⊠ 2,892 hab. Elle est dans une agréable situation, dans le vallon d'Arcambie, arrosé par la Rance, et était autrefois resserrée par un grand mur de défense. La place publique est ornée d'une fontaine jaillissante, construite en 1818. — COMMERCE de toiles, cire vierge, châtaignes réputées les meilleures du pays, et d'une grande quantité de cochons gras qui fournissent d'excellents jambons.

MONTSALVY (*Cantal*). Petite ville à 25 kil. (6 l. 1/4) d'Aurillac. 840 hab. Cette ville est bâtie sur un plateau élevé, dominé lui-même par les montagnes appelées Puy de l'Arbre, où MM. Méchin et Delambre ont opéré plusieurs mois pour tracer la levée du quart du méridien qui sert de base aux nouvelles mesures. On voit, près de cet endroit, les ruines du château de Mandulphe, appartenant jadis à la maison d'Armagnac. De ce point, l'horizon est assez étendu pour pouvoir distinguer le clocher de Rodez, les côtes de Figeac, les montagnes de Salers et du Plomb du Cantal, rayon de plus de douze lieues. — On remarque à Montsalvy l'église Notre-Dame, d'une belle architecture gothique, fondée, avec un monastère, en 1073, par Béranger II, comte de Carlat ; et l'hôtel de ville, aussi d'ancienne architecture. Le mur du Diable, construit de blocs énormes, que l'on pourrait appeler cyclopéens, est à peu de distance de la ville. — Depuis quelques années, Montsalvy possède un établissement bien digne d'intérêt : c'est un institut de sourds et muets, dû à la philanthropie de MM. Pissin-Sicard et Croiseuil. — COMMERCE de toiles qui se fabriquent dans la ville, et qui y occupent la majeure partie de la population.

BUTS D'EXCURSIONS. Au *Puy de l'Arbre*, et aux ruines de plusieurs châteaux près de Cassaniouze.

FIGEAC (*Lot*). Ville très-agréablement située. Sous-préfecture. Trib. de 1re inst. Soc. d'agric. Collége comm. ⚏ 6,390 hab.

Figeac paraît devoir son origine à un monastère fondé en 755. Guillaume Ier, un des abbés de ce monastère, l'entoura de remparts, y fit construire des ponts, ainsi que plusieurs édifices, entre les années 1080 et 1100. Cette ville est on ne peut plus agréablement située, sur le penchant et au pied d'une colline arrondie dont le Celé baigne la base. Elle occupe le milieu d'un riant bassin qu'entoure un amphithéâtre de collines couvertes de bois, de rochers abruptes, de vergers et de vignobles, d'un effet très-pittoresque ; les maisonnettes bâties au milieu des vignes, les colombiers, les pavillons dont est parsemé le territoire, brillent tous de la blancheur éclatante de la chaux dont ils sont crépis, et du rouge presque aussi éclatant de la tuile dont ils sont couverts ; la ville, placée au milieu de ce paysage, semble l'embellir encore par ses édifices et par la fraîcheur des promenades qui l'environnent. — Figeac était jadis entouré de remparts et de fossés, dont il existe des restes sur toute la partie du nord. Les rues en sont étroites et mal percées, les places publiques resserrées et irrégulières, les maisons en général mal bâties ; mais on en voit quelques-unes d'une belle construction. La promenade qui est dans l'intérieur de la ville est peu spacieuse et bornée par des édifices, excepté du côté du midi. — Il existe dans cette ville plusieurs édifices d'une construction très-ancienne ; ils présentent tous des ouvertures en ogive, ornées de colonnes élancées, et surmontées de trèfles et de rosaces à jour ; tous ont des cheminées octogones, très-élevées, et qui ressemblent à autant de minarets ; quelques-uns se terminent par de petites colonnes qui supportent un couronnement. Le plus remarquable de ces bâtiments est le château de Baleine, qui sert aujourd'hui de palais de justice ; ses murs épais et avec une seule porte au rez-de-chaussée, sans aucune fenêtre, sa proximité des remparts, les fossés dont il est environné, démontrent qu'il avait été bâti pour servir de forteresse Ce château est très-étendu ; on y voit une vaste salle de 13 m. 30 c. de long sur 16 m. 68 c. de large et 9 m. 74 c. de hauteur.—L'église de l'ancienne abbaye est remarquable par l'antiquité et la singularité de quelques parties de son architecture. La nef, sans y comprendre les bas-côtés qui en font le tour, a 60 m. 48 c. de long, 7 m. 78 c. de large et 20 m. 46 c. de hauteur au milieu de la voûte ; elle présente, vis-à-vis le grand autel, deux prolongements latéraux qui lui donnent la forme d'une croix. Au dessus du maître-autel s'élève un dôme de 38 m. 97 c. de hauteur, qui forme d'abord un cylindre et se termine ensuite par un polyèdre octogone. Le portail est surmonté d'un clocher d'une belle construction, de 38 m. 97 c. d'élévation au-dessus de l'édifice. — L'église de Notre-Dame du Puy offre une nef entourée de bas-côtés très-imposants ; elle a 39 m. 94 c. de long sur 12 m. 74 c. de large et 15 m. 59 c. de hauteur ; les colonnes engagées qui soutiennent la voûte de la nef sont très-élancées. Le maître-autel est orné de quatre colonnes torses en bois, d'ordre corinthien, où l'on a sculpté, avec beaucoup d'art et de précision, des ceps de vigne ornés de leur feuillage et de leurs grappes, que des anges semblent vouloir

N° 11. ROUTE DE PARIS A AURILLAC.

écarter. — On ne doit pas manquer d'aller voir, au couchant et au midi de Figeac, deux espèces d'obélisques qui semblent avoir été construits pour supporter des fanaux destinés à diriger les pèlerins pendant la nuit, au milieu des épaisses forêts dont cette contrée était jadis couverte. Ces obélisques, qu'on nomme Aiguilles, présentent une base de cinq marches formant un piédestal ; elles supportent un prisme à huit pans, de 5 m. 52 c. de hauteur sur 3 m. 89 c. de circonférence, qui se termine par une corniche saillante au-dessus de laquelle le monument prend la forme pyramidale.

Figeac est la patrie de M. Champollion-Figeac, archéologue distingué, conservateur des chartes et diplômes de l'histoire de France à la Bibliothèque royale ; de feu M. Champollion jeune, à qui l'on doit la découverte de l'alphabet hiéroglyphique égyptien.

FABRIQUES de toiles. Teintureries. Tanneries. — COMMERCE de vins et de bestiaux. — A 57 kil. (14 l. 1/4) de Cahors; 575 kil. (147 l. 1/2) de Paris.
— HÔTELS Born, Chaffre, Lezeret, Mourlion, Pontié.

VOITURES PUBLIQUES. Tous les deux jours pour Villefranche et route de Toulouse par Montauban, pour Aurillac et route de Paris par Clermont, pour Cahors par Gramat. Messageries de Perpignan à Tulle, passant par Carcassonne, Castres, Alby, Villefranche!, communiquant à Tulle avec les messageries de Paris *Pontié*.

BUT D'EXCURSION : à *Capdenac* (6 kil.). *Voy.* ci-après CAHORS.

CARDAILHAC (*Lot*). Petite ville sur une montagne très-escarpée du côté du nord et de l'ouest, à 10 kil. (2 l. 1/2) de Figeac. 1,550 hab. Cardailhac était autrefois une place fort importante, qui embrassa avec ardeur la cause de la réforme. Ses fortifications furent démolies par ordre de la cour, vers le commencement du siècle de Louis XIV. On y remarque, sur les bords d'un rocher qui domine un ruisseau, les restes d'un vaste fort dont l'enceinte renfermait quatre tours isolées : trois de ces tours existent encore ; deux sont carrées, la troisième est ronde ; la quatrième, qu'on a démolie il y a quelque temps, était aussi carrée ; l'intervalle qui est entre les tours offre de nombreux vestiges de fondations et de souterrains voûtés. Les deux tours carrées sont séparées par une distance de 45 m. 48 c.; elles ont la même forme et présentent les mêmes caractères de construction : la hauteur de l'une est de 24 m. 36 c., et celle de l'autre de 20 m. 46 c.; mais la première conserve encore ses créneaux et sa plate-forme, ainsi que les piliers qui portaient la cloche du beffroi, tandis que l'autre a perdu un étage : la première en contient quatre, et la seconde trois, tous fermés par des voûtes très-épaisses. La tour ronde parait avoir été bâtie à une époque plus récente que les deux autres ; c'est près de celle-ci que l'on voit les fondations de la tour démolie, d'où on descendait, par un escalier souterrain de plus de cent marches, à une cavité dont l'issue est presque au niveau du ruisseau.

ASSIER (*Lot*). Village à 16 kil. (4 l.) de Figeac. 730 hab. Il est bâti près d'un ruisseau qui s'engouffre non loin de là pour ne plus reparaître ; les Anglais le fortifièrent à la fin du XIVe siècle, après s'être emparés d'un ancien fort, sur l'emplacement duquel Galliot de Genouilhac fit bâtir un des plus somptueux châteaux de la province, qui n'a de remarquable aujourd'hui que ses imposantes ruines; la façade extérieure n'offre plus qu'un fronton formé par trois rangs de colonnes, la corniche qui couronne les murs, et les formes élégantes des croisées de l'étage le plus élevé ; le fronton se termine par une balustrade élégante ; les colonnes du premier rang sont d'ordre corinthien et portent une corniche très-saillante, où l'on avait placé la statue équestre de François Ier, de grandeur naturelle et d'une belle exécution ; les deux autres rangs de colonnes appartiennent à l'ordre dorique et au corinthien. Les frises des corniches qui distinguent chaque étage sont couvertes des plus belles arabesques et de trophées d'armes et d'amour ; on y avait aussi représenté les bustes des empereurs romains, les travaux d'Hercule, ainsi que des combats où l'artillerie joue le principal rôle. Ce superbe édifice, construit pour braver les siècles, n'offre plus que de vastes ruines : une sordide spéculation en fit vendre tous les matériaux vers le milieu du siècle dernier, parce qu'il coûtait quelques centaines de francs d'entretien par an ; on se réserva seulement la partie du midi, où était la principale porte d'entrée, et, quelques années après, on aliéna même cette partie avec toute la terre d'Assier. — L'église paroissiale du village d'Assier est un fort bel édifice, construit après l'achèvement du château : elle est surmontée d'un clocher à flèche de 38 m. 97 c. d'élévation ; la façade qui regarde le midi est imposante sans avoir de justes proportions. La forme intérieure de cet édifice est celle d'une croix ; la nef est large et élevée. A droite en entrant se trouve la chapelle où fut élevé le mausolée de Galliot de Genouilhac, dont le sarcophage, en marbre gris, est orné, sur le devant, de six petites colonnes qui soutiennent un entablement sur la frise duquel on lit : *Après la mort, bonne renommée demeurée.* Galliot de Genouilhac y est représenté en plein relief, dans l'attitude d'un homme couché sur le dos, les mains croisées sur la poitrine.

AUTOIRE (*Lot*). Village à 33 kil. (8 l. 1/2) de Figeac. 500 hab. Il est sur un ruisseau affluent de la Bave, qui arrose une vallée étroite, bordée d'espace en espace par des rochers énormes. A l'entrée de la vallée, ce ruisseau forme une fort belle cascade qui se précipite de 32 m. 48 c. de haut, que les saillies du rocher brisent en gerbes, et que la disposition du site rend très-pittoresque. Entre le village et la cascade, on voit les restes d'une tour bâtie sur la corniche d'un rocher coupé à pic, qui s'élève à 97 m. 45 c. au-dessus de la vallée.

MARCILLAC (*Lot*). Bourg sur la rive droite du Celé, à 23 kil. (6 l.) de Figeac. 900 hab. Ce bourg possédait autrefois un monastère dont l'église, qui est vaste et fort belle, a été conservée : la nef a 35 m. 48 c. de long et 7 m. 78 c. de large, sans y comprendre les bas-côtés ; la voûte est supportée par des colonnes accouplées sans chapiteaux ni entablement ; les ouvertures y sont étroites, très-élevées, et présentent toutes d'élégants compartiments en forme de rosaces et de feuilles de trèfle.

BUT D'EXCURSION. A peu de distance de Marcillac, on remarque la grotte de ce nom, située sur la commune de Blars. Cette grotte, une des plus célèbres de la France, est située presque à l'extrémité d'une petite vallée ; on y entre par un portique de six à sept pieds d'élévation. Après avoir parcouru une espèce de corridor, on arrive à une vaste salle qui présente de toutes parts des stalagmites et des stalactites, dont les formes vagues et diversifiées changent suivant le point de vue d'où on les considère. Ce sont des mausolées, des autels, des pyramides, des obélisques, des arcades presque régulières, qui font d'autant plus d'effet que ces masses sont le plus souvent placées sur les points les plus élevés d'un sol hérissé d'aspérités. Des stalactites en mamelons, en quilles, en cierges, en festons, les unes opaques et jaunâtres, les autres diaphanes et d'un blanc de neige, et toutes terminées par de petits tubes cylindriques d'où s'échappe l'eau qui dépose ces concrétions, sont parsemées sur la voûte et y présentent les ornements les plus variés. D'espace en espace, d'autres masses, aussi formées par l'eau qui tombe de la voûte, s'étendent sur le sol en nappes resplendissantes et dessinent sur les parois d'élégantes draperies auxquelles de petites stalactites ramifiées semblent servir de franges. Au bout de cette salle, le sol s'élève, la voûte s'abaisse, les côtés se rapprochent et ne laissent de vide qu'un espace très-étroit où un homme a de la peine à passer. Bientôt la voûte se relève, les côtés s'éloignent, et l'on découvre une autre vaste enceinte qui présente la même profusion de stalactites et de stalagmites. Mais un objet plus imposant attire ici les regards et commande l'admiration. D'un monticule qui domine le sol d'environ 8 mètres, une colonne de 19 mètres de haut, de 8 décimètres de module, s'élance jusqu'à la voûte et semble en soutenir le poids. Très-élégamment ornée dans toute sa longueur, demi-transparente, couverte de petites facettes qui scintillent lorsqu'on leur fait réfléchir la lumière des flambeaux, entourée vers le sommet de petites concrétions qui se groupent autour d'elle, comme pour lui servir de chapiteau, elle produit à la fois l'effet le plus majestueux et le plus pittoresque. Cette merveille du monde souterrain serait le plus bel ornement d'un temple ou d'une place publique, si on pouvait mettre les ouvrages de l'art en harmonie avec les ouvrages de la nature. La caverne se prolonge encore dans une troisième galerie, séparée de la seconde par un espace extrêmement étroit. — Il existe une autre grotte dans la même commune, à

8 kilomètres de la première, dont l'ouverture se voit dans un rocher, au fond d'un vaste entonnoir produit par écroulement.

CERÉ (SAINT-) (*Lot*). Petite ville sur la Bave, à 24 kil. (6 l. 1/4) de Figeac. ⊠ 3,987 hab. Cette ville doit son origine à une chapelle bâtie en l'honneur de sainte Espérie. Elle est bâtie dans une île formée par la Bave, et entourée de montagnes qui présentent une grande variété de culture : de belles allées d'arbres l'environnent, et ses édifices semblent s'élancer d'une corbeille de verdure.

BUT D'EXCURSION. Au nord de Saint-Céré s'élève une butte parfaitement conique, qui se termine par un plateau en forme d'ellipse d'environ 4,000 mètres carrés, élevé à près de 200 mètres au-dessus de la rivière de Bave. Le sommet de ce plateau, formé par un rocher calcaire d'une hauteur moyenne de 4 m. 87 c., est coupé à pic tout autour. Ce rocher sert de base à un rempart de 2 m. 27 c. d'épaisseur qui entoure le plateau, et où l'on ne pénètre que par une porte en ogive ; un fossé de 6 m. 81 c. de large règne tout autour des remparts. Vers les deux extrémités du grand diamètre de l'ellipse qu'environnent les remparts, existent deux tours carrées isolées, séparées par une distance de 70 mèt. Ces tours sont connues sous le nom de tours de Saint-Laurent ; celle qui est au nord, formée de six étages, dont l'un est souterrain, se termine par une plate-forme entourée de créneaux : elle a 39 m. 94 c. de haut, et chaque face a 30 mètres de large ; la tour méridionale n'a que 27 m. 29 c. de haut, et se termine également par une plate-forme. — *Fabriques* de chapeaux, recherchés pour la durée et la beauté de leur noir, qui se vendent principalement pour l'Auvergne. — *Commerce* considérable de toiles.

GRAMAT (*Lot*). Petite ville sur l'Alzou, à 47 kil. (12 l.) de Gourdon. ⊠ 3,428 h. Elle est bâtie sur un plateau, dans la vallée de l'Alzou, qui est resserrée au-dessous de Gramat par d'énormes rochers à pic ; au-dessus, cette vallée s'élargit, et forme, à peu de distance de la ville, un vaste bassin tapissé de prairies ou s'élève un tumulus de forme conique, de 11 m. 68 c. d'élévation et de 85 m. 73 c. de circonférence.

┼ Gramat possède une source minérale dont les eaux ont été analysées en 1818, par ordre du ministre de l'intérieur.

Cinq livres d'eau de cette source ont produit :

Sulfate de magnésie....................	1 gramme	425
Carbonate de chaux....................	1 »	741
Sulfate de chaux........................	8 »	453
Sulfate de soude.......................	0 »	785
Carbonate de magnésie................	0 »	136
Acide carbonique......................	2 décilitres.	

— Gramat est la patrie du célèbre chirurgien Dubois. — COMMERCE important de grains et de laines estimées.

BUTS D'EXCURSIONS. Au-dessous de Gramat, la vallée de l'Alzou est si resserrée qu'en quelques endroits elle n'offre que l'espace nécessaire au passage de la rivière, qui se précipite de 9 m. 74 c. (30 pieds) de hauteur au milieu de deux rochers d'une grande élévation, et forme une magnifique cascade. En cet endroit, on a profité des saillies du rocher de la rive droite pour y construire un moulin de quatre paires de meules : une partie des eaux, retenues par une digue là où les autres se précipitent en cascade, sont reçues par trois conduits qui les dirigent sur quatre roues placées à trois différentes hauteurs. Ce moulin, en quelque sorte suspendu à une masse énorme dont il dessine les contours, offre une belle construction qui produit un effet surprenant à cette immense profondeur. Près de cette usine, que l'on désigne sous le nom de Moulin du Saut, on voit un dolmen remarquable, divisé en deux compartiments.

Au village de Bède, dépendant de la commune de Gramat, existe un vaste abîme dont le fond est mis en culture et planté de noyers d'une hauteur prodigieuse.

LA BASTIDE-FORTUNIÈRE (*Lot*). Bourg à 20 kil. (5 l.) de Gourdon. 1,600 h. C'est la patrie de l'un des plus vaillants généraux de la république et de l'empire, de Joachim Murat, qui fut roi de Naples.

CAHORS (*Lot*). Ville fort ancienne. Chef-lieu du département. Trib. de 1re inst. et de comm. Ch. cons. des manuf. Académie univ. Coll. royal. Soc. d'agr. Évêché. Sém. dioc. ⊠ ⚘ 12,050 hab.

L'origine de Cahors se perd dans la nuit des temps. Tout porte à croire que cette cité était la capitale des *Cadurci* avant la conquête des Gaules par César; quelques auteurs ont même cru y reconnaître la ville qui, sous le nom d'*Uxellodunum*, osa soutenir un long siège contre César; mais M. Champollion aîné a démontré que ce n'est point là qu'on peut trouver ce qui, d'après les Commentaires, distinguait le dernier boulevard de la liberté des Gaules.

La ville de Cahors s'étend dans une péninsule formée par le Lot; le sol qu'elle occupe est en grande partie encadré de hautes collines, d'un aspect plus ou moins âpre ou fertile, qui bordent le côté gauche de la rivière; de vieux remparts la défendent du côté de l'isthme. Elle est bâtie sur une colline d'une pente excessivement douce, et se divise en haute et basse ville. L'intérieur est peu agréable; la plupart des rues sont étroites, tortueuses, escarpées; cependant on y a pratiqué de nouvelles rues et des quais bien alignés, et qui n'auraient besoin que d'être continuées pour produire un bel effet; les maisons sont assez agréables, et en grande partie construites avec une terrasse ou plate-forme d'où l'œil aperçoit les sites charmants qui l'environnent. Les boulevards que suit la grande route de Paris sont décorés de plusieurs belles maisons, et offrent une promenade fort agréable.

La cathédrale de Cahors présente une vaste nef sans bas-côtés, de 56 mètres de long sur 15 de large : trois voûtes, dont deux en coupole, la couronnent; la plus élevée des deux coupoles a 32 mètres d'élévation et 46 de circonférence; celle qui est la plus rapprochée de l'entrée n'a que 25 mètres de hauteur avec la même circonférence que l'autre : elles sont toutes deux sans ornements, mais elles présentent des lignes très-pures et une construction très-soignée; la troisième est formée par une voûte à tiers-point. Entre les pilastres qui portent les coupoles, règnent de chaque côté de la nef, à 10 mètres au-dessus du pavé, des galeries ou tribunes ornées de balustrades : des chapelles occupent l'espace qui est au-dessous des galeries. Les ouvertures qui éclairent l'espace surmonté par les deux coupoles se terminent en demi-cercle; celles de l'autre partie sont en ogive, et offrent les ornements bizarres, mais élégants et hardis, de l'architecture gothique. La coupole qui est au-dessus du chœur passe pour être du commencement du septième siècle.

On traverse le Lot à Cahors sur trois ponts, dont l'un, appelé pont de Valendre ou de Valendré, du nom de son constructeur, est particulièrement remarquable; il est surmonté par trois hautes tours carrées, placées une à chaque extrémité et la troisième au centre. Le pont Notre-Dame a été remplacé par le pont Louis-Philippe, construit en pierres de taille et d'une beauté remarquable.

On remarque encore à Cahors l'hôtel de la préfecture, anciennement l'évêché, édifice majestueux qui fait le principal ornement d'une place assez régulière; l'ancien séminaire, aujourd'hui converti en casernes, bâtiment vaste et imposant; l'ancienne Chartreuse, qui occupe l'emplacement d'une maison de templiers; la salle de spectacle, édifice d'un beau style; la bibliothèque publique, contenant 12,000 volumes; l'obélisque élevé à la mémoire de Fénelon, en face de la grille principale de la cathédrale; le collége; le magasin des tabacs; l'hôtel de ville, bâtiment neuf d'un beau style; la cathédrale, les églises Saint-Ureise, Saint-Barthélemy et Notre-Dame.

Cahors est la patrie du pape Jean XXII; du poëte Clément Marot, né vers la fin du quinzième siècle; du romancier la Calprenède; du général Ramel, assassiné à Toulouse en 1815. — FABRIQUES de cuirs. Filatures de coton. Verrerie. — COMMERCE de vins, eaux-de-vie, truffes, huile de noix, porcs, cuirs, etc. — A 55 kil. (14 l.) de Montauban, 598 kil. (153 l. 1/2) de Paris. — HÔTELS des Ambassadeurs, du Palais-Royal, de l'Europe.

VOITURES PUBLIQUES. Tous les jours pour Paris, Toulouse, Villeneuve d'Agen. Tous les deux jours pour Figeac, Gramat, Moissac, Montcuq.

OUVRAGES A CONSULTER, qui se trouvent à la librairie de Calmette, à Cahors : *Histoire du Quercy*, par Cathala Couture, 3 vol. in-8°, 1785.
Statistique du Lot, par Delpon, 2 vol. in-4°, 1831.

3.

N° 11. ROUTE DE PARIS A AURILLAC.

Biographie des hommes célèbres du Lot, par Vedaillet, in-8°, 1829.

BUTS D'EXCURSIONS : à *Capdenac,* l'ancien *Uxellodunum* de César, où l'on voit encore l'ancienne porte qui a conservé le nom de ce conquérant, et la fontaine dont il détourna les eaux pour obliger les habitants à se rendre. — On doit aussi visiter, aux environs de cette ville, la fontaine des Chartreux, qui sort d'une caverne profonde au pied d'une des montagnes qui environnent Cahors; elle remplit un vaste bassin d'où elle se précipite avec force pour faire mouvoir plusieurs moulins, et coule ensuite dans le Lot, où ses eaux vives, limpides et profondes, se distinguent par leur teinte bleuâtre des eaux lentes et limoneuses qui les reçoivent. L'aqueduc destiné par les Romains à conduire les eaux du vallon de Saint-Martin de Vern à Divona avait environ 25 kil. de longueur; à la Roque, près de Cahors, il présentait plusieurs rangs d'arches, qui paraissent avoir été supérieures par leur architecture gigantesque au célèbre pont du Gard.

D'AURILLAC A MONTAUBAN (Tarn-et-Garonne), 17 myr. 6 kil.

	m. k.
D'AURILLAC à *FIGEAC ⚐ (V. la R. précédente)...	6,8
*BRENGUES (à droite de la route).	
FIGEAC à LA REMISE ⚐	1,8
*CÉNEVIÈRES (à gauche de la route).	
*AUBIN (à gauche de la route).	
LA REMISE à *VILLEFRANCHE (Aveyron) ⚐	1,7
*CAJARC (à droite de la route).	
VILLEFRANCHE à CAYLUS ⚐	2,9
CAYLUS à CAUSSADE ⚐	2,2
CAUSSADE à MONTAUBAN (Tarn-et-Garonne) ⚐..	2,2
BRUNIQUEL, NÉGREPELISSE (à gauc. de la R.).	

BRENGUES (*Lot*). Village situé sur la rive droite du Celé, à 18 kil.(4 l. 1/2) de Figeac. 550 hab. Brengues possédait autrefois deux châteaux forts, dont on voit encore les débris. Aux environs de ce village, on voit des retranchements, des cavernes, des bâtisses et des rochers fort remarquables. La chaîne de montagnes qui borde la rive droite du Celé est coupée dans cette commune par deux vallées qui laissent entre elles une montagne dont la cime se termine presque en demi-globe. La partie qui est en face de la rivière présente, depuis sa base jusqu'à la moitié de sa hauteur, une pente très-rapide; au-dessus s'élève à pic, comme un mur recourbé en arc, un rocher de 58 m. 48 c. de haut. Entre la base de ce rocher et l'autre partie de la montagne, règne un chemin d'environ 3 mètres de large, qui était défendu aux deux extrémités par deux portes bâties avec de gros blocs bien taillés, réunis par un ciment très-dur. La porte qui défendait le côté du couchant est bien conservée, l'autre est en partie détruite; le mur dans lequel elles sont pratiquées s'appuie d'un côté au rocher, et aboutit de l'autre à un escarpement à pic; il était impossible d'arriver au chemin sans passer par ces deux portes, à cause de la rapidité de la pente de la montagne depuis le rocher jusqu'à la rivière.

FIGEAC. Voy. page 53.

CÉNEVIÈRES (*Lot*). Village à 31 kil.'(8 l.) de Cahors. 650 hab. On remarque aux environs, sur un rocher qui domine le Lot, l'antique et vaste château de Cénevières : les dix corps de bâtiment dont il se compose, et qui forment presque tous des angles aigus ou obtus qui les rendent très-irréguliers, prouvent qu'il a été construit à plusieurs époques. L'intérieur n'offre qu'une longue suite d'appartements, remarquables seulement par leur nombre et leurs vastes proportions. En face de la rivière s'étend une longue et superbe terrasse, d'où la vue domine une vallée agréable, dont la fertilité contraste avec les coteaux agrestes qui la dominent.

AUBIN (*Tarn-et-Garonne*). Petite ville à 33 kil. (8 l. 1/2) de Villefranche. 3,392 hab. Cette ville consiste en une longue rue bâtie sur le penchant d'une colline ; elle est commandée par un ancien fort qu'on dit avoir été construit par les Romains, et son genre de construction, où l'on ne voit ni ogives, ni mâchicoulis, semble appuyer cette opinion. — Exploitation de houille, d'alun et de sulfate de fer. — COMMERCE considérable de toiles fabriquées dans les communes voisines. Aux environs, à Decaze-Ville, hauts fourneaux et forges à l'anglaise.

CAJARE (*Haute-Garonne*). Petite ville sur la rive droite du Lot, à 21 kil. (5 l. 1/2) de Figeac. 1,889 hab. C'était autrefois une ville forte qui opposa aux Anglais, à différentes époques, une vigoureuse résistance. Cajare est dans une charmante situation, au bord d'un bassin fertile et étendu, terminé par des coteaux cultivés en vignes et couronnés par des rochers de formes variées, encadrés en quelque sorte dans des massifs de verdure. On y remarque l'église paroissiale, bâtie vers l'an 1289, dont l'intérieur renferme quelques beaux morceaux d'architecture gothique; les restes d'un ancien fort qui paraît remonter à une haute antiquité; et, sur les bords du Lot, une jolie promenade formée de quatre longues allées plantées de peupliers d'Italie. L'intérieur de la ville offre des rues étroites et mal percées; mais les habitations situées sur les anciens fossés, qui ont été converties en promenades, sont bien construites et d'un aspect fort agréable.

VILLEFRANCHE (*Aveyron*). Jolie ville. Sous-préfect. Trib. de 1re instance. Soc. d'agricult. Collège comm. ⊠ ⚘ 9,540 hab. Villefranche doit son origine à Alphonse, comte de Toulouse et frère du roi Louis IX, qui en traça les fondations près de l'emplacement de l'ancienne cité de Carentomage. Cette ville est bâtie dans une situation agréable et saine, au confluent de l'Alzou et de l'Aveyron; elle occupe la tête septentrionale d'une vallée circonscrite à l'est par une petite montagne, et sur tous les autres points par un rideau circulaire de collines. Au levant, cette ceinture est interrompue par deux gorges qui donnent passage aux rivières de l'Alzou et de l'Aveyron; au sud, par le cours de cette dernière rivière; et au nord-ouest, par l'extrémité d'un vallon d'où coule un ruisseau qui va baigner les murs de la ville. Les terres et les coteaux environnants sont soutenus, à des distances inégales, par des murs de terrasses qui forment des gradins plantés de vignes, de pêchers et d'autres arbres fruitiers. Cette belle perspective est encore variée par des bosquets, des filets d'eau, des prairies, des terres à blé, de jolies maisons de plaisance, et par un grand nombre de colombiers isolés, dont la blancheur ressort agréablement sur le vert foncé du pampre des vignes. — En arrivant par les hauteurs du sud-ouest, Villefranche présente deux villes, l'une dont les maisons sont groupées sans aucun intervalle: c'est la ville proprement dite; l'autre dont les bâtiments plus espacés paraissent ombragés par les peupliers des champs voisins: ce sont les faubourgs. L'enceinte de la ville a la forme d'un losange; sa position en pente douce dispose les toits en échelons et les découvre tous à l'œil; l'antique église collégiale et sa haute tour dominent toutes les autres constructions et forment un effet très-pittoresque. Les quartiers de Villefranche sont régulièrement distribués; ils forment des parallélogrammes partagés par une ruelle étroite. Quatre grandes rues assez bien alignées, qui, vers le centre, se coupent à angle droit, divisent la ville en neuf parties; les faubourgs, au nombre de cinq, correspondent aux principales portes. La place du marché est grande et carrée, mais les maisons qui l'entourent, et qui pour la plupart sont hautes et vieilles, lui donnent un air sombre et triste; elle est entourée d'un portique d'une architecture claustrale, qui sert de halle et met à couvert pendant le mauvais temps les marchands et les acheteurs; une belle terrasse, à laquelle on monte par un escalier à double rampe, orne le côté du nord; dans un enfoncement, on voit une fontaine publique de forme carrée, autour de laquelle règne une balustrade en fer. — L'ancienne collégiale offre un beau vaisseau d'architecture gothique, qui mérite l'attention des artistes; un superbe porche décore son entrée, et sert de base à une haute tour flanquée de quatre tourelles. — La maison commune n'est remarquable que par ses bâtiments spacieux. Le cloître de l'ancienne chartreuse, affecté aujourd'hui à un hôpital, offre un beau modèle d'architecture gothique. — On remarque encore à Villefranche le collége; la bibliothèque, contenant 7,000 volumes; les promenades; le cabinet de physique; et le cercle de réunion où s'assemblent les principaux habitants. — PATRIE du maréchal de Belle-Isle; du docteur Alibert. — FABRIQUES importantes de toile, d'ouvrages en cuivre. Martinets à cuivre. Batteries de fer. Tanneries. Papeteries. — COMMERCE de grains, vins, seigle, millet, chènevis, truffes, jambons, champignons, bestiaux, chaudronnerie, toiles, cuirs, papiers, filasse, etc. — A 43 kil. (11 l.) de Rodez, 47 kil. (12 l.) de Cahors, 633 kil. (162 l. 1/2) de Paris. — HÔTELS du Grand-Soleil, des Quatre-Saisons.

VOITURES PUBLIQUES. Tous les jours pour Toulouse, Albi, Figeac, Rodez.

CAUSSADE (*Tarn-et-Gar.*). Jolie ville sur la rive gauche du Lère. ⌧ ⚘ 4,176 hab. C'est une ville aussi agréable par sa situation dans un pays riche, découvert et ombragé, que par les faubourgs bien bâtis qui environnent, en forme de boulevards, son étroite enceinte. L'intérieur offre une vieille ville, toutefois assez bien bâtie, qui n'a de remarquable que la tour de l'église paroissiale, et la façade de l'hôtel de ville, décorée d'un péristyle. Ses fortifications n'existent plus depuis longtemps; ses dehors sont arrosés par la petite rivière de Lère, qui ne contribue pas moins à les embellir qu'à les fertiliser. — FABRIQUES de toiles communes, étoffes de laine. Raffinerie de sucre de betterave. Tanneries. — COMMERCE de farine, grains, safran, genièvre, pruneaux, truffes, volailles, bestiaux, fil, chanvre, laine, etc. — HÔTELS Chaubard, Besse.

BRUNIQUEL (*Tarn-et-Gar.*). Petite ville sur la rive gauche de la Verre, à 27 kil (7 l.) de Mautauban. 1,861 hab. Elle est remarquable par les ruines d'un château ou palais fortifié d'un aspect on ne peut plus pittoresque, bâti au sommet d'un roc escarpé, sur la rive gauche de l'Aveyron, et dont on attribue la construction à la reine Brunehault. Vu de la rive droite de l'Aveyron, ce château offre peu d'intérêt; mais, considéré du côté de la ville, il présente encore des formes qui annoncent son ancienneté. On voit encore aux environs plusieurs maisons très-anciennes, dont toutes les ouvertures sont formées en ogive et décorées dans le style arabe.—Hauts fourneaux, forges et martinets.

NÉGREPELISSE (*Tarn-et-Garonne*). Petite ville sur la rive gauche de l'Aveyron. 3,126 hab. En 1621, le duc de Mayenne s'empara de la ville et du château de Négrepelisse. Après la levée du siége de Montauban, les principaux chefs de cette ville tentèrent de la délivrer des garnisons qui, placées dans les lieux voisins, faisaient continuellement des courses, et la tenaient en quelque sorte bloquée. Vigneaux, l'un d'eux, négocia avec les habitants de Négrepelisse, et ceux-ci résolurent d'égorger les troupes royales qui étaient dans leur ville, ce qui fut immédiatement exécuté. Le 8 juin 1622, Louis XIII investit cette ville, qu'il prit d'assaut le 10 du même mois, et sur laquelle il exerça une horrible vengeance; tout ce qu'elle contenait d'habitants fut passé au fil de l'épée, sans distinction d'âge ni de sexe. Un auteur contemporain de cette épouvantable boucherie s'exprime ainsi : « Les mères, qui s'étaient sau- « vées au travers de la rivière, ne purent obtenir aucune miséricorde du sol- « dat, qui les attendait à l'autre bord et les tuait. En une demi-heure tout fut « exterminé dans la ville, et les rues étaient si pleines de morts et de sang, « qu'on y marchait avec peine. Ceux qui se sauvèrent dans le château furent « contraints le lendemain de se rendre à discrétion, et furent tous pendus. « Les soldats mirent ensuite le feu à la ville, laquelle fut toute brûlée en une « heure. Le château seul fut conservé. » Ce château existe encore aujourd'hui : il est dans une situation très-pittoresque, sur le bord de l'Aveyron. — FABR. de toiles de coton, futaines. — COMMERCE de farine, grains, vins et chanvre.

MONTAUBAN. Grande et belle ville. Chef-lieu du département de Tarn-et-Garonne. Trib. de 1re inst. et de comm. Ch. consult. des manuf. Soc. des sciences, d'agric. et belles-lettres. Faculté de théologie de l'Église réformée.

N° 11. ROUTE DE PARIS A AURILLAC.

Collége comm. Évêché. G. et P. sém. ⊠ ⚭ 24,660 hab. Elle doit sa fondation à la haine d'une oppression qui, de toutes, était la plus odieuse parce qu'elle attaquait la pudeur, le droit de possession et les sentiments délicats auxquels les hommes attachent le plus de prix. Sous le régime féodal, la plupart des seigneurs avaient introduit le droit odieux de coucher avec la nouvelle mariée d'un de leurs vassaux, la première nuit des noces. En 1144, les habitants, indignés de ce honteux assujettissement, réclamèrent la protection d'Alphonse, comte de Toulouse, leur seigneur suzerain. Celui-ci offrit aux habitants de leur accorder sa protection et des priviléges, s'ils voulaient venir s'établir au bas d'un château voisin qui lui appartenait. Le local était beau et dans une situation avantageuse : bientôt l'ancien bourg fut déserté, et le nouvel emplacement promptement couvert d'habitations.

La ville est bâtie sur un plateau qu'entourent le Tarn, le Tescou et un profond ravin; ce plateau est élevé de 19 m. 49 c. à 29 m. 23 c. au-dessus des deux rivières, et de ce côté ses pentes sont très-rapides. Placée sous un beau ciel, baignée par un fleuve navigable, environnée de plaines fertiles, cette ville est devenue une place importante, et sa prospérité augmentera beaucoup encore lorsque le canal du Midi sera prolongé jusque sous ses murs. La ville proprement dite n'est pas très-grande, mais les faubourgs, où se trouvent les principales manufactures, sont remarquables par leur beauté et par leur étendue; on distingue surtout celui de Ville-Bourbon, qui a été bâti par des protestants chassés de Toulouse en 1562. Ces faubourgs communiquent avec la ville par un vaste pont en briques, d'une apparence gothique et d'une grande solidité, formé de sept grandes arches en ogive. Au bout de ce pont, et du côté des faubourgs, s'élève une porte en forme d'arc de triomphe; à l'autre bout est l'hôtel de ville, beau et grand bâtiment carré, flanqué de quatre pavillons; à côté est l'église Saint-Jacques, surmontée d'un haut clocher en briques composé de quatre rangs d'arceaux et surmonté d'une flèche. L'intérieur de la ville n'offre rien de bien remarquable : la plupart des rues sont étroites et mal pavées; celles des faubourgs sont droites, larges et fort propres. Les anciennes maisons sont en briques et à toits qui se projettent beaucoup au-dessus des rues, ce qui les rend un peu sombres; les constructions modernes sont gracieuses et élégantes.

— Montauban renferme trois belles places, qui sont celle de la Préfecture, la place d'Armes et la place Royale; cette dernière est spacieuse, carrée, bordée de maisons propres et régulières, à façades décorées de doubles portiques en briques; à chaque angle débouche une porte d'un bon style. — La préfecture est un beau bâtiment élevé sur une place qu'orne encore le grand et somptueux café de l'Étoile. Là commence l'avenue dite des Acacias, que six rangs d'acacias ombragent; elle mène aux Terrasses : ce sont de charmantes promenades qui bordent la crête de la colline du Tescou, et qui sont soutenues par des murs très-hauts, seuls restes des anciennes fortifications de Montauban. De cette position, peu ombragée encore, mais très-fréquentée, on jouit de perspectives étendues et ravissantes. La vue se promène sur la riche et fertile vallée du Tarn, sur les riantes collines du Tescou, sur la magnifique plaine intermédiaire, qui semble un parterre, un verger continuels, puis, plongeant dans un vaste horizon, y cherche, à travers les nuages et les vapeurs, les formes fugitives des Pyrénées. Quand le temps est favorable, cette chaîne se distingue nettement dans sa presque totalité, quoique éloignée de 156 à 195 kil. (40 à 50 l.) de Montauban; l'horizon semble alors décrire un arc d'une merveilleuse longueur, et présente une formidable barrière de monts hérissés de pics et surchargés de neiges éternelles. La cathédrale est un bel édifice, dont la construction a été achevée en 1739 par l'architecte Larroque, qui abandonna le plan d'abord conçu d'élever un clocher sur la coupole du milieu de l'église, et remplaça cette tour par deux campaniles placés des deux côtés du frontispice, et surmontés d'une boule dorée. L'église a la forme d'une croix grecque de 87 mètres de long sur 38 de large : vingt piliers en pierre de taille, ornés de pilas-

tres d'ordre dorique, et ayant 14 mètres de hauteur, supportent une voûte en stuc de 25 mètres d'élévation au-dessus du pavé; seize grandes arcades, surmontées de vitraux, établissent des communications entre la nef et les bas-côtés, qui sont bordés de chapelles. L'autel est isolé et placé entre le chœur et la nef, sous la coupole où aboutissent les quatre branches de la croix. Un perron, composé de onze marches, règne sur toute la façade de l'église, où l'on entre par trois portes d'un assez bon style; la porte principale est ornée de deux colonnes d'ordre dorique; les deux autres portes, plus petites, sont accompagnées de pilastres du même ordre, avec des niches entre les deux. Un tableau de M. Ingres décore l'intérieur de cet édifice. — On remarque encore à Montauban l'église Saint-Jacques, la bibliothèque publique, renfermant 11,000 volumes, l'évêché, la salle de spectacle. — Cette ville est la patrie de Cahuzac, poëte dramatique; du jurisconsulte Dubelloi; de le Franc de Pompignan, littérateur distingué; de Cazalès, un des plus grands orateurs du côté droit de l'assemblée constituante; du conventionnel Jean Bon de Saint-André.
— FABRIQUES importantes de draps communs, connus sous le nom de cadis de Montauban, de molletons, bas de soie, savon, coton, faïence, eaux-de-vie. Filatures de laine. Moulins à foulon. Amidonnerie. Brasseries. Tanneries. — COMMERCE de grains, farine, cuirs forts, draps, laines, huiles, plumes d'oie, épiceries, drogueries, etc. — Entrepôt de commerce de plusieurs villes du Midi, notamment pour les grains. — A 53 kil. (13 l. 1/2) de Cahors, 49 kil. (12 l. 1/2) de Toulouse, 659 kil. (169 l.) de Paris. — HÔTELS du Grand-Soleil, de France, de l'Europe, du Tapis-Vert.

VOITURES PUBLIQUES. Tous les jours de Paris, de Bordeaux, Toulouse, Rodez, Villefranche (Aveyron), Limoges, Moissac, Castel-Sarrasin, Agen, Caussade, Cahors.

OUVRAGES A CONSULTER, qui se trouve à la librairie de Forestier, à Montauban : *Histoire de la ville de Montauban*, par le Bret, in-4°, 1668.,
Voyage littéraire et archéologique dans le département du Tarn, par du Mège, in-8°, 1828.

BUTS D'EXCURSIONS. Les environs de Montauban offrent d'agréables promenades sur les bords du Tarn, qui sont embellis, au-dessus de la ville, par une cascade artificielle, assez haute et d'une grande longueur, formée par une levée qui barre obliquement la rivière. Au-dessous de la ville on remarque une cascade semblable, une jolie île couverte de saules, et un grand et pittoresque moulin, dont la forme est celle d'un château.

N° 12.

ROUTE DE PARIS A AUXERRE (YONNE).

V. N° 82, 16 myr. 8 kil.

D'AUXERRE A CHATEAUROUX, 20 myr. 6 kil.

```
                                          m. k.
D'AUXERRE à COURSON ☞............   2,2
  *TOUCY (à droite de la route).
  *SAINT-FARGEAU (à droite de la route).
  *SAINT-SAUVEUR (à droite de la route).
COURSON à *CLAMECY ☞.............   1,9
  *DRUYES (à droite de la route).
  *VÉZELAY (à gauche de la route).
CLAMECY à *VARZY ☞...............   1,6
```

N° 12. ROUTE DE PARIS A AUXERRE.

Varzy à Chateauneuf ☞ (Val de Bargis)....	1,6
Chateauneuf à *La Charité ☞............	2,0
La Charité à *Bourges ☞. (Voy. N° 30, Route de Bourges à Nevers)...................	4,9
Bourges à *Chateauroux (V. N° 30).........	6,4

AUXERRE. Voyez N° 82, Route de Lyon.

TOUCY (*Yonne*). Petite ville sur la rivière d'Ouane, à 20 kil. (5 l.) d'Auxerre. ✉ 2,300 hab. C'est une ville très-ancienne, donnée, au commencement du Vᵉ siècle, à l'église Saint-Étienne d'Auxerre. Saint Héribert, frère de Hugues Capet, y fit construire un château, où il est mort en 995. — Toucy est bâti dans la vallée de l'Ouane, au milieu d'une prairie et sur le penchant d'une colline, entre des montagnes couvertes de bocages et d'habitations isolées. — A trois quarts de lieue du faubourg Capureau, près du chemin de Fontenoy, on trouve, dans le domaine de Mainpou, une fontaine d'eau minérale ferrugineuse. — Fabriques de grosses draperies et de feuillettes. Tanneries. — Commerce de cuirs, bois, paisseaux, poulangies, etc.

FARGEAU (ST-) (*Yonne*). Jolie petite ville, très-agréablement située sur le Loing, à 51 kil. (13 L.) de Joigny. ✉ 2,132 h. — Saint-Fargeau est une ville ancienne dont il est parlé au VIIᵉ siècle dans le testament de saint Virgile. Vers 980, Héribert, évêque d'Auxerre, y fit bâtir un château qui, dans la suite, appartint aux barons de Toucy. Au XIIIᵉ siècle, ce château passa dans la maison de Bar, par le mariage de Jeanne de Toucy avec Thibaut de Bar. En 1450, Jean de Montferrot, comte de Bar, le vendit, avec la châtellenie de Toucy, à Jacques Cœur, argentier du roi Charles VII, pour la somme de 12,000 écus d'or. Après la disgrâce de Jacques Cœur, dont les biens furent confisqués et vendus à l'enchère, le château de Saint-Fargeau fut acheté en 1455 par Antoine de Chabannes, avec la châtellenie de Toucy, pour 20,000 écus : ce même Antoine de Chabannes fonda l'église paroissiale, où il fut inhumé en 1489. La terre de Saint-Fargeau passa successivement à René d'Anjou, gendre de Jean de Chabannes, et à Nicolas d'Anjou, en faveur duquel cette seigneurie fut érigée en comté par François Iᵉʳ, en 1541, lequel comté fut ensuite érigé en duché-pairie en faveur de François de Bourbon, duc de Montpensier. Ce dernier n'eut qu'une fille, qui épousa Gaston, frère du roi Louis XIII ; elle mourut en laissant pour unique héritière Mlle de Montpensier, qui dépensa des sommes considérables pour faire bâtir le château de Saint-Fargeau que l'on admire aujourd'hui. Par son testament du 27 février 1685, cette princesse donna la terre de Saint-Fargeau au duc de Lauzun, qu'elle avait épousé secrètement. Celui-ci vendit cette propriété à M. Lepelletier des Fors, dans la famille duquel elle est restée ; elle appartient aujourd'hui à M le marquis de Boisgelin. — Le château de Saint-Fargeau est un édifice entièrement construit en briques et très-bien conservé. La porte d'entrée, qui donne sur la principale place de la ville, offre un bel aspect. L'étendue de ce château, le grand nombre de salles qu'il renferme, son parc immense, agréablement planté en jardin paysager, et embelli par une vaste pièce d'eau, lui donnent encore l'aspect d'une maison royale. On remarque sur les murs les armoiries et le chiffre de Mlle de Montpensier, et, dans l'intérieur, la chambre du roi, qui a été habitée par Louis XIV. La chapelle renferme les tombeaux de Lepelletier de Saint-Fargeau, assassiné à Paris en 1793, et du mari de sa fille unique, M. Lepelletier de Morfontaine, tué dans le parc par un cheval fougueux. On montre dans les archives une copie du procès de Jacques Cœur. — Patrie de Regnaud de Saint-Jean d'Angely ; de Girault de Saint-Fargeau, auteur de nombreux ouvrages sur la géographie de la France. — Fabriques de cuirs. Moulins à tan. Aux environs, forges, verreries et poteries. — Commerce de bois de chauffage pour l'approvisionnement de Paris.

SAUVEUR EN PUISAYE (ST-) (*Yonne*). Petite ville très-ancienne, bâtie dans une situation pittoresque, sur un des points les plus élevés de la Puisaye, près de la source du Loing, à 35 kil. (9 l.) d'Auxerre. 1,360 hab. — Dès le VIIIe siècle, Hermend, comte d'Auxerre, bâtit dans cet endroit un monastère, lequel fut, par la suite, converti en un prieuré qui jouissait d'un revenu considérable. Près du château existe une tour ancienne fort élevée, d'une grande solidité, dont on ignore l'origine, mais qui parait être une construction du moyen âge; cette tour, d'un aspect imposant, se composait de plusieurs étages, détruits depuis un temps immémorial; elle est presque entièrement couverte par les ramifications d'un lierre vigoureux qui a pris racine dans l'intérieur; c'est sans contredit une des plus belles ruines du département, que nous signalons à l'attention des artistes. Le château n'a, par lui-même, rien de remarquable, mais il est bâti dans une belle situation, et jouit d'une vue délicieuse sur l'une des plus riches contrées du beau pays de Puisaye; de toutes parts se présentent des champs onduleux d'une grande fertilité, contigus à d'excellents pâturages, mais toujours séparés par des haies vives; sur les bords du Loing s'étendent de riantes prairies; çà et là quelques habitations animent ce beau paysage, circonscrit de toutes parts par une vaste et sombre forêt. — Aux environs de Saint-Sauveur on remarque les ruines de l'ancienne abbaye de Moutiers, et le vaste étang de ce nom, dont les eaux alimentent le canal de Briare. — A une lieue de là, non loin de l'ancien prieuré de Boutissein, on a trouvé, au milieu des forêts, un grand nombre de médailles et plusieurs vases antiques en airain, qui paraissent y avoir été cachés à l'époque du renversement des idoles. Une partie de ces médailles et de ces ustensiles ornent le cabinet formé à Saint-Sauveur par M. Desormes, ancien officier supérieur de l'armée d'Égypte, d'un profond savoir, à qui le département de l'Yonne doit la découverte d'un grand nombre d'antiquités, qu'il recherche avec un zèle et une persévérance dignes des plus grands éloges. Quelques-uns de ces objets décorent le musée d'Auxerre.

CLAMÉCY (*Nièvre*). Ancienne ville. Sous-préf. Trib. de 1re inst. et de comm. Soc. d'agr. Collége comm. Bibliothèque publique. ✉ 5,734 h. C'était autrefois une place forte entourée de murailles, dont on ne voit plus que quelques vestiges. Elle est assez agréablement située au pied et sur le penchant d'une colline, au confluent du Beuvron et de l'Yonne, qui y favorisent un commerce considérable de bois pour l'approvisionnement de la capitale. — L'église paroissiale, de construction gothique, est surmontée d'une belle tour. On remarque encore à Clamecy le monument élevé à la mémoire de Jean Rouvet, inventeur du flottage des bois; l'ancienne église de l'évêché de Bethléem, convertie en magasin à fourrage. — FABRIQUES de draps communs. Teintureries. Moulins à foulon. Faïencerie. Tanneries renommées. — COMMERCE considérable de bois et de charbon de bois. — A 66 kil. (17 l.) de Nevers, 39 kil. (10 l.) d'Auxerre, 203 kil. (52 l.) de Paris. — HÔTELS du Commerce, de Bellevue, de la Réunion.

VOITURES PUBLIQUES. Tous les jours pour Auxerre, Avallon, Autun, Saint-Amand, Nevers et Paris, et voitures à volonté.

BUT D'EXCURSION: à 8 kil. de Clamecy, les belles papeteries de *Villette*.

DRUYES (*Yonne*). Bourg situé sur le sommet d'une montagne, au pied de laquelle est une fontaine excellente, qui forme, à quelque distance, une petite rivière très-poissonneuse. A 28 kil. (7 l.) d'Auxerre. 800 hab. On y remarque une grotte curieuse par les nombreuses congélations qu'elle renferme, et qui, sous différents rapports, est aussi intéressante que les célèbres grottes d'Arcy-sur-Cure. Aux environs, il existe un souterrain nommé la grotte des Fées, près duquel sont les ruines d'un ancien édifice où l'on a trouvé une grande quantité de médailles antiques.

VÉZELAY (*Yonne*). Petite ville bâtie sur une colline élevée, près de la rive droite de la Cure, à 16 kil. (4 l.) d'Avallon. 1,600 hab. Au moyen âge, elle n'avait que le titre de bourg, mais elle était, selon toute apparence, plus grande et plus peuplée qu'aujourd'hui. La principale cause de sa prospérité était une église bâtie en l'honneur de la Madeleine, et vers laquelle on se rendait de fort loin en pèlerinage. Cette église dépendait d'une abbaye fondée au IXe siècle par le comte Gherard, si célèbre dans les romans de chevalerie sous le nom de Gherard de Roussillon : c'est, après les cathédrales d'Auxerre et de Sens, le plus bel édifice religieux du département. La façade a trois portes ornées de sculptures ; au-dessus de celle du milieu sont des statues d'apôtres ; de chaque côté étaient deux belles tours carrées, dont une seule a été conservée. On entre par ces trois portes dans une première église dite des Catéchumènes, qui a 21 m. 11 c. de long, et ensuite on entre dans la grande église par trois autres portes. Comme dans la première, ces portes sont aussi très-bien décorées de sculptures, mais celle du milieu, qui est la plus grande, est particulièrement remarquable : elle est surmontée d'un zodiaque sculpté, dont les signes sont représentés d'une manière bizarre. On sait que plusieurs architectes ont placé de ces zodiaques aux frontispices de nos anciennes églises, sans songer qu'autrefois ils ne se voyaient qu'à l'entrée des temples consacrés au soleil. — La grande église a 65 m. de long ; de chaque côté s'élèvent onze piliers, dont les chapiteaux sont formés de figures grotesques. Le chœur est magnifique ; il a 21 m. 42 c. d'élévation, et la voûte, qui est très-hardie, est supportée par 10 colonnes de 4 m. 87 c. de haut, et d'une seule pièce. Il est entouré de bas-côtés latéraux comme la nef ; au-dessous est une crypte ou grotte souterraine, où l'on conservait autrefois les reliques de sainte Marie-Madeleine. Autour du chœur extérieur sont des restes de chapelles sépulcrales. — Le 31 mars 1145, il se tint à Vézelay un concile présidé par saint Bernard, qui prêcha en faveur d'une nouvelle croisade, et conseilla à Louis VII, présent à cette assemblée, de se mettre en personne à la tête de l'expédition, pour expier le crime qu'il avait commis en 1142, en brûlant 1,300 prisonniers dans une église à Vitry.

OUVRAGES A CONSULTER : *Vizellacensis monasterii Historia, ab anno 846 ad annum 1161 ; auctore Hugone.* Imprimée dans le t. III du *Spicilége* de d'Achery, p. 446.

Lettres sur l'Histoire de France, par Augustin Thierry, in-8°.

VARZY (*Nièvre*). Petite ville dans une vallée agréable, au pied d'une haute colline couverte de vignes, à 15 kil. (3 l. 3/4) de Clamecy. ⊠ 2,909 hab. On y remarque une belle église paroissiale, ainsi que plusieurs édifices publics bien entretenus. — PATRIE de M. Dupin aîné ; de M. le baron Charles Dupin ; de M. Philippe Dupin, avocat, frère des précédents.—MANUFACTURE de faïence. Aux environs, forges et hauts-fourneaux.

CHARITÉ (la) (*Nièvre*). Jolie petite ville. Ch. cons. des manuf. ⊠ ☞ 5,086 hab. Cette ville est dans une agréable situation, au pied d'une colline plantée de vignes, sur la rive droite de la Loire, que l'on y passe sur un pont remarquable par sa beauté, au-dessous duquel est un port commode. Elle est en général assez bien bâtie, et formée de rues propres et bien aérées. Ses édifices publics sont presque tous de belle apparence, quoique modestes dans leur style. A l'extrémité de l'un des faubourgs, au confluent de deux bras de la Loire, on remarque une presqu'île ombragée de beaux arbres, qui forme une promenade charmante et très-fréquentée. — FABRIQUES de quincaillerie et de grosse ferronnerie, de limes, acier, fer battu, boutons de métal. — Aux environs, forges, verreries et faïenceries. — COMMERCE de grains, vins, bois à brûler et de construction, charbon de bois, chanvre. Entrepôt de fer du Berri et d'ancres pour la marine. — A 25 kil. (6 l 1/2) de Cosne, 23 kil, (6 l.) de Nevers. — HÔTELS des Trois-Maures, du Grand-Monarque.

VOITURES PUBLIQUES pour Bourges, Clamecy.

OUVRAGE A CONSULTER : *Abrégé chronologique du prieuré et de la ville de la Charité-sur-Loire,* par Bernot de Charant, in-8°, 1709.

BOURGES, CHATEAUROUX. Voyez N° 30.

D'AUXERRE A DIJON.

1re Route, par Rouvray. Voy. N° 49, Route de Paris à Dijon, 14 myr. 9 kil.
2e Route, par Semur, 15 myr. 6 kil.

	m. k.
D'Auxerre à *Saint-Bris ☜	1,0
Saint-Bris à *Vermanton	1,3
Vermanton à Lucy-le-Bois ☜	1,9
*Arcy-sur-Cure (à droite de la route).	
Lucy-le-Bois à *Avallon ☜	0,9
Avallon à *Époisses ☜	2,2
Époisses à *Semur ☜	1,3
*Villeferry (à gauche de la route).	
Semur à *Vitteaux ☜	2,3
Vitteaux à la Chaleur ☜	1,5
La Chaleur au Pont-de-Pany ☜	1,2
Pont-de-Pany à *Dijon ☜	2,0

BRIS (SAINT-) (*Yonne*). Jolie petite ville à 8 kil. (2 l.) d'Auxerre. ✉ ☜ 1,948 hab. Le hameau de Bailly dépend de cette commune ; il renferme de vastes carrières de pierre de taille, éclairées par des lampes, où les voitures peuvent circuler jusqu'à la profondeur de 1,500 pieds.

VERMANTON (*Yonne*). Petite ville, bâtie dans une position riante, au pied d'une colline, sur la rive droite de la Cure. ✉ ☜ 2,830 hab. — Commerce de vins de son territoire, et de bois flotté.

ARCY-SUR-CURE (*Yonne*). Village situé sur le penchant d'une colline, au pied de laquelle coule la Cure, à 27 kil. (6 l. 3/4) d'Auxerre. 1,600 hab. Ce village est renommé par ses grottes profondes, composées de plusieurs vastes salles qui communiquent les unes aux autres par des passages souvent très-resserrés, et dont quelques-uns sont si étroits qu'on est obligé de se coucher à plat ventre pour les franchir. Les grottes d'Arcy sont creusées dans une roche calcaire stratifiée, d'environ 30 mètres de hauteur, dont les couches sont horizontales. Pendant les pluies, les eaux pénètrent la roche, entraînent les sels calcaires, et couvrent, par leurs infiltrations, les parois de ces grottes de concrétions formées de chaux carbonatée, fistulaires, cylindriques, stratiformes, connues sous les noms de stalactites et de stalagmites, qui produisent, à la lumière, un effet admirable. — L'entrée des grottes est sur le bord de la Cure. On y pénètre par un large vestibule, dont la voûte plate peut avoir trente pas de largeur sur vingt pieds de hauteur ; le sol de cette salle va en descendant et est tout parsemé de quartiers de pierre d'une grosseur énorme qui ont été détachés de la voûte. De cette salle on passe dans une autre beaucoup plus spacieuse, qui peut avoir quatre-vingts pieds de longueur. — A droite se trouve un lac de 38 m. 98 c. de diamètre, dont les eaux sont bonnes à boire ; à gauche, on entre dans une troisième salle, longue de 81 m. 24 c., dont la voûte, un peu cintrée, a une hauteur de 5 m. 84 c.; ce qu'il y a d'extraordinaire, c'est qu'on voit trois voûtes l'une sur l'autre (la plus haute est supportée par deux autres plus basses) ; un grand nombre de colonnes renversées sont disséminées au milieu de cette salle. — A droite, on aperçoit une petite grotte de 65 centimètres carrés, remplie d'une grande quantité de petites pyramides ; à son extrémité est une voûte de 81 centimètres de haut, longue de 3 m. 89 c., remplie de tuyaux de formes bizarres. Cette voûte conduit à une autre plus élevée, où sont des piliers de toutes formes et de toutes grandeurs.—Un peu plus avant, du même côté, on rencontre une petite grotte fort enfoncée et très-étroite, étonnante par la quantité de stalactites et de stalagmites qu'elle renferme ; c'est dans cet endroit que les curieux ont coutume de rompre quelques-unes de ces concrétions pour meubler leurs cabinets ou enrichir leurs collections. — Sur la droite se trouve une entrée qui conduit dans une autre salle très-spacieuse, où l'on voit, à gauche, une figure connue sous le nom de la Vierge, puis une espèce de petite forteresse, composée de quatre tours.— Deux entrées mènent, par une pente rapide, dans une autre salle de 100 mètres de longueur sur 10 m. de largeur et 7 m. de hauteur : la voûte est toute nue; au milieu on voit un nombre infini de chauves-souris. — On parvient ensuite, au milieu de colonnes de diverses formes et par des passages fort étroits, dans une autre salle, dont la voûte a 27 m. 61 c. de hauteur, 13 m. de largeur et 400 m. de longueur : à son extrémité est une énorme stalagmite de 2 m. 59 c. de haut, dont la base a 1 m. 62 c. de diamètre. — On passe de cette salle dans une autre, où le travail de la nature se présente fort en grand : ce sont des piliers énormes, des colonnes variées, des pilastres d'un travail riche, des dômes élégants, des cuvettes de différentes formes et grandeurs : presque toutes ces concrétions ont la compacité et la blancheur de l'albâtre gypseux. — On peut parcourir en totalité ces grottes sans revenir sur ses pas, au moyen de la continuité des communications. On recommande de les visiter par un temps sec; l'époque la plus favorable est pendant les mois d'août et de septembre. Les deux postes de Vermanton et de Lucy-le-Bois y conduisent également : les voyageurs, en passant par Arcy, n'allongent leur route que de 4 kil. (une lieue).

OUVRAGES A CONSULTER : *Description des grottes d'Arcy*, par Perrault.
Voyage aux grottes d'Arcy, par Deville, in-12, 1803.

AVALLON (*Yonne*). Ancienne et jolie petite ville. Sous-préfec. Trib. de 1re inst. et de comm. Collége comm. ⊠ 5,569 hab. — Avallon occupe l'emplacement de l'*Aballo* de l'Itinéraire d'Antonin et des Tables de Peutinger. Dans le VIe siècle, c'était une place forte, appelée *Castrum Avallonem*, que se disputèrent dans la suite les rois de France et les ducs de Bourgogne. Charles VII la prit en 1433, mais le duc Philippe le Bon y rentra peu de temps après. — Cette ville est dans une charmante situation, sur la rive droite du Cousin, à l'issue d'une jolie vallée bordée de coteaux fertiles en excellents vins. Elle est régulièrement bâtie, formée de rues larges, propres, bien percées, et possède plusieurs belles promenades. De celle du Petit-Cours, on jouit d'une vue charmante sur les sites agréables qu'offrent les environs, et sur l'emplacement de l'ancien camp romain des Alleux. — A l'une des extrémités de la ville, la rivière du Cousin forme plusieurs sinuosités dans une vallée de près de cent pieds de profondeur presque à pic, dont les hauteurs sont garnies de pointes de rocher qui percent à travers de riants bosquets : çà et là, des jardins en terrasses paraissent suspendus sur le penchant des collines; et, à l'extrémité de cette étroite vallée, apparaît une vaste plaine cultivée, bornée de toutes parts par d'immenses forêts.

L'hôpital général et une jolie salle de spectacle sont les seuls édifices un peu remarquables d'Avallon. Le portail de l'église présente dans son architecture gothique des colonnes torses d'un genre bizarre et d'une extrême délicatesse. — FABRIQUES de grosses draperies, merrain, feuillettes. Tanneries. Papeteries. - COMMERCE de grains, vins, bois, laines communes, chevaux et bestiaux. — HÔTELS du Lion d'Or, de la Poste. — A 47 kil. (12 l. 1/2) d'Auxerre, 214 kil. (55 l.) de Paris.

† VOITURES PUBLIQUES. Tous les jours pour Paris, Lyon, Auxerre.

ÉPOISSES (*Côte-d'Or*). Bourg à 12 kil. (3 l.) de Semur. ⊠ ☸ 1,000 hab. On y remarque un beau château gothique entouré de fossés, et susceptible encore aujourd'hui d'une bonne défense.—COMMERCE de grains et de fourrages.

SEMUR (*Côte-d'Or*). Jolie petite ville. Sous-préfect. Trib. de 1re instance. Soc. d'agr. Collége comm. ⊠ ☸ 4,088 hab. Cette ville est dans une situation pittoresque, sur un rocher granitique, baignée de trois côtés par l'Armançon, que l'on passe sur deux beaux ponts, dont un d'une seule arche remarquable par sa hardiesse. Elle est généralement bien bâtie, bien percée, et divisée en trois parties, qui sont : le Bourg, le Donjon et le Château. On y voit quatre places publiques et trois promenades. C'était autrefois une ville forte, entourée de murailles flanquées de tours qui subsistent encore en partie, ainsi que l'ancien donjon, consistant en quatre tours d'une hauteur et d'une grosseur peu communes, dont la construction paraît remonter au huitième siècle. Henri IV y transféra le parlement de Dijon en 1590, pendant les troubles de la Ligue.—L'église paroissiale, ornée de vitraux curieux représentant les métiers divers, est un bel édifice gothique, bâti en 1065 par le duc de Bourgogne, Robert Ier. Elle a plus de 65 mètres de longueur; mais la nef est beaucoup trop étroite pour cette étendue. Le principal portail, dans un beau goût antique, est composé de trois portiques, ornés de statues et de bas-reliefs, surmontés de deux tours carrées, séparées dans le haut par une galerie. Le petit portail de gauche est aussi décoré de plusieurs figures. Au-dessus de la porte, quatre bas-reliefs désignent le meurtre de Dalmace, l'expiation du crime et la mort de Robert, qui passe la barque de Caron, accompagné d'un moine. On remarque dans cette église une chaire antique, attachée au mur, que l'on croit antérieure à la construction de l'édifice, et un obélisque d'une seule pierre de 5 mètres de haut. — Bibliothèque publique, 15,000 volumes ; petite salle de spectacle; pont d'une seule arche, sur l'Armançon; l'obélisque ; la statue colossale de Joson, dans le jardin de M. Joly. — PATRIE de Saumaise. — FABRIQUES de draps communs, serges, droguets. Filature de laine. Moulins à tan et à foulon. Tanneries. — COMMERCE de poissons, chanvre, laine, chevaux et bestiaux. — A 58 kil. (15 l.) de Dijon. — HÔTELS de la Côte-d'Or, du Dauphin, de l'Arbre-Vert.

VOITURES PUBLIQUES. Tous les jours pour Paris, Dijon, Saulieu, Avallon.
BUTS D'EXCURSIONS. Au *Mont-Auxois*, où campa Jules-César ; au *Château de Montfort* (12 kilom.). Les environs sont agréablement variés par des jardins et des prairies arrosées par l'Armançon, qui forme dans le fond des vallons de fort jolies cascades.

VILLEFERRY (*Côte-d'Or*). Village situé à 20 kil. (5 l.) de Semur. 150 hab. On y voit un antique château flanqué de deux tours rondes et de deux autres tours carrées, dont la construction paraît remonter à une époque fort reculée.

VITTEAUX (*Côte-d'Or*). Jolie petite ville, sur la Brenne, au milieu d'une plaine fertile, dominée à l'est et au sud par des montagnes plantées de vignes et couronnées par des bois et des rochers. On y remarque une jolie promenade plantée en platanes, et les ruines d'un ancien château, rasé en 1631 par ordre de Louis XIII. Dans les environs, on trouve des pierres herborisées, des astroïtes, du corail pétrifié et autres substances marines. — FABRIQUES de tissus mérinos. Moulin à mouture économique. Huilerie hydraulique. — COMMERCE de laines estimées, chanvre, fil, lin, grains, excellents pruneaux, etc. — A 20 kil. (5 l.) de Semur. ✉ ✆ 1,919 hab.

SOMBERNON. Petite ville, à 26 kil. de Dijon. On y remarque les ruines magnifiques du superbe château des ducs de Bourgogne.

DIJON. Voyez N° 49.

N° 13.

ROUTE DE PARIS A AVIGNON (VAUCLUSE).

69 myriamètres 5 kilomètres.

De PARIS à LYON, V. N° 82..
De LYON à VALENCE, Voy. N° 82, de LYON à MARSEILLE........... 46,8
                                                   10,1

De Valence à Avignon, V. N° 85............................ 12,6

D'AVIGNON A ARLES, 3 myr. 9 kil.

D'Avignon à *Tarascon............................ 2,3
 *Barbentane (sur la route).
Tarascon à *Arles........................ 1,6
— *Crau (la) (à droite de la route).
— *Camargue (la) (à gauche de la route).

TARASCON. Voyez N° 104, Route de Nîmes.
BARBENTANE (*B.-du-R.*). Bourg à 24 kil. (6 l. 1/4) d'Arles. 2,400 hab. Il est bâti sur le penchant d'une colline que couronnent les ruines d'un antique château, dont il reste encore une tour magnifique, du même genre que celle de Mont-Majour-lez-Arles. Cette tour, ainsi que les remparts du château, pose sur un rocher qui est taillé à sa base de manière à le rendre inaccessible dans sa circonférence, à l'exception du nord-ouest, où le sol forme plusieurs terrasses plantées d'oliviers qui descendent jusqu'au village. Celui-ci est en général mal bâti, entouré de vieux remparts en partie creusés dans le roc, et domine le joli faubourg de la Bourgade, formé d'une grande rue bordée d'un côté par de belles maisons, et de l'autre par une espèce de terrasse qui aboutit à une fort belle promenade.
ARLES (*B.-du-R.*). Grande et très-ancienne ville. Sous-préfecture dont le tribunal de 1re instance est à Tarascon. Trib. de comm. Ch. cons. des manuf. Soc. d'agr. Collége comm. École d'hyd. de 4e classe. ⌂ 20,460 hab.

Quelques auteurs modernes ont fait remonter l'origine d'Arles à la plus haute antiquité : il paraît qu'elle existait longtemps avant Jules César, et qu'elle avait déjà de son temps une nombreuse population, puisque ce conquérant y fit construire douze galères pour combattre les Marseillais. Après avoir été pendant six siècles sous la domination des Romains, Arles tomba au pouvoir des Goths et des Mérovingiens, sous lesquels elle soutint plusieurs siéges et éprouva divers désastres ; mais elle conserva son rang et son influence. Ses monuments romains furent mutilés et abattus, et sur leurs ruines s'élevèrent des temples chrétiens.

La ville d'Arles est située un peu au-dessous de l'angle du delta que le Rhône forme par sa division en deux branches ; elle est assise sur un banc de rochers de calcaire coquillier, qui domine la rive gauche du Rhône, en penchant doucement vers les bords. Son enceinte, tracée par de vieux remparts sans usage aujourd'hui, embrasse une surface de 78 hectares. Les rues, sans être parfaitement alignées, ont, en général, une certaine régularité et sont assez spacieuses ; elles sont pavées en cailloux de Crau, de forme ovale, ce qui les rend incommodes et fatigantes. Les quais sont pavés en dalles, fort spacieux, très-fréquentés, et servent d'entrepôt à toutes les marchandises qui circulent par la voie du commerce entre Lyon et Marseille ; le port d'Arles occupe le cinquième rang parmi les ports de France, sous le rapport des expéditions ; il vient immédiatement entre Rouen et Nantes. Les places sont en petit nombre et peu spacieuses ; on n'en compte guère que trois : la place Royale, autour de laquelle sont : l'hôtel de ville, le musée et la façade de l'église Saint-Trophime, l'ancien palais des archevêques d'Arles, et ayant pour principal ornement un obélisque antique dont nous parlerons ci-après ; la place du Plan de la Cour, et la place des Hommes. Ces trois places sont parfaitement régulières ; la seconde, exposée au nord et presque toujours à l'ombre, est fréquentée dans l'été ; la troisième, entourée des principaux hôtels et des plus beaux cafés, sert de point de réunion en toute saison aux étrangers, aux habitants de la ville, et le dimanche aux agriculteurs et aux fermiers. La place Royale sert de marché, de promenade d'hiver ; avant le déblaiement de l'amphithéâtre, elle servait de cirque pour les combats de taureaux.

La ville d'Arles est on ne peut plus intéressante par les monuments antiques qui la décorent et attestent la splendeur dont elle jouissait du temps des Romains, ainsi que par ses édifices publics. Les principaux sont :

Amphithéatre. Monument de la magnificence romaine, qui étonne par son immensité : la longueur, hors d'œuvre, du grand axe est de 140 mètres, et sa largeur ou l'étendue de son petit axe est de 103 mètres ; il a dû avoir quarante-trois rangs de gradins et contenir vingt-quatre mille spectateurs. Comme l'amphithéâtre de Nîmes, il a trois ordres d'architecture, et comme lui aussi il est percé de 60 arcades à chaque étage ; mais ses dimensions sont un peu plus fortes, et son étendue plus considérable : son architecture est aussi élégante et plus magnifique ; le premier étage est en pilastres d'ordre dorique, le second était en colonnes d'ordre corinthien. Aux extrémités des axes étaient pratiquées quatre portes : la principale est celle du nord ; elle est belle, quoique sans ornements, d'une grandeur imposante et d'une forme majestueuse ; le corridor par lequel elle introduisait dans l'arène est d'une construction ingénieuse et magnifique. Sous la porte du nord est l'entrée d'un étage souterrain, qui est la partie la plus singulière et la plus curieuse de l'amphithéâtre. Cette substruction se compose de deux galeries qui donnent accès dans l'arène par huit petites portes, placées aux points cardinaux et collatéraux. Rien n'indique l'époque de la construction de ce monument ; mais, par le style de son architecture, on peut hardiment le classer parmi ceux qui furent élevés dans le second siècle. L'inscription, gravée sur les dalles du *podium*, indique qu'elle était destinée à conserver le souvenir des fonctionnaires publics qui avaient fait célébrer les jeux à leurs frais.

Théatre. Non loin de l'amphithéâtre, du côté du midi, sont les restes du théâtre. Deux portions de la décoration extérieure sont visibles ; celle du midi, engagée dans le mur de la ville, conserve les trois étages dont se composait l'édifice : c'est ce qu'on nomme la tour Rolland ; celle du nord n'a plus que l'arcade du rez-de-chaussée, et c'est par celle-là que l'on arrive à la petite place sur laquelle était jadis l'ancienne maison de la Miséricorde, bâtie exactement sur l'emplacement de la scène, aujourd'hui démolie. Il reste de ce théâtre les fondations du mur de face de la scène, et deux admirables colonnes de brèche d'Afrique, avec soubassement, bases, chapiteaux et partie de l'entablement. La scène proprement dite, le *proscenium*, et une partie des gradins ont été mis en totalité à découvert par les dernières fouilles.

Obélisque. Cette superbe aiguille, en granit de l'Esterel, est le seul monolithe de granit exécuté hors de l'Égypte. Ce fut en 1389 qu'on en fit la découverte, mais il ne fut retiré de terre que sous le règne de Charles IX. En 1676, on l'érigea sur la place Royale ; un globe fleurdelisé fut placé à sa cime, et des inscriptions gravées sur son piédestal le dédièrent à Louis XIV, alors régnant. L'obélisque a 15 m. 26 c. de long, 1 m. 70 c. de largeur à sa base, et porte sur quatre lions en bronze, placés en 1829, époque de la restauration de ce monument ; le piédestal a 4 m. 54 c. de hauteur ; ainsi, le monument entier a 62 pieds d'élévation. Il est imposant et noble, et bien en rapport avec l'étendue de la place.

Arles possède encore plusieurs autres débris de monuments antiques. Sur la place Saint-Lucien se trouvent deux colonnes de granit, adossées au mur d'une maison, et soutenant l'angle d'un fronton d'ordre corinthien, qu'on croit être les restes du temple de Minerve. Non loin de là sont les ruines des Thermes ou du Forum, édifice encore enfoui dans plusieurs de ses parties, et des plus curieux à visiter. — Vers les bords du Rhône, et près de l'ancienne maison du grand prieuré de l'ordre de Malte, se trouvent les ruines de l'ancien palais de Constantin.

Église Cathédrale. Cette église fut bâtie par saint Virgile, au commencement du VIIe siècle, sous l'invocation de saint Étienne. Elle prit le nom de Saint-Trophime en 1152, époque où les reliques de cet évêque y furent transportées. En 1421 et en 1450, elle fut agrandie. Dans son état actuel, c'est une des églises les plus remarquables du département; l'intérieur est fort vaste et décoré d'assez bons tableaux ; la petite nef fait le tour du sanctuaire. Le portail, bâti dans le XIIe siècle, est un chef-d'œuvre d'architecture du temps ; le dessin en est simple et grand, les détails très-riches, et la sculpture aussi bonne qu'on puisse l'attendre de cette époque. La façade s'élève sur un vaste escalier de huit ou dix marches, et se termine en un fronton dont les deux côtés inclinés portent une corniche soutenu d'espace en espace par des consoles, dont la face représente des figures allégoriques, des mufles de lion, etc. La porte est profondément enfoncée, et surmontée d'un grand arc à plein cintre. Il y a de chaque côté du portail six colonnes, les unes rondes, les autres octogones, qui forment six niches. La porte, qui s'élève encore de deux marches au-dessus du premier palier, est partagée en deux par une colonne d'un beau granit violet de l'île d'Elbe, dont le chapiteau et la base sont ornés de figures humaines. Ce portail est orné d'une multitude de figures représentant la tentation de la première femme, la naissance du Christ, le jugement dernier, saint Michel pesant les âmes, des scènes de la vie agreste, enfin des supplices, où l'horrible et le grotesque se tiennent par la main. Non loin de cette église, et derrière l'ancien palais archiépiscopal, est le beau cloître de Saint-Trophime, d'architecture gothique, divisé en quatre galeries, renfermant ensemble cinquante arcades.

Notre-Dame de la Major. La fondation de cette église remonte au VIe siècle; on croit qu'elle a été bâtie sur les fondations d'un temple de Cybèle; le fameux autel de la bonne déesse, conservé au musée d'Arles, y fut trouvé, en 1758, en fouillant sous le seuil de la porte d'entrée.

L'église de Mont-Majour, peu éloignée de la ville, fait partie du territoire d'Arles. L'abbaye de Mont-Majour fut fondée au Xe siècle, sur un rocher autrefois entouré de marais que traverse aujourd'hui une belle route. La façade du midi est entièrement ruinée; celle du nord, simple mais imposante par son élévation, est bien conservée, et domine majestueusement la plaine : l'église, une belle tour et la chapelle Sainte-Croix sont les parties anciennes qui ont échappé à une entière destruction. — L'église, autrefois fort vaste, a été raccourcie en démolissant une partie de la nef et en reportant la façade vers le chœur. Elle est surtout remarquable par une chapelle souterraine, où l'on descend par un vaste escalier, au pied duquel elle s'étend sous l'église supérieure en forme de croix. A côté de l'église est un cloître digne de la plus grande attention. — La tour est un monument magnifique, édifié en 1369; elle est en belles pierres de Fontvieille, ornée de refends et couronnée de mâchicoulis. Sa hauteur est de 26 mètres, sa largeur de 12 mètres de l'est à l'ouest, et de 6 m. 50 c. du nord au sud; les murs sont d'une énorme épaisseur, et c'est dans leur capacité qu'est pratiqué l'escalier par lequel on arrive au sommet. Cette tour, établie plus bas que les fondations du bâtiment, n'en atteint pas le faîte ; mais sa position isolée, sa belle proportion, la rendent l'objet le plus apparent de cet ensemble si frappant et si pittoresque. — La chapelle Sainte-Croix est un charmant petit édifice voisin du Mont-Majour, dont la construction remonte à l'an 1019. Son plan est une croix grecque formée par quatre cercles rentrant l'un dans l'autre. Sur le centre s'élève un petit clocher d'un joli dessin et d'une bonne proportion, qui termine la masse de la manière la plus heureuse. Le rocher sur lequel est bâti ce petit chef-d'œuvre est creusé partout comme une ruche; on y a pratiqué un nombre considérable de tombeaux de toutes formes et de toutes grandeurs.

Hôtel de ville. Cet édifice fut construit sous Louis XIV, d'après les dessins de Mansard. Il est à trois étages, et est décoré d'un ordre corinthien, plus riche du côté de la place du marché, où est la façade principale, plus simple du côté opposé, mais ayant, sous l'un et l'autre aspect, une grande et magnifique apparence; l'architecture de la voûte est regardée comme une merveille. A l'extrémité orientale s'élève une tour plus ancienne que l'édifice dans lequel elle est engagée, mais qui cependant, d'après le style de son architecture, ne saurait remonter au delà du XVI° siècle. La partie visible au-dessus du comble a trois étages : le premier est carré, avec des pilastres cannelés d'ordre dorique aux quatre angles; le second est de la même forme et a aux quatre angles des colonnes ioniques; le troisième est circulaire et percé d'arcades avec une colonne corinthienne en avant de chaque pilastre. L'entablement soutient une calotte sphérique, surmontée d'une figure de guerrier en bronze, de grandeur naturelle.

BIBLIOTHÈQUE PUBLIQUE. Elle est placée au nord et au premier étage de l'hôtel de ville, et se compose d'environ 12,000 volumes, provenant d'un contingent considérable des livres acquis par la ville de la bibliothèque de M. de Saint-Vincens, et de quelques livres qui faisaient autrefois partie des bibliothèques des anciens corps religieux. Cet établissement est ouvert au public tous les jours non fériés, de dix heures à midi, et de deux à quatre heures.

MUSÉE. Il est placé dans l'ancienne église Sainte-Anne, où l'on a réuni les divers morceaux d'antiquité dispersés dans l'enceinte d'Arles et sur son territoire. Les principaux objets que l'on y remarque sont : l'autel dédié à la bonne déesse; le fameux Mithras, figure enveloppée d'un long serpent, entre les plis duquel sont sculptés les signes du zodiaque; un bas-relief représentant les Muses; le groupe de Médée prête à égorger ses enfants, ouvrage barbare mais singulier; une borne milliaire célèbre et souvent citée, qui porte les noms des empereurs Théodose et Valentinien; deux Silènes; deux belles têtes en marbre blanc, dont l'une représente une divinité de l'Olympe, et l'autre un empereur romain; enfin plusieurs sarcophages remarquables, et un grand nombre de cippes, d'autels votifs et autres fragments d'un plus ou moins grand intérêt.

La ville d'Arles est la patrie de l'empereur Constantin le Jeune, d'Hugues de Saint-Césaire, de Denis Faucher, de Pierre Saxi, de F. Porcher, de J. L. Roullet et de Baléchou, graveurs, du mathématicien Liétaud, de Piquet de Méjanes, etc., etc. — INDUSTRIE. Fabrique de chapellerie, de saucissons renommés. Filature de soie. Construction de navires. — COMMERCE considérable de blé, vins, huiles, manne, fruits, saucissons, chevaux, mulets, bêtes à cornes, moutons, porcs, sel, soude, laines. — Entrepôt de sel que produisent les quatre salines de son territoire. — Cabotage très-actif. Bateaux à vapeur pour Marseille. Cent bâtiments, de la capacité de 30 à 180 tonneaux, sont constamment sous charge pour Marseille. On trouve à noliser en tout temps pour tous les ports de la Provence, du Languedoc et de la Catalogne. — Arles est à 84 kil. (21 l. 1/2) de Marseille, 29 kil. (7 l. 1/2) de Nîmes, 35 kil. (9 l.) d'Avignon, 758 kil. (194 l. 1/2) de Paris.

BUTS D'EXCURSIONS. Les alentours d'Arles sont extrêmement riants. Toute la partie méridionale forme une longue et belle promenade appelée la Lice, plantée de trois allées d'arbres, et bordée dans toute sa longueur par le canal de Craponne, au delà duquel sont des jardins et des prairies. Dans la partie septentrionale, sur le chemin de Tarascon et sur le bord du Rhône, est une autre promenade plantée de superbes ormeaux. Les Éliscamps (autrefois les Champs-Élysées) peuvent être considérés aussi comme une promenade agréable, par la variété des sites et des paysages. A une demi-lieue de la ville, sur le chemin de Marseille, le canal de Craponne est reçu dans un aqueduc de 662 mètres de longueur, soutenu par 94 arcades à plein cintre, supporté lui-même par le pont de Cran, qui consiste en 87 arcades plus grandes que celles de l'aqueduc et séparées par des massifs de maçonnerie. Cet aqueduc haut de 6 mètres, franchit la vallée qui sépare le coteau de la Cran du rocher sur lequel la ville est bâtie. A Notre-Dame de Grâce (1 kilom.), église du XI° siècle, surmontée d'un élégant clocher.

VOITURES PUBLIQUES. Pour Nîmes. — Plusieurs départs pour Tarascon. — 4 départs pour le chemin de fer de Beaucaire à Alais. — 2 départs pour Marseille. — Canal de Bouc. — Correspondance de Toulouse et voiture Galline et Comp., passant par Salons

N° 13. ROUTE DE PARIS A AVIGNON.

et Aix. — BATEAUX A VAPEUR d'Arles à Marseille, ordinairement tous les jours; même service d'Arles à Lyon.

OUVRAGES A CONSULTER, qui se trouvent à la librairie d'Ambin et Serres, place du plan de la Cour à Arles :

Mémoire sur l'ancienne république d'Arles, par Anibert, 1 vol. in-12, 1779.
Les antiquités d'Arles, par Séguin, in-4°, 1687.
Études archéologiques, historiques et statistiques sur Arles, par Estrangin, in-8° et pl. 1838.
Almanach de la ville d'Arles, in-12, 1823; on y trouve la description des antiquités de cette ville.
Histoire chronologique d'Arles, par Lenoble de la Lauzière, in-4° et pl. 1808.
Monuments anciens et modernes d'Arles, par Clair, in-8°, 1837.
Guide du voyageur à Arles, in-8°, 1833.
Dissertation sur la montagne de Cordes, par Anibert, in-12.
Vues de divers monuments du pays, et costumes pittoresques des Arlésiennes.

CRAU (la) (*B.-du-Rhône*). Au-dessous d'Arles, entre le Rhône et les étangs des Martigues, entre la chaîne des Alpines et la mer, est un vaste plateau d'environ 78 k. (20 l.) carrées de superficie, désigné sous le nom de Crau d'Arles. Les bords en sont assez bien cultivés, et nourrissent quantité de bestiaux; mais le centre n'offre qu'un champ immense, couvert de différentes couches de terre roussâtre et brune, mêlée avec une quantité innombrable de cailloux de divers calibres, depuis la grosseur d'un pois jusqu'à celle d'une courge. Les lieux bas sont couverts de bois et de pâturages. Les vignes y réussissent assez bien; mais leur durée, comme celle de toutes les plantes au bord de la mer, n'est pas longue : en récompense elles produisent en abondance des vins estimés. Toute la Crau serait encore un désert inhabitable sans le canal de Craponne, qui y favorise puissamment l'agriculture. Une branche de ce canal traverse la Crau; et, au moyen des saignées qu'on y pratique, tout le pays où elles dérivent paraît agréable. Les prairies, les jardins potagers, les vergers, les plants immenses d'oliviers, les champs de blé entourés de mûriers, les arbres de haute futaie qui s'élèvent majestueusement au-dessus, forment un contraste frappant avec la partie aride et déserte de ce champ pierreux. Les pâturages y sont excellents pour la nourriture des brebis.

CAMARGUE (la) (*B.-du-Rhône*). Grande île créée par les atterrissements du Rhône, formant un vaste bassin triangulaire, garanti des inondations du fleuve par de fortes digues, et seulement séparé de la mer par des monticules de sables mobiles.

Cette île nourrit un nombre considérable de moutons, de chevaux et de bêtes à cornes. Il paraît que les habitants ont retenu des Romains, et peut-être des premiers habitants de la Provence, l'usage de faire transhumer les troupeaux. Nourris pendant l'hiver en Camargue, ils vont au printemps dans les vastes plaines de la Crau, partent pour les Alpes vers la fin de mai, séjournent pendant tout l'été dans les montagnes, et rentrent dans leurs quartiers d'hiver au mois d'octobre. L'ordre le plus admirable est observé dans ces émigrations périodiques par les bergers qui conduisent ces grandes caravanes, connues sous le nom de campagnes; elles se composent de quinze à vingt mille bêtes à laine, et se subdivisent en plusieurs troupeaux de même sexe et de même force : les plus faibles précèdent les autres, pour qu'ils trouvent l'herbe moins fanée et moins trépignée; des chèvres et des boucs armés de grosses sonnettes marchent les premiers et servent d'éclaireurs; des ânes sauvages de la Camargue suivent avec les bagages, tandis que d'énormes chiens, de la race de ceux du mont Saint-Bernard, veillent contre les attaques des loups, qui accompagnent ordinairement à distance respectueuse, ainsi que les oiseaux carnivores, ces armées de moutons. — Les chevaux de la Camargue sont errants pendant tout l'hiver dans les pâturages, où ils ne trouvent, pour soutenir leur existence, que les grossières chénoppodées rebutées par les brebis, et le chaume des graminées, qui se sont desséchées après la fructification. Les bœufs y mènent une vie très-rapprochée de celle de l'état de nature; ils sont aussi robustes que réguliers dans leurs formes, et contrastent par le noir de leur poil avec la blancheur de celui des chevaux. Comme tous ces bœufs se ressemblent par leur couleur noire, on est dans l'usage de les faire marquer, afin de pouvoir les reconnaître et les réclamer quand ils s'introduisent dans un troupeau étranger. On donne le nom de ferrade à la suite d'opérations qui a lieu lorsqu'on veut dompter les jeunes taureaux pour leur imprimer la marque du propriétaire. Ce spectacle donne lieu à des réunions nombreuses.

OUVRAGE A CONSULTER. *Mémoire sur la Camargue*, par de Rivière, in-8°, 1826.

D'ARLES A AIX, 7 myr. 3 kil.

	m. k.
D'ARLES au LION-D'OR............................	1,6
*SAINT-MITRE (à droite de la route).	
LE LION-D'OR à *SALON...........................	2,3
*LES BAUX (à gauche de la route).	
*SAINT-CHAMAS (à droite de la route).	
*ISTRES (à droite de la route).	
SALON à SAINT-CANAT.............................	1,8
*LABARBEN (à droite de la route).	
SAINT-CANAT à *AIX...............................	1,6

MITRE (SAINT-) (*B.-du-R.*). Village à 39 kil. (10 l.) d'Aix. 1,100 hab. Ce village est entouré de remparts, terminés par une terrasse qui permet d'en faire commodément le tour : on y entre par deux portes. Il est bâti sur un plateau d'où l'on domine toutes les collines des environs, et d'où la vue s'étend sur un horizon immense : du côté du sud, elle se confond avec la mer; de celui de l'ouest, elle embrasse la Crau, la Camargue, la ville d'Arles et les montagnes du Languedoc; vers le nord, elle ne s'arrête qu'aux montagnes du Dauphiné; à l'est, elle atteint les sommités des Alpes. Un mois avant l'équinoxe du printemps, et un mois après celui d'automne, on voit distinctement, un quart d'heure après le coucher du soleil, la chaîne des Pyrénées. — Aux environs, on remarque les ruines de la ville romaine de Maritima : ces ruines sont très-considérables, mais dans un grand désordre; il ne reste sur place que quelques pans de murailles, une tour ruinée, une colonne de grès, quelques restes de quais, et une grande quantité de tombeaux taillés dans le roc.

BAUX (les) (*B.-du-R.*). Petite ville autrefois considérable, située à 20 kil. (5 l.) d'Arles. 600 hab. Elle est bâtie sur un rocher escarpé, qui n'est accessible que d'un seul côté et dominé par les ruines imposantes d'un ancien château fort. Ce château avait été construit vers l'an 485, et avait été successivement agrandi et fortifié, mais jamais détruit; son existence a été de plus de onze siècles. Durant les guerres de la maison des Baux et des comtes de Provence, il avait été fortifié avec le plus grand soin ; et comme les habitants des vallées environnantes trouvaient près de ce château un asile assuré, ils y avaient transporté leurs demeures, et formé ainsi une ville qui était entourée de remparts. Cette ville est aujourd'hui réduite à n'être qu'un des plus pauvres villages de la Provence; on n'y compte qu'une soixantaine de maisons entourées de décombres, et tombant elles-mêmes de vétusté. — Les ruines du château sont à l'extrémité nord-est du rocher : elles consistent en restes de murs, en salles voûtées, en une vieille tour perchée sur la plus haute pointe, et qui porte le nom de Tour des Bancs, et en une partie de la belle voûte de l'église du château. Ces ruines étonnent par leur masse et par la solidité de la bâtisse ; l'imagination est effrayée de ce qu'a dû coûter de temps et de travail un si grand ouvrage. Plusieurs parties du roc sont excavées ; la circonférence entière du château, excepté du côté de l'esplanade, est tout à fait inaccessible. De cette élévation, l'œil plane sur la Crau, sur les sinuosités du Rhône, et n'a

N° 13. ROUTE DE PARIS A AVIGNON.

de bornes que la mer; il est impossible de rendre les sensations qu'on éprouve en contemplant, du milieu de ces ruines, les riches plaines de la Camargue, la surface nue et rougeâtre de la Crau, les étangs et les marais sur lesquels s'élèvent les ruines de Mont-Majour, enfin la vaste mer qui termine l'horizon.

CHAMAS (SAINT-) (*B.-du-R.*). Petite ville sur l'étang de son nom, à 62 kil. (16 l.) d'Aix. 2,650 hab. Saint-Chamas est une ville divisée en deux parties par une colline qui longe les bords de l'étang du nord au sud, sur une étendue de 2,000 mètres, entre Miramas et la rivière de la Touloubre. Du côté de l'étang, le rocher est creusé dans toute sa hauteur de grottes souterraines, dont quelques-unes servent d'habitations; du côté opposé, on voit les restes d'anciens remparts. La colline est percée dans toute sa masse, et forme une voûte d'environ 62 m. de longueur, par laquelle communiquent les deux parties du bourg. — La partie de l'est est la plus anciennne : elle est entourée de remparts; les rues en sont larges et assez bien percées. La partie à l'ouest de la colline est régulièrement bâtie, et habitée principalement par les gens de mer.

Cette ville possède une poudrière nationale, qui occupe tout l'espace compris entre la colline et les bords de l'étang. C'est un vaste enclos, dont une partie est occupée par les moulins et les bâtiments, et l'autre par de jolis jardins. La chute qui fait tourner les moulins à pilons est une magnifique cascade formée par un plan incliné, dont la vue est on ne peut plus pittoresque. — A cinq cents pas de la ville, au milieu d'une plaine unie où rien n'arrête les regards, on remarque le pont Flavien, de construction romaine, que quelques-uns regardent comme un monument triomphal, à cause de la magnificence de sa décoration. Il est bâti sur la Touloubre, dont le lit est creusé, en cet endroit, dans un massif de roc, et consiste en une seule arche formée de grands blocs de pierre : à chacune de ses extrémités est élevé un arc de bonne proportion. Le pont a 21 mètres 40 cent. de longueur et 6 mètres 20 cent. de largeur; la hauteur des arcs, jusqu'au-dessus de l'entablement, est de 7 mètres. La frise des faces extérieures porte à son centre l'inscription suivante :

L . DONNIVS . FLAVOS . FLAMEN . ROMAE . ET . AVGVSTI
TESTAMENTO FIEREI . IVSSIT . ARBITRATU
C . DONNEI . VENAE . ET . CATTEI . RVFEI

Le port de Saint-Chamas est formé par deux jetées, et consiste dans un petit bassin de 59 m. de longueur sur 35 m. de largeur, qui communique avec l'étang au moyen d'un chenal de 80 m. de long. sur 18 m. de large. Il est fréquenté par de petits bâtiments de mer, par des tartanes de la rivière de Gênes et par les allèges d'Arles.

ISTRES (*B.-du-Rhône*). Petite ville à 51 k. (13 l.) d'Aix. ✉ 3,100 hab. Cette ville est bâtie sur une petite colline, au fond d'une anse que forme dans sa partie méridionale l'étang de l'Olivier, qui communique à l'étang de Berre par un beau canal. Elle est entourée de remparts en ruine d'une solide construction, et dominée par les restes d'un ancien château fort dont on voit encore quelques tours; les rues sont étroites et assez mal percées, mais les faubourgs sont spacieux, régulièrement bâtis, et ornés de plusieurs allées d'arbres qui forment de jolies promenades. Deux fontaines abondantes y entretiennent la fraîcheur et la propreté. — Sur le territoire d'Istres est l'étang desséché de Bassuin, où est établie une importante manufacture de soude. — COMMERCE d'huile et de kermès.

SALON (*B.-du Rhône*). Jolie ville, située sur le canal de Craponne, à 34 k. (8 l. 3/4) d'Aix. ✉ 6,000 hab. Cette ville est bâtie dans une plaine fertile, et se divise en vieille et en nouvelle ville; la première, qui est au centre, et dont la forme est à peu près circulaire, était entourée de remparts, dont il ne reste que quelques ruines et une tour avec ses créneaux, qui donne ouverture à la rue dite Bourgneuf; les rues de cette partie sont irrégulières, mais il y a quelques maisons d'une bonne architecture ; l'église a été bâtie par les Templiers dans le douzième siècle, et on y voit encore le tombeau d'un novice de l'ordre. La ville vieille est séparée aujourd'hui de la nouvelle par un boulevard divisé en deux promenades, le cours de la Bourgade et le boulevard Nostradamus, plantés de beaux arbres, bordés de maisons fort jolies, et arrosés par des fontaines placées de distance en distance. Les rues de la ville neuve sont assez régulières, passablement alignées, et ornées de huit fontaines alimentées par un seul et même aqueduc. A l'extrémité de la ville est le château, bâti sur un rocher qui domine la Crau ; il est parfaitement conservé, et sert de maison de correction. — L'église paroissiale, ancienne collégiale bâtie en 1344, renferme, entre autres objets remarquables, un bénitier représentant saint Laurent, donné, dit-on, par Charlemagne ; une Vierge en albâtre, apportée par les Génois ; un groupe fort curieux, d'un seul bloc, en pierre de Calissane, représentant le Christ mort, la Vierge, Joseph d'Arimathie, sainte Véronique, deux autres femmes et un apôtre ; le tombeau du fameux Michel Nostradamus, etc. — L'hôtel de ville est un bel édifice, bâti sur une place du boulevard qui porte son nom ; on y voit le buste d'Adam de Craponne et celui du bailli de Suffren.— PATRIE d'Adam de Craponne, qui s'est immortalisé par la construction du canal qui porte son nom. — FABRIQUES d'huile d'olive, de savon. Filatures de soie. Blanchisserie de cire. — COMMERCE d'huile, soie, amandes, laines, bestiaux, etc. — HÔTELS de l'Horloge, de la Croix de Malte, de la Porte d'Arles.

LABARBEN (*B.-du-Rhône*). Village situé à 18 kil. (4 l. 1/2) d'Aix. 400 hab. Ce village est remarquable par un des plus beaux châteaux de la Provence, bâti dans une situation des plus pittoresques, sur un rocher qui s'avance entre la Touloubre et le vallon de Moreau. Les nombreux bâtiments qui composent le château s'élèvent les uns au-dessus des autres et se lient par des remparts qui soutiennent des terrasses suspendues, pour ainsi dire, sur des précipices. Des tours fort hautes sont placées par intervalles et à des hauteurs inégales : l'une, appelée la tour Forbin, a été habitée par Palamède, qui opéra la réunion de la Provence à la France. Le reste du château a été construit en différents temps, et après 1630, époque où il fut pillé et en partie démoli à l'occasion des troubles de Cascaveoux ; il est maintenant en fort bon état, bien meublé, et habité une partie de l'année par madame de Forbin-Labarben. Au-dessous du château sont des prairies et des jardins ; un parc très-touffu, qui se prolonge dans le vallon et communique avec une belle forêt de pins et de chênes verts, offre les plus belles promenades.

AIX. Voy. N° 62, Route de Gap à Marseille.

D'ARLES A NIMES, 3 myr. 1 kil.

m. k.
* D'ARLES à BELLEGARDE (GARD) ⚘............. 1,5
*LES SAINTES-MARIES (à gauche de la route).
*SAINT-GILLES (à gauche de la route).
BELLEGARDE à *NÎMES ⚘.................... 1,6

D'ARLES à SAINT-REMY ⚘................ 2,4
*FONTEVIEILLE (sur la route).

MARIES (LES SAINTES-) (*B.-du-Rhône*). Jolie petite ville à 27 kil. (6 l. 3/4) d'Arles. 650 hab. Cette ville est située sur une plage sablonneuse, à une très-petite distance du bord de la mer, et à un kilomètre à l'est du petit Rhône, tout près de son embouchure. Elle est garantie des flots par des dunes, entourée de remparts en grande partie démolis, et se compose d'environ cinquante maisons d'une belle apparence, formant des rues régulières et fort propres. — Le seul objet qui attire l'attention est l'église, dont l'extérieur présente l'aspect d'une citadelle. Ses murailles, en pierre de taille et fort épaisses, s'élèvent à une grande hauteur, et se terminent par des créneaux, dominés aux angles par des tourelles, et au milieu par la tour du clocher. Le toit de l'édifice est en pierres plates, et la pente aboutit à une galerie qui fait tout le tour du rempart; la crête du toit est ornée, dans toute sa longueur, d'une bordure de pierres taillées et percées à jour, formant une suite de courbes en ogive d'un bel effet. La façade, qui est à l'occident, présente l'entrée d'une forteresse; le côté de l'orient est en rotonde; dans le mur méridional est une porte latérale qui sert d'entrée habituelle, près de laquelle on a incrusté dans le mur deux lions en beau marbre de Paros, beau morceau d'architecture, qui semble annoncer l'ouvrage d'un ciseau grec. L'intérieur de l'église présente une seule nef, dont la voûte est fort élevée et construite en ogive. Au milieu de la nef est une grille circulaire en fer, qui entoure un puits, où, dit-on, les saintes Maries se désaltéraient. Au delà du puits, le sol s'élève d'environ 1 m. 62 c. au-dessus du pavé, par le moyen d'une voûte : la partie supérieure forme le chœur, et la partie inférieure la chapelle souterraine. Derrière l'autel est une rotonde soutenue par huit colonnes de marbre, dont les chapiteaux gothiques diffèrent tous les uns des autres; on y a sculpté des têtes de satyres, de béliers, de vieillards, et toute sorte d'ornements d'un beau travail et d'un fini parfait. A gauche du chœur est une porte qui donne sur un escalier en spirale, par lequel on monte à la chapelle haute, boisée tout autour et carrelée en marbre; le plafond est peint, et représente Jésus-Christ, les disciples et les saintes Maries. On voit aussi dans cette chapelle quatre tableaux peints sur bois, représentant les quatre évangélistes, que l'on attribue au roi René. L'escalier en spirale continue jusqu'au clocher, d'où l'on passe sur la terrasse qui fait le tour du rempart; le point qu'on y découvre est presque sans bornes dans tout le contour de l'horizon.

GILLES-LES-BOUCHERIES (**SAINT-**). Petite ville située dans un territoire fertile en excellents vins, sur le canal de Beaucaire. A 20 kil. (5 l.) de Nîmes. ⊠ 5,561 h. Cette ville, où les rois visigoths avaient, dit-on, un palais, doit son nom à une abbaye fondée par saint Gilles, qui y vivait dans le cinquième siècle. Elle s'étend sur la pente d'un coteau très-escarpé du côté de l'est, dont le sommet est occupé par une esplanade d'où l'on jouit d'une vue charmante et très-étendue. L'église de l'ancienne abbaye de Saint-Gilles est un édifice remarquable, construit vers le neuvième ou le dixième siècle; la façade est d'une architecture admirable. On voit dans une tour la fameuse vis de Saint-Gilles, espèce de voûte annulaire rampante, disposée pour soutenir les marches d'un escalier tournant autour d'un noyau évidé : le tracé de cette voûte passe pour être l'un des plus difficiles de la coupe des pierres. — Nombreuses distilleries. — Grand commerce de vins, eau-de-vie et esprits.

NIMES. Voy. page 80.

REMI (**SAINT-**) (*B.-du-Rhône*). Petite ville située dans un superbe bassin couvert de plantations d'oliviers, près du canal de Réal, à 15 kil. (3 l. 3/4) d'Arles. ⊠ ⊽ 5,464 hab. Cette ville avait autrefois de doubles remparts, percés de trois portes, qui ont été abattues, on comprend aujourd'hui un très-beau boulevard appelé le Cours. Les rues sont un peu étroites et manquent de régularité; néanmoins, il y a un assez grand nombre de maisons dont l'architecture, quoique ancienne, n'est pas sans mérite. L'hôtel de ville est un bel édifice moderne, élevé sur une jolie place publique, dont le milieu est occupé par une fontaine en forme de pyramide.

Une superbe route conduit de Saint-Remi à deux monuments romains, placés à quarante pieds de distance l'un de l'autre. Le premier est un arc de triomphe qui ne subsiste que jusqu'au-dessus de l'archivolte, et n'a qu'une arcade peu élevée, mais d'une admirable proportion; de chaque côté sont deux colonnes cannelées qui ont perdu leurs chapiteaux et une partie de leurs fûts; dans chaque entre-colonnement est un groupe de deux figures qui tiennent au mur, et paraissent représenter des captifs de l'un et de l'autre sexe. — L'autre monument est un mausolée que l'on croit être de construction grecque ; c'est l'antiquité la mieux conservée, et en même temps l'un des plus beaux morceaux en ce genre qui existent, non-seulement en France, mais même en Italie. Trois parties, placées en étages l'une sur l'autre, le composent et forment ensemble un tout de cinquante pieds d'élévation. Le premier étage est massif et de forme carrée : il porte quatre bas-reliefs très-frustes. Le second étage est aussi carré, mais percé à jour ; chaque face présente une arcade, accompagnée de deux colonnes corinthiennes qui occupent les angles ; un fort entablement termine cet étage et porte un soubassement circulaire ; sur lequel s'élève un péristyle de dix colonnes corinthiennes, ou espèce de temple à jour, dans lequel sont placées deux statues de deux mètres de proportion. L'entablement de cette rotonde soutient une calotte parabolique, qui couronne l'édifice. La frise du second étage est composée de divinités et d'animaux marins, terminés par des rinceaux. Sur l'architrave, du côté du nord, se trouve l'inscription suivante :

SEX. L. M. IVLIEI. C. F. PARENTIBUS. SVEIS.

Patrie de Nostradamus ; de l'abbé Expilly, auteur d'une Description de la France. Filatures de laine et de soie.

FONTVIEILLE (*B.-du-Rhône*). Village à 8 kil. (2 l.) d'Arles. 2,100 hab. Il est bâti sur le penchant de collines qui renferment dans leur sein des carrières de belles pierres de taille ; les rues en sont bien percées, propres, et bordées de maisons assez bien construites. On y arrive, du côté d'Arles, par une chaussée qui traverse les marais et qui communique avec la colline de Cordes et avec celle que surmonte l'église de Mont-Majour. Cette colline de Cordes offre quelques particularités intéressantes : dans la partie méridionale, qui est la seule accessible, elle a été entourée de fortes murailles en pierres sèches, dont il existe encore des parties considérables, et qui forment un camp retranché que l'on attribue aux Sarrasins. — Au sommet de la colline, et non loin de ces murailles, on remarque une grotte en forme de croix, qui porte dans le pays le nom de Trou-des-Fées ; on y arrive par une rampe ou descente taillée dans le roc, qui aboutit à une salle à ciel ouvert, de 9 m. 74 c. de long sur 3 m. 25 c. de large, et dont les extrémités sont arrondies. Vis-à-vis, s'ouvre dans le rocher une petite porte cintrée, formant l'entrée d'un corridor, à l'issue duquel est une seconde salle de 23 m. de long sur 3 m. 89 c. de large, et perpendiculaire à la première. Cette seconde grotte a été aussi taillée à ciel ouvert, mais on lui a fait un toit avec des pierres énormes, qu'on a ensuite recouvertes de terre.

D'AVIGNON A DIGNE, 14 myr. 5 kil.

	m. k.
* D'Avignon à l'Isle	2,2
L'Isle à Lumières	1,8
Lumières à Apt	1,5
Apt à Cereste	1,9
Cereste à Forcalquier	2,3
Forcalquier à Malijai	2,8
Malijai à * Digne	2,0

D'Avignon à Carpentras 2,3

D'AVIGNON A MARSEILLE.

Par Saint-Andiol, V. N° 85, R. de Lyon à Marseille. 10,6

N° 13. ROUTE DE PARIS A AVIGNON.

D'AVIGNON A TOULOUSE.

1re R., par CARCASSONNE, 34 myr.

	m. k.
D'AVIGNON à LA BÉGUDE-DE-SAZE ✿...............	1,2
*VILLENEUVE-LEZ-AVIGNON (sur la route).	
LA BÉGUDE-DE-SAZE à LA FOUX ✿,	
Par le BAC ou le GUÉ DE GARDON.	1,1
Par le PONT DU GARD..........	1,8
LA FOUX à SAINT-GERVASY ✿................	1,0
SAINT-GERVASY à *NÎMES ✿................	1,0
NÎMES à UCHAU ✿........................	1,2
* GALLARGUES (à gauche de la route).	
* SOMMIÈRES (à droite de la route).	
* MARSILLARGUES (à gauche de la route).	
UCHAU à LUNEL ✿.....................	1,4
*PECCAIS (à gauche de la route).	
*AIGUESMORTES (à gauche de la route).	
LUNEL à * COLOMBIÈRES ✿...................	1,0
*MONTFERRIER (à droite de la route).	
COLOMBIÈRES à * MONTPELLIER ✿............	1,3
*PIGNAN (à droite de la route).	
*MAGUELONNE (à gauche de la route).	
MONTPELLIER à FABRÈGUES ✿................	1,1
FABRÈGUES à GIGEAN ✿.....................	0,8
GIGEAN à *MÈZE ✿........................	1,2
* LE CAYLAR (à droite de la route).	
* CETTE (à gauche de la route).	
MÈZE à PÉZENAS ✿.........................	1,8
* GABIAN (à droite de la route).	
*SAINT-THIBERY (à gauche de la route).	
PÉZENAS à LA BÉGUDE-DE-JORDY ✿............	1,0
LA BÉGUDE-DE-JORDY à *BÉZIERS ✿..........	1,2
BÉZIERS à *NISSAN ✿......................	1,0
NISSAN à *NARBONNE ✿....................	1,7
*BIZANET (à gauche de la route).	
NARBONNE à CRUSCADES ✿................	1,8
CRUSCADES à MOUX......................	1,4
* LA GRASSE (à gauche de la route).	
*CAPENDU (à gauche de la route).	
MOUX à BARBEIRAC ✿.....................	1,3
* TRÈBES (à droite de la route).	
BARBEIRAC à *CARCASSONNE ✿..............	1,4
CARCASSONNE à ALZONNE ✿...............	1,6
*FANJEAUX (à gauche de la route).	
ALZONNE à VILLEPINTE ✿...................	0,8
VILLEPINTE à.*CASTELNAUDARY ✿...........	1,2
CASTELNAUDARY à * VILLEFRANCHE ✿ (H.-Gar.).	2,2
VILLEFRANCHE à BAZIÉGE ✿................	1,1
BAZIÉGE à *CASTANET ✿....................	1,2
CASTANET à *TOULOUSE ✿................	1,2

VILLENEUVE-LEZ-AVIGNON (*Gard*). Petite ville située sur la rive droite du Rhône, à 30 kil. (71. 3/4) d'Uzès. ⌧ 5,564 hab. Elle occupe le sommet d'un coteau qui s'élève en face d'Avignon, avec lequel elle communiquait autrefois par un pont célèbre dont il ne reste plus que quatre arches. On y remarque l'abbaye de Saint-André, convertie en habitation moderne ; l'ancienne chartreuse de Villeneuve, située sur un rocher et environnée de murailles flanquées de tours : l'église, qui existe encore, renferme, entre autres tombeaux remarquables, celui du prince de Conti. — Bibliothèque publique de 7,300 vol. — FABRIQUES d'étoffes de soie, toiles, cordages, salpêtre. — COMMERCE de vins.

LA FOUX (*Gard*). Village sur la rive droite du Gard, à 18 kil. (4 l. 1/2) d'Uzès, et à 1 kil. du célèbre Pont du Gard. ☞ — Lorsque le voyageur qui suit la route de Pont-Saint-Esprit à Beaucaire sort des gorges arides des Valiguières, il ne doit pas manquer de prendre le premier embranchement à droite, s'il veut passer au Pont du Gard, au lieu de suivre la route de Remoulins, plus courte, il est vrai, que la première de 2 kil., mais qui prive celui qui la suit de voir un des plus beaux monuments que l'antiquité ait transmis à l'admiration des siècles.

Ce monument, situé à 21 kil. (5 l. 1/2) de Nîmes, entre deux arides collines, dans une gorge étroite où le Gard roule ses flots impétueux au milieu d'une solitude silencieuse, est regardé comme l'aqueduc le plus hardi qu'on ait imaginé ; il n'était que la partie principale d'un aqueduc de 28 kil. de long, qui conduisait à Nîmes les eaux de la fontaine d'Eure. Trois rangs d'arcades à plein cintre, élevées les unes sur les autres, forment cette grande masse de 195 m. d'étendue sur 42 m. de hauteur. Le premier rang comprend toute la largeur de la vallée : il forme un pont de six arches, sous l'une desquelles coule le Gardon ; le second rang se compose de onze arches ; le troisième rang est ouvert de trente-cinq arches, et supporte le canal de l'aqueduc, qui a 2 m. de large sur autant de profondeur, et qui couronne tout l'édifice.— Ce qui ne frappe pas moins que la noblesse, que la grandeur de ses proportions, c'est son agreste situation. Le Pont du Gard, monument étonnant du génie des Romains, est adossé à des montagnes qu'il réunit pour la continuation du passage des eaux ; il est tout bâti de pierres de taille, posées à sec, sans mortier ni ciment ; l'architecture de l'édifice est d'ordre toscan ; les parois et le sol de l'aqueduc sont enduits d'un ciment très-bien conservé, même dans les parties souterraines, où il est entièrement établi dans le roc. On peut parcourir le Pont du Gard d'un bout à l'autre, en gravissant l'escarpement qui borde la rive droite du Gardon, pour gagner l'extrémité méridionale de l'aqueduc, à l'endroit où il se perd dans les montagnes. — Vers le commencement du XVIIe siècle, on avait voulu faire servir le Pont du Gard au passage des voitures, et, pour cet effet, on avait rehaussé les piles du second pont pour y pratiquer des encorbellements qui furent munis d'un garde-fou ; mais on reconnut bientôt que la ruine du monument pourrait s'ensuivre. L'intendant de Baville le fit réparer, et ne laissa exister qu'une simple voie pour les gens de pied et les voyageurs à cheval. Un pont pour les voitures étant devenu de plus en plus nécessaire, à cause des fréquentes crues du Gardon, qui ne permettent pas de le traverser, même en bac, en plusieurs temps de l'année, les états de la province prirent la résolution d'adosser un pont au premier : la première pierre en fut posée le 18 juin 1743, et le pont fut achevé en 1747.

NIMES. Grande, belle, riche et très-ancienne ville. Chef-lieu du département du Gard. Cour royale. Trib. de 1re inst. et de comm. Ch. et bourse de comm. Conseil de prud'h. Académie universitaire. Acad. roy. du Gard. Athénée. Soc. d'agr. Collége roy. Soc. de médecine. Évêché. ⊠ ☞ 41,266 hab.

Nîmes est une des plus anciennes villes des Gaules, dont la fondation est attribuée aux Ibériens ou à une colonie de Phocéens détachée de celle de Marseille. Elle est située dans une fertile plaine, environnée de coteaux couverts d'arbres fruitiers, de vignes, d'oliviers, et est en général mal bâtie, mal percée ; mais les faubourgs offrent des rues longues et droites, les boule-

PONT DU GARD.

vards s'embellissent tous les jours de nouvelles constructions, et la partie qui s'étend de l'extrémité du canal de la Fontaine jusqu'à l'Esplanade, présente un coup d'œil ravissant. Les richesses monumentales de cette ville, son industrie, font de Nîmes moderne une des villes les plus intéressantes du royaume. Un jardin public qui rivalise avec les plus belles promenades de l'Europe, des boulevards qu'on ne peut comparer qu'à ceux de la capitale ; une superbe salle de spectacle ; des hôpitaux ; un palais de justice ; et une infinité d'édifices particuliers de construction récente, donnent à plusieurs quartiers de la ville un air entièrement neuf ; enfin les admirables monuments romains, dégagés des masures qui les obstruaient, offrent aux regards un mélange d'antique et de moderne dont rien ne peut peindre l'effet.

La ville de Nîmes et le territoire qui l'entoure offrent un des points de l'univers où les débris de la grandeur romaine parlent avec le plus d'éloquence au souvenir de l'homme : bâtie sur sept collines, entourée de murs romains d'un développement de plus de 6,000 mètres, cette ville renferme aujourd'hui plus de monuments entiers qu'aucune ville d'Italie, sans en excepter Rome : outre les édifices détruits par les Vandales, dont l'existence n'est connue que par des inscriptions, et parmi lesquels il faut compter la basilique de Plotine, les temples d'Auguste, d'Apollon, de Cérès, les bains et une quantité d'autres, on y remarque la tour Magne, l'amphithéâtre, la Maison Carrée, le temple de Diane, les portes d'Auguste et de France, etc.

La Tour Magne est située sur une colline élevée qui domine tout le pays à une grande distance. Octogone dans son plan, cette tour est composée de plusieurs étages en retraite les uns sur les autres, de manière à lui donner une forme pyramidale qu'elle conserve encore dans son état de ruine. Sa circonférence, prise par les faces inférieures, était de 79 m. 58 c., sur un diamètre de 26 m. 53 c. ; celle du sommet était de 34 m. 75 c., et le diamètre de 11 m. 69 c. Sa hauteur, qui n'est aujourd'hui que de 24 m., était de 38 m. ; le pied est comblé au dehors d'environ 4 mètres ; les montées de l'escalier sont abattues, de sorte qu'on ne peut y monter sans le secours d'une échelle. Toute l'architecture est d'ordre dorique.

Amphithéâtre. Ce cirque majestueux, vulgairement appelé les Arènes, est le monument qui provoque le plus l'admiration des étrangers, depuis surtout que, grâce aux soins de M. d'Alphonse et de M. Villiers du Terrage, anciens préfets du Gard, il est entièrement débarrassé des constructions bizarres qui l'obstruaient encore en 1808 et le dérobaient à la vue et aux recherches des artistes. L'amphithéâtre de Nîmes, qui est encore presque entier, est formé d'une ellipse parfaite, dont le grand axe, dirigé de l'orient à l'occident, est de 131 mètres 56 centimètres, y compris l'épaisseur des constructions, et le petit axe de 102 m. 97 c. Il se compose d'un rez-de-chaussée percé de 60 portiques, d'un premier étage orné de 60 arcades et terminé par un attique que en fait le couronnement. L'enceinte ou pourtour extérieur avait quatre portes principales, distribuées de quinze en quinze arcades, et répondant aux quatre points cardinaux. La porte du nord est couronnée d'un fronton, au-dessus duquel sont deux têtes de taureaux en saillie, regardées comme le symbole de l'établissement de la colonie romaine ; les trois autres portes n'ont qu'un simple avant-corps et sont dénuées d'ornements. Tout le monument est d'ordre toscan irrégulier, approchant du dorique ; il a 21 m. 44 c. de hauteur depuis le rez-de-chaussée jusqu'à l'attique : 34 rangs de gradins, divisés en quatre précinctions pour les diverses classes du peuple, régnaient dans l'intérieur. Il ne reste plus aujourd'hui que 17 de ces gradins dans les endroits les moins délabrés. L'amphithéâtre pouvait contenir environ 24,000 spectateurs. Cet édifice, isolé sur une place spacieuse, déblayé maintenant jusqu'à sa base, et auquel de nombreuses réparations ont rendu à l'extérieur sa forme et sa solidité premières, sert aujourd'hui à des courses de taureaux et à des joûtes de lutteurs ; amusements moins sanglants que les jeux des Romains, et pour lesquels

4.

les habitants de Nîmes ont montré de tout temps une prédilection particulière. Maison Carrée. Ce superbe édifice, qu'on regarde avec raison comme un chef-d'œuvre par sa belle architecture et par les magnifiques ornements de sculpture dont il est orné, est le monument le mieux conservé que nous ait légué l'antiquité. Des fouilles faites en 1822 ont prouvé que ce qui jusqu'alors avait été considéré comme un temple isolé, n'était que le sanctuaire d'un vaste édifice dont on a découvert les ruines. — Le temple auquel on a donné improprement le nom de Maison Carrée, est un de ceux que Vitruve appelle pseudopériptères. Le plan est un parallélogramme rectangle de 25 m. 65 c., sur 13 m. 45 c. L'intérieur ou l'aire proprement dite de l'édifice n'a pas plus de 16 m. de longueur, 12 m. de largeur, et autant d'élévation. L'entrée regarde le nord, et le fond le midi. Les murs sont construits en très-belles pierres blanches, de l'épaisseur d'environ deux pieds, avec de petites cannelures en liaison. Le bâtiment est orné au dehors de trente colonnes cannelées, d'ordre corinthien, dont les chapiteaux sont d'un travail admirable : celles qui sont placées le long des murs sortent de la moitié de leur diamètre et sont liées avec son architrave, sa frise et sa corniche. Au-devant de la façade règne un grand vestibule ou portique ouvert de trois côtés, et soutenu par dix colonnes pareilles aux autres, mais isolées, qui entrent dans le nombre des trente, et dont six forment la face. Au fond de ce vestibule est la porte d'entrée, accompagnée de deux beaux pilastres. La frise et la corniche de l'édifice sont sculptées avec une délicatesse infinie. On monte au péristyle par un escalier de 15 marches. Ce magnifique édifice, aujourd'hui parfaitement réparé dans toutes ses parties, est garanti par une grille en fer des dégradations auxquelles il a été livré pendant plusieurs siècles. Il renferme un musée de peintures et d'antiquités, fondé en 1823.

Temple de Diane. Dans le jardin de la Fontaine gisent les ruines d'un édifice autrefois magnifique, qui jusqu'à présent avait été considéré comme un temple isolé dédié à Diane, à Vesta, aux dieux infernaux, à tous les dieux, à Isis et à Sérapis, mais que des fouilles récentes ont fait reconnaître pour un simple monument hydraulique, faisant partie des plus vastes monuments connus des Romains.

Porte d'Auguste. Cette porte, qui fait face à la route de Rome sur la voie Domitienne, était sous les Romains la porte principale de la ville. Elle est fort ruinée, et l'exhaussement du sol cache une partie de sa base ; mais elle est on ne peut plus intéressante en ce que c'est le seul monument de Nîmes portant une inscription, qui prouve que c'est la huitième année de la puissance tribunitienne d'Auguste, c'est-à-dire 15 ans avant notre ère, que les remparts de la ville ont été construits. Voici cette inscription :

IMP.C.ESAR.DIVI.F.AVGVSTVS.COS.XI.TRIBV.
POTEST.VIII.PORTAS.MVROS.COL.DAT.

La porte d'Auguste est formée de quatre portiques : deux, d'égale grandeur, devaient servir au passage des chars, des équipages et de la cavalerie ; les deux autres, plus petits, étaient sans doute pour les gens de pied. Les deux cintres des grands portiques sont surmontés d'une tête de taureau en demi-relief, sur laquelle appuie la saillie de l'entablement ; au-dessus des deux autres est une niche où furent sans doute placées des statues. Ce monument est décoré de deux pilastres qui encadrent les passages des côtés ; ceux du milieu sont séparés par une colonne ionique, appuyée sur une console à hauteur de la naissance des arcs. La porte était protégée par deux tours demi-circulaires, contre lesquelles elle s'appuyait.

Porte de France. Cette porte existe encore à l'angle le plus méridional des anciens murs de la ville. Elle est formée d'un seul portique, couronnée d'un attique orné de quatre pilastres, et flanquée de deux tours demi-circulaires. Une grande rainure que l'on aperçoit dans l'épaisseur des pieds-droits indique que cette porte se fermait avec une herse.

LA MAISON CARRÉE.

N° 13. ROUTE DE PARIS A AVIGNON. 83

LA CATHÉDRALE de Nîmes est une véritable macédoine, dont la base, de construction romaine, a appartenu au temple d'Auguste. Le côté gauche de la façade, où se trouve le clocher, et une partie du fronton, datent du XI° siècle ; le reste de l'édifice a été construit dans le XVI° et le XVII° siècle. On voit dans l'intérieur les tombeaux de Fléchier et du cardinal de Bernis.

LE JARDIN PUBLIC, où se trouve la fontaine qui alimentait les bains romains, est sans contredit ce que Nîmes moderne offre de plus agréable. La source nourrice de la ville forme une petite rivière qui fuit dans un beau canal en pierres de taille, bordé par une superbe allée d'arbres. Le bassin est situé dans une des collines qui environnent Nîmes ; il est creusé par la nature en cône renversé dans le roc vif, et l'eau jaillit de son centre souvent à gros bouillons. D'autres bassins, des parterres de fleurs, des masses de verdure, un îlot symétrique décoré par la nature, ornent ce jardin, qui a d'autant plus de charmes qu'il s'étend sur le coteau voisin et jusqu'au pied de la tour Magne, d'où la vue plane sur la ville et ses environs.

On remarque encore à Nîmes : le palais de justice, édifice moderne situé sur le boulevard de l'Esplanade ; il se distingue par un fronton que soutiennent de belles colonnes, par le riche vestibule qui divise les salles d'audience, et par l'enceinte de ces mêmes salles décorées avec une extrême élégance ; la nouvelle salle de spectacle, spacieuse, bien distribuée, et dont la façade est décorée d'un beau péristyle ionique ; l'hôpital général ; la maison centrale de détention, ancienne citadelle construite par Vauban, qui peut recevoir 1,200 prisonniers ; l'église du collége ; les lavoirs et abreuvoirs publics ; la bibliothèque publique, renfermant 30,000 volumes imprimés et quelques manuscrits précieux ; le cabinet d'histoire naturelle, placé dans le même bâtiment que la bibliothèque, où se trouve une rare collection de coquilles classées méthodiquement, et augmentée annuellement par les soins de M. Villiers du Terrage, ancien préfet du Gard, qui a donné au département de si grandes preuves de son amour pour les arts et de ses talents administratifs, etc., etc.

BIOGRAPHIE. Nîmes est la patrie de Nicot ; du naturaliste Dorthez ; de l'archéologue Séguier ; de Court de Gébelin ; de J. Fabre, célèbre par le plus beau dévouement de piété filiale que l'on connaisse ; de Mme Verdier, surnommée la Deshoulières du Midi ; de Rabaud de Saint-Étienne ; du poëte Imbert ; de Natoire, Renaud-le-Vieux et Sigalon, peintres ; de M. Guizot ; de M. Auguste Pelet, antiquaire ; de MM. Saint-Vincens, Roux-Ferrand, Frossard, hommes de lettres, etc.

INDUSTRIE. Manufactures d'indiennes. Fabriques de taffetas, de bas de coton unis et à jour ; de gants, bas et bonnets de soie, de filoselle et de fantaisie ; de châles bourre de soie et façon madras ; de robes et articles soie et coton, velours, burats, indiennes, siciliennes, fleurets de soie et étoffes pour meubles ; soie à coudre, à broder et de fantaisie ; cartons façon anglaise ; eaux-de-vie et vinaigre. Teintureries renommées ; tanneries et chamoiseries. — COMMERCE de vins, eaux-de-vie, vinaigre, épiceries, drogueries, graines, essences, soies grèges et ouvrées, bourre de soie, kermès, etc. — Entrepôt principal des soies du pays, d'où on les expédie pour les principaux lieux de consommation. — A 51 kil. (13 l.) de Montpellier, 58 kil. (15 l.) d'Avignon, 113 kil. (29 l.) de Marseille, 674 kil. (173 l.) de Paris. — HÔTELS du Midi, du Louvre, du Luxembourg, du Gard, de l'Orange.

VOITURES PUBLIQUES. Pour Montpellier, Perpignan, Toulouse et Uzès, *correspond. des messageries royales* de la rue N.-D.-des-Victoires. — Pour Alais, *correspond. avec les messageries Laffitte et Caillard.* — Pour Ganges et le Vigan ; *diligence en poste pour le Vigan.*

CHEMIN DE FER *de Nîmes à Alais et la Grand'-Combe, et de Nîmes à Beaucaire* — 4 départs par jour. — Nîmes à Alais, distance, 49 kil., durée du trajet, 2 heures. Prix : 5 fr., 4 fr., 3 fr. et 2 fr. 30 c. — D'Alais à la Grand'-Combe, 1 fr. et 78 c. De Nîmes à Beaucaire, distance, 25 kil., durée du trajet, 1 h. Prix : 3 fr., 2 fr. 25., 1 fr. 75 et 1 fr. 25 c. — Pendant la foire de Beaucaire, il y a 12 départs par jour.

N° 13. ROUTE DE PARIS A AVIGNON.

OUVRAGES A CONSULTER, qui se trouvent à la librairie de Biauquis Gignoux, à Nîmes :
Topographie de Nîmes et de la banlieue, par Vincens et Baume, in-8°, 1808.
Guide aux monuments de Nîmes antiques et modernes, in-8°, 1824.
Histoire des antiquités de Nîmes et de ses environs, par Ménard, in-8°, 1828
Histoire de la ville de Nîmes, par le même, 7 vol. in-4°, fig.
Histoire abrégée de la ville de Nîmes, par Graverol, in-12, 1703.
Monuments antiques de Nîmes, par Bonafous, in-8° oblong, fig.
Antiquités de la ville de Nîmes, par Deyron, in-4°, 1663.
Tableau pittoresque, scientifique et moral de Nîmes, par Frossard, 2 vol. in-8°.
Histoire de la ville de Nîmes et de ses antiquités, par Gauthier, in-8°, 1724.
Histoire des antiquités de la ville de Nîmes, par Maucomble, in-8°, 1789.

GALLARGUES (LE GRAND-) (*Gard*). Village bâti sur une colline élevée dont il occupe toute la cime, à 21 kil. (5 l. 1/4) de Nîmes. 2,096 hab. — Non loin de ce village, sur la route de Nîmes à Narbonne, on passe le Vidourle sur un pont très-pittoresque, de construction romaine, peu visité par les artistes, dont il mérite cependant de fixer l'attention. — COMMERCE et préparation en grand du tournesol.

SOMMIÈRES (*Gard*). Petite ville à 23 kil. (6 l.) de Nîmes. Ch. des manuf. ⊠ 3,632 hab. Elle est bâtie dans une situation élevée, sur la rive gauche du Vidourle. C'était jadis une place forte dont les fortifications ont été rasées ; celles du château subsistent encore en entier. — FABRIQUES importantes de draperies, molletons, couvertures de laine. Filatures hydrauliques de laine. Distilleries d'eaux-de-vie. — COMMERCE de vins, eaux-de-vie, laines peignées. — HÔTELS du Soleil d'Or, de l'Orange.

MARSILLARGUES (*Hérault*). Petite ville, bâtie dans une agréable position, sur le Vidourle, à 22 kil. (5 l. 3/4) de Montpellier. 3,292 hab. On y remarque un beau château, dont la façade offre les emblèmes de Diane de Poitiers et de François Ier. Les grandes salles de l'intérieur sont décorées de peintures et de sculptures remarquables.

LUNEL (*Hérault*). Ancienne et jolie ville, à 17 kil. (4 l. 1/4) de Montpellier. ⊠ ⚘ 6,260 hab. Elle est située dans un territoire fertile en vins muscats d'excellente qualité, près de la rive droite du Vidourle, sur le canal de Lunel et sur le chemin de fer de Montpellier à Nîmes. On y remarque une jolie promenade ; une caserne d'infanterie et de cavalerie, et une belle fontaine surmontée d'un obélisque, etc. C'est la patrie du savant professeur de médecine Baumes. — FABRIQUES de liqueurs, nombreuses distilleries d'eaux-de-vie et d'esprits. — COMMERCE de grains, farines, eaux-de-vie, esprits, liqueurs, raisins secs. — HÔTEL du Palais-Royal.

PECCAIS (*Gard*). Fort situé dans le canton d'Aiguesmortes, à 39 kil. (10 l.) de Nîmes, au centre des salines naturelles considérables, alimentées par les eaux de la mer Méditerranée, qui reflue dans les étangs situés aux environs de Peccais. La saunaison commence vers la mi-juin, et le levage des sels se fait à la fin de juillet, de manière que les grands travaux pour cette précieuse récolte ne durent qu'environ deux mois. Plus de deux mille ouvriers sont occupés au levage des sels, que l'on amoncelle par tas prismatiques appelés camelles, sur le franc bord du canal de Sylvéréal, où les barques viennent les prendre pour les transporter dans l'intérieur de la France.
L'enclos de Peccais est fermé par des chaussées qui ont à peu près dix-huit kilomètres (4 lieues) de circuit, et qui défendent les salines des coups de mer et des inondations du Rhône.

AIGUESMORTES (*Gard*). Jolie petite ville, à 35 kil. (9 l.) de Nîmes. ⊠ 2,897 hab.
La ville d'Aiguesmortes doit son origine à une abbaye de bénédictins, du nom de Psalmodi, détruite par les Sarrasins vers l'année 725, et rebâtie par Charlemagne en 788. En 1248, saint Louis acquit des moines de Psalmodi cette ville naissante, en fit restaurer le port qui existait alors sous les murs de la ville, y rassembla une flotte nombreuse, et s'y embarqua le 25 août pour la

Palestine. — Cette ville est située dans une contrée marécageuse, non loin des importantes salines de Peccais, à la jonction des canaux de Beaucaire, de la Radelle, du Bourgidou, et de la Grande-Roubine, par lequel elle communique à la Méditerranée. Elle est entourée de remparts d'une belle conservation, construits sur le plan de la ville de Damiette. Leur figure est celle d'un parallélogramme rectangle, émoussé sur l'un de ses angles, et dont la longueur est de deux cent quatre-vingts toises, et la largeur de soixante-dix. Bâtis en larges pierres taillées en bossage, ils s'élèvent à la hauteur d'environ trente-quatre pieds. Percés de meurtrières, garnis de mâchicoulis, couronnés de créneaux, ils sont flanqués de quinze tours, dont les unes sont carrées et servent seulement de passage, et dont les autres, doubles et cylindriques, renferment des chambres propres à recevoir des combattants. Au-dessous de celles-ci, s'ouvrent de grandes portes en ogive, qui donnent entrée à la ville, où l'on a pratiqué des coulisses intérieures pour les fermer solidement au besoin. Pour compléter ce système antique de défense, on avait creusé au pied des remparts un large fossé, actuellement comblé, et remplacé, sous le mur méridional, par un terrassement qui recule l'étang de la ville, et sert de promenade pendant l'hiver.

— Vers l'angle émoussé des remparts, dans la partie intérieure, est assis le château, vaste bâtiment militaire; et à l'extérieur, au milieu d'un mur circulaire, s'élève la tour de Constance, dont la hauteur est de quatre-vingt-neuf pieds, le diamètre de soixante-six, et les murs de huit pieds d'épaisseur ; on pénètre dans l'intérieur par deux portes doublées de fer. Un escalier obscur et tortueux, ménagé dans l'épaisseur du mur, et muni de mâchicoulis qui plongent sur la porte d'entrée, conduit à la plate-forme de la tour, sur laquelle s'élève une tourelle de trente-quatre pieds de hauteur, dont l'unique destination était de soutenir le phare qui la couronne. A mi-chemin de la chaussée qui conduit à Psalmodi, on voit une tour, bâtie dans le même style que les remparts ; elle est ouverte en arceau pour le passage de la grande route, et fermée d'une double porte. — COMMERCE considérable de poisson frais et salé, et de sel que produisent les salines de Peccais.

OUVRAGE A CONSULTER. *Notice sur Aigues-Mortes*, par Di-Pietro, in-8°.

COLOMBIÈRES (*Hérault*). Village situé au milieu des rochers du Carroux qui le domine : on y remarque les restes d'un ancien château et d'une tour quadrangulaire bâtie sur un roc très-élevé. A 20 kil. (5 l.) de Saint-Pons. 800 h. ∽. Un des plus beaux sites, un des plus agréables aspects dont on puisse jouir dans le département de l'Hérault, c'est la chute d'eau du PONT-DU-VERDIER, près du hameau des Esclasses, dépendant de cette commune. Le pont est fort élevé, d'une seule arche, et s'appuie sur des rochers.

MONTFERRIER (*Hérault*). Village pittoresquement situé, à 6 kil. (1 l. 1/2) de Montpellier, sur une colline volcanique isolée, de 40 m. 50 c. d'élévation au-dessus du niveau de la mer. Les bords de la rivière du Lez ; les restes d'un ancien château, bâti sur le penchant de la montagne, et dont les terrasses descendent jusqu'au grand chemin ; un parc très-agréable, sur la rive gauche du Lez ; les moulins, les usines, les aspects variés dont on jouit à Montferrier, en font une des localités les plus intéressantes et les plus curieuses du pays.

MONTPELLIER. Grande et belle ville, chef-lieu du département de l'Hérault et de la 9ᵉ division militaire. Cour royale. Trib. de Ire inst. et de com. Acad. universitaire. Fac. de médecine, des sciences et des lettres. Collége royal. Soc. d'agr. et d'archéologie. Évêché. Direction des douanes, etc. ⊠ ∽ 40,746 hab.

Montpellier, *Mons Pessulanus, Mons Puellarum*, est une cité dont l'origine ne remonte pas au delà du VIIIe siècle. — En 1536, le siége épiscopal de Maguelonne y fut transféré, et cette ville devint bientôt le théâtre des guerres et des massacres entre les protestants nouvellement établis et les catholiques. Les premiers, s'étant emparés de la ville sous Henri III, se constituèrent en république, et conservèrent cette forme de gouvernement jusqu'en 1622, époque où Louis XIII se rendit maître de la place après un siège long et meurtrier. Pour maîtriser les habitants, le roi fit construire à Montpellier une citadelle qui sert aujourd'hui de caserne.

Montpellier est dans une belle situation, sur une colline au pied de laquelle coule le Lez. De quelque côté que l'on y arrive, l'œil est enchanté : les environs, à plus d'une lieue de circonférence, sont ornés de maisons de campagne élégamment construites, de jardins, de vergers, de coteaux couronnés de bosquets, plantés de vignes et d'oliviers. La ville s'élève en amphithéâtre sur une colline dont le point culminant, vers la place du Peyrou, est à 51 mètres au-dessus du niveau de la mer ; le sommet de cette hauteur est un peu resserré, les pentes sont en général douces. A l'exception de quelques points, notamment du côté du nord-est, la ville est aujourd'hui dépouillée de ses anciennes murailles ; les seuls restes de ses fortifications consistent dans les anciennes portes des Carmes, de la Blanquerie, du Peyrou, et dans la tour des Pins. — Montpellier est une ville très-bien bâtie, entretenue constamment dans un grand état de propreté, mais généralement mal percée; la plupart des rues sont étroites et escarpées ; les places publiques sont petites et irrégulières : toutefois l'ensemble de la ville est agréable et plaît généralement ; on y remarque plusieurs beaux quartiers, de belles fontaines et de magnifiques promenades. Enfin, un aspect riant, une situation des plus heureuses, la douceur du climat, la salubrité de l'air, les beautés champêtres des environs, l'urbanité des habitants, et surtout les charmes du beau sexe, font de cette ville un séjour délicieux, et la mettent au premier rang des villes du midi de la France.

La PROMENADE DU PEYROU est l'une des plus belles que l'on connaisse : elle consiste dans une vaste et magnifique plate-forme gazonnée, environnée de balustrades élevées de 3 à 4 m. sur une autre promenade qui l'entoure d'une allée couverte, et qui en est une dépendance ; on y monte par un perron, et l'on y entre par une grille : une magnifique statue équestre de Louis XIV a été érigée au milieu de cette promenade. A l'extrémité s'élève une butte artificielle, un château d'eau construit en rotonde à six façades, et orné de belles colonnes cannelées d'ordre corinthien. L'intérieur de cet élégant édifice voûté en coupole renferme un bassin d'où l'eau coule en nappe, et tombe en cascade sur des rochers parfaitement imités, qui la transmettent dans un bassin inférieur. Elle y est amenée par un superbe aqueduc en pierres de taille qui traverse une vallée d'environ 8 k. (2 l.) de large, et va chercher l'eau sur le côté opposé. On parviendrait difficilement à décrire le magnifique point de vue que l'on découvre de la promenade du Peyrou : l'œil aperçoit le Canigou, qui fait partie des Pyrénées, le mont Ventoux en Provence, et plonge avec plaisir sur la riche campagne qui environne la ville, sur l'étang de Maguelonne qui en est à une lieue et demie, et au delà duquel la mer se déploie, et présente une immense étendue qui n'a de bornes que l'horizon.

L'AQUEDUC est composé de deux rangs d'arceaux superposés. Sa longueur totale, depuis la source de Saint-Clément jusqu'au Peyrou, est de 13,904 m., dont 8,772 m. au-dessous du niveau du sol, et 4,252 m. au-dessus de ce même niveau. Dans une longueur de 880 m., depuis le réservoir dit des Arcades jusqu'au Peyrou, on compte 53 arceaux ayant 8 m. d'ouverture, surmontés de 183 arceaux de 2 m. 78 c. de largeur. La hauteur des grands arceaux est de 16 m. ; celle des petits est de 5 m. 56 c. La plus grande élévation de l'aqueduc est de 28 m. Enfin, la base extérieure de la rigole a 3 m. de large. L'eau est de bonne qualité.

La PORTE DU PEYROU, arc de triomphe dédié à Louis XIV, est un monument d'ordre dorique mutulaire, sans colonnes ni pilastres, percé d'un seul arc à plein cintre, couronné d'un entablement.

L'ESPLANADE est une belle et vaste promenade très-fréquentée, qui s'étend entre la ville et la citadelle. Elle touche au Champ-de-Mars, et longe du même côté la citadelle, espèce de fort composé de quatre bastions, où fut enfermé

Cinq-Mars en 1624, et d'autres prisonniers célèbres. L'esplanade aboutit par une de ses extrémités à la place de la Comédie, que décorent une fontaine en marbre représentant les trois Grâces, la façade de la salle de spectacle, etc.

— La ville est embellie d'un grand nombre de fontaines : à celle que nous venons de nommer, nous ajouterons celle des Chevaux marins ou Licornes, à la halle couverte, avec un bas-relief représentant la bataille de Closterkamp; celles de la Grande rue, etc., etc. Parmi les églises, on visitera celle de Saint-Denis, d'ordre toscan, qu'on doit à d'Aviler; celle de Sainte-Eulalie, celle de Notre-Dame-des-Tables, autrefois des Jésuites, attenante au collége royal.

LA CATHÉDRALE, sous l'invocation de saint Pierre, est la plus ancienne et la plus célèbre église de Montpellier. Trois tours s'élèvent aux angles de la nef; la quatrième a été abattue durant les guerres de religion. La façade est précédée d'un porche assez singulier. Deux piliers cylindriques, massifs, de 4 m. 50 c. de diamètre, ayant leurs extrémités façonnées en cône, et terminées par une petite sphère, placés à 8 m. 45 c. du mur de façade, soutiennent, à la hauteur de la nef, une voûte à quatre pendentifs, qui reposent immédiatement au-dessous de la partie conique des piliers, et s'appuient de l'autre côté sur la façade de l'église. La longueur de l'édifice est de 55 m. 25 c. dans œuvre; la largeur de la nef est de 14 m. 95 c., et de 26 m. 65 c. dans le fond des chapelles : celles-ci sont au nombre de dix. Le sanctuaire, qui est d'une construction beaucoup plus moderne (1775), a sept toises de long (13 m. 64 c.), et six toises quatre pieds de large (12 m. 99 c.) dans œuvre, d'un mur latéral à l'autre. Il est pavé de carreaux de marbre gris et blanc. Le chœur contient un double rang de stalles dans son pourtour.

L'ÉCOLE DE MÉDECINE de Montpellier jouit d'une célébrité universelle et justement acquise. Créée par les Arabes après la fondation de celle de Salerne, elle prit une forme régulière en 1220. Le bâtiment de l'école est vaste, propre, bien distribué; c'est l'ancien évêché. On voit dans la salle des Actes le buste d'Hippocrate, en bronze, morceau précieux d'antiquité trouvé à Cos, et des bustes en marbre d'Esculape et d'Hygie. Un siége en marbre découvert dans les Arènes de Nimes, et le buste de Chaptal, décorent le bel et vaste amphithéâtre, œuvre de Lagardette. Dans la salle du Conclave, aujourd'hui du Conseil, on montre les portraits de tous les professeurs décédés depuis le XIIIe siècle, celui de Rabelais, et même au besoin la robe doctorale de ce facétieux curé de Meudon, qu'on faisait revêtir autrefois à chaque récipiendaire. On voit encore d'autres marbres antiques, encastrés dans les murs de ce bel établissement. — L'école de médecine possède une bibliothèque composée de 30,000 volumes, d'environ 600 manuscrits grecs, latins, arabes, turcs, chinois, italiens, espagnols, français, et d'un cabinet de dessins originaux de grands maîtres. Parmi les livres imprimés, se trouvent beaucoup de princeps du XVe siècle. Outre les dessins et les tableaux qui décorent la bibliothèque de l'école, la faculté de médecine a un musée anatomique riche en objets curieux pour la science.

LE JARDIN DE BOTANIQUE, fondé par Henri IV en 1593, est un des jardins des plantes les plus remarquables du royaume sous le rapport du nombre et du classement des végétaux. Plus de 8,000 plantes sont cultivées dans ce jardin. On y remarque une fort belle orangerie et une grande serre chaude, qui permet de conserver pendant vingt ans des végétaux des tropiques. Dans une allée basse, entre de tristes murs couverts d'un épais ombrage, on découvre, sous une voûte obscure, la tombe de *Narcissa*, fille d'Young, si dignement célébrée par le poëte des *Nuits*. De l'école de botanique, où professa le savant Candolle, on jouit d'une vue pittoresque des tours de la cathédrale et des bâtiments de l'école de médecine, qui n'en sont séparés que par le boulevard. Au milieu de cette partie du jardin est un beau cyprès étalé, vulgairement appelé Arbre de Montpellier.

Le Jardin royal, promenade charmante où se trouve l'école forestière, est attenant au jardin de botanique.

Le Musée-Fabre est un établissement magnifique. Peu de galeries de tableaux, en France, sont plus remarquables que celle de Montpellier pour le nombre et le choix des chefs-d'œuvre qu'elle renferme. Ce riche musée porte le nom de son fondateur, le baron Fabre, qui, après un séjour de près de quarante années en Italie, sacrifiant à l'amour de la patrie la juste considération et l'heureuse existence que ses talents et les rares qualités de son cœur lui avaient acquises sur cette terre classique des beaux-arts, a réalisé, en 1825, le projet qu'il avait conçu depuis longtemps, de faire donation à Montpellier, sa ville natale, de sa superbe collection de tableaux, dessins, estampes, statues, bustes, médailles et autres objets d'art, ainsi que d'une bibliothèque de plus de 15,000 volumes, remarquable par le nombre, la variété, la richesse des éditions, dans les littératures anciennes, modernes et étrangères, et surtout par le recueil le plus complet et le plus précieux d'ouvrages qui traitent des beaux-arts. Le baron Fabre, excellent peintre, élève de David et ami de Girodet, ne cessa d'augmenter journellement cette magnifique collection jusqu'au mois de mars 1837, époque où il est décédé. La bibliothèque du Musée-Fabre compte environ 25,000 volumes, en y comprenant ceux qui faisaient partie de l'ancienne bibliothèque de la ville. Le Musée-Fabre occupe quatre belles salles, décorées avec élégance et bien éclairées : l'école de dessin y est contiguë. Cet établissement a reçu de précieux accroissements dus à la générosité d'autres citoyens de Montpellier, parmi lesquels il faut citer MM. Valedeau, Collat, etc. La galerie Valedeau surtout offre, sous le rapport des tableaux, bronzes, dessins, etc., le complément le plus riche et le plus digne du présent du baron Fabre.

La salle de spectacle fut construite en 1786, après l'incendie de l'ancienne salle. Elle est vaste et bien distribuée : la façade est de bon goût ; l'intérieur est passablement décoré, et peut contenir plus de 2,000 spectateurs : le parterre est assis.

Hôpitaux. Les hôpitaux de Montpellier méritent une mention particulière pour leur importance et pour la manière honorable dont ils sont desservis.

On remarque encore à Montpellier le palais de justice ; l'hôtel de la préfecture ; l'évêché ; le séminaire ; la bourse ; la fontaine de Jacques Cœur, argentier de Charles VII ; l'édifice Saint-Côme ; l'église de la Providence, l'établissement orthopédique de l'infortuné Delpech ; la tour des Pins et celle du Télégraphe ; les halles ; les casernes ; la place de la Canourgue ; celle de la Préfecture, ornée d'une belle fontaine en marbre blanc ; celle du Marché aux fleurs ; la fontaine des Chevaux marins ou des Licornes ; les églises Saint-Denis, Sainte-Eulalie, Notre-Dame-des-Tables ; etc., etc.

Biographie. Montpellier a donné naissance à un grand nombre de personnages célèbres, parmi lesquels nous citerons Jacques le Conquérant, roi d'Aragon ; la courageuse Constance de Cézelli ; les conventionnels Bonnier d'Alco, assassiné sur la route de Rastadt ; Fabre de l'Hérault ; Cambon, Cambacérès, Bénézech, ex-ministre de l'intérieur ; le tribun et jurisconsulte Albisson ; le tribun et sénateur Crassous ; le comte Daru ; Ermengaud, médecin de Philippe le Bel ; les médecins Fizes, Fouquet, Haguenot, Pétiot ; les chirurgiens la Peyronie et Vigaroux ; les naturalistes Broussonnet, Draparnaud, Gouan, Magnol, Rondelet ; le jurisconsulte Rebuffy ; les auteurs Brueys, Martin-de-Choisy, Carion-Nisas, Rosset ; l'infortuné Roucher, auteur du poëme des *Mois*, et madame Verdier-Allut qui a laissé des poésies pleines de charmes et de sensibilité ; les historiens Gariel, Grefeuille ou d'Aigrefeuille, J. P. Thomas ; les savants Alletz, le P. Castel, de Clapiès, Plantade, Poitevin, Pouget, de Ratte ; les peintres Sébastien Bourdon, Antoine et Jean Ranc, Raoux, Vien ; les généraux Campredon, Lepic, Maurin, Matthieu Dumas, René ; MM. Merle, au-

N° 13. ROUTE DE PARIS À AVIGNON.

teur dramatique; Cyrille-Rigaud, poëte; le baron Fabre; le docteur Chrestien; les artistes Nourrit, Lafeuillade, etc., etc.

INDUSTRIE. Manufactures de draps, couvertures de laine, percales, mousselines, mouchoirs. Fabriques considérables de vert-de-gris, d'acides minéraux et autres produits chimiques, de savon, bouchons de liége, liqueurs, parfums. Filatures de coton; nombreuses distilleries d'eaux-de-vie et esprits; raffineries de sucre; tanneries. — COMMERCE de vins, eaux-de-vie, esprits; huile d'olive, citrons, oranges, fruits secs, cuirs forts, laines, cuivre et verdet. — A 47 kil. (12 l.) de Nîmes, 90 kil. (23 l.) de Narbonne, 55 kil. (14 l.) d'Arles, 723 kil. (185 l. 1/2) de Paris. — HÔTELS du Midi, du Cheval-Blanc, du Palais-Royal, du Petit-Paris, d'Europe, de Londres, etc.

VOITURES PUBLIQUES. Tous les jours pour Agde, Béziers, Lodève, Narbonne, Nîmes, le Vigan, Sommières, Ganges, Toulouse, Perpignan, Millau, Rodez, Albi, Clermont-Ferrand.

CHEMIN DE FER de Montpellier à Cette, par Villeneuve, Maureilhan et Frontignan; trois départs par jour; prix : 2 fr. 20 c. et 1 fr. 80.

EXCURSIONS au port *Juvenal*, à *Mauguio* (10 kilom.), près l'étang de ce nom, bourg d'où la vue s'étend depuis Aiguesmortes jusqu'à Cette, et au nord jusqu'aux Cévennes; à *Maguelonne* (voir ci-après ce mot.); à la source du *Lez*, où l'on voit une belle cascade; les bords de cette rivière, au-dessus de Lattes, offrent une double et longue ligne de cabanes de pêcheurs d'un aspect très-pittoresque; — à la célèbre *Grotte des Demoiselles* (*Voy.* St-Bauzille de Putois, n° 26, Route de Paris à Montpellier); — au *Château* et, à la *Grotte de St-Guillem le Désert* (12 kil. O. N. O.); — au parc de la *Vérune* (8 kil. O. S. O,), et à ceux de *Castries*, de *Fontmagne*, de *Jacon*; — au *Château de la Piscine* (2 kil.); aux *Bains thermaux de Balaruc* (46 kil.).

OUVRAGES A CONSULTER, qui se trouvent à la librairie de Sevalle. *Histoire de la ville de Montpellier*, par d'Aigrefeuille, 2 vol. in-fol. 1737-39.
Histoire de la ville de Montpellier, etc., par Garonne, in-8°, 1828.
Description de Montpellier, par Gastelier de la Tour, in-4°, 1761.
Notice historique sur la ville de Montpellier, par Belleval, in-8°, an IX.
Statistique du département de l'Hérault, par H. Creuzé de Lesser, in-4°, 1824.
Description de l'Hérault, par Renaud de Vilbach, in-8°, 1825.
Mémoire historique sur Montpellier et le département de l'Hérault, par Thomas, in-8°, 1827.
Guide du voyageur dans le département de l'Hérault, par Amelin, in-8°, 1827.
Essai historique et descriptif sur Montpellier, par Thomas,in-8°, 1836.
Notice sur les tableaux et autres objets d'art exposés au Musée-Fabre, in-8°.
Plan topographique de Montpellier, 1839.

PIGNAN (*Hérault*). Bourg à 9 kil. (2 l. 1/4) de Montpellier. 1,889 hab. On y remarque les restes d'un château construit vers le Xe ou le XIe siècle. — Aux environs, on ne doit pas manquer de visiter l'église pittoresque de l'ancienne abbaye de Vignogoul, antérieure au XIIe siècle et parfaitement conservée : le jubé dans le style moresque est surtout digne de fixer l'attention.

MAGUELONNE (*Hérault*). Presqu'île d'environ deux mille pas de long, située dans l'étang de Thau, près du canal des Étangs, à 10 kil. (2 l. 1/2) de Montpellier. Au milieu, on voit quelques maisons et une église remarquable, seuls restes d'une ville célèbre dans l'histoire du Languedoc, détruite par Charles Martel. La construction de l'église de Maguelonne remonte au VIIe siècle; elle fut réparée et dédiée en 1054. L'architecture est un mélange d'italien et d'arabe. L'intérieur, consistant en une seule nef qui sert aujourd'hui de grange et d'écurie, devait être d'une grande beauté. Un escalier assez doux conduit au faîte de l'édifice, d'où la vue domine un immense horizon de mer et tout l'étang de Thau.

MÈZE (*Hérault*). Jolie petite ville maritime, à 25 kil. (6 l. 1/4) de Montpellier. ⌧ ☞ 4,400 hab. Elle est dans une situation agréable, sur l'étang de Thau, où elle a un port qui peut recevoir 60 navires de 40 tonneaux. — FABRIQUES d'eaux-de-vie et de liqueurs. — L'ancienne ABBAYE DE VALLEMAGNE est une dépendance de la commune de Mèze. Elle offre une église du XIIIe siècle, très-remarquable et parfaitement conservée. C'est un grand vaisseau gothique, dont les proportions sont d'une justesse et d'une régularité parfaites. Le ton de la lumière, à l'intérieur, est du meilleur effet, à cause des jours qui glissent derrière les piliers nombreux qu'on remarque autour du chœur. Le cloître n'offre pas moins d'intérêt que l'église. Une fontaine est située au milieu; le bassin a 4 m. de diamètre : au centre s'élève une pyramide, avec huit tuyaux qui jettent l'eau dans une conque, d'où elle tombe par quatre mufles dans un vaste bassin recouvert d'un dôme soutenu par quatorze colonnes et par huit piliers construits dans le treizième siècle. Ces huit piliers supportent huit arceaux à ciel ouvert, avec huit arcs-boutants, d'une grande ténuité, qui, en retombant, forment cul-de-lampe, et se réunissent par une pomme de pin, en partie détruite aujourd'hui. Cette voûte à jour et aérienne porte une treille, qui en rend l'aspect plus pittoresque encore. L'ancienne route de Montpellier à Béziers passait par Vallemagne; la nouvelle en est peu éloignée, et le voyageur se détourne peu de son chemin pour visiter ces lieux intéressants.

CAYLAR (le) (*Hérault*). Petite ville située sur un plateau élevé, hérissé de rochers amoncelés, à 16 kil. (4 l.) de Lodève. 805 habit. — On y voit encore de vieux murs, les restes d'un fort, ainsi que quelques débris d'anciennes constructions et de fortifications.

CHEMIN DE L'ESCALETTE. En se rendant du Caylar au village de Pégairolles, on descend le pas appelé le chemin de l'Escalette, site des plus agrestes et des plus pittoresques, ainsi nommé du sentier qu'on suit pour y arriver. Une vallée profonde, étroite, très-variée; un sentier qu'on jugerait d'abord inaccessible et taillé en degrés; la route même, soutenue par un arceau, et disparaissant au delà d'un grand rocher dépendant du plateau de Caylar; un moulin suspendu sur les rochers qui s'élèvent de l'autre côté du vallon, forment un tableau d'un effet admirable. Le fond de la vallée est fermé par des rochers très-hauts, verticaux et prismatiques. Un autre moulin, tapissé de lierre et d'autres plantes ligamenteuses, qu'on découvre plus loin, laisse échapper une cascade magnifique, qui ajoute un grand charme à la perspective. La rivière de l'Ergue, dont la source est non loin de ce beau paysage, dans le territoire de la commune de Rives, arrose le fond de ce vallon enchanteur; d'autres cascades bondissent à travers quelques bouquets de bois, sur l'escalier champêtre; enfin, en descendant de roche en roche, on découvre successivement une habitation isolée, des tapis de verdure, des ombrages, un chemin sauvage, difficile, et toujours de nouveaux objets que le regard contemple avec une espèce de ravissement.

CETTE (*Hérault*). Ville et port de mer de la Méditerranée. Trib. et bourse de commerce. Conseil de prud. pêcheurs. Résidence de consuls et vice-consuls étrangers. A 23 kil. (6 l.) de Montpellier. ⊠ 10,638 hab. — Cette ville est dans une agréable situation à l'embouchure du canal du Midi, sur une presqu'île qui se prolonge parallèlement à la mer, et la sépare de l'étang de Thau, que l'on est obligé de traverser sur un beau pont de cinquante-deux arches pour y arriver. C'est sur cette langue de terre, dans une partie où elle s'élargit un peu et forme une petite montagne calcaire, que la ville est située; elle est bâtie en amphithéâtre sur le penchant de cette colline isolée, et s'étend jusqu'au bord de la Méditerranée, où elle a un port sûr, commode et très-fréquenté. Au pied de la montagne, dont l'élévation est de 179 m., un magnifique môle, de 600 m. de long, défend le port des vents du sud et sud-est; il s'allonge directement vers l'est-nord-est sur une étendue de 470 m., et se brise ensuite en se dirigeant vers le nord-nord-est. A son extrémité dans la mer, s'élève le fort Saint-Louis que domine un phare, feu fixe à réflecteurs cylindriques. Le port a une surface de 120,000 mètres carrés, et peut contenir 400 navires de diverses grandeurs. Le canal du port est bordé de beaux quais sur lesquels s'élèvent de nombreux magasins, etc. Un second canal, qui coupe le premier à angle droit, communique d'une part au canal des Étangs, à l'étang du Thau, au canal du Midi, à la Garonne, à l'Océan ; et de l'autre part, au canal des Étangs et au Rhône. — Cette présente plusieurs constructions d'un bon style : l'église de Saint-Louis mérite surtout d'être remarquée par sa belle position dominant une étendue de mer immense. La ville possède une bibliothèque publique ; des bains de mer et de sable, qui attirent un concours de douze à quinze cents étrangers dans le mois de juillet. — FABRIQUES de verdet, savon vert, cendres gravelées, sirop et sucre de raisin, eaux-de-vie, esprits, eaux de senteur et parfums, confitures, liqueurs fines très-renommées, de tonneaux parfaits et en quantité prodigieuse. Verreries. — Construction de navires. — COMMERCE de vins, eaux-de-vie, liqueurs, bouchons, denrées et fruits du Midi, etc. — Exportation de sels qu'on retire des marais salants environnants. — HÔTELS du Grand-Galion, de la Souche.

COMMUNICATIONS. Voitures publiques tous les jours pour Montpellier.—Cette communique aussi avec Montpellier, Villeneuve, Maureilhan et Frontignan, par un CHEMIN DE FER d'une longueur de 28,000 mètres, qui a été inauguré en 1839. Les départs ont lieu de Cette à 7 h. du matin, à midi et à 8 h. du soir ; et de Montpellier à 6 et 10 h. du matin et à 4 h. du soir. Prix : 1 fr. 45 c. et 2 fr. 20 c. — BATEAUX A VAPEUR pour Marseille et retour 3 fois par semaine ; prix : 15 fr. et 18 fr. ; durée du trajet, 8 heures.—Tous les jours, départ d'un bateau-poste qui ouvre une communication directe avec le canal du Midi.

OUVRAGE A CONSULTER. *Faits historiques sur l'île et la presqu'île de Cette, et observations sur son port et son commerce*, par Grandgent, in-8°, 1805.

CANAL DU MIDI, DU LANGUEDOC, ou DES DEUX-MERS. Ce canal, projeté depuis longtemps pour la jonction des deux mers, fut proposé sans effet sous Charlemagne, sous François Ier, sous Henri IV et sous le ministère du cardinal de Richelieu. Le projet et les plans de ce canal, présentés de nouveau en 1662, par l'ingénieur Andréosi, sous le règne de Louis XIV, furent acceptés par ce monarque qui en confia l'exécution au célèbre Riquet-de-Bonrepos. La première pierre en fut posée au mois d'avril 1667, et les travaux, conduits avec un art et un courage dignes d'admiration, furent poussés avec une activité incroyable. Riquet mourut en 1680, et n'eut pas la satisfaction de le voir terminer ; mais ses fils continuèrent cette entreprise, firent achever ce qui restait à faire pour mettre le canal en état, et la navigation fut ouverte avec grand appareil le 15 mars 1681. — Le canal du Midi établit une communication entre l'Océan et la Méditerranée par la Garonne et l'étang de Thau ; il s'embouche à Cette dans la Méditerranée. Le point de partage est à Naurouse, et a une étendue de 5,847 m. Le versant du côté de l'Océan a une longueur de 51,899. Celui du côté de la Méditerranée a 187,555. Le total du développement est de 244,101 m. La pente du côté de l'Océan est de 63 m. 60 c., et est rachetée par 18 sas éclusés ; celle du côté de la Méditerranée est de 189 m., et est rachetée par 46 sas éclusés. Le long des bords de chaque côté du canal sont des chemins de halage de 2 à 3 m. de largeur, au delà desquels s'élèvent les francs bords du canal ; ils ont environ 12 m., y compris le chemin qu'ils dominent de 2 m. 27 c. à 2 m. 59 c., sont cultivés selon la nature du terrain, et plantés de peupliers d'Italie et de frênes qui offrent un aspect agréable. Les glacis intérieurs et extérieurs sont couverts de gazon. — Le canal du Midi est divisé en différents endroits par plus de 100 ponts pour le service des routes ; il passe lui-même sous 55 ponts-aqueducs, en quelques endroits d'une hauteur considérable, qui donnent issue à autant de rivières. Plusieurs déversoirs servent à dégorger les eaux superflues et à les conduire aux rivières les plus voisines ; en d'autres endroits, des montagnes sont percées en voûte de part en part pour donner passage aux eaux : la plus considérable de ces voûtes est celle de Mal-Pas, creusée sous une montagne de pierre assez tendre ; elle a 170 mètres de long sur une largeur de 25 pieds et une hauteur de 22 ; cette ouverture est soutenue par une voûte en maçonnerie où sont pratiquées plusieurs ouvertures destinées à donner du jour.

OUVRAGE A CONSULTER. *Description du Canal du Midi*, par Andréosi.

PÉZENAS (*Hérault*). Ancienne et jolie ville située à 20 kil. (5 l.) de Béziers. Trib. de com. Ch. et bourse de com. Coll. com. ✉ ☛ 7,847 hab. Pézenas, *Pissenæ*, *Pissenacum*, est une ville ancienne, renommée au temps de Pline le naturaliste, pour la beauté de ses laines : elle est agréablement située, au confluent de la Peine et de l'Hérault, dans un riant et fertile bassin, où les champs cultivés, les vergers, les jardins et les verts bocages se découvrent de tous côtés. De la plate-forme de son ancien château, on jouit d'une vue délicieuse sur la petite rivière de Peine, qui coule sous ses murs, et va se jeter dans l'Hérault à travers de riantes prairies. Pézenas est renommé par la salubrité de l'air qu'on y respire; son territoire, anciennement bouleversé par des feux souterrains, offre, dans une étendue de plus de trois lieues de rayon, des cratères et des masses énormes de basalte. On y remarque l'église paroissiale, de belles maisons, plusieurs rues assez larges et une jolie salle de spectacle; les promenades des alentours sont fort jolies, et les jardins d'une grande beauté; la campagne est on ne peut plus agréable et bien située : aussi le territoire de Pézenas passe-t-il à juste titre pour le jardin du département. — FABRIQUES de mouchoirs, toiles, mousselines, couvertures, savon, verdet sec et humide, sirop et sucre de raisin, etc. Filatures de coton et de soie; distilleries d'eaux-de-vie et esprits. — COMMERCE de grains, graine jaune, tartre rouge, gaude, huile d'olive, olives confites, raisins et fruits secs. — Tous les samedis, marchés considérables de vins, eaux-de-vie et esprits. — HÔTEL de la Paix.

GABIAN. Village situé sur la rivière de Tongue, à 20 kil. (5 l.) de Béziers. 960 hab.—Cette commune possède une source d'eau minérale froide qui porte le nom de Fontaine de santé, et une source d'huile de pétrole, située à 500 toises au sud du village. Le pétrole est reçu dans un bassin où tombent les eaux de trois aqueducs intérieurs; une ouverture, pratiquée à la partie inférieure du bassin, permet à l'eau de s'échapper sans entraîner l'huile qui surnage : elle est d'un rouge-brun, d'une odeur forte et désagréable. — On remarque à Gabian les restes d'un bassin creusé par les Romains, où étaient réunies les eaux d'une fontaine voisine qu'un aqueduc de plus de cinq lieues de long conduisait à Béziers. On voit aussi, sur la route de Roujan, le couvent de Cassan, où quatre genovéfains se partageaient, avant la première révolution, cinquante mille livres de rente, et menaient joyeuse vie. C'est un immense édifice, bâti sur un site très-heureux, avec une église surmontée d'un clocher formé de deux cylindres superposés.

THIBÉRY (SAINT-) (*Hérault*). Petite ville située près d'une forêt d'oliviers, à 16 kil. (4 l.) de Béziers. 1,427 hab. On y remarque les restes d'un ancien couvent où l'on voit un escalier à vis très-curieux, et surtout les basaltes de Saint-Thibéry, espèce de cirque dont les colonnes quadrangulaires accouplées, rangées par assises horizontales, souvent séparées par une végétation vigoureuse, s'élèvent à 120 mètres environ. Ce cirque est couronné par des espèces de créneaux qui paraissent être les restes d'un camp romain. On montre aussi, sur une hauteur voisine, la place du champ de bataille, et, non loin de là, les ruines d'un pont romain jeté sur l'Hérault.

BÉZIERS (*Hérault*). Grande et très-ancienne ville. Sous-préfecture. Trib. de 1ʳᵉ inst. et de comm. Société d'agr. Collége comm. ✉ ☛ 16,769 habitants. —Cette ville est dans une heureuse situation, sur une colline élevée, au pied de laquelle passent la rivière d'Orb et le canal du Midi, et d'où l'on jouit d'une perspective délicieuse : tout ce que les poëtes et les voyageurs ont dit de plus fort à la louange de Béziers parait encore au-dessous de la vérité; d'un côté se présente à la vue un riche vallon couvert de villages, de métairies et de maisons de campagne répandues çà et là au milieu des terres labourables, des vignes, des jardins et des vergers plantés de mûriers et d'oliviers ; d'un autre côté on découvre le canal du Midi et ses neuf écluses situées les unes au-dessus des autres, dont la chute des eaux forme une des plus belles cascades

CATHÉDRALE DE BEZIERS.

qu'il soit possible de voir; dans le lointain apparaît un rideau de montagnes bleuâtres, du sein desquelles sort la rivière d'Orb. La ville est généralement mal bâtie; ses rues étroites et mal percées lui donnent un air de petitesse et de pauvreté, quoique les maisons soient en général assez régulières et construites en pierres; mais l'aspect en est on ne peut plus agréable : vue du côté de Narbonne, la ville s'élève sur un plateau presque à pic au-dessus de l'Orb, présente les flèches de l'ancienne cathédrale élancées dans les airs, et ses vieilles tours à créneaux, dont l'effet est on ne peut plus pittoresque. La grande route passe dans le faubourg, au bord même de la rivière, qu'on traverse sur un pont de pierre assez long. On monte ensuite par un ravin étroit et escarpé vers le haut de la ville, qui peut être comparé à un vaste belvédère d'où l'on découvre un tableau magique. — Il reste peu d'antiquités à Béziers, à cause des vicissitudes que cette ville a éprouvées à plusieurs époques. On y remarque toutefois une inscription hébraïque fort célèbre parmi les Juifs : elle a douze lignes; mais le commencement et la fin des lignes manquent. Il paraît qu'elle est relative à la construction d'une synagogue. On y trouve aussi des débris de statues, des fragments de sculptures encastrés dans les murs d'enceinte; un aqueduc romain; les vestiges d'un amphithéâtre, etc. A l'angle d'une maison occupée par un chapelier, on voit une statue informe, dite de Pépézul, qu'on dit être celle d'un soldat qui défendit, dit-on, la ville du temps des Romains, et la sauva de la destruction.

L'ancienne CATHÉDRALE SAINT-NAZAIRE, au bord du plateau sur lequel la ville est bâtie, est d'architecture gothique, mais régulière. La nef est vaste et belle; le chœur présente une demi-rotonde très-élégante, entourée de colonnes de marbre rouge. Les vitraux des croisées sont fort remarquables. Le clocher, très-élevé, avec des tours rondes, est couvert d'ornements. — Une ingénieuse machine à vapeur, inventée il y a peu d'années par M. Cordier, mécanicien de Béziers, fait monter l'eau de la rivière d'Orb à 40 mètres environ dans un réservoir placé sur la terrasse de l'église, pour la répandre ensuite dans les quartiers de la ville. — L'ancien ÉVÊCHÉ, placé à côté de l'église, et occupé aujourd'hui par la sous-préfecture et les tribunaux, est un immense bâtiment d'où l'on jouit d'une vue magnifique. — L'ÉGLISE DE SAINT-APHRODISE est en grande vénération parmi le peuple biterrois, qui croit que ce saint arriva dans la ville monté sur un chameau. Cette légende donna naissance à une cérémonie où le chameau de saint Aphrodise était promené processionnellement dans les rues de Béziers, le jour de la fête de ce saint. La première révolution mit fin à cet antique usage. — L'ÉGLISE SAINTE-MADELEINE mérite aussi d'être visitée. — Béziers possède une BIBLIOTHÈQUE PUBLIQUE, établie par les jésuites en 1637, et enrichie des livres légués par M. Bausset de Roquefort, évêque du diocèse. On y compte environ 5,000 volumes. — On remarque encore la halle, les casernes, les promenades, surtout celle qui s'étend jusqu'à la jonction de l'Orb et du canal des Deux-Mers. — On doit visiter, dans les environs de Béziers, la digue mobile pour retenir les eaux de l'Orb pendant que les barques du canal traversent cette rivière; la percée de Mal-Pas et le canal du Midi.

PATRIE de Barbeyrac, de Riquet, de Pellisson-Fontanier, de Dortous-de-Mairan, de Demairon, du comte Gayon; de l'abbé de Margon, du compositeur Gaveaux, de l'historien Andogue, de M. Viennet. — FABRIQUES de draps, bas de soie, gants, amidon, eaux-de-vie, esprits, liqueurs, confitures, verdet; filatures de soie; verreries; papeteries; savonneries; tanneries. — COMMERCE de vert-de-gris, fers, laines, grains, vins rouges et blancs, vins muscats, eaux-de-vie, esprits, huile, salicot, soude, amandes, noisettes, fruits et autres productions du sol. — A 775 kil. (199 l.) de Paris, 20 kil. (5 l.) de Narbonne, 58 kil. (15 l.) de Montpellier. — HÔTELS de la Croix-Blanche, du Nord, des Postes, du Midi.

VOITURES PUBLIQUES. Tous les jours pour Montpellier, Toulouse, Bédarieux, Mèze,

Castres et Agde. — Bateau-poste tous les jours pour Agde, pour Toulouse, et de là pour Bordeaux par la Garonne.

BUT D'EXCURSION: à *Agde*, par le canal, sur lequel on voit deux ouvrages remarquables: 1° le passage du *Torrent du Libron*, qui pendant les crues s'opère au moyen d'une barque pontée qui sert de lit à ce torrent; 2° l'*Écluse ronde*, magnifique bassin circulaire où les barques entrent et sortent par trois portes de 7 mètres de largeur.

NISSAN (*Hérault*). Bourg à 8 kil. (2 l.) de Béziers. 1,537 hab. ☞ Carrières de pierres à bâtir. — C'est près de ce bourg que se trouve la montagne percée de Mal-Pas.

NARBONNE (*Aude*). Très-ancienne ville. Sous-préfecture. Tribunal de 1re inst. et de comm. École d'hydr. de 4e classe. ⊠ ☞ 11,706 hab. Narbonne est l'une des plus anciennes villes des Gaules, et la première colonie que les Romains fondèrent au delà des Alpes, l'an de Rome 636. Dès son origine, c'était non-seulement une ville considérable, mais un boulevard de l'empire romain contre les nations voisines qui n'étaient pas encore soumises. La ville de Narbonne est située à 9 kil. (2 l.) de la mer, dans une très-belle plaine entourée de montagnes peu élevées, sur la route de Paris en Espagne, et à l'embranchement de celle de Montpellier à Toulouse. On y entre par quatre portes. Les remparts qui l'environnent, élevés sous François Ier, sont couverts de bas-reliefs et d'inscriptions romaines très-remarquables, seuls témoins de l'ancienne splendeur de cette ville. Après avoir admiré l'entrée principale, le voyageur est un peu désenchanté en parcourant des rues tortueuses, obscures, bordées de maisons généralement mal bâties. Le canal de la Robine divise la ville en deux parties, désignées sous le nom de Cité et de Bourg. L'esplanade, connue sous le nom de Plan-des-Barques, située au centre de la ville, offre une promenade assez agréable. Il existe encore plusieurs promenades situées aux portes de la ville et sur le bord du canal de la Robine; une d'elles surtout, qui porte le nom d'Allée-des-Soupirs, offre une promenade charmante; au reste, de quelque côté que l'on dirige ses pas, l'on croit toujours se trouver dans un jardin magnifique. — Les monuments les plus remarquables sont:

LA CATHÉDRALE, sous l'invocation de saint Just et de saint Pasteur: c'est un édifice des plus remarquables par la hauteur de sa voûte et la hardiesse de sa construction. Il n'y a de bien entier que le chœur, mais c'est sans contredit un des plus beaux édifices gothiques que l'Europe possède, par la pureté du style de l'architecture, et par la richesse et la profusion des ornements; les voûtes ont dans œuvre 40 mètres d'élévation: la légèreté et la grâce des piliers, la multiplicité et le luxe des vitraux, la solidité et la hardiesse d'exécution des travaux extérieurs, tout concourt à rendre cet édifice très-remarquable; aussi les connaisseurs de tous les pays le considèrent-ils avec autant d'intérêt que de curiosité; il est, dans l'état actuel, le quart de ce qu'il devait être dans son plan primitif. L'ensemble de ce monument annonce le beau temps de l'architecture gothique; cependant les deux tours qui le surmontent manquent un peu de légèreté, et n'offrent pas ces découpures élégantes que l'on admire sur la plupart des tours gothiques de la même époque, et que l'on remarque même dans plusieurs parties de l'édifice, dont la fondation fut commencée le 13 avril 1272. La construction du chœur, celle des chapelles et les deux grandes tours ne furent achevées qu'en 1332; mais la nef ne fut point bâtie. L'édifice resta ainsi imparfait jusqu'au commencement du dix-septième siècle, époque où un évêque de Narbonne, nommé Ex. la Berchère, résolut de le continuer: il posa la première pierre de la nef le 13 avril 1708. Quelque temps après, l'argent manqua, et le travail fut suspendu. En 1772, M. de Beauveau, archevêque, essaya de le continuer, et ne fut pas plus heureux. Enfin, depuis 1840, les travaux d'achèvement, d'après le plan habilement modifié par M. Violet Leduc, architecte, se poursuivent avec activité, grâce au zèle du conseil de fabrique de cette église, et au concours du gouvernement. — Les orgues sont admirables par leur grandeur et leur élégance. — Dans une chapelle latérale, s'élève un mausolée surmonté d'une belle statue en marbre blanc, portant l'armure en usage au quinzième siècle; elle représente un guerrier nommé de Lasbordes. — En sortant de l'église par la porte qui conduit au cloitre, on admire une magnifique sculpture d'un seul bloc en marbre blanc, dans le style du moyen âge, représentant l'assomption de la Vierge : cette œuvre, qui a peu souffert du temps, est digne d'attention.

L'ÉGLISE SAINT-PAUL est un édifice assez vaste, massif et de très-mauvais goût. Quelques-unes de ses parties sont très-anciennes, et peuvent être rapportées à la fin du sixième ou au commencement du septième siècle. On y remarque des sculptures bizarres, qui représentent pour la plupart des objets que l'on ne devait pas s'attendre de trouver dans un temple destiné au culte catholique.

L'ÉGLISE DES CARMÉLITES ou SAINT-SÉBASTIEN est un édifice peu remarquable, construit en grande partie avec les débris de l'ancien capitole.

LE PALAIS DE L'ARCHEVÊCHÉ. Ce palais, qui ressemble plutôt à une forteresse qu'à la maison d'un ministre de paix, est appuyé à une grande tour de forme carrée, construite dans le moyen âge, et située au centre de la ville, dont elle domine presque tous les édifices. Cette tour a acquis une teinte jaune antique, qui fait la beauté des anciens édifices et leur donne un caractère sévère, grand et majestueux. C'est dans ce palais que Louis XIII signa l'ordre de livrer de Thou et Cinq-Mars au jugement d'une commission.

LE MUSÉE ET LA BIBLIOTHÈQUE PUBLIQUE sont situés dans le jardin et les appartements supérieurs de l'archevêché. Parmi les riches sculptures et inscriptions que possède le musée, on voit un marbre blanc à deux faces bien conservé, qui faisait partie d'un autel votif élevé par les Narbonnais en l'honneur d'Auguste, et une pièce en marbre blanc représentant deux aigles qui retiennent par le bec une draperie : cette belle sculpture, que le temps a divisée en deux fragments, formait une frise du temple de Jupiter Tonnant. — A droite de l'archevêché, vis-à-vis la porte d'entrée, est une ancienne petite église de Sainte-Marie-Madeleine; dans un passage obscur, on y remarque une très-belle porte byzantine en marbre blanc des Pyrénées, composée de quatre colonnes torses et cannelées, supportant un archivolte orné de motifs grecs et gothiques, en bel état de conservation.

On remarque encore à Narbonne trois hospices ; l'ancien séminaire, disposé pour le casernement des troupes; le cloitre de Saint-Bernard, construit sur les ruines de l'ancien capitole, également converti en une vaste caserne; une salle de spectacle, petite, mais très-bien décorée; et quelques maisons possédant des restes d'antiquités, tels que des bas-reliefs, inscriptions, etc.

PATRIE de l'empereur Carus, de Publius Terentius Varro, de saint Sébastien, du général républicain Mirabel, de Cailhava, de M. Barthe, etc.

INDUSTRIE. Nombreuses fabriques de vert-de-gris, de toiles communes, de bonnets de laine grise ; distilleries d'eaux-de-vie, tanneries, teintureries; nombreuses tuileries, briqueteries, etc. — COMMERCE de blé, légumes secs, vins rouges et blancs, eau-de-vie, huile, cire, sel, salicor, salpêtre, miel excellent dit de Narbonne, qui se recueille dans l'arrondissement. A 55 kil. (14 l.) de Carcassonne, 801 kil. (205 l. 1/2) de Paris. — HÔTELS de la Dorade, de France, du Lion d'Or.

VOITURES PUBLIQUES. Tous les jours pour Carcassonne, Toulouse, Perpignan, Montpellier, Nimes; malle-poste pour Toulouse et Marseille.

BUTS D'EXCURSIONS : à la *Voûte de Mai-Pas*, que traverse le canal du Midi. (*Voy.* ce mot, page 91); à l'*Abbaye de Fontfroide*, sur la route des Corbières, 12 kil. S. O. de Narbonne; sur la même route, 4 kil. plus loin, on aperçoit, se dessinant sur l'azur, l'ancien *Château de Saint-Martin*, bâti sur une roche très-élevée ; aux *Cavernes de Bize*, à 20 kil. N. N. O. de Narbonne. Ces cavernes, formées de plusieurs excavations communiquant les unes aux autres par divers boyaux, renferment des ossements fossiles ; au *mont Laurès*, à 4 kil. N. O. de Narbonne. Il donne naissance à une source d'eau très-vive intarissable, appelée *Mayral*, qui se jette dans le canal de la Robine, aux portes de Narbonne. Le mont Laurès, dont les fondements voûtés servent de bassin naturel à cette source, est voisin d'un terrain miné par les eaux, et si mouvant, qu'il serait dangereux d'arriver à la montagne par ce côté; des bœufs, des chiens, des moutons, attirés par la fraîcheur de la végétation, ont disparu dans le gouffre. — L'empereur Auguste avait fait bâtir une maison de campagne, dont on voit encore quelques faibles restes, sur le mont Laurès. C'est là aussi que, sous la domination romaine, était établie une manufacture de pourpre.

OUVRAGE A CONSULTER, qui se trouve à la librairie de Caillard à Narbonne. *Histoire nationale des communes de France* (description du département de l'Aude), par Girault de Saint-Fargeau, Tournal fils et Berthomieu, in-8°, fig., 1829.

BIZANET (*Aude*). Village à 14 kil. (3 l. 1/2) de Narbonne. 800 hab.— L'ancienne ABBAYE DE FONTFROIDE, fondée vers 1180, est une dépendance de cette commune. Sa position dans un vallon très-agréable, au milieu de hautes montagnes couvertes de forêts de pins, et entourée de jardins magnifiques, devait en faire un séjour délicieux. Aujourd'hui cet édifice fait partie d'un domaine assez considérable qui appartient aux hospices de Narbonne. L'église est assez bien conservée.

GRASSE (la) (*Aude*). Petite ville, à 34 kil. (8 l. 3/4) de Carcassonne. ⊠ 1,327 hab. Elle doit son origine à une abbaye fondée avant le huitième siècle dans un vallon désert arrosé par l'Orbiel, et environné de rochers escarpés. Les bâtiments de ce monastère, reconstruits ou réparés à différentes époques, ont été conservés, et sont encore aujourd'hui en bon état. La partie moderne de l'abbaye peut être comparée, pour l'élégance de son architecture, aux plus beaux édifices de la capitale; l'église renferme plusieurs tableaux estimés de l'Espagnolet, représentant les sacrements. — FABRIQUES de cuirs. Moulins à huile et à foulon. Mines de fer importantes qui alimentent plusieurs forges.

CAPENDU (*Aude*). Village à 18 kil. (4 l. 1/2) de Carcassonne. ⊠ 739 hab. Il est bâti dans une belle situation, au pied du mont Alaric, près de la rive gauche de l'Aude, dont les bords plantés de belles saussaies présentent un aspect magnifique. — On y voit les restes d'un ancien château qui, avec les ruines d'une église placée sur un rocher escarpé au centre du village, lui donnent un aspect pittoresque.

TRÈBES (*Aude*). Petite ville, située sur l'Aude, que l'on passe sur un beau pont, au confluent de l'Orbiel, qui traverse le canal du Midi sous un pont-aqueduc, à 8 k. (2 l.) de Carcassonne. 1,607 hab. — Entrepôt et exploitation de bois de charpente; moulin à plâtre; nombreuses briqueteries. Distilleries d'eau-de-vie, miroiteries. Chantier de construction pour les barques du canal.

CARCASSONNE. Ancienne, grande et très-belle ville. Chef-lieu du département de l'Aude et de deux cantons. Trib. de 1re inst. et de commerce. Évêché. Société d'agr. ⊠ ☛ 17,394 hab.

L'origine de Carcassonne se perd dans la nuit des temps. Plusieurs auteurs lui donnent les noms de *Carcasum*, *Carcaso*, *Carcassona*, dont aucun n'indique l'origine. On sait seulement que les *Volcæ Tectosages* furent ses premiers habitants. — Cette ville est dans une très-belle position, au milieu d'un pays riche et fertile, arrosé par l'Aude, par plusieurs autres rivières, et traversé par le canal du Midi. La ville basse, entièrement circonscrite par une muraille assez élevée, est régulièrement bâtie; les rues sont larges, bien alignées, d'une propreté extrême, rafraîchies par des ruisseaux d'eau courante, et ornées de nombreuses fontaines. Toutes les rues se croisent à angle droit, de telle sorte que dans quelque point de la ville que l'on se trouve, on aperçoit toujours les boulevards extérieurs. Les maisons sont en général élégantes, commodes et bien bâties; on y remarque plusieurs magasins de fort bon goût, des hôtels construits et décorés avec luxe. La place publique est plantée de deux allées de beaux arbres; elle est vaste, et forme un carré long: une très-jolie fontaine en marbre blanc représentant Neptune sur son char, traîné par quatre chevaux marins, contribue beaucoup à l'embellir. Aux quatre angles sont des

N° 13. ROUTE DE PARIS A AVIGNON.

borne-fontaines dont la simplicité contraste avec l'élégance de la fontaine principale. Les promenades qui entourent la ville et forment les boulevards extérieurs sont d'autant plus agréables que leur situation permet aux habitants d'en jouir tous les jours, sans avoir l'inconvénient d'y ressentir les vents furieux qui désolent le pays. On change de promenade selon le vent régnant; et comme elles se prolongent dans tout le pourtour de la ville, une portion est toujours abritée. Les nouvelles allées que l'on a plantées sur les bords du canal, et au milieu desquelles s'élève une belle colonne de marbre rouge, érigée en l'honneur de Riquet, créateur du canal des Deux-Mers, formeront un jour une promenade magnifique. Le bassin du canal d'un côté, le pont qui conduit à la route du Minervois, à celle d'Albi, à Mont-Louis, et la route royale de Narbonne à Toulouse de l'autre, bornent cette esplanade entourée de haies vives et arrosée par deux fontaines en marbre du meilleur goût. Elles ont la forme d'une grande coupe à bords renversés, supportée sur un pied délié, et d'où l'eau s'écoule en nappe; il est seulement fâcheux que l'eau n'y soit pas assez abondante. — A une petite distance de ces allées est le beau pont-aqueduc de Fresquel, remarquable par sa majestueuse architecture et par sa largeur considérable. — La beauté de la ville basse, dont nous venons de donner une faible idée, contraste singulièrement avec la ville haute, qui est l'ancienne cité, et avec les deux faubourgs connus sous les noms de Barbe-Canne et de Trivalle. La cité, bâtie sur une petite élévation, n'offre plus maintenant que de vieilles murailles et quelques édifices à demi ruinés; on y trouve une caserne et plusieurs maisons appartenant à des familles pauvres. C'est là que se trouve l'ancienne cathédrale de Saint-Nazaire, qui serait depuis longtemps oubliée si elle ne renfermait la tombe de Simon de Montfort. — Les principaux édifices et établissements publics de Carcassonne sont:

La BIBLIOTHÈQUE, composée d'environ 6,000 volumes; la MAISON D'ARRÊT, située sur une des promenades de la ville; les HOSPICES; le THÉATRE, situé à côté d'une porte de la ville; la CATHÉDRALE; l'ÉGLISE DE SAINT-VINCENT; l'ÉGLISE DE SAINT-NAZAIRE, composée de deux parties bien distinctes appartenant à des genres d'architecture différents : la nef, qui date de la fin du onzième siècle, offre un modèle élégant de l'architecture romaine; le chœur présente les formes gracieuses et légères de l'architecture gothique, au temps de sa plus grande splendeur. Cette église est décorée de vitraux assez bien conservés, dont quelques-uns sont fort remarquables.

PATRIE de Fabre d'Églantine; de Gamelin, peintre distingué.

MANUFACTURES importantes de draps, dont les produits s'expédient pour le Levant et les Indes. Fabriques de couvertures de laine, molletons, bas, toiles, savons. Teintureries; superbe établissement hydraulique de filature de laine; distilleries d'eaux-de-vie; tanneries; papeteries; clouteries. — COMMERCE considérable en vins, grains, farine, fruits, épiceries, cuirs, fer, quincaillerie, draps, etc. — A 90 kil. (23 l. 1/2) de Toulouse, 60 kil. (15 l. 1/2) de Narbonne, 752 kil. (193 l.) de Paris. — HÔTELS Bonnet, de l'Ange, de Saint-Pierre, de Saint-Jean-Baptiste.

VOITURES PUBLIQUES. Tous les jours pour Nimes; Lesignan, Narbonne, Béziers, Pézénas, Montpellier, Lunel, Toulouse, Castelnaudary, Villefranche, Perpignan, Limoux. —Bateau-poste tous les jours pour Toulouse et Béziers.

OUVRAGES A CONSULTER, qui se trouvent à la librairie de Lajoux à Carcassonne :
Antiquités de Carcassonne, par Besse, in-4°, 1648.
Essai sur le département de l'Aude, par M. de Barante, an IX.
Histoire de Carcassonne, par Vigueric.
Description générale et statistique du département de l'Aude, par M. Trouvé, 2 vol. in-4°, 1818.
Histoire nationale (description du département de l'Aude), par Girault de Saint-Fargeau, Tournal fils et Berthomieu, in-8°, 1829.

FANJEAUX (*Aude*). Petite ville à 22 kil. (5 l. 3/4) de Castelnaudary. 1,853 hab. — Elle est bâtie sur les ruines d'un ancien fort qui renfermait dans son enceinte un temple consacré à Jupiter. Aux environs, on remarque un aqueduc taillé dans le roc, qui conduit à l'entrée de la ville les eaux d'une source limpide.

CASTELNAUDARY (*Aude*). Ville ancienne. Sous-préfecture. Tribunal de de Ire inst. et de comm. Bourse de comm. Soc. d'agric. Soc. philotechnique. Collége comm. ⌥ ⚓ 9,853 hab. Elle est bâtie en amphithéâtre sur une petite éminence, au pied de laquelle coule le canal du Midi. Au sud, le canal forme un superbe bassin de 1200 mètres de tour, bordé de beaux quais, de chantiers et de magasins qui donnent à cette ville l'aspect d'un port de commerce. La promenade publique domine le bassin ; on y jouit d'une belle vue, qui plonge sur une plaine vaste et fertile et s'étend jusqu'aux Pyrénées. — L'intérieur de Castelnaudary est peu remarquable ; les rues sont en général mal percées et les maisons mal construites ; il existe peu d'édifices qui méritent d'être visités, si ce n'est l'église de Saint-Michel, qui est très-belle, bien décorée. On y voit un tableau de Rivals fort estimé, et le tombeau du général Andréossy. L'hôpital général, fondé il y a environ quatre siècles, et doté, en 1774, de 500,000 francs, provenant de la succession de M. de Langle, évêque de Saint-Papoul, est un bel établissement, situé hors de l'enceinte de la ville. — FABRIQUES de faïence ; distilleries ; moulins à farine ; fabriques de draps grossiers. — COMMERCE de bois de construction, fers, cuirs, blés, farine, etc. — PATRIE des généraux Dejean et Andréossy ; de M. Soumet. — A 35 kil. (9 l.) de Carcassonne, 731 kil. (187 l. 1/2) de Paris. — HÔTELS de la Flèche, de Notre-Dame.
VOITURES PUBLIQUES. Tous les jours pour Toulouse et Carcassonne.

VILLEFRANCHE-DE-LAURAGUAIS (*Hte-Garonne*). Petite ville. Sous-préfect. Trib de Ire inst. Soc. d'agric. ✉ ⚓ 2,652 hab. Elle est située dans une vaste plaine renommée pour sa fertilité, sur le Lers et le canal du Midi, généralement bien bâtie en briques, et formée principalement d'une rue très-longue que traverse la grande route. — FABRIQUES de toiles à voiles, bonneterie, couvertures de laine, poterie de terre. Tanneries. Aux environs (6 kil. S.), fabrique de sucre de betterave. — COMMERCE de grains, maïs, chanvre, toiles, etc. — A 35 kil. (9 l.) de Toulouse, 760 kil. (190 l.) de Paris.

CASTANET (*Hte-Garonne*). Joli bourg situé près du canal du Midi, à 8 k. (2 l.) de Toulouse. ⚓ 1,064 hab. C'est un bourg fort agréable, embelli et animé par le voisinage du canal ; il est surtout remarquable par l'abondant territoire qui l'entoure, et par la prospérité générale qui règne dans ses habitations, toutes propres et généralement bien bâties.

TOULOUSE. Voy. N° 138, Route de Paris à Toulouse.

2e R., par CASTRES, 35 myr. 3 kil.

	m. k.
D'AVIGNON à * BÉZIERS ⚓ (Voy. page 79).........	18,1
* CAPESTANG (à gauche de la route).	
* MURVIEL (à droite de la route).	
BÉZIERS à * SAINT-CHINIAN ⚓.................	2,7
* MINERVE (à gauche de la route).	
* BIZE (à gauche de la route).	
SAINT-CHINIAN à * SAINT-PONS ⚓.............	2,3
SAINT-PONS à * SAINT-AMANS LA BASTIDE ⚓......	2,5
SAINT-AMANS LA BASTIDE à CASTRES (Tarn) ⚓....	2,7
CASTRES à * PUY-LAURENS ⚓.................	2,1
PUY-LAURENS à * SAUSSENS ⚓...............	2,5
SAUSSENS à * TOULOUSE ⚓..................	2,4

CAPESTANG (*Hérault*). Bourg situé près d'un étang considérable auquel il donne son nom, sur le canal du Midi, à 47 kil. (12 l.) de Béziers. 1,624 hab. Il est ceint de murs ruinés, flanqués de tours également en ruines. On remarque dans l'église quelques sculptures gothiques, et dans l'intérieur du bourg les restes d'un pont romain. — On doit visiter, près de Capestang, un épanchoir à siphon du canal des Deux-Mers : c'est un des principaux détails d'art de ce célèbre ouvrage.

MURVIEL (*Hérault*). Village à 10 kil. (2 l. 1/2) de Béziers. 1,435 hab. Il est bâti sur une élévation qui couronne le riant bassin de la rivière d'Orb, et dominé par un clocher quadrangulaire très-élevé, terminé par une pyramide hexagonale fort aiguë. On y voit les restes d'un ancien château, d'où l'on jouit d'une vue superbe qui s'étend sur la mer et sur l'île Maguelonne.

CHINIAN (SAINT-) (*Hérault*). Petite ville agréablement située dans une belle vallée, sur la Bernasobre. ⊠ 3,270 hab. On admire dans ses environs une montagne couronnée de rochers calcaires, renfermant des grottes remplies de stalactites, et embellie par des cascades magnifiques. — FABRIQUES importantes de draps. Distilleries d'eaux-de-vie, etc.

MINERVE (*Hérault*). Village très-ancien, situé à 16 kil. (4 l.) de Saint-Pons. 300 hab. C'était autrefois la capitale d'un vaste canton détruit par l'exécrable Simon de Montfort, qui y fit brûler vifs 4,000 individus des deux sexes pour le prétendu crime d'hérésie.

Dans le XIIe siècle, Minerve possédait un château situé sur un roc escarpé, environné de précipices qui lui servaient de fossés et en faisaient une des plus fortes places du royaume. Le village était séparé du château, dont il ne reste plus que quelques ruines, par une large et profonde coupure de roc; l'un et l'autre étaient bâtis dans une presqu'île, sur un rocher très-escarpé, au confluent des rivières de Brian et de Cesse, qui coulent entre deux murs de rochers. L'isthme très-étroit de cette presqu'île était défendu par une haute tour dont un angle entier est debout. Les restes de cette tour, les ruines du château, la situation agreste du village, et le lit de la Cesse, qui s'est frayé un passage dans le flanc des montagnes, et dont on peut suivre le cours sous une voûte qui, en quelques endroits, a 120 pieds d'élévation, offrent une suite de tableaux sauvages et pittoresques qui méritent de fixer l'attention.

La grotte de Cesseras ou de Minerve, à cause du voisinage de cette commune, appelée Baume de la Coquille, la troisième du département pour son importance et pour sa beauté, est dans le genre de celle de Saint-Guilhem-le-Désert. L'entrée est au milieu d'un rude escarpement des bords de la rivière de la Cesse. Les stalactites y paraissent souvent comme des flots amoncelés et congelés en sortant par les trous des parois verticales. On y voit une grande coquille ellipsoïde, remplie d'eau, dont les bords sont presque symétriquement contournés, qui a probablement fait donner à cette grotte le nom qu'elle porte. La grotte se compose de galeries et de salles tantôt spacieuses et tantôt étroites, présentant des objets naturels et artificiels de formes plus ou moins exactes. Les rameaux de cette grotte sont plus longs que les galeries de celle de Saint-Guilhem, mais les salles en sont moins vastes : elle est d'ailleurs beaucoup moins riche en stalactites. Le sol et le toit sont de marbre noir.

BIZE (*Aude*). Bourg sur la Cesse, à 22 kil. (5 l. 3/4) de Narbonne. 1,102 hab. C'est sur le territoire de Bize, et à peu de distance de ce bourg, dans une charmante vallée nommée *las Fons*, que se trouvent les cavernes à ossements découvertes il y a quelques années. Ces cavernes, qui doivent être considérées comme l'une des curiosités naturelles les plus intéressantes que la France possède, sont extrêmement grandes : elles offrent tous les accidents bizarres et capricieux que l'on remarque dans les cavités souterraines du même genre.

PONS DE THOMIÈRES (SAINT-) (*Hérault*). Sous-préfecture. Trib. de Ire instance. Société d'agric. Collége comm. ⊠ 6,267 hab. Cette ville est située dans un joli vallon entouré de montagnes, sur la rive droite du Jaur. Ses environs sont frais et pittoresques. L'église, regardée comme une des plus curieuses du département, et la plupart des maisons sont bâties en marbre provenant des carrières environnantes. Le Jaur est alimenté dans la ville même, par une belle source qui forme, sous un rocher élevé, un vaste bassin naturel, d'une profondeur considérable. Devant la source sont deux superbes ormeaux; à droite, une église bâtie du temps de Charlemagne, et fort bien conservée; à gauche, sur la hauteur, une tour gothique : c'est un superbe tableau à copier. — FABRIQUES de draps, bonneterie. Filature de laine. Tanneries. Scieries hydrauliques. Exploitation de carrières de marbre de diverses couleurs. — COMMERCE de grains, légumes et bestiaux. — A 99 kil. (25 l. 1/2) de Montpellier, 66 kil. (17 l.) de Carcassonne, 731 kil. (187 l. 1/2) de Paris. — HÔTEL de la Croix-Blanche.

AMANS LA BASTIDE (SAINT-) (*Tarn*). Bourg sur le Thoré qui le sépare de Saint-Amans-Valtoret, à 25 kil. (6 l. 1/2) de Castres. ⊠ 2,331 hab. — FABRIQUES de bonnets gasquets pour le Levant. Filatures de laine. — PATRIE du maréchal Soult.

⚓ **CASTRES** (*Tarn*). Ville ancienne. Sous-préfect. Trib. de 1re instance et de comm. Chambre consultative des manuf. ⊠ ⚲ 16,418 hab. Cette ville, située dans un bassin agréable, est séparée en deux parties par l'Agout, qui la traverse dans la direction du nord au sud-ouest. La partie sud-est, nommée Villegoudon, communique avec Castres proprement dit par deux ponts de pierre. Castres est entouré de superbes promenades qu'on nomme Lices; Villegoudon a aussi ses promenades, qui consistent en une vaste esplanade formée de cinq belles allées. La place Royale, construite depuis 1830, est magnifique. En général, Castres est une ville assez bien bâtie, formée de rues que l'on aligne tous les jours, où l'on remarque quelques belles constructions. L'hôtel de ville, autrefois palais épiscopal, est un bel édifice construit par J. H. Mansard, dans lequel se trouvent la sous-préfecture et la bibliothèque publique, renfermant environ 7,000 volumes; il tient à un jardin public, distribué sur le même plan que le jardin des Tuileries de Paris.

L'église Saint-Benoît, jadis cathédrale du diocèse, belle de sa voûte élancée, de ses chapelles bien éclairées, manque de façade. On y voit plusieurs beaux tableaux de Rivals, un saint Jean-Baptiste, de Lesueur, une résurrection de Coypel, et quatre statues d'une excellente exécution. L'église Notre-Dame de la Platé possède d'admirables fonts baptismaux en marbre blanc. Castres possède aussi deux beaux hospices, une salle de spectacle, de belles casernes de cavalerie et un bel abattoir construit récemment. — Cette ville est la patrie d'André Dacier, de Rapin de Thoyras, de Sabatier de Castres, de Pélisson, etc., etc. — MANUFACTURES de casimirs et de cuirs de laine, de draps pour l'habillement des troupes, castorines, flanelles, couvertures de laine, etc. Fabriques de toiles, colle-forte, savon noir. Blanchisseries. Teintureries. Tanneries. Papeteries. Forges et fonderies de cuivre. — COMMERCE considérable de draperies, laines, coton, papiers, liqueurs, confitures, etc. — A 39 kil. (10 l.) d'Albi, 627 kil. (161 l.) de Paris. — HÔTELS du Grand-Soleil, du Nord, Sabatier.

EXCURSIONS : au *rocher Tremblant*; à la *côte des Bijoux*, où l'on trouve des pétrifications singulières connues sous le nom de *priapolithes*, et qui méritent en effet ce nom, soit qu'on considère leur forme extérieure assez ressemblante à son analogue, soit qu'on examine aussi l'accord des accessoires.

VOITURES PUBLIQUES. Tous les jours pour Toulouse, Albi, Mazamet, Carcassonne, Béziers.

OUVRAGES A CONSULTER, qui se trouvent à la librairie de Charrières, à Castres :
Les antiquités et raretés de Castres, par Borel, in-8°, 1649.
Traité du comté de Castres, par Defos, in-4°, 1633.

TOULOUSE. Voyez N° 138.

3ᵉ R., par LAVAUR et VERFEIL, 34 myr.

	m. k.
D'AVIGNON à CASTRES ⚲ (Voy. la 1re route)......	26,5
CASTRES (Tarn) à SAINT-PAUL ⚲ (Tarn).........	2,4

SAINT-PAUL (Tarn) à LAVAUR ⌑........ 1,5
| LAVAUR à VERFEIL ⌑....................... 1,5
VERFEIL à TOULOUSE ⌑................... 2,1

N° 14.

R. DE PARIS A BAGNÈRES DE BIGORRE
(HAUTES-PYRÉNÉES).

1re R., par AUCH et CASTELNAU DE MAGNOAC, 77 myr. 1 kil.

                                                               m. k.

De PARIS à * AUCH (Voy. N° 106)............... 67,7
AUCH à * MASSEUBE ⌑........................ 2,6
MASSEUBE à CASTELNAU DE MAGNOAC ⌑....... 1,7
CASTELNAU à LANNEMEZAN ⌑................. 2,5
LANNEMEZAN à L'ESCALDIEU ⌑.............. 1,4
L'ESCALDIEU à * BAGNÈRES DE BIGORRE ⌑..... 1,2
* CAMPAN (route de Bagnères en Espagne).
* ARAGNOUET (route de Bagnères en Espagne).

AUCH. Voyez N° 138, Route de Toulouse à Bayonne.
MASSEUBE (*Gers*). Jolie petite ville, sur la rive gauche du Gers, à 16 kil. (4 l. 1/2) de Mirande. 1,640 hab. Cette ville était autrefois fortifiée, et est encore en grande partie entourée de ses anciennes murailles. Elle est bien bâtie, propre, et formée de larges rues tirées au cordeau, qui aboutissent à une belle place centrale : on y entre par quatre portes. — FABRIQUES de cadis, capes, couvertures. — COMMERCE de mulets pour l'Espagne.
CASTELNAU-MAGNOAC (*Hautes-Pyrénées*). Petite ville à 51 kil. (13 l.) de Bagnères. ⌧ 1,572 hab. On y remarque une belle église paroissiale, et l'hôtel de ville, assez bel édifice supporté par des piliers élevés qui forment une halle. — FABRIQUES d'étoffes de laine.
BAGNÈRES DE BIGORRE (*Hautes-Pyrénées*). Jolie ville. Sous-préfect. Trib. de 1re inst. et de commerce. Collége comm. ⌧ ⌑ 7,586 hab. — Cette ville est située sur la rive gauche de l'Adour, au bas de la colline et du Mont-Olivet. C'est une ville bien bâtie, et si propre qu'on la dirait transportée de Hollande sous un ciel plus digne d'elle. Entourée de collines cultivées, dominée au loin par le pic du Midi et par la chaîne des monts adjacents qui embellissent ses perspectives sans la menacer de leurs ruines, elle offre de tous côtés des points de vue délicieux. Des eaux limpides, sans cesse circulant dans ses vingt-deux rues, la plupart assez spacieuses, entretiennent une fraîcheur à laquelle contribue un doux zéphyr qui souffle continuellement de la vallée et des débouchés des gorges voisines. Bagnères a plusieurs places agréables; ses diverses rues offrent des maisons construites avec goût, presque toutes décorées de pilastres, de corniches, de cordons, d'encadrements de porte et de croisée en marbre : luxe indigène qui coûte peu et qui plaît à la vue. La ville peut loger commodément trois mille étrangers. Les maisons sont agréables, meublées avec élégance et d'une extrême propreté; les habitants sont de mœurs douces et d'une politesse extrême pour les voyageurs.—
Les avantages commerciaux des grandes villes se trouvent à Bagnères; le prix

des aliments y est très-modéré; les objets d'utilité publique ou de luxe y sont très-communs, à cause du grand nombre de négociants qui s'y rendent des différentes villes, et même de la capitale de la France. Ses marchés de toutes les semaines, et ceux qui se tiennent chaque jour pour les comestibles, sont un spectacle curieux et nouveau pour les étrangers : on se plaît à observer la variété des costumes des différents cantons. La beauté de la population n'est pas moins remarquable : on y voit des hommes d'une stature élevée, robustes, vigoureux, dignes enfants des montagnes qu'ils habitent; des femmes d'une fraîcheur admirable. Bagnères offre en outre d'agréables jardins paysagers, des bosquets artistement dessinés, placés comme en demi-cercle sur les pentes des montagnes voisines, une atmosphère pure et de la distraction. Il est environné de sites qu'avaient élus des étrangers célèbres, et qui ont retenu leurs noms; ainsi l'on montre l'élysée Cottin, l'élysée Azaïs. Mais tout s'efface devant la vallée de Campan; et, près de cette Tempé, il ne faut parler que d'elle. Durant trois lieues, depuis Bagnères jusqu'aux premiers escarpements vers Sainte-Marie, l'impression est toujours douce et nouvelle. La route ne forme durant trois lieues qu'un long village. Cet éparpillage des habitations nombreuses sur toute la surface de la vallée, lui donne un air animé qui réjouit et charme. Seulement sur trois points, à Baudéan, Campan et Sainte-Marie, ces habitations sont rapprochées et forment trois bourgs, où un clocher indique que les heureux habitants se rassemblent dans un temple, pour remercier Dieu de leur avoir donné l'existence et un champ dans ce paradis. — Les allées Bourbon, qui parcourent le flanc de la montagne, offrent des arbres d'une végétation extraordinaire. On voit à ses pieds le jardin anglais de Théas, dont la rapidité semble effrayer d'abord les promeneurs; mais les pentes y sont tellement ménagées, les allées y sont tracées avec un art si parfait, qu'on ne songe plus qu'au plaisir de les parcourir. — Le chemin des bains de Salut doit être considéré aussi comme une des plus agréables promenades de Bagnères. Ces bains sont à un demi-quart de lieue de la ville, et la route qui y conduit, tracée sur une pente douce, est ombragée des deux côtés. Les montagnes de droite et de gauche, riches de belles prairies, dominent un étroit et riant vallon : sa fraîcheur est constamment entretenue par un ruisseau qui se trouve dans toute sa longueur. On regretterait d'être arrivé au terme d'une route si gracieuse, si une plantation de superbes tilleuls, qui se voit devant l'établissement des bains, ne captivait de nouveau toute l'attention. Cet édifice est un des plus remarquables de Bagnères, soit à cause du volume de la source qui s'y rend, soit par rapport aux dimensions des cuves de marbre qui en reçoivent les eaux. — La promenade du Coustous, située au centre de la ville, formée de plusieurs rangs d'arbres et entourée d'un parapet en marbre, est l'une des plus agréables et des plus fréquentées de Bagnères. Elle est environnée de belles habitations et bordée par un canal d'eau limpide. — L'ancienne église Saint-Jean, qui appartenait autrefois à l'ordre de Malte, a été transformée en une salle de spectacle.

Bagnères, comme chef-lieu des eaux thermales, par sa situation, par le grand nombre de sources, et par l'importance, soit de ses établissements publics, soit de ses bains particuliers, est le rendez-vous général des étrangers qui, dans les temps favorables, s'y sont trouvés réunis et à demeure en tel nombre, que la population de cette ville était presque doublée.—La découverte des sources thermales remonte à la plus haute antiquité. Ce lieu était très-fréquenté du temps des Romains, qui l'appelaient *Vicus Aquensis :* on y a trouvé des inscriptions et des restes de monuments élevés par ce peuple conquérant en l'honneur des nymphes protectrices des eaux minérales. Depuis cette époque reculée, Bagnères a considérablement gagné sous le rapport de la commodité, de l'élégance et de la salubrité des établissements d'eaux minérales, et des logements que cette ville offre aux étrangers. Elle possède un établissement thermal dont la première pierre fut posée en juillet 1823, et qui porte le nom de Thermes de Marie-Thérèse. On y trouve en outre un hôpital civil dirigé par les dames de Nevers, où les indigents étrangers sont reçus moyennant une rétribution de 1 fr. 10 c. par jour, que payent les bureaux de bienfaisance ou les personnes charitables qui envoient le malade. On ne les admet que pendant la saison des eaux.

THERMES DE MARIE-THÉRÈSE. La façade de cet établissement a une étendue de 63 mètres environ de longueur, sur 9 mètres 70 centimètres d'élévation au-dessus du rez-de-chaussée jusqu'à la corniche. Dans l'intérieur se trouvent distribués les divers cabinets, qui renferment vingt-huit baignoires, quatre douches, un double appareil fumigatoire, avec divers cabinets où sont placés des lits de repos, un bain de vapeur avec ses dépendances, trois buvettes, des chauffoirs, une grande salle de réunion, un salon de lecture, un billard, enfin, tous les accessoires nécessaires aux besoins ou à l'agrément d'un établissement aussi important. Un beau jardin embellit, sur le derrière, cet édifice. Un vestibule situé au centre, et dans lequel on arrive par un large perron, sert d'entrée principale. Là, des chaises à porteurs viennent déposer les malades, et les prendre à leur sortie du bain. Au premier étage existe une vaste salle de réunion, et des deux côtés les corridors des bains, dont les cabinets sont parfaitement clairs et bien aérés; les baignoires sont toutes en marbre.

SOURCE DE LA REINE. Elle est reçue dans un grand bassin environné de belles plantations. L'eau est très-limpide, claire, transparente, sans odeur et d'une saveur fade légèrement astringente.

BAINS DE SALUT. Ce bel et vaste établissement est situé à une distance d'environ 600 mètres de la ville, à l'extrémité d'une belle promenade, au pied de la montagne du Garros. Il renferme une buvette et dix baignoires en marbre, placées dans autant de cabinets. Il est alimenté par trois sources.

BAINS DE LAPEYRIE. Cet établissement, situé sur l'avenue de Salut, contient trois baignoires en marbre, placées dans autant de cabinets, et alimentées par deux sources.

BAINS DU GRAND-PRÉ. Cet établissement, alimenté par une seule source, est situé à l'extrémité de la ville, sur la promenade de Salut; il contient une buvette et quatre baignoires, placées dans autant de cabinets.

BAINS DE SANTÉ. Cet établissement, situé contre le beau jardin de M. le comte du Moret, renferme une buvette et six baignoires en marbre, dont quatre d'une belle dimension, placées dans autant de cabinets, et alimentées par trois sources.

BAINS DE CARRÈRE-LANNES. Cet établissement, situé à l'avenue de Salut, contient une buvette et quatre baignoires en marbre, placées dans autant de cabinets, alimentées par trois sources.

BAINS DE VERSAILLES. Cet établissement, situé près du chemin de Salut, contient quatre baignoires en marbre, placées dans autant de cabinets, et alimentées par deux sources.

BAINS DU PETIT-PRIEUR. Cet établissement, situé sous le perron de l'hôpital civil, renferme deux baignoires en marbre, placées dans deux cabinets, et alimentées par deux sources.

BAINS DE BELLEVUE. Cet établissement est placé dans une situation riante, d'où l'on jouit d'une perspective admirable qui s'étend vers le nord et le levant à des distances fort éloignées. Dix baignoires en marbre et trois douches y sont placées dans des cabinets séparés.

BAINS DE CAZAUX. Cet établissement, situé au pied du mont Olivet, renferme cinq baignoires en marbre, placées dans autant de cabinets, ainsi que des douches, alimentées par trois sources.

BAINS DE THÉAS. Cet établissement est situé au pied du mont Olivet, attenant à un beau jardin anglais. Il contient trois baignoires en marbre, placées dans autant de cabinets, ainsi que deux douches, alimentées par deux sources.

BAINS DE MORAT. Cet établissement, situé dans la ville, renferme deux baignoires en marbre, placées dans deux cabinets, alimentées par deux sources.

BAINS DE LASSERRE. Cet établissement, situé dans l'intérieur de la ville, renferme deux buvettes et quatre baignoires en marbre, placées dans autant de cabinets et alimentées par trois sources.

BAINS DE PINAC. Cet établissement, situé dans l'intérieur de la ville, renferme deux buvettes et six baignoires en marbre, placées dans autant de cabinets. Il est alimenté par six sources, dont une sulfureuse et deux ferrugineuses.

BAINS DE LA GUTIÈRE. Ce magnifique établissement, situé dans la ville, renferme six baignoires en marbre, des douches de toute espèce, placées dans autant de cabinets, ainsi qu'un appareil fumigatoire. Il est alimenté par trois sources.

FONTAINE DE SALIES. Cette source est la plus abondante de Bagnères; elle n'est utilisée dans aucun établissement thermal : on s'en sert en gargarismes avec quelque avantage contre la paralysie de la langue

FONTAINE FERRUGINEUSE D'ANGOULÊME. Elle est située au sud-ouest de la ville, dans un ravin descendant d'une montagne communale, à une hauteur d'environ 150 m. au-dessus du niveau de Bagnères. L'eau de cette source n'a point d'odeur; elle est claire, limpide, transparente, douce au toucher; son goût est éminemment métallique, mais cette impression désagréable est bientôt remplacée par une saveur légèrement styptique et fraîche.

FONTAINE FERRUGINEUSE DES DEMOISELLES CARRÈRE. Cette fontaine est située entre le Redat et le mont Olivet. La source contient les mêmes principes que la fontaine d'Angoulême, et l'expérience a prouvé qu'elle possède les mêmes propriétés.

SOURCE SULFUREUSE DE LABASSÈRE. Cette source est située près de la rive gauche de Loussonet, isolée de toute habitation, et à 8 kil. (2 lieues) de distance de Bagnères.

SAISON DES EAUX. La saison commence à Bagnères au mois de mai, et se termine à la fin d'octobre. Cinq à six mille étrangers fréquentent Bagnères pendant la saison des eaux. Sur ce nombre, on peut compter un tiers de malades.

PROPRIÉTÉS MÉDICINALES. « Les eaux de Bagnères de Bigorre, dit M. Alibert, agissent, comme toutes les eaux salines thermales, en excitant dans l'économie animale des mouvements qui deviennent salutairement perturbateurs, en imprimant une marche aiguë à des affections qui se perpétuent au détriment des individus qui en sont atteints. On les conseille surtout aux hypocondriaques, aux personnes qui seraient travaillées par une mélancolie suicide. C'est là que doivent se guérir toutes ces maladies ventrales, toutes ces irrégularités dans les fonctions des entrailles qui attaquent si souvent les gens de lettres, les jurisconsultes, et tous les hommes livrés à des professions sédentaires. C'est là qu'il faut amener les femmes affaiblies par des couches réitérées et par les soins laborieux du ménage, celles qui sont épuisées par les flux immodérés, même par des peines morales. Les guerriers peuvent pareillement s'y rendre pour y cicatriser d'anciennes blessures...... » — A 750 kil. (192 l. 1/2) de Paris.

INDICATIONS UTILES AUX ÉTRANGERS.

Les étrangers trouvent facilement à se loger dans des maisons particulières, qui sont, en général, propres et commodes, toujours meublées avec élégance et simplicité, quelquefois même avec luxe.

HÔTELS, RESTAURANTS, TRAITEURS. Frascati (grand hôtel de), rue de ce

N° 14. ROUTE DE PARIS A BAGNERES DE BIGORRE.

nom; Hôtel de France, tenu par Uzac, à côté du collége; Hôtel du Grand-Soleil, tenu par Arnauné, place la Fayette; Hôtel de l'Europe, tenu par Lafargue, rue de la Comédie ; Hôtel du Bon-Pasteur, tenu par Uzac jeune, rue des Caoutérès ; Hôtel du Commerce, tenu par Huvé, place la Fayette (restaurant à la carte) ; Hôtel de la Couronne, tenu par Losbennes, rue aux Herbes; Hôtel de la Paix, tenu par Salles, vis-à-vis la promenade des Coustous ; restaurant à la carte, promenade des Coustous, tenu par Louis Zède.

POSTE AUX LETTRES. Arrivée du courrier, tous les jours, entre dix et onze heures du soir; les lettres sont distribuées le lendemain matin, vers sept heures. Départ du courrier à midi ; dernière levée à 11 heures 1/2.

VOITURES PUBLIQUES. Départ quatre fois par jour pour Tarbes, de 7 à 8 et de 10 à 11 h. du matin, et de 4 à 5 et de 6 à 7 h. du soir ; retour de Tarbes deux fois par jour. — Tous les jours, pendant la saison des eaux, voitures pour Baréges, Saint-Sauveur, Cauterets, Bagnères de Luchon et Pau.— Service en poste tous les deux jours de Bagnères à Pau.—Départ trois fois par jour de Bagnères pour Toulouse : par Trie, à midi; par Auch, à 3 heures ; par Saint-Gaudens, à 4 heures. — Tous les jours, départ pour Bordeaux, par Auch, Condom et Marmande : trajet en 32 heures. — Voiture pour Grip tous les jours à 7 heures du matin; prix : 4 fr. pour aller et retour.

CHEVAUX ET VOITURES DE LOUAGE, etc. On trouve, dans plus de trente endroits différents, des chevaux et des voitures pour la promenade; des ânesses avec selles à l'anglaise ou à fauteuil; des chaises à porteurs fermées, ou seulement recouvertes d'un petit ciel en étoffe pour préserver du soleil.

BUTS D'EXCURSIONS. 1° Promenades aux allées de *Maintenon* ; à *Ricunel* ; à la fontaine *Ferrugineuse* ; aux hauteurs de *Chipolou*, au-dessus de la fontaine Ferrugineuse ; aux jolies fermes de *Mentilo* et de *Monto*, promenade ravissante ; — 2° à *Campan* et à sa grotte (8 kil.); — 3° à *Grip* (12 kil.); — 4° à la *Penne de l'Héris*; — 5° à l'*Élysée-Cottin* ; — 6° à la vallée de *Tribous*; — 7° aux cabanes d'*Ordinsède*;— 8° à la serre de *Pouzac* et à celle d'*Ordizan*; — 9° à *Medous*; — 10° à la vallée de l'*Esponne*;— 11° à l'abbaye de *Lescaladieu*;—12° à *Baréges*, par la montagne.

OUVRAGES A CONSULTER, qui se trouvent à la librairie de Dossun, à Bagnères de Bigorre :
Voyage pittoresque et sentimental à Bagnères-Adour, par Albaniac, in-12, 1818.
Guide du voyageur aux bains de Bagnères, Baréges, etc., par J., in-12, 1819.
Bagnères de Bigorre et ses environs, par Pambrun, in-8°.
Recherches sur les propriétés physiques, chimiques et médicinales des eaux minérales de Bagnères de Bigorre, par Ganderax, in-8°, 1827.
Voy. aussi la nomenclature des ouvrages cités à la fin de l'article TARBES, N° 18, Route de Paris à Barèges.

CAMPAN (*Hautes-Pyrénées*). Joli bourg, situé sur la rive gauche de l'Adour, à 24 kil. (6 l.) de Bagnères. ⚐ 4,171 hab. Ce bourg, chef-lieu de la riche vallée de son nom, a toute l'apparence d'une petite ville, par l'élégance et la propreté des habitations, presque toutes construites en marbre provenant des carrières environnantes. Une de ses rues s'étend le long de l'Adour, l'autre borde la route de Bagnères de Bigorre. La place publique est ornée d'une belle fontaine, dont les eaux sont reçues dans des bassins en marbre vert. — La vallée de Campan est une des plus riches et des plus fertiles du département. Ses heureux habitants vivent dans une douce aisance, que leur procure la culture de leurs petits domaines : chaque Campanais a son champ, son troupeau, son verger, et possède en réalité tout ce qui peut contribuer à l'embellissement et au bonheur de la vie champêtre. L'abondance des eaux, la fraîcheur des prairies, la beauté des retraites, en font un des plus délicieux séjours que l'on puisse imaginer. La montagne féconde située sur la rive gauche de l'Adour, et qui s'étend d'un bout de la gorge à l'autre, est couverte d'étage en étage de diverses moissons, de riantes métairies dont chacune a son jardin, sa fontaine, où l'on puise sans corde et sans effort les eaux nécessaires pour arroser les légumes naissants, les fleurs nouvellement écloses : au-dessus sont des bosquets; la cime est couronnée de sapins. L'Adour, périodiquement gonflé par la chute des neiges et le tribut des fontaines, poursuit sa marche triomphante entre les deux rangs de montagnes parallèles dont il réfléchit les gazons et les rochers, respectant les moissons et baignant sans dommage la cabane du pauvre et les

5.

maisons des riches, qui vont toujours en s'augmentant et s'embellissant jusqu'à Bagnères. — On ne peut résister aux impressions ravissantes qu'on éprouve en traversant cette belle vallée, qui présente une des plus délicieuses retraites de la vie pastorale. Quel riant tableau! la plus féconde imagination ne saurait rien y ajouter; en aucun lieu du globe on ne rencontre cette variété d'objets enchanteurs, ces molles ondulations du sol, partagé en prairies que des ruisseaux arrosent dans tous les sens; ces habitations si propres, si riantes, qu'ombragent des bouquets d'arbres; ces nombreux troupeaux, ces heureux bergers; ces méandres fleuris de l'Adour; ces douces collines d'où jaillissent de toutes parts des sources qui serpentent en ruisseaux, qui tombent en cascades; ces grottes que les torrents ont creusées dans le marbre; et pour servir de cadre à ce magnifique tableau, cette fière enceinte de rocs accumulés, du milieu desquels s'élève le formidable pic du Midi, suspendu sur cette paisible vallée. — On trouve dans la vallée de Campan, sur la rive droite de l'Adour, une grotte remarquable par les belles cristallisations dont elle est tapissée. On y descend par une ouverture circulaire assez étroite, et à l'aide d'une échelle de deux mètres. Sa longueur est d'environ trois cents pas; la profonde obscurité qui y règne oblige de faire usage de flambeaux pour la parcourir; la voûte a depuis 6 jusqu'à 24 pieds d'élévation. Au fond, la grotte s'élargit; elle s'élève, et laisse apercevoir une immense stalagmite que la vanité a couverte de nombreuses inscriptions, de noms et de dates diverses. — Au-dessus du bassin de Paillolle est la célèbre marbrière de Campan, dont les produits sont d'une beauté remarquable. Le marbre de Campan est vert panaché, avec des taches et des veines blanches, grises et rouges. — FABRIQUES d'étoffes de laine. Papeterie. Exploitation des carrières de marbre. — COMMERCE d'excellent beurre.

ARAGNOUET (*Hautes-Pyrénées*). Village situé sur un petit plateau, près de la Neste d'Aure, à 31 kil. (8 l.) de Bagnères. 600 hab.

A une demi-lieue de ce village, on voit un de ces spectacles qui n'appartiennent qu'aux régions montagneuses. Une rivière se précipite avec fracas d'une élévation de plus de 900 pieds; c'est la cascade de Couplan : les eaux blanchissantes de cette cascade, l'aurore diaprée et mobile qui l'accompagne, le sombre feuillage des sapins, la fraîche verdure des plantes et des arbustes voisins, l'aspect sauvage de tous les objets environnants, concourent à répandre un charme inexprimable sur cette belle scène.

2ᵉ Route, par TARBES, 76 myr. 3 kil.

m, k.
De PARIS à TARBES (Voy. N° 106).............. 74,2
TARBES à BAGNÈRES DE BIGORRE................. 2,1

DE BAGNÈRES DE BIGORRE A BAGNÈRES DE LUCHON, 7 myr. 8 kil.

De BAGNÈRES DE BIGORRE à LANNEMEZAN ☞ (Voy. ci-dessus). 2,5
LANNEMEZAN à * BAGNÈRES DE LUCHON ☞ (Voy. ci-après). 5,3

DE BAGNÈRES DE BIGORRE A BARÉGES, 5 myr. 9 kil.

De BAGNÈRES à * LOURDES ☞................... 2,1
LOURDES à * BARÉGES ☞ (Voy. N° 18)......... 3,8

N° 15.

R. DE PARIS A BAGNÈRES DE LUCHON
(BASSES-PYRÉNÉES).

1re R., par AUCH et CASTELNAU DE MAGNOAC, 80 myr.

	m. k.
De PARIS à AUCH (Voy. N° 106)...............	67,7
AUCH à LANNEMEZAN (Voy. N° 14)............	6,8
LANNEMEZAN à BAGNÈRES DE LUCHON (V. ci-après).	5,5

2e Route, par TARBES, 83 myr. 7 kil.

De PARIS à * TARBES ⌀ (Voy. N° 106)..........	74,8
TARBES à LANNEMEZAN ⌀.....................	3,4
LANNEMEZAN à * MONTREJEAU ⌀..............	1,6
MONTREJEAU à ESTENOS ⌀....................	1,8
* SAINT-BÉAT (à gauche de la route).	
* ARREAU (à droite de la route).	
ESTENOS à * BAGNÈRES DE LUCHON ⌀.........	2,1

MONTREJEAU (*H.-Gar.*). Jolie petite ville, au confluent de la Garonne et de la Neste, à 12 kil. (3 l.) de Saint-Gaudens. ✉ 2,991 hab. C'est une ville propre et bien bâtie, qui a sur la grande route une fort belle rue, et sur la Garonne un quartier bien construit, dont les deux parties communiquent par un pont en marbre de six arches, d'une élégance remarquable. — FABRIQUES en grand de tricots et bas de laine à l'aiguille.

SAINT-BÉAT. Voy. N° 138, Route de Toulouse à Bagnères de Luchon.

ARREAU (*H.-Pyr.*). Jolie ville, à 34 kil. (8 l. 3/4) de Bagnères. ✉ 1,480 hab. Elle est bien bâtie, divisée en plusieurs quartiers par ses belles eaux, et offre un aspect pittoresque de quelque côté qu'on l'aborde. On y remarque l'église paroissiale ; celle de Saint-Exupère, jolie petite basilique dont la construction remonte à une époque fort reculée ; le bâtiment de l'hospice ; la halle ; plusieurs belles maisons particulières décorées de marbre du pays, etc.

BAGNÈRES DE LUCHON (*H.-Gar.*). Jolie petite ville, à 36 kil. (9 l. 1/4) de Saint-Gaudens. ✉ ⌀ 2,077 hab. Cette ville est située à l'extrémité de la vallée de Luchon, à peu près au milieu de la chaîne des Pyrénées, et tire son nom de ses eaux thermales, *Aquæ Balneariæ Lixonienses*. Elle est bien bâtie, traversée dans tous les sens par des rues larges, propres et bien pavées, dont la principale mène à l'établissement des bains. La ville forme un triangle dont chacune des pointes est prolongée par une allée, l'une de platanes, l'autre de sycomores, la troisième de tilleuls. Celle-ci mène de la ville aux bains. Les eaux thermales sulfureuses de Bagnères de Luchon jouissaient d'une grande célébrité du temps des Romains, ainsi qu'il est facile de s'en convaincre par un grand nombre de débris d'autel, de sarcophage, etc., sur lesquels on lit des inscriptions latines. L'édifice thermal, situé au pied d'une montagne, est un bâtiment vaste, élégant, commode et solide, construit depuis 1807, à peu de distance des sources qui le dominent. Sa forme offre un rectangle oblong, ayant la direction du levant au couchant ; on y entre par quatre grandes portes. Dans l'intérieur est un carré en forme de vestibule, et de chaque côté de longs et larges corridors voûtés en maçonnerie et carrelés en dalles. On compte dans le corridor de la droite dix cabinets, neuf simples, ayant chacun une baignoire de beau marbre des Pyrénées, et le dixième avec deux baignoires ; treize cabinets forment le corridor de la gauche. L'arrière-corps de l'édifice est composé de dix cabinets, dont quatre à une baignoire et deux doubles.

Bagnères de Luchon est, dans la saison des eaux, le rendez-vous des géologues, des botanistes, des minéralogistes, ainsi que des peintres, qui viennent dessiner les beaux paysages des alentours. C'est ordinairement vers le quinze mai que les étrangers commencent à y arriver; ils ne le quittent qu'à la fin d'octobre: la douceur du climat, la beauté des sites, la force de la végétation permettent d'y rester jusqu'à cette époque.

Les eaux minérales de Bagnères de Luchon sont employées avec succès dans un grand nombre de maladies chroniques, et sont rangées parmi les plus utiles médicaments de cette nature. Les dix sources, soit thermales, soit sulfureuses, dont se compose l'établissement de Bagnères de Luchon, permettent aux médecins de varier les moyens thérapeutiques qu'offrent ces sources, et de les utiliser suivant leur force et leur énergie, dans un grand nombre d'affections morbides. On les emploie avec succès dans les roideurs des tendons et des ligaments articulaires; à la suite des luxations, des fractures et des entorses; dans les dérangements qui surviennent à la tête du fémur, dans les tumeurs blanches des articulations: elles sont si efficaces dans les maladies cutanées, qu'il n'est presque pas de dartres, de pustules, de psoriasis, que l'usage bien administré des sources sulfureuses ne parvienne à dissiper, ou du moins à soulager d'une manière sensible.

INDICATIONS UTILES AUX ÉTRANGERS. Dans aucun des thermes des Pyrénées, les étrangers qui aiment le luxe, les plaisirs, ne trouveront pour les satisfaire autant de ressources qu'à Bagnères de Luchon. Ceux qui, au lieu de loger à l'hôtel, préfèrent se mettre en pension, trouvent à Bagnères beaucoup de maisons où on reçoit au mois, où on est nourri, blanchi, où l'on trouve complaisance, soins et propreté, pour une rétribution modérée. — La vie animale est saine, délicate et peu dispendieuse; trois hôtels tiennent table d'hôte; il y a plusieurs restaurateurs qui servent à la carte ou qui portent en ville. — Les cabinets littéraires sont bien fournis et reçoivent les meilleures nouveautés.

VOITURES PUBLIQUES. Diligence tous les deux jours pour Toulouse, et retour.

BUTS D'EXCURSIONS. Bagnères de Luchon offre aux étrangers un séjour agréable et des buts de promenade charmants, dans diverses directions, qui sont le motif et le terme de promenades délicieuses. La cascade voisine du village de Juzé, celle du village de Montauban, étonnent et ravissent l'habitant des plaines, dont les yeux n'étaient accoutumés qu'aux chutes de faibles ruisseaux. La promenade au monticule de *Castel-Vieil* offre un plateau couvert des ruines d'une tour que l'imagination peut se représenter comme l'ancien séjour d'un farouche châtelain. Le but d'une longue course des hôtes de Bagnères est le village de *Cazeril*, situé à mi-hauteur de la montagne de ce nom: les jeunes et jolies baigneuses n'y parviennent qu'avec le secours de ces petits chevaux dociles qui, partout aux eaux thermales, rendent facile l'observation de l'ordonnance du médecin pour l'exercice. Un autre terme de l'exploration des montagnes pour les sociétés de Bagnères, est la vallée du *Lis*, dont le fond offre plusieurs belles cascades, successivement engendrées les unes des autres; derrière, au-dessus des bois qui atteignent à une assez grande hauteur, s'élève majestueusement à 3,216 mètres la cime de Cabrioules, nue et neigeuse, appartenant à la masse des montagnes d'Oô. Les savants et les étrangers qui se rendent à Luchon dans la saison des eaux ne manquent jamais d'aller jouir de la vue du lac d'Oô, objet d'une grande curiosité. Pendant plus de deux lieues de cet agréable voyage, on n'aperçoit que les sites les plus variés: de vastes rideaux de pins et de sapins qui se groupent au loin, forment des points de vue où l'œil aime à s'égarer. Quelques moments avant d'arriver sur les bords du lac, on entend le bruit tumultueux de la cascade qui tombe avec fracas, et qui se précipite de plus de 239 mètres de hauteur; son eau alimente un vaste bassin de 6,000 mètres de circonférence, désigné sous le nom de *lac d'Oô* ou de *Séculéjo*. Au-dessus de celui-là, on trouve encore quatre autres lacs; le dernier est le lac glacé du port d'Oô. On ne doit pas manquer non plus de visiter la *Maladetta*, montagne d'une étendue prodigieuse et d'une hauteur surprenante, toujours couverte de neiges éblouissantes et de glaces éternelles; le port de la *Picade*, celui de *Venasque*, etc.

OUVRAGES A CONSULTER: *Lettres sur Bagnères de Luchon*, par Chaudruc de Crazannes.

Sur les eaux thermales de Luchon, par Fontan, in-8°, 1840.

N° 16.

ROUTE DE PARIS A BAGNOLES (ORNE).

	m. k.
De PARIS à PREZ-EN-PAIL ❀ (Voy. N° 31)	21,7
PREZ-EN-PAIL à COUTERNE ❀	1,8
COUTERNE à * BAGNOLES ❀	0,5

BAGNOLES (*Orne*). Joli petit village, dépendant de la commune de Tessé. Il est situé au fond d'un vallon solitaire et pittoresque, près d'un lac environné de promenades charmantes, et renommé par ses bains d'eaux salines thermales.
La source jaillit au pied d'immenses roches tranchées et culbutées, dans une jolie vallée à côté du petit hameau qui lui a donné son nom. L'établissement thermal est bien conçu, régulier et de bon goût; la distribution intérieure commode et bien appropriée à son but : la conduite des eaux, la disposition des cabinets particuliers, la forme des baignoires, la distribution des logements peuvent être proposées comme modèles dans ce genre de construction. La température de la source est de 22 degrés Réaumur. — Les environs de Bagnoles sont remplis d'antiquités et de ruines pittoresques. Les buts de promenade les plus agréables sont les châteaux de la Bermondière et de Couterne, les forges de la Varennes et de Cossé, la chapelle Saint-Orler, et la tour de Bonvouloir, espèce de phare élevé au milieu de la forêt d'Andeinne. — La saison des eaux commence vers le 15 mai, et se prolonge jusqu'au 30 septembre. Les eaux de Bagnoles sont tout à la fois toniques et purgatives; elles excitent l'appétit, donnent plus d'activité au système de la digestion, augmentent les sécrétions et surtout les urines et la transpiration. On les recommande dans les maladies cutanées rebelles ou invétérées, les rhumatismes chroniques, les affections goutteuses qui se fixent sur l'estomac et sur les intestins, les ulcères atoniques, les anciennes plaies d'armes à feu, les ankyloses, toutes les maladies de peau. Elles sont nuisibles aux personnes atteintes d'hémoptysie.
OUVRAGE A CONSULTER : *Notice topographique et médicale sur Bagnoles*, par Estienne.

N° 17.

ROUTE DE PARIS A BAR-LE-DUC (MEUSE).

Voyez N° 127, 1re R. de PARIS à STRASBOURG, 23 myr. 3 kil.

DE BAR-LE-DUC A METZ.

1re Route, par BEAUMONT, 10 myr. 6 kil.

	m. k.
De * BAR-LE-DUC à * LIGNY ❀	1,6
LIGNY à SAINT-AUBIN ❀	0,9

N° 17. ROUTE DE PARIS A BAR-LE-DUC.

Saint-Aubin à * Commercy ☞..	1,3
Commercy à Beaumont (Meurthe) ☞	1,8
Beaumont à * Pont-a-Mousson ☞	2,1
Pont-a-Mousson à * la Lobe (Moselle) ☞	1,1
La Lobe à * Metz ☞	1,8

BAR-LE-DUC. Voy. N° 107, Route de Paris à Strasbourg.
LIGNY. Voy. N° 54, Route d'Épinal.
COMMERCY (*Meuse*). Jolie petite ville. Sous-préf., dont le tribunal de 1re inst. est à Saint-Mihiel. Collége comm. ✉ ☞ 4,761 hab. Commercy est une ville fort agréablement située, sur la rive gauche de la Meuse : elle est assez bien bâtie et ornée de fontaines publiques. On y remarque les casernes, le grand manége couvert, l'hôtel de ville, l'hôpital, les halles, etc. La Meuse, après avoir arrosé une belle et riche vallée, se divise en deux bras près de la ville; sur le bord du second bras, près de Vignot, était établi un château d'eau, qui devait être magnifique à en juger par les descriptions du temps. De ce point, où aboutit la route de Pont-à-Mousson, on découvre un riant paysage, dont Commercy et son château forment le principal point de vue. Une longue rue, tirée au cordeau, aboutit à une belle avenue plantée de tilleuls, qui s'élève en amphithéâtre jusqu'aux confins d'une forêt située à 2 kil. de la ville. — Fabriques de couverts en fer battu; de toiles de coton. Filatures hydrauliques et à vapeur. Tanneries. – A 35 kil. (9 l.) de Bar-le-Duc, 282 k. (72 l. 1/2) de Paris.— Hôtels de la Cloche-d'Or, de la Poire-d'Or, des Trois-Maures, de l'Arbre-d'Or.
Voitures publiques. Tous les jours pour Saint-Mihiel, Nancy, Metz, Bar-le-Duc, Void, Saint-Aubin.
PONT-A-MOUSSON (*Meuse*). Jolie ville, sur la Moselle, à 29 kil. (7 l. 1/2) de Nancy. Collége comm. ✉ ☞ 7,218 hab. Cette ville tire son nom du pont jeté sur la Moselle et de l'ancienne forteresse de Mousson, construite à l'est de la ville, sur la montagne du même nom. Elle est ceinte de boulevards qui offrent des promenades agréables. On y remarque une belle église, d'architecture gothique, bâtie sur la fin du onzième siècle, un bel hôtel de ville, construit en 1786; les beaux bâtiments de l'ancienne abbaye de Sainte-Marie, où est établi le petit séminaire; un vaste quartier de cavalerie ; un hospice civil très-bien distribué; une place entourée d'arcades, d'où l'on voit la maison dite des Sept-Péchés capitaux, dont la façade est ornée d'anciennes sculptures, exécutées avec une liberté et une naïveté qu'on n'oseroit se permettre aujourd'hui, etc. — On trouve sur le territoire de Pont-à-Mousson deux sources d'eaux minérales ferrugineuses froides, qui jouissent de quelque réputation. — Patrie du maréchal Duroc, mort au champ d'honneur en 1813. — Fabriques de broderies, grosses draperies, pipes de terre. Raffineries de sucre de betterave. — Commerce de grains, vins, eaux-de-vie, planches de sapin, etc. — Hôtel d'Angleterre.
Voitures publiques. Tous les jours pour Nancy, Metz, Saint-Mihiel.
But d'excursion : aux *Ruines de Scarpone*, l'antique Serpane (4 kil.). *Voy.* Dieulouard, Route de Metz à Nancy.
METZ. Ancienne, grande et très-forte ville. Chef-lieu du département de la Moselle. Place de guerre de 1re classe. Cour royale. Trib. de 1re inst. et de comm. Ch. et bourse de comm. Chef-lieu de la 3e div. milit. Académie univ. École royale d'application d'artillerie et du génie. Collége royal. Soc. des lettres, sciences et arts. Soc. d'encourag., de l'agricult. et de l'industr. Cours publics d'accouchements et de botanique. Évêché. ✉ ☞ 44,416 hab. — Metz, avantageusement situé dans un pays fertile, au confluent de la Moselle et de la Seille, dont la première est navigable jusqu'au Rhin, fut pour les Romains un poste important : de nombreux monuments, dont il ne reste plus que de

faibles vestiges, attestent le haut degré de splendeur où cette ville était parvenue sous les empereurs. — Metz est une ville généralement bien bâtie et décorée de plusieurs beaux édifices. Toute la partie de la ville située sur la rive droite de la Moselle est bâtie en amphithéâtre ; celle qui occupe la rive gauche est unie. La plupart des rues, quoique élargies et alignées depuis un siècle, sont encore étroites, tortueuses et incommodes ; quelques-unes de celles qui se trouvent sur la rive droite de la Moselle sont escarpées et inabordables aux voitures. Metz est après Strasbourg la ville la mieux fortifiée de la France ; depuis l'époque où elle a été fortifiée, elle ne fut jamais prise. Ses armoiries sont un écusson partie d'argent et de sable, surmonté d'une pucelle couronnée de tours, tenant une palme de la main gauche.

Metz est environné au couchant et traversé par la Moselle. La Seille entre dans la ville, au sud, après s'être auparavant partagée en deux bras, dont le plus petit baigne les murs des remparts et y entretient une eau verdâtre et vaseuse ; le bras qui entre dans la ville est retenu par des vannes, fait tourner plusieurs moulins, et sert principalement aux tanneries. On passe ces deux rivières sur dix-sept ponts.

La plupart des maisons de Metz sont bâties solidement, en pierres de taille ; presque toutes se composent d'un rez-de-chaussée surmonté de deux ou trois étages. Quelques constructions du moyen âge, de la renaissance ou du dix-neuvième siècle, sont décorées de bas-reliefs. Dans certaines rues, les maisons, peu profondes, ne se composent que d'un seul corps de logis ; dans d'autres elles en présentent jusqu'à trois et quatre, séparés les uns des autres par de petites cours humides et mal aérées. — On peut diviser la population en trois classes, sous le rapport des cultes qu'elle professe : la majorité est catholique, la seconde classe juive, la troisième protestante. Autrefois des lignes de démarcation bien tranchées les séparaient. Il n'en est plus de même aujourd'hui : catholiques, calvinistes, israélites, vivent confondus et dans la plus parfaite harmonie. Les juifs ont commencé, depuis trente années, à quitter leur quartier humide et malsain, pour habiter les autres parties de la ville ; quelques alliances même ont lieu entre la jeunesse des autres cultes et la leur ; la mise des enfants d'Israël devient de jour en jour plus conforme à celle des autres habitants, et si les plus dévots d'entre eux conservent encore le vaste chapeau à trois cornes, la culotte de velours et la barbe en pointe, au moins on ne voit plus ces chapeaux jaunes, ces manteaux noirs, ces rabats blancs et ces barbes sales qui faisaient des juifs du dix-huitième siècle une race toute spéciale, vouée à la risée publique.

De l'une des portes les plus importantes, celle de Saint-Thiébaut, on arrive par un chemin très-court à l'Esplanade, l'une des plus belles promenades qui existent en Europe ; de là se découvrent aux yeux le superbe bassin de la Moselle, un paysage riche et varié, de vastes prairies, de nombreux villages groupés en amphithéâtre sur les coteaux qui bordent l'horizon du sud au nord, et qui, tapissés de vignes, couronnés de bois, présentent l'aspect le plus gracieux : entre les rues et cette promenade, on a formé une grande place d'armes pour les exercices et parades militaires.

La CATHÉDRALE est un magnifique édifice, dont les fondements furent jetés en 1014, par l'évêque Thierri. Cette vaste basilique ne fut achevée entièrement qu'en 1546. Pour donner une idée de sa légèreté, il suffira de dire que les vitres dont elle est percée ont 4,071 mètres carrés. Sa longueur est de 121 m. 15 c. ; la largeur de la nef est de 15 m. 59 c., et celle des collatéraux de 14 m. 29 c. ; la hauteur de la nef, sous voûte, est de 83 m. 19 c., celle des collatéraux de 13 m. 36 c. Les deux grandes chapelles collatérales du chœur ont chacune 16 m. 24 c. de longueur sur 15 m. 59 c. de largeur. La flèche, qui est sculptée et percée à jour, est haute de 121 m. 15 c.

L'ARSENAL, établi sur l'emplacement d'une abbaye fondée dans le dixième siècle, est moins remarquable par son développement et l'étendue de ses bâtiments que par l'immensité des ressources qu'il assure constamment à l'armée : la salle d'armes contient environ 80,000 armes de guerre. Parmi les objets remarquables qui se trouvent dans ce bel établissement, nous citerons la fameuse coulevrine en bronze prise à Ehrenbreitstein, l'une des pièces les plus extraordinaires par leur dimension. La longueur totale de cette pièce est de 4 m. 664 millim. ; son diamètre à la culasse extérieure est de 714 millimètres, et à la volée de 425 millimètres ; le poids du boulet serait de 80 kilog. ; celui de la pièce est de 1319 kilog. (1).

Hôpital militaire. Le magnifique hôpital militaire, qui est contigu aux casernes, fut construit sous le règne de Louis XV. Les bâtiments qui le composent, placés aux bords de la Moselle, forment deux carrés longs, dont les cours spacieuses sont plantées d'arbres ; ils sont traversés par un large canal, tiré des eaux supérieures de la Moselle, qui entraînent les déjections et les immondices. On y compte onze vastes salles, percées de cent quatre-vingt-quatorze croisées, où circule un air pur. Ces salles peuvent contenir aisément quinze cents malades, on y en a même vu dix-huit cents. Cet établissement très-salubre n'est surpassé par aucun autre en Europe.

Le palais de justice, ancien hôtel du gouvernement, construit sur un vaste plan, est d'un style sévère, qui cependant n'est pas sans beauté. Les deux façades en regard de l'Esplanade et de la Moselle sont imposantes par leur masse et par l'ordre parfait qui règne dans leurs proportions. Cet édifice renferme les tribunaux et la bibliothèque.

La bibliothèque publique renferme 30,000 volumes, parmi lesquels on remarque un grand nombre d'ouvrages imprimés dans le quinzième siècle, et environ 800 manuscrits dont quelques-uns remontent au dixième siècle. La bibliothèque de l'École d'application n'a que 10,000 volumes, mais ils sont de choix. On y conserve des manuscrits de Vauban, Cormontaigne, Monge, Nollet, Fourcroy, etc., et d'immenses cartons remplis de plans, de projets ou de dissertations inédites sur l'art de la guerre.

On remarque encore à Metz les casernes, la préfecture, l'hôtel de ville, le pont des Morts, l'hôtel des Monnaies, l'église Saint-Martin, le portail de l'église Sainte-Ségolène, le portail de Saint-Nicolas, la salle de spectacle, la porte des Allemands, etc.

Biographie. Metz est la patrie du maréchal de Fabert ; des généraux Kellermann fils, Lasalle, Richepanse, Custines, Lallemand jeune et aîné, Cherisey, Goullet de Rugey, Gournay ; des préfets Colchen et Dupin ; des anciens ministres Rœderer et Barbé-Marbois ; de MM Lacretelle aîné et Lacretelle jeune, de l'Académie française ; de MM. Joly de Maizeroy et Poncelet, de l'Institut ; du graveur Sébastien Leclerc ; du sculpteur Chassal ; des philologues le Duchat et Ch. Ancillon ; des naturalistes Buchoz et Chazelles ; du célèbre chimiste Raspail ; du poète Lezai Marnésia ; de mesdames Tastu et Bournon-Malarme, dont les productions littéraires sont si connues ; des littérateurs Émile Bégin, Berr-Bing, etc., etc.

Industrie. Fabriques de grosses draperies, broderies sur mousseline, papiers peints, cannes en bois, colle-forte, chicorée-café. Filatures de coton. Nombreuses brasseries. Amidonneries. Clouteries. — Commerce de vins, eau-de-vie, bière excellente, confitures renommées, drogueries, épiceries, meubles, cuirs, fers, etc. — A 57 kil. (14 l. 1/2) de Nancy, 167 kil. (41 l.) de Strasbourg, 312 kil. (80 l.) de Paris. — Hôtels des Victoires, du Nord, de la Petite-Croix-d'Or, du Commerce, de l'Europe, du Lion-d'Or, de la Ville de Thionville, du Pélican, de la Ville de Londres, de Paris, de l'Ours, de France. — Restaurants à la carte. — Cafés du Heaume, Parisien, Français, Cornet, de l'Europe, du Commerce, de la Régence, Turc, des Victoires, du Nord.

---

(1) Pour visiter l'arsenal, il faut une permission signée du colonel directeur d'artillerie, ou être accompagné d'un officier d'artillerie ou du génie.

VOITURES PUBLIQUES. Tous les jours pour Paris, 3 p. Nancy, 1 p. Lyon, 2 p. Strasbourg, 2 p. Sarrebruck, correspondant avec les diligences d'Allemagne par Mayence et Francfort, 1 p. Luxembourg, corresp. avec Namur, Liége, Bruxelles, 1 p. Sarreguemines, 1 p. Pont-à-Mousson, Bar-le-Duc, 1 p. Thionville; 3 fois par semaine pour Trèves, 1 fois la semaine pour Commercy.
BATEAUX A VAPEUR, Tous les jours pour Trèves, à 7 h. 1/2 du matin; prix: 8 fr. et 10 fr.; Thionville, à 7 h. du matin; prix: 1 fr. et 1 fr. 25 c.; Nancy; prix: 5 fr. 50 et 8 fr.; Pont-à-Mousson, 1 fr. 50 et 2 fr.
BUTS D'EXCURSIONS : à l'aqueduc de *Jouy* (8 kilom.) (*Voy.* Jouy aux Arches, route de Metz à Nancy); au village d'*Ars*, au vallon de *Mance* et au roc de la *Roche-Rudotte*; à la digue de *Wadrineau*, dont la cascade offre un beau coup d'œil : au *château de Montigny-lez-Metz*.
OUVRAGES A CONSULTER, qui se trouvent à la librairie de Véronnais, à Metz.
Histoire de la ville de Metz, par D. François, 4 vol. in-4°, 1769.
Antiquités de Metz, par Cajot, in-8°, 1768.
Histoire de Metz, par Tabouillot, 8 vol. in-4°.
Histoire des duchés de Lorraine et de Bar, par Bégin, 2 vol, in-8°, 1833.
Chroniques de la ville de Metz, par Huguenin, in-8°, 1833.
Monuments et usages antiques de la ville de Metz (Mém. de l'acad. celtique, t. IV, p. 294).
Statistique du département de la Moselle, par Colchen, in-fol. 1803.
Dictionnaire du département de la Moselle, par Viville, 2 vol. in-8°, 1817.
Histoire et Description pittoresque de la cathédrale de Metz, par Bégin, 2 vol. in-8°, 1841.
Biographie du département de la Moselle, par Bégin, 4 vol. in-8°, 1832.
Histoire des sciences et des lettres dans le pays Messin, par Bégin, in-8°, 1829.
Annuaires statistiques de la Moselle, in-12.
Guide de l'étranger à Metz, in-12.
Essai statistique sur la frontière nord-est de la France, par Audenelle, 2 vol. in-8°, 1827.
Plan de la ville de Metz, grand-aigle.

2ᵉ Route, par VERDUN, 15 myr. 2 kil.

m. k.
De BAR-LE-DUC à * SAINT-MIHIEL ☞ (Voy. ci-après). 3,3
SAINT-MIHIEL à * VERDUN ☞ (Voy. N° 49)..... 5,4
VERDUN à * METZ ☞ (Voy. N°' 60)............ 6,5

DE BAR-LE-DUC A NANCY, 9 myr. 6 kil.

De BAR-LE-DUC à VILLOTTE ☞................. 1,8
VILLOTTE à * SAINT-MIHIEL ☞................. 1,6
SAINT-MIHIEL à BEAUMONT (Meurthe) ☞........ 2,1
 * MARTINCOURT (à gauche de la route).
BEAUMONT à ROZIÈRES-EN-HAYE ☞............ 1,8
ROZIÈRES-EN-HAYE à * NANCY ☞.............. 2,3

N° 18.

ROUTE DE PARIS A BARÉGES (HAUTES-PYRÉNÉES).

1ʳᵉ Route, par AGEN, 81 myr.

m. k.
De PARIS à LIMOGES (Voy. N° 138)............. 38,0
LIMOGES à PÉRIGUEUX (Voy. N° 77)........... 9,6

N° 18. ROUTE DE PARIS A BARÉGES.

Périgueux à Rossignol ⚹.	1,2
Rossignol à Saint-Mamest ⚹.	1,7
Saint-Mamest (Dordogne) à * Bergerac ⚹.	2,0
Bergerac à * Castillonès ⚹.	2,4
* Lauzun (à droite de la route).	
* Biron (à gauche de la route).	
Castillonès à Cancon ⚹.	1,4
* Monflanquin (à gauche de la route).	
Cancon à * Villeneuve-sur-Lot ⚹.	1,9
Villeneuve à la Croix-Blanche (Lot.-et-G.) ⚹.	1,4
La Croix-Blanche à * Agen ⚹.	1,3
Agen à Astafort ⚹.	1,9
* Saint-Avit (à gauche de la route).	
Astafort à * Lectoure ⚹.	1,8
Lectoure à Montastruc ⚹.	1,8
Montastruc à * Auch ⚹.	1,8
Auch à Vicnau ⚹.	1,5
Vicnau à * Mirande ⚹.	0,9
Mirande à * Miélan ⚹.	1,3
Miélan à * Rabastens ⚹.	1,5
Rabastens à * Tarbes ⚹.	1,9
Tarbes à * Lourdes ⚹.	1,9
* Argelès (sur la route).	
Lourdes à * Pierrefitte ⚹.	1,9
Pierrefitte à * Luz ⚹.	1,2
* Saint-Sauveur (à droite de la route).	
* Gèdre (à droite de la route).	
* Gavarnie (à droite de la route).	
Luz à * Baréges ⚹.	0,7

LIMOGES. Voy. N° 138.
PÉRIGUEUX. Voy. N° 76.
CASTILLONÈS (*Lot-et-Garonne*). Petite ville sur la rive gauche du Dropt, à 32 kil. (8 l.) de Villeneuve d'Agen. ⊠ ⚹ 2,028 hab.
LAUZUN (*Lot-et-Garonne*). Petite ville à 31 kil. (8 l.) de Marmande. 1,390 h. Elle est bâtie sur une éminence, fermée de murailles, et possède les restes d'un ancien château fort. On remarquait auprès de la chapelle de ce château un autel votif en marbre, précieux pour l'histoire du Midi ; il porte une inscription que l'on a ainsi expliquée : *Tutelæ Augustæ, lascivosos Cantilius ex voto locus datus ex decreto decurinorum.*
BIRON (*Dordogne*). Petite ville à 54 kil. (12 l. 3/4) de Bergerac. 1,250 hab. Elle est dominée par un magnifique château, d'où l'on aperçoit distinctement la chaîne des Pyrénées. Henri IV l'érigea en duché-pairie en faveur du maréchal de Biron, qui eut la tête tranchée en 1602. Le tombeau de ce grand capitaine se voit encore au château de Biron.
MONFLANQUIN (*Loir-et-Cher*). Jolie petite ville sur une hauteur, près de la Lède, à 16 kil. (4 l.) de Villeneuve d'Agen. ⊠ 5,201 hab. C'est une ville assez bien bâtie, quoique la plupart des rues soient étroites, escarpées et mal percées. Sa situation élevée lui procure des points de vue étendus et très-pittoresques.
VILLENEUVE D'AGEN ou sur Lot. Jolie ville. Sous-préf. Trib. de 1re inst. et de comm. Soc. d'agr. Coll. comm. ⊠ ⚹ 10,652 hab. Elle doit son origine à un bourg du nom de Gajac, qui fut détruit dans les guerres du commencement du treizième siècle. Rebâtie par un frère de saint Louis en 1264, elle reçut alors le nom de Villeneuve, qu'elle porte encore aujourd'hui. Villeneuve est située dans une belle vallée sur le Lot, qui la sépare en deux parties

N° 18. ROUTE DE PARIS A BARÉGES.

inégales, dont celle du nord est la plus considérable. Elle est percée de rues larges, tirées au cordeau, dont huit aboutissent à une place centrale, entourée d'arcades : l'une et l'autre sont d'ailleurs propres et offrent plusieurs belles constructions. Cette ville a conservé une partie de ses fortifications, dont il reste encore deux tours et un antique château ; le reste a été converti en de beaux boulevards, qui en rendent l'aspect fort agréable. On y remarque le pont hardi qui joint les deux rives du Lot, dont l'arche principale a 58 m. 50 c. d'ouverture et 17 m. 86 c. de hauteur; la maison qu'habita la reine Marguerite de Valois; la salle de spectacle; les moulins. — A un quart de lieue nord de Villeneuve, existait autrefois la célèbre abbaye d'Eysses, dont les bâtiments ont été affectés à une maison de détention pour onze départements. — FABRIQUES de toiles. Tanneries. Tuileries. Martinets pour le cuivre. — COMMERCE de farine dite de minot, très-bons pruneaux; vins, bestiaux, papiers, fers, cuirs, etc.—A 23 kil. (6 l.) d'Agen, 62 kil. (16 l.) de Cahors, 571 kil. (146 l. 1/2) de Paris. — HÔTELS Laffitte, Rignon.

VOITURES PUBLIQUES. Tous les jours pour Agen, Périgueux, Bordeaux, Cahors.

AGEN. Grande, belle et très-ancienne ville. Chef-lieu du département de Lot-et-Garonne. Cour royale. Trib. de 1re inst. et de comm. Ch. des manuf. Sociétés d'agr., sciences et arts. École normale. Coll. comm. de 1re classe. Évêché. ☒ ☯ 15,000 hab. — L'origine de cette ville se perd dans la nuit des temps, et n'est pas plus connue que celle de toutes les autres anciennes cités des Gaules; on sait seulement qu'elle existait au temps de la domination romaine, sous le nom d'*Aginnum*, ville antique dont on voit encore quelques vestiges. Elle est située dans une vaste et riche plaine, sur la rive droite de la Garonne.

Agen est une ville mal bâtie et mal percée. L'avenue de la route de Bordeaux y forme un faubourg qui en est le plus beau quartier. Vers le sud, cette avenue se développe en une magnifique promenade, où de gigantesques ormeaux s'arrondissent en voûte impénétrable aux rayons du soleil. Cette promenade, une des plus belles qui existent dans le midi de la France, était autrefois recouverte par la Garonne, et elle en a conservé le nom de Gravier; un péristyle formé d'élégantes arcades la borne d'un côté; de l'autre, elle est liée à la rive gauche du fleuve par un majestueux pont de pierre de onze arches, et par une gracieuse et aérienne passerelle.

On remarquait à Agen, il y a peu d'années, les ruines de l'église Saint-Étienne, détruite en 1797, et sur l'emplacement de laquelle on a élevé une fort belle halle. On doit visiter la belle cathédrale, dédiée à saint Caprais; l'église des Jacobins, renfermant une galerie centrale formée de colonnes qui la divisent en deux nefs, et un baptistère en rotonde supporté par six colonnes doriques; l'hôtel de la préfecture, bel édifice d'un plan vaste et régulier, orné d'un frontispice de deux ordres avec attique, et précédé d'une vaste cour où l'on arrive par une porte en arc de triomphe et entouré d'un magnifique parc : c'est l'ancien palais épiscopal; le grand séminaire, beau et vaste bâtiment; la bibliothèque publique, renfermant 15,000 volumes ; le dépôt de mendicité; le mont Pompéian ou de l'Ermitage, dont les falaises, coupées à pic, semblent menacer la ville : on doit y visiter le curieux monument creusé dans le roc, ouvrage des pieux solitaires qui l'ont successivement habité pendant près de trois siècles; l'église, plusieurs chapelles, un escalier d'une construction remarquable, y sont taillés en pleine roche. Du haut de ce rocher, on jouit d'une vue magnifique ; on découvre, pour ainsi dire, sous ses pieds la ville entière, le cours superbe de la Garonne, de vastes prairies, les plus riants paysages, et dans le lointain la chaîne orientale des Pyrénées ; le beffroi de l'hôtel de ville, vieux château autrefois habité par Blaise Montluc.— Agen est la patrie de Sulpice Sévère ; de Jules et de Joseph Scaliger, savants érudits du seizième siècle, dont l'ancienne demeure subsiste encore sur le versant du coteau de Verone ; de Bernard de Palissy; du célèbre naturaliste

N° 18. ROUTE DE PARIS A BARÉGES.

Lacépède; du comte de Cessac, ministre sous l'empire; du lieutenant général Lacuée; de M. Bory de Saint-Vincent; des poëtes Raymond Noubel et Jasmin; du géologue Chaubard, etc., etc. — MANUFACTURES de toiles à voiles et de ménage, serges, molletons, toiles peintes, amidon. Distillerie d'eau-de-vie. Tanneries. — COMMERCE de grains, de farine dite de *minot*, de vins, eau-de-vie, prunes d'Agen, draperies, coton filé, etc., etc. Entrepôt du commerce de Bordeaux et de Toulouse. — A 148 kil. (38 l.) de Bordeaux, 109 kil. (28 l.) de Toulouse, 586 kil. (153 l.) de Paris. — HÔTELS de France, du Petit-Saint-Jean, de l'Étoile-Flamboyante.

VOITURES PUBLIQUES. Tous les jours pour Bordeaux, Toulouse, Auch, Périgueux, Villeneuve d'Agen; *messageries* pour Aiguillon, Port-Sainte-Marie, Astaffort, Condom, Lectoure, Nérac.

BUTS D'EXCURSIONS. A 4 kil. sud d'Agen, on doit visiter les deux églises de *Moirax* et de *Layrac*, remarquables par leur architecture.

OUVRAGES A CONSULTER, qui se trouvent à la librairie de Chairon et Comp., à Agen :

Mémoires sur quelques antiquités de la ville d'Agen, par Chaudruc de Crazannes (Mém. de la soc. des antiq. de France, t. II, p. 368).
Description statistique du dép. de Lot-et-Garonne, par Lafond de Cujola, in-8°, 1806.
Voyage agricole, botanique et pittoresque dans une partie des Landes, de Lot-et-Garonne, etc., par de Saint-Amans.
Essais sur les antiquités du département de Lot-et-Garonne, par de Saint-Amans (Mém. de la soc. des ant. de France, t. III).
Voyage dans les départements de la Gironde et de Lot-et-Garonne, par Bezout, in-18, 1828.
Histoire ancienne et moderne du département de Lot-et-Garonne, par Boudon de Saint-Amans, 2 vol. in-8°, 1836.

AVIT (SAINT-) (*Gers*). Village situé à 6 kil. (1 l. 1/2) de Lectoure. 300 hab. On voit à peu de distance le beau château gothique de son nom.

LECTOURE (*Gers*). Ancienne ville. Sous-préf. Trib. de 1re instance. Coll. comm. ⌧ ⚑ 6,495 hab. Lors de l'invasion des Gaules par les Romains, Lectoure était la capitale des *Lactorates*, un des peuples de la Novempopulanie. Du temps de Gordien, qui fut salué empereur en 238, elle était colonie romaine avec titre de république. Les Romains y élevèrent divers édifices, dont quelques débris existent encore enchâssés dans les murs de la grande salle de l'hôtel de ville et dans les piliers des halles. La situation élevée de Lectoure en fit une place importante : un château fort immense, une triple enceinte de murs énormes, la rendaient presque imprenable; cependant, peu de villes ont plus souffert des horreurs de la guerre. — La situation de Lectoure est aussi singulière, aussi pittoresque qu'elle est forte; la ville couronne un immense rocher, isolé des collines environnantes par de profondes vallées, de tous côtés fort escarpé, et qui était séparé de la colline dont il forme le prolongement par une vaste tranchée. Le sommet du terrain est un plateau de forme ovale, étroit et fort allongé, entouré de falaises coupées à pic et parsemé des vastes débris de ses anciennes fortifications. A l'extrémité extérieure du plateau s'élevait le château aujourd'hui détruit, et remplacé par un hôpital; là s'ouvre une rue propre, presque droite, et régulière, qui traverse toute la ville; vers son autre extrémité s'élève l'église paroissiale, grand et beau vaisseau de style saxon-gothique, élevé par les Anglais, et surmonté d'un haut clocher carré : ce clocher portait une flèche d'une hauteur extraordinaire, qui, souvent frappée de la foudre et menaçant ruine, a été démolie. — Près de l'église est situé l'ancien palais épiscopal, acquis par le maréchal Lannes, duc de Montebello, et donné par sa veuve à la ville de Lectoure, qui l'a consacré à la mairie, à la sous-préfecture et au tribunal de première instance. L'espace qui en est proche a été décoré récemment de la statue en marbre blanc de ce guerrier illustre, dont le portrait, ainsi que ceux de plusieurs autres hommes de guerre, nés à Lectoure, décorent les salles de l'hôtel de ville.

La ville de Lectoure n'est ni belle, ni bien bâtie; mais sa situation est agréable et ses promenades sont délicieuses. De celle dite du Bastion, on jouit d'une fort belle vue, qui se prolonge vers le sud jusqu'aux Pyrénées. Dans ce vaste intervalle, on distingue entre autres objets le monticule du Taco, couvert d'arbres et remarquable par les fossiles qu'il renferme ; un peu plus loin, la ville de Terraube, encore entourée de remparts et dominée par son vieux château ; plus loin, vers le sud-est, Fleurance, et dans la même direction paraissent dans le lointain les tours de la cathédrale de la ville d'Auch : lorsque l'atmosphère est pure, on distingue facilement l'immense chaîne des Pyrénées. Cette promenade passe pour avoir été plantée par celui qui fut depuis duc de Montebello, auquel ce travail pénible rapportait six sous par jour. On dit que lorsque la gloire en eut fait un homme célèbre, il venait souvent avec ses compagnons d'armes leur raconter sous cet ombrage de quel échelon la destinée l'avait fait partir pour commencer une route qu'il parcourut et suivit avec tant d'honneur : il se plaisait à redire le modeste salaire qui lui était accordé pour ses travaux dans son enfance. L'éclat des dignités, du rang, de la faveur, n'avait point ébloui sa raison ; modeste au sein de la grandeur, il voyait des mêmes yeux le point d'où il était parti et celui où il était arrivé.

On remarque au bas de la montagne sur laquelle est située la ville de Lectoure une fontaine antique, connue sous le nom d'Hondelia.

ᵯ. Lectoure est la patrie de plusieurs hommes de guerre distingués, parmi lesquels nous citerons Lannes, Castex, Espagne, Soulès, etc. — Fabriques de serges et de grosses draperies. Tanneries. — Commerce de grains, mules, bestiaux, vins, eaux-de-vie, cuirs. A 31 kil. (8 l.) d'Auch, 35 kil. (9 l.) d'Agen, 631 kil. (162 l.) de Paris. — Hôtel Calomez.

AUCH. Très-ancienne ville. Chef-lieu du départ. du Gers. Trib. de 1ʳᵉ inst. et de comm. Soc. d'agr. Archevêché. Coll. royal. Dépôt de remonte. ☒ ☞ 11,700 h.
—Auch est une des plus anciennes villes de France ; du temps de César, elle était la capitale des *Auscii*, et fut soumise par Crassus, un de ses lieutenants, dont il est parlé dans la guerre de Vercingentorix. Avant l'invasion romaine, son nom était *Climberis*. Auguste, à son retour d'Espagne, s'y arrêta, et y laissa une colonie, à laquelle il accorda le privilège de se gouverner par ses propres lois et de nommer ses magistrats : la ville prit alors le nom d'*Augusta Auschorum*, d'où est venu son nom moderne. Elle est bâtie sur le penchant d'un coteau très-élevé, qui offre un coup d'œil pittoresque : ses maisons, dans la partie méridionale et orientale, présentent l'aspect d'un vaste amphithéâtre de gradins élevés les uns au-dessus des autres. Le Gers, qui coule au pied de cette colline couverte d'habitations, la divise en haute et basse ville ; les rues sont étroites et mal percées, mais propres et bien pavées ; les places publiques, régulières et assez jolies. Pour faciliter la communication entre les deux parties de la ville, on a pratiqué un passage qui conduit directement de l'une à l'autre : c'est un escalier de forme singulière, nommée *Pousterlo* (poterne), qui a plus de 200 marches. Sur la partie la plus élevée de la ville, on remarque une place assez régulière, entourée de belles constructions, à l'extrémité de laquelle est une promenade agréable, d'où l'on découvre une partie des Pyrénées, et sur laquelle s'élève la statue érigée par le département du Gers à la gloire de l'intendant d'Étigny. Ce quartier est sans contredit le plus beau de la ville ; on y trouve de jolies maisons, des rues plus régulières et mieux alignées, et les deux principaux édifices d'Auch, l'ancien archevêché et la cathédrale. L'emplacement de l'ancienne ville est occupé par un faubourg, où se trouve un grand et bel hôpital.

L'ÉGLISE CATHÉDRALE DE SAINTE-MARIE est un des plus beaux édifices religieux du quinzième et du seizième siècle ; il peut être regardé comme un musée historique pour les arts, durant ces époques et jusque vers la fin du dix-septième siècle. Cette église présente une suite de monuments peut-être uniques de sculptures sur bois, de peintures sur verre, ainsi que d'autres détails très-remarquables de styles divers. Commencée en 1489, sous Charles VIII,

par l'archevêque François Ier, cardinal de Savoie, elle ne fut finie que sous Louis XIV, par l'archevêque Henri de la Mothe-Houdancourt. Simple dans son ensemble et riche de détails, ce monument présente un caractère parfaitement conforme à l'objet de sa consécration. Il est divisé en trois nefs, coupées par une allée, et forme une croix latine, dont le sommet, terminé par un hémicycle, donne une idée des anciennes basiliques. Entre les piliers des basses nefs régnent, autour de la grande nef et du chœur, des galeries en arcade d'une grande ouverture. Chacune des portes latérales est flanquée de deux tours carrées qui se terminent en dôme. Les chapelles sont décorées d'ordre d'architecture moderne, dans le goût des dernières années du règne de Louis XIII et des premières de Louis XIV. Dans la première à gauche, celle du baptistère, on voit les fonts d'un seul bloc de très-beau marbre noir, d'une grande dimension. Dans la suivante est le tombeau de M. de Pomereu, intendant de la généralité d'Auch, qui fit exécuter de grands travaux d'utilité publique. De l'autre côté de l'église, dans la chapelle vis-à-vis de celle-ci, est le mausolée de M. d'Étigny ; il se compose d'un sarcophage de forme grecque en marbre noir avec des moulures blanches. Au milieu de sa hauteur, dans un médaillon entouré d'une couronne de chêne, est le portrait de M. d'Étigny, que couronne le génie de l'immortalité. A gauche, la piété conjugale, sous la figure d'une femme voilée, indique du doigt le médaillon ; à droite, l'hymen, sous les traits d'un enfant, pleure et renverse son flambeau. — Le chœur est fermé de tous côtés ; au-dessus de sa principale porte est le jubé, décoré de colonnes couplées, d'ordre corinthien, de marbre de Languedoc, posées sur des piédestaux supportant un entablement couronné d'une balustrade de marbre rouge d'Italie. Entre les colonnes sont de grandes tables de marbre noir encadrées, et au-dessous de celles-ci, entre les piédestaux, d'autres tables de même marbre. Sur la corniche de la porte, en avancement, on voit les quatre évangélistes en marbre blanc, assis près d'une table de forme antique, ayant chacun près de lui le symbole qui le caractérise. Au-dessus de l'entablement, sur des piédestaux placés dans la balustrade, à l'aplomb des colonnes, on voit quatre statues de marbre blanc, plus grandes que nature. L'intérieur du chœur est garni de deux rangs de stalles, chef-d'œuvre de sculpture moderne ; on y remarque la salamandre et le chiffre couronné de François Ier.
— Les cryptes ou chapelles souterraines sont au nombre de cinq, et se trouvent sous les chapelles de l'hémicycle, entre les sacristies.

On remarque encore à Auch l'hôtel de la préfecture, autrefois palais de l'intendance ; l'hôtel de ville ; le séminaire, qui possède de belles collections en tous genres, une bibliothèque de 15,000 volumes, et où il se fait divers cours de sciences ; la bibliothèque publique, renfermant 7,700 volumes ; une salle de spectacle ; les casernes ; le quartier de cavalerie, l'hôpital, etc. — PATRIE du duc de Roquelaure, du cardinal d'Ossat, du président d'Orbesson ; de Dominique Serres, habile peintre de marine ; de l'amiral Villaret-Joyeuse, du général Dessolles, etc. — FABRIQUES de chapeaux, cadis, étoffes de fil et de coton, toiles. Filat. de laine. Tanneries. — COMMERCE de vins, eau-de vie d'Armagnac, laines, plumes à écrire, merrain, bestiaux, etc. — A 66 kil. (17 l.) de Toulouse, 64 kil. (16 l. 1/2) de Tarbes, 66 kil. (17 l.) d'Agen, 662 kil. (170 l.) de Paris. — HÔTELS Alexandre, André.

VOITURES PUBLIQUES pour Toulouse, Montauban, Bordeaux, Bayonne, Nogaro, Mont-de-Marsan, Condom, Agen, Bagnères de Luchon.
BUT D'EXCURSION : à *Simorre*, où l'on trouve des turquoises en assez grande quantité.
OUVRAGES A CONSULTER, qui se trouvent à la librairie de Brun, à Auch : *Topographie du département du Gers*, par Dralet, in-8°, 1801.
Histoire politique et littéraire du Quercy, par Cathala Couture, 3 vol. in-8°, 1785.
Esquisse d'une topographie médicale de la ville d'Auch et de ses environs, par Molas.
Notice descriptive et historique de l'église de Sainte-Marie d'Auch, in-12, 1808.
Annuaires du Gers.

N° 18. ROUTE DE PARIS A BARÉGES.

MIRANDE (*Gers*). Jolie ville. Sous-préfect. Trib. de 1ʳᵉ inst. ⊠ ⚭ 2,532 h. Cette ville fut fondée en 1289, par Centule, troisième comte d'Astarac; elle devint la capitale du comté de ce nom, et une place forte susceptible d'une grande résistance. Ses murs ont été plusieurs fois réparés et sont encore en bon état; ils sont percés de quatre portes, que l'on aperçoit de la place qui en occupe le centre, et où aboutissent quatre grandes rues. Mirande est une ville propre, bien bâtie, où l'on voit plusieurs constructions de style ancien, mais régulières et de fort belle apparence. — FABRIQUES de cuirs. — COMMERCE de grains, vins, eaux-de-vie, laines, plumes à écrire, etc. — A 27 kil. (6 l. 1/2) d'Auch, 39 kil. (10 l.) de Tarbes, 686 kil. (176 l.) de Paris.

MIÉLAN (*Gers*). Petite ville, à 12 kil. (3 l.) de Mirande. ⊠ ⚭ 1,931 hab. — Elle possède une petite promenade, d'où l'on découvre parfaitement les Pyrénées. — COMMERCE de moutons renommés pour la délicatesse de leur chair.

RABASTENS (*Hautes-Pyrénées*). Ville ancienne, sur l'Estreux, à 18 kil. (4 l. 1/2) de Tarbes. ⚭ 1,374 hab. Cette ville, une des plus anciennes du comté de Bigorre, était autrefois fermée de murs et défendue par un château fort; elle a été plusieurs fois prise et reprise pendant les guerres civiles et religieuses. C'est une ville assez mal bâtie, qui se compose d'une vaste place entourée de constructions irrégulières, à laquelle aboutissent des rues si peu étendues qu'elles méritent à peine ce nom.

TARBES. Jolie et très-ancienne ville, autrefois capitale de la Bigorre, chef-lieu du département des Hautes-Pyrénées. Trib. de 1ʳᵉ inst. et de comm. Collége communal, école normale; bibliothèque de 7,000 volumes. Évêché. ⊠ 12,000 hab.

L'origine de cette ville se perd dans la nuit des siècles; elle existait du temps de César. Elle a été successivement désignée sous les dénominations de *Tarbella, Tarvia, Turba, Tarba ubi Castrum Bigorra*. Occupée et ravagée tour à tour par les Goths, les Vandales, les Alains, les Vascons, les Sarrasins, les rois et comtes de Toulouse, elle fut dépeuplée par les guerres de religion, et demeura déserte pendant trois ans.

Cette ville, aujourd'hui l'une des plus jolies du Midi, est dans une position charmante. Jetée sur la rive gauche de l'Adour, ses eaux vives et limpides abondamment distribuées dans toutes les rues, par deux larges canaux qui environnent la ville, y entretiennent la propreté, la fraîcheur et la salubrité. Sa situation dans un climat tempéré, sous un ciel pur, au centre d'une plaine fertile arrosée par deux rivières, encadrée à l'orient et à l'occident par des coteaux d'un effet très-pittoresque, soit à cause de leur riche parure, soit par les gracieuses ondulations que dessinent au loin leurs sommets inégalement élevés, et au midi par le magnifique amphithéâtre des Pyrénées, est une des plus heureuses qu'il soit possible de voir.

Cette plaine, immense et riche mosaïque, où s'alternent sans symétrie, mais avec un rare bonheur pour l'œil du spectateur, une foule de villages populeux distants à peine l'un de l'autre de 3 kilomètres, des prés toujours verts, des champs toujours couverts de récoltes, des vignes rampantes artistement échalassées, des vignes hautes mariées à l'érable et au cerisier, des nappes d'eau claire comme le cristal, réfléchissant les rayons d'un soleil toujours beau; cette plaine à travers laquelle serpentent mille canaux d'irrigation et qu'ombragent des milliers d'arbres de toute sorte, est un des lieux les plus privilégiés du globe : il existe peu de points de vue en Europe plus beaux que celui qu'offre la plaine de Tarbes pris du haut de la côte de Ger, sur la route de Pau; il n'y a nulle part un paysage plus frais, plus riant, plus varié, une atmosphère plus transparente, un air aussi sain, aussi facile à respirer. Napoléon, en contemplant les divers aspects de cette merveilleuse perspective, s'écriait à chaque instant : Comme c'est beau !

La plus grande étendue de la ville est, dans le sens de sa longueur, de l'est à l'ouest ; elle embrasse, depuis le pont de l'Adour jusqu'à l'extrémité de la rue de Pau, plus de 2 kilomètres. Sa largeur, très-circonscrite sur certains points, est d'un kilomètre et demi, depuis l'extrémité de la rue des Pyrénées jusqu'à l'extrémité de la rue de Vic. Tout cet espace est occupé par quatorze cents maisons, peu élevées, construites en marbre et en briques, couvertes en ardoises, environnées la plupart d'une basse-cour, d'un beau jardin, et offrant, dans leur ensemble, un aspect des plus agréables.

Ce massif de constructions est découpé sans régularité, mais avec une certaine harmonie, par douze places plus ou moins spacieuses, et par soixante-dix rues qui le sillonnent dans tous les sens. Les vastes places du Marcadier et du Forail, établies à l'orient, sont, tous les quinze jours, le siège d'un grand marché qui dépasse en population et en affaires la plupart des foires de France. La place de la Portèle, au milieu de l'ancienne ville, entre le Bourg-Vieux et le Bourg-Neuf, confinant au château des anciens comtes de Bigorre, aujourd'hui la prison, traversée par trois rues, terminée au nord par une construction moderne fort élégante, sert, tous les quinze jours, à la tenue d'un petit marché où se traitent quelquefois beaucoup d'affaires.

La place du Maubourguet, plantée en partie d'ormeaux séculaires, divise la ville actuelle en deux portions à peu près égales ; elle est le centre de tout le mouvement. C'est là que, depuis le mois de juin jusqu'à la fin d'octobre, aboutissent journellement, de tous les points de l'horizon, vingt-cinq ou trente diligences chargées de voyageurs, curieux ou malades, attirés par la beauté des sites, par l'efficacité et la juste célébrité des établissements thermaux des Hautes-Pyrénées, sans compter les nombreuses voitures, les malles et les chaises de poste qui la traversent à toute heure.

La place du Prado, située au sud-ouest de la ville, est un long quadrilatère occupé par trois grandes allées de tilleuls de la plus belle venue : la solitude qui l'environne, la fraîcheur de son ombrage, les mille fleurs qui émaillent la prairie qui la confine, le bruit que fait, dans sa chute, la nappe d'eau d'un canal intermédiaire, et le rideau des Pyrénées qui se déploie au loin, réfléchissant l'azur du ciel, en font, en été, une retraite attrayante et propre à la méditation.

Les rues de l'Orient, des Grands-Fossés, des Petits-Fossés, du Bourg-Neuf, du Bourg-Vieux, du Maubourguet, de Vic, de Pau, de Saint-Louis, des Pyrénées, etc., sont larges et bien percées.

Les principaux édifices de Tarbes sont : 1° l'hôtel de la préfecture (ancien manoir des évêques), composé d'un corps de logis et de deux pavillons bâtis en divers temps, assez mal raccordés, mais d'un assez joli effet ; 2° l'hospice civil, qui peut recevoir une population de 200 malades ; 3° le séminaire ; 4° la caserne des Ursulines, ancien couvent ; 5° l'établissement des haras ; 6° la caserne de cavalerie ; 7° le collége ; 8° l'école normale ; 9° les bains Péré, construction nouvelle, légère et élégante ; 10° la salle de spectacle, construction de bon goût, mais qui manque d'un péristyle, d'un foyer, et qui a besoin de réparations urgentes, sans lesquelles elle périra incessamment.

Il y a trois églises paroissiales : la Sède, Saint-Jean et les Carmes ou Sainte-Thérèse. La première occupe l'ancienne citadelle ; son maître-autel, très-remarquable, est composé de six belles colonnes de marbre d'Italie qui soutiennent un couronnement d'une riche ordonnance, œuvre du sculpteur Ferrère, né dans la ville de Tarbes ; la seconde, bâtiment plus que vulgaire, n'a d'autre mérite que celui d'indiquer d'une manière à peu près exacte, par ses quatre faces, les quatre points cardinaux ; la troisième, écroulée naguère par la maladresse d'un ingénieur, est en reconstruction et se distingue par l'originalité de sa flèche élancée qui s'aperçoit de tous les points de l'horizon.

Les maisons particulières, à un et deux étages au-dessus du rez-de-chaussée, sont agréablement bâties et bien percées. Les murs sont construits avec des cailloux roulés par l'Adour, cimentés avec de la chaux et mêlés de quel-

N° 18. ROUTE DE PARIS A BARÉGES.

ques briques; l'encadrement des croisées et des portes est de marbre gris revêtu d'encaustique qui lui donne une couleur noir bleuâtre; les toits, fortement inclinés, sont couverts en ardoises. Les appartements sont propres et bien tenus.

BIOGRAPHIE. Tarbes est la patrie du maréchal de Castelnau; du père Navarre et du père Corbin, doctrinaires; du chevalier d'Angos, astronome; du général Dembarrère, sénateur et pair de France; de l'abbé Tormé, auteur d'éléments de géométrie et d'algèbre, évêque du département du Cher, et député à l'assemblée législative; de Bertrand Barère, membre de la Convention et du Comité du salut public; de Ferrère, célèbre avocat de Bordeaux.

COMMERCE. Entrepôt de tout le commerce du département, commerce de vins, d'eaux-de-vie; chandelleries, cartonnerie, charronnage, tanneries, papeteries, marbreries, coutellerie, clouterie, huiles de noix, de graines de lin, de colza, etc. Commerce de chevaux, de bestiaux, de mules, de jambons, etc. Dépôt d'étalons, au nombre de cent.

Courses de chevaux de premier ordre, pour les départements des Hautes et Basses-Pyrénées, Haute-Garonne, Gers, Ariége, Aude, Hérault, Gard, Pyrénées-Orientales, Corse. — A 731 kil. (187 l. 1/2) de Paris.

HÔTELS : de la Paix, du Grand-Soleil, Blondin, de France, chez Claverie, Simpalis, Despalangues et Dupont.

BUTS D'EXCURSIONS : à *Lourdes*; à *Argelès*; à la *Vallée d'azur*; à *Arrens*, et la chapelle de *Pouey-la-Huc*, taillée dans le roc; à l'*église de Saint-Savin*, remarquable par la riche culture du coteau sur lequel elle s'élève, et par la vue de la délicieuse *vallée de Davantaygue*; à *Cauterets*; à *Luz*; à *Saint-Sauveur*; à *Gavarnie*; a la chapelle de *Héas*; à *Baréges*; au *Pic du Midi*; à *Grip*; à la *vallée de Campan*; à l'ancienne abbaye de l'*Escaladieu*, etc., etc.

VOITURES PUBLIQUES. Tous les deux jours de Tarbes à Bayonne.

OUVRAGES A CONSULTER, qui se trouvent à la librairie de Fonga et chez les principaux libraires de Tarbes :

Essais historiques sur le Bigorre, par Avezac Macaya, 2 vol. in-8°, 1823.
Description des Pyrénées, par Drolet, 2 vol. in-8°.
Voyage dans les Pyrénées françaises, principalement dans le Bigorre, Baréges et Bagnères, par Picquet, in-8°, 1789.
Itinéraire topographique et historique des Hautes-Pyrénées, par Abadie, in-8°, 1819.
Voyage dans les Pyrénées françaises, par Ramond, in-8°, 1801.
Annuaire statistique des Hautes-Pyrénées, par la Boulinière, 1807 et 1813.
Itinéraire descriptif et pittoresque des Hautes-Pyrénées, par la Boulinière, 3 vol. in-8°, 1825.
Voyage dans les Pyrénées, par Pussumot, in-8°.
Statistique des départements pyrénéens, par du Mège, 2 vol. in-8°, 1828.
Voyage aux Pyrénées françaises et espagnoles, par J. P. P., in-8°, 1829.
Tableau des Pyrénées françaises, par Arbanère, 2 vol. in-8°, 1828.
Album pittoresque et historique des Pyrénées, par Fourcade, in-8°, 1835.
Mémoire sur les eaux minérales et établissements thermaux des Pyrénées, par Lomet, in-8°, an III.
Guide du voyageur aux Pyrénées, par Richard, in-12, 1840.
Un mois dans les Pyrénées, par Azaïs, in-8°, 1809.
Voyage pittoresque et descriptif dans les Pyrénées, par Bertrand Barère, in-12, 1839.
Essai sur la constitution géognostique des Pyrénées, par Charpentier, in-8°.
Voyage pédestre dans les Pyrénées, par Chausenque, 2 vol. in-8°, 1834.
Flore inédite des Pyrénées, par Corbin.
Dissertation sur les Pyrénées, par Darcet, 1776.
Description de la vallée d'Azun, de Cauterets, etc., par Dureau de la Malle, in-8°, 1808.
Voyage à Baréges et dans les Hautes-Pyrénées, par Dusaulx, 2 vol. in-8°, 1796.
Nouvelles observations sur l'état actuel des Pyrénées, etc., par Fabas, in-8°, 1808.
Nouvelle suite de costumes pyrénéens, par Lagarrigue.
Voyage dans les Hautes-Pyrénées, par Marcellus, in-12, 1856.
Essai sur la minéralogie des monts Pyrénées, in-4°, 1781.
Fragment d'un voyage sentimental et pittoresque dans les Pyrénées, par St-Amand, in-8°, 1789.

LOURDES (*Hautes-Pyrénées*). Petite ville située près de la rive droite du gave de Pau, à 12 kil. (3 l.) d'Argelès. Trib. de 1re inst. de l'arrondissement. ⌧ ☯ 3,818 hab. — Lourdes est une ville très-ancienne, où l'on voit quelques restes de tours qui passent pour avoir été construites du temps de César. Cette ville est avantageusement située à la jonction de quatre vallées. Elle entoure, de l'autre côté du gave, le roc qui supporte le château, et s'étend dans un ravin traversé par un torrent; c'est une ville assez bien bâtie, mais irrégulière. Une grosse tour carrée forme la masse principale du château ; le logement du gouverneur, une chapelle, et une caserne pour une garnison de cent soldats, composent le reste. — FABRIQUES de toiles de lin, mouchoirs, crépons, bas rayés, etc. — COMMERCE de vaches laitières.

BUTS D'EXCURSIONS. On remarque près de Lourdes plusieurs grottes creusées dans une montagne calcaire, sur la rive gauche du gave; ce sont de longues galeries, où l'on pénètre à la lueur des flambeaux La plus belle est celle dite du *Loup :* l'entrée en est étroite et difficile; mais à peine y est-on introduit, que le dôme s'élève, et l'on marche commodément; elle est divisée ensuite en trois énormes crevasses, dont celle du milieu est terminée par un affreux précipice. A peu de distance, au nord-ouest de la ville, est le lac de Lourdes, qui a environ 4 kil. (1 l.) de circonférence, et qui abonde en anguilles et en brochets monstrueux. — A *Vidalos*, on remarque les ruines de la tour de ce nom, bâtie dans une belle situation, d'où l'on domine sur la riante vallée d'*Argelès*, dont cette tour défendait autrefois l'entrée.

ARGELÈS (*Hautes-Pyrénées*). Petite ville. Sous-préfect. dont le tribunal de 1re inst. est à Lourdes. ⌧ 1,357 hab. — Cette ville est située à 482 mètres d'élévation au-dessus du niveau de la mer, dans la magnifique vallée de son nom, sur la rive gauche du gave d'Azun, un peu au-dessus de son confluent avec le gave de Pau. Sa physionomie est celle d'un bourg; mais ce bourg, formé de groupes de jolies maisons, mêlées à des massifs de verdure, est délicieux. On y voit une belle place carrée, de belles habitations couvertes en ardoises et garnies de marbre aux portes ainsi qu'aux croisées. — La vallée d'Argelès, fameuse et digne de l'être, participe de la richesse des plaines et du charme des montagnes; c'est un beau bassin où débouchent les trois grandes vallées d'Azun, de Cauterets et de Gavarnie. Pour jouir de ses beautés, il faut gravir sur la montagne de Balandrau, au pied de laquelle la ville est située. A 35 kil. (9 l.) de Tarbes, 766 kil. (186 l. 1/2) de Paris. — HÔTEL Dupré.

BUT D'EXCURSION : à *Saint-Savin*, ancienne abbaye dont la chapelle gothique mérite d'être visitée.

PIERREFITTE (*Hautes-Pyrénées*). Village à 6 kil. (1 l. 1/2) d'Argelès. ☯ En y arrivant par la route de Luz, on traverse une vallée étroite où se montrent des beautés du genre le plus sévère : là, les monts sont si rapprochés, les escarpements sont si roides, le gave est si profond, qu'il a fallu de grands efforts pour y pratiquer une route (voyez ci-après Barèges).

LUZ (*Hautes-Pyrénées*). Petite ville située dans le vallon de son nom, à 20 kil. (5 l.) d'Argelès. ☯ 2,357 hab. On y remarque l'église paroissiale, bâtie, dit-on, par les templiers ; elle est entourée d'un mur bordé de créneaux et surmonté d'une tour carrée sous laquelle se trouve la porte d'entrée; l'ancien cimetière est renfermé dans cette enceinte.

BUTS D'EXCURSIONS : à *Viscos*; au pont de *Villelongue*. A peu de distance de Luz, on aperçoit, sur un rocher très-élevé qui domine tout le vallon, les ruines de l'ancien château de *Sainte-Marie*, que le comte de Clermont reprit sur les Anglais en 1404. Il n'en reste plus qu'une tour ronde et une tour carrée, réunies par un mur.— Une curiosité du vallon de Luz est la *fontaine pétrifiante* qui se trouve sur la rive gauche du gave, au-dessous de Saint-Sauveur.

SAUVEUR (SAINT-) (*Hautes-Pyrénées*). Village à 21 kil. (5 l. 1/2) d'Argelès, et à 2 kilomètres sud de Luz. Un relais de poste y est établi temporairement pendant la saison des bains. — Ce village est dans une situation riante et pittoresque, dans la vallée de Luz, sur la rive gauche du gave de Pau. Le chemin qui conduit de Luz à ce délicieux endroit est des plus agréables : c'est une longue avenue d'arbres qui traverse de vertes prairies et aboutit à un beau pont en pierres de serpentine, d'une construction élégante, d'où l'on monte vers Saint-Sauveur par une superbe chaussée creusée dans le roc et garnie de parapets le long des précipices que l'œil contemple sans effroi Cette route est aussi belle que commode; des voûtes hardies la soutiennent, et des arbres touffus qui semblent incrustés dans les pierres, protégent le voyageur de leur ombre; des cascades s'élancent en bouillonnant du creux des roches pendantes, et leurs eaux vont, à travers de belles prairies, se réunir à celles du gave. — La situation pittoresque de ce joli séjour peut rivaliser avec les plus beaux sites, non-seulement des Pyrénées, mais de la Suisse même. Des vues diverses, plus belles les unes que les autres, se présentent continuellement sous des formes nouvelles : tantôt on voit des montagnes en amphithéâtre, couvertes d'habitations isolées, ou groupées sur le penchant ou les cimes des montagnes; tantôt ce sont des cascades qui tombent perpendiculairement, entourées de verdure et d'arbrisseaux; tantôt c'est le cours du gave qui, resserré entre deux digues étroites, s'engouffre avec violence au fond d'un précipice. Enfin, on ne peut quitter Saint-Sauveur sans être pénétré de l'admiration qu'offre son beau site.

La découverte des eaux thermales est d'une date fort ancienne, et qu'on ne saurait assigner. Les succès obtenus par leur emploi dans un grand nombre de maladies ne tardèrent pas à être remarqués des médecins, qui y dirigèrent beaucoup de malades; Saint-Sauveur commença alors à s'agrandir : les maisons, bornées pendant longtemps au nombre de dix ou douze, se sont accrues récemment par l'industrie particulière, en raison de l'affluence toujours croissante des étrangers. Ces maisons, toutes plus agréables les unes que les autres, sont autant d'hôtels garnis où se réunissent, pendant la belle saison, jusqu'à deux cents baigneurs; elles sont bâties sur l'escarpement de la montagne et rangées sur deux files, que sépare une rue assez large; celles du côté droit sont adossées contre le rocher, tandis que celles de l'autre côté sont comme suspendues sur des pentes rapides, au bas desquelles le gave roule ses eaux mugissantes. — L'établissement des bains est bâti sur une belle terrasse, qui domine d'un côté la jolie plaine de Luz, et de l'autre un bosquet charmant au bas duquel roule le gave. On y trouve une buvette et quinze baignoires en marbre, placées dans des cabinets. La saison commence au mois de mai, et dure jusqu'à la fin du mois de septembre. Le nombre des malades qui fréquentent Saint-Sauveur est annuellement de deux à trois cents. On y trouve un salon de réunion et des salles de danse et de jeu. La vie et les logements sont assez chers; on peut compter pour ces deux choses 5 fr. par jour pour chaque personne. Les bains, dont la durée est d'une heure, se payent 1 fr. 20 c., y compris le chauffage du linge. Les douches sont au même prix.

Les eaux de Saint-Sauveur sont plus tempérées que celles de Baréges, dont elles peuvent être regardées comme une annexe. Elles sont spécialement recommandées aux personnes atteintes de maux de poitrine et de spasmes nerveux. Ces maux annoncent une organisation délicate, éminemment sensible, et par suite toutes les qualités de l'esprit et du caractère qui rendent ces malades aimables et intéressants : aussi tous les voyageurs louent les charmes de la société de Saint-Sauveur. Ce genre de maux affecte plus particulièrement les femmes : aussi sont-elles en plus grand nombre que les hommes dans cet établissement. Saint-Sauveur renferme des maisons particulières où l'on peut louer des chambres à tous prix; des hôtels bien tenus où l'on trouve des appartements pour toutes les fortunes; un Wauxhall où l'on danse deux fois la semaine; des chevaux pour les courses, 2 et 3 fr. par jour.

BUTS D'EXCURSIONS : au *Pic de Bergons*, d'où l'on jouit d'une vue magnifique des Pyrénées; aux ruines du *Château de Sainte-Marie*; aux *Jardins de Cythère*; au village de *Sasis*; au pont d'une seule arche. Un pèlerinage obligé de tous les étrangers qui fréquentent Saint-Sauveur, c'est une ascension à la cascade de *Gavarnie*. (*Voy.* ci-après.)

OUVRAGE A CONSULTER. *Précis d'observations sur les eaux thermales de Saint-Sauveur*, par Fabas, in-8°, an VI.

GÈDRE (*Hautes-Pyrénées*). Village à 29 kil. (7 l. 1/2) d'Argelès, commune de Luz. Ce village est agréablement situé au fond d'un petit bassin que traversent deux gaves, dont les débordements y causent quelquefois des dommages considérables : il est environné de collines garnies de cabanes qui présentent un aspect des plus pittoresques, et remarquable par une grotte célèbre ; des eaux vives animent cet antre agréable, fait en forme de galerie, où pénètre une douce lumière qui s'échappe des crevasses de la voûte à travers les arbres dont il est couronné, et qui produit le plus grand charme. Le fond de la galerie est éclairé par un dôme en partie découvert. On y voit, comme à travers un tube, une roche de marbre en forme de pilier, autour de laquelle circulent de larges flots resplendissants, qui font présumer deux autres galeries parallèles. Toutes ces eaux, descendues à travers la montagne de Héas, s'élancent dans le canal, y forment plusieurs ressauts sur des bancs de marbre ou de granit, se précipitent, à quelques pas du spectateur, sur des rochers blanchissants d'écume, et vont, à peu de distance, se rendre dans le gave béarnais. — L'église paroissiale de Gèdre est bâtie à la manière des anciens temples du paganisme, n'étant éclairée que par la porte et par une fenêtre en abat-jour qui donne sur l'autel ; une galerie, élevée de 10 pieds, règne autour de la nef, comme dans les églises espagnoles. Le bénitier, situé en dehors, est d'ophite. — C'est à Gèdre que débouche la vallée pittoresque de Héas. La route que l'on prend pour y parvenir suit la rive droite du gave de Gavarnie ; elle est ombragée en plusieurs endroits de beaux ormes entremêlés de frênes et d'érables ; le gave coule profondément au milieu d'un paysage dont l'intérêt est accru par le voisinage des rochers élevés d'où il s'élance, et par plusieurs moulins auxquels il donne le mouvement. Mais bientôt la scène change ; on passe un pont de bois jeté sur le torrent de Cambiel ; après quelques restes d'habitations et de prairies, après avoir tourné la montagne de Coumélie, la vallée n'est plus qu'un profond sillon creusé dans le granit, et encombré par les débris calcaires qui proviennent des sommités ; c'est le véritable séjour de la solitude et de la destruction, à l'issue duquel est le vallon de Prat, d'où l'on passe dans celui où se trouvent la chapelle et le hameau de Héas. Ce dernier vallon offre un aspect ravissant, en sortant des décombres qui le précèdent ; toute sa surface est couverte par les produits de la culture, qui s'étend jusque sur le flanc des montagnes. — La chapelle de Héas est située dans l'endroit le plus sauvage du vallon ; rien de plus aride que les bas-fonds, rien de plus âpre que les montagnes des deux versants latéraux, dont les flancs déchirés annoncent la vétusté et attestent les convulsions de la nature dans cette région granitique. Elle est bâtie en forme de croix, surmontée d'un petit dôme ; le maître-autel est richement doré ; les murs sont tapissés de plusieurs tableaux d'une composition bizarre et d'une exécution grotesque. Cette chapelle est l'objet d'un pèlerinage très-fréquenté par les habitants des vallées voisines, le 15 août et le jour de la Notre-Dame de septembre.

GAVARNIE (*H.-Pyrén.*). Village situé dans la vallée de son nom, à 37 kil. (9 l. 1/2) d'Argelès. Gavarnie est justement célèbre par son cirque et par ses cascades, que ne manquent pas de visiter les voyageurs qui fréquentent les nombreux établissements d'eaux minérales des Pyrénées. Le chemin qui conduit au cirque, toujours bordé d'un précipice, est si pénible, si étroit, et même en quelques endroits si périlleux, qu'on ne peut y aller qu'à cheval ou en chaise à porteurs. Depuis Saint-Sauveur, la gorge se transforme en un étroit précipice dont le torrent ravage et occupe le fond. Vous voyez deux villages, *Pragnères* et *Gèdre*, isolés et perdus dans la plus affreuse solitude. Les Pyrénées n'offrent rien de plus lugubre ni de plus sévère : vous marchez pendant quatre heures sur la crête de ravins formés par d'immenses éboulements, dans un silence que ne trouble aucun bruit, si ce n'est le roulement des torrents et le croassement des corneilles. Un seul chemin conduit à une chapelle déserte et comme abandonnée dans ces montagnes. Arrivé au village de Gèdre, derrière

N° 18. ROUTE DE PARIS A BARÉGES.

la maison *Palasset*, on visite une espèce de caverne formée par deux rochers énormes qui se rejoignent en voûte sans se toucher, et ombragée d'une infinité d'arbustes et de lianes qui pendent en festons. Dans le fond jaillit, comme d'un escalier tournant, et se précipite sur trois degrés, une eau si transparente, que l'on compte aisément les truites qu'elle roule parmi de gros bouillons d'écume. En poursuivant la route de Gavarnie, on se trouve bientôt entouré d'un amas prodigieux de rochers carrés, de 15 à 25 mètres sur toutes les faces, et dont un seul suffirait pour bâtir une maison. Ce lieu sauvage, très-bien nommé le Chaos, est d'une beauté imposante et effrayante à la fois. Après avoir visité la chapelle qui est au fond de ce désert, l'étonnement augmente à la vue des tours de Marboré, du Pré-Blanc, de la Brèche de Roland, de Néouvieille, de Vignemale, dont les cimes glacées, les plus élevées de toute la chaîne, sans excepter le pic du Midi, se perdent dans les nues, et ne sont accessibles que du côté de l'Espagne. Mais combien Gavarnie est au-dessus de tout cela! Aux yeux du naturaliste, il n'est aucun spectacle aussi imposant; aucun passage ne s'annonce avec autant de grandeur et de majesté que l'enceinte de Gavarnie; un seul de ces effets bizarres et sublimes qu'on rencontre à chaque pas sur la route suffirait pour donner de la célébrité à tout autre pays. On arrive enfin à Gavarnie, montagne dont la cime, élevée de plus de 470 mètres au-dessus du niveau de la mer, sépare la France de l'Espagne. Ici l'admiration, l'étonnement transportent le spectateur. Que sont tous les cirques des Romains! que sont tous les ouvrages des hommes, auprès de cet auguste monument de la nature! Il semble qu'elle ait fait un essai de ses forces pour y déployer tout ce qu'elle a de grandeur et de magnificence. Figurez-vous un vaste amphithéâtre de rocs perpendiculaires, dont les flancs nus et horribles présentent à l'imagination des restes de tours et de fortifications, et dont le sommet, ruisselant de toutes parts, est couvert de neiges éternelles, sous lesquelles le gave s'est frayé une route : l'intérieur du cirque est jonché de décombres, et traversé par des torrents. En pénétrant dans l'enceinte, qui autrefois était un grand lac dont les eaux ont rompu les digues, et ont donné cours au gave, on jouit d'un coup d'œil certainement unique dans son espèce. On voit le gave sortir du lac du mont Perdu, se précipiter, près du vieux pont et de ses éternels glaciers, dans l'enceinte de Gavarnie, de plus de 300 pieds d'élévation, et se partager ensuite en sept cascades. La plus belle est à gauche, et tombe d'une hauteur si prodigieuse et si détachée du roc, qu'elle ressemble à une longue pièce de gaze d'argent, ou à un nuage délié qui glisse dans les airs. On voit ensuite fuir, sous un pont de neige, ce gave, qui, d'abord faible ruisseau, murmure à peine, tout d'un coup se grossit, prend une couleur d'azur foncé, s'élance des rochers, entraîne, en grondant, les débris des bois et des monts, et menace d'ensevelir la contrée. Au loin s'élèvent le Marboré avec ses crêtes bleuâtres, le mont Perdu, et d'autres montagnes sur lesquelles l'Arioste a placé le théâtre de ses charmantes fictions. Tous les étrangers qui viennent aux eaux thermales font une visite solennelle à ce cirque fameux; pendant le cours de la saison, de joyeuses caravanes de 40 à 50 personnes parcourent la vallée de Gavarnie à cheval ou en chaise à porteurs.— On trouve à louer, pour ces courses, beaucoup de chevaux du pays, chevaux petits, mais adroits, solides, et que le danger des lieux fait préférer aux chevaux de maîtres.

Les voyageurs qui voudront tenter une excursion à la Brèche de Roland, et s'aventurer dans les glaces de cette région, trouveront à Gavarnie des guides sûrs avec lesquels ils pourront atteindre cette crête où M. Ramond a fixé, le premier, les idées sur l'état des glaces des Pyrénées. Un sentier, commençant à la partie du cirque opposée à la grande cascade, mène au pied de la muraille du Marboré : ce sentier présente plus d'un danger, et il faut du courage pour ne pas renoncer à l'entreprise On s'élève ensuite, après une marche fatigante, à la hauteur d'où les torrents tombent dans le cirque, on suit un mur de rochers, qui est le prolongement d'un des gradins des tours du Marboré, et sous la saillie duquel s'abritent les bergers espagnols qui fréquentent ces pâturages : c'est de là qu'on voit sous ses pieds les nombreuses cascades qui descendent dans l'enceinte des rochers qu'on a gravis. Bientôt on arrive vers le grand vallon de neige, et l'on atteint sa partie supérieure. Il s'agit alors de monter vers le mur, en gravissant une pente de neige de 45 degrés d'inclinaison. L'on s'arme de crampons, et l'on gravit ces bandes de neige, en tournant le glacier dont l'élévation rend la pente impraticable. Arrivé en face de la Brèche, on croit pouvoir passer de plain-pied ; mais un large fossé, taillé en entonnoir, profond d'une trentaine de pieds, se trouve interposé entre elle et le voyageur. Il faut donc tourner le fossé, gagner l'un des côtés de la porte, et, en s'accrochant à l'un de ses murs, user de toute l'adresse de montagnards pour se glisser en Espagne. Qu'on se figure une muraille de rochers de 100 à 200 mètres de haut, élevée entre la France et l'Espagne, et qui les sépare physiquement ; que l'on se figure cette muraille courbée en forme de croissant, en sorte que la convexité en soit tournée vers la France ; que l'on s'imagine enfin qu'au milieu même, Roland, monté sur son cheval de bataille, a voulu s'ouvrir un passage, et que d'un coup de sa fameuse épée il a fait une brèche de 100 mètres d'ouverture, et l'on aura une idée de ce que les montagnards appellent la Brèche de Roland.

BARÉGES. Village à 20 kil. (5 l. 1/2) d'Argelès, 793 kil. (203 l. 1/2) de Paris, commune de Père-Baréges. — Baréges est dans une agreste situation, au centre des Pyrénées, entre deux rangs de montagnes parallèles et taillées à pic, sur la rive droite du Bastan, qui traverse le vallon de Baréges. Ce réduit, dont les ours s'emparent quand on l'a quitté, n'est habitable que pendant quatre ou cinq mois de l'année ; les habitants l'abandonnent au commencement d'octobre, et vont attendre à Luz et dans la vallée de Baréges le retour de la saison des eaux ; les maisons restent ensevelies sous les neiges, et livrées à la garde de quelques hommes.

On fait remonter à quatre siècles l'époque de la découverte des eaux de Baréges, et on rapporte qu'elles formaient alors une espèce de cloaque, d'où s'exhalaient des vapeurs qui fixèrent l'attention des habitants. Eux seuls profitèrent d'abord de cette importante découverte, et ces eaux restèrent comme ignorées jusqu'au temps où madame de Maintenon, qui se trouvait à Bagnères avec le jeune duc du Maine, affecté d'une espèce de paralysie, se rendit à Baréges par le Tourmalet. L'ingénieur Polard fit exécuter la route qui conduit de Tarbes à Baréges, par Lourdes, Pierrefitte et Luz, et le fontainier Chevillard fut chargé de recueillir les deux principales sources dont les habitants faisaient usage ; il y réussit, aidé par les conseils de Polard. Alors furent formés les bains de l'Entrée, les bains du Fond, celui de Polard, et les trois douches. Le bain de la Chapelle fut construit depuis, par des ouvriers du pays. En 1775, Gensy, fontainier de Bayonne, recueillit la source qui fournit au bain de ce nom ; on y a joint depuis deux autres baignoires.

Baréges a une soixante de maisons, parmi lesquelles il en est d'assez belles, situées sur la principale ou plutôt sur la seule rue qu'il offre, et qui est assez large. Il réunit, dans la saison, un plus grand nombre d'éclopés et d'infirmes que les autres établissements. On y trouve des chambres de 1 fr. 50 c. à 2 fr. par jour, et au-dessus. Les bains coûtent 1 fr. 50 c. pour tout ; la nourriture de 5 à 6 fr. ; il a plusieurs tables d'hôte. — Il y a wauxhall deux fois par semaine, et l'on y voit tous les ans de très-beaux bals, grâce aux renforts qui viennent de Saint-Sauveur, à qui les habitués de Baréges rendent la pareille, en allant danser chez eux par députation.

La route de Baréges est un monument à jamais mémorable de l'administration supérieure dans ces localités ; elle côtoie alternativement l'une et l'autre rive du gave, au-dessus duquel on a jeté des ponts dont la hardiesse étonne. On en compte sept de Pierrefitte à Luz ; trois sur le gave, dans la première moitié du trajet; un quatrième à l'endroit le plus resserré, le plus sauvage, sur le torrent qui descend du versant gauche, où se voit encore un ancien arceau appelé le *Pont d'Enfer;* celui de la Hiellardère, tout en belles pierres serpentines, dont la construction a été achevée en 1809, est le cinquième. Ce pont est surmonté d'un obélisque, sur lequel devraient être consacrés les noms justement révérés de MM. de la Beauve et d'Étigny, intendants de la généralité d'Auch. Le premier a fait ouvrir cette belle route; le second l'a perfectionnée, en y joignant les deux embranchements de Cauteretz et de Saint-Sauveur.

Il y a six sources à Baréges, qui sont : Polard, dont la température est de + 38,20 degrés du therm. centigr.; la Tempérée, + 33,00 ; le Fond, + 36,25 ; la Douche, + 44,38 ; l'Entrée, + 42,00 ; la Chapelle, + 28,45. L'hospice, adossé au flanc de la montagne, est composé de quelques bâtiments assez solides, et de mauvaises baraques d'un espace fort limité, où les militaires sont entassés d'une manière gênante et souvent nuisible. — Les eaux se prennent depuis le 1ᵉʳ juin jusqu'à la fin de septembre. Ces eaux sont très-fréquentées; il s'y trouve souvent près de 800 personnes, non compris les militaires, dont le nombre est ordinairement de 4 à 500. — Les eaux de Baréges sont en général apéritives, diurétiques et sudorifiques. Elles excitent un léger mouvement de fièvre, dont la durée, prolongée pendant plusieurs mois, réveille le mouvement organique, facilite les sécrétions et dissipe les maladies les plus rebelles. Ces eaux, dit M. Alibert, produisent une excitation marquée dans toute l'organisation, déterminent des mouvements critiques du centre à la circonférence. Cette action particulière les a fait préconiser avec raison contre les maladies cutanées. Elles agissent d'une manière spéciale dans les anciens ulcères, dans les vieilles plaies d'armes à feu, dans les rétractions des muscles, des tendons et des ligaments. On les voit produire des effets miraculeux dans les douleurs rhumatismales, et dans une multitude d'altérations lymphatiques.

BUTS D'EXCURSIONS : au *Pic d'Ayré*; à la montagne de *Liens*; au *Pic de Lisse*; au *Lac d'Escoublous*; à *Grip*; au *Pic du Midi de Bigorre*.

OUVRAGES A CONSULTER. *Voyage à Baréges et dans les Hautes-Pyrénées*, par Dusaulx, 2 vol. in-8º, 1796.
Guide du voyageur aux bains de Bagnères, Baréges, etc., par J., in-12, 1819.
Mémoire sur les eaux minérales et les eaux des Pyrénées, par Lomet, in-8º, an VII.

2ᵉ R., par BORDEAUX et TARBES, 83 myr. 1 kil.

                                                        m. k.
De PARIS à BORDEAUX (Voy. Nº 25).............. 56,2
BORDEAUX à TARBES (Voy. Nº 25)............... 21,2
TARBES à BARÉGES (Voy. la 1ʳᵉ route)......... 5,7

3ᵉ R., par BORDEAUX et PAU, 83 myr. 3 kil.

De PARIS à PAU (Voy. Nº 106)................. 75,6
PAU à BARÉGES (Voy. Nº 106)................ 7,7

4ᵉ R., par TOULOUSE et TARBES, 88 myr. 3 kil.

De PARIS à TOULOUSE (Voy. Nº 138)............ 68,1
TOULOUSE à TARBES (Voy. Nº 138)........... 14,5
TARBES à BARÉGES (Voy. la 1ʳᵉ route)......... 5,7

5ᵉ R., par BORDEAUX et AUCH, 87 myr. 4 kil.

De PARIS à BORDEAUX (Voy. Nº 25).............. 56,1
BORDEAUX à AUCH par CASTEL-JALOUX (V. Nº 25). 18,6
AUCH à BARÉGES (Voy. Nº 106)................. 12,7

N° 19.

R. DE PARIS A **BAYONNE** (BASSES-PYRÉNÉES).

79 myr.

	m. k.
De Paris à Bordeaux (Voy. N° 25, Route de Bordeaux.)	56,1
Bordeaux à Bayonne (Voy. N° 25).............	22,9

DE BAYONNE A URRUGNE, 2 myr. 5 kil.

De * Bayonne à Bidart ⌀...................................	1,1
* Biarritz (à gauche de la route).	
Bidart à * Saint-Jean-de-Luz ⌀................	0,9
Saint-Jean-de-Luz à Urrugne ⌀.................	0,5

BAYONNE (*Basses-Pyrénées*). Jolie et forte ville maritime. Sous-préfect. Trib. de 1ʳᵉ instance et de comm. Ch. et bourse de comm. Dir. des douanes. Place forte de 1ʳᵉ classe. École d'hydr. de 3ᵉ classe. Évêché. ✉ ⌀ 14,773 hab. (*Établissement de la marée du port*, 3 heures 30 minutes.) — La fondation de Bayonne ne paraît pas remonter plus haut que le dixième ou le onzième siècle. C'est une ville très-avantageusement située, à peu de distance de l'Océan, au confluent de la Nive et de l'Adour, qui réunissent leurs eaux sous les murs du réduit. La Nive, avant de mêler ses eaux à celles de l'Adour, divise la ville en deux parties à peu près égales, désignées sous le nom de grand et de petit Bayonne, réunies par les ponts Mayon et Paneco. Ces deux enceintes sont entourées de beaux remparts flanqués de bastions et entourés de fossés larges et profonds, qu'on peut remplir d'eau à volonté : on y entre par quatre portes. Le grand Bayonne s'étend sur la rive gauche de la Nive, et renferme le vieux château ; le petit Bayonne se prolonge sur la rive droite de la Nive et la rive gauche de l'Adour, et renferme le château neuf flanqué de quatre tours. Un troisième quartier, que l'on peut considérer comme faubourg de Bayonne, quoiqu'il n'appartienne ni à cette ville, ni même au département des Basses-Pyrénées, est situé sur la rive droite de l'Adour ; il porte le nom de Saint Esprit, et forme une petite ville du département des Landes, qui communique avec Bayonne par un beau pont de bois, sur lequel on traverse l'Adour. C'est au Saint-Esprit qu'est bâtie la citadelle, qui commande tout à la fois la ville, le port, la campagne et la mer. Bayonne est une ville en général fort bien bâtie ; la grande rue, où passe la route d'Espagne, est large, bien percée et ornée de beaux édifices ; mais toutes les autres rues sont étroites, sans l'être pourtant à l'excès : ce qui les rétrécit à la vue, est la hauteur des maisons, élevées de trois à quatre étages, et pour la plupart assez bien construites. La place Grammont, qui donne d'un côté sur la Nive et de l'autre sur l'Adour et sur le port, est décorée de beaux édifices ; c'est là que sont réunis, avec la douane et la salle de spectacle, tout le commerce, toute l'activité, tout l'agrément de Bayonne. — Le seul édifice public remarquable de Bayonne est la cathédrale, bâtie sur une hauteur vers la fin du douzième siècle : elle est petite, mais d'une élégante construction gothique. — Les allées maritimes forment une promenade agréable, qui ne ressemble en rien à

N° 19. ROUTE DE PARIS A BAYONNE.

ce qui existe ailleurs en ce genre ; c'est une espèce de jetée plantée d'arbres, entretenue et sablée avec beaucoup de soin. L'un des côtés est bordé de jolies maisons peintes de diverses couleurs ; de l'autre règne un quai superbe, où viennent s'amarrer les navires, et d'où l'on découvre le Saint-Esprit, couronné par la citadelle. Au pied est le chantier de construction, appelé le port, et une rangée de chais ou magasins. Cette promenade est très-fréquentée, et offre un aspect charmant par la diversité des costumes que l'on y remarque ; c'est là que l'on peut admirer ces aimables Bayonnaises à la physionomie riante, aux yeux vifs et agaçants, à la taille élégante, à la tournure gracieuse ; et ces jolies Basquaises aux tailles sveltes et bien prises, aux figures vives et piquantes, à la démarche facile et légère ; il est rare de trouver dans une grande ville un aussi grand nombre de femmes attrayantes. On remarque encore à Bayonne : l'arsenal militaire, un des plus beaux et des plus riches du royaume ; l'hôpital militaire, qui pourrait loger 2,000 malades ; l'arsenal de construction navale.

PATRIE de M. Delaborde, financier célèbre par la protection et les encouragements qu'il prodiguait aux lettres et aux arts ; du lieutenant général Harispe ; de M. J. Laffitte, ancien ministre, membre, depuis 1815, de toutes nos assemblées législatives. — FABRIQUES d'eau-de-vie d'Andaye, d'anisette, de chocolat estimé et de crème de tartre. Nombreuses exploitations de kaolin susceptible de fournir toutes les fabriques de France. Corderies pour la marine. Raffineries de sucre. Construction de navires. Armements pour la pêche de la baleine, de la marine et pour les colonies. Grand et petit cabotage. — COMMERCE de vins, eaux-de-vie, drogueries, jambons dits de Bayonne (qui se préparent particulièrement à Orthez), denrées coloniales, lins, toiles, laines, goudron, résine, etc. — Entrepôt de denrées coloniales de toute espèce.
—A 117 kil. (30 l.) de Pau, 176 kil. (45 l.) de Bordeaux, 815 kil. (209 l.) de Paris.
—HÔTELS : du Commerce, tenu par M. Teinturier ; de Saint-Étienne, du Grand-d'Espagne, de Saint-Martin.

VOITURES PUBLIQUES. Tous les jours pour Bordeaux, Toulouse et l'Espagne.
BUT D'EXCURSION : à *Biarritz* (5 kil.) (*Voy.* ci-après).
OUVRAGES A CONSULTER, qui se trouvent à la librairie de Vignacourt, à Bayonne : *Essai historique sur la ville de Bayonne*, par Massin, in-8°, 1792.
Nouvelle chronique de la ville de Bayonne, par un Bayonnais, 2 vol. in-8°, 1829.

BIARRITZ (*Basses-Pyrénées*). Bourg maritime près de la grande route de Bayonne à Saint-Jean-de-Luz, au bord de l'Océan, qui y forme un petit port, à 4 kil. (1 l.) de Bayonne. 1,000 hab. — Biarritz est renommé pour ses bains de mer, que fréquentent assidûment dans la belle saison les habitants de Bayonne. C'est un spectacle charmant d'y voir, à certains jours, arriver des caravanes de baigneurs et de baigneuses, qui font la partie d'aller se plonger dans la mer. La manière d'exécuter cette promenade est curieuse : on place sur le même cheval ou mulet, de chaque côté du bât, deux petites chaises ou tabourets, sur lesquels, après avoir étendu des tapis plus ou moins élégants, se mettent deux personnes dont le poids s'équilibre au moyen de pierres ajoutées à la plus légère ; l'un des deux voyageurs est passager, l'autre est le conducteur. On trouve de ces équipages, que l'on désigne sous le nom de cacolet, au coin des rues et sur les places publiques de Bayonne ; ils y remplacent les fiacres ou les cabriolets de louage, dont on fait usage dans d'autres villes. Ce sont presque toujours de jeunes et jolies Basquaises qui conduisent les cacolets. La route de Bayonne à Biarritz est aujourd'hui fort belle ; dans la saison des bains, elle est parcourue chaque jour par plusieurs voitures publiques et par 60 ou 80 équipages. Au vieux port, on trouve des barques fournies de tout ce qui est nécessaire pour le bain.

Le bourg de Biarritz est bâti dans une situation pittoresque, sur des bancs de rochers qui s'élèvent à plus de cent pieds au-dessus du niveau de la mer. La côte est en cet endroit très-enfoncée et la marée y monte très-haut ; les vagues, poussées par les vents du nord et de l'ouest, et brisées par les écueils, produisent un fracas épouvantable; elles ont déchiré et creusé de toutes les façons les flancs de la côte, et formé des grottes, parmi lesquelles celle désignée sous le nom de Chambre-d'Amour est la plus vaste et la plus connue; sa forme représente un demi-cercle de 36 à 40 pas de diamètre; sa plus grande hauteur, à l'entrée, est de 5 à 6 m., et cette hauteur diminue graduellement jusqu'au fond de la grotte, où la voûte touche le sol. Au-dessus de l'ouverture croissent une foule de plantes curieuses, telles que le rosier à feuilles de pimprenelle, l'astragale bayonnais, le muflier à feuilles de thym, le lin maritime, etc. — Il n'y a pas à Biarritz d'établissement fixe; c'est dans une petite anse connue sous le nom de Port-Vieux, sur une belle plage, que l'on se baigne. Là, les personnes des deux sexes, confondues dans la même enceinte, mettent à leurs joyeux ébats une liberté qui n'est pas un des charmes les moins puissants que présentent les bains de Biarritz. On se baigne aussi dans des trous de rochers qu'on appelle bains d'amour : nulle part le terrible golfe de Gascogne n'étant battu par plus de tempêtes, il est arrivé quelquefois que le mouvement rétrograde des flots brisés par le reflux a emporté des baigneuses; autant de fois de jeunes et vigoureux baigneurs ont volé à leur secours, mais presque toujours sans succès. Le péril est grand, les dangers sont connus; toutes les mères racontent à leurs filles l'anecdote si connue de la Chambre-d'Amour : on écoute, on pleure, et l'on revient aux bains d'amour.

JEAN-DE-LUZ (SAINT-) (*Basses-Pyrénées*). Petite ville maritime, située sur la rive droite de la Nive qui s'y embouche dans l'Océan, à 23 kil. (6 l.) de Bayonne. ⌧ ⚭ Vice-consulats étrangers. 2,860 hab. — C'était jadis une ville florissante et un port très-fréquenté. Elle est généralement bien bâtie, propre et assez bien percée, et communique par un pont de bois avec le bourg de Sibourg, bâti sur la rive opposée de la Nivelle. Elle est défendue par les forts de Sainte-Barbe et de Soccoa; près de ce dernier est un fort de troisième ordre, visible à la distance de quatre lieues.

N° 20.

R. DE PARIS A **BEAUCAIRE** (GARD).

73 myr. 6 kil.

	m. k.
De PARIS à * NÎMES ⚭ (Voy. N° 104)............	71,1
NÎMES à CURBUSSOT ⚭	1,1
CURBUSSOT à * BEAUCAIRE ⚭................	1,4

DE BEAUCAIRE A MARSEILLE, 11 myr. 1 kil.

De * BEAUCAIRE à SAINT-REMY ⚭................	1,7
SAINT-REMY à * ORGON ⚭....................	1,8
ORGON à * MARSEILLE ⚭ (Voy. N° 85).........	7,6

NIMES. Voyez page 86.
BEAUCAIRE (*Gard*). Jolie ville, à 23 kil. (6 l.) de Nimes. ⌧ ⚭ 9,967 hab.
— Cette ville, que l'on croit être l'ancien *Ugarnum*, est dans une situation

extrêmement avantageuse pour le commerce, à l'embouchure du canal d'Aiguesmortes, sur la rive droite du Rhône et vis-à-vis de Tarascon, avec lequel elle communique par un magnifique pont suspendu. On y remarque les ruines de l'ancien château; les restes d'une voie romaine; l'hôtel de ville; l'église paroissiale; la Maison dite de Montmorency, où l'on voit une cheminée ornée de belles sculptures; l'esplanade qui borde le Rhône; la prise d'eau du canal.

Jusqu'à la hauteur de Beaucaire, le Rhône est navigable pour les allèges, les tartanes, les bombardes, les bricks même, qui arrivent à pleines voiles de tous les ports de la Méditerranée. La facilité qu'ont les navires qui tiennent la mer, de remonter à Beaucaire, a fait choisir cette ville pour l'entrepôt général du commerce de la France avec l'Espagne, les côtes d'Afrique et d'Asie, ainsi qu'avec tout le Levant et l'Italie; pour être enfin le point central et le rendez-vous connu sous le nom de foire de Beaucaire, où se réunissent les négociants et les industriels de presque toutes les contrées commerçantes. — La foire de Beaucaire se tient tant dans l'intérieur de la ville que sous des tentes construites dans une vaste prairie bordée d'ormes et de platanes qui s'étendent le long du Rhône. Cette foire, rivale de celles de Francfort, de Leipzig, de Novi, de Taganrok, etc., s'ouvre le 1er juillet et ferme le 28. Dans cet espace, où dix mille personnes sont à l'étroit en temps ordinaire, se groupe et se foule une population de deux et quelquefois de trois cent mille négociants français, grecs, arméniens, turcs, égyptiens, arabes, italiens, espagnols et autres, qui viennent pour y vendre ou pour y acheter les produits de l'industrie de toutes les nations. La diversité des costumes et la variété des marchandises offrent un coup d'œil unique: chaque commerce a son quartier; là sont les laveurs de laines, ici les vendeurs de denrées coloniales; ailleurs sont les marchands de draps, plus loin les fabricants d'indiennes, etc., etc., etc. Il n'y a point de marchandise, quelque rare qu'elle soit, qu'on ne puisse y trouver. Aussi, malgré le peu de temps que dure la foire, s'y fait-il un commerce immense, dont le chiffre s'élève à plusieurs millions. La foire se termine le 28 juillet à minuit. — La ville est en général assez bien bâtie; cependant les rues en sont étroites et mal percées. — Le pont de bateaux qui unissait jadis Beaucaire à Tarascon a été remplacé par un pont suspendu, ouvrage immense, sans égal en France, et qui n'est rivalisé en Angleterre que par le fameux pont de Menai. — FABRIQUES de tricots, cadis, soieries, huiles d'olive, poterie commune. Tanneries et corroieries. — COMMERCE de grains, farines, vins, merrain, etc. — HÔTELS : du Luxembourg, de la Tuilerie. — Bateaux à vapeur de Lyon à Arles, correspondant avec le Languedoc. Bateaux accélérés sur les canaux du Midi, de Beaucaire à Toulon.

VOITURES PUBLIQUES. Tous les jours pour Paris, Lyon, Nîmes, Aix, Marseille, Toulouse, Narbonne, Avignon, le Vigan, Alais, Uzès, Clermont-l'Hérault, Sommières. — BATEAUX A VAPEUR pour Lyon, Arles et Marseille, correspondant avec le Languedoc. — CHEMIN DE FER pour Nîmes, Alais et la Grand'-Combe. Prix : pour Nîmes, 3 fr., 2 fr. 25 c., 1 fr. 75 c. et 1 fr. 25 c.; pour Alais, 8 fr., 6 fr. 25 c., 5 fr. 75 c. et 3 fr. 75 c.; pour la Grand'-Combe, 25 c. en sus. Quatre départs pour Nîmes tous les jours, deux pour Alais et la Grand'-Combe.

OUVRAGES A CONSULTER : *Antiquités de Beaucaire*, par Blond, in-4°, 1819. *Recherches sur la ville de Beaucaire*, in-8°, 1818.

De SAINT-REMY à * SAINT-ANDIOL ℗............ 1,7

SAINT-REMY. Voyez page 77.

ORGON (*Bouches-du-Rhône*). Petite ville à 34 kil. (8 l. 3/4) d'Arles. ⚔ ℗ 2,100 hab. Son origine paraît remonter à l'époque de la domination romaine, ainsi que l'attestent les ruines d'un aqueduc et plusieurs inscriptions trouvées dans les environs. Sur le sommet d'une colline au pied de laquelle la ville est bâtie, on voit les ruines d'un ancien château démoli en 1483, par ordre de Louis XI; ces ruines consistent en une grande citerne bien conservée, et en quelques restes de murailles construites à différentes époques. Sur la montagne qui le domine, et qui porte le nom de Notre-Dame, se voient aussi les ruines d'une ancienne forteresse. — La ville d'Orgon est située sur le penchant et au bas de la colline du château, qui ne laisse entre elle et la Durance qu'une lisière pour le passage de la grande route et du canal de Boisgelin. Elle est entourée de remparts et formée de rues assez régulières, bordées de maisons généralement bien bâties; dans la partie haute se trouvent de belles sources qui alimentent une fontaine placée près des remparts. Les dehors sont très-agréables : les ponts sur lesquels passe la grande route, les chaussées le long de la Durance, le canal de Boisgelin, les écluses, la voûte sous laquelle passe le canal souterrain pour se rendre à Saint-Andiol, les plantations d'arbres, offrent un coup d'œil très-pittoresque.

MARSEILLE. Voy. N° 82, Route de Lyon à Marseille.

ANDIOL (SAINT-) (*Bouches-du-Rhône*). Village à 20 kil. (5 l.) d'Arles. ☞ 950 hab. Il est en général assez mal bâti, mais remarquable par un château environné d'un parc magnifique. L'église paroissiale renferme de belles boiseries, ainsi qu'une chaire en bois de noyer chargée de sculptures d'un beau travail.

N° 21.

ROUTE DE PARIS A BEAUVAIS (OISE).

1re Route, par BEAUMONT (Voy. N° 34).............. 7,2

2e R., par MÉRU, 7 myr. 9 kil.

	m. k.
De PARIS à * PONTOISE ☞ (Voy. N° 68)..........	3,1
PONTOISE à HÉROUVILLE ☞.................	0,7
HÉROUVILLE à MÉRU ☞....................	1,6
MÉRU à SAINT-QUENTIN (Oise) ☞............	1,4
SAINT-QUENTIN à * BEAUVAIS ☞...............	1,1

PONTOISE (*Seine-et-Oise*). Petite ville. Sous-préf. C'était autrefois une place très-forte, dont les Anglais s'emparèrent en 1437. Elle est située en amphithéâtre, dans une position agréable, au confluent de la Viosne et de l'Oise, que l'on passe sur un beau pont. C'est une ville assez bien bâtie, dont la plupart des rues sont étroites et très-escarpées : les anciennes murailles qui l'entouraient autrefois existent encore en partie. — PATRIE de Tronçon-Ducoudray, du général Leclerc. A 31 kil. (8 l.) de Paris. ☒ ☞ HÔTELS : des Messageries, du Pot-d'Étain.

VOITURES PUBLIQUES. Tous les jours plusieurs pour Paris, 2 pour Magny, Gisors; Gournay.

BEAUVAIS. Voy. N° 34.

MÉRU. Petite ville située dans une vallée où abondent les sources d'eau vive, sur le ru du Méru, à 21 kil. de Beauvais, vers le S.— ☒ ☞ 1,940 hab.—

Centre d'une fabrique considérable de tabletterie.— HÔTEL du Lion-d'Or, situé en face le marché aux vaches, tenu par Richard.
VOITURES PUBLIQUES. Tous les jours pour Paris, Beauvais.
BEAUMONT-SUR-OISE (*Oise*). Jolie petite ville, agréablement située sur la croupe d'une montagne au pied de laquelle passe l'Oise. Elle est assez bien bâtie, et dominée par une vieille tour en ruines, seul reste de son ancien château. Sur un des côtés de la ville règne une jolie promenade en terrasse, d'où l'on jouit d'une vue agréable sur la riche vallée de l'Oise. A 8 l. de Paris. ☒ ⚐—HÔTELS : du Paon, du Grand-Cerf.

3. R., par LA HOUSSOYE, 8 myr. 9 kil.

	m. k.
De PARIS à CHARS ⚐ (Voy. N° 68)	4,9
* GISORS (sur la route).	
CHARS à * CHAUMONT (Oise) ⚐	1,4
CHAUMONT à LA HOUSSOYE ⚐	1,2
LA HOUSSOYE à * BEAUVAIS ⚐	1,4

GISORS (*Eure*). Petite ville sur l'Epte, à 29 kil. (7 l. 1/2) des Andelys. ☒ ⚐ 3,533 hab. Cette ville est entourée de murs et de fossés, sur lesquels on a élevé de charmantes promenades, qui ombragent les talus, les remparts, les glacis bastionnés, et offrent une continuité de sites on ne peut plus pittoresques. C'était autrefois une place forte, défendue par un bon château, dont on voit encore les restes imposants sur une petite montagne, près (de la rivière d'Epte. — L'église paroissiale date du XIIe siècle; la nef et quelques autres parties sont d'une époque plus récente. Le portail, construit à l'époque de la renaissance, est le plus précieux monument de ce genre qui existe en Normandie. Dans l'intérieur on remarque le beau jubé qui supporte les orgues, ainsi qu'un mausolée en marbre, attribué à Jean Goujon.

DE BEAUVAIS A AMIENS, 6 myr.

	m. k.
De BEAUVAIS à NOIREMONT ⚐	1,6
NOIREMONT à * BRETEUIL ⚐	1,2
* FOLLEVILLE (à gauche de la route).	
BRETEUIL à FLERS (Somme) ⚐	1,3
FLERS à * AMIENS ⚐	1,9

BRETEUIL (*Oise*). Bourg sur la Noye, à 10 l. de Clermont. ☒ ⚐ 2,284 hab. — A 1 kil. (1/4 de l.) sud-est de Breteuil, entre Vendeuil, Beauvoir et Capley, est un terrain que depuis longtemps les habitants des villages voisins nomment *Brantuspance*, où l'on a découvert un grand nombre d'antiquités.
FOLLEVILLE (*Somme*). Village à 12 kil. (3 l.) de Montdidier. 188 hab. — Le château de Beauvoir, ainsi nommé à cause de la vue immense dont il jouit, est une dépendance de Folleville, situé sur le sommet d'une haute montagne, et entièrement abandonné. Il est peu de monuments en France qui se présentent avec plus d'élégance, de grandeur et de majesté, avec quelque chose de plus étrange. L'église, qui a été respectée, offre dans son intérieur le tombeau en marbre blanc de Raoul de Launay.
AMIENS. Voy. Route de Paris à Calais.

DE BEAUVAIS A ARRAS, 13 myr. 7 kil.

	m. k.
De BEAUVAIS à NOIREMONT ⚐	1,6

N° 21. ROUTE DE PARIS A BEAUVAIS.

	m. k.
Noiremont à * Breteuil ☞	1,2
Breteuil à Montdidier ☞	2,1
Montdidier à Roye ☞	1,7
Roye à Péronne ☞ (Voy. N° 76)	2,8
Péronne à Arras ☞ (Voy. N° 52)	4,3

MONTDIDIER. Voyez page 18.
ROYE (*Somme*). Jolie ville, à 16 kil. (4 l.) de Montdidier. ✉ ☞ 3,636 hab. Roye passe pour être le *Rodium* de la Table théodosienne; les grandes routes de Paris en Flandre et d'Amiens en Champagne, qui se croisent dans cette ville, lui donnent un aspect animé. La place est assez spacieuse; il y existe une ancienne maison en bois qui fixe les regards des étrangers. On remarque dans l'église Saint-Pierre de superbes vitraux coloriés, représentant, entre autres sujets, les sacres de Clovis, de Charlemagne et de saint Louis.
OUVRAGE A CONSULTER : *Histoire de la ville de Roye*, par Grégoire Destigny, in-8°, 1818.

PÉRONNE. Voy. page 21.
ARRAS. Voy. page 3.

DE BEAUVAIS A DIEPPE, 10 myr. 5 kil.

	m. k.
De Beauvais au Vivier d'Anger ☞	1,5
Vivier d'Anger à * Gournay-en-Bray ☞	1,6
* Épaubourg (à gauche de la route).	
Gournay à * Dieppe (Voy. N° 47)	7,4

EPAUBOURG (*Oise*). Village situé à 20 kil. (5 l.) de Beauvais. L'église de ce village renferme des vitraux extrèmement remarquables, et d'une conservation parfaite.
GOURNAY. Petite et très-ancienne ville, à 44 kil. (11 l. 1/4) de Neufchâtel. Trib. de com. ✉ ☞ 3,030 hab. C'est une ville très-agréablement située sur les rives gracieuses de l'Epte, assez bien bâtie, entourée de jolis boulevards, et ornée d'une belle fontaine pyramidale. On trouve dans ses environs plusieurs sources d'eau minérale, dont la plus renommée est celle dite la fontaine de Jouvence. — Fabriques de toiles. Tanneries. — Commerce de bestiaux et de beurre excellent.
DIEPPE. Voy. N° 47.

DE BEAUVAIS A EU, 9 myr. 3 kil.

	m. k.
De Beauvais à * Marseille ☞	1,9
Marseille à Grandvilliers ☞	1,0
Grandvilliers à Aumale ☞	2,0
Aumale à Sénarpont ☞	1,5
Sénarpont à Gamaches ☞	1,6
Gamaches à * Eu ☞	1,3
* Saint-Valéry-sur-Somme (à dr. de la route).	

De Blangy à Sénarpont ☞	0,9
Blangy à Gamaches ☞	0,9

SAINT-VALÉRY (*Somme*). Ville et port de mer situé sur la rive gauche et près de l'embouchure de la Somme, à 16 kil. (4 l.) d'Abbeville. École d'hydrogr. de 4° classe. ✉ 3,265 hab. Quoique Saint-Valéry soit bien petit, il n'en offre pas moins un coup d'œil agréable et pittoresque le long de la mer. Son port, formé par la baie de Somme, reçoit un grand nombre de bricks et d'autres navires marchands. Les magasins à sel et l'écluse méritent d'être vus.

VOITURES PUBLIQUES. Tous les jours pour Paris, Abbeville, Eu; 2 fois la semaine pour Dieppe; à jour fixe pour Saint-Quentin, Péronne. — BATEAUX A VAPEUR pour Londres, en 11 h.

DE BEAUVAIS A ROUEN,

Par Gisors, 8 myr. 8 kil.

	m, k.
De BEAUVAIS à LA HOUSSOYE ☞...........	1,4
LA HOUSSOYE à GISORS ☞.............	1,6
GISORS à ÉTRÉPAGNY ☞...............	1,3
ÉTRÉPAGNY à ÉCOUIS ☞...............	1,3
ÉCOUIS à * ROUEN (Voy N° 68) ☞.......	3,2

De GISORS à MAGNY (S.-et-O.) (par SAINT-CLAIR) ☞. 1,8
* TRIE-CHATEAU (à gauche de la route).
* CHAUMONT (sur la route).

De MAGNY à CHARS ☞................. 1,5

TRIE-CHATEAU (*Oise*). Village à 31 kil. (8 l.) de Beauvais. 1,110 hab. Trie-Château fut longtemps une place importante, défendue par un château, dont il ne reste aujourd'hui qu'une tour. Il est dans une belle situation, environné de collines et de bois; plusieurs maisons s'y font remarquer par leur construction et leurs accessoires. L'une d'elles renferme deux sources minérales, nommées Fontaine de Conti et Fontaine de Bourbon. Leurs eaux sont froides, claires, limpides, fournissent constamment le même volume, et sont recommandées dans toutes les maladies atoniques, dans les coliques néphrétiques, bilieuses et venteuses, dans les affections mélancoliques et vaporeuses. — L'église paroissiale de Trie, édifice remarquable par son ancienneté, n'offre pas une croix, comme la forme des plus anciennes basiliques. La sacristie est séparée de l'autel par un mur; la porte d'entrée est formée de quatre cintres pleins d'un luxe de sculpture inimaginable, copiée sur les monuments que les Romains élevèrent en France, et que les premiers chrétiens appliquèrent à leurs temples : ce ne sont que festons de vignes, raisins, grenades, têtes de léopards, griffons aux ailes étrusques, chapeaux corinthiens d'un assez bon style.

CHAUMONT-OISE (*Oise*). Jolie petite ville, à 26 kil. (6 l. 3/4) de Beauvais. ⊠ 1,126 hab. C'est une ville agréablement située, au pied et sur la pente d'une montagne, dont le sommet est couronné par l'église paroissiale. Les maisons sont en général solidement bâties ên pierres, ou en briques et moellons; les rues sont larges et bien pavées : du haut de la montagne, on découvre un horizon immense. — L'église paroissiale de Saint-Jean-Baptiste est placée à mi-côte, dans une position pittoresque; son accès est peu commode : on y arrive par des rues en forme d'escalier. L'intérieur de l'église est d'un gothique délicat, composé d'un chœur et d'une nef, accompagnés de bas-côtés qui tournent autour du chœur, et de deux chapelles dans la croisée. — FABRIQUES de blondes. Tanneries. Mégisseries. Fours à chaux. — Foire pour la vente des chevaux et des bestiaux, les 12 mai et 6 décembre. — Marché tous les jeudis.

N° 22.

ROUTE DE PARIS A BELFORT (BAS-RHIN).

Itinéraire descriptif de PARIS à BELFORT et à BALE.

Deux routes conduisent à Charenton : l'une par Bercy et Charenton, l'autre par la Gare. Lorsqu'on prend la première de ces routes, on sort de Paris par le faubourg Saint-Antoine, à l'entrée duquel on quitte la grande et belle rue qui mène à la barrière du Trône, pour suivre une rue étroite qui aboutit à la barrière de la Grande-Pinte. Une lieue après cette barrière, on longe à droite le château de Bercy, et un peu plus loin celui de Conflans. Sur la gauche, on aperçoit, dans le lointain, le donjon du château de Vincennes. En arrivant à Charenton, une rue étroite et escarpée conduit au pont remarquable jeté sur la Marne, un peu au-dessus du confluent de cette rivière avec la Seine. Lorsqu'on prend la seconde route, on sort de Paris par la barrière de la Gare, en suivant sur la rive gauche de la Seine une chaussée que les eaux de cette rivière recouvrent en partie lors des grandes crues. La vue dont on jouit depuis la barrière jusqu'à Charenton est réellement délicieuse. On découvre le village et le port de Bercy, qui communique avec la rive gauche de la Seine par un beau pont suspendu de construction récente. A l'extrémité de ce village, on longe les murs du vaste parc du château de Conflans, ancienne maison de plaisance des archevêques de Paris, dont les jardins ont été, dit-on, plantés par le Nôtre. Immédiatement après, se présentent les villages de Conflans, des Carrières, et les premières maisons de Charenton, bâties en amphithéâtre sur le coteau qui domine le fleuve, que l'on traverse sur un pont d'une construction hardie. En quittant Charenton, on laisse à droite la route de Melun, pour prendre à gauche la route de Troyes, qui traverse Créteil, Boissy-Saint-Léger, et longe à gauche l'immense parc de Grosbois, dont on aperçoit le château en face du relais de ce nom. Brie est une petite ville dont on ne traverse que le faubourg; Guignes un petit bourg situé à la jonction de la route de Melun, et Mormant un autre bourg, assez joli, traversé par la grande route; à l'entrée on aperçoit l'avenue du château de Bressoy. Nangis est une jolie petite ville bâtie dans un des plus frais et des plus riants bassins de la Brie. Au delà du village de Vulaines, on jouit d'une belle vue sur la ville de Provins, et l'on arrive par une côte en pente douce dans le délicieux vallon où cette ville est bâtie. On en sort par la porte de Troyes, et, après avoir côtoyé pendant quelque temps la Voulzie, une montée continuelle, mais très-douce, conduit dans la forêt de Sordun. Au sortir de cette forêt on jouit d'une vue fort étendue sur le riche bassin de la Seine. Une descente assez forte conduit au Mériot, où commence une vaste prairie entrecoupée de canaux, qui se prolonge jusqu'à Nogent, petite ville où l'on passe la Seine sur deux beaux ponts de pierre. Au delà de Nogent, on voit sur la droite le château de la Chapelle-Godefroy, que réfléchissent les eaux d'un étang traversé par l'Ardusson ; un peu plus loin sont les restes de l'ancienne abbaye du Paraclet, fondée par Abeilard. La route côtoie, à gauche, les murs du parc du château de Pont-sur-Seine, édifice moderne bâti sur une élévation d'où l'on découvre la ville de Pont et une partie du cours de la Seine. C'est immédiatement après cette ville que commence la contrée vulgairement connue sous le nom de Champagne Pouilleuse, vaste étendue de pays qui, des

environs de Pont, s'étend jusqu'au delà de Châlons. En parcourant cette contrée monotone, où l'œil n'aperçoit ni arbres ni buissons, on laisse à gauche Romilly, qu'embellissent de belles plantations. Les Granges et les Grez sont deux hameaux qui ne méritent pas de fixer l'attention ; au delà de ce dernier, le territoire devient plus fertile, surtout aux approches de Saint-Martin, joli faubourg qui forme l'avenue de Troyes, où l'on entre par la porte de Paris.
— On sort de Troyes par le faubourg Saint-Jacques, en laissant à gauche la route de Châlons. On passe la Barse au pont de la Guillotière, où, en 1814, les Français arrêtèrent pendant deux jours les armées étrangères. Un peu plus loin est Lusigny, village auquel le congrès de son nom a donné une certaine célébrité. Vendeuvre est une fort vilaine petite ville, à l'extrémité de laquelle on voit un assez joli château. On passe l'Aube au pont de Dolancourt, et l'on entre dans le vallon extrêmement pittoresque de l'Aube, dont le fond, tapissé de prairies, est bordé à droite et à gauche de beaux coteaux couverts de vignes, qui se prolongent jusqu'à Bar-sur-Aube. Au delà de cette ville, le pays que l'on parcourt devient extrêmement montueux, et offre plusieurs beaux points de vue. Après Jonchery, on descend par une pente rapide dans le vallon de la Seize, rivière qui, non loin de là, se jette dans la Marne. Une côte roide conduit de cet endroit à Chaumont. On entre dans cette ville par le faubourg Saint-Jean, et l'on en sort par le faubourg Saint-Michel. La route que l'on parcourt offre des montées et des descentes presque continuelles jusqu'à Langres, où l'on arrive par une route tracée en pente douce sur le flanc de la haute montagne que couronne la ville. On sort de Langres par la porte des Moulins, en suivant une descente rapide qui fait le tour de la ville, et qui conduit par une route bien plantée dans une vallée fertile. La route offre plusieurs beaux points de vue, côtoie de grands bois, et franchit plusieurs hauteurs d'où l'on jouit d'une belle vue sur les Vosges. Combeaufontaine est un beau village bâti dans une agréable situation, et Port-sur-Saône, un gros bourg situé sur la Saône que l'on y passe sur un beau pont. Au delà de ce bourg, on trouve plusieurs montées et descentes qui offrent parfois de belles échappées de vue avant d'arriver à Vesoul, que domine la butte de son nom. La route, qui continue d'être montueuse, traverse un pays peu fertile, qui se prolonge jusqu'aux environs de Lure. Après Champagney, on monte la longue côte des Cordis, entre des vallons, des coteaux et des précipices ; lorsqu'on est parvenu au point culminant de cette côte, la vue s'étend sur des montagnes et sur des vallons boisés d'une grande profondeur, qui forment un coup d'œil charmant. On franchit ensuite plusieurs côtes assez roides, puis on descend dans de beaux vallons remplis d'étangs. Après le relais d'Essert, on jouit d'une belle vue sur une riante et fertile contrée ; dans le lointain, on découvre la gorge et les environs pittoresques de Giromagny. Peu après on est dans le faubourg qui précède la ville de Belfort, où l'on entre par la porte de France.

COMMUNICATION DE BELFORT A BALE.

On sort de cette ville par la porte de Brissach, et l'on gravit une côte qui offre de beaux points de vue sur les environs pittoresques de Bâle. Une descente assez rapide conduit au village de Perouse. Après le Val-Dieu, on jouit d'une vue variée sur un riche et beau pays borné à l'horizon par les montagnes des Vosges. Au delà de Rotswiller, on passe la Largue et l'on parcourt une belle vallée. Un peu plus loin on traverse Dannemarie, gros bourg où l'on remarque une belle église. Après Battestorff, une côte longue et assez rude conduit au sommet d'une montagne d'où l'on descend dans le beau vallon que domine Altkirch. Au delà de Tagstorff, on monte une double côte très-escarpée, dite la montagne de Lantau ; plus loin, on voit les montagnes boisées qui environnent Ferette, et, après avoir monté une côte rapide, on aperçoit sur une hauteur les ruines pittoresques de l'important château de Landskcron, qui s'élève au bord des frontières du canton de Bâle.

DE PARIS A BELFORT, 42 myr. 1 kil.

	m. k.
De Paris à * Charenton ☞	0,7
* Boissy (sur la route).	
Charenton à Grosbois ☞	1,4
Grosbois à * Brie-Comte-Robert ☞	0,8
Brie-Comte-Robert à Guignes ☞	1,5
Guignes à * Mormant ☞	0,8
* Courpalais (à gauche de la route).	
Mormant à Nangis ☞	1,1
Nangis à la Maison-Rouge (Seine-et-Marne) ☞	1,1
La Maison-Rouge à * Provins ☞	1,1
* Louan (à gauche de la route).	
Provins à * Nogent-sur-Seine ☞	1,7
* La Motte-Tilly (à droite de la route).	
* Villenauxe (à gauche de la route).	
Nogent-sur-Seine à * Pont-le-Roi ☞	0,8
* Romilly (à gauche de la route).	
Pont-le-Roi aux Granges ☞	1,3
Granges aux Grez ☞	1,6
* Saint-Martin (sur la route).	
Grez à * Troyes ☞	1,9
Troyes à Montiéramé ☞	1,9
Montiéramé à * Vendeuvre ☞	1,3
Vendeuvre à * Bar-sur-Aube ☞	2,1
Bar-sur-Aube à Colombey-les-Deux-Églises ☞	1,5
Colombey-les-Deux-Églises à Juzennecourt ☞	0,8
Juzennecourt à * Chaumont-en-Bassigny ☞	1,7
Chaumont-en-Bassigny à Vesaignes ☞	1,7
Vesaignes à Langres ☞	1,8
Langres aux Griffonnottes ☞	1,3
Griffonnottes au Fay-Billot ☞	1,1
Fay-Billot à Cintrey ☞	1,3
Cintrey à Combeau-Fontaine ☞	1,2
Combeau-Fontaine à Port-sur-Saône ☞	1,2
Port-sur-Saône à * Vesoul ☞	1,3
* Scey (à droite de la route).	
Vesoul à Calmoutier ☞	1,1
Calmoutier à * Lure ☞	1,8
Lure à Champagney ☞	1,8
Champagney à * Belfort ☞	1,4
* Héricourt (à droite de la route).	
Belfort à Chavannes ☞	1,5
Chavannes à * Altkirch ☞	2,0
* Ferette (à droite de la route).	
Altkirch à Loch-Wurth	1,5
* Lucelle (à droite de la route).	
Loch-Wurth à Saint-Louis	1,5
Saint-Louis à Bale (poste étrangère)	0,4

CHARENTON. Bourg agréablement situé en amphithéâtre, sur la rive droite de la Marne, au confluent de cette rivière avec la Seine. Il est divisé en deux communes, dont l'une porte le nom de Charenton-le-Pont, et l'autre celui de Charenton-Saint-Maurice. A 12 kil (3 l.) de Sceaux et 8 kil. (2 l.) de Paris. ✉ ☞ 3,450 hab. — CHARENTON-LE-PONT doit son surnom à un pont sur la Marne, qui est un des plus anciennement bâtis pour faciliter, par terre, les arrivages à Paris. Ce pont se compose de dix arches, dont six sont en pierre et quatre en bois ; bien qu'irrégulier, la manière dont il se groupe avec les moulins, les maisons du bourg, les grands arbres des îles de la Marne et les coteaux environnants, en fait un des points de vue les plus pittoresques des environs de Paris.— CHARENTON-SAINT-MAURICE est bien bâti, dans une belle position, et renferme plusieurs jolies maisons de campagne ; l'une des plus remarquables est celle dite de Gabrielle d'Estrées, que l'on voit à gauche, à l'entrée du bourg, en arrivant de Paris. Charenton-Saint-Maurice possède une célèbre maison de santé pour le traitement des aliénés, où l'on peut recevoir quatre cents individus des deux sexes. Cette maison, bâtie sur une colline au pied de laquelle coule la Marne, offre de toutes parts une vue ravissante ; l'air qu'on y respire est pur, les enclos vastes, les jardins charmants, et les promenades délicieuses.

BOISSY-SAINT-LÉGER, Beau et grand village, situé sur le sommet d'un coteau planté de vignes et entouré de belles maisons de campagne. A 18 kil. (4 l. 1/2) de Paris. ✉

GROSBOIS. Le château de GROSBOIS, l'une des plus belles habitations des environs de Paris, fait partie de la commune de Boissy-Saint-Léger ; il se compose de trois corps de logis auxquels viennent aboutir de magnifiques avenues. Les jardins sont vastes et agréablement plantés. Le parc, dont la contenance est de 1,700 arpents, est entièrement clos de murs, planté en grande partie en bois ; son immense étendue a permis d'y renfermer toute espèce de bêtes fauves. ☞

BRIE-COMTE-ROBERT. Petite ville, sur la rive droite de l'Yères, à 16 k. (4 l. 1/2) de Melun. ✉ ☞ 2,762 hab. Elle était anciennement fortifiée et défendue par un château surmonté d'une tour haute d'environ 100 pieds, qui a été démolie en 1830. L'église paroissiale, où l'on voit plusieurs tombeaux remarquables, est élégamment bâtie et date du treizième siècle. — FABRIQUES de plumes à écrire. Tuileries. Tanneries. — COMMERCE considérable de grains et de fromages de Brie.

MORMANT. Joli bourg, à 23 kil. (6 l.) de Melun. ✉ ☞ 1,000 h. On remarque aux environs le château de BRESSOY, entouré de fossés remplis d'eau vive, où l'on arrive par une belle avenue pavée.

COURPALAIS (*Seine-et-Marne*). Village situé à 22 kil. (5 l. 3/4) de Coulommiers. 1,000 hab.

Le château de LA GRANGE-BLENEAU, ancienne habitation du général la Fayette, est une dépendance de cette commune. Cet antique château conserve encore un aspect imposant : trois corps de bâtiments, flanqués de cinq grosses tours bâties en grès, bordent de trois côtés une vaste cour, qui laisse voir du quatrième côté le riant tableau que présente le parc, dont la vue est on ne peut plus pittoresque. De belles masses de peupliers, de saules et d'arbres verts de plusieurs espèces, habilement distribuées et plantées par le général la Fayette, offrent à chaque pas de gracieux points de vue. L'entrée du château est remarquable : après le pont, construit sur le fossé, on rencontre une porte flanquée de deux grosses tours presque entièrement tapissées de lierre ; décoration qui inspire le plus vif intérêt, lorsqu'on apprend que ce lierre vigoureux fut planté par le célèbre Fox. — Les amis de la liberté admirent avec intérêt dans l'intérieur du château deux salons et les objets qui les décorent : l'un, situé dans la tour du parc, est orné des portraits de tous les présidents des États-Unis de l'Amérique septentrionale, et de ceux de Bailly, de la Rochefoucauld, de Franklin, de Kosciusco, etc. ; on y voit aussi le drapeau ou pavillon des États-Unis, offert, au nom de ces États, par les officiers du bâtiment que montait le général la Fayette lors de son dernier voyage en Amérique. L'autre salon contient la belle et nombreuse bibliothèque qu'avait rassemblée le général, et divers objets de curiosité de l'histoire naturelle de l'Amérique.

PROVINS (*Seine-et-Marne*). Ancienne ville. Sous-préf. Trib. de 1re inst. et de comm. Soc. d'agr. Coll. comm. ✉ ☞ 5,665 hab.

Provins est une ville fort ancienne, dont quelques auteurs attribuent la fondation à Jules César; mais, comme le fait observer judicieusement le plus consciencieux des historiens modernes, M. Dulaure, Jules César détruisit et pilla beaucoup dans les Gaules, ne construisit rien, et par conséquent ne fut point le fondateur de Provins.—Cette ville est située sur le sommet et au pied d'un coteau élevé, dans un vallon agréable, arrosé par les petites rivières du Durtein et de la Voulzie, qui y font tourner un grand nombre de moulins. Elle est généralement bien bâtie, et se divise en haute et basse ville : la plupart des rues de la ville basse sont larges, propres, bien percées, et ornées de fontaines publiques. La ville haute est ancienne, formée de rues escarpées et d'un accès difficile. Ces deux parties de la ville sont ceintes de murailles flanquées de tours de distance en distance, assez bien conservées; des promenades, en forme de boulevard, entourent une partie de la ville basse et forment un couvert agréable. A l'extrémité sud-ouest de la ville haute s'élève un ancien édifice, vulgairement nommé la Tour de César, qui domine sur les campagnes environnantes; elle présente un carré à pans coupés, flanqué à chaque angle d'une tourelle circulaire, qui, engagée d'abord dans la maçonnerie, s'en détache vers le milieu de sa hauteur, à l'endroit où cette grosse tour prend la forme d'un octogone parfait, et laisse entre elle et les tourelles un espace où sont placés des arcs-boutants. Des chambres, des prisons, occupent l'intérieur des quatre tourelles, surmontées, ainsi que la tour principale, de toitures pyramidales. L'intérieur offre deux vastes salles, placées l'une au-dessus de l'autre, dont les voûtes à arêtes sont courbées en ogive. De quelque point de vue qu'on observe cet édifice, il offre une masse imposante très-pittoresque : c'est un des plus beaux ouvrages de l'architecture du moyen âge. — Deux principales portes donnent entrée à la ville haute : l'une, dans la fortification de l'ouest, est appelée la porte Saint-Jean; l'autre, pratiquée dans la partie du nord, a pris le nom de porte de Jouy. — Le principal édifice de Provins est l'église de Saint-Quiriace, située dans la ville haute, à peu de distance de la grosse tour. Cette église est remarquable par son étendue et par l'élégance de son architecture; un dôme, surmonté d'une campanille, s'élève au-dessus de la toiture. Le. portail est très-simple; au-devant est une place plantée d'ormes.—On remarque encore dans cette ville l'hôpital général, autrefois couvent des cordelières, où se trouve le monument de Thibaut IV; les caves de l'Hôtel-Dieu; la cave de la Grange-aux-Dimes; les souterrains de l'église du Refuge; les ruines de l'église du Collége; l'hôtel des Lions (auberge de la Croix-Blanche).

Provins possède des sources d'eau minérale ferrugineuse froide, douées de propriétés très-énergiques, et qui cependant ne sont pas aussi renommées qu'elles méritent de l'être. Les eaux de Provins s'emploient avec le plus grand succès dans la chlorose, les leucorrhées, les obstructions au foie, à la rate et au mésentère, le catarrhe de la vessie, les coliques néphrétiques, la débilité de l'estomac, les fièvres intermittentes, et dans les convalescences accompagnées d'un état de langueur. Elles ne se prennent qu'en boisson, à la dose de deux ou trois verres jusqu'à douze ou quinze. — FABRIQUES de tiretaine, poterie de terre, conserves de roses. — COMMERCE considérable de grains et de farines, de roses, dites de Provins, cultivées sur le territoire depuis un temps immémorial; de laines, cuirs, etc. — A 49 kil. (12 l.) de Melun, 86 kil. (22 l.) de Paris.—HÔTELS : de la Boule-d'Or, Grande-Rue, tenu par A. Charlot; de la Fontaine.

VOITURES PUBLIQUES. Tous les jours pour Paris, Troyes, Nogent-sur-Seine.

N° 22. ROUTE DE PARIS A BELFORT.

OUVRAGES A CONSULTER, qui se trouvent à la librairie de Lebeau, à Provins :
Histoire et description de Provins, par Opoix, in-8°, 1823.
Notice sur l'ancien Provins, par le même, in-12, 1819.
Histoire de Provins, par Bourquelot, 2 vol. in-8°, fig.
Vues de Provins, par Dusommerard, petit in-fol., 1822.
Mémoire sur la question de savoir si Provins est l'Agendicum des Commentaires de César, par M. Thierion père, in-8°, 1839.

LOUAN (*Seine-et-Marne*). Village à 17 kil. (4 l. 1/4) de Provins. 300 hab. A peu de distance de ce village, on remarque les ruines majestueuses et pittoresques du château fort de MONTAIGUILLON, dont plusieurs parties sont dans un bel état de conservation et méritent à plusieurs égards de fixer l'attention. Cette ancienne forteresse est située sur un mont sablonneux au milieu d'une forêt de 350 hectares; elle passait autrefois pour la plus forte place de la Brie. La situation de ses ruines isolées au milieu d'un bois, leur masse imposante, les arbustes et le lierre rampant qui en tapissent les murs, tout se réunit pour leur donner un aspect des plus romantiques. Le château se composait de plusieurs tours rondes encore debout, réunies par des terrasses au haut desquelles on avait pratiqué un chemin de ronde que l'on voit encore en partie. Des pans de murs énormes, détruits par les efforts de la mine, et qui semblent être tombés d'hier, gisent dans les larges douves qui environnent la forteresse : de nombreux étages multipliaient les logements pour les seigneurs et leur suite ; mais la séparation de ces étages a disparu : on aperçoit seulement les ruines distinctes d'une chapelle, ainsi que quelques débris d'escaliers et de cheminées gothiques, qui pendent dans les angles des murs à 11 ou 13 mètres de hauteur.

NOGENT-SUR-SEINE (*Aube*). Jolie petite ville. Sous-préfect. Trib. de 1re inst. ☒ ☞ 3,277 hab. Nogent est une petite ville propre, bien bâtie et généralement bien percée; la partie principale occupe la rive gauche de la Seine. Du côté de Paris, cette ville se présente agréablement avec ses maisons gracieuses, ses jardins et ses belles plantations qui bordent la rivière. L'église paroissiale de Nogent est un vaste édifice dont la construction remonte au quinzième siècle : une inscription, placée sur les murs extérieurs, indique qu'elle a été commencée sous Charles VI et achevée sous Henri II. La tour fort élevée et d'une belle construction qui la couronne, a été bâtie de 1521 à 1542 ; elle est surmontée d'une statue colossale de saint Laurent, environnée d'une galerie à jour fort remarquable. — FABRIQUES de bonneterie. Corderies. — COMMERCE important de grains, farines, charbon de bois, ardoises, sel, chanvre, boissellerie, bois en trains pour Paris. — A 58 kil. (15 l.) de Troyes, 22 kil. (5 l. 1/2) de Provins, 101 kil. (26 l.) de Paris. — HÔTELS du Signe-de-la-Croix, de l'Écu, du Mulet, de la Croix-Blanche.

VOITURES PUBLIQUES. Tous les jours pour Troyes, Paris et retour.

MOTTE-TILLY (LA) (*Aube*). Joli village agréablement situé près de la rive gauche de la Seine, au pied d'un coteau dont le sommet est couronné par un beau château, bâti sur l'emplacement d'un antique castel, par l'abbé Terray. C'est un vaste et bel édifice couvert en ardoises, construit dans le goût du dix-huitième siècle. L'église paroissiale n'a de remarquable que la chapelle consacrée à sainte Marguerite, dans laquelle on voit le mausolée élevé à la mémoire de l'abbé Terray.

VILLENAUXE (*Aube*). Petite ville à 16 kil. (4 l.) de Nogent-sur-Seine. ☒ 2,430 hab. Elle était jadis fermée de murs, et entourée de fossés : les murs ont été détruits, et une partie des remparts plantés récemment de deux rangs de tilleuls, qui formeront par la suite une jolie promenade. Le centre de la ville est bien bâti, bien percé, et s'embellit tous les jours ; le reste, et surtout le faubourg de Dival, est mal construit, mal percé et d'un aspect peu agréable. — Sous l'ancien régime, Villenauxe possédait une abbaye de bénédictins, connue sous le nom d'abbaye de Nesle. Cette abbaye fut fondée en 501, à Nesle-la-Réposte; ses ruines n'offrent plus que les restes d'une tour carrée, supportée par quatre arcades, dont la construction a environ treize siècles d'existence. — Le vaisseau de l'église paroissiale de Villenauxe est remarquable par sa grandeur et par sa beauté; il est surmonté par un clocher dont on admire la légèreté; les vitraux sont beaux et dans un assez bon état de conservation; ils datent du commencement du seizième siècle, c'est-à-dire de la période la plus brillante de la peinture sur verre en France.

PONT-SUR-SEINE (*Aube*). Jolie petite ville, sur la rive gauche de la Seine, à 8 kil. (2 l.) de Nogent-sur-Seine. ⊠ ⚭ 872 hab. C'est une ville très-ancienne, et cependant assez bien bâtie; le premier titre qui en fasse mention ne remonte pas au delà de 1129. Elle faisait alors partie des possessions des comtes de Champagne, qui y firent construire un château, pour servir de rendez-vous de chasse, à l'endroit appelé aujourd'hui le château de Salles. Le château de Pont devint une propriété nationale à l'époque de la révolution de 1789. Sous l'empire, Napoléon en fit la résidence de l'impératrice sa mère, qui venait souvent se soustraire à Pont aux pompes de la cour. En 1814, lors de la première invasion étrangère, les Russes, par un sentiment de basse vengeance, mirent le feu au château et le détruisirent de fond en comble. Sur son emplacement, M. Casimir Périer a fait construire, de 1829 à 1830, un joli château à l'italienne.

ROMILLY-SUR-SEINE (*Aube*). Petite ville à 20 kil. (5 l.) de Troyes. 3,117 hab. Elle est assez bien bâtie, au pied d'une petite montagne, sur la rive gauche de la Seine, qui y arrose de belles prairies le long desquelles elle s'étend en demi-cercle sur un espace de près d'une lieue. — Romilly possède un superbe château construit sur l'emplacement d'une ancienne forteresse démantelée, défendue autrefois par des tourelles, des bastions, et fermée de portes et de ponts-levis. Les bâtiments des avant-cours du château sont magnifiques. Il est entouré de bois et de belles plantations de peupliers, avec un parc traversé par plusieurs cours d'eau et orné de bosquets charmants. Les anciens fossés ont été convertis en de beaux canaux qui s'étendent au levant à perte de vue.

ABBAYE DE SCELLIÈRES. Sur un tertre environné de prairies sillonnées par les eaux de la Seine, qui, en cet endroit, se divise en plusieurs canaux, on remarque à une demi-lieue ouest-nord-ouest de Romilly les ruines de l'abbaye de Scellières, ancien monastère de l'ordre de Citeaux, célèbre pour avoir conservé pendant treize ans les restes de Voltaire. On sait que le clergé de Paris refusa à ce grand homme les honneurs de la sépulture, et que sa famille fut obligée de faire transporter son corps dans ce monastère, dont son neveu Mignot était abbé. Voltaire fut inhumé dans l'église de cette abbaye le 2 juin 1778, et y demeura renfermé dans un cercueil de plomb jusqu'au 10 mai 1791, époque où les restes de cet immortel écrivain furent exhumés en vertu d'un décret de l'Assemblée constituante, et transportés à Paris pour y recevoir les honneurs du Panthéon. — Il ne reste plus de l'abbaye de Scellières que deux arcades de l'église, vis-à-vis desquelles était le tombeau de Voltaire, recouvert d'une pierre sépulcrale, ornée des deux lettres initiales entrelacées AV. Cette pierre a été conservée par M. le comte de Plancy. — FABRIQUES de bonneterie qui occupent plus de 800 métiers. Éducation des abeilles.

MARTIN-ÈS-VIGNES (SAINT-) (*Aube*). Joli village situé près des plus belles promenades de la ville de Troyes, dont il forme un des faubourgs. Pop. 2,148 hab. On y remarque l'église paroissiale, dont les vitraux méritent une attention toute particulière, pour la vivacité des couleurs, la pureté du dessin et leur parfaite conservation.

TROYES Grande et très-ancienne ville. Chef-lieu du département de l'Aube. Trib. de 1re inst. et de comm. Conseil de prud'h. Soc. d'agr., sciences, arts et belles-lettres. Évêché. Collége communal. ⊠ ⚭ 25,469 hab.

Cette ville est située au milieu d'une vaste et fertile plaine, sur la rive gauche de la Seine, qui l'entoure en partie et distribue ses eaux dans son intérieur par de nombreux canaux de dérivation qui alimentent un grand nombre d'usines et de manufactures. Le canal de la Haute-Seine, dont la construction sera achevée dans le courant de l'année 1843, a contribué à l'embellissement d'un des principaux quartiers de cette ville, dont il augmentera considérablement le commerce.—La ville de Troyes est encore en partie ceinte de murailles dont on détruit annuellement quelques portions, presque entièrement construite en bois, et généralement mal bâtie : cependant plusieurs quartiers offrent des rues spacieuses, propres et assez bien percées. La Seine, qui se divise en deux bras avant de baigner ses murs, forme une multitude de canaux et de petites rivières qui vivifient ses gracieux alentours : de belles promenades côtoient leurs bords riants, et conduisent aux blanchisseries, aux foulons et aux nombreuses manufactures répandues au milieu d'un charmant paysage, entrecoupé de prairies, bordé de haies vives et ombragé de bouquets d'arbres. De quelque côté que l'on se dirige, on découvre à chaque pas des eaux limpides, des jardins agréables et bien cultivés, de verts ombrages, des vignes, des bosquets et des habitations charmantes. Dans la longueur de ces divers bras de la Seine, on a pratiqué des rigoles qui, recevant aussi des eaux de sources, coupent le terrain qui avoisine la ville : ces cantons sont occupés par des jardinages, des chenevières, des oseraies, des bois, plants de saule, etc. Quelques autres le sont par des vignes; et à peine trouve-t-on, à un quart de lieue de Troyes, des terres labourables : l'ombrage continu qui les remplace offre de tous côtés des promenades champêtres délicieuses.

L'ÉGLISE CATHÉDRALE, dédiée à saint Pierre, est un beau monument d'architecture gothique. Il ne manque à ses perfections qu'un peu plus de légèreté dans les piliers qui séparent la nef des bas-côtés. Le portail et la grosse tour qui le domine ont une élégance qui, dans les bâtiments gothiques, n'accompagne pas toujours la légèreté. La longueur intérieure du vaisseau est de 113 m., et la largeur intérieure est de 50 m.; la largeur de la nef et de la croisée est de 10 m. 33 c ; la hauteur des voûtes sous clef est de 29 m. 23 c., et la hauteur de la coupole et des tours est de 62 m. 34 c. Cinq arcades composent la nef de ce grand édifice : elles forment, avec celles des croisillons et du chœur, un ensemble parfait. La galerie de la nef est des plus riches. Les vitraux des chapelles qui environnent le sanctuaire datent du commencement du XIIIe siècle. Ceux des grandes fenêtres du chœur sont précieux par leur belle conservation et par les sujets qu'ils représentent : ce sont, pour la plupart, des figures grandes comme nature de rois de France, de comtes de Champagne, de princesses de leur maison, d'évêques de Troyes et de saints personnages du XIIIe siècle, dont les différents costumes sont rendus avec beaucoup d'exactitude. La grande rose, placée au dessus du grand portail, est remarquable par l'harmonie et la vivacité des couleurs.

L'ANCIENNE COLLÉGIALE DE SAINT-URBAIN, citée par Millin comme un des plus beaux morceaux d'architecture gothique, et dont la légèreté surpasse celle de la Sainte-Chapelle de Paris, est un édifice élevé par le pape Urbain IV vers la fin du XIIIe siècle.

L'ÉGLISE SAINTE-MADELEINE, la plus ancienne de la ville, offre dans sa construction des détails précieux du XIIe et du XVIe siècle. Le jubé, remarquable par la légèreté et par la richesse de ses détails, fut construit en 1518 par Jean Galdo, Italien ; c'est le seul existant des cinq jubés qui décoraient autrefois les églises de Troyes. Les vitraux des chapelles qui environnent le sanctuaire sont remarquables par la vivacité des couleurs et par la manière franche dont les riches étoffes sont rendues.

L'ÉGLISE DE SAINT-REMY est décorée d'un fort beau Christ en bronze, de trois pieds quatre pouces de proportion, que l'on voit sur la grille du chœur ; c'est un des plus beaux ouvrages du célèbre Girardon. — On remarque encore à Troyes le musée, renfermant une belle collection de minéralogie, classée par la méthode d'Haüy, divers objets d'histoire naturelle, et quelques tableaux pour la plupart fort médiocres; le palais de justice; les magnifiques promenades qui entourent la ville; les bains de l'Arquebuse; l'hôpital; la façade de l'hôtel de ville.

La BIBLIOTHÈQUE PUBLIQUE renferme 55,000 volumes imprimés, et près de 5,000 manuscrits. La salle a environ 50 mètres de longueur sur 10 de largeur et 7 de hauteur. Les croisées sont ornées de peintures historiques sur verre, représentant les principaux événements de la vie de Henri IV, exécutées par Linard Gonthier.

Troyes est la patrie de plusieurs hommes célèbres, parmi lesquels on cite Thibaut IV, le premier chansonnier parmi les rois, le premier écrivain français dont les vers puissent s'entendre et se lire; Pierre Comestor; Chrestien de Troyes, l'un des romanciers les plus féconds du XIIe siècle; le pape Urbain IV; Juvénal des Ursins; Jean Passerat, littérateur distingué du XVIe siècle, l'un des auteurs de la fameuse satire Ménippée; Pierre et François Pithou, célèbres jurisconsultes; François Girardon, un des plus célèbres sculpteurs dont s'honore la France; Pierre Mignard, peintre célèbre; Jean Grosley, etc. — INDUSTRIE. Manufactures considérables de bonneterie en coton, de toiles de coton, coutils blancs, draps, ratines, couvertures de laine. Nombreuses et belles filatures de laine et de coton; belles blanchisseries de bas et de toiles; papeterie. — COMMERCE de blé, charcuterie renommée, chanvre, cire, laines, bonneterie, toiles, draperie, etc. — A 70 kil. (18 l.) de Châlons, 74 kil. (19 l.) d'Auxerre, 152 kil. (39 l.) de Paris.—HÔTELS : du Mulet, du Cadran-Bleu, du Commerce.

VOITURES PUBLIQUES. Tous les jours pour Paris (8 voitures); Châlons-sur-Marne par Arcis, Auxerre, Sens, Bar-sur-Aube, Châtillon, les Riceys.

OUVRAGES A CONSULTER, qui se trouvent à la librairie de Laloy, à Troyes :
Éphémérides de Troyes, par Grosley, 2 vol. in-12.
Mémoires historiques sur Troyes, par le même, 2 vol. in-8°, 1813.
Topographie historique de la ville et du diocèse de Troyes, par Courtalon Delaistre, 3 vol. in-8°, 1780.
Dictionnaire des communes du département de l'Aube, par Girault de Saint-Fargeau, in-18, 1826.
Antiquités de la ville de Troyes, par Arnaud, in-fol., et pl.
Voyage pittoresque dans le département de l'Aube, par le même, in-1° et pl., 1838 et années suiv.

VENDEUVRE (*Aube*). Petite ville à 24 kil. (6 l. 1/4) de Bar-sur-Aube. ⊠ ⚭ 1,669 hab. On y remarque un ancien château, qui domine au sud-ouest un vaste parterre de gazon, que couronnent des coteaux couverts de plantations et de vignes. En 1614, Henri de Luxembourg fit décorer avec un goût bizarre une chambre, dont on a conservé la distribution, dans laquelle on remarque le chiffre de Henri IV, et une vue du château de Vendeuvre, tel qu'il était à cette époque. La source de la Bar est au pied du château, et pour ainsi dire dans ses fondations mêmes; son eau limpide est reçue dans un bassin voûté et ombragé de quelques arbres, puis s'échappe de là pour arroser le parc et la ville. Autrefois, à l'une des ailes du château et près de la chapelle, existait une tour très-élevée, qui, dans les temps reculés, communiquait, dit-on, avec les châteaux de Brienne et de Chacenay. — L'église paroissiale de Vendeuvre est un ancien édifice, où l'on voit plusieurs tombes sépulcrales, dont une, celle d'une femme, mérite de fixer l'attention; on y lit la date de 1599, et cette inscription aussi naïve que touchante :

Qui aime bien, tard oublie.

VOITURES PUBLIQUES. Tous les jours pour Troyes; tous les 2 jours pour Chaumont et Langres.
OUVRAGES A CONSULTER : *Dissertation historique sur un bourg de Champagne* (Vendeuvre), par M. Pavée, in-8°, 1812.

BAR-SUR-AUBE (*Aube*). Ancienne ville. Sous-préf. Trib. de 1re instance. Collége com. ⊠ ⚭ 3,890 hab. Cette ville est agréablement située, au pied de la montagne de Sainte-Germaine, sur la rive droite de l'Aube, dans un beau vallon environné de coteaux pittoresques couverts de vignes qui produisent d'excellents vins. Elle est généralement mal bâtie et mal percée; cependant la rue qui aboutit à la rivière d'Aube est large et bordée de belles maisons. Une promenade bien plantée longe le cours de l'Aube, que l'on passe sur un pont de pierre, sur lequel on remarque une chapelle bâtie dans l'endroit d'où Charles VII, qui vint à Bar-sur-Aube en 1440, fit précipiter dans la rivière le Bâtard de Bourbon, qui s'était révolté contre lui; il fut, dit Monstrelet, *condamné à être tué, et jeté dedans un sac à la rivière, et tant que mort fus accomplie; et ainsi fut fait.* La ville est entourée de promenades d'où l'on jouit d'une vue agréable sur ses délicieux alentours. — Bar-sur-Aube possède deux églises, et un hôpital fondé au XIe siècle, par les comtes de cette ville, et doté depuis par les comtes de Champagne. — COMMERCE important de blés, vins, bois, chanvre, laines. — Marchés considérables pour les grains, qui sont ordinairement expédiés pour Gray, où ils sont embarqués sur la Saône pour Lyon ou les départements du midi de la France. — A 63 kil. (16 l. 1/4) de Troyes, 201 kil. (51 l. 1/2) de Paris. — HÔTELS : de la Poste, du Mulet.

VOITURES PUBLIQUES. Tous les jours pour Paris, Troyes, Chaumont, Mulhausen et Bâle.

CHAUMONT. Ancienne et jolie ville. Chef-lieu du département de la Haute-Marne. Trib. de 1re inst. et de com. Soc. d'agr., sciences et arts. Coll. com. ⊠ ⚐ 6,318 hab. — L'origine de cette ville est inconnue. On sait seulement qu'elle portait le nom sous lequel on la connaît aujourd'hui, dès 961, époque où Lothaire, roi de France, y passa à son retour de Bourgogne. C'est une ville généralement bien bâtie, dont les rues sont larges et propres; quelques-unes sont d'un accès difficile. Pendant longtemps, et en raison de sa position, elle manquait d'eau et on y était réduit à boire celle des citernes; maintenant douze bornes-fontaines et quatre fontaines jaillissantes, alimentées par une machine hydraulique de l'invention de l'ingénieur mécanicien Cordier (de Béziers), distribuent dans la ville les eaux limpides de la Suize. Chaumont renferme plusieurs édifices publics, parmi lesquels on remarque le collége, l'hôpital et l'hôtel de ville; ce dernier bâtiment, d'architecture moderne, offre une construction élégante. — Cette ville possède un cabinet de physique et une bibliothèque publique renfermant 35,000 volumes. La partie la plus élevée est entourée de jolies promenades; celle qui est bâtie en amphithéâtre sur le penchant de la colline se présente sous un aspect agréable et pittoresque. — On voit, dans la ville haute, une espèce de porte ou d'arc de triomphe assez joli, commencé sous Napoléon et achevé sous Louis XVIII. — PATRIE du célèbre sculpteur Bouchardon, de l'ex-ministre de la marine Decrès. — FABRIQUES de bas de laine drapés à l'aiguille et de gants recherchés. — A 31 kil. (8 l.) de Langres, 86 kil. (22 l.) de Troyes, 238 kil. (61 l.) de Paris. — HÔTELS : de l'Écu-de-France, du Porte-Enseigne, de l'Arbre-d'Or.

VOITURES PUBLIQUES. Tous les jours pour Saint-Dizier par Vassy; pour Paris par la correspondance de Troyes; Provins par les diligences le Coq, Laffitte et Caillard, rue Notre-Dame des Victoires, et la malle-poste; pour Langres, Bourmont, Andelot, Troyes, par Bar-sur-Aube; de Bâle à Paris; pour Neufchâteau par Andelot; pour Bourbonne, Nancy, Châlons-sur-Saône, Dijon, etc.

OUVRAGES A CONSULTER : *Statistique minéralogique de la Haute-Marne*, par Rozière et Houry (*Journal des Mines*, t. XVIII, p. 415 et 419.) *Statistique agricole et industrielle du département de la Haute-Marne*, in-3°, 1834.

LANGRES (*Haute-Marne*). Place forte. Sous-préf. Trib. de 1re inst. et de comm. Evêché. Coll. comm. ⊠ ⚐ 7,054 hab. — Langres est une des plus anciennes villes de France; c'était, du temps de César, la capitale des *Lingones*. Elle est située sur une montagne escarpée qui domine un pays bien cultivé; c'est une des villes de France les plus élevées au-dessus du niveau de la mer; l'air y est vif et sain, la température variable; plusieurs rivières, dont les plus considérables sont la Marne, la Meuse, l'Amance et la

Vingeanne, prennent leur source à peu de distance, et portent leurs eaux, les unes à l'Océan, les autres à la Méditerranée. Son plan est de forme presque ovale ; la ville est généralement bien bâtie ; les rues sont larges, propres et assez bien percées.—Le monument le plus remarquable de Langres est l'église cathédrale, bâtie à la fin du xie siècle, et peut-être le plus bel édifice de l'architecture romaine qu'il y ait en France. Le portail est un ouvrage du xviiie siècle. On jouit du haut des tours d'une vue magnifique.—On voit à Langres , enclavé dans un des murs extérieurs de la ville, un arc de triomphe romain que l'on croit avoir été construit sous Marc-Aurèle : il est composé de cinq pilastres corinthiens et de deux arcades de même proportion ; un entablement couronne les pilastres ; sa corniche est très-dégradée, et on n'y distingue que quelques modillons. La frise était entièrement remplie par des armures, et on distingue encore çà et là des boucliers groupés et apposés avec beaucoup d'art. L'architecture est assez bien conservée. Les chapiteaux sont d'un bon travail. La construction offre la même régularité et la même finesse d'appareil que les plus beaux édifices antiques. — On remarque encore à Langres l'hôtel de ville, de construction moderne, et la bibliothèque, renfermant 7,000 volumes ; le clocher de l'église Saint-Martin et un superbe christ en bois placé dans cette église ; le musée de tableaux et d'antiquités établi dans l'ancienne église Saint-Didier. — On ne doit pas manquer de visiter la promenade de Blanche-Fontaine, formée par une superbe avenue d'un quart de lieue de long, qui conduit par une pente insensible à une belle fontaine environnée d'arbres majestueux. — PATRIE de Diderot, de Julius Sabinus et d'Eponine, son épouse, dont l'amour héroïque et la fin tragique sont si connus. — FABRIQUES de coutellerie estimée. A 31 kil. (8 l.) de Chaumont, 62 kil. (16 l.) de Dijon, 269 kil. (60 l.) de Paris. — HÔTELS : de la Poste, du Faisan, de l'Étoile, de la Comète, de l'Europe, du Gourmand.

VOITURES PUBLIQUES Tous les jours pour Bourbonne, Châtillon, Chaumont, Dijon Gray, Neufchâteau et Vesoul.

OUVRAGES A CONSULTER qui se trouvent à la librairie de Sommier, à Langres :
Précis de l'histoire de Langres, par Migneret, in-8°, et plan de la ville en 1769. Langres, 1838.
Annuaire ecclésiastique du diocèse de Langres, 1838-1839, portraits et pl. Prix : 6 fr.
Notes archéologiques sur les fouilles faites et les monuments découverts sur la montagne du Châtelet, in 8°, et pl. Prix : 3 fr. 50 c.
Histoire de la ville et des deux siéges de la Mothe, 1634-1645, in-8°, et pl. Pr. : 4 fr.
Abrégé de l'histoire du pays langrois, broch. in-8°, 1808.
Recherches historiques et statistiques sur les principales communes de l'arrondissement de Langres (Ire partie), in-8°, 1836.
Histoire du diocèse de Dijon et de Langres, par Mangin, 3 vol. in-12, 1763.

LURE (*H.-Saône*). Jolie petite ville. Sous-préf. Trib. de 1re inst. Soc. d'agr. Collège com. ⊠ ◦ 2,847 hab. — Lure est située au milieu d'une plaine vaste et marécageuse. Les routes royales de Paris à Bâle et de Besançon aux Vosges traversent la principale rue ; une belle avenue de peupliers sur la route d'Alsace sert de promenade aux habitants.—On remarque dans la grand'rue plusieurs grandes maisons, assez mal alignées. Le collège est un bâtiment spacieux et imposant ; un bel édifice situé à l'une des extrémités de la grand'rue doit réunir la mairie, le théâtre et le tribunal. L'église paroissiale, peu remarquable à l'extérieur, est intérieurement décorée avec goût. A 27 kil. (7 l.) de Vesoul, 366 kil. (94 l.) de Paris.—HÔTELS : de l'Écu-de-France, des Voyageurs, de la Clef-d'Or, de la Couronne, de la Cigogne.

VOITURES PUBLIQUES. Tous les jours pour Besançon, Belfort, Luxeuil, Vesoul.

HÉRICOURT (*H.-Saône*). Petite ville à 8 kil. (2 l.) de Lure. ⊠ 2,907 hab. Elle est irrégulièrement mais proprement bâtie, et l'activité de son industrie est remarquable. L'ancien château existe encore, ainsi que quelques autres vieilles et curieuses constructions.

BÉFORT ou **BELFORT** (*H.-Rhin*). Jolie et forte ville. Sous-préf. Place *de guerre de 1ʳᵉ classe.* Trib. de 1ʳᵉ inst. et de com. Coll. com. ✉ ⚜. 5,753 hab. — L'existence de cette ville remonte au treizième siècle. On y entre par trois portes, celles de Strasbourg et de Bâle, qui donnent entrée à la vieille ville, et la porte Française, bâtie sous Louis XIV, qui communique à la ville nouvelle, formée de rues larges et tirées au cordeau. On y remarque l'église paroissiale, construite en 1728; l'hôtel de ville, bel édifice moderne; les trois faubourgs de Giromagny, de Montbelliard et de France. Le château, appelé la Roche de Béfort, et fortifié par Vauban, est bâti sur un rocher qui domine la ville, et date de 1228. Il a été pris et repris plusieurs fois. Le rhingrave Othon-Louis en chassa les Autrichiens en 1631; le comte de Suze s'en empara en 1636; mais il fut obligé de le rendre peu de temps après. Béfort a été cédé à la France par le traité de Munster. — COMMERCE de grains, vins, eau-de-vie, kirschenwaser, etc. A 64 kil. (16 l. 1/2) de Colmar, 62 kil. (16 l.) de Bâle, 400 kil. (102 l. 1/2) de Paris. — HÔTELS : du Sauvage, de l'Ancienne-Porte, du Canon-d'Or.

VOITURES PUBLIQUES. Tous les jours pour Lyon, Mulhausen, Strasbourg, Bâle, Berne, Paris.

OUVRAGE A CONSULTER. *Essai sur Belfort,* par Collier (Journal de la société des sciences du Bas-Rhin, 1826).

ALTKIRCH. Voyez N° 98, Route de Mulhouse.

FERRETTE (*H.-Rhin*). Petite ville à 14 kil. (3 l. 1/2) d'Altkirch. 735 hab. Elle est bâtie sur la pente d'une montagne dont le sommet est couronné par un des plus beaux châteaux du moyen âge, où l'on voit un puits taillé dans le roc, dont la profondeur est, dit-on, de plus de 600 pieds.

LUCELLE (*H.-Rhin*). Village situé dans la belle vallée de son nom, à 23 kil. (6 l.) d'Altkirch. Pop. 258 hab. Il y avait jadis une abbaye célèbre de l'ordre de Citeaux, qui devint la proie des flammes en 1524. Sur une des montagnes qui environnent Lucelle on voit les belles ruines du château de Lœwenbourg, qui appartenait à cette abbaye; plus loin, sur un autre pic, sont les ruines encore plus belles du château de Blomont, brûlé par les Bâlois en 1449. — Forges et martinets. Verrerie.

LOUIS (SAINT-) (*H.-Rhin*). Village situé à 21 kil. (5 l. 1/2) d'Altkirch. Bureau principal des douanes. Pop. 1,268 hab.—Fabrique de chapeaux vernis.

Des GRANGES (Aube) à * MÉRY-SUR-SEINE............ 1,3
MÉRY à * ARCIS-SUR-AUBE ⚜................ 1,9
ARCIS-SUR-AUBE à COCLOIS ⚜.............. 1,7
  * DAMPIERRE (à gauche de la route).
COCLOIS à * BRIENNE (Aube) ⚜.............. 1,9
De BAR-SUR-AUBE à * BRIENNE (Aube) ⚜.......... 2,3

De BAR-SUR-AUBE à * CLAIRVAUX (Aube) ⚜........ 1,4

De LURE à SAINT-SAUVEUR (Haute-Saône) ⚜....... 1,8

MÉRY-SUR-SEINE (*Aube*). Petite et très-ancienne ville, sur la Seine, à 20 kil. (5 l.) d'Arcis. ✉ ⚜ 1,362 hab. Méry est désigné par plusieurs historiens comme le *Mauriacum* des champs Catalauniques, où Attila fut défait par Aétius, en 451. Fortifiée en 1220, sous le règne de Philippe-Auguste, assiégée et prise par les Anglais en 1259, fortifiée de nouveau par Charles V en 1376, prise et reprise jusqu'à trois fois pendant les troubles de la Ligue, ruinée en 1615 pendant les guerres civiles qui désolèrent le règne de Louis XIII, incendiée en 1746 et en 1778, cette ville fut encore entièrement brûlée en 1814 par le général prussien Blücher.

ARCIS-SUR-AUBE (*Aube*). Jolie petite ville. Sous-préf. Trib. de 1re inst. ⌂ ⚭ 2,673 hab. Cette ville est percée de rues larges et bien alignées. Le château est dans une belle situation, sur une hauteur au pied de laquelle coule l'Aube. On y jouit d'une vue fort agréable sur les bords gracieux de cette rivière et sur de vastes prairies plantées d'arbres, qui semblent être la continuation du jardin-paysager de cette charmante habitation. Arcis a joué un rôle important dans la campagne mémorable de 1814 ; pendant près de quatre mois il fut, pour ainsi dire, le pivot autour duquel ont tourné trois cent mille combattants.—FABRIQUE de bonneterie en coton.—COMMERCE de grains. A 25 kil. (6 l. 1/2) de Troyes, 47 kil. (12 l.) de Châlons, 158 kil. (40 l. 1/2) de Paris.— HOTELS des Trois-Maures, de la Pomme-d'Or.

VOITURES PUBLIQUES. Tous les jours pour Paris, Troyes, Châlons, Reims, Brienne.

DAMPIERRE (*Aube*). Bourg fort ancien, à 21 kil. (5 l. 1/2) d'Arcis. 802 hab. Il y avait jadis une grosse tour et un château fort, dont l'existence paraît remonter au delà du huitième siècle ; cette tour, démolie en 1810, était le principal siége d'une châtellenie d'où relevaient plus de cinquante fiefs. Le château actuel a été construit, en 1671, par François Mansard. C'est un assez beau bâtiment, partie en pierre de savonnière et partie en craie ; le portail est beaucoup plus ancien ; il a la forme d'un pavillon à trois étages, flanqué de quatre tourelles, et ressemble à l'ancienne porte de Lille à Valenciennes ; les fossés du château baignent les murs de cet édifice, où l'on entrait par un pont-levis. On communique du château avec les jardins par un pont suspendu en fil de fer.—Le bourg de Dampierre est situé dans un bassin agréable, et dominé par des coteaux élevés, d'où l'on jouit d'une vue très-étendue ; à l'est on découvre Margerie et les forêts qui environnent ce bourg ; au nord apparaissent le mont Aimé et le mont Aoust ; à l'ouest on distingue Arcis et le château de Pont-sur-Seine ; au sud-ouest on découvre les tours de la cathédrale de Troyes et la montagne de Montgueux ; au sud l'œil suit une partie du cours de l'Aube ; au sud-est on aperçoit distinctement le château de Brienne, et la montagne de Sainte-Germaine, au delà de Bar-sur-Aube. Le château, environné de promenades charmantes et de belles plantations, offre un aspect très-pittoresque.

BRIENNE-LE-CHATEAU (*Aube*). Petite ville à 24 kil. (6 l. 1/4) de Bar-sur-Aube. ⌂ ⚭ 1,930 hab. Cette ville occupe l'emplacement d'un château fort qui a été remplacé par un superbe château moderne, construit par Louis-Marie-Athanase de Loménie, dernier comte de Brienne. Ce château, un des plus beaux édifices que possède le département de l'Aube, est accompagné de deux pavillons détachés. Pour former le plateau sur lequel il est assis, il a fallu vaincre plusieurs obstacles, couper plusieurs buttes de terre, et les joindre par un pont qui a plus de 16 mètres d'élévation ; il domine une plaine immense, qui n'a de bornes que l'horizon : on cite peu de châteaux en France dont la position soit plus avantageuse, qu'on aperçoive de plus loin d'autant de lieux, et auquel aboutissent un aussi grand nombre de routes parfaitement alignées. La beauté des jardins et du parc répond à l'élégance des bâtiments et à l'agrément de cette magnifique habitation.

OUVRAGE A CONSULTER : *Notice sur Brienne*, par Jacquot, in-16, 1852.

CLAIRVAUX (*Aube*). Petite ville dépendant de la commune de Ville-sous-la-Ferté. Elle doit son origine à une abbaye célèbre, fondée par saint Bernard en 1114, à 226 kil. (55 l. 1/2) de Paris. Les vastes bâtiments de cet ancien monastère ont été convertis en une maison centrale de détention pour les condamnés des départements de l'Ain, des Ardennes, de l'Aube, de la Côte-d'Or, du Jura, de la Marne, de la Haute-Marne, de la Meurthe, de la Meuse, de la Moselle, de la Nièvre, de Saône-et-Loire et de l'Yonne. Depuis quelques années on y renferme aussi des condamnés pour cause politique. Cette maison est devenue un superbe établissement industriel, qui renferme de vastes ateliers, où les condamnés sont employés, suivant leur capacité, au battage, à l'épluchage, à la filature et au tissage. Afin de ménager aux détenus qui ont des états en entrant dans cette maison les moyens de les cultiver, on y a établi des ateliers de menuisiers, de tailleurs, de cordonniers, de sabotiers, de cordiers, etc. La laine y est aussi tissée et filée pour l'habillement des détenus; le chanvre y est filé et tissé pour la fabrication du linge. Les femmes détenues sont occupées, suivant leur capacité, les unes à la confection et au raccommodage des habillements et du linge, les autres au blanchissage, à la couture de gants, etc. En résumé, cette maison offre l'aspect d'une manufacture considérable, où plus de 2,000 individus, livrés à diverses occupations utiles, peuvent retrouver la moralité par le travail.

N° 23.

ROUTE DE PARIS A BESANÇON (DOUBS).

1re R., par TROYES et DIJON, 40 myr. 2 kil.

	m. k.
De PARIS à TROYES (Voyez page 138)	15,2
TROYES à SAINT-PARRE-LES-VAUDES ☞	1,9
SAINT-PARRE-LES-VAUDES à * BAR-SUR-SEINE ☞	1,3
* CHAOURCE (à droite de la route).	
BAR-SUR-SEINE à * MUSSY-SUR-SEINE ☞	1,9
* LES RICEYS (à droite de la route).	
MUSSY-SUR-SEINE à * CHATILLON-SUR-SEINE ☞	1,6
CHATILLON-SUR-SEINE à AISEY-LE-DUC ☞	1,4
AISEY-LE-DUC à AMPILLY ☞	1,4
AMPILLY à CHANCEAUX ☞	1,5
CHANCEAUX à * SAINT-SEINE ☞	1,2
SAINT-SEINE au * VAL-DE-SUZON ☞	1,0
VAL-DE-SUZON à * DIJON ☞	1,6
DIJON à * GENLIS ☞	1,9
GENLIS à * AUXONNE ☞	1,5
AUXONNE à * DÔLE ☞	1,6
DÔLE à ORCHAMPS ☞	1,5
ORCHAMPS à SAINT-VIT ☞	1,3
SAINT-VIT à * BESANÇON ☞	1,8

CHAOURCE (*Aube.*) Petite ville à 20 kil. (5 l.) de Bar-sur-Seine. ✉ 1,534 hab. C'est une petite ville mal bâtie, qui était autrefois entourée de murailles crénelées, environnées de fossés remplis d'eau vive. Elle est située près de l'abondante source de l'Amance, dont les eaux font mouvoir plusieurs moulins, et possède trois belles fontaines publiques alimentées par des sources d'eau excellente. On y voit une ancienne église, dont les vitraux et les murs sont couverts d'inscriptions gothiques qui portent à croire que cet édifice religieux existait avant 654.—PATRIE d'Amadis Jamyn, l'un des poëtes les plus célèbres du seizième siècle.

BAR-SUR-SEINE (*Aube*). Jolie petite ville. Sous-préfecture. Trib de 1re inst. ✉☞ 2,269 hab. Cette ville est agréablement située au milieu d'un riche vignoble, sur la rive gauche de la Seine, à l'extrémité d'une vallée resserrée entre deux coteaux, sur l'un desquels s'élève, d'une manière pittoresque,

N° 23. ROUTE DE PARIS A BESANÇON.

une chapelle entourée d'un antique bocage. Elle est généralement bien bâtie, propre et bien percée, et possède de jolies promenades sur le bord de la Seine, que l'on traverse sur un beau pont en pierre de taille.— FABRIQUES de droguets. Distillerie d'eau-de-vie. Papeterie (à VILLENEUVE). Tanneries et teintureries. COMMERCE de grains, vins, eaux-de-vie, chanvre, laines, bois, cuirs, etc. — A 29 kil. (7 l. 1/2) de Troyes, 181 kil. (46 l. 1/2) de Paris. — HÔTELS : de l'Écu, du Soleil-d'Or, de la Fontaine.

VOITURES PUBLIQUES. Tous les jours de Paris à Dijon par Troyes, Châtillon, et retour de Bar-sur-Aube.

OUVRAGE A CONSULTER : *Recherches historiques sur la ville et le comté de Bar-sur-Seine*, in-12, 1772.

RICEYS (les) *(Aube)*. On comprend sous ce nom trois bourgs distingués par les noms de Ricey-Haut, Ricey-Hauterive et Ricey-Bas, formant une seule commune, chef-lieu d'un canton, à 12 kil (3 l.) de Bar-sur-Seine. ⊠ 3,664 hab. Quoique généralement mal percés et assez mal bâtis, ces bourgs renferment plusieurs belles habitations. Ils sont situés dans une vallée arrosée par la petite rivière de Laignes, au pied des montagnes les plus élevées du département, dont les pentes, couvertes de vignes, offrent, dans un cadre resserré, des points de vue agréables et variés. — Les trois églises sont vastes, d'une assez belle construction, et surmontées de clochers élevés qu'on aperçoit de loin. Celle de Ricey-Bas se fait remarquer par son portail et la délicatesse de sa flèche en aiguille.—Les Riceys sont plus particulièrement connus comme un vignoble aussi important par son étendue que par la qualité de ses produits. Leurs vins, distingués par leur finesse et par une sève agréable, s'exportent à Paris, dans les départements du Nord et jusque dans la Belgique.

MUSSY-SUR-SEINE *(Aube)*. Petite ville à 21 kil. (5 l. 1/2) de Bar-sur-Seine. ⊠ ⚘ 1,730 hab. C'est une ville assez bien bâtie, sur la Seine et près de la forêt de son nom.

VOITURES PUBLIQUES. Tous les jours pour Bar-sur-Seine, Troyes et Paris.

CHATILLON-SUR-SEINE. Voy. N° 140, Route de Troyes à Lyon.

SEINE-L'ABBAYE (SAINT-) *(Côte-d'Or)*. Joli bourg, à 23 kil. (6 l.) de Dijon. 1,020 hab. Ce bourg est bien bâti, mais très-resserré, dans une situation pittoresque au milieu d'une profonde vallée. Il possède deux places publiques, une belle promenade plantée de marronniers, et des fontaines magnifiques, alimentées par deux sources qui jaillissent à peu de distance.—L'église, dont la construction date du commencement du quinzième siècle, est une des plus belles que possède le département. Les bâtiments de l'ancienne maison abbatiale sont aussi fort remarquables.

VAL-SUZON *(Côte-d'Or)*. Village bâti dans une situation pittoresque, au fond d'un vallon étroit, bordé de sombres forêts, de rochers et de précipices qui offrent une image des Alpes. ⚘ A 16 kil. (4 l.) de Dijon. Aux environs on remarque deux grottes curieuses par les stalactites qu'elles renferment.

DIJON. Voy. N° 49, Route de Paris à Dijon.

GENLIS *(Côte-d'Or)*. Joli village, sur la Tille, que l'on passe sur un beau pont, à 16 kil. (4 l.) de Dijon. ⊠ ⚘ 950 hab. Il est formé de maisons fort bien bâties, et offre un aspect riant.

AUXONNE *(Côte-d'Or)*. Jolie et forte ville. Trib. de comm. École d'artillerie. Place de guerre de 4ᵉ classe. ⊠ ⚘ 5,287 hab. Elle est dans une situation agréable, sur la rive gauche de la Saône, que l'on traverse sur un pont où aboutit une chaussée d'une demi-lieue de long, percée de 23 arches, pour laisser le passage libre aux eaux lors des inondations. C'est une ville généralement bien bâtie, bien percée, et entourée de beaux remparts qui servent de promenade publique. Les fortifications actuelles ont été commencées en 1673 : deux ans après, Vauban y construisit 8 bastions, revêtus de plusieurs demi-lunes, une contre-garde et un chemin couvert.—Arsenal de construction ;

N° 23. ROUTE DE PARIS A BESANÇON.

beaux corps de casernes; belle place d'armes; beau magasin de vivres; magasins à poudre; bibliothèque publique de 4,000 volumes. — FABRIQUES de draps, clous. — COMMERCE de grains, farines, vins, bois, charbon, etc. — A 29 kil. (7 l. 1/2) de Dijon, 16 kil. (4 l.) de Dôle. — AUBERGES : le Grand-Cerf, le Mont-Jura, Saint-Nicolas, le Soleil-d'Or.

VOITURES PUBLIQUES pour Paris, Dijon, Besançon, Gray, Châlons-sur-Saône.

DOLE. Voy. N° 63, Route de Paris à Gex.

BESANÇON. Grande, belle et très-forte ville, chef-lieu du département du Doubs. Cour R. Trib. de 1re inst. et de comm. Chef-lieu de la 6e division mil. Place de guerre de 1re classe. École d'artillerie. Acad. des sciences, belles-lettres et arts. Acad. universit. Faculté des lettres. Collége R. Soc. d'agr. et de médecine. Institution des sourds-muets. Archevêché. ⊠ ☞ 29,167 habit.

— L'origine de Besançon se perd dans la nuit des siècles : sous les Gaulois c'était déjà une cité célèbre, notée dans la table Théodosienne et dans l'itinéraire d'Antonin, sous le nom de *Vesontio*. Cette ville est dans une situation très-agréable, à l'extrémité d'une vallée arrosée par le Doubs, qui entoure la ville presque en entier, et la divise en deux parties inégales, qui communiquent entre elles par un pont de pierre, où l'on remarque deux espèces de constructions : les unes romaines, en gros blocs de pierres dites de Vergennes, bien conservées : les autres modernes, en pierres du pays, ajoutées pour élargir la voie publique. Elle est environnée de hautes montagnes couvertes de vignes et de verdure. L'isthme de la presqu'île sur laquelle elle est bâtie est occupé par une masse de rochers que couronne la citadelle, laquelle domine toute la contrée qui s'étend au nord ; mais la citadelle est dominée elle-même au sud, à l'est et au sud-est par les monts de Chaudane, de Brégille et de la Chapelle-des-Buis ; ce qui a nécessité la construction de plusieurs forts pour défendre les approches. — Besançon est une des plus fortes villes de France, et l'une des mieux bâties ; elle compte 1,455 maisons dans l'enceinte de ses remparts, toutes en pierre de taille, à deux ou trois étages, ornés en partie de balcons ; les rues sont larges, spacieuses et assez bien percées ; les places publiques vastes, régulières et ornées de fontaines. La promenade de Chamars, située dans l'enceinte de la ville, arrosée par deux bras du Doubs, est remarquable par son étendue. Il existe aussi une autre promenade au milieu de la ville, formée du jardin de l'ancien palais Grandvelle ; elle est très-fréquentée, mais beaucoup trop petite pour une population aussi considérable que celle de la ville. Les édifices et les établissements les plus remarquables sont

L'ÉGLISE CATHÉDRALE DE SAINT-JEAN, vaisseau gothique d'un aspect imposant, reconstruit dans le XIe siècle. On y remarque un beau maître-autel en marbre d'Italie, la chapelle du Saint-Suaire, où se trouvent la belle Résurrection de Vanloo et de bons tableaux de Natoire et de Detroye. A droite, dans la chapelle latérale, est un saint Sébastien de Fra Bartholomeo, maître de Raphaël ; vis-à-vis, dans la chapelle de gauche, se trouve un tableau représentant la mort de Saphire, par del Piombino, élève de Michel-Ange. De beaux anges adorateurs en marbre blanc sont placés sur les côtés de l'autel principal. Au-dessous de l'orgue, dans une cavité, on voit le tombeau de Ferri Carrondelet.

L'ÉGLISE DE SAINTE-MADELEINE, superbe vaisseau d'architecture moderne exécuté par Nicolle ; le portail n'a été achevé qu'en 1830.

L'ÉGLISE DE SAINT-PIERRE, édifice exécuté en 1784. On y voit un magnifique groupe en pierre de Tonnerre, exécuté par Breton.

L'ÉGLISE DE SAINT-FRANÇOIS XAVIER, monument d'une belle architecture, où l'on voit quelques tableaux de maîtres.

L'HÔPITAL SAINT-JACQUES, superbe édifice bâti en 1707, orné d'une magnifique grille en fer.

L'HÔTEL DE LA PRÉFECTURE, ancienne intendance, dont la construction date du milieu du siècle dernier.

N° 23. ROUTE DE PARIS A BESANÇON.

Le COLLÉGE, fondé par le père du cardinal Grandvelle, qui lui-même l'agrandit considérablement. Les bâtiments sont immenses, les cours spacieuses, les jardins vastes et bien aérés ; l'église est fort belle.

Le PALAIS DE JUSTICE, construit de 1745 à 1749. L'architecture de la façade de cet édifice, située derrière l'hôtel de ville, est remarquable. Les statues en plâtre de la Justice et de la Religion décorent le portique qui sert d'entrée à la grande salle de la cour royale.

L'ANCIEN PALAIS GRANDVELLE, construit au XVI° siècle, dans le goût espagnol, par le célèbre cardinal de ce nom : chaque étage offre un ordre d'architecture différent.

La CITADELLE, un des plus beaux ouvrages de Vauban, dont les murs sont en partie taillés dans le roc. De son sommet on découvre la ville entière, les plaines et les montagnes environnantes, le cours du Doubs et la riante promenade de Chamars. Plusieurs prisonniers de marque y ont été enfermés, entre autres le marquis de Saint-Simon, les généraux Bourmont et Radet, etc.

La PORTE TAILLÉE, rocher coupé par les Romains dans le II° siècle, pour y faire passer l'aqueduc d'Arcier, qui amenait des eaux abondantes et salubres à Besançon. Les restes de ce canal se voient sur toute la longueur de la route, depuis la porte Rivotte jusqu'à Arcier, situé à 9 kil. (2 l. 1/4) de la ville.

La GRANDE CASERNE, précédée d'une vaste place, aux deux extrémités de laquelle s'élèvent deux beaux pavillons pour le logement des officiers.

La SALLE DE SPECTACLE, bâtiment isolé, dont six colonnes d'ordre dorique soutiennent le frontispice. L'intérieur est spacieux et bien décoré.

La BIBLIOTHÈQUE PUBLIQUE, édifice moderne renfermant 50,000 volumes et de précieux manuscrits.

Le MUSÉE PARIS, renfermant des antiques, une momie, des tableaux, des dessins, des livres et autres objets rares et précieux légués par le célèbre architecte Paris à sa ville natale.

On remarque encore à Besançon le musée d'antiques et de monuments du moyen âge, le cabinet d'histoire naturelle, et les fontaines publiques, dont une représente l'apothéose de Charles-Quint, une autre un Bacchus, la troisième un Neptune, et la quatrième une jeune nymphe presque nue, dont les seins versent de l'eau ; l'arc de triomphe, etc. — PATRIE du poète Mairet, de Suard, du maréchal Moncey, des généraux Pajol, Donzelot, Préval, Baudran ; de M. Droz, économiste et philosophe aimable ; de MM. Charles Nodier, Victor Hugo, etc. — MANUFACTURES d'horlogerie qui occupent 2,000 ouvriers, presque tous isolés, travaillant pour des établissements en grand ou pour des comptoirs d'horlogerie. — FABRIQUES de bonneterie, droguets, siamoises, tapis de pieds, fers creux pour meubles et autres objets, fournitures d'horlogerie, etc. Entrepôt et commerce considérable d'épiceries. — A 86 kil. (22 l.) de Dijon, 164 kil. (41 l.) de Genève, 366 kil. (94 l.) de Paris.—HÔTELS : National, de Paris, de France.

VOITURES PUBLIQUES. Pour Paris, Dôle, Dijon, Lyon, Arbois, Poligny, Lons-le-Saulnier, Bourg, Montbéliard, Colmar, Strasbourg, Gray, Jussey, Bourbonne, Belfort, Salins, Vesoul, Nancy, Pontarlier et la Suisse.

BUTS D'EXCURSIONS. Aux environs on doit visiter les magnifiques ruines du Château de Montfaucon, dont la construction est attribuée à Louis XI ; le riant village de Beurre et la chute du Bout-du-Monde ; la Maison d'école (4 kil.), vaste édifice dont la chapelle et les bâtiments sont remarquables.

OUVRAGES A CONSULTER, qui se trouvent à la librairie de Binsot, à Besançon : *Annuaires historiques et statistiques du Doubs*, par Laurent (très-intéressant), in-12, 1812-41.
Album du dessinateur franc-comtois, in-4°, 1827.
Voyages pittoresques et romantiques dans l'ancienne France, par Taylor, 5 vol. in-fol. (Franche-Comté).
Histoire de Besançon, par Dunod, 2 vol. in-4°, 1750.

N° 23. ROUTE DE PARIS A BESANÇON.

Almanach historique de Besançon et de la Franche-Comté (contient une bonne description des villes, bourgs et villages), in-8°, 1785-86.
Essai sur la géographie physique, le climat et l'histoire naturelle du département du Doubs, par Girod Chantrans, 2 vol. in-8°.

2ᵉ R., par CHAUMONT, LANGRES et GRAY, 38 myr. 5 kil.

	m. k.
De PARIS à * LANGRES ⌑ (Voy. N° 98)	28,6
LANGRES à LONGEAU ⌑	1,1
LONGEAU à * CHAMPLITTE ⌑	2,4
*FONTAINE-FRANÇAISE (à dr. de la route).	
* BEAUMONT-SUR-VINGEANNE (à dr. de la r.).	
CHAMPLITTE à * GRAY ⌑	2,0
* FRÉTIGNEY (à gauche de la route).	
GRAY à BONBOILLON ⌑	1,5
BONBOILLON à RÉCOLOGNE ⌑	1,3
RÉCOLOGNE à * BESANÇON ⌑	1,6

De BRAY à NANGIS ⌑	2,5
à FOSSARD ⌑	2,5
à NOGENT-SUR-SEINE ⌑	2,3
à * PAUFOU	3,3

CHAMPLITTE (*Haute-Saône*). Petite ville à 23 kil. (6 l.) de Gray. ⌑ 3,885 hab. Elle est agréablement située entre plusieurs coteaux couverts de vignes, qui dominent un vallon arrosé par le Salon, et est dominée par un magnifique château qui sert aujourd'hui d'hôtel de ville. — FABRIQUES de toiles. Blanchisseries de cire. — COMMERCE de grains et de vins.

FONTAINE-FRANÇAISE (*Côte-d'Or*). Bourg situé près de fontaines abondantes qui forment une belle nappe d'eau, près de la Vingeanne, à 29 kil. (7 l. 1/2) de Dijon. ⌑ Pop. 1,100 hab. Ce bourg était autrefois fortifié; il fut assiégé en 1373, par le sir de Mirebel. En 1595, Henri IV y défit, avec une très-faible cavalerie, une armée de 18,000 hommes, commandée par le duc de Mayenne; un monument a été élevé sur le lieu même où se donna le combat, pour en consacrer le souvenir.

BEAUMONT-SUR-VINGEANNE (*Côte-d'Or*). Village situé près d'une voie romaine qui conduit à Mirebeau, sur la Vingeanne, que l'on passe sur un beau pont à 23 kil. (6 l.) de Dijon. Pop. 420 hab. On y remarque les ruines d'un château fort bâti sur le sommet d'un rocher par les sires de Vergy. Ce château fut pillé et détruit lors du siège de Dôle en 1636. — Aux environs s'élève, sur un rocher, la chapelle de Plantenet, ancienne commanderie de l'ordre de Malte.

GRAY (*Haute-Saône*). Ville ancienne. Sous-préfect. Trib. de 1ʳᵉ inst. et de comm. Chambre de commerce. Collège comm. ⌑ 6,793 hab. Gray est situé en amphithéâtre sur une colline qui s'abaisse vers le septentrion, et domine une superbe prairie arrosée par la Saône. La ville est assez bien bâtie et ornée de fontaines publiques, mais les rues sont étroites, mal percées et de difficile accès. L'étranger qui y arrive par la route de Langres ou de Dijon éprouve un désappointement d'autant plus vif, lorsqu'il pénètre dans son enceinte, que l'activité du port, l'élégance du quai qui se prolonge sur la rive droite de la Saône, font concevoir de cette cité une opinion favorable. On y remarque toutefois le pont sur la Saône, d'une belle architecture; le quartier de cavalerie; l'hôtel de ville, construit sous la domination espagnole en 1563; le palais de justice; les promenades; la bibliothèque publique, de

N° 23. ROUTE DE PARIS A BESANÇON.

11,689 volumes; le château, antique résidence de plusieurs têtes couronnées; l'église paroissiale, etc., etc. — Le moulin, élevé par M. Tramoy sur un courant de la Saône, est peut-être le plus beau et le plus remarquable qui existe en France, non-seulement par l'élégance et la richesse de sa construction, mais plus encore par son mécanisme intérieur. A 325 kil. (83 l. 1/2) de Paris.

VOITURES PUBLIQUES. Tous les jours pour Besançon, Dijon, Dôle, Auxonne, Vesoul, Langres, Châlons-sur-Saône, Jussey, Épinal.

OUVRAGE A CONSULTER, qui se trouve à la librairie de Jæger, à Gray. *Recherches sur la ville de Gray*, par Crestin, in-8°, 1788.

BRÉTIGNEY (*Haute-Saône*). Village situé à 31 kil. (8 l.) de Gray. ⊠ 950 hab. — A trois quarts de lieue de ce village existe une grotte, dont l'intérieur consiste dans trois salles remarquables par les stalactites et les stalagmites qui le tapissent, et qui présentent de grandes dimensions, des formes très-variées, et une infinité d'accidents qui changent avec la position de l'œil du spectateur.

DE BESANÇON A BOURBONNE-LES-BAINS, 10 myr. 9 kil.

De BESANÇON à VORAY ⚇ 1,3
VORAY à LA MAISON-NEUVE (Haute-Saône) ⚇ ... 1,6
  * VILLERSEXEL (à droite de la route).
  * ÉCHENOZ-LA-MELINE (à dr. de la route).
MAISON-NEUVE à * VESOUL ⚇ 1,8
  * SCEY (à gauche de la route).
VESOUL à * PORT-SUR-SAÔNE ⚇ 1,3
  * SAINT-REMY (à droite de la route).
PORT-SUR-SAÔNE à COMBEAU-FONTAINE ⚇ 1,2
  * PURGEROT (à droite de la route).
COMBEAU-FONTAINE à * JUSSEY ⚇ 1,4
  * CORRE (à droite de la route).
JUSSEY à * BOURBONNE-LES-BAINS ⚇ 2,3

VILLERSEXEL (*Haute-Saône*). Bourg bâti dans une situation fort agréable, sur l'Ognon, à 21 kil. (5 l. 1/4) de Lure. ⊠ 1,429 hab. — Villersexel avait un chapitre dont la fondation datait de 1418. On y voit un magnifique château bâti dans la plus riante situation, et environné d'un beau parc ; c'est la propriété de M. le marquis de Grammont, membre de la chambre des députés, dont la famille a fondé et doté à Villersexel, en 1769, un hôpital desservi par des sœurs hospitalières. De ce château on aperçoit le sommet de la montagne de Grammont, où l'on remarque les ruines imposantes de l'ancien château de Granges, souche de la famille des Grammont. Non loin de là se trouve l'abbaye du Vieux-Croissant, fondée par la même famille, à qui la ville de Besançon doit la construction de l'archevêché, du grand séminaire, et de plusieurs autres établissements. — FABRIQUES de bonneterie. Tanneries. Teintureries. Haut-fourneau. Forges, laminoirs et fonderie.

ECHENOZ-LA-MELINE (*Haute-Saône*). Village à une demi-lieue de Vesoul. 850 hab. — Le vallon dans lequel Échenoz est situé se termine, au sud-ouest de ce village, par un rocher dans lequel existe une caverne curieuse. — Cette commune offre une seconde grotte bien autrement intéressante pour le géologue et pour le naturaliste : c'est le Trou de la Baume, qui se trouve presque à la sommité du flanc occidental du vallon d'Échenoz, et dont l'intérieur se compose de quatre chambres de plain-pied, où M. Thirria a découvert un grand nombre d'ossements fossiles.

VESOUL. Ancienne ville de Franche-Comté, chef-lieu du département de la Haute-Saône. Trib. de 1re instance. Société d'agr., sciences et arts. Collège comm. École normale. École de philosophie pour les jeunes gens qui se destinent à l'état ecclésiastique. ✉ ☞ 6,768 hab. Vesoul est dans une charmante situation : bâti au pied de la *Motte*, montagne conique de 402 mètres de hauteur absolue, il s'étend, en suivant la déclivité du terrain, jusqu'à la rivière du Durgeon, et fait face de toutes parts à une vaste ceinture de collines, où s'étalent, de distance en distance, des villages d'un aspect gracieux. Ces collines, couvertes en partie de vignes et de bois, forment autour de la ville un fertile bassin, au fond duquel règne une longue prairie que le Durgeon arrose en serpentant.— Dès les temps les plus reculés de son histoire, Vesoul apparaît comme une cité d'importance; c'était une place de guerre, un *castrum*, dont le château, construit sur la Motte, passait pour imprenable. Au onzième siècle, il devint le siège d'une puissante vicomté, et plus tard celui d'une mairie où ressortissaient de nombreux villages, et du premier bailliage de la province. Après avoir été maintes fois ruinée par les guerres qui désolèrent la Franche-Comté, et s'être signalée par son valeureux dévoûment pour les princes de la maison d'Autriche et de la maison d'Espagne, cette ville partagea le sort de la province en 1674 : elle fut réunie à la couronne de France. Dans le cours du dix-septième siècle elle a perdu successivement les derniers restes de ses fortifications; et c'est alors qu'elle a commencé à sortir des bornes de son étroite enceinte et à prendre d'importants développements. — Vesoul est bien bâti; les rues en sont larges et bien pavées ; les places publiques, au nombre de trois, sont ornées d'élégantes fontaines qui versent à la population des eaux pures et abondantes. Entre autres édifices, on y remarque le palais de justice; l'église paroissiale, où se trouvent un très-beau maître-autel et un ancien sépulcre dont les figures attirent l'attention des connaisseurs ; le collége, l'école normale, les casernes de cavalerie, l'école de philosophie ecclésiastique, l'hôpital et l'hôtel de la préfecture. Vesoul possède une bibliothèque publique, riche de 21,000 volumes ; une salle de spectacle, de jolies promenades, etc. — Du sommet de la Motte, où l'on arrive par des chemins couverts de gazon, le regard s'étend de trois côtés sur une riche et vaste prairie, parsemée d'une trentaine de villages et bordée de collines à l'horizon. C'est un des plus beaux points de vue qu'offre la Franche-Comté.— COMMERCE important de grains, vins, fers. — A 43 kil. (11 l.) de Besançon, 339 kil. (87 l.) de Paris. — HÔTELS : de la Madeleine, de la Cigogne, de l'Europe.

BUTS D'EXCURSIONS : au *Frais Puits*, près du village de Frotey (4 kil.);—au *Trou de la Baume*, grotte remarquable (2 kil.) (*Voy.* ci-dessus Echenoz.)

VOITURES PUBLIQUES Tous les jours pour Paris, Besançon, Luxeuil, Dijon, Lure, Faverney, Épinal, Vauvillers, Mulhouse, Plombières, Villersexel, Jussey, Montbozon.

OUVRAGES A CONSULTER , qui se trouvent à la librairie de Suchaux, à Vesoul: *Annuaire historique et statistique de la Haute-Saône*, in 12, 1823-42. Celui de 1842 contient une notice sur Vesoul, qui est ce qu'on a écrit de plus complet sur l'histoire particulière de cette cité.
Dictionnaire géographique, industriel, etc., de la Haute-Saône, in-8°, 1827.

SCEY-SUR-SAONE (*Haute-Saône*). Bourg situé sur la Saône, où il a un petit port, à 18 kil. (4 l. 1/2) de Vesoul. 1,866 hab. Ce bourg, traversé par la grande route de Besançon à Neufchâtel, réunit tous les avantages : situation agréable, paysage charmant, fontaines abondantes, riches pâturages, belle rivière, abondance de vignes et de bois, territoire très-fertile, etc. Il est très-commerçant, surtout à cause de son port, près duquel est un beau pont de quatorze arches. On y voyait jadis un magnifique château, qui appartenait à la maison de Beaufremont.

REMY (SAINT-) (*Haute-Saône*). Village situé à 26 kil. (6 l. 3/4) de Vesoul. Pop. 480 hab. On y voit un ancien château où l'on a établi en 1824 une école normale.

PORT-SUR-SAONE (*Haute-Saône*). Bourg situé sur la rive gauche de la Saône qu'on y passe sur un très-beau pont, à 13 kil. (3 l. 1/4) de Vesoul. ✉ ☞.

PURGEROT (*Haute-Saône*). Village situé à 22 kil. (5 l. 3/4) de Vesoul. Pop.

950 hab. On y voit les restes bien conservés d'une voie romaine et les ruines d'un château fort connu sous le nom de château de Brégille.

JUSSEY (*Haute-Saône*). Jolie petite ville, à 31 kil. (8 l.) de Vesoul. ✉ ⚲ 2,705 hab. Elle est bâtie à l'entrée d'un vallon fort étendu, mais resserrée entre des coteaux très-élevés. Sa position au pied d'une montagne est très-avantageuse pour les eaux ; presque chacun des habitants de la grande rue possède une fontaine dans sa cave, ou un réservoir dans son jardin ; et les quatre fontaines publiques sont un embellissement que les plus grandes villes pourraient envier.

CORRE (*Haute-Saône*). Village à 36 kil. (9 l. 1/4) de Vesoul. 650 hab. Corre, qui n'est plus qu'un village, a été une cité populeuse, si l'on en juge par les nombreux débris de monuments antiques qu'on a découverts et qu'on découvre encore sur son territoire. On croit même qu'il est bâti sur les ruines de *Dittalion*, ville séquanaise que d'Anville place au confluent de la Saône et du Coney. M. Monnier, conservateur du musée de Dôle, a publié une description des *Antiquités de Corre*.

BOURBONNE-LES-BAINS (*Haute-Marne*). Petite ville à 44 kil. (11 l. 1/4) de Langres. ✉ ⚲ 3,272 hab. — Bourbonne, célèbre dès les temps les plus reculés par ses eaux thermales, est en partie bâtie sur une petite colline, et en partie dans deux vallons arrosés par l'Arpance et la Borne. Sa position est pittoresque ; la diversité de la disposition des sites et des produits du sol est d'une perspective agréable.

La découverte des eaux thermales de Bourbonne remonte à une haute antiquité ; des travaux qui existent encore dénotent la grandeur et la magnificence des constructions romaines. Les établissements thermaux civils et militaires sont remarquables sous le double rapport de l'architecture et de l'administration intérieure. Des améliorations successives, dues à la munificence du gouvernement, les font rivaliser aujourd'hui avec les plus beaux et les plus commodes que nous ayons en France.

ÉTABLISSEMENT CIVIL. Cet édifice, construit entièrement en pierres de taille, est un carré long avec un beau péristyle d'ordre ionique. La face latérale du côté de l'entrée offre un autre péristyle et un balcon donnant sur la promenade plantée de tilleuls de Hollande qui fait partie de l'établissement. Vingt cabinets de bains, seize douches, deux piscines ou bassins, deux étuves, l'emplacement d'un puits ou réservoir de la source chaude, deux fontaines d'eau commune, quatre salles de service et un salon composent le rez-de-chaussée. Deux escaliers larges et commodes, placés de droite et de gauche à l'entrée du grand vestibule, conduisent au premier étage ; dans cette seconde partie de l'établissement, on trouve vingt-quatre cabinets de bains, deux salles, un grand et très-beau salon qui sert de réunion aux étrangers, et deux escaliers de dégagement.

ÉTABLISSEMENT MILITAIRE. A quarante-cinq toises de l'établissement civil, et à l'orient, est l'hôpital militaire, qui se compose de 250 lits à une place, et de deux bassins qui peuvent contenir 220 hommes. Les officiers-généraux et supérieurs ont leurs bains à part ; les officiers, leur salle de douches et baignoires particulières. Les sous-officiers et soldats ont deux grandes pièces et douches dans une autre salle. — L'hospice militaire se compose de deux vastes cours, enceintes de murs et séparées par un passage d'environ cinq toises. Dans la cour de droite, à son extrémité et à l'ouest, est placé l'établissement des bains militaires. Dans la cour de gauche, se trouve d'abord le logement du portier, le corps de garde, et, vis-à-vis, la salle de police. Viennent ensuite la boulangerie, la buanderie, la pharmacie et la chapelle. A côté de la chapelle sont les salles à manger pour les officiers et pour les soldats ; les cuisines, la lingerie, les magasins, etc. De là, et au levant, on entre dans une belle, large et vaste promenade plantée de peupliers et fermée de murs de douze pieds de hauteur.

SAISON DES EAUX. L'établissement des bains civils est ouvert toute l'année, mais les étrangers n'y affluent que pendant cinq mois : du 1ᵉʳ mai au 1ᵉʳ octobre. Chaque année, l'hôpital militaire est ouvert du 1ᵉʳ juin au 1ᵉʳ octobre. Les militaires arrivent à deux époques, au 1ᵉʳ juin et au 1ᵉʳ août. douze à quinze cents malades fréquentent annuellement les eaux.—PROPRIÉTÉS MÉDICINALES. Les eaux thermales de Bourbonne conviennent essentiellement dans le traitement de la plupart des maladies chroniques, et produisent des cures merveilleuses. L'expérience journalière constate leur efficacité dans les paralysies, les maladies du système lymphatique (scrofules), dans toutes les affections rhumatismales anciennes, les engorgements de la rate, du foie, dans les fièvres intermittentes anciennes, dans la chlorose, l'aménorrhée et l'anaphrodisie des organes génitaux. Elles sont particulièrement indiquées dans les névralgies en général, les luxations spontanées, les accidents résultant de la congélation. Leur emploi est surtout recommandé dans les rétractions des muscles et des tendons, atrophie des membres, fausses ankyloses, vieux ulcères, teigneux, psoriques, syphilitiques ; dans les ulcères avec carie des os, affections diverses provenant de maladies syphilitiques anciennes, ou de l'usage immodéré du mercure.

VOITURES PUBLIQUES. Tous les jours pour Paris, Chaumont, Langres, Gray, Nancy.

OUVRAGES A CONSULTER. *Bourbonne et ses eaux thermales*, par Renard Athanase, in-18, 1826.
Notice sur les eaux de Bourbonne, par Petitot, in-8°.
Essai sur les eaux thermales de Bourbonne, par Magistrel. in-8°, 1828.
Notice sur Bourbonne et ses eaux thermales, par Lemolt, in-8°, 1830.
Notice historique sur la ville de Bourbonne-les-Bains, par M. in-8°, 1836.
Lettre à M. Hase, sur une inscription trouvée à Bourbonne, 1832.

DE BESANÇON A GEX, 13 myr.

	m. k.
De BESANÇON à LARNOD ⌾...............	1,0
LARNOD à QUINGEY ⌾...................	1,2
QUINGEY à * SALINS ⌾..................	1,9
SALINS à * CHAMPAGNOLE ⌾.............	2,3
CHAMPAGNOLE à GEX (Voy. N° 63).......	6,6
* BEURRE (à gauche de la route).	

De LARNOD à MERCY ⌾...................	1,1

SALINS (*Jura*). Ancienne ville. Collége comm. ✉ ⌾ 6,354 habit. — Cette ville est située dans une gorge étroite, entre deux montagnes assez élevées, à l'extrémité d'une vallée fertile. Elle est bâtie sur la pente d'une colline, au pied de laquelle coule la rivière la Furieuse. Au milieu de la ville, le vaste établissement des salines, entouré d'épaisses murailles et flanqué de tours de distance en distance, se fait remarquer par son étendue. C'est dans cette vaste enceinte que se trouvent réunies un grand nombre de fontaines salées, renfermées sous des voûtes immenses, dont la construction remonte au dixième siècle ; on descend jusqu'au fond de cet atelier souterrain par des escaliers ; il a près de 900 pieds de long sur environ 300 de large ; son fond est de rocher fort solide. La rivière la Furieuse longe tout l'établissement, et coule à plus de huit pieds au-dessus du sol des voûtes ; un filet d'eau, extrait de cette rivière, s'introduit dans l'atelier pour donner le mouvement aux machines hydrauliques, qui servent, les unes à élever les eaux salées, les autres à élever les eaux douces.

Le site de Salins est fort agréable ; les coteaux environnants produisent d'excellents vins. Au mois de juillet 1825, cette ville a été entièrement détruite par un horrible incendie qui a duré trois jours entiers. L'hôpital et l'établissement des salines ont été seuls préservés. La France entière, touchée d'un événement aussi déplorable, s'est empressée de venir au secours des incendiés, et a voulu concourir à la reconstruction de leur ville; de nombreuses souscriptions, ouvertes dans toutes les villes, bourgs, villages et hameaux, ont produit en très-peu de temps des sommes considérables, que l'on évalue à plus de 2 millions. — FABRIQUE de sel et de sulfate de soude. Exploitation considérable de gypse. Distilleries d'eaux-de-vie. Dans le val de Salins, papeteries, forges, martinets, hauts-fourneaux. — COMMERCE de vins, eaux-de-vie, fromage, cire, miel, sel, bois, plâtre, etc. — A. 23 kil. (6 l.) de Poligny. — AUBERGES : de la Poste, de la Tête-d'Or, du Sauvage.

VOITURES PUBLIQUES. Tous les jours pour Besançon, Lons-le-Saulnier, Pontarlier, Champagnole, Arbois, Quingey, Dôle.
BUT D'EXCURSION : au mont Poupet, d'où l'on jouit d'une vue admirable.
OUVRAGES A CONSULTER. Recherches sur la ville de Salins, par Béchet, in-12, 1829.
Histoire généalogique des sires de Salins, par Guillaume, 2 vol. in-4°. 1757.

CHAMPAGNOLE (*Jura*). Joli bourg, bâti dans une situation pittoresque au pied du Mont-Rivel, sur la rive droite de l'Ain, à 20 kil. (5 l.) de Poligny. ⊠ ⌦ 2,934 hab. Il ne consiste, pour ainsi dire, qu'en une première rue très-large, longue d'un demi-quart de lieue, dirigée du nord au sud, et coupée d'une seconde rue qui se dirige à l'occident. La rivière d'Ain y met en mouvement un grand nombre d'usines différentes, ainsi qu'une des plus belles tréfileries de fer qui existent en France ; deux cents ouvriers y sont constamment occupés, tant au tirage du fil de fer qu'à la fabrication des clous d'épingle.

BEURRE (*Doubs*). Charmant village, renommé par la beauté de ses vergers, situé à 5 kil. (1 l. 1/4) de Besançon. 1,000 hab. A peu de distance de Beurre, on remarque la chute et le site curieux du Bout-du-Monde, culée formée par une longue chaîne de montagnes que la route côtoie depuis Besançon jusqu'à Beurre : là le bassin se resserre, la lumière devient sombre, et l'on entend le bruit d'une cataracte formée par le ruisseau d'un plateau supérieur, qui tombe perpendiculairement de trente pieds de haut. Cette chute laisse entre elle et le rocher un vide entre lequel on se plaît à passer.

DE BESANÇON A MONTBÉLIARD, 8 myr.

	m. k.
De BESANÇON à L'ILE SUR LE DOUBS ⌦ (V. N° 82, 1re R. de Paris à Strasbourg)............................	5,7
L'ILE SUR LE DOUBS à * MONTBÉLIARD ⌦............	2,3

MONTBÉLIARD (*Doubs*). Jolie petite ville. Sous-préfect. Trib. de prem: inst. Collége comm. ⊠ 4,767 hab. Elle est dans une situation agréable, au centre d'un vallon tapissé de prairies arrosées par l'Allan et la Luzine, environnée de coteaux boisés et plantés de vignes ; c'est une ville généralement bien bâtie, bien percée, ornée de fontaines publiques, de jolies promenades, et qui renferme une bibliothèque publique, composée de 10,000 volumes. Le château, ancienne résidence des souverains de Montbéliard, est flanqué de deux tours, dont l'une remonte au seizième siècle. Il domine une grande partie de la belle et riche vallée de l'Allan, et sert aujourd'hui de maison d'arrêt. Les autres édifices remarquables sont l'hôtel de ville, les halles, l'église Saint-Martin, l'église Saint-George, l'hôpital, l'ancien collége, la sous-préfecture. —Montbéliard est la patrie du célèbre Cuvier, l'un des génies les plus profonds, les plus universels des temps modernes, enlevé aux sciences, à la patrie, à l'Europe entière et à ses amis, le 13 mai 1832. — INDUSTRIE. Manufacture d'horlogerie. FABRIQUE de bonneterie, instruments aratoires, limes, pointes de Paris. Filature de coton. — COMMERCE de grains, fromages, cuirs estimés, etc.

N° 23. ROUTE DE PARIS A BESANÇON.

—Hôtels : du Lion-d'Or, de la Balance, des Treize-Cantons, de la Couronne, du Sauvage. — A 415 kil. (106 l. 1/2) de Paris.

Voitures publiques. Tous les jours pour Besançon, Colmar, Belfort, St-Hippolyte, Lyon, Strasbourg.

Ouvrage a consulter : *Souvenirs historiques et pittoresques de Montbéliard*, petit in-fol. 1827.

DE BESANÇON A PLOMBIÈRES, 9 myr. 7 kil.

	m. k.
De Besançon à *Vesoul ∞ (Voy. ci-dessus)	4,7
Vesoul à Saulx ∞	1,3
Saulx à Saint-Sauveur (Haute-Saône) ∞	1,5
* Luxeuil (sur la route).	
* Faucogney (à droite de la route).	
Saint-Sauveur à Fougerolles ∞	1,0
Fougerolles à * Plombières ∞	1,2

LUXEUIL ou **LUXEU** (*Haute-Saône*). Ancienne et jolie ville. Collège comm. ⊠ ∞ 3,570 hab. — On est porté à croire que Luxeuil doit son origine à ses eaux minérales, déjà célèbres avant l'invasion des Gaules par Jules César, puisque ce conquérant ordonna à son lieutenant Labiénus de réparer les thermes de Luxeuil, ainsi que le prouve une inscription tirée des ruines des anciens thermes en 1755, et conservée à l'hôtel de ville. Cette ville est située au pied des Vosges, à l'extrémité d'une plaine fertile qu'arrosent les eaux rapides de la Lanterne et du Breuchin ; de vastes forêts couvrent le pays au nord ; du sud à l'ouest la perspective est un riant paysage. Elle n'est séparée de la commune de Saint-Sauveur que par le Breuchin, qu'on traverse sur un beau pont ; c'est une ville bien bâtie, où l'on voit plusieurs belles maisons, des rues propres et ornées de fontaines. L'hôtel de ville, la maison claustrale des ci-devant bénédictins, et le collège, sont des bâtiments remarquables.

Les eaux salines thermales, connues dès la plus haute antiquité, sont distribuées dans un vaste et superbe établissement thermal, situé à l'extrémité nord de la rue des Romains, au milieu d'un vaste jardin d'agrément et de promenades délicieuses. Une superbe grille isole le grand parterre, qu'il faut traverser pour arriver à l'édifice thermal, dont l'architecture noble et sévère annonce au baigneur qu'on s'est occupé, dans ce lieu, de pourvoir à son bien-être. L'établissement renferme cinq bains : le bain des Dames, le bain des Hommes, le bain Neuf, le grand Bain ou des Étuves, et le petit Bain ou bain des Cuvettes. Il y a de plus vingt cabinets de bains qui contiennent cent baignoires, dont vingt en pierre, et sept douches. Outre les sources salines thermales, il y a deux autres sources d'eaux minérales, dont l'une est ferrugineuse et l'autre savonneuse. — La saison des eaux commence le 15 mai et finit ordinairement le 15 octobre. La ville renferme un grand nombre de maisons propres et bien tenues, où trois cents étrangers peuvent trouver à se loger commodément. La vie y est à très-bon marché. Il y a un très-beau salon de réunion où l'on donne plusieurs bals par semaine. Les bois des environs sont bien percés, et offrent d'agréables promenades. Le nombre de malades qui fréquentent les eaux est annuellement de 5 à 600. — On administre les eaux de Luxeuil dans les rhumatismes chroniques, dans les paralysies, les longs catarrhes, les altérations des viscères abdominaux.—L'eau de la source savonneuse est prescrite avec avantage dans la phthisie pulmonaire, le crachement de sang et la dyssenterie. — A 368 kil. (94 l. 1/2) de Paris.

Voitures publiques. Tous les jours pour Lure, Vesoul, Plombières, Épinal, Nancy.

Ouvrages a consulter : *Essai historique sur les eaux de Luxeuil*, par Fabert, in-12, 1773.
Histoire de la ville et de l'abbaye de Luxeuil, par Grappin.

FAUCOGNEY (*Haute-Saône*). Petite ville à 23 kil. (6 l.) de Lure. 1,531 hab. Elle est située au pied de rochers escarpés, à l'extrémité d'une prairie arrosée par les eaux du Breuchin. Les baigneurs qui fréquentent les eaux de Luxeuil vont ordinairement visiter ce riche et joli vallon. Sur le sommet d'une montagne élevée qui domine le territoire de la ville, il existe une église antique sous l'invocation de saint Martin, où l'on voit une cloche d'une grosseur remarquable. — FABRIQUE d'eau de cerises de première qualité. Exploitation d'excellentes pierres à ra-oirs.

PLOMBIÈRES. Voyez N° 98.

N° 24.

ROUTE DE PARIS A BLOIS (LOIR-ET-CHER).

De PARIS à BLOIS (V. N° 25, R. de Paris à Bordeaux). m. k. 17,5

N° 25.

ROUTE DE PARIS A BORDEAUX (GIRONDE).

Itinéraire descriptif de PARIS à BORDEAUX et à BAYONNE, par ORLÉANS, TOURS, POITIERS et ANGOULÊME.

ON sort de Paris par la barrière d'Enfer, ou par celle du Maine, selon le quartier d'où l'on part; les deux avenues se réunissent au hameau du petit Montrouge. On distingue, à droite, Saint-Cloud et Meudon, et sur la gauche l'hospice et le château de Bicêtre. La route traverse le grand Montrouge. Peu après se présente, sur la gauche, le village d'Arcueil, remarquable par un bel aqueduc. L'aspect du pays, entrecoupé de coteaux et de plaines plantés de vignes et d'arbres à fruit, offre un coup d'œil agréable jusqu'à Bourg-la-Reine, joli village, embelli par une maison de campagne où Henri IV venait oublier, auprès de la belle Gabrielle, les erreurs et le fanatisme de son siècle: on montre encore la chambre qu'y occupait ce monarque. En sortant de Bourg-la-Reine on longe les murs de Sceaux, village auquel se rattachent les souvenirs les plus brillants de la cour de Louis XIV. Lorsqu'on a dépassé Berny, le pays s'embellit de plus en plus; la route traverse Antony et Lonjumeau ; sur la gauche est le riche village de Longpont. Bientôt après on longe le pied du mont isolé occupé par la ville de Montlhéry, que domine la tour ruinée de ce nom. En sortant de Montlhéry, on traverse Linas, et ensuite Arpajon. En descendant la colline, avant d'arriver à Étrechy, on jouit d'une superbe vue sur un pays riche et bien cultivé. Après Étrechy, on laisse à gauche le château de Gœurs; ensuite on aperçoit le château de Brunehaut, et à peu de distance, sur une hauteur, la grosse tour de Guinette, reste de l'ancien château fort d'Étampes. — En sortant de cette ville, on entre dans les plaines de la Beauce. On traverse le hameau de Mondésir ; à une lieue plus loin on laisse à gauche le chemin qui conduit au magnifique château de Méréville, puis on arrive à Angerville. En partant de cette ville on traverse une voie romaine allant de Sens à Chartres, et l'on trouve un poteau indiquant la triple limite des départements de Seine-et-Oise, d'Eure-et-Loir et du Loiret. La route que l'on parcourt traverse de vastes plaines cultivées en blé jusqu'à Artenay ; passé ce bourg, elle est bordée de beaux arbres. Après le relais de Chevilly, succèdent aux plaines fertiles de la Beauce les plaines sablonneuses de l'Orléanais ; on entre dans la vaste forêt d'Orléans, si élaguée le long de la route qu'on ne se douterait pas de la traverser. On passe au village de Cercottes, au hameau de Montjoie, d'où l'on descend dans une belle vallée jusqu'à celui de la Poterie, à peu de distance duquel se présentent les premières maisons du faubourg des Aides, qui a plus d'une demi-lieue de long, et prend, près d'Orléans, le nom de faubourg Bannier. — On sort d'Orléans par la porte de la Madeleine. La plaine riante, couverte de vignes, et parsemée de jolies habitations, que suit la route à l'issue de cette ville, se termine à la Loire, qu'on longe, sans discontinuer et presque sans la voir, jusqu'à Saint-Ay, village situé en terrasse sur la rive droite du fleuve ; de cet endroit on jouit d'une vue délicieuse sur la rive opposée : l'objet le plus frappant qui s'y présente est la petite ville de Notre-Dame de Cléry, où fut enterré Louis XI, remarquable par la haute église qui la domine. Au sortir de Meun, on remarque le joli château de ce nom, dont les jardins règnent en terrasse sur la Loire. En s'éloignant de Meun, la route traverse des campagnes fécondes, de riches vignobles, et s'éloigne du fleuve, que l'on retrouve à Beaugency, ville agréablement située dans un territoire fertile en vins renommés dont il se fait un grand commerce. — Au-dessous de Beaugency commence une succession de sites et de scènes que l'on pourrait comparer à ceux de la plus vaste et de la plus brillante galerie de tableaux de paysages, existant soit en Italie, soit en Flandre, si la nature, original inépuisable et sublime, n'était pas au-dessus de toutes les copies qu'essaye d'en faire même le génie. A la fertilité du sol à laquelle contribue la Loire, à l'industrie que sa navigation favorise, s'unit le spectacle de cent coteaux aussi variés dans leur forme que dans leurs productions. Les beautés des arts se groupent avec celles de la nature. Partout des coteaux que décorent des châteaux, des maisons de campagne et des édifices élégants et pompeux : séjour de l'opulence, où les mœurs simples des champs font alliance avec celles des villes pour les épurer, et rendre meilleurs ceux qui viennent y goûter le calme et la paix. La route est on ne peut plus agréablement diversifiée jusqu'à Mer. En quittant cette ville, on suit une plaine à perte de vue, coupée de champs, de vignes et d'habitations nombreuses. Au hameau des Landes on jouit d'une belle vue sur le vaste parc du château de Chambord, situé au delà du fleuve. Après avoir traversé le bourg de Suèvres, on trouve à 6 kil. plus loin le petit village de Menars, remarquable par un superbe château, dont les terrasses bordent la rive droite de la Loire. Avant d'arriver à Blois, la route se divise en deux branches : l'une mène à la ville haute, et l'autre conduit par une pente douce à la ville basse, en longeant un beau quai. Du point où s'opère cette bifurcation, on a une fort belle vue sur la rive gauche de la Loire, dont de nombreux hameaux, des bourgs, des villes, des châteaux, bordent les deux rives et réfléchissent leur image dans ses eaux. Avant de quitter Blois, arrêtez-vous sur le pont ancien qui traverse le fleuve ; regardez vers sa source : quel magnifique tableau ! Ces coteaux, ces bois, ces hameaux, ces villes, ces châteaux, ces tours isolées qui vous ont arrêté si longtemps, rassemblés et groupés en amphithéâtre, offrent une superbe perspective de plus de six lieues d'étendue. Du côté opposé, quelle agréable variété ! Le fleuve, en décrivant une courbe presque insensible qui se prolonge à perte de vue, semble vouloir montrer toute sa magnificence. Voyez ces coteaux, ces vignobles, ces peupliers, ces sites romantiques, ces caprices de la nature! Tout cela surpasse ce que peut créer la plus riche imagination; et cependant ce n'est que le prélude des beautés sans nombre qui se succèdent à chaque pas pendant plus de soixante lieues. — La même succession de sites romantiques, de tableaux ravissants et de riants paysages, qui devance Blois depuis Beaugency, continue, s'enchaîne et accompagne le voyageur au delà de cette ville, soit sur l'une, soit sur l'autre des rives du fleuve. D'autres châteaux, d'autres demeures paisibles, douces retraites des amis des champs, auxquelles se groupent d'humbles cabanes qui relèvent, par la simplicité de leur construction, le luxe de l'architecture et de l'opulence, se montrent de toutes parts ombragés par des vergers, des vignobles et des bois. Le premier relais que l'on rencontre est Chousé; un peu plus loin on trouve le hameau de Pont, et peu après celui d'Écure, d'où l'on jouit d'un point de vue magnifique sur le château pittoresque de Chaumont. A Blois commencent ces magnifiques *levées* de la Loire, le plus bel ouvrage qui existe en ce genre. Les eaux du fleuve étant en général peu encaissées, il a fallu, dans le double but de les réunir en temps de sécheresse et de les contenir lors des grandes crues et des débâcles de glace, construire à droite et à gauche de son lit des digues qui en dirigent le cours et opposent une barrière insurmontable à ses inondations. Ces digues portent le nom de *levées*; elles ont communément 22 pieds de hauteur, 24 pieds de largeur à leur sommet, et sont revêtues, dans les parties les plus exposées au choc des eaux, de maçonnerie en pierres sèches, nommée *perré*. Le milieu de la chaussée, pavée dans presque toute sa longueur, offre une des plus belles routes du monde, bordée de deux rangs de peupliers et peuplée de villes, de villages, de maisons de plaisance, qui, se succédant sans interruption, en font une promenade continuelle.

Au delà de Veuves, un poteau, planté au bord de la route, apprend au voyageur qu'il passe du département de Loir-et-Cher dans celui d'Indre-et-Loire. La colline qui borde la vallée à droite s'éloigne à une demi-lieue; la colline de la rive opposée borde la Loire. On entre dans le jardin de la France; mais, quoique déjà bien belle, la vallée de la Loire ne déploie cependant pas encore ici tous ses charmes ni toute sa richesse aux yeux du voyageur. On ne rencontre aucun lieu remarquable jusqu'à Amboise, ville située sur la rive gauche du fleuve, et dominée par un antique château, dont l'aspect est on ne peut plus pittoresque. La route ne passe pas à Amboise, mais dans le faubourg bâti sur la rive droite de la Loire, que l'on traverse en cet endroit sur un pont nouvellement reconstruit. En sortant de ce faubourg, on suit toujours la levée, bordée d'un parapet peu élevé, au bas duquel coule la Loire. Sur la rive opposée on aperçoit le château de Chanteloup, dont on voit la haute pagode. La contrée s'embellit de plus en plus; la vue s'égare sur une vallée verdoyante et fertile; sur de riants coteaux, où sont creusées des habitations souterraines, surmontées de jardins et de vignes; sur le cours de la Loire, couverte de grosses barques voguant à pleines voiles contre le courant: on éprouve un véritable charme à parcourir cette riche contrée dans la belle saison. — Après la Frillère, hameau où est le relais de poste, on passe sur un pont jeté sur la Cisse, près de son embouchure dans la Loire. Trois quarts de lieue plus loin on traverse le hameau de la Verneries, laissant à droite le village de Vouvray, embelli par le château de Moncontour. A peu de distance de là on remarque la tour pittoresque de l'antique château de la Roche-Corbon. La route que l'on parcourt ressemble à un village qui se continue indéfiniment. Les maisons règnent sans cesse jusqu'à Tours; la plupart sont creusées dans le coteau, et les cheminées ressortent bizarrement au-dessus du sol qui couvre le rocher, couronné lui-même d'arbres fruitiers, de vignes ou de jardins. A une lieue de Verneries on laisse à droite le village de Saint-Georges, et l'on passe devant le hameau des Rochettes, dont presque toutes les maisons sont creusées, à diverses hauteurs, dans un roc calcaire, tendre et facile à exploiter. Le même enchantement qui a surpris le voyageur depuis qu'il a atteint les rives de la Loire ne discontinue pas : il se prolonge et semble devoir se perpétuer. Toujours des points de vue plus gracieux et plus pittoresques, un horizon plus agréable et plus varié, des villages bien bâtis et propres, des habitants gais et bien vêtus ; toujours des collines charmantes, des terrains bien cultivés, parsemés çà et là de rochers, dont l'âpreté contraste avec la teinte douce et riante du paysage, et qui semblent avoir été placés là exprès pour mêler la fierté à la grâce et l'âpreté à la mollesse : tout annonce qu'on est dans la riche et belle Touraine. Une lieue avant d'arriver à Tours on trouve le village de Sainte-Radegonde, et un peu plus loin celui de Saint-Symphorien. Peu après on laisse à droite les ruines de l'antique abbaye de Marmoutiers. On arrive par un superbe quai au magnifique pont de Tours, dont deux belles places embellissent les deux extrémités.

En sortant de Tours, on parcourt une magnifique avenue, au milieu de vastes prairies qui séparent la Loire du Cher, rivière que l'on franchit sur un beau pont. Peu après, on voit le château de Grammont, ancienne maison de plaisance des archevêques de Tours. La route est agréable et variée jusqu'à Montbazon ; à une demi-lieue de cette ville est la belle et vaste poudrière de Ripault. La route que l'on suit traverse une plaine fertile en blé ; elle est bordée de beaux arbres jusqu'au bourg de Sorigny, au delà duquel est placé le relais de poste. Deux lieues après ce relais, on aperçoit, sur la gauche, le village de Sainte-Catherine de Fierbois. A une lieue et demie plus loin est la petite ville de Sainte-Maure, remarquable par sa situation pittoresque et par les ruines de son antique château; on traverse ensuite le village de Pont-de-Piles, que précède un beau pont jeté sur la Creuse, qui, de ce côté, forme la limite du département d'Indre-et-Loire et de la Vienne. Après le Pont-de-Piles, on parcourt une plaine agréable jusqu'au relais des Ormes, village remarquable par un beau château. La route que l'on suit après les Ormes est sablonneuse et peu fertile jusqu'aux environs de Châtellerault, ville renommée par l'élégance et le bon marché de sa coutellerie, dont chaque voyageur ne manque pas de faire provision. La Vienne traverse cette ville, ou plutôt la sépare d'un de ses faubourgs : une belle avenue conduit au magnifique pont en pierre de taille jeté d'une rive à l'autre ; au bout de ce pont est un joli château en forme de porte de ville, flanqué de quatre tours rondes, sous laquelle passe la route qui, au sortir de la ville, parcourt une contrée agréable, peuplée de beaux villages. Au hameau de la Poquinerie, on aperçoit à 4 kilomètres de distance, sur le penchant de la colline opposée, la ville de Poitiers, où l'on entre par la porte basse du faubourg de la Cueille. On sort de Poitiers par le faubourg de la Tranchée. Au bout d'une demi-lieue, on laisse à gauche un chemin qui conduit aux ruines d'un aqueduc romain, situé près d'une maison nommée l'Ermitage. La route parcourt ensuite une plaine de champs peu variés. A une demi-lieue au delà des Maisons-Blanches, on entre dans le département de la Charente en longeant le sommet d'une longue côte, d'où l'on a une belle vue. Après Ruffec, la route monte et descend presque continuellement. On passe aux Nègres, à Mansle, où l'on jouit d'une belle vue sur une riche vallée arrosée par la Charente ; un peu plus loin est Churet. Dans tout ce trajet, on parcourt un pays frais, varié, toujours embelli par de beaux vignobles, mais très-montueux. Au hameau de Pont-Touvre, on passe la Touvre, rivière qui offre en cet endroit un aspect pittoresque, et dont la source, située à deux kilomètres de là, mérite d'être visitée : c'est une source au moins aussi belle que la célèbre fontaine de Vaucluse, mais beaucoup moins connue. Après le Pont-Touvre, on suit sans cesse de riches et gracieux vignobles, en ayant pour perspective la ville d'Angoulême, bâtie sur le sommet d'une colline qui domine au loin tout le pays : on entre dans cette ville par le riche et important faubourg de l'Houmeau, que l'on traverse en sortant d'Angoulême. Une descente rapide conduit à Saint-Ausone. Sur la droite, on remarque le château de l'Oiselerie, dont la situation est très-pittoresque. A une lieue plus loin, on traverse le bourg de Saint-Jean de la Palu, célèbre par ses nombreuses papeteries, et, à deux lieues de cet endroit, le village du Roulet, qu'une autre distance de deux lieues sépare du relais de Petignac, dont la maison de poste ressemble à un château. On gravit ensuite une montée et un tournant difficile à la descente; du haut de cette côte, on découvre un fort bel horizon, à l'extrémité duquel on aperçoit la ville d'Angoulème. Depuis cette ville, la route que l'on parcourt est constamment agréable et diversifiée jusqu'à Barbezieux, petite ville assez bien bâtie dans une riante situation. Près de Reignac, l'aspect du pays devient monotone, notamment aux environs du hameau de la Grolle, situé à peu de distance des confins du département de la Charente-Inférieure. Au delà de la Grolle, la route domine une campagne aussi riche qu'agréable, et traverse un pays charmant, peuplé d'une multitude de villages et de hameaux.

Entre Chiersac et Cavignac, on passe du département de la Charente-Inférieure dans celui de la Gironde, d'un triste pays de landes dans un riant pays de vignes, et d'un mauvais chemin à un beau chemin pavé. Le pays dégénère aux environs de Saint-André de Cubzac, petite ville qui ne consiste guère que dans la rue principale où passe la grande route. A Cubzac, où l'on passe la Dordogne sur un pont suspendu d'une vaste étendue, on remarque un joli château, situé sur la rive droite de la Dordogne, et les ruines d'un château fort que la tradition attribue aux quatre fils Aymon : le rocher qui porte les restes de cette gothique demeure renferme plusieurs grottes intérieures qui servent d'habitations. De l'autre côté de la Dordogne est le village de Saint-Vincent, où aboutit une superbe route qui traverse l'Entre-deux-Mers, pays riant, varié, en grande partie cultivé en vignes. Une côte assez roide conduit au joli village de la Grave-d'Ambarès, d'où l'on descend au hameau de Toutifaut, situé à la jonction de la route de Libourne à Bordeaux. On voit, à droite, un orme dont le tronc a environ dix pieds de diamètre, connu sous le nom de l'arbre de Terrasson. A trois kilomètres plus loin, on passe au beau village du Carbon-Blanc, environné de châteaux et de maisons de plaisance remarquables. De cet endroit à la Bastide, on s'aperçoit que l'on approche d'une grande cité : l'industrie éclate de toutes parts; l'activité, la vie qu'elle répand, se communique à tout ce qu'on voit, à tout ce qu'on entend. Les routes sont aussi fréquentées qu'à quelques lieues de là elles étaient solitaires : partout des voitures, des cavaliers, des piétons allant, venant et retournant sur leurs pas. Les hôtelleries, les maisons de campagne, d'opulents villages et la plus riche culture annoncent que l'on est près d'une grande ville. Pour aller de la Bastide à Bordeaux, on traverse la Garonne sur un magnifique pont de dix-sept arches, construit en briques et en pierre de taille.

DE BORDEAUX A BAYONNE.

On sort de Bordeaux par le faubourg Saint-Julien, en laissant à droite la route de Bayonne par les grandes landes. La route traverse un pays boisé et planté de vignes jusqu'au hameau de la Prade; sur la droite est le bourg de la Brède, patrie de l'immortel Montesquieu, dont les voyageurs ne doivent pas manquer de visiter le château. Le paysage est riant, animé, et pittoresquement coupé de vignes, de champs et de prairies jusqu'aux environs de Castres. Après cette ville, on parcourt un pays agréable, presque entièrement cultivé en vignes. A peu de distance, sur la gauche, est le bourg de Portez, bâti sur la Garonne, dont on côtoie les rives gracieuses. On passe à Podensac, bourg qui s'étend sur la rive gauche de la Garonne, où il a un petit port. De Corons à Langon, la route longe constamment le cours de la Garonne, rivière remarquable par ses charmants paysages et par la richesse de ses vignobles. A Langon, on abandonne les riants tableaux qu'offrent les rives de ce beau fleuve, pour se diriger vers le pays monotone et mélancolique des petites et des grandes landes. Le sol plat et légèrement sablonneux est cependant assez bien cultivé jusqu'à Bazas, ville ancienne, où l'on remarque une jolie place et une assez belle église gothique. Deux lieues après cette ville, on passe au joli village de Beaulac, après lequel on traverse le Céron; dès lors on est dans les landes et les forêts de sapins; au lieu de campagnes riantes, on ne voit plus que des paysages pâles et monotones. Captieux est un assez joli bourg qui ressort assez agréablement au milieu des plaines immenses qui l'entourent. Au delà, les landes deviennent de plus en plus arides jusqu'aux environs du Poteau, maison isolée, immédiatement avant laquelle on passe du département de la Gironde dans celui des Landes. On continue ensuite à voyager au milieu des sables. Au delà des Agreaux, le pays, quoique nu et stérile, offre cependant quelques landes en culture qui s'améliorent progressivement aux environs de la petite ville de Roquefort. On passe la Douze en sortant de cette ville. A mesure que l'on avance, le pays devient agréable et varié, surtout en approchant du relais de Caloy, d'où l'on jouit d'un beau point de vue sur une partie de la chaîne des Pyrénées. Après ce relais, la contrée devient de plus en plus riante; les sables sont cultivés et ombragés de beaux arbres. Ainsi décoré, ce pays uni et sablonneux devient presque un paysage, à travers lequel on arrive à Mont-de-Marsan. On sort de cette ville par une belle avenue, à laquelle succèdent des haies vives hautes et touffues, et des landes presque entièrement couvertes de bois de pins, qui s'étendent jusqu'à l'antique cité de Tartas. Pontonx est un assez joli bourg, séparé de l'Adour par de belles et riches prairies. Après ce relais, les forêts de pins font place à des bois de chênes; viennent ensuite de vastes landes couvertes de bruyères, et entremêlées çà et là de cultures ceintes de haies vives d'une hauteur extraordinaire. A Dax on passe l'Adour sur un pont de bois fort long et très-élevé. Saint-Geours est un joli village entouré d'arbres, et Saint-Vincent, un autre beau village situé à l'intersection des deux routes de Bordeaux à Bayonne; la route parcourt ensuite un pays fort agréable jusqu'à cette dernière ville, où l'on arrive par le faubourg du Saint-Esprit.

Une autre route conduit de Bordeaux à Bayonne : c'est celle des grandes landes Cette route est plus courte que la première, mais peu fréquentée à cause de sa monotonie et du peu de ressources que l'on y trouve; elle parcourt une immense plaine sablonneuse, presque sans autre variété que l'alternative des landes et des forêts de pins qui s'y succèdent sans interruption.

1re R., de PARIS à BORDEAUX, par ORLÉANS et POITIERS,
56 myr. 1 kil.

	m. k.
De PARIS à BERNY ☞............................	1,2
* LONGPONT (à droite de la route).	
BERNY à LONJUMEAU ☞......................	0,7
* MONTLHÉRY (sur la route).	
LONJUMEAU à * ARPAJON ☞..................	1,2
* SAINT-CHÉRON (à droite de la route).	
* SAINT-VRAIN (à gauche de la route).	
ARPAJON à ÉTRÉCHY ☞.......................	1,2
ÉTRÉCHY à * ÉTAMPES ☞......................	0,8
ÉTAMPES à MONDÉSIR ☞.....................	0,9
* MÉRÉVILLE (à gauche de la route).	
* CHAMPMOTEUX (à gauche de la route).	
MONDÉSIR à * ANGERVILLE ☞................	1,0
ANGERVILLE à THOURY (Eure-et-Loir) ☞......	1,4

N° 25. ROUTE DE PARIS A BORDEAUX.

Thoury à * Artenay ☞...................	1,4
Artenay à Chevilly ☞..................	0,6
Chevilly à * Orléans ☞................	1,4
Orléans à Saint-Ay ☞..................	1,3
* Meun (sur la route).	
* Cléry (à gauche de la route).	
Saint-Ay à * Beaugency ☞..............	1,3
Beaugency à Mer ☞.....................	1,3
Mer à * Menars ☞......................	1,0
* Chambord (à gauche de la route).	
Menars à * Blois ☞....................	0,8
Blois à Chousy ☞......................	1,0
Chousy à Veuves ☞.....................	1,1
Veuves à * Amboise ☞..................	1,2
Amboise à la Frillère ☞...............	1,2
La Frillère à * Tours ☞...............	1,2
* Riche (à gauche de la route).	
* Roche-Corbon (à droite de la route).	
* Sainte-Radegonde (sur la route).	
Tours à Montbazon ☞...................	1,3
* Bossée (à gauche de la route).	
* Sainte-Cather. de Fierbois (à g. de la r.).	
Montbazon à Sorigny ☞.................	0,7
Sorigny à Sainte-Maure ☞..............	1,6
Sainte-Maure aux * Ormes ☞............	1,5
* La Haye-Descartes (à g. de la route).	
* La Guerche (à gauche de la route).	
* La Chapelle-Blanche (à g. de la route).	
* Presigny-le-Grand (à g. de la route).	
Les Ormes à Ingrande ☞................	1,2
Ingrande à * Chatellerault ☞..........	0,7
* La Roche-Posay (à gauche de la route).	
Chatellerault aux Barres de Nintré ☞..	0,8
* Boussay (à gauche de la route).	
Les Barres de Nintré à la Tricherie ☞.	0,5
La Tricherie à Clan ☞.................	0,8
Clan à * Poitiers ☞...................	1,2
Poitiers à Croutelle ☞................	0,6
* Civaux (à gauche de la route).	
Croutelle à Vivonne ☞.................	1,2
* Montmorillon (à gauche de la route).	
Vivonne aux Minières ☞................	0,8
Minières à Couhé-Vérac ☞..............	0,8
Couhé à Chaunay ☞.....................	1,0
* Civray (à gauche de la route).	
* Charroux (à gauche de la route).	
* Lesax (à droite de la route).	
Chaunay aux Maisons-Blanches ☞........	0,8
* Availles (à gauche de la route).	
Maisons-Blanches à * Ruffec ☞.........	1,2
* Esse (à gauche de la route).	
Ruffec aux Negres ☞...................	2,6
Negres à Mansle ☞.....................	1,1
Mansle à Churet ☞.....................	1,4
Churet à * Angoulême ☞................	1,1
Angoulême au Roullet ☞................	1,3

N° 25. ROUTE DE PARIS A BORDEAUX.

Roullet à Pétignac ⚐.	0,8
* Saint-Fort (à droite de la route).	
Pétignac à * Barbezieux ⚐.	1,3
Barbezieux à Reignac ⚐.	0,7
Reignac à la Graulle ⚐.	0,7
* Aubeterre (à gauche de la route).	
La Graulle à la Garde-Montlieu ⚐.	1,4
La Garde-Montlieu à Chiersac ⚐.	0,6
Chiersac à Cavignac ⚐.	1,3
Cavignac à Cubzac ⚐.	1,7
Cubzac au Carbon-Blanc ⚐.	0,6
Carbon-Blanc à * Bordeaux.	1,1

LONGPONT (*Seine-et-Oise*). Village autrefois célèbre par une riche abbaye, convertie en maison de campagne. Son église paroissiale, dont on a été obligé d'abattre le chœur et le chevet, est encore une des plus belles des environs de Paris; les détails du portail sont surtout remarquables par des sculptures gracieuses et d'une grande légèreté. A 23 kil. (6 l.) de Paris.

MONTLHÉRY (*Seine-et-Oise*). Petite ville à 18 kil. (4 l. 1/2) de Corbeil. Elle est bâtie sur la pente d'une montagne, dont le sommet est couronné par la tour du donjon d'une antique forteresse, longtemps l'effroi des rois de France et des campagnes environnantes. Cette tour, qui a résisté pendant huit siècles aux ravages du temps et des hommes, a 32 m. 23 cent. de haut depuis sa base jusqu'à la plate-forme.

ARPAJON (*Seine-et-Oise*). Jolie petite ville, bien bâtie et très-agréablement située sur l'Orge, qui y reçoit la Remarde. Elle est entourée de promenades bien plantées, et possède une halle très-vaste. A 31 kil. (8 l.) de Paris. ✉ ⚐

OUVRAGE A CONSULTER. *Notice historique sur Arpajon*, par Baugrand, in-12.

CHÉRON (SAINT-) (*Seine-et-Oise*). Village situé à 43 kil. (11 l.) de Paris. On remarque sur son territoire la fontaine la Rachée, belle source d'eau vive qui sort d'un rocher par neuf ouvertures différentes et forme une fontaine abondante; c'est, sans contredit, une des plus belles sources de la contrée.

VRAIN (SAINT-) (*Seine-et-Oise*). Village situé à 35 kil. (9 l.) de Paris. — Le château du petit Saint-Vrain, bâti par la Dubarry, fait partie de cette commune. C'est un gracieux édifice en forme de pavillon surmonté d'un dôme, et ayant onze croisées sur les grandes faces et cinq sur les petites. On y arrive par un beau perron élevé sur un soubassement formant terrasse. L'entrée est décorée d'un petit péristyle de 4 colonnes d'ordre dorique couronné d'un fronton. Un parc d'une grande étendue où l'art ajoute à la nature sans la dépouiller de ses charmes, de belles eaux, de nombreux ornements, font de ce château le séjour le plus attrayant.—A 36 kil. (9 l.) de Paris.

ÉTRECHY (*Seine*). Bourg près de la rive gauche de la Juine. A peu de distance de ce bourg, dans un vallon sauvage entouré de bois, on trouve les ruines de Roussay, ancien château fort, dont les fossés profonds et les hautes tours rappellent la tyrannie féodale. A 43 kil. (11 l.) de Paris. ✉ ⚐

ÉTAMPES (*Loiret*). Ville ancienne. Sous-préf. ✉⚐ 8,109 hab. Cette ville est située dans une vallée, sur le chemin de fer de Paris à Orléans, et sur deux petites rivières dont les eaux se réunissent à celles de la Juine; elle est bien bâtie, bien percée, environnée de promenades plantées de beaux arbres, et bordée de courants d'eaux vives. Étampes et ses faubourgs forment, sur la grande route de Paris à Orléans, une rue qui a près d'une lieue de long. Vers un des angles que forment la grande rue et la route de Dourdan, était sur un tertre élevé l'ancien château d'Étampes, démantelé par Henri IV. Il ne reste plus de cette forteresse qu'une tour fort élevée, appelée la tour de Guinette, dont le plan extraordinaire se compose de quatre sections de cercle. — Au bout de la plaine des Sablons, au milieu des prés, on voit les restes d'un vieux bâtiment, qui porte le nom de tour de Brunehaut. — Sur les bords de la rivière de la Louette, près de la porte de Chaufour, on rencontre des fossiles en forme de tuyaux de différentes longueurs et de différents diamètres, que l'on désigne vulgairement sous le nom de pétrifications d'Étampes. — PATRIE de Guettard, de Geoffroy-Saint-Hilaire. — FABRIQUES de savon vert et de bonneterie. Filatures de laine. Exploitation de carrières de grès. — COMMERCE considérable de farines. — A 51 kil. (131.) de Paris. — AUBERGES: le Grand-Courrier, le Bois-de-Vincennes, les Trois-Rois.

VOITURES PUBLIQUES. Tous les jours pour Paris, *entreprise Duverger frères*, rue des Fossés-St-Germain l'Auxerrois, à Paris; —*Entreprise Toulouse et Comp.*, r. Croix-des-Petits-Champs, 32.

OUVRAGES A CONSULTER. *Antiquités de la ville et duché d'Étampes*, par Fleureau, in-4°, 1683.

Essai historique sur la ville d'Étampes, par Maxime de Mont-Rond, 2 vol. in-8°.

MÉRÉVILLE (*Seine-et-Oise*). Bourg situé dans une vallée agréable, sur la Juine, et remarquable par un des plus beaux châteaux des environs de Paris. A 24 kil. (6 l.) de Paris. — Le château de MÉRÉVILLE est situé à mi-côte et domine tout le parc, dont l'étendue est de 100 arpents; il est embelli de tous côtés par la rivière de Juine, qui forme plusieurs îles charmantes, et des cascades d'un bel effet, dont les eaux viennent se perdre dans des grottes immenses. Dans une île, non loin d'un moulin en forme de chalet suisse, on remarque une colonne rostrale, dédiée aux deux frères Delaborde, qui, partis avec l'expédition de Lapeyrouse, périrent victimes d'un acte de courage et de générosité aux côtes de la Californie. Plusieurs tours, un temple magnifique, et un grand nombre d'autres monuments placés çà et là, ajoutent aux agréments de ce beau séjour.

CHAMPMOTEUX (*Seine-et-Oise*). Village à 2 kil. duquel se trouve le château de VIGNAY, édifice considérable où est mort l'illustre chancelier de L'Hôpital, dont le tombeau, qui avait été transporté au musée des Petits-Augustins, a été replacé dans cette église en 1818. A 62 kil. (16 l.) de Paris.

ANGERVILLE (*Seine-et-Oise*). Jolie petite ville, propre et bien percée, située sur le chemin de fer de Paris à Orléans. ✉ ☞ A 68 kil. (17 l.) de Paris.

ARTHENAY (*Loiret*). Joli bourg. ✉ ☞ 1,150 hab. A 21 kil. (5 l. 1/2) d'Orléans.

ORLÉANS. Grande et très-ancienne ville, chef-lieu du département du Loiret. Cour royale; trib. de 1re inst. et de com.; bourse et chambre de com.; académie; soc. des sciences, belles-lettres et arts; collége royal; évêché. 40,161 hab. ✉ ☞

L'origine d'Orléans remonte à une époque très-reculée. On prétend qu'elle a été bâtie sur les ruines de l'ancienne *Genabum*, qui fut prise et brûlée par César; mais il parait prouvé aujourd'hui que c'est Gien qui occupe l'emplacement de *Genabum*. — Cette antique cité, bâtie sur la rive droite de la Loire et sur la pente modérément inclinée d'un coteau fertile, se déploie majestueusement au nord du fleuve, et offre un très-bel aspect. Sa situation à peu près au centre de la France, à l'embranchement des grandes routes qui conduisent à tous les points du royaume, vers le milieu d'un des plus beaux fleuves de l'Europe, qui facilite le transport des productions et des objets d'industrie d'une grande partie de nos plus riches départements, en fait naturellement l'entrepôt d'une quantité considérable de marchandises, et le centre d'un grand commerce. — Les maisons d'Orléans, dans les quartiers les plus anciens, sont généralement mal bâties, et pour la plupart en bois. Mais la plus grande partie de la ville se compose de rues larges, propres, bien percées et bordées de maisons d'une belle construction; la rue Royale, qui conduit en droite ligne de la place du Martroy au pont, est l'une des plus belles de France. Les places publiques sont vastes, mais peu régulières. La ville est environnée de nombreuses maisons de campagne, et précédée de beaux et très-longs faubourgs qui annoncent l'opulence d'une grande cité. Un beau pont de neuf arches traverse la Loire et joint la ville au joli bourg d'Olivet.

Les édifices et établissements les plus remarquables d'Orléans sont :

La CATHÉDRALE, connue sous le nom de Sainte-Croix ; c'est un des plus beaux édifices religieux que possède la France. Le plan de cette église est d'un bel ensemble. Le portail est d'une élégance remarquable : les deux tours sont construites avec beaucoup de grâce et de légèreté, et terminées par une espèce de couronnement; elles surpassent ce que nous offre de plus élégant en ce genre l'architecture gothique. On remarque aussi les portails latéraux, l'audace irrégulière et gigantesque des voûtes, la richesse des détails et l'effet hardi de l'intérieur. Le chevet est orné d'une chapelle dont les lambris, le retable et le pavé sont de marbre noir et blanc.

L'église SAINT-AGNAN offre un joli vaisseau gothique. C'est, après la cathédrale, le plus bel édifice religieux d'Orléans. La chapelle souterraine mérite d'être visitée par les artistes.

L'église SAINT-PIERRE-LE-PUELLIER est la plus ancienne de toutes les églises d'Orléans. Elle est petite et mal éclairée ; quelques-unes de ses chapelles, vers le chevet, offrent à l'extérieur des portions qui remontent à la plus haute antiquité. Dans l'intérieur, on lit une inscription singulière en l'honneur d'une jeune fille nommée Rose de Paris.

L'église SAINT-EUVERTE, qui sert aujourd'hui de magasin, est une des plus jolies d'Orléans ; elle est surmontée d'une tour construite en 1566.

La chapelle SAINT-JACQUES, aujourd'hui magasin à sel, est ornée d'une jolie façade gothique ; on présume qu'elle fut bâtie par Louis le Jeune, vers 1155.

L'ancien HÔTEL DE VILLE, occupé aujourd'hui par le musée, est un édifice dont la construction a été commencée sous Charles VIII et achevée par Louis XII, en 1498. Il est décoré d'une façade remarquable ; dans la cour se trouve une tour carrée très-ancienne, qui faisait partie de la première enceinte d'Orléans, et dont le sommet est maintenant surmonté d'un télégraphe.

MUSÉE. La ville d'Orléans possède un musée fondé en 1825. On y voit des tableaux de Mignard, de Vien, du Guide, de Philippe de Champagne, du Guerchin, de Drouais, de Rigaud, de Fragonard, etc. Les portes qui servent d'entrée intérieure à cet établissement sont celles de l'ancien jubé de Sainte-Croix. Parmi les principaux tableaux de ce musée, on remarque : N° 2. La Communion de saint Benoît, par Deshaies.—98. La Samaritaine, par Frosté.—39. Loth et ses filles, attribué à Guido-Reni. — 20. L'entrée de Jeanne d'Arc, après la victoire des Tournelles, par Fragonard. — 27. Beau portrait en pied de madame la duchesse de Richelieu, par Mignard. — 34. Le baptême de Jésus sur les bords du Jourdain, par P. Champagne. — 166. Tobie conduit par l'ange, par Benedotto Luti. — 111. Sujet de chasse composé de plus de 60 figures ou chevaux, par Porbue fils. — 36. Niobé et ses enfants percés des flèches d'Apollon, par Verdier. — 37. Un paon, des poules, des canards et leurs petits, par J. Oudri. — 37. Intérieur d'une église de Flandre, par Peters-Neefs. — 61. Paysage, vue de la Flandre, enrichi de quantité de figures, par Martin et Henry Van-Cleef. — Joli paysage, orné d'architecture en ruine, par Patel. — 174. Paysage orné des ruines d'un temple, *idem*. — 113. Beau paysage orné de fabriques sur le bord d'un canal, par Deker. — 73. Paysage orné de figures et animaux, par Van-Romain. — 77. Paysage, effet de soleil levant, embelli d'une riche végétation, de cascades, et de petites figurines, peint par Dunoy. — 79. Un médecin donnant une consultation à une jeune femme, par Zorg.— 84. Un sanglier aux prises avec plusieurs chiens. Un tableau de fruits ; tous deux par Desportes. — 96. Beau paysage, site d'Italie, les figures de Taunay, le paysage par Bourgeois du Castel. — 102. Portrait d'un financier, par Hyacinthe Rigaud. — 112. Un bivouac de soldats hollandais, école hollandaise. — 117. Diane et Apollon, et une danse d'enfants conduits par l'Amour, par

C. Schut. — 119. La Madeleine dans sa grotte, deux anges dans une gloire lui offrant des palmes, par Hyacinthe Beardy. — 1. Les disciples d'Emmaüs, par Hallé. — 2. La résurrection de J. C., *idem*. — 81. Une marine. — Portrait de mad. Pompadour, par Drouais.— 69. Portrait de Coypel, pastel de Latour. — 22. Le portrait du pape Calixte III, école vénitienne. — Une femme à sa toilette, par Metzu.— 88. La Canonisation de saint François d'Assise, attribué à Snell. — Fête païenne, par Vermanzol. — 28. Un tableau de Gibier. — Portrait de J. Pothier, jurisconsulte, peint par madem. Lebrun — Un dessin, par le Guerchin. — Deux dessins représentant des chocs de cavalerie, par Lagrenée.

MAISON D'AGNÈS SOREL. Cette maison, située rue du Taboury, n° 15, est bâtie avec un soin particulier et un luxe de sculptures qui annoncent, au premier coup d'œil, qu'elle a dû être habitée autrefois par de riches et puissants seigneurs. La façade extérieure du bâtiment offre des croisées très-ornées, et les deux portes d'entrée sont remarquables par les bas-reliefs en bois qui y sont sculptés.

MAISON DE FRANÇOIS Ier. Cette maison, située rue de Recouvrance, n° 28, forme l'angle sud-ouest de la rue de la Chèvre qui danse ; elle est connue sous le nom de François Ier, à raison des emblèmes qui s'y trouvent.

MONUMENT DE JEANNE D'ARC. Il occupe le centre de la place du Martroi, et se compose d'une statue de bronze de 8 pieds de hauteur, qui repose sur un piédestal de 9 pieds de haut sur 4 pieds de large, revêtu de très beaux marbres, et orné de quatre bas-reliefs : celui du sud représente le combat des Tournelles ; celui de l'ouest rappelle le moment où Jeanne d'Arc reçut l'épée des mains du roi ; le troisième, à l'est, retrace l'instant du sacre de Charles VII, et le quatrième, la mort affreuse de la Pucelle. On lit sur la face de l'ouest cette simple et convenable inscription :

A JEANNE D'ARC.

La statue de cette héroïne représente une femme coiffée d'un chapeau dont les bords sont relevés, et surmonté de panaches ; sa figure et son cou sont découverts ; une riche cuirasse dessine sa poitrine et sa taille robuste ; les bras sont défendus par une cotte de mailles ; une longue robe passe sous la cuirasse, et descend jusqu'aux pieds, chaussés de souliers carrés et très-ornés. Un large ceinturon, passé sur l'épaule, soutient le fourreau d'une épée placée dans la main droite, et dont la pointe est tournée vers la terre ; la main gauche tient un drapeau arraché à l'ennemi ; les pieds sont supportés par des débris, sur lesquels on aperçoit trois léopards.

On remarque encore à Orléans la bibliothèque publique, dont le joli vaisseau renferme 26,000 volumes, et la salle de spectacle.

Orléans est la patrie de Pothier ; d'Amelot de la Houssaye ; d'Étienne Dolet, imprimeur, poète et grammairien, brûlé comme athée à Paris, en 1546 ; du P. Peteau, etc.

FABRIQUES de bonneterie, poterie d'étain. Filatures de laine et de coton. Raffineries de sucre. Vinaigreries. Blanchisseries de cire. — COMMERCE de vins, eaux-de-vie, vinaigres, d'épicerie, droguerie, bois de teinture, etc. — HÔTELS : de France, de la Boule-d'Or, des Trois-Empereurs, du Lion-d'Argent.— A 55 kil. (14 l.) de Blois, 115 kil. (29 l. 1/2) de Paris.

VOITURES PUBLIQUES. Tous les jours pour Paris, Bourges, Châteauroux, Limoges, Toulouse, Blois, Tours, Poitiers, Angoulême, Bordeaux, Saumur, Angers, Nantes, Niort, la Rochelle, Rochefort, Briare.

BUTS D'EXCURSIONS : à la source du *Loiret* ; — à *Notre-Dame de Cléry*. (*Voy.* ci-après ce mot.)

OUVRAGES A CONSULTER, qui se trouvent à la librairie de Gatineau, à Orléans. *Description de la ville et des environs d'Orléans*, par D. Toussaint Duplessis, in-8°, 1736.)

Essais historiques sur Orléans, par Polluche, in-8°, 1778.
Histoire d'Orléans, par Lemaire, in-fol.
Histoire du Gâtinais Senonnais, par Morin, in-4°, 1630.
Histoire de l'église, ville, diocèse et université d'Orléans, par Guyon, in-fol. 1647.
Histoire et antiquités de la ville et duché d'Orléans, par Lemaire, in-4°, 1646.
Histoire de l'Orléanais, par Luchet, in-4° (seul publié).
Mémoire sur les antiquités du départ. du Loiret, par Jollois, in-fol. de 27 pl.
Recherches historiques sur la ville d'Orléans, 8 vol. in-8°.
Histoire de la ville d'Orléans, par Raymond Romagnési, 2 vol. in-12.
Indicateur orléanais, par Lemaire, 2 vol. in-12, fig.
Notice sur l'église cathédrale Sainte-Croix d'Orléans, par Lemaire, in-8°, 1829.
Album du Loiret, in-fol.

MEUN ou **MEHUN** (*Loiret*). Petite ville bien bâtie et fort agréablement située sur la rive droite de la Loire et sur la grande route d'Orléans à Tours. On y voit un joli château. — PATRIE de Jean Menun, continuateur du roman de la Rose. — FABRIQUES de feutres; tanneries, moulins à farine, papeteries. — COMMERCE de farines, de cuirs estimés. — A 18 kil. (4 l. 1/2) d'Orléans. 5,150 hab. ⊠ AUBERGES : du Grand-Turc, du Bon-Français.

OUVRAGES A CONSULTER. *Dialogue sur les antiquités de Meung-sur-Loire*, par J. Binet (manuscrit).

CLÉRY-SUR-LOIRE (*Loiret*). Jolie petite ville, bâtie dans une belle situation sur la rive gauche de la Loire. A 16 kil. (4 l.) d'Orléans. 2,250 hab. ⊠ Elle était autrefois entourée de murs, de tours, de fossés, et paraît devoir son origine à un oratoire sous le vocable de la Vierge Marie, que Louis XI fit construire avec magnificence, dota de 2,330 écus d'or, et désigna par son testament pour le lieu de sa sépulture. — L'église de Cléry est un édifice gothique, digne de fixer l'attention des artistes et des archéologues. Intéressante sous le rapport historique, elle ne l'est pas moins sous celui de l'art par ses ornements. Le portail est majestueux et élégamment couronné par une petite campanille : à côté de l'entrée latérale nord est une grosse tour carrée, jadis surmontée d'une flèche. La forme de cet édifice est celle d'une croix, du centre de laquelle s'élève un clocher en forme de pyramide. A l'intérieur, la nef principale est éclairée par vingt-trois croisées. Des basses nefs entourent la nef principale. Les ornements de la porte de la sacristie et de celle du chapitre font à juste titre l'admiration des artistes. Les stalles offrent des têtes bizarres et des ornements curieux, dessinés avec goût et fort bien sculptés. Dans la grande nef, on remarque le monument de Louis XI, exécuté en 1622, et cité par la Fontaine.

BEAUGENCY (*Loiret*). Ville ancienne, très-agréablement située sur le penchant d'un coteau et dans le fond d'un vallon qui borde la Loire, que l'on traverse en cet endroit sur un pont en pierre de trente-neuf arches. A 23 kil. (6 l.) d'Orléans. ⊠ ⚓ 5,200 hab. — Beaugency était autrefois défendu par un château fort, dont il reste encore une tour étonnante par sa construction et son élévation. Cette ville était totalement entourée de murs flanqués de tours, dont il reste encore une partie. On remarque aux environs, près du beau château d'AVARAY, un dolmen d'une dimension considérable, formé d'une pierre immense. — PATRIE d'Aignan, littérateur et auteur dramatique. — FABRIQUES de draperies, distilleries d'eau-de-vie. — COMMERCE de vins estimés de son territoire, d'eau-de-vie, grains et farines. — HÔTELS : de la Forêt, du Grand-Cerf, de l'Écu.

OUVRAGE A CONSULTER. *Essais historiques sur la ville de Beaugency.*

MÉNARS-LE-CHATEAU (*Loir-et-Cher*). Village à 8 kil. (2 l.) de Blois, sur la rive droite de la Loire. 450 hab. ⊠ ⚓ Ce village possède un des plus beaux châteaux de France, construit vers le milieu du XVII° siècle ; l'architecture, qui tient à l'école de Mansard, quoique incorrecte dans quelques-unes de ses parties, a cependant quelque chose d'imposant et de monumental. Sur le bord de la Loire s'élèvent de superbes terrasses qui dominent la contrée, et d'où l'on jouit de vues délicieuses, tant sur le fleuve que sur les riches paysages des environs.

CHAMBORD. Magnifique château, situé au centre d'une vaste forêt, près du village de son nom, sur la rivière du Cosson, à 16 kil. (4 l.) ouest de Blois. Dès l'an 1090, Chambord était un château de plaisance et un rendez-vous de chasse des comtes de Blois. Depuis longtemps les rois de France en avaient fait l'acquisition, lorsque François Ier fit édifier par le Primatice, sur les ruines de l'ancien château, l'édifice qu'on admire encore de nos jours. — Le château de Chambord est de forme quadrangulaire, flanqué de quatre grosses tours, et entouré d'un bâtiment rectangulaire, dont les quatre angles sont aussi marqués par des tours; les deux situées du côté du midi sont beaucoup moins élevées. Le bâtiment rectangulaire est d'une architecture semi-gothique bien inférieure à celle du château. Les quatre tours du donjon ont chacune 60 pieds de diamètre. Au milieu de cet édifice s'élève une cinquième tour de trente pieds de diamètre sur cent pieds de hauteur, ce qui donne une forme pyramidale très-ingénieuse à ce monument, couvert en partie par des terrasses et en partie par des combles terminés par une multitude de lanternes qui, entremêlées avec les souches des cheminées, ornées de salamandres et s'élevant comme de beaux fûts de colonnes au-dessus des bâtiments, annoncent un lieu d'habitation important et d'un aspect fort singulier. Le château est composé de trois rangs d'étages. A l'extérieur, il est orné de pilastres, espacés de quinze pieds et couronnés chacun d'un entablement d'un travail recherché. La distribution intérieure de l'édifice n'est pas moins intéressante : le grand escalier est pratiqué dans la tour placée au centre du bâtiment; on y arrive au rez-de-chaussée par quatre salles des gardes, de 16 m. 24 c. de longueur et de 9 m. 74 c. de largeur. Ce qui mérite surtout les plus grands éloges, c'est la disposition ingénieuse de cet escalier à double rampe, se croisant l'une sur l'autre, et toutes deux communes à un même noyau.— Louis XV donna Chambord à Stanislas, roi de Pologne, son beau-père. A Stanislas succéda le maréchal de Saxe. La famille de Polignac en obtint la jouissance de Louis XVI, en 1777. Pendant la révolution, un dépôt de remonte y fut établi. Sous l'empire, Napoléon l'assigna en dotation à la Légion d'honneur. Après la bataille de Wagram, l'empereur érigea Chambord en principauté et en fit don au maréchal Berthier, sous la condition de faire terminer le château d'après les dessins du Primatice. Berthier étant mort, la princesse de Wagram fut forcée d'aliéner ce domaine, qui fut mis en vente en 1820, et racheté pour être offert au duc de Bordeaux, au moyen d'une souscription prétendue volontaire, mais imposée par le fait aux fonctionnaires publics et à tous les employés des diverses administrations. Tout le monde a lu le spirituel pamphlet que l'inimitable Paul-Louis Courrier publia à l'occasion de cette souscription, pour détourner les habitants de Chambord de contribuer à cette acquisition.

OUVRAGES A CONSULTER. *Château de Chambord*, par de la Saussayes, in-4°, fig.
Notice historique sur le château de Chambord, par Gilbert, in-8°.
Eglises et châteaux du Blaisois, par de la Saussayes, in-4°, 1re livr., Chambord.

BLOIS. Grande et très-ancienne ville, chef-lieu du département de Loir-et-Cher. Trib. de 1re inst. et de comm. Bourse de comm. Soc. d'agr. Collége com. 16,176 hab. ⌧ ⚭ Cette ville est bâtie en amphithéâtre, sur la rive droite de la Loire, dans un des plus beaux sites de la France. Sa position au sommet et sur le penchant d'un coteau la divise naturellement en haute et basse ville. La partie supérieure, qui forme la ville proprement dite, est en général assez mal bâtie; les rues sont étroites, mal percées et pour la plupart inaccessibles aux voitures, mais propres et ornées de fontaines. La ville basse offre une suite de maisons bien bâties le long d'un quai superbe et d'une prodigieuse étendue, lequel forme la grande route, et va, en longeant le cours de la Loire, s'unir à la belle levée de Tours. Un très-beau pont, porté sur onze arches en

CHAMBORD.

N° 25. ROUTE DE PARIS A BORDEAUX. 173

pierres de taille, traverse le fleuve et unit la ville basse à un des principaux faubourgs. — Le château de Blois fut pendant plusieurs siècles la demeure des comtes de ce nom, et ensuite il devint le séjour favori des rois de France, qui se plurent à l'embellir et à l'augmenter. Réédifié et reconstruit plusieurs fois, il ne lui reste de gothique qu'une tour qui semble n'être encore debout que pour rappeler que là fut le théâtre des plus sanglants excès du pouvoir. Louis XII fit rebâtir, en 1498, la partie orientale du château et augmenta celle du midi. François Ier bâtit celle du nord, donnant sur la place des Jésuites. Gaston d'Orléans fit construire, en 1635, sur les dessins de Mansard, la belle façade qui regarde l'occident, laquelle n'a été terminée qu'en 1836. Ce château sert actuellement de caserne : on y montre encore la salle des États, la chambre de la reine, celle où fut assassiné le duc de Guise, et la tour où son frère reçut la mort. — Le plus bel édifice moderne de Blois est l'évêché, bâti sur les dessins de Gabriel. Les jardins sont en terrasses régulières, et leur situation procure la plus belle vue qu'il soit possible de décrire : vers le cours supérieur du fleuve, l'œil embrasse plus de six lieues d'étendue et se repose avec plaisir sur les riants coteaux et sur les délicieux paysages qui bordent ses deux rives; tandis que du côté opposé se déploient sur un immense horizon une foule de sites variés et pittoresques, offrant une suite de tableaux agréables dont l'œil a peine à saisir l'ensemble. — On remarque encore à Blois l'ancienne église des jésuites; l'hôtel de la préfecture; le grand séminaire; l'aqueduc qui fournit les eaux à une partie de la ville, ouvrage coupé dans le rocher avec un tel art que plusieurs personnes peuvent presque partout y marcher de front; la belle promenade des Allées, magnifique avenue d'une demi-lieue de longueur qui aboutit à une vaste forêt; le mail qui borne le quai de la Loire; la bibliothèque publique, renfermant 17,000 volumes; la salle de spectacle; l'hospice des aliénés; l'abattoir; la poissonnerie; l'hôpital, pourvu d'un jardin de botanique, etc. — FABRIQUES de ganterie renommée. — COMMERCE de vins, d'eau-de-vie, vinaigre, cuirs, etc. — HÔTELS : de la Tête-Noire, d'Angleterre, de l'Europe. — A 58 kil. (15 l.) de Tours, 55 kil. (14 l.) d'Orléans, 101 kil. (26 l.) du Mans, 169 kil. (43 l. 1/2) de Paris.

.VOITURES PUBLIQUES. Tous les jours, 6 pour Paris, 2 pour Bordeaux, Angers, Nantes, Mer, Romorantin, Vendôme; 1 pour Bracieux, St-Aignan, Pont-Levoy, Beaugency, Montrichard, Oucques, Amboise, Châteauroux, Tours, le Mans.
BATEAUX A VAPEUR pour Tours, Nantes, Orléans.
BUTS D'EXCURSIONS : aux *Châteaux de Chambord*, *de Ménars*, *de Cheverny*, *de Chaumont*; — à la fontaine d'*Orchaise*. — Parmi les établissements remarquables des environs, on cite l'*École des arts et métiers de Ménars*, fondée par le prince Joseph de Chimay; — l'*École de Pont-Levoy*; — le *Collége de Vendôme*.
OUVRAGES A CONSULTER, qui se trouvent à la librairie d'Arthur Prévot, à Blois.
Histoire de Blois, par Bernier, in-4°, 1680.
Essais historiques sur la ville de Blois et ses environs, par Fournier, in-8°, 1788.
Château de Blois, in-4°.
Les États de Blois, par L. Vitet, in-8°, 1827, avec un plan du château de Blois.
Panorama de Blois, belle aquatinte grand aigle, 6 fr.
Églises, châteaux et hôtels du Blaisois, par de la Saussayes, in-4°, paraît par livraisons.
Essai sur Pont-Levoy, in-8°.

CHAUMONT (*Loir-et-Cher*). Village bâti dans une situation délicieuse, sur la rive gauche de la Loire, au pied d'un joli coteau boisé dont le sommet est couronné par un vaste et antique château d'un aspect on ne peut plus pittoresque. Il est difficile de rencontrer un point de vue plus agréable que celui qu'offre le château de Chaumont; le voyageur qui parcourt la belle levée de Tours l'aperçoit constamment, pendant plus de six lieues, sous des aspects on ne peut plus variés et toujours plus enchanteurs. A 20 kil. (5 l.) de Blois, 40 myr. (100 l.) de Paris.

AMBOISE (*Indre-et-Loire*). Ville ancienne, bâtie dans une belle situation, sur la rive gauche de la Loire, au pied d'un coteau élevé dont le sommet est couronné par un antique château, d'un aspect très-pittoresque. A 23 kil. (6 l.) de Tours. ✉ ⚭ 4,800 hab. — Suivant une ancienne tradition, le château d'Amboise occupe l'emplacement d'un fort que fit bâtir Jules-César cinquante ans avant l'ère chrétienne. Ce château est embelli de jardins fort agréables, élevés en terrasses, à 26 mètres au-dessus du sol de la ville. Il est flanqué de deux belles tours, dans l'intérieur desquelles on peut monter en voiture jusqu'au sommet, l'une au nord du côté de la Loire, et l'autre au midi du côté de l'Amase. De la plate-forme de la première de ces tours, on jouit d'une des plus belles vues qu'offre le cours de la Loire. — Près de l'ancien couvent des minimes, on remarque des souterrains très-curieux, connus sous le nom de greniers de César; ce sont deux édifices taillés dans le roc, ayant chacun quatre étages, au milieu desquels est un escalier en pierre de cent vingt marches, communiquant de l'un à l'autre. — La ville d'Amboise est en général mal bâtie, mal percée, mais assez vivante, ce qu'elle doit à un commerce assez considérable de vins, dont la Loire favorise le transport, et au pont construit sur ce fleuve, qui lui fait communiquer avec la grande route de Tours. — On remarque à Amboise l'église paroissiale de Saint-Denis, où l'on voit le tombeau du duc de Choiseul; la chapelle de Saint-Florentin, qui renferme un monument assez curieux, surtout quand on en connaît l'allégorie : c'est un sarcophage ouvert par le devant, laissant voir le Christ étendu mort. Sur le derrière sont sept figures debout, en costume oriental, au nombre desquelles sont quatre femmes. — MANUFACTURE de draps, limes, acier cémenté. — COMMERCE de vins, eau-de-vie, vinaigre. Entrepôt de pierres à feu. — HÔTEL du Lion-d'Or.

VOITURES PUBLIQUES. Tous les jours pour Blois, Tours, Paris, Bordeaux.
BUTS D'EXCURSIONS : au *Château de Chanteloup* (1 kil.); au *Château de Chenonceaux* (4 kil.). (*Voy.* Route de Paris à Toulouse.)
OUVRAGE A CONSULTER. *Histoire lochoise des antiquités d'Amboise, Loches et Montrichard*, par Henri de la Queue, in-fol.

TOURS. Grande, belle, riche et très-ancienne ville, chef-lieu du département d'Indre-et-Loire. Trib. de 1re inst. et de com. Ch. de com. Soc. d'agric., sciences, arts et belles-lettres. Collége com. Évêché. Chef-lieu de la 4e divis. mil. ✉ ⚭ 23,235 habit. Cette ville est très-agréablement située sur la rive gauche de la Loire, dans une plaine charmante qui s'étend entre ce fleuve et le Cher. L'entrée offre un spectacle unique au monde : un pont, regardé comme le plus beau de l'Europe, d'une immense étendue et d'une largeur étonnante, traverse la Loire qui, dans cet endroit, a la largeur d'un fleuve majestueux. A l'issue de ce superbe pont s'ouvre une des plus belles rues qu'il soit possible de voir, large, spacieuse, formée de maisons construites avec élégance, et bordée de chaque côté de larges trottoirs. Cette rue traverse la ville dans tout le sens de sa largeur et aboutit à la route de Poitiers, qui semble en être le prolongement, et s'élève jusqu'au pied d'une colline couronnée par un massif de verdure, qui surmonte un pavillon de construction antique. Des quais, bordés de constructions remarquables, aboutissent au pont; les eaux de la Loire sont couvertes de bateaux qui s'avancent à l'aide de la voile et de la rame. L'île charmante placée au milieu du fleuve; la tranchée qui se prolonge au delà du pont du côté de Chartres; les maisons bâties sur les bords de la Loire, de beaux coteaux, de riches vignobles; partout l'abondance et la grâce, la fertilité, la beauté, toutes les séductions de la nature. C'est un lieu choisi, un séjour de paix et de jouissance, où il semble que la vie doit s'écouler exempte de travaux et de peines, fréquenté journellement par une multitude de voyageurs de toutes les nations, et habité constamment par plus de deux mille Anglais que la beauté du climat, les agréments de la ville et l'aménité des habitants attirent et fixent à Tours. — La partie ancienne de Tours est généralement mal bâtie, formée de rues étroites, tristes, mal percées, où l'on trouve cependant quelques beaux quartiers.

N° 25. ROUTE DE PARIS A BORDEAUX.

On remarque principalement à Tours : la Tour de Charlemagne, reste de l'ancienne église Saint-Martin.

La Cathédrale, fondée par saint Martin, en 347, incendiée en 561, et rebâtie plus vaste et plus belle par Grégoire de Tours. Un second incendie la consuma à la fin du douzième siècle, et les travaux de reconstruction se firent avec tant de lenteur, qu'ils ne furent entièrement achevés qu'en 1550. Cette église est très-remarquable : le portail, accompagné de deux tours fort élevées, est orné au milieu d'une rosace très-délicatement travaillée. L'intérieur ne renferme d'autres objets d'art que le tombeau des enfants de Charles VIII, en marbre blanc.

La Fontaine de Beaune, récemment restaurée, occupe la place du marché ; le bassin est d'une forme octogone ; au milieu s'élève une pyramide dont l'eau s'échappe par quatre jets. Une grande quantité de sculptures et d'arabesques décorent cette pyramide.

Le Pont sur la Loire, un des plus magnifiques ouvrages de ce genre dont la France puisse se glorifier, est en pierres de taille, fondé sur pilotis, exécuté partie par batardeaux et partie par caissons. La longueur de ce pont entre les culées est de 434 mètres 18 centimètres, ou 1,332 pieds ; sa largeur est de 14 mètres 60 centimètres, ou 47 pieds ; le diamètre de ses arches, au nombre de quinze, est de 24 mètres 60 centimètres ; sa hauteur au-dessus de l'étiage est de 35 pieds 6 pouces.

Les autres monuments et établissements publics qui méritent de fixer l'attention sont : le palais archiépiscopal, l'un des plus beaux du royaume ; le palais de justice ; le collège ; l'hospice général ; l'hôtel de ville ; l'hôtel de la préfecture, où vient d'être transférée la bibliothèque publique, qui compte 40,000 volumes et plusieurs manuscrits précieux ; le musée de peinture et d'histoire naturelle ; le jardin de botanique ; le mail ; les promenades à droite et à gauche de l'entrée de la ville, où se tiennent deux belles foires, le 10 mai et le 10 août.

Tours est la patrie de Grécourt ; de Destouches ; d'André Duchesne ; de Dutens ; de l'architecte Gabriel ; du philanthrope Graslin, à qui la ville de Nantes doit une partie de ses embellissements ; du célèbre chirurgien Heurteloup ; du général du génie Marescot, etc.

Fabriques d'étoffes de soie, rubans, draps, tapis de pieds, passementeries, filatures de laine. — Commerce de grains, vins, eaux-de-vie, pruneaux et fruits secs renommés, etc. — A 58 kil. (15 l.) de Blois, 109 kil. (28 l.) d'Angers, 226 kil. (58 l.) de Paris. — Hôtels : du Faisan, de la Boule-d'Or, des Trois-Barbeaux, de Saint-Julien, de la Galère.

Voitures publiques. Tous les jours pour Paris, Bordeaux, Bourges, Châteauroux, Orléans, Poitiers, Angers, Nantes, le Mans, Blois, Vendôme, la Rochelle, Rochefort, Angoulême, Chartres, Amboise.

Bateaux a vapeur pour Nantes et Orléans tous les jours.
But d'excursion : aux ruines du *Château de Plessis-les-Tours* (2 kil.).
Ouvrages a consulter, qui se trouvent à la librairie de Bouté, à Tours.
Topographie du duché de Touraine et remarques sur les antiquités de cette province, par de la Girarde, 1592.
Souvenirs pittoresques de la Touraine, par Noël ; pet. in-fol., 1827.
Histoire de Touraine, par Chalmel, 4 vol. in-8°, 1828.
Annuaire statistique du départ. d'Indre-et-Loire, in-18.
Description du pays de Touraine, des antiquités de la ville et cité de Tours, 1592.
Dictionnaire historique, géographique, etc., des trois arrond. du dép. d'Indre-et-Loire, par Dufour, 2 vol. in-8°, 1813.
Mémoire topographique et physique de la ville de Tours, par Duvergé, in-12.

RICHE (*Indre-et-Loire*). Village situé à 1 kil. (1/4 l.) de Tours, où l'on retrouve quelques restes du château de Plessis-lez-Tours, célèbre par le long séjour qu'y fit Louis XI. Ce château, assez vaste, de mauvais goût, presque entièrement construit en briques, était d'une assez belle architecture. Pendant les dernières années de Louis XI, il était devenu une véritable forteresse dont chacun craignait d'approcher, et au fond de laquelle ce roi soupçonneux se condamnait lui-même à une prison perpétuelle. Là, malade et tremblant chaque jour pour sa vie, il attendait vainement sa guérison des prières de saint François de Paule ; c'est là que par des actes de sévérité, par des exécutions sanglantes, et surtout par des actes d'une dévotion puérile, ce monarque cherchait à se distraire de l'idée de la mort qu'il voyait s'approcher lentement, et qui vint enfin mettre un terme à ses jours le 30 août 1483. — Le château du Plessis, converti vers 1778 en un dépôt de mendicité, fut vendu à l'époque de la révolution. Le donjon est tout ce qui reste du vieil édifice.

ROCHE-CORBON (*Indre-et-Loire*). Village situé à 4 kil. (1 l.) de Tours, sur un coteau qui règne le long de la Loire. 1,600 hab. On y remarque des grottes très-curieuses remplies de congélations, qui se terminent par une fontaine d'eau vive sortant du rocher.—A l'entrée de la jolie vallée de Roche-Corbon s'élèvent, sur le sommet des rochers, les ruines du château des ROCHES, bâti au commencement du onzième siècle, et dont il ne reste plus qu'une tour carrée. — Aux environs, à l'entrée d'un des vallons formés par une chaîne de rochers qui bordent la rive septentrionale de la Loire, on remarque le curieux escalier de Saint-Georges, de 122 marches, taillées dans le roc.

RADEGONDE (SAINTE-) (*Indre-et-Loire*). Village à 3 kil. (3/4 de l.) de Tours, où l'on remarque les ruines de la célèbre abbaye de Marmoutiers, dont l'origine remonte au quatrième siècle. L'église,et les vastes bâtiments de ce monastère ont été vendus en 1797, et si complétement livrés à la démolition, qu'il n'en reste pas la moindre trace, si ce n'est le vieux portique qui formait la principale entrée au midi.

BOSSÉE (*Indre-et-Loire*). Village situé à 31 kil. (8 l.) de Loches. 700 hab. C'est principalement sur le territoire de cette commune, et sur ceux de Mantelan, Louhoul, Sainte-Catherine et Sainte-Maure, que se trouve le prodigieux amas de coquilles auquel on a donné le nom de Falun, immense dépôt de 4 à 5 lieues de longueur, sur un quart de lieue de largeur, et quatre ou six pieds de profondeur.

CATHERINE DE FIERBOIS (SAINTE-). Village très-ancien, à 23 kil. (6 l.) de Loches. 600 hab. — On remarque sur son territoire le vieux château de COMONACRE, où Jeanne d'Arc envoya chercher, en 1429, l'épée de Charles Martel, dont cette héroïne fit un si noble usage. L'église est d'un joli style gothique.

ORMES (les) (*Vienne*). Bourg très-agréablement situé, sur la Vienne, à 20 kil. (5 l.) de Châtellerault. ✉ ⚲ 450 hab. On y remarque un magnifique château surmonté d'une colonne hardie, de 76 pieds d'élévation, autour de laquelle serpente un léger escalier qui se termine par une plate-forme d'où l'on jouit d'un point de vue magnifique.

HAYE-DESCARTES (la) (*Indre-et-Loire*). Petite ville sur la rive droite de la Creuse. ✉ 1,150 hab. C'est le lieu de naissance de l'illustre René Descartes. On y conserve encore religieusement la maison où reçut le jour le père de la philosophie moderne ; et la chambre qui fut son berceau est décorée d'un buste en terre cuite, envoyé au propriétaire de cette maison par le ministre de l'intérieur, et solennellement inauguré par le général Pommereul, préfet d'Indre-et-Loire, le 2 octobre 1802. Depuis cette époque, la ville a pris le nom de la Haye-Descartes. — COMMERCE de pruneaux, denrées du pays.

CHAPELLE-BLANCHE (la) (*Indre-et-Loire*). Village situé à 20 kil. (5 l.) de Loches. Pop. 500 hab. On y remarque l'ancien château de Grelmoont, qui a été possédé par le fameux Tristan l'Hermite et habité par Louis XI.

SIGNY-LE-GRAND (*Indre-et-Loire*). Petite ville située à 31 kil. (8 l.) de Loches, où l'on voit les ruines d'un vieux château construit au commencement du treizième siècle. Pop. 1,100 hab.—Papeterie.

GUERCHE (la) (*Indre-et-Loire*). Petite ville située sur la Creuse, où l'on remarque un beau château que Charles VII fit bâtir pour Agnès Sorel.— L'église paroissiale passe pour une construction du dixième siècle. — A 31 kil. (8 l.) de Loches. 800 hab.

CHATELLERAULT (*Vienne*). Ancienne ville. Sous-préf. Trib. de 1re inst. et de comm. Soc. d'agr. Collége comm. ⊠ ⌥ 9,437 hab. Cette ville est située dans un pays charmant, coupé par des rivières, des vallons, des coteaux et des jardins qui offrent des points de vue agréables et très-variés. Elle est en général assez mal bâtie, sur la rive droite de la Vienne, qui commence en cet endroit à être navigable. Cette rivière la sépare d'un de ses faubourgs, avec lequel elle communique par un magnifique pont en pierres de taille, dont une des extrémités est occupée par un joli château, flanqué de quatre grosses tours, qui sert de porte de ville, et sous laquelle passe la grande route.— FABRIQUES de coutellerie renommée. Forges. — COMMERCE de grains, vins, eaux-de-vie, etc.—A 39 kil. (10 l.) de Poitiers, 78 kil. (20 l.) de Tours, 304 kil. (78 l.) de Paris—HÔTELS : du Grand-Monarque, de la Tête-Noire.

VOITURES PUBLIQUES. Tous les jours de Paris à Bordeaux ; tous les jours pour Richelieu, Chinon, Saumur, Tours, Poitiers, Lahaye, etc.

BUT D'EXCURSION : à *Cenon* (4 kil.), où Charles-Martel défit, dit-on, les Sarrasins.

OUVRAGE A CONSULTER. *Description topographique du district de Châtellerault*, par Creuzé-Latouche, in-8°, 1790.

BOUSSAY (*Indre-et-Loire*). Village situé à 43 kil. (11 l.) de Loches. Pop. 951 hab. On y voit un ancien château entouré de fossés d'eau vive, et les restes d'un camp attribué aux Romains. Patrie du général Menou, qui succéda à Kléber dans le commandement de l'armée d'Égypte.

ROCHE-POSAY (la) (*Vienne*). Petite ville située au confluent de la Creuse et de la Gartempe, à 23 kil. (6 l.) de Châtellerault. 1,300 hab. — Cette ville possède des sources d'eau minérale très-limpides, découvertes en 1573 ; elles jaillissent au pied d'une montagne calcaire à 1/4 de lieue de la ville, dans une contrée riante, et sont reçues dans des bassins, près desquels on a construit récemment un hôpital. On fait usage des eaux de la Roche-Posay depuis le commencement de juillet jusque vers la fin de septembre ; leur efficacité est d'autant plus grande que les chaleurs sont plus fortes. Ces eaux s'emploient avec succès dans les maladies de la peau, les scrofules, les fièvres intermittentes, les engorgements chroniques des viscères abdominaux, la chlorose, les leucorrhées, les affections de la vessie, etc.

OUVRAGES A CONSULTER. *Nouvelle description des eaux minérales de la Roche-Posay*, par Martin, in-12, 1837.
Essai analytique sur les eaux minérales froides de la Roche-Posay, par Josié, in-8°, 1803.

POITIERS. Grande et très-ancienne ville. Chef-lieu du départem. de la Vienne. Cour roy. Tribunal de 1re inst. et de comm. Acad. univers. Faculté de droit. École second. de médecine et de pharmacie. Collége royal, l'un des plus nombreux de toute la France. École normale prim. École de sourdes-muettes, tenue par les Filles de la sagesse. École gratuite de dessin et d'architect. Soc. d'agricult., belles-lettres, sciences et arts. Soc. d'antiquaires de l'Ouest. Soc. de médecine. Évêché. ⊠ ⌥ 23,128 hab.

Poitiers est une des plus anciennes villes des Gaules, l'ancienne *Limonum*, place forte et célèbre dès le temps de César. Ses Arènes, les quatre aqueducs qui apportaient l'eau à ses habitants, les débris antiques que la moindre fouille ramène au-dessus du sol, attestent qu'elle ne déchut pas sous la domination romaine. Elle est bâtie sur le penchant d'un coteau, de nature calcaire, qui forme une espèce de promontoire, circonscrit par deux vallons, au milieu desquels coulent le Clain et la Boivre, qui se réunissent au-dessous de cette cité, et l'entourent ainsi de tous côtés.

Poitiers est une des plus grandes villes de France, mais elle n'est pas peuplée en raison de son étendue ; de vastes jardins, des vergers même, sont renfermés dans son enceinte, dont les murailles antiques, flanquées de tours de distance en distance, sont encore debout dans quelques endroits. Les rues, pour la plupart étroites autrefois, s'élargissent chaque jour, et des constructions modernes auront bientôt remplacé partout celles des siècles passés. Les pavés anguleux qui rendaient ces rues (principalement celles qui sont escarpées) si pénibles à parcourir, ont disparu dans les plus importantes, pour faire place aux pavés plats de grès dont presque toutes les autres rues sont au moins garnies le long des maisons, à une largeur suffisante pour l'usage des piétons.

Toutes les églises sont dignes d'être visitées.

La CATHÉDRALE, dédiée à saint Pierre, offre un coup d'œil d'ensemble plein de majesté par la grandeur du vaisseau, la hardiesse des voûtes, la régularité de l'architecture, qui dénonce l'époque de transition du roman au gothique. En effet, elle fut commencée par Henri II, roi d'Angleterre, en 1152, et ne fut consacrée que plus de deux siècles après, en 1379. Les trois tympans qui forment la façade paraissent être l'ouvrage du quinzième siècle. Ils sont extrêmement remarquables. La longueur de l'édifice est de 98 mètres 48 centimètres, la largeur, de 30 mètres 30 centim., et la hauteur, de 29 mètres 50 centimètres. L'orgue qu'on y voit est un des plus beaux et des plus parfaits qui existent. L'immense muraille qui forme le chevet de cette remarquable cathédrale est peut-être ce qu'il y a de plus frappant. On la voit en allant à Sainte-Radégonde, qui n'en est qu'à une centaine de pas.

La glorieuse patronne de Poitiers, RADÉGONDE, femme de Clotaire, qui quitta le tumulte de la cour pour la tranquillité du cloître, fonda sur le lieu même de celle qui lui est aujourd'hui dédiée, une église en l'honneur de la sainte Vierge. Brûlée et rebâtie deux fois, il ne reste plus de la seconde reconstruction, des dernières années du douzième siècle, que le porche, le clocher et la partie du fond, sous laquelle se trouve la crypte qui renferme le tombeau de la sainte, ainsi que ceux de sainte Agnès, première abbesse de Sainte-Croix, et de sainte Disciole, jeune religieuse du même monastère. La grande nef est un beau morceau du style ogival primitif (douzième siècle). La sacristie, un peu plus ancienne, est admirée des connaisseurs, ainsi que le portail, dont les délicates sculptures indiquent le quinzième siècle.

C'est au repentir et à la piété de Guy Geoffroy, comte de Poitiers et duc d'Aquitaine, qu'on doit l'église de MONTIERNEUF, ancienne abbaye de bénédictins. Commencée en 1076, elle était achevée en 1096. L'alliance des deux architectures romano-byzantine et ogivale se fait remarquer dans ce bel édifice. La nef, qui date de l'époque de la fondation, a été raccourcie et sa voûte abaissée. La foudre qui, le 18 août 1367, tomba sur le chœur et y causa de grands ravages, nécessita la reconstruction de cette partie, dont le style accuse la fin du quatorzième siècle. A l'entrée de la nef, à droite, un monument moderne (1822) recouvre le corps du fondateur, qui reposait jadis, au milieu de cette nef, sous un autre monument, détruit par les huguenots.

Les savants ne sont point d'accord sur la construction de l'église de NOTRE-DAME. Les uns la fixent à la fin du onzième siècle, tandis que d'autres la font remonter jusqu'au neuvième. Les nefs, au moins, sont antérieures au onzième. Les deux dernières travées et la façade sont un peu plus récentes. Le portail, qui fait l'admiration des archéologues et des simples curieux, est un des plus intéressants monuments de l'art byzantin en France. On est émerveillé de la richesse de l'ornementation, de la multiplicité des détails de ses délicates sculptures qui rappelaient aux pieuses méditations des siècles de foi le touchant mystère de l'incarnation du Sauveur. La façade entière mérite d'être étudiée dans ses plus petites parties. On y reconnaîtra sans peine Adam et Ève, après leur chute ; Nabuchodonosor, l'Annonciation de la sainte Vierge, la visite à sainte Élisabeth, la naissance de Jésus ; la crèche, l'âne, le bœuf, etc. Tout, au reste, est digne d'attention, à l'extérieur comme à l'intérieur de cette antique basilique; mais on ne doit pas en sortir sans avoir jeté un coup d'œil sur le groupe remarquable qui représente l'ensevelissement de J. C., morceau de sculpture qui doit être de la fin du quinzième siècle. Le lutrin, en cuivre, d'un travail exquis, mérite, ainsi que la chaire, une attention particulière.

SAINT-PORCHAIRE n'offre rien de curieux que sa tour romane du onzième siècle, et les curieuses figures qui ornent sa façade. Les restes du patron de cette église y sont conservés dans un caveau.

C'est à peine s'il reste aujourd'hui la moitié de l'antique basilique de SAINT-HILAIRE. Elle s'étendait sur toute la place et la rue qui sont devant la grande porte. Sa construction remonte au commencement du onzième siècle. Elle fut consacrée en 1049. Celle qui avait été élevée par Clovis à la gloire de l'illustre pontife fut, comme les autres de la ville, entièrement brûlée par les Normands, en 863. Dans son état actuel de mutilation, ce précieux monument est encore digne de fixer les regards investigateurs de l'antiquaire, qui y trouvera, dans son abside surtout, plus d'un sujet intéressant d'étude sur l'architecture romane. Une portion du crâne et de l'humérus du bras gauche du saint évêque y sont offertes à la vénération des fidèles, dans une châsse, dépouillée pendant la révolution de ses riches ornements d'or et de cristal. Les trois statues qui se voient dans une petite chapelle sont placées là en commémoration de la délivrance soi-disant miraculeuse de la ville, assiégée par les Anglais en 1202.

Les églises ne sont pas les seuls monuments qu'on doive visiter. Les ARÈNES, vaste amphithéâtre romain, plus grand que celui de Pompéi et de Nîmes, et qui pouvait contenir plus de 22,000 spectateurs, offrent encore d'imposantes ruines. On y pénètre par la cour de l'auberge d'ÉVREUX. — A quelques pas de la cathédrale se trouve le temple SAINT-JEAN. Tombeau romain, selon les uns, dans sa première destination; temple chrétien, selon les autres : toujours est-il que le vénérable monument remonte à une haute antiquité, au quatrième ou tout au moins au cinquième siècle; quelques-uns même ont cherché à reculer sa construction jusqu'au troisième. Il sert aujourd'hui de musée à la société des antiquaires de l'Ouest.

Au centre de la ville s'élève le colossal édifice appelé le PALAIS. On y admire la vaste salle qui fut celle des gardes de Jean, duc de Berry et comte de Poitou, servant aujourd'hui de salle des pas-perdus aux diverses chambres de la cour royale qui siégent sur le lieu où furent successivement un palais romain, une demeure royale sous les deux premières races de nos rois, et le séjour des comtes héréditaires de Poitou. Au sud de cette salle subsiste encore un bâtiment rectangulaire, reste de l'ancien palais, et qui est probablement la fameuse tour de Maubergeon, de laquelle relevait le fief du Poitou. Cette partie ne peut être bien vue que du jardin de la maison n° 15 de la rue des Cordeliers.

A l'angle des rues de Saint-Paul et du Coq se voit une maison qui a été la demeure de la célèbre Diane de Poitiers, duchesse de Valentinois, et dans laquelle sa chambre à coucher, veuve, il est vrai, de son mobilier, est demeurée cependant intacte pour tout le reste. Enfin, on ne peut passer sans jeter un coup d'œil sur le portail de l'ancienne juridiction consulaire, rue de la Mairie, ainsi que sur celui de l'ancienne église des Augustins, place d'Armes; tous les deux sont l'œuvre d'un sculpteur poitevin, *Girpuard*; sur la maison de la prévôté, dans la rue de ce nom, d'une curieuse architecture des premières années du quinzième siècle. Une autre, de la même époque, se trouve rue de l'Arceau. Celle qu'on remarque rue du Marché est un élégant travail de la renaissance.

Le quartier de cavalerie, édifice moderne, est digne d'être vu. A l'extrémité sud de la ville se trouve la superbe promenade de Blossac, au bout de laquelle on aperçoit, sur le coteau en face, quelques arcades, encore debout, de l'un des anciens aqueducs. Sur la rive opposée du Clain, dans la vallée,

N° 25. ROUTE DE PARIS A BORDEAUX.

est une grotte dans laquelle *Calvin* commença à inoculer, en secret, ses nouvelles doctrines à quelques personnages de marque de la ville, et d'où cette grotte a retenu le nom de grotte à Calvin.

Poitiers possède une bibliothèque de 25,000 volumes, riche en ouvrages imprimés et manuscrits sur la province. On y remarque plusieurs manuscrits curieux. Elle a aussi un cabinet d'histoire naturelle, un cabinet d'antiquités, un jardin des plantes et une pépinière départementale. On y fabrique de grosses draperies, des couvertures de laine, de la bonneterie; on y prépare des peaux d'oies pour fourrures. On y fait commerce de blés, vins, chanvre, cuirs, graines de trèfle et légumes, etc. — A 117 kil. (30 l.) de Tours, 118 kil. (31 l.) d'Angoulême, 74 kil. (19 l.) de Niort, 343 kil. (88 l.) de Paris.

— HÔTEL de France, tenu par Bouchardeau, renommé pour les bons pâtés truffés; nombreux appartements, vastes salons au rez-de-chaussée et au 1er étage; salons particuliers, écuries, remises, beau jardin; excellente table d'hôte; hôtels de la Poste, d'Évreux, de la Tête-Noire, des Trois-Piliers.

BUTS D'EXCURSIONS. Les environs de Poitiers offrent des buts d'excursions intéressants à divers titres. A un kilomètre, à l'est, près de la route de Limoges, se trouve la fameuse *pierre levée*, célébrée par Rabelais. Du même côté, à 6 kilomètres environ, près d'un endroit appelé la *Cardinerie*, commune de Noaillé, on peut visiter le champ de bataille du roi Jean et du prince de Galles, désignée par les historiens sous le nom de bataille de Maupertuis. Le bourg de *Noaillé* lui-même, par son église et les restes considérables de sa célèbre abbaye de bénédictins, doit attirer les pas du voyageur — Près du joli village de *St-Benoit*, où fut aussi une abbaye de bénédictins, dont l'église et quelques autres constructions subsistent encore, est le fameux rocher de *Passelourdin*, immortalisé par le sceptique curé de Meudon. - Ce n'est plus à *Vouillé* qu'il faut aller chercher le lieu de la bataille remportée par Clovis sur Alaric, mais non loin du bourg de *Voulon*, près de la rive droite du Clain, dans une plaine qui s'étend de l'endroit appelé le camp de Sichar, commune d'Anche, où l'on voit plusieurs antiquités, jusqu'à Champagné-St-Hilaire. Il paraît aujourd'hui hors de doute que cette plaine a été le théâtre de cette mémorable bataille. — Le bourg de *Béruges*, distant de 8 kilomètres à l'ouest, conserve de curieuses ruines de l'époque romaine et du moyen âge. Au nombre des premières sont des voûtes, dont deux encore entières attendent que les archéologues aient dit leur ancienne destination; des restes de l'aqueduc de Fleury, d'une conservation si parfaite dans quelques endroits, principalement sur la propriété de M. de Milon, qu'on le croirait construit il y a cinquante ans. Comme monument du moyen âge, on y remarque les imposantes ruines de la tour de *Guienne*, qui vit tomber ses puissantes murailles sous les coups du roi saint Louis, vainqueur de son vassal rebelle, Hugues de Lusignan. Du haut de cette tour, l'œil jouit du plus magique, du plus délicieux panorama, qui embrasse à la fois rochers abruptes, collines couvertes de bois, vallons, prairies, ruisseaux, forêts, etc..., et la ville de Poitiers à l'horizon de ce tableau unique. A 4 kilomètres plus loin, à l'ouest, sur la Loire est l'ancienne abbaye du *Pin*, ordre de Cîteaux; ses beaux bâtiments sont aujourd'hui une filature. On est là tout près du fameux château de *Montreuil-Romien*, que le propriétaire actuel, M. Dupuis, a arraché aux mains dévastatrices de la bande noire. Ce château fut la maison de plaisance des ducs d'Aquitaine, l'apanage de la royale maison de Lusignan, le séjour de Richard Cœur-de-Lion, des Montmorency, de Duguesclin, du brave Lanoue. Quel autre lieu rappelle tant de souvenirs?... Le modeste bourg de *Migné* jouit parmi les croyants d'une grande célébrité; c'est là qu'apparut, dit-on, en 1826, pendant une cérémonie religieuse, une croix prétendue miraculeuse dans le ciel. En mémoire de ce soi-disant miracle, on a construit une église à laquelle on a donné la forme et la position d'une croix.

VOITURES PUBLIQUES. Tous les jours pour Paris, Bordeaux, Saumur et Angers par Mirebeau, Loudun, Chinon; pour Limoges par Lussac-le-Château, Montmorillon, le Dorat; pour Nantes par Parthenay, Bressuire, Châtillon, Cholet; pour Châteauroux et Bourges par Chauvigny, St-Savin-le-Blanc et Argenton; Rochefort, la Rochelle, Bourbon-Vendée, Saintes, par Melle et St-Jean d'Angely, Lusignan, St-Maixent, Niort; 3 fois par semaine pour Civray), Gençay, Châtellerault; les jours de marchés, messagers pour les environs.

OUVRAGES A CONSULTER, qui se trouvent à la librairie de Barbier, à Poitiers.
Statistique du départ. de la Vienne, in-4°.
Mémoire sur les antiquités de Poitiers, par Siauve, in-8°, fig. 1804.
Souvenirs pittoresques du Poitou et de l'Anjou, par Noël, in-4°, 1824.
Poitiers et ses monuments, in-8°, cartes et planches.

CIVAUX (*Vienne*). Village situé sur la rive gauche de la Vienne, à 16 kil. (4 l.) de Montmorillon. 770 hab. — Aux environs on a découvert plus de sept mille tombes en pierre de toutes grandeurs, dont la forme ordinaire est celle de nos cercueils en bois.

MONTMORILLON (*Vienne*). Petite ville fort ancienne. Sous-préf. Trib. de 1re inst. Soc. d'agr. ✉ 3,608 hab. Cette ville est bâtie dans une situation pittoresque, sur la Gartempe, qui la divise en deux parties. Elle renferme un monument remarquable, dont il est difficile d'assigner l'époque de la construction; c'est un temple octogone, composé d'un caveau funéraire voûté; au-dessus duquel est une salle également surmontée d'une voûte, dont la clef est percée d'une ouverture ronde, qui répond à une ouverture hexagone de la voûte du souterrain. Cette salle sert comme de vestibule à une petite chapelle qui forme un prolongement détaché de l'octogone, au-devant du pan oriental. Chaque pan de l'édifice a un arceau, au milieu duquel correspondent des fenêtres qui éclairent la partie supérieure de l'édifice. La crypte ne reçoit qu'un jour très-faible de six petites embrasures; la voûte est un arc à plein cintre. On descend dans ce caveau par un escalier coudé et très-étroit, qui aboutit à un second escalier en limaçon.—Au-dessus de la porte d'entrée de l'octogone, existe une ouverture dans laquelle sont placés quatre groupes de figures, dont jusqu'à présent on n'a donné aucune explication satisfaisante. Le premier groupe offre, au dehors, une femme nue, ayant de longs cheveux lisses, une face difforme et hideuse; elle tire la langue, et tient entre ses mains deux gros serpents qui s'enlacent entre ses cuisses et sucent ses mamelles pendantes. A cette statue est adossée une femme, également nue, qui tient à la main deux crapauds qu'elle allaite aussi pendus à ses mamelles. Le deuxième groupe est composé de quatre figures, trois d'hommes à longue barbe, dont une regarde en dehors de la chapelle, et les deux autres placées à droite et à gauche; la quatrième, qui tourne le dos à la première, représente un ange. Le troisième groupe offre, en dehors et vu de face, un jeune homme, vêtu comme les vieillards, cachant ses mains sous son manteau. Du côté de l'intérieur, on voit attachés au même groupe un homme et une femme se donnant l'accolade. Le quatrième groupe n'est composé que de deux figures adossées l'une contre l'autre. Ce sont deux femmes dont les cheveux sont partagés en deux mèches tressées qui descendent jusqu'à la ceinture.—FABRIQUES de biscuits et de macarons renommés. Papeteries. Blanchisseries de toiles. — A 51 kil. (13 l.) de Poitiers, 328 kil. (82 l. 1/2) de Paris.

OUVRAGE A CONSULTER. *Mémoire sur le temple de Montmorillon*, par Siauve et Millin (Mém. de l'acad. celtique, t. 5, p. 1).

CIVRAY (*Vienne*). Petite ville. Sous-préf. Trib. de 1re inst. Soc. d'agric. Cercle littér. Collége comm. ✉ ☿ 2,203 hab. Elle est située dans un riche bassin, sur la rive droite de la Charente, traversée par la route de Paris à Brest; sur la rive gauche de cette rivière se trouvent le quartier du Moulin-Neuf et le faubourg de Saint-Clémentin, qui formait autrefois une commune indépendante; on y voit les ruines d'un ancien château. L'église paroissiale, par sa construction, sa forme et ses sculptures, paraît remonter à une haute antiquité.—FABRIQUE d'étoffes de laine.—COMMERCE de grains, truffes, marrons renommés, châtaignes, graine de trèfle, bestiaux, etc. — A 51 kil. (13 l.) de Poitiers, 64 kil. (16 l. 1/2) d'Angoulême.—HÔTEL des Trois-Piliers.

VOITURES PUBLIQUES. Pour Paris, Bordeaux Poitiers.

BUTS D'EXCURSIONS: à *Champagné* (25 kil.), champ de bataille où quelques historiens pensent que Clovis défit Alaric; au *Camp des Anglais* (5 kil.), sur la route de Charroux.

CHARROUX (*Vienne*). Petite ville à 10 kil. (2 l. 1/2) de Civray. 1,700 hab. Elle doit son origine à un célèbre monastère fondé en 785. Charlemagne le dota de grands biens, lui donna une bibliothèque ainsi que plusieurs reliques qui devinrent pour cette maison une source de richesses. L'église de ce monastère, bâti vers la fin du huitième siècle, était une des plus belles du royaume; au-dessus de l'autel, placé au milieu de trois rangs de piliers, s'élevait un dôme en forme de tiare d'une hauteur prodigieuse. Cet édifice, entièrement détruit pendant les guerres de religion, n'offre plus aujourd'hui que des ruines, dont l'aspect imposant rappelle l'ancienne splendeur.

LEZAY (*Deux-Sèvres*). Bourg situé à 10 kil. (2 l. 1/2) de Melle. Pop. 2,342 hab. On remarque aux environs trois anciens châteaux : celui de Lezay, qui en est à une demi-lieue; celui des Marais, à cent pas du bourg, et celui de Boissec, qui en est à trois quarts de lieue. — COMMERCE de bestiaux de toute espèce.

AVAILLES (*Vienne*). Bourg sur la rive gauche de la Vienne, à 23 kil. (6 l.) de Civray. 1,950 hab. — COMMERCE de vins et de pierres meulières. — A un quart de lieue d'Availles, près du village d'Albac, sur la rive droite de la Vienne, on trouve des sources d'eaux minérales froides qui sourdent près du sommet d'un monticule; elles sont renfermées dans trois puits couverts. Ces eaux s'emploient avec succès dans diverses maladies chroniques, la phthisie, les fièvres intermittentes, les crachements de sang, les affections cutanées, etc.

ESSE (*Charente*). Village situé à 4 kil. (1 l.) de Confolens. Pop. 900 hab. On remarque dans cette commune, à l'extrémité d'un champ près d'un village qu'on nomme le Repaire, à peu de distance de la route de Lesterps à Confolens et sur le bord de celle qui mène à Briguenil, un poulven de deux mètres soixante centimètres de hauteur verticale.

RUFFEC (*Charente*). Jolie petite ville. Sous-préf. Trib. de 1re inst. Coll. comm. ⊠ ⚘ 2,950 hab. Cette ville, traversée par la grande route de Paris à Bordeaux, est dans une situation agréable, sur le ruisseau de Lieu, renommé par ses excellentes truites, et peu au-dessus de son confluent avec la Charente. Elle est généralement bien bâtie, bien percée, et d'un aspect agréable. On remarque dans ses environs des fragments du château de Broglie. L'église paroissiale est un édifice fort ancien, dont l'architecture est remarquable. — COMMERCE de grains, marrons, truffes, fromages dits de Ruffec, excellents pâtés de perdreaux et de foies d'oies truffés, bestiaux, etc.— Aux environs belles forges et beau moulin à blé. — A 47 kil. (12 l.) d'Angoulême, 415 kil. (106 l. 1/2) de Paris. —HÔTELS : Thorel, Gaudaubert.

VOITURES PUBLIQUES Tous les jours, passage de diligences de Paris à Bordeaux, et de Cognac à Ruffec.

BUTS D'EXCURSIONS : aux *Moulins de Condac* (2 kil. O.); un beau château à *Verteil*, récemment restauré (4 kil. S.).

ANGOULÊME. Ancienne et jolie ville, chef-lieu du département de la Charente. Trib. de 1re inst. et de comm. Compt. d'esc. Chambre consult. des arts et des manuf. Soc. d'agric., arts et comm. Collége roy. Évêché. ⊠ ⚘. 16,622 hab. Cette ville, l'*Iculisma* d'Ausone, est bâtie sur une montagne hérissée de rochers, qui domine au loin toute la contrée, et au bas de laquelle coule la Charente. Cette ville n'est pas seulement agréablement située, elle est en général bien construite. Ses rues sont propres, ses maisons sont bien bâties. La promenade en terrasse qui occupe l'emplacement des anciens remparts offre un horizon des plus vastes par son étendue, et l'un des plus magiques par le tableau qu'il présente de campagnes aussi riantes qu'elles sont fertiles, aussi belles qu'elles sont bien cultivées. Du haut de ces murs élevés d'environ cent mètres au-dessus du niveau de la plaine, l'œil se repose avec plaisir sur le riant bassin de la Charente et sur celui de la petite rivière d'Anguienne, dont les eaux serpentent au milieu de vastes prairies ombragées de touffes d'arbres, et dominées par des coteaux couverts des plus riches vignobles. On voit, d'un autre côté, des rochers agrestes et escarpés, des chemins creux, des forêts immenses; d'un autre, la vue s'égare sur de vastes plaines traversées par les grandes routes de Paris et de Bordeaux. Des coteaux d'un aspect agréable, qui semblent se perdre dans le lointain, servent de cadre à ce ma-

N° 25. ROUTE DE PARIS A BORDEAUX.

gnifique tableau, dont la perspective est d'un effet admirable. On parvient à la ville par plusieurs rampes plus ou moins rapides.—La promenade la plus belle et aussi la plus fréquentée de la ville est la place d'Artois, commencée en 1776, et finie en 1787. Plantée d'arbres d'espèces diverses, divisée en trois allées, une grande et deux latérales, elle est séparée de belles maisons qui la bordent de chaque côté par un garde-fou et une rue : l'hôtel de ville et la salle de spectacle la terminent à son extrémité au nord, et elle se joint à l'autre bout au rempart Desaix.—La grande route de poste ne passe pas dans la ville; elle traverse le faubourg de l'Houmeau, qui est au pied de la montagne, et qui renferme à peu près un quart de la population, C'est dans ce faubourg que se fait le principal commerce de cette ville, favorisé par un beau port sur la Charente, le long duquel règnent un quai et une promenade agréable.

— On distingue à Angoulême : la cathédrale, remarquable par son portail, l'un des plus beaux types de l'architecture romane du commencement du douzième siècle; le château, célèbre par la naissance de Marguerite de Valois, sœur de François Ier, et par la tentative que firent, en 1588, les habitants de la ville pour s'emparer du duc d'Épernon; le palais de justice, où se trouve la bibliothèque publique, composée de 15,000 volumes environ; la préfecture; l'Hôtel-Dieu; la caserne, et les bâtiments de l'ancien collége de la marine.—Patrie d'Isabelle de Taillefer, deuxième femme de Jean-Sans-Terre ; de Marguerite de Valois; de Mellin de Saint-Galais; de Jean-Louis Guez de Balzac; du poëte Châteaubrun ; de l'ingénieur Montalembert; du physicien Coulomb, etc., et du fanatique Ravaillac.—Commerce de papiers, de vins, eaux-de-vie, grains, truffes, châtaignes, safran, fers, fils de fer, pointes, cuivre, etc. — A 121 kil. (31 l.) de Poitiers, 94 kil. (24 l.) de Limoges, 461 kil. (118 l. 1/2) de Paris.— Hôtels : des Postes, du Grand-Cerf, de la Table-Royale, du Cheval-Blanc, de la Croix-d'Or.

Voitures publiques. Tous les jours de Paris à Bordeaux, Rochefort, Limoges, Saintes, Jarnac, Cognac, Périgueux.

Buts d'excursions. On doit visiter, aux environs d'Angoulême, la source de la *Touvre*, qui peut se comparer à celle de Vaucluse; la fonderie royale de *Ruelle*; la poudrerie royale de *Thouérat*, et ces nombreuses et belles fabriques qui produisent les fameux papiers d'Angoulême.

Ouvrages a consulter, qui se trouvent à la librairie de Laroche, à Angoulême.
Recherches topographiques, etc., *sur les antiquités des provinces de Saintonge et d'Angoumois*, par Bourignon, in-8°, 1789.
Histoire de la ville et des comtes d'Angoulême, par Corlieu, in-4°, 1631.
Statistique du départ. de la Charente, par Delaistre, in-8°, an X.
Statistique du départ. de la Charente, par Quénot, in-8° et in-4°, 1810.
Description statistique agricole de la Charente, par Munier.(Mém. de la Soc. d'agr. de Paris, t. xv.).
Annales du dép. de la Charente, in-12, 1828 et années suiv.
L'Indicateur augoumoisien, par Eusèbe Castaigne, bibliothécaire, in-18, 1838.

BEAULIEU (*Charente*). Village à 16 kil. (4 l.) d'Angoulême, à peu de distance de la source de la Touvre, rivière qui naît au pied d'un coteau escarpé, et qui, dans un cours de trois lieues, alimente la belle fonderie de Ruelle et fait tourner un grand nombre de moulins. La source de la Touvre est digne de rivaliser avec celle de Vaucluse. C'est un bassin de forme circulaire qui se divise en deux parties : l'une, formée d'eaux en quelque sorte dormantes ; l'autre, d'eaux jaillissantes dont le bouillonnement s'élève quelquefois à un pied au-dessus du niveau de l'eau. Ce gouffre est situé au pied d'un roc calcaire très-escarpé, en forme de fer à cheval, à peu près comme celui qui domine la source de la Sorgue à Vaucluse. Au sommet aride du rocher, s'élèvent, encombrées de ronces, et suspendues d'une manière effrayante au-dessus du bassin, les ruines du château de Ravaillac.— Le gouffre de la Touvre a la forme d'un cône renversé, dont la base forme le bassin de la rivière, et dont le fond paraît dans les beaux temps, traversé par une infinité de pointes de rochers les uns sur les autres. La sonde, que des observateurs ont jetée dans ce bassin, sans pouvoir en déterminer au juste la profondeur, en est rarement revenue; les rochers qui obstruent tous les passages s'opposent presque toujours au retour des objets pesants que l'on introduit dans l'intérieur de la fontaine.

FORT (SAINT-) (*Charente*). Bourg situé sur la rive droite du Nay, à 12 kil. (3 l.) de Cognac. 450 hab. — A un quart de lieue nord-est de ce village, on trouve un des monuments celtiques les plus remarquables du département.

BARBEZIEUX (*Charente*). Jolie petite ville. Sous-préf. Trib. de 1re inst. et de comm. Soc. d'agricult. ✉ ☛ 2,756 hab. Cette ville est agréablement située dans une contrée fertile en bons vins et abondante en excellents pâturages. Elle est, en général, assez bien bâtie, sur le penchant d'une colline, et possède une fort jolie promenade en forme de boulevards, le long de laquelle passe la grande route. On y remarque les restes d'un ancien château fort, qui sert maintenant de prison. Aux environs (à Reignac) est une fontaine d'eau minérale. — FABRIQUES de grosses toiles. — COMMERCE de grains, truffes, bestiaux, volailles et chapons truffés, etc. — A 41 kil. (10 l.) d'Angoulême, 109 k. (27 l.) de Bordeaux, 501 kil. (128 l. 1/2) de Paris. — HÔTEL de l'Écu.

VOITURES PUBLIQUES. Pour Angoulême, Saintes, Bordeaux.

AUBETERRE (*Charente*). Jolie petite ville, à 13 kil. (3 l. 1/4) de Barbezieux. 800 hab. - Elle est bâtie en amphithéâtre, sur le penchant d'une colline dont le sommet est couronné par un ancien château d'un aspect très-pittoresque. On y remarque l'église paroissiale, taillée dans le rocher sous la cour du château, et, aux environs, les ruines du château de MÉRÉ.— FABRIQUES de grosses toiles.

BORDEAUX. Ancienne, grande, riche et belle ville maritime. Chef-lieu du département de la Gironde. Cour royale. Trib. de 1re inst. et de comm. Ch. et bourse de comm. Banque. Hôtel des monnaies (lettre K). Académie univ. Facultés de théol., des sciences et des lettres. Athénée. Collége royal. École d'hydrogr. et de navigation de 1re classe. Écoles de médecine, de dessin et de peinture. Chaires de chimie appliquée aux arts; de géométrie et de mécanique appliquée; d'agriculture. Institution des sourds-muets. Chef-lieu de la 11e div. mil. Direct. des douanes. Syndicat maritime. Consulats étrangers. Archevêché. ✉ ☛ (petite poste). 109,467 hab. *Établissement de la marée du port, 3 heures.* — L'époque de la fondation de Bordeaux se perd dans la nuit des siècles. On ignore comment cette ville tomba au pouvoir des Romains; on sait seulement que c'était dès lors une cité importante, chef-lieu des Bituriges, sous le nom de *Burdigala*. Cette ville est dans une situation magnifique et très-avantageuse pour le commerce, sur la rive gauche de la Garonne, qui y forme un vaste port. Elle présente, à partir du magasin des vivres de la marine aux chantiers de construction, c'est-à-dire en suivant la courbure de la Garonne, qui a plus d'une lieue de développement, un croissant dont la partie orientale comprend la ville, et la partie occidentale le faubourg des Chartrons, remarquable par son étendue, par la beauté de ses édifices et par la richesse de ses habitants, presque tous adonnés au commerce). Quand on y arrive par eau du côté de Blaye, la largeur excessive de la Garonne, les vaisseaux de tant de pays différents et en aussi grand nombre, fixés au port, les édifices modernes qui s'élèvent sur les quais et forment avec le fleuve un arc parfait, présentent le point de vue le plus varié et le plus admirable. L'arrivée à Bordeaux par Saint-André-de-Cubzac et Libourne offre encore un spectacle plus magnifique et plus grand.— Bordeaux se divise en ville ancienne et en quartiers neufs. L'ancienne ville présente quelques rues généralement étroites et tortueuses, des places irrégulières et resserrées, des maisons assez laides, presque toutes cependant en pierres de taille; les quartiers neufs sont d'une grande magnificence; plusieurs sont remarquables par leur architecture du moyen âge, et le pittoresque de cette partie de la ville est souvent même de l'effet le plus gracieux. La rue du Chapeau-Rouge, la plus grande et la plus belle rue de Bordeaux, dont la largeur forme une belle place oblongue depuis le port jusqu'au grand théâtre, s'étend jusqu'à l'extrémité de la ville, qu'elle divise en deux parties égales, l'ancienne au sud et la nouvelle au nord. Les allées de Tourny; les différents cours; l'hôtel de la préfecture; la salle de spectacle, le plus bel édifice en ce genre que possède la France; la bourse; le palais-royal; la douane; le palais-de-justice (en construction), qui n'aura de comparable que le grand théâtre; le jardin public, et surtout le beau pont sur la Garonne, sont des objets dignes d'admiration, qui rivalisent avec les plus beaux établissements de ce genre situés dans les villes les plus riches de l'Europe.

Le PORT embrasse presque toute l'étendue demi-circulaire de la rivière, et peut contenir plus de mille navires; il est sûr, commode, et offre un coup d'œil imposant par la quantité de vaisseaux de toutes les grandeurs et de toutes les nations qui y sont continuellement mouillés : son développement est de 5,700 mètres. La largeur de la rivière devant la place Royale est de 660 mètres, sa profondeur est de 6 mètres, et de 12 mètres dans le maximum du reflux. En tout temps, les navires de 500 à 600 tonneaux peuvent y arriver; ceux d'un tonnage plus élevé sont souvent obligés de laisser une partie de leur cargaison à Blaye ou à Pauillac. A l'une des extrémités du port se présente le superbe quartier des Chartrons; au centre est la place Royale, qui règne en fer à cheval sur la Garonne, et l'emplacement du château Trompette, maintenant remplacé par un quartier neuf, par de grands établissements de bains, et par de belles promenades; à l'autre extrémité sont des chantiers de construction. — La Garonne est bordée de quais larges, sans parapets, qui descendent par une pente douce jusqu'au bord du fleuve, où les barques peuvent en tout temps être déchargées. Le quai des Chartrons est une des belles chaussées qui existent en France; il est bordé de maisons qui n'ont entre elles aucune uniformité, mais qui n'en présentent pas moins un ensemble aussi agréable qu'imposant par leur élévation et la beauté de leur architecture; on en compte près de trois cents, habitées par de riches négociants, ce qui rend ce faubourg l'un des plus beaux et des plus riches de l'Europe. Des chais ou celliers occupent une grande partie des Chartrons; il en est qui contiennent cinq ou six cents, et même jusqu'à mille tonneaux de vin. A l'extrémité inférieure du quai est l'ancien bâtiment du moulin des Chartrons, vaste établissement construit pour moudre mille quintaux de grains en vingt-quatre heures, au moyen de vingt-quatre paires de meules mues sans interruption par le flux et le reflux de la Garonne; mais le dépôt journalier des vases ayant obstrué les canaux, il est aujourd'hui affecté à une fabrique de poterie, fondée par M. Johnston, maire de Bordeaux.

Parmi les nombreux édifices et établissements publics de Bordeaux, on remarque principalement les suivants :

PALAIS GALLIEN. Ruines d'un amphithéâtre que les archéologues opiniâtres se sont efforcés de vouloir faire passer pour le palais de l'empereur Gallien.

L'ÉGLISE CATHÉDRALE, dédiée à saint André, bel édifice gothique du treizième siècle. C'est une très-vaste basilique, malgré le défaut d'harmonie et de régularité qui dépare sa plus grande et sa plus belle nef, d'une largeur étonnante. La nef du chœur, plus élevée encore, mais d'une moindre largeur, est parfaitement régulière, ainsi que les nefs latérales. L'église a, dans sa longueur, 126 mètres d'une extrémité à l'autre. La nef du chœur est un chef-d'œuvre de hardiesse. Les deux grandes portes latérales présentent intérieurement une grande régularité et un fini parfait dans les ouvrages des deux grandes fenêtres sphériques qui les surmontent. On admire aussi les deux flèches aériennes qui s'élèvent au-dessus du portail extérieur septentrional. Une tour, d'un bon style gothique, nommée tour de Payberland, et séparée de la cathédrale, lui sert de clocher.

L'ÉGLISE SAINT-MICHEL, construite en 1160, pendant la domination des Anglais, est gothique et d'un style d'architecture plus régulier que celui de la cathédrale. Cette église est surtout remarquable par son clocher, qui servait à la fois, par son élévation, de beffroi pour avertir le peuple pendant les guerres civiles, et, par sa solidité, de forteresse pour le garantir Un télégraphe a été placé, en 1823, sur cette tour, dont les caveaux jouissent de la propriété de conserver, sans putréfaction, même sans altération, les cadavres qui y sont ensevelis depuis des siècles.

L'Église Sainte-Croix date du septième siècle; reconstruite par Charlemagne; le portail est extrêmement curieux, et décoré de figures, de symboles et d'allégories mystiques, dans lesquels quelques personnes croient reconnaître des obscénités, mais où M. Jouannet, à qui l'on doit une explication de ces allégories, n'a rien vu que de très-moral.

L'Église de Saint-Seurin, d'une construction irrégulière, offre des constructions de différents âges, et possède plusieurs morceaux d'architecture dignes de fixer l'attention des amateurs.

L'Église Notre-Dame, une des plus belles et des plus régulières de Bordeaux, fut rebâtie en 1701. On y admire la hardiesse, la largeur, l'étendue et l'élévation de sa principale nef, décorée de pilastres d'ordre corinthien; le maître-autel, en marbre blanc, dont le tabernacle est orné de deux anges de grandeur naturelle et surmonté de groupes d'anges d'un aspect aérien et pittoresque; la chaire, en bois d'acajou, surmontée de la statue de la Vierge; la façade du portail, ornée de colonnes et de pilastres d'ordre corinthien et composite, de vases, de bas-reliefs et autres sculptures bien exécutées.

L'Église des Feuillants, aujourd'hui l'église du Collége, est remarquable par le tombeau, en marbre blanc, de Michel Montaigne, décédé le 15 septembre 1592. Il est étendu sur sa tombe, vêtu d'une cotte de mailles; son casque et ses brassards sont à ses côtés, un livre est à ses pieds.

Chateau royal. Ce château, ancienne résidence des archevêques de Bordeaux, fut construit en 1778. Le plan de cet édifice est un vaste quadrilatère. La porte d'entrée s'ouvre entre deux péristyles uniformes, d'une noble architecture. Une vaste cour, ayant à droite et à gauche deux bâtiments parallèles, conduit à un perron, d'où l'on entre dans l'intérieur du palais. Le vestibule, les grandes salles du rez-de-chaussée et du premier étage, où l'on monte par un bel escalier en limaçon, répondent à la beauté extérieure de l'édifice, qui offre un aspect imposant par sa longueur et par son élévation.

Le Grand Théâtre. C'est sans contredit le plus beau théâtre de France, et, sous certains rapports, de toute l'Europe: architecture, situation, beautés extérieures et intérieures, il réunit tous les avantages. Paris, Londres, Vienne, l'Italie, Naples, possèdent des salles plus vastes et plus belles intérieurement; mais aucun théâtre n'approche de la beauté extérieure de celui de Bordeaux. Il a été construit sous le règne de Louis XVI, par le célèbre architecte Louis, sur l'emplacement du temple antique de Tutelle, détruit en 1677. Il est entièrement isolé, et occupe un des côtés d'une belle place carrée. Le péristyle, en voûte plate, est décoré de douze magnifiques colonnes d'ordre corinthien; la frise qui est au-dessus est couronnée d'une balustrade qui porte douze statues répondant à chacune des colonnes. Les trois autres façades sont ornées de pilastres de la même dimension et du même ordre que les colonnes du péristyle. Le théâtre, par son immense étendue, répond parfaitement au grandiose de l'édifice, et ne le cède en grandeur à aucun autre théâtre connu. Au-dessus du vestibule est une belle salle de concert, de forme ovale, distribuée en trois rangs de loges et ornée de belles colonnes cannelées, d'ordre ionique. Un grand foyer d'hiver, une grande galerie d'été ornée des bustes des grands maîtres de la scène française, deux cafés et divers appartements occupent le reste de ce bel édifice, qui fut ouvert le 8 août 1780, par la plus belle de nos tragédies françaises, *Athalie*, représentée trois jours de suite.

N° 25. ROUTE DE PARIS A BORDEAUX.

BOURSE. La bourse de Bordeaux est un vaste édifice, parallèle à l'hôtel des douanes. L'escalier principal, décoré de belles peintures, offre un aspect imposant. Au premier étage sont les salles du conseil et du tribunal de commerce, et de vastes salles destinées aux ventes publiques, éclairées et chauffées pendant l'hiver. Au centre de l'édifice est une vaste salle décorée d'un double rang d'arcades couronné par un entablement; un balcon règne dans tout le pourtour au niveau du premier étage.

PALAIS DE JUSTICE. Cet édifice, où siégent la cour royale et le tribunal civil, présente deux façades : celle du midi, qui est la principale, est décorée par six pilastres d'ordre dorique, d'une grande proportion, couronnés par un entablement enrichi de triglyphes et de métopes, et surmonté par un grand fronton. On y remarque les deux salles des Pas-Perdus : un bel escalier conduit à celle du premier étage, dont le fond est orné d'un portique sous lequel est placée la statue en marbre de Montesquieu. La destination de ce local sera changée incessamment par suite de la construction qui s'élève sur la place d'armes, et qui fera face au bel hôpital édifié sous la direction de l'architecte Burgar.

BIBLIOTHÈQUE PUBLIQUE. Elle occupe un beau local, dont la principale partie donne sur la façade des allées de Tourny. On y compte aujourd'hui environ 110,000 volumes, au nombre desquels sont plusieurs livres rares, des éditions du xve siècle, et quelques manuscrits précieux.

CABINET D'HISTOIRE NATURELLE. Il occupe le même local que la bibliothèque.

MUSÉE. Divers établissements sont compris sous cette dénomination : outre la bibliothèque et le cabinet d'histoire naturelle, ce sont : le dépôt des antiques, la galerie de tableaux, l'école de dessin et de peinture, et l'observatoire. Le dépôt d'antiques n'offre que des fragments d'un ordre secondaire ; la galerie de tableaux a été placée au-rez-de-chaussée de la mairie. On y remarque quelques tableaux des écoles française, flamande et italienne. La salle des plâtres possède deux belles statues modernes et une statue antique de femme, d'un bon travail.

PROMENADES. Bordeaux s'enorgueillit avec justice de ses promenades, qui peuvent passer pour les plus belles de France. Ses allées de Tourny, sont les plus jolies de la ville; viennent ensuite les cours de Tourny, du jardin public, d'Albret, de Saint-André, de Saint-Louis et d'Aquitaine. La superbe place des Quinconces est bordée de belles allées d'arbres qui offrent aussi des promenades agréables. Le jardin public, tracé sur le modèle de celui des Tuileries, offre plusieurs massifs de beaux arbres, de longues allées et de charmants tapis de verdure. Ce jardin doit être incessamment converti en jardin des plantes.

BAINS. Les bains publics de Bordeaux peuvent passer pour les plus beaux établissements de ce genre que possèdent les départements. Ils sont placés dans deux grands édifices quadrilatères, dont l'un est près de la Bourse et l'autre à la droite de la place Lainé.

☞ PONT DE BORDEAUX. Le pont de Bordeaux est un monument unique par la difficulté que présentait son exécution. Il est composé de dix-sept arches en maçonnerie de pierres de taille et de briques, reposant sur seize piles et deux culées en pierres. Les sept arches du milieu sont d'égale dimension, et ont vingt-six mètres quarante-neuf centimètres de diamètre. L'ouverture de la première et de la dernière arche est de vingt mètres quatre-vingt-quatre centimètres; les autres sont de dimensions intermédiaires et décroissantes. Les voûtes ont la forme d'arcs de cercle dont la flèche est égale au tiers de la corde. Au-dessus des arches règne une corniche à modillons d'un style sévère. Deux pavillons décorés de portiques avec colonnes d'ordre dorique sont élevés à chaque extrémité du pont. Le parapet est d'un mètre cinq centimètres de hauteur du côté de la chaussée; la largeur de chaque trottoir est de deux mètres cinquante centimètres, et celle de la chaussée de neuf mètres quatre-vingt-six centimètres ; la largeur totale du pont est de quatorze mètres quatre-vingt-six centimètres.

On remarque encore à Bordeaux : l'hôtel des douanes, édifice parallèle à la Bourse ; l'hôtel des monnaies ; l'archevêché ; la maison Fonfrède ; la maison où vécut Montaigne (rue des Minimes, n° 17) ; l'hôtel de ville ; la tour de l'horloge ; la prison du fort du Hà ; le collége ; le théâtre français ; le jeu de paume ; les deux temples des protestants ; la synagogue ; les hospices des aliénés, des incurables, de la maternité et des vieillards ; l'école de natation ; l'entrepôt ; les chantiers de construction ; le dépôt des bois de la marine ; l'abattoir général ; les verreries des Chartrons ; le magasin des vivres de la marine ; la manufacture des tabacs ; les fontaines de Saint-Projet, de la Grave et du Poisson-Salé ; le jardin des plantes, la pépinière départementale ; le vaste et grandiose cimetière de la ville, etc., etc., etc.

BIOGRAPHIE. Bordeaux est le lieu de naissance d'un grand nombre d'hommes célèbres ; les principaux sont le poëte Ausone ; l'évêque saint Paulin ; le pape Clément V ; le général anglais connu sous le nom du Prince-Noir ; Gensonné ; Ducos ; Boyer-Fonfrède ; Desèze ; Carle Vernet ; Lebrun des Charmettes ; le général Nansouty ; Jay ; Lainé ; Martignac ; Peyronnet ; Évariste Dumoulin ; Rhode, etc., etc, etc.

INDUSTRIE. Fabriques de toiles, indiennes, étoffes de laine, gants de peau, bonneterie, cartes à jouer, bouchons de liége, instruments de musique, barriques, produits chimiques, liqueurs et anisette renommées. Nombreuses distilleries d'eau-de-vie. Belles raffineries de sucre. Brasseries. Vinaigreries. Verreries à bouteilles. Faïenceries. Corderie pour la marine. Construction de navires. Manufacture de tabacs. Raffinerie de poudre (à Saint-Médard en Jalle près Bordeaux).

COMMERCE considérable de vins de Bordeaux, eaux-de-vie, esprits, résine, liége, cuirs, denrées du midi, bois pour la marine, agrès, denrées coloniales, etc. Armements pour la pêche de la baleine et de la morue. — Bordeaux est à 176 kil. (45 l.) de Bayonne, 548 kil. (150 l.) de Marseille, 577 kil. (140 l.) de Lyon, 345 kil. (86 l.) de Nantes, 606 kil. (155 l. 1/2) de Paris. — Départ tous les jours et retour de trois bateaux à vapeur pour Langon, Saint-Macaire, la Réole, Marmande, Blaye, Macau, Pauillac, et deux fois par semaine pour Royan, lors de la saison des bains de mer. — HÔTEL de Rouen, tenu par L. A. Huc. Grand et bel établissement ; on y parle anglais, espagnol, allemand, etc. Commerce de vins en gros.— Hôtels : de France, des Américains, du prince des Asturies, des Sept-Frères-maçons, de la Providence, du Commerce, des Quinconces, grand hôtel Richelieu, grand hôtel Marin.

VOITURES PUBLIQUES. *Messageries royales.* Deux départs par jour, par Orléans et par Vendôme. — *Messag. Laffitte et Caillard.* Départs tous les jours pour Paris, et retour. — *Malle-poste de Bordeaux à Lyon* par Limoges, tous les jours; par Tulle, tous les jours. — *Diligences pour Toulouse*, par la Réole, Marmande, Tonneins, Agen, Moissac et Montauban. — *Diligences pour Bayonne et Irun*, par Langon, Bazas, Roquefort, Mont-de-Marsan, Tartas et Dax. — *Diligences pour Pau, Barèges, Cauterets, St-Sauveur et Bagnères*, tous les jours pendant la belle saison ; pour *Auch*, par *Bazas* et *Condom*, tous les jours ; *pour Tarbes, par Bazas, Roquefort, Mont-de-Marsan, Aire, Madiran et Vic*, tous les jours ; *pour Lesparre*, deux fois par jour, par Margaux et Pauillac ; *pour Bergerac*, tous les jours ; *pour Nantes*, tous les jours, par Saintes, Rochefort, la Rochelle et Bourbon-Vendée ; *pour Périgueux*, tous les jours, par Libourne, Coutras. Laroche et Ste-Aulaye ; *pour Angoulême*, t. les j.; *pour Cahors*, t. les j. — *Voitures-omnibus pour l'intérieur de Bordeaux.*

Des voitures partent à chaque heure de la Bastide pour le pont de St-André-de-Cubzac.

CHEMIN DE FER de Bordeaux à la Teste ; départ tous les jours.

BUTS D'EXCURSIONS : aux *bains des eaux de Royan* ; au *château de la Brède* (voy. ce mot) ; aux *châteaux de Pujeard et Laffitte* ; à la *tour de Cordouan* ; aux beaux sites de *Floirac* et de *Lormour*. Un coteau s'élève sur la rive droite du fleuve et do-

N° 25. ROUTE DE PARIS A BORDEAUX.

mine toute la cité bordelaise; de ce point, on embrasse toute l'étendue du port et de la ville, et ses clochers gothiques, dont l'ensemble offre un des plus délicieux panoramas qu'il soit possible d'imaginer. Aux alentours, des sentiers agrestes et des coteaux champêtres offrent une multitude de promenades agréables, très-fréquentées dans la belle saison.

OUVRAGES A CONSULTER, qui se trouvent à la librairie de Chaumas-Gayet, rue du Chapeau-Rouge, 54, vis-à-vis de la préfecture, à Bordeaux.

Annales historiques, civiles et statistiques de Bordeaux, in-4°, 1803.
Musée d'Aquitaine, in-8°, 1823-24.
Guide de l'étranger à Bordeaux, in-8°, 1827.
Description topographique du fort Médoc, par Mainvieille.
Promenades historiques et pittoresques dans le départ. de la Gironde, par J. Arago, in-8°, 1819.
Statistique morale, philosophique et politique de la ville de Bordeaux, in-8°, 1835.
Voyage dans les départ. de la Gironde et de Lot-et-Garonne, par Bezout, in-12, 1828.
Voyage à Bordeaux et dans les Landes, par St-Sauveur, in-8°, fig., an VI.
Notice sur l'église Sainte Croix de Bordeaux, par Jouannet, in-8°, 1824.
Promenades sur les côtes du golfe de Gascogne, par Thoré.
Voyage agricole, botanique et pittoresque dans une partie des Landes, de Lot-et-Garonne et de la Gironde, par St-Amant (Annales des voyages, XVIII).
Variétés bordelaises, par Baurein.
Antiquités bordelaises, par Lacour, pet. in-fol., pl., 1806.
Histoire curieuse et remarquable de la ville de Bordeaux, par la Colonie, 3 vol. in-12, 1760-70.
Usages et traditions antiques du départ. de la Gironde, par M. de Caila (Mém. de l'acad. celtique, t. 4, p, 263).
Traité des antiquités bordelaises, par Darrérac, in-4°, 1623.
Histoire de la ville de Bordeaux, par Devienne, 1 vol. in-4°, 1771 (le seul publié).
Histoire curieuse de la ville et province de Bordeaux, par Dupré de St-Maur, 3 vol. in-12, 1760.
Statistique de la Gironde, par Jouhannet, 2 vol. in-4° (le 3° sous presse).
Guyenne pittoresque, par Ducourneau et plusieurs historiens et archéologues (paraît par livraisons à 60 c.).
Saint-Émilion et ses monuments, par Guadet, in-8°, et atlas, 8 fr.
Histoire de Bordeaux, par Bernadau (2e édit.), in-8°, 1840.
Nouveau conducteur de l'étranger à Bordeaux, in-18, cartonné et plan, 1 f. 25 c.
Guide de l'étranger sur le chemin de fer de la Teste, in-8° avec carte; 75 c.
Journal d'agriculture, 12 fr. par an.
L'Ami des champs, par Laterrade, 10 fr. par an.
Actes de la société linéenne de Bordeaux, in-8°, fig., 10 fr. par an., et de *l'académie de Bordeaux*, in-8°, 8 fr. par an.
Bazas, par l'abbé Oreilly, in-8°, 5 fr.
La Réole, par Dupin, in-8°.
Libourne, 2 vol. in-8°.

ROUTE DE BORDEAUX A BAYONNE, 22 myr. 9 kil.

De Bordeaux au Bouscaut ☞ 1,1
  * Gradignan (à gauche de la route).
Bouscaut à Castres (Gironde) ☞ 1,3
  * La Brède (à droite de la route).
Castres à Cerons ☞ 1,1
  * La Teste-de-Buch (à droite de la route).
  * Arbis (à gauche de la route).
  * Barsac (à droite de la route).
  * Langoiran (à gauche de la route).
  * Cadillac (à gauche de la route).
Cerons à * Langon ☞ 1,2
  * Uzeste (à droite de la route).
Langon à * Bazas ☞ 1,5

BAZAS à * CAPTIEUX ʘ.................... 1,7
CAPTIEUX aux TRAVERSES ʘ............... 1,5
  * SABREZ (à droite de la route).
LES TRAVERSES à * ROQUEFORT ʘ........... 1,5
ROQUEFORT à CALOY ʘ.................... 1,2
CALOY à * MONT-DE-MARSAN ʘ.............. 1,0
MONT-DE-MARSAN à CAMPAGNE ʘ............ 1,3
CAMPAGNE à * TARTAS ʘ.................. 1,4
TARTAS à PONTOUX ʘ..................... 1,1
  * BUGLOSE (à droite de la route).
  * CASTETS (à droite de la route).
  * MONTANT (à gauche de la route).
  * PREHAC (à gauche de la route).
  * GAMARDE (à gauche de la route).
PONTOUX à * SAINT-PAUL-LEZ-DAX ʘ......... 1,2
  * DAX (sur la route).
SAINT-PAUL-LEZ-DAX à SAINT-GEOURS ʘ...... 1,6
  * SAINT-VINCENT (sur la route).
SAINT-GEOURS aux CANTONS ʘ.............. 1,3
  * CAP-BRETON (à droite de la route).
LES CANTONS à * BAYONNE ʘ............... 1,9
  * CAMBO (à gauche de la route d'Espagne).
  * SAINT-JEAN PIED-DE-PORT (à gauche de la
    route d'Espagne).

GRADIGNAN (*Gironde*). Village à 10 kil. (2 l. 1/2) de Bordeaux. 1,500 h. Depuis quelques années, des courses de chevaux ont lieu chaque année à Gradignan, du 1ᵉʳ au 10 juillet, dans un vaste emplacement d'une étendue de 2,000 mètres, connu sous le nom d'Hippodrome, où sont dressés des amphithéâtres pour les spectateurs.

BRÈDE (la) (*Gironde*). Bourg à 15 kil. (4 l. 3/4) de Bordeaux. 1,330 hab. On y remarque le château où naquit Montesquieu, le 18 janvier 1689. C'est un bel édifice gothique à pont-levis et de forme hexagone, entouré d'un double fossé d'eau vive. Il est placé dans un site charmant, au milieu des prairies et des bois. On lit les vers suivants sur la porte d'entrée :

  Berceau de Montesquieu, séjour digne d'envie,
  Où d'un talent sublime il déposa les fruits ;
  Lieux si beaux, par le temps vous serez tous détruits,
  Mais le temps ne peut rien sur son divin génie.

L'intérieur du château est vaste et bien distribué ; mais les jours y sont mal pris, et les appartements y manquent presque tous de lumière. Dans la grande salle, ornée des portraits des aïeux de la famille Secondat, s'ouvre en large fer à cheval une cheminée antique, où les preux et les damoisels des châteaux du voisinage, assis l'hiver autour d'un vaste foyer, ont dû raconter jadis plus d'une aventure d'amour et de guerre. Dans la chambre où travaillait Montesquieu, on a conservé avec soin, tel qu'il était autrefois, l'ameublement qui servit à ce grand homme : il se compose d'un lit fort simple, de quelques fauteuils de forme gothique, et d'une galerie de portraits de famille. L'appartement est boisé et sans peinture ; une fenêtre ouverte au midi laisse apercevoir une prairie d'une immense étendue. A l'issue de cette chambre se trouve un petit escalier très-roide, par où on descend dans un cachot féodal où, dans le *bon* vieux temps, chaque seigneur avait droit d'enfermer, sans autre forme de procès que son bon plaisir, ceux de ses vassaux dont il croyait avoir le droit de se plaindre. Un autre escalier conduit au sommet de l'ancien donjon du château, surmonté d'une terrasse circulaire, sur le mur de laquelle on lit le nom des personnes qui ont visité ces lieux. On remarque encore, parmi une longue suite d'appartements gothiques, la bibliothèque, sur les rayons de laquelle Montesquieu a écrit de sa main les titres de quelques-uns de ses ouvrages. Sur la poutre qui traverse cette salle, sont figurés les douze signes du zodiaque.

OUVRAGES A CONSULTER. *Notice sur le château de Montesquieu à la Brède*, par Grouet, in-8°, 1841.

TESTE-DE-BUCH (la) (*Gironde*). Petite ville maritime, à 55 kil. (14 l.) de Bordeaux, avec lequel elle communique par un chemin de fer (départs tous les jours), près d'une belle forêt de pins, sur le bord méridional du beau bassin d'Arcachon, où elle a un port de cabotage très-fréquenté et le plus considérable de la côte. ⊠ 2,840 hab., presque tous adonnés à la fabrication de la résine et de la térébenthine, ou à la pêche. — Bel établissement de bains de mer, très-fréquenté dans la belle saison. — FABRIQUES de porcelaine. Forges. Pêche d'excellentes huîtres et de très-bon poisson. — COMMERCE de résine, brai, goudron, essence de térébenthine, et d'excellents vins rouges de son territoire.

ARBIS (*Gironde*). Village à 33 k. (8 l. 1/2) de la Réole. 300 hab. On y remarque le château de Benauge, le plus considérable de tout l'arrondissement, et le plus digne de fixer l'attention, par la forme de sa construction, par sa grandeur et son ancienneté. Ses ruines imposantes, et ce qui reste de l'intérieur, donnent une haute idée de sa beauté primitive. Aux environs, on trouve une fontaine intermittente.

BARSAC (*Gironde*). Bourg situé sur la rive gauche de la Gironde, à 41 kil. (10 l. 1/2) de Bordeaux. 2,900 hab. On y remarque une fort jolie place publique et aux environs plusieurs belles maisons de campagne.

LANGOIRAN (*Gironde*). Village à 21 kil. (5 l. 1/2) de Bordeaux. 1,550 hab. Il est bâti dans une situation pittoresque, près de la rive droite de la Garonne, et dominé par un château gothique élevé sur le sommet d'une hauteur escarpée. On remarque sur la côte plusieurs habitations creusées dans le roc, et trois grottes tapissées de belles stalactites d'une blancheur éblouissante : une de ces grottes est à deux étages et traversée par un ruisseau.

CADILLAC (*Gironde*). Petite ville sur la rive droite de la Garonne, à 43 k. (11 l.) de Bordeaux. ⊠ 1,550 hab. On y remarque un vaste château qui sert aujourd'hui de maison de réclusion pour trois cents femmes. Il a été bâti par le duc d'Épernon, qui y dépensa plus de deux millions : ce château passait pour le plus vaste et le plus bel édifice qu'il y eût alors en France, après les maisons royales. — Quoique bâtie dans une plaine, la ville de Cadillac, avec ses vieilles tours, ses murs à créneaux et son château, offre un aspect très-pittoresque. — FABRIQUES de barriques, creusets, outils aratoires. — COMMERCE d'excellents vins de son territoire.

VILLANDRAUT (*Gironde*). Village à 16 kil. (4 l.) de Bazas. 600 hab. On y remarque un château bâti par le pape Clément V; c'est un très beau monument et l'un de ces vieux édifices dont les masses, encore imposantes dans leur décrépitude, la force, les grandes proportions, l'ancienne beauté, la solitude et l'abandon sont de nature à frapper vivement les imaginations rêveuses.

LANGON (*Gironde*). Jolie petite ville, à 16 kil. (4 l.) de Bazas. ⊠ ⚘ 3,566 h. Elle est dans une situation très-avantageuse pour le commerce, sur la rive gauche de la Garonne, que l'on y passe sur un beau pont suspendu. La marée, qui se fait sentir jusqu'à cet endroit, lui procure un port commode, où il se fait de grands chargements des excellents vins blancs que produit le territoire de Langon. C'est une ville en général assez mal bâtie, mais entourée de promenades délicieuses, d'où l'on jouit d'une fort belle vue sur les bords riants de la Garonne, et sur la petite ville de Saint-Macaire, bâtie sur la rive opposée. —FABRIQUES de tonnellerie.— COMMERCE de vins, eaux-de-vie, merrain, etc.— HÔTEL de l'Empereur.

ESTE (*Gironde*). Bourg situé à 9 kil. (2 l. 1/4) de Bazas. 1,000 hab. On y remarque une belle église gothique bâtie par le pape Clément V.

BAZAS (*Gironde*). Ville très-ancienne. Sous-préfecture. Trib. de 1re inst. Soc. d'agr. ⊠ ⌀ 4,225 hab. Bazas existait du temps des Romains ; le père du poëte Ausone y est né, et cet écrivain en parle, ainsi que Sidoine Apollinaire et Grégoire de Tours. Cette ville est dans une situation pittoresque, sur un rocher escarpé, au pied duquel coule le Beuve. Elle est généralement mal bâtie, entourée de promenades agréables et ceinte de murs ruinés, seuls restes de ses anciennes fortifications. On y remarque une assez jolie place publique entourée d'arcades, sur laquelle s'élève la cathédrale, édifice gothique du treizième ou du quatorzième siècle, d'une grandeur moyenne, mais d'une belle proportion, remarquable par le nombre et par la délicatesse de ses piliers. — FABRIQUES de droguets. Verrerie. - COMMERCE de grains, bestiaux, bois, merrain, etc.—A 66 kil. (17 l.) de Bordeaux, 662 kil. (162 l.) de Paris.—HÔTELS : Dumestre, Gourgues.

VOITURES PUBLIQUES. Service journalier correspondant à Langon avec les bateaux à vapeur.

CAPTIEUX (*Gironde*). Joli bourg bâti au milieu de landes immenses, qui font ressortir son agréable situation. ⊠ ⌀ 1,450 hab. A 20 kil. (5 l.) de Bazas.

FABRES (*Landes*). Bourg situé sur le Leyre, au milieu des landes et des marais, à 33 kil. (8 l. 1/2) de Mont-de-Marsan. ⊠ 2,500 habit. On y remarque l'église paroissiale, d'une architecture hardie, que l'on présume avoir été bâtie par les templiers ; c'est une des plus belles de toutes les Landes.

ROQUEFORT (*Landes*). Petite ville sur la Douze, au confluent de l'Estampon, à 21 kil. (5 l. 1/4) de Mont-de-Marsan. ⊠ ⌀ 1,600 hab. Au centre de cette ville, on voit les ruines d'un ancien château fort, et, dans la partie sud-est, un joli château moderne. — FABRIQUES de poterie estimée.

MONT-DE-MARSAN. Jolie petite ville, chef-lieu du département des Landes. Trib. de 1re inst. Soc. d'agr., commerce et arts. Collége com. ⊠ ⌀ 3,774 hab. Cette ville est bâtie en amphithéâtre, dans une plaine sablonneuse et bien cultivée, sur la Douze et le Midou, dont la réunion forme la rivière navigable de la Midouze ; un beau pont traverse cette dernière au port, en face de la place du Commerce ; un deuxième pont d'une seule arche est jeté sur le Midou, et trois autres ponts traversent la Douze. Les rues sont généralement propres, bien percées, et ornées d'un grand nombre de fontaines publiques ; la rue Royale, qui conduit en droite ligne de l'église paroissiale au port, est surtout remarquable par sa régularité. A l'exception de celle de Saint-Roch, les places publiques sont petites et peu régulières. — On y remarque un beau pont, des rues larges et droites, des maisons propres et bien bâties ; l'hôtel de la préfecture ; le palais de justice ; la maison de détention ; l'hospice et les casernes. En y arrivant par sa belle avenue de chênes antiques ; en y entrant par sa belle rue Royale ; en traversant une autre rue non moins belle, très-marchande et pourvue de tous les objets de luxe, on pourrait se croire dans une ville de premier ordre, tandis qu'on n'est réellement que dans la capitale du plus grand désert que renferme la France. — On ne peut passer à Mont-de-Marsan sans être frappé de la beauté du sexe de cette ville : les tailles y sont petites, mais bien prises ; les figures presque toujours gracieuses, souvent jolies, quelquefois charmantes ; elles sont merveilleusement relevées par un fichu blanc ou rouge, placé avec art autour de la tête. Cette coiffure, aussi simple que propre et élégante, est celle des simples ouvrières et des servantes basquaises. Dans les autres classes, la jeunesse et la beauté des femmes ressortent on ne peut mieux sous les capotes, de couleur ordinairement brune, qui forment leur déshabillé du matin. C'est au spectacle, c'est dans les salons et les bals, qu'elles étalent la richesse de leurs toilettes ; c'est là, c'est le soir qu'on les admire ; mais c'est le matin qu'on les aime ; c'est sous la coiffure modeste de cette époque de la journée que leurs grands yeux noirs laissent échapper des regards contre lesquels un jeune voyageur doit mettre son cœur en garde. — Outre les édifices dont nous avons fait mention précédemment, on remarque encore à Mont-de-Marsan un collége, une petite bibliothèque publique, une petite salle de spectacle, une pépinière départementale servant de promenade publique, un établissement d'eaux thermales, et plusieurs établissements de bains publics, dont font usage les habitants de toutes les classes, ce qui prouve moins leur luxe que leur extrême propreté; le cabinet d'histoire naturelle de M. Ed. Perris, directeur de la pépinière et zélé propagateur de l'éducation des vers à soie, éducation qui a pris un grand développement dans le département des Landes, mérite aussi d'être remarqué.—Fabriques de draps communs, couvertures de laine, toiles à voiles.—Commerce de vins et eaux-de-vie d'Armagnac.— A 109 kil. (28 l.) de Bordeaux, 113 kil. (29 l.) de Bayonne, 727 kil. (186 l. 1/2) de Paris. — Hôtels : des Ambassadeurs, de la Couronne, des Diligences.

Voitures publiques. Tous les jours de Bordeaux à Bayonne et à Pau.
Ouvrages a consulter. *Études administratives sur les Landes*, par le baron d'Haussez, in-8", 1826.
Promenades sur les côtes du golfe de Gascogne, par Thoré, in-8", 1810.
Les Landes en 1826, par Billaudel, in-8", 1826.
Voyage à Bordeaux et dans les Landes, par Verneilh Puyroseau, in-8".
Voyage agricole, botanique et pittoresque dans une partie des Landes, etc., par St-Amans. (Annales des voyages, XVIII.)

MONTANT (*Landes*). Joli bourg situé à 34 kil. (8 l. 1/2) de Saint-Sever. Pop. 1,400 hab. Il est entouré de boulevards d'où l'on jouit d'une fort belle vue qui se prolonge jusqu'aux Pyrénées. L'église paroissiale est un édifice qui paraît avoir été construit au IXe siècle.

TARTAS (*Landes*). Ancienne et jolie petite ville, à 25 kil. (6 l. 1/4) de Saint-Sever. ✉ ☞ 2,562 hab. C'est une ville assez bien bâtie, sur le penchant d'une colline élevée, au pied de laquelle coule la Midouze, qui la divise en haute et basse ville. Elle est environnée de promenades très-agréables, et possède un musée où se trouvent des copies en plâtre d'un assez grand nombre de sculptures antiques. — Fabriques d'huile de lin et de vinaigre. Culture du safran. — Commerce de vins, eaux-de-vie, safran, fruits délicieux, gibier, jambons dits de Bayonne, matières résineuses.—Hôtels : de Saint-Étienne, du Lion-d'Or.

BUGLOSE (*Landes*). Bourg à 8 kil. (2 l.) de Dax. 1,100 hab. — Fonderies de cire brute. Lavoirs de laines. — Commerce de cire, laines, plumes, pelleteries, etc. — Buglose est le lieu de naissance de saint Vincent de Paul. Une chapelle abandonnée occupe aujourd'hui l'emplacement de la chaumière où il reçut le jour; non loin de là est un vieux chêne, désigné sous le nom de l'arbre du presbytère, sous l'ombrage duquel ce bienfaiteur de l'humanité vint souvent se livrer à de pieuses méditations.

CASTETS (*Landes*). Bourg situé dans un riant vallon, sur la rivière de la Palue, à 21 kil. (5 l. 1/2) de Dax. 1,500 hab. Il possède une fontaine d'eau minérale ferrugineuse, d'une intermittence remarquable. L'église paroissiale, de construction gothique, passe pour avoir été élevée par les Anglais.

PRÉCHACQ (*Landes*). Bourg à 14 kil. (3 l. 1/2) de Dax. 500 hab. — Ce bourg possède des eaux minérales sulfureuses froides, et un établissement d'eaux et boues thermales, situé à 2 kil. (1/2 l.) de là, sur la rive gauche de l'Adour : la température des eaux thermales est de 58 degrés du th. de R., mais on la réduit aisément dans le bain particulier au degré nécessaire. Les bains de Préchacq, célèbres dans le pays depuis un temps immémorial par les cures surprenantes de plusieurs maladies graves, viennent d'être construits à neuf ; on y trouve des logements commodes.

GAMARDE (*Landes*). Village à 15 kil. (3 l. 3/4) de Dax. 1,220 hab. Cette commune renferme une source d'eau minérale saline sulfureuse, connue sous le nom de fontaine de Boucurron, dont la source jaillit au pied d'un coteau de 50 mètres de hauteur, à 3,000 mètres de toute habitation. Une autre source jaillit dans le lit même du Louts, au milieu duquel on a formé un bassin d'eau de trois pieds de diamètre, entretenu avec soin, où l'eau minérale jaillit dans trois ou quatre endroits différents. L'eau de la fontaine de Boucurron est claire, limpide, et répand une odeur de gaz hydrogène sulfuré. Sa température est constamment de 11 degrés au-dessus de 0 du therm. de Réaum. — On remarque entre Gamarde et Saint-Geours d'Auribat les restes d'un camp romain.

PAUL-LEZ-DAX (SAINT-) (*Landes*). Village à 2 kil. (1/2 l.) de Dax. ↻ 1,720 hab. Forges et hauts-fourneaux. — L'église de ce village est un édifice remarquable, construit en 1441. Le chœur est surtout digne d'attention; il est revêtu d'ornements gothiques en marbre blanc, et offre plusieurs arcades, séparées par des colonnes dont les chapiteaux présentent des figures d'animaux, au-dessus desquelles on a représenté la Cène et divers autres sujets de la vie de Jésus-Christ. A l'extérieur sont les statues en marbre des douze apôtres.

DAX (*Landes*). Ancienne et jolie petite ville. Sous-préfect. Trib. de 1re inst. Collége comm. Soc. d'agr. ⊠ ↻ 4,716 hab. — Dax est l'ancienne *Aquæ Tarbellicæ*, jadis capitale des Tarbelliens, peuples les plus illustres de l'Aquitaine. Elle fut ensuite soumise aux Romains, qui joignirent à ses noms celui d'*Augustæ*. Cette ville est située dans une plaine fertile, sur la rive gauche de l'Adour, qui la sépare du faubourg de Sablar, avec lequel elle communique par un pont fort élevé; c'est une ville assez bien percée, généralement bien bâtie, environnée de fossés, et ceinte de remparts de construction romaine, d'où l'on jouit d'une belle vue sur la campagne environnante: elle renferme un château fort, et l'on y entre par trois portes. Ses principaux édifices sont l'ancien palais épiscopal, occupé aujourd'hui par la sous-préfecture et la mairie; le palais de justice; la cathédrale et la prison. Le séjour en est agréable, et l'on peut s'y procurer tout ce qui est nécessaire aux besoins et aux agréments de la vie. Les femmes réunissent à une taille bien prise un physique extrêmement agréable et beaucoup de grâces naturelles. C'est la patrie de Borda d'Oro, naturaliste célèbre; du chevalier Borda, inventeur du cercle de réflexion qui porte son nom; de Roger Ducos, député à la Convention nationale, troisième consul et sénateur; du général Ducos, etc.

Dax possède de nombreuses sources d'eaux minérales: on en rencontre presque partout, dans quelque endroit que l'on creuse de quatre à dix mètres de profondeur. Ces eaux jouissaient d'une grande réputation à l'époque où les Romains étaient maîtres des Gaules; une voie militaire conduisait de cette ville à Toulouse.— Les sources les plus renommées sont au nombre de quatre: 1° la fontaine de Nesle ou fontaine Chaude; 2° les sources des Fossés; 3° les sources des Baignots; 4° les sources Adouriennes. — La fontaine Chaude paraît avoir été connue bien avant la conquête des Gaules; sa chaleur est de 56 degrés de Réaumur, et son évaporation est telle que, dans les matinées fraîches, elle forme un brouillard d'une épaisseur extraordinaire, qui enveloppe quelquefois la ville entière. Cette fontaine se trouve dans l'intérieur et presque au centre de la ville. Le bassin qui en reçoit les abondantes eaux a environ 40 à 50 mètres de surface et deux pieds et demi de profondeur; il est toujours plein d'une eau fumante, inodore, insipide, si chaude qu'on n'y peut tenir la main, et si transparente qu'on distingue dans le milieu l'espèce de jet par lequel elle sort perpendiculairement de terre; ce bassin est de forme pentagonale, entouré de portiques et de grilles de fer qui en défendent l'entrée. L'eau de la fontaine Chaude est employée à presque tous les usages domestiques. On a formé récemment, à peu de distance, deux établissements de bains, dont l'un a reçu le nom de Bains de César.—Les sources des Fossés de la ville sont extrêmement abondantes; elles sont à découvert dans le quartier Saint-

N° 25. ROUTE DE PARIS A BORDEAUX.

Pierre et peu fréquentées. — L'établissement thermal des Baignots est situé à environ 400 pas de Dax, à l'extrémité d'une belle allée d'ormes qui longe le cours de l'Adour. Un vaste corps de logis, destiné aux malades, est séparé des bains et fait face à l'Adour ; il renferme trente appartements commodes dans leur distribution, et d'une élégante simplicité dans leur ameublement. Une galerie couverte règne sur toute la longueur du bâtiment et fait face à l'Adour, rivière en tout temps navigable et presque toujours couverte de bateaux ; une seconde galerie, semblable et parallèle à la première, règne dans toute la longueur de la façade opposée du bâtiment qui regarde le midi. La source minérale sourd dans un charmant potager, où l'on trouve des bains et des boues thermales à toutes les températures, depuis 25 jusqu'à 49° du therm. de Réaum. On peut aussi prendre des bains de vapeur et des douches. — Les sources Adouriennes se présentent en grand nombre sur le bord de l'Adour. Elles sont très-abondantes ; mais jusqu'à présent on n'en a tiré aucun parti. — Les eaux minérales de Dax se prennent pendant toute l'année, mais surtout au printemps. On y trouve dans tous les temps les moyens nécessaires pour assurer le mode d'administration. — La température élevée des bains fait qu'ils sont employés avec avantage dans les rhumatismes chroniques, les paralysies, les vieilles plaies, les distensions violentes des ligaments articulaires, les contractions de muscles, et dans toute espèce de difficulté de mouvements. — FABRIQUES de liqueurs fines. — COMM. de vins, liqueurs, grains, légumes, oignons rouges de conserve, jambons dits de Bayonne, matières résineuses, cire, miel, etc. — A 55 kil. (14 l.) de Mont-de-Marsan, 58 kil. (15 l.) de Bayonne, 778 kil. (199 l. 1/2) de Paris — HÔTELS : de France, de Saint-Étienne, de la Croix-d'Or, du Jambon.

VOITURES PUBLIQUES. Tous les deux jours pour Bordeaux et Bayonne.
OUVRAGES A CONSULTER. *Essai sur les eaux minérales de Dax*, par Dufau, in-12, 1746, et *Observations sur les mêmes eaux*, par le même, 1789.
Mémoire sur les eaux et boues thermales de Dax, etc., par Thoré et Meyrac, in-8°, 1809.

CAP-BRETON (*Landes*). Bourg maritime situé près de l'Océan. A 31 kil. (8 l. 1/2) de Dax. 920 hab. Cap-Breton, qui n'est plus aujourd'hui qu'un bourg, fut autrefois une ville très-considérable, si l'on en juge par son enceinte, par le grand nombre de maisons désertes ou habitées qui le composent, et par celles qui n'offrent que des ruines et qui sont disséminées sur une assez vaste étendue. Des dunes séparent aujourd'hui ce bourg de la mer, qui n'en est éloignée que d'un kilomètre.

JEAN-PIED-DE-PORT (SAINT-) (*B.-Pyrénées*). Petite ville forte, ancienne capitale de la Navarre. Place de guerre de 4ᵉ classe. ⌧ 1,200 hab. Elle doit son nom à sa position au pied des ports du passage de France en Espagne. Cette ville est dans une situation pittoresque, sur la Nive, au centre de plusieurs vallons divergents qui pénètrent jusqu'à la frontière. Elle se compose d'un petit nombre de rues étroites, et n'a d'importance que par sa position, qui en fait une des clefs de la France, et surtout par sa citadelle placée sur une hauteur, d'où elle domine les trois gorges par lesquelles on peut arriver d'Espagne. — Aux environs de Saint-Jean-Pied-de-Port, on doit visiter Roncevaux, premier lieu d'Espagne que l'on trouve sur la route, rendu fameux par la défaite de l'arrière-garde de Charlemagne en 778, où périt le célèbre paladin Roland.

CAMBO (*B.-Pyrénées*). Bourg à 18 kil. (4 l. 1/2) de Bayonne. 1,400 hab. Il offre une longue suite de maisons bâties sur la crête d'un versant rapide qui mène à la Nive, que l'on voit serpenter dans un large et beau bassin. — On trouve à Cambo deux sources d'eau thermale sulfureuse, et une source d'eau minérale ferrugineuse, dont on peut associer l'usage à celui des eaux thermales. Les eaux sont renfermées dans un bassin ou réservoir en forme de trapèze. L'établissement thermal est un édifice construit dans les formes les plus élégantes. Une colonnade en péristyle décore la façade et embrasse en demi-cercle les deux côtés; au milieu est un réservoir qui alimente onze baignoires disposées alentour, qui suffisent aux besoins des malades. La saison des eaux commence dans les premiers jours du mois de mai, et se prolonge jusqu'à la fin de juin ; elle se renouvelle ensuite le 1er septembre jusqu'à la mi-octobre. C'est à cette époque que le concours des étrangers est le plus considérable. Les eaux sulfureuses de Cambo conviennent dans les fièvres intermittentes, les pâles couleurs. L'eau ferrugineuse s'emploie avec succès dans les maladies chroniques.

2ᵉ R., par CHARTRES, 56 myr. 1 kil.

m. k.
De PARIS à TOURS (Voy. N⁰ 100)............... 23,1
TOURS A BORDEAUX (Voy. 1ʳᵉ Route).......... 33,0

3ᵉ R., par POITIERS et MONTGUYON, 57 myr. 7 kil.

De PARIS à LA GRAULLE ⚘ (Voy. la 1ʳᵉ Route)..... 49,2
LA GRAULLE à MONTGUYON ⚘................ 1,7
MONTGUYON à GUITRES ⚘.................... 2,2
GUITRES à * LIBOURNE ⚘.................... 1,5
LIBOURNE à BEYCHAC ⚘..................... 1,6
BEYCHAC à BORDEAUX........................ 1,5

4ᵉ R., par BLOIS, LA HAYE-DESCARTES, POITIERS, MELLE, SAINT-JEAN-D'ANGELY et SAINTES, 55 myr. 5 kil.

De PARIS à * BLOIS ⚘ (Voy. N° 24)............. 17,5
BLOIS à * AMBOISE ⚘ (Voy. N° 25)............ 3,3
AMBOISE à LA CROIX DE BLÉRÉ ⚘............. 0,8
LA CROIX DE BLÉRÉ à * LOCHES ⚘............. 2,6
LOCHES à CIRAN ⚘......................... 1,3
CIRAN à LA HAYE-DESCARTES ⚘............... 1,8
LA HAYE-DESCARTES à INGRANDE ⚘............ 1,6
INGRANDE à * BORDEAUX (Voy. la 1ʳᵉ Route) ⚘... 26,6

5ᵉ R., par CHATEAUROUX, 59 myr. 17 kil.

De PARIS à LIMOGES (Voy. N⁰ 77)............... 38,0
LIMOGES à BORDEAUX (Voy. N° 138)............ 21,7

6ᵉ R., par ANGOULÊME, RIBERAC et LIBOURNE, 60 myr.

De PARIS à * ANGOULÊME (Voy. la 1ʳᵉ Route)........ 44,4
ANGOULÊME au CHATEAU DE LA ROCHE-BEAUCOURT ⚘. 2,9
LE CHATEAU DE LA ROCHE-BEAUCOURT à RIBERAC ⚘. 2,9
RIBERAC à SAINT-AULAYE ⚘................. 1,8
SAINT-AULAYE à LA ROCHE-CHALAIS ⚘......... 1,3
LA ROCHE-CHALAIS à COUTRAS ⚘............. 1,8
COUTRAS à * LIBOURNE ⚘................... 1,8
LIBOURNE à * BORDEAUX ⚘ (Voy. N⁰ 77)....... 3,1

7ᵉ R., par POITIERS, MELLE, SAINT-JEAN-D'ANGELY et SAINTES, 60 myr. 2 kil.

De PARIS à POITIERS par BLOIS (Voy. la 1ʳᵉ Route)... 35,0
POITIERS à BORDEAUX (Voy. N° 110)............ 25,2

N° 25. ROUTE DE PARIS A BORDEAUX.

8ᵉ R., par LE MANS, SAUMUR, NIORT et SAINTES, 62 m. 7 k.

	m. k.
De PARIS à *LA FLÈCHE (Voy. N° 100, 2ᵉ Route)....	25,6
LA FLÈCHE à * SAUMUR (Voy. N° 75)...........	5,1
SAUMUR à SAINTES (Voy. N° 124, de Rouen à Bordeaux)...............................	19,7
SAINTES à * BORDEAUX (Voy. ci-après, de Bordeaux à Nantes)...............................	12,3

DE BLOIS A BOURGES, 10 myr. 5 kil.

De BLOIS à COURT-CHEVERNY ☞.................	1,2
COURT-CHEVERNY à MUR ☞.................	1,6
MUR à ROMORANTIN ☞.....................	1,2
ROMORANTIN à MENNETOU ☞.................	1,6
MENNETOU à VIERZON ☞...................	1,7
VIERZON à BEAUREGARD ☞.................	1,8
BEAUREGARD à * BOURGES ☞...............	1,4

DE BLOIS AU MANS, 10 myr. 6 kil.

De BLOIS au BREUIL ☞.........................	1,6
Le BREUIL à * VENDÔME ☞...................	1,6
VENDÔME à ÉPUISAY ☞......................	1,7
ÉPUISAY à * SAINT-CALAIS ☞.................	1,5
SAINT-CALAIS au * MANS ☞ (Voy. N° 84).......	4,2

D'ÉPUISAY à MONDOUBLEAU ☞.................... 1,6

DE TOURS A BOURGES, 15 myr. 9 kil.

De TOURS à * LA CROIX DE BLÉRÉ ☞	
Par les bords de la Loire...............	2,5
Par les bords du Cher, de Tours à Véretz...	1,2
de Véretz à la Croix de Bléré.	1,5
LA CROIX DE BLÉRÉ à MONTRICHARD ☞.........	1,6
MONTRICHARD à SAINT-AIGNAN ☞..............	1,8
SAINT-AIGNAN à SELLES-SUR-CHER ☞...........	1,6
SELLES-SUR-CHER à * ROMORANTIN ☞...........	1,9
ROMORANTIN à * BOURGES (V. ci-dessus, de Blois à Bourges)...............................	6,5

De CHATEAU-RENAULT à * Amboise ☞............. 2,4

De LA CROIX DE BLÉRÉ à MONTBAZON ☞............ 3,5
CORMERY ☞............... 1,7

De LA HAYE-DESCARTES à SAINTE-MAURE ☞......... 1,9

DE BORDEAUX A AUCH.

1ʳᵉ R., par Castel-Jaloux, 18 myr. 5 kil.

	m. k.
De Bordeaux à * Bazas ⚹ (Voy. Route de Bordeaux à Bayonne)	6,1
Bazas à * Castel-Jaloux ⚹	2,9
Castel-Jaloux à * Pompiey ⚹	1,7
* Barbaste (sur la route).	
* Xaintrailles (à g. de la r.).	
Pompiey à * Nérac ⚹	1,3
Nérac à * Auch (Voy. ci-après)	6,5

CASTEL-JALOUX (*Lot-et-Garonne*). Jolie petite ville, sur l'Avance, à 25 kil. (6 l. 1/2) de Nérac. ⊠ 1,904 hab. Elle doit son origine et son nom à un château construit par les seigneurs d'Albret sur la rive gauche de l'Avance, dont on voit encore les ruines. Cette ville était autrefois entourée de fortifications que Louis XIII fit détruire en 1622. Elle est assez bien bâtie, propre, et d'un aspect agréable ; mais ses environs ne présentent que des terres sablonneuses peu fertiles. — Fabriques de grosses draperies. Papeteries. Verrerie de verre blanc. Tanneries. Forges, hauts-fourneaux, martinets à cuivre. Scierie hydraulique. — Commerce de grains, millet, vins, cire, miel, goudron, résine, écorce de chêne pour tan, et sangsues de première qualité.

XAINTRAILLES (*Lot-et-Garonne*). Bourg situé à 14 kil. (3 l. 1/2) de Nérac. 909 hab. On y remarque un ancien château, où naquit le célèbre Poton de Xaintrailles, vainqueur du général anglais Talbot, qu'il fit prisonnier à la bataille de Patay. — Fabriques de bouchons de liége.

BARBASTE (*Lot-et-Garonne*). Joli bourg situé à 6 kil. (1 l. 1/2) de Nérac. 1,530 hab. Il est bâti sur la Gelise qu'on y passe sur un ancien pont de sept arches, à la tête duquel on voit de beaux moulins et un vaste édifice carré, flanqué de quatre tours, connu sous le nom de château de Barbaste. — Fabrique de bouchons de liége.

2ᵉ R., par Marmande, 20 myr.

	m. k.
De Bordeaux à * Aiguillon (Voy. ci-après, Route de Bordeaux à Toulouse)	11,2
Aiguillon à * Nérac ⚹	2,3
Nérac à * Condom ⚹	2,2
Condom à * Castera-Verduzan ⚹	1,9
Castera-Verduzan à * Auch ⚹	2,4
De Port-Sainte-Marie à * Nérac ⚹	1,8
De Condom à * Lectoure ⚹	2,2

AIGUILLON (*Lot-et-Garonne*). Petite et ancienne ville, située au confluent de la Garonne et du Lot, à 27 kil. (7 l.) d'Agen. 1,800 hab. — Aiguillon est une ville fort ancienne, qui s'élève en amphithéâtre sur le penchant et le sommet d'un mamelon au pied duquel coule le Lot, qu'on passe sur un beau pont de sept arches, haut de 40 pieds et terminé en 1825. Le château occupe le sommet d'un mamelon, et offre, parmi ses murailles gigantesques, ses tours et ses tourelles délabrées, de fort beaux débris de sculptures. Le château moderne, construit par les derniers ducs, est de style italien. — La ville est encore ceinte de ses fossés et des débris des anciennes fortifications. Ses maisons, éparses et entourées de leurs clos, offrent moins l'apparence d'une petite ville que d'un charmant village : on n'y voit qu'une seule et véritable rue,

N° 25. ROUTE DE PARIS A BORDEAUX.

celle qui sert de passage à la route ; mais on y trouve deux agréables promenades.

BUTS D'EXCURSIONS. A peu de distance d'Aiguillon, on voit à gauche de la route qui conduit à Port-Sainte-Marie, un reste de tour romaine construite en petites pierres carrées, et désignée sous le nom de *Tour de St-Côme.* C'est un beau reste d'antiquité que nous signalons particulièrement à l'attention des archéologues. — A *Peyrelongue* (2 k.), tour de dix mètres d'élévation, composée de deux étages et couronnée par une petite chambre carrée.

NÉRAC (*Lot-et-Garonne*). Très-ancienne ville. Sous-préfectur. Trib. de 1re st. et de comm. Ch. des manufac. Collége comm. ☒ ⚓ 6,327 hab. — Suivant quelques écrivains, Nérac tire son nom de *Nereïdum aquæ*, d'où l'on a formé Nérac. C'est une ville agréablement située, sur les deux rives de la Baïse, à l'endroit où elles sont fort rapides et en partie coupées à pic : la vieille ville, sur la rive droite, occupe cette pente escarpée; elle est mal bâtie, triste et fort mal percée; elle communique par deux ponts de pierre avec la ville neuve, située sur un plateau, plus grande et assez jolie; on voit, au bord du plateau, le château Royal, jadis masse de bâtiments vastes et somptueux où le marteau des démolisseurs n'a laissé que des débris noirs et tristes. L'une des deux esplanades qui l'avoisinent est ornée d'une superbe statue pédestre en bronze de Henri IV. L'autre esplanade offre une promenade bien ombragée. La ville neuve est ceinte de beaux boulevards. La vieille ville est en partie entourée de fortifications gothiques. — On remarque encore à Nérac : l'église paroissiale, édifice moderne, spacieux et bien décoré; la halle; la Garenne, promenade délicieuse qui longe le bord de la rivière; la fontaine Saint-Jean, ombragée par deux ormes magnifiques, plantés, l'un par Henri IV, l'autre par Marguerite de Valois; des débris de bains, de mosaïques et autres antiquités, etc. — FABRIQUES de grosses draperies, de biscuits de mer, de bouchons de liége.—COMMERCE de toiles, grains, liége, farines, vins, eaux-de-vie, terrines de perdrix très-renommées, etc. A 23 kil. (6 l.) d'Agen, 635 kil. (163 l.) de Paris. — HÔTEL du Tertre.

VOITURES PUBLIQUES. Pour Agen, Auch, Marmande.
OUVRAGES A CONSULTER. *Notice sur la ville de Nérac*, par le comte de Villeneuve-Bargemont, in-8°, 1807.
Promenades à Nérac, par Saugeon. (France littéraire, fév. 1835.)

CONDOM (*Gers*). Ville très-commerçante. Sous-préf. Trib. de 1re inst. Soc. d'agr. Collége comm. ☒ ⚓ 7,144 hab. — Condom doit son origine à un monastère qui existait au commencement du neuvième siècle ; mais il paraît qu'elle est beaucoup plus ancienne : on croit généralement qu'elle fut fondée par les Vascons. Cette ville est fort agréablement située, sur un mamelon dont le pied est baigné par la Baïse, qu'on y passe sur deux ponts en pierre. Au centre de la ville, sur le haut du terrain, est une grande place, propre et bien entourée, dont un des côtés est formé par l'église paroissiale, noble et grand édifice gothique encore digne de remarque malgré les mutilations qu'il a subies ; la voûte de la nef est d'une hauteur majestueuse; ses élégantes nervures, ses écussons dorés, sont splendides. Une galerie borde cette église, sur le côté de la place; près de là est la bourse, dans un local propre et bien adapté à sa destination.—Comme toutes les anciennes cités, Condom est une ville mal bâtie; mais elle s'embellit tous les jours. Ses boulevards sont plantés de belles allées d'arbres ; de nombreuses et jolies maisons de campagne décorent les environs. Un peu au-dessous de la ville, une haute levée borde le cours de la Baïse, qui, lorsque ses eaux sont abondantes, forme une agréable cascade. — FABRIQUES importantes de plumes à écrire, bouchons de liége, porcelaine. Distilleries d'eau-de-vie. Filatures de laine. Tanneries.—COMMERCE actif de grains, farines, vins, eaux-de-vie, cuirs. A 35 kil. (9 l.) d'Agen, 651 kil. (167 l.) de Paris. — HÔTELS : du Lion-d'Or, du Grand-Soleil, du Cheval-Blanc, situé près de la Bourse, tenu par Peyrecave.

VOITURES PUBLIQUES. Pour Tarbes et Bordeaux, tous les jours.

CASTERA-VERDUZAN ou CASTERA-VIVENT (*Gers*). Joli village, situé dans un riant et fertile vallon, sur la grande route d'Auch à Condom, à 20 kil. (5 l.) de cette dernière ville. 960 hab. — Ce village est renommé par ses sources d'eaux minérales, connues depuis un temps immémorial. L'ancien établissement a été remplacé par un vaste et superbe édifice, qui peut rivaliser avec les établissements du même genre les plus fréquentés de l'Europe. Il consiste dans un beau péristyle, orné de colonnes d'ordre pestum, terminé à droite et à gauche par deux grottes rocailleuses d'un goût élégant. Au centre de ces grottes, les fontaines jaillissent d'un énorme muffle de lion. Vingt-huit baignoires en marbre blanc, placées au niveau du sol à la manière antique, sont destinées aux baigneurs. Six de ces baignoires sont alimentées par la source ferrugineuse, et vingt-deux par la source sulfureuse. Un bel escalier, un wauxhall spacieux, un salon, une salle de billard, et de nombreux appartements, composent les parties supérieures de ce bel établissement, où les pauvres sont reçus et traités gratuitement. — Les eaux de Castera sont fréquentées depuis le commencement de mai jusqu'à la mi-octobre; mais il convient mieux de s'y rendre en mai, juin, juillet et août, qu'en septembre et octobre. Ces eaux conviennent dans presque toutes les éruptions de la peau, les ulcères scrofuleux, les vieux catarrhes de la vessie et de l'urètre. On les administre aussi avec avantage dans les affections hystériques et hypocondriaques, la jaunisse, les pâles couleurs, dans toutes les maladies provenant de l'inertie de l'organe utérin, et généralement dans toutes les maladies des os. — L'eau ferrugineuse est souveraine pour le traitement de la chlorose, des maladies qui tiennent à l'atonie des organes digestifs.

OUVRAGE A CONSULTER : *Notice sur les Eaux minérales de Castera-Verduzan*, par les docteurs Capuron et Bazin, in-8°, 1830.

PORT-SAINTE-MARIE (*Lot-et-Garonne*). Petite ville sur la rive droite de la Garonne, où elle a un petit port commode, à 20 kil. (5 l.) d'Agen. ✉ ⚘ 3,079 hab. Elle est bâtie au pied d'une haute colline, qui ne laisse entre elle et la Garonne qu'un espace étroit, où se trouvent quelques rues, et que traverse la grande route, qui y passe sous une arcade que couronne une haute et vieille tour.

DE BORDEAUX A MARSEILLE.

1re R., par CASTRES et BÉZIERS, 67 myr. 4 kil.

	m.k.
De BORDEAUX à * CASTEL-SARRASIN ⚘ (V. ci-après Route de Bordeaux à Toulouse)	19,6
CASTEL-SARRASIN à * MONTAUBAN (Tarn-et-G.) ⚘	2,1
MONTAUBAN à LA BASTIDE-SAINT-PIERRE	1,2
LA BASTIDE-SAINT-PIERRE à LA POINTE-SAINT-SULPICE ⚘	3,1
LA POINTE-SAINT-SULPICE à * LAVAUR ⚘	1,4
LAVAUR à SAINT-PAUL (Tarn) ⚘	1,5
SAINT-PAUL à * CASTRES (Tarn) ⚘	2,4
CASTRES à SAINT-AMANS LA BASTIDE ⚘	2,7
SAINT-AMANS LA BASTIDE à * SAINT-PONS ⚘	2,5
SAINT-PONS à SAINT-CHINIAN ⚘	2,3
SAINT-CHINIAN à * BÉZIERS ⚘	2,7
BÉZIERS à LA BITARELLE ⚘	1,2
LA BITARELLE à AGDE ⚘	1,0
AGDE à * MÈZE ⚘	2,0
MÈZE à GIGEAN ⚘	1,2
GIGEAN à FABRÈGUES ⚘	0,8
* LA VERUNE (à gauche de la route).	

N° 25. ROUTE DE PARIS A BORDEAUX. 201

Fabrègues à * Montpellier ☞	1,1
Montpellier à Nîmes (Voy. N° 138)	4,9
Nîmes à Curbussot ☞	1,1
Curbussot à Tarascon (B.-du-Rh.) ☞	1,5
Tarascon à Saint-Remy ☞	1,5
Saint-Remy à * Orgon ☞	1,8
Orgon à Marseille ☞ (Voy. N° 85)	7,8

CASTEL-SARRASIN (*Tarn-et-Garonne*). Jolie ville. Sous-préf. Trib. de 1re inst. Collége comm. ⌧ ☞ 7,092 hab. Cette ville est située au milieu d'une vaste et fertile plaine, dans une situation agréable, sur la petite rivière d'Azine et près de la rive droite de la Garonne. C'est une ville propre et bien bâtie, qui était autrefois entourée de murs et de fossés, remplacés par d'agréables promenades. Quelques restes de remparts, deux portes parfaitement semblables à celles de Toulouse, et le portail gothique de l'église paroissiale, sont les seuls restes d'anciennes constructions que l'on y remarque. — Fabriques de cadis, bonneterie. — 641 kil. (164 l. 1/2) de Paris. — Hôtel Mounié.

LAVAUR (*Tarn*), Ville ancienne. Sous-préf. Trib. de 1re inst. Soc. d'agr. Collége comm. ⌧ 7,179 hab. Elle est sur la rive gauche de l'Agout, que l'on y passe sur un pont très-hardi. On y trouve une petite bibliothèque publique renfermant environ 4,000 volumes. 700 kil. (179 l. 1/2) de Paris.

CASTRES. Voyez page 100.

VOITURES PUBLIQUES. Deux fois par semaine pour Toulouse.

AGDE (*Hérault*). Ville maritime. Tribunal et bourse de comm. Conseil de prud'h. pêcheurs. École d'hydrog. de 4e classe. ⌧ 8,202 hab. 738 kil. (194 l. 1/2) de Paris. La ville d'Agde fut un des premiers et des plus considérables établissements des Phocéens de Marseille : on place sa fondation vers l'an 163 de Rome. Elle est dans une position très-avantageuse, au milieu d'une plaine riche et fertile, à l'embouchure d'une des branches du canal du Midi, sur la rive gauche de l'Hérault, que l'on traverse sur un pont suspendu récemment construit. C'est une ville entièrement bâtie en laves basaltiques, et flanquée de tours rondes et noires; les quais et une grande partie des maisons sont construits en laves, les rues en sont pavées, et les environs sont couverts de produits volcaniques, provenant de la petite montagne de Saint-Loup, dont les flancs sont embellis de vignes et de maisons de campagne. Son port, précédé d'un beau chenal, formé par l'embouchure de l'Hérault, est fréquenté par un grand nombre de petits bâtiments qui font un cabotage actif et très-avantageux ; il peut contenir 450 navires de 60 à 200 tonneaux. — L'ancienne cathédrale, surmontée d'un clocher qui domine la ville, offre un caractère de gothicité que sa teinte basaltique noire rend très-piquant. Les artistes regardent le retable de cette église comme un chef-d'œuvre d'architecture. — Les environs d'Agde méritent d'être visités , notamment la promenade de la chapelle Notre-Dame du Grau; les bords charmants du canal des Deux-Mers; le cratère du volcan Saint-Loup. — Fabriques de savon et de verdet. Construction de navires. — Commerce de vins, eaux-de-vie, liqueurs, fer, goudron, grains, farines, etc.

COMMUNICATIONS. *Voitures publiques* tous les jours pour Montpellier et Béziers. — *Paquebots à vapeur* trois fois par semaine pour Marseille, et une fois pour Nice.
VOITURES PUBLIQUES. Tous les jours pour Montpellier, Béziers.
OUVRAGE A CONSULTER. *Histoire de la ville d'Agde*, par Jordan, in-8°, 1824.

VERUNE (la) (*Hérault*). Joli village situé dans une plaine, à 6 kil. (1 l. 1/2) de Montpellier. 685 hab. On y voit un des plus beaux parcs et une des plus belles habitations de la contrée.

TARASCON (*B.-du-R.*). Ville ancienne. Tribunal de 1re inst. de l'arrond. Trib. de comm. Collége comm. ⌧ ☞ 10,967 hab. Cette ville est avantageusement située, sur la rive gauche du Rhône, vis-à-vis de Beaucaire, avec lequel

9.

elle communique par un beau pont suspendu. Elle est entourée de murailles flanquées de tours, percées de trois portes, et dominée par un antique château bâti sur un rocher dont le Rhône baigne le pied. Les rues sont larges et bien percées; celle qui conduit à la place de l'Hôtel-de-Ville est ornée de portiques où l'on peut circuler à l'abri de la pluie. Le Cours, qui borde la grande route, offre une très-belle promenade. Les dehors sont riants et agréables, surtout le long du Rhône. — L'église de Tarascon est un bel édifice gothique, construit dans le XIe siècle, dont le portail est richement sculpté — Le château est le plus magnifique monument dont le XVe siècle ait enrichi le Midi. C'est un carré d'une grande élévation, ayant, du côté de la ville, deux belles tours rondes, et du côté du fleuve deux tours carrées régulières : une enceinte plus basse, flanquée d'autres tours carrées, s'étend vers le nord. — On remarque encore à Tarascon une bibliothèque publique de 2,000 volumes, la salle de spectacle, l'hôtel de ville, le palais de justice, l'hôpital général et celui de la Charité, les casernes, etc. On doit visiter aussi, dans les environs, l'église Saint-Gabriel, monument intéressant et peu connu du XIIe siècle, et la belle pépinière de Tonnelle. — FABRIQUES de draps, tissus de soie et de filoselle. Construction de bateaux. — COMMERCE de vins, eaux-de-vie, huiles, etc. A 16 kil. (4 l.) d'Arles, 21 kil. (5 l. 1/2) d'Avignon. — HÔTEL des Empereurs.

VOITURES PUBLIQUES. Tous les jours pour Marseille, Nîmes, Aix, Arles, Avignon.

2e Route, par TOULOUSE, 70 myr. 1 kil.

m. k.
De BORDEAUX à TOULOUSE (Voy. ci-après).......... 25,6
TOULOUSE à MARSEILLE (Voy. N° 138).......... 44,5

3e R., par ALBI et MILLAU, 71 myr. 4 kil.

De BORDEAUX à * CASTEL-SARRASIN ⚹ (Voy. ci-après,
  de Bordeaux à Toulouse)................... 19,6
CASTEL-SARRASIN à * MONTAUBAN ⚹............. 2,1
MONTAUBAN à LA BASTIDE ⚹................ 1,2
LA BASTIDE à LA POINTE SAINT-SULPICE ⚹....... 3,1
LA POINTE SAINT-SULPICE à GAILLAC ⚹......... 2,3
  * MARSSAL (à gauche de la route).
GAILLAC à * ALBI ⚹........................ 2,1
ALBI au FRAYSSE ⚹....................... 2,3
LE FRAYSSE à * SAINT-SERNIN ⚹.............. 2,4
SAINT-SERNIN à * SAINT-AFFRIQUE ⚹.......... 3,2
  * BELMONT (à droite de la route).
SAINT-AFFRIQUE à * MILLAU ⚹............... 2,8
  * CREYSSEL (à gauche de la route).
  * NANT (à droite de la route).
MILLAU à LA CAVALERIE ⚹................... 1,7
LA CAVALERIE au CAYLOR ⚹................. 2,2
LE CAYLOR à * LODÈVE ⚹................... 2,8
LODÈVE à GIGNAC ⚹....................... 2,3
GIGNAC à LA BARAQUE DE BEL-AIR ⚹........... 1,8
LA BARAQUE DE BEL-AIR à * MONTPELLIER ⚹..... 1,2
MONTPELLIER à * NÎMES ⚹ (Voy. N° 138)........ 4,9
NÎMES à BELLEGARDE (Gard) ⚹.............. 1,7
BELLEGARDE (Gard) à * ARLES ⚹............. 1,4
ARLES à * MARSEILLE (Voy. N° 138)............ 10,3

N° 25. ROUTE DE PARIS A BORDEAUX. 203

MARSSAL (*Tarn*). Village situé à 9 kil. (2 l. 1/4) d'Albi. Il est sur le Tarn, que l'on y passe sur un magnifique pont de pierre de taille de trois arches à plein cintre; les tympans sont percés par des ouvertures cylindriques qui favorisent le débouché des eaux; sa voie est large, et les avenues sont traitées avec un grand luxe de maçonnerie.

ALBI. Voyez N° 108, Route de Paris à Perpignan.

SERNIN (SAINT-) (*Aveyron*). Bourg sur la Rance, à 27 kil. (7 l.) de Saint-Affrique. ⊠ 2,574 hab. Il est bâti en amphithéâtre d'une manière très-pittoresque, sur une butte flanquée par trois hautes montagnes. — FABRIQUES de grosses draperies.

BELMONT (*Aveyron*). Bourg à 23 kil. (6 l.) de Saint-A-ffrique. 2,151 hab. Il est bâti sur le penchant d'un coteau au pied duquel coule la Rance, et remarquable par une église paroissiale surmontée d'un beau clocher à flèche d'une construction hardie.

AFFRIQUE (SAINT-) ou **SAINT-FRIC** (*Aveyron*). Jolie ville. Chef-lieu de sous-préfecture. Trib. de 1ʳᵉ inst. et de comm. Ch. consult. des manuf. Soc. d'agric. Collége communal. ⊠ ⌣ 6,336 hab. Elle est située dans un beau et frais vallon entrecoupé de prairies, de vergers et de vignes, que l'on trouve plus délicieux encore lorsqu'on le compare au pays nu et hérissé de rochers qui entoure Saint-Affrique sur presque tous les points. Elle se présente fort bien par une belle avenue, un beau pont et une belle rue spacieuse qui l'entoure en arc de cercle et en forme de boulevard, ou qui la traverse en la séparant de ses faubourgs, bien plus beaux et plus considérables que la ville même, dont l'intérieur se compose de maisons gothiques, de rues obscures et mal alignées. — Le principal édifice que l'on y remarque, en y arrivant d'Albi, est l'hôpital, qu'on voit à droite avant de passer le pont : on y a établi la mairie et le collége. En face est le palais de justice, nouvellement construit. L'église paroissiale est moderne et assez jolie. Une belle fontaine décore le milieu de la principale rue. — FABRIQUES de draps, cadis, molletons, couvertures de laine. Filature de coton et de laine. Tanneries et mégisseries. — COMMERCE considérable de laines, de fromages de Roquefort, etc. — A 62 kil. (16 l. 1/2) de Rodez, 68 kil. (17 l. 1/2) d'Albi, 653 kil. (167 l. 1/2) de Paris.

NANT (*Aveyron*). Ville dans le riant vallon de la Dourbie, au milieu de belles prairies et d'une forêt d'arbres fruitiers, à 23 kil. (6 l.) de Milhau. 3,203 hab. La chaîne de rochers calcaires qui borde la rive droite de la Dourbie jusqu'à son embouchure dans le Tarn renferme un grand nombre de grottes, dont celle de la Poujade, située au pied d'un rocher à pic, est la plus intéressante. En y entrant par le côté droit, on franchit un monticule formé par des quartiers de rocher détachés de la voûte, au delà duquel se trouve un ruisseau qui, en cet endroit, remplit plusieurs petits bassins. Après les avoir traversés, on parvient à une autre élévation moins haute que la première; c'est l'endroit le plus curieux de la grotte, soit par les jeux bizarres de la nature, soit par les concrétions de toutes formes qui s'y trouvent rassemblées. Là, on voit tout ce qu'on veut voir : les dévots y trouvent des chaires à prêcher; les gourmands, des pâtés, des tourtes, des jambons, des raisins, des champignons; les enfants, des lions et des monstres; les jeunes gens, tout ce que l'imagination peut enfanter dans ses saillies les plus licencieuses. La grotte de la Poujade a environ 230 mètres de long, 40 de large et 33 de hauteur; son entrée est inabordable dans la saison des pluies.

MILHAU ou **MILLAU** (*Aveyron*). Ville ancienne. Sous-préfecture. Trib. de 1ʳᵉ instance et de commerce. Chambre de commerce Collége comm. ⊠ ⌣ 9,806 hab. Elle est située dans un bassin agréable, entouré de coteaux plantés de pêchers et d'amandiers, un peu au-dessous du confluent du Tarn avec la Dourbie. Ses rues sont étroites, mais bien percées. La ville est généralement bien bâtie, et possède des fontaines, un lavoir public, de jolies places, des promenades agréables, et un beau pont sur le Tarn, construit en 1817, et un pont en fil de fer de construction récente; un des côtés de l'une des places offre une galerie couverte.

PATRIE du général de division Sarret, tué en l'an II près de Barcelonette ; des lieutenants-généraux Solignac et Rey, qui prit Gaëte; de M. de Bonald ; de M. de Gaujal, auteur d'Essais historiques sur le Rouergue. — FABRIQUES de draperies, gants de peau. Chamoiseries très-renommées. Tanneries les plus renommées de France pour la préparation des veaux. Mégisseries. Filatures de soie. — COMMERCE de laines en suint et filées, de cuirs, bois de construction, merrain, fromages de Roquefort, vin, amandes, bestiaux, etc. — A 55 kil. (14 l.) de Rodez, 78 kil. (20 l.) de Mende, 622 kil. (160 l. 1/2) de Paris. -- HÔTELS : du Commerce, du Chapeau-Rouge, du Mouton-Couronné, des Voyageurs.

CREYSSEL (*Aveyron*). Village situé dans une contrée pittoresque, sur la rive gauche du Tarn, à une demi-lieue de Milhau. On y voit une belle cascade qui tombe de 33 mètres de haut, et un rocher de tuf très-curieux, formé de feuilles et de branches d'arbres pétrifiées.

VOITURES PUBLIQUES. Cinq diligences pour Paris, Rodez, Montpellier, le Vigan, Toulouse. — Malle-poste.

DE MONTAUBAN A ALBI.

Par CAUSSADE, 8 myr. 9 kil.

	m. k.
De MONTAUBAN à * CAUSSADE ☞	2,2
CAUSSADE A SAINT-ANTONIN ☞	1,9
SAINT-ANTONIN à CORDES ☞	2,5
CORDES à ALBI ☞	2,3

DE BORDEAUX A NANTES, 34 myr. 7 kil.

DE BORDEAUX à * CARBON-BLANC ☞	1,1
CARBON-BLANC à CUBZAC ☞	0,9
CUBZAC à GRAVIER ☞	1,4
GRAVIER à * BLAYE ☞	1,5
BLAYE à ÉTAULIERS ☞	1,3
ÉTAULIERS à MIRAMBEAU ☞	1,7
MIRAMBEAU à SAINT-GENIS (Charente-Infér.) ☞	1,2
SAINT-GENIS (Charente-Inférieure) à PONS ☞	1,1
PONS à LA JARD ☞	0,9
LA JARD à * SAINTES ☞	1,2
SAINTES à SAINT-PORCHAIRE ☞	1,4
SAINT-PORCHAIRE à SAINT-HIPPOLYTE-DE-BIARD ☞	1,3
SAINT-HIPPOLYTE à * ROCHEFORT (Char.-Infér.) ☞	1,2
ROCHEFORT (Char.-Infér.) aux TROIS-CANONS ☞	1,7
LES TROIS-CANONS à * LA ROCHELLE ☞	1,4
LA ROCHELLE à GROLAUD ☞	0,9
GROLAUD à * MARANS ☞	1,5
MARANS à MOREILLES ☞	1,7
MOREILLES à * LUÇON ☞	1,0
LUÇON à MAREUIL (Vendée) ☞	1,0
MAREUIL (Vendée) à * BOURBON-VENDÉE ☞	2,2
BOURBON-VENDÉE à BELLEVILLE (Vendée)	1,3
BELLEVILLE (Vendée) à MONTAIGU ☞	2,4
MONTAIGU (Vendée) à AIGREFEUILLE ☞	1,3
AIGREFEUILLE à * NANTES ☞	2,1

N° 25. ROUTE DE PARIS A BORDEAUX.

DE BORDEAUX A TARBES.

1re. R., par MADIRAN, 21 myr. 2 kil.

m.k.
De BORDEAUX à ROQUEFORT (Voy. Route de Bordeaux
 à Bayonne).. 10,7
ROQUEFORT à VILLENEUVE DE MARSAN ☜......... 1,6
VILLENEUVE DE MARSAN à * AIRE (Landes) ☜.... 2,2
AIRE à MADIRAN ☜................................ 2,8
MADIRAN à * VIC-EN-BIGORRE ☜.................. 2,2
VIC-EN-BIGORRE à * TARBES ☜.................... 1,7

SEVER (ST-) (*Landes*). Jolie petite ville. Sous-préf. Trib. de prem. inst. Collége comm. ⌂ 5,494 hab. Cette ville doit son origine à une célèbre abbaye de bénédictins, fondée vers l'an 993. Elle est assez bien bâtie et fort agréablement située sur l'Adour. On y remarque, à l'entrée de la promenade Morlane, les restes de l'ancien château Palestrion, résidence habituelle des ducs de Gascogne; le cloître du collége; la colonne élevée à la mémoire du général Lamarque; le prétoire du tribunal civil; la caserne de gendarmerie; l'hôpital; et une magnifique église qui faisait autrefois partie de l'abbaye, dans laquelle on admire l'orgue exécuté par dom Bédos. — Les environs offrent des promenades spacieuses; les plus agréables sont celles de Morlane et la Mirande.— PATRIE du général Lamarque.—FABRIQUES de faïence.—COMMERCE de grains, vins.—A 18 kil. (4 l. 1/2) de Mont-de-Marsan, 55 k. (14 l.) de Pau, 743 k. (190 l.) de Paris.—HÔTELS : des Voyageurs, de l'Étoile, du Cheval-Blanc.

VOITURE PUBLIQUE. De Mont-de-Marsan à Orthez.
BUTS D'EXCURSIONS : au *Pouy de Monsonet* (6 kil.), point le plus élevé du département, d'où l'on découvre même Bordeaux; — à la *chapelle* du général Lamarque, renfermant son tombeau et ceux de sa famille (3 kil.); — à *Peyrelongue*, monument druidique (8 kilom.); — au *Moulin* sur l'Adour (2 kilom.).

GRENADE (*Landes*). Petite ville sur l'Adour, à 16 kil. (4 l.) de Mont-de-Marsan. ⌂ ☜ 1,850 hab. C'est la patrie du maréchal Perrignon et du général Durieu.

VIC ou **VIC-EN-BIGORRE** (*Hautes-Pyr.*). Jolie petite ville, à 16 kil. (4 l.) de Tarbes. Collége comm. ⌂ ☜ 3,679 hab. Elle eut jadis un château fort, dont il reste encore quelques murailles et des portes surmontées de tours carrées, et consiste en une fort petite enceinte avec d'assez grands faubourgs, qui renferment à eux seuls les trois quarts de la population. On y voit de belles promenades, quelques jolies rues et des maisons agréablement construites.

TARBES. Voyez page 119.

2e R., par MONT-DE-MARSAN et MADIRAN, 22 myr. 8 kil.

m.k.
De BORDEAUX à MONT-DE-MARSAN ☜ (V. ci-dessus).. 12,9
MONT-DE-MARSAN à GRENADE ☜................. 1,4
GRENADE à AIRE ☜.............................. 1,8
AIRE à TARBES ☜ (Voy. la 1re Route)............ 6,7

3e R., par MONT-DE-MARSAN et PLAISANCE, 22 myr.

De BORDEAUX à AIRE (Voy. la 1re Route)........... 14,5
AIRE à PLAISANCE (Gers) ☜.................... 3,1
PLAISANCE à VIC-EN-BIGORRE ☜................ 2,7
VIC-EN-BIGORRE à TARBES ☜................... 1,7

N° 25. ROUTE DE PARIS A BORDEAUX.

DE BORDEAUX A TOULOUSE, 25 myr. 4 kil.

	m. k.
De BORDEAUX à * LANGON ♀ (V. Route de Bordeaux à Bayonne)	4,6
* CASTETS (à droite de la route).	
LANGON à CAUDEROT ♀	0,9
CAUDEROT à * LA RÉOLE ♀	0,9
* CASTELMORON (à gauche de la route).	
LA RÉOLE à LA MOTHE-LANDERON ♀	0,9
LA MOTHE-LANDERON à * MARMANDE ♀	1,1
MARMANDE à * TONNEINS ♀	1,7
TONNEINS à * AIGUILLON ♀	1,1
AIGUILLON au PORT-SAINTE-MARIE ♀	1,0
PORT-SAINTE-MARIE au PORT-SAINT-HILAIRE ♀	1,1
PORT-SAINT-HILAIRE à * AGEN.♀	1,0
AGEN à CROQUELARDIT ♀	1,0
CROQUELARDIT à LA MAGISTÈRE ♀	1,0
LA MAGISTÈRE à * MALAUZE ♀	1,2
MALAUZE à * MOISSAC ♀	1,4
MOISSAC à CASTEL-SARRASIN ♀	0,7
CASTEL-SARRASIN à LA VITARELLE ♀	1,3
LA VITARELLE à GRISOLLES ♀	1,6
GRISOLLES à SAINT-JORY ♀	1,2
SAINT-JORY à * TOULOUSE ♀	1,7

De TONNEINS à GRANGES (Lot-et-Garonne) ♀	1,4
GRANGES à VILLENEUVE-SUR-LOT ♀	2,0

D'AGEN à NÉRAC ♀	2,6

CASTETS (*Gironde*). Joli bourg sur la rive gauche de la Garonne, à 12 k. (3 l.) de Langon, et à 17 k. (4 l. 1/4) de Bazas. 1,200 h.—Castets est un bourg bien bâti, dans une situation pittoresque, sur un plateau fort élevé. On y remarque un château considérable, autrefois forteresse importante, construit en 1213, sous Édouard II, roi d'Angleterre, par R. de Goth, frère de B. de Goth, pape sous le nom de Clément V, qui, de concert avec Philippe le Bel, détruisit l'ordre des templiers. — Le château de Castets était jadis le chef-lieu d'une vicomté; sa position, qui domine et commande le cours de la Garonne, lui donna une grande importance dans les guerres des Anglais et pendant nos troubles : on voit dans Sully, dans les Recueils et Histoires des troubles et faits mémorables advenus sous la Ligue, dans l'Histoire du maréchal de Matignon, etc., que Castets, « place fortifiée de longue main sur la Garonne, fut « assiégée en février 1585 par Matignon, et secourue par le roi de Navarre « avec 300 maistres, 1800 arquebusiers, et qu'il voulut disner dans le château « en témoignage qu'il avoit exécuté son entreprise. » Assiégé de nouveau par Matignon et le duc de Mayenne, au bout de quinze jours de siége, le duc traita secrètement, le 1er avril 1586, avec le gouverneur J. de Favas, « et lui « donna 12,000 écus pour récompense des meubles et vivres qui s'y perdroient, » ce qui brouilla Mayenne et Matignon. Castets fut encore pris et repris, et Matignon en étant enfin resté possesseur, après un sanglant combat contre les protestants, en fit raser les principales fortifications; mais ce fut le président du Hamel, dans la famille duquel le château de Castets est encore aujourd'hui, qui lui donna en 1680 un style plus moderne. L'épaisseur énorme des murs, de vieux souterrains à demi comblés, attestent seuls quels furent ses moyens de défense. Rien de plus admirable que la vue dont on jouit du donjon de ce château; l'œil plane sur l'immense bassin de la Garonne, sillonnée sans cesse de bateaux à vapeur, et de nombreuses embarcations qui montent et descendent le fleuve.

RÉOLE (la) (*Gironde*). Ville ancienne. Sous-préf. Trib. de 1re inst. Soc. d'agr. Coll. com. ✉ ☞ 3,787 hab. La fondation de cette ville remonte à une haute antiquité, ainsi que l'attestent les ruines d'un temple du paganisme, désignées aujourd'hui sous le nom de la Grande-École. Elle est bâtie en amphithéâtre sur le flanc d'une colline escarpée, dont le pied est baigné par les eaux de la Garonne. Les rues en sont étroites, d'un accès difficile, mal percées et bordées de maisons mal bâties. On y trouve toutefois une petite place publique, une assez jolie promenade et un petit port. Du sommet des rochers qui dominent la ville, on jouit d'une perspective étendue et des plus agréablement variées. Sur la partie la plus élevée, dans le quartier de Lamothe du Mirail, existe une fontaine intermittente; non loin de là est une autre source qui a la propriété de former des incrustations sur les objets qu'on dépose dans ses eaux. — La Réole est la patrie des généraux César et Constantin Faucher, condamnés à mort et exécutés pour avoir défendu la Réole en 1815!..... — A 70 kil. (18 l.) de Bordeaux, 668 kil. (171 l. 1/2) de Paris. — HÔTELS : Lafond, des Amériques, Régalade.

—VOITURES PUBLIQUES. Tous les jours de Bordeaux à Toulouse.
BATEAU A VAPEUR. Pour Bordeaux, Marmande, Tonneins, Langon, tous les deux jours.

CASTELMORON (*Gironde*). Bourg situé à 16 kil. (4 l.) de la Réole. Pop. 2,000 hab. On y remarque les ruines d'un vieux château bâti par les Maures.

MARMANDE (*Lot-et-Garonne*). Ancienne et jolie ville. Sous-préf. Trib. de 1re inst. et de comm. Coll. com. Soc. d'agr. ✉ ☞ 7,345 habit. C'est une ville propre et jolie, bâtie sur un plateau qui s'élève rapidement au bord de la Garonne, que la route de Tonneins franchit sur un beau pont d'une seule arche. La partie élevée jouit de vues charmantes et étendues. La rue principale borde la grande route, et offre d'assez belles constructions; les autres rues sont étroites, mais bien percées; on y trouve plusieurs places publiques assez régulières et bien entourées. Le port est commode et très-fréquenté. On y remarque le nouvel hôtel de ville, le palais de justice, le collége, l'hospice, etc. On trouverait difficilement ailleurs des fontaines dont les eaux soient plus belles, plus saines et plus abondantes. — FABRIQUES d'étoffes de laine. Distilleries. — COMMERCE considérable de grains et de farines, vins, eaux-de-vie, prunes sèches, tabac, chanvre, etc. — A 58 kil. (15 l.) d'Agen, 90 kil. (23 l.) de Bordeaux, 653 kil. (167 l. 1/2) de Paris. — HÔTELS : de la Tête-Noire, de la Providence, tenu par Cazer, bon et ancien hôtel, nouvellement restauré, situé sur la grande route, en face des bateaux à vapeur. (Voitures publiques et voitures à volonté.)

VOITURES PUBLIQUES. Tous les jours pour Agen, Bordeaux, Toulouse, Auch, Cahors.
BATEAUX A VAPEUR. Pour Bordeaux, Tonneins, la Réole, Langon.

TONNEINS (*Lot-et-Garonne*). Jolie ville, très-agréablement située, sur la rive gauche de la Garonne, que l'on y passe sur un pont suspendu. A 18 k. (4 l. 1/2) de Marmande. ✉ ☞ 6,494 hab. C'est une ville formée de deux parties, qui furent longtemps distinctes; l'une et l'autre bordent la crête d'un coteau de 25 à 30 mètres d'élévation, coupé à pic vers la Garonne, qui en baigne le pied; à leur jonction est la place de l'Esplanade, sur le site d'un vieux château que les guerres de religion achevèrent de détruire. Cette place est carrée, très-grande, bien entourée; elle est bordée le long de la falaise par une balustrade en fer; une muraille énorme fortifie la pente du terrain; la vue dont on jouit de cette place est ravissante. La Garonne coule au pied, animée par les nombreuses barques qui la parcourent; sur un des coteaux de la rive opposée, on distingue les ruines du château de la Vauguyon; enfin de cette place on peut apercevoir les Pyrénées malgré leur éloignement. — Tonneins est sans contredit la ville la plus agréable du département de Lot-et-Garonne. Ses maisons, pour la plupart neuves, élégantes, et irrégulièrement bâties en pierres de taille blanches, lui donnent un air de fraîcheur et une physionomie riante; on vient d'y terminer un pont suspendu sur la Garonne, d'une construction aussi solide qu'élégante. — On remarque à Tonneins l'hôtel de ville, la manufacture royale des tabacs, une jolie salle de spectacle et des bains publics. —FABRIQUES de cordages. — COMMERCE de chanvre, prunes sèches, vins, etc.—HÔTELS : d'Angleterre, de France, de l'Europe, de Lot-et-Garonne.

BATEAUX A VAPEUR. Pour Bordeaux, Marmande, la Réole, Langon.

MOISSAC (*T.-et-Gar.*). Ancienne ville. Sous-préf. Trib. de 1re inst. et de com. Coll. com. ⊠ ↻ 10,165 h. Cette ville est dans une situation agréable et très-avantageuse pour le commerce sur le Tarn, qui y est navigable, et que l'on passe sur un beau pont; elle est bien bâtie, dans un spacieux bassin formé de coteaux pittoresques, d'aspects variés, parsemés de vignobles et de vergers. Une assez belle promenade a été tracée sur la rive droite du Tarn; un cours ombragé de beaux arbres a remplacé les fossés de l'ancienne enceinte fortifiée. — On remarque à Moissac les restes d'une antique abbaye, dont les bâtiments couvraient une très-grande surface, mais dont la majeure partie a été, ou détruite, ou consacrée à des établissements publics. On parvient à l'église en passant sous un porche qui conduit à un péristyle carré, orné de colonnes, dont l'architecture mâle produit un très-bon effet. L'église paraît beaucoup moins ancienne que le porche et que le péristyle, et n'offre rien de bien remarquable. L'intérieur du porche est formé de deux faces latérales et du grand portail intérieur; des bas-reliefs en pierre et en marbre recouvrent ses côtés; à droite, on a représenté l'Annonciation, l'Adoration des mages, la Fuite en Égypte; à gauche, des sculptures singulières attachent pendant longtemps les regards des spectateurs. De l'église on passe dans le cloître, remarquable par sa forme et par les sculptures dont il fut orné : une abondante fontaine était placée dans l'un des angles; le pavé était composé de briques sur lesquelles on remarquait une foule d'ornements. Ce cloître porte une date certaine; une inscription atteste qu'il fut bâti en 1100. Des chapiteaux chargés de bas-reliefs, représentant un grand nombre de scènes du Nouveau et de l'Ancien Testament, supportent des arcs en ogive peu élancés; parmi les sculptures de ces chapiteaux, il en est quelques-unes de très-indécentes. — COMM. de farines. — A 27 kil. (7 l.) de Montauban, 633 kil. (162 l. 1/2) de Paris. — Hôtel du Grand-Soleil.

(*Pour la description des autres lieux remarquables, voyez à la table des matières les noms précédés d'un astérisque.*)

N° 26.

R. DE PARIS A BOURBON-L'ARCHAMBAULT
(ALLIER), 31 myr. 2 kil.

	m. k.
De PARIS à MOULINS (Voy. N° 85)............	28,6
MOULINS à * BOURBON-L'ARCHAMBAULT........	2,6

N° 26. ROUTE DE PARIS A BOURBON-L'ARCHAMBAULT.

BOURBON-L'ARCHAMBAULT (*Allier*). Ville ancienne, à 24 kil. (6 l.) de Moulins, 300 kil. (77 l.) de Paris. ✉ ⌕ 2,909 hab. Bourbon-l'Archambault est l'*Aqua Borvonis*, que l'on trouve sur les tables romaines. Elle est située dans une vallée, et ses faubourgs sont bâtis sur trois collines. Cette ville est célèbre par ses sources thermales, qui sourdent en bouillonnant au centre de la place des Capucins. Là, au milieu d'une plate-forme élevée de dix-huit pouces au-dessus du pavé de la rue, on voit trois cercles de pierre entièrement découverts, qui semblent indiquer trois puits, et qui n'en ont que la forme; ce sont des séparations superficielles, soutenues par trois arcades communiquant ensemble, et portées sur un massif de pierres de taille qui sert de réservoir à la source. De ce réservoir partent plusieurs conduits qui vont se rendre dans les caveaux du bâtiment thermal, et fournir l'eau nécessaire aux bains et aux douches, tandis que d'autres canaux portent l'eau dans l'hôpital pour le service des malades. — L'établissement thermal renferme : 1° les eaux thermales de Bourbon; 2° les eaux minérales froides de la fontaine de Jonas; 3° les eaux minérales froides de Saint-Pordoux : ces deux dernières sont reçues dans des fontaines séparées de l'établissement. Celui-ci se divise en deux parties, l'une nommée l'établissement public, et l'autre l'hôpital; le premier se compose : 1° de quatre bassins et d'une baignoire; 2° de cinq puits où l'eau a une température différente de 50 à 60° centig.; 3° d'un établissement thermal, dont le rez-de-chaussée et le premier offrent seize piscines ou cabinets de bains et de douches. Le second établissement ou l'hôpital des eaux est un vaste bâtiment où les bains et douches s'administrent dans deux grandes piscines établies au rez-de-chaussée. Près de quatre-vingts malades peuvent prendre les eaux chaque jour à l'hôpital et autant à l'établissement public. — Bourbon-l'Archambault offre aux voyageurs des maisons spacieuses et bien distribuées. Le climat est tempéré, et le ciel assez beau pendant la saison des eaux, qui commence le 15 mai et se prolonge jusqu'au mois d'octobre; l'hôpital des eaux est fermé le 15 septembre — Les paralysies, les apoplexies imminentes, les rhumatismes, les accidents scrofuleux, les maladies de la peau et de la lymphe, les rétractions musculaires, les suites de plaies d'armes à feu et de maladies des os, etc., attirent chaque année beaucoup de monde à Bourbon-l'Archambault, et le succès répond à leurs espérances.

VOITURES PUBLIQUES. Tous les jours pour Moulins et Bourges.
OUVRAGES A CONSULTER. *Notice sur Bourbon-l'Archambault*, par Faye, in-8°, 1851.
Essai sur les eaux minérales de Bourbon-l'Archambault, par Faye, in-8°, 1778.
Nouvel essai sur les eaux thermales et minérales de Bourbon-l'Archambault, par P. P. Faye, in-8°, 1804 (1).

---

(1) C'est à M. le docteur P. P. Faye, fils de MM. F. Faye et Loiseau de Brys, ses père et grand-père maternels, anciens intendants des eaux de Bourbon-l'Archambault, et lui-même médecin inspecteur depuis longtemps des mêmes eaux, que cette ville doit les heureux changements et les améliorations qui ont été opérés depuis plusieurs années dans l'établissement des eaux minérales et thermales. Par ses soins, de nombreuses baignoires et des conduits multipliés ont été construits pour faire circuler les eaux, modifier, sans aucun mélange, leur température, et subvenir aux besoins des deux établissements.

N° 27.

R. DE PARIS A BOURBON-VENDÉE (VENDÉE).
43 myr. 3 kil.

	m.k.
De Paris à * Tours (Voy. N° 25)	23,2
Tours à la Croix-Verte (Saumur)⌀(V. N° 100).	6,4
La Croix-Verte à * Doué ⌀	2,3
Doué à * Vihiers ⌀	2,1
Vihiers à Vezins ⌀	1,4
Vezins à * Cholet ⌀	1,5
* Beaupreau (à droite de la route).	
Cholet à * Mortagne ⌀	1,0
* Mallièvre (à gauche de la route).	
* Saint-Michel (à gauche de la route).	
Mortagne aux * Herbiers ⌀	1,5
* Pouzauges (à gauche de la route).	
Les Herbiers aux Quatre-Chemins de Loye ⌀	1,1
* Les Essarts (sur la route).	
Quatre-Chemins à * Bourbon-Vendée ⌀	2,8
* Venansault (à droite de la route).	
* Les Sables-d'Olonne (à dr. de la route).	
* Noirmoutiers (sur la droite).	
* Ile-Dieu (sur la droite).	

Des Quatre-Chemins à * Montaigu ⌀	2,3

DE BOURBON AUX SABLES-D'OLONNE.

De Bourbon à la Motte-Achard (vacant)	1,9
La Motte aux Sables-d'Olonne (vacant)	1,7

VIHIERS (*Maine-et-Loire*). Petite ville située près d'un étang, à 33 kil. (8 l. 1/2) de Saumur. ✉ ⌀ 1,000 hab. Cette ville, une des plus anciennes de l'Anjou, était autrefois enceinte d'un fossé et d'un mur flanqué de tours dont il reste encore quelques vestiges. Elle a considérablement souffert dans toutes les guerres civiles et a été trois fois incendiée; il ne reste plus du château que les caves, les murs, et quelques tourelles qui tombent en ruine. Près de ce château, on remarque une tombelle dont la circonférence, à la base, est de deux cents mètres, au sommet de soixante-douze, et la hauteur de dix-huit ; on la nomme la Petite-Motte ou la Motte du château.

DOUÉ (*Maine-et-Loire*). Petite et très-ancienne ville, à 16 kil. (4 l.) de Saumur. ✉ ⌀ 2,479 hab. Elle est assez bien bâtie, et possède une fontaine qui passe pour une des plus belles qu'il y ait en France, tant pour son architecture que par l'abondance de ses eaux. On y remarque aussi les restes d'un palais dont on attribue la fondation aux rois d'Aquitaine, et non loin de là celles d'un amphithéâtre qui méritent de fixer les regards des curieux.

CHOLET (*Maine-et-Loire*). Petite ville à 20 kil. (5 l.) de Beaupreau. Trib. de com. Ch. des manuf. Conseil de prud'h. Collège com. ✉ ⌀ 7,345 hab. Elle est sur la rive droite de la Moine, et possédait autrefois un très-beau château, qui a été détruit, ainsi qu'une partie de la ville, pendant les guerres de la Vendée. — MANUFACTURES de toiles dites cholettes, de mouchoirs de la plus grande beauté.

VOITURES PUBLIQUES. Tous les jours quatre pour Angers, deux pour Nantes, pour -Poitiers, Bourbon, Saumur, Beaupreau.

BEAUPREAU (*Maine-et-Loire*). Petite ville. Sous-préf. Trib. de 1re inst. ✉ 3,207 hab. Elle est située sur l'Erve, au confluent de l'Oudon et de la Vebée ; c'était jadis une place forte, dont on voit encore les murs d'enceinte et quelques vieilles tours Sur le haut de la colline on remarque l'ancien château, qui se présente avantageusement du côté de la prairie ; il est flanqué de plusieurs tours solidement construites, et couronné d'un entablement à consoles. — FABRIQUE de mouchoirs. — A 58 kil. (15 l.) d'Angers, 20 kil. (5 l.) de Cholet, 51 kil. (13 l.) de Nantes. — AUBERGE, la Boule-d'Or.

VOITURES PUBLIQUES. Messager pour Angers, Cholet.

MORTAGNE (*Vendée*). Petite ville sur la rive droite de la Sèvre, à 35 kil. (9 l.) de Bourbon-Vendée. ✉ ⚘ 1,404 hab. Cette ville, assise en amphithéâtre sur une chaîne de coteaux que baigne la Sèvre Nantaise, n'offre par elle-même rien de curieux. Ses maisons mal bâties sont entremêlées de décombres, qui lui donnent l'air délabré ; ses rues inégales, pavées d'un caillou large et poli, sont irrégulières et étroites. Son château, en ruine, offre des restes d'architecture gothique. Une belle route taillée à mi-côte dans le flanc de la montagne descend de la ville par une pente douce jusqu'à la rivière, remonte ensuite sur le flanc de la montagne opposée, la côtoie, s'arrête sur une petite esplanade plantée de peupliers, entr'ouvre les rochers et disparaît. La vue que l'on découvre de dessus le pont est ravissante. — FABRIQUES de papiers peints. — HÔTELS : de la Poste, du Cheval-Blanc.

VOITURES PUBLIQUES. Tous les jours de Rennes à Paris par Alençon, Pré-en-Pail, Mayenne, Laval, corresp. avec le Mans par Mamers.

MALLIÈVRE (*Vendée*). Village à 39 kil (10 l.) de Bourbon-Vendée. 300 h. Il est bâti en amphithéâtre sur un coteau que la Sèvre Nantaise baigne au midi ; c'était jadis une ville importante par sa situation. Vers l'an 400, les légions d'Honorius y construisirent la forteresse dont on voit les ruines, et qui consistent en deux tourelles à moitié détruites. — On doit visiter à une lieue de Mallièvre les ruines pittoresques du château de Puy-du-Pou, détruit en 1793.

MICHEL-MONT-MERCURE (**SAINT-**) (*Vendée*). Bourg à 43 kil. (11 l.) de Fontenay-le-Comte. 1,250 hab. Aux environs de ce bourg, sur le bord d'une vaste et belle forêt, on remarque les majestueuses ruines de l'abbaye de la Grainetière.

HERBIERS (les) (*Vendée*). Petite ville à 39 kil. (10 l.) de Bourbon-Vendée. ✉ ⚘ 2,826 hab. Cette ville est fort intéressante par sa position et ses paysages pittoresques : on y descend par une pente douce et facile que forme la grande route en serpentant sur le flanc de la montagne. — La ville est bâtie assez régulièrement et annonce un lieu commerçant ; tout y respire un air d'aisance qu'on ne trouve guère dans les autres villes de la Vendée ; peu ou presque point de ruines ; elles ont toutes disparu. Un lac, un étang baignait autrefois les maisons situées au midi ; il a été réduit à deux ruisseaux, et remplacé par une suite de jardins presque tous plantés avec goût. Cette petite ville a deux paroisses et huit à dix rues bien pavées.

BUT D'EXCURSION. Au nord des Herbiers s'élève le mont des *Alouettes*, point culminant de la chaîne de collines qui traverse toute la Vendée. Les duchesses d'Angoulême et de Berri ont fait élever sur son sommet une charmante chapelle gothique, que la révolution de juillet a empêché de terminer.

POUZAUGES-LA-VILLE (*Vendée*). Jolie petite ville située en amphithéâtre sur la pente de la montagne de son nom, à 35 kil. (9 l.) de Fontenay-le-Comte. ✉ 2,141 hab. Cette ville domine de riantes collines, et jouit de magnifiques perspectives. Elle possède une église du seizième siècle, surmontée d'un clocher dont on admire la légèreté. — Au-dessus de Pouzauges s'élève une montagne couronnée d'un bois de haute futaie, qui, bien qu'à 20 lieues de la mer, sert de point de reconnaissance aux navigateurs. On y remarque un chêne énorme dont le tronc se divise en trois grands arbres; une source d'eau vive jaillit au pied du tronc, et forme une fontaine autour de ces arbres vénérables et fraternels.

ESSARTS (les) (*Vendée*). Petite ville située à 18 kil. (4 l. 1/2) de Bourbon-Vendée. ⊠ 2,192 h. Elle est mal bâtie, mal pavée, mais les restes de son antique château et le paysage qui, tout autour, se dessine en amphithéâtre sont on ne peut plus pittoresques. Les lierres, les ronces tapissent les vieux pans de muraille où restent encore suspendus les entablements des cheminées; les pierres larges et polies qui servaient de sièges aux deux côtés des fenêtres; les grandes croix de granit qui supportent les vitraux, etc.

BOURBON-VENDÉE. Jadis LA ROCHE-SUR-YON, puis NAPOLÉON-VILLE. Jolie petite ville. Chef-lieu du département de la Vendée. Trib. de 1re inst. Soc. d'agr. Collége com. ⊠ ⚘ 3,904 habit. — Cette ville occupe l'emplacement de l'antique Roche-sur-Yon, dont le site fut choisi pour chef-lieu du département de la Vendée par Napoléon, qui consacra trois millions pour l'édification des grandes constructions d'édifices indispensables à un chef-lieu de préfecture. La Roche-sur-Yon prit alors le nom de Napoléon-Ville, qu'elle conserva jusqu'en 1815, où elle prit celui qu'elle porte encore, malgré trois réclamations successives du département.—Bourbon-Vendée est située agréablement sur une colline, dont la petite rivière d'Yon baigne le pied. Au centre et sur le haut du plateau se trouve la place Royale, bordée de plusieurs rangées d'arbres, entourée de monuments publics et de beaux hôtels où aboutissent la plupart des rues de la ville, qui sont larges, alignées, propres et bordées de jolies maisons. L'église paroissiale offre une façade élevée sur plusieurs degrés, décorée d'un péristyle formé de six colonnes doriques et d'un fronton. Les trois nefs sont divisées par six colonnes corinthiennes, dont les chapiteaux sont d'un travail exquis; deux autres supportent le porche intérieur; la voûte est à plein cintre et couverte de caissons peints. Sur la même place est la mairie. La préfecture est un grand édifice carré dont une des façades donne sur la place de ce nom et se déploie sur une cour fermée par une grille en fer; l'autre façade a vue sur le jardin. — On remarque encore à Bourbon-Vendée : la bibliothèque publique, renfermant 5,000 volumes; l'hôpital; la grande caserne. — A 62 kil. (16 l.) de Nantes, 78 kil. (20 l.) de la Rochelle, 413 kil. (106 l.) de Paris. — HÔTELS : de l'Europe, des Étrangers, des Trois-Pigeons, des Voyageurs, du Pélican.

VOITURES PUBLIQUES. Tous les jours pour Nantes, Bordeaux, les Sables, Luçon, etc.

OUVRAGES A CONSULTER. *Essai sur l'industrie, les mœurs, l'administration et les besoins de la Vendée*, par Barré, in-8°, 1815.
Description du départ. de la Vendée, par Cavoleau, in-4°, 1818.
Voyage dans la Vendée, par Genoud (depuis de Genoude), in-8°, 1820.
La Vendée poétique et pittoresque, par Massé Isidore, 2 vol. in-8°, 1829.
Voyage pittoresque dans le bocage de la Vendée, par Lemot, in-4°, 1817.
Voyage de la duchesse de Berri dans la Vendée, par Walsh, in-8°.
Voyage pittoresque et sentimental dans les provinces occidentales de la France, par le maréchal Brune, in-18, 1802.

VENANSAULT (*Vendée*). Bourg à 6 kil. (1 l. 1/2) de Bourbon-Vendée. 1,627 hab. Le village de FONTENETTES est une dépendance de cette commune. Il doit son origine à une abbaye dont il ne reste que des ruines; l'église renferme le tombeau du seigneur de Talmont, de sa femme, et de leur fille. — Au milieu des ruines du cloître est une fontaine d'eau minérale ferrugineuse froide, dont l'eau est regardée par les médecins du pays comme très-efficace dans le cas d'atonie des viscères digestifs.

N° 27. ROUTE DE PARIS A BOURBON-VENDÉE.

SABLES-D'OLONNE (les) (*Vendée*). Ville maritime. Sous-préfecture. Trib. de 1re instance. École d'hydrog. de 4e classe. Collége comm. ☒ ⚭ 4,906 hab. — ETABLISSEMENT de la marée du port, 3 heures 15 minutes. — Cette ville forme une presqu'île qui ne tient au continent que du côté de l'est; elle consiste en trois ou quatre rues presque parallèles entre elles et à la direction de la côte; les rues sont fort longues, assez bien pavées et toujours propres, parce que le pavé est établi sur le sable de la mer. On n'y compte qu'un ou deux édifices publics, et fort peu de maisons particulières dignes d'être remarquées; mais la ville est très-intéressante par son port et par les travaux maritimes qu'on y exécute. — La partie méridionale est située en amphithéâtre sur un coteau peu élevé, tandis que la partie septentrionale est presque au niveau de la mer. — Le port peut recevoir des navires de 150 à 200 tonneaux. L'entrée est défendue par des batteries, et la ville par quelques ouvrages qui peuvent la mettre à l'abri d'un coup de main. — COMMERCE de grains, sel, vins, etc. Armements pour la pêche de la morue et de la sardine. — A 33 kil. (8 l. 1/2) de Bourbon-Vendée, 416 kil. (114 l. 1/2) de Paris. — HÔTELS : de France, tenu par Machard; du Cheval Blanc.

VOITURES PUBLIQUES. Deux départs par jour pour Bourbon-Vendée.

NOIRMOUTIERS (île de) (*Vendée*). Cette île, située à la pointe nord-est du département, ferme au sud la baie de Bourgneuf. Elle a environ trois lieues et demie de superficie, et a l'avantage de n'être séparée du continent que par un bras de mer de 4,000 mètres, qui est guéable à marée basse pour les chevaux et les voitures. La ville de Noirmoutiers est assez régulièrement bâtie, et remarquable par la propreté intérieure de ses habitations. Sur la principale place s'élève un ancien château surmonté d'une plate-forme flanquée aux quatre angles de quatre tourelles régulières; de ce point élevé on jouit d'une vue admirable sur l'île entière, sur l'Océan et sur toutes les côtes voisines. Le port peut recevoir des bâtiments de 50 à 60 tonneaux; il est précédé de l'excellente rade du bois de la Chaise, qui peut recevoir de grands navires en relâche ou en chargement. — PATRIE d'Ed. Richer, auteur d'une Histoire de Bretagne estimée, et de plusieurs ouvrages descriptifs de diverses parties du département de la Loire-Inférieure. — ÉTABLISSEMENT de la marée du port, 3 heures 30 minutes.

DIEU (ILE-) ou **ISLE D'YEU** (*Vendée*). Elle est située à 12 kil. (3 l.) de la côte, et à 49 kil. (12 l. 1/4) des Sables-d'Olonne. ☒ 2,160 hab. — L'Ile-Dieu est un rocher de granit de trois lieues de superficie. La côte de l'ouest est escarpée, inaccessible, formée de rochers profondément enracinés dans la mer et d'environ 40 pieds d'élévation au-dessus de sa surface; ces masses énormes frappent l'œil par la singularité de leurs formes, leurs contours, leurs enfoncements, leurs saillies, et offrent en plusieurs endroits des aspects vraiment pittoresques. Au centre de cette côte est un château ruiné de forme quadrangulaire et flanqué de tours, bâti sur un énorme rocher séparé de la côte voisine par un fossé profond que la mer remplit et laisse à sec deux fois par jour. La côte de l'est, au contraire, est basse, sablonneuse, et peu au-dessus du niveau des eaux de la mer. — Le port principal, situé au centre de la côte de l'est, est abrité par des rochers et par des môles en maçonnerie. — ÉTABLISSEMENT de la marée du port, 3 heures. Phare visible jusqu'à la distance de 7 lieues.

OUVRAGE A CONSULTER. *L'Ile-Dieu*, par Lafontenelle de Vaudoré, in-8°, fig.

DE SAUMUR (la Croix-Verte) A CHATELLERAULT, 8 myr.

m. k.
De SAUMUR (la Croix-Verte) à * CHINON ⚭ 3,0
CHINON à * RICHELIEU ⚭ 2,1
    * CHAMPIGNY (à gauche de la route).
RICHELIEU à * CHATELLERAULT ⚭ 2,9

CHAMPIGNY (*Indre-et-Loire*). Bourg situé à 12 kil. (3 l.) de Chinon, au confluent de la Malbe et de la Veude. 1,000 hab. On y remarque une sainte chapelle bâtie par Louis de Bourbon, où l'on voyait jadis les magnifiques tombeaux des princes et princesses de la maison de Montpensier. Les vitraux, qui méritent d'être vus, représentent la vie de saint Louis.

RICHELIEU (*Indre-et-Loire*). Jolie petite ville, à 16 kil. (4 l.) de Chinon. ⊠ 2,700 hab. Ce n'était autrefois qu'un chétif village qui, en 1637, fut transformé, par le cardinal de Richelieu, en une cité régulièrement bâtie, formée de rues larges, propres, tirées au cordeau, et aboutissant à une belle place publique. — FABRIQUE de sucre de betterave.

N° 28.

ROUTE DE PARIS A BOURBONNE LES BAINS
(HAUTE-MARNE).

1re R., par LANGRES, 32 myr. 9 kil.

	m. k.
De PARIS à * LANGRES (Voy. N° 22)............	28,8
LANGRES à MONTIGNY (Haute-Marne).........	2,1
MONTIGNY à BOURBONNE LES BAINS...........	2,0

2e R., par CHAUMONT, 30 myr. 5 kil.

De PARIS à * CHAUMONT (Voy. N° 22).............	25,3
CHAUMONT à MANDRES	1,7
MANDRES à MONTIGNY (Haute-Marne).........	1,5
MONTIGNY à * BOURBONNE LES BAINS.........	2,0

DE BOURBONNE A BAINS, 6 myr. 2 kil.

De BOURBONNE à JUSSEY............................	2,3
JUSSEY à VAUVILLERS...........................	2,0
VAUVILLERS à BAINS...........................	1,9

DE BOURBONNE A LUXEUIL, 6 myr. 9 kil.

De BOURBONNE à VAUVILLERS (Voy. ci-dessus).......	4,3
VAUVILLERS à LUXEUIL.......................	2,6

DE BOURBONNE A PLOMBIÈRES, 11 myr. 1 kil.

De BOURBONNE à LIGNÉVILLE	3,6
LIGNÉVILLE à * DARNEY.......................	1,6
DARNEY à BAINS.............................	3,5
BAINS à XERTIGNY...........................	1,3
XERTIGNY à * PLOMBIÈRES....................	1,1

De LIGNÉVILLE à * CONTREXEVILLE (vacant)........	0,9

MIRECOURT (*Vosges*). Jolie petite ville. Sous-préf. Trib. de 1re inst. ⌧ ⚤ 5,574 hab. Cette ville est dans une situation assez agréable sur le Madon; elle est mal bâtie, mal percée, et n'offre aucune construction digne d'une remarque particulière. — FABRIQUES de dentelles, de violons, guitares, orgues portatives, et autres instruments de musique. — A 29 kil. (7 l. 1/2) d'Épinal, 43 kil. (11 l.) de Bourbonne, 347 kil. (89 l.) de Paris.

VOITURES PUBLIQUES. Tous les jours pour Épinal, Neufchâteau, Darney, Nancy, Charmes.

CONTREXEVILLE (*Vosges*). Village à 30 kil. (7 kil. 3/4) de Mirecourt. 673 hab. — Contrexeville, célèbre par ses sources d'eaux minérales, est situé dans un vallon étroit formé par deux coteaux qui le dominent. Du côté du nord, le vallon s'élargit et forme une belle prairie arrosée par le Vair. Les fontaines de Contrexeville sont au nombre de deux : l'une, dite du Pavillon, fournit l'eau pour la boisson; l'autre, dite Fontaine des Bains, est uniquement destinée à cet usage. L'établissement est composé de six cabinets, ayant chacun une baignoire; d'un cabinet de douche descendante et d'un de douche ascendante. On y entre par une vaste cour ornée d'arbustes et environnée à gauche de bâtiments servant de logement au propriétaire et aux personnes qui viennent prendre les eaux. A l'extrémité de la cour, séparée d'une pelouse par une palissade, sont des allées qui conduisent à la fontaine du Pavillon. A droite et à gauche se trouvent les bâtiments destinés aux buveurs et le salon de réunion; à la suite sont des galeries circulaires où l'on peut se promener dans le mauvais temps. Ces galeries sont terminées par un pavillon octogone où est renfermée la fontaine. Les environs offrent de beaux paysages et des buts de promenade intéressants. L'époque la plus favorable pour boire les eaux à la source est du 15 juin au 15 septembre; une saison est de vingt et un jours; souvent on est obligé de la prolonger si on veut obtenir guérison. Les malades trouvent à l'établissement des logements commodes, une société agréable, une table bien servie, et toutes les commodités que l'on peut raisonnablement exiger hors de son domicile. Les eaux de Contrexeville sont souveraines dans les affections graveleuses et calculeuses des reins et de la vessie, en facilitant l'expulsion de ces corps étrangers, lorsqu'ils ne sont pas trop volumineux pour sortir par la voie que la nature leur offre. Elles ont aussi la faculté de diviser et de détacher les molécules de ces concrétions, lorsque leur agrégation n'est pas parfaite.

OUVRAGE A CONSULTER. *Notice sur les propriétés physiques, chimiques et médicinales des eaux de Contrexeville*, par Mamelet, in-8°, 1829.

N° 29.

ROUTE DE PARIS A BOURG (AIN).

1re R., par AUXERRE et ARNAY-LE-DUC, 42 myr. 3 kil.

	m. k.
DE PARIS à * CHALON-SUR-SAÔNE ⚤ (Voy. N° 82)..	34,3
CHALON à SENECEY ⚤	1,8
SENECEY à * TOURNUS ⚤	1,0
TOURNUS à BRIENNE (Saône-et-Loire) ⚤	0,9
* CUISERY (sur la route).	
BRIENNE à SAINT-TRIVIER DE COURTES ⚤	1,2

N° 29. ROUTE DE PARIS A BOURG.

	m. k.
Saint-Trivier de Courtes à Montrevel ☜.....	1,4
Montrevel à * Bourg ☜....................	1,7

TOURNUS. Voy. Route de Paris à Lyon.
BOURG. Ancienne et jolie ville ; chef-lieu du département de l'Ain. Trib. de 1re inst. Soc. d'agric. Collége comm. de 1re classe ; grand séminaire ; noviciat des sœurs de Saint-Joseph ; école d'accouchement fondée et dirigée par le savant professeur Paccoud. ⌧ ☜ 10,209 hab. Cette ville est dans une charmante situation, près de la Veyle, sur la rive gauche de la Reyssouse. Du côté de l'est, elle domine un bassin agréable et varié, que terminent les coteaux de Revéremont ; au nord, le bassin se prolonge avec le cours de la Reyssouse, et la vue se perd dans de belles prairies qui s'étendent jusqu'à la Saône ; l'ouest et le midi présentent un plateau cultivé, terminé à l'horizon par une vaste forêt. Bourg est généralement bien bâti ; les rues en sont assez bien percées, propres et ornées de fontaines publiques, dont une, en forme de pyramide, a été érigée par les habitants à la mémoire du général Joubert, né à Pont-de-Vaux, où on lui a érigé une statue il y a quelques années. Les promenades de Bourg font le principal agrément de cette ville ; elles consistent en plusieurs belles avenues de peupliers, et en diverses allées, dont l'une porte le nom de Mail. Au centre de la ville est la promenade dite du Bastion, dont l'hémicycle va bientôt recevoir la statue en bronze de Bichat, confiée au talent du célèbre statuaire David : la ville de Bourg devait cet hommage à Bichat, qui fit ses premières études médicales dans son hôpital.—On remarque encore à Bourg en Bresse l'église paroissiale de Notre-Dame, bel édifice du xvie siècle, dont la façade, entièrement du style de la renaissance, s'ouvre sur la principale rue de la ville ; la bibliothèque publique, contenant 19,000 vol. ; le musée départemental, et les cabinets de physique et de chimie ; la halle au blé, bâtiment circulaire assez agréable.—Hors de la ville est un magnifique hôpital entouré de beaux jardins, et l'église gothique de Brou, un des plus beaux monuments de la fin du xve siècle, construit par les ordres de Marguerite d'Autriche, fille de l'empereur Maximilien Ier et tante de Charles-Quint, qui y employa plus de quatre cents artistes français, italiens, allemands, belges, etc. Cette princesse, *qu'eut deux maris et si mourut pucelle*, avait adopté pour devise ces mots : *Fortune, fortune, fortune*, répétés de toutes parts dans l'église de Brou. La façade extérieure est d'un goût original. Le frontispice est couronné par trois frontons. Le portail est couvert d'ornements et d'arabesques remarquables par la richesse du travail et la perfection des détails. L'intérieur de l'édifice est généralement simple ; ce n'est que dans le chœur que tout le luxe s'est déployé. Dans cette partie se trouvent trois mausolées en marbre blanc : à droite est celui de Marguerite de Bourbon, femme de Philippe II, prince de Savoie, qui fit le vœu de bâtir l'église. Vis-à-vis est celui de Marguerite d'Autriche, sa belle-fille, qui exécuta ce vœu. Au milieu est le plus beau des trois, celui de Philibert le Beau, fils du premier et mari de la seconde : le prince est représenté mort au-dessus du mausolée et mourant au-dessous ; l'une et l'autre figure offrent le même fini et la même vérité. Ces monuments sont d'un style admirable et d'une belle exécution. On remarque encore dans la même église des vitraux du plus riche coloris ; les boiseries du chœur, la sculpture gothique du jubé, et une chapelle du même style revêtue en marbre, dont les ornements sont d'une délicatesse admirable et d'un fini précieux. L'église de Brou, à laquelle est joint le grand séminaire, est placée dans un site on ne peut plus agréable, à l'extrémité d'un faubourg, sur la route d'Italie, et à proximité d'une vaste forêt. — Bourg est la patrie de Vaugelas, de Jérôme Lalande. — Fabriques de toiles, bonneterie. Filature de coton. — Commerce de grains et de volailles renommées. — A 35 kil. (9 l.) de Mâcon, 72 kil. (18 l. 1/2) de Lyon, 440 kil. (113 l.) de Paris. — Hôtels : de l'Europe, du Griffon, du Nord.

N° 29. ROUTE DE PARIS A BOURG.

VOITURES PUBLIQUES. Tous les jours pour Strasbourg, Lyon, Besançon, Trévoux Mâcon, Nantua, St-Claude, Genève.
OUVRAGES A CONSULTER, qui se trouvent à la librairie de Bottier, à Bourg.
Notice statistique sur le départ. de l'Ain, par Paris, in-8°.
La Bresse, sa culture et ses étangs, 2 vol. in-12.
Annuaires de l'Ain, par Riboud.
Archéologie de l'Ain, par Bérial-St-Prix.
Histoire et description de l'église de Brou, par Rousselet, in-12 (5e édit.), 1828.
L'Église de Brou, poëme, par le vicomte de Moyria, in-8°, 1824.
Album de M. Leymarie, et *Itinéraire* de M. St-Didier, 20 lithographies.

2ᵉ R., par DIJON, BEAUNE et LOGIS-NEUF, 46 myr. 3 kil.

	m. k.
De PARIS à DIJON (Voy. N° 49)	30,1
DIJON à LA BARAQUE (Côte-d'Or) ☞	1,2
LA BARAQUE à * NUITS ☞	1,0
NUITS à * BEAUNE ☞	1,5
BEAUNE à CHAGNY ☞	1,5
CHAGNY à * CHALON-SUR-SAÔNE ☞	1,8
CHALON à MACON	5,8
MACON au LOGIS-NEUF ☞	1,8
LE LOGIS-NEUF à * BOURG ☞	1,6

BEAUNE (*Côte-d'Or*). Ancienne et jolie ville. Sous-préfect. Trib. de Iʳᵉ inst. et de comm. Soc. d'agr. Coll. comm. ⊠ ☞ 9,908 habit. Cette ville est située dans un pays agréable, au pied d'un coteau fertile en excellents vins, sur la petite rivière de Bouzeoise, qui prend sa source à peu de distance. Elle est bien bâtie, percée de rues droites, propres et rafraîchies par les eaux de la fontaine de l'Aigue ; les remparts sont plantés de beaux arbres qui offrent des promenades charmantes. Elle possède un magnifique hôpital, fondé en 1443 par Nicolas Rollin, qui dota cet établissement de 1,000 livres de rente : la cour de cet hôpital offre de beaux restes d'architecture gothique. On remarque encore à Beaune la bibliothèque publique, contenant 10,000 volumes ; un vaste et beau jardin public, planté dans le genre paysager ; la salle de spectacle ; les bains publics ; la belle fontaine de l'Aigue, où aboutit une jolie promenade, etc. — PATRIE de Monge et du physicien Pasumot. — FABRIQUES de draps, vinaigre, tonneaux. Belles pépinières d'arbres à fruits. — COMMERCE considérable de vins de Bourgogne de première classe. — A 38 kil. (9 l. 1/2) de Dijon, 43 kil. (11 l.) d'Autun, 31 kil. (8 l.) de Châlons-sur-Saône, 316 k. (81 l.) de Paris. — HÔTELS : Brian, de la Caille, du Chevreuil.
MESSAGERIES pour Arnay-le-Duc, Dôle et Seurre, tous les jours.
OUVRAGES A CONSULTER. *Histoire de la ville de Beaune et de ses antiquités*, par Gondelot, in-4°, fig., 1772.
Fragments historiques sur la ville de Beaune et ses environs, par Joigneaux, in-8° 1839.
Notice des antiquités de la ville de Beaune, par Passumot, in-8°.

NUITS (*Côte-d'Or*). Jolie petite ville, agréablement située dans un territoire qui produit les meilleurs vins de la Bourgogne. ☞ 2,650 hab. Elle est assez bien bâtie et environnée de maisons de campagne charmantes. La côte de Nuits a cinq lieues d'étendue, et comprend les cantons si renommés de Clos-Vougeot, la Romanée, Richebourg, de la Tache, des Échessaux, etc.

DE BOURG A { CHAMBÉRY, 7 myr. 4 kil.
{ AIX-LES-BAINS, 7 myr. 4 kil.

De BOURG à * PONT-D'AIN ☞ 2,0
PONT-D'AIN à SAINT-RAMBERT (Ain) ☞ 2,1

Saint-Rambert à Rossillon ⚐	2,1
Rossillon à * Belley ⚐	1,2
* Seyssel (à gauche de la route).	
Belley à Yenne (Savoie) ⚐	1,1
Yenne à Chambéry ⚐	1,1
Aix-les-Bains ⚐	1,1
De Saint-Rambert (Ain) à Maximieux ⚐	1,7

SEYSSEL (*Ain*). Petite ville bâtie dans une situation pittoresque sur le Rhône, qui la divise en deux parties, réunies par un pont de bois. A 31 kil. (8 l.) de Belley. ✉ 1,400 hab. — Construction de bateaux. — C'est à deux lieues au-dessus de Seyssel que se trouve la perte du Rhône. (*Voyez* BELLEGARDE.)

BELLEY (*Ain*). Ville ancienne, autrefois capitale du Bugey. Sous-préfect. Trib. de 1re inst. Coll. comm. Soc. d'agric. Évêché. ✉ ⚐ 5,000 hab. Elle est agréablement située entre deux coteaux, à une courte distance du Rhône, dans un bassin fertile qu'arrose le Furan. Un pont suspendu établi sur le Rhône, à la Balme-sous-Pierre-Châtel, a relié la magnifique route du Mont-du-Chat à la France, et a ouvert entre ce dernier pays et l'Italie une nouvelle et importante voie de communication, longtemps rêvée par Napoléon. Cette route a été aussitôt montée en relais de poste par les deux gouvernements. Le bureau de douanes établi à la frontière sarde est ouvert au transit général des marchandises. Le voyageur qui, de Paris, se rend en Italie ou aux eaux d'Aix en Savoie, par Bourg, Belley et le Mont-du-Chat, gagne un parcours de 66 k. (16 l. 1/2) de poste, et aura, en outre, l'économie d'une poste et demie, qu'il payerait en sus par Lyon, pour l'entrée et la sortie de la ville.

La ville de Belley, détruite par un incendie en 1385, dut sa reconstruction au duc de Savoie, qui la fit entourer de murailles. Elle fut cédée à la France avec le Bugey, dont elle était la capitale, en échange du marquisat de Saluces, par Charles-Emmanuel, et réunie à la couronne en 1601. — Patrie du général de division baron Dallemagne, dont le nom, inscrit sur l'Arc-de-Triomphe de l'Étoile, y rappelle le glorieux fait d'armes du pont de Lodi; du général de cavalerie baron Bouvier des Éclaz, qui prit une part brillante à la bataille de la Moskowa; de M. Mollet, membre de la Convention, l'un des jurisconsultes les plus probes et les plus distingués de son époque; de M. A. Ferrand, député à la Convention et membre du premier Corps législatif; de l'avocat général Monier, homme de lettres et orateur distingué; de Brillat-Savarin, spirituel et célèbre auteur de la *Physiologie du goût*; des docteurs Récamier et Richerand, professeurs également célèbres de la Faculté de Médecine de Paris. C'est à Belley, où il occupait le siége épiscopal, que M. le Camus, l'ami de saint François de Sales et le fléau des moines, a écrit une partie des nombreux ouvrages dus à sa prodigieuse fécondité. C'est au collége de Belley qu'a été élevé M. de Lamartine.

On remarque à Belley le palais épiscopal; le clocher de la cathédrale, construction nouvelle, œuvre de l'architecte Chenavard; le collége.—Riche cabinet de médailles et d'antiques, appartenant à M. l'abbé Greppo, de l'Académie des inscriptions et belles-lettres.

Fabriques d'indiennes et de mousselines. — A 68 kil. (17 l. 1/2) de Bourg, 66 kil. (17 l.) de Genève, 509 kil. (130 l. 1/2) de Paris.

Voitures publiques. Tous les jours pour Bourg, Lyon, Chambéry, Aix-les-Bains.

Buts d'excursions. Les environs de Belley, que Brillat-Savarin appelle le vestibule de la Suisse, offrent une foule de promenades intéressantes : la ferme modèle de *Peyrieux*, créée par M. Nivière, professeur d'économie agricole à la faculté de Lyon et directeur de l'institut de la Saulsale; la cascade de *Glandieux*; les ruines de *Châtillanet*; le lac d'*Ambléon*, sur la montagne de ce nom; le lac *Bertrand*; la cataracte de

N° 29. ROUTE DE PARIS A BOURG.

Servérieux; la source intermittente du Grouin; le pont du Diable; les ruines de la Chartreuse d'Arvières et le mont Colombier; l'ancienne Chartreuse de Portes, ancienne prison d'état sous l'empire, aujourd'hui citadelle, berceau de l'ordre suprême de Savoie, l'Annonciade; les grottes de la Balme, sous Pierre-Châtel; la grotte de Charvieux, près Arandat, etc.

DE BOURG A SAINT-GENIX, 10 myr. 5 kil.

	m. k.
De Bourg à * Pont-d'Ain ◯........................	2,0
Pont-d'Ain à * Cerdon ◯.......................	1,3
* Izernore (à droite de la route).	
Cerdon à Nantua ◯..............................	1,9
Nantua à Saint-Germain de Joux ◯.........	1,3
Saint-Germain de Joux à * Bellegarde (Ain) ◯.	1,2
Bellegarde à Collonge ◯....................	1,2
Collonge à Saint-Genix (Ain) ◯.............	1,6

De Saint-Genix à Genève (poste étrangère)......... 0,9

PONT-D'AIN (*Ain*). Petite ville, située sur la rive droite de l'Ain, au pied d'une montagne couronnée par un ancien château construit par les ducs de Savoie, qui présente l'aspect d'un grand couvent. ✉ ◯ A 20 k. (5 l.) de Bourg. 1,200 hab.

CERDON (*Ain*). Bourg au pied d'une montagne escarpée, à 20 kil. (5 l.) de Nantua. ✉ ◯ 1,745 hab. Cerdon est sur la route de Pont-d'Ain à Nantua, pratiquée en corniche sur un flanc escarpé de la montagne, qui a son versant de gauche à droite. Au bas est une gorge profonde et sauvage d'où la cascade de Marcelin se précipite du haut de la montagne opposée : peu remarquable par son volume, cette cascade l'est beaucoup par sa hauteur et la beauté de sa chute; mais elle tarit dans les grandes chaleurs. Sur un rocher, au-dessus de cette cascade, on voit les gothiques et pittoresques ruines du château de Labatie; sur un autre rocher, s'élèvent les ruines de l'ancien château de Saint-Julien, qui n'offrent pas un effet moins extraordinaire. — A une lieue de Cerdon, la petite rivière de la Fouque forme une cascade magnifique, qui mérite que le voyageur se détourne du grand chemin pour la visiter. Elle tombe à la naissance d'une vallée des plus agrestes, et se termine par un tapis de gazon planté de beaux noyers, qui, élevé en terrasse sur le ruisseau produit par la cascade, en face même de la chute, présente un repos agréable dans un des plus solitaires et des plus frais asiles qu'il soit possible d'imaginer.

IZERNORE (*Ain*). Bourg à 8 kil. (2 l.) de Nantua. 1,050 hab. Ce bourg occupe l'emplacement d'une ancienne ville, qui était déjà considérable avant l'invasion des Romains. A quelque distance du bourg et à l'est de l'ancienne ville, on admire les restes d'un temple dont les trois angles encore subsistants démontrent que cet édifice avait 19 m. 45 c. de long sur 14 m. 62 c. de large.

NANTUA (*Ain*). Petite ville. Sous-préf. Trib. de 1re inst. Ch. des manuf. Soc. d'agric. Coll. comm. ✉ ◯ 3,701 hab. Cette ville est située au milieu d'une gorge des plus sauvages de la chaîne du Jura. Elle est bâtie en longueur au pied de la montagne, sur le bord oriental du lac qui porte son nom, et dans lequel les hautes cimes des montagnes qui la dominent réfléchissent leurs têtes bleuâtres. Trois rues à peu près parallèles la composent : deux aboutissent à la route; l'une est très-large et assez belle; l'autre est plus belle que large, et entièrement construite à neuf; la troisième est vieille, noire, étroite et assez malpropre. L'église paroissiale est d'un beau style lombard. — Fabriques de mousselines, toiles de coton et de fil, calicots, tissus de cachemire, couvertures, tapis grossiers, peignes de corne. — A 44 kil. (11 l. 1/4) de

Bourg, 68 kil. (17 l. 1/2) de Genève, 491 kil. (126 l.) de Paris. — HÔTELS : du Nord, de France ; de l'Écu, récemment restauré, tenu par Gauché, et pourvu de tous les agréments convenables, table d'hôte tous les jours, à midi.

VOITURES PUBLIQUES. Tous les jours pour Lyon Genève, St-Claude.

BELLEGARDE (*Ain*). Bourg situé sur la rive droite du Rhône, au confluent de ce fleuve et de la Valserine, que l'on y passe sur un pont très-pittoresque. A un quart de lieue au-dessus de Bellegarde se trouve la perte du Rhône, sur laquelle M. Boissel, qui a parcouru ce fleuve en bateau depuis Collonge jusqu'au Parc, a donné de précieux renseignements. Près de là le Rhône reçoit la fougueuse Valserine, qui se précipite dans ce fleuve par-dessus des rochers d'une assez grande hauteur. Au fond de l'abîme très-pittoresque formé par ce confluent, est le moulin de Mussel, et plus loin une voûte ténébreuse, formée par des rochers qui se rapprochent au-dessus du fleuve.

N° 30.

ROUTE DE PARIS A BOURGES (CHER).

Voy. N° 138, 3ᵉ R., de PARIS à TOULOUSE par BOURGES.

DE BOURGES A CHATEAUROUX, 6 myr. 4 kil.

	m. k.
De BOURGES à SAINT-FLORENT ⚘...............	1,5
SAINT-FLORENT à ISSOUDUN ⚘................	2,1
ISSOUDUN à NEUVY-PAILLOUX ⚘..............	1,3
NEUVY-PAILLOUX à CHATEAUROUX ⚘..........	1,5

ISSOUDUN (*Indre*). Ancienne ville. Sous-préf. Trib. de 1ʳᵉ instance et de comm. Ch. des manuf. Coll. comm. ⚘ 11,664 hab. Cette ville est située en partie sur le penchant d'une colline au pied de laquelle s'étend une plaine charmante, garnie de jardins et de plantations, arrosée par la Théols, rivière que l'on traverse sur trois ponts dans différents faubourgs, à l'ouest et au sud. Une partie de la ville ayant été reconstruite après plusieurs incendies, est bien bâtie et bien percée ; mais la partie appelée le Château est encore à peu près telle qu'elle était au moyen âge. On y voit plusieurs maisons ayant de hautes terrasses fort agréables ; mais les abords en sont repoussants, en raison des rues sales, étroites et tortueuses qui y conduisent. Ceci s'applique particulièrement à la partie dite le Bas-Château, car dans le Haut les rues sont plus larges, le quartier est aéré, et on y remarque, entre autres belles maisons, l'hôtel de la sous-préfecture, où Louis XIV a séjourné, et l'hôtel de la mairie, servant également aux tribunaux ; ce dernier édifice, d'une construction presque moderne, est fort agréablement situé. Vis-à-vis de la façade, et dans le haut d'un jardin bizarrement pittoresque, s'élève une vieille tour, dite la Tour-Blanche, très-intéressante par les souvenirs qui s'y rattachent et par le point culminant qu'elle occupe : cette tour, classée depuis peu parmi les monuments historiques de France, est aussi un des points de second ordre dans a grande triangulation opérée pour la topographie de la France.—Les curieux peuvent visiter, en outre, la tour de la prison, également fort ancienne ; l'église de l'un des hôpitaux, où se trouvent de curieuses sculptures se rattachant

N° 30. ROUTE DE PARIS A BOURGES. 221

à une légende pleine d'intérêt; la caserne, établie dans l'ancien couvent des Ursulines; la maison particulière, avec parc, dans l'emplacement de l'ancien couvent des Carmélites; la salle de spectacle, nouvellement restaurée; les promenades, etc., etc. Les foires aux moutons, de septembre et d'octobre, sont curieuses par le nombre infini de ces animaux. — FABRIQUES de draps. — COMMERCE étendu de laines et de peaux. — A 35 kil. (9 l.) de Châteauroux, 45 kil. (11 l. 1/2) de Bourges, 243 kil. (62 l. 1/2) de Paris. — Latit. N., 46° 56' 54"; longit. O., 0° 20' 49". Élévation au-dessus du niveau de la mer, 149 mètres.

VOITURES PUBLIQUES. Tous les deux jours pour Paris par Orléans. Trois tous les jours pour Châteauroux, Bourges. Tous les jours pour la Châtre.

BUTS D'EXCURSIONS. Aux alentours, on peut signaler comme remarquables la magnifique résidence de la *Ferté-Reuilly*, appartenant à l'un des meilleurs citoyens du pays; la *forge de Boissy*, dirigée par d'habiles industriels; quelques jolies campagnes, telles que l'ancienne *abbaye de la Prée*, le petit village de *Gouers* (du mot celtique GWERS, qui signifie *rossignol*); plusieurs maisons de campagne dont les noms rappellent le séjour des Romains : *Villoment*, *Villordeau*, *Villesargon*, etc., sont évidemment d'anciennes maisons de plaisance.

DE BOURGES A CLERMONT (Puy-de-Dôme), 18 myr. 3 kil.

m. k.
De BOURGES à * MONTLUÇON (Voy. N° 101)......... 9,3
MONTLUÇON à * NÉRIS ☞................... 0,8
NÉRIS à MONTAIGU (Puy-de-Dôme) ☞.......... 1,7
MONTAIGU à SAINT-PARDOUX (Puy-de-Dôme) ☞... 2,7
SAINT-PARDOUX à * RIOM ☞................. 2,3
RIOM à * CLERMONT (Puy-de-Dôme) ☞......... 1,5
* VOLVIC (à droite de la route).
* MONTFERRAND (à gauche de la route).

MONTLUÇON (*Allier*). Ville ancienne. Sous-préf. Trib. de Ire inst. Soc. d'émulation. Coll. comm. ⊠ ☞ 4,991 hab. Cette ville, une des plus anciennes de la ci-devant province du Bourbonnais, est située sur le canal du Cher, dans une vallée agréable bordée de coteaux couverts de vignes. Elle est assez bien bâtie, sur le penchant d'une colline qui descend doucement jusqu'à la rive droite du Cher, que l'on traverse sur un joli pont de pierre.—A 68 k. (17 l. 1/2) de Moulins, 296 kil. (76 l.) de Paris. — HÔTELS : de France, de l'Écu.

VOITURES PUBLIQUES. Tous les jours pour Moulins, St-Amand, Bourges et Clermont-Ferrand.

NÉRIS-LES-BAINS (*Allier*). Bourg situé à 6 kil. (1 l. 1/2) S. E. de Montluçon. ⊠ ☞ 1,392 hab. Sous les Romains, Néris était une ville importante où aboutissaient plusieurs voies romaines. Des débris en tous genres de vases étrusques, de colonnes, de chapiteaux, des restes d'immenses aqueducs, d'amphithéâtre, de palais, de temples, de thermes, des médailles de toutes espèces, des statues de marbre et de bronze, des pavés en mosaïque, sont des preuves irrécusables de l'existence et de la magnificence de cette cité. Détruite par les Normands, elle est réduite aujourd'hui à un simple bourg, qui ne laisse pas d'offrir encore aux artistes et aux antiquaires des restes et des débris du plus grand intérêt. — Le bourg de Néris est bâti sur le superbe et vaste plateau qu'occupait l'ancienne ville de ce nom. Son horizon est varié, pittoresque et très-étendu. Sa position à mi-coteau, au centre de deux vallées riantes, à la tête du canal du Cher, est aussi agréable que son air est pur, salubre et tempéré. Les étrangers qui viennent annuellement visiter ses eaux fécondes en prodiges de guérison, y trouvent toutes les ressources d'aisance et d'agréments qu'ils peuvent désirer. L'homme riche n'est embarrassé que du choix d'hôtels commodes, bien servis et peu chers; le pauvre y trouve un hôpital renfermant plus de cinquante lits, desservi par des femmes bienfaisantes, et visité journellement par le médecin inspecteur des eaux, où près de deux cents malades indigents sont chaque année logés, nourris et médicamentés gratuitement.—Les sources de Néris sont au nombre de quatre : la source Nouvelle, le puits de César, le puits de la Croix, le puits Carré. Néris possède un magnifique établissement thermal, dont la construction a été achevée en 1834 ; il renferme soixante cabinets de bains avec douches, des étuves et quatre piscines.—Les eaux s'ouvrent le 20 mai et se terminent le 20 octobre, ce qui forme cinq saisons distinctes d'un mois. La durée des saisons est ordinairement de vingt à vingt-cinq jours. On fait usage des eaux de Néris, avec un grand succès, dans la paralysie, les rhumatismes anciens, les dartres, la gale, le catarrhe chronique de la vessie, les tumeurs et les dégénérescences organiques, les gonorrhées anciennes, etc. On les dit aussi très-bonnes dans les maladies nerveuses.—Hôtels. Grand Hôtel de Néris-les-Bains, place des Bains, près l'établissement thermal, tenu par Dumoulin, propriétaire, successeur de l'ancienne maison Boirot.—Hôtel Léopold, près de l'établissement thermal, et le seul où l'on soit servi à la carte dans ses appartements; prix modéré.

OUVRAGES A CONSULTER. *Description et analyse des eaux minérales de Néris*, par Michel, 1766.
Mémoire sur les eaux thermales de Néris, par Philippe, 1786.
Recherches sur l'ancienne ville de Néris, par Baraillon, in-8°, 1806.
Recherches et observations sur les eaux thermales de Néris, par Boirot Desserviers, in-8°, 1817.

RIOM, CLERMONT. Voy. n° 44, Route de Clermont.

VOLVIC (*Puy-de-D.*). Bourg à 16 kil. (4 l.) de Riom. 3,032 hab. Ce bourg offre une masse de lave d'une profondeur inconnue ; inépuisable carrière d'où sont sorties les villes de Clermont, de Riom, et un grand nombre d'autres cités, de bourgs et de villages de la Limagne.

Le CHATEAU DE TOURNOEL, une des plus belles ruines féodales du département du Puy-de-Dôme, est une dépendance de la commune de Volvic. Il est en partie démantelé ; mais le donjon et quelques vieilles tours bien assises sur le rocher bravent et soutiennent encore les efforts du temps et des hommes. Un sentier sinueux conduit jusqu'à la porte principale ; on laisse à droite, en entrant, une tour à bossages, qui a dû être construite sous François Ier ; puis, après avoir passé sous la dernière porte, dont la baie est encore colorée par les tons rougeâtres des rouilles de la herse, on pénètre dans un vestibule qui donne sur le préau. Un concierge garde ces vénérables débris, et le possesseur actuel de ce vieux manoir a porté le soin jusqu'à faire remplacer les toitures que les ouragans enlèvent quelquefois. De la plate-forme du donjon, on jouit d'une superbe vue sur la riche Limagne et sur son magnifique bassin

OUVRAGE A CONSULTER. *Notice sur le château de Tournoël*, par Gonod, in-8°, 1831.

DE BOURGES A NEVERS, 7 myr. 4 kil.

	m, k.
De Bourges à Rousselan ⚘	2,2
Rousselan à *La Charité ⚘	2,7
La Charité à *Pougues ⚘	1,3
Pougues à *Nevers ⚘	1,2

N° 31.

ROUTE DE PARIS A BREST (FINISTÈRE).

Itinéraire descriptif de PARIS à BREST.

La route la plus fréquentée de Paris à Versailles côtoie la rive droite de la Seine en laissant du même côté, d'abord les Champs-Élysées, ensuite les deux villages de Chaillot et de Passy, l'un avant, l'autre après la barrière. Tous les deux règnent en amphithéâtre sur la route, qu'ils bordent agréablement, tantôt des façades de leurs maisons, tantôt de leurs jardins en amphithéâtre. A l'entrée du premier, s'élève la pompe à feu qui alimente les fontaines de Paris; à sa sortie on voit l'emplacement du palais projeté pour le roi de Rome; en face est le pont d'Iéna, qui conduit au Champ-de-Mars et à l'École militaire. A la suite du village de Passy est celui d'Auteuil, séparé de la route par des vergers et des bosquets, et attenant au bois de Boulogne. Un peu plus loin, on passe au hameau du Point-du-Jour, en laissant à droite l'avenue de Saint-Cloud, dont on voit, à une lieue de distance, le parc et le château, sur la colline qui se prolonge jusqu'à Sèvres, où vient se terminer le parc; sur la gauche apparaissent le château de Meudon et les restes de celui de Belle-Vue. On franchit la Seine, avant d'entrer à Sèvres, sur un fort beau pont en pierres de taille de construction récente, et l'on traverse la longue rue de ce bourg, en longeant, à gauche, l'immense édifice de la célèbre manufacture de porcelaine. A la sortie de Sèvres, la route devient variée et pittoresque jusqu'aux environs de Versailles, où l'on arrive par une magnifique avenue, qui conduit directement en face du château. Au sortir de cette ville, on suit la route de Bordeaux et de Nantes jusqu'au village de Trappes, où on la laisse en face pour tourner à droite et entrer peu après dans le bois de Pontchartrain, qui se prolonge jusqu'au château de ce nom. La Queue est un hameau peu considérable où l'on voit un joli château, et Houdan, une petite ville où l'on entre après avoir traversé la Vesgres sur un pont de pierre. A Cherisy, on passe l'Eure sur un assez beau pont, et on rase les murs de l'ancien château de Condeville, d'où l'on jouit d'une fort belle vue sur la ville de Dreux et sur le riant paysage qui l'environne. Le pays que parcourt la route en quittant Dreux continue à être fertile. A Saint-Remy, village remarquable par ses fonderies et par sa belle filature de coton, on traverse l'Avre. Nonancourt, où l'on arrive ensuite après avoir parcouru une partie de la fraîche et fertile vallée de l'Avre, est une petite ville vivifiée par plusieurs manufactures. En en sortant, on s'éloigne de l'Avre pour gagner une plaine plantée de pommiers, qui se prolonge jusqu'à Tillières, village dominé par un ancien château et remarquable par ses forges et ses fabriques de clous. Après plusieurs montées et descentes à travers un pays monotone, on arrive à la descente de la Jarretière, qui conduit au pied de la colline sur laquelle est située la ville de Mortagne. En sortant de cette ville, on entre dans une plaine aride, qui s'améliore peu à peu en approchant de Boëcé. Le Mesle est un assez joli bourg, traversé dans sa longueur par la grande route, et dans sa largeur par la Sarthe, qu'on y passe sur un large pont en pierre. Le pays montueux et ombragé cesse à une lieue au delà de Ménil-Broust, et à ce pays succède une plaine aussi fertile que monotone, au milieu de laquelle est bâtie la ville d'Alençon. Au delà de cette ville, la plaine, d'abord dénuée d'arbres, est ensuite ombragée de pommiers. Une rampe courte et assez roide à gravir, à laquelle succède un pays légèrement montueux, conduit au village de Lacelle, remarquable par un joli château. Un peu plus loin on franchit la Mayenne, qui sépare le département de ce nom de celui de l'Orne, dont la partie que l'on parcourt offre une suite de collines arrondies et couvertes de bruyères, qui se prolongent jusqu'aux environs de Mayenne, où l'on arrive après avoir traversé une vaste étendue de landes et de médiocres terres cultivées en seigle et en sarrasin. En sortant de cette ville, la route traverse une contrée toujours montueuse et un pays peu fertile; toutefois le sol s'améliore et la plaine se couvre de fermes, en approchant du relais de Martigné; après ce relais, la fertilité va toujours en croissant à mesure que l'on approche du riche territoire de Laval. En passant du département de la Mayenne dans celui d'Ille-et-Vilaine, la contrée que parcourt la route est en général très-montueuse, mais le pays est agréable et varié de culture. Dans le lointain, on aperçoit Vitré, ville triste et mal bâtie, d'où l'on sort par un faubourg encore plus triste et plus mal bâti, qui offre une montée et une descente aussi rapides l'une que l'autre. Au pied de cette descente est un assez joli pont de pierre, sur lequel on franchit la Vilaine, pour en côtoyer ensuite la rive gauche jusqu'à Châteaubourg, où on repasse cette rivière. Au delà de Noyal, la route s'élève et domine l'horizon; la campagne s'ouvre et s'embellit; de vastes champs bien cultivés décèlent les approches de la ville de Rennes, où l'on entre après avoir passé la Vilaine une troisième fois. En sortant de Rennes, on laisse à gauche la route de Vannes et de Lorient, et ensuite celle de Loudéac, par Montfort. Le pays, quoique toujours assez montueux, est un peu moins accidenté jusqu'à Montauban. Après ce village, on monte et l'on descend encore plusieurs côtes assez roides; mais le sol devient plus uni et la contrée plus fertile après avoir dépassé le hameau de Valleticot. En avançant, on traverse un grand nombre de hameaux, puis, après avoir franchi une petite côte, une descente peu rapide conduit au village de Quédillac, au delà duquel est une borne qui forme la limite des départements d'Ille-et-Vilaine et des Côtes-du-Nord.—De Quédillac une descente conduit au village de la Chapelle-Blanche, où l'on traverse la Rance; un peu plus loin est le village de Saint-Jouan de l'Isle, situé à l'embranchement de la route de Ploërmel à Saint-Malo. On traverse ensuite plusieurs hameaux avant d'arriver à celui de la Noë, d'où une descente rapide et une côte rude conduisent à Broons, bourg bâti sur une hauteur, que l'on descend immédiatement pour arriver à une belle vallée où l'on voit le château de la Motte-Broons, lieu de naissance de Duguesclin. La route offre plusieurs montées et descentes, et parcourt un pays fertile qui se prolonge jusqu'au relais de Langouèdre. Le pays devient moins montueux et offre de belles plaines, des bruyères et de jolies vallées. Au hameau de Val on passe le Couessant, que l'on traverse de nouveau avant d'arriver à Lamballe. En sortant de cette ville, on suit la route de Lorient pendant un quart de lieue, puis l'on tourne à droite et l'on entre dans un pays riche et fertile, peuplé de villages et de hameaux. On passe l'Orne à Yffiniac; peu après, on franchit une côte d'où l'on aperçoit la mer; à une lieue plus loin on découvre la ville de Saint-Brieuc. De cette ville à Châtelaudren et de Châtelaudren à Guingamp le pays est constamment entrecoupé de plaines, de coteaux, de vallons, souvent fertiles et toujours d'une grande variété. On sort de Guingamp par le faubourg Saint-Michel, où l'on passe le Trieux. Après plusieurs montées et descentes on arrive au relais de Belle-Ile-en-Terre, où l'on traverse le Guier; au delà de cette rivière se présente une chaîne de montagnes dont le village de Plounevez-Moédec occupe le sommet. Une belle route bien alignée conduit de ce dernier endroit à Plounerin, d'où l'on descend dans un vallon dont la vue est assez étendue. Après Pénonros, la route se dirige à travers des plaines de bruyères. Au-dessous de Pennanech on descend dans un vallon et l'on voit, à gauche, le village de Pontou, où est établi le relais. Au delà de

Keznevès, on franchit plusieurs petites gorges très-fertiles qui se prolongent vers les hameaux de Kerafors et Kervezenec; là reparaissent les plaines de bruyères, qui s'étendent jusqu'aux environs de Morlaix. Plusieurs pentes et montées traversant un pays uniforme, en grande partie couvert de bruyères, conduisent de Morlaix à Landivisiau; au sortir de cette ville, on prend la nouvelle route qui passe par Keriven, la Roche-Maurice et Creastilas; de ce dernier endroit, l'on jouit d'une belle vue sur Landerneau. En sortant de cette jolie ville, on passe devant le château de Pont-Palu, et l'on traverse une suite de hameaux presque contigus les uns aux autres, qui se succèdent sans interruption jusqu'à celui de Messadon, d'où l'on descend à Brest en jouissant de la belle perspective qu'offre cette ville maritime.

1re Route, de Paris à Brest, par Alençon et Rennes, 59 myr. 5 kil.

	m. k.
De Paris à * Sèvres ⚜...	1,2
* Passy (à droite de la route).	
* Auteuil (à droite de la route).	
* Boulogne (à droite de la route).	
* Saint-Cloud (à droite de la route).	
* Meudon (à gauche de la route).	
Sèvres à * Versailles ⚜...	0,7
* Saint-Cyr (à droite de la route).	
Versailles à Pontchartrain ⚜...	1,9
Pontchartrain à la Queue ⚜...	1,0
La Queue à Houdan ⚜...	1,5
Houdan à Marolles ⚜...	0,7
Marolles à * Dreux ⚜...	1,2
* Mesnil (à droite de la route).	
Dreux à Nonancourt ⚜...	1,4
Nonancourt à Tillières-sur-Avre ⚜...	1,1
Tillières à Verneuil ⚜...	1,0
Verneuil à Saint-Maurice (Orne) ⚜...	1,7
* Champs (à droite de la route).	
Saint-Maurice à * Mortagne (Orne) ⚜...	2,2
Mortagne au * Mesle-sur-Sarthe ⚜...	1,5
Mesle-sur-Sarthe au Ménil-Broust ⚜...	1,0
Ménil-Broust à * Alençon ⚜...	1,3
* Saint-Cenery-le-Gerey (à gauche de la r.).	
Alençon à Saint-Denis (Orne) ⚜...	1,1
Saint-Denis à Prez-en-Pail ⚜...	1,2
Prez-en-Pail au Ribay ⚜...	1,8
* Lassay (à droite de la route).	
Ribay à * Mayenne ⚜...	1,8
* Jublains (à gauche de la route).	
Mayenne à Martigné ⚜...	1,3
Martigné à * Laval ⚜...	1,7
Laval à la Gravelle ⚜...	2,0
La Gravelle à * Vitré ⚜...	1,6
Vitré à Chateaubourg ⚜...	1,5
Chateaubourg à Noyal ⚜...	0,9
Noyal à * Rennes ⚜...	1,2
Rennes à Pacé ⚜...	1,0
Pacé a Bédée ⚜...	1,3
* Montfort-sur-Meu (à gauche de la route).	

N° 31. ROUTE DE PARIS A BREST.

Bedée à la Barette ☞............................	1,4
La Barette à * Broons ☞........................	1,6
Broons à Langouèdre ☞.........................	1,2
Langouèdre à * Lamballe ☞....................	1,5
Lamballe à * Saint-Brieuc ☞....................	2,0
* Plouha (à droite de la route).	
* Étables (à gauche de la route).	
Saint-Brieuc à * Chatelaudren ☞...............	1,7
Chatelaudren à * Guingamp ☞..................	1,4
Guingamp à Belle-Ile-en-Terre ☞...............	1,9
* Carhaix (à gauche de la route).	
Belle-Ile-en-Terre au Ponthou ☞................	1,9
Ponthou à * Morlaix ☞...........................	1,5
Morlaix à * Landiviziau ☞......................	2,1
* Saint-Pol de Léon (à droite de la route).	
Landiviziau à * Landernau ☞....................	1,6
Landernau à * Brest ☞..........................	2,0
* Lesneven (à droite de la route).	

A gauche de Brest, *du côté de la mer.*
* Camaret.
* Plougouvelin.
* Le Conquet.

PASSY (*Seine*). Beau et grand bourg, à 10 kil. (2 l. 1/2) de Saint-Denis et près des murs de Paris, dont il est toutefois à une distance légale de 6 kil. (1 l. 1/2). ⊠ 4,345 hab. Passy est fort agréablement situé au sommet et sur le penchant d'une colline qui borde la rive droite de la Seine. Il est bien bâti, et la grande rue qui le traverse jusqu'au bois de Boulogne rappelle les belles rues de la capitale. Ce bourg a été illustré par le séjour qu'y ont fait plusieurs hommes célèbres : Franklin, le comte d'Estaing, Raynal, Piccini, etc., ont habité Passy. — Le château de la Muette est une dépendance de la commune de Passy ; il a été démoli en partie pendant la première révolution, à l'exception de deux pavillons et de quelques autres accessoires. Près de là est une vaste esplanade, au milieu de laquelle s'élève le bâtiment du *Ranelagh*, où s'assemble tous les soirs, dans la belle saison, la plus brillante société de Paris et des environs. — On trouve à Passy deux sources d'eaux minérales ferrugineuses, précieuses par leur voisinage de la capitale ; elles sont dans une maison charmante, où l'on trouve un jardin agréable, des bosquets, des allées d'arbres bien ombragées, et des terrasses sous lesquelles on a pratiqué des galeries où les buveurs peuvent se promener à couvert. On en fait ordinairement usage depuis le mois de mai jusqu'au mois d'octobre. Il paraît constant qu'elles peuvent être employées avec un grand succès dans les engorgements du foie, et surtout dans les obstructions.

AUTEUIL (*Seine*). Beau village à 10 kil. (2 l. 1/2) de Saint-Denis, 7 kil. (1 l. 3/4) de Paris. ⊠ 2,764 hab. Le coteau sur lequel s'élève Auteuil présente un grand nombre de jolies maisons de campagne, dont l'agrément est augmenté par la proximité du bois de Boulogne, de Paris, de Saint-Cloud et de Versailles. Plusieurs personnages célèbres ont habité ce village. Boileau, Molière, Chapelle, Franklin, Condorcet, Helvétius, Houdon, Cabanis, Rumfort, y avaient leurs maisons. On voit encore aujourd'hui, dans la deuxième rue à gauche, après l'église, en allant à Saint-Cloud, celle de Boileau, qui y faisait son séjour ordinaire pendant la belle saison. — Dans l'église d'Auteuil, dont la façade et la flèche en pierre datent du douzième siècle, on voit le tombeau d'Antoine de Nicolaï. Sur la place publique est un obélisque en marbre, qui supporte un globe surmonté d'une croix dorée, élevé à la mémoire du chancelier d'Aguesseau.

N° 31. ROUTE DE PARIS A BREST.

BOULOGNE (*Seine*). Beau et grand village, très-agréablement situé entre le bois qui porte son nom et la Seine, à 11 kil. (2 l. 3/4) de Saint-Denis et à 2 l. 3/4 de Paris. ✉ 5,391 h. Il n'est séparé de Saint-Cloud que par la Seine, qu'on y traverse sur un fort beau pont de pierre de douze arches. Boulogne est un des villages les plus remarquables des environs de Paris; il est grand, percé d'une longue et belle rue, bien bâti, et formé principalement de belles maisons de campagne. — Le bois de Boulogne, dont la contenance est d'environ 2,000 arpents, est clos de murs et fermé de onze portes ou grilles, dont deux au nord, la porte Maillot, qui donne sur la belle avenue de Neuilly, et la porte de Neuilly, qui conduit à ce village; quatre à l'ouest, la porte Saint-James, la porte de Madrid, la porte de Bagatelle, et la porte Longchamps. A l'extrémité méridionale du bois, il y a deux portes, celle de Boulogne et celle des Princes. Les trois portes du bois du côté de l'est donnent sur les villages d'Auteuil, de Passy et sur le faubourg de Chaillot. Le bois de Boulogne est percé d'une infinité de routes et de ronds-points. A l'exception de quelques arbres qui bordent les avenues, il n'est planté qu'en taillis, qui commencent à donner d'épais ombrages, et offrent des promenades gracieuses très-vivantes et très-fréquentées dans la belle saison.

SÈVRES (*Seine*). Joli bourg, très-agréablement situé au pied d'un coteau, sur la rive gauche de la Seine, que l'on passe sur un beau pont de pierre. Ce bourg possède une importante manufacture de porcelaine, la plus célèbre de l'Europe par la beauté des matières, la pureté de dessin, l'élégance des formes et la richesse des ornements de ses produits. On y voit une espèce de musée qui renferme une collection complète de toutes les porcelaines étrangères, et des matières premières qui servent à leur fabrication; une autre collection de toutes les porcelaines, faïences et poteries de France, et des terres qui entrent dans leur composition; enfin une collection de modèles de vases, d'ornements, de services, de figures, de statues, etc., qui ont été faits dans la manufacture depuis sa création.

STATION DU CHEMIN DE FER de Paris à Versailles (à Ville-d'Avray). Départs d'heure en heure.

CLOUD (SAINT-) (*Seine*). Joli bourg et château royal, très-agréablement situé sur la pente d'une colline qui borde la rive gauche de la Seine, que l'on y passe sur un beau pont. — Le château de Saint-Cloud est dans une des plus belles situations des environs de Paris. Il est composé d'un grand corps de bâtiment et de deux ailes en retour, avec chacune un pavillon. Tous les appartements sont richement meublés, et renferment un grand nombre de statues, de vases de porcelaine, et plus de 200 tableaux des plus célèbres peintres anciens et modernes. Les parties les plus remarquables de ce palais sont la chapelle, l'orangerie, la salle de spectacle, le pavillon d'Artois, les écuries, le manége, le grand commun et le bureau des bâtiments. — Le parc s'étend depuis le bord de la Seine jusqu'à Guarche, et a environ 16 kil. (4 l.) d'étendue; il a été planté par le Nôtre, et se divise en grand et en petit parc. Le premier renferme plusieurs belles allées, dans l'une desquelles se tient la célèbre foire de Saint-Cloud; c'est aussi dans cette partie que se trouvent les cascades. Le petit parc entoure le château, et s'étend à droite jusqu'au sommet de la colline; il renferme des jardins et des parterres ornés de bosquets, de gazons, de bassins et de statues. Les pièces d'eau et les cascades méritent l'attention des curieux, particulièrement la grande cascade, qui a 108 pieds de face sur autant de pente. La distribution des eaux est si bien entendue que, par l'arrangement et la disposition des chutes, des jets, des nappes, des bouillons et des lames, on prendrait cette cascade pour un vaste théâtre de cristal jaillissant. Le grand jet d'eau, placé à gauche des cascades, vis-à-vis d'une grande et belle allée, s'élance avec une force et une rapidité incroyable à la hauteur de 39 m. 60 c. On remarque encore dans le parc le joli monument de Lysicrate, appelé vulgairement la Lanterne de Démosthènes, construit sur un des points les plus élevés du coteau qui domine à la fois Saint-Cloud, Sèvres et l'immense bassin au milieu duquel est situé Paris; le jardin fleuriste; les pavillons de l'allée des Soupirs, de Montretout et de Breteuil; la glacière, etc. — La fête ou foire de Saint-Cloud est l'une des plus célèbres des environs de Paris; elle commence le 7 septembre, dure trois semaines, et pendant trois dimanches attire une foule innombrable d'habitants de Paris et des campagnes environnantes. Pendant la durée de cette foire, les cascades jouent, les grands appartements du château sont ouverts, et le public peut les visiter. Le soir, le parc et la grande avenue sont illuminés.

Henri III fut assassiné au château de Saint-Cloud par J. Clément, en 1589. Bonaparte y fut nommé premier consul, après en avoir chassé par la force les représentants de la nation. Sous l'empire, le château était la résidence du chef du gouvernement pendant la belle saison; depuis la restauration, il a toujours été le palais de prédilection des rois de France, qui y font chaque année un séjour plus ou moins prolongé. Les mémorables ordonnances de juillet furent datées de Saint-Cloud.

STATION DU CHEMIN DE FER de Paris à Versailles (rive droite), par la grande Gare et par la station de Montretout. Départ d'heure en heure. Prix pour Paris: 60 et 75 c.; pour Versailles: 68 c. et 80 c.

VILLE-D'AVRAY (*Seine*). Village à 12 kil. (3 l.) de Paris. On y voit un vaste et beau château, dont le parc, distribué en jardin paysager, est arrosé par de belles eaux.

STATION DU CHEMIN DE FER de Paris à Versailles (rive droite). Départ d'heure en heure. Prix: 75 c. et 1 fr.

MEUDON (*Seine*). Bourg bâti sur une éminence, dans une des plus belles situations des environs de Paris. — Le château de Meudon ne présente qu'un grand corps de bâtiment, dont la solidité fait le principal mérite: des colonnes doriques ornent son avant-corps du côté de l'entrée. Une belle terrasse, qui précédait l'ancien château bâti par Philibert de Lorme (aujourd'hui détruit), domine le bourg. Cette terrasse a 253 mètres de longueur, 117 mètres de largeur, et plus de 19 m. 50 c. de hauteur: on y découvre, non-seulement la ville de Paris, mais encore les rives gracieuses de la Seine et les nombreux villages qui bordent à droite et à gauche le cours de cette belle rivière. Le petit parc, clos de murs, contient 250 hectares; le grand est d'une étendue immense. — Les bois de Meudon sont très-fréquentés par les habitants de la capitale. C'est près de Meudon qu'eut lieu, sur le chemin de fer, le 8 mai 1842, l'épouvantable catastrophe qui coûta la vie à plus de 150 personnes.—A 10 k. (2 l. 1/2) de Paris. ⊠.

STATION DU CHEMIN DE FER de Paris à Versailles (rive gauche). Départ d'heure en heure. Prix: 75 c. et 1 fr.

VERSAILLES Grande et superbe ville, chef-lieu du département de Seine-et-Oise. Trib. de 1re inst. et de comm. Soc. des sciences, lettres et arts. Soc. d'agr. Coll. R. Évêché. ⊠ ⚓ 29,791 hab.

Cette ville n'était jadis qu'un chétif village, qui commença à avoir quelque importance en 1627, époque où Louis XIII y fit bâtir un petit château, qui servait de rendez-vous de chasse. Sa position ayant paru agréable à Louis XIV, ce monarque résolut d'en faire le lieu ordinaire de sa résidence; il appela de toutes parts les artistes les plus célèbres, et, en peu de temps, le petit pavillon de Louis XIII fut métamorphosé en un palais immense, où fut réuni tout ce que l'art joint à la magnificence pouvait produire de plus séduisant. Le séjour de la cour ne tarda pas à attirer dans ce lieu une multitude d'individus qui, à l'envi les uns des autres, y firent construire des demeures somptueuses, ce qui fit qu'au bout de quelques années Versailles se trouva bâti comme par enchantement. Quoique déchu aujourd'hui de son ancienne splendeur, Versailles est encore l'une des plus belles villes de France. Les rues en sont larges, tirées au cordeau et ornées d'un grand nombre de fontaines. On y arrive de

CHAPELLE DE VERSAILLES.

Paris, de Sceaux. et de Saint-Cloud par trois magnifiques avenues plantées de beaux arbres : toutes les promenades des alentours sont charmantes. — Versailles possède un grand nombre de beaux édifices. Les principaux sont : l'hôtel de ville ; l'hôtel de la préfecture ; le collége royal, la bibliothèque publique, qui renferme 48,000 volumes ; la salle du jeu du paume, fameuse par le serment qu'y prêtèrent les députés réunis en assemblée nationale : on y voit les deux inscriptions suivantes :

« Les représentants des communes de France, constitués le 17 juin 1789
« en assemblée nationale, ont prêté ici, le 20 de ce mois, le serment qui suit :

« NOUS JURONS DE NE JAMAIS NOUS SÉPARER,
« ET DE NOUS RASSEMBLER PARTOUT OU LES
« CITOYENS L'EXIGERONT, JUSQU'A CE QUE LA
« CONSTITUTION DU ROYAUME SOIT ÉTABLIE
« ET AFFERMIE SUR DES FONDEMENTS SOLIDES. »

Placé le 20 juin 1790, par une société de patriotes.

« ILS L'AVAIENT JURÉ, ILS ONT ACCOMPLI LEUR SERMENT. »

On distingue encore à Versailles la salle de spectacle, l'hospice royal, le grand commun, l'hôtel de la guerre, les écuries de la reine, les grandes et petites écuries, etc.

Le CHATEAU DE VERSAILLES s'annonce sur la place d'armes par une vaste avant-cour, fermée par une belle grille de 60 toises de long, enrichie d'ornements dorés et terminée par deux pavillons. De ce côté, le château n'a que peu d'apparence ; l'ensemble des bâtiments renferme quatre à cinq petites cours intérieures, entourées de façades irrégulières. Mais du côté des jardins, il déploie une façade imposante de 300 toises de long, composée d'un rez-de-chaussée, d'un premier étage et d'un attique couronné d'une balustrade ; elle est décorée dans toute sa longueur de pilastres ioniques, avec des avant-corps soutenus par des colonnes du même ordre, ornés de statues de treize pieds de haut, représentant les quatre saisons, les douze mois de l'année et les arts. En considérant l'immensité de cette façade, son bel ensemble, l'unité parfaite qui règne entre toutes les parties, la magnificence et la richesse des ordres d'architecture, on peut avec raison la placer au nombre des plus belles productions de l'art en France et même en Italie.

On admire dans l'intérieur la grande galerie et les grands appartements, décorés de magnifiques peintures, et désignés sous les noms de salons d'Hercule, de l'Abondance, de Vénus, de Diane, de Mercure, d'Apollon, de la Guerre, de la Paix ; l'appartement et le salon de la reine ; le salon du grand couvert ; la salle des gardes ; l'appartement du roi ; l'œil-de-bœuf, et la chambre de Louis XIV. Tous ces appartements ont été récemment restaurés à neuf aux frais de la liste civile ; ils renferment une riche collection de tableaux historiques où sont retracées les batailles les plus célèbres qui ont illustré les armes françaises, dont on trouve la description dans les livraisons du grand Guide pittoresque du voyageur en France, publié par MM. Firmin Didot. (Description du département de Seine-et-Oise ; 3 livraisons ornées de 20 gravures, cartes et portraits. Prix 1 fr. 50.) — La chapelle du château, par sa belle architecture et par la richesse de ses ornements intérieurs, est un objet d'admiration pour tous les connaisseurs. La salle de l'Opéra est une des plus belles et des plus grandes de l'Europe ; elle peut contenir 3,000 personnes.—
Le parc du château de Versailles est un magnifique accompagnement de ce superbe palais. Il comprend dans son enceinte les jardins et les bosquets, ornés de statues de bronze et de marbre, de colonnades, de rampes, de fontaines, et embellis de jets d'eau et de groupes en bronze, d'une orangerie et d'un canal. Sa forme est un pentagone irrégulier, dont la plus grande longueur est de 2,400 toises, et la plus grande largeur de 1,600 toises. Lorsque les grandes eaux jouent, le parc et le jardin offrent un coup d'œil ravissant :

en se plaçant au milieu de la terrasse ou parterre d'eau, on découvre en face le bassin de Latone, l'allée du Tapis-Vert, le bassin d'Apollon et le canal ; à droite le parterre du Nord, la fontaine de la Pyramide, la cascade, l'allée d'Eau, la fontaine du Dragon et le bassin de Neptune ; à gauche, le parterre des Fleurs, l'orangerie, et dans le lointain la pièce d'eau dite des Suisses. La vue des jardins de Versailles étonne par la variété, par la richesse et l'abondance des plantations, par les superbes effets des eaux, et surtout par la beauté des sculptures qui les décorent avec une profusion sans égale. — En arrière du parc qui renferme les jardins s'étend le grand parc, de 4 lieues de long, dans lequel sont enclavés les châteaux du grand et du petit Trianon. — Le grand Trianon, situé à l'extrémité d'un des bras du canal, est dû au génie de Mansard ; sa construction orientale est aussi élégante que magnifique ; il a 62 toises de surface extérieure, et n'est composé que d'un rez-de-chaussée divisé en deux pavillons, réunis par un péristyle soutenu de 22 colonnes d'ordre ionique ; entre les croisées sont des pilastres du même ordre. Sur le comble à la romaine règne une balustrade ornée de vases et de groupes de petits amours. — Le petit Trianon est situé à l'une des extrémités du parc du grand Trianon : il consiste en un pavillon carré de douze toises en tous sens, et est composé d'un rez-de-chaussée et de deux étages. La façade principale est décorée de six colonnes corinthiennes cannelées ; les autres n'ont que des pilastres. On remarque dans l'intérieur le boudoir de la reine, dont les murs sont parsemés de riches arabesques, et la chambre à coucher, dont le plafond est, comme toute la pièce, drapé en étoffe de soie bleue. Les jardins de ce petit palais sont délicieux : le jardin anglais surtout est décoré par les plus jolies constructions ; on y voit un belvédère charmant, un rocher d'où l'eau sort à gros bouillons et va se perdre dans un lac bordé de sept à huit maisons rustiques à l'extérieur, mais élégamment meublées, et dominées par la tour de Marlborough. — Versailles est la patrie de plusieurs hommes célèbres. Les principaux sont : Ducis, l'abbé de l'Épée, le général Hoche, le maréchal Berthier, le général Gourgaud, Guyot de Merville, Poinsinet, Nogaret, le journaliste Gorsas, M. Tissot, professeur de poésie latine, digne successeur de Delille, etc., etc. — Versailles est situé à 18 kil. (4 l. 1/2) de Paris, sur la grande route de cette ville à Chartres. — HÔTELS : d'Elbeuf, de France, de la Chasse-Royale, de l'Europe. *Restaurants* Hennequin, Lemerle.

VOITURES PUBLIQUES. Pour Paris toutes les demi-heure ; tous les jours pour Rambouillet, Montfort-l'Amaury, Saint-Cyr, Houdan, Neauphle-le-Château, Saint-Germain-en-Laye, Jouy, Poissy, Maule, la Normandie, Corbeil, Longjumeau, Septeuil, la Queue ; Verneuil, etc. Passage des diligences pour Nantes, Rennes, Brest, Dreux, le Mans, Alençon.

CHEMIN DE FER DE PARIS À VERSAILLES. Le chemin de fer de Paris à Versailles (rive droite), inauguré le 2 août 1839, a 22,300 mètres (plus de 8 lieues et demie de poste) de développement. Le convoi, parti après trois heures et demie, a parcouru cette distance en moins de 32 minutes, en gravissant une pente de 8 millimètres par mètre. Au retour, la même distance a été parcourue en 28 minutes. Ainsi, ce chemin, qui augmente d'une lieue environ la distance entre Paris et Versailles, réduit de deux heures à une demi-heure la durée du trajet.

Immédiatement après avoir traversé la Seine à Asnières, le chemin de fer de Versailles s'écarte à gauche de la voie du chemin de fer de Saint-Germain, pour suivre un remblai pratiqué à travers des vignes, des vergers et des champs de rosiers. Il s'élève d'abord au-dessus de deux routes, dont deux ponts voûtés facilitent le passage, et peu après, il est lui-même surmonté par deux ponts élégants, supportés par des colonnettes en fer d'une grande légèreté. Au delà de ces ponts, et après en avoir passé trois autres, ménagés pour le passage des chemins, on aperçoit à gauche le château des Colonnes, le village de Courbevoie et la caserne de ce nom, construite sous le règne de Louis XV, pour les troupes suisses. Un peu plus loin, on se trouve en face de la belle avenue des Champs-Élysées, à l'extrémité de laquelle l'arc de triomphe de l'Étoile apparaît dans toute sa majesté. Le chemin se continue en tranchée, et traverse sous un souterrain la grande route de Paris à Nanterre et Saint-Germain. Au sortir de ce souterrain, on s'élève sur les hauteurs de Puteaux, où l'on jouit d'une vue extrêmement pittoresque : à droite, on voit en montant la verte colline du mont Valérien, couronnée par les anciennes constructions du Calvaire, et présentant un bel amphithéâtre; un peu au-dessous apparaissent les monuments funéraires et les cyprès de son modeste cimetière ; à gauche, des champs admirables cultivés en vignes, en rosiers et en potagers, descendent insensiblement jusqu'aux bords de la Seine, dont les eaux baignent de vertes prairies, et réfléchissent les images d'un grand nombre de belles habitations, au delà, l'œil découvre toute l'étendue du bois de Boulogne. En cet endroit, le chemin de fer est supporté par un viaduc du plus bel effet. Un peu plus loin, il entre dans une tranchée peu profonde d'environ un quart de lieue, à l'issue de laquelle se présente un des plus magnifiques panoramas des environs de Paris : à droite et à gauche sont les châteaux de Surène ; plus bas, on aperçoit la Seine, depuis le pont de Neuilly jusqu'à Saint-Cloud, dans une longueur de deux lieues; sur l'autre rive apparaît le beau village de Boulogne; le bois de ce nom offre son riche tapis de verdure, et laisse voir derrière lui Paris, dominé par les Invalides, par le Panthéon, par Saint-Sulpice, par l'arc de l'Étoile et par la butte Montmartre; plus à droite, sont les riches coteaux de Vanvres et de Meudon. — Le chemin, après avoir franchi une courte tranchée, suit son cours sur le versant méridional d'un coteau d'où la vue plonge sur Saint-Cloud. Il traverse ensuite un souterrain par lequel il entre dans le parc du château de Saint-Cloud. A l'extrémité de ce premier souterrain, on voit une carrière, puis on entre dans une haute tranchée qui se termine au milieu des belles allées du parc, au niveau desquelles le chemin est tracé pendant un court espace ; mais bientôt se présente une haute colline à travers laquelle a été percé le grand souterrain : un peu avant d'y entrer, le chemin de fer passe sous un pont suspendu d'un effet très-pittoresque. Dans ce trajet, le chemin de fer traverse la partie réservée du parc de Saint-Cloud, au-dessous du château et des jardins; à sa sortie du souterrain, dont la longueur est de 500 mètres, il passe sous un aqueduc supporté par trois arches, construit pour conduire au-dessus du chemin de fer les eaux des étangs de Ville-d'Avray. On se trouve alors au milieu des vignobles, et l'on jouit du coup d'œil le plus varié : à droite, les collines au milieu desquelles le charmant village de Ville-d'Avray est construit, offrent à la vue des amphithéâtres de jardins placés les uns au-dessus des autres. A gauche, on plonge sur les riantes habitations qui bordent la grande route, sur une partie du bourg de Sèvres; on distingue, à peu de distance, les coteaux de Bellevue et de Meudon, du milieu desquels s'avance le chemin de fer, de la rive gauche; les deux chemins se dirigent alors l'un vers l'autre, et semblent devoir se rejoindre, mais bientôt ils s'écartent pour suivre ensuite parallèlement la grande route de Paris qui les sépare. — En continuant d'avancer, on jouit toujours d'une vue charmante ; rien n'est plus frais, plus gracieux que le pittoresque vallon de Châville, avec ses coteaux boisés, ses maisons bâties en amphithéâtre et ses jolis jardins ; situé au milieu des bois qui se prolongent par Viroflay jusqu'aux portes de Versailles, il est peuplé de charmantes habitations, parmi lesquelles on distingue le nouveau château, construit dans le parc, non loin du château que le ministre Louvois avait fait bâtir à grands frais dans sa terre de Châville. — A la suite du parc de Châville, sur la pente qui s'élève insensiblement à gauche de la grande route, et que tapisse une verte pelouse, on voit le haras de Viroflay, créé par l'infortuné M. Rieussec, mort naguère sous les balles de Fieschi. En approchant de Montreuil, le chemin de fer entre dans une tranchée qui décrit plusieurs sinuosités, et sur laquelle sont jetés plusieurs ponts pour le service des routes qui avoisinent Versailles ; de chaque côté des voies, coule un ruisseau d'eau limpide. Enfin, après avoir passé sous un dernier pont, construit sous l'avenue de Picardie, on arrive au débarcadère, que précède une vaste gare.

CHEMIN DE FER DE PARIS A VERSAILLES, PAR LA RIVE GAUCHE DE LA SEINE. Le chemin de la rive gauche a sa station de départ à la chaussée du Maine, au delà de la barrière. Il se dirige en ligne droite, et parallèlement à la route de Montrouge à Issy, et se développe autour et à peu de distance du bourg de Vanvres, traverse en ligne droite le territoire du village de Clamart, et arrive, par une courbe insensible au val de Fleury, qu'il franchit sur un viaduc remarquable par l'étonnante grandeur de ses proportions. — Jusqu'à Clamart, le parcours du chemin, qui a lieu sur des remblais, s'effectue alors au milieu d'une tranchée qui varie de dix à seize mètres de profondeur, et dont la longueur est de 1,080 mètres. Au sortir de cette tranchée, la vue est frappée de la belle perspective qu'offrent, d'un côté, les collines boisées de Meudon, de l'autre, les fertiles vallons des hameaux de Fleury et de Montineaux : partout de riantes maisons bordent le pied des coteaux ; mais, ce qui frappe surtout les regards, c'est le gigantesque viaduc sur lequel on franchit les profondeurs du val de Fleury. — Après ce passage, le chemin se dirige sur Bellevue qu'il traverse au niveau du sol, et se développe ensuite sur les coteaux de Sèvres, franchit le val Doizu, passe au-dessus du Haut-Châville et de Viroflay, traverse la plaine de Porchefontaine, et entre à Versailles en croisant la rue de la Patte-d'Oie et en suivant la ligne parallèle à l'avenue de Paris. — Le débarcadère, joignant d'un côté l'avenue de Sceaux, de l'autre l'avenue de la

Mairie, dessert le quartier Saint-Louis, et amène les voyageurs presque jusqu'à la place d'armes. — Le trajet de Paris à Versailles et retour se fait en 68 minutes.

OUVRAGES A CONSULTER. *Description des châteaux et parcs de Versailles et de Marly*, 2 vol. in-12, fig. 1764.
Tableau descriptif et pittoresque de la ville, du château et du parc de Versailles, par Waisse Villers, in-8°, 1824.
Galeries de Versailles, in-fol.
Biographie des hommes remarquables de Seine-et-Oise, par Daniel, in-8°.
Histoire des environs de Paris, par Dulaure, 7 vol. in-c°, fig.

DREUX (*Eure*). Jolie et très-ancienne ville. Sous-préf. Trib. de 1re instance et de com. Coll. com. ⊠ ⚘ 6,367 hab. Cette ville est entourée en partie par la Blaise, qui s'y divise en plusieurs bras, et se jette, un peu plus loin, dans l'Eure. Elle est assez bien bâtie, et dominée par un coteau que couronnent les ruines de l'ancienne forteresse des comtes de Dreux. Du côté du nord, on voit les restes d'une énorme tour en briques, sur laquelle on a établi un télégraphe : c'était, dit-on, le donjon. Dans la première cour se trouvent les ruines d'une chapelle, bâtie en 1142, consistant en chapiteaux dont les sculptures sont curieuses. Au milieu des anciennes murailles de cette forteresse, le roi Louis-Philippe, lorsqu'il n'était encore que duc d'Orléans, a fait élever une chapelle dans le style grec, destinée à renfermer les dépouilles mortelles de sa famille. L'église paroissiale de Dreux offre deux genres d'architecture appartenant à des époques différentes. L'hôtel de ville est un bâtiment carré fort élevé, mélange de style gothique et d'architecture grecque adoptée à l'époque de la renaissance. Dans l'intérieur, on voit une voûte et une cheminée curieuse, et dans les greniers, une cloche fondue sous Charles IX, représentant sur la frise la procession des Flambarts.— Dreux est la patrie de Rotrou, dont on voit le tombeau dans l'église Saint-Pierre ; de Metzeau, architecte ; de Philidor ; du général Sénarmont. — FAB. de bonneterie en laine. — A 32 kil. (8 l. 1/4) de Chartres, 20 kil. (20 l. 1/2) de Paris.— HÔTELS: du Paradis, du Sauvage.

VOITURES PUBLIQUES. Tous les jours pour Paris, Chartres, le Mans, Falaise.

BUTS D'EXCURSIONS : à *Anet* (18 k.), château bâti par Henri II pour Diane de Poitiers, dont il reste le portail de l'horloge et l'orangerie ; — à *Crécy*, charmant village où l'on voit les restes du château bâti par Louis XIV pour Mme de Pompadour.

MESNIL-SUR-L'ESTRÉES (le) (*Eure*). Village à 33 kil. (8 l. 1/2) d'Évreux, sur l'Avre, qui fait tourner plusieurs moulins, ainsi que la fabrique de papier continu de MM. Firmin Didot frères, l'une des plus importantes papeteries de France. On y fabrique, par les procédés anglais les plus perfectionnés, cinq lieues de papier par jour, sur quatre pieds de large ; plus de 400 ouvriers sont occupés dans cet établissement, où se trouvent aussi une imprimerie en caractères, une stéréotypie, et une importante imprimerie en taille-douce.

Les jardins de l'habitation forment des îles délicieuses, où l'on remarque un saule provenant d'un bouton du saule qui ombrageait, à Saint-Hélène, le tombeau de Napoléon.

CHAMPS (*Orne*). L'archéologue qui se rend de Mortagne à la Trappe, doit se détourner un peu pour visiter la jolie église romaine de Champs, dont les vitraux sont on ne peut plus remarquables, à 6 kil. (1 l. 1/2) de Mortagne.

MORTAGNE (*Orne*). Jolie ville. Sous-préf. Trib. de 1re inst. Col. comm. ⊠ ⚘ 5,158 hab. Cette ville est bâtie dans une forte position, au sommet et sur le penchant oriental d'un coteau. Plusieurs de ses rues sont escarpées, d'autres en pente douce, et d'autres parfaitement horizontales ; mais la plupart d'entre elles sont larges, assez régulières, bordées de maisons propres, bien bâties et ornées de beaux magasins. La grande rue, que suit la route de Brest, s'élève par des rampes et des tournants fort bien ménagés jusque sur la partie la plus haute, où elle traverse la place d'armes, la plus grande et la plus belle de Mortagne. Cette ville possède plusieurs édifices publics convenablement distribués, un palais de justice, des prisons vastes et saines, de belles halles, et plusieurs fontaines de construction récente, alimentées par une machine à vapeur de la force de cinq chevaux, qui élève l'eau du fond de la vallée. L'église paroissiale, de construction gothique, est principalement remarquable par les culs-de-lampe richement sculptés qui décorent la voûte de sa nef. — COM. de toiles. — A 37 kil. (9 l. 1/2) d'Alençon, 152 kil. (39 l.) de Paris. — HÔTELS : des Trois-Lions, de la Bouteille.

OUVRAGES A CONSULTER. *Statistique de la ville et arrondiss. de Mortagne*, par Delestang, in-8°, 1806-10.
La chorégraphie du quatrième arrondiss. de l'Orne, ou district de la sous-préfecture de Mortagne, par le même, in-8°, 1803.

ALENÇON. Jolie ville. Chef-lieu du département de l'Orne. Trib. de Ire instance et de com. Ch. de com. Conseil de prud'h. Collége com. ⊠ ⚲ 13,934 hab. Cette ville est située dans une grande et fertile plaine entourée de forêts, au confluent de la Sarthe et de la Briante; elle est grande, bien bâtie, et entourée de cinq faubourgs très-agréables. Les rues sont généralement larges, bien pavées, propres et assez bien percées. La principale de ses places publiques, sur laquelle s'élèvent l'hôtel de ville et le palais de justice, communique à une magnifique promenade plantée de beaux arbres, qui a beaucoup de ressemblance avec le bois et la grande allée du jardin du Luxembourg à Paris.
— La cathédrale, sous l'invocation de Notre-Dame, est un édifice gothique dont la construction fut commencée en 1553 ; le portail, remarquable par ses sculptures, ne fut achevé qu'en 1617 ; la nef date du XVIe siècle, et est décorée d'ornements gothiques très-riches ; elle a 31 m. de longueur, 9 mèt. 74 cent. de largeur et 20 mèt. de hauteur. L'église a la forme d'une croix latine. L'autel, placé sous la première arcade du cœur, est fort beau ; il est décoré d'une Assomption en marbre blanc, et surmonté d'un baldaquin en cuivre, soutenu par quatre colonnes de marbre blanc. On remarque aussi la chaire, qui date du XVIe siècle, et à laquelle on arrive par un escalier pratiqué dans le pilier auquel elle est adossée. — L'hôtel de la préfecture, autrefois l'intendance, est un bel édifice en briques. L'hôtel de ville a été construit en 1783, sur l'emplacement de l'ancien château, dont il reste encore trois vieilles tours couronnées de créneaux parfaitement conservées, qui servent aujourd'hui de prison. — On remarque encore la bibliothèque publique ; le palais de justice, de construction moderne ; la halle aux grains ; la halle aux toiles ; la poissonnerie ; l'abattoir public ; l'église de Montsort, construite dans le VIIIe siècle ; la salle de spectacle, etc., etc. — Alençon est la patrie de Dufriche-Valazé, député à la Convention nationale ; du folliculaire Hébert, rédacteur du journal intitulé le *Père Duchesne*; des lieutenants-généraux Bonnet et Ernouf ; du célèbre Desgenettes, médecin en chef de l'armée d'Égypte ; du naturaliste Labillardières ; d'Odolant Denos, historien de la ville d'Alençon, etc.—FAB. de toiles. Filatures de coton. — COM. de grains, toiles dites d'Alençon, fils, chaines, plumes et duvet d'oies, chevaux de belle race, etc. — A 47 kil. (12 l.) du Mans, 189 kil. (48 l. 1/2) de Paris. — HÔTELS : d'Angleterre, de la Poste, du Maure, du Grand-Cerf, du Petit-Dauphin, du Louvre.

VOITURES PUBLIQUES. Pour Paris et Rennes, tous les jours; pour le Mans, deux fois par jour.
BUTS D'EXCURSIONS : à *Saint-Cenery-le-Gérey* (*Voy.* ci-après ce mot); à *Saint-Denis* (12 kilom.), remarquable par de belles forges ; — à la *butte de Chaumont*, un des points les plus élevés du département ; — à la forêt d'*Écouve* (8 kil.), belle futaie où se trouve la verrerie Dugos ; — à la forêt de *Perseigne*, où l'on trouve les restes d'un ancien monastère assez bien conservé.

OUVRAGES A CONSULTER, lqui se trouvent à la librairie de Bodé, à Alençon.
Histoire du Perche et du duché d'Alençon, par Bry, in-4°, 1620.
Description du bocage percheron, par Dureau de la Malle, in-8°, 1823.
Annuaires historiques et statistiques de l'Orne, par Dubois, 3 vol. in-12, 1808-11.
Antiquités de la ville d'Alençon, par Chanfailly, in-12.
Mémoires historiques sur Alençon, par Odolant Desnos, 2 vol. in-8°, 1787.

Histoire d'Alençon, par Gauthier, in-8°, 1805, et suppl. 1821.
Histoire d'Alençon, par Dubois, in-8°, 1803.
Vues pittoresques prises dans les comtés du Perche et d'Alençon, texte et pl. in-4°, 1827.

CENERY-LE-GÉREY (SAINT-) (*Orne*). Village situé sur la rive droite de la Sarthe, à 3 l. d'Alençon. Pop. 340 hab. Ce village, aujourd'hui peu important, était autrefois une ville forte défendue par un château célèbre dans les fastes de la Normandie, et dont il ne reste plus que des ruines. Le site de Saint-Cenery est on ne peut plus pittoresque.

OUVRAGE A CONSULTER. *Excursion à Saint-Cenery-le-Gérey*, par Delasalle.

LASSAY (*Mayenne*). Petite ville à 39 kil. (10 l.) de Mayenne. 2,807 hab. On y voit une halle dont la charpente est d'une hardiesse remarquable. Cette ville doit son nom et son origine à un ancien château bien conservé, qui offre une masse considérable de tours et de murs crénelés, épais, mais peu élevés : on y entre par un pont-levis flanqué de deux fortes tours. Dans l'épaisseur des murailles ont été ménagées des pièces mal éclairées, qui servaient autrefois d'habitations.

MAYENNE (*Mayenne*). Ville ancienne. Sous-préf. Trib. de 1re instance et de com. Ch. de manuf. Col. com. ⊠ ☛ 9,797 hab. Cette ville est irrégulièrement bâtie, sur le penchant de deux coteaux qui bordent les rives de la Mayenne. Le quartier de la rive droite, le plus élevé des deux, est la ville proprement dite; celui de la rive gauche n'est qu'un faubourg, mais ce faubourg renferme à lui seul un tiers de la population totale. La grande route de Brest en rase l'extrémité, et laisse la ville à droite pour continuer sa direction en face. Le voyageur en poste n'y entre que pour relayer, s'il se dirige sur Laval; mais il traverse la ville dans toute sa longueur s'il suit la direction de Fougères, qui l'oblige à subir toutes les difficultés et les aspérités de ce trajet, c'est-à-dire à descendre la rue extrêmement escarpée qui conduit au pont jeté sur la Mayenne, et à gravir la rampe plus difficile encore qui conduit au haut de la ville. Les rues de Mayenne sont généralement mal percées et bordées de vieilles maisons dont l'aspect a quelque chose de bizarre ; on y trouve des habitations de construction moderne, mais qui n'ont rien de remarquable. Sur la rive droite de la Mayenne, s'élève le vieux château des seigneurs de Mayenne, qui domine le pont d'une manière pittoresque; il est séparé d'un bâtiment qui en dépendait autrefois, et qui sert aujourd'hui de halle aux toiles, par une terrasse plantée d'arbres dont on a fait une promenade publique.
— FABRIQUES de toiles de lin, coutils, mouchoirs, calicots. Blanchisseries de toiles. — COMMERCE considérable de toiles, fils et chaines de lin, mouchoirs, chemises, pantalons confectionnés pour les colonies, etc. — A 31 kil. (8 l.) de Laval, 245 kil. (63 l.) de Paris. — HÔTELS : de la Belle-Étoile, de l'Europe, du Petit-Pavillon.

VOITURES PUBLIQUES. Tous les jours pour Paris, Rennes, Brest; pour Laval, Ernée, Fougères, le Mans, Domfront, Évron et Goron.

JUBLAINS (*Mayenne*). Bourg situé à 10 kil. (2 l. 1/2) de Mayenne. 1,800 h. Ce bourg occupe l'emplacement de la principale ville des *Diablintes*, à laquelle les Romains avaient donné le nom de *Nœodunum*, et à peu de distance de laquelle ils avaient établi un camp ou un castellum. Le camp, ou plutôt le fort antique de Jublains, offre une enceinte carrée, de 104 mètres de chaque face, formée de murailles hautes de 3 m. 89 c. et larges de 3 m., construites en pierres liées avec du ciment. Aux quatre angles sont placées des tours : d'autres tours garnissent, au nord, à l'est et à l'ouest, les intervalles compris d'un angle à l'autre. Du côté du midi, le terrain est en pente; on n'y trouve qu'une seule tour de forme carrée.

OUVRAGES A CONSULTER. *Notice sur Jublains*, par Verger, in-8°, 1836.

LAVAL. Ancienne ville, chef-lieu du département de la Mayenne. Trib. de prem. inst. et de comm. Soc. d'agric. Coll. comm. ⊠ ☛ 16,401 hab. Laval est une ville bâtie dans une situation pittoresque, sur la pente d'un coteau au pied duquel coule la Mayenne. On y arrive, du côté de la ville de ce nom, par un faubourg qui forme, en population et en étendue, environ un tiers de la ville, avec laquelle il communique par un beau pont en pierres de taille. Au pied de l'amphithéâtre, dont la ville occupe le centre, coule la Mayenne, bordée des deux côtés par des maisons irrégulièrement bâties, les unes en saillie, les autres en retraite : quelques terrasses, quelques petits jardins, quelques bouquets d'arbres et quelques tapis de verdure s'entremèlent à ces habitations. Sous le pont, la rivière s'étend en nappe ; plus haut et plus bas elle se précipite tout entière en arcade par des chaussées de moulins, dont l'inégale structure répond à l'inégalité des deux rives de la Mayenne. Les méandres que décrit cette rivière sont interrompus, à gauche, par l'église gothique d'Avenières, dont le clocher pyramidal couronne heureusement la perspective ; à droite, la vue est bornée par le monticule pittoresque de Bel-Air, sur lequel s'élève une charmante habitation. — La ville est ceinte d'un cordon de murailles fortifiées dont quelques parties sont assez bien conservées. Elle est généralement mal bâtie, et né présente qu'un entassement de vieilles maisons, séparées par deux rues aussi noires qu'escarpées, aussi étroites que tortueuses. Une de ces rues se prolonge sous des maisons voûtées ; une autre, également couverte, est percée en galerie, et l'on ne peut rien voir de plus triste et de plus malpropre que cette singulière rue. La rue qui s'ouvre vis-à-vis du pont gravit directement et si rapidement la colline, qu'on la croirait inaccessible aux voitures, si l'on ne voyait rouler sur son pavé de marbre des chariots traînés à pas lents par des chevaux et des bœufs ; une rue large, bien bâtie et d'un accès beaucoup plus facile, conduit de la partie haute de la ville dans le faubourg de Bretagne. La plupart des maisons qui bordent ces rues sont construites en bois, et remarquables par leur ancienneté. — Au milieu du triste groupe de bâtiments qui composent la ville, s'élève sur le bord de la Mayenne un énorme et antique château, surmonté d'une haute tour ronde qui en forme le donjon. Cette ancienne demeure, d'abord des ducs de Laval, ensuite des ducs de la Trémouille, et aujourd'hui celle des détenus, mérite d'être visitée intérieurement. — L'église de la Trinité offre plusieurs beaux détails d'architecture gothique. Celle des Cordeliers est intéressante par sa voûte en bois entièrement peinte, ainsi que par ses trente-six colonnes en marbre rouge et en marbre noir qui décorent le maître-autel. L'église de Saint-Vénérand se distingue par un portail qui offre l'association bizarre d'un haut et assez majestueux portique moderne, reposant sur des impostes et des jambages gothiques. L'église d'Avenières n'appartient pas à la ville ; les maisons qui l'entourent forment une commune séparée, quoique leur proximité semble en faire un faubourg ; elle a été bâtie en 1040. — On remarque encore à Laval les hospices ; la bibliothèque publique, renfermant 10,000 volumes ; une belle et vaste halle aux toiles, le collège, etc., etc. — FABRIQUES considérables de toiles dites de Laval, de fils et chaines de lin, de calicots, linge de table. Nombreuses blanchisseries de toiles. — COMMERCE de graine de trèfle, vins, eaux-de-vie, fils et chaines de lin, bois, fer, marbre. — Marchés considérables pour les toiles tous les samedis. — Entrepôt du commerce de fil de lin fabriqué dans les cantons environnants. — A 31 kil (8 l.) de Mayenne, 66 kil. (17 l.) du Mans, 277 kil. (70 l.) de Paris.— HÔTELS : de la Tête-Noire, de Cœur-Royal, du Louvre, du Dauphin.

VOITURES PUBLIQUES. Tous les jours pour Paris, Rennes, Angers, Mayenne, le Mans, Craon, Châteaubriant, Ernée, Fougères, St-Malo *et route.*

OUVRAGE A CONSULTER. *Statistique de la Mayenne*, in-4°, 1840.

VITRÉ (*Ille-et-Vilaine*). Ville ancienne. Sous-préfect. Trib. de 1re inst. ⊠ ⌾ 8,850 habit. Vitré est dans une situation agréable, sur la Cantache. C'était jadis une ville très-forte, avec titre de baronnie et gouvernement de place. Cette ville, dominée par un clocher élevé et par un ancien château, se présente assez bien aux yeux du voyageur. Elle est ceinte de remparts gothiques, flanqués de tours rondes bâties en pierres de taille, dont les assises égales sont entrecoupées de distance en distance d'une bande de pierre d'ardoise; la construction de ces tours, percées d'arceaux cintrés et couronnées de mâchicoulis, paraît appartenir aux temps féodaux. C'est une ville assez grande, mais triste, malpropre et très-mal percée. L'intérieur offre à peine quelques maisons de construction moderne; toutes les autres sont anciennes et très-mal bâties. Entre deux tours des remparts, on remarque la maison jadis habitée par madame de Sévigné. Un peu plus loin, à l'extrémité occidentale de la ville, on voit les restes encore imposants du château des ducs de la Trémouille, que le temps achève de démolir. — Vitré est dédommagé de la tristesse de son intérieur par les beautés du paysage qui l'entoure. Des fenêtres de quelques-unes de ses maisons, on découvre la plus riante perspective : celle dont on jouit de l'ancien et noir couvent des bénédictins, devenu aujourd'hui le siége de la sous-préfecture, du tribunal civil et de la mairie, est une des plus remarquables. — L'église de Notre-Dame est un édifice gothique de moyenne grandeur, aussi bien bâti que bien conservé. Elle se fait remarquer en dehors par une chaire en pierre, d'où l'on prêchait le peuple rassemblé dans le parvis : monument curieux des usages du moyen âge, et unique en son genre. Vitré n'a pas de promenade proprement dite; deux parcs de châteaux en tiennent lieu. On trouve aussi, vers le nord, une terrasse qui longe le pied des remparts, d'où l'on jouit d'une assez belle vue sur le bassin de la Vilaine. Dans l'arrondissement de Vitré, et même dans une grande partie de celui de Rennes, les habitants des campagnes se revêtent, en hiver, du sayon de peau de chèvre, espèce de veste longue qui descend jusqu'à moitié des cuisses, et offre un abri commode contre la rigueur des saisons. Ces vêtements sont confectionnés en partie par les bourreliers de Vitré, dont les étalages offrent, les jours de marché, une grande quantité de ces vestes, qui figurent au milieu des bâts et des harnais. — Vitré est la patrie de Bertrand d'Argentré, auteur d'une histoire de la Bretagne; de N. Savary, voyageur et antiquaire, auteur d'une traduction du Koran, des Lettres sur l'Égypte, des Lettres sur la Grèce, etc. — FABRIQUES de bonneterie en fil. — Manufactures de toiles à voiles. — A 35 kil. (9 l.) de Rennes, 312 kil. (80 l.) de Paris.

BUT D'EXCURSION : aux *Rochers* (2 kilom), vers le sud de Vitré. Ce château fut longtemps le séjour de Mme de Sévigné; il s'élève avec noblesse, malgré sa gothicité, entre une grande cour et de vastes jardins. La chapelle est une jolie rotonde octogone bâtie isolément à gauche de la grille du jardin. On y conserve le portrait de Mme de Sévigné, peint par Mignard.

VOITURES PUBLIQUES. Tous les jours pour Rennes.

RENNES. Grande et très-ancienne ville. Chef-lieu du département d'Ille et Vilaine. Cour royale. Trib. de 1re inst. et de comm. Chef-lieu de la 13e div. milit. Direct. d'artillerie et arsenal de constr. Faculté de droit. Faculté des sciences. Faculté des lettres. École de médecine. Académie. Coll. royal. Soc. et école de peinture. Évêché. ✉ ⚘ 35,552 hab. — Rennes est une ancienne ville des Gaules, dont les itinéraires font mention sous le nom de *Condate*. C'était autrefois la capitale des *Redones*, peuple de l'Armorique. — Elle est située sur la croupe et au pied d'une colline, sur le canal d'Ille-et-Rance, au confluent de l'Ille et de la Vilaine, et se divise naturellement en haute et basse ville, sans néanmoins que la différence du terrain puisse légitimer cette distinction. La première, assise sur une hauteur bordant la rive droite de la Vilaine, est la plus considérable; elle est régulièrement bâtie, les bâtiments en sont superbes, les places publiques vastes et magnifiques, les rues larges, spacieuses, propres, bien pavées et tirées au cordeau; la ville basse est fort mal pavée et les rues en sont malpropres. La couleur grise de la pierre que l'on emploie pour la bâtisse donne une teinte sérieuse aux bâtiments; aussi, malgré ses larges et belles rues, malgré ses hautes et belles maisons, le quartier neuf n'est-il guère plus gai que les vieux quartiers, avec lesquels il s'en-

Nº 31. ROUTE DE PARIS A BREST.

tremêle et se confond en certaines parties. Les monuments, édifices et établissements remarquables sont en petit nombre à Rennes; les principaux sont :

La PORTE MORDELAISE, anciennement appelée porte Royale, regardée aussi comme la plus ancienne. On y voit une inscription romaine presque effacée.

La CATHÉDRALE, construite vis-à vis de la vieille porte Mordelaise, à côté des bâtiments de l'école d'artillerie. Le portail, surmonté de deux tours régulières et décoré de cinq rangs de colonnes exécutées sans goût et sans aucun fini, et lourd est sans majesté; sa hauteur est de plus de 40 mètres. Les colonnes du rez-de-chaussée sont d'ordre toscan; celles du premier étage sont d'ordre ionique; celles du deuxième d'ordre corinthien, et enfin celles des troisième et quatrième étages sont d'ordre composite. Entre les deux tours existe au rez-de-chaussée la porte d'entrée, dont le sommet se termine par une voûte plate qui fait l'admiration des hommes de l'art. Au-dessus, et dans la hauteur des premier et deuxième étages, est une vaste fenêtre cintrée, correspondant à la voûte hardie construite en ogive qui, dans le projet primitif, devait régner dans toute la longueur de l'église, et qui est coupée vers le milieu par la voûte actuelle, construite en charpente recouverte de plâtre, décorée de caissons dans toutes ses parties. Le chœur, de forme demi-circulaire, est aussi décoré de caissons d'un bel effet. L'intérieur, construit dans la forme d'une croix grecque, se termine par une rotonde que soutiennent trente-trois colonnes d'ordre ionique, de 3 mètres de circonférence, séparées du mur par une distance de 4 à 5 mètres. Cette colonnade se prolonge dans toute la partie basse de l'église; les bas-côtés sont remplis par dix petites chapelles. Deux plus grandes, avec quatre colonnes pareilles à celles de la nef, existent à chaque extrémité latérale de la croix.

L'ÉGLISE SAINT-PIERRE est un édifice dont la construction remonte à une haute antiquité; la tour seule, refaite dans sa façade, ainsi que la partie gauche du cloître, en 1646, sont d'une construction plus moderne.

L'ÉGLISE SAINT-SAUVEUR est une des plus jolies de Rennes.

L'HÔTEL DE VILLE est une construction moderne, qui date de l'incendie de 1720. La façade de cet édifice, bâti sur une jolie place séparée seulement par une rue de la belle place de la Comédie, est d'un style pur et gracieux; il a été bâti sur les dessins de Gabriel. Le milieu forme un fer à cheval, dont les extrémités ressortent en larges pavillons. Celui du midi, où l'on s'introduit par un vestibule décoré de quatre belles colonnes de marbre de Saint-Berthevin, est occupé par les diverses salles de la mairie, au nombre desquelles en est une très-vaste et très-belle, destinée aux fêtes publiques. Le pavillon du nord est consacré aux diverses facultés. Au-dessus a été placée la bibliothèque publique de la ville. Dans les salles basses de ce côté, l'école de dessin et d'architecture occupe un local exigu. Au milieu de l'édifice s'élève avec grâce l'élégante tour de l'horloge. Le premier étage est décoré d'un ordre dorique, dont les colonnes sont accouplées et élevées sur un soubassement. Cet ordre est couronné par un fronton; son entablement se raccorde avec les corniches des deux pavillons et des parties circulaires. Au-dessus est un attique en forme de piédestal, portant cette tour, qui est ornée d'un ordre corinthien avec des arcades, et qui est couronnée par une campanille avec un petit dôme surmonté par une aiguille. L'hôtel de ville et la tour de l'horloge qui joint ces deux pavillons forment ensemble un corps d'édifice dont la façade a 65 mètres de longueur sur 25 de profondeur.

Le PALAIS. Cet édifice, situé sur une belle place quadrangulaire, offre, avec le style sévère de l'ordre toscan, la solidité qui le caractérise. On peut lui reprocher un défaut de proportion entre la hauteur insuffisante de la façade, qui n'a qu'un étage, et la prodigieuse hauteur du comble, dont l'arête ne s'élève pas moins au-dessus de la corniche, que la corniche au-dessus du sol. Cette façade a 144 pieds de long et se compose de onze croisées, savoir :

une seule dans le pavillon du milieu, trois dans chacun des deux pavillons latéraux, et deux dans chaque intervalle. Dans l'intérieur est une cour avec un puits au milieu ; une galerie voûtée règne autour de cette cour. Cette galerie [est répétée au premier étage, où sont les salles de ce vaste palais. On s'introduit dans ce temple de la justice par un spacieux vestibule, au-dessus duquel règne une vaste salle des Pas-Perdus. Rien de plus sombre et de plus claustral que les corridors qui conduisent dans les diverses salles d'audience, décorées de peintures de Jouvenet et de ses élèves, et de jolies arabesques dignes du pinceau de Raphaël. On admire surtout celui des tableaux qui représente le Mensonge démasqué. Cet édifice est consacré en même temps à l'étude et à l'application des lois : l'école de droit s'y trouve réunie à la cour royale, ainsi que le tribunal de commerce, le tribunal de 1re instance et le parquet du procureur du roi.

PLACES PUBLIQUES. On compte à Rennes onze places publiques, qui sont : la place Sainte-Anne, la place des Lices, la place du Calvaire, la place Saint-Sauveur, la place Saint-Michel, la place du Champ-Jacquet, la place de la Mission, la place du Pré-Botté, la place de l'Hôtel-de-Ville, la place du Palais et la place de la Comédie ou place d'Armes. Ces deux dernières sont les plus remarquables. — La place du Palais forme un parallélogramme de 110 mètres de long sur 80 de large, un peu incliné du côté du sud ; le palais en occupe entièrement le haut côté ; les trois autres côtés sont bordés de maisons élégamment bâties en pierres de taille, et décorées de beaux pilastres corinthiens. La place d'Armes, plantée de tilleuls, a moins d'étendue et de régularité que celle du Palais, avec laquelle elle se joint par un de ses angles : elle offre dans l'intérieur de la ville une promenade agréable, d'où l'on jouit d'une fort belle vue sur la façade de l'hôtel de ville, et où l'on peut se promener à couvert sous les arcades, et passer sous la salle de spectacle, l'une des plus belles salles de France.

PROMENADES. La ville de Rennes se glorifie à bon droit de ses promenades : les principales sont : le Thabor, le Mail, le Champ de Mars et la Motte. Le Thabor est formé d'une partie de l'ancien jardin des bénédictins de Saint-Mélaine : une vaste esplanade qui domine la ville, et de laquelle la vue s'étend à une distance de plusieurs lieues, se présente dès l'entrée ; une grande pelouse de verdure est au milieu, et au centre s'élève, sur un bloc de granit, la statue de Duguesclin ; à l'extérieur de cette esplanade se développe une rampe par laquelle on monte à la partie supérieure du Thabor De ces vastes allées, formées d'arbres dont quelques-uns comptent des siècles d'existence, l'œil se repose avec plaisir dans la vallée que baigne la Vilaine. Une longue grille sépare l'enceinte publique du Thabor, du jardin des plantes. La position de cette promenade, son grand développement en font une des choses les plus remarquables de Rennes. — A l'extrémité opposée de la ville, une longue jetée s'avance entre deux canaux jusqu'au confluent de l'Ille et de la Vilaine : c'est le Mail, que quatre rangs d'arbres couvrent dans toute sa longueur. — Le Champ de Mars, appelé aussi Champ de Foire, est une vaste esplanade qui, dans sa partie inférieure, présente une surface d'environ 50,000 mètres carrés : une allée plantée, élevée de quelques pieds au-dessus du sol, règne dans toute la partie latérale ouest et conduit à l'éminence qui règne dans toute la longueur du Champ de Mars.—La Motte est une promenade située en face de l'entrée de la préfecture, et venant par un escalier aboutir à l'extrémité d'une rue nouvellement percée.

La BIBLIOTHÈQUE PUBLIQUE, renfermant 50,000 volumes.

Le MUSÉE DE TABLEAUX, précieuse collection des grands maîtres des écoles française, italienne et flamande.

Rennes est la patrie d'un grand nombre d'hommes célèbres, dont les principaux sont : La Bletterie ; G. L. J. Carré, savant jurisconsulte ; Chapellier, orateur distingué de l'Assemblée constituante ; D'Argentré ; Duguesclin ;

M. Duval (Amaury), savant archéologue; M. Duval (Alexandre), auteur dramatique; M. Elleviou, acteur inimitable de l'Opéra-Comique; Gerbier, avocat du barreau de Paris; Ginguené; M. Kératry, homme de lettres et publiciste; la Chalotais, magistrat aussi intègre qu'éloquent et courageux; Lanjuinais, l'un des membres les plus estimables de la Convention nationale; Poulain de Saint-Foix, connu par ses Essais historiques sur Paris; M. Toullier, célèbre jurisconsulte; Édouard Turquety, poëte moderne et gracieux, etc., etc.

MANUFACTURES de toiles à voiles supérieures, pour la marine royale et le commerce.—FABRIQUES de fils retors, de filets de pêche.—COMMERCE de toiles de toute espèce, beurre, grains, vins, cidre, etc. — A 66 kil. (17 l.) de Saint-Malo, 109 kil. (28 l.) de Nantes, 343 kil. (88 l.) de Paris.—HÔTELS : de France, de la Corne-de-Cerf, du Commerce, de l'Europe, de la Grand'Maison.

VOITURES PUBLIQUES. Tous les jours, diligence pour Paris, Nantes, Lorient, par Vannes; pour Brest, par Dinan, St-Brieuc et Morlaix; pour Redon, Caen, Avranches, Rouen, Honfleur, le Hâvre, St-Lô, Dinan, St-Malo; tous les jours voit. de Lorient, pour Nantes, pour Brest.

OUVRAGES A CONSULTER, qui se trouvent à la librairie de Molliex, à Rennes, éditeur de tous les ouvrages sur la Bretagne, et dépositaire de tous les ouvrages de la librairie Firmin Didot.

Dictionnaire historique et géographique de la province de Bretagne, par Ogée, 4 vol. in-4°, nouvelle édition, revue, corrigée et augmentée de plus de moitié; entreprise nationale qui compte plus de 1,200 souscripteurs; il paraît déjà 7 livraisons.
Monuments de la Bretagne, magnifique collection de cinquante vues, in-fol.
L'Album breton, souvenirs de Rennes.
Histoire nationale, description du départ. d'Ille-et-Vilaine, par Giraut de St-Fargeau, in-8°, fig. et carte, 1829.
Antiquités de la Bretagne, par de Freminville, in-8°, 1832.
Essai historique sur la ville de Rennes, par Manet, in-8°.
Antiquités monumentales à visiter de Montfort à Corseul, etc., par Poignand, in-8°, 1820.
Le château et la commune, histoire bretonne.
Éléments d'agriculture, ou leçons d'agriculture moderne appliquées aux cinq départ. de la Bretagne.

MONTFORT-SUR-MEU (*Ille-et-Vilaine*). Petite ville très-ancienne.Souspréfect. Trib. de 1re inst. Coll. comm. ☒ 1,715 hab. Cette ville est située sur un coteau élevé, au confluent du Meu et du Chailloux. Elle est close de remparts flanqués de plusieurs tours, et environnée d'un large fossé. On y trouve une source d'eau minérale ferrugineuse. A l'orient de la ville sont les restes d'anciens thermes consistant en deux bassins contigus. Aux environs, sur le bord oriental du ruisseau de la commune de Saint-Malo, on voit les ruines du tombeau du célèbre enchanteur Merlin, situé sur le haut de la montagne, à l'entrée de la forêt de Brescilien; au-dessous de la montagne, vers le ruisseau, était la fameuse fontaine de Jouvence, entourée de pierres colossales et d'une plantation de chênes; cette fontaine a été fort dégradée; ce qu'elle offre aujourd'hui de plus remarquable est un petit escalier tournant taillé dans le roc pour y descendre du sommet de la montagne.—Dans la forêt de Montfort, située à peu de distance et au midi de la ville, on remarque un chêne d'une grosseur considérable : il a sept brasses de circonférence et une hauteur proportionnée.Des actes authentiques ne permettent pas de douter que cet arbre ait vu moins de six siècles. — COMMERCE considérable d'excellent beurre. A 23 kil. (5 l. 3/4) de Rennes, 368 kil. (94 l. 1/2) de Paris.

VOITURES PUBLIQUES tous les jours pour Rennes.

BROONS (*Côtes-du-Nord*). Bourg à 24 kil (6 l. 1/4) de Dinan. ☒ ⚲ 2,455 hab. On y voit les vestiges du château de Lamotte-Broons, où est né Bertrand Duguesclin. Le conseil général du département des Côtes-du-Nord a fait élever récemment sur ces ruines, qui bordent la grande route, un monument à la mémoire de Duguesclin.

LAMBALLE. (*Côtes-du-Nord*). Jolie ville, à 23 kil. (6 l.) de Saint-Brieuc

N° 31. ROUTE DE PARIS A BREST.

✉ ☞ 4,390 hab Elle est située sur le penchant d'un coteau que domine l'église Notre-Dame, et au-dessous duquel se trouvent les faubourgs traversés par la grande route de Paris à Brest. C'est une petite ville assez jolie, riche et industrieuse, qui s'embellit tous les jours. On y remarque une agréable promenade plantée d'arbres verts et feuillus, établie sur l'emplacement de l'ancien château, dont la chapelle a été conservée. — FABRIQUE d'étoffes de laine.—COMMERCE de miel, cire, blé, cuirs, chevaux et bestiaux.

BRIEUC (SAINT-) Jolie ville maritime. Chef-lieu du département des Côtes-du-Nord. Trib. de 1re inst. et de comm. Ch. de comm. Soc. d'agr. École d'hydrogr. de 4e classe. Évêché. Coll. comm. ✉ ☞ 11,318 hab. Cette ville doit son origine à un monastère fondé vers le cinquième siècle au milieu d'un bois, par le saint dont elle porte le nom. Elle est agréablement située, dans un fond environné de montagnes, sur le Gouet et près de son embouchure dans l'Océan. Les restes de ses murs ont disparu en 1788, et sur leur emplacement on a formé une jolie promenade plantée de tilleuls joignant une autre promenade terminée par une terrasse où se trouve une rotonde, d'où l'on découvre d'un côté la mer, et de l'autre la baie de Saint-Brieuc. De même que la plupart des villes anciennes, celle-ci est mal bâtie et mal percée, mais elle s'embellit journellement par de nouvelles constructions ; un grand nombre de maisons qui étaient construites en bois, et dont quelques-unes d'entre elles présentaient encore une saillie telle que les habitants des deux côtés opposés pouvaient se donner la main, ont été presque entièrement reconstruites depuis peu. On y voit sept fontaines publiques et deux ponts. Près de la ville est une fontaine d'eau minérale ferrugineuse.—Le port de Saint-Brieuc, qu'on nomme le Legué, est situé à un quart de lieue de la ville, avec laquelle il sera bientôt réuni si l'on continue de construire dans l'espace intermédiaire comme on le fait depuis quelque temps. Ce port est très-sûr, d'un abord facile, bordé de fort beaux quais, cales, vastes magasins et chantiers de construction ; il assèche à toutes les marées, et la mer s'en éloigne d'environ une lieue et demie ; mais pendant huit jours sur quinze elle monte de 6 m. 50 c., ce qui la rend navigable pour des navires de 400 tonneaux. Au-dessous des falaises que dominent les restes de l'antique tour de Cesson, est une grève immense, d'un beau sable, unie et ferme, que la mer recouvre à toutes les marées, et qui chaque année, pendant trois jours, sert d'hippodrome pour les courses de chevaux.

La CATHÉDRALE de Saint-Brieuc, dont la construction remonte au milieu du treizième siècle, est un ancien édifice dont certaines parties remontent au dixième et au onzième siècle : la nef a été reconstruite dans le dix-huitième. On y remarque deux belles rosaces. L'autel du S. Sacrement, sculpté par Corlay, mérite aussi d'être signalé. Cet artiste, né à Châtelaudien, a exécuté grand nombre de travaux dans les différentes églises du diocèse ; mais cet autel est son chef-d'œuvre. Les tours sont laides et peu élevées ; mais l'une d'elles est surmontée d'une flèche assez haute : c'est tout simplement une charpente recouverte d'ardoises. Cette église possède deux beaux gobelins qui méritent d'être mentionnés.

L'ÉGLISE SAINT-MICHEL est un édifice de construction récente. L'extérieur est hideux : on ne sait si c'est une église, une halle, ou une usine quelconque. L'intérieur est d'un assez bel effet. On a l'intention d'y placer le beau groupe de Duseigneur.

On remarque encore à Saint-Brieuc l'hôtel de la préfecture, bel édifice de construction récente ; l'hôpital général ; la statue du connétable Duguesclin, élevée sur la place qui porte son nom ; la bibliothèque publique, renfermant 21,000 volumes, etc. — COMMERCE de grains, lin, chanvre, bestiaux. Armements pour les colonies et pour la pêche de la morue. A 62 kil. (16 l.) de Saint-Malo, 91 kil. (28 l.) de Rennes, 415 kil. (106 l. 1/2) de Paris.—HÔTELS : de la Croix-Rouge, de la Croix-Blanche, du Chapeau-Rouge, de l'Univers.

N° 31. ROUTE DE PARIS A BREST. 241

OUVRAGES A CONSULTER, qui se trouvent à la librairie de Prudhomme, à St-Brieuc. *Statistique monumentaire du département des Côtes-du-Nord.* (Annales françaises des arts, t. X, 1822.)
Antiquités de la Bretagne, par de Fréminville, in-8°, 1828-32.
Notions historiques, géographiques, statistiques et agronomiques sur le littoral du départ. des Côtes-du-Nord, par Habasque, 3 vol. in-8°, 1833-38.
Annuaires dinanais, 1831 à 1835.

CHATELAUDREN (*Côtes-du-Nord*). Jolie petite ville, à 20 kil. (5 l.) de Saint-Brieuc. ⊠ ☞ 964 hab. Resserrée par les douves de l'ancien château, cette ville a peu d'étendue; elle est bien bâtie, formée de rues propres, assez larges, et possède une jolie halle entourée de maisons agréables. Sur les ruines de l'ancien château a été établie, en 1808, une promenade elliptique, dont la situation, entre la ville qu'elle domine et l'étang qui en bat les murs, est de l'effet le plus gracieux.

GUIMGAMP (*Côtes-du-Nord*). Petite ville. Sous-préf. Trib. de Ire instance. Société d'agric. ⊠ ☞ 6,100 hab. Elle est située sur le Trieux, au milieu de vastes et belles prairies, et était autrefois entourée de murailles, dont une partie existe encore. Une grande rue la traverse d'un bout à l'autre; dans le milieu est l'église paroissiale, surmontée d'un clocher à flèche et d'une tour carrée recouverte d'une espèce de dôme. Sur la place publique est une fort belle halle, devant laquelle est une jolie fontaine. L'intérieur de la ville offre plusieurs belles constructions, et les environs d'agréables promenades. — FABRIQUES de toiles. — COMMERCE de grains, fil, toiles, etc. — A 27 kil. (7 l.) de Saint-Brieuc, 442 kil. (113 l. 1/2) de Paris.—HÔTELS : des Voyageurs, de Bretagne, du Croissant.

VOITURES PUBLIQUES. De Paris à Brest. *Service journalier entre Guimgamp et St-Brieuc. et à volonté pour les environs.*

ÉTABLES (*Côtes-du-Nord*). Bourg situé au bord de la mer, à 19 kil. (4 l. 3/4) de Saint-Brieuc. 3,004 hab. Il possède une belle église surmontée d'un clocher d'une forme élégante, terminé par un dôme doré. — Pêche du poisson frais.

PLOUHA (*Côtes-du-Nord*). Joli bourg situé à 26 kil. (6 l. 1/4) de Saint-Brieuc. 5,041 hab. Il est bâti sur une élévation à l'intersection de sept chemins qui y forment autant de rues. Près du bord de la mer, on voit la chapelle de Sainte-Eugénie, en grande vénération dans le pays, et où afflue un grand nombre de pèlerins dans le mois de mai, le jour de l'assemblée. — COMMERCE considérable de fil. — HÔTEL des Voyageurs.

CARHAIX (*Finistère*). Petite ville fort ancienne, à 50 kil. (12 l. 3/4) de Châteaulin. ⊠ 1,939 hab. C'est une ville généralement mal bâtie et mal percée, où l'on remarque l'église paroissiale qui parait être une construction du VIe siècle. — PATRIE de la Tour d'Auvergne.

MORLAIX (*Finistère*). Ancienne et jolie ville maritime. Sous-préf. Trib. de Ire inst. et de comm. Soc. d'agr. École d'hydrog. de 4e classe. Société vétérinaire. ⊠ ☞ 9,596 hab. — *Établissement de la marée du port*, 5 *heures* 15 *minutes.*—Cette ville est fort agréablement située, au pied de deux collines et au confluent des rivières de Jarleau et de Kevieut, qui, s'unissant aux eaux de la mer, y forment un joli port, où l'on descend par une rampe excessivement rapide; un parapet garantit des chutes que pourraient faire les voitures dans un vallon très-profond qui la borde. Deux nouvelles routes ont été récemment tracées pour rendre facile l'entrée de la ville : l'une s'étend sur la charmante vallée qui conduit aux papeteries ; l'autre suit les prairies qui bordent le Jarleau. On arrive alors sur les quais, où le voyageur est agréablement surpris d'apercevoir tout à coup un des plus jolis ports de France. L'escarpement des deux collines, les jardins en terrasse dont elles sont embellies, ne font que ressortir davantage la beauté des quais et des maisons qui les bordent : rien n'est plus surprenant que ce passage subit d'une route agreste et mélancolique à ce beau port et à cette ville d'un aspect si gai et si pittoresque à la fois. Cette partie de la ville est même vraiment belle : les quais sont bien

revêtus, bien pavés, les maisons modernes et fort bien bâties. Le chenal, quoique étroit, porte un grand nombre de bâtiments de commerce du plus grand tonnage, qui remontent jusqu'à la principale place, sous laquelle passent, à travers de superbes voûtes, les eaux réunies des deux rivières. Sur la rive droite du chenal on aperçoit une suite de maisons avec des porches très-avancés et fort bas, qui servent de promenades : elles se nomment les Lances. Les maisons que supportent ces porches sont assez élevées, d'une construction ancienne et singulière. La place principale est vaste, entourée de quelques belles maisons modernes du côté de Léon; mais du côté de Tréguier presque toutes les maisons sont antiques et sans alignement. Au milieu de cette place, sur l'emplacement du vaste bâtiment de l'hôtel de ville, construit sous le règne de Louis XIII, et démoli en 1836, s'élève un édifice d'élégante construction, occupé par les bureaux de la mairie, par les tribunaux de 1re instance et de commerce, et par les marchés aux toiles et aux grains. On remarque avec plaisir que des constructions nouvelles remplacent, à Morlaix, les curieuses maisons de la vieille ville; cependant on voit encore, dans plusieurs quartiers, des façades ornées de sculptures, et des intérieurs très-remarquables, dont plusieurs ont été reproduits en lithographie par MM. Rouargue et Saint-Germain. Le quartier Saint-Martin, bâti sur la partie la plus élevée de la ville, est d'un très-bel effet : on y gravit péniblement par de nombreux escaliers, mais on est dédommagé de cette fatigue par l'aspect d'une fort jolie église moderne, entourée de beaux jardins, et par le beau coup d'œil dont on jouit de cette élévation. — L'église Saint-Matthieu peut être considérée comme un assez beau monument gothique; le clocher est particulièrement remarquable. — L'église Sainte-Mélaine est un édifice du xve siècle, mais pesant et de mauvais goût. — Sur la côte de Léon on voit un très-bel édifice moderne avec de grandes cours et de superbes ateliers; c'est la manufacture de tabac, qui occupe trois à quatre cents ouvriers. Près de la fontaine dite des Anglais, commence le cours Beaumont, promenade plantée par le maire de ce nom : elle se prolonge près d'une demi-lieue le long du port.—Jolie salle de spectacle.—
* Patrie du général Moreau.— Commerce considérable de beurre, grains, suif, miel, cire jaune de qualité supérieure, etc. — A 99 kil. (25 l. 1/2) de Quimper, 55 kil. (14 l.) de Brest, 495 kil. (129 l.) de Paris.— Hôtels : de France, de Paris.

But d'excursion : Aux mines de Poulaouen et du Huelgoat.
Paquebots a vapeur. De Morlaix au Havre. Paquebot le *Morlaisien* (140 chev.). Départs de Morlaix tous les mercredis; du Havre tous les samedis. Prix : 30 fr. et 20 fr.; trajet, 18 à 20 h.
Ouvrages a consulter, qui se trouvent à la librairie de Victor Guilmer, à Morlaix. *Promenades maritimes du Havre à Morlaix*, par Morient, in-18.
Vues de divers édifices de Morlaix, par Rouargue et St-Germain; lithographie de Vr Guilmer.

POL DE LÉON (SAINT-) (*Finistère*). Jolie ville, à peu de distance de la mer qui forme un petit port, à 20 kil. (5 l.) de Morlaix. ⌂ 6,092 hab. — Établissement de la marée du port, 5 heures 15 minutes. — Cette ville doit son origine à un ancien château, nommé Castel-Bol, bâti sur la hauteur qui la domine du côté du chemin de Roscoff, et dont il ne reste plus aucun vestige. Elle est très-agréablement située sur la croupe d'une colline qui s'abaisse jusqu'à la mer, généralement mal bâtie, mais propre et bien pavée; on y trouve un grand nombre de maisons particulières fort anciennes, remarquables par leur architecture gothique. — La cathédrale est un édifice du commencement du xve siècle, bâti sur un plan régulier; rien n'y est léger, élégant ni hardi; les arcades des bas-côtés sont basses, la nef est peu élevée; les deux clochers qui surmontent le portail manquent de légèreté. Au côté méridional est cependant une rosace remarquable par son travail délicat et par la grandeur de ses dimensions. L'intérieur renferme un sarcophage massif décoré d'ornements du style le plus barbare, qui passe pour être le tombeau du roi Conan Méridec. Les boiseries du chœur et des stalles sont remarquables par la délicatesse de leurs sculptures gothiques. Au pied du maitre-autel est une grande tombe en marbre noir, chargée d'inscriptions, qui indique l'emplacement de la sépulture de saint Léon. Derrière le chœur, du côté de l'épitre, on voit le monument en marbre blanc de F. Visdelon, évêque de Léon, mort en 1671 ; il est représenté à demi couché et revêtu de son costume épiscopal. Un des objets les plus singuliers que renferme cette cathédrale, est une figure à trois faces, emblème de la Trinité, que l'on voit peinte près du cul-de-lampe d'une voûte du bas-côté, vis-à-vis du chœur et du côté de l'épitre. — L'édifice le plus remarquable de Saint-Pol est, sans contredit, l'église de Kreizker, construite avec magnificence vers la fin du XIV° siècle. L'arcade ogive qui forme l'entrée principale est d'une forme admirable et enrichie d'ornements très-délicats. Le clocher est le plus bel ouvrage de ce genre que l'on connaisse en France ; c'est une tour carrée très-élevée, dont la masse, dissimulée par de longues fenêtres en ogive, est surmontée par une corniche et par une balustrade élégante, d'où s'élance une flèche travaillée à jour et flanquée de quatre clochetons d'une admirable légèreté. Ce clocher a 120 m. de hauteur totale.

Penpoull, situé sur le bord de la mer, à un quart de lieue de Saint-Pol de Léon, est, à proprement parler, le port de la ville. Ce port assèche à toutes les marées, et la mer se retire à trois quarts de lieue des habitations ; il peut contenir une soixantaine de barques et quelques bâtiments de 130 à 140 tonneaux, qui approchent à 90 brasses du rivage. — Fabriques de toiles. — Commerce de chanvre, lin, fil, toiles, etc.

Landivisiau (*Finistère*). Jolie petite ville à 20 kil. (5 l.) de Morlaix. ⊠ ⚬⁄ 2.853 hab. C'est une ville bien bâtie, bien percée et bien pavée, où l'on remarque une belle église paroissiale surmontée d'un clocher à flèche d'une architecture élégante et hardie.

Landerneau (*Finistère*). Petite ville maritime, à 20 kil. (5 l.) de Brest. ⊠ ⚬⁄ 4,903 hab. Elle est située à l'embouchure de l'Élorn, qui y forme un joli port, entouré de collines fort hautes et fort escarpées sur la rive gauche de la rivière, mais qui s'abaissent graduellement sur la rive droite, et forment une plaine assez étendue dans laquelle la partie la plus considérable de la ville est bâtie. La ville haute renferme beaucoup de maisons fort anciennes. L'aspect de Landerneau est extrêmement agréable. Des eaux claires et limpides descendent de tous côtés des montagnes et vont se perdre dans le port après avoir traversé les rues. Le port peut recevoir des bâtiments de 3 à 400 tonneaux. Les quais sont vastes, commodes, bien revêtus, bien pavés, et se prolongent au delà d'une jolie promenade ; les cales sont larges et d'un abord facile. De la promenade, plantée de deux rangs d'arbres et bordée d'un parapet en granit, on jouit d'une vue étendue sur les sinuosités de la rivière. Le chenal de la rivière, à la sortie du port, a été redressé sur une longueur de 1000 mètres, ce qui facilite beaucoup l'entrée et la sortie des navires. On travaille maintenant à la rectification des routes royales. — L'église principale est sous l'invocation de saint Houardon ; c'est un édifice gothique du XVI° siècle ; on admire l'élégance de son portique. La marine possède une belle caserne qui peut contenir quinze cents hommes ; elle est placée au milieu d'un enclos de 5 hectares, cerné de murs de 5 mètres de hauteur. — L'hospice civil, dont la fondation remonte à 1336, peut contenir cent pauvres et cent malades militaires ; il est desservi par des sœurs hospitalières de l'ordre de Saint-Thomas de Villeneuve. — Manufactures importantes de cuirs et de toiles. — Commerce de toiles de toutes sortes, cuirs tannés et corroyés, goudron, etc. — Hôtels : de l'Univers, des Voyageurs, de la Grande-Maison.

Voitures publiques pour Brest, Nantes, Rennes.

Buts d'excursions. On doit visiter, à un kilomètre de Landerneau, la chapelle de *Beuzit*, qui renferme le tombeau d'Ollivier de la Pallue, décoré dans son contour d'arcades gothiques remplies d'écussons armoriés. — A un kilomètre de Landerneau et sur la rive gauche de l'Élorn, se trouve un vaste bâtiment occupé par des dames de la congrégation du Calvaire; une promenade parfaitement plantée conduit de la ville à cette maison.

LESNEVEN (*Finistère*). Petite ville située sur une hauteur, à 24 kil. (6 l. 1/4) de Brest. ✉ 2,404 hab. On trouve, aux environs de cette ville, une chapelle gothique, dite chapelle de la Fontaine-Blanche, dans laquelle on voit un bas-relief fort curieux, dont le sujet représente l'accouchement de la Vierge, où Dieu le père est représenté faisant les fonctions de sage-femme. — A un kilomètre de Lesneven, on remarque l'église célèbre de Notre-Dame du Folgoat, l'un des plus beaux édifices gothiques du département. La façade est ornée de deux clochers, dont l'un, d'un très-beau style gothique, est surmonté d'une flèche très-élevée.

BREST (*Finistère*). Grande et forte ville maritime. Sous-préfect. Préfecture maritime. Place de guerre de 1re classe. École de navigat. de 2e cl. École du génie maritime. Consulats étr. Trib. de 1re inst. et de comm. Écoles de médecine, de chirurgie et de pharmacie. Soc. d'agr. École de maistrance. ✉ ⚓ 29,860 hab. — *Établissement de la marée du port*, 3 *heures* 38 *minutes et demie.* — Quelques écrivains ont cru que Brest était le *Brivates Portus* des anciens, ou la *Gesocribates* des Romains; mais aucun vestige du séjour ou du passage des Romains à Brest, aucun titre, aucune autorité ne peut justifier cette prétention. Cette ville est située sur le bord septentrional d'une superbe rade, formée par l'Océan, à peu de distance de l'embouchure de la rivière de l'Élorn, et sur les deux rives de celle de Penfeld, qui divise la ville en deux parties, l'une à droite, connue sous le nom de Recouvrance, et l'autre sur la rive gauche, plus spécialement désignée sous le nom de Brest. La ville s'élève au pied et sur le penchant d'un coteau très-escarpé; elle a environ une lieue de circonférence, et se divise naturellement en haute et basse ville. La ville haute est régulièrement percée et offre plusieurs beaux édifices; mais les quartiers supérieurs sont si escarpés, que quelques-uns communiquent par des escaliers avec la ville basse, dont plusieurs maisons ont le cinquième étage au niveau des jardins. La ville basse est belle et propre dans la partie qui avoisine le port; toutefois plusieurs quartiers sont mal bâtis, tristes et malpropres. Le quartier de Recouvrance est composé de quelques belles rues et d'un plus grand nombre de fort laides, formées de maisons dont le style et l'aspect contrastent avec le quartier de Brest. La ville est ceinte de remparts garnis d'arbres qui forment des promenades agréables; la vue y est en général très-bornée du côté des terres, mais elle est superbe du côté de la rade, qui est regardée comme une des plus belles du monde.

Le PORT est assez grand pour contenir plus de cinquante vaisseaux, frégates et autres bâtiments de guerre, tous à flot et garantis des vents par les hauteurs environnantes. Des batteries formidables en défendent toutes les parties : celle du Fer-à-Cheval, qui sert d'avant-garde, est parfaitement armée; derrière se trouvent les batteries du polygone et de très-beaux magasins d'artillerie. Au-dessus de la montagne règne un beau quai, en amphithéâtre, bordé de magnifiques édifices. Une fort belle grille ferme le parc sur le quai de la ville, et clôt ainsi de ce côté ce superbe vestibule du port, barré, dans toute sa largeur, par la chaîne, assemblage de radeaux et de chaînes énormes en fer, qui ne laisse qu'une petite passe, fermée et soigneusement gardée la nuit. A droite de l'entrée, et vis-à-vis le Fer-à-Cheval, domine majestueusement le château de Brest, avec ses tours et ses remparts élevés, aussi remarquable par sa force et sa situation que par les souvenirs historiques qui s'y rattachent. L'intérieur renferme une très-belle place d'armes, l'arsenal de l'artillerie de terre, de très-beaux magasins et des casernes, dont une, nouvellement construite, est supérieurement distribuée et d'un bel ensemble.

N° 31. ROUTE DE PARIS A BREST.

Le MAGASIN GÉNÉRAL est un vaste édifice d'une distribution simple, mais bien entendue. La façade ne manque ni de grâce ni de majesté : la porte, fermée par une grille, est belle et surmontée d'un fronton bien sculpté, représentant l'écusson de France, environné de tous les attributs de la marine : une cour extrêmement spacieuse, d'une forme triangulaire, comprend tout l'espace derrière les édifices du pourtour du bassin et la longueur du magasin général. Vis-à-vis, se développe un quai très-spacieux, qui forme une sorte de place d'armes, ornée d'une fontaine. Plus loin, le quai est surchargé de chantiers, sur lesquels sont posées une innombrable quantité de pièces de canon pour l'armement des vaisseaux.

La CORDERIE, d'une longueur immense, présente avec le bagne et le quartier de la marine, qui la dominent en amphithéâtre, un superbe coup d'œil. Vis-à-vis se trouve un quai superbe, qui sert à déposer les ancres destinées aux bâtiments, et dont le nombre est considérable.

BASSINS DE CONSTRUCTION. En face d'une anse large et profonde, entourée de beaux magasins et de superbes ateliers, existent quatre superbes formes ou bassins de construction, tels qu'il ne s'en trouve nulle part dans le monde; ils sont placés deux au bout l'un de l'autre, et communiquent entre eux par des portes; les deux rangées sont parallèles et séparées par un très-beau môle, qui règne dans toute la longueur. Ces bassins s'ouvrent et se ferment au moyen de bateaux-portes à leur communication avec la mer, et les eaux entrent de l'un dans l'autre par des portes battantes et busquées; ils ont été creusés dans le roc. Autour des bassins règne un très-grand pourtour, où les charpentiers travaillent constamment aux pièces qui doivent servir à la construction ou au radoub des bâtiments.

Le BAGNE est un vaste édifice consacré au logement des forçats. C'est un bâtiment de deux cent soixante mètres de longueur, où l'on remarque trois pavillons, un au centre et deux aux extrémités : celui du centre, destiné au logement des officiers, partage le bagne en quatre salles, dans chacune desquelles on peut loger cinq cents hommes; les deux pavillons des extrémités sont destinés au logement des bas officiers commis à la garde de cette prison. — On remarque encore à Brest : l'arsenal; l'ancien magasin général; le cours d'Ajot, d'où l'on jouit de la vue de toute la rade; la bibliothèque de la marine, renfermant 20,000 volumes; le cabinet d'histoire naturelle; le jardin des plantes; l'observatoire de la marine; les hôpitaux; la salle de spectacle, dont la façade est d'un bel effet; l'hôtel de ville; l'église de Saint-Louis, etc. — Brest est la patrie de Lamothe-Piquet, de Kersaint et de d'Orvilliers. — FABRIQUES de cordages, chapeaux vernis. Construction de navires. Armement pour la pêche de la sardine, du maquereau et de la morue. — COMMERCE de grains, poisson frais et salé, etc.—A 35 k. (9 l.) de Quimper, 549 k. (141 l.) de Paris.—HÔTELS : de France, de Provence, du Grand-Monarque, de la Tour-d'Argent, du Grand-Turc.

VOITURES PUBLIQUES. Tous les jours pour Paris, Landerneau, Morlaix, Nantes, Quimper, Lorient, Vannes.

OUVRAGES A CONSULTER. *Essais topographiques, statistiques et historiques sur la ville, le château et le port de Brest*, par Dauvin, in-8°, 1816.
Itinéraire descriptif du départem. du Finistère, par Gilbert Villeneuve, in-8°, 1828.

CAMARET (*Finistère*). Village situé sur l'Océan, à 40 kil. (10 l. 1/4) de Châteaulin. 1,003 hab. Pêche et commerce de sardines. — On voit aux environs la pointe de Toull-Inguet, monument celtique, formé d'environ 60 pierres, qui a plus de régularité, malgré les blocs frustes et informes qui le composent, que celui de Carnac.

PLOUGONVELIN (*Finistère*). Village à 16 kil. (4 l.) de Brest. 1,445 hab. On remarque aux environs le rocher de Berthaume, élevé de deux cents pieds au-dessus de la mer, et séparé de la côte par un espace d'environ cent cinquante pieds. Ce rocher est couronné par un château fort où l'on ne peut arriver que dans un chaland qui glisse sur deux câbles suiffés, et que fait mouvoir un va-et-vient.

CONQUET (*Finistère*). Jolie petite ville maritime, à 20 kil. (5 l.) de Brest. 1,273 hab.— *Établissement de la marée du port*, 3 heures 32 minutes.—Elle est généralement bien bâtie, sur le bord de l'Océan, où elle a une rade sûre et un port, défendu par un fort, qui peut recevoir environ soixante bâtiments de 100 tonneaux.

DE RENNES A LAMBALLE, par Dinan, 9 myr. 2 kil.

	m. k.
De Rennes à la Chapelle-Chaussée ☞...........	2,4
La Chapelle-Chaussée à * Dinan ☞...........	2,9
* Bécherel (à gauche de la route).	
Dinan à Lamballe ☞ (Voy. ci-après)..........	3,9

Du Mesle-sur-Sarthe à Séez ☞.................	1,9
* Courtomer (sur la route).	

COURTOMER (*Orne*). Petite ville située à 39 kil. (10 l.) d'Alençon. 1,264 h. On y voit un magnifique château moderne, construit sur le plan de l'hôtel des Monnaies de Paris.

BÉCHEREL (*Ille-et-Vilaine*). Petite ville à 19 kil. (4 l. 3/4) de Montfort. ⊠ 802 hab. Elle est bâtie sur le sommet d'une colline qui passe pour le point le plus élevé de toute la Bretagne : on y jouit d'un horizon immense, sur un riche pays qu'embellissent des sites variés et pittoresques.

DINAN (*Côtes-du-Nord*). Très-ancienne ville. Sous-préf. Trib. de 1re inst. Soc. d'agric., de comm. et d'industrie. Collége comm. ⊠ ☞ 7,353 hab. Cette ville est bâtie dans une situation des plus pittoresques, à 60 mètres au-dessus de la rive gauche de la Rance, où elle a un port qui communique au moyen du flux avec celui de Saint-Malo, et où des navires de 100 à 150 tonneaux peuvent entrer à marée haute. Elle est située sur le versant oriental d'une colline dont le point le plus élevé est le sommet des Charrières, à 1 k. de Dinan. Cette ville est encore ceinte de murailles, autrefois d'une hauteur et d'une largeur extraordinaires, mais qui aujourd'hui ont perdu leur couronnement ; elle était jadis défendue par un château fort qui existe encore, et qui sert de prison ; des boulevards bien plantés entourent ces antiques murailles, aujourd'hui couvertes de jardins d'où l'on jouit d'une vue admirable. — Une communication facile est ouverte entre Saint-Malo et Dinan et plusieurs communes qui bordent la Rance, dont l'embouchure est à Saint-Servan. Les petits bâtiments de cabotage profitent de la marée pour remonter jusqu'à Dinan, et chaque jour partent de cette ville un bateau à vapeur et des barques, qui font dans une même journée le voyage d'aller et retour. Rien n'est plus pittoresque que le paysage qui borde le cours de la Rance : l'œil se promène avec délices sur les sites variés et gracieux qui côtoient la rivière ; tantôt c'est une colline couverte de bois qui vient se dérouler jusqu'à la rive ; tantôt un rocher s'élève à pic et fait frémir celui qui en mesure l'élévation ; ici c'est une maison de campagne située au sommet d'une roche escarpée. — Dinan, comme toutes les villes qui remontent à une haute antiquité, est généralement mal bâtie. On y trouve de ces rues tortueuses, sombres et étroites, bordées de maisons en bois, où la vie, privée d'air et de lumière, s'écoule pâle et décolorée. Plusieurs quartiers offrent cependant quelques rues larges et droites, où l'air circule avec facilité, et dont les maisons construites en granit ou blanchies répandent un air d'aisance et de propreté. Dans son enceinte se trouvent quatre places publiques, dont l'une est très-spacieuse, et plusieurs établissements publics.

2.ᵉ VUE DE DINAN.

— Le CHÂTEAU DE DINAN, énorme donjon bâti vers l'an 1300, se compose de deux tours qui s'élèvent majestueusement à la partie méridionale de la ville, dont il est séparé par deux profonds fossés, sur l'un desquels existe un pont en pierre d'une construction assez hardie; sur le second, beaucoup moins large que le premier, était jeté un pont-levis, remplacé aujourd'hui par un pont en pierre d'une seule arche. — L'HÔTEL DE VILLE est aujourd'hui placé dans les bâtiments originairement fondés pour servir d'hospice à la ville; en 1832, une bibliothèque publique a été établie dans la salle des séances du conseil. On remarque aussi une très-belle salle de bal, dans laquelle les portraits de Duclos et de la Garaye ont été placés en 1833, et plus tard ceux de du Guesclin, de Beaumanoir et de Broussais. — PLACE DU GUESCLIN. Une partie de l'emplacement qui servit de champ clos à du Guesclin, en 1359, pour le combat qu'il livra au chevalier anglais Cantorbie, forme aujourd'hui une jolie place, à l'extrémité de laquelle on a inauguré, en 1823, la statue de du Guesclin, que couronnent de beaux tilleuls. — L'ÉGLISE SAINT-SAUVEUR est un bel édifice gothique surmonté d'un clocher aux formes pures et élégantes. Le chevet offre de légères galeries à balustrades découpées comme de la dentelle, des pyramides ornées de sculptures délicatement creusées dans le granit. L'intérieur de l'église n'offre de remarquable que le monument sépulcral qui renferme le cœur de du Guesclin.

On remarque encore à Dinan l'église Saint-Malo; la tour de l'Horloge, qui supporte une flèche pyramidale d'un bel effet, etc.

A peu de distance de Dinan, dans le fond d'un vallon profond et pittoresque, on trouve entre deux riants coteaux des sources d'eaux minérales froides et ferrugineuses, qui jouissent depuis un temps immémorial d'une réputation justement méritée. On peut faire usage de ces eaux en tout temps lorsqu'on les boit aux repas, en les coupant avec du vin; mais les étrangers, pour les prendre sur les lieux, doivent préférer la fin du printemps, ou la saison de l'été. Les eaux minérales de Dinan sont ferrugineuses, salines et légèrement gazeuses. Elles s'emploient avec succès dans les maladies de la peau, des voies urinaires, des organes de la digestion et de la reproduction, —MANUFACTURES de toiles à voiles, souliers de pacotille. Tanneries. Fabriques de poterie de terre et de faïence commune. Fabrique de sucre de betteraves. Raffineries de sel. — A 55 kil. (14 l.) de Saint-Brieuc, 27 kil. (7 l.) de Saint-Malo, 360 kil. (92 l. 1/2) de Paris.—HÔTELS : du Commerce, des Messageries, tenu par Massot.

VOITURES PUBLIQUES. Pour Paris, Rennes, Brest, Lamballe, St-Malo, Bécherel. Morlaix, Tréguier, Loudéac, Guingamp.

BUTS D'EXCURSIONS: au bourg de *Léhon* (1 kilom.), remarquable par un vieux château flanqué de sept tours, et par celles du prieuré de St-Magloire, fondé en 880 par Nominoé, roi de Bretagne. Dans une chapelle gothique attenant à l'église du prieuré, et consacrée à la sépulture des Beaumanoir, on voit encore les pierres tumulaires qui recouvraient les tombeaux des membres de cette illustre famille; — au magnifique établissement d'aliénés, sous la direction des frères de St-Jean de Dieu (1 kil. ouest). Quand il sera entièrement achevé, cet établissement sera un des plus beaux, en ce genre, que possède la France. — A peu de distance de l'hospice des aliénés, au village du *St-Esprit*, existe une croix gothique en granit, digne de tout l'intérêt des archéologues; — aux ruines du *château de Lagaraye* (2 kil. N. O.), remarquables par les jolies sculptures, style renaissance, qui ornent les trois façades et la tour qui renfermait l'escalier principal; — à la *forêt de Coëtquen*, où se trouve le *Chesnau*, habitation de l'abbé F. de la Mennais; —à *St-Jurat*, au *Quiou* et à *Tréfumel* (8 kil. S.), remarquables par un riche dépôt de coquillages fossiles. — A 4 kil. N. O. de Dinan, sur la route de Plancoët, est le bourg de *Corseul*, sur le territoire duquel on trouve plusieurs monuments romains, tels que les ruines d'un temple (le *fanum Martis*, situé entre *Condate* et *Reginea*, de la table de Peutinger), un tombeau avec épitaphe latine, des autels, des débris de colonnes, etc. Une grande quantité de médailles, des statuettes en bronze, des ornements de toilette, des ustensiles domestiques, ont été et sont encore journellement exhumés du sol de la commune de Corseul, qui fait partie de la contrée occupée autrefois par les Curiosolites; — à la *Ganterie* (6 kil.), où l'on voit les restes d'une Roche-aux-Fées en granit; — sur le tertre de Lesmonts, près de Plouër (4 kil.), est un autre monument druidique en quartz; — à la *Tremblaie* ou *St-Samson* (4 kil.), est un menhir en granit d'une belle construction, et très-remarquable par ses proportions.

OUVRAGES A CONSULTER, qui se trouvent à la librairie de Huart, à Dinan. *L'utilité de la médecine démontrée par les faits*, par Bigeon, docteur en médecine; in-8°, 1818 (contient l'analyse des eaux minérales de Dinan). *Annuaires dinanais*, 1831-38, 6 vol. in-18.
Notions historiques sur le littoral des Côtes-du-Nord, par Habasque, 3 vol. in-8°.

2ᵉ R., par L'AIGLE et ARGENTAN, 58 myr. 9 kil.

	m. k.
De PARIS à VERNEUIL ☞ (Voy. la 1ʳᵉ Route)	11,7
VERNEUIL à CHANDAY ☞	1,5
CHANDAY à * L'AIGLE ☞	0,8
L'AIGLE à SAINTE-GAUBURGE ☞	1,6
SAINTE-GAUBURGE à NONANT ☞	1,6
NONANT à * ARGENTAN ☞	2,2
ARGENTAN à * FALAISE ☞	2,2
FALAISE au PONT D'OUILLY ☞	1,8
PONT D'OUILLY à CONDÉ-SUR-NOIREAU ☞	1,3
* Le PLESSIS GRIMOULT (à gauche de la route).	
CONDÉ-SUR-NOIREAU à * VIRE ☞	2,5
VIRE à * LAMBALLE ☞ (Voy. la 2ᵉ Route)	15,6
LAMBALLE à * BREST ☞ (Voy. la 1ʳᵉ Route)	16,1

L'AIGLE. Voyez N° 56.
FALAISE. Voyez N° 124.

PLESSIS-GRIMOULT (le) (*Calvados*). Bourg situé à 28 kil. (7 l.) de Vire. 900 hab. On y remarque une église romane, un château et une ancienne abbaye. On doit visiter aux environs le mont Pinçon, station géodésique et panorama unique.

VIRE (*Calvados*). Ville ancienne. Sous-préf. Trib de 1ʳᵉ inst. et de comm. Ch. des manuf. Conseil de prud'hommes. Coll. comm. ⊠ ☞ 8,043 hab. Cette jolie et pittoresque ville s'élève sur un rocher coupé presque à pic d'un côté, sur la rive droite de la rivière, et domine tous les environs; à ce promontoire s'appuient les deux principales vallées qui forment les Vaux de Vire. Au haut de la colline, à gauche, est l'hospice des enfants trouvés; au bas, on remarque l'hospice général, fondé par les ducs de Normandie; le coteau de droite porte l'hôtel de la sous-préfecture, et est couronné de plusieurs grandes et belles maisons. Peu de villes offrent des environs plus accidentés, plus frais et plus variés. — Les femmes de Vire sont généralement remarquables par leur fraîcheur, par une figure charmante, et par l'éclat piquant et tranché de leur costume. — On remarque à Vire la bibliothèque publique, contenant 7,000 volumes; la tour de l'Horloge, édifice de la renaissance; la halle; de belles et nombreuses fontaines publiques; l'église Notre-Dame, bel édifice gothique, où l'on voit de bonnes peintures dans la chapelle du Rosaire. — FABRIQUES de cardes, de toiles fines. Manufactures importantes de draps qui rivalisent pour la beauté et la qualité avec les produits des fabriques de Louviers et d'Elbeuf. Nombreuses filatures hydrauliques de laine. Deux papeteries mécaniques, et nombreuses fabriques de papier à la forme. A 51 kil. (13 l.) de Caen, 257 kil. (66 l.) de Paris. — HÔTEL du Cheval-Blanc.

VOITURES PUBLIQUES. De Paris à St-Malo et Lorient; de Caen à Rennes.
BUTS D'EXCURSIONS : à l'*ermitage de St-Séver* (12 kil. de Vire); — à 1 kil. de cet ermitage, on voit une pierre druidique, remarquable par sa pose et sa grosseur, connue sous le nom de *Pierre couplée*; — à la *butte Brimbal*, la plus haute des montagnes

N° 31. ROUTE DE PARIS A BREST.

du pays, qui donne naissance à quatre rivières : la Vire, qui se jette dans la mer près d'Isigny; le grand Vey; la Séez, qui a son embouchure à Avranches; le Noireau, qui se perd dans l'Orne, à Pont-d'Ouilly; et la Grenne, qui se jette dans la Mayenne; — aux *rochers de Campeaux*, sur la Vire (12 kil. de Vire), remarquables par leur escarpement. On y voit deux grottes taillées dans le roc, dont une porte le nom de grotte-auloup, et l'autre, grotte de St-Orthaire.

OUVRAGES A CONSULTER, qui se trouvent à la librairie d'Adam fils, à Vire.
Histoire du Bocage, par Richard Séguin.
Histoire militaire des Bocains, id.
Histoire archéologique, id.
Histoire de la chouannerie, id. (1er vol.)
Histoire du pays d'Auge et des évêques de Lisieux.

3e R., par L'AIGLE et TINCHEBRAY, 58 myr. 6 kil.

m. k.
De Paris à * Argentan ☞ (Voy. la 2e Route)...... 19,4
Argentan à Écouché ☞ 0,9
Écouché à Briouze ☞ 1,8
Briouze à Flers (Orne) ☞ 1,8
Flers à Tinchebray ☞ 1,4
Tinchebray à * Vire ☞ 1,6
Vire à * Brest ☞ (Voy. la 2e Route)........ 31,7

4e R., par CAEN et PONTORSON, 59 myr. 9 kil.

De Paris à * Caen ☞ (Voy. N° 43) 22,3
Caen à Montdrainville ☞ 1,3
Montdrainville à Maisoncelles ☞ 1,2
Maisoncelles à Ménil-au-Zouf ☞ 1,5
Ménil-au-Zouf à * Vire ☞ 1,9
Vire à Saint-Séver ☞ 1,3
Saint-Séver à Villedieu-les-Poêles ☞ 1,4
Villedieu-les-Poêles à * Avranches ☞ 2,2
Avranches à * Pontorson ☞ 2,2
Pontorson à * Dol ☞ 1,9
Dol à * Dinan ☞ 2,7
  * Corseul (à droite de la route).
  * Lehon (à droite de la route).
Dinan à Jugon ☞ 2,2
  * Saint-Cast (à droite de la route).
Jugon à * Lamballe ☞ 1,7
Lamballe à * Brest ☞ (Voy. page 226)....... 16,1

AVRANCHES (*Manche*). Ville ancienne. Sous-préfect. Trib. de 1re inst. Coll. comm. ☒ ☞ 7,269 hab. Cette ville est située à l'extrémité d'un coteau qui domine les alentours, dans une position salubre, au milieu de sites variés et pittoresques. Grâce à cette agréable situation, c'est une véritable ville de plaisance. Les Anglais y abondent, et y sont en si grand nombre depuis quinze ans, que la ville s'est accrue de plus d'un quart. Parmi les promenades publiques, on distingue le jardin des plantes et le jardin de l'évêché, décoré d'une statue du général Valhubert, né à Avranches, et mort sur le champ de bataille d'Austerlitz. — La bibliothèque d'Avranches compte environ 10,000 volumes; c'est dans ses manuscrits qu'on a retrouvé le *Sic et Non* d'Abeilard, imprimé en 1836 par les soins de M. Cousin.

VOITURES PUBLIQUES. Tous les jours pour Caen, Cherbourg, Rennes, Granville, Mortain, St-Malo.

II.

N° 31. ROUTE DE PARIS A BREST.

OUVRAGES A CONSULTER. *Essai sur l'histoire du Bocage et sur la ville de Vire*, par Séguin, in-18.
Notice historique et topographique du mont St-Michel, de Tombelaine et d'Avranches, par Blondel; in-12, 1825.

CORSEUL (*Côtes-du-Nord*). Village très-ancien, à 10 kil. (2 l. 1/2) de Dinan. 4,180 hab. Corseul occupe une partie de l'emplacement de l'ancienne capitale des Curiosolites. Les Romains y bâtirent un temple et remplacèrent le nom de cette ville par celui de *Fanum Martis*; mais les Curiosolites ayant secoué le joug des Romains dans le cinquième siècle, leur premier acte de liberté fut de rendre à leur capitale son nom celtique, qu'elle a toujours conservé depuis, à quelque variation près. Corseul est de tous les lieux de la Bretagne celui où l'on retrouve le plus de monuments d'antique architecture : l'on en a tiré un nombre considérable de vieilles tuiles pour faire tout le ciment qui a servi à la construction des murs de Saint-Malo ; et pour peu que l'on creuse à 5 ou 6 pieds dans un espace d'environ une lieue carrée, l'on y découvre des fondements d'édifices. Parmi les restes d'antiquités encore existants, on remarque, à un quart de lieue de Corseul, les ruines du temple de Mars, dont l'élévation est encore de plus de trente pieds, non compris la partie qui est cachée par les décombres amoncelés au pied ; plusieurs restes de voies romaines ; l'inscription placée dans l'église paroissiale ; les restes du château de Montafilan.

OUVRAGE A CONSULTER. *Antiquités historiques et monumentales à visiter de Montfort à Corseul*, etc., par Poignand, in-8°, 1820.

LEHON (*Côtes-du-Nord*). Village situé à l'extrémité d'un des faubourgs de Dinan, 552 hab. Sur une hauteur qui le domine, apparaissent les sept vieilles tours couronnées de lierre de l'ancien château de Lehon, qui, après avoir été assiégé, pris, démoli et reconstruit plusieurs fois, est aujourd'hui dans un état complet de dégradation.

CAST (SAINT-) (*Côtes-du-Nord*). Village situé près de l'Océan, à 28 kil. (7 l.) de Dinan. 1,481 hab. On y remarque un château construit dans une belle position, vers le commencement du dix-huitième siècle. Le village de Saint-Cast est célèbre par la victoire de son nom, remportée sur les Anglais en 1758.

DE BREST A TOULON, 144 myr. 9 kil.

	m. k.
De BREST à * NANTES ☞ (Voy. N° 100)	30,4
NANTES à AIGREFEUILLE ☞	2,1
AIGREFEUILLE à MONTAIGU ☞	1,3
MONTAIGU à BELLEVILLE ☞	2,4
BELLEVILLE à * BOURBON-VENDÉE ☞	1,3
BOURBON-VENDÉE à MAREUIL ☞	2,2
MAREUIL à * LUÇON ☞	1,0
LUÇON à MOREILLE ☞	1,0
MOREILLE à * MARANS ☞	1,7
MARANS à GROLAUD ☞	1,5
GROLAUD à LA ROCHELLE ☞	0,9
LA ROCHELLE à TROIS-CANONS ☞	1,4
TROIS-CANONS à * ROCHEFORT ☞	1,7
ROCHEFORT à SAINT-HIPPOLYTE ☞	1,2
SAINT-HIPPOLYTE à SAINT-PORCHAIRE ☞	1,3
SAINT-PORCHAIRE à * SAINTES ☞	1,4
SAINTES à PONTREAU ☞	1,3
PONTREAU à * COGNAC ☞	1,4
COGNAC à * JARNAC ☞	1,5
JARNAC à HIERSAC ☞	1,5

Hiersac à * Angoulême ⚭	1,5
Angoulême à la * Rochefoucauld ⚭	2,3
La Rochefoucauld à Fontafie ⚭	1,9
Fontafie à Chabannais ⚭	1,5
Chabannais à * Saint-Junien ⚭	1,6
Saint-Junien au Petit-Buisson ⚭	1,8
Petit-Buisson à * Limoges ⚭	1,6
Limoges à * Clermont ⚭ (Voy. N° 77)	17,4
Clermont à * Lyon ⚭ (Voy. N° 82)	17,5
Lyon à * Valence ⚭ (Voy. N° 82)	10,1
Valence à * Marseille ⚭ (Voy. N° 85)	23,2
Marseille à * Toulon ⚭ (Voy. N° 85)	6,0

SÉEZ (Orne). Ancienne ville à 24 kil. (6 l. 1/4) d'Alençon. Évêché. Société d'agr. Coll. comm. ⊠ ⚭ 5,049 hab. Cette ville est assez bien bâtie, sur l'Orne, et traversée dans sa longueur par la route d'Alençon à Caen. — La cathédrale actuelle est une construction du douzième siècle, d'une architecture remarquable, décorée de beaux marbres, de sculptures délicatement travaillées et de quelques bons tableaux. Le palais épiscopal, bel édifice élevé au milieu du siècle dernier, renferme, entre autres tableaux, les portraits de tous les évêques de Séez morts avant la révolution. — Séez est la patrie de Conté, l'un des savants les plus distingués de l'expédition d'Égypte; de Curandeau, à qui les arts industriels doivent plusieurs perfectionnements utiles.

OUVRAGES A CONSULTER. *Recherches historiques sur la ville et les évêques de Séez*, par Maurey d'Orville, in-8°, 1829.

N° 32.

ROUTE DE PARIS A CAEN (CALVADOS).

Par SAINT-GERMAIN-EN-LAYE, Voy. N° 43, Route de Paris à CHERBOURG, 22 myr. 3 kil.

DE CAEN A ANGERS.

1re Route, par AMBRIÈRES, 21 myr. 8 kil.

	m. k.
De Caen à * Harcourt-Thury ⚭	2,6
Harcourt-Thury à Condé-sur-Noireau ⚭	2,0
Condé à Flers (Orne) ⚭	1,2
Flers à * Domfront ⚭	2,1
Domfront à Ambrières ⚭	2,2
Ambrières à * Mayenne ⚭	1,2
Mayenne à * Laval ⚭ (Voy. page 225)	3,0
Laval à * Angers (Voy. page 25)	7,5

CAEN. Voy. N° 43, Route de Cherbourg.

THURY-HARCOURT (*Calvados*). Bourg à 20 kil. (5 l.) de Falaise. ⊠ ⚭ 1,005 hab. On y voit un des plus beaux châteaux de la Normandie.

DOMFRONT (*Orne*). Petite ville. Sous-préf. Trib. de 1re inst. Coll. comm. ✉ ⚒ 1,873 hab. Cette ville est bâtie dans une situation pittoresque, sur un rocher escarpé coupé à pic du côté du couchant, et au bas duquel coule la petite rivière de Varennes. L'intérieur est triste; les rues sont étroites, tortueuses, escarpées et bordées de maisons mal bâties; au bas du rocher, se trouve l'église Notre-Dame, l'un des plus anciens édifices du département, que malheureusement on laisse tomber en ruines. L'air y est pur, mais trop vif pour les poitrines délicates; l'eau y est rare et de mauvaise qualité. — FABRIQUES de toiles, coutils, etc.—Aux environs, forges, verreries et papeteries. — A 58 kil. (15 l.) d'Alençon, 243 kil. (62 l. 1/2) de Paris.—HÔTELS : de Normandie, des Marchands.

VOITURES PUBLIQUES. Tous les jours pour Condé-sur-Noireau, Alençon, Mortain, Avranches, St-Hilaire, Fougères et Mayenne.

OUVRAGES A CONSULTER. *Essais sur les antiquités et l'histoire de l'arrond. de Domfront*, par Caillebotte, in-18, 1816.
Histoire de Domfront, par le Vayer de la Tournerie, in-12, 1806.

2ᵉ R., par COUTERNE, 25 myr. 7 kil.

	m. k.
De CAEN à *DOMFRONT ⚒ (Voy. la 1re Route).....	7,9
DOMFRONT (Orne) à COUTERNE ⚒...............	1,9
COUTERNE à PREZ-EN-PAIL ⚒.................	1,8
PREZ-EN-PAIL à *LAVAL ⚒ (Voy. page 225)....	6,6
LAVAL à *ANGERS ⚒ (Voy. page 25)..........	7,5

De CONDÉ-SUR-NOIREAU à TINCHEBRAY ⚒........	1,7
TINCHEBRAY à SOURDEVAL ⚒...............	1,6

De DOMFRONT (Orne) au TEILLEUL ⚒	2,0
LE TEILLEUL à SAINT-HILAIRE-DU-HARCOUET ⚒ .	1,9

DE CAEN A BORDEAUX,

Par ALENÇON, SAUMUR et NIORT, 56 myr. 5 kil.

De CAEN à ALENÇON (Voy. page 13)...............	10,1
ALENÇON à BORDEAUX (Voy. N° 124)...........	46,4

DE CAEN A BREST.

1ʳᵉ R., par PONTORSON, V. N° 31, 2ᵉ R. de PARIS à BREST. 37,6

2ᵉ R., par CONDÉ-SUR-NOIREAU 38 myr. 8 kil.

De CAEN à CONDÉ-SUR-NOIREAU (V. ci-dessus de CAEN à ANGERS)............................	4,6
CONDÉ-SUR-NOIREAU à *BREST (Voy. N° 31).....	34,2

DE CAEN A LORIENT, 31 myr. 5 kil.

m. k.
De CAEN à VIRE (Voy. N° 31, 4e Route)......... 5,9
VIRE à RENNES (Voy. N° 119)................ 11,4
RENNES à LORIENT (Voy. N° 80)............. 14,2

N° 33.

ROUTE DE PARIS A CAHORS (LOT).

Voyez N° 138, 1re Route de PARIS à TOULOUSE.. 57,6

N° 34.

R. DE PARIS A CALAIS (PAS-DE-CALAIS).

Itinéraire descriptif de PARIS à CALAIS.

Les deux routes de Paris à Calais passent à Saint-Denis. On traverse ensuite le village de Pierrefitte et Saint-Brice, village presque entièrement composé de maisons de campagne, d'où l'on jouit d'une belle vue sur la forêt de Montmorency. De Saint-Brice à Moisselles, et de ce village à Beaumont, on traverse un pays riche et varié, en grande partie planté de vignes et d'arbres fruitiers. Après Beaumont, une belle rampe conduit au pont sur lequel on passe l'Oise ; puis on arrive en ligne droite et en plaine à Chambly. Au delà de ce bourg, le sol est peu fertile, mais la route est agréable par ses sites pittoresques. On passe ensuite à Puiseux, village situé dans un site frais et gracieux ; à Noailles, joli bourg proprement bâti en briques ; à Warluis, d'où l'on descend par une assez longue côte à Beauvais, où l'on entre par le faubourg Saint-Jacques. En sortant de cette ville, on monte une côte et l'on côtoie le frais vallon du Thérain, en passant à Troissereux et à Saint-Omer, peu après lequel on voit, à gauche, le joli château d'Achy. Une demi-lieue plus loin, est le village de Marseille, bâti au milieu d'un joli bassin ombragé d'arbres. On côtoie ensuite le parc de l'ancien château de Fontaine-Lavaganne, situé à trois quarts de lieue de Grandvilliers, joli bourg remarquable par ses larges rues bordées de maisons bien bâties, qui aboutissent toutes à une vaste place. A une lieue au delà de ce bourg, qui rappelle ceux de la Flandre et de la Lombardie, on gravit une montagne assez forte, que l'on descend en arrivant à Paix, bourg situé dans un fond et généralement bien bâti, à la jonction de la route de Rouen à Amiens. Le pays n'offre qu'une vaste plaine crayeuse, au milieu de laquelle est le bourg d'Airaines, bâti dans une situation agréable, sur trois petites rivières. Au delà de ce bourg, la plaine se prolonge jusqu'à Pont-Remy, où elle se termine par une pente douce qui aboutit à la rive gauche de la Somme. Un peu avant de passer cette rivière, on remarque, sur la gauche, une butte élevée qui domine toute la contrée, et dont le sommet est occupé par un camp romain. Après Pont-Remy, on côtoie, à gauche, la vallée verdoyante de la Somme, peuplée de nombreux villages : on n'en traverse pas moins de quatre, dans une distance de deux lieues, avant d'arriver à Abbeville. Au sortir de cette ville, le village de Laviers flatte la vue par la beauté de son paysage. En traversant Nouvion, on vous rappelle avec une sorte d'orgueil que Louis XI habita souvent ce bourg, pour se livrer au plaisir de la chasse, qu'il aimait avec fureur, dans l'immense forêt de Crécy. A deux lieues ouest de ce village, on aperçoit de toutes les parties élevées de la route, la petite ville maritime de Saint-Valery-sur-Somme. En avançant toujours, on trouve Forest-Moutier, et de là on gagne Vron, Nampont-Saint-Martin et Montreuil, petite place de guerre de deuxième classe. On sort de cette place par la porte Basse, et après avoir franchi les fortifications, on traverse la Canche, et ensuite le faubourg de la Neuville. Un peu au delà du relais de Cormont, placé dans une ferme isolée, on jouit d'une belle vue sur la chaîne de montagnes qui entoure le Boulonnais. Au bourg de Samer, le pays commence à devenir montueux, sans cependant que les collines aient au delà de cinquante toises au-dessus du niveau de l'Océan. Après Isque, on longe les grilles des châteaux d'Hesdin-l'Abbé et d'Hermeringue, près celui du joli village de Pont-de-Brique. Une demi-lieue plus loin, on passe au village de Léonard, situé sur une hauteur, et, en descendant la côte, on aperçoit en face la ville de Boulogne, à l'extrémité de laquelle la mer déploie sa vaste étendue; à l'horizon, lorsque le temps est favorable, on découvre les côtes de l'Angleterre et la tour de Douvres. On sort de Boulogne par la porte de Calais, et l'on commence à apercevoir distinctement, comme de toutes les hauteurs de la route, les côtes de l'Angleterre, semblables à une longue bordure blanchâtre qui tranche avec l'azur du ciel. On passe ensuite, sans rien rouver de remarquable, à Wimille, Marquise, le Haut-Buisson et Coquelle, d'où l'on se dirige sur Calais, où l'on entre par la porte Royale.

La seconde route de Calais passe à Écouen, bourg bien bâti et fort agréablement situé sur la pente d'une colline boisée. D'Écouen à Luzarches, et de Luzarches à Chantilly, la route offre une suite continuelle de paysages délicieux, qui se prolongent jusqu'à Creil, bourg construit dans une riante position, sur l'Oise, que l'on franchit sur un pont de pierre. On passe ensuite à Nogent-les-Vierges, à Laigneville, à Cauffry, d'où l'on aperçoit, sur la droite, le bourg de Liancourt, dont le sol, consacré à la petite culture et couvert d'arbres fruitiers, ressemble à un jardin continu qui s'étend jusqu'à Clermont. La beauté du pays se maintient jusqu'aux environs du joli bourg de Saint-Just, où quelques buttes crayeuses annoncent l'entrée de la Picardie. En sortant de ce bourg, on jouit d'une assez belle vue; à droite, est une voie romaine; à gauche, l'avenue de Fumechon, et une lieue plus loin, le relais de Wavignies. Après ce relais, le pays n'offre rien de remarquable jusqu'à Breteuil, petite ville située à la jonction des routes de Beauvais et de Montdidier. De Breteuil à Amiens, la route n'offre au voyageur qu'une plaine sans perspective, des champs ombragés de pommiers, et coupée çà et là par des collines et par des bois de peu d'étendue; ce n'est qu'au moment de descendre dans l'ancienne capitale de la Picardie, que la scène change ; alors sa superbe cathédrale gothique, son étrange beffroi et ses groupes de maisons viennent frapper de tous côtés les regards et dissiper l'ennui que cause trop souvent la monotonie du paysage. On sort d'Amiens en longeant la magnifique promenade du Cours, ou de la Hautoye. Bientôt on gagne le chemin d'Abbeville, où une foule de sites viennent également récréer la vue. Ici se montrent les superbes terrasses de l'antique château de Picquigny; là, l'abbaye du Gard se dessine dans les eaux limpides de la Somme ; plus loin est le camp de l'Étoile, dont les fossés et les retranchements parfaitement conservés rappellent le souvenir du peuple-roi. Charmé de tant d'aspects divers, le voyageur ne tarde guère à atteindre la banlieue d'Abbeville. Les deux routes, qui s'y réunissent, se séparent au haut du coteau qu'on gravit en partant. Laissant à gauche la première déjà parcourue, on tourne à droite pour se diriger à travers une plaine crayeuse vers Conchy, village composé de chaumières et entouré d'arbres, comme presque tous ceux de la Picardie ; on remarque, près de l'église, de belles allées qui offrent une promenade agréable. Après Conchy, le pays devient un peu montueux : on longe, à gauche, la forêt de Crécy, et l'on peut voir le champ de bataille du même nom, où Philippe de Valois fut battu par les Anglais, en 1346. Après avoir parcouru une grande plaine traversée par la chaussée Brunehaut, on passe à Boisle, Broye, Regnauville et Hesdin, jolie place forte, ceinte de beaux remparts et entourée de fossés. En sortant de cette ville, on gravit une forte côte qui conduit dans la forêt d'Hesdin, dont le trajet est de près d'une lieue. Au sortir de la forêt, une descente rapide conduit à Fruges ; deux lieues plus loin, on trouve Fauquemberg, grand village où la propreté extérieure des maisons annonce le voisinage de la Flandre ; et une lieue plus loin encore, le relais de Saint-Avroult. Après ce village, le pays devient plus plat et le sol très-fertile, surtout aux environs de Saint-Omer. On sort de cette ville par la porte de Calais, et l'on traverse un bras de l'Aa. La Recousse est un joli village, et Ardres une petite ville très-forte, qui communique avec la grande route par une avenue bien ombragée. On continue à cheminer sur une route plate et droite, bordée de champs, de prairies et de marais, qui aboutit, à une lieue d'Ardres, à un pont remarquable, dit le pont à quatre branches, où les deux canaux de Saint-Omer à Calais et d'Ardres à Gravelines se croisent à angles droits : la voûte du milieu de ce pont, en forme de rotonde, et celle des quatre ouvertures, figurent autant de coupoles égales entre elles, qui représentent un petit temple antique. Après ce pont, une route directe conduit à Calais, où l'on arrive en traversant dans sa longueur le faubourg de la ville basse.

1re R., de Paris à Calais par Amiens et Abbeville, 28 myr. 7 kil.

	m. k.
De Paris à * Saint-Denis (Seine) ☞	0,9
*Montmartre (à gauche de la route).	
* Saint-Ouen (à gauche de la route).	
* Arnouville (à gauche de la route).	
Saint-Denis à * Écouen ☞	1,0
Écouen à Luzarches ☞	1,1
Luzarches à Chantilly ☞	1,0
* Coye (à droite de la route).	
Chantilly à Laigneville ☞	1,2
* Saint-Leu d'Esserent (à gauche de la r.).	
* Liancourt (à droite de la route).	
Laigneville à Clermont (Oise) ☞	1,0
Clermont à Saint-Just (Oise) ☞	1,6
Saint-Just à Breteuil (Oise) ☞	1,8
Breteuil à Flers (Somme) ☞	1,3
Flers à * Amiens ☞	1,9
Amiens à Picquigny ☞	1,3
Picquigny à Ailly-le-Haut-Clocher ☞	2,0
Ailly-le-Haut-Clocher à *Abbeville ☞	1,3
Abbeville à Nouvion ☞	1,3
Nouvion à *Bernay (Somme) ☞	0,7
Bernay à Nampont ☞	0,9

N° 34. ROUTE DE PARIS A CALAIS.

* Rue (à gauche de la route).

Nampont à * Montreuil-sur-Mer ⚭	1,4
Montreuil-sur-Mer à Cormont ⚭	1,3
* Étaples (à gauche de la route).	
Cormont à * Samer ⚭	0,8
Samer à * Boulogne-sur-Mer ⚭	1,5
Boulogne-sur-Mer à Marquise ⚭	1,3
* Wimereux (à gauche de la route).	
Marquise au Haut-Buisson ⚭	0,8
Haut-Buisson à * Calais ⚭	1,3

MONTMARTRE (*Seine*). Bourg sur une montagne conique à peu près isolée, à 6 kil. (1 l. 1/2) de Saint-Denis et près des barrières de Paris. 4,630 hab. Ce bourg est dans une situation remarquable et très-pittoresque, sur la montagne de son nom, d'où l'on découvre, dans toute son étendue, la ville de Paris et ses gracieux environs. Cette montagne gypseuse fournit une masse énorme de plâtre, et produit à elle seule plus des trois quarts de ce qui est nécessaire pour les constructions de Paris. Les carrières forment des galeries extrêmement curieuses, qui méritent d'être visitées.

OUEN (SAINT-) (*Seine*). Village à 16 kil. (4 l.) de Paris. 1,000 hab. Il est bâti sur une élévation, près de la rive droite de la Seine, où il a un petit port. Parmi les nombreuses maisons de plaisance qui l'entourent, on remarque un superbe château où Louis XVIII signa, le 2 mai 1814, la déclaration dite de Saint-Ouen, qui a précédé de quelques jours la charte constitutionnelle.

DENIS (SAINT-) (*Seine*). Ancienne et jolie ville. Sous-préfect., dont le tribunal de 1re instance est à Paris. ✉ ⚭ 9,686 hab. Cette ville est située dans une belle plaine, sur les rivières de Croud et du Rouillon, près de la Seine, et sur un canal qui fait communiquer cette rivière au canal de l'Ourcq. Saint-Denis paraît devoir son origine à une chapelle construite vers l'an 240, et remplacée par un oratoire où, suivant Grégoire de Tours, Chilpéric fit enterrer un de ses fils, en 580. Dans le septième siècle, Dagobert Ier substitua à cet oratoire une magnifique église, près de laquelle se groupèrent quelques habitations, qui, peu à peu, donnèrent naissance à la ville. Suger, abbé de Saint-Denis, fit élever, de 1130 à 1134, le portail, le vestibule et les tours de l'église actuelle, ainsi que le rond-point de la crypte, ou caveaux semi-souterrains qui contiennent les sépultures. Sous saint Louis, l'abbé Odon fit joindre le rond-point au portail de Suger par la nef, qui ne fut achevée qu'en 1281, sous Philippe le Hardi. Le portail et les tours, dont l'une a cent soixante pieds de hauteur, sont d'un style mâle et simple, et présentent le caractère de solidité qui se retrouve dans les édifices construits vers le onzième et le douzième siècle. La partie inférieure de ce portail est ornée de sculptures d'une composition bizarre, d'une belle exécution. La nef, construite vers la fin du treizième siècle, présente ces formes légères et élégantes qui caractérisent les constructions de cette époque. Le chœur et le rond-point, élevés de dix-huit marches sur la crypte pratiquée au-dessous de la partie postérieure de cette église, participent de ces différents styles. Sous le vestibule de l'église est placé le cénotaphe de Dagobert Ier, monument extrêmement curieux, sous le double rapport de l'art et du sujet représenté dans les trois reliefs qui contiennent la prétendue révélation faite à Ansoalde, ambassadeur de Sicile, par un anachorète, nommée Jean, qui assurait avoir vu Dagobert sur un esquif, entre les mains de démons qui le fustigeaient, et secouru par saint Denis, saint Martin et saint Maurice. — Dans la chapelle à droite qui précède le chœur, on a placé le mausolée de François Ier, érigé en 1550, d'après les dessins, les uns disent du Primatice, et d'autres de Philibert Delorme. Il est en marbre blanc et composé de seize colonnes ioniques cannelées, de six pieds de hauteur, qui soutiennent un entablement. Sur la voûte principale de ce monu-

N° 34. ROUTE DE PARIS A CALAIS. 257

ment sont placées les statues, plus grandes que nature, de François Ier et de Claude de France, sa femme, attribuées à Jean Goujon. La voûte, enrichie de bas-reliefs et d'arabesques exécutés par cet habile sculpteur, offre des génies éteignant le flambeau de la vie; les quatre prophètes de l'Apocalypse entourent ces deux figures. Le bas-relief qui fait le tour du monument représente les batailles de Cérisoles et de Marignan. Au-dessus de l'entablement sont placées, à genoux, les statues en habit de cour de François Ier, de la reine et de leurs trois enfants. — Dans la chapelle à gauche sont les tombeaux de Louis XII et de Henri II : le premier est d'un grand caractère de dessin, et offre des détails précieux. Le bas-relief représente les triomphes des Français en Italie, la bataille d'Agnadel et l'entrée de Louis XII à Milan; les statues agenouillées de Louis XII et d'Anne couronnent ce monument. — Le tombeau de Henri II, exécuté par Germain Pilon, sur les dessins de Philibert Delorme, est orné de douze colonnes d'ordre composite, avec leurs pilastres en marbre; les quatre vertus cardinales en bronze en décorent les angles : Henri II et Catherine sont représentés morts dans le monument, et vivants et agenouillés sur le couronnement. — On descend dans la crypte sépulcrale par deux escaliers latéraux. Les souterrains sont distribués en un grand nombre de petits caveaux ouvrant sur une galerie circulaire, soutenue par de petites arcades portées sur des colonnes, dont les chapiteaux, ornés de bas-reliefs, indiquent la manière du style dégénéré à l'époque du Bas-Empire. Ces voûtes renferment les cénotaphes des rois, classés chronologiquement, et consistant pour la plupart dans des statues grossièrement ébauchées et couchées sur une pierre tumulaire. — L'église de Saint-Denis a été enrichie de plusieurs tableaux modernes. — Les bâtiments de l'abbaye de Saint-Denis, élevés sur les dessins de Robert Cotte, sont remarquables par leur étendue et leur belle construction; ils forment un double carré. La façade qui regarde la ville est décorée d'un grand fronton orné de sculptures. Cette maison est aujourd'hui occupée par l'institution des orphelines de la Légion d'honneur. — COMMERCE de farines, vins, vinaigre, bois, laine. — Foire considérable, dite du Landit, le 11 juin : il s'y vend plus de 90,000 moutons. — A 8 kil. (2 l.) de Paris, 23 kil. (6 l.) de Versailles.—HÔTELS : de France, du Plat-d'Étain, des Trois-Maillets, du Grand-Cerf.

VOITURES PUBLIQUES. Célérifères partant toutes les heures pour Paris, et retour. Dyonisiennes-omnibus, pour la Chapelle.

OUVRAGES A CONSULTER. Histoire des environs de Paris, par Dulaure, 7 vol. in 8°, 1829.
Dictionnaire de tous les environs de Paris, par M. P. St-A. in-12, 1816.

ARNOUVILLE (Seine-et-Oise). Joli village qui a été presque entièrement rebâti vers le milieu du dix-huitième siècle, par l'ancien garde-des-sceaux de Machault. Ses rues sont très-régulières, plantées d'arbres et aboutissant toutes à une vaste place décorée d'une belle fontaine. Le château, qui n'a jamais été achevé, est un édifice d'un très-bon goût; la chapelle, l'orangerie et les écuries sont particulièrement remarquables. On voit à Arnouville de vastes jardins et un parc de 300 arpents, où les eaux de la petite rivière de la Crould sont distribuées avec magnificence. — A 14 kil. (4 l. 1/2) de Paris.

ÉCOUEN (Seine-et-Oise). Bourg situé sur la pente d'une colline pittoresque, dominée au couchant par un magnifique château, construit sous le règne de François Ier. Ce château forme un carré parfait de 63 mètres de côté, flanqué de quatre pavillons et entouré d'un fossé sec. La façade du côté de Paris présente un avant-corps décoré des ordres ionique et dorique, avec un attique surmonté d'un campanille. L'ordonnance des corps de bâtiments de gauche se compose de quatre colonnes corinthiennes cannelées, élevées sur un stylobate et couronnées par un entablement, dont la frise est enrichie de trophées d'armes de la plus belle exécution. L'autre avant-corps est décoré de deux ordres, dorique et ionique, l'un sur l'autre.

ÉPINAY-CHAMPLATREUX (*Seine-et-Oise*). Village où l'on voit un des plus beaux châteaux des environs de Paris.
  COYE (*Oise*). Village à 12 kil. (3 l.) de Senlis. 800 hab. Au milieu de la forêt de Chantilly, à peu de distance de Coye et près des étangs de Commelle, on remarque un joli petit édifice gothique flanqué de quatre tourelles, appelé la Loge de Viarmes ou le *Château de la reine Blanche*, fabrique du meilleur goût, récemment restaurée, dont la construction date du même temps que la Sainte-Chapelle de Paris.
  CHANTILLY (*Oise*). Jolie petite ville, à 8 kil. (2 l.) de Senlis. ⊠ ⚲ 2,524 h. Chantilly était autrefois célèbre par un des plus magnifiques châteaux des environs de Paris. Ruiné à l'époque de la première révolution, ses restes ont été transformés en une habitation qui est encore fort agréable. Un jardin anglais a très-heureusement remplacé les anciens parterres de le Nôtre, et Chantilly, sans être redevenu complétement ce qu'il était autrefois, constitue encore un magnifique domaine, digne de l'admiration des étrangers et des nationaux.
  VOITURES PUBLIQUES. Tous les jours pour Paris, Senlis.
  OUVRAGE A CONSULTER. *Trois jours en voyage, ou Guide du promeneur à Chantilly*, in-12, 1829.
  LEU-D'ESSERENT (SAINT-) (*Oise*). Bourg bâti sur la pente d'un coteau qui borde la rivière d'Oise, à 12 kil. (3 l.) de Senlis. 1,143 hab. L'église de Saint-Leu, placée sur le coteau même, s'aperçoit de fort loin, et semble indiquer, par ses vastes proportions, un lieu qui fut autrefois important; c'est un monument remarquable de l'époque dite de transition en architecture. On connaît la célébrité et l'importance des carrières de Saint-Leu. Elles occupent une grande partie de la population. — FABRIQUES de dentelles.
  LIANCOURT (*Oise*). Bourg très-agréablement situé sur la pente d'une colline qui domine une vallée délicieuse. A 7 kil (1 l. 3/4) de Clermont-Oise. ⊠ 1,266 hab. Ce bourg jouira toujours d'une célébrité justement acquise par la vie honorable et les bienfaits de l'illustre de la Rochefoucauld de Liancourt. Après avoir recueilli, dans plusieurs voyages qu'il avait faits en Angleterre, les documents les plus sûrs, et s'être instruit de tous les procédés propres à augmenter la prospérité de l'agriculture, il forma à Liancourt un établissement sur le modèle des fermes anglaises, propagea et naturalisa en France la culture des prairies artificielles, pour détruire le système des jachères; fonda une école d'instruction d'arts et métiers pour les fils des pauvres militaires, et établit près de son château trois manufactures importantes. Proscrit pendant la révolution, les années de son exil n'ont pas été perdues pour sa patrie : elle reçut alors de lui le plus grand des bienfaits; il lui rapporta le moyen de se préserver à l'avenir des ravages du fléau le plus cruel ; il importa en France la vaccine, la propagea, et sauva ainsi, d'une mort précoce, des millions d'hommes. Son corps repose sous un monument simple qu'il avait fait élever au milieu de son parc pour être son dernier asile.
  CLERMONT-OISE (*Oise*). Petite ville. Sous-préfect. Trib. de 1re instance. Coll. comm. Maison centrale de détention. Maison de réclusion pour les aliénés. ⊠ ⚲ 3,285 hab. Cette ville, agréablement située, est bâtie sur le sommet et les deux versants d'un monticule allongé, placé à l'est d'une chaîne de collines, et dominée par le château dont la construction s'élève sur la partie la plus haute du monticule. Il est rare, en France, de trouver une vue plus étendue que celle dont on jouit de ce château, au pied duquel est la belle promenade du Chatellier. — La ville de Clermont possède un musée d'agriculture; un cabinet de géologie; une bibliothèque publique de 6,000 volumes. — FABRIQUES de toiles. Filatures de laine. — COMMERCE de grains et de fruits. — A 26 kil. (6 l. 3/4) de Beauvais, 58 kil. (15 l.) de Paris.
  VOITURES PUBLIQUES. Tous les jours pour Paris, Compiègne et Beauvais.
  BUT D'EXCURSION : à *St-Félix* (6 kil.), où l'on voit un des dépôts les plus considérables de coquilles fossiles des environs de Paris.

CATHÉDRALE D'AMIENS.

AMIENS. Grande, belle et très-ancienne ville, chef-lieu du département de la Somme. Cour royale. Trib. de 1re inst. et de comm. Bourse et chambre de commerce. Académie des sciences, agriculture, commerce, arts et belles-lettres. Académie universitaire. Collége royal. Évêché. ⊠ ⌧ 47,117. — La Somme baigne la partie du nord-ouest d'Amiens, et se divise en onze canaux dans l'intérieur de cette ville, essentiellement manufacturière. Les rues sont belles ; mais elle a peu de places dignes d'une cité aussi importante. Celle du marché aux herbes est la plus vaste ; elle a 130 m. 65 c. de long sur 43 m. de large. Toutes ses maisons sont construites sur une ligne droite et un plan presque uniforme. Des boulevards bien plantés ceignent la ville sur toute sa circonférence ; ils ont près de 5 kilomètres d'étendue. Le canal de la Somme longe au nord ces boulevards en décrivant un demi-cercle, et contribue aussi à la décoration de la ville. Les édifices et établissements remarquables sont :

La CATHÉDRALE, l'un des plus beaux monuments religieux que possède la France. Évrard de Fouillay, 45e évêque d'Amiens, posa, en 1220, la première pierre de ce merveilleux édifice qui ne fut terminé qu'en 1288. Sa longueur dans œuvre est de 135 mètres ; sa nef a 13 m. 65 c. de largeur et 43 m. d'élévation. Du pavé au coq on compte 130 m. 65 c. d'élévation. La façade présente une masse légère, flanquée de deux tours quadrangulaires décorées, ainsi que les trois porches qui en divisent le bas, des ornements les plus riches et les plus variés du style gothique. Parmi les bas-reliefs de ces porches, on distingue le jugement dernier, les vertus et les vices mis en opposition, les quatre saisons et les douze mois de l'année figurés par la représentation des travaux agricoles auxquels on a coutume de se livrer pendant chacun de ces mois ; les mages conduits par l'étoile et voyageant en bateau, le massacre des innocents, la fuite en Égypte, etc. La flèche, de forme octogone dans le bas, a 65 m. de hauteur avec le coq, et 23 m. de circonférence. Tout semble concourir à charmer la vue dans l'intérieur de cette église : sa vaste étendue, la délicatesse de ses piliers, la hardiesse des retombées des voûtes, sa belle galerie circulaire et ses superbes vitraux, offrent un aspect grandiose et qui tient du prodige. Les tombes en cuivre des évêques Évrard de Fouillay et Godefroy d'Eu, la boiserie en encorbellement du jeu d'orgues, les compartiments variés et délicats des trois roses, la chaire que supportent les vertus théologales, le mausolée en marbre blanc du cardinal Hémart, la magnifique dentelle des stalles du chœur, la gloire et ses riches décorations, et surtout le génie funèbre connu sous le nom d'enfant *pleureur*, attirent les regards des curieux et fixent vivement l'attention.

HÔTEL DE VILLE. La façade de cet édifice est simple et de bon goût ; le soubassement est orné d'arcades peintes qui produisent un coup d'œil agréable. La grande salle du conseil est décorée de tableaux de prix, envoyés par le gouvernement lors du congrès d'Amiens.

La BIBLIOTHÈQUE est formée d'une seule pièce, ayant à peu près 46 mètres de longueur, sur 6 m. 49 c. de large. Elle est divisée en trois parties par des arcades portées sur des colonnes d'ordre ionique. La travée du milieu est carrée ; les deux autres ont chacune 60 pieds de longueur sur 20 de largeur ; leur pourtour est décoré de pilastres entre lesquels sont disposés des rayons pour les livres, au nombre de 45,000 ; les manuscrits se composent d'au moins 400 volumes.

La HAUTOYE est une promenade qui jouit d'une grande célébrité. Ses allées, au nombre de cinq, ont près de deux kilomètres de longueur ; elle renferme dans les triangles des jeux de tamis, de longue-paume et de ballon. Au delà du quinconce, à gauche, est un emplacement spacieux où ont lieu les exercices militaires ; à l'extrémité des allées est un superbe bassin de 150 mètres de diamètre.

On remarque encore à Amiens : le château d'eau ; la salle de spectacle, la

N° 34. ROUTE DE PARIS A CALAIS.

citadelle, le jardin des plantes, le cimetière de la Madeleine, le pont Saint-Michel, la halle au blé, l'hôpital de Saint-Charles, la caserne de cavalerie, le musée, le logis du roi, passage de ce nom n° 5; le cloître de la Barge, du quatorzième siècle, n°ˢ 2 et 4; la maison de campagne de Gresset, et l'ancien pensionnat de Saint-Acheul, hors des faubourgs.

INDUSTRIE. Filatures importantes de laine et de coton; fabriques de velours, d'alépines, de tapis et de gilets, rubans de laine, etc. — COMMERCE d'épiceries, sapin du Nord, coton, etc. — PATRIE de Pierre l'Hermite, Dom Bouquet, de du Cange, du poëte Gresset, de l'astronome Delambre, etc.—HÔTELS : de la Poste, de France, des Messageries, de l'Abreuvoir, du Commerce, de Lyon.— A 121 kil. (31 l.) de Paris.

VOITURES PUBLIQUES. N.-D-des-Victoires, tous les jours pour Lille, par Amiens, Arras; l'Amiénoise, tous les jours. Autres voitures pour Arras, corresp. avec Albert, Bapeaume; pour Doullens, St-Pol, Air, Péronne, St-Quentin; pour Rouen, Abbeville, Aumale; tous les jours pour Beauvais. — Berlines du Commerce, tous les jours. — Départ tous les jours à 7 h. du matin pour Péronne et St-Quentin, chez Pollet.

BUTS D'EXCURSIONS : à *Corbie*, remarquable par l'église de l'ancienne abbaye (20 kil.); — aux ruines des *châteaux de Bares*, de *Picquigny*, d'*Hœilly;* — à *Sains*.

OUVRAGES A CONSULTER, qui se trouvent à la librairie de Vᵉ d'Arras; à Amiens. *Essai sur l'histoire générale de Picardie*, par Devérité, 2 vol. in-12, 1770.
Histoire de la ville d'Amiens, par Daire, 2 vol. in-4°, 1757.
Histoire littéraire de la ville d'Amiens, par le même, in-4°, 1782.
Histoire de la ville d'Amiens, par Dusevel, 2 vol. in-8°, fig. 1832.
Dictionnaire statistique et topographique des communes du départ. de la Somme, par Devismes.
Dissertation sur les camps romains du département de la Somme, par d'Allanville, in-4°, 1828.
Mémoires de la société des antiquaires de Picardie, 3 vol. in-8°, fig.
Biographie des hommes célèbres du départ. de la Somme, par Bignon, 2 vol. in-8°.
Description historique et pittoresque du départ. de la Somme, par Dusevel et Scribe, 2 vol. in-8°, fig. 1836.
Lettres sur le départ. de la Somme, par Dusevel (H.), in-8°, 1840.
Description de la cathédrale d'Amiens, par Rivoire, in-8°, fig., 1806.
Notice sur la cathédrale d'Amiens, par Dusevel (H.), in-8°, fig., 2ᵉ édition, 1839.
Description de la cathédrale d'Amiens, par Gilbert, in-8°, fig., 1833.
Guide de l'étranger à Amiens, par Caron, in-18.

ABBEVILLE. Voyez page 1.
RUE (*Somme*). Petite ville à 20 kil. (5 l.) d'Abbeville. ⊠ 1,770 hab. La chapelle du St-Esprit est remarquable par la richesse des sculptures du frontispice.
MONTREUIL-SUR-MER. Voyez page 44.
ÉTAPLES (*Pas-de-Calais*). Petite ville et port de mer, à 10 kil. (2 l. 1/2) de Montreuil. 1,800 hab. — *Établissement de la marée du port*, 10 *heures* 40 *minutes*.—Cette ville est bâtie sur le bord de la Canche, et a son embouchure dans la Manche; elle était jadis très-florissante, et avait un port assez vaste pour contenir en station une forte division de la flotte romaine. Il ne reste plus de son ancienne splendeur que quelques maisons d'assez belle apparence, un grand nombre d'habitations de pêcheurs rassemblées autour d'une grande place déserte, et quelques ruines d'un château fort bâti en 1160.
SAMER (*Pas-de-Calais*). Joli bourg à 16 kil. (4 l.) de Boulogne. ⊠ ⚘ 1,900 hab. On y remarque les restes de la plus célèbre abbaye du Boulonnais, fondée vers le milieu du septième siècle.
BOULOGNE-SUR-MER (*Pas-de-Calais*). Belle et forte ville maritime. Sous-préfect. Place de guerre de 2ᵉ cl. Trib. de 1ʳᵉ inst. et de comm. Ch. et bourse de comm. Direction des douanes. Synd. marit. École d'hyd. de 4ᵉ cl. Entrepôt réel de denrées coloniales, de sel et de genièvre de Hollande. Société d'agriculture, du commerce, des sciences et des arts. Société humaine. Société médicale. Société philarmonique. Société des amis des amis des arts. ⊠ ⚘ 29,145 hab.
Boulogne se divise en haute et basse ville. La haute ville (*Bononia*) a été

bâtie par les Romains. On y remarque le palais impérial, habité par Napoléon, et l'ancien hôtel des ducs d'Aumont, gouverneurs du Boulonnais. Elle est ornée de deux places publiques et de plusieurs belles fontaines en marbre. Des remparts qui l'entourent, et qui sont une charmante promenade plantée d'arbres séculaires, la vue embrasse un panorama des plus pittoresques : ici la basse ville et son port, puis le phare de Caligula, et pour fond du tableau la mer et les côtes blanchâtres de l'Angleterre à l'horizon ; là, une immense colline ornée de villas et de bois, au pied de laquelle serpente la jolie rivière de Liane ; d'un autre côté, la colonne de la Grande Armée, surmontée de la statue de l'empereur ; plus loin enfin les villages de Maquitra et Saint-Martin, dominés par l'imposante montagne du Mont-Lambert et de son fort. — L'hôtel de ville est élevé sur l'ancien emplacement du palais des comtes de Boulogne. Là est né l'illustre Godefroi de Bouillon. — Le beffroi qui accompagne la maison de la commune est un monument du treizième siècle. — Le château, espèce de citadelle de forme octogone arrondie, entouré de larges fossés, communique à la ville par un pont de pierre ; il a été construit au treizième siècle par Simon de Villers, architecte de *Philippe, le grand bâtisseur de villes.*

La haute ville devra dans quelques années, au soin et au zèle pieux de M. l'abbé Haffreingue, l'élévation de la nouvelle église Notre-Dame de Boulogne, édifiée sur les ruines de l'ancienne cathédrale, où presque tous les rois de France, depuis Louis XI jusqu'à Louis XV, vinrent tour à tour faire hommage de leur couronne à la patronne du Boulonnais, dont ils se regardaient comme les vassaux et les feudataires. De jolis boulevards intérieurs, promenades très-fréquentées dans la belle saison, séparent les deux villes.

La basse ville (*Gesoriacus-Pagus*) doit son origine à l'île Gésoriac ; elle présente une physionomie toute différente de celle de la ville haute. Tout y est mouvement, activité, commerce. Le port est de l'accès le plus facile ; la nouvelle passe est formée par deux jetées qui font saillie sur les côtes. Celle au vent, au sud-ouest, de 672 mètres de longueur, est formée d'une digue en enrochement, surmontée d'un coffrage en charpente plein jusqu'à la hauteur des plus grandes marées ; celle du nord-est, à claire-voie, a 500 m. de long. Le chenal, en certains moments, présente 10 m. d'eau. Le bassin, demi-circulaire, au lieu d'assécher à marée basse, va être converti en un bassin à flot ; la retenue de l'écluse de chasses dans le lit même de la Liane donne, dans la première heure, 220,000 m. cubes d'eau. Des batteries imposantes et les forts de l'Heurt et de la Crèche défendent l'approche du port, qui, sous le rapport militaire, est le port le plus sûr et le plus utile pour le rassemblement d'une flotte en temps de guerre. Les trois plus grands capitaines des temps anciens et modernes, César, Charlemagne et Napoléon, en ont fourni la preuve dans un espace de dix-huit siècles. Depuis les grands travaux que le gouvernement y a fait exécuter, ce port est devenu le plus constamment fréquenté de la Manche pour le passage de France en Angleterre ; c'est le port d'où le trajet est le plus court pour se rendre à Londres, Douvres et Ramsgate. La moyenne des voyageurs qui s'y embarquent annuellement est de soixante mille.

Boulogne possède une source d'eau minérale ferrugineuse très-abondante, située dans un kiosque élégant, à 300 mètres de l'angle septentrional des remparts, et à 70 mètres à droite de la route qui conduit à Wimile. Les eaux de cette source sont reconnues comme très-efficaces pour combattre l'atonie des organes digestifs dans les altérations des viscères abdominaux. — Boulogne possède un bel établissement de bains de mer. La partie consacrée aux dames comprend un grand salon, une chambre de repos, une salle de rafraîchissements et un salon de musique, avec les dégagements convenables. La partie destinée aux hommes est composée d'une salle de billard, d'un logement particulier et d'autres pièces. Ces deux corps de logis, symétriquement disposés et n'en formant qu'un seul à l'extérieur, communiquent par les salons à une très-grande salle d'assemblée et de bal, décorée de colonnes et de pilastres ioniques. On désigne communément sous le nom de bain à la lame, une immersion subite et de courte durée, répétée un plus ou moins grand nombre de fois ; on donne aussi des bains par immersion prolongée. Voici, dans l'un et dans l'autre cas, comment ils sont administrés : des voitures élégantes et commodes, formant autant de cabinets de toilette assez grands pour contenir à l'aise plusieurs personnes, prennent les baigneurs au bord de la plage et les conduisent au milieu de l'eau. Là, ces voitures, attelées chacune d'un cheval accoutumé à ce genre de travail, restent immobiles. Une tente en coutil y est adaptée, et c'est sous son abri que le bain se prend, sans que des regards indiscrets puissent en aucune manière offenser la décence. Les voitures des femmes sont constamment accompagnées par des matelots, et celles des hommes par des marins expérimentés, tous d'ailleurs excellents nageurs.

On remarque encore à Boulogne la bibliothèque publique contenant 25,000 volumes ; le musée d'histoire naturelle et d'antiquités ; l'hôtel de ville ; l'hôpital général ; la maison où mourut Lesage, auteur de l'admirable roman de *Gil-Blas* ; une inscription a été placée au-dessus de la porte d'entrée de la modeste demeure de cet illustre écrivain, par les soins de la société d'agriculture de Boulogne ; la colonne de la Grande Armée, construite en marbre du pays, et à laquelle se rattachent de brillants souvenirs ; la salle de spectacle (troupe sédentaire), etc. — FABRIQUES de tulles, dentelles, toiles fines. Ateliers pour la fabrication des filets de pêche. — COMMERCE de genièvre, vins, eau-de-vie, fers, bois et chanvre du Nord, marbres bruts et ouvrés, fontes, houille, chaux excellente, etc., etc. Armements pour la pêche de la morue d'Islande et de Terre-Neuve, du hareng et du maquereau. Navigation au long cours ; grand et petit cabotage. — A 98 kil. (25 l.) d'Arras, 33 kil. (8 l. 1/2) de Calais, 222 kil. (57 l.) de Paris. — HÔTELS : de la Marine, tenu par Barry, en face de la station des paquebots et de l'établissement des bains et de Bellevue, sur le port ; de Bedford, Britannique, de Bruxelles, du Commerce, de la Croix-de-Bourgogne, de France, de Londres, du Lion-d'Argent, Meurice, du Mortier-d'Or, du Nord, d'Orléans, de Paris, Royal, de Sussex, de l'Univers.

VOITURES PUBLIQUES. Tous les jours 6 dilig. pour Paris, par Abbeville, Amiens, Beauvais ; tous les jours 4 pour Calais, 2 pour Saint-Omer, 1 pour Montreuil. L'*Aigle*, de Boulogne à Paris, en 22 heures. — PAQUEBOTS A VAPEUR ET NAVIRES A VOILES. DE BOULOGNE A RIE. Paquebots partant de Boulogne les lundis et jeudis en été, et de Rie les mercredis et samedis. Trajet en 4 et 5 heures. Prix : de Boulogne, 8 shell. ; de Rie, 7 shell. 6 pence. DE BOULOGNE A DOUVRES. Paquebots à vapeur : *Waterwitch*, *Royal Georges*, *Duke of Willington* ; départ tous les jours ; trajet en 5 heures. Prix : 10 shell. et demi. DE BOULOGNE A RAMSGATE. Paquebots : *Arlequin*, *Magnet*, *City of Boulogne*, *Enceralà* ; départs tous les jours en été, excepté le vendredi, pour Boulogne, et le lundi pour Londres ; en hiver, 3 départs par semaine. Prix : 20 et 15 shell. Trajet en 10 ou 11 heures.

BUTS D'EXCURSIONS : au *Château du Pont de briques*, ancien quartier général de Napoléon, d'où sont datés tant de décrets impériaux.—Sur les bords de la *Liane*, et sur la route nommée la *Verte Voie*, où l'on jouit d'une continuité de charmants tableaux : ci les moulins de Saint-Léonard, plus haut sa jolie chapelle gothique ; au sommet du mont, la tour du *Renard*, et au-dessous, une multitude de petites maisons de campagne. — Les vallées du *Denaire*, d'*Echinghen* et de *Souverain Moulin*, offrent aussi de charmantes promenades. — A *Wimille*, beau et riche village, où, sous un monument élevé par les habitants de Boulogne, sont déposés les restes des infortunés aéronautes Pilâtre-Derozicrs et Romain, qui périrent en 1785, en voulant traverser en ballon le détroit.—Au magnifique *Château de Colembert* (à 16 kil., sur la route de Saint-Omer).—Au *Château de Rosamel*, appartenant à l'ancien ministre de la marine de ce nom.—Une excursion qui offre un double intérêt sous le rapport scientifique et industriel, est celle aux carrières de *Marquise* et de *Ferques* : rien de plus pittoresque, en effet, que la vallée heureuse où l'on rencontre des usines considérables, des carrières de marbre, d'immenses excavations d'où l'on extrait une énorme quantité de pierres, etc., etc.

N° 34. ROUTE DE PARIS A CALAIS.

OUVRAGES A CONSULTER, qui se trouvent à la librairie de J. Leroy, à Boulogne : *Recherches historiques sur la ville de Boulogne*, par Wattier, in-8°, 1822. *Histoire civile, physique et politique de la ville de Boulogne-sur-Mer*, par Bertrand, 2 vol. in-8°, 1828. *Essai historique, topographique, statistique, sur l'arrondissement de Boulogne-sur-Mer*, par Henry, in-4°, 1810. *Guide de Boulogne-sur-Mer*, in-18, 1825.

WIMEREUX (*Pas-de-Calais*). Village maritime, situé à l'embouchure de la rivière de son nom, où il a un port créé par Napoléon en 1804.
CALAIS (*Pas-de-Calais*). Jolie et forte ville maritime, place de guerre de 1re classe. Trib. de com., ch. de com., conseil de prud'h. Société d'agricult., école d'hydr. Consulats étrangers. ⊠ ⚓ 12,508 hab. — *Etablissement de la marée du port*, 11 heures 45 minutes. — Cette ville, dont l'origine ne remonte guère qu'au neuvième siècle, est dans une situation très-favorable pour le commerce, sur la Manche, où elle a un port commode, à la jonction de plusieurs canaux qui facilitent ses communications avec Gravelines, Arras, Dunkerque et Saint-Omer. L'enceinte de la ville est petite, mais l'aspect de l'intérieur est fort agréable. Indépendamment de plusieurs beaux hôtels, où les étrangers trouvent à se loger convenablement, on y voit un grand nombre de maisons bâties avec goût; les rues sont larges, bien pavées, et pour la plupart bordées de trottoirs. La place d'armes, presqu'au centre de la ville, est assez vaste, ornée de belles maisons et d'un hôtel de ville, près duquel est un beffroi d'une architecture délicate. Le port, défendu ainsi que la ville par plusieurs forts et par une citadelle, est formé par un grand quai que termine un môle de près de mille mètres de longueur; il est petit, peu profond, et ne peut recevoir que des navires de 4 à 500 tonneaux, mais il est abrité des vents d'ouest, si violents dans ces parages, et accessible en tous temps. On y fait actuellement des travaux hydrauliques en prolongement des jetées, écluses de chasse, bassins à flot, pour plus de six millions. Ce port est, avec celui de Boulogne, le plus facile et le plus constamment fréquenté pour la communication avec l'Angleterre.

La **CATHÉDRALE** est un bel édifice gothique en forme de croix latine, décoré de onze chapelles, dont quatre dans la croisée et les sept autres au pourtour du chœur. Le retable du maitre-autel, en marbre de Gênes, est orné de colonnes de jaspe et de deux bas-reliefs en albâtre; au-dessus de l'autel est un magnifique tableau de Van Dick, représentant l'assomption de la Vierge. — Derrière le chœur, se trouve la chapelle Notre-Dame, beau monument d'architecture élevé en forme de dôme, et couvert en plomb. La tour qui sert de clocher est fort élevée; elle est placée au milieu de la croisée, et portée sur quatre piliers fort délicats.

L'**HÔTEL DE VILLE**, rebâti en 1740, est un assez bel édifice élevé à deux étages au-dessus du rez-de-chaussée, avec un balcon soutenu par des arcades qui règnent le long de la façade du côté de la place; l'intérieur est décoré avec magnificence. A l'extrémité orientale de ce bâtiment s'élève une flèche à jour en charpente, couverte en plomb, et terminée par une couronne royale d'où sort une petite verge surmontée d'une girouette : cette flèche, remarquable par sa délicatesse et sa légèreté, renferme deux cloches, dont l'une a une horloge à carillon, l'autre indique l'ouverture ou la fermeture des portes.

On remarque aussi à Calais : la cour de Guise; la colonne élevée sur le port en mémoire du débarquement de Louis XVIII, en 1814; la bibliothèque publique; la salle de spectacle (troupe sédentaire); les casernes, renfermant une immense citerne pouvant contenir 17,386 hectolitres d'eau pour l'usage de la garnison, etc., etc.

PATRIE de Delaplace, de Pigault-Lebrun, de Réal, du peintre Francia, du voyageur Mollien, etc.

FABRIQUES de tulle, façon anglaise, qui occupent plus de 800 métiers; de bonneterie. — **COMMERCE** de voitures, machines à vapeur pour la fabrication des huiles et la mouture des grains ; commerce considérable d'œufs exportés pour l'Angleterre, qui en tire de France annuellement environ 55 millions. Entrepôt réel de sel et de genièvre ; denrées coloniales et transit. Entrepôt pour les marchandises prohibées. Raffineries de sel. Construction de navires et de bateaux à vapeur. — Pêche de la morue, du hareng et du maquereau. Navigation au long cours. Grand et petit cabotage. — A 33 kil. (8 l. 1/2) de Boulogne, 265 kil. (65 l. 1/2) de Paris. — HÔTEL Quillacq, un des premiers de Boulogne, où l'on trouve voitures de poste et à volonté, tenu par Quillacq, négociant commissionnaire ; hôtels : Dessein, Meurice, du Commerce, etc.

VOITURES PUBLIQUES. Tous les jours pour Paris, Dunkerque, Boulogne, Arras, Amiens, Saint-Omer.—PAQUEBOTS A VAPEUR ET NAVIRES A VOILES. DE CALAIS A MARGATE ET RAMSGATE. Un départ par semaine. Traversée, 5 h. 1/2 à 4 heures. DE CALAIS A DOUVRES. Deux bateaux à vapeur, faisant le service de la malle, partent régulièrement deux fois par jour de Calais à Douvres. Des bateaux à vapeur, appartenant au commerce anglais, font également cette traversée tous les jours. Prix : 10 shell. et 5 shell. Quatre navires à voiles partent 4 fois par semaine de Calais pour Douvres. DE CALAIS A LONDRES. Paquebots à vapeur : *City of London* (180 ch.), *Dart* (170 ch.), *Menay* (160 ch.), *William Joliffe* (160 ch.). Départs, en été, les dimanches, mardis, jeudis et samedis ; en hiver, les mercredis et samedis. Trajet, 9 heures. Prix : 1 liv. et 18 shell. en hiver ; 18 shell. et 10 shell. en été.

OUVRAGES A CONSULTER : *Histoire de Calais et du Calaisis*, par Lefèvre, 2 vol. in-4°, 1768.

Annales de Calais, par Bernard, in-4°, 1715.

Notice historique sur la ville de Calais, par Lallement, 1782.

2ᵉ R., de PARIS à CALAIS par BEAUVAIS et ABBEVILLE, 27 myr.

	m. k.
De PARIS à SAINT-DENIS (Seine) ☞	0,9
* MONTMORENCY (à gauche de la route).	
* ENGHIEN (à gauche de la route).	
SAINT-DENIS à MOISSELLES ☞	1,3
MOISSELLES à BEAUMONT-SUR-OISE ☞	1,2
BEAUMONT à PUISEUX ☞	1,0
* MELLO (à droite de la route).	
PUISEUX à NOAILLES ☞	1,3
NOAILLES à * BEAUVAIS ☞	1,5
BEAUVAIS à MARSEILLES (Oise) ☞	1,9
MARSEILLES à GRANVILLIERS ☞	1,0
GRANVILLIERS à * POIX ☞	1,4
POIX à CAMPS ☞	1,3
CAMPS à AIRAINES ☞	1,0
AIRAINES à * ABBEVILLE ☞	1,9
ABBEVILLE à CALAIS (Voy. la 1ʳᵉ Route)	11,3

MONTMORENCY (*Seine-et-Oise*). Petite ville fort ancienne, bâtie sur le sommet d'une colline, d'où la vue s'étend sur une forêt de châtaigniers, et sur une vallée délicieuse, peuplée de beaux villages et d'une multitude de châteaux et de maisons de campagne. L'église, que l'on peut comparer à une cathédrale, est un des plus beaux ouvrages gothiques du quatorzième siècle. Tous les sites des environs de Montmorency sont pleins de souvenirs de J. J. Rousseau, qui composa dans cet endroit ses principaux ouvrages. L'ermitage que madame d'Épinay lui avait fait bâtir se trouve à l'entrée d'une antique forêt de châtaigniers : c'est une petite habitation fort simple, placée à mi-côte. Quelques appartements ont encore la même distribution et les mêmes meubles qu'au temps de Rousseau, dont le buste se voit dans une niche formée dans le mur du jardin.—A 18 kil. (4 l. 1/2) de Paris.

N° 34. ROUTE DE PARIS A CALAIS. 265

ENGHEIN (*Seine-et-Oise*). Village célèbre par un bel établissement d'eaux thermales sulfureuses, bâti dans une situation charmante, sur le bord oriental de l'étang de Montmorency. Le bâtiment des bains est un vaste édifice, d'une architecture aussi simple qu'élégante. Il renferme les sources, et 40 chambres de maîtres, élégamment meublées et fort commodes, qui toutes ont vue sur les endroits les plus pittoresques de la vallée de Montmorency. Les bains d'Enghein sont ouverts depuis le 16 juin jusqu'à la fin de septembre. Le beau parc de Saint-Gratien et les bords de l'étang de Montmorency forment une magnifique dépendance de l'établissement sanitaire, et procurent aux baigneurs des promenades variées, sur une étendue de plus de 500 arpents. A 18 kil. (4 l. 1/2) de Paris.

OUVRAGE A CONSULTER. Itinéraire historique, topographique, etc., de la vallée d'Enghien-Montmorency, in-16.

ASNIÈRES-SUR-OISE (*Seine-et-Oise*). Village situé près de la rive gauche de l'Oise, à 33 kil. (8 l. 1/2) de Paris. Parmi les nombreuses maisons de plaisance qui embellissent ses alentours, on cite le château de Touteville, le château dit de la Reine-Blanche, et celui de la Commézie.

MELLO (*Oise*). Bourg situé à 16 kil. (4 l.) de Senlis. Pop. 492 hab. Ce bourg, autrefois clos de murs, avec portes et ponts-levis dont on ne voit plus les restes, est assis dans la vallée du Thérain, et traversé par diverses branches de cette rivière. Il est généralement bien bâti, percé de rues propres et pavées : on y voit encore beaucoup de maisons décorées d'ornements tels qu'on en faisait dans le seizième siècle. Un château flanqué de tourelles est situé sur le haut d'un coteau et domine le bourg. Un bélier hydraulique monte les eaux de la rivière jusqu'à la hauteur de 60 mètres dans un réservoir au-dessus des combles, d'où elles se distribuent aux communs et aux parterres.

BEAUVAIS. Très-ancienne ville, chef-lieu du département de l'Oise. Trib. de 1re inst. et de comm. Évêché. Ch. des arts et manuf. Soc. d'agr. Col. com. ⊠ ☞ 12,867 hab. Cette ville est située dans un riche vallon entouré de collines boisées, au confluent de l'Avélon et du Thérain, qui baigne une partie de son enceinte, circule dans son intérieur, et se divise en plusieurs branches et canaux très-favorables à l'exploitation de diverses manufactures. Elle est généralement mal bâtie : la plupart des maisons sont construites en bois, argile et mortier ; mais on est frappé de la multitude d'ornements et de sculptures en bois qui décorent, à l'extérieur, ces habitations. Comme dans toutes les villes anciennes, une grande partie des rues sont mal percées, et les maisons n'y sont point alignées. Une petite portion de la ville actuelle se nomme *la cité* : elle est d'une construction fort ancienne, presque carrée, et fermée de murailles épaisses de plus de deux mètres, accompagnées de tours rondes : le tout bâti de petites pierres carrées fort dures, mêlées de grosses et larges briques tellement cimentées, qu'on a peine à les désunir. Ces murailles paraissent être du troisième ou du quatrième siècle. La nouvelle ville, cinq à six fois plus grande que la cité, a été entourée de remparts et de fossés dont la construction a eu lieu pendant le cours des douzième et treizième siècles. Ces fortifications, devenues inutiles depuis l'invention de l'artillerie, sont actuellement remplacées par de très-beaux boulevards qui forment une promenade agréable, composée de trois allées principales, ayant ensemble 26 mètres de large. Cette promenade est bordée par un canal d'eau vive, qui se décharge dans le Thérain, après avoir fait le tour de la majeure partie de la ville.

CATHÉDRALE DE BEAUVAIS. Ce vaste édifice fut entrepris avec la prétention de surpasser, par ses dimensions extraordinaires, les autres temples de style gothique ; et c'est pour cette raison que les évêques de Beauvais se mirent dans l'impossibilité d'en achever la construction. Leurs revenus, quoique assez considérables, ni ceux du chapitre ne se trouvant pas en proportion avec l'immensité des travaux, il en est résulté que cet édifice, qui serait, s'il eût été achevé, l'un des plus vastes de l'Europe, est encore, quoique fort incom-

12

plet, l'un des plus remarquables par sa prodigieuse élévation et par la délicatesse de sa structure. La façade principale, du côté de la rue Saint-Pierre, est d'une proportion colossale, et présente, dans toute son étendue, ce que l'architecture gothique, quoique sur son déclin, peut offrir de plus riche et de plus élégant. Les deux piliers angulaires qui flanquent cette façade sont enrichis, depuis leur base jusqu'au sommet, de niches richement décorées de frises fleudelisées, de colonnes très-déliées, de rosaces, et autres membres d'architecture, surmontés de couronnes royales, d'une très-grande proportion et d'une forme extrêmement élégante. On monte par onze marches en pierre pour arriver jusqu'au perron. La façade septentrionale n'offre pas la même richesse : les grands contre-forts qui lui servent d'appui sont lisses et sans sculptures. On monte à ce portail par un perron composé de quatre marches. Le pourtour de l'édifice est environné d'une multitude d'arcs-boutants, d'une structure hardie, dont les piliers butants, disposés en retraite, ont tout au plus 65 centimètres d'épaisseur, et sont surmontés de très-jolis clochetons. Deux galeries, placées l'une à hauteur des combles des bas-côtés, et l'autre autour du grand comble, servent à circuler dans le pourtour de l'édifice. Les lanternes, les roses, les pyramides, les pendentifs, et généralement tous les ornements, sont d'une richesse et d'une délicatesse extraordinaires. L'intérieur de cette basilique, qui a 47 mètres de hauteur sous clef, sur 15 m. 60 c. de largeur entre les murs de face, offre, par le grandiose de ses proportions, un aspect vraiment majestueux, qui saisit d'étonnement et d'admiration lorsqu'on pénètre dans son enceinte. Elle présente dix-neuf arcades ogives, un rang de galeries et un de fenêtres d'une très-grande dimension, et dont les compartiments en pierre sont d'une extrême délicatesse. Indépendamment de cette galerie, il en existe une autre petite au-dessus du pourtour des arcs ogives du bas-côté qui environne le chœur, autour duquel règne un rang de neuf chapelles. Cette église est éclairée, en partie, par de magnifiques vitraux peints, la plupart exécutés à la plus belle époque de la peinture sur verre. Sous le second bas-côté, à gauche, se voit le tombeau, en marbre blanc, du cardinal de Forbin de Janson, évêque de Beauvais. Ce monument fut exécuté par Coustou. Le cardinal est à genoux devant un prie-Dieu ; sa statue, qui a 2 mètres de proportion, est placée sur un piédestal en marbre qui se termine en console.

L'ÉGLISE SAINT-ÉTIENNE est beaucoup moins vaste et moins élevée que Saint-Pierre. On y ferait un cours complet de peinture sur verre ; il y existe des morceaux très-curieux en ce genre.

L'HÔTEL DE VILLE, de construction moderne, est le plus bel édifice de Beauvais ; sa régularité contraste avec la bigarrure des maisons qui entourent la vaste place dont il forme un des côtés.

Le PALAIS ÉPISCOPAL est un édifice d'une antique construction, dont les dehors annoncent une petite forteresse ; il est flanqué de deux grosses tours et entouré de hautes et fortes murailles de pierre.—On remarque encore à Beauvais la manufacture de tapisserie ; le collège ; la bibliothèque publique, renfermant 7,000 volumes ; l'Hôtel-Dieu ; le bureau des pauvres ; le quartier de cavalerie ; la salle de spectacle ; le bâtiment où siége la cour d'assises, etc. — FABRIQUES de draps fins, flanelle, tapis de pied, châles, dentelles noires. Manufacture royale de tapisserie. Filature de laine et de coton.—COMMERCE de grains, vins, denrées coloniales, tissus divers et autres articles de ses manufactures, etc.—A 55 kil. (14 l.) d'Amiens, 74 kil. (19 l.) de Rouen, 66 k. (17 l.) de Paris.—HÔTELS : d'Angleterre, des Trois-Piliers, du Cygne, de l'Écu.

VOITURES PUBLIQUES. Tous les jours pour Paris, Beaumont, Chambly, Chaumont, Formerie, Clermont, Compiègne, Amiens, Abbeville, Calais, Songeons, Grandvillers; tous les deux jours pour Gournay, Rouen, le Havre ; les mercredi et samedi pour Chaumont, par Méru, Marseille (Oise), Formerie, Calais, Lille, Gisors ; Amiens, par Breteuil ; 2 fois la semaine pour Rouen. — Messager de Beauvais à Paris tous les jeudis, rue Mauconseil, 25.

N° 34. ROUTE DE PARIS A CALAIS.

BUT D'EXCURSION : à *Marissel* (2 kilom.), dont l'église offre un joli portail et des sculptures d'une grande délicatesse.
OUVRAGES A CONSULTER, qui se trouvent à la librairie de Boquillon-Porquier, à Beauvais.
Description de l'Oise, par Cambry, 3 vol. in-8°, et atlas in-fol., 1803.
Histoire de la ville et cité de Beauvais, par Louvet, in-8°, 1614.
Notice archéologique sur le département de l'Oise, par Graves, in-8°.
Tablettes historiques et géographiques du départ. de l'Oise, par Brun, in-8°, 1792.
Mémoire des pays, villes, comté et comtes de Beauvais, par Loisel, in-4°, 1617.
Mémoires de la société des Antiquaires de Picardie, 3 vol. in-8°, 1841.
Notice sur la ville et le canton de Beauvais, par Tremblay, in-8°, 1818.
Description de la cathédrale de Beauvais, par Woillez, in-fol., fig.
Description de la cathédrale de Beauvais, par Gilbert, in-8°, 1829.
Annuaire statistique du département de l'Oise, par Graves, 1826-40 (contient une très-bonne topographie de la plupart des cantons du département de l'Oise).

3ᵉ R. par MÉRU, BEAUVAIS ET ABBEVILLE, 28 myr. 3 kil.

m. k.
De PARIS à * BEAUVAIS, par MÉRU ☞ (Voy. N° 20). 8,5
BEAUVAIS à * CALAIS ☞ (V. la 2ᵉ R. ci-dessus). 19,8

4ᵉ Route, par NOIREMONT, 28 myr. 7 kil.

De PARIS à * BEAUVAIS ☞ (V. la 2ᵉ R.)............ 7,2
BEAUVAIS à NOIREMONT ☞................... 1,6
NOIREMONT à BRETEUIL (Oise) ☞.. 1,2
BRETEUIL à FLERS ☞...................... 1,3
FLERS à AMIENS ☞......................... 1,9
AMIENS à * CALAIS ☞ (Voyez la 1ʳᵉ Route)..... 15,5

5ᵉ R., par AMIENS, DOULLENS et SAINT-OMER, 28 myr. 3 kil.

De PARIS à * AMIENS ☞ (Voy. 1ʳᵉ Route)......... 12,8
AMIENS à LA RECOUSSE ☞ (Voy. N° 52)........ 13,1
- LA RECOUSSE à ARDRES ☞.................. 0,8
ARDRES à * CALAIS ☞ 1,6

D'ARDRES à GUISNES ☞ 0,9
GUISNES à MARQUISE ☞ 1,7

ARDRES (*Pas-de-Calais*). Petite ville et place de guerre de 2ᵉ classe, située sur le canal de son nom, à 24 kil. (6 l.) de Saint-Omer. ✉ ☞ 2,016 hab. On y voit de beaux établissements militaires.

DE CALAIS A DUNKERQUE, 4 myr. 2 kil.

De CALAIS à * GRAVELINES ☞ 2,2
GRAVELINES à * DUNKERQUE ☞.... 2,0

GRAVELINES (*Nord*). Jolie et très-forte ville maritime, située près de la Manche à l'embouchure de l'Aa à 20 kil. (5 l.) de Dunkerque. ✉ ☞ 4,193 h.
—*Établissement de la marée du port*, 11 *heures* 45 *minutes*. — Cette ville a un port commode et fréquenté ; qui offre un asile assuré aux navires battus par la tempête. Elle est généralement bien bâtie ; les rues sont belles et bien percées ; les places publiques fort agréables. On y remarque le Mausolée de M. de Metz, ouvrage du célèbre Girardon, placé dans l'église paroissiale. L'arsenal peut contenir 8,000 fusils ; les casemates sont d'une bonne distribution. Armements pour la pêche de la morue, du hareng et du maquereau. Cabotage.

VOITURES PUBLIQUES. Tous les jours pour Calais. — Dunkerque ; par eau, 4 fois la semaine pour Saint-Omer.

DUNKERQUE. Voy. page 8.

N° 35.

ROUTE DE PARIS A **CARCASSONNE** (AUDE).

1ʳᵉ R., par CLERMONT, RODEZ et ALBI (V. N° 108). 78,6

2ᵉᵈ Route, par TOULOUSE, 78 myr.

	m.k.
De PARIS à TOULOUSE (Voy. N° 138)............	68,7
TOULOUSE à CARCASSONNE (V.R. de Toul. à Mars.).	9,3

DE CARCASSONNE A FOIX, 9 myr. 7 kil.

De CARCASSONNE à * LIMOUX ☞	2,5
LIMOUX à CHALABRE ☞	2,5
CHALABRE à LAVELANET ☞	2,1
LAVELANET à * FOIX ☞	2,6

N° 36.

ROUTE DE PARIS AUX **EAUX THERMALES DE CASTERA-VERDUZAN** (GERS.)

73 myr. 8 kil.

	m. k.
De PARIS à BORDEAUX (Voy. N° 25)..............	56,2
BORDEAUX à CASTERA (V. N° 25, 2ᵉ Route de Bordeaux à Auch)......................	17,6

N° 37.

R. DE PARIS A **CAUTERETS** (HAUTES-PYRÉNÉES).

80 myr. 1 kil.

	m. k.
De PARIS à * TARBES ☞ (Voy. N° 18)............	75,3
TARBES à * LOURDES ☞	1,9
LOURDES à PIERREFITTE ☞	1,9
PIERREFITTE à * CAUTERETS ☞	1,0

N° 37. ROUTE DE PARIS A CAUTERETS.

CAUTERETS (*Hautes-Pyr.*). Joli bourg à 17 k. (1 l. 1/4) d'Argèles. ⚭ 800 h. Cauterets, célèbre par les sources d'eaux thermales qu'il renferme, est bâti dans le fond d'un bassin très-agréable, sur le gave de son nom, qui traverse le bourg et le vallon, coule avec une grande rapidité entre deux montagnes resserrées, précipite de rochers en rochers ses ondes blanchissantes d'écume, et vient former une cascade naturelle à une petite distance des bains de la Raillière. Les bains de Cauterets ne sont point dans le village comme à Baréges et à Saint-Sauveur : ils sont disséminés dans la montagne à différentes distances et hauteurs; ce qui donne beaucoup de mouvement au paysage. L'éloignement des bains et la difficulté des chemins obligent à se servir de chaises à porteurs ; un service public est organisé pour cet objet : les femmes en prennent toujours pour les longues courses dans les montagnes. De plusieurs côtés s'offrent de riantes promenades, et certains lieux sont plus fréquentés par les étrangers qui, chaque année, affluent dans cet aimable et salutaire séjour. Tels sont *l'Ermitage de Pyn*, *la Cabane de la Reine*, station agreste qui domine tout le vallon et la gorge entière, jusqu'à Pierrefitte; les jardins créés par le docteur Labat; le lac de Gaube, qui offre un très-bel aspect. A l'embranchement des vallées de Gaube et du Marcadaon, est la cascade du Pont-d'Espagne; là, deux torrents se réunissent : l'un, en roulant sur la croupe inégale d'un large rocher, s'est déjà partagé en deux nappes écumantes; le second se précipite dans un lit étroit, profond, tortueux et sombre. C'est un peu au-dessous de la jonction de ces torrents que l'on a jeté le pont d'Espagne. Les culées, fournies par la nature, sont deux masses de granit taillées d'à-plomb, d'une hauteur d'environ 19 m. 50 c. (60 pieds); d'une culée à l'autre, les pasteurs du canton ont jeté transversalement cinq ou six poutres de sapin, auxquelles ils ont laissé toute leur rondeur; ils ont garni les vides avec du gazon, et élevé des deux côtés deux poutres parallèles, qui servent de parapets. Tel est ce pont sur lequel on traverse un effrayant abime, au fond duquel roulent en bouillonnant les eaux du gave de Gaube.

SAISON DES EAUX. Il y a trois saisons bien distinctes : la première commence vers la fin du mois d'avril, et se termine à la fin de mai, ou tout au plus du 10 au 15 juin. C'est la saison des cultivateurs du pays et des environs. Du 10 juin aux premiers jours de septembre est le fort, le brillant de la saison. De septembre à novembre recommence la saison des habitants du pays. — ÉTABLISSEMENT BRUZAUD. Les bains Bruzaud sont au bas de la montagne, et touchent à Cauterets; ils contiennent treize cabinets très-propres, dont les quatre extrêmes renferment chacun deux baignoires; un joli salon qui sert de pièce d'attente, une douche à quatre robinets de différentes grosseurs et élévations, et une buvette fort commode. Un long péristyle recouvert s'étend d'un bout des bains à l'autre; aux deux extrémités sont deux pièces d'attente. — ÉTABLISSEMENT DE PAUZE. Il y a treize cabinets propres, qui se communiquent par un beau vestibule pavé en schiste. Toutes les baignoires, au nombre de 17, sont en marbre. — BAINS DES ESPAGNOLS. La source des Espagnols est voisine de celle de Pauze, mais elle a 38° de chaleur. — BAINS DE CÉSAR. Il y avait autrefois une large piscine, surmontée d'une voûte, où l'on a fait un mur de séparation ; maintenant il y a deux baignoires, une de chaque côté, et deux buvettes qui coulent continuellement. — SOURCE DE LA RAILLÈRE. La Raillère est aujourd'hui l'établissement le plus important de Cauterets. Il contient 23 cabinets de bains, une buvette, une douche; il y a 9 cabinets en marbre poli, et 14 en maçonnerie. Sur le devant de l'établissement est une belle terrasse. L'entrée de l'édifice, totalement construite en marbre, est décorée d'un portique de six arcades, surmontées d'un fronton. Les baignoires dans tous les cabinets sont en marbre. — ÉTABLISSEMENT DU PETIT SAINT-SAUVEUR. Il est situé après la Raillère, et à quelques toises des bains du Pré. La source, qui est très-faible, n'a que 24° de chaleur. — SOURCE DU PRÉ. Elle est située bien au delà du pont, et avant Maouhourat, près de la cascade du

même nom. Il y a une buvette, une douche graduée, seize bains, une étuve, un bain de vapeur, un péristyle, et tous les embellissements que les lieux pouvaient comporter. — SOURCES DE MAOUHOURAT. Ces trois sources sont comme groupées à très peu de distance de là, et elles sortent du creux des rochers. On arrive à la première par un sentier tracé sur la ligne droite du gave, et l'on parvient à l'ancienne excavation, transformée en une grotte pittoresque, où l'on recueille les eaux, que l'on n'emploie qu'en boisson. Les deux autres surgissent au-dessus, et presque au niveau du gave.— SOURCE DU BOIS. Elle est située fort au-dessus des précédentes, et il faut beaucoup monter dans le bois pour y arriver. L'établissement présente une riche façade consistant en cinq arcades en marbre, un superbe péristyle, deux piscines, quatre cabinets de bains, ayant chacun sa douche. Au premier sont des chambres de repos pour les baigneurs. Il y a trois sources, dont la température varie de 34, 36 et 38°.
—PROPRIÉTÉS MÉDICINALES. Les différentes sources de Cauterets s'appliquent à une infinité de maladies chroniques. La Raillère est indiquée pour les affections catarrhales chroniques, les phthisies commençantes, laryngées ou pulmonaires. Pauze convient dans les affections rhumatismales chroniques, les asthmes humides ; Maouhourat, dans les maladies des voies digestives tenant à la faiblesse des tissus. César, les Espagnols, le Pré, les Bois, font des merveilles dans les affections cutanées, rhumatismales avec engorgement des articulations, les plaies anciennes, atoniques, etc. ; le Petit-Sauveur, dans les maladies nerveuses et hémorroïdales ; Bruzaud, dans la faiblesse générale des tissus musculaires, etc.

Tous les amusements sont réunis à Cauterets, danses, beaux salons, musique, courses en chars, à cheval, vins exquis, société nombreuse, charmantes promenades. Il y a des logements à tous prix, meublés avec goût.

BUTS D'EXCURSIONS : à la *Raillère*, bains situés dans la position la plus sauvage, et dominés par une montagne composée de granit, dont le sommet, tombé en partie, a couvert les environs de ses débris ; à la cascade de *Maouhourat;* au pont d'*Espagne*. On doit visiter aussi les cascades du *Val de Jaret*, les cascades du *Cerizet*, du *Pas-de-l'Ours*, et de *Boussès;* le *Val de Marcadeau*, qui communique à l'Espagne par un port assez facile. Enfin, ceux qui ne craignent pas la fatigue, ne doivent pas manquer de faire une ascension au *Vignemale*.

OUVRAGES A CONSULTER. *Analyses et propriétés médicinales des eaux des Pyrénées*, par Poumier, in-8°, 1813.

Opuscule sur Cauterets et ses eaux minérales, par Cyprien Camus, in-8°, 1818 (ouvrage estimé).

N° 38.

ROUTE DE PARIS A CHALONS (MARNE).

1re Route, par SÉZANNE et SOMMESSOUS, 18 myr.

	m. k.
De PARIS à SOMMESSOUS ☞ (Voy. N° 127)	15,2
SOMMESSOUS à VATRY ☞	1,0
VATRY à * CHALONS ☞	1,8

2e R., par ÉPERNAY, Voy. N° 60, R. de PARIS à FORBACH, 16 myr. 2 kil.

N° 38. ROUTE DE PARIS A CHALONS.

3ᵉ R., par MONTMIRAIL, 16 myr. 2 kil.

	m. k.
* ROMAINVILLE (à droite de la route).	
* BELLEVILLE (à droite de la route).	
DE PARIS à BONDY ⚜	1,2
* LIVRY (sur la route).	
BONDY à CLAYE ⚜	1,7
* JUILLY (à gauche de la route).	
CLAYE à MEAUX ⚜	1,5
MEAUX à SAINT-JEAN LES DEUX-JUMEAUX ⚜	1,1
SAINT-JEAN à LA FERTÉ-SOUS-JOUARRE ⚜	0,9
LA FERTÉ à BUSSIÈRES (Seine-et-Marne) ⚜	0,9
BUSSIÈRES à VIELS-MAISONS ⚜	1,2
VIELS-MAISONS à * MONTMIRAIL ⚜	1,3
* VAUCHAMPS (sur la route).	
* CHAMPAUBERT (sur la route).	
* MONTMORT (à gauche de la route).	
* SÉZANNE (à droite de la route).	
MONTMIRAIL à FROMENTIÈRES ⚜	1,3
FROMENTIÈRES à ÉTOGES ⚜	1,1
ÉTOGES à CHAINTRIX ⚜	1,8
CHAINTRIX à * CHALONS-SUR-MARNE ⚜	2,2

ROMAINVILLE (Seine). Charmant village, bâti dans une situation fort agréable, à 8 kil. (2 l.) de Paris. Le bois de Romainville n'est pas fort étendu; mais sa proximité de la capitale et ses beaux ombrages en font un but naturel de promenades champêtres, très-fréquentées dans la belle saison.— Fête patronale le 31 juillet.

BELLEVILLE (Seine). Village situé près des barrières de Paris. ☒ Pop., y compris Ménilmontant et la Courtille, qui dépendent de cette commune, 9,900 hab. Belleville est bâti dans une charmante situation, sur une hauteur en grande partie couverte de maisons de campagne agréables, et peuplé de guinguettes placées dans des berceaux, dans des jardins bien ombragés, où, les jours de fête, pendant la belle saison, se porte une foule innombrable de Parisiens qui viennent y goûter les plaisirs de la danse et de la promenade. Les hauteurs de Belleville, de Ménilmontant et de la butte Saint-Chaumont sont célèbres par le courage héroïque que les élèves de l'École polytechnique et les guerriers français y déployèrent, le 30 mars 1814, contre les armées réunies de toutes les puissances de l'Europe.

LIVRY (Seine). Ville à 16 kil. (4 l.) de Paris. ☒ 750 hab. Le château du RAINCY, propriété de S. M. Louis-Philippe, fait partie de la commune de Livry.

JUILLY (Seine-et-Marne). Village à 19 kil. (4 l. 3/4) de Meaux. 500 hab. Il possède un collège fondé en 1638, et qui jouit encore aujourd'hui d'une réputation justement méritée. La maison est convenablement distribuée; un parc de trente arpents contribue, avec la bonté de l'air et des eaux, à rendre cet établissement très-salubre.

MEAUX (Seine-et-Marne). Ancienne ville. Sous-préf. Trib. de 1ʳᵉ inst. et de comm. Soc. d'agric., sciences et arts. Coll. comm. Évêché. ☒ ⚜ 8,737 hab. Cette ville est très-agréablement située, près du canal de l'Ourcq, sur la Marne, qui la divise en deux parties inégales. Elle est assez bien bâtie; la place publique est vaste, mais irrégulière; les promenades sont belles, mais peu fréquentées. — La CATHÉDRALE, dédiée à saint Étienne, est un chef-d'œuvre d'architecture gothique. Le chœur et le sanctuaire sont admirables; les ornements en sont riches et d'une extrême délicatesse. Cette église porte, depuis le grand portail jusqu'à la chapelle Notre-Dame du Chevet, 101 m. 34 cent. de long sur 7 m. 14 cent. de large; dans la croisée, depuis la porte du midi jusqu'à celle du nord, elle a 5 m. 19 c sous clef de hauteur. La tour a environ 65 mètres de hauteur; à l'extrémité est une plate-forme environnée d'une balustrade d'où, quand le temps est beau, on découvre Montmartre et le Mont-Valérien. Le sanctuaire est un des plus beaux que présentent nos églises gothiques; dix-huit piliers en faisceau, ou colonnes rondes, soutiennent les voûtes de la nef, et quatorze celles du chœur. Les six colonnes qui ferment ce sanctuaire sont particulièrement remarquables par leur hauteur et par leur délicatesse. Le chœur a 40 mètres de long sur 20 de large; les chapelles qui règnent autour sont d'une forme circulaire, et si bien proportionnées, que du milieu du sanctuaire on les découvre à travers les arcades. C'est dans cette église qu'est placé le monument que le département de Seine-et-Marne a fait ériger à Bossuet. Outre l'église cathédrale, on remarque encore à Meaux le bâtiment, le jardin et la terrasse de l'évêché, où l'on a conservé le cabinet de Bossuet; la bibliothèque publique, contenant 14,000 vol.; le collège; les hospices; la salle de spectacle; l'hôtel de ville et un beau quartier de cavalerie. — FABRIQUES d'indiennes, de poterie de terre, de colle-forte. —COMMERCE considérable de grains, farines, fromages de Brie, laines, volailles et bestiaux. Marchés très-importants par le grand nombre de riches cultivateurs qui s'y réunissent. — A 51 kil. (13 l.) de Melun, 43 kil. (11 l.) de Paris.— HÔTELS: de la Sirène, des Quatre-Fils-Aymond, des Trois-Couronnes, des Trois-Rois, du Cheval-Rouge.

VOITURES PUBLIQUES. Toutes les diligences de Paris pour Metz, Nancy, Strasbourg, passent par Meaux. Tous les jours voit. pour Paris, chez Touchard, faub. Saint-Denis, 80, 2 fois par jour. — Bateaux-postes pour Paris, 2 fois par jour.

OUVRAGES A CONSULTER. *Description particulière de la ville de Meaux* (manuscrit), par Delabarre.
Essai historique sur la ville de Meaux, par Eckart, in-8°.

FERTÉ-SOUS-JOUARRE (la) (*Seine-et-Marne*). Petite ville très-agréablement située, à 20 kil. (5 l.) de Meaux. ⊠ ☞ 3,927 hab. Elle est assez bien bâtie, sur la Marne, qui y forme une île et un beau port. Près de la rive droite de la Marne, on remarque le château de la BARRE, édifice flanqué de tourelles, d'où l'on jouit d'une fort belle vue, qui s'étend sur toute la ville de la Ferté, sur le bourg du Jouarre et sur les villages environnants. — La Ferté-sous-Jouarre est renommée pour la supériorité de ses meules à moulin, dont on fait un commerce considérable.

MONTMIRAIL (*Marne*). Petite ville, à 32 kil. (8 l. 1/4) d'Épernay. ⊠ ☞ 2,343 hab. On y voit un beau château. — PATRIE du cardinal de Retz. — Le 11 février 1814, l'empereur Napoléon remporta sur son territoire une victoire sur les armées russe et prussienne.

VAUCHAMPS (*Marne*). Village à 20 kil. (5 l.) d'Épernay. 392 hab. Le 14 février 1814, il se donna dans les plaines de ce village un combat sanglant, où Napoléon battit complétement 20,000 Prussiens, commandés par le général Blücher.

CHAMPAUBERT (*Marne*). Village à 20 kil. (5 l.) d'Épernay. 350 hab. Le 10 février 1814, Napoléon battit complétement à Champaubert l'avant-garde de l'armée prussienne. Maître de Champaubert, Napoléon s'y logea dans une auberge située à l'intersection des routes d'Épernay et de Paris.

MONTMORT ou **MONTMAUR** (*Marne*). Bourg à 15 kil. (3 l. 3/4) d'Épernay. 600 hab. On y remarque un château, ou plutôt un donjon, d'une construction ancienne, presque tout en briques, offrant un massif carré flanqué de tours et de tourelles. Il est établi sur une terrasse carrée de quarante mètres de côté, et haute de vingt mètres, entourée de fossés secs avec ponts-levis, et surmontée d'un belvéder. On doit visiter l'église gothique, ornée de vitraux magnifiques.

SÉZANNE (*Marne*). Jolie et très-ancienne ville, à 35 kil. (9 l.) d'Épernay. ⊠ 4,016 hab. Sézanne est une ville bien bâtie et assez bien percée, où l'on trouve un hospice, une petite salle de spectacle et une petite bibliothèque publique. L'église paroissiale est surmontée par une tour carrée d'une belle construction. Le ruisseau des Auges traverse la ville, y fait mouvoir plusieurs usines, arrose plusieurs rues et alimente deux fontaines.—FABRIQUES de grosses draperies.

VOITURES PUBLIQUES. Pour Épernay, Paris, par Coulommiers, Lagny.

VERTUS ou **LES VERTUS** (*Marne*). Petite et ancienne ville, à 27 k. (7 l.) de Châlons. ⊠ 2,277 hab. C'était dès le neuvième siècle le chef-lieu d'un pays appelé *Pagus Virtudisus*, qui forma l'ancien comté de Vertus. Elle est assez agréablement située au pied d'une colline très-haute et couverte de bons vignobles, mais elle est généralement mal bâtie et irrégulière : toutefois son aspect et son ensemble sont agréables. Une source considérable jaillissant au pied de l'église alimente une belle fontaine.—Sur une colline voisine de Vertus on remarque les ruines du château de Mont-Aymé, qui correspondait autrefois par des signaux avec le château de Montaigu, situé à près de 78 kil. (20 l.) de distance, aux environs de Troyes.

CHALONS-SUR-MARNE. Grande et très-ancienne ville. Chef-lieu du département de la Marne. Chef-lieu de la 2ᵉ divis. milit. Trib. de 1ʳᵉ instance et de comm. Ch. des manuf. Soc. d'agr., sciences et arts. École des arts et mét. Coll. comm. Évêché. ⊠ ☞ 12,413 hab. — Châlons est une ancienne cité dont les historiens les plus célèbres ont parlé avec éloge. Elle est située entre deux belles prairies, entourée de fossés et traversée par deux bras de la Marne, qui la baigne à l'ouest, et que l'on passe sur un beau pont de pierre formé de trois arches très-hardies, de 25 mètres d'ouverture. Elle était autrefois entourée de remparts, aujourd'hui presque entièrement détruits, et est fermée de murs peu élevés, percés de six portes auxquelles aboutissent six grandes routes : l'une de ces portes, celle de Sainte-Croix, sur la route de Vitry, a la forme d'un arc de triomphe. Châlons est une ville en général assez mal bâtie, où l'on voit cependant d'assez belles constructions et dont l'ensemble est agréable. Les édifices et établissements les plus remarquables sont :

La CATHÉDRALE, dédiée à saint Étienne, commencée vers l'an 450. Deux incendies la détruisirent, en 1138 et 1238. Un troisième incendie consuma entièrement le chœur et la belle flèche qui le surmontait, en 1668 ; désastre qui fut réparé en 1672, par la munificence de Louis XIV. On doit à M. Vialart les deux belles flèches de pierre taillées à jour dans toute leur longueur, qui s'élèvent à 36 mètres de haut, avec autant de hardiesse que de majesté. Le corps de l'édifice a 110 mètres de longueur, sur 22 de largeur ; prise aux bras de la croix, sa hauteur est d'environ 60 mètres. L'église a trois nefs, dont la plus grande est majestueuse ; les voûtes sont soutenues par dix piliers de 4 mèt. 5 cent. de circonférence. Le sanctuaire est d'une beauté remarquable ; le maitre-autel, surmonté d'un baldaquin que supportent six colonnes de marbre, passe pour un des plus beaux que l'on connaisse en France. Huit piliers ou arcs-boutants, terminés par autant de pyramides sculptées, soutiennent le corps du vaisseau. Le portail, d'architecture grecque et d'ordre corinthien, est majestueux. Les vitraux, quoique ayant beaucoup souffert, offrent encore des parties bien conservées. Sous l'édifice est une crypte que l'on croit antérieure à sa construction.

L'ÉGLISE NOTRE-DAME, commencée en 1157 et achevée seulement en 1322, est d'architecture gothique assez riche. L'intérieur offre des vitraux précieux et un pavé en mosaïque chargé d'une foule d'inscriptions.

L'ÉGLISE SAINT-ALPIN est un ancien édifice où l'on remarque aussi d'anciens vitraux.

L'HÔTEL DE VILLE, situé sur la place d'armes, au centre de la ville, est un édifice construit en 1772, dont la façade est ornée de huit colonnes, de balustres et chapiteaux d'ordre ionique; le fronton est décoré de bas-reliefs représentant la Ville exploitant les productions de la Champagne. Le péristyle est formé de colonnes d'ordre toscan. Le vestibule, de style ionique, offre les portraits des plus illustres Châlonnais. Aux quatre angles du perron sont quatre lions en pierre, d'une assez mauvaise exécution.

L'HÔTEL DE LA PRÉFECTURE, autrefois hôtel de l'Intendance, bâti en 1764, est l'un des plus beaux édifices en ce genre qui existent en France; il forme une cour carrée dont l'entrée offre une colonnade d'ordre dorique, surmontée de deux groupes de trophées militaires. Le corps principal est d'ordre ionique, et se termine par des balustrades qui masquent une partie des combles.

On remarque encore à Châlons la caserne Saint-Pierre; le manége; les bâtiments des approvisionnements militaires; la salle de spectacle; l'école royale des arts et métiers, où l'on voit une élégante chapelle d'ordre corinthien; le collége, dont on admire l'église surmontée d'un dôme que termine une campanille en forme de beffroi; la bibliothèque publique, renfermant 20,000 vol.; le cabinet d'histoire naturelle; l'Hôtel-Dieu; le dépôt de mendicité; la magnifique promenade du Jard, qui occupe une surface de 7 hectares 69 ares, que sillonnent trente-neuf allées plantées de 1,788 ormes de la plus belle venue, entre lesquels règnent de belles pelouses de gazon, etc., etc., etc.—PATRIE du célèbre astronome la Caille, de Perrot d'Ablancourt, du lieutenant-général Sainte-Suzanne.— FABRIQUES d'espagnolettes, bonneterie en coton. Filatures de coton.—École royale des arts et métiers, où 350 élèves sont entretenus aux frais du gouvernement. — COMMERCE de vins de Champagne mousseux en pièces et en bouteilles.—A 41 k. (10 l. 1/2) de Reims, 72 k. (18 l. 1/2) de Troyes, 158 kil. (41 l. 1/2) de Paris.—HÔTELS : Morizot, du Palais-Royal, de la Cloche-d'Or, de la Ville-de-Nancy, de la Haute-Mère-Dieu, de la Ville-de-Paris, de la Croix-d'Or, du Renard, de la Pomme-d'Or.

VOITURES PUBLIQUES. Tous les jours de Paris à Nancy, Strasbourg et Metz. Tous les jours pour Reims, Troyes, Vitry et Épernay.

OUVRAGES A CONSULTER. *Annales de la ville de Châlons-sur-Marne*, par Buirette de Verrières, 2 vol. in-8°, 1788.
L'Observateur de la Marne, par Menesson, in-8°, 1806.
Essai sur la statistique de la topographie médicale de Châlons-sur-Marne, par Joly, in-8°, 1820.
Annuaires du départ. de la Marne (contiennent chacun la topographie d'un canton), in-12, 1800-1842.

DE CHALONS A SAINT-QUENTIN, 13 myr. 7 kil.

	m. k.
De CHALONS-SUR-MARNE aux GRANDES-LOGES ☛ ...	1,4
GRANDES-LOGES à SILLERY ☛	1,9
SILLERY à * REIMS ☛	1,1
REIMS à BÉRY-AU-BAC ☛	1,9
BÉRY-AU-BAC à CORBENY ☛	0,9
CORBENY à *LAON ☛	2,0
LAON à LA FÈRE ☛	2,3
LA FÈRE à CÉRISY ☛	1,2
CÉRISY à * SAINT-QUENTIN (Aisne) ☛	1,0

De CÉRISY à ORIGNY ☛	1,8

N° 40. ROUTE DE PARIS A CHARTRES.

DE CHALONS A TROYES, 7 myr. 8 kil.

	m. k.
De CHALONS-SUR-MARNE à VATRY ☞	1,8
VATRY à SOMMESSOUS ☞	1,0
SOMMESSOUS à * ARCIS-SUR-AUBE ☞	2,2
ARCIS-SUR-AUBE à VOUÉ ☞	0,9
VOUÉ à * TROYES ☞	1,9

DE CHALONS-SUR-MARNE A VALENCIENNES, 19 myr. 4 kil.

De CHALONS à LAON (V. ci-dess. de Châlons à S.-Quent.) 9,2
LAON à VALENCIENNES (Voy N° 73) 10,2

N° 39.

R. DE PARIS A CHANTILLY (OISE).

1re R., par ÉCOUEN, V. N° 34, R. de PARIS à CALAIS, 4 myr.

2e R., par LA CHAPELLE-EN-SERVAL, 4 myr. 4 kil.

	m. k.
De PARIS à LA CHAPELLE-EN-SERVAL ☞ (V. N° 143).	3,4
LA CHAPELLE-EN-SERVAL à * CHANTILLY ☞	1,0

N° 40.

R. DE PARIS A CHARTRES (EURE-ET-LOIR).

1re R., par RAMBOUILLET (V. N° 100, 1re R. de PARIS à NANTES) 9,2

2e R., par BERNY et ORSAY, 8 myr. 8 kil.

* BOURG-LA-REINE (sur la route).
* ARCUEIL (à gauche de la route).
* SCEAUX (sur la route).
* BAGNEUX (à droite de la route).
* FONTENAY (à droite de la route).

De PARIS à BERNY ☞ 1,2

N° 40. ROUTE DE PARIS A CHARTRES.

	m, k.
BERNY à ORSAY ⚬	1,3
ORSAY à BONNELLES ⚬	1,5
BONNELLES à ALBIS ⚬	1,9
ALBIS au GUÉ DE LONGROY ⚬	0,9
GUÉ DE LONGROY à * CHARTRES ⚬	2,0

De BONNELLES à * DOURDAN ⚬	1,3
DOURDAN à ANGERVILLE ⚬	2,7

BOURG-LA-REINE (*Seine*). Bourg à 1 kil. (1/4 de l.) de Sceaux, 9 kil. (2 l. 1/4) de Paris. ⊠ 997 habit. Il possède plusieurs belles habitations, dont la plus remarquable a appartenu à Gabrielle d'Estrées : on y voit encore la chambre où cette belle prodiguait ses faveurs à Henri IV ; elle forme aujourd'hui un beau salon, où l'on a conservé quelques restes de l'ancienne décoration. — C'est à Bourg-la-Reine que le célèbre Condorcet termina ses jours en 1794.

ARCUEIL (*Seine*). Joli village sur la Bièvre, à 4 kil. (1 l.) de Sceaux, et à 7 kil. (1 l. 3/4) de Paris. 1,816 hab. On y remarque un aqueduc construit par Marie de Médicis, pour amener les eaux au palais du Luxembourg. Cet aqueduc traverse la vallée de Bièvre, sur une longueur d'environ 400 mètres ; il a 24 mètres d'élévation dans sa plus grande hauteur, et consiste en une épaisse muraille soutenue de chaque côté par des contre-forts, entre lesquels sont vingt arcades. Les contre-forts s'élèvent jusqu'à une belle corniche dorique, à grands modillons, qui règne dans toute sa longueur ; au-dessus de cette corniche est un attique formant intérieurement une galerie voûtée, renfermant le canal, où les eaux coulent entre deux banquettes qui permettent de parcourir, à pied sec, toute la longueur de l'aqueduc.

SCEAUX (*Seine*). Jolie petite ville. Sous-préf. Trib. de 1re inst. de Paris. ⊠ 1,439 hab. Sceaux n'était qu'un village peu considérable en 1670, époque où Colbert y fit construire un château magnifique, détruit dans la tourmente révolutionnaire. A cette époque, M. Desgranges, maire du lieu, aidé de quelques riches particuliers, fit l'acquisition de la partie du parc où se trouvait l'orangerie. Ce lieu, embelli par les acquéreurs, a été transformé en jardin public, où pendant la belle saison se tiennent les bals champêtres les plus fréquentés des environs de Paris. L'église paroissiale est un édifice d'une élégante simplicité. Dans le nouveau cimetière, reposent les dépouilles mortelles de Cailhava ; non loin de là, sont celles de l'auteur d'*Estelle*, recouvertes d'une simple pierre, sur laquelle on lit :

ICI
REPOSE LE CORPS
DE FLORIAN.

Sceaux possède un marché aux bestiaux renommé, qui rivalise avec celui de Poissy. — A 11 kil. (2 l. 3/4) de Paris.

VOITURES PUBLIQUES. De Paris à Sceaux, partant de l'impasse Conti. — Bals renommés.

BAGNEUX (*Seine*). Village à 8 kil. (2 l.) de Paris. 885 h. Bagneux est bâti sur une éminence, d'où l'on jouit d'un air salubre et d'un paysage agréable ; il se distingue par son église paroissiale, dont la fondation remonte au treizième siècle ; c'est un des plus beaux édifices religieux des environs de la capitale. Le vaisseau est voûté et fort beau ; la nef est décorée de petites galeries dans le genre de celles de Notre-Dame de Paris. Sur le couronnement des bas-côtés, s'élèvent des arcs-boutants qui soutiennent la construction supérieure de la principale nef. Le portail est d'une haute antiquité ; on y voit un bas-

N° 40. ROUTE DE PARIS A CHARTRES. 277

relief représentant le Père éternel, accompagné de quatre anges portant des chandeliers.

FONTENAY-AUX-ROSES (Seine). Charmant village, fort agréablement situé, sur le penchant d'un coteau, à 1 k. (1/4 de l.) de Sceaux et 10 k. (2 l. 1/2) de Paris. r,390 h. Il est bâti dans un territoire où l'on cultive une grande quantité d'arbustes, et particulièrement des rosiers, qui, au printemps, donnent à ce village un aspect enchanteur ; les habitants se livrent également à la culture de la vigne et des fraisiers. On y trouve des haies de rosiers qui, durant la belle saison, bordent toutes les promenades ; on en voit aussi de 3 à 4 mètres de hauteur le long des murs, et principalement devant la porte de chaque maison. — PATRIE du poëte Chaulieu.

CHARTRES. Grande et très-ancienne ville. Chef-lieu du département d'Eure-et-Loir. Trib. de Ire inst. et de comm. Soc. d'agr. Coll. comm. Évêché. ⌧ ⚭ 14,439 hab. — Chartres est une ville d'une haute antiquité, dont l'origine remonte aux siècles les plus reculés. Avant la conquête des Gaules par les Romains, elle était le siége principal de la religion des druides, et la capitale des *Carnutes*. Cette ville est située sur la croupe d'une montagne, au pied de laquelle coule la rivière d'Eure qui baigne une partie de ses remparts. Elle est mal bâtie, ses rues sont étroites, mal percées, et dans la partie appelée la basse ville, tellement escarpées qu'elles sont inaccessibles aux voitures ; on y trouve cependant quelques quartiers agréables et plusieurs places publiques, notamment celle dite des Épars, qui est d'une grandeur démesurée. La plupart des maisons sont construites en pans de bois et présentent le pignon saillant sur les rues ; toutefois il en existe un certain nombre d'assez bien bâties et commodément distribuées. La ville est en grande partie ceinte de murs et de fossés, environnée de vieux remparts, couronnés de buttes, plantés d'arbres, qui offrent des promenades agréables. La partie basse est arrosée par deux bras formés par l'Eure, et dont l'un coule en dedans et l'autre en dehors des remparts : ils se réunissent ensuite, et dirigent leur cours au milieu d'un bassin fertile où ils font mouvoir de nombreux moulins, et côtoient une vaste prairie qui, dans la belle saison, forme une promenade délicieuse.

L'ÉGLISE CATHÉDRALE de Chartres est l'un des temples les plus vastes et les plus imposants que l'architecture ait produits dans le moyen âge ; sa construction s'est prolongée pendant près de cent trente ans ; elle fut dédiée à la Vierge, le 17 octobre 1260, par Pierre de Maincy, soixante-seizième évêque de Chartres. La façade principale, dont la largeur totale est de 50 mètres, présente deux grosses tours carrées surmontées de deux hautes pyramides octogones, séparées par un intervalle de 16 m. 24 c. Elle est divisée en trois portions égales par trois grandes portes précédées d'un perron de cinq marches et pratiquées sous des voussures ogives chargées de figures et d'ornements. Au-dessus de ces portiques sont trois grandes fenêtres en verre peint, plus haut une superbe rose, et au-dessus de la rose une galerie qui fait communiquer d'un clocher à l'autre. Là sont placées dans des niches quinze grandes statues. Dans le grand pignon qui surmonte la façade, et qui est lui-même surmonté d'une image prétendue de saint Aventin, premier évêque de Chartres, est représenté le triomphe de la Vierge. — La façade de l'église qui est du côté du midi présente un vaste porche à trois portiques ; on y monte par un perron composé de dix-sept marches, et soutenu par des massifs ou pieds-droits, sur lesquels on voit un grand nombre de figures et des colonnes dont presque tous les fûts sont d'une seule pierre. Les portiques sont surmontés de pignons et d'une suite de statues placées dans des niches, avec les couronnements ordinaires à ce genre d'architecture. Dans le fond sont trois portails en ogive, d'une belle proportion et décorés de riches ornements. Le porche est surmonté de cinq fenêtres au-dessus desquelles est placée la grande rose. — La partie latérale du côté du nord offre à peu près le même aspect que celle du midi. Avant l'incendie qui la consuma en 1836, la charpente était remarquable par sa construction ; elle avait de hauteur, depuis la voûte jusqu'au faîtage, 14 m. 50 c. — L'intérieur de l'église est digne d'admiration. La première chose qui frappe en entrant, c'est l'harmonie des proportions ; elle semble ajouter quelque chose d'auguste à la majesté du lieu, où les jours sont d'ailleurs tellement ménagés, que tout y prend une teinte sévère, peut-être même un peu sombre, mais qui convient très-bien à un monument religieux. L'église a, de longueur dans œuvres 99 m. 45 c. sur 32 m. 48 c. de largeur d'un mur à l'autre, et 34 m. 48 c. de hauteur sous la clef de la voûte. La longueur de la nef, depuis la porte principale jusqu'au milieu du premier pilier du chœur, est de 72 m. 78 c. Les bas-côtés ont chacun 8 m. 11 c. de largeur sur 15 m. 59 c. de hauteur ; ces bas-côtés sont doubles autour du chœur. La croisée a de longueur, de l'une à l'autre porte, 61 m. 71 c. sur 3 m. 25 c. de largeur. Au-dessus des grands vitraux de la nef et du chœur, règne dans l'épaisseur du mur une galerie, au moyen de laquelle on peut faire intérieurement le tour de l'église. Au rond-point du chœur, et derrière le maître-autel, est placé un groupe de marbre blanc de 5 à 6 mètres de haut : l'Assomption de la Vierge Marie en est le sujet ; trois anges la soutiennent et dirigent leur vol vers le ciel. Les grands vitraux de la nef, de la croisée, du chœur, des bas-côtés et des chapelles, sont ornés de figures représentant plusieurs saints personnages, un grand nombre de sujets de l'Ancien et du Nouveau Testament, et des tableaux sur lesquels sont figurées les corporations d'arts et métiers qui ont contribué, soit par leurs cotisations ou par des travaux manuels, à la construction de ce superbe édifice. Dans les parties circulaires en forme de rose, qui surmontent les pans de vitres de la partie supérieure de l'église, sont représentés des rois, des ducs, des comtes, des barons, armés de pied en cap, ayant chacun leur écu chargé d'armoiries, et montés sur des chevaux richement harnachés et caparaçonnés ; tous ces personnages sont pour la plupart des bienfaiteurs de cette église. Le sujet représenté dans les interstices de la grande rose au-dessus de la porte royale, est le Jugement dernier. La grande rose placée au-dessus du portail septentrional est divisée en plusieurs compartiments dont les intervalles sont garnis de vitres peintes. La grande rose placée au-dessus du portail méridional est aussi divisée en compartiments très-délicatement découpés, et dont les interstices sont garnis de vitraux peints. — La clôture du chœur est un ouvrage admirable, tant par la richesse de son architecture que par la composition et l'heureux choix des ornements, le fini et la belle exécution des figures. Les principaux traits de la vie de la sainte Vierge, ainsi que ceux de la vie de Jésus-Christ, y sont représentés en figures d'une très-belle proportion. Le tout est surmonté d'une multitude de pyramides et de découpures à jour, du style gothique le plus riche et le plus élégant, et qu'on peut comparer, pour la délicatesse du travail, à ces ouvrages d'orfèvrerie appelés filigranes. Le grand autel, placé au milieu du sanctuaire, est en marbre bleu turquin, enrichi d'ornements en bronze doré : sa forme est celle d'un tombeau antique. — Au-dessous de l'église est une église souterraine, dans laquelle on descend par cinq escaliers différents ; elle se compose de deux longues nefs pratiquées sous chacun des bas-côtés de l'église haute. Ce magnifique monument a considérablement souffert de l'incendie de 1836 ; les réparations en sont fort avancées, et bientôt il ne restera plus aucune trace de ce funeste événement.

On remarque encore à Chartres : l'ancienne église de Saint-André, dont les dimensions sont très-hardies ; l'hôtel de la préfecture ; le cabinet d'histoire naturelle ; la bibliothèque publique, renfermant 40,000 volumes imprimés et 800 manuscrits. — Sur une des places de la ville, qui porte le nom de Marceau, s'élève une pyramide érigée en l'honneur de ce général. — Chartres a vu naître plusieurs hommes célèbres. Les principaux sont : Mathurin Régnier, poëte satirique ; P. Nicolle, l'un des écrivains les plus distingués de Port-Royal ; André Félibien ; Michel Félibien, collaborateur de l'historien de Paris dom Lobineau ; Petion de Villeneuve, avocat, député aux États généraux, maire de Paris et membre de la Convention nationale ; le général Marceau, que ses belles actions firent élever au grade de général de division à vingt-quatre ans ; Delacroix-Frainville et Chauveau-Lagarde, avocats, etc., etc. — FABRIQUES de bonneteries à l'aiguille. Marchés très-considérables de grains ; ces marchés sont les plus forts de la France ; il n'est pas rare de voir vendre dans un seul jour jusqu'à six mille quintaux de blé et plus, outre celui qui se vend sur échantillons, et qui se livre dans les greniers.—A 55 kil. (14 l.) d'Orléans, 115 kil. (29 l. 1/2) du Mans, 84 kil. (21 l. 1/2) de Paris. — HÔTELS : de France, de l'Écritoire, du Grand-Monarque.

VOITURES PUBLIQUES. Tous les jours pour Paris, Angers, Angoulême, Bordeaux, Châteaudun, Vendôme, Orléans, Rouen, Dreux, Évreux et la Bretagne.

OUVRAGES A CONSULTER. *Histoire de Chartres et description du dép. d'Eure-et-Loir*, par Chevard, 2 vol. in-8°, 1800.
Notice historique sur la cathédrale de Chartres, par Gilbert, in-8°, 1812.
Histoire générale, civile et religieuse de la cité des Carnutes et du pays Chartrain, par Ozeraye, in-8°, 1834.

DE CHARTRES À ALENÇON.

1ʳᵉ R., par REGMALARD, 11 myr. 5 kil.

	m. k.
De CHARTRES à COURVILLE ⚹.	1,9
COURVILLE à LA LOUPE (Eure-et-Loir) ⚹.	1,9
LA LOUPE à REGMALARD ⚹.	2,1
REGMALARD à *ALENÇON ⚹ (Voyez N° 4).	5,6

DE CHARTRES A AMIENS.

1ʳᵉ R., par RAMBOUILLET et SAINT-GERMAIN-EN-LAYE, 22 myr.

De CHARTRES à * MAINTENON ⚹	1,9
MAINTENON à * ÉPERNON ⚹	0,9
ÉPERNON à * RAMBOUILLET ⚹	1,3
RAMBOUILLET à PONTCHARTRAIN ⚹	2,5
PONTCHARTRAIN à * SAINT-GERMAIN-EN-LAYE ⚹	2,3
SAINT-GERMAIN-EN-LAYE à * PONTOISE ⚹	2,0
PONTOISE à BEAUVAIS (V. N° 21).	5,1
BEAUVAIS à AMIENS (V. N° 34).	6,0

2ᵉ R., par DREUX, MANTES et MAGNY, 20 myr. 7 kil.

De CHARTRES au PÉAGE ⚹	1,6
PÉAGE à * DREUX ⚹	1,8
DREUX à MAROLLES ⚹	1,2
MAROLLES à HOUDAN ⚹	0,7
HOUDAN à SEPTEUIL ⚹	1,4
SEPTEUIL à * MANTES ⚹	1,3
MANTES à MAGNY ⚹	2,1
MAGNY à CHAUMONT (Oise) ⚹	1,8
CHAUMONT à * BEAUVAIS ⚹ (V. N° 21).	2,8
BEAUVAIS à * AMIENS ⚹ (V. N° 34).	6,0

DE CHARTRES A BLOIS, 11 myr. 6 kil.

	m, k.
De Chartres à * Vendôme ⚹ (V. N° 100).........	8,4
Vendôme au Breuil ⚹...................	1,6
Le Breuil à * Blois ⚹...................	1,6

VENDOME (*Loir-et-Cher*). Ville ancienne. Sous-préf. Trib. de 1re instance. Soc. d'agric. Collége comm. ⚹ 7,771 hab. Cette ville est dans une situation très-agréable, au pied d'un coteau couvert de vignes, sur le Loir, qui s'y divise en deux branches et alimente plusieurs canaux. Elle est bien bâtie, bien percée, et dominée par les ruines pittoresques de l'ancien château des ducs de Vendôme, d'où l'on jouit d'une vue délicieuse sur une suite non interrompue de coteaux ombragés, et de sites champêtres qui se réfléchissent dans le Loir, et dont les châteaux de Meslay et de Rochambeau sont les principaux ornements. Il ne reste plus aujourd'hui que les ruines de son antique château, autrefois entouré de fossés profonds et de murailles flanquées de six grosses tours. — On remarque à Vendôme un beau collége ; un quartier de cavalerie ; une jolie fontaine en marbre ; l'église Saint-Martin, convertie en halles ; plusieurs jolies promenades ; une petite salle de spectacle, et une bibliothèque publique de 3,000 volumes. — Fabriques de gants de peau. — A 31 kil. (8 l.) de Blois, 57 kil. (14 l. 1/2) de Tours, 170 kil. (43 l. 1/2) de Paris. — Hôtel du Lion-d'Or.

VOITURES PUBLIQUES. Pour Paris, Chartres, Blois, le Mans, Tours, Château-du-Loir, St-Calais, Mondoubleau, Montoire, tous les jours.

OUVRAGES A CONSULTER. *Vendôme et le Vendômois*, par de Pessac, in-4°, 1824. *Histoire de Vendôme et de ses environs*, par l'abbé Simon (annoncé en 2 vol. in-8°, 1834).

DE CHARTRES A ÉVREUX.

1re R., par Dreux et Thomer, 7 myr. 6 kil.

De Chartres au Péage ⚹.................	1,6
* Mévoisin (à droite de la route).	
Péage à * Dreux ⚹....................	1,8
Dreux à Nonancourt ⚹.................	1,4
Nonancourt à Thomer ⚹................	1,5
Thomer à * Évreux ⚹..................	1,3

MÉVOISIN (*Eure-et-Loir*). Village situé sur l'Eure, à 18 kil. (4 l. 1/2) de Chartres. 314 hab. A peu de distance de ce village on voit, sur le haut d'une petite colline, un dolmen bien conservé, consistant en une table horizontale de pierre brute et de figure à peu près carrée, ayant 2 m. 40 c. de côté ; elle est supportée sur deux autres pierres brutes : la hauteur de ce dolmen n'est que de 1 m. 50 c.

2e R., par Dreux et Damville, 8 myr. 3 kil.

De Chartres à Nonancourt ⚹ (V. la 1re Route)...	4,8
Nonancourt à Damville ⚹................	1,5
Damville à * Évreux ⚹..................	2,0

3e R., par Maintenon, 8 myr. 6 kil.

De Chartres à * Maintenon ⚹.................	1,9

Rauch del. W. J. Le Petit

MAINTENON.

N° 40. ROUTE DE PARIS A CHARTRES.

	m. k.
Maintenon à * Dreux ✆........................	2,5
Dreux à * Évreux ✆ (V. la 1re Route)........	4,2

MAINTENON (*Eure-et-Loir*). Jolie petite ville, à 18 kil. (4 l. 1/2) de Chartres. ⊠ ✆ 1,690 hab. Cette ville est agréable par sa situation dans une belle vallée, au confluent de l'Eure et de la Voise. Elle est bien bâtie, bien percée, et remarquable par un magnifique château. La chapelle, dans laquelle quelques auteurs assurent que Louis XIV épousa madame de Maintenon, renferme des vitraux dont les couleurs ont tout l'éclat des peintures du quinzième siècle. Dans le corps de logis principal est l'appartement de la marquise : la chambre où elle couchait a reçu un ameublement moderne; mais au-dessus de la cheminée est conservé son portrait peint par Mignard. Les murs du château sont baignés par les eaux de la Voise et de l'Eure, qui, parcourant en tous sens de nombreux canaux, entretiennent dans le jardin et dans le parc une fraîcheur des plus agréables. Non loin du château on remarque les imposantes ruines de l'aqueduc de Maintenon, commencé en 1684 pour conduire les eaux de la rivière d'Eure à Versailles. — Patrie de Collin d'Harleville.

DE CHARTRES À ORLÉANS, 9 myr. 3 kil.

De Chartres à * Chateaudun ✆ (V. N° 100)......	4,5
Chateaudun à Tournoisis ✆.................	2,4
Tournoisis à * Orléans ✆...................	2,4

CHATEAUDUN (*Eure-et-Loir*). Jolie ville. Sous-préf. Trib. de 1re instance. Soc. d'agric. Collége communal. ⊠ ✆ 6,461 hab. La ville de Châteaudun fut presque entièrement détruite par un incendie en 1723. Depuis cet événement, elle est devenue une des villes les plus régulières : ses rues, tirées au cordeau, aboutissent à une grande place parfaitement carrée, d'où l'on voit toute la ville. Le site de Châteaudun est extrêmement pittoresque : deux chaînes de montagnes, entre lesquelles coule le Loir, forment une vallée fertile, d'une demi-lieue de largeur, où la ville s'élève à près de 130 mètres en l'air; le Loir, qui coule au pied, se divise en deux bras, et roule paisiblement dans son lit étroit une eau argentine qui semble quitter à regret la montagne d'où elle filtre par cent crevasses invisibles. — Le château est remarquable par la hardiesse de sa construction; les deux escaliers sont surtout d'une grande légèreté. La grosse tour qui l'accompagne fut construite en 935 par Thibault le Tricheur, dit le Vieux; le reste des bâtiments est du quinzième siècle. Châteaudun possède une petite bibliothèque publique renfermant 5,000 volumes. C'est la patrie de Jean Toulain, habile orfèvre, inventeur de la peinture en émail. — Fabriques de couvertures de laine. — A 47 kil. (12 l.) de Chartres, 130 kil. (33 l. 1/2) de Paris.—Hôtels : André, Raimond, Ricois.

Voitures publiques. Tous les jours pour Chartres, Vendôme, Orléans et le Mans.

N° 41.

ROUTE DE PARIS A CHATEAUROUX (INDRE).

1ʳᵉ R., par ORLÉANS, V. N° 138.................. 25,4

2ᵉ R., par ORLÉANS et ROMORANTIN, Voy. 2ᵉ R. de
TOULOUSE, N° 138......................... 25,7

3ᵉ R., par ORLÉANS et BLOIS, V. 3ᵉ R. de TOULOUSE,
N° 138................................. 27,0

4ᵉ R., par BOURGES, V. N° 138.................. 28,3

DE CHATEAUROUX A CLERMONT, 20 myr. 1 kil.

	m. k.
De CHATEAUROUX à GÉNOUILLAC (V. N° 139).......	6,4
* BOUSSAC (à gauche de la route).	
GÉNOUILLAC à PIERRE-BLANCHE...............	2,0
PIERRE-BLANCHE à CHÉNERAILLES..............	1,4
* AHUN (à droite de la route).	
CHÉNERAILLES à AUBUSSON.................	1,8
AUBUSSON à CLERMONT (V. N° 77).............	8,5

BOUSSAC (*Creuse*). Petite ville. Sous-préf. dont le tribunal de 1ʳᵉ inst. est à Chambon. ⊠ 879 hab. Cette ville est dans une situation des plus pittoresques, au milieu d'une gorge entourée de montagnes, de rochers et de précipices, au confluent du Véron et de la petite Creuse. Elle est bâtie sur un rocher très-escarpé, entourée de murailles flanquées de tours, et dominée par un ancien château, situé sur le sommet d'un rocher extrêmement élevé au-dessus de la petite Creuse. Le site de ce château est fort remarquable; les appartements en sont très-vastes; les murs, construits en pierre de taille, ont partout dix pieds d'épaisseur; au rez-de-chaussée est une très-grande salle des gardes; à droite et à gauche sont deux superbes escaliers qui communiquent à des galeries dont il n'existe plus que quelques parties; au milieu se trouve un troisième escalier qui aboutit à la salle de réception, où l'on voit d'anciennes tapisseries turques, qui meublèrent les appartements de l'infortuné Zizim lorsqu'il habitait la tour de Bourganeuf. — A 35 kil. (9 l.) de Guéret, 349 kil. (89 l. 1/2) de Paris.

AHUN (*Creuse*). Petite ville à 16 kil. (4 l.) de Guéret. ⊠ 2,212 hab. Elle est bâtie dans une position charmante, sur une montagne au pied de laquelle coule la Creuse; l'air y est pur; les points de vue sont étendus et agréables.

N° 42.

R. DE PARIS A CHAUMONT-EN-BASSIGNY
(HAUTE-MARNE).

V. N° 22, R. de PARIS à BELFORT, N° 98......... 25,3

DE CHAUMONT A BAR-LE-DUC, 10 myr.

                                                      m. k.

De CHAUMONT à VIGNORY ☉.................. 2,1
VIGNORY à * JOINVILLE ☉.................... 2,3
   * WASSY (à gauche de la route).
JOINVILLE à LA NEUVILLE ☉................. 1,6
LA NEUVILLE à * SAINT-DIZIER ☉............ 1,6
SAINT-DIZIER à * BAR-LE-DUC (V. N° 127)..... 2,4

De DOMMARTIN à * WASSY (Haute-Marne) ☉...... 1,5
WASSY à * SAINT-DIZIER ☉.................. 2,0

De WASSY à * JOINVILLE ☉.................. 1,7

CHAUMONT. Voyez N° 22, Route de Paris à Belfort.
JOINVILLE (*Haute-Marne*). Ville ancienne, située sur la rive gauche de la Marne, à 18 kil. (4 l. 1/2) de Wassy. ⌧ ☉ 3,035 hab. Elle est dans une situation agréable sur la Marne, au pied de la montagne sur laquelle était bâti le château. Des coteaux riants, couverts de bois et de riches vignobles, des villages nombreux animent ses alentours. Au bord de la rivière, des forges, des hauts-fourneaux toujours en activité, suffisent à peine pour exploiter le minerai de fer que l'on trouve en abondance aux environs. C'est la patrie de l'historien de saint Louis, et le berceau des ducs de Guise, dont les tombeaux ont été restaurés récemment. — FABRIQUES de bonneterie en laine, de serges, etc. Filature de laine. Forges et hauts-fourneaux.
OUVRAGE A CONSULTER. *Notice historique sur la ville et les seigneurs de Joinville*, par Feriel, in-8°.
VASSY ou WASSY (*Haute-Marne*). Sous-préf. Trib. de 1re inst. Collège comm. Maison d'éducation pour les demoiselles, tenue par les dames de Saint-Maur. Bibliothèque publique. ⌧ ☉ 2,806 hab. Ville ancienne, qui, suivant quelques auteurs, occupe l'emplacement d'une antique cité dite des *Vadicasses*, brûlée par l'empereur Caracalla en 211. On a trouvé, sur son territoire, des casse-tête gaulois en silex, et des médailles d'empereurs romains. Dès le milieu du septième siècle, sous le règne de Clovis II, Vassy était un domaine royal, dans l'étendue duquel un diplôme de Childéric II, de l'an 672, accorda du terrain à saint Berchaire. Incendiée en 1544 et en 1591. Cette ville est célèbre dans l'histoire par le massacre des protestants, qu'y firent, le 1er mars 1562, par

les ordres ou au moins sous les yeux de leur maître, les gens de François, duc de Guise, surnommé le Balafré. Une petite inscription, dans le passage voisin de l'hospice, indique le lieu de ce massacre.—Vassy est agréablement situé sur la rive droite de la Blaise, et à proximité de grandes forêts, dont le sol est riche en minerai de fer. La ville a des rues propres, est assez bien bâtie, et possède une belle promenade publique dite les *Grandes-Promenades*. — PATRIE d'Isaac Jacquelot, ministre protestant, qui devint ministre chapelain du roi de Prusse, et qui a laissé de bons ouvrages sur la théologie. — FABRIQUE d'ouvrages en fer. — Aux environs : forges, fonderies et martinets. — A 51 kil. (13 l.) de Chaumont, 66 kil. (17 l.) de Troyes, 240 kil. (62 l. 1/2) de Paris. — HÔTELS : des Voyageurs, du Commerce.

DIZIER (SAINT-) (*Haute-Marne*). Jolie ville, située sur la rive droite de la Marne, à 20 kil. (5 l.) de Vassy. Trib. de comm. Collége comm. ⊠ ☞ 6,197 hab. Saint-Dizier était autrefois une place importante et bien fortifiée, qui soutint, en 1544, un siége mémorable contre l'empereur Charles-Quint. C'est une assez jolie ville, formée de rues larges, bien percées, et bordées de maisons bien bâties. On y remarque un bel hôtel de ville, de construction récente, et les restes de l'ancien château. — FABRIQUES de tonnellerie, seaux de bois. Construction de bateaux. Forges, fonderies. — COMMERCE de bois de marine et de charpente, etc., etc. — HÔTELS : du Soleil-d'Or, du Grand-Cerf, de la Corne-de-Cerf.

VOITURES PUBLIQUES. Tous les jours pour Chaumont, Langres, Dijon, par Vassy ; pour Paris, Strasbourg.

DE CHAUMONT A DOLE, 13 myr. 2 kil.

	m. k.
De CHAUMONT à *LANGRES ☞	3,5
LANGRES à *GRAY ☞ (V. N° 23)	5,5
GRAY à PESMES ☞	1,9
PESMES à *DÔLE ☞	2,3

De PESMES à	*AUXONNE ☞	1,7
	BONBOILLON ☞	1,3

DE CHAUMONT A NANCY.

1re R., par RIMAUCOURT, 11 myr. 1 kil.

De CHAUMONT à RIMAUCOURT ☞	2,4
RIMAUCOURT à PREZ-SOUS-LA-FANCHE ☞	1,3
PREZ-SOUS-LA-FANCHE à *NEUFCHATEAU ☞	1,7
NEUFCHATEAU à MARTIGNY ☞	1,3
MARTIGNY à COLOMBEY (Meurthe)	1,1
COLOMBEY à BAINVILLE ☞	1,8
BAINVILLE à *NANCY ☞	1,5

De COLOMBEY à *TOUL ☞	2,2

NEUFCHATEAU (*Vosges*). Jolie petite ville. Sous-préf. Trib. de 1re inst. Collége comm. ⊠ ☞ 3,524 hab. Cette ville est située sur le Mouzon, près de son confluent avec la Meuse, et dominée de tous côtés par des montagnes. Elle est assez bien bâtie, sur une colline environnée de sites agréables et variés, qui présentent sur plusieurs points des objets intéressants. C'est une ville

N° 42. ROUTE DE PARIS A CHAUMONT-EN-BASSIGNY.

antique, désignée dans l'itinéraire d'Antonin sous le nom de *Neomagus*. Elle possède une petite bibliothèque publique renfermant 8,000 vol. — PATRIE de François de Neufchâteau. — FABRIQUES de clous, pointes de Paris, ouvrages en osier. Forges. — A 62 kil. (16 l. 1/2) d'Épinal, 51 kil. (13 l.) de Nancy, 284 kil. (73 l.) de Paris. —HÔTELS : de la Couronne, de la Providence.

VOITURES PUBLIQUES. Tous les jours pour Épinal, par Mirecourt; Langres, par Bourmont; Nancy, par Colombey; Chaumont, par Rimaucourt et Andelot; Lamarche, par Soulancourt; Bar-le-Duc, par Gondrecourt et Ligny; Vaucouleurs, par Greux et Bulgnéville, tous les deux jours.

NANCY. Grande, riche et l'une des plus belles villes de France. Chef-lieu du département de la Meurthe. Cour royale. Trib. de 1re inst. et de comm. Chambre des manuf. Soc. d'agric. Académie universitaire. Société royale des sciences, lettres et arts. École royale forestière. Collége royal. Évêché. ⊠ ⚡ 29,783 hab. Nancy est une ville ancienne, dont les titres historiques ne remontent pas cependant au delà du onzième siècle. Dès le treizième siècle elle était la capitale du duché de Lorraine. Cette ville est dans une situation charmante, sur la rive gauche de la Meurthe, à l'extrémité d'un bassin fermé à l'ouest, au nord et au sud par des coteaux très-élevés, et totalement découvert du côté du levant; des vignes tapissent les collines ; un grand nombre de belles maisons de campagne sont disséminées aux alentours, et embellissent ce bassin, où l'œil s'arrête avec complaisance. De quelque côté qu'on y arrive, l'œil est agréablement surpris du paysage qu'il embrasse : par la route de Metz, on traverse une suite de jardins bien cultivés, on suit la riante vallée de la Meurthe, on aperçoit sur les collines des habitations charmantes, et l'on découvre Nancy avec ses édifices, avec ses longs faubourgs qui décorent d'une manière pittoresque les collines qui entourent une partie de la ville. Si on vient par la route de Lunéville, à peine a-t-on quitté Saint-Nicolas, qu'on aperçoit la chartreuse de Bosserville; à gauche sont les magnifiques charmilles de Montaigu; en face est le faubourg Saint-Pierre, long vestibule qui donne une belle idée de l'ensemble des habitations, dont il n'est que le prolongement. Les routes des Vosges, de la Bourgogne, et de Paris par Toul, ne sont pas moins agréables dès qu'on arrive à une demi-lieue de Nancy. Jamais un voyageur n'oubliera le tableau qui s'est déroulé devant lui en arrivant des hauteurs situées à l'ouest de la ville : à droite, à deux lieues de distance, Saint-Nicolas du Port avec son église antique; à gauche, Champigneule et Bouxières; en face, la montagne Sainte-Geneviève, couverte d'arbres fruitiers, et, au pied des collines sur lesquelles l'œil se promène, la grande, la superbe ville de Nancy, avec sa vaste enceinte, ses cours, ses promenades, ses jardins, dont la verdure relève l'aspect sombre des monuments. — Nancy se divise en ville vieille et en ville neuve. La ville vieille, à l'exception de la place Carrière, de la place de Grève et du cours d'Orléans, qui est le prolongement de cette dernière place, est bâtie irrégulièrement. Ses rues ne sont point tirées au cordeau, et quelques-unes sont fort étroites; elle renferme cependant de très-beaux hôtels. C'est dans la ville vieille que se trouvent les restes de l'ancien palais des ducs de Lorraine, édifice qui sert aujourd'hui de caserne à la gendarmerie. La principale porte d'entrée de ce palais est d'une construction que les connaisseurs admirent. On remarque encore dans cette partie de la ville :

La PLACE SAINT-ÉPORE, ornée d'une fontaine surmontée d'une petite statue équestre en plomb d'un dessin fort naïf.

La PLACE DES DAMES, rectangle orné de vastes hôtels.

L'ÉGLISE SAINT-ÉPORE, où l'on admire une cène exécutée en 1582 par Drouin, célèbre sculpteur nancéien. Les chapelles dites de la Conception, de Saint-Nicolas, du Saint-Sacrement, de Saint-Joseph et de Notre-Dame de Pitié, offrent encore des choses curieuses.

L'ÉGLISE DES CORDELIERS, édifice commencé en 1477 par Henri II, duc de

Lorraine, et achevé vers l'an 1484. Il n'offre qu'une seule nef voûtée d'environ 80 mètres de long, y compris le chœur, sur 9 m. 74 cent. de large. On y voit le tombeau élevé à René par sa veuve vers l'an 1515. C'est un monument très-curieux de la renaissance, et qui mérite d'être étudié dans ses détails. A côté du tombeau de René II est celui du cardinal de Vaudémont, en marbre blanc, dû à l'habile ciseau de Nicolas Drouin : il représente le prince de grandeur naturelle, et à genoux devant un prie-Dieu. Cinq tombeaux, rangés sous des arcades en cintre surbaissé, ornent encore cette église. Le premier qui se présente à gauche est celui du célèbre Callot; le second, à sarcophage moderne, est celui d'Antoine de Vaudémont; le troisième offre une partie du mausolée de la duchesse Philippe de Gueldres, représentée étendue sur son lit de mort, et en costume de religieuse clairiste. A droite et en face de ces monuments se trouvent deux autres chapelles : la première renferme le sarcophage de Henri, comte de Vaudémont, et d'Isabelle de Lorraine, son épouse; la seconde contient le tombeau d'un guerrier armé.

CHAPELLE DUCALE. En face du tombeau du cardinal de Vaudémont, et à gauche de l'église des Cordeliers, s'ouvre un portique formé de deux superbes colonnes de marbre noir, et de deux pilastres d'ordre ionique, couronnés d'un fronton dont le tympan est décoré d'un écusson aux armes pleines de Lorraine, supporté par des aigles, et qu'environnent les attributs de la souveraineté. Un espace très-étroit sépare la nef des Cordeliers de la chapelle Ducale, et renferme un sarcophage en forme de coffre, dont le couvercle est décoré de fleurs et d'écailles, au-dessus duquel se trouvent placées debout, dans le mur, la statue de Gérard Ier d'Alsace, comte de Vaudémont, et celle de la princesse Hadwige de Dasbourg, son épouse. C'est un des ouvrages du douzième siècle les plus dignes d'être vus. Une large porte grillée, en fer doré, surmontée des armes pleines d'Autriche et de Lorraine, avec des étendards, des haches d'armes et des épées, formant un trophée orné de la couronne impériale, donne entrée dans la chapelle Ducale, aussi nommée chapelle Ronde ou Rotonde.

C'est aussi dans la vieille ville que se trouvent l'ancienne citadelle de Nancy, la place de Grève, le cours d'Orléans et la place Carrière.

La PLACE DE GRÈVE forme un carré d'une grande étendue : deux de ses côtés offrent des maisons bâties sur un plan régulier; le troisième côté n'est point encore entièrement bâti; au milieu de cette place s'élève un château d'eau.

Le COURS D'ORLÉANS fait suite à la place de Grève, dont il est le prolongement. C'est un parallélogramme rectangle, formé de maisons construites avec goût. Ce cours est planté d'arbres, et offre une promenade délicieuse terminée par un bel arc de triomphe, appelé la Porte-Neuve, et qui sert d'entrée à la ville en venant de Metz.

La PLACE CARRIÈRE est également un parallélogramme rectangle, dont les deux côtés, bâtis régulièrement et sur un plan uniforme, sont terminés de chaque côté, aux deux angles septentrionaux, par deux pavillons en pierres de taille, avec des pilastres, colonnes, statues et autres ornements; ils ont chacun un portique surmonté d'un balcon. Aux deux angles méridionaux sont deux palais, affectés, l'un à la cour royale, l'autre au tribunal de commerce. Au nord, la place Carrière est fermée par l'ancien hôtel du gouvernement, aujourd'hui hôtel de la préfecture, palais de la plus grande beauté, réuni aux deux pavillons des angles de la place par un vaste fer à cheval en pierre de taille, surmonté d'une galerie, orné de statues, de bustes et de vases. En face, à l'autre extrémité de la place Carrière, est un magnifique arc de triomphe qui sépare cette place de la place Royale ou Stanislas.

La ville neuve se distingue par la beauté de ses rues, qui sont toutes fort larges, coupées à angles droits et tirées au cordeau; par la beauté et l'élégante construction des maisons des simples particuliers; par la grandeur et la régu-

N° 42. ROUTE DE PARIS A CHAUMONT-EN-BASSIGNY. 287

larité de ses places et des édifices publics qui la décorent. On peut dire que la ville neuve de Nancy est, sinon la plus belle, du moins une des plus belles villes de l'Europe. En la voyant pour la première fois, les étrangers sont saisis d'admiration. On y remarque principalement :

La PLACE ROYALE ou Stanislas, carré formé d'un côté par l'hôtel de ville, des autres côtés par quatre palais réguliers, de même hauteur, construits sur le même dessin et le même plan que l'hôtel de ville : l'un est la demeure de l'évêque ; le second sert de salle de spectacle ; les deux autres appartiennent à des particuliers. Le quatrième côté est formé d'un corps de bâtiment à un étage, construit également d'une manière uniforme et sur les mêmes plans et dessins que les autres édifices de la place. On communique de la place Royale à la place Carrière en passant sous l'arc de triomphe qui fait face à l'hôtel de ville. Le centre de la place Royale est orné de la statue en bronze de Stanislas, roi de Pologne et duc de Lorraine, surnommé le Bienfaisant, érigée en 1823 au moyen de souscriptions ouvertes dans les départements composant l'ancienne Lorraine et les Trois-Évêchés. Ce qui augmente encore la beauté de la place Royale, ce sont les grilles en fer ou portiques placées à deux de ses angles ; celles qui se trouvent entre les quatre beaux palais qui forment deux côtés de cette place, et les belles fontaines ornées de statues en plomb bronzé qui se voient aux deux autres angles.—De la place Royale, en passant près de l'une des fontaines, on entre immédiatement sur une promenade magnifique, appelée la PÉPINIÈRE. Son étendue est de cent arpents clos de murs. Elle forme un carré immense couvert de plantations coupées par de grandes et larges allées tirées au cordeau.

La PLACE D'ALLIANCE, sans avoir la même richesse et autant d'étendue que la place Royale, est néanmoins très-belle. Dans le milieu est un vaste bassin hexagone de pierre de taille, du fond duquel s'élève un rocher portant trois fleuves sous la figure de vieillards qui s'appuient sur des urnes d'où l'eau s'échappe en abondance. Ils supportent un grand plateau triangulaire, servant de base à un obélisque en marbre de même forme, orné de trophées d'armes.

La CATHÉDRALE est un édifice de construction moderne. Le portail de cette église est formé d'un avant-corps, de deux arrière-corps et de deux tours formant une façade large de 50 mètres. Deux ordres la décorent : le corinthien dans le soubassement, le composite au-dessus. L'ensemble a 78 mètres d'élévation. L'intérieur de l'église, bien exécuté, paraît généralement trop massif. La nef et les collatéraux sont bien proportionnés ; ils ont 14 m. 24 c. de longueur ; la nef présente 13 m. 65 c. en largeur, et les collatéraux 25. La dernière partie de la nef, près du sanctuaire, a un dôme en pierres de taille, de 15 m. 69 c. de diamètre, peint par Claude Jacquart ; il représente un ciel ouvert.

On remarque encore à Nancy : les portes Saint-Jean, Stanislas, Notre-Dame et Sainte-Catherine ; l'hôtel de l'Université, dans lequel est placée la bibliothèque de la ville ; le collège royal ; la caserne d'infanterie ; le quartier de cavalerie ; le séminaire ; l'hôpital militaire ; les hôpitaux civils. La ville possède aussi un très-beau jardin botanique, fondé par Stanislas en 1758. — A l'extrémité du faubourg Saint-Pierre est l'église dite de BON-SECOURS, ornée de peintures, de sculptures et de dorures, dont le chœur renferme les tombeaux en marbre blanc du roi et de la reine de Pologne. Celui de la reine, qui est du côté de l'évangile, est d'une grande beauté ; il a 9 m. 74 c. d'élévation. Celui du roi est du côté de l'épître. Le premier est dû au ciseau de Nicolas Sébastien Adam, né à Nancy ; le second a été commencé par Vassé, élève de Bouchardon, et achevé par Félix Lecomte, élève de Vassé. On conserve, dans l'église de Bon-Secours, des étendards pris sur les Turcs par Charles V, Charles-François de Lorraine, et Charles VI, en 1664, 1687 et 1716. — Deux des salles du palais de justice sont décorées de la belle tapisserie qui formait l'intérieur de la tente de Charles le Téméraire, tué au siége de Nancy en 1477.

BIOGRAPHIE. Nancy est le lieu de naissance d'un grand nombre d'hommes célèbres, parmi lesquels nous citerons : les historiens Maimbourg et Bouvier ; les généraux Drouot, Grandjean, Hugo, Liébault, Christophe; les littérateurs Mollevaut, Palisot, Chompré, Coster, Ladoucette; le pamphlétaire Chevrier ; le critique Hoffmann; les peintres Isabey, Mansion, Bellangé, Grandville; les graveurs Callot, Sylvestre; l'agronome Mathieu de Dombasle, etc., etc. Les femmes sont représentées par mesdames de Graffigny, Élisa Voïart, Vannoz, Rose de Mitry, Walmonzey, etc., etc.

FABRIQUES de broderies en tout genre, de draps, bonneterie, dentelles ; nombreuses filatures de coton.— COMMERCE de grains, cuirs, laine, etc.— A 55 kil. (14 l.) de Metz, 144 kil. (37 l.) de Strasbourg, 331 kil. (85 l.) de Paris.—HÔTELS : du Commerce, de l'Europe, des Halles, du Petit-Paris, de la Providence, du Grand-Tigre.

VOITURES PUBLIQUES. Tous les jours pour Paris, Lunéville, Lyon, Neufchâteau, Langres, Dijon, Besançon, Épinal, Colmar, Metz, Strasbourg, Châlons.

OUVRAGES A CONSULTER, qui se trouvent à la librairie de Gouet, à Nancy.
Essai sur la ville de Nancy, par de Billistène, in-12, 1762.
Essai sur la ville de Nancy, in-8°, 1779.
Histoire de Lorraine, par D. Calmet, 7 vol. in-fol. fig. 1745.
Description de la Lorraine et du Barrois, par Deurival, 4 vol. in-4°, 1778.
Histoire des villes vieille et neuve de Nancy, par Lionnois, 3 vol. in-8°, 1805.
Table alphabétique des villes et bourgs de Lorraine, in-8°.
Dictionnaire statistique du départ. de la Meurthe, par Thiébaut, in-12.
Guide de l'étranger à Nancy, in-12, 1855.
Précis statistique du départ. de la Meurthe, par Giroucourt, in-8°, 1802.
Mémoire pour servir à l'histoire littéraire de la Meurthe, par Lamoureux, in-8°, 1803.
Biographie historique des hommes marquants de la Lorraine, et particulièrement du départ. de la Meurthe, par Michel, in-12, 1829.

2ᵉ R., par NEUFCHATEAU, 13 myr.

	m. k.
De CHAUMONT à MANDRES ⚜	1,7
MANDRES à CLEFMONT ⚜	2,3
* BOURMONT (sur la route).	
CLEFMONT à SAINT-THIÉBAULT (H.-Marne) ⚜	1,3
SAINT-THIÉBAULT à * NEUFCHATEAU ⚜	2,0
NEUFCHATEAU à * NANCY ⚜ (V. la 1ʳᵉ R.)	5,7

BOURMONT (*Haute-Marne*). Petite ville très-ancienne, située à 39 kil. (10 l.) de Chaumont. ✉ 1,118 hab. Elle est bâtie sur une hauteur et domine la vallée de la Meuse; on y jouit d'une vue étendue sur un pays agréable et varié qui, dans un rayon de moins de deux lieues, offre aux regards plus de soixante villages.—FABRIQUES de coutellerie. Blanchisseries de cire. Brasseries. COMMERCE de bois, fer, clous et fil de fer.

3ᵉ R., par DOMMARTIN, 15 myr. 7 kil.

De CHAUMONT à JUZENNECOURT ⚜	1,7
JUZENNECOURT à COLOMBEY-LES-DEUX-ÉGLISES ⚜	0,8
COLOMBEY-LES-DEUX-ÉGLISES à DOMMARTIN ⚜	2,4
DOMMARTIN à * NANCY ⚜ (V. N° 140)	10,8

N° 43.

ROUTE DE PARIS A CHERBOURG (MANCHE).

Itinéraire descriptif de PARIS à CHERBOURG.

On sort de Paris par les Champs-Élysées, en passant près du magnifique arc de triomphe de l'Étoile, d'où l'on jouit d'une superbe vue sur les plus beaux monuments de Paris. Un peu après on découvre à droite la plaine de Saint-Denis, la vallée de Montmorency, et on longe à gauche le bois de Boulogne. A Neuilly, on passe la Seine sur un pont magnifique, d'où l'on découvre les îles bocagères dépendant de la belle habitation du roi des Français, habitation que de grands arbres cachent à la vue, mais dont on devine en été la position en apercevant la sentinelle placée au bord de la rivière. A l'Étoile, où est établi le relais dit de Courbevoie, on tourne à gauche en passant au pied du mont Valérien, et peu après on descend à Nanterre. De cet endroit, deux routes conduisent à Saint-Germain-en-Laye, dont on aperçoit le château dans le lointain : la première passe dans Nanterre, à Chatou, au Pecq, et abrége de trois kilomètres ; la seconde passe près de la belle caserne de Ruel, et longe le parc de Malmaison. Au delà du parc, un chemin étroit gravit la colline en passant devant la jolie maison de campagne de la Jonchère, qui a compté parmi ses propriétaires le général Bertrand, le prince Eugène Beauharnais, et le fameux fournisseur Ouvrard. La route suit la rive gauche de la Seine, bordée de ce même côté par un riant coteau sur lequel sont bâties un grand nombre de belles maisons de campagne, dominées par le joli pavillon et par les belles terrasses de Lucienne, dont le site enchanteur, sur une saillie du coteau, a peu d'égal en France. La Chaussée est un village remarquable par les restes de la maison de Gabrielle d'Estrées, et Bougival par les maisons de campagne qui s'élèvent en amphithéâtre sur le sinueux penchant de la colline. A Port-Marly, village que domine un bel aqueduc de 485 mètres de long sur 22 m. 72 cent. de hauteur au-dessus du sol, on voit les restes de la fameuse machine de Marly, remplacée aujourd'hui par une pompe à feu, qui élève l'eau jusque dans l'aqueduc, au moyen de deux conduites inclinées, posées sur un glacis bordé de gazon et ombragé par un double rang de peupliers. Au pied de la côte, on quitte le bord de la rivière en tournant à gauche, et l'on joint la route de Versailles. Une fort belle vue se développe à droite à mesure qu'on gravit cette belle côte ; la route est tracée en pente douce sur le flanc de la colline, et bordée de trottoirs. L'entrée de Saint-Germain est marquée par une petite place où aboutit la route du Pecq. On doit s'arrêter quelques heures dans cette ville pour jeter un coup d'œil sur la masse imposante du château, et surtout pour jouir de la vue unique qu'offre sa magnifique terrasse, longue de 2,400 mètres, large de 30, couverte d'un long tapis de pelouse, bordée dans toute sa longueur, à gauche par la forêt, à droite par un rideau de vignes qui, s'inclinant vers la vallée, va confondre sa verdure avec celle des prairies qu'arrose la Seine.

En sortant de Saint-Germain on entre dans la forêt, qui se prolonge de ce côté jusqu'à une demi-lieue de Poissy, où l'on passe la Seine sur un pont remarquable par sa longueur et par la belle vue qu'offrent les bords de la rivière. Triel est un très-long village, bâti dans la plus agréable situation ; de Triel à Meulan, la route côtoie la rive gauche de la Seine ; au milieu de la distance est le village de Vaux, bâti dans une belle situation, entre la Seine et les collines qui la bordent. Au delà le voyageur parcourt une espèce de terrasse presque continuelle, dominée par de charmants coteaux, et dominant elle-même la vallée toujours riante de la Seine. On traverse par une large et belle rue la jolie ville de Meulan. Au sortir de cette ville, le paysage devient de plus beau en plus beau ; on continue à longer la rive gauche du fleuve, qu'on n'aperçoit que rarement, et à droite les coteaux qui bordent la vallée jusqu'au bourg de Limay, regardé comme le faubourg de la ville de Mantes, à laquelle il est joint par deux ponts jetés sur les deux bras de la Seine. Le voyageur continue à suivre, sans le voir, le cours du fleuve, dont il a quitté la rive droite pour la rive gauche, et dont il se rapproche en arrivant à Rosny, village remarquable par un beau château, jadis propriété de madame la duchesse de Berry. Une lieue plus loin, on traverse le village de Rolleboise, remarquable par sa belle situation, par l'entrée du grand souterrain du chemin de fer de Paris à Rouen, et par ses caves taillées dans le roc ; à Bonnières, on quitte la route de Rouen pour suivre celle de Caen. Près du village de Chaignolles on passe du département de Seine-et-Oise dans celui de l'Eure. Une descente peu rapide conduit près du château d'Aigleville, près duquel commence une vallée qui s'étend jusqu'à Pacy-sur-Eure, dont les environs abondent en fossiles de tout genre. Un grand nombre de villages et de hameaux se succèdent ensuite presque sans interruption jusqu'aux portes d'Évreux.

En sortant de cette ville, on laisse à droite le château de Navarre. On passe à Parville, à Saint-Melain la campagne, en laissant à droite les châteaux de Graveron et Semerville. La Commanderie est un hameau où est établi le relais ; près de là, la plaine est parsemée de bosquets. Après Escardanville, on laisse à gauche le château de Fumechon ; on passe à Périers, à Fugnerolles et à la Rivière-Thibouville, hameaux composés de maisons éparses sur les bords de la Rille. Le Marché-Neuf est un autre hameau non loin duquel on voit à droite le château de Lamberville. Près du village de Duranville se montrent à gauche le château de Bellemare, et à droite celui de Folleville. Au relais de l'Hôtellerie on passe du département de l'Eure dans celui de Calvados. Quelques hameaux bordent ensuite les deux côtés de la route qui conduit à Lizieux, où on traverse la Touques. En sortant de cette ville, on traverse encore plusieurs hameaux avant d'arriver à Saint-Laurent-du-Mont, où l'on gravit une côte assez roide, d'où l'on aperçoit Estrées-en-Auge, bâti au milieu de vertes prairies qui se prolongent jusqu'aux environs du relais de Moult. A cette prairie succèdent des plaines fertiles peuplées de beaux villages que l'on traverse ou qu'on longe à droite et à gauche avant d'arriver à Caen. Au delà de cette ville on franchit plusieurs côtes qui conduisent dans de belles vallées. Au relais de Bretteville on passe le ruisseau de Gronde. Au Vieux-Pont on traverse la Seule, une lieue et demie avant d'arriver à Bayeux, ville où l'on entre par le faubourg de Saint-Exupère. On entre, en quittant cette ville, dans une plaine élevée ; au village de Vaucelles on passe la Dromme, et peu après la route monte et descend plusieurs côtes jusqu'au passage de l'Aure inférieure. Après le village de Vieux-Pont, on voit à gauche le château d'Eugranville. On passe l'Aure près de son embouchure dans le grand Vay, un peu au-dessus du bourg d'Isigny, au delà duquel on aperçoit de vastes salines, que l'on côtoie sur une chaussée. On trouve ensuite le petit Vay, formé du confluent de la Vire et de l'Elle, et l'on passe du département du Calvados dans celui de la Manche. Sur la gauche, on voit dans le lointain le petit bourg de Saint-Jean de Daye, à l'extrémité duquel est, dans une magnifique position, la grande habitation de *la Comté*. Plus loin, dans les marais de Saint-Fromont, s'offre le château de la Rivière, qui semble de loin un vaisseau de pierre sur une mer de verdure. On laisse à gauche la route de Saint-Lô, pour suivre celle de Carentan.

N° 43. ROUTE DE PARIS A CHERBOURG.

A l'entrée de cette ville, on traverse la Taute, où la mer remonte et apporte ce sable précieux comme engrais nommé *tangue*. On donne, en traversant Carentan, un coup d'œil aux fortifications et au svelte clocher de l'église ; puis on tourne à droite, et l'on traverse sur la route de Valognes les deux branches de l'Ouve ou de la Douve. Là fut longtemps une forteresse, dite *des Ponts d'Ouve*, qui défendait le sud de la presqu'île. De Carentan à la côte de Saint-Côme-du-Mont, la route est droite et douce, et la vue se repose, des deux côtés, sur les riches herbages du Cotentin, couverts tout l'été d'innombrables bestiaux. Après la côte et le village de Blosville, on ne tarde pas à traverser le bourg de Sainte-Mère-Église. Au sortir de ce chef-lieu de canton, Montebourg s'aperçoit au bout d'une route en ligne extrêmement directe; on croit ce bourg à une lieue, et il en faut faire deux grandes pour l'atteindre. La déception du voyageur et l'uniformité de la route causent quelque ennui. Montebourg est pavé ; on le traverse en montant, car il s'allonge sur une pente du sud-est au nord-ouest, direction que la route continue jusqu'à Valognes. Cette ville est bien bâtie, mais triste et dans un complet marasme commercial. On passe près de sa principale église, et l'on traverse la place où fut son ancien château. Au sortir de Valognes, les petits champs pullulent comme dans le Bocage; seulement les haies n'ont plus qu'une chétive apparence ; on voit que le sol ne seconde qu'à regret la végétation de certaines espèces de bois. A trois kilom. plus loin, on rencontre, sur la gauche, la filature de coton du Pont-à-la-Vieille. Après la côte du Mont-à-la-Kaine, on arrive à Délasse, village à égale distance environ de Valognes et de Cherbourg. Rien jusque-là d'attrayant ; mais, à mesure que vous approchez de cette dernière ville, l'air frais de la mer vient révéler de prochaines sensations. Vous descendez une longue côte ; c'est la *côte du Roule*. Devant vous l'Océan ; à gauche le beau jardin de M. Despréaux ; à droite, le Champ de Mars et la Grève ; partout des mâts, du goudron, de l'activité : vous êtes à Cherbourg.

1re R., de PARIS à CHERBOURG, par ISIGNY, 34 myr. 3 kil.

* NEUILLY (sur la route).
* LA CELLE-LEZ-S.-CLOUD (à g. de la route).
DE PARIS à COURBEVOIE ⚬ 0,9

Route à gauche de la Seine.

* NANTERRE (sur la route).
* RUEL (à gauche de la route).
* BOUGIVAL (sur la route).
* PORT-MARLY (sur la route).
* LOUVECIENNES (à gauche de la route).

Route à droite de la Seine, par CHATOU.

COURBEVOIE à SAINT-GERMAIN-EN-LAYE ⚬ 1,4
* BURES (à gauche de la route).
* POISSY (sur la route).
SAINT-GERMAIN-EN-LAYE à TRIEL ⚬ 1,1
TRIEL à * MEULAN ⚬ 0,8
* LIMAY (à droite de la route).
MEULAN à * MANTES ⚬ 1,5
* ROSNY (sur la route).
* LA ROCHE-GUYON (à droite de la route).
MANTES à BONNIÈRES ⚬ 1,3

N⁰ 43. ROUTE DE PARIS A CHERBOURG.

Bonnières à * Pacy-sur-Eure ⚐	1,5
Pacy à * Évreux ⚐	1,8
Évreux à la * Commanderie ⚐	1,8
* Saint-Aubin d'Écrosville (à dr. de la route).	
* Neufbourg (à droite de la route).	
* Rouge-périers (à droite de la route).	
* Ferrières-sur-Rille (à g. de la route).	
La Commanderie à la Rivière-Thibouville ⚐	1,7
La Rivière-Thibouville au Marché-Neuf ⚐	1,0
Marché-Neuf à l'Hôtellerie ⚐	1,4
L'Hôtellerie à * Lisieux ⚐	1,4
Lisieux à Estréez ⚐	1,7
Estréez à Moult ⚐	1,3
Moult à * Caen ⚐	1,7
Caen à Bretteville ⚐	1,2
* Douvres (à droite de la route).	
* Le Fresne Camilly (à droite de la route).	
* Langrune-sur-Mer (à droite de la route).	
Bretteville à * Bayeux ⚐	1,6
Bayeux à Formigny ⚐	1,6
Formigny à Isigny ⚐	1,6
Isigny à * Carentan ⚐	1,0
Carentan à Sainte-Mère-Église ⚐	1,3
Sainte-Mère-Église à * Valognes ⚐	1,7
Valognes à * Cherbourg ⚐	2,0

NEUILLY-SUR-SEINE (*Seine*). Beau village bâti dans une belle situation, de chaque côté d'une belle avenue que traverse la grande route, sur la rive droite de la Seine, que l'on y passe sur un magnifique pont en pierres de taille. ↦ 5,608 h. — Le pont de Neuilly, un des plus beaux de l'Europe, a 214 m. 50 c. de longueur, et 14 m. 61 c. d'une tête à l'autre, dont 2 m. 8 c. sont employés aux trottoirs, et 9 m. 42 c. à la chaussée; il est supporté par cinq arches de 39 m. d'ouverture et de 9 m. 74 cent. de hauteur sous clef; ces arches, très-surbaissées, et dont l'étonnante courbure n'a pas encore été imitée, ne sont qu'une petite portion d'un cercle dont le rayon aurait 48 m. 72 c. Ce pont a été bâti en pierres de Saillancourt, taillées avec le plus grand soin; la plupart de celles qui entrent dans sa construction ont de 9 m. 75 c. à 14 m. 60 c. cubes; le parapet en offre qui ont 11 m. 03 c. de long. Sa noble simplicité, la grandeur de ses arches, la beauté de leurs courbes gracieuses et hardies, le choix des matériaux et le soin apporté dans l'appareil, lui assurent le premier rang parmi les monuments de ce genre.

Le château de Neuilly fut construit sous le règne de Louis XV par M. d'Argenson : M. de Sainte-Foix en devint ensuite propriétaire, et le vendit à M. de Montesson ; il passa après au prince Talleyrand, au prince Murat et à la princesse Borghèse, qui l'habita pendant quelque temps. C'est aujourd'hui la retraite favorite de S. M. Louis-Philippe et de sa famille pendant la belle saison. Ce château, bâti sur les dessins de Carteau, était déjà remarquable dès le temps de M. de Sainte-Foix, par la beauté de ses jardins, de son parc, de son architecture, par le luxe de ses appartements et les peintures qui les décoraient. Depuis quelques années il a considérablement été embelli ; des bronzes, des statues, de précieux tableaux en décorent l'intérieur. De nouvelles constructions y ont été ajoutées, et d'heureux changements y ont été faits par M. Fontaine, un de nos plus habiles architectes. De vastes et magnifiques jardins s'étendent jusqu'à la Seine ; plusieurs îles boisées, auxquelles on communique au moyen de petites embarcations, ajoutent aux nombreux agréments de son parc, d'où l'on a en perspective, sur la rive opposée, le village de Courbevoie, les belles habitations qui l'environnent, et le magnifique pont jeté sur la Seine.

CELLE-LEZ-SAINT-CLOUD (la). *(Seine-et-Oise).* Village situé près du joli bois du même nom, remarquable par un beau château dont Louis XV fit cadeau à madame de Pompadour. Il s'y célèbre chaque année, le premier dimanche après la Saint-Pierre, une fête patronale très-fréquentée par la meilleure société de Paris et des environs. A 18 kil. (4 l. 1/2) de Paris.—Le magnifique château de Beauregard, bâti sur une éminence, au milieu d'un bois et entouré d'un ruisseau d'eau vive, est une dépendance de cette commune.

NANTERRE *(Seine).* Joli bourg, à 12 kil. (3 l.) de Paris, sur le chemin de fer de Paris à Saint-Germain. ⊠ 2,511 hab. Ce bourg, assez mal bâti, est renommé par ses gâteaux, et surtout par le pèlerinage à la chapelle de Sainte-Geneviève.—Le MONT-VALÉRIEN, une des plus hautes collines qui environnent Paris, et sur lequel on élève un fort pour la défense de cette capitale, est une dépendance de cette commune; on jouit sur le sommet d'une vue magnifique.

RUEL *(Seine).* Joli bourg au pied d'une colline plantée de vignes. A 12 kil. (3 l.) de Paris. ⊠ — La MALMAISON, l'un des séjours les plus agréables des environs de Paris, est une dépendance de la commune de Ruel. Le château ne présente rien de bien remarquable sous le rapport de l'architecture. On y entre par un porche en forme de tente, servant de premier vestibule. Un second vestibule, décoré de quatre colonnes, divise l'édifice en deux parties : d'un côté se trouvent le salon, la salle de billard et la galerie ; de l'autre la salle à manger, la salle du conseil et le cabinet. L'étage supérieur est distribué en appartements. Ce château devint en 1793 la propriété de madame Bonaparte, dont il a fait les plus chères délices pendant la période de sa grandeur. Cette femme célèbre, généralement regrettée de tous ceux qui ont eu le bonheur de l'approcher, fut enterrée à Ruel, où un beau monument indique sa dernière demeure. — Près de la route est une belle caserne élevée de deux étages au-dessus du rez-de-chaussée. Le pavillon du milieu, décoré d'un fronton et percé d'une grande porte en arcade, contient un grand vestibule et un vaste escalier. Les pavillons des angles sont distribués en logements d'officiers.

BOUGIVAL *(Seine-et-O.).* Village situé à 10 kil. (2 l. 1/2) de Paris. — Le château de LA JONCHÈRE, plus remarquable par sa situation pittoresque que par sa construction, fait partie de la commune de Bougival; il a été successivement habité par Louis Bonaparte, par le comte Bertrand et par l'ex-fournisseur Ouvrard.

PORT-MARLY *(Seine-et-O.).* Joli village, bâti dans une riante situation, au bas d'une colline qui borde la Seine. On y voit un joli château, une pompe à feu et les restes de l'ancienne machine hydraulique de Marly.

LOUVECIENNES *(Seine-et-O.).* Charmant village, bâti dans une agréable situation, sur la pente d'une montagne, près de la rive gauche de la Seine. On y remarque un bel aqueduc long de 660 mètres et percé de 36 arcades, et un assez joli château dont dépend un pavillon élégant, construit pour la Dubarry.

GERMAIN-EN-LAYE (SAINT-) *(Seine-et-O.).* Jolie ville et ancien château royal, situé sur une colline élevée, à peu de distance de la Seine, à 18 kil. (4 l. 1/2) de Paris, avec lequel Saint-Germain communique par un chemin de fer. ⊠ ⚭ 1,200 hab. Elle est bien bâtie, formée de rues larges et bien pavées, mais irrégulièrement percées. Le château, reconstruit par François Ier, fut augmenté de cinq pavillons par Louis XIV, qui fit aussi achever la terrasse, magnifique promenade qui s'étend entre la Seine et la forêt, sur une longueur de 2,400 mètres. Il est aujourd'hui affecté à un pénitentiaire militaire. La forêt de Saint-Germain est ceinte de murs, et contient plus de 42 hectares, traversés par 1,481 kil. (380 l.) de routes.

N° 43. ROUTE DE PARIS A CHERBOURG.

Itinéraire de Paris à Saint-Germain, par le chemin de fer.

Peu après son point de départ, rue Saint-Lazare, le chemin de fer entre dans un souterrain dont le développement est de 264 mètres, que l'on parcourt en 14 secondes ; un jour douteux règne sous les voûtes de cet antre ténébreux, où mugissent les machines locomotives préparées pour le prochain convoi, et dans les fourneaux desquelles de noirs chauffeurs introduisent la houille ou remuent les charbons incandescents. — Au sortir de ce premier souterrain, le chemin entre dans une tranchée qui n'a pas moins de 16 m. 24 c. de profondeur, où le convoi, dominé par les falaises immenses entre lesquelles il circule, paraît comme enseveli. Cette tranchée aboutit à l'aqueduc de ceinture, près du mur d'enceinte, où s'ouvre le grand souterrain, dont l'étendue est de 403 mètres, que l'on parcourt en 21 secondes environ. Une profonde obscurité, augmentée encore par la fumée des machines locomotives, règne sous cette voûte immense, où sont pratiqués deux puits d'aérage. La vue dont on jouit en revoyant le ciel est réellement admirable : au-dessus de la voûte s'élève un amphithéâtre de maisons, dont tous les habitants peuvent distinctement voir de leur fenêtre passer un convoi de mille voyageurs qui, en moins de 15 minutes, aura parcouru une distance de plus de deux lieues. Dans le souterrain, on n'aperçoit d'abord qu'une épaisse fumée ; mais peu à peu cette fumée paraît se dissiper pour faire place à une teinte rougeâtre, à travers laquelle on distingue toute la longueur du souterrain, éclairé à son issue par la tranchée, au delà de laquelle on voit le premier souterrain qui paraît illuminé de tous les feux d'un beau soleil couchant. Cette vue seule mérite que l'on fasse le voyage ; mais pour en jouir, il faut nécessairement occuper une place de banquette. — A 20 mètres au delà du second souterrain, le chemin de fer rentre en tranchée et passe sous un pont établi au niveau de la rue d'Orléans dans les Batignolles. — Dans le prolongement de la rue Cardinalet, un deuxième pont de deux arches est construit pour rétablir la communication du chemin de Monceaux à Clichy. — Après avoir passé sous un troisième pont construit en bois, on voit à droite une vaste gare ; sur la gauche sont de grands ateliers où se confectionnent les voitures et les wagons de l'établissement. — Le chemin, d'abord au niveau du terrain, continue ensuite en remblais qui acquièrent en avançant une assez grande élévation, et sous lesquels passent la route de la Révolte ainsi que les chemins du Bois, de Clichy et d'Asnières, que le chemin de fer franchit sur des ponts en pierre. En parcourant cette partie de la route, la vue embrasse sur la gauche du convoi une campagne très-variée de culture, que dominent l'arc de triomphe de l'Étoile et le Mont-Valérien ; à droite, on découvre la vaste étendue de la plaine Saint-Denis, et l'on distingue facilement le clocher de l'église de ce nom. En face, on a en perspective Asnières, Clichy-la-Garenne et les nombreuses cheminées des importants établissements répandus sur le territoire de cette commune. — Vis-à-vis d'Asnières, le chemin de fer traverse la Seine sur un pont de cinq arches, de 12 mètres 65 centimètres, d'une largeur pour trois voies, parallèle à un autre pont à péage situé à 120 mètres de distance ; il est fâcheux que la vélocité des locomotives emporte le voyageur si rapidement et ne le laisse pas jouir du beau site qu'offrent les environs d'Asnières, ses deux îles bocagères, le riant cottage construit au bas du pont, et les charmantes guinguettes qui bordent les deux rives de la Seine. Après avoir traversé la rivière, le chemin de fer se continue en remblais et passe au-dessus du chemin d'Asnières à Courbevoie. Un peu plus loin, il entre dans une tranchée peu profonde, à laquelle succède un terrain de niveau avec le sol environnant. Le pays que l'on parcourt offre sur la gauche une plaine assez monotone. En avançant, le chemin entre dans une tranchée creusée d'abord dans un terrain pierreux d'un aspect agreste,

N° 43. ROUTE DE PARIS A CHERBOURG.

et ensuite dans une carrière de pierre traversée en pleine masse, dont les parois élevées forment de chaque côté du chemin des espèces de glacis entre lesquels les voyageurs sont encaissés de manière à être totalement privés de la vue du pays environnant. Les objets étant très-rapprochés, la rapidité imprimée aux voitures paraît alors effrayante, surtout lorsque la vue se porte sur les côtés de la tranchée. Dans cet intervalle, les routes de Colombes et de Bezons passent au-dessus du chemin de fer. — Au sortir de la tranchée, le chemin de fer est établi, sur une petite distance, au niveau du sol. Le territoire de Colombes présente alors ses cultures parsemées d'arbres, qui offrent l'aspect d'un vaste jardin anglais; à gauche, la vue s'étend sur des coteaux boisés. — Un peu avant le pont pittoresque sous lequel passe la route de Nanterre à Chatou, commence le grand remblai qui s'étend jusqu'à la Seine, et qui, dans quelques endroits, est élevé de 20 mètres au-dessus d'un riche bassin que bornent de chaque côté les plus riants paysages. — Vis-à-vis de Chatou, le chemin de fer laisse sur la droite le pont de ce village, et franchit sur deux ponts en bois, d'une élégante construction, deux bras de la Seine séparés par l'île du Chiard. Un peu au delà du pont, le chemin de fer entre dans le joli bois de Vésinet, à l'issue duquel est la station d'arrivée, établie près le pont du Pecq, vis-à-vis du bel amphithéâtre où se développent le Pecq, Saint-Germain et sa magnifique terrasse.

CHEMIN DE FER. Départs de Paris pour St-Germain d'heure en heure, de 7 h. du matin à 9 h. du soir; de St-Germain pour Paris, de 7 h. du matin à 10 h. du soir. Prix: 1 fr. 25, 1 fr. 50 c. et 2 fr. Trajet: 30 minutes. — *Omnibus* pour St-Germain. - *Voitures* pour Poissy, Triel, Vaux, Meulan, Épône, Pontoise, Versailles, etc. — *Voitures publiques.* Tous les jours pour Paris, Rouen, Caen.

BUTS D'EXCURSIONS: à *Chambourcy*, village très-fréquenté par les paysagistes pour ses magnifiques châtaigniers (2 kil.]; au domaine de *Retz*, dit *le Désert*, près de Chambourcy; au *château de Maisons* (3 kil.); aux *Loges* (2 kil.); au *château de la Muette*, situé au centre de la forêt.

OUVRAGES A CONSULTER. *Histoire de la ville et du château de St-Germain-en-Laye*, par Gonjon, in-8°.

Saint-Germain-en-Laye et ses environs, par de Beaurepaire, in-18, 1829.

POISSY (*Seine-et-O.*). Petite ville très-ancienne, avantageusement située sur la rive gauche de la Seine, que l'on passe sur un pont très-long, à cause des îles qu'y forme cette rivière. C'était autrefois une place importante, dont les vieilles fortifications existent encore en partie; les tours même ne sont pas entièrement détruites, et leur aspect, qui rappelle le temps des guerres civiles, donne à cette ville un air triste et sombre. Elle est d'ailleurs très-mal bâtie, malpropre et mal pavée. — L'église paroissiale est un édifice remarquable, dont la construction paraît remonter au douzième siècle. Elle a 205 pieds de long sur 100 de large, et est divisée en trois nefs. Cette église, d'une architecture gothique fort riche, n'a jamais été achevée; il y manque le portail, et l'on y entre par le côté. — Il existe à Poissy une maison de détention, composée de deux bâtiments parallèles, à quatre étages, destinée à renfermer les condamnés des départements de la Seine et de Seine-et-Oise.—Un des principaux marchés de bestiaux destinés à la consommation de Paris est établi dans cette ville. — A 23 kil. (6 l.) de Paris.

BURES (*Seine-et-O.*) (commune d'Orgeval). Village situé dans une vallée agréable sur l'Yvette, petite rivière bordée de jolies maisons de plaisance. L'une des plus remarquables est le château de Grandménil, où l'on voit un charme âgé d'environ deux cents ans, entre les branches duquel est un salon de verdure où l'on peut placer une table de vingt couverts, non compris l'espace nécessaire pour le service.—A 18 kil. (4 l. 1/2) de Paris.—Sur une éminence, on remarque le château de Montjai, d'où l'on jouit d'une vue des plus pittoresques.

MEULAN (*Seine-et-O.*). Jolie petite ville dans une situation charmante, sur la rive droite de la Seine et sur le chemin de fer de Paris à Rouen. Elle est bâtie partie en amphithéâtre et partie dans une île formée par un bras de la Seine, que l'on passe sur un pont d'où la vue est très-agréable.—A 27 kil. (7 l.) de Paris. ✉ ⚲.

VOITURES PUBLIQUES. Six par jour pour St-Germain et le chemin de fer.

LIMAY (*Seine-et-O.*). Bourg contigu à la ville de Mantes, dont il n'est séparé que par la Seine. On y remarque un joli ermitage taillé dans un rocher, où il se fait annuellement un pèlerinage qui attire un grand concours de monde.—A 53 kil. (13 l. 1/2) de Paris. ✉

MANTES (*Seine-et-O.*). Jolie ville, bâtie dans une situation charmante, sur la rive gauche de la Seine, qui la sépare du bourg de Limay, avec lequel elle communique par deux beaux ponts et par le chemin de fer en construction de Paris à Rouen. Les rues sont propres, bien percées et ornées de plusieurs fontaines. C'était autrefois une place forte autour de laquelle on voit encore des tours et des bastions qui ont échappé à l'injure du temps. On y remarque l'église Notre-Dame, curieuse par la délicatesse des ornements qui la décorent, et la tour de l'église Saint-Maclou, précieux monument d'architecture gothique. — A 56 kil. (14 l. 1/2) de Paris. ✉ ⚲.—AUBERGES : le Grand-Cerf, le Cheval-Blanc, la Chasse-Royale.

VOITURES PUBLIQUES. Tous les jours pour St-Germain, le Pecq, Houdan, la Roche-Guyon, Magny et Vernon.

OUVRAGES A CONSULTER. *Antiquités gauloises et gallo-romaines de l'arrond. de Mantes*, par Cassan, in-8°.

Statistique de l'arrondiss. de Mantes, par le même, in-a°.

ROSNY (*Seine-et-O.*). Village situé sur la rive gauche de la Seine, qui forme en cet endroit deux îles, dans l'une desquelles on voit un vaste et beau château en briques, flanqué de quatre pavillons carrés et entouré de larges et profonds fossés. Rosny est la patrie de Sully, qui y naquit en 1559.

ROCHE-GUYON (la) (*Seine-et-O.*). Bourg bâti dans une situation pittoresque, au pied d'un rocher escarpé, sur la rive droite de la Seine. Il est célèbre par son antique château, édifice d'une grande dimension, adossé à un rocher taillé à pic, et composé de divers corps de bâtiments anciens et modernes, dont quelques-uns remontent, dit-on, au temps de la première invasion des Normands. Ce château a été agrandi et embelli par plusieurs membres de la famille la Rochefoucauld : on distingue principalement les écuries, un immense réservoir creusé dans le rocher, qui peut contenir 2,200 muids d'eau, de beaux jardins, un vaste potager, et une magnifique promenade, établie à grands frais sur le roc, auparavant nu et aride. La chapelle renferme plusieurs tombeaux, parmi lesquels on remarque celui de la duchesse d'Enville.

PACY-SUR-EURE (*Eure*). Petite ville, agréablement située sur l'Eure. A 16 kil. (4 l.) d'Évreux. ✉ ⚲ 1,400 habitants. C'est la patrie du député Dulong, ami de Dupont de l'Eure, tué en combat singulier par le général Bugeaud, en 1834.

ÉVREUX. Chef-lieu du département de l'Eure. Évêché. Trib. de 1re inst. et de comm. Ch. des manuf. Soc. d'agr. et belles-lettres. Coll. comm. Grand et petit séminaire. Hospice. ✉ ⚲ 10,287 hab. — Évreux doit son origine aux *Aulerques Éburoviques*, dont l'ancienne cité, *Mediolanum Aulercorum*, occupait l'emplacement de la commune du Vieil-Évreux, où l'on voit encore des ruines de l'aqueduc, des bains, du théâtre et de quelques autres édifices. La ville actuelle est à 9 kil. de l'ancienne, dans une jolie vallée fermée de coteaux au nord et au midi, et arrosée par la rivière d'Iton, qui se partage en trois bras avant de baigner les différents quartiers de la ville.

La CATHÉDRALE est l'édifice le plus remarquable d'Évreux. Construite avec beaucoup d'art et d'ensemble, quoique à différentes époques ; seize piliers romans séparent la nef et le chœur d'avec les chapelles et les bas-côtés. Sa forme est celle d'une croix, au milieu de laquelle s'élève une tour centrale ou lanterne surmontée d'une élégante pyramide couverte en plomb, dans le style gothique du quinzième siècle. Le portail du nord, construit au commencement du seizième siècle, mérite de fixer l'attention par la richesse et la délicatesse de son architecture. Les vitraux de la chapelle de la Vierge, des rosaces des deux transepts, ceux du chœur, quelques-uns de la nef et des chapelles des bas-côtés, offrent des peintures pleines d'intérêt sous le rapport de l'art et de l'histoire.

La ville possède encore son ANCIEN BEFFROI, construit en 1472 et 1497, et connu sous le nom de Tour de l'Horloge. Il est peu de monuments qui présentent autant de hardiesse et d'élégance dans leur construction.

L'ÉGLISE SAINT-TAURIN est digne aussi d'être visitée. Dans un petit abside et une portion du transept méridional, on remarque un précieux débris d'architecture byzantine du dixième au onzième siècle. On y voit encore, à l'extérieur de ce même transept, plusieurs arcades romanes séparées par un fût mauresque, et remplies de mosaïques d'un ciment rouge et bleu, disposées en losanges. Cette église a conservé la châsse de saint Taurin, monument d'un travail très-précieux, exécuté dans le treizième siècle. Les vitraux du chœur présentent plusieurs tableaux épisodiques de la vie de ce saint.

Évreux possède en outre une bibliothèque de 8,000 volumes, un jardin botanique, un conservatoire d'instruments aratoires, des collections de géologie, d'histoire naturelle et d'antiquités départementales. Le voisinage de la forêt offre aux habitants des promenades agréables. — A 47 kil. (12 l.) de Rouen, 123 kil. (29 l. 1/2) de Caen, 101 kil. (26 l.) de Paris.—HÔTELS : de France, du Grand-Cerf, de Rouen, du Dauphin, de la Belle-Épine, du Cheval-Blanc.

VOITURES PUBLIQUES. Tous les jours pour Paris, Rouen, Louviers, Bernay, Lisieux, Verneuil, Conches, Breteuil, Pacy, Nonancourt, Dreux, Vernon, Laigle.

BUT D'EXCURSION : au *château de Navarre* (3 kilom.).

OUVRAGES A CONSULTER, qui se trouvent à la librairie de Vernet-Lalonde, à Évreux.
Essai historique et anecdotique sur l'ancien comté, les comtes et la ville d'Évreux, par Masson de St-Amand, in-8°, 1813.
Notice historique et archéologique sur le départ. de l'Eure, par Auguste Leprevost, in-12, 1832.
Esquisses historiques sur le château de Navarre, par d'Avanes, in-8°.
Histoire civile et ecclésiastique du comté d'Évreux, par le Brasseur, in-4°, 1722.
Mémoire sur les ruines du vieil Évreux, par Rever, in-2°, 1827.
Notice sur la ville d'Évreux et ses environs, par Guilmeth, in-8° et pl. 1832.
Esquisses sur Navarre, par Davormes, 2 vol. in-8° et pl.
Analecte historique sur Évreux, par Bonnin.
Dictionnaire des communes, hameaux, châteaux, etc., du département de l'Eure, par Auguste Leprevost, in-12, 1837.
Dictionn. des anciens noms de lieu du départ. de l'Eure, par Auguste Leprevost, in-12, 1839.
Dictionnaire topographique, statistique et historique du départ. de l'Eure, par Gadebled, In-12, 1840.

AUBIN D'ÉCROSVILLE (SAINT-) (*Eure*). Village à 18 kil. (4 l. 1/2) de Louviers. 1,100 hab. Saint-Aubin d'Écrosville est le lieu de naissance d'un médecin aussi modeste que savant, qui fait honneur à notre siècle et à son pays : du docteur Auzoux, créateur de l'Anatomie clastique, qui a établi à Saint-Aubin une grande manufacture de pièces anatomiques, où sont occupés plus de cinquante ouvriers.

NEUBOURG (le) (*Eure*). Bourg à 24 kil. (6 l. 1/4) de Louviers. ⊠ 2,150 h. C'était autrefois une place importante, défendue par un château fort très-antique et considérable, où fut célébré le mariage de Henri, fils aîné de Henri II, roi d'Angleterre, avec Marguerite, fille de Louis le Jeune. D'anciennes murailles sont subsistantes, renferment quelques logements, entre autres une haute et vaste salle où chaque année, le jour de la Saint-Paul, on donne un bal charmant, où se rendent, de plus de vingt lieues à la ronde, les plus jolies femmes des villes et des châteaux environnants.— Le Neubourg est le lieu de naissance de M. Dupont de l'Eure, ancien avocat au parlement de Normandie, membre du conseil des anciens et du corps législatif, vice-

13.

président de la chambre des députés en 1814 et de la chambre des représentants en 1815, ministre de la justice en 1830, et membre de toutes les assemblées législatives depuis 1817. L'intégrité bien connue de cet honorable magistrat, la constance de ses opinions politiques, la simplicité de sa vie, et l'austère probité de ses principes, l'ont placé au premier rang des hommes les plus vertueux, les plus purs et les plus universellement estimés qui aient traversé les temps orageux où nous vivons. — COMMERCE de grains, grosses toiles, laine, bestiaux, etc. Chaque semaine il se tient au Neubourg un gros marché de bestiaux que l'on y conduit des environs et des départements du Calvados et de la Manche, et qui s'y vendent pour l'approvisionnement de Paris. — HÔTELS : de la Poste, de Saint-Martin, du Mouton.

ROUGE-PÉRIERS (Eure). Village à 20 kil. (5 l.) de Bernay. 500 hab. Ce village n'a, par lui-même, rien de remarquable ; mais il est le séjour de l'Aristide des temps modernes, de l'honorable Dupont de l'Eure, et, à ce titre, il mérite une mention particulière. C'est là que cet homme de bien se repose, dans une modeste retraite, des agitations politiques, en cultivant lui-même ses champs, qu'à l'exemple de tant d'autres il n'a point agrandis après chaque session.

FERRIÈRES-SUR-RILLE (Eure). Bourg sur la Rille, à 27 kil. (7 l.) d'Évreux. 500 hab. C'est le lieu de naissance de M. Bréant, vérificateur général des essais à la Monnaie de Paris, à qui les arts sont redevables de plusieurs belles découvertes. Les principales sont : l'affinage de l'étain par la liquation ; le perfectionnement apporté au traitement en grand du platine, dont M. Bréant a été longtemps en possession de fournir toute l'Europe ; la fabrication du damas d'après les procédés orientaux ; le moyen de faire pénétrer dans des poutres de bois de toutes dimensions, et dans toutes leurs parties, des substances liquides propres à garantir les bois de toute altération, etc.

LISIEUX (Calvados). Ancienne et jolie ville. Sous-préf. Trib. de 1re inst. et de comm. Ch. des manuf. Coll. comm. ⊠ ☞ 10,257 hab. Cette ville occupe le fond d'une charmante vallée qu'embellissent et fertilisent les eaux de l'Orbec et de la Touques. Ses environs verdoyants sont ornés de jolies maisons de campagne, de potagers et de jardins. Elle n'a qu'une belle et grande rue que suit la route de Caen à Évreux ; les autres rues sont étroites ou tortueuses, formées de maisons hautes, la plupart bâties en bois, vieilles et tristes. — La cathédrale est le plus bel édifice de Lisieux ; elle est située à l'angle d'une place spacieuse. C'est un édifice du douzième siècle et d'un bon style gothique ; la jolie chapelle de la Vierge, d'une construction plus récente, est un monument expiatoire élevé par Pierre Cauchon, d'abord évêque de Beauvais, puis de Lisieux, et l'un des bourreaux de l'héroïne Jeanne d'Arc. — Le palais épiscopal est un beau bâtiment ; les jardins en sont superbes. — La salle de spectacle est jolie. Les cours sur les anciens boulevards offrent d'agréables promenades. Aux alentours de la ville sont d'autres promenades d'où l'on jouit d'une vue délicieuse. — FABRIQUES de toiles cretonnes, draps, couvertures tissues en fil et en poil de bœuf, rubans de fil. Filatures de laine et de coton. — A 45 kil. (11 l. 1/2) de Caen, 171 kil. (44 l.) de Paris. — HÔTELS : de France, d'Espagne, de la Rose, de la Levrette, de la Belle-Fontaine.

VOITURES PUBLIQUES. Pour Paris, Caen, Vimoutiers, Gacé, Orbec, Pont-l'Évêque, Honfleur, Falaise, Évreux, Rouen, le Mans, Bernay.

CAEN. Grande et belle ville. Chef-lieu du département du Calvados. Cour R. Trib. de 1re inst. et de comm. Ch. et bourse de comm. Conseil des prud'h. Acad. des sciences, belles-lettres et arts. Académie universitaire. Collége R. École d'hydrographie de 1re classe. Soc. médicale, d'agric. et de comm. Instit. des sourds-muets. Syndicat maritime. Chef-lieu de la 14e divis. milit. ⊠ ☞ 39,140 hab. — Caen n'est pas une ville fort ancienne, et cependant on ne peut fixer avec certitude l'époque de sa fondation. On croit qu'elle a remplacé une cité dont les débris se retrouvent au village de Vieux, que les Romains avaient décorée de nombreux édifices, et qu'ils nommaient *Civitas Viducassium*. Cette ville est à 3 l. de la mer, dans un beau vallon, entre deux vastes prairies bordées de collines. Elle décrit un demi-cercle, qui embrasse une prairie arrosée par les bras nombreux de l'Odon : au milieu de la courbe extérieure s'élève le château. On est frappé de la régularité des rues de Caen, de la belle construction de ses monuments, ainsi que de la propreté générale de la ville. Les deux plus grandes rues sont celles de Saint-Jean et de Saint-Pierre. Les places publiques sont également remarquables, notamment la place Saint-Sauveur et la place Royale, sur laquelle on voit une statue de Louis XIV. Le port, formé par le lit de l'Orne et par celui de l'Odon, reçoit des bateaux de 150 à 200 tonneaux; il est renfermé entre de beaux quais. On travaille en ce moment à un nouveau canal dont les travaux sont déjà fort avancés, et qui permettra de recevoir des bâtiments d'un tonnage beaucoup plus fort.

L'ÉGLISE CATHÉDRALE est un des plus beaux édifices de la Normandie; c'est l'ancienne église abbatiale de Saint-Étienne, dont la construction appartient à différentes époques : le portail, admirable par sa majesté et l'élévation des tours, la nef, une partie de la croisée et la base de la tour qui la surmonte, datent de la construction de l'église primitive (de 1066 à 1070). Le chevet a entièrement été reconstruit vers le commencement du treizième siècle. L'intérieur offre aussi plusieurs différences de style : la nef, les bas-côtés et la croisée sont du onzième siècle; de vastes galeries, dont les ouvertures sont ornées de balustrades, règnent sur toute l'étendue des bas-côtés. Le chœur, quoique d'une époque différente, se lie agréablement avec la nef; il est terminé par un sanctuaire de forme circulaire, fermé de grilles et entouré de onze chapelles régulièrement bâties. Le tombeau de Guillaume le Conquérant, qui décora longtemps l'intérieur de l'église Saint-Étienne, fut détruit par les calvinistes en 1562, restauré en 1642, et détruit de nouveau en 1793. Le marbre seul qui le recouvrait subsiste encore, et a été replacé il y a quelques années dans le sanctuaire.

L'ÉGLISE DE LA TRINITÉ est l'église abbatiale de l'abbaye de ce nom, fondée vers 1066. Le plan, en forme de croix latine, est régulier. Dans l'intérieur, la nef offre une sorte de magnificence remarquable dans la disposition et l'élégance des galeries qui terminent les travées. Le chœur est peu spacieux. Le sanctuaire, élevé sur plusieurs rangs de degrés, est décoré d'un péristyle à double étage de forme demi-circulaire, et surmonté d'une belle coupole peinte à fresque : on y voit un cénotaphe érigé à la mémoire de la reine Mathilde, épouse de Guillaume le Conquérant. Sous le sanctuaire est une crypte ou chapelle souterraine, dont la voûte est soutenue sur trente-quatre colonnes d'environ huit pieds d'élévation et très-rapprochées, dont seize sont isolées.

L'ÉGLISE SAINT-PIERRE, édifice attribué à saint Régnobert, présente plusieurs parties fort remarquables. La tour, toute en pierre, terminée en pyramide, est un chef-d'œuvre de hardiesse et d'élégance : elle fut bâtie en 1308, ainsi qu'une partie de la nef et les trois portails, dont l'un forme l'entrée de la nef centrale. Le chevet et le rond-point sont regardés avec raison comme un chef-d'œuvre de bon goût, de délicatesse et d'élégance ; c'est un des morceaux les plus curieux et les plus parfaits qui aient signalé la renaissance des arts. L'intérieur des chapelles de ce rond-point n'est pas moins magnifique que l'extérieur : on remarque surtout l'étonnante construction des voûtes, chargées de nervures et de pendentifs de la plus grande légèreté.

PROMENADES PUBLIQUES. Les promenades de Caen l'emportent sur la plupart de celles des autres villes du royaume, soit par leur étendue, soit par l'agrément des paysages qui les environnent. Le Cours, qui suit, depuis le pont d'Amour jusqu'à l'Orne, une ligne parallèle au canal du duc Robert, fut planté en 1676 ; celui qui remonte le cours de l'Orne jusqu'à Montaigu, est de l'année 1691.

On remarque encore à Caen l'église Saint-Jean ; l'église Saint-Pierre ; l'église

Saint-Nicolas, occupée aujourd'hui par une fabrique de plomb de chasse; l'hôtel de la préfecture; le château; le palais de justice, entouré d'une belle colonnade et d'un péristyle; l'hôtel Valois, édifice orné de belles sculptures, de statues et de beaux morceaux d'architecture, où se tiennent la bourse et le tribunal de commerce; la bibliothèque publique, renfermant 25,000 volumes; le cabinet d'histoire naturelle; le jardin de botanique, qui contient plus de 3,000 espèces de plantes indigènes et exotiques; le collége royal;'l'Hôtel-Dieu; le Musée, où l'on voit, entre autres tableaux : un *Mariage de la Vierge*, peint sur bois par le Pérugin; *la Mort d'Adonis*, esquisse du Poussin; *Judith* et la *Tentation de saint Antoine*, par Paul Véronèse; *une copie de l'école d'Athènes* de Raphaël, par Stella; *un Trait de l'histoire des Hébreux*, par Rubens; *le Vœu de Louis XIII*, et surtout la *Samaritaine*, par Philippe de Champagne; *le Passage du Rhin* et son pendant, par Vander-Meulen; *le Baptême de saint Jean*, par le Brun; *Fithon et l'Aurore*, par Vien.

Caen est la patrie de Malherbe : on conserve, par un sentiment de respect pour sa mémoire, la maison où est né ce poëte célèbre. Caen est aussi le lieu de naissance de Segrais, de Malfilâtre, du lieutenant général Decaen, etc., etc. —FABRIQUES considérables de bonneterie et de dentelles, de blondes, de draps, casimirs, flanelles, toiles fines, linge de table. – COMMERCE de grains, eaux-de-vie, cidre, chevaux de prix, volaille, beurre, poisson, meules et pierres de taille tirées des carrières environnantes.— A 109 kil. (28 l.) de Rouen, 210 kil. (55 l. 1/2) de Paris.—HÔTELS : d'Angleterre, de la Victoire, d'Espagne, du Louvre, de France, du Commerce, etc.

VOITURES PUBLIQUES. Tous les jours pour Paris, Cherbourg, St-Malo, Rennes, Vire, Avranches, chez Vannier, place Royale, et chez Lafûtte, rue St-Pierre.

BUT D'EXCURSION : à la maison centrale de détention de *Beaulieu* (1 kil.), édifice remarquable par sa construction, fort endommagé en janvier 1842 par un incendie qui en a détruit les deux tiers.

OUVRAGES A CONSULTER, qui se trouvent à la librairie de Marc Vieil, à Caen.
Recherches et antiquités de la ville de Caen, par de Bourgueville, in-4°, 1588.
Description historique et critique et vues des monuments du départ. du Calvados, par de Jolimont, in-4°, 1825.
Essais historiques sur la ville de Caen, par Delaruc, 2 vol. in-8°.
Mémoires de la société des antiquaires de Normandie.
Annuaires du Calvados, in-12.
Origine de la ville de Caen, par Huet, in-8°, 1706.
Petit dictionnaire topographique, historique et statistique de la ville de Caen, par Odolant Desnos, in-18.

DOUVRES (*Calvados*). Bourg situé à 12 kil. (3 l.) de Caen. ✉ (à la Délivrande). 1,652 hab.

Le hameau de LA DÉLIVRANDE, dépendance de la commune de Douvres, est célèbre par sa chapelle, dont on attribue la fondation à saint Régnobert, qui vivait dans le septième siècle. — FABRIQUE de tulle, blondes, dentelles.

FRESNE-CAMILLY (LE) (*Calvados*). Village situé à 13 kil. (3 l. 1/4) de Caen. 700 hab. L'église paroissiale de ce village est un édifice remarquable qui a conservé dans toute son intégrité le type architectural des différents âges auxquels elle appartient; les galeries, les portes et le grand arc de la nef sont du onzième siècle; les deux tiers du chœur, construits dans le goût de l'architecture à ogives de la fin du douzième siècle, peuvent servir de modèle en ce genre; mais la première fenêtre du chœur et la chapelle qui se trouve au-dessous de la tour paraissent plus anciennes que la nef.

LANGRUNE-SUR-MER (*Calvados*). Bourg situé sur la Manche, où il a un établissement de bains de mer, à 16 kil. (4 l.) de Caen. 2,275 hab. L'église paroissiale est remarquable par ses fenêtres en lancettes, et par sa corniche à dents de scie; c'est un édifice du treizième siècle, surmonté d'une tour qui parait être du quatorzième siècle.

BAYEUX (*Calvados*). Très-ancienne ville. Sous-préfect. Évêché. Trib. de 1re inst. et de comm. Ch. des manuf. Coll. comm. ✉ ⚒ 10,303 hab. Cette ville

N° 43. ROUTE DE PARIS A CHERBOURG.

est située dans une plaine fertile, riche en excellents pâturages, à 3 lieues de la mer. Elle est en général bien bâtie, et se compose de la cité et de quatre faubourgs. Toutefois la plupart de ses constructions sont encore de style ancien et curieux. Les places publiques sont assez vastes et bien plantées.

L'ÉGLISE CATHÉDRALE est une grande et majestueuse basilique de style gothique, dont l'origine n'est pas postérieure aux temps de la domination des Saxons. On croit que l'incendie de 1106 détruisit en partie cet édifice : ce qui paraît certain, c'est que les arcades de la nef sont tout ce qui reste des constructions du onzième siècle. L'architecture de cette nef, quoique fort belle, ne l'est pas à beaucoup près autant que celle du chœur, dont rien n'égale l'élégante perfection : on remarque dans cette dernière partie de l'église, qui est entièrement séparée de l'autre, de magnifiques statues en chêne, sculptées dans le seizième siècle. Le portail serait fort beau s'il était moins écrasé; il est surmonté de deux pyramides élevées de 75 mètres ; celle du nord a été bâtie avec l'église ; celle du sud est de 1424. Au-dessus du chœur s'élève une tour octogone de 95 mètres, qui se termine par une lanterne pyramidale que supportent huit élégantes colonnes d'ordre dorique, entre lesquelles on voit un carillon assez remarquable. La construction de cette tour date de 1714. Sous le chœur et sous une partie du sanctuaire se trouve une crypte, supportée par huit colonnes massives, surmontées de chapiteaux grossiers : les murs de cette chapelle souterraine ont été peints à fresque dans le quinzième siècle. L'intérieur de l'église est décoré de plusieurs tableaux de Restout, qui ne sont pas sans mérite.

On remarque encore à Bayeux l'église Saint-Exupère ; l'église Saint-Patrice; l'hôtel de ville, où se trouve la fameuse tapisserie de la reine Mathilde, broderie intéressante sous le rapport historique des costumes du temps, qui retrace sur une toile de lin parfaitement conservée, de 50 centimètres de haut sur 70 mètres de long, les événements de l'expédition et de la conquête d'Angleterre par Guillaume le Conquérant ; le palais épiscopal, dont la galerie est ornée de la collection des portraits de tous les évêques de Bayeux ; le collége ; la bibliothèque publique, renfermant 7 à 8,000 volumes ; le musée ; l'Hôtel-Dieu, l'hôpital général, etc. — FABRIQUES de dentelles renommées, tulles de fil, blondes, porcelaine. Filatures de coton.— A 27 kil.(7 l.) de Caen, 31 kil. (8 l.) de Saint-Lô, 243 kil. (62 l. 1/2) de Paris.—HÔTEL de Luxembourg, Boissard ; Grand-Hôtel, Achard-Morel.

VOITURES PUBLIQUES correspondant avec les diligences de Paris à Caen, de Caen à Cherbourg. Voitures pour Rennes et Caen.
BUTS D'EXCURSIONS : aux mines de houille de Litry (12 kil.); à Grandchamp et à Port en Bessin, petits ports de cabotage et pêcheries sur la Manche.
OUVRAGES A CONSULTER. Histoire du diocèse de Bayeux, par Hermant, in-4°, 1705.
Essai historique sur la ville de Bayeux, par Pluquet, in-8°.
Contes populaires, traditions, etc., de l'arrondiss. de Bayeux, par Pluquet, in-8°.
Bayeux et ses environs, par Delauney, in-8°, 1804.

ISIGNY (Manche). Petite ville maritime, à 38 kil. (9 l. 3/4) de Bayeux. Trib. de comm. ✉ 2,192 hab. Elle est dans une belle situation, au fond d'un golfe formé par la Manche, à l'embouchure de la Vire et de l'Aure inférieure, avec un port qui reçoit des navires de 100 à 120 tonneaux. On remarque à une demi-lieue le pont du Vay sur la Vire ; il est construit en granit, et a cinq arches de six mètres chacune, avec des portes de flot. — COMMERCE considérable de bon cidre, d'excellent beurre, et de salaisons expédiées aux colonies, etc.
—HÔTELS : de l'Aigle-d'Or, de la Grappe-de-Raisin.

CARENTAN (Manche). Petite ville, à 26 kil. (6 l. 3/4) de Saint-Lô. ✉ ☞ 3,200 hab. On y remarque les restes d'un ancien château fort, où l'on peut étudier l'architecture militaire, dont il y a des modèles depuis le douzième siècle jusqu'à la fin du seizième. L'église de Carentan est remarquable. Les rues de la ville sont droites, mais les maisons ne sont point belles.—Commerce de bestiaux gras et maigres, porcs, grains, etc.

VALOGNES (*Manche*). Jolie ville. Sous-préfect. Trib. de 1re inst. Collége comm. ⊠ ⚭ 6,940 hab. Valognes est une ville très-bien bâtie, près des ruines de l'ancienne et considérable cité de *Logne*, prise et saccagée par les Romains. On y remarque le séminaire, édifice d'une beauté remarquable, qui sert aujourd'hui de collége : la bibliothèque publique est dans une des deux ailes ; elle possède quatre-vingt-huit manuscrits de peu d'importance, et plus de 15,000 volumes imprimés. — Patrie de le Tourneur et de Vicq-d'Azir. — A 55 kil. (14 l.) de Saint-Lô, 328 kil. (84 l.) de Paris.

VOITURES PUBLIQUES. Pour Coutances, Carentan, Cherbourg.

CHERBOURG (*Manche*). Ville forte et maritime. Place de guerre de 1re classe. Chef-lieu de préf. maritime. Sous-préf. Trib. de 1re inst., de comm. et de mar. Dir. des douanes. Consulats étrang. École d'hydrogr. de 2e cl. Soc. R. académique. Coll. comm. ⊠ ⚭ 13,443 hab. — *Établiss. de la marée du port*, 7 *heures* 45 *min*. La marée y monte de 5 m. 84 c. (18 pieds). — Cette ville est située à l'extrémité de la presqu'île du Cotentin, à l'embouchure de la Divette, au fond de la baie comprise entre le cap Levi à l'est et le cap de la Hogue à l'ouest Elle est assez bien bâtie et ornée de fontaines publiques. — Le port du commerce consiste dans un avant-port et un bassin, l'un de 240 mètres environ de longueur et 200 mètres dans sa plus grande largeur, l'autre de 408 mètres de longueur sur 127 de largeur. Entre l'avant-port et le bassin est une écluse de 40 pieds de largeur avec portes de flot, au moyen desquelles on retient dans le bassin, au moment de la marée montante, la quantité d'eau nécessaire pour que les bâtiments puissent toujours flotter. Au-dessus de l'écluse est un pont qui s'ouvre pour laisser passer les navires. L'avant-port communique avec la mer par un canal ou *chenal*, dirigé du nord au sud, et dans lequel on trouve au moins 18 pieds d'eau. Ce chenal a 600 mètres de longueur et 50 de largeur. La jetée s'étend le long du chenal : elle est en granit, bordée de parapets, et terminée au nord par un musoir.

A l'est de l'avant-port du commerce on voit le vieil arsenal de la marine, qui occupe un emplacement de 288 mètres environ de longueur sur 100 mètres de largeur. Il est divisé en quatre grandes cours entourées de bureaux, d'ateliers et de magasins.

A l'est de la jetée du port du commerce, sur la grève, on voit l'établissement des bains de mer. — Le port militaire, ou le grand port, est enveloppé par une enceinte bastionnée, ayant la forme d'un triangle rectangle, dont le fort d'Artois occuperait le sommet. Sa rade, couverte à marée basse d'une hauteur d'eau suffisante pour que les plus gros vaisseaux puissent toujours flotter, possède un fond d'une excellente tenue. L'avant-port a 300 mètres de longueur sur 75 m. de largeur, et peut contenir quinze vaisseaux de ligne. Il a été creusé dans le roc, à 16 m. de profondeur au-dessous du niveau des hautes mers.

Au sud de l'avant-port militaire, sont quatre cales couvertes pour la construction des vaisseaux. Elles ont plus de 26 m. de hauteur, et leurs murs sont en granit : chacune a coûté 300,000 francs. Au milieu des cales est un bassin pour radouber les vaisseaux.

L'enceinte des cales Chantereyne mérite aussi l'attention. Elle renferme différents ateliers, deux cales pour la construction des grandes frégates, les remises pour les canots royaux, et un magnifique hangar de 292 m. qui sert à mettre à l'abri les bois destinés aux constructions navales.

La digue a été établie à 4,000 m. environ de l'entrée du port de commerce, et à 1,200 mètres du fort Royal, en un point où les plus basses eaux s'élèvent à 13 m. au-dessus de la grève, et les plus hautes à 19 m. 50 c. Sa longueur est de 3,768 mètres. Elle a 30 mètres de largeur au sommet, et 13 mètres à sa base. La passe de l'est a 1,000 mètres d'ouverture, celle de l'ouest 2,400. Son objet est de rompre l'effort des vagues et des courants pour procurer du calme à l'intérieur, et de défendre la partie de la rade qui se trouve hors de la portée de l'artillerie des forts.

A 72 kil. (18 l. 1/2) de Saint-Lô, 329 kil. (84 l. 1/2) de Paris.—HÔTELS : de France, de Londres et du Commerce.

VOITURES PUBLIQUES. Tous les jours pour Caen, Grandville.
PAQUEBOTS A VAPEUR. DE CHERBOURG AU HAVRE: l'Océan (30 chevaux) le Colibri (85 chev.). Départs de chaque port les dimanches et mercredis. Prix : 13 et 10 francs. — DE CHERBOURG A WEYMOUTH. Paquebot, la ville de Glascow. Départs 2 fois par mois. Prix : 18 shellings et 10 shell.; le Colpe, touchant à Guernesey. Départs tous les vendredis de Guernesey. Prix : pour Weymouth, 15 et 10 shell.; pour Guernesey, 12 et 8 shell.

OUVRAGES A CONSULTER, qui se trouvent à la librairie de Lecouflet, à Cherbourg.
Histoire de la ville de Cherbourg, par Retan Dufresne, in-12.
Histoire de la ville de Cherbourg, par Voisin la Hougue, in-8°, 1835.
Détails historiques sur l'ancien port de Cherbourg, par Asselin, in-8°.
Guide du voyageur à Cherbourg, par Berruyer, in-12, 1838.
Plan de la rade de Cherbourg, en 2 feuilles.

2ᵉ R., par SAINT-LÔ, 36 myr. 1 kil.

	m. k.
De PARIS à *BAYEUX ☞ (V. la 1ʳᵉ Route)	25,1
BAYEUX à VAUBADON ☞	1,3
VAUBADON à * SAINT-LÔ ☞	2,1
SAINT-LÔ à SAINT-JEAN-DE-DAYE ☞	1,3
SAINT-JEAN-DE-DAYE à * CARENTAN ☞	1,3
CARENTAN à * CHERBOURG (V. 1ʳᵉ Route)	5,0

De VALOGNES à SAINT-WAAST 1,8

De MEULAN au BORDEAU-DE-VIGNY ☞ 1,7

D'ELBEUF au * NEUFBOURG ☞ 1,8
LE NEUFBOURG à CONCHES ☞ 1,9

Du NEUFBOURG à { LA RIVIÈRE-THIBOUVILLE ☞ 2,0
BRIONNE ☞ 1,6
LA COMMANDERIE ☞ 0,6

D'ÉVREUX A BEAUVAIS, 10 myr.

* D'ÉVREUX à *PACY-SUR-EURE ☞ 1,8
PACY-SUR-EURE à * VERNON ☞ 1,4
VERNON au TILLIERS ☞ 2,0
Du TILLIERS à * GISORS ☞ 1,6
GISORS à LA HOUSSOYE ☞ 1,6
LA HOUSSOYE à * BEAUVAIS ☞ 1,6

DE CHERBOURG A BREST.

1ʳᵉ R., par SAINT-SAUVEUR, 40 myr. 1 kil.

* De CHERBOURG à * VALOGNES ☞ 2,0
VALOGNES à * SAINT-SAUVEUR (Manche) ☞ 1,4
SAINT-SAUVEUR à LA HAYE-DU-PUITS ☞ 1,1

LA HAYE-DU-PUITS à PÉRIERS ⚹	1,8
PÉRIERS à * COUTANCES ⚹	1,5
COUTANCES à BRÉHAL ⚹	1,9
BRÉHAL à * GRANVILLE ⚹	1,0
GRANVILLE à * AVRANCHES ⚹	2,6
AVRANCHES à * BREST ⚹(V. N° 31, 2ᵉ r. de Brest).	26,8

COUTANCES (*Manche*). Ville ancienne. Sous-préf. Évêché. Collége comm. Trib. de 1ʳᵉ instance et de commerce. Académie constantine. Société philharmonique. Cours de dessin, de littérature et d'histoire.⚹ ⚹ 7,663 hab. Cette ville, ancienne capitale du Cotentin, est bâtie sur une colline qui s'étend du nord au sud, à 7 kil. de la mer, avec laquelle elle communique par le canal de la Soule. Ses rues, naguère étroites et mal percées, commencent à se redresser. — La CATHÉDRALE, type d'architecture ogival peut-être unique en Europe, est un monument précieux, élégant et accompli du style de transition ; les deux pyramides élancées qui surmontent le portail servent au loin de point de reconnaissance pour les marins, ainsi que le dôme octogone élevé sur la croisée, dont l'inimitable hardiesse confit Vauban lui-même. — On remarque encore à Coutances l'intérieur de Saint-Nicolas, du séminaire diocésain et de l'Hôtel-Dieu ; l'extérieur de Saint-Pierre; l'aqueduc dit des Piliers, fondé par les Romains et restauré au treizième siècle ; la prison départementale; les nouveaux boulevards, etc., etc. — Vue sous tous les aspects, la ville de Coutances, dont tous les environs sont on ne peut plus pittoresques, offre un admirable panorama que la peinture ne se lasse pas de reproduire. — Jolie salle de spectacle. Bibliothèque publique, éclairée et chauffée le soir depuis la Toussaint jusqu'à Pâques. — FABRIQUES de parchemins, de coutils, siamoises, droguets, mousselines, haute lisse. Ateliers d'œuvres de marbrerie, de taille de cristaux. — COMMERCE considérable de grains, beurre, volailles, œufs, bestiaux, chevaux, fil de lin et de chanvre, laines, plumes, filasse, etc., etc. — A 27 kil. (7 l. 1/2) de Saint-Lô, 70 kil. (18 l.) de Cherbourg, 302 kil. (77 l. 1/2) de Paris. — HÔTELS : de France, d'Angleterre, du Lion-Vert, du Dauphin, des Trois-Rois, du Grand-Coq.

VOITURES PUBLIQUES. Tous les jours pour Carentan, St-Lô, Caen, Grandville.

BUTS D'EXCURSIONS : au *pont de la Roque*; au *manoir* et à l'*ermitage de St-Gerbold de Gratot*; aux ruines et au havre du *château de Régneville*; aux ruines des abbayes de *Blanche-Lande* et de *Hambye*; aux *châteaux de la Haye-du-Puits*, de *Lithenaire*, de *Stambye*, de *Mauny*, de *Gavray*; aux mines de houille du *Plessis*, etc.

OUVRAGES A CONSULTER, qui se trouvent à la librairie de Tanquerey, à Coutances. *Étrennes coutanciennes*, par l'abbé Pithon Desprès, 1835-36.
Histoire des évêques de Coutances, par l'abbé Lecame, in-8°, 1839.

GRANVILLE (*Manche*). Ville maritime. Trib. de comm. École d'hydr. de 3ᵉ classe. ⚹ ⚹ 7,350 hab. — *Établissement de la marée du port, 6 heures 30 minutes.* — Cette ville est située à l'embouchure de la Boscq, sur un rocher qui s'avance dans l'Océan, où elle a un port sûr et commode qui peut contenir soixante navires, mais qui a peu de profondeur et assèche à toutes les marées. Elle est entourée de fortes murailles et formée de rues étroites et escarpées. On y remarque l'église paroissiale, édifice gothique, dont les sculptures sont pour la plupart en granit. — Armements pour la pêche de la baleine et de la morue. Construction de navires. Grand et petit cabotage. — COMMERCE de grains, cidre, sels, etc. — A 310 kil. (79 l. 1/2) de Paris.

VOITURES PUBLIQUES. Tous les jours pour Paris, Caen, Coutances, Avranches, la Bretagne.

BATEAUX A VAPEUR. Un des bateaux de la compagnie du Sud d'Angleterre se rend de Jersey à St-Malo tous les mercredis et vendredis, à l'arrivée des bateaux de Southampton, et également à Granville tous les lundis matin, retournant les jeudis et samedis de St-Malo, et de Granville les mardis. Prix de St-Malo à Jersey : 10 et 7 shellings.

OUVRAGE A CONSULTER. *Topographie physique de Granville et de ses environs*, par Lemarchant (Mém. de médecine milit., t. 18).

N° 43. ROUTE DE PARIS A CHERBOURG.

2ᵉ R., par CARENTAN 40 myr. 6 kil.

De * CHERBOURG à VALOGNES ⚓................	2,0
VALOGNES à SAINTE-MÈRE-ÉGLISE ⚓..........	1,7
SAINTE-MÈRE-ÉGLISE à * CARENTAN ⚓.........	1,3
CARENTAN à PÉRIERS ⚓......................	1,8
PÉRIERS à * BREST ⚓ (V. la 1ʳᵉ Route).........	33,8

DE CHERBOURG A LORIENT, 35 myr. 7 kil.

De CHERBOURG à * AVRANCHES ⚓ (V. ci-dessus)....	13,3
AVRANCHES à LAMBALLE ⚓ (V. N° 31).........	10,7
LAMBALLE à MONCONTOUR ⚓.................	1,5
*MERLÉAC (à droite de la route).	
MONCONTOUR à PONTGAND ⚓ (Vacant).......	1,2
PONTGAND à LOUDÉAC ⚓.....................	1,3
LOUDÉAC à PONTIVY ⚓......................	2,2
PONTIVY à BAUD ⚓.........................	2,3
BAUD à HENNEBON ⚓	2,2
HENNEBON à * LORIENT ⚓...................	1,0

MERLÉAC (*Côtes-du-Nord*). Village situé à 18 kil. (4 l. 1/2) de Loudéac. 2,650 hab. Sur son territoire se trouve la chapelle de Saint-Léon, édifice du quinzième siècle, où l'on voit de curieux vitraux.

BAUD (*Morbihan*). Petite ville située à 23 kil. (6 l.) de Pontivy. ⚓ 5,120 hab. On remarque près de cette ville, sur le bord du chemin, une petite chapelle fort ancienne, érigée au bord d'une fontaine, et au sanctuaire de laquelle on parvient par une longue galerie couverte, soutenue par des arceaux gothiques.

LORIENT (*Morbihan*). Grande et belle ville maritime. Sous-préf. Place de guerre de 3ᵉ classe. Préfect. marit. Trib. de 1ʳᵉ inst. et de comm. Ch. et Bourse de comm. Ecole d'hyd. de 2ᵉ classe. Coll. comm. Dir. des douanes. ⚓ 18,322 hab. *Établissement de la marée du port, 3 heures 30 minutes.* — Au commencement du dix-septième siècle, Lorient n'était qu'un village peu considérable, qui fut donné en 1666 à la Compagnie des Indes, dont les armements se faisaient alors au Havre. En 1728, cette Compagnie y établit sa place d'armes et son magasin général, et c'est de cette époque que date la construction des magasins, des quais, des cales, qui servent encore au service de l'arsenal.

Cette ville est située sur l'Océan, au fond de la baie de Saint-Louis, à l'embouchure de la rivière de Scorf; elle est grande, très-bien bâtie, et entourée de fortifications. Les rues sont spacieuses, larges, bien pavées, tirées au cordeau, et bordées de maisons d'une architecture agréable; les places publiques sont vastes et régulières; les promenades très-agréables. Le port est grand, sûr et très-commode; il est entouré de bâtiments magnifiques, bordé de beaux quais où les plus gros navires peuvent faire leurs chargements, et précédé d'une superbe rade où peuvent mouiller en sûreté les plus fortes escadres. On remarque sur le port l'hôtel de la préfecture maritime; la salle des ventes; le parc d'artillerie; la machine à mâter; la poulierie; la cale couverte; le bassin de construction; la tour des signaux, qui sert à la fois de phare, de girouette pour reconnaître les aires du vent, et d'observatoire. Les magasins de la marine sont grands et vastes. Les divers bâtiments qu'avait fait construire l'ancienne Compagnie des Indes ont été convertis en une caserne pour les marins. Les casernes de l'artillerie sont remarquables, et peuvent contenir 1,800 hommes. La place Royale, plantée de plusieurs rangs de tilleuls, offre de jolies constructions ; la place du Marché est décorée d'une colonne en granit, élevée en 1833 à la mémoire de l'intrépide Bisson. Le quartier le plus beau est celui du quai, dont les maisons sont construites sur un plan uniforme ; quatre rangées d'ormes y donnent un ombrage agréable, à l'abri duquel on peut jouir de la vue de la rade et du port. La salle de spectacle est jolie, mais petite. La bibliothèque de la marine, qui était considérable, a été incendiée en 1842. — FABRIQUES de chapeaux. Pêche de la sardine. — COMMERCE de vins, cire, miel, beurre, etc. — A 62 kil. (16 l.) de Vannes, 491 kil. (126 l.) de Paris. — HÔTELS : de France, des Étrangers, de la Croix-Verte, du Lion-d'Or, du Commerce.

VOITURES PUBLIQUES. Tous les jours pour Rennes et Paris, pour Brest, Nantes, et vice versa; Morlaix, tous les jours. — Omnibus pour Quimperlé, Hennebon et Pontivy, tous les jours.

BATEAUX A VAPEUR. De Lorient à Nantes, tous les jeudis — De Lorient à Bordeaux, tous les samedis.

BUT D'EXCURSION : aux bains de mer de Port-Louis, établissement agréable et très-fréquenté (4 kilom).

OUVRAGES A CONSULTER, qui se trouvent à la librairie universelle de Leroux Cassard, éditeur du Mât-Pilote Féroux, seul dépositaire des cartes de la marine, etc.
Antiquités du Morbihan, par de Fréminville, in-8°, 1828.
Essai sur les antiquités du Morbihan, par Mahé, in-8°, 1826.

N° 44.

ROUTE DE PARIS A CLERMONT (PUY-DE-DOME).

1re R., par NEVERS et MOULINS, 38 myr.

	m. k.
De PARIS à * MOULINS ☞ (V. N° 85, R. de Marseille)	28,6
MOULINS à CHATEL-DE-NEUVRE ☞	1,8
CHATEL-DE-NEUVRE à SAINT-POURÇAIN ☞	1,2
SAINT-POURÇAIN au MAYET-D'ÉCOLE ☞	1,6
MAYET-D'ÉCOLE à * GANNAT ☞	0,8
GANNAT à * AIGUEPERSE ☞	0,9
AIGUEPERSE à * RIOM ☞	1,6
RIOM à * CLERMONT (Puy-de-Dôme) ☞	1,5

D'AIGUEPERSE à RANDAN ☞	0,8

MOULINS. Grande et belle ville, chef-lieu du département de l'Allier. Trib. de 1re inst. et de comm. Ch. des manuf. Société d'économie rurale, des sciences et des arts. Coll. royal. ☒ ☞ 14,672 h. L'origine de Moulins ne parait pas remonter au delà du dixième siècle. Cette ville est agréablement située dans une plaine fertile, sur la rive droite de l'Allier, que l'on traverse sur un beau pont de pierre, d'où la vue s'étend sur de belles chaussées, sur un vaste quartier de cavalerie, et sur des coteaux d'un aspect riant et pittoresque. Les rues ne sont pas, en général, régulières ni très-larges ; mais elles sont propres, assez bien pavées, bordées de maisons presque toutes construites en briques, parmi lesquelles on remarque plusieurs beaux hôtels : la plupart des façades offrent des compartiments bizarres, les uns en losange, les autres en zig-zag, formés par la combinaison des briques noires et rouges. De toutes les places publiques, celle de l'Allier est la plus spacieuse, et celle de la Bibliothèque la plus jolie. Les maisons les mieux bâties et les plus beaux hôtels sont particulièrement situés dans la rue de Paris, la rue Neuve, la place de la Bibliothèque et sur les trois cours ou promenades situées au centre de la ville. Les fontaines publiques sont en assez grand nombre; mais, à l'exception de celle du Château-d'Eau, elles n'offrent rien de remarquable ni d'élégant dans leur construction. Les promenades sont fort jolies.

L'ÉGLISE NOTRE-DAME est un édifice dont la construction remonte à 1386; la première pierre du chœur fut posée en 1468. Cette église n'a pas été achevée. On y remarque un sépulcre en pierre, placé près d'une des petites portes, qui contient un cadavre sculpté avec une effrayante vérité.

Le COLLÉGE occupe le bâtiment de l'ancien couvent de la Visitation, bâti par la princesse des Ursins. On admire, dans l'église, le superbe mausolée qu'elle fit élever à la mémoire du duc de Montmorency son époux, décapité à Toulouse sous le ministère du cardinal de Richelieu, le 30 octobre 1632.

Le PONT construit sur l'Allier est un monument remarquable, commencé en 1754 et achevé en 1763. Il est de niveau d'un bout à l'autre, et se compose de treize arches égales, de 13 m. 65 c. d'ouverture chacune; il a 13 m. 65 c. de largeur et 292 mètres de longueur, d'une culée à l'autre. Des trottoirs en belles dalles, élevés de 20 à 24 cent., règnent des deux côtés.

On remarque encore à Moulins les casernes; la bibliothèque publique, renfermant 20,000 volumes et plusieurs manuscrits précieux; l'hôpital général; le château-d'eau; la salle de spectacle; l'hôtel de ville; la pépinière départementale, etc., etc. On doit visiter, à une demi-lieue de Moulins, l'église gothique d'Izeure. — PATRIE des maréchaux de Villars et de Berwick. — FABRIQUES de coutellerie estimée. — COMMERCE de grains, vins, fers, bois, charbon, houille, sels, bestiaux, porcs, etc. — A 55 kil. (14 l.) de Nevers, 181 kil. (46 l. 1/2) de Lyon, 283 kil. (72 l. 1/2) de Paris. — HÔTELS : Grand hôtel de l'Europe, à côté de la poste aux chevaux, rue des Garceaux, donnant sur le boulevard; de la Poste, d'Allier, de l'Écu, des Quatre-Vents, du Lion-d'Or.

VOITURES PUBLIQUES. Tous les jours pour Paris, correspondant avec Roanne, Montluçon; pour Lyon, Clermont-Ferrand.
BUTS D'EXCURSIONS : à *Souvigny*, où l'on voit les tombeaux des anciens ducs de Bourbon; à *Bourbon-l'Archambault*; à *Vichy*; à *Néris-les-Bains*.
OUVRAGES A CONSULTER, qui se trouvent à la librairie de Grand, à Moulins.
Histoire du Bourbonnais, par Coiffier de Moret, 2 vol. in-8°.
L'ancien Bourbonnais, par Achille Allier, 2 vol. in-fol. et pl.
Description du Bourbonnais, par Nicolaï, 1372.
Esquisses bourbonnaises, in-4°.
Voyage pittoresque dans le Bourbonnais, par Louis Batissier.
Voyage topographique dans le départ. de l'Allier, par Dufour.

GANNAT (*Allier*). Petite ville. Sous-préfect. Trib. de 1re instance. ⌂ ⚲ 5,246 hab. Cette ville est dans une belle situation, au pied de jolis coteaux couverts d'arbres et de vignes; elle est beaucoup mal bâtie. — PATRIE du cardinal Duprat; de l'abbé Châtel, qui prend aujourd'hui le titre d'évêque premier fondateur de la religion catholique française. — COMMERCE de grains, vins et bestiaux. Tanneries. — Aux environs, mines d'alun et sources d'eau minérale. — A 56 kil. (14 l.) de Moulins, 348 kil. (87 l.) de Paris.

AIGUEPERSE (*Puy-de-Dôme*). Petite ville à 15 kil. (3 l. 3/4) de Riom. ⌂ ⚲ 3,217 hab. Elle est bâtie dans une contrée fertile, sur le ruisseau de Luzon, le long duquel elle s'étend et ne forme qu'une seule rue fort longue, bordée de belles maisons. L'hôtel de ville possède la statue du chancelier de l'Hôpital, né au château de la Roche, situé à peu de distance d'Aigueperse. — FABRIQUES de toiles.

BUTS D'EXCURSIONS : aux carrières de *Chaptuzat;* au *château de la Roche;* aux eaux minérales de *St-Mion;* au *château d'Effiat.*

RIOM (*Puy-de-Dôme*). Jolie ville. Sous-préf. Cour royale. Trib. de 1re inst. et de comm. Collége comm. ✉ ☛ 12,379 hab. Cette ville est la seconde ville de l'Auvergne. Elle est bien bâtie, percée de rues larges, entourée de promenades ombragées, et s'élève sur un monticule, au pied duquel coule la petite rivière d'Amboue; une plaine riante et fertile l'entoure. Toutes les constructions sont en lave de Volvic, ce qui leur donne un aspect sombre et bizarre qu'augmente leur style déjà ancien. La ville a plusieurs fontaines remarquables; les bâtiments des tribunaux, les hôpitaux, la sous-préfecture, la maison de détention, sont propres et de bon style. Une des promenades est décorée d'une colonne élevée à Desaix. Du sommet du petit dôme de Marturel et de la tour de l'Horloge, on jouit d'une magnifique vue sur toute la Limagne, sur le Puy-de-Dôme et les montagnes qui l'entourent. On remarque surtout le pittoresque château de Chazeron et de délicieuses campagnes parsemées de villages et de maisons de plaisance. Il reste encore à Riom quelques parties du château ducal, monument assez curieux du moyen âge; les croisées et l'intérieur de plusieurs maisons sont décorées d'arabesques d'un bon style. — A 12 kil. (3 l.) de Clermont, 362 kil. (93 l.) de Paris. — HÔTELS : de France, de la Colonne, du Vaisseau, de l'Écu.

VOITURES PUBLIQUES. Toutes les heures pour Clermont. — Diligences N.-D. des Victoires, Laffitte et Caillard. — Messageries françaises.

BUTS D'EXCURSIONS : à *Mozat,* dont l'église est remarquable par son architecture et par ses inscriptions; aux eaux minérales de *Châtel-Guyon;* à *Ennezat,* dont l'église est remarquable.

MONTFERRAND (*Puy-de-Dôme*). Ville ancienne, formant aujourd'hui un des faubourgs de la ville de Clermont, à laquelle elle a été réunie en 1731. Une route magnifique, tirée au cordeau, parfaitement entretenue, bordée de saules et de superbes noyers, joint Montferrand à Clermont, et forme pour l'une et l'autre ville une belle avenue qui traverse la plus riche partie de la Limagne. On remarque à Montferrand l'église paroissiale, et la Lanterne des Morts, dans le cimetière de cette ville.

CLERMONT. Grande et très-ancienne ville. Chef-lieu du département du Puy-de-Dôme. Trib. de 1re instance et de comm. Acad. universitaire. Acad. des sciences, belles-lettres et arts. Coll. royal. Ch. des manufact. Bourse de com. ✉ ☛ 32,300 hab. Cette ville est bâtie à l'entrée d'un vaste bassin semi-circulaire, de plus de six lieues d'étendue, sur un monticule de forme conique. Cette exposition salubre et pittoresque lui permet de jouir de la vue du superbe panorama qui l'entoure : du nord à l'est, elle voit s'étendre une plaine immense, une vallée magnifique qu'arrose l'Allier; de ce côté, la ville de Montferrand occupe le premier plan; au delà, se montrent une foule de bourgs et de villages, entourés d'une épaisse verdure; de l'autre se déploie un demi-cercle de monts, dont la ville occupe le centre; le milieu de la courbe est occupé par le majestueux Puy-de-Dôme. Au sud, on remarque le vaste plateau de Gergovia, le puy volcanique de Gravenoire, et le Mont-Rognon, dont le sommet conique offre les ruines d'une forteresse féodale. A l'autre extrémité de la chaine, ce sont les puys de Chantourges et de Var, qui lèvent leurs croupes scorifiées et chargées de vignobles. — La ville est ceinte de boulevards plantés d'arbres, et environnée de faubourgs qui forment près de moitié de son étendue. Les rues sont, pour la plupart, étroites, sombres et mal percées; les maisons sont hautes et resserrées, surtout dans la partie la plus élevée de la ville; mais elles sont solidement bâties en laves de Volvic, dont l'aspect est sombre et triste. Les différents quartiers n'ont nulle symétrie; les places sont vastes, mais irrégulières ou mal entourées; toutefois, les nouvelles constructions offrent un aspect agréable, leurs façades sont blanchies, propres et assez jolies. — Les principales places sont : la place d'armes

FONTAINE DE LA PLACE DELILLE
à Clermont.

ou de Jaude, parallélogramme de 262 mètres de long sur 82 de large, environnée de maisons presque toutes neuves et bien bâties ; la place de la Poterne, située dans la partie la plus élevée de la ville, et dont le terrain est soutenu par un fort mur de terrasse ; la place d'Espagne, située à la suite de celle de la Poterne, avec laquelle elle communique par une rampe douce et ombragée ; elle domine sur la grande route, et offre plusieurs points de vue superbes. La place du Taureau est parfaitement carrée, et remarquable par une belle fontaine en obélisque, de 11 m. 36 c de haut, élevée à la mémoire du général Desaix ; on y jouit d'une vue magnifique sur le riant bassin de la Limagne, sur le plateau de Gergovia et sur le pic du Mont-Rognon, couronné par les ruines pittoresques d'un château gothique. La place Delille ou Champeix est vaste, irrégulière, et ornée d'une superbe fontaine de style gothique. — Clermont est une des villes de France qui jouissent des eaux les plus belles, les plus abondantes et les plus salubres ; elles arrivent par des conduits souterrains de Royat jusqu'à la partie la plus élevée de la ville, d'où elles se distribuent dans tous les quartiers, où elles alimentent plusieurs fontaines. L'une des plus remarquables est le Château-d'Eau, construit en 1511, et transporté en 1808 à la place où on le voit aujourd'hui. Cette fontaine isolée offre une construction ornée d'une multitude de figures, de jets, de bassins et de bas-reliefs disposés en forme pyramidale, dont l'ensemble, quoique chargé et confus, présente un aspect singulier et riche d'effet ; les détails sont surtout curieux par le choix des dessins et la délicatesse de l'exécution.

La CATHÉDRALE actuelle de Clermont fut commencée en 1248, par l'évêque Hugues de la Tour, et continuée par ses successeurs. Tout imparfaite qu'elle est, cette basilique peut être comparée avec avantage aux plus beaux monuments gothiques ; elle a 98 mètres de longueur, 42 mètres 22 cent. de largeur, et 32 mètres 48 cent. de hauteur du pavé à la voûte, qui est en ogive et soutenue par 56 piliers. Chacun de ces piliers forme un faisceau carré de colonnes rondes extrêmement déliées ; au-dessus de la corniche, et à la naissance de la voûte, ces colonnes se détachent et se courbent pour former les arêtes des voûtes ; les piliers du rond-point sont surtout remarquables par leur délicatesse. La pierre sombre avec laquelle a été construit ce monument, qui domine toute la ville, lui donne un aspect sévère et imposant ; outre plusieurs parties curieuses de sa construction, les vitraux et les riches rosaces de la croisée méritent particulièrement l'attention des artistes et des hommes de goût ; on remarque aussi la beauté du chœur, qu'entourent de jolies chapelles. Tout l'édifice est recouvert en plomb, et au-dessus des bas-côtés règnent de vastes terrasses, dont l'une est surtout remarquable par la belle perspective dont on y jouit ; l'extérieur est loin d'être beau, l'église étant enclavée et bordée de chétives boutiques.

» L'ÉGLISE DE NOTRE-DAME-DU-PORT, rétablie en 853, est le plus ancien et l'un des plus remarquables édifices de Clermont ; les ornements et les bas-reliefs de la porte méridionale sont extrêmement curieux ; l'extérieur est décoré, en divers endroits, de mosaïques composées de pierres noires et blanches, du plus beau style byzantin. Au-dessous du chœur est une crypte, au centre de laquelle se trouve un puits ; au-dessus de l'autel on voit une statue de la Vierge, objet de grande dévotion pour les habitants de la ville et des lieux circonvoisins.

La BIBLIOTHÈQUE PUBLIQUE se compose d'environ 15,000 volumes et de 180 manuscrits, dont quelques-uns sont précieux. Une fort belle statue de Pascal orne la principale pièce de la bibliothèque.

On remarque encore à Clermont : le jardin botanique ; le muséum d'histoire naturelle ; le cabinet de minéralogie, qui renferme des échantillons des roches et de toutes les substances volcaniques de l'Auvergne ; le musée des antiques ; le collége ; la salle de spectacle ; l'hôtel de ville ; le palais de justice ; les halles ; l'Hôtel-Dieu ; l'hôpital général, etc., etc.

Clermont possède plusieurs sources d'eaux minérales ferrugineuses acidules, dont la température varie de 16 à 18 degrés du thermomètre de Réaumur. Une des sources les plus remarquables est celle de Saint-Alyre, située dans les jardins du faubourg dont elle porte le nom ; elle forme un petit ruisseau qui dépose au fond de son canal des sédiments calcaires et ferrugineux, que l'on est obligé de détruire de temps en temps pour éviter les pétrifications qui en résultent. Saint-Alyre dépose un suc pierreux qui se forme en incrustations et couvre en un court espace de temps tout ce qu'on lui présente : on construit dans les endroits où le ruisseau forme des chutes, de petites cabanes fermées où l'on place des fruits, du bois, des oiseaux et diverses autres choses, qui parviennent très-promptement à se couvrir d'un sédiment calcaire et forment des objets de curiosité.— Clermont est la patrie de Grégoire de Tours ; de B. Pascal ; du jurisconsulte Domat ; du chevalier d'Assas ; de J. Delille ; de J.-A. Dulaure, membre de la Convention et du Conseil des cinq-cents, auteur célèbre de l'Histoire de Paris et d'un grand nombre d'autres ouvrages estimés, mort à Paris, le 19 août 1835, etc.— FABRIQUES de bas de soie, droguets, papiers peints, etc.—COMMERCE considérable de toiles qui se fabriquent dans le pays.—A 92 kil. (23 l. 1/2) de Moulins, 113 kil. (29 l.) du Puy, 378 kil. (97 l.) de Paris.—HÔTELS : de l'Écu-de-France, de la Poste, de l'Europe, de la Paix. —CAFÉS : de Paris, Français, de Clermont.

VOITURES PUBLIQUES. Tous les jours pour Paris, Montpellier, Lyon, Riom, Issoire, St-Germain, Lempdes, Brioude, le Puy, St-Étienne, Langogne, Mende, Massiac, St-Flour, Milhau, Rodez, Alby, Toulouse, Murat, St-Chély, Thiers, Aurillac, Figeac, Villefranche ; tous les jours pour Lyon, Limoges, Strasbourg, Bordeaux, par Tulle, Ambert. — Fourgon accél., de Lyon a Bordeaux, 2 f. par sem. ; pour Montluçon, Néris ; 3 f. la sem. pour Rochefort, Tauves, Bort, Mauriac ; 4 f. la sem. pour Genève, la Suisse, l'Italie.

BUTS D'EXCURSIONS : au plateau de *Gergovia ;* au pic basaltique de *Mont-Rognon*, couronné par les ruines pittoresques de l'antique château de ce nom ; à la *Roche-Blanche*, dont les habitations sont creusées dans le roc ; aux grottes méphytiques de *Montjoli ;* au volcan de *Graveno re ;* aux magnifiques sources de *St-Vincent ;* à *Châteaugay*, d'où l'on jouit d'une superbe vue sur la Limagne ; à *Royat*, village remarquable par son site pittoresque, par sa grotte, ses belles eaux, ses ombrages, ses moulins et ses cascades ; à *Fontanas*, à ses sources et à son aqueduc ; au *Puy-de-Pariou ;* au *Puy-de-Dôme ;* à la cascade de *Salins*, etc.

OUVRAGES A CONSULTER, qui se trouvent à la librairie d'Auguste Veysset, à Clermont, un des établissements de librairie les plus complets que l'on puisse trouver en province, très-riche surtout en ouvrages de botanique, de minéralogie, de géologie, en cartes, en gravures, publiés sur l'Auvergne.
Origines de la ville de Clermont, par Savaron, in-fol., 1662.
Histoire d'Auvergne, par Baluze, 2 vol. in-fol., 1708.
Tablettes historiques de l'Auvergne, par Bouillet, une livr. tous les 3 mois, formant annuellement 1 vol. in-8°.
Voyage en Auvergne, par Legrand d'Aussy, 3 vol. in-8°, an III.
Description de la France, par Dulaure, t. v (Auvergne), in-12.
Notice sur l'ancien royaume des Auvergnats et sur la ville de Clermont, par Delarbre, in-8°, 1800.
Voyage agronomique en Auvergne, par de Pradt, in-8°, 1828.
Tableau de la ci-devant province d'Auvergne, par Rabany Beauregard, in-8°, 1802.
Crayon du Puy-de-Dôme, par Vagny d'Arbouze, in-8°, 1826.
Voyage pittoresque et romantique dans l'ancienne France, par Taylor (Auvergne), 2 vol. in-fol.
Tableau de la ci-devant province d'Auvergne, par Gault, in-8°.
Observations sur les volcans d'Auvergne, par Lacoste, 1802.
Essai sur la théorie des volcans d'Auvergne, par Montlosier, in-8°, 1802.
Annales industrielles et scientifiques de l'Auvergne, 7 vol. in-8°, 1828-34.
Topographie minéralogique du départ. du Puy-de-Dôme, in-8°, 1829.
Essai géologique et minéralogique sur le départ. du Puy-de-Dôme, par Devèze de Chabrol, in-8°, et pl. 1828.
Itinéraire minéralogique du départ. du Puy-de-Dôme, par Lecoq et Bouillet, in-8°, 1831.
L'Indicateur d'Auvergne, in-8°, 1838.
Biographie des personnages illustres de l'Auvergne, 2 vol. in-8°, 1834.

N° 44. ROUTE DE PARIS A CLERMONT.

Itinéraire de Clermont au Puy-de-Dôme, par Lecoq, in-8°.
Promenades à Royat, par Delorieux.
Essai sur les églises romanes du départ. du Puy-de-Dôme, in-fol. 1842.
Guide du voyageur à Clermont, à Royat, au Puy-de-Dôme, au mont d'Or, etc., in-8°, orné de 21 pl.

2ᵉ R., par BOURGES, 40 myr. 5 kil.

m. k.

De PARIS à BOURGES (Voy. N° 138, Route de Paris
   à Toulouse)... 22,0
BOURGES à CLERMONT (V. N° 30, R. de Paris à Bourg). 18,5

DE CLERMONT (Puy-de-Dôme) A AURILLAC (Cantal), 15 myr. 2 kil.

De CLERMONT à LEMPDE ⌑ (V. N° 114)............ 5,5
  LEMPDE à * MASSIAC ⌑ 1,8
    * ALLANCHE (à droite de la route).
  MASSIAC à * MURAT ⌑............................. 3,6
    * MANDAILLES (à droite de la route).
    * FONTANGES (à gauche de la route).
  MURAT à * THIÉZAC ⌑............................. 2,6
    * VIC (sur la route).
    * CARLAT (à gauche de la route).
  THIÉZAC à * AURILLAC ⌑........................... 2,7
    * BREDON (à gauche de la route).

De SAINT-FLOUR à MURAT ⌑....................... 2,4

MASSIAC (*Cantal*). Petite ville, à 26 kil. (6 l. 3/4) de Saint-Flour. ⌧ 1,905 hab. Cette ville, à laquelle on arrive par une belle allée de peupliers, est traversée par la route de Saint-Flour à Clermont, avec un embranchement vers Murat par la rive gauche de l'Alagnon ; ce chemin, nouvellement construit à travers des rochers et des précipices, ne le cède en rien à ce qui a été fait de plus hardi dans les Alpes. L'admiration du voyageur augmente encore en contemplant une contrée aussi riante et aussi pittoresque que celles des Alpes et des Pyrénées. Le nouveau massif construit pour le nivellement de la route vers Saint-Flour, au bas d'une côte extrêmement roide, n'est pas moins digne d'attention. Nous devons aussi mentionner deux rochers très-curieux qui dominent la ville sur les rives opposées de l'Alagnon, couronnés par des chapelles autrefois habitées par un ermite et par une Madeleine qui s'offraient réciproquement leurs prières.

BUTS D'EXCURSIONS. On doit visiter encore aux environs : la *grotte solaire* ; les ruines du *château de Colombines* ; les eaux minérales de *Conches* ; les ruines des *châteaux d'Aurouze*, de *Charmensac*, d'*Aubegeas*, de *Chariac*, de *Fayet*, de *Beaucastel* et de *Verteserve*.

ALLANCHE (*Cantal*). Petite ville à 16 kil. (4 l.) de Murat. 2,502 hab. Elle est assez bien bâtie, fort propre et ornée d'une fontaine dont les eaux sont très-abondantes. — L'église paroissiale, ancienne et bien décorée, et le vieux château de Cheyladet, en sont les seuls édifices un peu remarquables. — PATRIE de l'abbé de Pradt.

BUTS D'EXCURSIONS : aux eaux minérales de *Batifoil*, de *Trémisseau*, de *Saonto-Védel* ; au village pittoresque de *Condat* ; aux ruines de l'*abbaye de Fénier*, et à la grotte qui est près de la rivière, etc.

MURAT (*Cantal*). Petite ville. Sous-préf. Trib. de 1ʳᵉ instance. Soc. d'agr. Collège com. ⌧ ⌑ 2,941 hab. Cette ville est bâtie au pied du mont Cantal, sur la rive droite de l'Alagnon ; ses rues étroites et tortueuses, très en pente et pavées d'un basalte glissant, sont, pour la plupart, difficiles à parcourir en hiver; c'est la ville la plus malpropre du Cantal. Elle est défendue des vents du nord et du nord-ouest par de grandes roches basaltiques composées de colonnes prismatiques qui ont depuis quatre jusqu'à quarante pieds de longueur, depuis cinq jusqu'à huit faces, et qui, vues de loin, offrent l'aspect d'un jeu d'orgue. Sur ce rocher, appelé de Bonnevie, sont les vestiges d'un château fort, à l'origine duquel se rattache celle de la ville.

Les principaux édifices sont : l'église de Notre-Dame des Oliviers; le couvent des Récollets ; le couvent des religieuses de Saint-Dominique, occupé par les administrations publiques. — COMMERCE de grains, de fromage, dont la vente annuelle s'élève, année commune, à 15,000 quintaux métriques. — A 491 k. (126 l.) de Paris.

BUTS D'EXCURSIONS : au rocher de Bonneire, remarquable par ses belles colonnes de basalte ; aux ruines du *château de Chaylones*; au *château d'Auteroche* et à ses grottes ; aux grottes situées au-dessus de Fraisse-Haut et de la Veyssière ; à la cascade et au pont de *Pierre-Taillée*; aux habitations souterraines de Bredon ; à l'église et au *château de Chalinargues*; aux ruines des *châteaux de Merdogne*, de *Fonostre*, de *Méjean* et de *Capel*.

MANDAILLES (*Cantal*). Village à 20 kil. (5 l.) d'Aurillac. 870 hab. Au village de LIADOUZE, placé à peu de distance de Mandailles, on remarque une fort belle cascade. On doit visiter aussi, entre les hameaux de la Sanhe et de Frigiballe, le saut de la Menette, ravin très-profond que s'est creusé la Jourdanne. De chaque côté de ce ravin, il existe une magnifique cascade, dont on n'admire les horribles effets qu'en descendant au fond du ravin.

FONTANGES (*Cantal*). Joli bourg situé dans l'une des plus riantes vallées du département, à 16 kil. (4 l. 1/2) de Mauriac. 1,400 hab. — Le hameau de LA BASTIDE, dépendant de la commune de Fontanges, possède des eaux minérales froides, qui y attirent dans la belle saison un grand nombre de personnes. A un quart de lieue de ce hameau, au-dessous de celui de la Peyre-Delcros, on arrive à un grand escarpement renfermant une espèce de grotte tapissée d'efflorescences de sulfate de fer, où l'on voit un arbre énorme à l'état de fossile. Très-près de là est une belle cascade, qui couvre toute la largeur du ravin.

THIÉZAC (*Cantal*). Bourg sur la Cère, à 20 kil. (5 l.) d'Aurillac. 2,050 hab. A peu de distance, au-dessous du hameau de Vaurs, on remarque la cascade du Pas-de-la-Cère.

VIC-SUR-CÈRE (*Cantal*) ou VIC-EN-CARLADÈS. Jolie petite ville, à 16 kil. (4 l.) d'Aurillac. ✉ 1,976 hab. Elle est située à l'origine du charmant vallon de son nom, formé par la rivière de Cère ; c'est une ville assez bien bâtie et fort propre ; l'air y est d'une salubrité remarquable. Vic est particulièrement connue par ses sources d'eaux minérales qui naissent à la base de la montagne appelée le Griffoul, dans la plus riante partie de la vallée, à cinq minutes de la ville. Il y existe un établissement construit récemment, renfermant quatre sources, dont les eaux sont reçues dans de grandes cuves en pierre, d'où on les extrait au moyen de robinets en cuivre. Les eaux minérales de Vic et des environs sont fréquentées depuis la mi-juin jusqu'à la mi-septembre. Elles conviennent dans les douleurs de tête, soit nerveuses ou rhumatismales ; dans les ophthalmies chroniques ; les palpitations de cœur ; les engorgements des viscères abdominaux ; les catarrhes chroniques de la vessie et de l'urètre ; dans le calcul urinaire ; les colliques néphrétiques, etc.

VOITURES PUBLIQUES Pour Aurillac, St-Flour, Clermont.
BUTS D'EXCURSIONS : à *Thiézac*; au *pas de Compains*, un des plus beaux sites de l'Auvergne; au *pas de la Cère*; aux cascades de *Vaurs*; au rocher de *Muret*; au site et à la cascade de *Laprade*; aux grottes de *Chabanusse*; aux châteaux de *Polminhac*, de *Murat*, de *Lagasse*, de *Clavier*, de *Vixouze*; à la belle vallée de la *Jordanne*; à

N° 44. ROUTE DE PARIS A CLERMONT.

la belle cascade de *Liadiouze;* aux ruines du *château de la Peyre*, et aux cavernes creusées dans le roc, etc.

OUVRAGES A CONSULTER. *Recherches analytiques des eaux minérales de Vic* (Cantal), par Esquiron, in-12, 1718. *Analyse des eaux de Vic en Carladès*, par Mauté, in-8°.

CARLAT (*Cantal*). Bourg à 12 kil. (3 l.) d'Aurillac. 1,000 hab. Il était jadis célèbre par un antique château qui était regardé comme une des plus anciennes forteresses de France, et comme la plus forte place de l'Aquitaine. Il n'en reste plus qu'une apparence de murs d'enceinte et de fortifications. — Près de Carlat est la jolie vallée de Raulbhac, remarquable par sa belle végétation, et non loin de là le château de CROPIÈRE, où l'on trouve des eaux minérales ferrugineuses acidules, très-fréquentées par les habitants des villages voisins.

DE CLERMONT (Puy-de-Dôme) A LYON.

Par THIERS, V. N° 82, R. de LYON à BORDEAUX 17,5

DE CLERMONT A MONTBRISON, 10 myr. 8 kil.

	m. k.
De CLERMONT (P.-de-D.) à * BOEN ⌘ (V. N° 82)......	9,1
BOEN à * MONTBRISON ⌘............	1,7

BOEN (*Loire*). Petite ville à 12 kil. (3 l.) de Montbrison. ⌘ 1,450 hab. Elle est bâtie sur le penchant d'un coteau, dans une vallée étroite, sur la rive gauche du Lignon, qu'on y passe sur un beau pont de pierre.—PATRIE de l'abbé Terray.

MONTBRISON. Petite et ancienne ville. Chef-lieu du département de la Loire. Trib. de 1re inst. Soc. d'agr. et de comm. Coll. com. ⌘ 5,265 hab. L'origine de Montbrison se perd dans la nuit des temps. Mérula lui donne le nom de *Montbrisonium*, et d'anciens titres celui de *Mons-Briso*, de *Mons*, montagne, et de *Briso*, déesse du sommeil, qui y avait jadis un temple élevé sur la butte volcanique où fut bâti depuis le château des comtes de Forez. Cette ville est mal bâtie, mal percée, formée de rues étroites et de maisons basses qui lui donnent un aspect pauvre; c'est l'une des villes les moins importantes du département dont elle est le chef-lieu, avantage qu'elle ne doit qu'à sa situation centrale, et qu'on projette de lui enlever pour en favoriser Saint-Étienne. Le seul édifice remarquable est la cathédrale, fondée en 1205; c'est un monument d'un style simple quoique gothique, composé d'une nef vaste et majestueuse, flanquée de bas-côtés, le long desquels règnent plusieurs chapelles. La façade n'a pas été achevée, non plus qu'une des tours, qui ne dépasse pas le cordon qui règne au milieu du faîte. Dans l'intérieur, on remarque le tombeau du fondateur, dont la statue, couchée sur une table de marbre, a les pieds appuyés sur un lion. On remarque encore à Montbrison la bibliothèque publique, contenant 15,000 vol.; le collége, la halle au blé, les casernes, la salle de spectacle, etc.— Sur le bord du Vizézy, presque au sortir de la ville, existent trois sources d'eau minérale, dont le bassin est surmonté d'une voûte de forme conique. — A 76 kil. (19 l. 1/2) de Saint-Étienne, 72 kil. (18 l.) de Lyon, 438 kil. (112 l. 1/2) de Paris.—HÔTELS : du Nord, du Centre, du Midi.

VOITURES PUBLIQUES. Pour Lyon, Bordeaux, Roanne, Feurs, Boën, Saint-Germain-Laval, St-Etienne, Ambert, St-Anthelme, Thiers, Clermont.

CHEMIN DE FER. De Montbrison à Montrond, correspondant avec le chemin de fer de St-Étienne et de Roanne Départ tous les jours. Longueur de Montbrison à Montrond: 18 kilom. Prix : 1 fr. Trajet : 1 h. 15 min.

OUVRAGES A CONSULTER. *Histoire du pays de Forez*, par Lamure, in-4°, 1674.
Histoire du Forez, par Bernard, 2 vol. in-8°, 1835.
Essai statistique sur le départ. de la Loire, par Duplessis, in-18, 1818.
Les d'Urfé, par Bernard, 2 vol. in-8°.

DE CLERMONT A TOULOUSE.

Par Rodez et Montauban, 40 myr. 3 kil.

	m. k.
De Clermont (P.-de-D.) à *St.-Flour ⌀ (V. N° 88).	10,2
Saint-Flour à * Chaudesaigues ⌀	3,3
* Pierrefort (à droite de la route).	
* Sainte-Marie (à droite de la route).	
Chaudesaigues à * La Guiolle ⌀	3,2
La Guiolle à Espalion ⌀	2,4
* Estaing (à droite de la route).	
* Aubrac (a gauche de la route).	
Espalion à * Rodez ⌀	3,1
* Saint-Geniès (a gauche de la route).	
Rodez à Rignac ⌀	2,9
* Clairvaux (à droite de la route).	
* Salles-Comtaux (a droite de la route).	
* Saint-Christophe (à droite de la route).	
Rignac à Villefranche (Aveyron) ⌀	2,8
* Montbazens (à droite de la route).	
* Conques (à droite de la route).	
* Cransac (à droite de la route).	
Villefranche à Caylus ⌀	2,9
* Najac (à gauche de la route).	
Caylus à Caussade ⌀	2,2
* Saint-Antonin (à gauche de la route).	
Caussade à Toulouse ⌀ (V. N° 138)	7,3

FLOUR (SAINT-) *(Cantal).* Ville ancienne. Sous-préf. Tribun. de 1ʳᵉ inst. et de comm. Coll. comm. Soc. d'agr. Évêche. ⌧ ⌀ 6,464 hab. — Saint-Flour, que l'on aperçoit de très-loin, est construit sur un plateau basaltique. Les matériaux dont se compose le sol de cette ville, leur nature, leur forme, décèlent une partie de sa terrible histoire. Un torrent de matières enflammées, sorti des flancs volcaniques des monts du Cantal, parcourut un espace de cinq lieues, s'arrêta ou il trouva un obstacle à son cours, s'y refroidit et laissa une masse de basalte, curieux monument de l'une des plus grandes convulsions du globe. Cette masse est couronnée par un vaste plateau ou se distinguent les extrémités régulières des colonnes prismatiques qui la composent, et ou est bâtie la ville. Si l'on en excepte le côté qui regarde l'ouest, ou le volcan du Cantal a fait irruption, et une petite étendue qu'occupe l'avenue de Murat, cette masse est partout escarpée et coupée a pic. Sa hauteur au-dessus du sol inférieur est d'environ 25 mètres. Pour monter du faubourg à la ville, on a pratiquée autour de la montagne un fort beau chemin en rampe : pour le tracer, il a fallu entamer un massif immense de basaltes dont les colonnes bordent la route. Il y a plusieurs églises et monuments a Saint-Flour qui méritent d'être cités : la cathédrale; le couvent des jacobins; le collège des jésuites; le séminaire, très-beau bâtiment avec une belle église, des terrasses et un superbe jardin en amphithéâtre; le palais épiscopal; l'hôpital, bel et vaste édifice bien aéré et disposé pour recevoir un grand nombre d'infirmes et de vieillards; la promenade publique, dont la vue est variée et pittoresque, etc. — Commerce de grains, cuirs tannés, orseille, dentelles, etc. — A

N.º 44. ROUTE DE PARIS A CLERMONT.

66 kil. (r3 l. 1/2) d'Aurillac, 74 kil. (19 l.) de Mende, 470 kil. (120 l. 1/2) de Paris. — HÔTELS : Amagnat, Aubertat, Delcros, Missonnier.

VOITURES PUBLIQUES. Tous les jours pour Aurillac, Nimes, Montpellier, Clermont, Mende.

BUTS D'EXCURSIONS : aux ruines de *Raffac*; au château et à la cascade de *Saillant*; aux caux minerales, de *Clavières*. et de *Montchausou*; aux vieux châteaux de *Chaliers*, de *Faverolles*, d'*Alotze*; a *Alleuze*; au donjon de *Luvastrié*.

BREDON (*Cantal*). Bourg situé sur l'Alagnon, dans une vallée remarquable par la beauté de ses cascades, à une demi-lieue de Murat. 2,400 habit. Il est bâti sur un rocher de basalte, dans l'intérieur duquel les habitants se sont creusé plusieurs demeures assez commodes.

MARIE-DU-CANTAL (SAINTE-) (*Cantal*). Joli village à 25 kil. (6 l. 1/2) de Saint-Flour. 700 hab. Ce village est dans une situation pittoresque, à l'extrémité d'une plaine riante et fertile, qui domine un profond vallon où coule la Truyère, que l'on y passe sur un pont remarquable. Il est bien bâti et jouit d'une vue très étendue. A peu de distance de cet endroit, on trouve le hameau de RAVÈLES, où sourdent deux sources d'eaux minérales acidules ferrugineuses, fréquentées annuellement par environ douze cents personnes. On fait usage de ces eaux en boisson, à la dose de quelques verres. Elles sont très-efficaces et opèrent des guérisons promptes dans le traitement de la chlorose, de l'aménorrhée, des hémorrhagies passives, et dans les maladies qui sont produites par l'atonie de l'appareil digestif.

CHAUDES-AIGUES (*Cantal*). Jolie petite ville, à 24 k. (6 l. 1/4) de Saint-Flour. ⌧ ⌯ 2,351 habitants. Cette ville est assez bien bâtie, dans une gorge horrible, au pied des montagnes qui séparent l'Auvergne du Gévaudan. On y arrive de Saint-Flour par une route vraiment étonnante par les difficultés qu'on eut à vaincre dans certains passages. Telle est spécialement la partie qu'on a nommée le Saut-du-Loup, et qui, commence nt au-dessous de Sioujac, côtoie, entre des montagnes à pic, le ruisseau de son nom jusqu'à son embouchure dans la Truyère, puis la Truyère jusque vers l'endroit où on la traverse : pour tracer le chemin, on fut obligé de suspendre avec des cordes les ouvriers qui plantèrent les jalons. La roche est un granit à éléments très-fins, dont la dureté est telle qu'on n'a pu l'entamer qu'avec la poudre à canon; et néanmoins cette roche si dure, cette montagne si roide, on les a ouvertes et creusées dans une longueur de plus de 2,000 mètres. Le chemin a, au-dessus de la Truyère et du ruisse u, depuis 114 jusqu'à 130 mètres d'élévation, et, dans toute son étendue, il ne présente qu'un long précipice qui fait frémir. A droite, est la montagne avec sa hauteur rapide, et ses roches menaçantes ; à gauche, cette gorge profonde dans laquelle les eaux roulent en grondant. On les voit presque perpendiculairement sous ses pieds ; le moindre faux pas ferait rouler dans l'abîme qu'elles parcourent, et ce danger, dont on ne peut s'empêcher d'être effrayé, ne laisse pas admirer assez la hardiesse de l'ingénieur qui osa tracer là un chemin, le courage de ceux qui l'exécutèrent, et la beauté de cette route qui, conduite avec un art infini, ne marche que par une pente presque insensible. — Chaudes-Aigues doit son nom à des eaux thermales qui jaillissent de plusieurs points de son enceinte, et qui étaient fameuses au cinquième siècle sous le nom de *Calentes Buiæ*. On y compte douze sources très-abondantes, qui sortent toutes d'une montagne volcanisée. Les principales sont : celle du Par, dont la température est de + 88° du th. centig.; c'est celle qui fournit le plus grand volume d'eau ; elle produit 85³⁄₃ mètres cubes en 24 heures : c'est une des plus chaudes et des plus abondantes que nous ayons en France; la source de la grotte du Moulin du Ban, qui élève le thermomètre centigrade à + 68 degrés. Il y a en outre plusieurs sources qui sourdent dans quelques maisons voisines de la fontaine du Par, et donnent au même thermomètre + 67° 1/2. La source du Par alimente une belle fontaine continuellement fréquentée par des femmes chargées de cruches, qui viennent y puiser de l'eau qu'on emploie généralement à tous les usages domestiques; leur tête est couverte d'un petit chapeau rond, noir et sans fond, selon la mode du pays; mais sous cette drôle de coiffure, on trouve de beaux yeux, des couleurs fraîches, quelquefois même des figures agréables, et surtout de la physionomie. Les indigents trouvent une grande ressource dans le haut degré de température de ces eaux; ils peuvent y préparer une partie de leurs aliments; un œuf y durcit dans cinq minutes d'immer.ion. Les bouchers vont y épiler leurs cochons, les pieds et les têtes de veau; deux ou trois seaux au plus suffisent pour cette opération. En hiver, c'est avec cette eau que les maisons sont chauffées : on recueille à la source un certain volume d'eau, qui, conduit sous les rues par des canaux en bois, va, par des embranchements particuliers, se distribuer dans le rez-de-chaussée de chaque maison; à l'entrée du logement est pratiqué un canal en maçonnerie avec son écluse, et au milieu, un petit bassin, recouvert d'une pierre mobile; l'eau entrant par le canal va se répandre et circuler dans le bassin, échauffe le pavé, et sort au dehors pour aller se perdre dans la rivière. En ouvrant plus ou moins la petite écluse, et par conséquent en admettant un volume d'eau plus ou moins grand, il est possible de donner au chauffoir la température que l'on désire. Ce mode de chauffage procure aux habitants l'avantage d'économiser une grande quantité de combustible, qui est rare et assez cher dans le pays. — Les eaux thermales de Chaudes-Aigues pourraient être employées avec de grands avantages en boisson, en bains et en douches, dans les affections rhumatismales chroniques, dans la paralysie partielle, dans les engorgements des viscères abdominaux, etc.

BUTS D'EXCURSIONS : à la côte de *Laneau* : au *Saut-du-Loup*; au four de *Clujel*; à la gorge de la *Thruyère*; aux ruines du château de *Rocheyonde*, près Neuvéglise; aux eaux minérales de la *Condamine* et à celles des bords du *Bès*, près de Maynac.

OUVRAGES A CONSULTER. *Essai sur les eaux de Chaudes-Aigues*, par A. Chevallier, in-4°, 1828.
Analyse des eaux minérales de Chaudes-Aigues, par Ozy (Mercure, 1738).

GUIOLE (la) (*Aveyron*). Petite ville à 23 kil. (6 l.) d'Espalion. ↷ 2,448 h. Elle est bâtie dans une contrée sauvage, au centre des montagnes de Viadène (*voie d'âne*), sur le penchant d'une roche basaltique, au pied de laquelle coule la rivière de la Selve. L'air y est très-pur et le sang fort beau.

ESTAING (*Aveyron*). Petite ville à 10 kil. (2 l. 1/2) d'Espalion. 1,375 hab. Cette ville est bâtie dans une position extrêmement pittoresque, sur la rive droite du Lot, au pied des montagnes de la Viadène. Elle occupe un escarpement de rochers, à travers lesquels le Lot passe avec peine, et est dominée par les restes imposants du château gothique des comtes d'Estaing, qui s'élève sur un rocher à pic, et contribue à rendre le site d'Estaing tout à fait extraordinaire.

AUBRAC (*Aveyron*). Village situé au milieu des montagnes de son nom, à 31 kil. (8 l.) d'Espalion. On y remarque les ruines pittoresques d'une maison hospitalière, appelée la Domerie d'Aubrac, bâtie en 1120.

ESPALION (*Aveyron*). Petite ville. Sous-préf. Coll. com. ⌾ ↷ 3,545 hab. Cette ville est bâtie au milieu d'un vaste bassin embelli par la verdure, les prairies et les vignes. Une grande rue droite, décorée d'une fontaine, qui aboutit au pont jeté sur le Lot, traverse son enceinte dans sa plus grande dimension; une autre rue parallèle, plus large et moins longue, complète, avec quelques ruelles, la totalité de cette petite ville, où il règne toutefois une assez grande activité. — FABRIQUE de burats rayés et unis. — A 23 kil. (6 l.) de Rodez, 549 kil. (141 l.) de Paris.

BUTS D'EXCURSIONS : à la tour de *Bonneval* : aux ruines du château de *Roquelaure*.

GENIÈS-DE-RIVE-D'OLT (SAINT-) (*Aveyron*). Jolie petite ville située sur le Lot, à 21 kil. (5 l. 1/4) d'Espalion. Trib de com. Ch. des manuf. Coll. com.

☒ 3,831 hab. Elle est bâtie au fond d'un charmant vallon, environné de coteaux couverts de vignes, de vergers et de bois, et sillonné par des ruisseaux qui se précipitent en cascades et mettent en mouvement plusieurs usines. L'enceinte de Saint-Géniès a la forme d'une étoile : les rues sont larges, droites et bien pavées ; les maisons, en général, belles et d'un aspect riant ; les quartiers séparés par le Lot communiquent entre eux par un assez beau pont. — PATRIE de l'abbé Raynal. — FABRIQUES importantes de cadis, flanelles, tapis de table, filatures de laines au rouet, etc.

RODEZ ou RHODEZ. Ville fort ancienne. Chef-lieu du département de l'Aveyron Trib. de 1ʳᵉ inst. et de comm. Ch. des manuf. Soc. d'agr. Coll. R. École des sourds-muets. Évèc. ☒ ⚭ 9,272 h. — L'origine de Rodez, comme celle de toutes les villes anciennes, se perd dans les ténèbres des temps passés : on sait seulement qu'elle était, sous le nom de *Segodunum*, la capitale des Ruteni, dont César fait mention dans ses Commentaires. Cette ville est bâtie sur la crête et sur le penchant d'une colline dont l'Aveyron baigne la base, à cent cinquante pieds environ au-dessus de cette rivière. De quelque côté qu'on y arrive, on l'aperçoit de très-loin, et son élévation lui procure un climat très-sain, un horizon fort étendu. La ville est petite, généralement mal bâtie, et formée de rues étroites, tortueuses, et cependant des maisons neuves et de bon goût s'y construisent journellement, et on y trouve plusieurs places publiques spacieuses et assez régulières. Les dehors de cette ville sont fort agréables ; de charmantes promenades l'entourent et forment de superbes terrasses qui s'étendent depuis les murailles jusqu'à la rivière ; la plus belle est à l'entrée de la ville, avec laquelle elle communique par une triple allée de tilleuls de la plus belle venue, qui se termine par une esplanade carrée et plantée en quinconce ; le terrain s'abaisse insensiblement de ce côté, et Rodez présente en cet endroit un abord facile et une entrée magnifique. L'air y est vif et sain, le sang très-beau ; on remarque surtout avec plaisir la beauté, l'éclat et la fraîcheur des femmes, qui presque toutes sont des plus jolies.

La CATHÉDRALE est un superbe édifice, bâti en forme de croix latine, du treizième au seizième siècle. Ses voûtes hardies, sa teinte antique, ses vitraux mystérieux, tout concourt à lui imprimer un caractère qui porte dans l'âme un pieux recueillement : elle a 97 m. 45 c. de longueur sur 36 m. de large ; la voûte est haute de 33 m. 33 c. On admire surtout les arabesques pleines de grâce et de goût qui décorent la partie latérale du chœur et l'entrée de la sacristie. La disposition de cette cathédrale est remarquable, et ne se trouve que dans quelques-unes des églises du midi de la France ; le frontispice qui donne sur la place d'armes est sans portail, et il n'y existe que des entrées latérales ; en face du chœur, à l'endroit où se trouve ordinairement la principale entrée, est un grand autel appuyé contre la muraille. A côté est une chapelle du Saint-Sépulcre, remarquable par la voûte plate qui lui sert de plafond. Le clocher, qui est le principal ornement de cette basilique, s'aperçoit de plus de quinze lieues ; il est carré jusqu'au tiers de sa hauteur, et s'élève ensuite en tour octogone flanquée de quatre tourelles qui portent sur les angles de la base ; la partie supérieure, accompagnée des mêmes tourelles, qui arrivent jusqu'au sommet, est ronde et terminée par une plate-forme, au milieu de laquelle est une jolie lanterne percée à jour, couronnée par une statue de la Vierge de grandeur colossale ; les quatre tourelles sont couronnées elles-mêmes par les statues des quatre Évangélistes. On parvient à la partie supérieure par un joli escalier intérieur en colimaçon, placé au milieu d'une lanterne travaillée à jour avec la plus grande délicatesse. Dans le pourtour du clocher, règnent, en filigranes non moins délicats, trois galeries étagées l'une sur l'autre, et pratiquées sur des encorbellements ; la première au haut de la partie carrée, la seconde de la partie octogone, et la troisième de la partie ronde. Cette dernière couronne le clocher en entourant la plate-forme qui le termine. — On remarque encore à Rodez le palais épiscopal ; l'hôtel de la préfecture ; les beaux bâtiments du collége royal, construits par les jésuites peu avant leur suppression; le séminaire; le palais de justice; le musée; la bibliothèque publique, renfermant 16.000 volumes; le cabinet d'histoire naturelle et de physique; le nouvel hôtel de ville; l'hôpital; le haras, établi dans les bâtiments d'une ancienne chartreuse; l'abattoir, etc. — On doit visiter aux environs le charmant village de Salles-Comtaux et ses belles cascades. — PATRIE de H. Brunet, troubadour du treizième siècle; de M. A. Monteil; de M. Delrieu, auteur dramatique. — FABRIQUE de serge et de tricots pour l'habillement des troupes. — COMMERCE de draperies, toiles grise, fromages, chandelles, bougies, cire, mulets et bestiaux. — A 66 kil. (17 l.) d'Alby, 577 kil. (148 l.) de Paris. — HÔTELS : des Princes, des Voyageurs, de la Ville de Paris.

VOITURES PUBLIQUES. Pour Clermont-Ferrand, Montpellier, Toulouse, Montauban, Albi, Aurillac.

BUTS D'EXCURSIONS : aux grottes de Solsac (4 kilom.); à Salles-la-Source (Voy. ci-après).

OUVRAGES A CONSULTER. *Description statistique de l'Aveyron*, par Monteil, in-8°.

Description du département de l'Aveyron, in-4°, orné de vues, par Pernot.
Mémoire pour servir à l'histoire du Rouergue, par Bosc, 3 vol. in-8°, 1798.
Essai historique sur le Rouergue, par Gaujal, 2 vol. in-8°, 1825.

CLAIRVAUX (*Aveyron*). Bourg à 18 kil. (4 l. 1/2) de Rodez. 550 hab. On remarque aux environs la jolie grotte de Salles-Pinson.

CHRISTOPHE (SAINT) (*Aveyron*). Village situé à 22 kil. (5 l. 1/2) de Rodez. 817 hab. Il est bâti dans une situation agréable, et dominé par une tour gothique et par un mont en cône tronqué, dont le double effet ajoute au ton pittoresque de son charmant paysage.

SALLES-COMTAUX ou **SALLES-LA-SOURCE** (*Aveyron*). Petite ville à 12 kil. (3 l.) de Rodez. 2,210 hab. Elle est bâtie dans un vallon extrêmement pittoresque, dont les bords, sur presque tous les points, sont coupés à pic; lorsqu'on y arrive on aperçoit à une profondeur effrayante de beaux vergers, des cascades, de riantes prairies, qui semblent des lieux dont il paraît impossible d'approcher. Mais, en se détournant sur la gauche, on arrive à un côté ombragé de chênes et moins escarpé, par lequel on descend insensiblement. Parvenu au bas, on se croit cerné par un rempart circulaire de rochers qui encadrent un paysage varié par de petits coteaux, par des villages, des filets d'eau, des champs, des plantations de noyers et de vignes; ces hautes roches, en projetant leurs ombres tantôt d'un côté et tantôt de l'autre, augmentent encore l'effet de cette belle scène. — A l'extrémité méridionale du vallon, est un massif de pierre calcaire sur lequel est bâti Salles-Comtaux. Du haut de cette élévation, se précipite un ruisseau qui se divise en deux cascades de 40 pieds de haut. Leurs eaux tombent dans deux bassins, d'où elles s'échappent pour aller fertiliser des prairies et arroser ensuite le vallon de Marcillac. Derrière ces cascades, se trouve une superbe grotte en forme de fer à cheval; sa voûte s'élève en entonnoir; son entrée, couronnée de frênes, de figuiers sauvages, de lierre, de scolopendre et de plusieurs plantes sarmenteuses, qui pendent en festons, est taillée en arc très-ouvert, et laisse pénétrer dans l'intérieur les rayons du soleil reflétés par la surface des deux bassins; la grotte, remplie alors d'une vive clarté, laisse apercevoir les mousses fraîches qui en tapissent l'intérieur. — Une autre cascade fort intéressante est celle placée directement au-dessous des terrasses du château de Saint-Laurent; elle roule ses eaux le long d'un canal naturel dont l'inclinaison s'éloigne peu de la ligne verticale. La roche qui forme le fond et les parois du canal a été percée d'outre en outre, et forme un véritable pont sous l'arcade duquel les habitants passent pour aller d'une rive à l'autre.

CONQUES (*Aveyron*). Petite ville sur le Dourdou, à 37 kil. (9 l. 1/2) de Rodez. 1,309 hab. Elle est bâtie, ou plutôt cachée dans une profonde vallée : rien n'est plus sauvage que cette position; on n'y voit de la terre et de la végétation que dans les fentes de rocher, le chat qu'en regardant au-dessus de sa tête, le soleil que lorsqu'il approche de son zénith. La ville est située à mi-côte, et la pente de ses rues est si rapide, que les puits se trouvent de niveau avec les greniers; si on laisse tomber un peloton de fil au haut de la ville, on est obligé d'aller le chercher au bas. Vers le centre sont les bâtiments d'une ancienne abbaye, assez bel édifice gothique, dont le portail, chargé de sculptures grossières, passait jadis pour une merveille.

CRANSAC (*Aveyron*). Bourg à 33 kil. (8 l. 1/2) de Villefranche. 500 hab. Il est bâti sur une colline située au milieu d'un vallon agréable, et domine des prairies qui s'étendent au couchant jusqu'à la petite ville d'Aubin.—A environ cinq cents pas, et au nord de Cransac, on voit jaillir des sources d'eau minérale qui depuis plus de huit siècles ont rendu Cransac célèbre dans le midi de la France. Ces sources sourdent au pied de montagnes arides, dont quelques-unes jettent des fumées noires d'une odeur désagréable : toutes ne fournissent pas une eau égale en propriétés; aussi les distingue-t-on en eaux minérales anciennes et en eaux minérales nouvelles. Celles ci ne sont connues que depuis 1811. Les eaux de Cransac sont apéritives, diurétiques et toniques; leur emploi est surtout avantageux dans les engorgements abdominaux, la chlorose, etc. — Au milieu de la montagne au bas de laquelle naissent les eaux minérales, au centre d'un bois de châtaigniers touffus, on trouve des étuves de sept à huit toises en tous sens. L'air qu'on y respire est extrêmement chaud et chargé de vapeurs sulfureuses. Dans la niche du fond, la température s'élève de 35 à + 40° du th. de Réaumur; aussi les malades qui y demeurent de 20 à 30 minutes sont baignés d'une abondante sueur. Cet établissement, trop peu connu et beaucoup trop négligé, serait susceptible de grandes et importantes améliorations. Les rhumatismes chroniques, les douleurs arthritiques des grandes articulations, les névralgies les plus opiniâtres, spécialement les sciatiques rebelles, ont souvent été guéris comme par enchantement après cinq ou six bains d'étuves.—Non loin de Cransac, dans la direction et un peu au delà des étuves, se trouve la montagne brûlante de Fontaynés, ancienne houillère qui a pris feu depuis un grand nombre de siècles.

N° 45.

ROUTE DE PARIS A COLMAR (HAUT-RHIN).
47 myr. 3 kil.

	m. k.
DE PARIS à *LUNÉVILLE ☞ (Voy. N° 127).........	36,6
LUNÉVILLE à MÉNIL-FLIN ☞...............	1,7
*BACCARAT (sur la route).	
MÉNIL-FLIN a RAON-L'ÉTAPE ☞.............	1,8
RAON-L'ÉTAPE à *SAINT-DIÉ ☞............	1,6
*GERARDMER (à droite de la route).	
SAINT-DIÉ à FRAIZE (Vosges)...............	1,6
FRAIZE à LA POUTROYE ☞................	1,9
LA POUTROYE à * COLMAR ☞.............	2,1
*KAYSERSBERG (à droite de la route).	
*ORBEY (à droite de la route).	
*LA BAROCHE (à gauche de la route).	

N° 45. ROUTE DE PARIS A COLMAR.

De Colmar à * Neufbrisach ⌂............... 1,5

De Neufbrisach au Vieux-Brisach ⌂ (Poste étr.).. 0,6

BACCARAT (*Meurthe*). Gros bourg situé au pied d'une montagne escarpée, à 23 kil. (6 l.) de Lunéville. ⌂ 2,800 hab. — Baccarat est célèbre par une manufacture de cristaux, regardée comme une des plus importantes de l'Europe. La force hydraulique nécessaire aux ateliers est fournie par un puissant cours d'eau dérivé de la Meurthe, sur lequel arrivent les bois flottés des Vosges. Les halles renferment quatre grands fours à fusion. Les ouvriers et leurs familles, au nombre de 600 personnes, sont logés dans l'établissement.

DIÉ (SAINT-) (*Vosges*). Jolie ville. Sous-préf. Trib. de 1re inst. Collége comm. ⌂ ⌂ 7,707 hab. Incendiée en 1756, cette ville fut rebâtie par les soins de Stanislas, qui y fonda des établissements de charité et d'instruction publique, y creusa des canaux, y éleva des fontaines, etc. Ces améliorations ont été continuées depuis, et Saint-Dié est devenue une jolie petite ville, propre, bien bâtie et bien percée. Sa situation est agréable ; elle s'étend sur les bords de la Meurthe, au pied de la montagne d'Ornion. Saint-Dié possède une bibliothèque de 9,500 volumes. — Fabriques de toiles de coton, mouchoirs. — A 45 kil. (11 l. 1/2) d'Épinal, 51 kil. (13 l.) de Colmar, 407 kil. (104 l. 1/2) de Paris.

GÉRARDMER (*Vosges*). Petite ville située au milieu des Vosges, sur la Valogne et près de deux lacs où cette rivière prend sa source. A 20 kil. (5 l.) de Saint-Dié. 5,701 hab. Elle est formée de la réunion de plusieurs hameaux et d'une grande quantité de maisons champêtres, pour la plupart spacieuses et fort jolies, agglomérées sans ordre et sans symétrie dans une vallée rocailleuse et sur le bord du lac de Gérardmer. Une grande rue, formée de grandes maisons trop mal alignées pour former une rue, la traverse ; au centre, on remarque l'église paroissiale, joli édifice entouré de terrasses ombragées. — Fabriques de boîtes de sapin et autres objets de boissellerie. Nombreuses scieries hydrauliques. — Commerce de fromages renommés.

KAYSERSBERG (*H.-Rhin*). Ancienne ville libre impériale, située à 14 kil. (3 l. 1/2) de Colmar. 3,053 hab. Elle est sur la Weiss, au pied d'une montagne où l'on aperçoit les ruines du château de Kaysersberg, bâti, ainsi que la ville, sous le règne de l'empereur Frédéric II.

A 2 kil. de cette ville, on voit les ruines de l'église d'Anspach, où l'on distingue encore des sculptures fort curieuses.

ORBEY (*H.-Rhin*). Bourg situé à 25 kil. (6 l. 1/4) de Colmar. 4,927 hab. Ce bourg est bâti au pied de la montagne sur laquelle s'élèvent les ruines du château de Hoh-Landsberg, qui existait déjà au douzième siècle et était regardé comme un des plus forts de l'Alsace ; il fut pris par les Suédois en 1633, et brûlé par les Français en 1635. — Derrière ce château, vers le nord-ouest, sont les ruines de celui de Plixbourg. — Fabriques de toiles peintes. Faïencerie.

BAROCHE (LA) (*Haut-Rhin*). Village situé à 12 kil. (3 l. 1/4) de Colmar. 2,014 hab. Il est bâti au pied d'un coteau dont le sommet est couronné par les ruines de l'antique forteresse de Hohenach, dont il reste encore une tour au milieu d'une enceinte circulaire flanquée de bastions. Ce château fut démantelé par ordre de Louis XIV. Du haut de ses créneaux on jouit d'une des plus belles vues de l'Alsace. A trois quarts de lieue de la Baroche sont les ruines de la célèbre abbaye des Prairies, fondée dans le douzième siècle.

COLMAR. Grande, belle et très-ancienne ville, chef-lieu du département du Haut-Rhin. Cour R. Trib. de 1re inst. et de comm. Collége comm. ⌂ ⌂ 15,442 hab. Colmar est une ville très-agréablement située, à une lieue des Vosges, sur les rivières de la Lauch et de la Fecht, dont les eaux font mou-

N° 45. ROUTE DE PARIS A COLMAR.

voir de nombreux établissements d'industrie, vivifient de jolis jardins, arrosent les rues, où elles entretiennent la propreté et la salubrité. Elle est généralement bien bâtie, quoique composée de rues irrégulières où l'on voit plusieurs vieilles maisons. On y entre par trois portes. Des boulevards plantés de beaux arbres entourent la ville et servent de promenades; le Champ-de-Mars, l'ancienne pépinière, l'orangerie et les dehors de la porte de Bâle où se trouvent de beaux jardins et de jolies maisons de campagne, offrent aussi des promenades fort agréables. — L'édifice le plus remarquable de Colmar est l'église cathédrale, ancienne collégiale construite en 1363. La tour a 303 degrés d'élévation : au cent-vingtième, se trouve la porte d'une galerie qui fait le tour extérieur de la nef. — Les autres établissements publics sont le palais de justice; l'hôtel de la préfecture; l'ancienne maison de ville; le collége, où est placée la bibliothèque publique, riche de 36,000 volumes, et où l'on voit aussi plusieurs tableaux peints sur bois par Martin, Schœn, Albert-Durer et Grünwal; l'hôpital civil et l'hôpital militaire; l'église du collége, bâtie par les Jésuites en 1750; l'église des dominicains, admirable par la beauté de sa nef, qui sert aujourd'hui de halle au blé; l'église de la Trinité, affectée au culte protestant; le musée, où l'on voit un aérolithe pesant 150 livres, et qui en pesait autrefois 260, etc. etc. — Colmar est la patrie du général Rapp et de l'ancien membre du directoire Rewbel. — FABRIQUES de draps, toiles peintes, impressions sur soie, madras, calicots, rubans, etc. — A 64 kil. (16 l. 1/2) de Strasbourg, 74 kil. (19 l.) de Bâle, 458 kil. (117 l. 1/2) de Paris.—HÔTELS : de l'Ange, des Deux-Clefs.

VOITURES PUBLIQUES. Tous les jours pour Strasbourg, par Schlestadt; pour Soultz (H.-Rhin), Mulhouse, par Ensisheim; Nancy, par Schlestadt, Ste-Marie-aux-Mines, St-Dié; pour Lyon, Besançon; pour Neuf-Brisach, pour Belfort, par Rouffach, Cernay; pour Montbéliard, par Belfort; l'Allemagne, Bâle.
CHEMIN DE FER. De Strasbourg à Bâle.
OUVRAGES A CONSULTER. *Histoire, par ordre, des seigneuries, villes, etc., de la haute Alsace*, in-8°, 1829.
Statistique générale du Haut-Rhin, in-4°, Mulhausen, 1831-32.

DE COLMAR A MULHAUSEN, par ISENHEIM, 4 myr. 4 kil.

* EGUISHEIM (à droite de la route).
* HUSSEREN (à droite de la route).
* MUNSTER (à droite de la route).

De COLMAR à HATSTAT.............................. 1,0
 * GUERBERSCHWIHR (à droite de la route).
 * ROUFFACH (à droite de la route).
HATSTAT à ISENHEIM................................ 1,4
 * SOULTZ (à droite de la route).
 * GUEBWILLER (à droite de la route).
ISENHEIM à MULHAUSEN.............................. 2,0

EGUISHEIM (*H.-Rhin*). Petite ville à 4 kil. (1 l.) de Colmar. 2,183 hab. Elle tire son nom d'un château situé au milieu de son enceinte, dont il reste encore une tour hexagone fort remarquable. A une demi-lieue à l'ouest, on voit sur la cime d'une montagne le CHATEAU FORT D'EGUISHEIM.

HUSSEREN (*H.-Rhin*). Village à 47 kil. (12 l.) de Béfort. 692 hab. De ce village dépend WESSERLING, très-beau château élevé au dix-huitième siècle par le prince de Lowenstein. Il est entouré de vastes bâtiments où sont établies des filatures de coton et des manufactures d'indiennes. Cet établissement, situé sur une petite hauteur dans une contrée pittoresque, est le plus considérable de tout le Haut-Rhin; il occupe 2,000 ouvriers.

MUNSTER (*Haut-Rhin*). Ancienne ville libre impériale, située au pied du Mouchsberg, sur la Fecht, à 20 kil. (5 l.) de Colmar. 4,340 hab. — MANUFACTURE de toiles peintes, calicots, etc.

N° 45. ROUTE DE PARIS A COLMAR.

BUTS D'EXCURSIONS. A 1 kilom. hors de la porte orientale existe une belle filature de coton qui occupe 1,200 ouvriers. En face de cet etablissement s'élèvent sur une montagne les ruines du c'âteau de Schwarzenbourg. M Hartmann, propriétaire de la manufacture, a profité du site favorable de ce château, pour transformer, à l'aide du jardinare et de l'architecture, toute la montagne en un séjour délicieux, d'où l'on jouit d'une vue magnifique.

GUEBWISCHWIHR (*Haut-Rhin*). Bourg à 8 kil. (2 l.) de Colmar. 1,635 hab. On y voit encore les restes d'une enceinte; plusieurs maisons sont isolées comme l'étaient au moyen âge les habitations des nobles. L'église, édifice romain, dont la partie supérieure est moderne, renf rme une église souterraine ornée de quatre colonnes remarquables par leur délicatesse.

ROUFFACH (*Haut-Rhin*). Petite ville sur la Lauch, à 15 kil. (3 l. 3/4) de Colmar. ⊠ 3.979 hab. On y remarque une église de construction gothique. Sur une colline au milieu de la ville est situé le CHATEAU D'ISENBOURG, un des plus anciens de l'Alsace, où ont résidé plusieurs rois de la race mérovingienne. — PATRIE du maréchal Lefèvre, duc de Dantzick. — FABRIQUES de tissus et filatures de coton.

GUEBWILLER (*Haut-Rhin*). Petite ville située dans une contrée charmante, au pied de riches vignobles, sur la Lauch, à 31 kil. (8 l.) de Colmar. 3,687 hab. C'est une des villes industrielles les plus intéressantes du département; on y entre par trois portes. — FABRIQUES de draps, rubans de soie, toiles peintes, etc. Filature de coton dans les numéros les plus fins.

SOULTZ *Haut-Rhin*). Ancienne et jolie petite ville située à 27 kil. (6 l. 3/4) de Colmar. ⊠ 4,010 hab. Soultz, où l'on entre par trois portes, est une ville assez bien bâtie, où l'on voit un bel hôtel de ville et une église paroissiale surmontée d'une flèche élancée d'une forme très-élégante. — Aux environs, on remarque sur un rocher le château de Jungholz.

MULHAUSEN. Voyez N° 98.

DE COLMAR A PHALSBOURG, 9 myr. 2 kil.

m. k.
* RIBEAUVILLÉ (à gauche de la route).
* ORSCHWILLER (à gauche de la route).
De COLMAR à OSTHEIM ⌖............................ 1,0
* KLINGENTHAL (à gauche de la route).
OSTHEIM à SCHLESTADT ⌖.................... 1,3
* RIQUEWIHR (à gauche de la route).
* ANDLAU (a gauche de la route).
* BARR (à gauche de la route).
SCHLESTADT à * OBERNAY ⌖.................. 2,3
* ROSHEIM (à gauche de la route).
* MOLLKIRCH (à gauche de la route).
* MOLSHEIM (sur la route).
* MUTZIG (a gauche de la route).
* NIEDERHASLACH (à gauche de la route).
* OBERHASLACH (à gauche de la route).
* WESTHOFEN (à gauche de la route).
OBERNAY à WASSELONNE ⌖................. 2,3
* MARMOUTIERS (sur la route).
WASSELONNE à SAVERNE ⌖..................... 1,4
* NEUWILLER (à droite de la route).
SAVERNE à PHALSBOURG ⌖................. 0,9

RIBEAUVILLÉ (*Haut-Rhin*). Ancienne ville, à 16 kil. (4 l.) de Colmar. ⊠ 6,568 hab. Elle est bâtie à l'entrée d'une vallée pittoresque, au pied d'une montagne couronnée par les ruines du CHATEAU DE RIBEAUPIERRE; plus bas, sur la pente de la montagne, on aperçoit les ruines des deux CHATEAUX DE GIERS-

BERG et DE SAINT-ULRIC, bâtis sur des rochers escarpés. La ville a quatre portes, et se divise en quatre quartiers : la cité supérieure, la jauge, le marché, et la cité inférieure. A l'endroit le plus élevé de la ville s'élève une belle église paroissiale où l'on remarque plusieurs monuments et le caveau sépulcral des seigneurs de Ribeaupierre. Le centre de la ville est occupé par un beau bâtiment qui sert d'hôtel de ville. Hors de la porte inférieure est la belle promenade d'Herrengarten. — Au-dessus de Ribeauvillé, on voit les restes les plus considérables de l'antique muraille cyclopéenne qui couronne les sommets de la première ligne des Vosges, appelée *Heidenmauer* (mur des païens). — FABRIQUES de calicots, mouchoirs, etc. — HÔTELS : du Mouton, du Soleil, de la Cigogne.

VOITURES PUBLIQUES. Tous les jours pour Colmar, Ste-Marie et Strasbourg. Omnibus pour Ostheim, correspondant avec tous les départs du chemin de fer de Strasbourg à Bâle.

ORSCHWILLER (*Bas-Rhin*). Village à 6 kil. (1 l. 1/4) de Schlestadt. 900 hab. Il est bâti sur la pente d'une montagne dont la cime est couronnée par le HOH-KOENIGSBOURG, château le plus vaste de toute la chaîne des Vosges, et dont les ruines offrent à l'œil un aspect imposant. De cet endroit et du sommet des grosses tours, on jouit sur l'Alsace d'une vue magnifique.

KLINGENTHAL (*Bas-Rhin*). Hameau de la commune de Bœrsch, situé sur l'Ehn, à 27 kil. (7 l.) de Schlestadt. 250 hab. Il est bâti dans une charmante vallée, et doit son nom à la manufacture d'armes blanches qui y est établie.

SCHLESTADT (*Bas-Rhin*). Ancienne ville libre impériale. Sous-préfecture. Place de guerre de 4ᵉ classe. Trib. de 1ʳᵉ inst. Collège comm. ⌧ ☞ 10,000 hab. Cette ville est dans une situation charmante, sur la rive gauche de l'Ill, qui coule au pied de ses remparts. Du côté de l'est la vue se promène sur de vastes prairies bornées par une belle forêt. Le nord et le midi offrent des plaines soigneusement cultivées ; à l'ouest se déroule la chaîne majestueuse des Vosges, sur le sommet desquelles on aperçoit quantité de ruines de l'effet le plus pittoresque. On entre dans la ville par trois portes : celle de Colmar, celle de Brisach et celle de Strasbourg, à laquelle on arrive par une très belle avenue de peupliers. Les maisons en sont irrégulièrement bâties, les rues assez propres, la plupart étroites et mal alignées. Mais la salubrité de l'air s'y maintient par l'écoulement des eaux d'un canal, assez bien distribuées dans les différents quartiers, où elles font tourner plusieurs moulins. — Cette place forte, ouvrage de Vauban, a la forme d'un octogone irrégulier : elle est flanquée de bastions, et deux cavaliers la protégent du côté de l'ouest. Les fossés sont plantés de peupliers, et reçoivent les eaux de l'Ill, par le moyen de laquelle on peut, en cas d'invasion, inonder toute la partie de l'est. A quelque distance de la ville, vers le nord, la campagne est traversée par le torrent de Giessen, formé par les ruisseaux qui coulent des montagnes, dont les eaux vont se perdre dans l'Ill, après avoir parcouru de l'ouest à l'est un espace de cinq lieues.
— Les principaux édifices de Schlestadt sont : l'église paroissiale de Saint-George, ouvrage du quatorzième siècle, qui mérite d'être cité parmi les belles constructions de l'Alsace ; elle est d'un style gothique simple. La tour, haute d'environ 57 mètres, est de forme carrée, et se compose de deux étages. L'intérieur de l'église présente une assez jolie nef séparée des bas-côtés par des pilastres formés de colonnettes groupées. — La Fausse Porte, autrefois appelée Tour de l'horloge ; c'est une large voûte supportant une grosse tour carrée couronnée d'une galerie flanquée à ses coins de quatre petites tourelles. — FABRIQUES de toiles et gazes métalliques, de poterie, de tabac, etc. — A 38 kil. (10 l.) de Strasbourg, 20 kil. (5 l.) de Colmar, 450 kil. (115 l. 1/2) de Paris. — HÔTELS : du Bouc, de l'Aigle, de la Couronne-d'Or, de l'Ours Noir et du Mouton-d'Or.

VOITURES PUBLIQUES: Tous les jours pour Strasbourg et Colmar ; de Colmar à Nancy par Sainte-Marie-aux-Mines et Saint-Dié. — *Omnibus* pour Sainte-Marie-aux-Mines.

CHEMIN DE FER. De Strasbourg à Bâle.

RIQUEWIHR (*Haut-Rhin*). Petite ville située sur la Sembach, au pied des montagnes couvertes de vignes, à 13 kil. (3 l. 1/4) de Colmar. 1,931 hab. On y voit un bel hôtel de ville de construction moderne, sous la porte duquel on passe pour entrer dans la ville. Dans la forêt, au-dessus de Riquewihr, s'élève la tour du vieux château de REICHENSTEIN, conquis et dévasté en 1269 par les Strasbourgeois et leurs alliés.

ANDLAU (*Bas-Rhin*). Petite ville à 12 kil. (3 l.) de Schlestadt. 2,179 hab. Cette ville est bâtie au pied des Vosges, à l'entrée d'une vallée étroite entourée de collines plantées de vignes. On ne l'aperçoit du côté de Schlestadt qu'au moment d'y arriver; son aspect est alors de l'effet le plus pittoresque. On y entre par deux portes, et on y voit encore les anciennes murailles ainsi que les fossés qui la protégeaient du côté de la plaine. Sur la montagne qui domine la ville s'élève le HOH-ANDLAU, château en ruine, flanqué de deux tours rondes.

BARR (*Bas-Rhin*). Jolie petite ville à 16 kil. (4 l.) de Schlestadt. Siége d'un consistoire de la confession d'Augsbourg. ✉ 4,530 hab. Barr est au pied du Kirchberg, dans une situation des plus riantes, et environnée de collines plantées de vignes. La plupart des maisons sont assez bien construites. On y remarque une belle place ornée d'un énorme peuplier, arbre de liberté; et l'hôtel de la mairie, édifice construit en 1640 sur les fondements de l'ancien château. Plusieurs fontaines publiques fournissent l'eau aux différents quartiers. Au-dessus du Kirchberg et du Monkalb s'élève le Hohenbourg, l'une des montagnes les plus remarquables de l'Alsace par sa situation et ses antiquités. Barr est une ville industrieuse qui renferme beaucoup d'ateliers de métiers différents. La fabrication de mitaines et de chaussons en laine y occupe plus de deux cents familles.—AUBERGES : de la Couronne, du Lion-Rouge, du Coq-Blanc.

OBERNAY (*Bas-Rhin*). Petite ville à 18 kil. (4 l. 1/2) de Schlestadt. Collége comm. ✉ 4,800 hab. Cette ville, ou l'on entre par quatre portes, est en général fort mal bâtie. — FABRIQUES de calicots.—AUBERGES : du Pied-de-Bœuf, de l'Ours, de la Couronne.

ROSHEIM (*Bas-Rhin*). Petite ville, à 21 kil. (5 l. 1/2) de Schlestadt. 3,800 hab Cette ville est située au pied des Vosges, dans une vallée charmante, sur la Magel, dont les eaux circulent dans la plupart des rues et y entretiennent la propreté. Elle est ceinte d'une muraille flanquée de tours, et percée de trois portes. Deux portes surmontées de tours et situées dans l'intérieur la divisent en trois quartiers : la haute, la basse et la moyenne ville. — AUBERGES : du Pied-de-Bœuf, du Cerf, de l'Ange, du Soleil.

MOLLKIRCH (*Bas-Rhin*). Village à 23 kil. (6 l.) de Schlestadt. 900 hab. On voit à 2 kilomètres, sur une haute montagne, le château de GIRBADEN, dont les vastes ruines attestent la grandeur passée.

MOLSHEIM (*Bas-Rhin*). Jolie petite ville, agréablement située au pied des Vosges, sur la Bruche, à 20 kil. (5 l.) de Strasbourg. ✉ 3,225 hab. L'église paroissiale est remarquable par la légèreté de ses clochers. — FABRIQUES de rubans de fil, grosse quincaillerie, etc.

MUTZIG (*Bas-Rhin*). Jolie petite ville, à 21 kil. (5 l. 1/2) de Strasbourg. 3,551 hab. Elle est bâtie dans une belle et large vallée que traverse le canal de la Bruche. L'ancien château a été converti, par MM. Couleaux frères, en une manufacture d'armes à feu.

NIEDERHASLACH (*Bas-Rhin*). Village à 29 kil. (7 l. 1/2) de Strasbourg. 972 hab. Il doit son origine à un monastère dont l'église fut reconstruite en 1274.

OBERHASLACH (*Bas-Rhin*). Village situé dans un vallon pittoresque, à 29 kil. (7 l. 1/2) de Strasbourg. 913 hab. Il est dominé par une haute montagne que couronnent les vastes ruines du château de RINGELSTEIN. A l'ouest de ces ruines sont celles du château de HOHENSTEIN. — On doit aussi visiter, aux environs, dans une branche de la vallée de Schirmeck, les ruines du château de Niedeck et la belle cascade de ce nom. — Deux autres cascades d'un accès facile sont voisines de celle de Niedeck.

WESTHOFEN (*Bas-Rhin*). Bourg à 23 kil. (6 l.) de Strasbourg. 2,362 hab. On y voit une belle église gothique, construite en 1250, divisée en trois nefs par des colonnes simples fort élevées.

WASSELONNE (*Bas-Rhin*). Petite ville à l'entrée du Kronthal, sur la Mossig, à 21 kil. (5 l. 1/2) de Strasbourg. ⊠ ☞ 4,192 hab. Elle possède une source d'eau minérale acidule froide.

MARMOUTIERS (*Bas-Rhin*). Petite ville située au pied des Vosges, à 6 kil. (1 l. 1/4) de Saverne. 2,735 hab. On y voit une église dont la façade date, dit-on, du neuvième siècle ; les proportions en sont élégantes ; les chapiteaux sont ornés de sculptures d'une exécution très-soignée et d'un travail particulier. La nef paraît avoir été renouvelée dans le treizième siècle.

SAVERNE (*Bas-Rhin*). Ville ancienne. Sous-préf. Trib. de 1re inst. Collége comm. ⊠ ☞ 5,226 hab. Saverne est une ville irrégulièrement bâtie, sur la ligne du chemin de fer projeté de Paris à Strasbourg, sur la Zorn, et sur le tracé du canal de la Marne au Rhin ; on y remarque l'ancien palais épiscopal, affecté à une caserne de gendarmerie et aux prisons ; l'église paroissiale surmontée d'une grosse tour carrée à cinq étages, qui s'élance à une grande élévation, et présente le caractère d'une haute antiquité. Les alentours de cette ville sont charmants ; les montagnes et les vallées offrent des vues très-pittoresques ; près de la ville, une belle forêt, entrecoupée d'allées et appelée la Faisanderie, offre une promenade fort agréable. Aux environs, on remarque la montée de Saverne, route admirable qui conduit insensiblement par un grand nombre de sinuosités sur la crête des montagnes ; elle s'élève en pente très-douce, toujours en serpentant, sur une longueur de 13,041 mètres, et passe sur dix-sept ponts en maçonnerie dérobés à la vue, dont plusieurs ont 100 mètres de long. — Fabriques de grosse quincaillerie. — Commerce de bois. — A 35 kil. (9 l.) de Strasbourg, 433 kil. (111 l.) de Paris. — Hôtels : de la Poste, du Soleil.

NEUWILLER (*Bas-Rhin*). Petite ville à 12 kil. (3 l.) de Saverne. 1,700 hab. On voit aux environs une fort jolie habitation élevée sur les ruines de l'antique château d'Hunebourg par le duc de Feltre, qui y est mort en 1819. Un beau monument en marbre est placé sur son tombeau dans le cimetière de Neuwiller.

PHALSBOURG (*Meurthe*). Ville forte, bâtie sur un roc isolé, à 16 kil. (4 l.) de Sarrebourg. ⊠ ☞ 3,530 hab. Ce n'était primitivement qu'un village connu sous le nom d'Einartzhausen. En 1570, le prince palatin de Velden obtint de Maximilien II, empereur d'Allemagne, l'autorisation de construire sur les ruines d'Einartzhausen une ville à laquelle il donna le nom de Phalsbourg (ville du prince palatin). Elle passa bientôt entre les mains des ducs de Lorraine. Charles IV, successeur de Henri le Bon, la donna, avec le titre de principauté, à Louis de Guise et ensuite à François Jérôme de Grimaldi, qui furent successivement époux de la princesse Henriette sa sœur. Le bâtiment qui sert aujourd'hui à la manutention des vivres formait une des ailes de leur palais. Enfin la position de cette ville, à l'entrée d'un des plus importants défilés des Vosges, détermina Vauban à élever, sur l'emplacement des anciennes constructions, la forteresse qui existe aujourd'hui et qui forme un hexagone elliptique régulier. — On y remarque une belle église, des quartiers d'infanterie et de cavalerie, un arsenal et un hôtel de ville : tous ces édifices datent du règne de Louis XIV. — Cette ville possède un collége florissant, qui a produit un grand nombre d'hommes distingués. — Patrie du maréchal Lobau, des généraux Gérard, Latour-Foissac, Meunier, Newinger, Rottenbourg, Lauthier de Xaintrailles, Soie, Duplin, etc. ; des colonels Micheler, Metzinger, Hermann, Thierry, Darquier et Forty, tué à Neubourg dans le même combat que La Tour d'Auvergne. — FABRIQUES d'eau de noyaux, liqueur renommée qui s'exporte dans toutes les parties du monde. — DISTILLATEURS : Hoffmann-Forty, Erckmann. — HÔTELS : la Ville-de-Metz, la Ville-de-Bale.

BUTS D'EXCURSIONS. On regarde comme un chef-d'œuvre hydraulique la *fontaine de Phalsbourg*, due au zèle patriotique de M. le baron Parmentier. Elle vient de Hildhouse, montagne située à 8 kilomètres de distance, traverse le lit de la Torne et remonte jusqu'à Phalsbourg. — Les ruines du *château de Lutzelbourg*, la *roche plate*, le *Kraffenthal*, la *bonne fontaine* et les environs de Dabo, patrie de Léon IX, offrent au voyageur des buts intéressants d'excursion. — Le *grand souterrain du canal de la Marne* commence à Arch-Villers, village à 8 kilomètres de Phalsbourg.

OUVRAGES A CONSULTER. *Le manuscrit du révérend père Pernet*, aujourd'hui dans la bibliothèque de M. le baron Parmentier.
Ouvrage sur l'ancien comté de Dachsbourg (Dabo), par Beaulien.
Les archives de la ville de Phalsbourg.
Histoire latine d'Alsace, par Schoëpflin.
Dom Calmet.

DE COLMAR A STRASBOURG

1re R., par SCHLESTADT, V. N° 82, R. de LYON à STRASBOURG.................................. 6,7

2e R., par ENTZHEIM, 7 myr. 2 kil.

De COLMAR à * OBERNAY ☞ (Voy. ci-dessus)....... 4,6
OBERNAY à ENTZHEIM ☞.................... 1,5
ENTZHEIM à * STRASBOURG ☞............... 1,1

N° 46.

ROUTE DE PARIS A COMPIÈGNE (OISE).

1re R., par le BOURGET, V. N° 143, 1re R. de Paris à Lille................................... 7,7

2e R., par SAINT-DENIS. 8 myr. 5 kil.

	m. k.
De PARIS à *SAINT-DENIS (Seine) ☞...........	0,9
SAINT-DENIS à LOUVRES ☞..................	2,3
LOUVRES à * COMPIÈGNE ☞ (V. N° 143).......	5,3

DE LOUVRES à	MÉNIL-ANCELOT ☞................	2,3
	MORTEFONTAINE ☞ (vacant)..........	1,2

MORTEFONTAINE (*Oise*). Village à 10 kil. (2 l. 1/2 de Senlis. 487 hab. Le chateau de Mortefontaine est un des plus remarquables des environs de

Paris par ses admirables jardins et ses vastes dépendances. Une grille ferme les cours de ce château qui se présente avec quelque élégance en face d'une belle pelouse, d'allées et de bosquets qui s'étendent jusqu'aux étangs. En pénétrant dans les jardins, un gazon fleuri conduit jusqu'à la pièce d'eau, surmontée d'un joli pont à la chinoise. En la côtoyant on arrive à la tour octogone, au fond du parc; de sa plate-forme, sous une tente qui met à l'abri des injures du temps, on peut contempler de beaux lointains, de riches paysages ; on en descend, on les quitte à regret pour parcourir tous les sites, tous les bosquets, toutes les surprises qu'offre l'intérieur du parc. Mortefontaine est sans exception le seul lieu de la France où la grande majorité des arbres que l'Angleterre a naturalisés reçoit tout son accroissement et tous ses développements. Où ne voit nulle part de plus belles salles de verdure, de feuillages plus majestueux. Le château de Mortefontaine fut choisi, le 3 octobre 1800, pour y réunir les consuls français et les ministres américains à l'occasion de la signature du traité passé entre la république française et les États-Unis de l'Amérique.

N° 47.

R. DE PARIS A **DIEPPE** (SEINE-INFÉRIEURE).

1re R., par COURBEVOIE et GISORS, 16 myr. 8 kil.

	m. k.
DE PARIS à COURBEVOIE ⌑	0,9
* BEZONS (à gauche de la route).	
COURBEVOIE à HERBLAY ⌑	1,4
HERBLAY à * PONTOISE ⌑	0,9
PONTOISE à CHARS ⌑	1,8
CHARS à GISORS ⌑	1,8
* LA VILLETERTRE (à droite de la route).	
GISORS à TALMOURIER ⌑	1,4
* SAINT-GERMER (à droite de la route).	
TALMOUTIER à GOURNAY-EN-BRAY ⌑	1,2
GOURNAY à * FORGES ⌑	2,1
FORGES à POMMEREVAL ⌑	2,4
POMMEREVAL à BOIS-ROBERT ⌑	1,7
* ARQUES (à droite de la route).	
BOIS-ROBERT à DIEPPE ⌑	1,2

BEZONS (*Seine-et-Oise*). Village très-ancien et très-agréable, qui mérite d'être visité pour son site pittoresque et les belles promenades qui l'environnent. Il est dans une jolie situation sur la Seine, que l'on passe sur un pont construit en remplacement de celui brûlé en 1815. — A 12 kil. (3 l.) de Paris.

GERMER (SAINT-) (*Oise*). Village situé à 27 kil. (7 l.) de Beauvais. 1,005 hab. On y voyait jadis une célèbre abbaye, fondée par Druon, évêque de Beauvais, en 1030. La partie de bâtiment qui a été conservée est occupée actuellement par le petit séminaire de Beauvais. On y remarque une chapelle magnifique.

VILLETERTRE (la) (*Oise*). Joli village, à 34 kil. (8 l. 3/4) de Beauvais. 447 hab. On y remarque une église construite vers le onzième ou le douzième siècle; le portail est vaste, cintré et orné de sculptures représentant divers animaux.

GISORS. Voyez N° 194. — **FORGES.** Voyez page 19.

ARQUES (*Seine-Inférieure*). Bourg très-ancien, situé dans une belle vallée, sur la rivière d'Arques, à 4 kil. (1 l.) de Dieppe. 850 hab. Au commencement du onzième siècle, Arques était une ville importante, défendue par un château fort bâti dans une position admirable, sur le sommet d'une petite montagne qui domine tout le pays d'alentour. Ce château, célèbre par les siéges qu'il a soutenus, était flanqué de quatorze tours et environné de profonds fossés : la victoire de Henri IV est le dernier fait d'armes dont il fut témoin; il a été démantelé en 1753, et il n'en reste plus que les ruines informes qui dominent encore au loin la vallée. — L'église d'Arques est une construction du seizième siècle. Le vaisseau offre de beaux détails d'architecture sarrasine. En entrant, on remarque un élégant jubé d'architecture d'une belle conservation.

OUVRAGES A CONSULTER. *Histoire du château d'Arques*, par Deville, in-8°, 1850.
Notice sur Dieppe, Arques, etc., par Féret, in-8°, fig., 1821.

DIEPPE (*Seine-Inférieure*). Grande et belle ville maritime. Sous-préf. Trib. de 1re inst. et de com. Ch. de com. École d'hydr. de 4e classe. Collége. ☒ ☜ 16,016 hab. (*Établissement de la marée du port*, 10 *heures* 30 *minutes.*) — Dieppe n'est pas une ville fort ancienne; ce n'est qu'en 1195 qu'elle commence à figurer dans l'histoire. Cette ville est très-avantageusement située pour le commerce, au fond d'un petit golfe, sur la Manche, à l'embouchure de l'Arques grossie des eaux de l'Eaulne et de la Béthune. Les rues sont larges et bien percées; les maisons sont pour la plupart construites en briques, couvertes en tuiles et ornées de balcons; on y compte soixante-huit fontaines publiques et deux cent seize fontaines particulières. C'est dans la partie de la grande rue qui avoisine le port, et sur les quais mêmes, que sont bâtis les plus riches hôtels publics et ceux des principaux habitants. A l'ouest de la ville est situé le faubourg de la Barre, et, de l'autre côté du bassin, le Pollet, faubourg de Dieppe renfermé dans l'enceinte de cette ville, avec laquelle il communique par un pont de pierre de sept arches, mais dont les habitants, presque tous marins ou pêcheurs, n'ont rien de commun avec le reste des citadins, ni mœurs, ni usages, ni profession, ni langage.

Le PORT de Dieppe, formé par deux belles jetées, défendu par un château fort et par une bonne citadelle, est excellent; il est entouré de quais revêtus de murs en maçonnerie, et peut recevoir 200 bâtiments de 60 à 600 tonneaux, et autant de bateaux pêcheurs.

Le CHATEAU de Dieppe, flanqué de tours et de bastions, domine tout à la fois la vallée, la ville et la mer; c'est un monument d'un plan original et d'un style bizarre.

L'ÉGLISE SAINT-REMI, fondée en 1522, offre un mélange de l'architecture sarrasine, alors déchue, et du goût antique, qui ne refleurissait pas encore. Dans la chapelle de la Vierge est le tombeau de Sigogne, gouverneur de Dieppe à l'époque de la Saint-Barthélemi.

L'ÉGLISE SAINT-JACQUES est plus belle : on y voit de beaux morceaux d'architecture sarrasine. Les sculptures de la chapelle de la Vierge, tant à l'intérieur qu'à l'extérieur, et celles de la façade du trésor, sont remarquables par la ténuité et l'élégance de leur exécution. Sa tour a une ressemblance frappante avec celle de Saint-Jacques-la-Boucherie de Paris; de sa plate-forme on jouit d'un coup d'œil magnifique, la vue de la mer de Dieppe étant, au témoignage unanime des voyageurs, une des plus belles que les côtes de France puissent offrir.

L'ÉTABLISSEMENT DES BAINS DE MER de Dieppe est un des plus beaux en ce genre qu'il y ait en France; il se compose d'une grande galerie de 100 mètres de longueur. Au milieu est un arc ouvert; à chaque extrémité sont des pavillons élégants, renfermant des salons décemment meublés, à proximité desquels sont disposés des pontons ou escaliers en bois, qui offrent un accès facile sur le sable, où sont disposées de nombreuses tentes; c'est de là que des nageurs exercés conduisent les baigneurs à la mer. Près de la plage est un bel hôtel où sont établis des logements particuliers pour les différentes classes d'étrangers qui fréquentent les bains. En face de la salle de spectacle est le bâtiment des bains chauds. Le prix du séjour à Dieppe est d'environ 7 à 8 fr. par jour.

On remarque encore à Dieppe la bibliothèque publique, contenant 3,000 volumes; les cours Bourbon, les jetées et la plage, promenades très-fréquentées par les étrangers. — PATRIE de Duquesne, de la Martinière; de J. Lavallée; du brave marin Boussard. — FABRIQUES de dentelles, pipes, ouvrages en os et en ivoire. Construction de navires. Pêche du hareng, du maquereau et de la morue. — COMMERCE de vins, eaux-de-vie, vinaigre, sel, clous, fer, acier, meules, etc. A 55 kil. (14 l.) de Rouen, 86 kil. (22 l.) du Havre, 152 kil. (39 l.) de Paris, 129 kil. (33 l.) de Douvres. — HÔTELS (principaux) : de Londres, quai Henri IV; du Roi d'Angleterre; Taylor, rue Angot; Royal, rue de l'ancienne Poissonnerie; d'Albion, rue du Haut-Pas; du Commerce, place Royale; de Rouen, au Puits-Salé; de l'Europe, quai Henri IV; d'Angleterre, sur le port; des Armes-de-France, tenu par Durand, n. 44 et 46, Grand'rue, en face la place d'Armes et près du port.

VOITURES PUBLIQUES. Tous les jours pour Paris, Rouen, le Havre, Abbeville.
PAQUEBOTS A VAPEUR. De Dieppe à Brighton, départs deux fois par semaine, lundi et jeudi; retours mercredi et samedi. Prix : 18 fr. 75 c. et 25 fr. Trajet, 6 h., et de Brighton à Londres, 2 heures.
BUTS D'EXCURSIONS : à *Arques* (2 kil.), *Voy.* ci-dessus; au manoir d'*Ango* (6 kil.), à la *cité de Limes* (1 kil.).
OUVRAGES A CONSULTER, qui se trouvent à la librairie de V⁰ Marais, à Dieppe.
Notice sur Dieppe, Arques, etc., par Féret, in-8°, fig., 1824.
Dieppe en 1826, par le même, in-12.
Histoire de la ville de Dieppe, par Vitet, 2 vol. in-8°, fig. 1833.
Indicateur de Dieppe, par Charlet, in-8°, 1824.
Plan de Dieppe et de ses environs, in-8° et pl., 1827.

2ᵉ Route, par COURBEVOIE et ROUEN, 18 myr.

	m, k.
De PARIS à * PONTOISE ☞ par SAINT-DENIS.	3,2
PONTOISE au BORDEAU-DE-VIGNY ☞	1,4
BORDEAU-DE-VIGNY au MAGNY ☞	1,3
MAGNY à THILLIERS-EN-VEXIN ☞	1,7
THILLIERS-EN-VEXIN à ÉCOUIS ☞	1,5
ÉCOUIS à * ROUEN ☞ (Voy. N° 68).	3,2
ROUEN à CAMBRES ☞	1,7
CAMBRES à TOTES ☞	1,2
TOTES à OMONVILLE ☞	1,3
OMONVILLE à * DIEPPE ☞	1,5

N° 48.

ROUTE DE PARIS A DIGNE (BASSES-ALPES).

76 myr. 4 kil.

	m. k.
De Paris à *Lyon ☞(Voy. N° 82)...........	46,8
Lyon à * Bourgoin ☞ (Voy. N° 112)..........	4,1
Bourgoin à Éclose ☞......................	1,1
Éclose à la Frette ☞.....................	1,5
La Frette à Rives (Isère) ☞...............	1,3
* La Côte-Saint-André (à dr. de la route).	
Rives à Voreppe ☞	1,2
Voreppe à Grenoble ☞...................	1,6
* Sassenage (à droite de la route).	
* Grande-Chartreuse (à gauche de la r.).	
Grenoble à * Vizille ☞.................	1,8
* Claix (à droite de la route).	
* Saint-Martin (à gauche de la route).	
Vizille à la Frey ☞.....................	0,7
La Frey à la Mure ☞...................	1,4
La Mure aux * Souchons ☞.............	1,1
Souchons à Corps ☞....................	1,4
Corps à la Guinguette-de-Boyer ☞........	1,4
* Die (à droite de la route).	
* Saint-Firmin (à gauche de la route).	
La Guinguette à Brutinet ☞..............	1,0
Brutinet à * Gap ☞.....................	1,3
* La Faurie (à droite de la route).	
Gap à Sisteron ☞ (Voy. N° 61)............	4,7
Sisteron à Malijai ☞....................	2,0
* L'Escale (sur la route).	
* Melan (à gauche de la route).	
Malijai à * Digne ☞.....................	2,0

BOURGOIN (*Isère*). Petite ville à 16 kil. (4 l.) de la Tour-Dupin. Trib. de 1re inst. de l'arrondissem. de Saint-Marcellin. ✉ ☞ 3,702 hab. Cette ville est bâtie dans une position agréable, sur trois petites rivières qui s'y réunissent, et entre plusieurs coteaux qui présentent des rideaux de verdure nuancés par tous les genres de végétation. — FABRIQUES d'indiennes, toiles d'emballage, etc.

COTE-SAINT-ANDRÉ (la) (*Isère*). Petite ville située à 34 kil. (8 l. 3/4) de Vienne. ✉ 4,568 hab. Elle est bâtie dans une jolie position, au pied d'une colline, sur la rivière de la Frette. — FABRIQUES de liqueurs renommées.

RIVES (*Isère*). Joli bourg a 29 kil. (7 l. 1/2) de Saint-Marcellin. ✉ ☞ 2,100 hab. Il est bâti dans une situation agréable, au bord d'un riant vallon. — MANUFACTURES importantes de toiles. Papeteries renommées. Forges et aciéries : l'acier naturel connu sous le nom d'acier de Rives se fabrique dans vingt-trois forges, dont sept sont situées à Rives et les autres dans les environs.

GRENOBLE.

N° 48. ROUTE DE PARIS A DIGNE.

SASSENAGE (*Isère*). Bourg à 10 kil. (2 l. 1/2) de Grenoble. 1,250 hab. Ce bourg est bâti au pied de la montagne de son nom, sur les deux rives du Furon, dont le cours rapide forme une cascade agréable. On remarque, au pied du rocher qui forme la base de la montagne deux grottes célèbres, dont l'ouverture a plus de 25 pieds de large sur une hauteur inégale. On y parvient par un sentier fort rapide ; après avoir passé le Furon, on aperçoit une espèce de vestibule dont la largeur est de 74 pieds sur 48 pieds de hauteur et 43 de profondeur. Ce vestibule conduit à d'autres grottes dont les ouvertures sont fort inégales. La plus considérable est celle qui se présente vers la gauche, et d'où sort le torrent de Germe, qui serpente dans l'intérieur de ces grottes ; les eaux viennent se réunir sur le palier d'une espèce d'escalier, et de là se précipitent avec une étonnante rapidité et avec un grand fracas, surtout lorsque la saison des crues d'eau en augmente le volume ; elles sortent de la grotte après avoir formé une très-belle cascade.— Commerce d'excellents fromages, qui se fabriquent dans les montagnes environnantes.

GRENOBLE. Ancienne, grande et forte ville, chef-lieu du département de l'Isère. Cour roy. Trib. de 1re inst. et de comm. Acad. univ. Faculté de droit et des sciences. Collége roy. Dir. de douanes. Ch. des manuf. Bourse de com. Evêché. ⊠ ⚭ 24,868 hab. — L'origine de Grenoble remonte à la plus haute antiquité. Avant la conquête des Gaules par les Romains, elle faisait partie du pays des Allobroges, et était connue sous le nom de *Cularo*. Cette ville est située dans un bassin couvert de prairies et arrosé par des courants d'eau vive, ombragés par une multitude d'arbres. Elle est bornée de tous côtés par des montagnes de forme bizarre, dont le pied est occupé par la vigne, les flancs et la cime par des pâturages et des bois. Partout on est frappé des beautés sauvages de la nature : d'un côté des coteaux chargés de vergers et de maisons de plaisance offrent des sites variés, agréables et pittoresques ; de l'autre l'Isère, poursuivant son cours rapide, arrose un pays délicieux, qui contraste singulièrement avec l'âpreté des rives du Drac. La ville est bien bâtie sur l'Isère, qui la divise en deux parties inégales : l'une, extrêmement resserrée entre la rivière et les montagnes, est étroite, et ne consiste, pour ainsi dire, qu'en une seule rue assez spacieuse, dont une partie a été récemment fort embellie, par suite de la construction des beaux quais qui bordent la rivière ; on a détruit des masures dont l'aspect était misérable, qui ont été remplacées par une jolie promenade dans une belle et chaude exposition. Cette rive, qui forme le quartier le plus populeux et le plus industrieux, occupe la rive droite de l'Isère, et communique avec la rive gauche par un pont en chaînes de fer, dont les abords offrent de belles constructions élevées sur l'emplacement de vieilles maisons que l'on a fait disparaître, et par un autre pont en pierre qui vient d'être reconstruit, et dont on a rendu l'accès facile. La plus basse partie de la montagne est appelée Rabot, celle qui est au-dessus se nomme la Bastille, enfin la partie supérieure porte le nom de Mont-Rachel. De cet endroit on jouit d'un très-beau coup d'œil, qui embrasse la vallée du Drac et celle de l'Isère, au bout de laquelle on distingue, à plus de 120 kil. (30 l.) de distance, la majestueuse cime du Mont-Blanc. La seconde partie de Grenoble, qui occupe la rive gauche de l'Isère, est très-belle et formée de rues bien percées, mais qui, pour la plupart, sont étroites, et bordées de maisons de trois ou quatre étages, dont les toits sont plats et recouverts en tuiles creuses. Les rues de cette partie de Grenoble sont sur plusieurs points pavées en pierres plates, qui remplacent les anciens pavés en cailloux, dont on abandonne l'usage. On y trouve un assez grand nombre de places publiques ; les plus remarquables sont celles de Grenette, de Saint-André et Notre-Dame. Des promenades charmantes ornent les alentours de la ville, qui en possède même une fort belle dans son sein ; c'est un jardin assez étendu, situé sur le quai de la rive gauche de l'Isère. Il a été planté par le connétable de Lesdiguières, et tient à l'hôtel de la préfecture, qui fut la résidence de cet homme célèbre. Ce jardin se compose d'un promenoir ombragé par des ormes et par des platanes; au-dessus s'élève une magnifique terrasse couverte d'une grande allée de marronniers monstrueux. Chaque soir, dans la belle saison, l'élite de la population se réunit sur cette terrasse, qui alors offre l'aspect le plus animé. — La promenade du Cours est formée de deux allées, garnies chacune de deux rangs d'arbres qui bordent la grande route, et qui se prolongent en droite ligne jusqu'au pont de Claix, situé à 8,400 mètres (plus de deux lieues) de la ville. Enfin, en sortant par la porte de France, on voit une grande esplanade entourée d'allées d'arbres, formant une vaste étendue découverte, consacrée aux jeux de boule, aux exercices militaires, aux tirs usités dans les fêtes publiques et autres réjouissances.

Grenoble, fortifiée par le chevalier Deville, était autrefois une place frontière de la plus grande importance; cependant, dominée de toutes parts par des montagnes élevées, elle n'aurait opposé qu'une faible résistance, si l'ennemi avait pu pénétrer jusqu'au pied de ses murailles. Vauban l'entoura de remparts, qui augmentèrent beaucoup son importance militaire. Récemment, l'enceinte de cette ville vient d'être considérablement agrandie par le génie militaire, par l'adjonction des faubourgs de Trois-Cloîtres et de Saint-Joseph, qui s'étendent dans la plaine. Cette partie a été entourée de remparts qui se raccordent avec les travaux de fortification du fort de la Bastille. Quand tous les travaux projetés par le général Haxo seront exécutés, Grenoble sera une des premières villes fortes de France, et son fort, au dire des militaires, un des plus imprenables de l'Europe. La ville est éclairée au gaz; on y entre actuellement par sept portes. — Grenoble possède une bibliothèque publique d'environ 60,000 volumes, placés dans deux grandes pièces : la première, ou la salle d'entrée, a 14 mètres 30 centim. de longueur, 9 mètres de largeur, et 6 mètres 42 centim. de hauteur; elle est éclairée par huit fenêtres donnant sur la cour du collège et formant deux rangs de croisées. La grande salle a 66 mètres de longueur, 8 mètres 30 centim. de largeur, et 6 mètres 42 centim. de hauteur; elle est éclairée d'un côté par huit fenêtres sur deux rangs, de l'autre par vingt fenêtres également sur deux rangs, et par une grande fenêtre au centre et à balcon, en face de la salle d'entrée. Un cabinet d'histoire naturelle et un cabinet d'antiquités sont contigus à cette bibliothèque ; à l'extrémité de cet établissement est le musée des tableaux, renfermant plus de cent trente tableaux, parmi lesquels on compte des originaux de Rubens, l'Albane, Paul et Alexandre Véronèse, le Lorrain, Pérugin, Philippe de Champagne, l'Espagnolet, le Bassano, Lucatelli, Josepin, l'Orizzonte, Solario, Crayer, Vander-Meulen, le Brun, le Sueur, etc. — On remarque encore à Grenoble l'église Notre-Dame, l'évêché, l'hôpital général, le palais de justice, la salle de spectacle, la statue colossale en bronze, érigée en l'honneur de Bayard sur la place Saint-André; de nombreuses bornes-fontaines, et un beau château d'eau orné de sculptures en bronze, l'arsenal, la citadelle, le jardin de botanique. — On doit visiter aux environs le pont suspendu, jeté sur le Drac, le pont de Claix, la Grande-Chartreuse, etc. — PATRIE de Condillac, Mably, Vaucanson, Gentil-Bernard, madame de Tencin, Barnave, Savoye, Rollin, Casimir Périer, Mounier, Campenon, Berriat Saint-Prix, etc. — FABRIQUES considérables de gants de peau, de toiles, indiennes, liqueurs fines, etc. A 107 k. (27 l. 1/2) de Lyon, 55 kil. (14 l.) de Chambéry, 571 kil. (146 l.) 1/2 de Paris.—
HÔTELS : des Ambassadeurs, des Trois-Dauphins.

VOITURES PUBLIQUES. Tous les jours pour Paris, Lyon, Saint-Marcellin, Valence, Voiron, Chambéry, Marseille, Gap; *correspondance* avec Embrun, Briançon, Sisteron, Digne, Entrevaux, Manosque, Forcalquier, Aix, Draguignan, Grasse, Nice.
BUTS D'EXCURSIONS : à la *Grande-Chartreuse* (*Voy.* ci-après); aux *eaux d'Allevard*, dont le site est on ne peut plus pittoresque; aux *eaux d'Uriage* et de *la Motte*: au *château de Vizille*; au *pont de Claix*; aux *cuves de Sassenage*. (*Voy.* précédemment et ci-après ces mots.)

Rauch del.   Schroeder sc.

ENTRÉE DU DÉSERT A FOURVOIRIE.

N° 48. ROUTE DE PARIS A DIGNE. 333

OUVRAGES A CONSULTER, qui se trouvent à la libr. de Prud'homme, à Grenoble.
Histoire générale du Dauphiné, par Chorier, 2 vol. in-fol., 1661.
Histoire du Dauphiné, par Valbonays, 2 vol. in-fol., 1722.
Annuaire statistique du département de l'Isère, par Berriat St-Prix, 1801-1804.
Souvenirs pour servir à la statistique de l'Isère, par M. d'Haussez, in-8°, 1838.
Description générale du départ. de l'Isère, par Pérín Dulac, 2 vol. in-8°, 1806.
Antiquités de la ville de Grenoble, par Champollion-Figeac, in-4°, 1807.
Histoire du Dauphiné, par Chapuis-Montlaville, 2 vol. in-8°, 1827.
Excursion à la Grande-Chartreuse, par Villeneuve et Tirpenne, in-fol. et 30 vues.
Histoire de Grenoble et de ses environs, par Pilot, in-8°, 1829.
Recherches sur les antiquités dauphinoises, par Pilot, in-8°, 1853.
Album du Dauphiné, 4 vol. in-4° et 193 dessins. Prix : 80 fr.
Panorama de la ville de Grenoble, par Villeneuve ; 1/2 feuille ; grand monde, 6 fr.
Plan de Grenoble, contenant les anciens et les nouveaux tracés, des vues et des médailles, sur feuille jésus, 2 fr 50 c.
Guide des voyageurs à la Grande-Chartreuse, in-8° oblong et 8 vues, 2 fr.

CHARTREUSE (la Grande-) (*Isère*). Monastère renommé par la beauté de ses sites pittoresques, par son ancienneté et par l'étendue de ses bâtiments, situé à 22 kil. (5 l. 1/2) de Grenoble. Deux chemins conduisent à ce monastère, dont quelques chartreux ont repris possession depuis plusieurs années : l'un, scabreux et difficile, passe au Sapey, et n'est praticable que pour les personnes à cheval ; il traverse une forêt continuelle de sapins, et offre de charmants points de vue sur la délicieuse vallée de Grésivaudan. L'autre chemin, beaucoup plus long, est tracé dans une vallée très-resserrée où coule l'Isère, en passant par les villages de la Buisserale, de Saint-Robert et de Voreppe ; au delà de cet endroit, il s'enfonce entre deux montagnes dont l'une, à gauche, est cultivée jusqu'au sommet ; l'autre, à droite, presque partout inculte et couverte de forêts de sapins, est sillonnée de profonds ravins qui la rendent inaccessible. Ce chemin aboutit au bourg de Saint-Laurent du Pont, bâti au milieu de montagnes à pic d'une élévation prodigieuse. A peu de distance de ce bourg, on trouve le hameau de Fourvoirie, qui offre un point de vue extrêmement pittoresque. Bientôt la vallée se resserre : tout à coup les deux montagnes se rapprochent et perdent dans les nues leurs cimes devenues presque verticales. En avançant encore, il faut nécessairement, après avoir franchi le torrent sur un horrible pont jeté d'une montagne à l'autre, passer sous une voûte étroite fermée par une double porte, sous laquelle le chemin semble fuir ; c'est le seul passage qu'on aperçoive, c'est la première entrée de ce désert. Au delà de cette double porte, le chemin se rétrécit davantage, les montagnes s'élèvent à une telle hauteur, qu'on peut à peine voir le ciel : la route est presque partout taillée dans le roc. On avance dans l'obscurité de la forêt, toujours entre la montagne et le torrent, jusqu'au deuxième pont qui était l'ancienne entrée des chartreux, et qui se trouve à une lieue du premier. Ce dernier pont franchi, on côtoie la rive opposée, et l'on n'a plus qu'une demi-lieue avant d'arriver au couvent. Bientôt la forêt cesse entièrement, et l'on se trouve dans une vaste prairie au fond de laquelle l'œil mesure, avec toute l'immensité du bâtiment, une partie du désert dont il occupe le centre. Ce bâtiment de l'ancien chef d'ordre des chartreux est d'une architecture noble, simple et solide. Adossé contre la montagne qui borde la rive gauche du torrent, il n'a d'autre aspect que la coupe très-rapprochée qui s'élève sur l'autre rive. La prairie dont il est entouré l'est elle-même par la forêt qui couvre toute cette haute région. La façade est embellie par des jardins en terrasses. Le monastère se compose de deux grands édifices en forme de parallélogramme, dont l'un est dirigé obliquement contre l'autre, et forme avec lui un angle aigu. Le premier a environ 300 mètres de longueur sur 98 de largeur. Une longue galerie conduit, d'un côté, aux maisons de chacun des grands officiers de l'ordre; celle du général occupe l'extrémité de cette galerie ; à droite sont les cuisines et le réfectoire. L'église est placée au centre. Au premier étage se trouvent la salle capitulaire, les chambres des frères, et des logements pour les prieurs qui étaient appelés au chapitre général. — Le second corps de logis peut avoir 800 mètres de long sur 100 de large ; cette partie des bâtiments forme le cloître, contre lequel sont rangées les cellules des religieux, au nombre de 54. Le cloître est composé de trois cours parallèles : le cimetière, au centre duquel s'élève une grande croix de pierre, occupe celle du milieu ; une multitude de petites arcades à vitres plombées éclairent ces longs corridors. Quatre fontaines, d'une eau aussi froide que la glace, interrompent seules le silence qui règne sous ces voûtes. Tous les bâtiments sont entourés de jardins et de cours assez vastes et fermées par un mur. L'église n'offre rien de remarquable. On visite dans l'intérieur : la salle du chapitre, longue de 13 à 16 mètres, large de 7 à 10, et dont le fond est occupé par une chaire d'où les généraux haranguaient le chapitre assemblé. Les cuisines, où se trouvent de longues tables en marbre ; les appartements des étrangers ; les caves fraîches et spacieuses, et la fromagerie. — En remontant le torrent, par un chemin ombragé, large et assez commode, on arrive en un quart d'heure à la cellule de Saint-Bruno, aujourd'hui convertie en chapelle, au-dessous de laquelle est une grotte qui renferme une fontaine.

OUVRAGES A CONSULTER. *Voyage à la Grande-Chartreuse et à la trappe d'Aiguebelle*, par Guérin, in-4°, 1710.
Voyage à la Grande-Chartreuse, par Dupré Delaire, in-12, 1831.
Description des déserts de la Grande-Chartreuse, in-fol. et pl. 1828.
Voyage pittoresque à la Grande-Chartreuse, suite de vues pittoresques lithographiées, par Bourgeois père, in-fol.
Guide des voyageurs à la Grande-Chartreuse, in-8° oblong et vue, 2 fr.

CLAIX (*Isère*). Bourg à 10 kil. (2 l. 1/2) de Grenoble. 1,400 hab. Il est assez bien bâti près de la rive gauche du Drac, que l'on passe sur un pont en pierre d'une seule arche de 140 pieds d'ouverture, qui étonne par la hardiesse de sa construction.

MARTIN D'URIAGE (SAINT-) (*Isère*). Village à 13 kil. (3 l. 1/4) de Grenoble. 2,200 hab. On trouve à peu de distance deux sources d'eaux minérales froides, l'une sulfureuse et l'autre ferrugineuse, qui ont donné lieu à la construction d'un établissement de bains fort remarquable ; il est formé à l'ouverture de la vallée et offre tous les avantages des eaux naturelles thermales ; on y trouve presque toutes les commodités qu'on peut désirer dans une ville.

VIZILLE (*Isère*). Bourg à 20 kil. (6 l. 3/4) de Grenoble. ⚐ ⚭ 2,750 habit. Vizille était jadis une station militaire, qu'Aymar du Rivail, dans l'histoire des Allobroges, qualifie d'*oppidum antiquum*. Le bourg qui existe aujourd'hui est bâti dans une plaine fertile, sur la rive droite de la Romanche ; il est dominé par un antique château, bâti de 1611 à 1620. Ce château mérite une place dans les annales de la révolution française ; c'est dans la salle de l'ancien jeu de paume que se tint, le 21 juillet 1788, l'assemblée des trois ordres du Dauphiné, sous la présidence du comte de Morges. Mounier en était le secrétaire, et rédigea les délibérations unanimes, qui réclamaient avec fermeté le rétablissement des anciens états de la province, avec l'éligibilité à toutes les places, la double représentation du tiers-état, l'abolition des privilèges pécuniaires, et le système de monarchie représentative que la Charte a eu pour objet de réaliser. Détruit en partie par un horrible incendie en 1825, le château de Vizille a été restauré avec beaucoup d'art, et ne paraît pas avoir souffert de ce désastre. — FAB. d'indiennes.

SOUCHONS (les) (*Isère*). Village à 47 kil. (12 l.) de Grenoble. ⚭ 500 hab. Il est bâti dans une horrible et profonde vallée, à peu de distance d'une montagne isolée, nommée le mont Aiguille, dont la forme cubique est extrêmement frappante.

DIE (*Drôme*). Ville fort ancienne. Sous-préfect. Trib. de 1re instance. ⚐ 3,924 hab. Cette ville, entourée de murailles flanquées de nombreuses tours, est dans une situation pittoresque, sur la rive droite de la Drôme, au milieu

N° 48. ROUTE DE PARIS A DIGNE.

d'une vallée agréable et fertile, entourée de montagnes agrestes, dont la principale (Glandasse) est élevée de 2,400 mètres au-dessus de l'Océan : son territoire abonde en grains, en fruits de toute espèce, et produit des vins blancs délicieux, connus sous le nom de clairette de Die. On y remarque le bâtiment de l'ancien évêché ; l'église cathédrale, dont le vaisseau a 81 m. 24 c. de long sur 23 m. 38 c. de large, et n'est soutenu par aucun pilier. — COMMERCE de soie et d'excellents vins blancs mousseux de son territoire. — A 43 kil. (11 l.) de Valence, 643 kil. (165 l.) de Paris.—HÔTELS : Saint-Dominique, des Trois-Faisans.

VOITURES PUBLIQUES. Tous les jours pour Valence.

BUTS D'EXCURSIONS : à la *montagne de Glandasse*, bordée d'anciens rochers, où l'on trouve des ours, des chamois, des lièvres blancs, des aigles, des faisans, etc. ; au but de *St-Génie*, de 1,600 mèt. d'élévation, au sommet duquel jaillit une belle fontaine ; à *St-Julien en Quint* (10 kil.), village dominé au nord par la haute montagne de Furduries, dont le sommet est couronné par une immense prairie au milieu de laquelle on voit une grotte curieuse par les glaces qu'elle renferme en été, et qui prend toute espèce de formes. Cette grotte attire en été un grand nombre de curieux ; elle a donné lieu à l'établissement d'une foire qui se tient au mois de juin chaque année, et où l'on conduit de grands troupeaux de bœufs et de moutons ; — à la *montagne de Solore*, où l'on voit une grotte très-étendue, ornée de belles stalactites.

OUVRAGE A CONSULTER. *Mémoire sur les antiquités de Die*, par M. Denis Long, docteur en médecine, ouvrage inédit, mentionné honorablement par l'Académie des sciences.

FAURIE (la) (*Hautes-Alpes*). Village à 32 kil. (8 l. 1/4) de Gap, 800 hab. On remarque sur les confins de cette commune une vaste grotte nommée la Baume-Noire, renfermant de vastes salles et de belles concrétions.

GAP. Très-ancienne ville. Chef-lieu du département des Hautes-Alpes. Trib. de 1re inst. et de com. Soc. d'agric. Collége com. ⊠ ☛ 7,215 habitants. Gap est une ville celtique du nom de Vap, capitale des *Tricorii*, que les Romains, vainqueurs de ce peuple, nommèrent *Vapincum*. Cette ville est située à l'embranchement de la route d'Espagne en Italie par le Pont Saint-Esprit et le mont Genèvre, et de celle de Paris à Marseille par Lyon et Grenoble. Elle est très-mal bâtie, mal percée, et généralement peu agréable ; il y a dans les environs des sources d'eaux minérales. Parmi ses édifices, on remarque la cathédrale, bel édifice gothique, propre et bien orné. Une des chapelles renferme le mausolée du connétable de Lesdiguières, en marbre noir, orné de bas-reliefs en albâtre, qui retracent les principaux exploits de ce guerrier ; il est représenté avec son armure, couché et appuyé sur le coude. — Le palais de justice, l'hôtel de ville, la préfecture et l'évêché, les casernes, sont d'assez beaux édifices. La ville possède aussi une petite salle de spectacle et une belle citerne pouvant contenir 20,000 hectolitres d'eau, destinée au service des pompes en cas d'incendie. — FABRIQUES de toiles, draps communs, tissus de soie et de laine. — A 101 kil. (26 l.) de Grenoble, 80 kil. (20 l. 1/2) de Digne, 672 kil. (171 l. 1/2) de Paris.

VOITURES PUBLIQUES. Pour Marseille, Briançon, Grenoble, Lyon, Paris, Serres.

BUTS D'EXCURSIONS : au mont Genèvre (*Voy.* ce mot, n° 62, Route de Gap à Briançon) ; aux ruines du *mont Séleucus*.

OUVRAGES A CONSULTER. *Topographie, histoire, antiquités, usages et dialectes des Hautes-Alpes*, par le baron Ladoucette, in-8° et atlas, 1833.

Annuaires des Hautes-Alpes, par Farnaud.

Description abrégée des Hautes-Alpes, par le même.

SISTERON (*B.-Alpes*). Ancienne et forte ville. Sous-préfecture. Trib. de 1re instance. Soc. d'agr. Coll. com. ⊠ ☛ 3,920 hab. Cette ville est dans une situation pittoresque, au pied d'un rocher que surmonte la citadelle ; elle est bâtie entre deux montagnes, au confluent du Buech, qui s'y jette dans la Durance, que l'on passe sur un beau pont d'une seule arche. Située à plus de deux cents toises au-dessus du niveau de la mer, la ville de Sisteron commande, par sa position, les deux vallées du Buech et de la Durance, et ferme ainsi le passage qui conduit de la Provence dans le Dauphiné. Elle est entourée de murailles flanquées de tours entièrement démantelées, mais d'un aspect très-pittoresque. Le bassin de la Durance, spacieux au-dessus de la ville, se rétrécit en l'approchant, et forme une gorge étroite bordée de rochers escarpés d'un bel effet, dont l'un porte la citadelle et l'autre le faubourg de la Baume. Une jolie promenade embellit l'avenue de la porte d'Aix. — PATRIE du naturaliste Deleuze. — COMMERCE de vins. — A 39 kil. (10 l.) de Digne, 41 kil. (10 l. 1/2) de Gap, 717 kil. (184 l.) de Paris.

VOITURES PUBLIQUES. Pour Marseille et Grenoble, correspondant avec Digne.
OUVRAGE A CONSULTER. *Essai sur l'histoire municipale de Sisteron*, in-8°, 1830.

ESCALE (L') (*B.-Alpes*). Village situé près de la rive droite de la Durance, que l'on y passe sur un joli pont suspendu. — A 16 kil. (4 l.) de Sisteron. 650 hab.

MÉLAN (*B.-Alpes*). Joli village, à 16 kil. (4 l.) de Digne. 150 h. Il est bâti en amphithéâtre au midi sur le penchant d'une montagne, dans un site vraiment pittoresque. A peu de distance est la grotte de Saint-Vincent, l'une des belles horreurs de la nature. L'entrée en est fort étroite ; mais quand on l'a franchie, on voit s'incliner et s'agrandir devant soi, dans une profondeur et une largeur étonnantes, des abimes rocailleux qui présentent des pétrifications de toutes les formes, des rochers multipliés et d'une dimension prodigieuse.

DIGNE. Petite et très-ancienne ville. Chef-lieu du départ. des Basses-Alpes. Trib. de 1re inst et de com. Soc. d'agric. Collége com. Évêché. ⌧ ⚹ 3,932 hab. — L'origine de Digne remonte à une haute antiquité ; son premier nom était DINIA. Cette ville est située au pied des Alpes, sur le torrent de la Bléone, qui y reçoit le Mardaric et le ruisseau des Eaux-Chaudes. Elle s'élève d'une manière pittoresque sur un mamelon que surmonte un roc sur lequel est bâtie l'église, dont le clocher, terminé par un dôme en fer, domine toute la ville. Ce roc porte aussi la prison, environnée de fortes murailles. La partie la plus ancienne de cette cité est généralement mal bâtie, les rues en sont étroites, tortueuses et malpropres. La préfecture, le palais de justice, le collége, le séminaire, les casernes et plusieurs autres bâtiments publics sont de construction moderne. Au bas du mamelon qui porte la ville, le boulevard Gassendi, large, bien entretenu, ombragé de beaux platanes, forme une promenade agréable ; il est orné d'un château d'eau, et, à son extrémité, vers l'ancien bourg, d'une belle fontaine décorée de colonnes. Le cours des Arêts, formé par une terrasse et voisin du boulevard, est aussi orné d'une belle fontaine jaillissante. On remarque encore à Digne la bibliothèque publique, renfermant 3,000 volumes ; la pépinière départementale, etc. — Les environs de Digne sont agréables et pittoresques ; la vallée de la Bléone est spacieuse, verdoyante, bordée de jardins, de vergers et de maisons de campagne. A quelques minutes au nord de la ville, sur la route de Barcelonnette, sont les restes de l'ancienne cathédrale, que la tradition fait remonter au règne de Charlemagne : malgré l'état de dévastation ou se trouve cet édifice, on aperçoit encore sur certaines parties des murs extérieurs des traces de peintures à fresque. Celles placées au-dessus de l'autel des âmes du purgatoire sont remarquables par la bizarrerie de la composition ; le peintre a imaginé de placer sur une ligne les sept péchés capitaux, représentés par des personnages allégoriques. — A une demi-lieue de Digne, on trouve, au pied d'une montagne, dans une position agreste, un établissement d'eaux thermales assez fréquenté. Les eaux de Digne s'emploient avec le plus grand succès pour la guérison des blessures, des vieilles plaies d'armes à feu, les paralysies anciennes, les rhumatismes chroniques, les affections cutanées. — FAB. de cuirs. — A 78 kil. (20 l.) de Gap, 78 kil. (20 l.) de Draguignan, 101 kil. (26 l.) de Nice, 754 kil. (193 l. 1/2) de Paris. — HÔTELS : du Petit-Paris, du Grand-Paris, des Empereurs.

VOITURES PUBLIQUES. Tous les jours pour Marseille et Avignon.
OUVRAGES A CONSULTER, qui se trouvent à la librairie de Repos, à Digne.
Les bains de Digne, par Richard, in-8°, 1617.

MOUSTIERS.

N° 48. ROUTE DE PARIS A DIGNE.

Les Merveilles des bains de Digne, par Lautaret, in-8°, 1820.
Recherches sur la géographie et les antiquités des Basses-Alpes, par Henri, in-8°, 1818.
Vues sur l'agriculture des Basses-Alpes, par Jouine, in-8°, 1823.
Annales historiques des Basses-Alpes, une livr. par mois, in-8°, ornée de lithographies (8e année, 1842), 0 fr 80 c. par an.
L'Album des Basses-Alpes, in-4° et pl. (en publication.)
On annonce comme devant paraître en 1812: *l'Histoire de l'arrondiss. de Castellane*, *l'Histoire de Manosque*, *l'Histoire de Moustiers* et *l'Histoire des antiquités de Riez*.

DE DIGNE A MARSEILLE, 14 myr.

	m. k.
De Digne à Estoublon ⚐........................	2,0
* Annot (à gauche de la route).	
* Valderoure (à gauche de la route).	
Estoublon à * Riez ⚐........................	1,9
* Castellane (à gauche de la route).	
* Moustiers (à gauche de la route).	
* Saint-Auban (à gauche de la route).	
* Saint-Vallier (à gauche de la route).	
* Gourdon (à gauche de la route).	
Riez aux * Bains-de-Gréoulx ⚐.............	2,0
Les Bains-de-Gréoulx à St.-Paul-lez-Durance ⚐	1,8
Saint-Paul-lez-Durance à Peyrolles ⚐......	1,3
Peyrolles à Marseille ⚐ (Voy. N° 61).......	5,0

De Rives à	Voiron ⚐............................	1,1
	Tullins ⚐............................	1,2

VALDEROURE (*Var*). Village situé à 35 kil. (9 l.) de Grasse. 320 hab.
Entre Valderoure et Audon se trouve la ravissante vallée des Thorences, sillonnée dans toute sa longueur par un ruisseau très-poissonneux. Les restes d'un vieux château détruit depuis plusieurs siècles, qu'on voit sur un pic très-escarpé, les vestiges d'un village considérable (dont la tradition est peu ancienne, la diversité des sites et du paysage, offrent des tableaux d'une composition vraiment fantastique.
ANNOT (*B.-Alpes*). Petite ville à 39 kil. (10 l.) de Castellane. 1,292 hab. On remarque aux environs, sur la route d'Entrevaux, la grotte de Saint-Benoît, curieuse par sa vaste étendue et par les stalactites qu'elle renferme.
CASTELLANE (*B.-Alpes*). Petite et ancienne ville. Sous-préfect. Trib. de 1re Instance. Soc. d'agric. Collége comm. 2,106 hab. Cette ville est bâtie au pied des Alpes, dans une vallée agréable et fertile, sur la rive droite du Verdon, que l'on traverse par un pont d'une seule arche très-hardie, qui occupe le fond d'un défilé, et s'appuie au roc de Castellane, promontoire de rochers de trois cents pieds de haut, dont le Verdon baigne la base. On communique au sommet de ce roc, couronné par la chapelle de Notre-Dame, par un sentier difficile : de ce point, on jouit d'une vue remarquable. La ville est assez bien bâtie et possède plusieurs grands bâtiments d'un aspect assez triste; elle est formée de rues étroites, malpropres et mal percées, et en partie entourée de murailles délabrées, flanquées de tours en ruine, reste de ses anciennes fortifications. Entre la ville et le Verdon est une place spacieuse, propre et ornée d'un château d'eau.—Fabrique de draps communs. —Commerce de fruits secs et confits, et surtout de pruneaux.— A 37 kil. (9 l. 1/2) de Digne, 797 kil. (204 l. 1/2) de Paris.
MOUSTIERS (*B.-Alpes*). Petite ville à 43 kil. (11 l.) de Digne. 1,725 hab. Elle est bâtie dans une situation extrêmement pittoresque, au pied d'une chaîne

de rochers très-élevés. Un vallon profond la sépare en deux parties inégales, qui sont la ville et le faubourg ; ces deux parties communiquent entre elles par des ponts. A l'extrémité des rochers on voit deux rocs qui, formant comme les portes de cette gorge étroite, sont réunis par une chaîne de fer, longue d'environ 127 mètres, formée de tringles d'à peu près 3 cent. d'épaisseur et de 65 cent. de long, se tenant par leur extrémité sans anneaux ni chaînons, et à laquelle est suspendue une étoile dorée à cinq pointes. D'après une opinion accréditée, cette chaîne est un monument singulier de la dévotion guerrière des anciens preux.

AUBAN (SAINT-) (*Var*). Village situé sur l'Esteron, à 43 kil. (11 l.) de Grasse. 641 hab. On remarque aux environs le passage de la Clue de Montauban, tracé dans le roc entre deux montagnes resserrées et taillées à pic, au-dessous duquel l'Esteron roule ses eaux de rochers en rochers dans un précipice dont il est presque impossible d'apercevoir le fond. Le chemin se trouve à mi-côte sur la rive gauche du torrent : il est taillé dans le roc, qui le recouvre sur une assez longue étendue ; la vue du précipice et la hauteur des montagnes, dont les cimes semblent presque se toucher, rendent le passage ténébreux et effrayant. C'est sans contredit une des curiosités les plus remarquables de la France, et dont on chercherait vainement l'analogue en Suisse et en Italie.

VALLIER (SAINT-) (*Var*). Bourg à 10 kil. (2 l. 1/2) de Grasse. 609 hab. On doit visiter, aux environs, le Pont-à-Dieu, formé de rochers et couvert de gros arbres, sous lequel passe la Siagne.

GOURDON (*Var*). Village situé sur une montagne taillée à pic du côté de l'est, à 23 kil. (6 l.) de Grasse. 250 hab. Aux environs, sur un pic très-élevé, au bord du Loup, on remarque une grotte spacieuse où coule une fontaine dont l'eau est excellente : le chemin pour y arriver est coupé par une grande crevasse de rocher qu'on est obligé de franchir, sans le secours d'aucun pont, au-dessus d'un abîme effrayant ; cependant, malgré tous ces dangers, cette grotte est très-fréquentée par les bergers des environs, qui viennent journellement à la fontaine puiser de l'eau pour leurs besoins domestiques. — On doit aussi visiter l'ERMITAGE SAINT-ARNOUX, bâti sur des rochers près de la rivière du Loup, dans la situation la plus sauvage qu'on puisse imaginer.

RIEZ (*B.-Alpes*). Petite ville à 47 kil. (12 l.) de Digne. ✉ ☞ 3,115 hab. Riez est l'ancienne *Abèce*, érigée en colonie romaine sous le patronage d'Auguste. Les ravages des barbares, le vandalisme, plus grand encore, qui suivit ces temps désastreux, ont détruit peu à peu les édifices qui devaient s'y trouver en grand nombre. D tous les monuments encore subsistants, les plus remarquables par leur importance sont quatre superbes colonnes d'ordre corinthien, de granit gris, avec chapiteaux, bases et entablements de marbre, placées à une petite distance de la rive droite du Colostique, et huit jolies colonnes du même granit, disposées circulairement dans un champ, de l'autre côté du ruisseau, et presque vis-à-vis des quatre colonnes. — Riez est très-agréablement situé, au pied des montagnes, dans une belle et riche plaine, où l'on récolte en abondance de très-bons fruits et des vins d'excellente qualité. On y remarque une jolie promenade. — COMMERCE de fruits confits du Midi. — HÔTEL des Colonnes.

GRÉOULX (*B.-Alpes*). Joli village près de la rive droite du Verdon, à 66 kil. (17 l.) de Digne. ✉ ☞ 1,500 hab. Ce village possède des eaux minérales qui paraissent avoir été connues et fréquentées par les Romains. On y trouve un établissement commode de bains et d'étuves d'un aspect agréable, renfermant des chambres propres et bien aérées. Cet établissement est à environ cinq cents pas à l'est du village ; des promenades bien ombragées, plusieurs jardins paysagers, ornés de divers arbustes à fleurs odoriférantes, font de ce site un séjour gracieux. Le bâtiment des bains, entièrement construit à neuf, est très-vaste, fort commode, propre et bien distribué : toutes les baignoires sont de marbre; il y en a quelques-unes de forme carrée, dans lesquelles on descend par plusieurs marches également en marbre. On fait usage des eaux de Gréoux depuis le commencement de mai jusqu'à la fin de septembre : la durée de chaque saison est de trois ou quatre semaines. Ces eaux passent pour être efficaces dans la phthisie catarrhale, les maladies cutanées chroniques, la faiblesse de l'appareil digestif, etc.

VOITURES PUBLIQUES. Il y a une diligence en poste qui part d'Aix et de Marseille pour Gréoulx deux fois par jour. On trouve aussi à Aix des voitures à six places et des cabriolets partant à volonté.

OUVRAGES A CONSULTER. *Traité des eaux minérales de Gréoulx*, par Esparron, in-8°, 1785.
Notice sur les eaux de Gréoulx, par Valentin, 1735.
Nouveau traité sur les eaux minérales de Gréoulx, in-12, 1777.

VOIRON (*Isère*). Jolie petite ville, à 20 kil (5 l.) de Grenoble. Ch. des manuf. ⊠ ↻ 6,924 hab. Elle est bâtie au pied d'un coteau, et traversée par le ruisseau de la Morge, qui y fait mouvoir un grand nombre d'établissements industriels. — FABRIQUES de toiles de chanvre. Forges et aciéries.

TULLINS (*Isère*). Bourg à 23 kil. (6 l.) de Saint-Marcellin. ⊠ ↻ 3,807 hab. Il est bâti dans une magnifique vallée, qui offre une grande diversité de sites et de cultures.

N° 49.

ROUTE DE PARIS A DIJON (COTE-D'OR).

1re Route, par TONNERRE, 30 myr. 1 kil.

	m. k.
De PARIS à * SENS ↻ (Voy. N° 82, Route de Lyon).	11,0
SENS à THEIL ↻	1,1
THEIL à ARCES ↻	1,7
ARCES à * SAINT-FLORENTIN ↻	1,6
SAINT-FLORENTIN à * FLOGNY ↻	1,3
FLOGNY à TONNERRE ↻	1,5
TONNERRE à * ANCY-LE-FRANC ↻	1,8
* TANLAY (à gauche de la route).	
ANCY-LE-FRANC à AIZY-SUR-ARMANÇON ↻	1,6
AIZY-SUR-ARMANÇON à MONTBARD ↻	1,1
MONTBARD à VILLENEUVE-LES-CONVERTS ↻	2,2
* BUSSY-LE-GRAND (à droite de la route).	
VILLENEUVE-LES-CONVERTS à CHANCEAUX ↻	1,4
* ALISE-SAINTE-REINE (à droite de la route).	
CHANCEAUX à * SAINT-SEINE ↻	1,2
SAINT-SEINE au * VAL-SUZON ↻	1,0
VAL-SUZON à * DIJON ↻	1,6

FLORENTIN (SAINT.) (*Yonne*). Jolie petite ville, très-agréablement située, sur le canal de Bourgogne, au confluent de l'Armance et de l'Armançon, à 27 kil. (7 l.) d'Auxerre. ⊠ ↻ 2,442 hab. Saint-Florentin est une petite ville assez bien bâtie et environnée de promenades agréables ; elle possède une assez jolie place publique, décorée d'une belle fontaine. Sur le canal, on remarque un beau pont-aqueduc, sous lequel passe l'Armance. De la promenade du Prieuré, élevée sur un monticule, on jouit d'une fort belle vue sur un grand nombre de villages, sur le canal de Bourgogne et sur le cours de l'Armançon. L'église paroissiale, bâtie en 1376 sur l'emplacement d'un ancien château royal, est décorée de sculptures d'un assez bon dessin : elle n'a point été achevée; il n'en reste que le chœur, qui est d'une belle architecture ; l'entrée principale, du côté du nord, est précédée d'un escalier d'environ quarante degrés. — Hôtel de la Poste.

FLOGNY (*Yonne*). Bourg situé sur le canal de Bourgogne, à 14 k. (3 l. 1/2) de Tonnerre. 410 hab. A peu de distance de ce bourg, on remarque, sur les bords de l'Armançon les vestiges d'un camp romain.

TONNERRE (*Yonne*). Ancienne et jolie petite ville. Sous-préfect. Trib. de 1re inst. Soc. d'agric. Collége comm. ✉ ⚜ 4,247 hab. Cette ville est agréablement située, près du canal de Bourgogne, sur le penchant d'une colline au pied de laquelle coule l'Armançon, dans un territoire fertile en excellents vins. Elle est bien bâtie, en pierres de taille, et formée de rues assez bien percées. Au pied de la colline, sur laquelle s'élève l'église, on voit une source d'eau claire et limpide, assez abondante pour faire tourner un moulin; elle forme un bassin d'une profondeur considérable, nommé la Fosse-Dionne. Dans la vallée, on remarque un ancien château, qui a été habité par la reine Marguerite de Sicile; c'est aujourd'hui la propriété de M. le marquis de Louvois, pair de France. Aux environs on exploite de belles carrières de pierre de taille tendre qu'on emploie à Paris pour les sculptures et les ouvrages d'architecture. On doit aussi visiter la promenade du Pâtis, l'ermitage de Saint-Loup et l'abbaye de Saint-Michel. Tonnerre possède un magnifique hôpital, fondé par Marguerite de Bourgogne, belle-sœur de saint Louis, qui le dota d'un revenu en biens-fonds d'environ quarante mille francs, dont il jouit encore aujourd'hui. Sur les murs de cet hôpital, on voit un grand gnomon, tracé en 1786, qui passe pour un des plus beaux monuments en ce genre qui aient été élevés aux sciences.

L'église de Saint-Pierre, bâtie sur un rocher d'où l'on jouit de beaux points de vue, est un édifice remarquable par son étendue ; elle est surmontée d'un clocher en forme de tour gothique, et renferme un mausolée en marbre blanc, érigé à la mémoire de Marguerite de Bourgogne, reine de Sicile, représentée couchée sur son tombeau, et soutenue par la Charité. Cinq siècles se sont écoulés depuis la mort de cette reine bienfaisante, et son nom n'a pas discontinué d'être vénéré dans cette contrée: elle a voulu que le jour anniversaire de sa mort fût célébré par un service suivi d'un repas. Chaque année, on réunit à cette occasion des ecclésiastiques et les fonctionnaires ; la table est placée dans une vaste salle, en face du portrait de la donatrice, qui semble présider elle-même ce banquet, où chacun se plaît à rappeler les principaux événements de sa vie et surtout de sa bienfaisance. — Un autre mausolée en marbre attire dans l'église les regards du public ; c'est celui de Michel le Tellier, marquis de Louvois, ministre de la guerre sous Louis XIV. Il est revêtu du costume de cour et couché sur son tombeau : une femme à genoux, tenant un livre à la main, représente l'Histoire; elle tourne vers lui ses yeux mouillés de larmes, et parait lui montrer les pages où ses opérations dans le Palatinat sont rapportées. Ce monument, ouvrage du célèbre Girardon, est d'une exécution très-soignée. Deux statues en bronze, représentant la Sagesse et la Vigilance, décorent le soubassement. — Hôtels : de la Poste, de la Ville-de-Lyon, du Lion-d'Or. — A 189 kil. (48 l. 1/2) de Paris.

VOITURES PUBLIQUES.*Messageries royales et de Laffitte et Caillard.*—Courrier de Joigny à Dijon, de Tonnerre à Auxerre, Saint-Florentin, Joigny et Châtillon-sur-Seine.

TANLAY (*Yonne*). Joli bourg situé sur le canal de Bourgogne, près de la rive droite de l'Armançon, à 8 kil. (2 l.) de Tonnerre. 702 hab. Sur les débris d'une antique forteresse construite au douzième siècle par Pierre de France, un des fils de Louis le Gros, s'élève le nouveau château de Tanlay, commencé vers 1550, par François de Coligny, seigneur de Dandelot, frère de l'amiral, et terminé en 1642, par Michel Partuilly de Hémery, surintendant des finances. Ce lieu, remarquable séjour des Courtenay, des Montmorency, des Coligny, mérite à plus d'un titre une place au premier rang parmi les belles habitations de l'ancienne Bourgogne. Construit sur les plans de le Muet, habile architecte du seizième siècle, orné de peintures des meilleurs maîtres, rien ne fut épargné pour faire du château de Tanlay l'un des plus magnifiques de la province ; sa construction coûta, dit-on, plus de quatre millions. Dans l'intérieur, de grands vestibules, une vaste galerie ornée de peintures à fresque de la plus belle conservation, une chapelle d'un goût exquis, attestent son ancienne magnificence. Au dehors, une noble architecture ; des fossés larges et profonds, remplis d'une eau vive et limpide ; des cours immenses ; de beaux jardins et un canal de cent cinquante mètres de longueur sur vingt-cinq de largeur, planté sur ses deux rives d'arbres centenaires, et terminé par des cascades que surmonte un château d'eau (en perspective) d'ordre dorique ; une rivière abondante qui traverse le parc ; tout se réunit pour faire de ce lieu l'un des plus remarquables du pays. Depuis 1702, le château de Tanlay et les terres qui en dépendent appartiennent à la famille Thévenin de Tanlay, en faveur de laquelle Tanlay fut érigé en marquisat en 1703. Ce précieux monument ne pouvait tomber en des mains meilleures que dans celles d'une famille qui, depuis plus d'un siècle, consacre à sa conservation et à son embellissement les soins les plus éclairés.

ANCY-LE-FRANC (*Yonne*). Joli bourg, bâti dans une situation agréable, sur le canal de Bourgogne et sur la rive droite de l'Armançon, à 16 kil. (4 l.) de Tonnerre. ✉ 1,250 hab. On y remarque un magnifique château, construit par Antoine de Clermont, comte de Tonnerre. Cet imposant édifice fut commencé en 1555, sous le règne de Henri II, sur les dessins du Primatice, et achevé sous la direction de ses élèves, en 1622. Rien de ce qui peut contribuer à la décoration intérieure ne fut négligé. Le Primatice chargea le peintre qu'il employait le plus habituellement, Nicolo d'Ellabate, d'y exécuter plusieurs tableaux sur toile ou à fresque : le fils et le petit-fils de cet artiste continuèrent ces travaux importants, parmi lesquels on se plaît à remarquer les scènes les plus intéressantes et les plus pathétiques du *Pastor fido* : ces peintures sont encore dans le plus bel état de conservation. La pièce qui les renferme peut à elle seule donner une idée du goût et de la somptuosité de ces premiers temps de la renaissance des arts ; il en est de même de la chapelle, qui est unique en son genre, et l'une des plus belles que renferme l'habitation d'un homme opulent. Ce château, d'où dépendent des forêts et des propriétés immenses, est aujourd'hui possédé par M. le marquis de Louvois, pair de France, qui en a récemment embelli les jardins et rendu plus moderne la distribution intérieure.

MONTBARD (*Côte-d'Or*). Petite ville, remarquable par sa situation pittoresque, au pied et sur le penchant d'une colline, sur la Brenne et le canal de Bourgogne, à 20 kil. (5 l.) de Semur. 2,074 hab. Elle est assez bien bâtie, mais les rues en sont escarpées et irrégulières. On y voit le château où est né le célèbre Buffon, dont les jardins, disposés en amphithéâtre et distribués en allées magnifiques, s'élèvent en terrasses les unes au-dessus des autres jusqu'au sommet de la colline, couronnée par une vieille tour isolée. — PATRIE de Buffon. — FAB. de draps. — HÔTELS : de la Poste, de l'Étoile.

BUSSY-LE-GRAND (*Côte-d'Or*). Village à 16 kil. (4 l.) de Semur. 1,000 h. On y voit un ancien château, remarquable par sa singulière situation, où Roger, comte de Rabutin, a passé les dix-sept années de son exil. — PATRIE du général Junot, duc d'Abrantès.

ALISE-SAINTE-REINE (*Côte-d'Or*). Bourg situé au pied du Mont-Auxois, à 14 kil. (3 l. 1/2) de Semur. 600 hab. Ce bourg fut autrefois une des principales villes des Gaules, que César détruisit lors de la bataille décisive qui fut le dernier effort et le tombeau des Gaulois, commandés par le brave Vercingétorix. Le territoire d'Alise-Sainte-Reine renferme plusieurs mines de fer et deux fontaines d'eau minérale acidule froide.

DIJON Grande, riche et très-belle ville, anciennement capitale de la Bourgogne et résidence des ducs de ce nom, aujourd'hui chef-lieu du département de la Côte-d'Or. Cour R. Trib. de 1re inst. et de comm. Chef-lieu de la 18e division milit. Facultés de droit, des sciences et des lettres. Acad. universit. Coll. R. École spéciale des beaux-arts. Évêché. Soc. d'agr. ✉ ⚹ 25,552 hab.

— L'origine de Dijon est très-ancienne et remonte aux temps qui ont précédé la domination romaine; mais cette ville était alors peu considérable. Sous Marc-Aurèle elle fut entourée de murailles et de trente-trois tours, qui lui donnèrent l'apparence d'une petite ville. Aurélien l'embellit et en augmenta l'étendue, vers l'an 274, et y éleva un temple aux divinités païennes, d'où l'on prétend que cette ville prit le nom de *Divio*. La ville de Dijon est située au pied d'une chaîne de montagnes dominées par le Mont-Afrique, dans un bassin agréable et fertile, qui s'étend jusqu'aux montagnes de la Franche-Comté et de la Savoie. Elle est en général très-bien bâtie; la plupart des rues sont larges, bien percées, propres, bordées de belles maisons et de beaux hôtels construits en pierre de taille. Elle est ceinte de beaux murs et de remparts bien plantés et bien entretenus : on y entre par cinq portes. Rien n'égale la beauté des promenades publiques, et il est peu de villes en France dont les dehors soient plus riants, les alentours plus agréables et plus variés. Outre les remparts dont nous venons de parler, et d'où l'on jouit d'une vue délicieuse sur la campagne environnante, on remarque principalement les Chemins-Couverts, jolie promenade à proximité de la ville; les allées de la Retraite, belle plantation de tilleuls sur quatre rangs, situées à l'est de la ville, près du jardin des plantes ; le Creux d'Enfer, fontaine environnée de belles plantations; la fontaine des Suisses, ombragée aussi de beaux arbres plantés en 1811 ; le cours Fleury, situé à l'entrée du Suzon dans la ville; la promenade des Marronniers, près de la porte Guillaume ; la promenade de l'Arquebuse, disposée dans le genre paysager. Mais la plus vaste et la plus belle de toutes ces promenades, c'est sans contredit le cours du Parc, d'environ un quart de lieue de longueur, partagé, à son milieu, par un cercle spacieux ; il aboutit à un grand parc, dessiné et planté par le Nôtre, à l'extrémité duquel passe la rivière d'Ouche.

L'ÉGLISE CATHÉDRALE, dédiée à saint Bénigne, occupe l'emplacement d'un ancien temple de Saturne; elle fut consacrée en 535. L'évêque Isaac rétablit, en 870, cette église, qui tombait en ruine. En 1106, elle fut entièrement reconstruite par l'abbé Guillaume.

L'église Saint-Bénigne est remarquable par son étendue, sa légèreté et son exhaussement; elle a 69 m. 22 c. de long, 28 m. 26 c. de large dans les deux nefs, et 27 m. 29 c. d'élévation. La flèche qui s'élance du comble de l'édifice est un des ouvrages les plus hardis ; sur un diamètre très-resserré elle porte le coq qui la termine à 100 mètres de hauteur. Le portail, ouvrage du dixième siècle, est surmonté d'un bas-relief, exécuté par Bouchardon, représentant le martyre de saint Étienne. L'intérieur renferme de beaux mausolées en marbre, dont les principaux sont ceux des présidents de la Berchère, de Berbisey, de Frémyot, et les superbes mausolées de Philippe le Hardi et de Jean sans Peur.

L'ÉGLISE NOTRE-DAME est un édifice d'un beau gothique, construit de 1252 à 1334 ; elle a 46 m. 13 c. de long, 16 m. 89 c. de large et 11 m. 67 c. de hauteur. L'entrée de l'église est précédée d'un vaste porche, qui était jadis orné d'une multitude de statues. Dans l'intérieur, l'œil se repose avec plaisir sur les galeries qui règnent autour de la nef, du chœur et des croisées : rien de si délicat, de si léger, de si svelte que l'apside ou rond-point, décoré d'un superbe groupe

16. CHÂTEAU DE TANLAY,
Habitation de M. le Marquis de Tanlay.

de l'Assomption, chef-d'œuvre du sculpteur Dubois. La grande tour qui s'élève sur le milieu de la croisée partage la délicatesse du vaisseau.

L'ÉGLISE SAINT-MICHEL, construction du commencement du seizième siècle, se fait remarquer par son portail, où l'imagination de Hugues Sambin déploya tout le luxe de l'architecture. Sur un socle percé d'un triple cintre, orné de caissons, d'arabesques, de statues et de bas-reliefs, s'élèvent deux tours jumelles, décorées de cinq ordres d'architecture, et surmontées de coupoles octogones, terminées chacune par une boule de bronze doré. Au-dessus de la grande porte est un bas-relief, composé de quarante figures, représentant le Jugement dernier. Le vaisseau de cette église a 60 m. 41 c. de long, 19 m. 49 c. de large et 20 m. 78 c. de hauteur. Dans une chapelle, on remarque le mausolée en marbre noir et blanc, érigé à la mémoire de Fyot de la Marche.

Le PALAIS DES ÉTATS est un bel édifice, surmonté d'une tour majestueuse, commencée en 1367 par Philippe le Hardi, et achevée par Charles le Téméraire. Cette tour, la salle des gardes, une portion des bâtiments du côté du nord et les cuisines, sont tout ce qui reste du palais des ducs de Bourgogne. Ce palais se compose aujourd'hui d'un corps de logis de trois étages, et de deux ailes terminées à leur extrémité par quatre colonnes formant deux beaux péristyles d'ordre toscan; il contient plusieurs vastes salles, dont quelques-unes sont occupées par les archives et par un des plus riches musées que possèdent les départements. La cour qui précède ce palais donne sur la principale et la plus belle place de Dijon, dont elle est séparée par une grille en fer, formée de piques droites entremêlées de faisceaux.

Le PALAIS DE JUSTICE est un vaste et ancien édifice où l'on remarque la vaste salle des pas perdus et la belle salle des audiences publiques, dont le plafond est divisé en plusieurs caissons dorés et décorés de divers ornements.

La SALLE DE SPECTACLE est, après celle de Bordeaux, la plus belle qu'il y ait dans les départements. Sa façade principale, décorée d'un péristyle de huit colonnes d'ordre corinthien, donne sur la place Saint-Étienne; la masse a 61 mètres de longueur sur 22 mètres de largeur. L'intérieur offre trois rangs de loges; un grand foyer s'étend sur toute la largeur de l'édifice, au-dessus du péristyle.

CABINET D'HISTOIRE NATURELLE. Il occupe le premier étage de l'aile orientale de la cour d'entrée du Palais des États, et forme un assemblage de plus de 2,500 articles; on y remarque surtout une riche et nombreuse collection de minéraux, madrépores, coquillages, etc., etc.; d'anciennes armes, des arcs, des flèches et ustensiles dont se servaient les sauvages, et plusieurs autres objets d'art et de curiosité.

On remarque encore à Dijon la faculté de droit; l'école des beaux-arts; le collège royal; l'hôtel de la préfecture; l'hôtel de ville; l'hôtel de l'académie; la bibliothèque publique, renfermant 40,000 volumes imprimés et 5 à 600 manuscrits; le jardin des plantes; l'hôpital général; l'hospice Sainte-Anne, et plusieurs beaux hôtels, construits à grands frais par les seigneurs qui formaient autrefois la cour des ducs de Bourgogne. — PATRIE de Jean sans Peur; de Bossuet; de Crébillon; de Piron; de Longepierre; de Daubenton; de Bazire; de Guyton-Morveau; du duc de Bassano. — FABRIQUES de vinaigre, moutarde, bougies. — A 86 kil. (22 l.) de Besançon, 142 kil. (36 l.) d'Auxerre, 144 kil. (36 l. 1/2) de Troyes, 294 kil. (75 l.) de Paris. — HÔTELS : de la Cloche, du Chapeau-Rouge, de la Galère, du Parc.

VOITURES PUBLIQUES. *Messageries royales* pour Paris, Besançon, Genève, tous les jours; Nancy, tous les deux jours. — *Messageries de France* pour Paris, tous les jours; pour Lyon, Genève, Nancy, Autun, tous les deux jours. — *Messageries du centre.*

OUVRAGES A CONSULTER, qui se trouvent à la librairie de Decailly, à Dijon. *Histoire de l'église St-Étienne de Dijon*, par Fyot, in-fol. 1696. *Description générale et particulière du duché de Bourgogne*, par Courtépée, 8 vol. in-12, 1775-90.

N° 49. ROUTE DE PARIS A DIJON.

Archéologie de la Côte-d'Or, rédigée par ordre des localités, par Girault, in-8°, 1825.
Essais historiques et biographiques sur Dijon, par Amanton, in-12, 1814.
Voyage dans la sénatorerie de Dijon, par François de Neufchâteau, in-4°.
Description historique et critique et vues pittoresques des monuments de Dijon, par de Jolimont, in-fol., 1830.
Voyage pittoresque en Bourgogne, in-fol., 1833.
Guide du voyageur et de l'amateur à Dijon, par Noëllat, in-18.

2ᵉ R., par TROYES (Voyez N° 23), 40 myr. 5 kil.

3ᵉ Route, par AUXERRE, 31 myr. 9 kil.

	m. k.
De PARIS à * AUXERRE ☞ (Voy. N° 82)........	16,8
AUXERRE à SAINTE-MAGNANCE ☞ (Voy. N° 82)..	6,6
SAINTE-MAGNANCE à MAISON-NEUVE (Côte-d'Or) ☞	2,0
MAISON-NEUVE à VITTEAUX ☞........	1,8
VITTEAUX à LA CHALEUR ☞........	1,5
LA CHALEUR au PONT-DE-PANY ☞........	1,2
PONT-DE-PANY à * DIJON ☞........	2,0

4ᵉ Route, par FONTAINEBLEAU, 32 myr. 3 kil.

De PARIS à *FONTAINEBLEAU ☞ (Voy. N° 85, Route de Marseille)........	
FONTAINEBLEAU à FOSSARD ☞........	6,0
* MORET (sur la route).	2,1
FOSSARD à VILLENEUVE-LE-GUIARD ☞........	0,9
* MONTEREAU (à gauche de la route).	
VILLENEUVE-LE-GUIARD à SAINTE-MAGNANCE ☞ (V. N° 82, Route de Lyon)........	14,8
SAINTE-MAGNANCE à DIJON ☞ (Voy. la 2ᵉ Route).	8,5

* De JOIGNY ☞ à ESNON ☞........	1,4
ESNON à SAINT-FLORENTIN ☞........	1,2
* BRINON ☞ (à droite de la route).	

FONTAINEBLEAU. Voyez N° 85.

MORET *(Seine-et-Marne)*. Jolie petite ville, sur la rive gauche de la Seine, à la jonction du Loing et du canal de ce nom, à 12 kil. (3 l.) de Fontainebleau. ⊠ 1,673 hab. Moret est une ville bien bâtie, propre, bien percée et d'un aspect agréable. C'était autrefois une place forte, dont les fortifications sont très-délabrées, à l'exception des deux portes d'entrée, dont la construction est élégante et d'une belle conservation. Le vieux château n'offre plus que des ruines pittoresques et un vieux donjon en terrasse. L'église est un joli édifice du quinzième siècle.

VOITURES PUBLIQUES. Tous les jours pour Paris.

MONTEREAU *(Seine-et-Marne)*. Ville ancienne, à 23 kil. (6 l.) de Fontainebleau. Trib. de comm. ⊠ (☞ au Fossard). 4,153 hab. Cette ville occupe une position romaine que l'itinéraire d'Antonin nomme *Condate*. Elle est dans une situation très-agréable pour le commerce, au confluent de la Seine et de l'Yonne, sur lesquelles sont jetés deux ponts d'une construction hardie. C'est une ville généralement bien bâtie, et dominée par une côte rapide, sur le sommet de laquelle s'élève le château de SURVILLE, remarquable par sa belle position et par sa construction simple et moderne. De l'une des terrasses de ce château on jouit d'une vue admirable sur la ville, sur les deux ponts, sur le cours des rivières de l'Yonne et de la Seine, et sur les grandes routes envi ronnantes. Dans l'église collégiale de Notre-Dame, on montre suspendue à la voûte l'épée du duc de Bourgogne. — MANUFACTURES importantes de faïence et de poteries façon anglaise. — COMMERCE considérable de grains, farines, bois flotté, etc. — AUBERGES : le Lion-d'Or, le Grand-Monarque, l'Ange.

VOITURES PUBLIQUES. Tous les jours pour Paris, Melun, Fontainebleau, Sens, Nogent-sur-Seine; quatre bateaux à vapeur pour Paris.

JOIGNY (*Yonne*). Ville ancienne. Sous-préf. Trib. de 1re inst. et de com. Collège comm. ⊠ ⚘ 5,537 hab. Cette ville est bâtie en amphithéâtre sur un coteau au pied duquel coule la rivière d'Yonne. On y entre, du côté de Sens, par une belle grille, après laquelle un quai spacieux et très-élevé règne le long de l'Yonne, jusqu'à une grille semblable placée à son extrémité, où aboutit la route de Dijon. Vers le milieu du quai, on traverse l'Yonne sur un beau pont de pierre qui conduit à un faubourg où aboutit la route d'Auxerre. La ville proprement dite est groupée au-dessus du quai, contre la pente du coteau qui règne le long de la rive droite de l'Yonne. Les rues en sont étroites, mal percées et d'un accès difficile; quelques-unes même ne sont praticables qu'au moyen de rampes en fer, fixées le long des maisons. Dans la partie la plus élevée sont les restes d'un ancien château, d'où l'on jouit d'une belle vue sur les bords de l'Yonne. — La cathédrale est un édifice du quinzième siècle, très-élégant et très-orné; à la voûte du chœur est une clef en saillie d'une sculpture immense. Cette église se trouvait autrefois dans l'enceinte du château, ainsi qu'une jolie chapelle bâtie sur le sommet du coteau, et convertie aujourd'hui en paroisse. — On remarque encore à Joigny le quartier de cavalerie et la salle d'audience du tribunal. — FABRIQUES de feuillettes, vinaigreries. — COMMERCE de vins, tonneaux, bois, charbon, etc. — A 27 kil. (7 l.) d'Auxerre, 29 kil. (7 l. 1/2) de Sens. — HÔTELS : des Cinq-Mineurs, du Duc-de-Bourgogne.

VOITURES PUBLIQUES. Tous les jours pour Paris.

BRINON (*Yonne*). Jolie petite ville, très-agréablement située sur le canal de Bourgogne et sur la rive droite de l'Armançon, à 16 kil. (4 l.) de Joigny. ⊠ 2,556 hab. Cette ville est bien bâtie, propre, bien percée, et d'un aspect agréable. — COMMERCE considérable de bois à brûler, charbon, grains, etc.

DE DIJON À AUTUN, 8 myr. 4 kil.

	m. k.
De DIJON au PONT-DE-PANY ⚘	2,0
Le PONT-DE-PANY à COMMARIN ⚘	1,6
COMMARIN à * ARNAY-LE-DUC ⚘	2,0
ARNAY-LE-DUC à * AUTUN ⚘	2,8

De LA CHALEUR à COMMARIN ⚘	1,2
COMMARIN à BLIGNY-SUR-OUCHE ⚘	2,1

COMMARIN (*Côte-d'Or*). Joli village, à 31 kil. (8 l.) de Beaune. 350 hab. On y voit un beau château auquel tient un superbe parc, dont l'usage est accordé par le propriétaire aux habitants, pour leur servir de promenade. Au milieu de la place publique est un tilleul remarquable par son volume et par l'étendue de ses branches, qui couvrent presque entièrement cette place de leur ombre.

ARNAY-LE-DUC (*Côte-d'Or*). Petite ville. ⊠ 2,563 hab. A 32 kil. (8 l.) de Beaune. — FABRIQUES de draps.

AUTUN (*Saône-et-Loire*). Grande et très-ancienne ville. Sous-préf. Trib. de

N° 49. ROUTE DE PARIS A DIJON.

1re inst. et de commerce. Soc. d'agric. Collége com. Évêché. ⌧ ⚭ 9,921 hab. La ville d'Autun est une des plus anciennes cités des Gaules ; elle portait le nom de *Bibracte* quand Jules César fit la conquête de ce pays. Son ancienne splendeur se manifeste par les vestiges d'un grand nombre de monuments. Les ruines de quelque temples frappent encore aujourd'hui par l'étonnante solidité de leur construction ; le temple de Janus, dans la plaine qui s'étend le long des rives de l'Arroux, était de forme carrée ; trois faces sont encore debout, et portent 22 mètres de hauteur sur 17 mètres de largeur hors d'œuvre. Les temples de Pluton et de Proserpine étaient situés près du pont d'Arroux ; on n'aperçoit plus que la forme circulaire du premier. Deux des anciennes portes de la ville, justement admirées pour la noblesse et l'élégance des proportions, et pour la beauté de l'exécution, ont été heureusement sauvées, du moins en grande partie, des ravages du temps et de la main des barbares. Ce sont les portes dites aujourd'hui d'Arroux et de Saint-André. La première, surmontée d'une galerie d'ordre corinthien, est couverte d'ornements d'un travail exquis et d'une belle conservation ; la porte Saint-André est moins élégante.— A peu de distance d'Autun, au hameau de Couard, dans un champ que la découverte d'un grand nombre d'urnes cinéraires et de tombes a fait regarder avec raison comme un polyandre, s'élève une pyramide quadrangulaire, vulgairement appelée *pierre de Couard*, dont la base a 22 mètres sur 18, et dont la hauteur est encore de 20 mètres. Parmi les autres objets antiques dignes d'intérêt, qui, malgré tant de causes de destruction, ont pu arriver jusqu'à nous, on doit citer le torse d'une statue en marbre blanc, d'un travail qui remonte évidemment aux beaux temps de la sculpture ; un cippe aussi en marbre blanc, et formant un autel votif, sur une des faces duquel est gravée une inscription grecque, dont quelques portions sont malheureusement mutilées ; des chapiteaux de colonnes en marbre, de la proportion la plus élégante et de la plus belle exécution, etc., etc. La collection des médailles tant anciennes que modernes, qui sont déposées à la mairie, se compose de plus de 3,000, dont 2,600 médailles impériales romaines, 40 consulaires, 50 médailles des peuples et des rois. Parmi ces médailles, il en est plusieurs de fort rares ; quelques-unes même paraissent être inédites. — Les édifices modernes ou du moyen âge d'Autun sont nombreux. La cathédrale, d'architecture gothique, est remarquable par l'élévation de son aiguille, d'une exécution hardie, et la décoration du chœur en marbres choisis et rares. Le portail principal est couronné par un zodiaque fort beau ; les chapiteaux des pilastres sont dorés. On y voit les statues en marbre du président Jeannin et de sa femme. — On remarque, sur la place qui joint la cathédrale, une fontaine d'ordre ionique, dont la grâce et l'élégance rappellent les formes heureuses de la lanterne de Démosthènes.— La maison communale est précédée d'une vaste place et d'une agréable promenade. Un nouvel hôtel de ville est en ce moment en construction. Sur cette même place s'élève le collége ; il renferme la bibliothèque, composée de quelques ouvrages rares ; un cabinet de physique, de chimie, de minéralogie. — L'ancien grand séminaire est un magnifique et immense édifice, construit, avec une grande somptuosité, sous Louis XIV. — On remarque encore à Autun le Champ-de-Mars ; les promenades ; les charmantes ruines d'un édifice de la renaissance, connues sous le nom de Tour de François Ier, etc. — La ville d'Autun occupe une situation pittoresque, sur la pente rapide d'une colline dont l'Arroux baigne le pied, à la jonction de trois montagnes et en face d'une plaine que d'autres montagnes ceignent de tous côtés. Elle est divisée en trois parties : la plus basse borde le cours de l'Arroux ; la plus haute se nomme le quartier du Château. —Fabriques de tapis de pieds. — A 91 kil. (23 l. 1/2) de Mâcon, 290 kil. (74· l. 1/2) de Paris. — Hôtels : de la Cloche, tenu par Bezulien, propriétaire dudit hôtel situé rue du Carrouge, sur la route royale n° 73 ; de la Poste, de la Ville-de-Lyon, du Cheval-Blanc.

N° 49. ROUTE DE PARIS À DIJON.

VOITURES PUBLIQUES. Tous les jours pour Châlons-sur-Saône, Moulins, Dijon; diligences de Lyon à Paris; tous les jours de Châlons-sur-Saône à Paris; messageries pour Paris, Dijon, une fois la semaine.
OUVRAGES A CONSULTER, qui se trouvent à la librairie de Jussieu, à Autun.
Histoire de l'ancienne Bibracte (Autun), par Noult, in-12, 1618.
Recherches et mémoires servant à l'histoire de l'ancienne cité d'Autun, in-1°, 1660.
Histoire de la ville d'Autun, par Rosny, in-4°, 1802.

DE DIJON À BELFORT, 17 myr. 4 kil.

	m. k.
De Dijon à Combeau-Fontaine (Voyez ci-après, de Dijon à Vezoul)..	8,8
Combeau-Fontaine à Belfort (Voy. N° 98)....	8,6

DE DIJON A SEDAN, 32 myr.

De Dijon à Norges-le-Pont ☞...............	1,0
Norges-le-Pont à * Thil-le-Chatel ☞........	1,5
*Selongey (à gauche de la route).	
*Chalancey (à gauche de la route).	
Thil-le-Chatel à Prauthoy ☞................	2,2
Prauthoy à Longeau ☞...................	1,0
Longeau à * Langres ☞...................	1,1
Langres à Montigny ☞...................	2,1
Montigny à Clefmont ☞...................	1,3
Clefmont à Saint-Thiébault (Haute-Marne) ☞.	1,3
Saint-Thiébault à * Neufchateau ☞........	2,0
Neufchateau à * Domremy ☞..............	1,1
Domremy à * Vaucouleurs ☞..............	2,0
Vaucouleurs à Void ☞...................	1,1
Void à * Commercy ☞...................	0,9
Commercy à *Saint-Mihiel ☞...............	1,9
Saint-Mihiel à Troyon ☞..................	1,5
Troyon à * Verdun ☞...................	2,0
Verdun à Samoigneux ☞.................	1,3
Samoigneux à Dun ☞....................	2,0
Dun à * Stenay ☞......................	1,3
Stenay à Mouzon ☞.....................	1,7
Mouzon à * Sedan ☞....................	1,7

SELONGEY (*Côte-d'Or*). Petite ville, bâtie en amphithéâtre sur le penchant d'une colline au pied de laquelle coule la Venelle, à 18 kil. (4 l. 1/2) de Dijon. 1,687 hab. C'était autrefois une ville considérable où l'on entrait par quatre portes. Elle fut prise par Philippe le Bon en 1432, brûlée par les Français en 1473, et en partie détruite par Galas, en 1636, après une vigoureuse résistance de la part des habitants. On remarque une belle église de construction gothique. Aux environs, on voit les sites pittoresques où sont construites les chapelles de Sainte-Anne et de Sainte-Gertrude.

GRANCEY-LE-CHATEL (*Côte-d'Or*). Jolie petite ville située près des confins du département de la Haute-Marne, à 37 kil. (9 l. 1/2) de Dijon. 650 hab. Elle est bien bâtie, et dominée par un beau château construit sur le penchant de la montagne; il y a de jolies promenades et une belle place publique.

LANGRES. Voyez N° 98, Route de Paris à Mulhausen.

THIL-CHATEL (*Côte-d'Or*). Bourg situé sur le penchant d'une éminence dont le sommet est couronné par un ancien château fort. ⟲ A 27 kil. (7 l.) de Dijon. 920 hab. — Mines de fer, hauts fourneaux, forges et martinets.

CHALANCEY (*Côte-d'Or*). Bourg à 25 kil. (6 l. 1/2) de Langres. 406 hab. On y voit un château, dont la partie qui regarde l'ouest est très-ancienne; sa forme est à peu près celle d'un demi-cercle, au milieu duquel s'élève le donjon; la façade opposée est plus moderne. On y arrive par deux ponts jetés sur les fossés; de nombreux peupliers s'élancent de leur profondeur, et le lierre qui s'attache aux rochers et aux vieux murs y forme un beau rempart de verdure. Une grotte située dans le parc renferme trois bas-reliefs romains, qui ont été trouvés à Langres.

DOMREMY-LA-PUCELLE (*Vosges*). Village à 31 kil. (8 l.) de Neufchâteau. ⟲ 316 hab. Ce village est bâti à mi-côte sur le penchant d'une colline, et domine une belle vallée qui s'étend entre la double chaine des Vosges. Au bas du coteau coule la Meuse, dont les rives gracieuses embellissent un charmant paysage. Les maisons du village sont tapissées de rosiers et d'espaliers, dont les rameaux s'élèvent jusqu'aux toits, et forment de la rue principale une riante promenade. — Domremy est célèbre par la naissance de Jeanne d'Arc, qui y reçut le jour en 1412. C'est sur le côté de la principale rue de Domremy, qui se trouve appuyée au coteau même, que fut bâtie il y a plus de quatre siècles la modeste habitation de l'humble bergère qui sauva la France du joug des Anglais. Cette chaumière villageoise de Jeanne d'Arc a été conservée de nos jours par une sorte de miracle, ou plutôt par le respect qu'inspirent le courage et la vertu. Au-dessus de la principale porte d'entrée, une inscription antique atteste à la fois l'identité du lieu, et la vénération dont il a toujours été l'objet. Sur un emplacement tout voisin, et séparé seulement par une petite cour de la maison de l'héroïne, s'élève un nouveau bâtiment, fondé sous le règne de Louis XVIII, et destiné à une école d'enseignement mutuel primaire pour les jeunes filles de Domremy. En face de ce bâtiment est une place récemment formée, sur laquelle a été érigé un monument à la gloire de la Pucelle. L'inauguration de ce monument a eu lieu le 10 septembre 1820, en présence de quinze mille spectateurs accourus des villes et des campagnes voisines; il consiste dans un soubassement d'où jaillit une fontaine composée de quatre pilastres soutenant un fronton d'un goût parfait, avec l'inscription :

A LA MÉMOIRE DE JEANNE D'ARC :
MONUMENT VOTÉ PAR LE DÉPARTEMENT DES VOSGES.

Un cippe supporte le buste de Jeanne d'Arc en marbre blanc et de proportion colossale.

VAUCOULEURS (*Meuse*). Jolie petite ville sur la rive gauche de la Meuse, à 20 kil. (5 l.) de Commercy. ⊠ ⟲ 2,157 hab. Elle est bâtie en amphithéâtre sur un coteau qui domine le cours de la Meuse, dans une vallée à laquelle de vertes et riantes prairies ont mérité le nom de *Valliscolorum*, d'où est dérivé celui de Vaucouleurs. Un canal, alimenté par un bras de la Meuse et par la fontaine de Vaise, arrose l'intérieur de la ville. — FABRIQUES de cotonnades, toiles, bonneterie, etc.

MIHIEL (SAINT-) (*Meuse*). Ville ancienne, sur la Meuse, à 16 kil. (4 l.) de Commercy. Trib. de 1re inst. de l'arrondissement. Collége comm. ⊠ ⟲ 5,822 h. Cette ville est située sur les bords de la Meuse, dans un vallon que dominent d'assez hautes montagnes, sur l'une desquelles on voit les ruines d'un château fort que Sophie, comtesse de Bar, y fit bâtir en 1085. On remarque à peu de distance cinq rochers calcaires de plus de 20 mètres de hauteur, adossés contre des collines, sur un des bords de la Meuse, et connus dans le pays sous le nom de Flaises. — Saint-Mihiel possède plusieurs anciennes églises d'une architecture remarquable. Dans celle de Saint-Étienne, autrefois paroisse de la ville, on voit un monument de sculpture digne de fixer l'attention des amis des beaux-arts, connu sous le nom de sépulcre de Saint-Mihiel; il représente le moment où le corps de Jésus-Christ, descendu de la croix, va être placé dans le sépulcre offert par Joseph d'Arimathie. Treize figures le composent, et toutes se font remarquer par l'expression des traits, la noblesse et la convenance des poses, la perfection de l'exécution et le fini des détails. Ce sépulcre est dû au ciseau de Ligier Richier, sculpteur du seizième siècle, un des plus dignes élèves de Michel-Ange, qui a laissé dans la ville et aux environs plusieurs autres ouvrages dignes de fixer l'attention : notamment un plafond sculpté avec richesse dans une maison qui fut, dit-on, la sienne, située rue Haute-des-Fossés à Saint-Mihiel ; une Vierge en bois d'un beau travail, dans l'église Saint-Michel ; une cheminée sculptée avec art, dans la maison curiale du village de Ham, près de Saint-Mihiel. — FABRIQUES de toiles de coton. Filature de coton. — HÔTELS : du Lion-d'Or, du Cygne, des Trois-Maures.

VOITURES PUBLIQUES. Pour Commercy, Bar-le-Duc, Metz, Nancy, Verdun.
OUVRAGES A CONSULTER. *Histoire de l'ancienne abbaye de St-Mihiel et de la ville de ce nom*, par Delisle, 1788.
Description du sépulcre de St-Mihiel, in-4°, 1834.

VERDUN (*Meuse*). Ancienne et forte ville. Sous-préf. Place de guerre de 4° cl. Évêché. Trib. de 1re inst. et de comm. Collège comm. Biblioth. publique. Sémin. diocésain. Soc. philom. et d'agr. ⌧ ∨ 10,577 hab. Verdun est une ville fort agréablement située, dans un vallon évasé, sur la Meuse, qui sépare la ville en deux parties, s'y divise en cinq bras, et forme plusieurs îles d'un aspect agréable. La ville est généralement bien bâtie ; mais les rues, dont quelques-unes ont une pente rapide vers la rivière, sont pavées en silex. Une esplanade ombragée la sépare de la citadelle. Les fortifications consistent en une enceinte de dix fronts bastionnés ; elles ont été élevées par le chevalier de Ville et perfectionnées par Vauban. On remarque à Verdun l'hôtel de ville, construit sous Henri IV, dont l'architecture est de style florentin ; la statue en bronze de Chevert, exécutée par Lemaire ; le palais épiscopal. — PATRIE de l'illustre Chevert ; du grammairien Bauzée ; du colonel Morland, tué à Austerlitz ; du peintre Christophe. — FABRIQUES de dragées et de liqueurs renommées. — A 47 kil. (12 l.) de Bar-le-Duc, 62 kil. (16 l.) de Metz, 39 kil. (10 l.) de Montmédy, 247 kil. (63 l. 1/2) de Paris.— HÔTELS : de l'Europe, des Trois-Maures, du Petit-Saint-Martin, de la Bannière.

VOITURES PUBLIQUES. Tous les jours de Paris à Metz, Strasbourg, Bar, Stenay, St-Mihiel, Sedan, Nancy, Étain, Montmédy et Longwy.
OUVRAGES A CONSULTER, qui se trouvent à la librairie de S. B. Laurent, à Verdun.
Histoire ecclésiastique et civile de Verdun, par Henriquez, in-4°, 1743.
Histoire de Verdun, par Clouet (sous presse, 1842).

STENAY (*Meuse*). Ville ancienne à 14 kil. (3 l. 1/2) de Montmédy. Collège comm. ⌧ ∨ 3,140 hab. Cette ville est bâtie dans un large bassin, arrosé par la Meuse. Elle est assez bien bâtie, et offre un séjour agréable, tant par sa position que par les mœurs affables de ses habitants. On y remarque de belles casernes de cavalerie. — FABRIQUES de tonnellerie, sucre de betterave. Forges et fabriques de fers à cheval.—HÔTELS : des Voyageurs, de l'Arbre-Vert.

VOITURES PUBLIQUES. Tous les jours de Sedan à Verdun, Vouziers et Montmédy.

SEDAN (*Ardennes*). Ville forte. Sous-préfect. Place de guerre de 3° classe. Trib. de 1re inst. et de comm. Ch. des manufac. Soc. d'agr. Collège com. ⌧ ∨ 13,661 hab. Sedan doit son origine à un château construit en 1446. Cette ville, regardée aujourd'hui comme une des places importantes de la frontière septentrionale de la France, est très-irrégulière, bâtie sur un terrain inégal, et divisée par cela même en plusieurs parties. Elle est environnée de prairies et de cultures, entourée de fortifications et de fossés, dont une partie est baignée par les eaux de la Meuse. — Le château fort, placé au sud-est de la ville, se distingue par sa position élevée. Au centre se trouvait le pavillon où Turenne est né : une pierre noire adossée à une tour porte cette inscription : *Ici naquit Turenne, le* 11 *septembre* 1611. On voit sur la place de Turenne une belle statue en bronze de cet illustre guerrier. Sedan est une ville bien bâtie ; ses rues sont généralement larges et propres, ses maisons construites en pierres, et couvertes en ardoises; elle possède plusieurs places publiques, quelques beaux édifices, une jolie salle de spectacle, une bibliothèque, plusieurs promenades agréables, et de belles fontaines. — Les établissements militaires de Sedan sont nombreux et importants. On y compte trois casernes ; de vastes édifices où se trouvent les magasins, les écuries, le logement du commandant de la place, ceux des officiers du génie et des employés de la place ; un hôpital militaire. L'arsenal renfermait autrefois une magnifique galerie d'armures antiques. Sedan est la patrie de M. Ternaux.— MANUFACTURES célèbres de drap fin, bonneterie, armurerie. Nombreuses teintureries. Belles filatures de laine. Tanneries renommées. — COMMERCE de grains, plantes médicinales de toutes espèces ; de draps, etc. — A 22 kil. (5 l. 1/2) de Mézières, 253 kil. (65 l.) de Paris. — HÔTELS : de Turenne, de la Croix-d'Or, du Commerce.

VOITURES PUBLIQUES. Tous les jours pour Paris, Mézières, Charleville, Verdun, Reims.

DE DIJON A SEURRE, 4 myr. 7 kil.

	m, k.
De DIJON à LONGECOURT ☞........................	1,6
LONGECOURT à * SAINT-JEAN-DE-LOSNE ☞.......	1,5
SAINT-JEAN-DE-LOSNE à * SEURRE ☞..........	1,6

JEAN-DE-LOSNE (SAINT-) (*Côte-d'Or*). Petite et très-ancienne ville. Trib. de com. 1,744 hab. Cette ville est avantageusement située dans un terrain aquatique, au milieu d'une vaste prairie, sur la rive droite de la Saône, à la jonction du canal de Bourgogne et près de l'embouchure du canal du Rhône au Rhin. Elle est célèbre par le siège que ses courageux habitants soutinrent en 1636, et qui lui valut le nom de *Belle défense.* — FABRIQUES de draps. — COMMERCE considérable de grains, vins, bois, charbons, fer, briques, etc.— A 39 kil. (10 l.) de Beaune, 29 kil. (7 l. 1/2) de Dijon.—HÔTELS : du Cerf, de la Ville-de-Lyon, du Lion-d'Or.

VOITURES PUBLIQUES. Tous les jours pour Dijon, Seurre, Châlons, Gray et Genève.

SEURRE. Voy. Route de Paris à Gex.

DE DIJON A VESOUL, 10 myr. 6 kil.

1re Route par GY, 10 myr. 6 kil.

	m. k.
De DIJON à MIREBEAU ☞........................	2,5
MIREBEAU à * GRAY ☞.........................	2,4
GRAY à GY ☞................................	2,0
GY à FRETIGNEY ☞............................	1,4
FRETIGNEY à * VESOUL ☞......................	2,3

GRAY. Voy. page 153.
VESOUL. Voy. page 154.

2e R., par VAITTE, 11 myr. 3 kil.

De DIJON à GRAY ☞ (Voy. la 1re Route).........	4,9
* FRESNE-SAINT-MAMÈS (à dr. de la R.).	

Rauch del. Ransonnette sc.

HÔTEL DE VILLE DE DOUAI.

	m. k.
GRAY à VAITTE ⚘.........................	2,0
VAITTE à COMBEAUFONTAINE ⚘............	1,9
* CHANTES (à droite de la route).	
COMBEAUFONTAINE à VESOUL ⚘ (Voy. N° 98)...	2,5

FRESNE-SAINT-MAMÈS (*Haute-Saône*). Village situé sur la rive droite de la Romaine, à 27 kil. (7 l.) de Gray. Pop. 636 hab. On y remarque une église gothique devant laquelle on voit deux énormes tilleuls qui datent, dit-on, de 1340.—FABRIQUES de bonneterie, droguets, chapeaux de paille. Teintureries.

CHANTES (*Haute-Saône*). Village situé à 25 kil. (6 l. 1/2) de Vesoul. Pop. 400 hab. On y remarque une vaste église gothique près de laquelle est une grande maison qui a appartenu aux templiers.

N° 50.

ROUTE DE PARIS A DOUAI (NORD).

1re Route par ARRAS, 20 myr. 1 kil.

	m, k.
De PARIS à * ARRAS ⚘ (Voy. N° 52)...........	17,4
ARRAS à GAVRELLE ⚘......:...............	1,1
GAVRELLE à * DOUAI ⚘....................	1,6

DOUAI (*Nord*). Grande, belle et très-forte ville. Sous-préf. Cour roy. Trib. de 1re inst. Soc. d'agr., sciences et arts. Acad. universitaire. Collège royal. École roy. d'artillerie et arsenal de construction. Bourse de comm. ⊠ ⚘ 18,793 hab. L'origine de Douai se perd dans la nuit des siècles. Sous Jules César, cette ville faisait partie de la Gaule Belgique, et était habitée par les *Caluaci*.

Douai est dans une situation très-avantageuse pour le commerce, sur la Scarpe, qui communique à l'Escaut par le canal de la Sensée. Cette ville est entourée de vieilles murailles irrégulières, flanquées de tours rondes, et généralement bien bâtie; ses rues sont bien percées; sa place publique est vaste et belle. Ses remparts offrent des promenades agréables. On y remarque la bibliothèque publique, renfermant 30,000 volumes imprimés et près de 600 manuscrits; le jardin de botanique; les cabinets de physique et d'histoire naturelle; le musée de tableaux et d'antiquités; l'arsenal et la fonderie de canons; l'hôtel de ville; la salle de spectacle; les promenades, etc., etc. C'est une ville où l'industrie et les arts sont encouragés; une exposition publique de leurs produits y a lieu tous les deux ans. — PATRIE de Jean de Boulogne, célèbre sculpteur; de l'ex-ministre Calonne; de Dulaurens. — FABRIQUES de tapisseries de haute lisse, de fil à coudre et à dentelles.— Fonderie royale de canons.—A 31 kil. (8 l.) de Lille, 203 kil. (52 l.) de Paris.—HOTELS : du Commerce, du Nouveau-Monde, de l'Europe, du Nord, de Versailles, de Flandre.

VOITURES PUBLIQUES. Tous les jours pour Lille, Cambrai, Arras, Valenciennes, Béthune, Paris, Tournay. — Messagers pour Arras, Condé, Lens, Béthune, Orchies, Valenciennes, St-Amand, Marchiennes.

OUVRAGES A CONSULTER. *Notes ou essais de statistique sur les communes du ressort de la cour royale de Douai*, in-12, 1824.

Bibliographie douaisienne, par Dutilloeul, in-8°, 1835.

N° 51. ROUTE DE PARIS A DRAGUIGNAN.

2ᵉ Route, par CAMBRAI, 20 myr. 5 kil.

                m. k.
De PARIS à *CAMBRAY ⌀ (Voy. N° 143)............ 16,8
CAMBRAY à BOUCHAIN ⌀......................... 1,5
BOUCHAIN à *DOUAI ⌀........................... 2,2

De DOUAI à ORCHIES ⌀............................ 1,8

N° 51.

R. DE PARIS A DRAGUIGNAN (VAR).

88 myr. 1 kil.

                m.k.
De PARIS à *LYON ⌀ (Voy. N° 82)............... 46,8
LYON à *VALENCE ⌀ (Voy. N° 82, Route de
 Lyon à Valence)............................. 10,1
VALENCE à *AIX ⌀ (Voy. N° 85)............... 20,3
AIX à VIDAUBAN ⌀ (Voy. N° 8)................ 9,2
VIDAUBAN à *DRAGUIGNAN ⌀.................. 1,7
 *SALERNES (à gauche de la route).
 *VILLECROSSE (à gauche de la route).

De DRAGUIGNAN au MUY ⌀..................... 1,4
 *CLAVIERS (à gauche de la route).
 *MONS (à gauche de la route).

SALERNES (*Var*). Petite ville à 23 kil. (6 l.) de Draguignan. 2,510 hab. Sur une hauteur entourée de précipices, on remarque les ruines d'une ancienne forteresse bâtie par les Sarrasins. Non loin de là se trouve la vallée de Saint-Barthélemy, l'une des plus pittoresques du département du Var; elle n'a, dans sa plus grande largeur, qu'un jet de pierre, et elle se rétrécit quelquefois de plus des deux tiers. Sa direction n'offre que des sinuosités pareilles à celles d'un serpent qui s'enfuit. A chaque circuit, on croit voir le fond de cette gorge, mais en avançant; on découvre un nouveau circuit qui surprend et intéresse. Le fond de la vallée est tapissé du plus joli gazon. A peu près au centre du vallon est la petite chapelle de Saint-Barthélemy.— FABRIQUES de grosses draperies, etc.

VILLECROSSE (*Var*). Bourg à 22 kil (5 l. 1/2) de Draguignan. 1,250 hab. On remarque sur son territoire une jolie grotte à quatre étages, décorée de plusieurs belles colonnes, et d'une infinité de stalactites admirables.

DRAGUIGNAN. Jolie ville, chef-lieu du département du Var. Trib. de 1ʳᵉ inst. et de comm. Ch. des manuf. Soc. d'agric. et de com. ✉ ⌀ 8,616 hab. Draguignan passe pour avoir été fondée vers le milieu du cinquième siècle. Cette ville est située sous un climat sain et tempéré, au pied de la montagne du Malmont, dans un fertile bassin formé par un amphithéâtre de coteaux entièrement couverts de vignes, d'oliviers, et arrosé par la rivière de Nartubie, dont un canal de dérivation traverse la ville. Sans être bien bâtie, elle offre d'assez jolies rues et quelques édifices remarquables, entre autres le palais de justice ; une prison-modèle; la tour de l'horloge, justement admirée des étrangers : elle est carrée, et s'élève avec majesté à une hauteur prodigieuse au-dessus d'un grand rocher taillé à pic, supporté lui-même par un autre rocher plus étendu ; l'hôpital, bâti dans une des plus heureuses situations qu'on puisse trouver. Draguignan est orné de plusieurs fontaines publiques qui y entretiennent la propreté. On y trouve une bibliothèque publique de 15,000 volumes, un médailler, un cabinet d'histoire naturelle et quelques beaux tableaux originaux de plusieurs artistes célèbres. Le jardin de botanique, élevé en amphithéâtre, forme une promenade variée, agréable et ombragée par un grand nombre d'arbres exotiques d'une belle venue. — Le bassin de Draguignan fait l'admiration des étrangers. La plaine offre de jolies promenades sur presque tous les points ; enfin, la beauté des alentours et la douceur du climat font de Draguignan un séjour délicieux. — FABRIQUES de savon.—A 78 k. (20 l.) de Toulon, 82 kil. (21 l.) de Nice, 881 kil. (226 l.) de Paris.— HÔTELS : Roquemaure, Ferdinand, Boivin.

VOITURES PUBLIQUES. Tous les jours pour Aix, Grasse, Toulon, Brignoles, Marseille, — *Messageries* pour Aix, Marseille et Toulon.

OUVRAGE A CONSULTER. *Statistique du département du Var*, par Fauchet, in-4°, 1805.

CLAVIERS (*Var*). Village à 14 kil. (3 l. 1/2) de Draguignan. 1,250 hab. Aux environs, au lieu dit la Lioure, on trouve une grotte remarquable par les masses d'albâtre et par les belles stalactites qu'elle renferme.

MONS (*Var*). Village à 72 kil. (18 l. 1/2) de Draguignan. 1,100 hab. On remarque sur son territoire une grotte magnifique, qui a été comparée pour sa beauté, par plusieurs voyageurs, à la célèbre grotte d'Antiparos. L'entrée, haute de vingt-cinq pieds et large de douze, extérieurement décorée d'un fronton naturel, présente, sous un cintre bien formé, l'aspect d'un vestibule qui annoncerait un grand édifice. Pour arriver dans l'intérieur, il faut traverser en rampant une petite galerie qui mène à une salle dont la voûte a un aspect effrayant à cause des blocs de rocher en saillie qui y paraissent suspendus. La grotte se partage ensuite en différentes branches qui s'enfoncent bien avant dans la colline et qui offrent plusieurs salles curieuses : dans l'une, on admire des culs-de-lampe, des buissons et des ostéocolles ; une autre présente quantité de stalagmites qui s'élèvent de bas en haut, et auxquelles l'imagination prête une ressemblance à des figures humaines. On voit dans une troisième salle des masses de stalactites suspendues à la voûte, qui, par leur disposition à plus de cent pieds de hauteur, se présentent sous la forme de nuages amoncelés; ailleurs, des lambris, de belles draperies, des franges, des festons, des glands, des torsades, s'offrent encore aux regards, toujours plus étonnés d'admirer de semblables merveilles dans ces antres mystérieux.
— A environ une lieue au-dessus de la grotte, se trouve un pont naturel, connu sous le nom de Pont-à-Dieu, dont l'arche est formée par un énorme bloc de rocher qui réunit deux hautes montagnes entre lesquelles un torrent coule dans un lit très-profond.

N° 52.

ROUTE DE PARIS A DUNKERQUE (NORD).

1re R., par AMIENS et HAZEBROUCK, 28 myr.

	m. k.
De Paris à * AMIENS (Voy. N° 34)	12,8
AMIENS à * DUNKERQUE	15,2

2e R., par SAINT-POL et AIRE, 29 myr. 4 kil.

De Paris à *AMIENS ☞ (Voy. N° 34)	12,8
AMIENS à TALMAS ☞	1,6
* BEAUVAL ((sur la route).	
TALMAS à * DOULLENS ☞	1,4
DOULLENS à FRÉVENT ☞	1,4
FRÉVENT à * SAINT-POL ☞	1,3
SAINT-POL à PERNES ☞	1,3
PERNES à LILLERS ☞	1,1
LILLERS à * AIRE (Pas-de-Calais)	1,3
AIRE à * SAINT-OMER ☞	1,9
SAINT-OMER à LA RECOUSSE ☞	1,8
LA RECOUSSE à * GRAVELINES ☞	1,5
GRAVELINES à DUNKERQUE ☞	2,0

3e Route, par LILLE, 31 myr. 9 kil.

De PARIS à * LILLE ☞ (Voy. N° 76)	24,1
LILLE à * ARMENTIÈRES ☞	1,6
ARMENTIÈRES à * BAILLEUL ☞	1,2
* ESTAIRES (à gauche de la route).	
BAILLEUL à * CASSEL ☞	2,0
* FLÊTRE (sur la route).	
* ESQUELBECQ (à gauche de la route).	
CASSEL à * BERGUES ☞	2,0
BERGUES à * DUNKERQUE ☞	1,0

De * BAILLEUL à * HAZEBROUCK ☞	1,9
* MERVILLE (à gauche de la route).	

BEAUVAL (*Somme*). Village situé à 4 kil. (1 l.) de Doullens, sur la grande route de Paris à Lille. 2,302 hab. Rien d'aussi pittoresque que les maisons de ce village; elles ressemblent par leur forme et leurs longs toits en chaume aux cabanes des Gaulois navageux. L'église, située au sommet de la montagne de Beauval, produit de loin un assez bel effet. — COMMERCE de toiles d'emballage.

AIRE (*Pas-de-Cal.*). Forte ville. Place de guerre de 3e cl., à 16 kil. (4 l.) de St-Omer. ☒ ☞ 8,725 h. Elle est dans une situation agréable, au confluent de la Lys et de la Laquette, à la jonction des canaux de Saint-Omer et de la Bassée, par lesquels elle communique, d'un côté avec l'Aa, et de l'autre avec la Deule. C'est une ville généralement bien bâtie, et ornée de plusieurs belles fontaines publiques. On y remarque un bâtiment d'un bel effet, surmonté d'un beffroi, élevé vers le milieu du dix-huitième siècle sur une place publique assez vaste; l'église Saint-Paul, bel édifice gothique; l'église Saint-Pierre, construite au dix-huitième siècle ; de vastes casernes, qui peuvent contenir 6,000 hommes, etc., etc. — PATRIE de Malebranche et de Guillaume Budée. — FABRIQUES d'étoffes de laine et de fil, chapeaux, savon, amidon, huile, ouvrages en osier, carreaux de faïence recherchés. Tanneries. Papeterie. Distilleries de genièvre, raffineries de sel. — COMMERCE de grains, vins, huile, eaux-de-vie, graines grasses, charbon, fer, etc. — HÔTELS : d'Angleterre, de Flandre, de la Conciergerie, de la Treille.

ARMENTIÈRES (*Nord*). Jolie ville, sur la Lys, à 16 kil. (4 l.) de Lille. Coll. com. Conseil de prud'h. ✉ ☞ 6,338 hab. Elle est assez bien bâtie, propre et bien percée ; la Lys y forme un petit port où il se fait des chargements de briques provenant des fabriques environnantes. — FAB. de toiles, linge de table, toiles à matelas, dentelles, filets à l'aiguille, etc. Construction de bateaux. — COM. de grains, tabac, savon noir, etc. — HÔTELS : du Lion-d'Or, du Comte-d'Egmont.

ESQUELBECQ (*Nord*). Village situé sur l'Yser, à 3 kil. (3/4 de l.) de Dunkerque. 1,820 hab. Cette commune possède un château flanqué de neuf tours portant le millésime de 1610, et offrant dans sa partie la plus ancienne des vestiges d'architecture espagnole.

BAILLEUL (*Nord*). Ancienne et jolie ville, à 19 kil. (4 l. 3/4) d'Hazebrouck. Collège com. ✉ ☞ 9,823 hab. Bailleul est une ville fort ancienne, située sur une éminence, et généralement bien bâtie. Ses rues sont bien percées et ses maisons construites avec goût. Toutefois, les constructions y sont plus germaniques que françaises : le dessus des portes des maisons les plus élégantes est décoré d'une manière bizarre, et propre à donner une idée de l'esprit religieux des Flamands : ce sont des faits de l'histoire sainte sculptés, entre lesquels se trouvent des morceaux de glace qui laissent pénétrer le jour dans le vestibule. On y remarque l'ancienne église de Saint-Vaast et celle du ci-devant collége des Jésuites. — FABRIQUES de ratines, fils retors, dentelles, toiles de lin, etc.

MERVILLE (*Nord*). Petite ville sur la rive gauche de la Lys, à 14 kil. (3 l. 1/2) d'Hazebrouck. ✉ ☞ 5,864 hab. — FABRIQUES importantes de linge de table, de toiles de fil de lin. Raffineries de sel. Construction de bateaux. Brasseries. Briqueteries, etc. — HÔTEL des Trois-Chevaux.

HAZEBROUCK (*Nord*). Jolie ville. Sous-préf. Trib. de 1re inst. Collége comm. Société d'agric. ✉ ☞ 7,522 hab. Elle est située dans un territoire extrêmement fertile, sur le ruisseau de la Bourre, qui communique à la Lys. Cette ville, assez bien bâtie, offre plusieurs édifices publics remarquables.

L'église paroissiale est vaste, bien ornée, et sa tour est digne de fixer l'attention ; elle est surmontée d'une flèche à jour, construite de 1490 à 1520, qui est la plus belle en ce genre que possède le département. — L'hôtel de ville, où siége le tribunal de première instance, est un édifice des plus remarquables, construit de 1807 à 1820 : la façade offre douze colonnes de 8 mètres de hauteur, surmontées d'un entablement et d'un attique, ayant pour soubassement un portique de onze ouvertures. — L'hôtel de la sous-préfecture est aussi un bâtiment moderne, construit entre cour et jardin, avec deux ailes dans lesquelles sont établis les bureaux. — Le collége, l'hospice, le magasin à tabacs, la halle et l'école primaire occupent les bâtiments d'un ancien couvent d'augustins, dont la façade est remarquable par le genre de son architecture, par la singularité des détails qui lui servent d'ornements, par son étendue et par son élévation ; on pense que la construction de cet édifice date du quatorzième siècle. — Bibliothèque publique renfermant 3,500 volumes. — FABRIQUES de toiles, fils retors, amidon, savon, cuirs. Raffineries de sel. Brasseries. Moulins à huile. Fours à chaux. Teintureries de toiles et de fil. Marché considérable pour les toiles, tous les samedis, dans un vaste local destiné à cet usage. — A 226 kil. (58 l.) de Paris.

CASSEL, DUNKERQUE. Voyez pages 6 et 8.

DE SAINT-OMER A BOULOGNE-SUR-MER, 5 myr. 2 kil.

	m. k.
De SAINT-OMER à LA MOTTE-BAYENGHEM ☞.......	1,4
*TOURNEHEM (à droite de la route).	
LA MOTTE-BAYENGHEM à COLEMBERT ☞........	2,0
COLEMBERT à *BOULOGNE-SUR-MER ☞..........	1,8

TOURNEHEM (*Pas-de-Calais*). Bourg situé à 15 kil. (3 l. 3/4) de Saint-Omer. 820 h. Ce lieu existait lorsque les légions romaines pénétrèrent dans la Morinie, cinquante-sept ans avant l'ère vulgaire ; il consistait alors en un château fort garni de tours ; il ne reste plus aujourd'hui que la majeure partie des remparts et de la porte d'entrée ; l'église paroissiale, autrefois collégiale, est un édifice d'une belle construction.

N° 53.

ROUTE DE PARIS A ELBEUF (SEINE-INFÉRIEURE).

12 myr. 6 kil.

	m. k.
De PARIS à LOUVIERS ☞ (Voy. N° 124)...........	11,0
LOUVIERS à *ELBEUF ☞...................	1,6
*BEAUMONT-LE-ROGER (à gauche de la route).	

ELBEUF (*Seine-Inf.*). Ville ancienne, célèbre par ses importantes manufactures, qui ont pris une extension considérable depuis que l'on y fabrique les châles tartans et divers tissus pour nouveautés. Tribunal de comm. Conseil de prud'h. Ch. des manuf. ☒ ☞ 14,646 habitants, non compris la population ouvrière, qui ne réside que dans les jours de travail, et forme un effectif de 15,000 ouvriers. Elbeuf est une ville agréablement située, sur la rive gauche de la Seine, dans une belle vallée bordée au nord par cette rivière, et au midi par une chaine de montagnes ; il est rare de trouver un plus beau site que celui qu'offre la rive gauche de la Seine au-dessous de cette ville manufacturière. L'étendue de cette ville a plus que doublé, et elle s'est beaucoup embellie depuis moins d'une vingtaine d'années ; de nouvelles et jolies constructions et de vastes établissements ont remplacé les vieilles maisons et les bicoques ; des percements nombreux ont été faits, les quais ont été prolongés, les rues anciennes élargies ; un champ de foire magnifique, avec des avenues latérales plantées de marronniers, a été édifié ; huit puits artésiens y ont été forés par l'ingénieur Mulot, et l'un de ces puits fournit en abondance de l'eau à six fontaines publiques ; enfin, les rues sont éclairées au gaz au moyen de candélabres et de consoles, et quelques-unes même sont bordées de trottoirs.

Elbeuf est en rapport continuel avec Rouen, au moyen de deux bateaux à vapeur qui font le trajet en une heure et demie, et n'est éloigné que de 7 kil. du chemin de fer de Paris à Rouen.

Cette ville renferme deux paroisses, Saint-Étienne et Saint-Jean-Baptiste. La première se compose d'un chœur, d'une nef et de deux collatéraux ; les piliers de séparation sont de forme octogone et surmontés d'une couronne ducale ; la voûte du chœur est ornée de culs-de-lampe. Dans la chapelle de la Vierge, située au fond du collatéral gauche, on a pratiqué un faux jour qui produit, sur les ornements dorés environnants, un effet de lumière tout à fait mystérieux. A l'extrémité inférieure de ce même collatéral est un saint-sépulcre. Parallèlement à la chapelle de la Vierge, dans le collatéral opposé, est une chapelle surmontée d'une immense couronne. Les vitraux de cette église sont fort beaux. — L'église Saint-Jean est plus vaste, mais moins ancienne que l'autre ; sa distribution est à peu près la même, et les vitraux en sont aussi fort remarquables. — Manufactures renommées de draps de toutes qualités, filatures et tissages mécaniques, soixante pompes à feu, deux usines hydrauliques, usine à gaz, foulons, teintureries et lavoirs de laine, tant sur la Seine que sur le cours d'eau du Puchot, qui parcourt la ville en plusieurs sinuosités. — COMMERCE considérable de draperies et de laines ; cercle commercial et société des commerçants, où sont admis les étrangers. — HÔTELS : Grand hôtel d'Elbeuf, de l'Univers, de l'Europe, de la Poste et du Bras-d'Or. — CAFÉS : de la Renaissance, des Arts, et autres. — A 22 kil. (5 l. 1/2) de Rouen.

VOITURES PUBLIQUES. Pour Paris, Rouen et le Havre.
BATEAUX A VAPEUR. Pour Rouen et Paris.

BEAUMONT-LE-ROGER (Eure). Petite ville, sur la rive droite de la Rille, à 14 kil. (3 l. 1/2) de Bernay. ☛ ⊠ 2,520 hab. On remarque aux environs les restes d'un camp romain.

N° 54.

ROUTE DE PARIS A ÉPINAL (VOSGES).

1re R., par NEUFCHATEAU, 37 myr. 6 kil.

	m. k.
De PARIS à * LIGNY ☛ (Voy. N° 127)	24,9
LIGNY à HOUDELAINCOURT ☛	2,3
HOUDELAINCOURT à * DOMREMY ☛	2,2
DOMREMY à * NEUFCHATEAU ☛	1,1
NEUFCHATEAU à HOUÉCOURT ☛	1,9
HOUÉCOURT à * MIRECOURT ☛	2,0
MIRECOURT à DARNIEULLE ☛	2,3
DARNIEULLE à * ÉPINAL ☛	0,9

De NEUFCHATEAU à * CONTREXEVILLE ☛ (vacant).. 3,0

De * MIRECOURT à CHARMES ☛ 1,8

ÉPINAL. Jolie ville. Chef-lieu du département des Vosges. Trib. de 1re inst. Soc. d'émul. Coll. com.⊠ ☛ 10.000 hab. Long. 4° 6' 57" à l'est de Paris ; lat. 48° 10' 33" ; hauteur au-dessus de la mer, 320 mètres. Placée dans une vallée

N° 54. ROUTE DE PARIS A ÉPINAL.

étroite, mais très-pittoresque, au pied des derniers versants occidentaux des Vosges, cette ville est dominée par les ruines de son antique château, assis sur un roc escarpé dont la base est baignée par le ruisseau d'Ambrail. Ces ruines sont depuis longtemps converties en un magnifique jardin anglais, que la mort de son créateur menace d'un morcellement déplorable. La Moselle déjà flottable partage la ville en trois parties inégales : 1° la *grande ville*, située sur la rive droite ; 2° la *petite-ville*, unie à la grande par deux beaux ponts, l'un en pierre, construit en 1841 ; l'autre suspendu, en fer, occupe une île formée par la rivière et un canal de dérivation qui baignait des remparts dont les derniers vestiges viennent de disparaître ; 3° le *faubourg*, qui longe la rive gauche du canal et où passe la route royale, n° 57, de Metz à Besançon.— Épinal est assez bien bâti ; ses rues s'élargissent sans cesse et s'embellissent de nouvelles constructions faites avec goût ; quoique mal pavées (en cailloux), elles sont propres ; celles de la grande ville sont généralement arrosées d'eau courante ; presque toutes sont pourvues de fontaines aussi abondantes que limpides. Les quais et les promenades qui bordent la Moselle offrent les points de vue les plus riants et les plus variés ; les environs sont très gracieux. Les édifices publics sont dignes en général de leur destination ; la caserne, construite en 1740, bien distribuée, mais reconnue insuffisante pour le logement des chevaux, va recevoir un complément qui en doublera l'étendue ; l'hôtel de préfecture, construction récente et de bon goût, a rendu à sa destination première le vaste et beau bâtiment du collége, bâti par les jésuites, et dont la chapelle est un intéressant morceau d'architecture. Le couvent des capucins est devenu l'hôpital principal : ses bâtiments vont être agrandis ; placé sur une éminence a l'extrémité de la ville, entouré de vastes et beaux jardins, il réunit toutes les conditions de salubrité et de bien-être que réclame un établissement de ce genre. L'église paroissiale, fort ancienne, est devenue insuffisante pour la population ; le sol et les constructions, en s'élevant autour d'elle, l'ont rendue froide et sombre ; mais son chœur, d'une époque plus récente que la nef, se recommande par la pureté de son style gothique à l'attention des connaisseurs.—Épinal possède une salle de spectacle, une bibliothèque publique de 20,000 volumes, un musée de tableaux, d'antiquités et d'histoire naturelle, un abattoir, un hospice d'orphelins, une école primaire supérieure, une salle d'asile-modèle. — FABRIQUES : produits chimiques, couverts étamés, marbrerie, chapellerie, carrosserie, imageries peintes, broderies, etc.—COMMERCE de grains, bestiaux, fers, bois, merrains, planches de sapin, etc. — A 62 kil (16 l.) de Nancy, 276 kil. (96 l.) de Paris.
—HÔTELS : du Louvre, du Lion-d'Or (poste aux chevaux), des Vosges.

VOITURES PUBLIQUES. Tous les jours pour Nancy, Saint-Dié, Mirecourt, Neufchâteau, Plombières, Luxeuil, Vesoul, Besançon, Thann, Cernay, Mulhouse, Rambervillers, Strasbourg.

OUVRAGES A CONSULTER, qui se trouvent à la librairie de Valentin, à Épinal. *Description topographique, minérale, etc., des Vosges*, par Didelot, in-8°, 1780. *Antiquités des Vosges*, par Jollois.
Mémoire sur les antiquités du Donon, par Jollois, in-8°, 1829.
Description du Ban de la Roche, par Massenet, in-8°, 1788.

2ᵉ R., par CHARMES, 38 myr. 7 kil.

	m. k.
De PARIS à * NANCY ⚮ (Voy. N° 127)............	31,7
NANCY à FLAVIGNY ⚮.....................	1,5
FLAVIGNY à NEUVILLER ⚮....................	1,2
* ROVILLE (à droite de la route).	
NEUVILLER à * CHARMES ⚮	1,6
CHARMES à IGNEY ⚮.......................	1,4
IGNEY à * ÉPINAL ⚮............................	1,3

ROVILLE (*Meurthe*). Village sur la rive gauche de la Meurthe, à 31 kil. (8 l.) de Nancy. 250 hab. Ce village possédait naguère un établissement rural très-important, fondé en 1822 par une société d'actionnaires, et dirigé par M. Mathieu de Dombasle. Le but de cette institution a été de présenter aux propriétaires et aux cultivateurs le modèle des procédés perfectionnés de l'agriculture, selon l'état actuel de l'art, dans les contrées où il est avancé.

CHARMES-SUR-MOSELLE (*Vosges*). Jolie petite ville à 12 kil. (3 l.) de Mirecourt. ✉ ⚜ 2,962 hab. On y remarque un pont de dix arches hardies sur la Moselle; une église gothique ornée de beaux vitraux bien conservés, et une jolie fontaine publique. — FABRIQUES de dentelles. Distilleries d'eau de cerise.

N° 55.

ROUTE DE PARIS A EU.

16 myriamètres 5 kilomètres.

	m. k
De PARIS à * BEAUVAIS ⚜ (Voy. N° 21)	7,2
BEAUVAIS à * EU ⚜ (Voy. N° 21)	9,3

N° 55 BIS.

ROUTE DE PARIS A SAINT-ÉTIENNE,

Voyez N° 85, 2ᵉ Route de Paris à Marseille......... 52,9 m. k

De SAINT-ÉTIENNE à LYON et de SAINT-ÉTIENNE au PUY (Voy. N° 82.)

N° 56.

ROUTE DE PARIS A ÉVREUX (EURE).

Voyez N° 43, 1ʳᵉ Route de PARIS à CAEN......... 10,4 m. k.

D'ÉVREUX A ALENÇON.

1ʳᵉ Route, par LAIGLE, 11 myr. 9 kil.

	m. k.
D'ÉVREUX à CONCHES ⚬⚭.	1,8
CONCHES à NEUVE-LIRE ⚬⚭.	1,6
NEUVE-LIRE à *L'AIGLE ⚬⚭.	2,0
L'AIGLE à SAINTE-GAUBURGE ⚬⚭.	1,6
* RUGLES (à droite de la route).	
SAINTE-GAUBURGE à NONANT ⚬⚭.	1,6
NONANT à * SÉEZ ⚬⚭.	1,2
SÉEZ à * ALENÇON ⚬⚭.	2,1
De VERNEUIL à * BRETEUIL ⚬⚭.	1,1
BRETEUIL à CONCHES ⚬⚭.	1,5

L'AIGLE (*Orne*). Jolie ville à 26 kil. (6 l. 3/4) de Mortagne. Trib. de comm. Ch. des manuf. ⌧ ⚭ 5,412 hab. Cette ville est dans une situation agréable, sur le penchant de deux coteaux, près d'une belle forêt; elle est traversée par la Rille, qui l'entoure en partie, et conserve encore quelques restes de murailles et de fossés. C'est une ville bien bâtie, propre, et qui tend à s'embellir tous les jours; on n'y voit point de monuments publics remarquables, mais on y trouve de belles constructions particulières et des manufactures dignes de fixer l'attention. — L'église principale, dédiée à saint Martin, est une construction assez vaste de plusieurs époques; la nef est du treizième siècle, le côté latéral gauche est du quinzième, celui de droite du seizième; quelques-uns des vitraux sont assez curieux; la grosse tour est un bel ouvrage du quinzième siècle. — L'église de Saint-Barthélemy, dans le faubourg, est romane brute, avec un portail de transition; elle date de 1115; le chevet du chœur est arrondi en abside. — Le château, placé au centre de la ville, offre une masse peu gracieuse, élevée, dit-on, sur les dessins de Mansard; il est bâti en briques comme toutes les maisons du pays; à l'entour sont d'immenses tilleuls qui font l'étonnement et l'admiration des voyageurs : sur le devant vers l'est, sont deux beaux jardins et une large terrasse, d'où la vue s'étend au loin sur le vallon de la Rille. — L'Aigle se distingue par son industrie entre toutes les villes environnantes. Il s'y fait un commerce immense de clouterie, de quincaillerie, d'épingles, d'aiguilles, de fils de carde et de laiton que l'on prépare dans le pays. — HÔTELS : de la Croix-de-Fer, du Maure, de l'Aigle-d'Or.

VOITURES PUBLIQUES. Tous les jours de Paris à Avranches par Argentan, Falaise; pour Paris, par Verneuil, Dreux; pour Rouen, par Évreux et Louviers; pour Mortagne.

RUGLES (*Eure*). Gros bourg situé sur la Rille, à 49 kil. (12 l. 1/2) d'Évreux. ⌧ 2,000 hab. — MANUFACTURES d'épingles et de pointes de Paris. — FABRIQUES de fil de fer, laiton, aiguilles à tricoter, etc.

BRETEUIL (*Eure*). Petite ville sur la rive droite de l'Iton, à 34 kil. (8 l. 3/4) d'Évreux. ⚭ 2,100 hab. On y remarque les restes d'un ancien château que fit bâtir Guillaume le Conquérant, et une source d'eau minérale ferrugineuse froide. — FABRIQUES de toute sorte de quincaillerie.

N° 57. ROUTE DE PARIS A FÉCAMP.

2ᵉ Route, par MORTAGNE, 11 myr. 6 kil.

	m. k.
D'ÉVREUX à DAMVILLE ☞.	2,0
DAMVILLE à VERNEUIL ☞.	1,9
VERNEUIL à * ALENÇON ☞ (Voy. N° 31).	7,7

De CONCHES à DAMVILLE ☞.	1,5

D'ÉVREUX AU MANS, 14 myr. 9 kil.

D'ÉVREUX à VERNEUIL (Voy. la R. précédente).	3,9
VERNEUIL à SAINT-MAURICE ☞.	1,7
SAINT-MAURICE à * MORTAGNE (Orne) ☞.	2,2
MORTAGNE à * BELLÊME ☞.	1,8
BELLÊME à SAINT-CÔME ☞.	1,5
SAINT-CÔME à BONNÉTABLE ☞.	1,1
BONNÉTABLE à SAVIGNÉ ☞.	1,5
SAVIGNÉ au * MANS ☞.	1,2

❦❦❦❦❦❦❦❦❦❦❦❦❦❦❦❦❦❦❦❦❦❦❦❦❦❦❦❦❦❦❦❦❦❦❦❦❦

N° 57.

ROUTE DE PARIS A FÉCAMP (SEINE-INFÉRIEURE).

19 myriamètres 3 kilomètres.

	m. k.
De PARIS à * ROUEN ☞ (Voy. N° 68).	12,6
ROUEN à BARENTIN ☞.	1,7
BARENTIN à YVETOT ☞.	1,8
YVETOT à YPREVILLE ☞.	1,9
* VALMONT (à droite de la route).	
YPREVILLE à * FÉCAMP ☞.	1,3

YVETOT Voyez N° 68, Route de Paris au Havre.

VALMONT (*Seine-Inf.*). Bourg à 25 kil. (6 l. 1/4) d'Yvetot. ⌧ 1,050 hab. Ce bourg possède des eaux minérales ferrugineuses. L'église paroissiale est un assez joli édifice du seizième siècle, où l'on remarque de beaux vitraux représentant l'appartement de la Vierge.

N° 58.

ROUTE DE PARIS A FOIX (ARIÉGE).

76 myriamètres 9 kilomètres.

	m. k.
De PARIS à * TOULOUSE ☞ (Voy. N° 138)	68,7
TOULOUSE à VIVIERS ☞	2,6
VIVIERS à * SAVERDUN ☞	2,2
SAVERDUN à * PAMIERS ☞	1,5
* VALS (à gauche de la route).	
* MIREPOIX (à gauche de la route).	
* VARILHES (sur la route).	
PAMIERS à * FOIX ☞	1,9

SAVERDUN (*Ariége*). Jolie ville sur l'Ariége, à 14 kil. (3 l. 1/2) de Pamiers. ✉ ☞ 3,327 hab. Saverdun passe pour être une ville d'origine gauloise, où l'on trouve fréquemment, dans les fondations d'anciens édifices, des médailles grecques et romaines. Elle est généralement bien bâtie, et conserve encore quelques restes de ses anciennes fortifications.

PAMIERS (*Ariége*). Ancienne et jolie ville. Sous-préf. Trib. de 1re inst. Soc. d'agr. Collége com. Évêché. ✉ ☞ 6,018 hab. Cette ville est située sur l'Ariége, au milieu d'une campagne riante entourée de coteaux fertiles. Elle est généralement bien bâtie, formée de rues larges et bien percées. Il ne reste plus aucun vestige de son ancien château, dont l'emplacement, qui a conservé le nom de Castellat, est devenu une promenade remarquable par sa situation et par la vue pittoresque dont on y jouit. — On remarque à Pamiers le palais de justice; l'évêché; sept églises; le couvent des Carmélites; l'hospice civil, bâtiment vaste et bien aéré. La cathédrale, surmontée d'un beau clocher, est un bel édifice bâti sur les dessins de Mansard; — FABRIQUES de serges, liqueurs, clous, limes, aciérie, etc.— A 16 kil. (4 l.) de Foix, 58 kil. (15 l.) de Toulouse, 766 kil. (196 l. 1/2) de Paris.

VOITURES PUBLIQUES. Tous les jours pour Toulouse et Ax.

VALS (*Ariége*). Village à 14 kil. (3 l. 1/2) de Pamiers. 141 hab. On voit près de ce village, sur la rive droite du Lers et sur le penchant d'un coteau élevé, une église fort ancienne, taillée dans le roc, et surmontée par une tour d'une architecture élégante.

MIREPOIX (*Ariége*). Jolie ville sur le Lers, à 23 kil. (6 l.) de Pamiers. Collége comm. ✉ 3,633 hab. Cette ville est agréablement située sur le Lers, qu'on y passe sur un beau pont. Elle est bien bâtie, propre, embellie de belles plantations et ornée de fontaines publiques. Ses places publiques sont vastes, bien plantées et fort agréables; la grande place est entourée de galeries couvertes. Les larges fossés qui l'entouraient autrefois ont été comblés il y a déjà plusieurs années, et forment aujourd'hui quatre cours ou boulevards qu'embellissent de belles plantations. — Mirepoix possède un bel et vaste hospice. L'église paroissiale, qui n'a jamais été achevée, mais dont on admire le chœur entouré de sept chapelles, est surmontée d'un clocher à flèche d'une exécution remarquable. Le pont jeté sur le Lers est un des plus beaux du Midi; l'hôtel de ville est un édifice spacieux et bien distribué.— PATRIE du célèbre Lalande et du maréchal Clausel. — FABRIQUES de toiles, grosses draperies, etc.

VARILHES (*Ariége*). Petite ville sur l'Ariége, à 8 kil. (2 l.) de Pamiers. 1,556 hab. On remarque aux environs une grotte assez curieuse, et l'église souterraine de Vals.

FOIX. Ville ancienne. Chef-lieu du département de l'Ariége. Trib. de 1re inst. Ch. des manuf. Soc. d'agr. et des arts. Collége comm. ⌧ ✡ 4,857 hab. Cette ville, anciennement capitale du comté de Foix, est fort pittoresquement située au pied des Pyrénées, dont les premiers gradins sont cultivés en vignes. Elle est circonscrite, à l'ouest, par l'énorme rocher sur lequel s'élève le château; au nord-ouest par la rivière de l'Arget et par les rochers nus et à pic de la montagne de Saint-Sauveur ; au nord, au nord-est et à l'est, par la rivière de l'Ariége et par la montagne du Pech ; au sud-est, s'étend seulement la surface plane de son territoire. C'est dans cet espace resserré que la ville a été bâtie de la manière la plus irrégulière; les rues en sont étroites et mal percées ; les maisons les plus anciennes y sont du plus mauvais goût : on y voit cependant plusieurs belles constructions, élevées notamment depuis l'année 1820, et l'on y remarque quelques édifices dignes de la curiosité des voyageurs; nous citerons principalement : le château, formé de trois grandes tours gothiques, s'élevant à une hauteur assez considérable sur l'énorme rocher isolé qui borne la ville à l'ouest : deux de ces tours sont carrées, et la troisième est ronde. Le château proprement dit est situé au nord-nord-ouest du rocher qui supporte les trois tours ; il sert aujourd'hui de palais de justice.

—L'abbaye de Foix a été fondée au confluent de l'Ariége et de l'Arget, à l'occasion des reliques de saint Volusien, martyr ; elle fut réunie, en 849, par Charles-le-Simple, à l'abbaye de Saint-Tibery. Avant la révolution, ce monastère appartenait aux chanoines réguliers de la congrégation de Sainte-Geneviève. Après la suppression des ordres monastiques, il fut successivement occupé par l'administration départementale, les tribunaux et la préfecture. En l'an XII, un incendie le consuma presque entièrement ; les bâtiments servent aujourd'hui d'hôtel de préfecture.—L'église paroissiale de Saint-Volusien. —Les casernes.—La bibliothèque publique, contenant 8,000 volumes, etc. — FABRIQUES de fer, acier, faux , limes, etc. A 783 kil. (201 l.) de Paris.

VOITURES PUBLIQUES. Tous les jours pour Toulouse, Bayonne, Carcassonne et Perpignan.

OUVRAGES A CONSULTER, qui se trouvent à la librairie de Pomiez, à Foix. *Annuaire statistique du départ. de l'Ariége*, 1834. *Histoire de Foix, Béarn et Navarre*, par Olhagaray, in-4º, 1609.

DE FOIX A BAGNÈRES DE BIGORRE, 14 myr. 7 kil.

	m. k.
De FOIX à LA BASTIDE DE SEROU ✡............	1,8
* MONTESQUIEU (à droite de la route).	
* MONTJOIE (à droite de la route).	
LA BASTIDE DE SEROU à * SAINT-GIRONS ✡......	2,6
SAINT-GIRONS à MANE ✡...................	2,1
* SAINT-LIZIER (à droite de la route).	
MANE à * SAINT-GAUDENS ✡.................	2,6
* SAINT-MARTORY (sur la route).	
SAINT-GAUDENS à MONTREJEAU ✡............	1,4
MONTREJEAU à LANNEMEZAN ✡...............	1,6
* LORTET (à gauche de la route).	
LANNEMEZAN à L'ESCALADIEU ✡.............	1,4
L'ESCALADIEU à * BAGNÈRES DE BIGORRE ✡.....	1,2

MONTESQUIEU (*Ariége*). Village situé à 7 kil. (1 l. 3/4) de Saint-Girons. Pop. 815 hab. On y voit les ruines d'un vieux château et la grotte de Lagnère.

MONTJOIE (*Ariége*). Village situé à 2 k. (une demi-lieue) de Saint-Girons. Pop. 1,889 hab. Ce village est remarquable par un clocher bâti sur les restes d'un temple antique dédié à Jupiter, qui portait le nom de Mons-Jovis, et d'où dérive le nom qu'il porte aujourd'hui. On trouve aux environs les eaux minérales d'Audinac.

GIRONS (SAINT-) (*Ariége*). Jolie petite ville. Sous-préf. Trib. de 1re inst. Coll. com. ⊠ ⚘ 4,381 hab. Cette ville est agréablement située, au pied des Pyrénées, dans un vallon entouré de coteaux cultivés, au confluent du Salat, du Lez et du Baup, au point central où aboutissent les cinq principales vallées de l'arrondissement. Elle est généralement bien bâtie, sur la rive droite du Salat. Sur la rive gauche se prolonge le faubourg de Villefranche, où l'on remarque l'ancien château, occupé aujourd'hui par le palais de justice et les prisons. Presque au centre de la ville est bâtie l'église paroissiale, surmontée d'un clocher remarquable par son élévation. Saint-Girons possède plusieurs promenades publiques : la plus belle, le Champ-de-Mars, longe la rive droite du Salat, en face du palais de justice; elle est ombragée d'un quadruple rang de jeunes ormes, et bordée de bornes en pierre, liées entre elles par de grosses chaînes de fer.—FABRIQUES d'étoffes de laine, toiles, etc.—COMMERCE important avec les départements méridionaux et l'Espagne, en laines, pelleterie, mulets, chevaux, moutons, bestiaux, papiers, porcs, grains, etc. — A 45 kil. (11 l. 1/2) de Foix, 787 kil. (202 l.) de Paris.

VOITURES PUBLIQUES. Pour Toulouse et Foix.

LIZIER (SAINT-) (*Ariége*). Petite ville très-ancienne, à 2 kil. (1/2 l.) de Saint-Girons. 1,100 habitants. Elle est bâtie sur le penchant méridional d'une colline, et sur la rive droite du Salat. La partie supérieure, qui se présente en amphithéâtre, est couronnée par le palais épiscopal, bel édifice que fit élever à grands frais l'évêque Bernard de Marmiesse, de 1655 à 1680; la façade, décorée de trois tours semi-circulaires, se prolonge de l'est à l'ouest, et produit un bel effet de perspective, vue du côté de Saint-Girons : il est occupé par l'hospice général du département. On remarque encore à Saint-Lizier l'hôpital civil et le pont sur le Salat, etc. — FABRIQUES de tissus coton et laine.

MARTORY (SAINT-) (*H.-Garonne*). Petite ville à 18 kil. (4 l. 1/2) de Saint-Gaudens. ⊠ 1,167 hab. La situation de cette ville est à la fois pittoresque et favorable à son commerce : au centre aboutissent quatre grandes routes qui communiquent aux grandes villes environnantes ou qui conduisent en Espagne. La ville s'étend sur les deux rives de la Garonne; mais la partie la plus considérable occupe la rive gauche; ses deux quartiers communiquent par un pont de trois arches, d'un effet remarquable à cause de la beauté du site. — FABRIQUE de draps.

SAINT-GAUDENS. V. N° 138, R. de Toulouse à Bagnères-de-Luchon.

LORTET (*H.-Pyrénées*). Village sur la Neste, à 27 kil. (7 l.) de Bagnères. 750 hab. On y voit des grottes devenues fameuses par les fortifications qu'on y a bâties dans des temps reculés.

BAGNÈRES-DE-BIGORRE. Voyez page 101.

DE FOIX A BAGNÈRES-DE-LUCHON, 14 myr. 2 kil.

	m. k.
De Foix à MONTREJEAU (Voy. ci-dessus)	10,5
MONTREJEAU à ESTENOS ⚘	1,6
ESTENOS à *BAGNÈRES-DE-LUCHON ⚘	2,1

N° 58. ROUTE DE PARIS A FOIX.

	m. k.
De Mane à Martres ☜	1,7
De Foix à * Tarascon (Ariége) ☜	1,6
* Montségur (à gauche de la route).	
* Bédeillac (à droite de la route).	
Tarascon à * Ax ☜	2,6
* Chateau-Verdun (sur la route).	
* Orlu (à gauche de la route).	

MONTSÉGUR (*Ariége*). Village à 29 k. (7 l. 1/2) de Foix. 750 h. Ce village est dominé par un pic escarpé où l'on voit les ruines d'un ancien château fort taillé dans le roc, célèbre par les siéges qu'il a soutenus et par la défaite des Albigeois.

TARASCON (*Ariége*). Ville ancienne, à 17 kil. (4 l. 1/4) de Foix. ⊠ ☜ 1,551 hab. Tarascon est l'ancien *Tascodenitari* cité par Pline. C'est une ville agréablement située dans un étroit bassin, au confluent de l'Ariége et du torrent qui traverse la vallée de Vic-Dessos. Au centre, s'élève un mont isolé surmonté d'une tour ronde, haute et svelte, unique reste de l'ancien château. Elle a des rues escarpées et tortueuses, des maisons vieilles et mal bâties, à l'exception de celles qui bordent les rives de l'Ariége, que la route côtoie par une belle rue neuve qui communique par un pont de marbre avec le faubourg; sur l'autre rive on aperçoit un bel édifice moderne, où est établie une manufacture. Aux environs, on remarque l'église de Notre-Dame de Sabart, en grande vénération dans la contrée, et, dans le voisinage, des grottes curieuses par leur conformation. — Commerce et entrepôt de fer que fournissent les nombreuses forges des environs.

BÉDEILLAC (*Ariége*). Village à 20 kil. (5 l.) de Foix. 552 h. On y voit une des plus belles grottes du département, dont la profondeur est d'environ une demi-lieue. On y montre successivement le buffet d'orgues, le bénitier, la tombe de Roland, la cape de l'évêque, la grosse et la petite cloche, ainsi que d'autres concrétions que l'on désigne sous les noms de différentes parties d'une cathédrale gothique.

AX (*Ariége*). Petite ville à 43 kil. (11 l.) de Foix. ⊠ ☜ 1,927 hab. Cette ville, assise en partie sur un rocher peu élevé, au pied des Pyrénées, est assez bien bâtie, à l'intersection de trois jolis vallons arrosés par les torrents d'Ascou, d'Orgeix et de Mérens, qui, en se réunissant sous ses murs, prennent le nom d'Ariége. Elle est entourée de montagnes, en grande partie cultivées, qui offrent une agréable variété de bois, de prés et de terres labourables, entremêlés de rochers agrestes, de cascades pittoresques, formant un tableau véritablement enchanteur. C'est la patrie du célèbre médecin Roussel, ingénieux auteur du Système physique et moral de la femme.

Eaux thermales d'Ax. Ax est célèbre par ses sources d'eaux sulfureuses thermales, dont la température varie de 16 à 62 degrés du thermomètre de R. Ces sources fournissent aux bains, aux douches, et sont réparties dans trois établissements : le Couloubret, le Teix ou le Tech, et le Breil. — Le Couloubret, situé près de l'hôtel de France, compte seize baignoires, trois douches et un bain de vapeur ; huit sources y fournissent l'eau nécessaire au service. — Le Teix est l'établissement le plus considérable ; il possède trente-cinq baignoires, six douches, un bain de vapeur, et huit sources principales. — Le Breil doit son nom à une fontaine très-fréquentée par les buveurs. Il a été formé en 1820, au fond du jardin de l'hôtel d'Espagne, au sud-est de la ville. Cet établissement renferme huit baignoires, deux douches et un bain de vapeur ; cinq sources, distribuées en un pareil nombre de réservoirs clos et surmontés de voûtes en maçonnerie, y fournissent en abondance les eaux nécessaires. — **Saison des eaux.** La saison des bains s'ouvre au mois de juin et ne finit qu'en octobre. La durée du traitement est, en général, de quatre à cinq semaines. C'est pendant les mois d'août et de septembre qu'a lieu la plus grande affluence des étrangers. — PROPRIÉTÉS MÉDICINALES. Les eaux d'Ax sont en général apéritives, diurétiques, détersives, fondantes et sudorifiques ; elles stimulent vivement tout l'organisme, et poussent vivement à la peau, au point de provoquer des sueurs abondantes, et quelquefois même des éruptions générales. Leur activité, qu'elles doivent au principe sulfureux, triomphe des catarrhes invétérés, des rhumatismes chroniques, des affections cutanées, des maladies scrofuleuses ; en un mot, de toutes ces infirmités rebelles aux traitements ordinaires, et qui ne cèdent qu'à des agents pénétrants et à des impressions vives.

OUVRAGES A CONSULTER. *Mémoire sur les eaux minérales d'Ax*, par Sicre, in-8°, 1738.

Traité analytique et pratique des eaux thermales d'Ax et d'Ussat, par Pilhes, in-8°, 1787.

CHATEAU-VERDUN (*Ariége*). Village situé à 26 kil. (6 l. 3/4) de Foix. 223 hab. On y voit un château bâti sur un rocher élevé, qui paraît avoir été très-fort ; un peu plus bas est une chapelle gothique dédiée à la Vierge.

ORLU (*Ariége*). Village à 47 kil. (12 l.) de Foix. 534 hab. A 2 kil. au-dessus de ce village, dans une gorge horrible, on trouve une forge à la catalane, alimentée par les eaux de l'Ariége, qui forme en cet endroit une magnifique cascade.

N° 59.

ROUTE DE PARIS A FONTAINEBLEAU

(SEINE-ET-MARNE).

	m. k.
De PARIS à FONTAINEBLEAU (V. N° 85, 1re Route de PARIS à MARSEILLE)............................	5,9

N° 60.

R. DE PARIS A FORBACH (MOSELLE).

37 myriamètres 7 kilomètres.

	m. k.
De PARIS à BONDY ☞..........................	1,2
BONDY à CLAYE ☞............................	1,7
CLAYE à * MEAUX ☞...........................	1,5
MEAUX à SAINT-JEAN LES DEUX-JUMEAUX ☞.....	1,1
SAINT-JEAN à * LA FERTÉ-SOUS-JOUARRE ☞......	0,9
* CHAMIGNY (à droite de la route).	
LA FERTÉ-SOUS-JOUARRE à LA FERME-DE-PARIS ☞	1,4

N° 60. ROUTE DE PARIS A FORBACH.

	m. k.
La Ferme-de-Paris à * Chateau-Thierry ☞...	1,2
Chateau-Thierry à Crésancy ☞	0,9
Crésancy à Dormans ☞	1,4
Dormans au Port-a-Binson ☞	0,9
Port-a-Binson à * Épernay ☞	1,5
* Aï (à gauche de la route).	
* Avise (à droite de la route).	
Épernay à Jalons ☞	1,8
Jalons à * Chalons-sur-Marne ☞	1,5
* Notre-Dame de l'Épine (sur la route).	
Chalons à Somme-Vesle ☞	1,8
Somme-Vesle à Orbeval ☞	1,6
* Valmy (à gauche de la route).	
Orbeval à *Sainte-Menehould ☞	0,8
Sainte-Menehould à Clermont en Argonne ☞	1,4
Clermont en Argonne à Domballe (Meuse) ☞	1,0
Domballe à * Verdun ☞	1,5
Verdun à Manheule ☞	1,8
Manheule à Harville ☞	1,0
Harville à Mars-la-Tour ☞	1,2
Mars-la-Tour à Gravelotte ☞	1,1
Gravelotte à * Metz ☞	1,4
Metz à Courcelles-Chaussy ☞	1,8
Courcelles-Chaussy à Fouligny ☞	0,8
Fouligny à * Saint-Avold ☞	1,7
* Hombourg-l'Évêque (sur la route).	
Saint-Avold à Forbach ☞	1,8

MEAUX, LA FERTÉ-SOUS-JOUARRE. Voyez pages 271 et 272.
CHAMIGNY (*Seine-et-M.*). Village à 20 kil. (5 l.) de Meaux, 700 h. L'église paroissiale de ce village est fort ancienne ; elle a été bâtie à différentes époques ; le chœur est de construction gothique, et les petites figures d'hommes et d'animaux qui décorent les chapiteaux des piliers indiquent que cette construction remonte au cinquième ou au sixième siècle. Sous le chœur est une chapelle souterraine qui en occupe toute l'étendue.
CHATEAU-THIERRY, *Castrum Theodorici* (*Aisne*). Sous-préf. Trib. de 1re inst. Caisse d'épargne. Collége comm. École comm. des frères de la doctr. chrét. École comm. des sœurs de N.-D. de Bon-Secours de Charly. Hôtel-Dieu de 80 lits, fondé par la reine Jeanne, épouse de Philippe le Bel. Charité pour les vieillards et les enfants, tenue par des hospitalières de Saint-Augustin. ✉ ☞ 4,761 hab. — Château-Thierry doit son origine à un château fort construit par Charles Martel pour le jeune Thierry IV, vers 720; il existe encore au hameau des Chesneaux un lieu dit la cour *Mont-Martel*, où Charles avait une métairie. Cette ville est bâtie en amphithéâtre sur le penchant d'une colline qui domine une longue chaîne de coteaux dont le pied vient mourir sur la rive droite de la Marne. Du sein de cette colline s'élève un rocher escarpé, couronné encore par les ruines imposantes de l'ancien château ; ce site riant offre une vue magnifique, et les campagnes environnantes présentent un riche panorama.—Un faubourg considérable s'étend sur la rive gauche de la Marne, que l'on traverse sur un beau pont en pierre, percé de trois arches. Du côté opposé, sur la route de Soissons, se forme une espèce de faubourg plus élégant; celui de la Barre est séparé de la ville par une ancienne porte de guerre. Au bas du château est l'hôtel de ville, qui n'a rien de remarquable; la halle, et le palais de justice, qui va bientôt être remplacé par un autre en construction, bâti sur le modèle de la Bourse de Paris.
Comme place de guerre, Château-Thierry a eu à soutenir de nombreux

assauts. Prise et reprise pendant les querelles de la féodalité, elle servit de prison au roi Charles le Simple en 923, fut vainement attaquée par les Anglais en 1370, et exposée à toutes les fureurs de la Ligue en 1421. Charles-Quint s'en rendit maître en 1544, les Frondeurs en 1614, les Lorrains en 1652; l'invasion de 1814 lui fut des plus funestes. Le droit de commune lui fut accordé en 1231 par Thibaud, comte de Champagne, et confirmé par Philippe le Bel en 1301.

PATRIE du jésuite Daniel Beguin; de Gauthier, évêque de Paris, mort en 1250; d'Harmand, baron d'Abancourt, avocat, député aux états généraux, préfet de la Mayenne; de l'inimitable fabuliste la Fontaine, né le 8 juillet 1621 (une statue en marbre blanc a été érigée à la mémoire de ce grand homme dans sa ville natale par la munificence du gouvernement, et une inscription simple indique la maison où est né cet écrivain célèbre); de Leteilleur, auteur dramatique; de Jacques Mentel, savant médecin; de Jacques Pesselier, poëte; du peintre Revel; de S. Thierry, évêque d'Orléans; et de Jean Thierry, fils d'un simple cordonnier, mort à Venise, laissant, dit-on, plus de 17 millions de fortune.

Château-Thierry possède deux sources d'eaux minérales ferrugineuses. — On y remarque : la porte du château; l'Hôtel-Dieu, riche en tableaux; le bel édifice de la Charité; l'hôtel Balhan, ou ancien fort Saint-Jacques; l'escalier et la chapelle de la tour, morceau d'architecture assez curieux; l'église Saint-Crépin; le tableau de Jésus-Christ au jardin des Olives, et les fonts baptismaux.

FABRIQUES de toiles, bonneterie, teinturerie, corroierie. Filature. — COMMERCE de grains et de vins. Grande exploitation de gypse. — A 80 k. (20 l. 1/2) de Laon, 89 kil. (23 l.) de Paris. — HÔTELS : du Lion-d'Or, du Croissant, de la Sirène, d'Angleterre, de l'Éléphant.

VOITURES PUBLIQUES. Tous les jours pour Paris, Nancy, Metz, Strasbourg, Soissons, Fère-en-Tardenois.

BUTS D'EXCURSIONS : au joli village d'*Essomes* (2 kil.), où l'on voit une magnifique église du treizième siècle, des boiseries et des stalles très-curieuses de la renaissance, la chapelle du sépulcre, le tombeau, la pierre sépulcrale de J. Guyart; au *Mézi-Moulin* (9 kil.), sur la route de Strasbourg, au milieu de la plaine, entre Mont-Sipère et Crézième, est une belle église de la fin du douzième siècle ou du commencement du treizième, et une croix en pierre d'un travail assez rare; le portail de *l'église de St-Eugène*, près Condé-en-Brie, présente d'une manière très-effrayante la scène du jugement dernier; à *Chasy-l'Abbaye*, remarquable par un élégant clocher de la renaissance, et par les ruines d'une ancienne abbaye bâtie vers 1130, dans l'enceinte du bourg; aux *châteaux de Fère-en-Tardenois* et de *la Ferté-Milon*. (*Voy.* ces articles.)

OUVRAGES A CONSULTER, qui se trouvent à la librairie de Parmentier, à Château-Thierry.

Histoire de Château-Thierry, par l'abbé Poquet, 2 vol. in-8°, fig., 1839.
Notice historique et archéologique des églises d'Essomes et de Mézi-Moulin, par l'abbé Poquet.

ÉPERNAY (*Marne*). Jolie ville. Sous-préf. Trib. de 1re inst. Coll. comm. Soc. d'émul. ⊠ ⚲ 6,000 hab. Elle est dans une situation agréable, au débouché d'une riante vallée et au centre des plus riches vignobles de la Champagne, près de la Marne, que l'on passe sur un pont de sept arches surbaissées, d'une exécution hardie. C'est une ville généralement bien bâtie, en pierres, en bois et en briques, propre et bien pavée. Sur une des places est l'église paroissiale, construite de 1828 à 1832, édifice de style italien, simple mais assez spacieux; les nefs sont divisées par des piliers d'ordre dorique, et ornées de superbes vitraux de couleur représentant l'histoire de l'ancien et du nouveau Testament, et celle de la province de Champagne. — Le faubourg de la Folie ou du Commerce, habité par les plus riches négociants en vins de Champagne, est formé de maisons construites avec goût, qu'embellissent de jolis jardins paysagers, et pourvues de caves immenses taillées dans la craie, où sont rangées par

N° 60. ROUTE DE PARIS A FORBACH.

treilles des quantités considérables de vins mousseux et non mousseux des meilleurs crus de la Champagne.

FABRIQUES de bonneterie, de poterie de terre renommée, qui résiste au feu. Filat. hydr. de laine cardée; raffineries de sucre, teintureries, tanneries, corroieries, mégisseries. — COMMERCE de bouteilles, bouchons, ficelles, fil de fer, vins de Champagne. Port sur la Marne, pour l'approvisionnement de Paris en bois de charpente, provenant des forêts environnantes; bois à brûler, charbon. Bateaux pontés pour Paris, Rouen et le Havre, pour l'embarquement des vins, qui s'expédient dans toutes les parties du monde. — HÔTELS : de l'Europe, de l'Écu-de-France. — A 31 kil. (8 l.) de Châlons, 25 k. (6 l. 1/2) de Reims.

VOITURES PUBLIQUES. Tous les jours pour Nancy, Metz, Strasbourg; tous les deux jours pour Reims, Sézanne, Châlons, Avize, Aï.

AÏ (*Marne*). Jolie petite ville, située sur la rive droite de la Marne, au pied d'un coteau couvert de vignes, qui donnent les vins mousseux les plus estimés de toute la Champagne. A 23 kil. (6 l.) de Reims. 2,727 hab.

AVIZE (*Marne*). Petite ville située dans un territoire fertile en vins de Champagne estimés, à 10 kil. (2 l. 1/2) d'Épernay. ⊠ 1,495 h. On y voit de très-belles caves, très-propres à la conservation des vins en bouteilles.

CHALONS-SUR-MARNE. Voyez page 273.

L'ÉPINE (*Marne*). Village à 8 kil. (2 l.) de Châlons. 450 hab. Le village de l'Épine doit son origine à une magnifique église que ne doivent pas manquer de visiter les voyageurs qui suivent la grande route de Paris en Allemagne.

VALMY (*Marne*). Village situé au milieu d'une plaine étendue, à 8 kil. (2 l.) de Sainte-Menehould. 450 hab. Ce lieu sera à jamais célèbre dans les fastes de la révolution française, par la victoire mémorable qu'y remportèrent les Français commandés par Kellermann, sur l'armée prussienne, en 1792. Kellermann mourut le 13 septembre 1820, à l'âge de 85 ans; mais en mourant il voulut éterniser le lieu où il avait conquis la plus belle partie de sa gloire : il ordonna que son cœur serait transporté à Valmy, *afin qu'il reposât parmi les restes de ses braves compagnons d'armes*. Un monument extrêmement simple a été érigé en 1822 au champ de Valmy par les soins du général Kellermann, fils de cet honorable guerrier.

MENEHOULD (SAINTE-) (*Marne*). Jolie ville. Sous-préfect. Trib. de 1re inst. Coll. comm. ⊠ ⚘ 4,000 hab. Cette ville s'étend principalement sur la route de Verdun à Châlons, qu'elle borde d'une longue rue assez bien bâtie. La plupart des maisons sont en briques et en pierres, et de hauteur uniforme. Aux deux entrées principales de la ville, sont deux grandes et belles places, dont l'une, la place d'Austerlitz, est plantée de beaux arbres qui forment une jolie promenade; sur la deuxième, se déploie la façade noble et régulière de l'hôtel de ville. Les alentours sont très-bien boisés, et offrent de jolis points de vue. La ville est entourée par l'Aisne, qui se divise en plusieurs canaux sur lesquels sont jetés deux beaux ponts. — FABRIQUES de faïence, de bonneterie, de verrerie, de rouets à filer et autres ouvrages au tour. — A 39 kil. (10 l.) de Châlons, 206 kil. (53 l.) de Paris. — HÔTELS : de Saint-Nicolas, du Lion-d'Or, de la Ville-de-Metz.

VOITURES PUBLIQUES. Tous les jours pour Paris, Metz, Châlons, Verdun.

OUVRAGE A CONSULTER, qui se trouve à la librairie de Poignée d'Arnauld, à Ste-Menehould.

Histoire de la ville de Sainte-Menehould, par Buirette, in-8°.

CLERMONT EN ARGONNE (*Meuse*). Petite ville à 23 kil. (6 l.) de Verdun. ⊠ ⚘ 1,446 hab. Cette ville occupe une position pittoresque sur le flanc d'une montagne élevée, près de vastes forêts. Elle est généralement bien bâtie.

VERDUN. Voyez page 349.

METZ. Voyez page 110.

AVOLD (SAINT-) (*Moselle*). Jolie petite ville à 39 kil. (10 l.) de Sarreguemines. ✉ ⌀ 3,451 hab. On trouve aux environs une source d'eau minérale froide que l'on croit ferrugineuse.

HOMBOURG-L'ÉVÊQUE (*Moselle*). Village à 29 kil. (7 l. 1/2) de Sarreguemines. 1,000 hab. Il est bâti sur le revers d'une montagne de forme oblongue, dont le sommet est couronné par les ruines d'un ancien château fort ; au bas de l'éminence se trouvent le village, les forges et le château de Hombourg-le-Bas.

FORBACH (*Moselle*). Bourg à 20 kil. (5 l.) de Sarreguemines. ✉ ⌀ 4,281 h. Il était autrefois défendu par un château fort construit sur le roc vif, dont on voit encore les ruines au sommet de la montagne Selosberg, sur l'escarpement septentrional de laquelle le bourg est bâti en amphithéâtre. C'est un des principaux débouchés de l'Allemagne, où aboutissent les routes de Sarre-Louis et de Sarreguemines.

N° 61.

ROUTE DE PARIS A FORGES (SEINE-INFÉRIEURE).

Voy. page 327, 1re Route de PARIS à DIEPPE.......... m. k. 11,5

N° 62.

ROUTE DE PARIS A GAP (HAUTES-ALPES).

67 myriamètres 7 kilomètres.

De PARIS à LYON (Voy. N° 82)................. m. k. 46,8
LYON à GAP (Voy. N° 42)..................... 20,9

DE GAP A BRIANÇON, 9 myr. 1 kil.

De GAP à
* LA BRÉOLLE (à droite de la route).
* CHORGES ⌀.......................... 1,7
* UBAYE (à droite de la route).
CHORGES à SAVINES ⌀.................... 1,4
* BARCELONNETTE (à droite de la route).
SAVINES à EMBRUN ⌀..................... 1,0
* CHATEAUROUX (sur la route).
* LARCHE (à droite de la route).
* DORMILHOUSE (à gauche de la route).
EMBRUN au PLAN-DE-PHASY ⌀............. 1,6
* VILLE-VIEILLE (à droite de la route).

N° 62. ROUTE DE PARIS A GAP.

	m. k.
PLAN-DE-PHASY à LA BESSÉE ⌖...............	1,7
* VALLOUISE (à gauche de la route).	
* LA GRAVE (à gauche de la route).	
* LE MONESTIER (à gauche de la route).	
* MONT-GENÈVRE (à droite de la route).	
LA BESSÉE à * BRIANÇON ⌖............:.......	1,7

BRÉOLLE (la) (*H.-Alpes*). Village à 31 kil. (8 l.) de Barcelonnette. 1,000 h. Il est bâti près du confluent de l'Ubaye et de la Durance. Le chemin qui de ce village conduit en Dauphiné est tracé à travers des rochers dans une longueur d'environ deux cents mètres; il mérite de fixer l'attention sous le double rapport de la singularité du site et de la hardiesse des travaux.

CHORGES (*H.-Alpes*). Bourg à 21 kil. (5 l. 1/2) d'Embrun. ⊠ 2,000 hab. Il est bâti près de l'emplacement occupé jadis par une ancienne cité des Caturiges, que les Romains avaient décorée de plusieurs beaux édifices, et dont il ne reste plus que le temple de Diane, qui sert maintenant d'église paroissiale.

UBAYE (*B.-Alpes*). Village situé sur la rive droite de la rivière de son nom, au pied de rochers énormes qui menacent de le détruire par leur chute. A 28 kil. (7 l.) de Barcelonnette. 250 hab. Sur la rive gauche de la rivière, on distingue, sur une hauteur couronnée de rochers, quelques maisons rangées autour d'un vieux château, et entourées elles-mêmes de murs crénelés d'où sortent quelques vieilles pièces de canon : c'est le fort presque ruiné de Saint-Vincent, qui, avant le traité d'Utrecht, se trouvait sur les limites de la France et du Piémont.

BARCELONNETTE (*B.-Alpes*). Jolie petite ville. Sous-préfect. Trib. de 1re inst. Soc. d'agric., sciences et arts. Coll. comm. ⊠ 2,144 hab. Cette ville est située dans la partie centrale de la belle vallée de son nom, dont elle occupe à peu près le centre. C'est une des plus jolies villes des Alpes françaises ; elle est formée principalement de deux rues qui se coupent à angle droit, et qui sont bordées d'arcades basses et lourdes, mais fort utiles dans un lieu où la neige tombe en abondance pendant l'hiver; les autres rues sont pour la plupart symétriques ; les maisons sont propres, d'une apparence agréable, et en général bien bâties. La grande rue aboutit, du côté de l'Italie, à une place carrée plantée d'arbres, que bordent le palais de justice, beau bâtiment moderne à deux étages ; la caserne de gendarmerie, et la prison. A l'un des angles de la place s'élève la tour de l'Horloge, surmontée d'une haute et élégante flèche; le centre est décoré par le monument élevé à la mémoire de Manuel : c'est une fontaine carrée, entourée d'un bassin arrondi, que surmonte une urne funéraire. Une des faces est décorée du buste de Manuel, bas-relief en bronze, au-dessus duquel est cette inscription, empruntée à Béranger :

BRAS, TÊTE ET CŒUR,
TOUT ÉTAIT PEUPLE EN LUI.

☛ Les promenades de Barcelonnette sont très-agréables, surtout celle qui borde l'Ubaye, dont les eaux arrosent toutes les rues et les jardins. Cette ville est le point central du commerce de la vallée, où l'on vient vendre toutes les denrées et s'approvisionner de tous les objets de consommation qui peuvent être nécessaires ; il s'y tient tous les samedis des marchés qu'on pourrait presque comparer à des foires. — A 70 kil. (18 l.) de Digne, 62 kil. (16 l.) de Gap, 731 kil. (187 l. 1/2) de Paris. — HÔTELS : Lions, Maurin, Thomé.

OUVRAGES A CONSULTER. *Voyage dans la vallée de Barcelonnette*, par Villeneuve-Bargemont, in-8°, 1815. *Lettres sur la vallée de Barcelonnette*, par Frémont Garnier, in-8°, 1822.

F. **EMBRUN** (*H.-Alpes*). Ancienne et forte ville. Sous-préf. Trib. de 1re inst. Coll. comm. ⊠ 3,000 hab. — Embrun fut une des principales villes des Caturiges; ils la nommèrent *Ebrodunum*. Elle devint, sous les Romains, un poste militaire que sa situation rendit très-important. Cette ville est située sur un plateau qui s'élève au milieu d'une vaste prairie traversée par la Durance : elle est entourée de remparts, de bastions, d'un fossé assez profond, et défendue du côté de la Durance par un rocher que son escarpement rend inaccessible. Le roc sur lequel elle est située présente de beaux bâtiments et des terrains bien plantés; il est couronné de plusieurs édifices, au-dessus desquels s'étend la grosse tour de la cathédrale, dont la flèche domine toute la ville. L'intérieur ne répond point à cette apparence grandiose; les maisons sont assez bien bâties, mais les rues sont irrégulièrement percées, malpropres, sombres, tortueuses; la seule qui ait une largeur convenable est celle que suit la grande route, encore n'est-elle pas mieux percée que les autres. La place Saint-Pierre est carrée et assez jolie. — Le rocher, du côté de la Durance, est bordé d'une esplanade plantée d'arbres et munie de parapets; c'est une promenade agréable d'où l'on jouit de perspectives variées. — La cathédrale est un grand et superbe édifice de style gothique, dont la façade est surmontée d'un clocher à flèche très-élevée; on y remarque un autel en marbre de Carare, un orgue élégant, et de beaux vitraux ornés de rosaces et des portraits des douze apôtres. — A 43 kil. (11 l.) de Gap, 711 kil. (182 l. 1/2) de Paris.

VOITURES PUBLIQUES. Tous les jours pour Gap et Briançon.

CHATEAUROUX (*H.-Alpes*). Bourg à 8 kil. (2 l.) d'Embrun. 1,726 hab. Ce bourg est bâti dans une situation très-pittoresque, près des riantes prairies, non loin desquelles le torrent de la Grave, après s'être précipité de hautes montagnes, tombe avec fracas, et bouleverse de fond en comble un large espace compris entre les prairies de Châteauroux et les hauteurs opposées. Des blocs énormes rapprochés, inclinés, confusément entassés; des cubes de granit, des roches calcaires, des tables irrégulières de schiste, des troncs d'arbres épars, remplissent le lit inégal du torrent, ou plutôt le sol dévasté qu'il envahit. Trois moulins construits témérairement sur ses bords annoncent que rien n'est capable d'arrêter l'audace de l'homme, et que tout cède à son active industrie.

ARCHE (l') ou LARCHE (*H.-Alpes*). Village à 21 kil. (5 l. 1/4) de Barcelonnette. 850 hab. Il est bâti sur une hauteur qui domine une plaine assez vaste et renommée pour ses pâturages. Rien n'égale, dans le mois de juillet, qui est son printemps, la beauté des fleurs de ses prairies, la vivacité de leurs couleurs et la suavité de leur parfum. On doit visiter, à une petite demi-lieue à l'est de l'Arche, le lac de la Madeleine, peu distant du col de ce nom, qui sert de communication avec le Piémont, et le lac de Lausanier, plus élevé de deux cents toises. Tout autour sont les plus belles prairies qui existent dans les montagnes; aussi sont-elles recherchées de préférence par les propriétaires de troupeaux. De ce point, on découvre une des vues les plus magnifiques des Alpes.

DORMILHOUZE (*H.-Alpes*). Village situé dans la vallée de Biaisse, à 28 kil. (7 l.) d'Embrun. 200 hab. Un seul sentier conduit à ce village, à travers d'affreux précipices que l'œil du voyageur mesure avec autant d'admiration que de surprise. Vers le milieu de la montagne, la rivière de Biaisse se précipite avec fracas sur la tête des voyageurs; l'arc qu'elle décrit en tombant d'un rocher taillé verticalement, et dont la hauteur est de plus de 1,200 pieds, les préserve du danger d'être écrasés par la chute de cette masse d'eau. La rivière qui tombe entre eux et le soleil, faisant le même effet qu'un nuage chargé de pluie, offre perpétuellement à leurs yeux les brillantes couleurs de l'arc-en-ciel.

VILLE-VIEILLE (*H.-Alpes*). Village à 29 kil (7 l. 1/2) de Briançon. 500 h. En face de Ville-Vieille s'élève le château de Queyraz, assis au milieu de la vallée sur un rocher aigu et escarpé, fendu par une profonde et sinueuse

HOSPICE DU LAUTARET.

FORT DE QUEYRAZ.

crevasse où serpente le Guil, sur lequel deux ponts hardis ont été jetés. La crête étroite du roc ne laisse d'espace que pour quelques bâtiments destinés aux casernes, aux magasins et au logement du commandant. La vallée de Queyraz n'a de débouché au-dessous du château que les horribles gorges de la Chapelue, fissure immense que parcourent dans les déchirements des falaises la route et la rivière.

VALLOUISE (*H.-Alpes*). Village situé dans une riante vallée de son nom, à 12 kil. (3 l.) de Briançon. 1,300 hab. — On doit visiter au fond de cette vallée le glacier d'Alle-Froide, ou de Pelvoux, élevé de 4,300 mètres au-dessus du niveau de la mer.

GRAVE EN OYSSANS (la) (*H.-Alpes*). Bourg bâti sur la rive droite de la Romanche, à 35 kil. (9 l.) de Briançon. ✉ ⚜ 1,886 hab. Ce bourg est situé vers le débouché supérieur du défilé de la Romanche, sur un mamelon isolé des montagnes voisines par deux ravins, et au pied duquel passe la route de Briançon à Grenoble. Vers le milieu du défilé, on remarque une belle cascade, dont une des chutes tombe perpendiculairement de plus de 300 pieds.

LE LAUTARET est un des plus jolis cols qui existent dans toute l'étendue de cette chaîne de montagnes : la richesse de ses prairies a été célébrée dans la Flore du Dauphiné, de M. Villars. Au pied de la montagne s'élève l'hospice de la Madeleine, établi pour offrir un asile aux voyageurs que la faim, le froid, les neiges, les avalanches et l'obscurité dans les mauvais temps exposeraient à périr sans secours. Des perches placées de distance en distance indiquent la route qui y conduit; une cloche, qui sonne pendant la nuit, sert à y ramener ceux qui pourraient s'égarer.

MONESTIER (le) (*H.-Alpes*). Joli bourg, situé dans une haute et fertile vallée, sur la Guisanne (une des sources de la Durance), à 16 kil. (4 l.) de Briançon. 2,594 hab. Il est bien bâti, agréable, entouré de riantes prairies, et possède plusieurs usines et des filatures. — Au-dessus du bourg se trouve un établissement d'eaux thermales sulfureuses, avec des bâtiments pour les bains et pour les douches. Ces eaux sont limpides, et contiennent des sulfates de soude et de chaux et du muriate de magnésie; leur température est de 34° Réaumur. Il existe encore une autre source d'eau minérale tiède, dont la température est de 22°. Les sites des environs sont pittoresques au plus haut degré.

MONT-GENÈVRE (*Hautes-Alpes*). Village situé sur le plateau de la montagne de son nom, à 8 kil. (2 l.) de Briançon. 348 h. Le col du Mont-Genèvre n'ayant pas plus de 2,000 mètres d'élévation, et se trouvant en partie abrité des vents du nord, est un des passages les plus sûrs de l'Italie. En 1802, dix-huit communes briançonnaises se levèrent en masse à la voix de l'estimable préfet du département, M. Ladoucette, et du sous-préfet, pour ouvrir la route du Mont-Genèvre. Pour perpétuer le souvenir de l'ouverture de ce chemin, le département éleva, près du point de partage de la France et du Piémont, un obélisque de vingt mètres de hauteur. Au pied de ce monument, la Durance et la Doire, qui prennent leur source à peu de distance, devaient confondre leurs eaux dans un même bassin. C'était une heureuse idée de réunir les eaux de ces deux rivières prêtes à se séparer pour jamais, en se dirigeant, l'une dans le golfe de Lion, l'autre dans l'Adriatique. Leurs adieux sont exprimés ainsi dans un proverbe du pays :

> Adieu, ma sœur la Durance,
> Nous nous séparons sur ce mont;
> Tu vas ravager la Provence
> Et moi féconder le Piémont.

Un monastère consacré à l'hospitalité fut fondé au Mont-Genèvre par le dauphin Humbert II, et reconstruit en 1504. On y donne l'hospitalité à tout le monde.

BRIANÇON (*H.-Alpes*). Ancienne et forte ville. Sous-préf. Place de guerre

N° 62. ROUTE DE PARIS A GAP.

de 1re classe. Trib. de 1re inst. ⊠ ໐ 2,939 hab. — L'origine de Briançon remonte à une haute antiquité. Strabon la nomme *Brigantium vicum*, Ptolémée *Brigantion*, l'Itinéraire de Jérusalem *Byrigantium*. Pline attribue sa fondation à des Grecs chassés du lac de Como; d'autres auteurs l'ont fait élever par Bellovèse ou par Brennus. Cette ville est située sur un mamelon, au pied du col de Genèvre, à la jonction des vallées de la Guisanne et de la Clarée, et au point où les deux rivières de ce nom se réunissent et perdent leur nom pour prendre celui de la Durance. Elle est entourée d'une triple enceinte de murs et dominée par sept forts dont les feux se croisent. Le haut du mamelon est couronné par le fort Vieux. Plusieurs redoutes et lunettes battent la route d'Italie; mais c'est sur le versant opposé de la Clarée que s'élèvent les principales fortifications, qui communiquent avec la ville par un pont d'une seule arche, d'une hardiesse peu commune, jeté sur le précipice au fond duquel mugit le torrent. On lit au milieu de ce pont l'inscription suivante :

> Du règne de Louis XIV, ce pont de 120 pieds d'ouverture d'arche, élevé de 160 pieds au-dessus de la rivière, a été construit par les ordres du maréchal d'Asfeld, général des armées du roi, chevalier de la Toison d'Or, directeur général des fortifications. L'an 1634.

Une excellente route monte en zigzag du pont aux forts, qui communiquent entre eux par des routes fort belles et par des galeries souterraines. Vue de la vallée de la Durance, la ville de Briançon offre un bel aspect; elle forme un amphithéâtre dont la base est décorée de verdure, et le premier étage de vastes bâtiments. Cette ville n'a qu'une rue très-rapide qui la traverse du haut en bas, et où coule un ruisseau d'eau vive. Au milieu de cette rue est une place carrée qui sert de place d'armes et de marché. Le reste de la ville est assez triste, mais les environs sont on ne peut plus pittoresques. — A 90 kil. (23 l.) de Gap, 668 kil. (171 l. 1/2) de Paris.

VOITURES PUBLIQUES. Tous les jours pour Gap, Grenoble et Marseille.
OUVRAGE A CONSULTER, qui se trouve à la librairie de Chaulard, à Briançon. *Topographie, histoire naturelle et statistique de l'arrond. de Briançon*, par Barthélemy Chaix, in-8°, 1816.

DE GAP A MARSEILLE, 17 myr. 8 kil.

	m. k.
De GAP à LA SAULCE (Hautes-Alpes) ໐.	1,7
* LA BAUME DES ARNAUDS (à dr. de la R.).	
LA SAULCE à ROUREBEAU ໐	1,6
ROUREBEAU à * SISTERON ໐	1,4
SISTERON à PEYRUIS ໐	2,3
* MONTBRUN (à droite de la route).	
PEYRUIS à LA BRILLANE ໐	1,2
* FORCALQUIER (à droite de la route).	
* SIMIANE (à droite de la route).	
LA BRILLANE à * MANOSQUE ໐	1,5
MANOSQUE à MIRABEAU ໐	2,0
* BONNIEUX (à droite de la route).	
MIRABEAU à PEYROLLES ໐	1,1
* PERTUIS (à droite de la route).	
PEYROLLES à * AIX ໐	2,1
AIX à * MARSEILLE ໐ (Voy. N° 85)	2,9

BAUME DES ARNAUDS (la) (*H.-Alpes*). Beau village, bâti dans une situation extrêmement pittoresque, à 37 kil. (9 l. 1/2) de Gap. 800 hab. Il doit son nom à une grotte remarquable qui se trouve dans son voisinage. A peu de distance se trouve une magnifique cascade, dont les eaux se précipitent de 60 à 80 pieds.

MONTBRUN (*Drôme*). Bourg à 51 kil. (13 l.) de Nyons. 1,350 hab. Il est bâti en amphithéâtre sur une colline entourée de montagnes, et était autrefois défendu par un château fort, encore remarquable malgré son dépérissement journalier. Montbrun possède deux sources d'eau minérale ferrugineuse et sulfureuse.

FORCALQUIER (*B.-Alpes*). Petite ville très-ancienne. Sous-préf. Tribunal de 1re inst. Soc. d'agr. Coll. comm. ☒ 3,036 hab. L'origine de cette ville remonte à une haute antiquité; c'était la capitale des *Memini*, qui l'avaient bâtie sur une hauteur qui domine la ville actuelle. Elle n'offre aujourd'hui rien de bien remarquable ; ses rues sont étroites, tortueuses et la plupart fort sales. On voit encore des restes considérables, en grande partie couverts de lierre, de l'ancienne ville.—A 47 kil. (12 l. 1/2) de Digne, 778 kil. (199 l. 1/2) de Paris.

VOITURES PUBLIQUES. D'Avignon à Digne par l'Isle, Apt, Forcalquier, Manosque, les Mées, correspondant avec Sisteron, Gap, Briançon, Barcelonnette. — De Digne à Montpellier par Forcalquier.

SIMIANE (*Basses-Alpes*). Village à 23 kil. (6 l.) de Forcalquier. 1,300 hab. Simiane est un village très-ancien, où l'on a trouvé plusieurs débris d'antiquités romaines. On y remarque un édifice dont la forme, éloignée de celle des édifices connus, jette la plus grande obscurité sur sa destination. Millin, qui l'a visité, place sa construction au onzième siècle. M. Henri lui assigne une origine beaucoup plus reculée, et pense qu'il a été bâti par quelqu'un des peuples barbares qui occupèrent cette contrée.

MANOSQUE (*Basses-Alpes*). Petite ville à 23 kil. (5 l. 3/4) de Forcalquier. Trib. de com. ☒ ♈ 5,543 hab. Elle est dans une heureuse situation, au milieu d'un fertile territoire planté de noyers, d'oliviers et de vignes. Ses promenades sont très-agréables.—FABRIQUE de sirop de raisin. Filatures de soie.— COMMERCE de vins, eau-de-vie, huile d'olive, etc.

BONNIEUX (*Vaucluse*). Petite ville bâtie dans une situation pittoresque, sur le penchant de la montagne de Léberon, à 10 k. (2 l. 1/2) d'Apt. 2,500 h.— A une lieue environ de Bonnieux, du côté de l'est, on voit sur le torrent de Calavon un pont romain, bien conservé, qui parait avoir été bâti quatre siècles après la conquête des Gaules ; il est composé de trois arches à plein cintre, soutenues par des piles et appuyées à des culées entaillées dans le roc vif ; c'est un monument d'une rare solidité, construit en pierres de taille d'un très-grand appareil.

PERTUIS (*Vaucluse*). Petite ville à 20 kil. (5 l.) d'Apt. Trib. de com. ☒ 4,520 hab. Cette ville passe pour avoir été fondée avant l'entrée des Romains dans les Gaules. Elle est dans une belle situation, sur une éminence, entourée de remparts, et traversée par la Lèze. Ses dehors sont agréables et son territoire très-fertile.

AIX (*Bouches-du-Rhône*). Grande, belle et très-ancienne ville, jadis ville capitale de la Provence. Sous-préf. Cour roy. Trib. de 1re inst. et de com. Ch. des manuf. Académie universitaire. Facultés de droit et de théologie. Coll. roy. Société d'agr., sciences et arts. Mont-de-Piété. Archevêché. ☒ ♈ 22,575 hab. — La fondation d'Aix est due au consul Caius Sextius Calvinus, proconsul romain, qui, y ayant découvert des sources d'eaux thermales, s'y établit 124 ans avant l'ère chrétienne. Cette ville est située dans un bassin fermé d'un côté par une chaine de collines parallèles à la Durance, et de l'autre par le revers des arides montagnes qui séparent ce bassin de celui de Marseille. A quelques lieues vers l'est, s'élève dans les nues la montagne calcaire de Sainte-Victoire ; du côté de l'ouest, on découvre à perte de vue de belles campagnes couvertes d'oliviers. L'entrée d'Aix, en y arrivant du côté d'Avignon, ressemble à celle d'un magnifique château; elle est formée par une grille élégante, devant laquelle passe la route de Marseille. Un large et superbe cours, composé de quatre rangs d'arbres et bordé de deux haies de maisons plus belles les unes que les autres, vient, à travers le quartier neuf, aboutir à cette grille. La forme de la ville est à peu près carrée. Sa circonférence est d'environ trois mille mètres. Elle est ceinte d'un mur ruiné dans quelques-unes de ses portions, flanqué de tours placées à des distances inégales. Les remparts sont percés de dix portes.—Aix se divise en trois quartiers principaux : la vieille ville, au nord du Cours; la ville neuve, y compris le quartier Saint-Jean et le quartier Saint-Louis : le faubourg qui est à l'ouest forme un quatrième quartier. La vieille ville est d'une construction assez peu régulière ; mais les rues qui aboutissent aux portes sont d'une largeur convenable, et les maisons ont de l'apparence. Le Cours et les quartiers neufs sont bâtis avec régularité, et ornés d'un grand nombre d'hôtels et de belles maisons d'une architecture noble et de bon goût, décorés pour la plupart de balcons supportés quelquefois par des thermes. Les places publiques sont vastes et assez régulières, les principales sont celles de l'Hôtel de Ville, de l'Université, de Saint-Honoré et des Prêcheurs : elles sont ornées de belles fontaines, dont plusieurs sont surmontées de colonnes antiques de granit. La fontaine de la place des Prêcheurs se distingue de toutes les autres par une pyramide portant à son sommet un aigle aux ailes déployées, qui tient un globe dans ses serres. Le Cours forme une magnifique promenade, composée naguère de deux rangs d'ormes séculaires qui viennent d'être renouvelés. La grande allée est ornée de trois fontaines, dont l'une verse de l'eau chaude; à son extrémité est la statue en marbre du roi René.

L'ÉGLISE CATHÉDRALE, sous l'invocation de saint Sauveur, date du onzième siècle; mais par des agrandissements successifs, cette première église est devenue une nef collatérale de celle d'aujourd'hui, qui commence à la petite porte d'entrée et finit au point où la voûte est plus exhaussée : à côté est un cloître qui date de la même époque, entouré de colonnes bizarrement sculptées, dignes de fixer l'attention. La nef principale, d'une beauté fort remarquable, est du quatorzième siècle, ainsi que le clocher ; la troisième nef est une construction du temps de Louis XIV. L'intérieur de cette cathédrale est majestueux : le chœur, construit en 1285, est vaste et fait dans de belles proportions : on y voit deux buffets d'orgues placés vis-à-vis l'un de l'autre. Le baptistère est un temple antique, formé par huit magnifiques colonnes de marbre et de granit du meilleur style, malheureusement couronnées par une coupole moderne. Dans le sanctuaire et près de l'autel est un monument élevé en l'honneur de Fabri de Pieresc. Les charmantes sculptures de la crédence sont dues au ciseau de Chastel ; elles sont surmontées d'un groupe de marbre représentant deux lions qui dévorent un enfant, que le roi René avait fait placer sous son trône. Au-dessus de l'autel Saint-Mitre, dans la chapelle de ce nom, est un beau sarcophage décoré de bas-reliefs représentant J. C. prêchant sur la montagne, et ayant à ses pieds Marie et Joseph : dans la longueur sont les douze apôtres. La chapelle des Ames du purgatoire renferme le tombeau de l'archevêque Olivier Pénard, au-dessus duquel on a placé une statue équestre de saint Martin.

L'ÉGLISE SAINT-JEAN, ancien prieuré de l'ordre de Malte, fut construite en 1231, par Raymond Béranger IV. La flèche du clocher a 65 m. (200 p.) d'élévation, et est une des plus remarquables du Midi. Cette église renferme le magnifique tombeau des comtes de Provence, rétabli en 1828 ; elle est décorée de plusieurs beaux tableaux, parmi lesquels on distingue un saint François de Jouvenet, et une N.-D. du Mont-Carmel de Mignard.

L'ÉGLISE SAINTE-MARIE-MADELEINE est un bel édifice de 61 m. 6 c. (188 p.) de longueur, orné de plusieurs bons tableaux de Vien, Vanloo, Durer, etc.; dans la sacristie est une Annonciation d'Albert Durer, dont la pensée est singulière. — Les autres édifices religieux sont : l'église Saint-Jérôme; l'église Saint-Jean-Baptiste; l'église des Missions de Provence; les chapelles de l'Archevêché, des Pénitents gris, des Pénitents bleus, des Pénitents blancs, etc.

L'HÔTEL DE VILLE est un assez beau bâtiment carré terminé en 1668, mais non encore dégagé des maisons appliquées à deux de ses côtés. Sur le palier du grand escalier qui conduit à la bibliothèque publique, est la statue en marbre du maréchal de Villars, par Coustou.

FONTAINES. Les plus remarquables sont : la fontaine de l'Hôtel de Ville; la fontaine de la place de la Madeleine, obélisque surmonté d'un aigle aux ailes déployées, et soutenu par quatre lions reposant sur une élégante base, ornée sur chaque face de médaillons représentant C. Sextius Calvinus, Charles III, comte de Provence, Louis XV et Louis XVIII; la fontaine des Augustins, colonne antique de granit, élevée sur un massif de pierres; les trois fontaines du Cours, dont nous avons déjà parlé; l'une d'elles est ornée de la statue du roi René; la fontaine des Quatre-Dauphins, surmontée d'une aiguille en pierre, versant de l'eau par quatre tuyaux, dont deux donnent de l'eau minérale chaude; la fontaine de la rue Boulegon, dont le réservoir est orné de sculptures intéressantes.

BIBLIOTHÈQUE PUBLIQUE. Cette bibliothèque, fondée dans le principe par la ville, renferme 100,000 volumes et 1,100 manuscrits. Elle est ornée des bustes des illustres Provençaux; d'une belle mosaïque représentant Thésée domptant le Minotaure; de plusieurs urnes curieuses, dont une en porphyre, etc., etc.

—MUSÉE. Il est placé depuis 1832 dans l'ancien prieuré de Saint-Jean. On y remarque, entre autres monuments curieux, le célèbre bas-relief de l'accouchement de Léda; l'inscription grecque du jeune navigateur, dont plusieurs savants se sont occupés; de beaux bas-reliefs égyptiens, beaucoup d'inscriptions grecques, romaines et arabes. On y voit aussi le commencement d'une galerie de tableaux, parmi lesquels il faut distinguer la Nuit du 20 mars aux Tuileries, par Gros; la prise de Grenade, par M. de Forbin; une sainte Catherine du Calabrese, et quelques autres tableaux intéressants pour l'histoire de l'art.

On remarque encore à Aix : le palais de justice; la tour de l'Horloge; les hospices; l'hôtel de l'Univers, où sont placées les facultés de droit et de théologie; les hôtels d'Albertas, de Lauris, de l'Estang-Parade, de Régusse, de la Tour-d'Aigues, etc.; les casernes Saint-Louis et Saint-Jean; la façade des greniers publics, dont le fronton est orné des statues du Rhône et de la Saône; près de la porte Notre-Dame, le tombeau de J. Sec, monument dédié *à la municipalité d'Aix, observatrice de la loi*, en 1792; la salle de spectacle; le collège, etc., etc.

EAUX THERMALES D'AIX. — Aix possède des sources d'eaux thermales qui jouissent d'une assez grande réputation et dont la découverte remonte à la plus haute antiquité. La source principale, appelée Fontaine de Sextius, vient des dehors de la ville; les eaux se rendent dans le bâtiment des bains, et sont distribuées dans quatorze baignoires en marbre. Des cabinets particuliers sont disposés pour les douches ascendantes. Près de l'emplacement des thermes modernes existent encore des restes considérables de ceux des Romains.—La saison des eaux commence en mai et finit en octobre. L'expérience de chaque année témoigne l'efficacité des eaux d'Aix dans plusieurs maladies. Elles conviennent dans les douleurs rhumatismales chroniques, les paralysies récentes, les affections cutanées, etc. En boisson on les emploie dans les leucorrhées, dans l'ictère et dans les diverses maladies du foie.

BIOGRAPHIE. Patrie du naturaliste Adanson; de Tournefort; de Gibelin; du moraliste Vauvenargues; du poète Bruis; des littérateurs Bougerel, marquis d'Argens, Montjoie; des savants Saint-Vincens père et fils, Pitton, H. Bouche, Thomassin; des jurisconsultes Dubreuil, Monclar; du médecin Lieutaud; du compositeur de musique Campra; des peintres Vanloo, Barras, Peyron, Forbin-Janson, Granet; du contre-amiral Entrecasteaux; du lieutenant-général Miollis, et de l'ancien maire d'Aix, Espariat, qui donna en 1790 un des plus beaux exemples de courage civil, en se jetant au milieu de deux régiments prêts à s'entr'égorger, qu'il sut réconcilier par son héroïque dévouement. — COMMERCE d'huile d'olive, amandes, fruits secs, confitures, biscotins, etc., etc. Filatures de coton; imprimeries de toiles peintes, etc. — A 31 kil. (8 l.) de Marseille, 68 kil. (17 l. 1/2) de Toulon, 76 kil. (19 l. 1/2) d'Avignon, 773 kil. (198 l. 1/2) de Paris. — HÔTELS : des Princes, des Cours, du Midi, de Coste, de la Mule-Noire, etc.

VOITURES PUBLIQUES. Tous les jours, 6 diligences pour Marseille, Toulon, Apt, Salon, Arles, Gap, Lyon, Nîmes. Tous les jours, excepté le dimanche, pour Draguignan, Antibes, Riez, Digne, Barjols, Sisteron, Manosque.

OUVRAGES A CONSULTER, qui se trouvent à la librairie de Pardigon, à Aix.
Histoire de la ville d'Aix, par Pitton, in-fol., 1666.
Mémoires sur les antiquités de la ville d'Aix, par Fauris de Saint-Vincent, in-8°, 1818.
Indicateur de la ville d'Aix, in-18, 1826.
Aix ancien et moderne, in-8°, 1833.
Notice sur la bibliothèque d'Aix, précédée d'un essai sur l'histoire littéraire de cette ville, par Rouard, in-8°, 1831.

N° 63.

ROUTE DE PARIS A GEX (AIN).

Itinéraire descriptif de PARIS à GEX et de GEX à GENÈVE.

Dans l'itinéraire descriptif de Paris à Belfort, nous avons indiqué les deux routes qui, de Paris conduisent à Charenton. La route que nous parcourons traverse Alfort, en laissant à gauche le château de ce nom, où est établie une célèbre école vétérinaire. On côtoie ensuite, à travers des champs fertiles, la rive droite de la Seine, par un chemin plat, aligné, bordé d'une double rangée de beaux ormes. On sort du département de la Seine pour entrer dans celui de Seine-et-Oise un peu au-dessous de Villeneuve-Saint-Georges, joli bourg bâti au confluent de la Seine et de l'Yères, et dominé par le château de Beauregard. A une demi-lieue plus loin, on traverse le beau village de Montgeron. Peu après Montgeron, la route entre dans la forêt de Sénart, à l'issue de laquelle on passe du département de Seine-et-Oise dans celui de Seine-et-Marne. Le premier village que l'on rencontre est Lieursaint : au sortir de cet endroit, la route est droite, plate et peu intéressante jusqu'à l'avenue de Melun, ville où l'on arrive par une pente courte et rapide. En sortant de Melun, la route devient monotone et peu variée. Une assez forte descente conduit à Montereau, où l'on rejoint la route de Paris à Sens par Fontainebleau.—Après Villeneuve-la-Guiard, la route parcourt une campagne fertile, variée par des jardins, par des plantations de noyers et par des coteaux plantés de vignes : à gauche, on suit presque constamment le cours de l'Yonne; à droite, s'étend une chaîne de montagnes. Pont-sur-Yonne est une petite ville assez mal bâtie, mais environnée de prairies qui offrent des points de vue gracieux. En sortant de cette ville, on traverse l'Yonne sur un pont très-long; la route suit les bords de cette rivière jusqu'à Sens, où l'on entre par le faubourg de Saint-Didier.—On sort de Sens par la porte Dauphine et le faubourg de Saint-Pregs. La route est on ne peut plus agréable par sa direction continuelle le long de la rive droite de l'Yonne, qui serpente au milieu d'une riche plaine cultivée, entremêlée de prairies. On traverse Villeneuve-sur-Yonne par une rue large, tirée au cordeau, terminée à chaque bout par une belle porte de ville, et ornée dans son milieu d'un beau frontispice d'église. En sortant de cette ville, la route suit toujours les bords de l'Yonne, jusqu'à Joigny, où l'on arrive par une belle grille : peu de villes ont un abord plus riant ; un quai spacieux règne le long de l'Yonne ; vers le milieu de ce quai, on traverse la rivière sur un beau pont. La route suit la rive gauche de l'Yonne; elle est large, très-plate et bordée de beaux arbres qui lui donnent l'air d'une promenade. On passe à Voves, à Charmoy, à Bassou et Appoigny ; deux lieues plus loin, on descend la côte rapide de Migrenne, renommée par ses excellents vins. De cet endroit, on jouit d'un beau coup d'œil sur la vallée de l'Yonne et sur la ville d'Auxerre. En sortant de cette ville on passe l'Yonne sur un pont d'où l'on découvre une belle perspective, et l'on monte pendant plus d'une heure une côte assez douce pour arriver au relais de Saint-Bris. A une lieue de là, on aperçoit à droite les célèbres vignobles d'Irancy, de Coulanges-la-Vineuse, et la petite ville de Cravant ; dans le lointain est celle de Vézelai. Une descente continuelle conduit à Vermanton, petite ville située au confluent de l'Yonne et de la Cure. A deux lieues de là sont les fameuses grottes d'Arcy. A Vermanton, la route quitte la vallée de l'Yonne pour suivre celle de la Cure; on passe devant les bâtiments de l'ancienne abbaye de Ligny, et l'on arrive, par des plaines arides, au village de Sauvigny; on découvre ensuite la jolie petite ville d'Avallon, environnée de sites riants et pittoresques. Au sortir de cette ville, la route devient agréable et variée. Un peu avant, à Rouvray, on passe du département de l'Yonne dans celui de la Côte-d'Or.

Au delà de Rouvray, on traverse un pays montagneux, sablonneux et granitique. La route monte et descend continuellement jusqu'à Marcigny, où l'on passe l'Armançon. Après ce village, la contrée devient plus agréable; on traverse le canal de Bourgogne, dont les bords sont peuplés, à droite et à gauche, de beaux villages, jusqu'au relais de Vitteaux. En sortant de cette jolie petite ville, on gravit, pendant une demi-heure, une montagne assez rapide ; la route est creusée entre deux tertres taillés dans un rocher calcaire : au haut est un télégraphe, d'où l'on découvre de beaux points de vue. On continue à monter et à descendre jusqu'au relais de la Chaleur, et même jusqu'à Sombernon. Peu après ce bourg, on descend la chaîne primitive des montagnes, regardée comme une des grandes ramifications des Alpes, et l'on passe du bassin de la Seine dans le bassin du Rhône. Le pays que l'on parcourt est agréablement varié de plaines fertiles, de vallons, de bois, de prairies et de coteaux couverts de vignes. Au relais du Pont-de-Pasny, on traverse l'Ouche et le canal de Bourgogne, dont on côtoie les bords jusqu'au joli village de Plombières, où l'on traverse de nouveau le canal et la rivière d'Ouche. Peu après cet endroit, s'offre une belle échappée de vue sur Dijon. — On sort de cette ville par la porte de Dôle, en suivant une chaussée qui fait le tour de la ville et rejoint, près d'une belle promenade, la route de Lyon. Le voyageur parcourt une superbe vallée cultivée en blé et en vignes, jusqu'au charmant village de Genlis. Après ce relais, on longe à droite la Tille, que l'on passe à Longeau. Même genre de route qu'avant Genlis jusqu'à Auxonne, dont on sort par la porte de Comté. La route va toujours en montant jusqu'à la limite des départements de la Côte-d'Or et du Jura, placée à 6 kilomètres d'Auxonne, et même jusqu'à Dôle, ville où l'on traverse sur deux ponts la rivière du Doubs et le canal du Rhône au Rhin. Au delà du village de Mont-sous-Vaudray, où est un relais de poste, la route se partage en trois embranchements, dont deux vont à Salins; le troisième, qui est la route de poste, traverse d'abord 6 kilomètres de forêts, puis un pays inégal et boisé, ensuite quelques champs et beaucoup de villages. Après celui d'Aumont, on passe la rivière de la Crozane, et l'on découvre tout à coup, à l'extrémité d'une vaste plaine, la ville de Poligny, adossée à une montagne qui fait partie de la chaîne du Jura. — Au sortir de Poligny, on gravit immédiatement une longue côte qui conduit sur les premières hauteurs du Jura. Ce premier plateau a 20 kilomètres de largeur jusqu'à l'ascension la plus prochaine, que l'on voit en face en tirant un peu sur la droite. Lorsque l'horizon est suffisamment pur, on aperçoit vers le sud-est, par-dessus la montagne brisée des Faucilles, située à une distance de 55 kil. (14 lieues), la cime neigeuse du Mont-Blanc, dont on est au moins à 136 kil. (35 lieues). A 12 kil. de Poligny, on traverse Montrond, village dominé par les ruines d'un château pittoresque. Après le pont de Cratteroche, jeté sur l'Anguillon, la route est très-agréable jusqu'au joli bourg de Champagnolle, qu'on aperçoit, à 4 kilomètres de distance, au pied d'une montagne qui le cache au levant. En sortant de ce bourg, animé par les bruyantes eaux de l'Ain, dont un beau canal se détache pour donner le mouvement à une superbe filerie de fer, commence la région des hautes montagnes, qui s'élèvent subitement les unes au-dessus des autres. Il n'y a plus de plaines considérables, mais une succession continuelle de cimes très-élevées et de vallons très-creux, de petits plateaux et d'immenses vallées, de pics arrondis et de sommets allongés, de coteaux roides, où se montrent çà et là quelques sillons ou de frais pâturages, des côtes escarpées couvertes de bois d'une exploitation difficile, ou hérissées de roches immenses entièrement nues. Au hameau de la Billaude, on monte dans un vallon très-resserré entre deux coteaux élevés et couverts de sapins; le chemin se ciselle en montant sur la côte, ou plutôt dans la côte presque perpendiculaire qui est à gauche; 130 à 160 mètres au-dessous, on voit, on entend la rivière de l'Esme, qui bondit, circule et blanchit de chute en chute. C'est à juste titre qu'on pourrait nommer ce trajet la vallée des Cascades; elles y sont multipliées, ou plutôt elles s'y succèdent sans interruption, et leur fracas est le seul bruit qui s'y fasse entendre. Quoique cette vallée soit très-profonde, et que les montagnes s'élèvent encore d'une grande hauteur au-dessus du grand chemin, comme elle s'élargit et se rétrécit souvent, comme elle se contourne en sinuosités différentes, et qu'elle donne de temps en temps des rayons de soleil qui dorent ses forêts, elle offre plusieurs fois l'aspect de plaines et de montagnes, de coteaux cultivés et d'habitations éparses sur les monts; enfin, elle varie beaucoup ses aspects et tient toujours l'âme suspendue entre le besoin de voir, la volonté de sentir et le plaisir d'admirer. — Jeune homme, qui ne songez qu'à presser amoureusement la main de votre amie qui dort à vos côtés, tandis que la voiture vous entraîne ; et vous, riche engourdi, qu'une digestion laborieuse abandonne au gré des secousses et des cahots, réveillez-vous ; hommes sans soucis, sortez de votre honteuse indifférence, et daignez ouvrir les yeux : la grande, la majestueuse nature vous accompagne; elle est pendant 78 m. (20 l.) à vos portières; elle s'offre à vous, prenez la peine de jeter quelques regards sur elle, et qu'au retour, lorsque, dans les cercles de Paris ou dans les boudoirs, on lira des voyages en votre présence, vous puissiez vous rappeler du moins que vous avez vu des forêts de sapins, des montagnes et des torrents.... Au sommet de cette vallée, qui prend une ascension rapide, on est sur une petite plaine qui présente un beau spectacle l'hiver, et digne de remarque en tout temps : c'est une nappe d'eau de 6 m. 49 c. (20 p.) de haut et de 32 m. 48 c.(100 p.) de large, qui coule sur des zones de rochers très-horizontales, et qui, sur le devant, sont taillées perpendiculairement; elle est embellie par le tournant de quelques usines placées sur ses bords, et par un pont qui conduit à un grand bâtiment où se tient la poste, et qu'on nomme la Maison-Neuve. Le fracas perpétuel de cette cascade, celui des forges, des martinets, des moulins que la même rivière fait aller, suivent et étourdissent le voyageur deux ou trois cents mètres au delà. La route circule toujours en montant jusqu'au grand et riche village de Saint-Laurent, situé au milieu d'une vaste plaine que bornent de tous côtés de hautes montagnes. En sortant de Saint-Laurent, on traverse le Grand-Vaux. Pendant environ 8 kil., on suit un vallon resserré entre des montagnes, des rochers et des bois de sapins. Arrivé sur une

N° 63. ROUTE DE PARIS A GEX.

éminence, on voit à ses pieds un profond vallon, où est bâti, dans une gorge très-longue, le gros bourg de Morez. De ce bourg on suit pendant deux heures un chemin qui va toujours en montant dans le flanc de la montagne; le vallon s'élargit, les coteaux s'éloignent, les forêts se reculent, les sommets s'élèvent successivement à l'horizon, et bientôt apparaît la cime des plus hauts monts du Jura, qui dominent sur la plaine aride où est bâti le village des Rousses, dont le clocher de l'église est le plus élevé du Jura, par sa position dans la montagne. — Au hameau de la Cure, on entre dans le département de l'Ain; le plateau des Rousses continue, avec quelques légères inégalités, jusqu'à ce que la route s'enfonce dans le défilé où elle doit franchir la dernière chaîne du Jura. De distance en distance sont placés sur la route des poteaux en bois, de 4 à 5 mètres de haut, dont l'usage est d'indiquer le chemin, recouvert en hiver par plusieurs pieds de neige; sans cette précaution, il serait quelquefois impossible d'avancer. On côtoie pendant trois kilomètres, à gauche, la frontière suisse, qui, par un accord entre les deux gouvernements, a été un peu éloignée dans cette partie, afin que la route fût tout entière sur le territoire français. On rencontre divers chalets, en s'élevant toujours par une pente douce et presque insensible jusqu'au hameau de la Vatay, où l'on a été forcé de placer la poste, puisqu'on ne trouve à cette élévation que des chalets. A la Vatay, on est au pied de Dôle, la plus haute cime du Jura, dont l'élévation est de 1283 mètres au-dessus du lac de Genève, et de 1641 mètres au-dessus du niveau de l'Océan. Après ce relais on jouit d'une belle échappée de vue sur la profonde vallée de Mijoux. Au bout d'une demi-lieue, on trouve l'embranchement de la route de Genève à Saint-Claude. Non loin de là, la route traverse un étroit et court défilé, où l'on perd de vue la belle combe de Mijoux; mais on est bien dédommagé par le sublime spectacle qui apparaît tout à coup à l'issue de ce défilé : la vue embrasse une partie des Alpes et du lac de Genève, dont on est à la distance la plus convenable pour en bien jouir. En avançant, on passe sous une roche percée qui forme, sur la route, une espèce d'arc de triomphe. On a devant soi la ville de Gex, et dans la même direction celle de Genève, qui, vues à cette distance, paraissent très-peu éloignées l'une de l'autre : on est cependant encore à 21 k. de la seconde et à 12 k. de la première, où l'on arrive en descendant toujours, et décrivant sur le flanc des monts Faucilles plusieurs tournants, dont l'un offre aux voyageurs la facilité de se désaltérer à une superbe fontaine, découverte en escarpant la montagne. — De Gex à Genève on descend continuellement et presque insensiblement, en suivant une route constamment belle et presque droite, offrant de magnifiques points de vue sur le lac de Genève, le Mont-Blanc et les montagnes agrestes de la Savoie. On passe à Cessy, à Sagny, à Ornez et à Ferney, joli bourg dont le nom est inséparable de celui de Voltaire, qui en fut le fondateur. Peu après Ferney, on franchit la frontière, et l'on arrive par une montée courte, mais rapide, au Grand-Saconnex. De cet endroit jusqu'à Genève, la route offre une promenade continuelle, bordée à droite et à gauche d'une quantité innombrable de charmantes maisons de campagne.

NOTA. La route de Genève traverse depuis quelques années le département de Saône-et-Loire, en se dirigeant de Rouvray à St-Laurent, où elle rejoint l'ancienne route. Par cette communication, on évite les collines de Rouvray à Dijon et les montagnes très-fortes de Dôle à St-Laurent. De Rouvray, on n'a qu'une seule montée un peu rapide après Bligny. Au-dessus de Beaune, on jouit d'un coup d'œil magnifique : d'un côté s'étend une vaste plaine, qui se prolonge depuis Châlons jusqu'aux montagnes du Château-Châlons; de l'autre, on distingue parfaitement le mont Poupet, près de Salins, quoique distant de 88 kil. (181.) au moins; sur un plan plus rapproché, apparaît le château de Neublanc, bâti sur une éminence qui domine toute la plaine, et plus loin le mont Rolland, près de Dôle. — De Beaune à Lons-le-Saunier, on ne rencontre pas la plus légère colline; on parcourt constamment un pays riche et fertile, arrosé par la Saône et par le Doubs. Avant d'arriver à Beaune, on traverse les célèbres vignobles de Volnay, Pomard, Meursault, etc., qu'on n'avait pas occasion de parcourir par l'ancienne route. De Lons-le-Saunier à Saint-Laurent, le pays est on ne peut plus pittoresque, et ne le cède en rien aux plus belles vues de la Suisse : les salines de Montmoreau, la belle gorge de Conliège, les forges de Clairvaux, les restes de la célèbre chartreuse de Beaulieu, etc., etc., offrent des beautés d'un genre divers, qui fixent constamment l'attention des voyageurs.

1re R., de PARIS à GEX, par SENS, DIJON et POLIGNY, 50 myr. 2 kil.

	m. k.
De PARIS à * CHARENTON ☞...............	0,7
CHARENTON à * VILLENEUVE-SAINT-GEORGES ☞..	1,1
VILLENEUVE-SAINT-GEORGES à LIEURSAINT ☞...	1,3
LIEURSAINT à * MELUN ☞................	1,3
MELUN au CHATELET ☞..................	1,1
CHATELET à PANFOU ☞..................	0,8
PANFOU à FOSSARD ☞...................	1,4
FOSSARD à VILLENEUVE-LA-GUIARD ☞.........	0,9
VILLENEUVE-LA-GUIARD à PONT-SUR-YONNE ☞...	1,2
PONT-SUR-YONNE à * SENS ☞.............	1,2
SENS à VILLENEUVE-LE-ROI ☞.............	1,4
VILLENEUVE-LE-ROI à VILLEVALLIER ☞........	0,8
VILLEVALLIER à * JOIGNY ☞..............	0,9
JOIGNY à BASSOU ☞...................	1,2
BASSOU à * AUXERRE ☞.................	1,5
AUXERRE à * SAINT-BRIS ☞..............	1,0
SAINT-BRIS à VERMANTON ☞..............	1,3
VERMANTON à LUCY-LE-BOIS ☞............	1,9
LUCY-LE-BOIS à * AVALLON ☞............	0,9
AVALLON à SAINTE-MAGNANCE ☞...........	1,5
SAINTE-MAGNANCE à MAISONNEUVE ☞........	2,0
MAISONNEUVE à VITTEAUX ☞.............	1,8
VITTEAUX à LA CHALEUR ☞..............	1,5
LA CHALEUR au PONT-DE-PANY ☞..........	1,2
PONT-DE-PANY à * DIJON ☞.............	2,0
DIJON à GENLIS ☞....................	1,9
GENLIS à * AUXONNE ☞................	1,5
AUXONNE à * DOLE ☞.................	1,6
DOLE à MONT-SOUS-VAUDREY ☞...........	1,8
MONT-SOUS-VAUDREY à * POLIGNY ☞........	1,9
POLIGNY à MONTROND (Jura) ☞...........	1,2
MONTROND à * CHAMPAGNOLE ☞...........	1,0
* LES PLANCHES (à gauche de la route).	
* CHATEAUVILLAIN (à gauche de la route).	
CHAMPAGNOLE à * MAISONNEUVE (Jura) ☞.....	1,2
MAISONNEUVE à SAINT-LAURENT (Jura) ☞.....	1,0
SAINT-LAURENT à * MOREZ ☞............	1,2
MOREZ aux ROUSSES ☞.................	0,8
LES ROUSSES à * LA VATTAY ☞...........	1,5
LA VATTAY à * GEX ☞.................	1,5
* SAINT-CLAUDE (à droite de la route).	
* SEPT-MONCEL (à droite de la route).	
* FERNEY (sur la route).	

De GEX à GENÈVE (poste étrangère).............	1,7

N° 63. ROUTE DE PARIS A GEX.

CHARENTON. Voyez N° 23, Route de Besançon.
VILLENEUVE-SAINT-GEORGES. Voy. N° 82, Route de Paris à Lyon.
MELUN, SENS, AUXERRE. Voy. N° 82, Route de Paris à Lyon.
AVALLON. Voy. N° 12, Route d'Auxerre à Dijon.
DIJON. Voy. N° 49, Route de Dijon.
AUXONNE. Voy. N° 23, Route de Besançon.
DOLE (*Jura*). Jolie ville. Sous-préf. Trib. de 1re inst. et de comm. Soc. d'agric. Coll. comm. ⊠ ♈ 9,927 hab. Cette ville est dans une belle situation, au pied d'un coteau couvert de vignes, sur la croupe et le penchant d'une colline au bas de laquelle passent le Doubs et le canal du Rhône au Rhin. Elle est bien bâtie, assez bien percée, ornée de fontaines publiques, et environnée de charmantes promenades. — L'église paroissiale est un édifice gothique, composé de trois nefs soutenues par d'énormes piliers. Sur la place où s'élève cette église est un bassin de fontaine assez bien sculpté que surmonte un piédestal. De charmantes promenades embellissent la ville: le cours Saint-Maurice occupe à l'est un plateau élevé, de plusieurs arpents d'étendue; le Pasquier est une jolie promenade, entourée d'eau de toutes parts; le jardin Philippe est une presqu'île ombragée de superbes tilleuls et de marronniers, où l'on jouit d'un point de vue très-varié. — On remarque encore à Dôle: la tour de Vergy, ancien édifice qui sert aujourd'hui de prison; le portail de la chapelle de la nouvelle maison d'arrêt; l'ancien collége des jésuites; le palais de justice; le collége; la bibliothèque publique, contenant 6,000 volumes; le musée; l'Hôtel-Dieu, l'hôpital général; le dépôt de mendicité; le pont sur le Doubs, etc. — On doit visiter dans les environs la belle forêt de Chaux, percée de superbes avenues. — Fabriques de bonneterie.—A 62 kil. (16 l.) de Lons-le-Saunier, 45 kil. (11 l. 1/2) de Dijon. — Hôtels: de la Ville-de-Paris, de la Ville-de-Lyon, du Commerce.

VOITURES PUBLIQUES. Tous les jours pour Paris, Besançon, Genève, Lons-le-Saunier, Gray, Salins, Châlons, Auxonne, Lausanne.

OUVRAGES A CONSULTER. *Recherches historiques sur la ville de Dôle*, par Persan, in-8°, 1812.
Dissertation sur l'antiquité de la ville de Dôle, 1744.
Siége de la ville de Dôle, par Boivin, in-4°, 1638.

POLIGNY (*Jura*). Jolie petite ville. Sous-préf., dont le trib. de 1re inst. est à Arbois. Soc. d'agr. Collége comm. ⊠ ♈ 6,554 hab. Poligny est une ville très-ancienne, désignée dans la notice de l'empire romain sous le nom de *Castrum olinum*. Elle est située à l'extrémité d'une plaine immense, au pied d'une montagne qui fait partie de la chaine du Jura. C'est une ville assez bien bâtie, propre, bien percée, consistant principalement en quatre longues rues parallèles entre elles et à la direction de la montagne. L'hôtel de ville est orné de deux jolies fontaines; sur la place publique on en voit une autre formée d'un bassin rond en pierre de taille, de vingt pieds de diamètre, au milieu duquel s'élève une pyramide d'où sortent plusieurs jets d'eau. Chaque faubourg a ses fontaines également abondantes. — Patrie du général Travot. — Fabriques de faïence commune, futailles, salpêtre, etc. — A 27 kil. (7 l.) de Lons-le-Saunier.

VOITURES PUBLIQUES. Tous les jours pour Lyon, Strasbourg, Lons-le-Saunier, Besançon, Pontarlier.

PLANCHES (les) (*Jura*). Village bâti dans un site extrêmement sauvage, entre des rochers fort hauts et très-rapprochés. Quand on descend pour y arriver, tout porte à croire que ce village est au bas du vallon, et la rivière de la Sèvre qui coule au niveau des habitations, doit naturellement le faire penser; mais à l'entrée du village cette rivière fait tout à coup une chute perpendiculaire d'environ 26 mètres, et quelques pas après elle en fait une seconde de 20 mètres, également perpendiculaire, puis elle coule, sans être vue, dans un lit profond, l'espace d'environ 600 pas, avant de reparaître.

CHATEAUVILLAIN (*Jura*). Château situé à 22 kil. (5 l. 1/2) S. E. de Poligny, canton de Champagnole. Il est bâti sur un roc d'une hideuse nudité, qui s'élève perpendiculairement de 162 m. 50 c. au-dessus d'un vallon cultivé.

MOREZ (*Jura*). Joli bourg situé sur la Bienne, au bord d'une gorge très longue qui laisse à peine assez d'espace pour deux rangs de maisons et pour la rue qui les sépare. — Morez peut être regardé comme une des sources de la prospérité des montagnes environnantes, par son industrieuse activité, que semble annoncer de loin l'élégance de ses habitations. Dans nul endroit on n'a su tirer un meilleur parti du faible cours d'eau qui le traverse, et qui, dans un espace de quelques centaines de pas, fait mouvoir des forges, des moulins, des fileries de fer, et une multitude de manufactures. — MANUFACTURES d'horlogerie dite de Comté, mouvements de pendule, cadrans d'émail, limes, pointes de Paris, tournebroches, etc. Forges et martinets. Tirerie de fer. Filatures de coton. — A 27 kil. (7 l.) de Saint-Claude. ✉ ⌒ 2,100 hab. — HÔTEL de la Poste.

ROUSSES (les) (*Jura*). Village situé à peu de distance du lac de son nom, près des frontières de la Suisse, à 23 kil. (6 l.) de Saint-Claude. ⌒ 2,200 hab. Ce village est le plus élevé du Jura. Plus haut, on ne voit plus que quelques auberges ou quelques châlets, habitations des bergers, que la neige enveloppe dans l'hiver, et dont les animaux et les hommes descendent aux premières gelées. L'église des Rousses offre une particularité remarquable : quand il pleut, le toit porte d'un côté ses eaux à la mer d'Allemagne, de l'autre à la Méditerranée.

VATTAY (la) (*Jura*). Hameau. ⌒ A 16 kil. (4 l.) de Gex. Ce hameau, composé de quelques châlets qui servent d'hôtelleries, est un peu au-dessus de la belle combe de Mijoux, sur la grande route qui traverse les monts Faucilles. Le passage des Faucilles est fréquenté tous les jours, dans la belle saison, par les habitants de la vallée de Mijoux, qui vont au marché de Gex; mais pour éviter les allées et venues du grand chemin, ils gravissent un petit sentier bien étroit, qui économise au moins la moitié du trajet. Au sommet de ce passage, on entre dans une gorge fort étroite, qui passe et se contourne entre des sapins; son issue vers Genève n'a de largeur exactement que celle du chemin, et il a fallu même entamer la roche pour former la route. Après avoir marché assez longtemps dans ce sentier sinueux, on arrive sur le revers méridional de la montagne, d'où l'on découvre tout à coup une des plus belles perspectives qu'il soit possible d'imaginer : la vue embrasse une grande partie du pays de Vaud, tout le pays de Gex, Carouge, Genève, la moitié de son lac, et une partie de la Savoie, que surmontent et couronnent si majestueusement ses immenses glaciers.

GEX (*Ain*). Petite ville. Sous-préf. Trib. de 1re inst. Soc. d'agric. ✉ ⌒ 2,834 hab. Cette ville est située dans un pays des plus riants, sur le torrent de Jornans et sur une des bases escarpées du Jura. Elle consiste principalement dans une rue assez large, mais d'une pente rapide. D'une petite terrasse ombragée par de beaux arbres, qui s'élève au-dessus de cette principale rue, on jouit d'un point de vue sur un magnifique bassin, dont le fond est occupé par le lac de Genève; on découvre même facilement cette ville, qui en est à quatre lieues, ainsi que les nombreux villages et les belles maisons de campagne qui l'avoisinent. L'œil plonge avec plaisir sur la vaste étendue du lac, sur les riches coteaux qui bordent ses rives, et sur les montagnes de la Savoie, dont les cimes sont surmontées par le pic neigeux du Mont-Blanc. En suivant le vallon, on aperçoit, depuis le col de Bellegarde jusqu'au sommet de la Dôle, la chaîne du Mont-Jura, qui s'étend sur une longueur de plus de douze lieues. — FABRIQUES de bons fromages de Gruyère, et fruitière d'association pour cette fabrication. — A 90 kil. (23 l.) de Bourg, 16 kil. (4 l.) de Genève, 475 kil. (122 l.) de Paris. — HÔTELS : de la Poste, du Pont-d'Arcole, de l'Écu-de-France.

BUT D'EXCURSION. On doit visiter aux environs de Gex les importantes bergeries de Naz, renfermant de nombreux troupeaux de mérinos et des béliers de choix.

CLAUDE (SAINT-) (*Jura*). Jolie ville. Sous-préfect. Trib. de 1re inst. et de comm. Ch. cons. des manuf. Soc. d'agric. Collége com. Évèché. ⌧ 5,222 hab. Cette ville est dans une situation on ne peut plus pittoresque, à l'extrémité d'une profonde vallée circonscrite par de hautes montagnes boisées et par les rochers arides du Jura. Elle est située à mi-côte, entre trois montagnes, au confluent de la Bienne et du Tacon. C'est une ville bien bâtie, bien percée, propre et ornée de plusieurs fontaines. On y remarque la cathédrale, et une jolie promenade pratiquée avec art dans les rochers dont le pied est baigné par les eaux de la Bienne. — MANUFACTURES renommées de toute sorte d'ouvrages en corne, écaille, os, ivoire, bois, buis; fabriques de boutons, tabatières, boîtes à musique, instruments à vent, peignes de corne, chapelets, quincaillerie, clous d'épingles, crêpes. Filatures hydrauliques de coton, etc.

VOITURES PUBLIQUES. Tous les jours pour Lons-le-Saunier, Nantua; tous les deux jours pour Genève; tous les jours pour Saint-Laurent.

BUTS D'EXCURSIONS: aux *cascades de Flumen* et *de la Queue-du-Cheval*; à l'immense *caverne des Foules*; à la *source de l'Abîme*; aux *fontaines intermittentes de Noire-Combe*; au sommet des *monts Faucille*. (*Voy.* ci-dessus l'itinéraire de Paris à Gex, page 381.)

OUVRAGES A CONSULTER, qui se trouvent à la librairie d'Énard, à St-Claude. *Notice historique sur la ville de St-Claude*, etc., par Crestin, in-8°, 1815. *Mémoire sur les tourbières des arrondissements de St-Claude et de Poligny, et sur les antiquités celtiques des mêmes arrondissements*, par David de St-Georges, in-8°, 1808.
Dissertation sur l'établissement de l'abbaye de St-Claude, ses chroniques, légendes, chartes, in-8°, 1772.
Annuaire du Jura, pour 1810 et 1811, par Désiré Monnier.

SEPT-MONCEL (*Jura*). Village à 12 kil. (3 l.) de Saint-Claude. 2,950 hab. Ce village, environné de bons pâturages, est le centre d'une contrée où se fabriquent les excellents fromages qui portent le nom de Sept-Moncel. Depuis un temps immémorial, la taille des pierres fines et fausses y occupe un grand nombre d'ouvriers.

FERNEY-VOLTAIRE (*Jura*). Joli bourg, situé à 12 kil. (3 l.) de Gex et à 6 kil. (1 l. 1/2) de Genève. ⌧ ⚘ 1,000 hab. Ce bourg est bâti au pied de la chaîne du Jura, dans un charmant vallon entrecoupé de prairies, de bosquets, de bois et de terres labourables entourées de haies vives, qui offrent une variété de culture des plus agréables. La jolie maison qu'y fit bâtir Voltaire, et qu'il habita pendant plus de vingt ans, se fait remarquer par son élégante simplicité : elle est située à l'extrémité occidentale du bourg, au pied des montagnes, sur une petite éminence qui domine un bassin magnifique; on y découvre la ville de Genève et les bords de son lac enchanteur, une partie du riant pays de Vaud; et, de l'autre côté du lac, les montagnes agrestes de la Savoie, au-dessus desquelles le Mont-Blanc élève sa cime majestueuse, en tout temps couverte de neige.

2e R., de PARIS à GEX, par ARNAY-LE-DUC et BEAUNE, 49 myr. 9 kil.

	m. k.
De PARIS à ARNAY-LE-DUC ⚘ (V. N° 82)	28,6
ARNAY-LE-DUC à BLIGNY-SUR-OUCHE ⚘	1,8
BLIGNY à * BEAUNE ⚘	1,7
* CUSSY-LA-COLONNE (à droite de la route).	
BEAUNE à MOISEY ⚘ (vacant)	1,1
MOISEY à * SEURRE ⚘	1,4
SEURRE à * PIERRE ⚘	2,1
PIERRE à BLETTERANS ⚘	2,3

17

* ARLAY (à gauche de la route).
BLETTERANS à * LONS-LE-SAUNIER ⌾......... 1,3
LONS-LE-SAUNIER à * CLAIRVAUX (Jura) ⌾..... 2,3
CLAIRVAUX à SAINT-LAURENT ⌾............. 2,3
* POITTE (à droite de la route).
SAINT-LAURENT à * GEX (Voy. ci-dessus)....... 5,0

CUSSY-LA-COLONNE (*Côte-d'Or*). Village à 16 kil. (4 l.) de Beaune. 180 hab. Ce village doit son surnom à une colonne octogone, située à un kilomètre du village, au milieu des champs, dans un fond entouré de montagnes de tous côtés. Le soubassement est composé de trois assises, dont chacune n'est qu'un bloc dans toute l'épaisseur du monument; la base forme un carré, dont les angles sont coupés, et qui a une rentrée demi-circulaire sur chacune des faces principales : la corniche dont elle est surmontée est d'un seul morceau. Sur cette base est posée une espèce d'autel octogone, orné de huit figures, représentant un Hercule, un captif, une Minerve casquée, Junon, Jupiter, Ganymède, un Bacchus et une nymphe. Au-dessus s'élève le fût de la colonne; il est orné, à sa partie inférieure, de rhombes, dans lesquels il y a une rosette comme on en voit à quelques plafonds ; la partie supérieure est décorée d'une sculpture en forme d'écailles. Le haut de la colonne manque; les parties en sont éparses en divers endroits. En rapprochant les opinions des savants sur l'objet et l'origine de ce monument, on est porté à croire qu'il a été élevé pour éterniser le souvenir d'une victoire obtenue dans ce lieu, vers le règne de Dioclétien et de Maximien.

OUVRAGE A CONSULTER. *Dissertation sur la colonne de Cussy*, par Grivault, in-8°.

BEAUNE. Voyez page 217.

SEURRE (*Côte-d'Or*). Ancienne et jolie petite ville. Collège comm. ⌧ ⌾ 3,591 hab. Seurre est une ville avantageusement et très-agréablement située, bien bâtie et bien percée, sur la rive gauche de la Saône, qui y est navigable. La place publique, sur laquelle s'élève un hôtel de ville d'une belle construction, est petite, mais régulière. L'église paroissiale, surmontée d'un beau clocher, est un édifice de la fin du quatorzième siècle. On y remarque aussi un beau château, auquel est joint un vaste parc qui sert de promenade publique aux habitants. — FABRIQUES de châles. Construction de bateaux.—COMMERCE considérable, par la Saône, de blés, fourrages, navette, bois, charbon, etc. — A 23 kil. (6 l.) de Beaune, 35 kil. (9 l.) de Dijon. — HÔTELS : des Négociants, du Chapeau-Rouge.

VOITURES PUBLIQUES. Tous les jours pour Dijon, Beaune, Châlons, Dôle, Auxonne.

PIERRE (*Saône-et-Loire*). Village bien bâti et fort agréablement situé, à 32 kil. (8 l.) de Louhans. ⌾ 1,838 hab. On y remarque un beau château reconstruit en 1672, par Claude de Thiard de Bissy, qui se couvrit de gloire, en 1664, à la bataille de Saint-Godard, où il commandait la cavalerie du corps d'armée sous les ordres du duc de la Feuillade. Il se compose d'un principal corps de bâtiment avec deux ailes en retour, de construction régulière, terminées par deux jolies tourelles à meurtrières, formant une cour carrée. Cette première cour est séparée par un fossé rempli d'eau vive, de 9 m. 75 c. de largeur, d'une vaste avant-cour, bordée de deux corps de logis terminés par deux pavillons carrés d'une élégante construction à l'italienne, et fermée par une grille en fer d'un travail très-délicat, où l'on remarque encore le collier de l'ordre du cordon bleu. L'intérieur du château répond à la magnificence de l'extérieur. Parmi les appartements, on remarque la salle de la duchesse du Maine; le cabinet de l'Empereur, où l'on voit son bureau et son écritoire; la chambre de Benjamin Constant ; le salon turc, etc., etc. La salle à manger est ornée de deux belles statues de la Liberté et de l'Égalité, avec leurs attributs. Le château de Pierre passe à juste titre pour une des plus belles habitations de la France; c'est le séjour habituel, pendant la belle saison, de

M. le général comte de Thyard, député des Côtes-du-Nord, ancien membre de la chambre des représentants et de plusieurs assemblées législatives, où il a défendu constamment, et avec chaleur, les droits du peuple et les libertés publiques.

ARLAY (*Jura.*) Bourg à 11 kil. (2 l. 3/4) de Lons-le-Saunier. 1,600 hab. On y remarque les ruines majestueuses du château d'Arlay.

LONS-LE-SAUNIER. Jolie ville. Chef-lieu du département du Jura. Trib. de 1re inst. et de comm. Société d'agric. Collége comm. ⌧ ⚭ 8,200 hab. Cette ville est située au fond d'un vaste bassin formé par des montagnes d'environ 150 à 200 toises de hauteur, et plantées de vignes jusqu'à leur cime. Elle est généralement bien bâtie, propre, bien percée, et éclairée au gaz : la principale rue est bordée d'arcades qui forment des espèces de galeries, comme on en voit à la Rochelle et dans quelques autres cités. On y remarque plusieurs belles fontaines jaillissantes ; celle qui décore la place principale forme un vaste bassin élevé et entouré de quatre bassins plus petits, alimentés par cinq jets continus qui les tiennent toujours pleins ; au milieu du grand bassin s'élève un piédestal, surmonté jadis de la statue pédestre en bronze du général Pichegru, qui a été renversée en 1830. — A l'angle septentrional de la ville est le puits des salines, de forme carrée, et de 19 m. 50 c. de profondeur sur environ 5 m. de largeur. Quatre pompes tirent sans discontinuer l'eau salée, la versent dans un auget de bois en forme de canal, qui la porte aux salines, situées à 2 kilomètres de là, dans une gorge à l'ouest de la ville, où des tournants font monter les eaux salées à environ 10 m. de haut dans de vastes bâtiments de graduation, où elles filtrent, pour ainsi dire, goutte à goutte, à travers des épines amoncelées avec art, et se dépouillent de leurs parties hétérogènes ; elles parviennent ensuite, par des canaux souterrains, dans d'immenses chaudières, sous lesquelles un feu toujours égal les évapore, les cristallise et les réduit en sel. — On remarque encore à Lons-le-Saunier la bibliothèque publique, contenant 3,000 volumes ; le musée de tableaux et d'antiques ; la salle de spectacle. — PATRIE du général Lecourbe. — FABRIQUES de bonneterie. — A 96 kil. (24 l.) de Dijon, 82 kil. (21 l.) de Besançon, 84 kil. (22 l.) de Genève, 318 kil. (99 l. 1/2) de Paris. — HÔTELS : Jacquinot, Garnier, du Chapeau-Rouge.

VOITURES PUBLIQUES. Tous les jours pour Lyon, Strasbourg, Paris; pour Dijon, Bourg, Besançon, Genève, Salins, Poligny, Arbois, Champagnole, St-Amour, Saint-Claude, Louhans.

BUTS D'EXCURSIONS : aux *roches de Baume*, site grandiose et fort pittoresque; au fond de la vallée se trouve l'ancienne *abbaye de Baume-les-Messieurs*; — à l'*église de Coldre* ou *de St-Étienne*, l'une des plus anciennes de la Franche-Comté, placée sur le premier plateau du Jura, et près de laquelle on voit un camp romain parfaitement conservé ; — aux *ruines du château de Montmorot*; — au *château du Pin*, où séjourna Henri IV ; — au *château d'Arlay*, remarquable par la belle habitation du prince d'Arenberg et par les ruines bien conservées de l'ancien château fort;—à *Poitte* (*Voy.* ci-dessus).

OUVRAGES A CONSULTER, qui se trouvent à la librairie de Frédéric Gauthier, à Lons-le-Saunier.

Voyage dans le département du Jura, par Lequinio, 2 vol. in-8°, an IX.
Dictionnaire des communes du Jura, par Pyot.
Statistique du Jura, par Pyot, in-8°, 1838.
Annuaires du Jura, 1840, 1841, 1842, par Désiré Monnier.

CLAIRVAUX (*Jura*). Bourg à 20 kil. (5 l.) de Lons-le-Saunier. ⌧ 1,300 hab. Il est situé au fond d'un vallon, sur un beau lac alimenté par un ruisseau qui fait mouvoir une belle forge.

POITTE (*Jura*). Village à 15 kil. (3 l. 3/4) de Lons-le-Saunier. 450 hab. Au-dessus de ce village, on traverse l'Ain sur un pont qui porte le nom de Pont de Poitte. Trente pas au-dessus du pont, le lit du fleuve n'est qu'une roche tranchée fort horizontalement, et remplie de crevasses différemment conformées et de grandeurs variées ; ce lit pierreux, plat et strié, s'étend au-dessous du pont l'espace d'un petit quart de lieue, jusqu'à l'endroit nommé

Port de la Sez : là le rocher se coupe net et perpendiculairement, et le fleuve s'abat tout d'un coup ; la nappe a 130 mètres de large et 16 m. 24 c. de haut ; c'est vraisemblablement une des plus belles cascades de l'Europe.

3ᵉ Route, par AUXERRE, SÉMUR et POUILLY-EN-AUXOIS, 50 myr. 4 kil.

	m. k.
De PARIS à AUXERRE ⌘ (V. la 1ʳᵉ Route)	16,8
AUXERRE à *SÉMUR ⌘ (V. N° 12)	8,6
SÉMUR à SAINT-THIBAULT (Côte-d'Or) ⌘	1,9
ST-THIBAULT à POUILLY-EN-AUXOIS (C.-d'Or) ⌘	1,4
POUILLY-EN-AUXOIS à BLIGNY-SUR-OUCHE ⌘	2,2
BLIGNY-SUR-OUCHE à * GEX ⌘ (V. ci-dessus)	19,5

4ᵉ Route, par MOUCHARD, 50 myr. 9 kil.

De PARIS à MONT-SOUS-VAUDREY ⌘ (V. la 1ʳᵉ R.)	38,7
MONT-SOUS-VAUDREY à MOUCHARD ⌘	1,6
MOUCHARD à * SALINS ⌘	0,9
SALINS à * GEX ⌘ (Voy. ci-après)	9,7

5ᵉ Route, par ARBOIS, 51 myr. 3 kil.

De PARIS à MONT-SOUS-VAUDREY (V. la R. précéd.)	38,7
MONT-SOUS-VAUDREY à * ARBOIS ⌘	1,6
ARBOIS à * SALINS ⌘	1,3
SALINS à * CHAMPAGNOLE ⌘	2,5
CHAMPAGNOLE à *GEX ⌘ (Voy. la 1ʳᵉ Route)	7,2

ARBOIS (*Jura*). Jolie petite ville. Trib. de 1ʳᵉ instance de l'arrondissement. Collége comm. ⌘ ⌘ 6,741 hab. Cette ville est située sur la petite rivière de Cuisance, au fond d'un entonnoir très-creux et fort évasé, formé par des montagnes couvertes de vignes qui donnent des vins justement renommés. — PATRIE du général Pichegru. — MANUFACTURES de faïence. Papeterie. — A 10 kil. (2 l. 1/2) de Poligny, 16 kil. (4 l.) de Salins. — HÔTEL du Cerf.
SALINS. Voyez page 157.
† **VOITURES PUBLIQUES**. Tous les jours pour Lyon, Strasbourg, Besançon, Lons-le-Saunier.

N° 64.

R. DE PARIS A GIVET (ARDENNES).
30 myriamètres 1 kilomètre.

	m. k.
De PARIS à *MÉZIÈRES ⌘ (V. N° 126)	23,4
MÉZIÈRES à LONNY ⌘	1,2
LONNY à * ROCROY ⌘	1,7
ROCROY à * FUMAY ⌘	1,6
FUMAY à * GIVET ⌘	2,2
De GIVET à { MARIENBOURG (poste étrangère)	2,2
{ PHILIPPEVILLE (poste étrangère)	2,3

ROCROY *(Ardennes)*. Ville forte. Sous-préf. Place de guerre de 4° classe. Trib. de 1re inst. Société d'agric. Collége comm. Bureau principal de douanes. ⊠ ⚲ 3,623 hab. Elle est située dans une belle et vaste plaine, entourée de tous côtés par la forêt des Ardennes. — A 259 kil. (66 l. 1/2) de Paris.

FUMAY *(Ardennes)*. Petite ville, bâtie dans un site pittoresque, à 17 kil. (4 l. 1/4) de Rocroy. ⊠ ⚲ 2,420 hab. De la route royale, qui côtoie une montagne rapide, on aperçoit la ville, bâtie sur la rive gauche de la Meuse, entre des montagnes presque à pic, couvertes de forêts et hérissées en plusieurs endroits de rochers escarpés; la rivière coule paisiblement au-dessous, dans un vallon resserré, au milieu d'une prairie bordée de peupliers; du côté du nord, le paysage est animé par une foule d'ouvriers employés à l'exploitation des ardoisières.

GIVET *(Ardennes)*. Jolie et forte ville, séparée par la Meuse, et défendue par Charlemont, l'une des forteresses les plus importantes du royaume. Ch. des manufact. ⊠ ⚲ 4,220 hab. Les approches de cette ville offrent un assez beau coup d'œil : de la rive droite de la Meuse, on aperçoit les deux parties de la place, liées par un superbe pont en pierre; à gauche, Charlemont s'élève sur un rocher à pic, à une hauteur prodigieuse; au pied de la forteresse, on remarque une caserne magnifique, pouvant contenir 600 hommes. — PATRIE de Méhul.

VOITURES PUBLIQUES. Tous les jours pour Mézières, pour la Belgique. Tous les vendredis, bateaux pour Charleville et Mézières.

N° 65.

R. DE PARIS A GRANVILLE (MANCHE).

33 myriamètres 8 kilomètres.

	m. k.
De PARIS à CAEN (V. N° 43)	22,3
CAEN à VILLEDIEU-LES-POÊLES (V. N° 31)	8,6
VILLEDIEU-LES-POÊLES à * GRANDVILLE	2,9

N° 66.

ROUTE DE PARIS A GRENOBLE (ISÈRE).

1re Route, par BOURGOIN, 57 myr. 6 kil.

	m. k.
De PARIS à LYON (V. N° 82)	46,8
LYON à GRENOBLE (V. N° 48)	10,8

2e Route, par LE GAZ, 58 myr. 2 kil.

De PARIS à * LYON ⚲ (Voy. N° 82)	46,8
LYON au GAZ ⚲ (V. N° 112)	6,4
GAZ à MONTFERRAT ⚲	0,9
MONTFERRAT à VOIRON ⚲	1,6
VOIRON à VOREPPE ⚲	0,9
VOREPPE à * GRENOBLE ⚲	1,6

N° 66. ROUTE DE PARIS A **GRENOBLE**.

3ᵉ Route, par VIENNE, 58 myr. 4 kil.

	m. k.
De PARIS à * LYON ☞ (V. N° 82)	46,8
LYON à * VIENNE ☞ (V. N° 82)	2,8
VIENNE à la DÉTOURBE ☞	1,5
LA DÉTOURBE à CHATONNAY ☞	1,4
CHATONNAY à LA FRETTE ☞	1,8
LA FRETTE à * GRENOBLE ☞ (V N° 48)	4,1

VIENNE (*Isère*). Célèbre et très-ancienne ville. Sous-préfect. Trib. de 1ʳᵉ inst. et de comm. Ch. des manuf. Collége comm. ✉ ☞ 14,079 hab. L'origine de Vienne se perd dans les siècles les plus reculés. Jules César, Strabon, Pomponius Méla, Ptolémée, Pline, et tous les écrivains célèbres de l'antiquité en ont parlé. Cette ville renferme des monuments de tous les âges, à dater des Romains; partout où l'on fouille, se trouvent d'immenses débris de temples, de palais, des morceaux d'architecture ou de sculpture de la plus grande beauté, qui attestent son ancienne splendeur. Elle est bâtie sur la rive gauche du Rhône, le long duquel règne un fort beau quai, au pied d'un amphithéâtre de collines que renfermait la ville antique. Resserrée entre ces montagnes et le fleuve, elle est beaucoup plus longue que large. Comme toutes les villes anciennes, elle est généralement mal bâtie; les places ont peu d'apparence; les rues sont étroites, obscures, tortueuses, pour la plupart escarpées et de difficile accès. Toutefois, la partie que parcourt la grande route de Lyon à Marseille offre plusieurs beaux quartiers et une assez jolie place que décore la façade moderne de l'hôtel de ville. Au centre de la ville on voit un temple dédié anciennement à Auguste et à Livie, qui a beaucoup de ressemblance avec celui de Nimes, désigné sous le nom de Maison Carrée; malheureusement l'ignorance, la barbarie et le mauvais goût lui ont porté de cruelles atteintes. Un autre monument antique bien mieux conservé se voit hors de la ville, près de la porte d'Avignon, à peu de distance et à droite de la route; c'est une pyramide, connue aujourd'hui sous le nom de Plan-de-l'Aiguille, élevée sur un socle en pierres de taille assemblées sans chaux ni ciment, et couronné d'un entablement; les angles sont ornés d'une colonne engagée, et les quatre faces sont percées d'une arcade. La hauteur totale de l'édifice est à peu près de 14 mètres.— La cathédrale de Vienne est un fort bel édifice d'architecture gothique, construit sur une éminence où l'on arrive par un perron de vingt-huit degrés, qui précède le portail, lequel offre encore trois degrés pour entrer dans le temple. Ce portail, remarquable par sa largeur et par son élévation, est orné d'une multitude de figures sculptées dans la pierre, et surmonté de deux hautes tours. L'intérieur de l'édifice est très-vaste; les voûtes, soutenues par quarante-huit piliers, sont d'une élévation prodigieuse; des galeries, bordées de balcons gothiques en pierre, font le tour de cette immense basilique, dont le chœur est un peu plus élevé que la nef. — L'église de l'ancienne abbaye de Saint-André-le-Bas est aussi un édifice fort remarquable. Les colonnes qui soutiennent la voûte du chœur sont entièrement de marbre blanc; celles de la nef, ouvrage du dixième siècle, sont d'ordre dorique et d'une belle proportion. Le cloître, d'architecture gothique, offre une variété de chapiteaux qui fixe l'attention des artistes. — On remarque encore à Vienne : le quartier de la cavalerie; la bibliothèque publique, renfermant 10,000 volumes; le musée, où sont déposés les précieux fragments des monuments romains qui jadis ont couvert le sol de cette antique métropole des Allobroges; le collège, un des plus beaux et des mieux situés qu'aient laissés les jésuites; les hospices des Malades et de la Charité; la halle aux grains; l'abattoir, etc., etc. — On ne doit pas quitter cette ville sans visiter les mines de plomb situées au faubourg de Pont-l'Évêque, sur la rive gauche de la Gère. — PATRIE de l'historien Chorier. — MANUFACTURES importantes de draps croisés, cuirs-laines, ratines. —

FABRIQUES de toiles communes, de cartons laminés, etc. — A 78 kil. (20 l.) de Grenoble, 27 kil. (7 l.) de Lyon, 491 kil. (126 l.) de Paris. — HÔTELS : de la Table-Ronde, de la Mule, du Parc, des Trois-Rois.

OUVRAGES A CONSULTER, qui se trouvent à la librairie de Girard, à Vienne.
Recherches sur les antiquités de Vienne, par Chorier, in-12, 1659.
Histoire de la ville de Vienne, par Mermet, 2 vol. in-8°, 1828-33.
Guide des étrangers à Vienne, par Rey, in-8°, 1819.
Monuments gothiques et romains de la ville de Vienne, par Rey, in-fol., 1820.
Recherches sur les antiquités de la ville de Vienne, par Chorier, 2ᵉ éd., in-8°, 1828.

DE GRENOBLE A CHAMBÉRY, 5 myr. 5 kil.

	m.k.
De GRENOBLE à LUMBIN ☞	2,1
LUMBIN à CHAPAREILLAN ☞	1,9
* FORT-BARRAUX (à droite de la route).	
* ALLEVARD (à droite de la route).	
* PONTCHARRA (à droite de la route).	
CHAPAREILLAN à CHAMBÉRY ☞ (poste étrang.)	1,5

BARRAUX (*Isère*). Village situé à 33 kil. (8 l. 1/2) de Grenoble. 1,350 hab. A peu de distance de ce village, près de la rive droite de l'Isère et à 2 kilom. (1/2 l.) des frontières de la Savoie, se trouve le FORT-BARRAUX, place de 4ᵉ classe, susceptible d'une bonne défense par sa position qui domine la route de Chambéry à Grenoble et la délicieuse vallée de Grésivaudan.

ALLEVARD (*Isère*). Bourg à 34 kil. (8 l. 3/4) de Grenoble. 2,690 hab. Ce bourg, célèbre par ses importantes mines de fer et par l'activité de ses habitants, est extrêmement intéressant par sa situation pittoresque dans une vallée fertile et bien ombragée. Le pays d'Allevard est connu de tous les géologues et métallurgistes ; il produit des fontes qui sont converties en acier de fusion ou de forge, à des prix très-modérés. — Hauts-fourneaux. Fonderies. Forges et martinets.

PONTCHARRA (*Isère*). Village à 34 kil. (8 l. 3/4) de Grenoble. 1,050 hab. A peu de distance de Pontcharra, on remarque, sur une éminence qui domine la vallée, les ruines de l'antique manoir où naquit Bayard, en 1476 ; on sait qu'il mourut, en 1524, au passage de la Sesia.

N° 67.

R. DE PARIS A GUÉRET (CREUSE).

1ʳᵉ R., par BOURGES, V. N° 138, 3ᵉ R. de Paris à Toulouse,

34 myriamètres 5 kilomètres.

2ᵉ Route, par CHATEAUROUX, 34 myr. 5 kil.

	m.k.
De PARIS à CHATEAUROUX (V. N° 38)	25,4
CHATEAUROUX à GUÉRET (Voy. N° 139)	9,1

N° 68.

ROUTE DE PARIS AU HAVRE (SEINE-INFÉRIEURE).

Itinéraire descriptif de Paris à Rouen et au Havre.

Deux routes conduisent de Paris à Rouen, la route d'en bas, par Saint-Germain, Mantes et Louviers, et la route d'en haut, par Pontoise et Magny. La route d'en bas longe, presque sans interruption, le cours riant et sinueux de la Seine, qu'elle franchit jusqu'à six fois pour en éviter les principaux circuits. Lorsqu'on suit cette route, qui est la plus agréable et la plus fréquentée, on sort de Paris par la barrière de l'Étoile, à laquelle on arrive par la grande allée des Champs-Élysées, l'une des plus belles avenues que l'on connaisse. Depuis l'arc de triomphe de l'Étoile jusqu'à l'entrée du bois de Boulogne, magnifique parc situé sur la gauche de la route, on passe entre deux rangs de guinguettes, de restaurants et de maisons de plaisance fort agréables. De cet endroit, on découvre la plaine de Saint-Denis et les coteaux de Montmorency. On passe devant la porte Maillot, et près du nouveau village de Sablonville, qui se prolonge jusqu'à Neuilly, joli bourg séparé en deux par la grande route. Parmi les nombreuses maisons de plaisance qui l'environnent, on remarque le château de Sainte-Foi, belle propriété appartenant au roi des Français. En sortant de Neuilly, on traverse la Seine sur un des plus beaux ponts de l'Europe. De cet endroit, on jouit d'une belle vue sur Courbevoie, Puteaux, Surène et le mont Valérien, que couronne le bâtiment de l'ancien Calvaire et le fort de ce nom. De Neuilly à Nanterre, le pays qu'on parcourt offre une continuité de terres labourables, de jardins potagers, de champs cultivés en rosiers et plantés d'arbres fruitiers. La route, après Nanterre, se partage en deux branches : l'une passe à Chatou, au Pecq et à Saint-Germain ; l'autre, celle de Port-Marly, que l'on préfère ordinairement, est riante et variée ; elle suit la rive gauche de la Seine, bordée de jolis coteaux et de riants paysages. On passe successivement devant la caserne et le château de Ruelle, dont l'église renferme le tombeau de l'impératrice Joséphine, et devant l'enclos du château de la Malmaison, où cette femme célèbre a terminé ses jours. Après Port-Marly, on s'élève par une pente douce sur une colline, d'où l'on découvre des points de vue délicieux jusqu'à Saint-Germain-en-Laye, où l'on arrive par l'étoile qui forme la jonction des deux routes, vis-à-vis de la grille du château. Au sortir de Saint-Germain, on entre dans la forêt de ce nom, que l'on quitte une demi-lieue avant de descendre à Poissy, ville ancienne et mal bâtie, mais fort agréablement située sur la rive gauche de la Seine ; en cet endroit on passe le fleuve sur un pont remarquable par sa longueur ; les bords de la Seine offrent ensuite une continuité de beaux paysages jusqu'au joli bourg de Triel. A Limay, qui sert de faubourg à la jolie ville de Mantes, on traverse de nouveau la Seine sur deux ponts. Au sortir de Mantes, la route s'éloigne un peu de la Seine pour s'en rapprocher au village de Rosny, où l'on voit un joli château. Rolleboise est un charmant village dont une partie des maisons sont creusées dans le roc ; on y voit le commencement d'un grand souterrain que traverse le chemin de fer de Paris à Rouen. Vernon est une ville agréablement située sur la rive gauche de la Seine. Après cette ville, la route s'éloigne du fleuve, que l'on rejoint à Gaillon, pour le quitter de nouveau, et parcourir un pays montueux et très-couvert jusqu'à Heudebouville, où la route se partage en deux branches, qui se rejoignent à Pont-de-l'Arche : celle de droite passe au Vaudreuil, beau village situé sur la rive gauche de l'Eure; celle de gauche conduit par une petite pente douce à Louviers. Au sortir de cette ville, une route légèrement montante conduit à Pont-de-l'Arche, ville bâtie dans une situation charmante, sur la rive gauche de la Seine.

Lorsqu'on prend la route d'en haut, on sort de Paris par le faubourg Saint-Denis. Après la barrière, on traverse le bourg de la Chapelle : un peu plus loin, sur la gauche, s'élève la butte Montmartre, la principale hauteur qui domine Paris. La route, large, droite et bordée d'une double allée d'arbres, traverse une plaine vaste et fertile, à l'extrémité de laquelle apparaît la ville de Saint-Denis, dominée par les hautes flèches de son antique abbaye. En sortant de Saint-Denis, on laisse à droite la route de Gonesse, et en face, celle d'Amiens, pour prendre, à gauche, celle de Rouen. On longe, à gauche, la belle vallée de la Seine, et à droite la riante vallée de Montmorency. Le premier village que l'on rencontre est Épinay; on passe ensuite à Franconville, d'où une route assez monotone conduit à Pontoise, où l'on arrive par le faubourg de l'Aumône. On en sort par le faubourg de Notre-Dame pour traverser un pays assez fertile. A Saint-Clair-sur-Epte, on remarque les restes d'un vieux château fort qui a soutenu plusieurs siéges contre les Normands. Au sortir de Saint-Clair, on traverse l'Epte, et l'on passe du département de Seine-et-Oise dans celui de l'Eure. La route n'offre rien de remarquable jusqu'à Bourg-Baudouin; elle traverse un pays fertile, peuplé d'une multitude de villages et de hameaux en passant par Boos, la Forge-Feret, et Blosseville-Bonsecours, espèce de faubourg de Rouen, célèbre dans toute la Normandie par sa chapelle gothique dédiée à la Vierge. Peu après on descend une montagne, longue d'une demi-lieue et très-escarpée, d'où l'on jouit d'une vue admirable sur une partie de la ville de Rouen, et sur une multitude d'usines, de manufactures, de maisons de plaisance, disséminées sur les bords de la Seine.

Deux routes conduisent de Pont-de-l'Arche (*route d'en bas*) à Rouen. En suivant la première, on passe à Igoville, dernier village du département de l'Eure, situé au pied de la montagne qui porte son nom; au delà de cette côte, la route longe, sans interruption, la rive droite de la Seine, bordée d'une colline crayeuse où sont creusées des habitations souterraines qui rappellent celles des bords de la Loire. Depuis le Port-Saint-Ouen, les villages, les habitations, les fabriques, les maisons de plaisance se succèdent sans interruption jusqu'au faubourg d'Eauplet, qui commence à une demi-lieue de la ville de Rouen. La seconde route, en sortant de Pont-de-l'Arche, est resserrée entre la Seine et une côte couverte de bois : on passe à Elbeuf; au sortir de cette ville, la route suit pendant quelque temps la rive gauche de la Seine; elle entre dans la forêt de Moulineaux, et va rejoindre à Grand-Couronne la route de Pont-Audemer à Rouen. Après avoir traversé le grand et le petit Couronne, on passe au grand Quevilly, village qui renferme une des plus belles églises à plein cintre des environs de Rouen, ville où l'on entre bientôt après par le faubourg Saint-Sever.

Communication de Rouen au Havre.

On sort de Rouen par la porte du Havre, après avoir traversé la longue avenue du Mont-Riboudet, bordée, à gauche, par la Seine, par les chantiers de construction et par de belles prairies. On traverse le riche village de Bapeaume, et l'on gravit la montée de Canteleu, d'où l'on découvre des points de vue magnifiques; une lieue plus loin, la route quitte le long plateau sur lequel elle s'est élevée, pour regagner, par une longue descente, la rive droite du fleuve, dont la vallée abonde en perspectives. Le premier bourg que l'on rencontre est celui de Duclair ; une demi-lieue plus loin, on aperçoit dans le lointain les ruines des tours de l'ancienne abbaye de Jumièges. Plus loin encore, on découvre, sur la rive opposée, le beau château de la Mailleraye, et

17.

après avoir gravi une montagne couverte de bois, apparaissent les ruines pittoresques de la célèbre abbaye de Saint-Wandrille. Peu après, une pente douce en terrasse sur la Seine conduit à la jolie petite ville de Caudebec. En sortant de cette ville, dont il ne faut pas manquer de voir l'église, on quitte les bords du fleuve pour gravir une montée extrêmement rapide, dont la cime offre une belle vue sur la Seine, que l'on ne tarde pas à perdre de vue pour entrer dans les riches plaines du beau pays de Caux. La route est cependant assez monotone depuis le village de la Frenaye jusqu'à Lillebone, charmante petite ville, située dans un riant vallon arrosé par une rivière limpide, ombragée de beaux arbres. Lorsqu'on a dépassé Lillebonne, le paysage devient de plus en plus riant et les sites de plus en plus gracieux jusqu'à la jolie ville de Bolbec, dont les nombreuses fabriques annoncent la prospérité. On sort de cette ville par une montée douce, qui ramène dans les plaines du pays de Caux. La route parcourt une contrée extrêmement fertile en toute espèce de productions, et peuplée d'une multitude d'habitations éparses, bâties au milieu d'une cour plus ou moins grande, environnée des quatre côtés de remparts en terre plantés d'ormes ou de hêtres fort élevés ; les villages sont tellement entourés de futaies, qu'on ne les aperçoit le plus souvent que par leurs clochers pyramidaux, dont la flèche s'élève au-dessus des arbres. On traverse les villages de Marcarret, de Saint-Romain de Cobolsc, de la Botte, de Guéneville, et, après avoir côtoyé pendant assez longtemps une prairie où sont établies un grand nombre de blanchisseries, on aperçoit la jolie petite ville de Harfleur. A mesure qu'on avance, les habitations champêtres deviennent de plus en plus nombreuses et plus belles sur le coteau qui domine la rive droite : elles forment, avec celles qui règnent sur les deux bords du chemin, d'abord le bourg de Graville, qui a près d'une lieue de long, ensuite celui d'Ingouville, sorte de faubourg du Havre, où l'on arrive par une belle avenue d'ormes, qui aboutit à la grande rue, et celle-ci au port.

DE PARIS AU HAVRE.

1re R., par LOUVIERS, PONT-DE-L'ARCHE et ROUEN, 22 myr. 5 kil.

(*Voyez aussi* N° 124, *pour les diverses routes de Paris à Rouen.*)

	m. k.
De PARIS à BONNIÈRES (V. N° 43, R. de Paris à Caen).	7,1
BONNIÈRES à * VERNON ☞............................	1,1
VERNON à * GAILLON ☞...............................	1,4
GAILLON à * LOUVIERS ☞.............................	1,4
LOUVIERS à PORT-SAINT-OUEN ☞.....................	1,7
PORT-SAINT-OUEN à * ROUEN ☞......................	1,1
ROUEN à BARENTIN ☞................................	1,7
BARENTIN à * YVETOT ☞.............................	1,8
YVETOT à * BOLBEC ☞................................	2,2
BOLBEC à LA BOTTE ☞................................	1,4
LA BOTTE au * HAVRE ☞..............................	1,6

NOTA. On s'embarque au Havre pour Honfleur.

ROUEN. Voyez N° 124, Route de Paris à Rouen.

YVETOT (*Seine-Inf.*). Ville ancienne. Sous-préfect. Trib. de 1re inst. et de com. Ch. des manuf. ✉ ☞ 9,021 hab. Cette ville est assez bien bâtie, dans une plaine élevée entièrement dépourvue d'eau : trois puits très-profonds et plusieurs belles citernes suppléent à cette grande incommodité. Sa situation au milieu d'un pays fertile, couvert d'habitations, de fermes et de villages environnés d'arbres fruitiers, est très-agréable ; ses alentours offrent

N° 68. ROUTE DE PARIS AU HAVRE.

partout des sites variés et de charmants paysages. La ville consiste, pour ainsi dire, en une principale rue de près d'une lieue de long, formée de maisons basses, construites en bois et couvertes en ardoises, et dont l'aspect est assez agréable. On y remarque la belle promenade de l'Étoile, formée de plusieurs rangs d'arbres bien alignés. — MANUFACTURES de toiles, basins, coutils, velours de coton, etc.—A 33 kil. (8 l. 1/2) de Rouen, 49 kil. (12 l. 1/2) du Havre, 150 kil. (38 l. 1/2) de Paris.

VOITURES PUBLIQUES. Tous les jours, pour Rouen, Bolbec, le Havre, Paris et Neufchâtel.

OUVRAGE A CONSULTER. *Recueil de l'histoire du royaume d'Yvetot*, par Ruault, in-4°, 1831.

BOLBEC (*Seine-Inf.*). Charmante petite ville, située dans une position admirable, à la jonction de quatre vallées, à 28 kil. (7 l.) du Havre. ⊠ ☞ 9,300 hab. Cette ville est bien bâtie, partie en briques et partie en pierres de taille, propre, bien percée, et ornée de belles fontaines publiques. — FABRIQUES renommées de toiles peintes et de mouchoirs. — HÔTELS : de Rouen, de l'Europe.

OUVRAGE A CONSULTER. *Histoire de la ville de Bolbec*, par Collen Castaigne, in-8°, 1839.

HAVRE (le) (*Seine-Inf.*) Grande, belle, riche et forte ville maritime. Souspréf. Trib. de 1re inst. et de com. Ch. et bourse de com. École d'hydrogr. de 1re cl. ⊠ ☞ 23,816 hab. Le Havre n'est point une ville ancienne. Vers le milieu du quinzième siècle, il n'existait sur l'emplacement qu'elle occupe aujourd'hui que deux tours qui furent emportées de vive force par les Anglais, sous le règne de Charles VII. Louis XII fit augmenter ses fortifications, vers 1509 ; mais c'est à François Ier que le Havre est redevable des premiers développements de sa splendeur maritime. Cette ville est dans une situation très-agréable, au bord de l'Océan, sur la rive droite de la Seine. Elle est régulièrement bâtie, et se compose de neuf quais et de soixante-cinq rues ornées de vingt fontaines publiques. La rue de Paris est fort belle : elle traverse la ville du nord au midi, et aboutit aux quais, d'où on aperçoit au loin la mer ; c'est la rue la plus riche et la plus commerçante du Havre.— Le port du Havre est le plus accessible de la France, et le seul de toute la côte où les gros vaisseaux puissent se retirer ; il consiste en quatre bassins séparés les uns des autres et e l'avant-port par des écluses. Le bassin de Vauban, qui sera achevé en 1843, pourra recevoir environ 200 navires. Outre les bassins, il existe une petite et une grande rade ; la première n'est éloignée que d'une portée de canon du rivage ; l'autre est à plus de 8 kil. (deux lieues) en mer.— Le Havre offre peu de monuments remarquables. Les principaux sont : la tour de François Ier, les églises de Notre-Dame et de Saint-François, et la salle de spectacle.

La TOUR DE FRANÇOIS Ier, solidement construite en pierres calcaires, et dont la hauteur est de 21 mètres, et le diamètre de 26, se termine par un parapet découpé de douze embrasures ; la plate-forme que masque ce parapet supporte aujourd'hui un télégraphe marin, qui correspond avec celui de la Hève, à 2 kil. au nord du Havre, et qui transmet aux bâtiments de la rade les signaux du port.

L'ÉGLISE NOTRE-DAME, fondée vers 1540 et achevée vers la fin du seizième siècle, est bâtie en forme de croix dans le style de la renaissance.

L'ÉGLISE SAINT-FRANÇOIS, commencée en 1553, n'a été terminée qu'en 1681.

La SALLE DE SPECTACLE est située vis-à-vis du bassin de commerce, sur un des côtés d'une place assez spacieuse. La première pierre en fut posée par le duc d'Angoulême, le 19 octobre 1817.

On remarque encore au Havre le quartier militaire, renfermant l'arsenal, dont les salles peuvent contenir 25,000 fusils ; le logement du gouverneur, des magasins et huit corps de casernes, tous bâtis sur un plan uniforme, entourent la place d'armes, qui présente un carré parfait et est ornée de deux belles

N° 68. ROUTE DE PARIS AU HAVRE.

fontaines; l'arsenal de la marine, édifice construit en 1669; la manufacture royale des tabacs; l'entrepôt général; la douane; la bibliothèque publique, contenant 15,000 volumes; la maison où naquit Bernardin de Saint-Pierre, simple et vieil édifice, où tous les admirateurs du beau talent de l'auteur de *Paul et Virginie* vont faire leur station; enfin, la jetée du nord, entourée d'un parapet, et à l'extrémité de laquelle on a élevé un petit phare en granit.

Le Havre est la patrie d'un grand nombre d'hommes distingués, parmi lesquels nous citerons Bernardin de Saint-Pierre, Casimir Delavigne, Ancelot, Mesd. de la Fayette et Scudery, etc. — INDUSTRIE. Fabriques de produits chimiques, chaises pour les colonies, faïences, etc. Manufacture de tabacs, corderies, chantiers de construction. Armements au long cours, pour la pêche de la baleine, du hareng et de la morue. — COMMERCE considérable d'importation et d'exportation avec tous les pays maritimes du globe : plus de 3,000 navires fréquentent annuellement le port du Havre. — A 101 kil. (26 l.) de Rouen, 53 kil. (13 l. 1/2) de Caen, 195 kil. (50 l.) de Paris. — HÔTELS : de France, de l'Amirauté, des Indes, de New-York, de la Marine, Grand-Hôtel-Richelieu, tenu par Ribar, rue de Paris, 96, et place Richelieu, 2.

VOITURES PUBLIQUES. Tous les jours pour Paris, Rouen, Fécamp, Dieppe, Bolbec, Montivilliers, St-Romain. — *Omnibus* parcourant le Havre et allant à Graville.
BATEAUX A VAPEUR. DU HAVRE A SOUTHAMPTON. Paquebots, *Monarch*, *Adriadne*, *Grand-Turc*. Départs tous les jours. Prix : 1 liv. 1 shell. et 14 shell; trajet, 20 à 21 heures. — DU HAVRE A DUBLIN, LIVERPOOL et BELFORT, touchant à Plymouth. Paquebot *le duc de Cambridge*. Départs du Havre et de Dublin, les samedis de trois en trois semaines. — DU HAVRE A SAINT-PÉTERSBOURG, touchant à Elseneur, Copenhague et Cronstadt. 2 paquebots de 200 chev. Prix : pour Copenhague, 228 et 173 fr.; pour St-Pétersbourg, 400 et 500 fr. Départs du Havre les 1er et 15 de chaque mois, depuis mai jusqu'à la fin d'octobre; de St-Pétersbourg, les 15 mai, 1er et 18 de chaque mois; Id.; trajet de 10 jours. — DU HAVRE A HAMBOURG. Départs tous les samedis. Prix : 140 fr. et 190 fr.; trajet, 83 h. — DU HAVRE A LA VÉRA-CRUZ. Cinq paquebots. Départs 1er et 16 de chaque mois. — DU HAVRE A ROTTERDAM. Départs tous les cinq jours. Prix : 70 fr. et 45 fr.; trajet, 22 h. — DU HAVRE A CAEN. Paquebots : le *Calvados* (70 chev.); la *Neustrie* (70 chev.), correspondant avec les bateaux à vapeur de Paris à Rouen, du Havre en Angleterre, Dunkerque, Hambourg et Rotterdam. Départs tous les jours. Prix : 8 fr. et 4 fr.; trajet, 3 à 4 h. — DU HAVRE A DUNKERQUE. Départs de l'un et de l'autre port les 3, 8, 13, 18, 23 et 28 de chaque mois. Prix : 25 fr. — DU HAVRE A CHERBOURG. Paquebots : *l'Océan* (80 chev.); le *Colibri* (35 chev.). Départs de chaque port les dimanches et mercredis. Prix : 15 fr. et 10 fr. — DU HAVRE A BORDEAUX. Paquebots : la *Ville-de-Paris*, la *Gironde*. Départs de l'un et de l'autre port les 1er, 10 et 20 de chaque mois. Prix : 80 fr. et 50 fr.; nourriture : 3 fr. et 2 fr. 50 c. par jour; trajet, 53 à 60 h. — DU HAVRE A ROUEN. Paquebots : la *Normandie* (120 chev.); la *Seine* (100 chev.), correspondant avec l'Angleterre, Dunkerque, Rotterdam, Hambourg, Caen et Morlaix. Prix : 10 fr. et 6 fr. Départs tous les jours; trajet, 6 h. — DU HAVRE A ROUEN. Paquebots : le *Rouennais* (52 chev.). Départs tous les 3 jours. Prix : 4 fr. et 3 fr.; trajet, 8 à 10 h. — *Le Louis-Philippe*, prix : 8 et 5 fr.; trajet, 7 à 9 h. — *Le Gaulois* (35 chev.). Départs tous les trois j. Prix : 3 fr. et 3 fr.; trajet, 8 à 9 h. — DU HAVRE A HONFLEUR ET CAEN. Paquebots : le *Courrier* (60 chev.); le *François* (63 chev.); le *National* (80 chev.). Départs tous les jours. Prix : 1 fr. et 30 c.; trajet, 30 à 40 minutes. — DU HAVRE A MORLAIX. Paquebot : le *Morlaisien* (140 chev.). Départs du Havre tous les samedis, de Morlaix, tous les mercredis. Prix : 30 fr. et 20 fr.; trajet, 18 à 20 heures.
BUTS D'EXCURSIONS : aux *phares de la Hève* (2 kil.), d'où l'on jouit d'une vue magnifique; à Honfleur.
OUVRAGES A CONSULTER qui se trouvent à la librairie de Jehenne, au Havre.
Histoire, antiquités et description de la ville du Havre, par Pleury, in-12, 1769.
Biographie ou galerie des hommes célèbres du Havre, par Levée, in-8°.
Le Havre ancien et moderne, par Morlent, 2 vol. in-12, fig. 1825.
Guide du voyageur au Havre, par le même, in-12.
Souvenirs pittoresques du Havre, par le même, in-4°, 1833.
Description du Havre, par A. P. L. in-8°, 1823.
Essais archéologiques, historiques, etc., sur les environs du Havre, par M. P. in-8°, 1824.

N° 68. ROUTE DE PARIS AU HAVRE.

HARFLEUR (*Seine-Inf.*). Ancienne et jolie petite ville maritime. A 10 kil. (2 l. 1/2) du Havre. ✉ 1,450 hab. Elle est bâtie au pied d'une colline. L'église paroissiale est remarquable par ses décorations intérieures : elle est surmontée d'une belle flèche en pierre.

OUVRAGE A CONSULTER. *Antiquités de la ville de Harfleur*, par de la Mothe, in-8°, 1676.

2ᵉ Route, de PARIS au HAVRE, par PONTOISE et ROUEN, 21 myriamètres 3 kilomètres.

	m. k.
De PARIS à COURBEVOIE ☞	0,9
*MAISONS (à gauche de la route).	
COURBEVOIE à HERBLAY ☞	1,2
HERBLAY à *PONTOISE ☞	0,9
PONTOISE à CHARS ☞	1,8
CHARS à *GISORS ☞	1,8
GISORS à ÉTRÉPAGNY ☞	1,3
ÉTRÉPAGNY à ÉCOUIS ☞	1,3
ÉCOUIS à FLEURY-SUR-ANDELLE ☞	0,9
FLEURY-SUR-ANDELLE à LA FORGE-FÉRET ☞	1,2
LA FORGE-FÉRET à *ROUEN ☞	1,1
ROUEN au HAVRE ☞ (Voyez la 1ʳᵉ Route)	8,7

MAISONS (*Seine-et-O.*). Village bâti dans une heureuse situation, sur la rive gauche de la Seine, que l'on passe sur un beau pont et sur le chemin de fer de Paris à Rouen. On y voit un des plus beaux châteaux des environs de Paris, construit sur les dessins de Mansard. Ce château est isolé et entouré de fossés secs ainsi que la cour d'honneur, qui est bordée d'une belle balustrade. Le parc, clos de murs et entouré par la forêt de Saint-Germain, est d'une vaste étendue, et répond par sa distribution à la magnificence du château. — A 20 kil. (5 l.) de Paris.

BATEAUX A VAPEUR. Tous les jours pour Rouen pendant la belle saison.
CHEMIN DE FER de Paris à Rouen.

3ᵉ R., par CAUDEBEC, 21 myr. 1 kil.

	m. k.
De PARIS à *ROUEN ☞ (V. la 2ᵉ Route)	12,6
ROUEN à *DUCLAIR ☞	2,0
*SAINT-MARTIN (à gauche de la route).	
*CANTELEU (sur la route).	
DUCLAIR à CAUDEBEC ☞	1,6
*SAINT-WANDRILLE (à droite de la route).	
CAUDEBEC à LILLEBONNE ☞	1,5
LILLEBONNE à LA BOTTE ☞	1,8
*QUILLEBOEUF (à gauche de la route).	
*TANCARVILLE (à gauche de la route).	
LA BOTTE au *HAVRE ☞	1,6

MARTIN-DE-BOSCHERVILLE (SAINT-) (*Seine-Inf.*). Ce village doit son nom à une abbaye de bénédictins, fondée vers l'an 1060. Une partie des bâtiments du monastère a été abattue ; mais l'église et le chapitre sont encore debout. L'église appartient tout entière à l'architecture à plein cintre, et est principalement remarquable par le parfait accord de son ensemble.

OUVRAGE A CONSULTER. *Essai historique sur l'église St-Georges de Boscherville*, par Deville, in-4°, 1827.

CANTELEU (*Seine-Inf.*). Village à 4 kil. (1 l.) de Rouen. 2,050 h. Il est bâti sur le penchant d'un coteau couvert en partie par la forêt de Roumare et couronné par le beau parc de l'ancien château de Canteleu, dont les jardins s'étendent sur une terrasse très-hardie. Du sommet de la montagne de Canteleu, sous la terrasse même du château, on domine depuis la côte de Moulineaux à l'extrême droite, jusqu'à la vallée de Déville sur la gauche, un rayon de plus de 4 lieues. — Canteleu est cité pour une coutume singulière. Depuis un temps immémorial, on distribue chaque année, à la foire de Saint-Gorgon, de petites figures en émail, des deux sexes : on donne celles du sexe féminin aux garçons; celles du sexe masculin, où domine un phallus très-prononcé, sont données en cadeau aux jeunes filles, qui les portent suspendues au cou par une faveur rose.

DUCLAIR (*Seine-Inf.*). Bourg à 16 kil. (4 l.) de Rouen. ⊠ ☞ 1,600 hab. Il consiste dans une haie de maisons rangées le long d'un beau quai qui borde la Seine, et adossées à des falaises blanchâtres, dont quelques-unes présentent des formes bizarres, et quelquefois des masses imposantes.

WANDRILLE (SAINT-) (*Seine-Inf.*). Village à 9 kil. (2 l. 1/4) d'Yvetot. 560 hab. Il doit son origine à une célèbre abbaye fondée en 684, où le fils du dernier roi de la dynastie mérovingienne termina ses jours; les derniers bâtiments de ce monastère sont aujourd'hui affectés à une filature de coton.

OUVRAGE A CONSULTER. *Essai sur l'abbaye de St-Wandrille*, par Langlois, in-8°, fig., 1827.

CAUDEBEC (*Seine-Inf.*). Jolie ville maritime, à 10 kil. (2 l. 1/2) d'Yvetot. ⊠ ☞ 2,832 hab. Elle est bâtie en amphithéâtre, au pied d'une montagne couverte de bois, sur la rive droite de la Seine, qui y forme un port commode, bordé de beaux quais bien ombragés, d'où l'on jouit d'une vue magnifique. — L'église paroissiale est un édifice remarquable du quinzième siècle, où l'on a prodigué à l'extérieur tous les trésors de l'architecture gothique. Le grand portail, en particulier, est un chef-d'œuvre d'élégance et de délicatesse ; la tour, surmontée d'une flèche élancée, est entourée de trois couronnes qui semblent figurer la tiare romaine ; la chapelle de la Vierge renferme un pendentif admirable. — Aux environs, on remarque les ruines de l'église Sainte-Gertrude, qui renferme de magnifiques vitraux, et la chapelle de Notre-Dame de Barrey-va, joli édifice du treizième siècle.—MANUFACTURE de toiles à voiles. — HÔTEL de la Poste.

LILLEBONNE (*Seine-Inf.*). Petite et ancienne ville, à 36 k. (9 l.) du Havre. 2,930 hab. Cette ville doit sa fondation à César-Auguste, qui la nomma *Julia Bonna* en l'honneur de sa fille Julie. Elle est bâtie dans une situation pittoresque, au pied d'un coteau rapide, à l'extrémité d'une vallée boisée, arrosée par le Bolbec ; on y voit les restes d'un théâtre romain. — Le château de Lillebonne, appelé aussi le château d'Harcourt, est un des monuments les plus curieux et les mieux conservés de la Normandie ; il est flanqué, à l'est, d'une tour ronde et fort élevée, d'où l'on jouit d'une vue magnifique sur la délicieuse vallée de Lillebonne, couverte de fabriques et de manufactures.

OUVRAGE A CONSULTER. *Mémoire sur les ruines de Lillebonne*, par Rever, in-8°.

QUILLEBŒUF (*Seine-Inf.*). Petite ville maritime située sur la rive droite et près de l'embouchure de la Seine. Trib. de comm. ⊠ 1,350 h. — Le port, situé à l'endroit où la navigation de la Seine devient difficile, à cause des rochers et des bancs de sable qui en obstruent l'entrée, sert ordinairement de mouillage aux bâtiments qui manquent la marée en remontant ou en descendant la Seine ; il reçoit aussi les gros navires, qui, ne pouvant remonter jusqu'à Rouen, sont obligés d'y décharger une partie de leurs marchandises. — A 173 kil. (44 l. 1/2) de Paris.

[OUVRAGE A CONSULTER. *Mémoire sur la topographie et la statistique de la ville de Quillebœuf*, par Boismare, in-8°, 1813.

TANCARVILLE (*Seine-Inf.*). Village situé sur le bord de la Seine, à 29 k. (7 l. 1/2) du Havre. 420 hab. Sur un promontoire élevé, qui domine le fleuve presque à pic, on remarque les ruines importantes de l'ancien château des barons de Tancarville, dont la masse grisâtre se dessine agréablement sur le fond d'une colline boisée. Les amateurs de beaux paysages ne doivent pas manquer de visiter les restes de cet ancien manoir, d'où l'on découvre une partie du cours de la Seine.

OUVRAGE A CONSULTER. *Histoire du château et des sires de Tancarville*, par Deville, in-8°.

4ᵉ R., par SAINT-DENIS, PONTOISE et GISORS, 21 myr. 4 kil.

	m. k.
De PARIS à *SAINT-DENIS (Seine) ☞	0,9
*ÉPINAY (sur la route).	
*EAUBONNE (à droite de la route).	
*TAVERNY (à droite de la route).	
SAINT-DENIS à HERBLAY ☞	1,5
*CONFLANS-STE-HONORINE (à g. de la R.).	
HERBLAY à PONTOISE ☞	0,9
PONTOISE à *ROUEN ☞ (V. la 2ᵉ R.)	9,4
ROUEN au *HAVRE ☞ (V. la 1ʳᵉ R.)	8,7

ÉPINAY-SUR-SEINE (*Seine*). Joli village, situé à 4 kil. (1 l.) de Saint-Denis et à 14 kil. (3 l. 1/2) de Paris. ⊠ 870 hab. Ce village est environné de maisons charmantes qui ont été habitées par plusieurs personnages célèbres, entre autres, Fourcroy, Lacépède, M. de Sommariva, Mme de Montmorency-Luxembourg, etc. Le château de la Brèche, qui est une dépendance de cette commune, a appartenu à Gabrielle d'Estrées. La chapelle du château d'Ormesson renferme le cœur de Mme d'Houdetot.

EAUBONNE (*Seine-et-Oise*). L'un des villages les plus agréables de la vallée de Montmorency. Il est situé au fond d'un vallon, et célèbre par ses bosquets enchanteurs, sous l'ombrage desquels Saint-Lambert chanta les Saisons et écrivit son Catéchisme universel. C'est là que Rousseau passa dans la société de Mme d'Houdetot ces doux moments qu'il a si bien décrits dans ses Confessions. Franklin habita aussi Eaubonne : on y voit encore le chêne qu'il y planta en l'honneur de la liberté; c'est un fort bel arbre qui semble avoir été conservé pour assister à son triomphe. A 16 kil. (4 l.) de Paris.

TAVERNY (*Seine-et-Oise*). Village à 23 kil. (6 l.) de Paris. On y remarque une des plus belles églises de tout le diocèse de Paris; les dehors sont peu de chose, mais les détails intérieurs sont charmants par la délicatesse du gothique, par la beauté des galeries qui règnent tout autour, et par celle de l'apside : c'est une reconstruction du treizième ou du quatorzième siècle. Autour de la clôture du chœur on voit, en dehors, la représentation en relief de l'histoire de la Passion.

CONFLANS-SAINTE-HONORINE (*Seine-et-Oise*). Grand et beau village, à 25 kil. (6 l. 1/2) de Paris, situé au pied d'un coteau élevé, sur la rive droite de la Seine, un peu au-dessus du confluent de l'Oise. Sur le flanc du coteau, on remarque les ruines de deux anciennes forteresses, et non loin de là des grottes curieuses renfermant de belles congélations.

DU HAVRE A ALENÇON, 12 myr. 5 kil.

	m. k.
Du HAVRE à HONFLEUR ☞	0,0

NOTA. On s'embarque au Havre pour Honfleur.

HONFLEUR à *PONT-L'ÉVÊQUE ☞	1,6

N° 68. ROUTE DE PARIS AU HAVRE.

Pont-l'Évêque à * Lisieux 1,7
Lisieux à Livarot 1,8
Livarot à Vimoutiers 1,0
Vimoutiers à Gacé 1,9
Gacé à Alençon 4,5
Nota. Dans le cas où, au lieu de s'embarquer au Havre, on préférerait suivre la voie de terre, la distance du Havre à Alençon se trouverait augmentée de 8 myr. 5 k., savoir :
Du Havre à * Pont-Audemer (V. ci-après)..... 8,6
Pont-Audemer à Cormeilles (vacant)...... 1,6
Cormeilles à Lisieux 1,9
Lisieux à Alençon (Voy. ci-dessus)........... 9,2

PONT-AUDEMER. Voyez N° 124.
LISIEUX. Voyez N° 124.
VIMOUTIERS (*Orne*). Petite ville sur la Vée, à 29 k. (7 l. 1/2) d'Argentan. Trib. de comm. Ch. des manuf. ✉ ☞ 3,990 hab. C'est le centre d'une fabrique importante de toiles cretonnes, qui occupe environ 5,000 métiers, répartis dans les 80 ou 100 communes des environs de la ville.
ALENÇON. Voyez page 233.
PONT-L'ÉVÊQUE (*Calvados*). Petite ville. Sous-préf. Trib. de 1re inst. ✉ ☞ 2,118 hab. Pont-l'Évêque est situé dans une spacieuse et verdoyante vallée arrosée par plusieurs cours d'eaux, à la jonction de la Touques, de la Calonne et d'un gros ruisseau ; la ville s'étend sur la rive droite et est coupée par plusieurs bras de ces rivières. Aucune des constructions anciennes n'est digne de remarque, mais celles de la ville moderne sont de bon goût ; on y remarque surtout le palais de justice et la prison.— Fabriques de dentelles.— A 39 kil. (10 l.) de Caen, 189 kil. (48 l. 1/2) de Paris.
Voitures publiques. Tous les jours pour Caen, Rouen.

DU HAVRE A CHERBOURG.

1re Route, par Honfleur, 18 myr. 2 kil.

m. k.
Du Havre à Honfleur................... 0,0
On s'embarque pour Honfleur.
Honfleur à Caen (V. N° 124, de Rouen à Caen). 6,2
Caen à Cherbourg (Voy. N° 48)............ 12,0

2e Route, par Pont-Audemer, 29 myr.

Du Havre à la Botte 1,6
La Botte à * Lillebonne 1,8
Lillebonne à Caudebec 1,5
Caudebec à la Mailleraye 0,8
La Mailleraye à * Pont-Audemer 2,8
Pont-Audemer à * Honfleur 2,3
Honfleur à * Caen (Voy. N° 124)... 6,2
Caen à * Cherbourg (Voyez N° 43)....... 12,0

HONFLEUR (*Calvados*). Ville maritime. Trib. et bourse de comm. École d'hydrogr. de 4e classe. Vice-consulats étr. ✉ ☞ 9,217 hab. — *Établissement de la marée du port, 9 heures 57 minutes.*
La ville d'Honfleur est située au débouché d'une vallée, au pied de deux

hautes collines, sur la rive gauche de la Seine et à l'embouchure de cette rivière dans la Manche, où elle a un port assez fréquenté. Il consiste en deux bassins et un vaste avant-port ; des jetées qui le prolongent à 200 mètres des anciennes, ont été construites récemment, et on fonde en ce moment un troisième bassin. La mer monte dans le vieux bassin de 4 à 5 mètres. L'entrée de ce port n'est pas le côté brillant d'Honfleur, et ce n'est qu'en parcourant la ville que l'on trouve, pour racheter des rues étroites, sales et mal aérées, des portions nouvellement bâties, des habitations fort agréablement situées ; chaque jour on perce de nouvelles rues, qui finiront par changer entièrement l'ancienne physionomie de la ville. Les édifices publics sont curieux par les bizarreries de leur vieille architecture. Dans une des églises, on remarque deux beaux tableaux de Jordaëns et de Quillinus. — A environ un quart de lieue d'Honfleur, sur une colline qui domine la ville presque à pic, s'élève la chapelle de Notre-Dame-de-Grâce, qui a pris son nom d'une chapelle dédiée à la Vierge. Cette colline offre un admirable point de vue maritime et des promenades agréables sous des arbres touffus et sur des gazons magnifiques ; à la faveur de leurs ombrages solitaires, on peut jouir de l'air pur des montagnes et du majestueux spectacle de la mer. On vient d'établir en ce lieu un observatoire et un cabinet d'histoire naturelle. — COMMERCE de grains, cidre, bois de construction et de chauffage, salaisons, œufs pour l'Angleterre, melons, etc. — FABRIQUES de dentelles, d'acides et sels minéraux, huile de graines, papiers peints, formes à sucre, poteries ; raffineries de sucre ; scieries mécaniques ; tanneries ; brasseries ; papeteries. Construction de navires. — A 47 kil. (12 l.) de Caen, 12 kil. (3 l.) du Havre, 185 kil. (47 l. 1/2) de Paris. — HÔTELS : des Armes-de-France, du Cheval-Blanc, des Victoires.

VOITURES PUBLIQUES. Tous les jours pour Caen et Rouen. — *Petites voitures à volonté*, pour Pont-l'Évêque, Lisieux, Pont-Audemer, Tourville.

BATEAUX A VAPEUR pour le Havre tous les jours. Prix : 1 fr. et 80 c.

BUT D'EXCURSION : aux *bains de mer de Tourville* (à 12 kil. de Honfleur), très-fréquentés dans la belle saison par un grand nombre de baigneurs, parmi lesquels on remarque beaucoup de Parisiens.

OUVRAGES A CONSULTER, qui se trouvent à la librairie de Dupray, à Honfleur.
Histoire de la ville d'Honfleur, in-8°.
Essai historique sur l'arrondissement de Pont-l'Évêque, in-8°.
Histoire politique, religieuse et monumentale de Bayeux, 2 vol. in-8°, gr. et pl.

N° 69.

ROUTE DE PARIS A HONFLEUR (CALVADOS).

19 myriamètres 3 kilomètres.

	m. k.
De PARIS à LA COMMANDERIE ☞ (V. N° 43)	12,2
LA COMMANDERIE au NEUBOURG ☞	0,6
LE NEUBOURG à BRIONNE ☞	1,6
*MONTFORT-SUR-RILLE (sur la route).	
BRIONNE à *PONT-AUDEMER ☞	2,6
PONT-AUDEMER à *HONFLEUR ☞	2,3

MONTFORT-SUR-RILLE (*Eure*). Bourg situé près de la rive droite de la Rille, à 15 kil. (3 l. 3/4) de Pont-Audemer. 580 hab. On y remarque les ruines encore imposantes d'un ancien château fort détruit en 1203.

ANNEBAULT (*Eure*). Village situé sur la rive droite de la Rille, à 8 kil. (2 l.) de Pont-Audemer. 1,150 hab. On y remarque les restes du château d'Annebault, bâti sur pilotis par l'amiral d'Annebault, qui avait conçu le projet de rendre la Rille navigable jusqu'au pied de son habitation, où l'on voit plusieurs anneaux en fer scellés dans le mur, qui paraissent avoir été destinés à arrêter les bateaux. Le château n'a jamais été achevé. L'église d'Annebault renferme de beaux vitraux, où l'on remarque divers costumes du temps assez bien exécutés.

HONFLEUR. Voy. page 400.

N° 70.

ROUTE DE PARIS A HUNINGUE (HAUT-RHIN).

48 myriamètres 5 kilomètres.

	m. k.
De PARIS à *BELFORT ⚓ (Voy. N° 98)	42,3
BELFORT à LOCH-WURTH (V. N° 22)	4,7
LOCH-WURTH à HUNINGUE	1,5

HUNINGUE (*H.-Rhin*). Petite et naguère très-forte ville, située sur le chemin de fer de Strasbourg à Bâle, et sur la rive gauche du Rhin, à 27 kil. (7 l.) d'Altkirch, et à un quart de lieue de Bâle. ⊠ ⚓ 820 hab. Cette ville soutint un siége mémorable en 1815, et fut prise par capitulation par les Autrichiens, qui en firent un monceau de ruines. Les derniers jours qui ont précédé sa destruction ont été marqués par un des plus étonnants faits d'armes que présente notre siècle, si fécond en événements de ce genre.

N° 71.

ROUTE DE PARIS A HYÈRES (VAR).

85 myriamètres 2 kilomètres.

	m. k.
De PARIS à *TOULON ⚓ (Voy. N° 137)	83,4
TOULON à HYÈRES ⚓	1,8

D'HYÈRES à CUERS * *pour Nice* ⚓ 2,3

TOULON. Voy. N° 85, Route de Marseille à Antibes.
HIÈRES ou **HYÈRES** (*Var*). Ville ancienne, bâtie dans une délicieuse situation, à 16 k. (4 l.) de Toulon. ⊠ 10,142 hab. Hyères est une ville d'origine grecque, qui porta primitivement le nom d'*Arcæ*; les Romains la nommèrent *Hieros* et l'embellirent de plusieurs monuments qui ont entièrement disparu. Cette ville est bâtie en amphithéâtre sur le penchant méridional d'une colline

qui regarde la Méditerranée; elle jouit d'une perspective délicieuse sur une plaine magnifique, sur la mer et sur les riantes îles auxquelles elle donne son nom. Le printemps y est continuel, et l'hiver qui, dans les autres contrées de la France, attriste et engourdit la nature, respecte ce canton favorisé et y laisse presque toujours régner une température douce qui y entretient la verdure et la végétation. L'intérieur de la ville n'a rien de séduisant. La plupart des rues sont étroites, escarpées, tortueuses et fort mal pavées. La partie la plus élevée est couronnée de rochers et de vastes débris de l'ancienne forteresse; de là descend une chaine de murs énormes qui jadis entouraient la ville. Dans cette partie s'élève un roc escarpé qui porte une des églises paroissiales, grand édifice assez curieux. Au-dessous on voit un château isolé occupé par l'hôtel de ville, dont la façade donne sur la place du Marché. Plus bas est la place Royale, vaste et symétrique, mais triste et mal entretenue, décorée d'une colonne qui supporte le buste en marbre blanc de Massillon, monument d'un beau travail, entouré d'une grille dorée. Le faubourg est le quartier le plus propre et celui que préfèrent les étrangers; on y voit des hôtels et des maisons de toute beauté, d'où l'on jouit d'une perspective admirable sur une plaine couverte d'orangers, de citronniers, de vignes et d'oliviers, au milieu desquels se balancent les hautes cimes de quelques palmiers, dont le brillant feuillage, nuancé par l'éclat des fleurs et des fruits, ressemble à un jardin continuel que termine l'azur des eaux confondu avec celui du ciel. Le territoire d'Hyères est principalement consacré à la culture de l'oranger, qui n'est pas ici un faible arbuste, mais un arbre de haute futaie, cultivé en pleine terre dans deux jardins principaux, ceux de MM. Fille et Beauregard. — PATRIE de Massillon. — FABRIQUES d'huile d'olives. Distilleries d'eau-de-vie, de rafle d'eau et de fleur d'oranger. Filatures de soie. — HÔTELS : des Ambassadeurs, de l'Europe. Ces hôtels rivalisent avec ceux de la plupart des grandes villes de France, sous le rapport de l'élégance, de la commodité, des soins assidus et de la bonne chère. Le premier est, sans contredit, le plus agréable qui soit au monde : en y entrant, on se croit transporté dans un séjour enchanté, dans le délicieux jardin des Hespérides.

Les îles d'Hyères, situées à peu de distance de la côte, sont au nombre de quatre : l'île du Levant ou de Titan, Port-Cros, Porquerolles et Bagneau. La première est la plus grande, mais elle a peu d'habitants; Port-Cros, qui doit son nom à un port très-profond, est couverte de fraisiers, de lavande, et défendue par une batterie; Porquerolles est la plus considérable par ses fortifications et par le nombre de ses habitants; Bagneau est inhabitée.

CUERS (*Var*). Petite ville à 22 kil. (5 l. 1/2) de Toulon. ⌧ ☞ 5,106 h. Elle est bâtie au pied d'une colline plantée de vignes, d'oliviers et d'arbres fruitiers : la pureté de son ciel, la douceur de son climat, la fertilité de son sol et la beauté de ses différents sites, en font un séjour délicieux.

N° 72.

ROUTE DE PARIS A JOUGNE.

Par DIJON, DÔLE et ARBOIS, 44 myr. 5 kil.

	m. k.
De PARIS à ARBOIS (Voy. N° 63)................	38,5
ARBOIS à ANDELOT ☞................................	1,7
ANDELOT à CENSEAU ☞...............................	1,2

* Nozeroy (à droite de la route).
CENSEAU à VAUX ⚲.................... 1,6
VAUX à JOUGNE ⚲.................... 1,5

NOZEROY (*Jura*). Jolie petite ville, bâtie dans une situation agréable, sur une montagne, au pied de laquelle coule la rivière d'Ain, à 28 kil. (7 l.) de Poligny. 800 hab. Le site des environs est gracieux et pittoresque. A peu de distance de la ville, une petite rivière qui fait mouvoir, en descendant par degrés, un grand nombre d'usines sur une très-petite étendue de terrain, tombe de la cime d'une roche perpendiculaire de 150 pieds d'élévation, et forme une nappe écumante dont les eaux vont non loin de là se confondre avec celles de l'Ain. — A 4 kilom. S.-E. de Nozeroy, on doit visiter la belle source de l'Ain, près du village de Conte. (Voyez SIROD.)

N° 73.

ROUTE DE PARIS A LAON (AISNE).

1ʳᵉ R., par SOISSONS, 13 myr.

```
                                              m. k.
De PARIS à * SOISSONS ⚲ (V. N° 126)........... 9,7
    SOISSONS à VAURAINS ⚲................... 1,5
    VAURAINS à * LAON ⚲..................... 1,8
        * COUCY-LE-CHATEAU (à gauche de la R.).
        * FOLLEMBRAY (à gauche de la route).

De SOISSONS à OULCHY-LE-CHATEAU ⚲........... 2,1
    OULCHY-LE-CHATEAU à * CHATEAU-THIERRY ⚲... 1,9
        * FÈRE-EN-TARDENOIS (à gauche de la route).
```

SOISSONS (*Aisne*). Ancienne et jolie ville. Sous-préf. Trib. de 1ʳᵉ inst. et de comm. Coll. comm. ☒ ⚲ 8,149 hab. Soissons est une ville très-ancienne, dont l'origine se perd dans la nuit des siècles ; l'opinion la plus générale est qu'elle fut fondée par les Gaulois, qui en avaient fait une forteresse. Elle est située dans un vallon agréable et fertile, sur la rive gauche de l'Aisne. Ses fortifications, réparées à la hâte lors de l'invasion de 1814, ne consistent qu'en une simple enceinte bastionnée ; ses établissements militaires se composent de deux casernes. Les édifices et établissements les plus remarquables sont :

L'ÉGLISE CATHÉDRALE, fondée au douzième siècle, sur l'emplacement d'une ancienne église. On y remarque un assez beau jubé, et deux statues en marbre blanc, représentant l'Annonciation, qui servent d'accompagnement au maître-autel. On y voit également un tableau représentant l'Adoration des bergers. C'est un présent que fit Rubens aux cordeliers de la ville, en reconnaissance des soins que ces religieux lui avaient prodigués durant la maladie dont il fut atteint lors de son séjour à Soissons.

L'ABBAYE SAINT-JEAN-DES-VIGNES, fondée vers le milieu du onzième siècle ; il ne reste plus qu'un bâtiment converti en une habitation particulière, et deux tours, qui ont été conservées comme monument d'art.

La BIBLIOTHÈQUE PUBLIQUE, formée en grande partie de la bibliothèque des prémontrées.

N° 73, ROUTE DE PARIS A LAON.

L'Hôtel-Dieu, — la Maison de correction, etc., etc. — Fabriques de grosses toiles, poterie de terre vernissée, blanchisseries de toiles. — Commerce considérable de grains, de farines, pois, haricots excellents, etc. — A 33 kil. (8 l. 1/2) de Laon, 53 kil. (13 l. 1/2) de Reims, 99 kil. (25 l. 1/2) de Paris. — Hôtels : du Lion-Rouge, de la Croix-d'Or, de la Couronne, du Soleil-d'Or, des Voyageurs.

voitures publiques. Tous les jours cinq diligences partent pour Paris et retour. — Diligence pour Laon tous les deux jours à 4 h. du matin. — Diligence tous les jours pour Compiègne et retour; départ à 4 h. du matin.

ouvrages a consulter. *Histoire de Soissons*, par Dormoy, 2 vol. in-4°. *Histoire des antiquités de la ville de Soissons*, par Lemoyne, in-12.

COUCY-LE-CHATEAU (*Aisne*). Petite ville à 27 kil. (7 l.) de Laon. ⊠ ⚭ 859 hab. Cette ville est agréablement située, au pied et sur le penchant d'une colline, près de la Forêt-Basse. Elle est divisée en deux parties qui ne se touchent point : Coucy-le-Châtel, ou la ville haute, située sur la partie élevée d'une colline, au pied de laquelle on voit la ville basse, qui n'est qu'un village, entourée de hautes murailles flanquées d'une grande quantité de tours.

ouvrage a consulter. *Histoire de la ville et des seigneurs de Coucy*, par Duplessis, in-4°, 1728.

FOLLEMBRAY (*Aisne*). Village à 29 kil. (7 l. 1/2) de Laon. 900 hab. Verrerie considérable, où l'on fabrique annuellement plus de deux millions de bouteilles, des bocaux à fruits en proportion, et environ cent cinquante mille cloches de jardin.

LAON. Très-ancienne ville. Chef-lieu du département de l'Aisne. Trib. de 1re instance. Coll. comm. ⊠ ⚭ 8,400 hab. — L'origine de Laon remonte à une époque fort reculée ; ce n'était dans le principe qu'un château fort qui reçut des Gaulois le nom de *Laudunum*. Cette ville est située sur le sommet d'une montagne isolée, au milieu d'une plaine vaste et fertile : le vent y souffle souvent avec force; les brouillards y sont fréquents ; l'air y est vif, mais sain. L'enceinte actuelle de la ville a 7,750 pas de circuit. Sa longueur est de près d'une demi-lieue ; sa largeur, qui varie selon celle de la montagne, est fort resserrée au centre, et s'élargit aux extrémités; quelques édifices sont dignes d'être remarqués. Les dehors sont charmants : une promenade agréable circule autour d'une partie des murs, et, de tous ses points, l'œil se repose avec plaisir sur le tapis de vignes qui couvrent le penchant de la montagne, ou parcourt avec plaisir les scènes variées de la plaine.

L'église cathédrale de Laon est remarquable par ce mélange de hardiesse et d'élégance, de grandeur et de délicatesse, qui forme le caractère distinctif de la grande architecture gothique. Il y a des choses qui excitent particulièrement l'attention des connaisseurs : les trois ordres de son architecture (les autres basiliques n'en ont ordinairement que deux); la lanterne, admirée pour sa hardiesse et la légèreté de sa galerie; la belle perspective que forment ses deux lignes d'entre-colonnements, dont le nombre, plus grand peut-être que dans aucune autre église, est de vingt-trois (douze dans la nef et onze dans le chœur); la forme ingénieuse des piliers qui en déguise l'épaisseur ; les ornements des bases et des chapiteaux des colonnes, qui sont toutes d'une sculpture différente; la fermeture des chapelles, qui n'est pas de la même construction que l'édifice ; leurs décorations, qui appartiennent au bel âge de la sculpture française, ce qui porterait à penser qu'elles sont dues à la munificence du cardinal de Bourbon ; la magnificence des rosaces ; le buffet d'orgues, dont le travail est magnifique ; le portail, construit en avant-corps et après coup; les portes, dont la sculpture est digne de remarque. Quatre tours couronnent les trois principales entrées : la légèreté de leur travail est digne des plus grands éloges.

L'hôtel de la préfecture occupe les bâtiments d'une vaste abbaye fondée vers 645, sous le nom de Notre-Dame. — On remarque encore à Laon l'hôtel de ville; l'Hôtel-Dieu, l'hôpital général; la bibliothèque publique, renfermant 17,000 volumes; le dépôt de mendicité; le collége; une jolie salle de spectacle et les casernes.

Laon est la patrie de Lothaire, de saint Remi, du publiciste Bodin, du célèbre astronome Méchain, du maréchal Serrurier, etc. — FABRIQUES de clous et de chapellerie. Le dépôt de mendicité fabrique aussi des couvertures de laine, des draps communs, des bas et des chaussons de laine tricotés, des bas de fil et quelques autres articles. — COMMERCE de blé, vin et légumes d'excellente qualité. Les artichauts sont renommés comme les meilleurs de France.

Laon est à 45 kil. (11 l. 1/2) de Reims, 41 kil. (10 l. 1/2) de Saint-Quentin, 131 kil. (34 l.) de Paris. — HÔTELS : de l'Écu, de la Hure.

VOITURES PUBLIQUES. Tous les jours pour Paris, St-Quentin, Vervins, Reims, correspondant avec Cambrai, Lille et le Nord, et avec Charleville, Mézières, Châlons et le Midi. — Diligence de Laon pour la Capelle, tous les jours à 10 h., et de la Capelle, à 2 h. du matin. — Idem de Laon pour Soissons, départ. à 1 h., et de Soissons à 5 h. du matin.

OUVRAGES A CONSULTER, qui se trouvent à la librairie de Lecointe, à Laon.
Manuel historique du département de l'Aisne, par Devismes. In-8°, 1826.
Statistique du départ. de l'Aisne, par Brayer, 2 vol. in-4°.
Dictionnaire des communes du départ. de l'Aisne, par Bayet et Lecointe, in-12, 1857.
Histoire nationale (description du départ. de l'Aisne), par Girault de St-Fargeau, in-8°, 1830.
Annuaire statistique et administratif du départ. de l'Aisne, in-8°, 1830 à 1842.

FÈRE-EN-TARDENOIS (*Aisne*). Petite ville à 22 kil. (5 l. 1/2) de Château-Thierry. ✉ 2,313 hab. On y voit les restes imposants d'un ancien château fort, composé de huit tours d'environ 20 mètres d'élévation. Le pont-levis, qui conduisait à la contrescarpe, a été remplacé en 1539 par une belle galerie de 60 mètres de haut, sur une longueur de 53 mètres.

2ᵉ Route, par NOYON, 15 myr. 4 kil.

	m. k.
De Paris à * NOYON ⚘ (V. N° 143)	10,1
NOYON à * CHAUNY ⚘	1,7
CHAUNY à * LA FÈRE ⚘	1,3
LA FÈRE à * LAON ⚘	2,3

* SAINT-GOBAIN (à droite de la route).

NOYON (*Oise*). Jolie ville à 20 kil. (5 l.) de Compiègne. ✉ ⚘ 5,946 hab. Cette ville, située au pied et sur le penchant d'une colline, près de la belle vallée de Chauny, est entourée d'une quantité innombrable de jardins cultivés avec art. Elle est très-bien bâtie, bien percée, ornée de fontaines publiques, et traversée par la Vorse, qui s'y divise en deux branches et va se jeter dans l'Oise à 1 kilomètre de là. On y entre par quatre portes principales qui prennent le nom de ses quatre faubourgs. L'église cathédrale, bâtie par Pepin le Bref et par Charlemagne, offre un vaisseau de 107 mètres de longueur, orné sur son portail de deux tours hautes de 66 mètres. — PATRIE de Calvin ; de Jean Sarrazin, sculpteur célèbre du seizième siècle. On y voit encore la maison de Calvin. — COMMERCE de grains.

CHAUNY (*Aisne*). Petite ville à 39 kil. (10 l.) de Laon. ✉ ⚘ 4,300 hab. Elle est à l'embranchement du canal de Saint-Quentin, sur la rive droite de l'Oise qui y est navigable. — FABRIQUES de toiles. Machine à polir les glaces.

FÈRE (la) (*Aisne*). Ville forte à 23 kil. (6 l.) de Laon. Place de guerre de 4ᵉ classe. ✉ ⚘ 2,792. La Fère est une ville agréablement située dans un vallon entouré de coteaux boisés, sur l'Oise, un peu au-dessous du confluent de la Serre. Son école d'artillerie est la plus ancienne de toutes celles qui existent en France : elle possède un vaste polygone pour les exercices du canon, fermé d'un rang d'arbres qui en dessinent l'enceinte.

VOITURES PUBLIQUES. Tous les jours pour Chanvry, Reims, Laon, Paris.

BRUYÈRES (*Aisne*). Bourg situé à 19 kil. (4 l. 3/4) de Château-Thierry. Aux environs, sur le bord de l'Ourcq, on remarque le château de Givray, construit sous le règne de François Ier, par Charles de Harlus. On y voit encore, dans un salon voûté, une grande cheminée en pierre, dont le manteau est orné de figures de salamandres avec la devise *Nutrico et extinguo.*

GOBAIN (SAINT-) (*Aisne*). Bourg à 20 kil. (5 l.) de Laon. 2,338 hab. Il y avait jadis un château très-fort, sur l'emplacement duquel existe aujourd'hui une belle manufacture de glaces, regardée comme l'établissement le plus considérable en ce genre qui existe.

DE LAON A VALENCIENNES, 10 myr. 2 kil.

m. k.
De LAON à MARLE ⌘.......................... 2,2
* NOTRE-DAME DE LIESSE (à droite de la R.)
MARLE à GUISE ⌘.............................. 2,3
GUISE à ÉTREUX-LANDERNAS ⌘................ 1,1
ÉTREUX-LANDERNAS à * LANDRECIES ⌘......... 1,5
LANDRECIES au * QUESNOY ⌘.................. 1,5
QUESNOY à JENLAIN ⌘........................ 0,7
JENLAIN à * VALENCIENNES ⌘................. 0,9

LIESSE (NOTRE-DAME DE) (*Aisne*). Village à 16 kil. (4 l.) de Laon. 1,242 hab. Il est célèbre par l'église de son nom, où l'on voit une image de la Vierge, fréquentée encore de nos jours par de nombreux pèlerins qui y arrivent de diverses contrées, dans les mois de mai, juin et juillet.

LANDRECIES (*Nord*). Petite et très-forte ville sur la Sambre, à 17 kil. (4 l. 1/4) d'Avesne. ⌘ ⌘ 3,726 hab. L'église paroissiale et les casernes sont les seuls édifices remarquables. — COMMERCE de grains, houblon, lin de gros et de fin. — HÔTELS : de France, de la Tête-d'Or.

QUESNOY (le) (*Nord*). Ville forte à 33 kil. (8 l. 1/2) d'Avesne. Place de guerre de 4e classe. Cette ville est dans une situation très-agréable, sur une éminence qui domine une plaine vaste et fertile, bornée par la forêt de Mormal. Elle est assez bien bâtie en briques, et possède un bel hôtel de ville, un arsenal et une église paroissiale remarquable. — FABRIQUES de clous, chicorée-café, etc. — HÔTELS : de la Cour-de-France, du Grand-Paris.

VOITURES PUBLIQUES. Tous les jours pour Valenciennes, Avesnes, Landrecies.

VALENCIENNES. Voyez page 45.]

N° 74.

ROUTE DE PARIS A LAUTERBOURG (BAS-RHIN).

1re Route, par NANCY, 49 myr. 4 kil.

m. k.
De PARIS à NANCY ⌘ (Voyez N° 127)............ 31,7
* ESSEY (à gauche de la route).
NANCY à CHAMPENOUX ⌘...................... 1,4

N° 74. ROUTE DE PARIS A LAUTERBOURG.

Champenoux à *Moyenvic ⚘.............. 1,7
*Marsal (sur la route).
* Tarquinpol (à droite de la route).
Moyenvic à * Dieuze ⚘................. 1,3
Dieuze à Loudefring ⚘................ 1,2
Loudefring à Fénestrange ⚘........... 1,1
Fénestrange à * Phalsbourg ⚘......... 2,3
Phalsbourg à * Saverne ⚘............. 0,9
* Bouxwiller (à gauche de la route).
Saverne à Hochfeld ⚘.................. 1,6
Hochfeld à *Haguenau ⚘................ 1,9
Haguenau à Beinheim ⚘................. 2,6
Beinheim à *Lauterbourg ⚘............. 1,7

ESSEY (*Meurthe*). Village à 4 kil. (1 l.) de Nancy. 600 hab. Près d'Essey est un camp romain que les antiquaires ne manquent pas de visiter. L'église paroissiale est un ancien édifice situé sur une éminence d'où l'on jouit d'une vue charmante.

MOYENVIC (*Meurthe*). Petite ville à 8 kil. (2 l.) de Château-Salins. ⊠ ⚘ 1,295 hab. Elle possédait une saline importante, qui a été abandonnée depuis la découverte de la mine de sel gemme de Dieuze.

MARSAL (*Meurthe*). Petite ville forte, située dans une plaine marécageuse, à 12 k. (3 l.) de Château-Salins. Place de guerre de 4ᵉ classe. 1,050 hab. Cette ville est assise sur un briquetage de près de quatre mètres d'épaisseur, jeté sur le marais de la Seille, singulière construction qu'on attribue aux Romains. On y remarque une belle église, un hôtel de ville, quatre corps de casernes, un magasin à poudre et un arsenal.

OUVRAGES A CONSULTER. *Recherches sur le briquetage de Marsal*, par la Sauvoyère, in-8°, fig. 1740.
Mémoire sur les antiquités de Marsal et de Moyenvic, par Dupré, in-8°, 1829.

TARQUINPOL (*Meurthe*). Village situé dans une île de l'étang de Lindre, à 25 kil. (6 l. 1/2) de Château-Salins. 200 hab. C'était autrefois une ville considérable et bien fortifiée : les fondations d'anciennes murailles et de grosses tours, l'emplacement d'un château, les restes d'une chaussée romaine, des débris de colonnes, de tombeaux, etc., attestent l'existence en ce lieu d'une ville populeuse du temps des Romains. On y communique par une langue de terre dans le temps des basses eaux.

DIEUZE (*Meurthe*). Ville ancienne, située près de l'étang de Lindre, sur la rive droite de la Seille, à 15 kil. (3 l. 3/4) de Château-Salins. Coll. comm. ⊠ ⚘ 3,892 hab. Dieuze possède des salines importantes, qui emploient constamment plus de quatre cents ouvriers, et consomment annuellement 120,000 quintaux de houille et 15,000 stères de bois.

BOUXWILLER (*Bas-Rhin*). Petite ville dans une situation charmante, au pied des Vosges, à 12 k. (3 l.) de Saverne. Coll. com. 3,756 hab. On trouve aux environs des pétrifications curieuses.

OUVRAGES A CONSULTER. *Essai d'une topographie de la ville de Bouxviller*, par Deis, in-4°, 1829.

HAGUENAU (*Bas-Rhin*). Jolie et forte ville, sur la Moder, à 27 kil. (7 l.) de Strasbourg. Place de guerre de 4ᵉ classe. Ch. des manuf. Coll. com. ⊠ ⚘ 9,697 hab. L'église Saint-Georges est un édifice gothique fort remarquable dont la construction paraît remonter au commencement du douzième siècle : les sculptures extérieures du chœur sont d'un travail parfait ; dans l'intérieur, on voit un tabernacle élevé de 9 m. 70 c. et orné de sculptures en pierres très-délicates. — On remarque encore à Haguenau l'église Saint-Nicolas, édifice gothique du treizième siècle ; le quartier de cavalerie ; l'hôpital civil et militaire.—FABRIQUES de calicots. Moulins à garance.—HÔTELS : Deiss, Gambs.

LAUTERBOURG *(Bas-Rhin)*. Jolie et forte ville sur la Lauter, près de son confluent avec le Rhin. Place de guerre de 4ᵉ classe. ☒ ⚭ 2,640 hab. A 16 kil. (4 l.) de Wissembourg.

2ᵉ Route, par METZ, BITCHE et SULTZ, 50 myr. 6 kil.

	m. k.
De PARIS à * METZ ⚭ (V. N° 60)	31,6
METZ à * BITCHE ⚭ (V. N° 89)	10,6
BITCHE à NIDERBRONN ⚭	2,3
NIDERBRONN à SULTZ ⚭	2,2
SULTZ à BEINHEIM ⚭	2,2
BEINHEIM à * LAUTERBOURG ⚭	1,7

3ᵉ Route, par STRASBOURG, 51 myr. 7 kil.

De PARIS à * STRASBOURG ⚭ (Voy. N° 127)	45,6
STRASBOURG à LA WANTZENAU ⚭	1,2
LA WANTZENAU à DRUSENHEIM ⚭	1,6
DRUSENHÉIM à BEINHEIM ⚭	1,6
BEINHEIM à LAUTERBOURG ⚭	1,7

N° 75.

ROUTE DE PARIS A LAVAL (MAYENNE).

Voyez N° 31, 28 myr. 3 kil.

DE LAVAL A NANTES, 13 myr.

	m. k.
De LAVAL à COSSÉ	1,8
* SEGRÉ (à gauche de la route).	
COSSÉ à CRAON	1,1
CRAON à POUANCÉ ⚭	2,1
POUANCÉ à * CHATEAUBRIANT ⚭	1,6
CHATEAUBRIANT à * NANTES ⚭ (Voy. N° 119)	6,4

SEGRÉ *(Maine-et-Loire)*. Petite ville. Sous-préf. Trib. de 1ʳᵉ inst. et de comm. ☒ 2,100 hab. Elle est sur l'Oudon, dans un pays fertile en grains et en excellents pâturages.—FABRIQUES de toiles. Forges. Verreries.— COMMERCE de fil, toiles, bestiaux, ardoises, bois de chauffage et de construction. A 318 kil. (81 l.) de Paris.

VOITURES PUBLIQUES. D'Angers à Rennes; tous les jours une pour Angers.
BUT D'EXCURSION : à *Chatelais*, commune sur laquelle on voit plusieurs monuments druidiques.

CHATEAUBRIANT *(Loire-Inf.)*. Petite ville fort ancienne. Sous-préf. Trib de 1ʳᵉ inst. Soc. d'agr. ☒ 3,700 hab. L'origine de cette ville paraît remonter au temps de la domination romaine. En 1015, Briant, comte de Penthièvre, y fit bâtir un château, dont il ne reste plus que la tour du donjon et deux autres tours fort élevées. Au pied de ces tours se groupent quelques centaines de maisons : leurs façades bizarres, l'irrégularité des ouvertures, leurs toits avancés, dénotent l'ancienneté de leur construction et le mauvais goût de l'époque. L'antique chapelle de cette forteresse et la salle des gardes, autrefois décorée de trophées, rappellent la piété et les occupations guerrières des anciens temps. Dans le nouveau château, appelé le Château-Neuf, on admire une magnifique galerie composée de quarante arcades ; le grand escalier voûté en pierres ; un autre escalier merveilleusement exécuté en colimaçon, et l'appartement qu'occupait Françoise de Foix.—FABRIQUES d'étoffes de laine communes, de conserves d'angélique renommées.—A 51 k. (13 l.) de Nantes, 343 k. (88 l.) de Paris.

VOITURES PUBLIQUES. De Rennes à Nantes, tous les jours et toutes les nuits.

DE LAVAL A TOURS.

1ʳᵉ Route, par CHATEAU-LA-VALLIÈRE, 13 myr. 9 kil.

	m. k.
De LAVAL à MESLAY ⚹	2,1
MESLAY à SABLÉ ⚹	2,1
SABLÉ à * LA FLÈCHE ⚹	2,6
LA FLÈCHE au * LUDE ⚹	1,9
LUDE au CHATEAU-LA-VALLIÈRE ⚹	1,4
CHATEAU-LA-VALLIÈRE à * LA ROUE	1,7
LA ROUE à * TOURS ⚹	2,1

FLÈCHE (la) (*Sarthe*). Jolie ville. Sous-préf. Trib. de 1ʳᵉ inst. ⚹ 6,421 hab. Cette ville est dans une belle situation, sur la rive droite du Loir, au milieu d'un vallon charmant, environné de coteaux couverts de vignes et de bocages qui offrent un aspect agréable. Elle est généralement bien bâtie ; les rues en sont larges, propres, bien percées, ornées de fontaines alimentées par un aqueduc de plus de 500 toises de longueur. Au milieu du Loir, qui sépare la ville de ses faubourgs, on voit les restes d'un château fort construit vers la fin du dixième siècle ou au commencement du onzième. – L'édifice le plus remarquable de la Flèche est l'ancien collége des jésuites, fondé par Henri IV en 1603, et affecté aujourd'hui à un collége royal militaire. Il consiste en quatre corps de bâtiments renfermant cinq grandes cours, et ayant vue au nord sur un parc magnifique entouré de murs élevés. Attenant à la troisième cour est l'église du collége, un des plus jolis édifices en ce genre ; elle est accompagnée de tribunes avec balustrades dans la longueur de la nef et autour du sanctuaire, et a beaucoup d'analogie avec la belle chapelle du château de Versailles. La bibliothèque, décorée de plusieurs tableaux estimés, renferme environ 20,000 volumes.—On remarque encore à la Flèche l'église Saint-Thomas, édifice de construction romane très-massive ; l'hôtel de ville, bâtiment d'assez bon goût ; le palais de justice ; l'hôpital, etc. — FABRIQUES de toiles, bonneteries, gants. — A 43 kil. (11 l.) du Mans, 240 kil. (61 l. 1/2) de Paris. — HÔTELS : des Voyageurs, de l'Étoile, du Lion-d'Or.

VOITURES PUBLIQUES. Pour Paris, le Mans, Angers, Saumur, Laval, Tours.

OUVRAGE A CONSULTER. *Essais historiques sur la ville de la Flèche*, par Marchand de Burbure, in-8⁰, 1803.

LUDE (le) (*Sarthe*). Jolie petite ville, située sur la rive gauche du Loir, à 22 kil. (5 l. 1/2) de la Flèche. ⚹ 3,250 hab. Elle est assez bien bâtie, mais formée de rues étroites et mal percées. On y remarque l'hôtel de ville ; l'hôpital ; quelques maisons ornées d'arabesques et de médaillons sculptés d'assez bon goût. Le château, situé près de l'église paroissiale, est sans contredit un des plus beaux de cette partie de la France : sa hauteur majestueuse, sa construction partie gothique et partie moderne, les énormes tours rondes qui ressortent de ses angles, lui donnent un aspect imposant auquel ajoute encore sa situation avantageuse sur le bord du coteau qui domine le Loir.

N° 75. ROUTE DE PARIS A LAVAL. 411

2ᵉ Route, par Chateau-du-Loir, 15 myr.

	m.k.
De Laval au * Lude ⚹ (Voyez la 1ʳᵉ Route)......	8,7
Lude à * Chateau-du-Loir ⚹................	2,2
Chateau-du-Loir à * Tours ⚹ (Voy. N° 4)....	4,1

3ᵉ Route, par le Mans, 15 myr. 8 kil.

	m.k.
De Laval, à Soulgé............................	1,6
Soulgé à la Métairie de Beauvais............	1,0
Métairie à la Lune-de-Brulon ⚹.............	1,9
* Sainte-Suzanne (à gauche de la route).	
* Évron (à gauche de la route).	
La Lune-de-Brulon à * Coulans ⚹...........	1,7
Coulans au * Mans ⚹........................	1,5
Le Mans à * Tours (Voyez N° 4).............	8,1

JEAN-SUR-ERVE (SAINT-) (*Mayenne*). Village à 27 kil. (7 l.) de Laval. On remarque à 2 l. sud de ce village, sur la rivière d'Erve, les ruines de l'ancienne capitale des Erviens (*Arvii*). Directement au-dessous, sont les grottes de Sauge, vulgairement connues sous le nom de Caves à Margot. Ces grottes sont creusées dans deux rochers énormes, entre lesquels passe la rivière d'Erve ; elles offrent plusieurs salles de différentes grandeurs, décorées de belles concrétions. Les plus vastes ont 19 m. 49 c. (60 pieds) de diamètre ; les voûtes en sont formées par des rochers dont quelques-uns semblent être sur le point de tomber. Il y en a qui, comme des colonnes naturelles, s'élèvent de terre jusqu'à la voûte. En quelques endroits, le sol des grottes est formé d'énormes blocs de rochers offrant des fentes et des fissures dont une sonde de 32 m. 48 c. (100 pieds) n'a pas rencontré le fond.

SUZANNE (SAINTE-) (*Mayenne*). Petite ville à 37 kil. (9 l. 1/2) de Laval. 1,619 hab. Cette ville, bâtie sur un monticule au pied duquel coule l'Erve, se recommande à l'attention des curieux par son site aéré, par son vaste horizon, par les restes de son vieux château, et par ses vieux remparts, plus ruinés encore, dont une partie offre un phénomène extraordinaire : ils sont évidemment vitrifiés et presque en tout point semblables aux célèbres forts vitrifiés de l'Écosse.—Près de Sainte-Suzanne, on remarque six à sept menhirs rangés en ligne circulaire, à des distances différentes, mais avec une espèce de symétrie.

OUVRAGE A CONSULTER. *Notice sur la ville de Ste-Suzanne, ses fortifications vitrifiées* (Mém. de la Soc. des antiq. de France, t. 8, p. 337).

ÉVRON (*Mayenne*). Petite ville, à 34 k. (8 l. 3/4) de Laval. ⚹ 3,750 hab. Cette ville, quoique éloignée des grandes routes, presque inabordable en hiver à cause des boues qui en encombrent les avenues et des eaux qui les inondent, est cependant très-commerçante. Elle possède une jolie halle, où se tient toutes les semaines un marché considérable et bien approvisionné en grains, volailles, gibier, etc. — Fabriques de toiles, linge de table. — Commerce de grains, toiles, laines, vins et eaux-de-vie.

COULANS (*Sarthe*). Bourg situé à 17 kil. (4 l. 1/4) du Mans. ⚹ 1,891 hab. — Fabriques de toiles, papeterie.

DE LA FLÈCHE A SAUMUR, 5 myr. 1 kil.

De la Flèche à * Baugé ⚹.....................	1,8
Baugé à Longué ⚹...........................	1,8
* Vernantes (à gauche de la route).	
Longué à la Croix-Verte ⚹ (Saumur)........	1,5

BAUGÉ (*Maine-et-L.*). Petite ville. Sous-préf. Trib. de 1re inst. Collége com. ⌧ ⚭ 3,553 hab. On y remarque un ancien château très-bien conservé, bâti par Foulques Néra, et un des plus beaux hospices de la province, dont la plupart des améliorations sont dues à la libéralité de mademoiselle de Melun, qui passa dans cet hôpital les trente dernières années de sa vie dans la pratique de toutes les vertus: on voit un portrait de cette respectable fille dans la pharmacie. — FABRIQUES de toiles communes. — A 31 kil. (8 l.) d'Angers, 31 kil. (8 l.) N. de Saumur, 257 kil. (56 l.) de Paris.

VERNANTES (*Maine-et-L.*) Bourg à 23 kil. (6 l.) de Baugé. 1,850 hab. En 1121, Foulques V, comte d'Anjou, fonda dans ce lieu la belle abbaye cistercienne du Louroux, dont les vastes bâtiments offrent un aspect des plus imposants. Il ne reste plus cependant des constructions de Foulques V que l'église, dont une partie a été démolie vers la fin du siècle dernier; le grand vitrail du chœur, en verre peint, est bien conservé; la tour du clocher est remarquable par sa construction et sa grande élévation. L'abbaye de Louroux a plus l'air d'une forteresse que d'un monastère : son aspect est si imposant, qu'un détachement d'infanterie de 26 à 30 hommes de la division de l'armée prussienne cantonnée, en 1815, dans l'arrondissement de Baugé, envoyé pour s'y loger, s'arrêta devant à plus de quarante pas de distance ; il considéra quelque temps cette masse de bâtiments, qu'il crut être un fort, puis rebroussa chemin.

N° 76.

ROUTE DE PARIS A LILLE (NORD).

1re Route, par AMIENS et ARRAS, 24 myr. 1 kil.

	m,k.
De Paris à * SAINT-DENIS ⚭	0,9
SAINT-DENIS à * ÉCOUEN ⚭	1,0
ÉCOUEN à LUZARCHES ⚭	1,1
LUZARCHES à * CHANTILLY ⚭	1,0
CHANTILLY à LAIGNEVILLE ⚭	1,2
LAIGNEVILLE à * CLERMONT (Oise) ⚭	1,0
* FAYEL (à droite de la route).	
CLERMONT à SAINT-JUST (Oise) ⚭	1,6
SAINT-JUST à BRETEUIL (Oise) ⚭	1,8
BRETEUIL à * FLERS (Somme) ⚭	1,3
FLERS à AMIENS ⚭	1,9
AMIENS à TALMAS ⚭	1,6
TALMAS à * DOULLENS ⚭	1,4
DOULLENS à L'ARBRET ⚭	1,7
L'ARBRET à * ARRAS ⚭	1,8
ARRAS à LENS ⚭	1,7
LENS à CARVIN ⚭	1,2
CARVIN à * LILLE ⚭	1,9
* ROUBAIX.	
* TOURCOING.	

FAYEL (*Oise*). Village situé à 14 kil. (3 l. 1/2) de Compiègne. Pop. 217 hab. Le domaine de Fayel, chef-lieu d'une seigneurie considérable, est fort ancien. Le chateau a été construit par le premier maréchal de la Mothe Houdancourt, vers le milieu du dix-septième siècle. C'est un édifice en pierre et en

N° 76. ROUTE DE PARIS A LILLE.

briques, formé d'un corps de logis principal et de deux ailes en retour d'équerre. On y voit l'appartement qu'occupa Louis XIV, en 1656, lorsqu'il fut au-devant de la reine Christine de Suède. Quelques auteurs placent ici le théâtre de l'aventure tragique de la dame de Fayel, connue sous le nom de Gabrielle de Vergy; d'autres pensent que ce fait s'est passé à Fayel-en-Vermaudois; ce qui serait d'autant plus probable, que ce lieu est voisin du château célèbre de Coucy.

DOULLENS, ARRAS. Voyez page 3.

LILLE. Grande, belle, riche et très-forte ville, située sur la ligne du chemin de fer de Paris en Belgique. Chef-lieu du département du Nord. Trib. de 1re instance et de comm. Conseil des prud'hommes. Soc. des sciences et arts. Acad. roy. de musique. École acad. Collége comm. Cours prat. de méd., chirurg. et pharm. Cours publics et gratuits de physique, de chimie appliquée aux arts et à l'industrie, de zoologie et de botanique. École de peinture. Cours gratuits de chant pour la classe ouvrière. Assoc. lilloise pour l'encouragement des lettres et des arts. Chef-lieu de la 16e division militaire. 3e Cons des forêts. Hôtel des monnaies (W). ⌷ ☞ Pop. 72,537 hab. — Cette ville a pris probablement son nom d'un château entouré d'eau, construit dans les derniers temps de la domination romaine, et que l'on croit avoir occupé l'emplacement où se trouve maintenant le bâtiment du Cirque. Mais cette étymologie et cette origine sont assez problématiques, et la véritable origine de Lille se perd dans les temps reculés. Lille est traversée par la Deûle, qui est navigable et forme un canal qui communique de la Sensée à la mer. Elle est entourée de fortifications immenses, et défendue par une citadelle qui passe pour le chef-d'œuvre de Vauban. Aussi a-t-elle soutenu plusieurs siéges, dont le dernier et le plus célèbre est celui de 1792, où les efforts d'une armée autrichienne échouèrent devant l'héroïque défense des habitants. Les rues de Lille sont en général larges, régulières et bien percées. Dans les quartiers populeux, les caves sont habitées par la classe ouvrière indigente.

On ne compte à Lille qu'un petit nombre de monuments remarquables. Les principaux sont :

L'ÉGLISE SAINT-MAURICE, dont la construction remonte à 1022.

L'ÉGLISE SAINT-SAUVEUR, dont la flèche fut incendiée pendant le siége de 1792.

Le PALAIS DE RIHOUR, construit en 1430, et qui sert maintenant d'hôtel de ville.

Les ÉGLISES DE SAINTE-CATHERINE et de la MADELEINE, où l'on remarque plusieurs tableaux de prix.

La PORTE DE PARIS, arc de triomphe élevé en 1682 à la gloire de Louis XIV, par l'architecte Volans.

L'HÔPITAL GÉNÉRAL, édifice considérable, fondé en 1739.

Le PALAIS DE JUSTICE, récemment construit sur le quai de la Basse-Deûle.

La BOURSE, construite en 1652.

La SALLE DE SPECTACLE, récemment restaurée et agrandie.

L'HÔPITAL COMTESSE, fondé par Jeanne de Constantinople.

Le PONT-NEUF, construit en 1701, qui réunit deux rues plus élevées que le reste du quartier, en même temps qu'il passe au-dessus du canal de la Deûle et de ses deux quais.

Dans l'ancien couvent des Récollets se trouvent la BIBLIOTHÈQUE PUBLIQUE de la ville, riche d'environ 21,000 volumes, parmi lesquels se trouvent des ouvrages précieux et quelques éditions du quinzième siècle, et le MUSÉE, où l'on voit plusieurs tableaux de Rubens, Van Dick, Arnould de Vuez, Van-Ost, Jordane, Gaspard de Grayer, Ruisch, Raphaël, Jules Romain, Guido Reni, André del Sarte, P. Véronèse, Salvator Rosa, Piazetta, Philippe de Champagne, etc., etc.

On remarque encore à Lille la MANUFACTURE DES TABACS; l'hôtel de la préfecture; la salle des concerts; l'abbatoir; la grand'place; les allées de l'esplanade, qui réunit le pont Napoléon; le manége; l'arsenal, etc., etc.

N° 76. ROUTE DE PARIS A LILLE.

— Manufactures de toiles en tous genres. Filatures nombreuses et considérables. Distilleries d'eau-de-vie de grains. Brasseries. Épuration d'huiles. Blanchisseries de toiles. — Fabriques et raffineries de sucre indigène, etc., etc.— Commerce considérable de toiles, fils, lins, dentelles, coton filé, laines, graines, tabacs, café-chicorée, sucre colonial et indigène, épiceries, vins, eaux-de-vie, genièvre, huiles, etc.; produits chimiques, etc. La place de Lille est le centre de presque toutes les fabriques de l'arrondissement et celui du commerce de tout le département.

Les environs de Lille offrent peu d'intérêt sous le rapport artistique, mais ils sont fort curieux sous celui de l'industrie. Plus de 200 moulins à vent y sont occupés à la préparation des huiles. Les faubourgs, qui sont extrêmement peuplés, sont le siège d'une grande quantité d'usines importantes. Les villes de Tourcoing et de Roubaix, qui sont situées près de Lille, présentent aussi un grand nombre de fabriques fort considérables.— Hôtels : de l'Europe, du Nouveau-Monde, du Brabant, du Commerce, de Flandre, de France, Bellevue, de Gand, du Lion-d'Argent, Villeroy, du Singe-d'Or, de la Pagelle, de la Cour-Royale, etc.

Voitures publiques. Il part tous les jours de Lille 4 voitures pour Paris, par Cambrai, St-Quentin et Compiègne; par Arras et Péronne, par Douai, Cambrai et St-Quentin. Tous les jours 2 voit. pour Amiens. Tous les j. 4 voit. pour Armentières. Tous les j. 2 voit. pour Arras. Tous les j. 3 voit. pour Bailleul. Tous les j. 2 voit. pour Béthune. Tous les j. une voit. pour Boulogne. Tous les j. 2 voit. pour Calais, par Dunkerque. Tous les j. 2 voitures (malle-poste et diligence), et une autre voit. tous les 2 j. pour Cambrai. Tous les j. voit. pour Carvin. Trois fois par semaine une voit. pour Comines, et une voit. (malle-poste) tous les jours. Tous les j. 4 voit. pour Douai. Tous les j. une voit. pour Dunkerque. Tous les j. 2 voit. pour Valenciennes. Tous les j. une voit. pour Anvers, par Menin. Tous les j. 2 voit. pour Bruxelles, et une troisième voit. tous les 2 j. Tous les j. 9 voit. pour Courtrai, correspondant avec tous les départs du chemin de fer. Tous les j. 4 voit. pour Gand. Tous les jours une voit. pour Mons, par Tournai. Tous les j 6 voit. pour Tournai. — Voitures-omnibus. De Lille à Roubaix (30 c.), départs d'heure en heure. — De Lille à Tourcoing (75 c.), 7 départs par jour. — De Lille à Haubourdin (30 c.), départs d'heure en heure. — De Lille à Esquermes (25 c.), dép. d'heure en heure.

Ouvrages a consulter, qui se trouvent à la librairie de Vanakère, à Lille.
Histoire de la ville de Lille, par Montlinot, in-12, 1764.
Histoire de Lille et de sa châtellenie, par Tiroux, in-8°, 1730.
Histoire de Lille, par de Rosny, in-8°, 1838.
Histoire de l'abbaye de Loos, par de Rosny, in-8°.
Sur quelques monuments celtiques trouvés dans le département du Nord, par Bottin, in-8°, 1813.
Lille ancienne et moderne, par Regnault Warin, in-12, 1803.
Nouveau conducteur des étrangers à Lille, in-12, 1826.
Atlas historique et topographique de Lille, par Brun-Lavainne, in-fol., pl., 1832-33.
Les sept sièges de Lille, par le même.
Statistique du département du Nord, par Dieudonné, 3 vol. in-8°, 1804.
Topographie historique, statistique, etc., de l'arrond. de Lille, par Dupont, in-8°, 1833.
Description du département du Nord, par Grille, in-8°¹, 1828-30.
Annuaires statistiques du Nord, donnant chacun la description d'un arrondissement.

ROUBAIX (*Nord*). Jolie ville, située sur le nouveau canal de la Marcq, à 11 kil. (2 l. 3/4) de Lille. C'est une ville généralement bien bâtie, propre, bien percée, qui a acquis un accroissement considérable depuis peu d'années : sa population, qui en l'an XI n'était que de 8,700 hab., dépasse aujourd'hui 19,380. Quatre puits artésiens fournissent l'eau qui manquait à la ville. — Fabriques importantes de belles étoffes de laine, mouchoirs, étoffes pour gilets, etc. Les articles de Roubaix attirent, au renouvellement de chaque saison, un nombre considérable d'acheteurs de toute la France.

Voitures publiques. Tous les jours pour Lille, et *omnibus* toutes les heures.

TOURCOING (*Nord*). Jolie ville située dans un fertile territoire, à 13 kil.

N° 76. ROUTE DE PARIS A LILLE.

(3 l. 1/4) de Lille. ⊠ 19,966 hab. — FABRIQUES importantes de linge de table. — Foire le 1ᵉʳ jeudi de mars, juin, septembre, décembre ; 25 juillet si c'est un dimanche, ou le dimanche qui suit le 25. Les toiles sont la principale branche de la vente, ensuite vente en détail de marchandises de toute espèce.

VOITURES PUBLIQUES. Omnibus toutes les heures pour Lille et Roubaix.

2ᵉ R., par PÉRONNE et ARRAS, 22 myr. 2 kil.

	m. k.
De PARIS à * ARRAS (Voyez N° 9)...............	17,4
ARRAS à * LILLE (Voyez ci-dessus)............	4,8

3ᵉ Route, par PÉRONNE et CAMBRAI, 22 myr. 7 kil.

De PARIS à * SENLIS ⚘ (Voyez la 4ᵉ Route).........	4,3
SENLIS à * PONT-SAINTE-MAXENCE ⚘..........	1,2
PONT-SAINTE-MAXENCE au BOIS-DE-LIHUS ⚘.....	1,2
* SARRON (à droite de la route).	
BOIS-DE-LIHUS à GOURNAY-SUR-ARONDE ⚘......	1,0
GOURNAY-SUR-ARONDE à CUVILLY ⚘............	0,7
CUVILLY à CONCHY-LES-POTS ⚘...............	0,7
CONCHY-LES-POTS à ROYE ⚘..................	1,1
* TILLOLOY (à gauche de la route).	
* NESLE (à droite de la route).	
ROYE à FONCHES ⚘............................	0,9
FONCHES à MARCHÉ-LE-POT ⚘.................	0,7
MARCHÉ-LE-POT à * PÉRONNE ⚘..............	1,2
PÉRONNE à FINS ⚘............................	1,5
FINS à BONAVY ⚘.............................	1,2
BONAVY à * CAMBRAI ⚘.......................	1,1
CAMBRAI à * LILLE (Voyez ci-après).............	5,9

PONT-SAINTE-MAXENCE (*Oise*). Jolie petite ville à 12 kil. (3 l.) de Senlis. ⊠ ⚘ 2,575 h. Cette ville est dans une belle situation, sur l'Oise, au pied d'une colline couronnée par la forêt d'Hallatte. Les rues sont bien pavées, bordées de maisons bâties en pierres de taille de construction moderne : on y voit cependant encore quelques bâtiments construits dans le moyen âge. Il y a trois places principales, celle du Marché au blé, la place de l'Église et la place d'Armes, auxquelles on peut ajouter le Champ-de-Mars, jeu de paume situé à l'extrémité du faubourg du nord. On y voit l'Oise sur un très-beau pont de trois arches, ayant chacune 80 mètres d'ouverture, construit par le célèbre architecte Péronnet. Ce pont, dont on admire l'élégance, offre cette particularité que les piles sont évidées, et que son plancher est horizontal. Il est orné de quatre pyramides hautes de sept mètres, posées sur les dés qui terminent les murs d'épaulement. — COMMERCE de grains, vins et bestiaux.

VOITURES PUBLIQUES. Tous les jours pour Paris, *à l'hôtel de l'Epée*.
OUVRAGE A CONSULTER. *Histoire de la ville de Pont-Ste-Maxence*, in-12, 1764.

SARRON (*Oise*). Village situé sur la rive droite de l'Oise, à 20 kil. (5 l.) de Clermont. 396 hab. Le château du PLESSIS-VILLETTE dépend de cette commune ; il est remarquable par sa construction à la romaine, et par la distribution de son parc dessiné à l'anglaise et orné de magnifiques pièces d'eau. Ce château fut longtemps habité par madame de Villette, nièce et fille adoptive de Voltaire : on voit dans la bibliothèque une statue de Voltaire, dont le piédestal renferme le cœur de cet immortel écrivain ; on y remarque aussi un fauteuil garni d'un pupitre et d'un petit bureau, qui a appartenu à cet homme célèbre.

TILLOLOY (*Somme*). Village de l'arrondissement de Montdidier (commune de Fresne-Tilloloy). 489 hab. L'église paroissiale, construite sous le règne de François I*er*, est un morceau d'architecture fort curieux : le portail se compose de deux tours et d'un pignon, orné d'une galerie en pierre et d'une rosace. Dans la croisée, près des fonts baptismaux, on voit le tombeau de Pons de Belleforière et de Françoise de Soyecourt, sa femme ; un peu plus loin est celui de Maximilien, Charles et Abdyas de Soyecourt : les statues de ces trois chevaliers décorent le mausolée élevé à leur mémoire.

NESLE (*Somme*). Petite ville à 16 kil. (4 l.) de Péronne. ⊠ 1,643 h. L'église est remarquable par son antiquité et par une crypte qui règne au-dessous du sanctuaire et que soutiennent des piliers en marbre noir.

CAMBRAI (*Nord*). Ancienne, grande, belle et très-forte ville. Sous-préf. Place de guerre de 2ᵉ classe. Trib. de Iʳᵉ inst. et de comm. Conseil de prud'h. Soc. d'ém. Coll. comm. Évêché. ⊠ ⚘ 17,646 hab. — Cambrai (*Cameracum*) est nommé pour la première fois et sans qualification dans l'Itinéraire d'Antonin. Plusieurs historiens croient qu'il existait déjà lorsque les Romains firent la conquête de ce pays. Cette ville est située dans une contrée fertile en blé et abondante en pâturages, près de la source et sur la rive droite de l'Escaut, dont une des branches traverse la ville. Elle est généralement bien bâtie, assez bien percée, entourée de fortifications considérables, flanquées de tours rondes antiques, et défendue par une bonne citadelle. La place d'armes, au bout de laquelle on voit l'hôtel de ville, est remarquable par son étendue ; toute la garnison peut s'y ranger en bataille. L'esplanade est une des plus belles et des plus vastes de la ci-devant province de Flandre. Cambrai renferme quelques beaux édifices et un grand nombre d'établissements publics, parmi lesquels on remarque la cathédrale ; l'hôtel de ville ; le monument élevé à la mémoire de Fénelon ; l'hôpital militaire ; la bibliothèque publique, renfermant 30,000 volumes imprimés et de précieux manuscrits ; le mont-de-piété ; le collège ; la salle de spectacle, etc. — PATRIE d'Enguerrand de Monstrelet ; du général Dumouriez. — FABRIQUES de batistes, toiles fines, linons, fils retors, dentelles, bonneterie, etc. — COMMERCE considérable de batistes, toiles de lin, graines grasses, etc. — A 55 kil. (14 l.) de Lille, 35 kil. (9 l.) d'Arras, 169 kil. (43 l. 1/2) de Paris. — HÔTELS : de l'Europe, des Diligences, de Hollande, du Mouton-Noir, de la Hure, du Nord, Saint-Martin, etc.

VOITURES PUBLIQUES. Tous les jours 8 pour Paris, par St-Quentin et Compiègne], par Péronne et Roye ; 8 pour Douai, Lille ; 3 pour Valenciennes, St-Quentin ; 2 pour Gand, Bruxelles ; 1 pour Dunkerque, Arras, Amiens, le Cateau.

OUVRAGE A CONSULTER. *Histoire de Cambrai et du Cambrésis*, par le Carpentier, in-4°, 1664.

4ᵉ Route, par SAINT-QUENTIN, 24 myr. 8 kil.

	m. k.
* LA VILLETTE (sur la route).	
DE PARIS au BOURGET ⚘	1,1
BOURGET à LOUVRES ⚘	1,3
LOUVRES à LA CHAPELLE-EN-SERVAL ⚘	1,0
LA CHAPELLE-EN-SERVAL à * SENLIS ⚘	0,9
SENLIS à VILLENEUVE-SUR-VERBERIE ⚘	1,2
VILLENEUVE à LA CROIX-SAINT-OUEN ⚘	1,2
LA CROIX-SAINT-OUEN à * COMPIÈGNE ⚘	1,0
COMPIÈGNE à RIBECOURT ⚘	1,4
RIBECOURT à * NOYON ⚘	1,0
NOYON à GUISCARD ⚘	0,9
GUISCARD à * HAM ⚘	1,0
HAM à ROUPY ⚘	1,2

N° 76. ROUTE DE PARIS A LILLE. 417

	m. k.
ROUPY à * SAINT-QUENTIN (Aisne) ⚬⁊........	1,9
SAINT-QUENTIN à BELLICOURT ⚬⁊............	1,3
BELLICOURT à BONNAVY ⚬⁊.................	1,4
BONNAVY à * CAMBRAI ⚬⁊..................	1,1
CAMBRAI au BAC-AU-BENCHEUL..............	1,1
BAC-AU-BENCHEUL à * DOUAI...............	1,5
DOUAI à PONT-A-MARCQ....................	1,9
PONT-A-MARCQ à * LILLE...................	1,4
De LILLE à PONT-A-TRESSIN ⚬⁊.............	1,1

VILLETTE (la) (*Seine*). Joli bourg à 8 kil. (2 l.) de Saint-Denis et près de la barrière Saint-Martin. ⊠ 4,500 hab. Ce bourg est dans une charmante situation, à l'extrémité du canal de l'Ourcq, sur le superbe bassin de la Villette, qui alimente le canal Saint-Martin, et fournit l'eau à un grand nombre de fontaines de Paris. Ce bassin, commencé en 1806 et achevé en 1809, présente un parallélogramme dont la plus grande dimension est de 800 mètres, et la moindre de 80. Il est bordé de quatre rangs d'arbres, revêtu en maçonnerie sur toutes ses faces, et presque constamment couvert d'une multitude de barques dont quelques-unes sont pontées et étonnent par leurs grandes dimensions. A son extrémité, du côté de Paris, s'élève d'une manière pittoresque la belle barrière de Pantin.

« **SENLIS** (*Oise*). Ville ancienne. Sous-préfect. Trib. de 1re instance. ⊠ ⚬⁊ 5,066 hab. Senlis, ancienne capitale des Silvanectes, porta le nom d'*Augustomagus* sous les Romains, qui la fortifièrent ; on voit encore des restes de ces fortifications, dont on rapporte le genre de construction au règne de Vespasien. Cette ville est fort agréablement située, sur la pente d'une colline, un peu au-dessus du confluent des deux petites rivières de la Nonette et de l'Aunette. Elle se compose de deux parties : l'enceinte de l'ancienne ville, ou la cité, ouvrage des Romains, et trois faubourgs qui l'entourent. Dans l'intérieur de la cité se trouvent les restes de l'ancien château, édifice du temps de saint Louis, et la cathédrale, le plus bel édifice de Senlis, dont on attribue la fondation à Charlemagne. Détruite par la foudre en 1304, cette église fut rebâtie par la munificence de Louis XII ; le portail en est à plein cintre, décoré de vignes, de raisins, et d'une frise tournante garnie d'oiseaux. Le vaisseau est vaste et d'une construction fort hardie ; rien de délicat, de délié comme es ornements en pierre de l'intérieur ; ils joignent à la légèreté des évidements les formes agréables qui commençaient à paraître dans la sculpture au quinzième siècle. L'édifice est surmonté d'une flèche élégante en pierre, de 68 m. 57 c. (211 pieds) d'élévation, travaillée à jour avec une extrême délicatesse, genre de décoration fort en usage dans le treizième siècle.—La ville de Senlis, peu riche en constructions publiques, est en général assez bien bâtie ; cependant on y voit beaucoup de rues étroites et tortueuses : la principale, celle de Paris, est la plus belle. On y remarque la bibliothèque publique, et une jolie salle de spectacle élevée dans l'ancienne église de Saint-Aignan. — FABRIQUES de café-chicorée ; blanchisserie de toiles.—A 47 kil. (12 l.) de Beauvais et 43 k. (11 l.) de Paris. — HÔTELS : du Grand-Cerf, du Sauvage.

VOITURES PUBLIQUES. Deux fois par jour correspond. pour Pont-Ste-Maxence, au Plat-d'Étain. — Passage des diligences de Paris à Lille ; tous les jours pour Pont-Ste-Maxence.

BUT D'EXCURSION : aux ruines de l'ancienne *abbaye de la Victoire* (2 kil.), où Louis XI séjourna souvent.

COMPIÈGNE. Voyez N° 124, Route de Rouen à Reims.
QUENTIN (SAINT-) (*Aisne*). Ancienne et jolie ville. Sous-préfect. Trib. de 1re inst. et de comm. Ch. des manuf. Conseil des prud'h. Coll. comm. Soc.

acad. ✉ ⚤ 20,570 hab. — Saint-Quentin est une ville fort ancienne, connue dès le temps des Romains sous le nom d'*Augusta Viromanduorum*. Elle est située au sommet et sur le penchant d'une colline assez étendue, au bas de laquelle coule la Somme. Depuis 1732, le canal de Picardie l'environne, dans toute la partie de l'est, d'une demi-ceinture plantée de beaux arbres qui offre une promenade charmante. La ville est éclairée au gaz. Quatre-vingt-quinze rues et places publiques la traversent, et de nouveaux quartiers, tracés ou en construction, doivent encore augmenter son étendue. Les rues principales sont larges et bien ouvertes ; quelques-unes sont assez bien bâties. Sa grande place, presque au centre, et à laquelle ses trois entrées aboutissent, peut passer pour un monument.

HÔTEL DE VILLE. Au centre d'une des quatre façades de cette place s'élève l'hôtel de ville; il est porté sur huit colonnes de grès formant arcades et galerie. Cet édifice de style gothique est digne de fixer l'attention par l'originalité des ornements qui en décorent la façade : les frises, les chapiteaux, les nervures des ogives, sont surchargés de figures bizarres qui rappellent la naïve gaîté de nos aïeux. L'édifice est surmonté d'une élégante lanterne circulaire à jour, renfermant un des meilleurs carillons qui existent.

L'ÉGLISE CATHÉDRALE, quoique privée des tours qui font le plus grand appareil des édifices religieux du moyen âge, n'en est pas moins un des plus majestueux et des plus remarquables. La structure de cette église a toute l'élégance et la délicatesse du beau gothique. Son ensemble est vaste, et l'harmonie de toutes ses parties est admirable. On peut en voir de plus grandes, non de plus hardies ; son élévation est sans rivales. Placée sur le sommet de la colline qui porte toute la ville, elle domine étonnamment la contrée. Tout est petit à son aspect. Depuis le portail de Fulrad jusqu'à la chapelle de la Vierge, qui est à l'opposite, derrière le chœur, elle développe une étendue de 390 pieds, non compris le parvis du grand portail, qui est encore d'une assez grande dimension. La hauteur, depuis le pavé jusqu'au haut de la voûte sous clef, est de 39 m. 97 c. (120 pieds). La nef, depuis la porte de l'église jusqu'à l'entrée du chœur, a 65 m. (200 pieds). Les grandes croisées du chœur et de la nef, au nombre de 110, ont 13 m. de hauteur. On y compte 23 chapelles et 78 piliers.

On remarque encore à Saint-Quentin : l'église Saint-Jacques ; les hôpitaux ; le jardin de botanique; la bibliothèque publique, 14,000 vol. — INDUSTRIE. Fabriques considérables de tissus. — COMMERCE de grains, cidre, fruits, lin, coton en laine et filé, et articles de ses nombreuses manufactures.— Comptoir d'escompte de la banque de France, escompte les valeurs timbrées sur Saint-Quentin, Paris ou Reims, à trois signatures et jusqu'à 90 jours d'échéance, à 4 o/0 l'an; émet des billets au porteur et à vue, payables soit à Reims, Saint-Quentin ou Paris. — A 45 kil. (11 l. 1/2) de Laon, 36 kil. (9 l. 1/4) de Cambrai, 137 kil. (35 l. 1/2) de Paris. — HÔTELS : d'Angleterre, de l'Ange, du Cygne, du Pot-d'Étain, du Commerce.

VOITURES PUBLIQUES. Deux diligences partent tous les jours pour Paris et retour. Deux autres allant de Paris à Lille passent par St-Quentin et retour tous les jours. — Diligences pour Cambrai, Douai et Valenciennes; tous les jours 2 départs, de Saint-Quentin, à 8 h. du matin et du soir, et de Cambrai à 8 h. du matin et midi. Diligences tous les jours pour Reims, par la Fère et Laon; 2 départs tous les jours, à 8 h. du matin et 8 1/2 du soir. Diligences pour Avesnes, par Guise et la Capelle; 2 départs tous les jours. Diligence pour Amiens; un départ tous les jours, à 8 h. du matin. Voiture pour Guise, tous les jours; départ à 8 h. du matin. Voiture pour Bohain, tous les jours.

OUVRAGE A CONSULTER, qui se trouve à la librairie de Doloy, à St-Quentin. *Histoire de St-Quentin*, par C. Lafons.

DE LILLE A CALAIS.

1re Route, par CASSEL, 11 myr.

	m. k.
De Lille à * CASSEL (Voy. N° 52)	4,8

N° 76. ROUTE DE PARIS A LILLE.

	m. k.
CASSEL à * SAINT-OMER	2,0
SAINT-OMER à LA RECOUSSE	1,8
LA RECOUSSE à ARDRES	0,8
ARDRES à * CALAIS	1,6

2ᵉ Route, par BÉTHUNE, 12 myr. 4 kil.

De LILLE à * LA BASSÉE ⚘	2,3
* HAUBOURDIN (à gauche de la route).	
LA BASSÉE à BÉTHUNE ⚘	1,4
BÉTHUNE à LILLERS ⚘	1,3
LILLERS à LA RECOUSSE ⚘ (Voy. N° 52)	5,0
LA RECOUSSE à * CALAIS ⚘ (Voy. ci-dessus)	2,4

HAUBOURDIN (Nord). Joli bourg sur la Deûle, à 7 kil. (1 l. 3/4) de Lille. 2,151 hab. Ce bourg est généralement bien bâti, propre et assez bien percé; l'église est grande et belle, et le cimetière bien tenu. On doit visiter, à un quart de lieue, sur la Deûle, l'importante maison de détention de Loos.

BASSÉE (la) (Nord). Petite ville située sur le canal de son nom, à 23 kil. (5 l. 3/4) de Lille. ✉ ⚘ 2,544 hab.—FABRIQUES de bonneterie, amidon, savon noir. Filatures de laine et de coton.

DE LILLE A MÉZIÈRES, 19 myr. 8 kil.

	m. k.
De LILLE à PONT-A-MARCQ ⚘	1,4
PONT-A-MARCQ à * DOUAI ⚘	1,9
DOUAI au BAC-AU-BENCHEUL ⚘	1,5
BAC-AU-BENCHEUL à * CAMBRAI ⚘	1,1
CAMBRAI à BEAUVOIS (Nord) ⚘	1,2
BEAUVOIS au * CATEAU ⚘	1,2
CATEAU à * LANDRECIES ⚘	1,8
LANDRECIES à NOUVION ⚘	1,7
NOUVION à LA CAPELLE ⚘	1,1
LA CAPELLE à HIRSON ⚘	1,4
HIRSON à BELLEVUE ⚘	1,1
BELLEVUE à MAUBERT-FONTAINE ⚘	1,8
MAUBERT-FONTAINE à LONNY ⚘	1,4
LONNY à * MÉZIÈRES ⚘	1,2

De MAUBERT-FONTAINE à ROCROY ⚘	1,6

CATEAU-CAMBRESIS (le) (Nord). Jolie ville, située sur la rive droite de la Selle, à 24 kil. (6 l. 1/4) de Cambrai. Coll. comm. ✉ ⚘ 5,946 h. Le Cateau s'est formé de la réunion des deux villages de Péronne et de Vendelgies, où l'évêque Halluis fit bâtir un château pour protéger les habitants. Il est célèbre par le traité si funeste à la France, signé en 1559, entre Henri II et Philippe II, et connu sous le nom de traité de Cateau-Cambresis. — PATRIE du maréchal Mortier, duc de Trévise, tué sur les boulevards de Paris le 28 juillet 1835, lors de l'explosion de la machine infernale destinée à donner la mort au roi Louis-Philippe. — FABRIQUES de châles, tissus mérinos, batistes, calicots, etc.

VOITURES PUBLIQUES. Tous les jours pour Valenciennes, Sedan, St-Quentin; diligence de Lille à Verdun par Mézières; messageries pour 7 villes des environs.

OUVRAGE A CONSULTER. *Promenades dans l'arrondissement d'Avesnes*, par Heinery, in-12, cartes et grav., 1839.

N° 76. ROUTE DE PARIS A LILLE.

AVESNES (*Nord*). Petite ville forte. Sous-préfect. Place de guerre de 4e cl. Trib. de 1re inst. Soc. d'agr. Coll. comm. ⊠ ☜ 3,166 hab. Cette ville est située dans une contrée fertile, sur l'Helpe majeure, à 12 k. (3 l.) de son embouchure dans la Sambre. Elle est généralement bien bâtie, et fortifiée d'après le système du célèbre Vauban. On y remarque la cathédrale, surmontée d'une tour de 97 m. 45 c. (300 pieds) de hauteur, qui renferme un beau carillon. — FABRIQUES de bonneterie de laine, de genièvre et de savon noir, etc.

HIRSON (*Aisne*). Bourg à 18 kil. (4 l. 1/2) de Vervins. 2,718 hab. C'était autrefois une ville forte où l'on voit encore les vestiges d'une tour carrée et d'un fort. — FABRIQUES de poterie de terre. Nombreuses clouteries. Aux environs, filatures de coton. Forges et fonderies.

MÉZIÈRES. Voy. N° 90.

DE LILLE A VALENCIENNES, 5 myr. 4 kil.

	m. k.
DE LILLE à PONT-A-MARCQ ☜	1,4
PONT-A-MARCQ à ORCHIES ☜	1,3
ORCHIES à * SAINT-AMAND (Nord) ☜	1,4
SAINT-AMAND à * VALENCIENNES ☜	1,3

AMAND-LES-EAUX (SAINT-) (*Nord*). Ville ancienne, située dans une riche et fertile plaine, sur la rive gauche de la Scarpe, à 13 k. (3 l. 1/4) de Valenciennes. Coll. comm. ⊠ ☜ 8,753 hab. Au septième siècle, Saint-Amand n'était qu'un village, que le roi Dagobert donna en 634 à saint Amand, qui y fonda une abbaye et lui donna son nom. On voit encore le clocher de cette ancienne abbaye, bâti de 1633 à 1636; c'est tout ce qui reste du plus beau monument gothique de la contrée. Il est construit en grès et pierres blanches sculptées de la base au sommet; la hauteur de cette tour, qui sert aujourd'hui d'horloge publique et de beffroi, est de 300 pieds : on arrive au sommet par un escalier de 450 marches. — FABRIQUES de fil à dentelle et de mulquinerie, de dentelles, chicorée-café, savon noir. Construction de bateaux. Manufacture de porcelaine.

EAUX ET BOUES THERMALES DE SAINT-AMAND. A 4 kilomètres est de Saint-Amand, on trouve un bel établissement d'eaux minérales qui jouissent, à juste titre, d'une grande réputation. Ces eaux viennent de trois sources très-abondantes, dont la première porte le nom de fontaine du Bouillon; la deuxième se nomme Source du Pavillon ruiné; la troisième Fontaine de Vérité. — Entre les sources de la fontaine du Bouillon et de Vérité se trouvent des boues minérales, retenues dans un bassin découvert, d'où l'eau s'échappe par une rigole circulaire. Elles sont réparties en quatre-vingts loges ou cases, dont chaque numéro appartient pour la saison à la personne malade qui en prend possession d'après l'indication du médecin-inspecteur. Ces boues se renouvellent chaque année par celles que l'on retire des sources. La température des eaux de Saint-Amand est de 20 degrés du thermomètre de Réaumur. Les boues sont constamment au même degré que les eaux, quelle que soit la variation de l'air atmosphérique. — Le bâtiment des eaux thermales offre la figure d'un parallélogramme d'une longueur de 160 mètres, ayant en face, à l'ouest, la façade de l'établissement des boues, et au midi le bâtiment qui les fixe. Les chambres des baigneurs sont au nombre de vingt-quatre; le nombre des douches est de six. L'établissement offre de belles promenades boisées, et toutes les ressources nécessaires à la vie. La proximité de Saint-Amand de Condé, jolie ville située à l'extrême frontière de la France et des Pays-Bas, le voisinage de l'ermitage de Bon Secours, où affluent, dans la belle saison, une multitude d'habitants aisés des contrées environnantes, en rendent le séjour très-agréable. On y trouve en outre un salon de danse et des salles de jeu. — La saison des eaux commence du 10 au 15 juin, selon la chaleur de l'époque, et se prolonge jusqu'à la fin d'août. On prend ordinairement les eaux pendant 15 à 20 jours. — Des cures extraordinaires y sont remarquées annuellement pour les paralysies, ankyloses, rhumatismes goutteux, articulaires, musculaires, etc. Les bains de boues sont d'une efficacité très-reconnue dans les paralysies, les roideurs des articulations, les vieux ulcères, et dans l'atrophie des extrémités.

VOITURES PUBLIQUES. Tous les jours pour Valenciennes.
OUVRAGE A CONSULTER. *Notice sur l'établissement des eaux et boues thermales de St-Amand*, par Bottin, in-8°, 1805.

N° 77.

ROUTE DE PARIS A LIMOGES (HAUTE-VIENNE).

V. N° 138, 1re R. de PARIS à TOULOUSE........, 38 myr.

DE LIMOGES A BORDEAUX, 21 myr. 7 kil.

	m.k.
De LIMOGES à AIXE (Haute-Vienne) ♅	1,2
AIXE à * CHALUS ♅	2,4
CHALUS à LA COQUILLE ♅	1,3
LA COQUILLE à * THIVIERS ♅	1,5
* SAINT-YRIEIX (à gauche de la route).	
* NONTRON (à droite de la route).	
THIVIERS aux PALISSONS ♅	1,3
* BRANTÔME (à droite de la route).	
* HAUTEFORT (à gauche de la route).	
PALISSONS à * PÉRIGUEUX ♅	1,9
PÉRIGUEUX à LA MASSOULIE ♅	1,8
* RIBERAC (à droite de la route).	
LA MASSOULIE à MUSSIDAN ♅	1,7
* SOURSAC (à droite de la route).	
MUSSIDAN à * MONPONT ♅	1,7
MONPONT à SAINT-MÉDARD ♅	1,8
SAINT-MÉDARD à * LIBOURNE ♅	2,0
LIBOURNE à BEYCHAC ♅	1,6
* VAYRES (à gauche de la route).	
BEYCHAC à * BORDEAUX ♅	1,5

CHALUS (*Haute-Vienne*). Petite ville à 23 kil. (6 l.) de Saint-Yrieix. ⊠ ♅ 1,994 hab. On attribue la fondation de cette ville à *Lucius Capreolus*, proconsul d'Aquitaine sous Auguste, qui fit bâtir, à l'endroit où est aujourd'hui Chalus, un château fortifié de tours et de remparts, sous les murs duquel périt Richard Cœur-de-Lion, en 1199. — A peu de distance de Chalus et au-dessous du bourg du Montbrun, l'on voit les restes d'un vieux château, qui a dû être d'une grande importance. La solidité de sa construction, l'effet pittoresque de ses débris, le nombre de ses vieilles tours, dont on admire à la fois la hauteur et les vastes dimensions, tout porte à croire que ces ruines sont celles d'une des forteresses les plus célèbres de la contrée.

YRIEIX (SAINT-) (*Haute-Vienne*). Ville ancienne. Sous-préf. Trib. de 1re

inst. Soc. d'agric. ✉ 6,542 hab. Cette ville doit son origine à un ancien monastère, fondé, dit-on, vers la fin du sixième siècle. Elle est en général assez mal bâtie, sur la rive gauche de la Loue. L'église paroissiale est un édifice de construction gothique fort remarquable, qui paraît remonter au douzième siècle : sur les murs des collatéraux règne une galerie assez large, soutenue par des consoles où l'on observe des têtes d'hommes et d'animaux, des plantes, des fruits et des figures fantastiques. — Manufactures de porcelaine. — Fabriques de toiles, fils, faïence. Préparation d'antimoine et de serpentine. Exploitation des carrières de kaolin et de pétunsé, qui fournissent de matières premières les principales manufactures de porcelaine de France. — A 42 kil. (10 l. 1/2) de Limoges, 421 kil. (108 l.) de Paris.

NONTRON (*Dordogne*). Ancienne ville. Sous-préf. Trib. de 1re instance. ✉ 3,609 hab. C'est une ville irrégulièrement construite sur deux collines ; la plupart des rues sont mal percées, mais bordées de maisons assez bien bâties ; les dehors sont charmants. Le Bandiat, qui coule au bas des coteaux, forme dans ses contours des vallons riants et fertiles, et les hauteurs, couvertes partout de bois et de prés, sont on ne peut plus pittoresques. La ville possède un hôpital bien tenu et des fontaines abondantes. — Fabriques de grosse coutellerie. Exploitation de mines de fer et de manganèse. Carrières de marne et tourbières non exploitées. — A 41 kil. (10 l. 1/2) de Périgueux, 466 kil. (119 l. 1/2) de Paris.

Buts d'excursions : au *roc branlant*, masse énorme de granit que la main d'un enfant fait mouvoir ; aux *rochers de Chapelet* ; à la *grotte de Teyjat* ; aux environs, ruines de châteaux forts et monuments druidiques.

THIVIERS (*Dordogne*). Petite ville située sur une colline escarpée, à 24 kil. (6 l. 1/4) de Nontron. ✉ ⚭ 2,308 hab.

Thiviers était autrefois une ville forte. Elle est généralement mal bâtie, mal percée, et d'un accès difficile à cause de l'escarpement de la principale rue où passe la grande route ; mais autant la ville est laide par elle-même, autant elle est agréable par son site sur une colline qui domine à gauche un riche et joli paysage. — Fabriques de faïence.

BRANTOME (*Dordogne*). Ancienne et jolie petite ville, située dans une île formée par la Dronne, à 21 kil. (5 l. 1/4) de Périgueux. ✉ 2,722 hab. Cette ville a dû longtemps sa prospérité à une ancienne et riche abbaye de bénédictins, dont les bâtiments, élevés sur la colline voisine, sont encore imposants et majestueux. — Commerce considérable de truffes, réputées les meilleures du Périgord.

HAUTEFORT (*Dordogne*). Bourg situé à 35 kil. (9 l.) de Périgueux. 1,500 hab. Il est dominé par un magnifique château, construit sur la crête d'une colline voisine, et possède un des plus beaux hospices du département, fondé en 1669, par le marquis d'Hautefort.

PÉRIGUEUX. Ville ancienne. Chef-lieu du département de la Dordogne. Trib. de 1re inst. et de comm. Évêché. Société d'agric. Collége comm. ✉ ⚭ 12,187 hab. — Périgueux est une ville de la plus haute antiquité, mentionnée dans les Commentaires de César sous le nom de *Vesonna*. Les Romains, après l'avoir conquise, en firent le centre d'un vaste territoire et se plurent à l'embellir ; on voit encore, près des murs, les ruines d'un amphithéâtre antique de forme ovale, dont les dimensions étaient plus vastes que celles de l'amphithéâtre de Nîmes. Cette ville est située dans une belle vallée, et s'élève en amphithéâtre sur le penchant d'une colline que baignent les eaux de l'Isle. Elle se divise en deux parties, l'ancienne cité et le Puy-Saint-Front, qui ont longtemps formé deux villes distinctes. Sa position est saine et agréable ; néanmoins la vieille cité est d'un aspect triste ; ses rues sont étroites, mais ses maisons vastes et solidement construites : on y remarque quelques restes curieux d'architecture gothique. La ville nouvelle a reçu depuis peu de temps de nombreux embellissements ; les vieux remparts ont été démolis, et ont fait place

à de beaux et vastes boulevards. — L'ÉGLISE CATHÉDRALE de Saint-Front est un des plus anciens édifices de la chrétienté. Sa restauration peut dater de la fin du cinquième siècle et du commencement du sixième, mais sa fondation est de beaucoup antérieure, et plus ancienne que Sainte-Sophie de Constantinople, qui n'a été élevée par Justinien qu'en 540. Le bas de cet édifice porte le caractère des constructions antiques, et son plan, qui est une croix grecque, annonce la patrie de son auteur. Les détails de cette basilique sont, à la vérité, lourds et grossiers ; mais la conception totale est majestueuse, grande, hardie, et date sûrement des temps où l'architecture n'avait pas achevé de perdre ses bonnes proportions et ses admirables ornements, c'est-à-dire, de la fin du quatrième siècle. On y remarque un ouvrage de sculpture en bois très-précieux ; c'est le plus vaste morceau en ce genre qui existe peut-être de la main d'un seul homme : il représente une cène et une annonciation de la Vierge, avec une foule d'accessoires et d'ornements d'un très-grand fini. — Périgueux possède plusieurs promenades agréables : le cours de Tourny, soutenu par de belles terrasses, est planté d'arbres magnifiques ; il est situé dans la partie la plus élevée de la ville, et domine la vallée de l'Isle, sur laquelle on jouit de perspectives pittoresques. Un honorable habitant de Périgueux, grand amateur d'archéologie, Chambon, a fait rassembler et disposer avec art, dans un vaste jardin où il a voulu être inhumé, un grand nombre de fragments d'antiquités découverts dans la ville et aux environs. Il a fait don à la ville de ce jardin, qui est devenu ainsi une espèce de musée public et sacré. On remarque encore à Périgueux la tour de Vesone, ancien temple romain ; un pont magnifique sur l'Isle ; la bibliothèque publique, renfermant 16,000 volumes ; l'hôtel de la préfecture, beau bâtiment de construction moderne ; le palais de justice ; l'hôpital ; les casernes ; une assez jolie salle de spectacle ; le musée d'antiquités créé par M. de Taillefer, savant distingué, etc. Les statues en bronze de Montaigne et de Fénelon ornent les promenades. Des aqueducs et des fontaines publiques ont été établis depuis quelques années, sous l'administration de M. Marcillac, maire ; par reconnaissance, les habitants ont donné le nom de cet estimable citoyen à la principale place de l'intérieur de la ville, qui est décorée d'une fontaine portant plusieurs inscriptions relatives à cet événement. — FABRIQUES d'étamines, cadis, bonneterie, liqueurs fines. — COMMERCE de pâtés et de truffes renommés, de gibier, volailles et bestiaux.—
A 94 kil. (24 l.) de Limoges, 361 kil. (92 l.) de Bordeaux, 475 kil. (122 l.) de Paris. — HÔTELS : de France, du Dragon-Volant, du Chêne-Vert.

VOITURES PUBLIQUES. Malle-poste de Paris à Pau, tous les jours. De Paris à Bordeaux, tous les jours ; pour Lyon, Angoulême, Brives, Sarlat, Riberac, Nontron, tous les jours ; retour le lendemain ; pour Agen, par Bergerac, tous les jours.
OUVRAGES A CONSULTER, qui se trouvent à la librairie de Baylé, à Périgueux.
Antiquités de Vesone, etc., par Ulgrin de Taillefer, in-8°, 1821-26.
Annuaire de la Dordogne, par Delfau, in-8°, 1803-1804.
Statistique de la Dordogne, par Peuchet et Chantaine, in-4°, 1809.
L'état de l'Église du Périgord, depuis le christianisme, par le P. Dupuy, récollet, nouv. édit. in-4°, 1842.

RIBERAC (*Dordogne*). Petite ville. Trib. de 1re instance. ⊠ 3,954 hab. Riberac est une ancienne ville, défendue autrefois par un grand et fort château. Elle est située dans un riche bassin, sur la Dronne, irrégulièrement construite, et n'offre rien de remarquable ; mais ses dehors sont beaux, et sa plaine est une des plus fertiles du département. On y voit encore les restes de l'ancien château des vicomtes de Turenne. — A 31 kil. (8 l.) de Périgueux, 505 kil. (129 l. 1/2) de Paris. — HÔTEL de la Promenade.

SOURZAC (*Dordogne*). Bourg à 34 kil. (8 l. 3/4) de Riberac. 1,587 hab. On voit, près de Sourzac, une grotte renfermant le bassin d'une belle source, dont l'eau s'échappe en abondance par l'ouverture de cette cavité souterraine, et se précipite avec fracas au bas de la colline, où elle forme un ruisseau qui traverse le bourg. La cascade qu'elle forme est fort belle, et n'a pas moins de 10 à 13 mètres de hauteur.

MONTPONT (*Dordogne*). Petite ville située dans une belle et riche plaine, près de l'Isle, à 22 kil. (5 l. 3/4) de Riberac. ✉ ☞ 1,325 hab. On voit à peu de distance les ruines d'un ancien camp romain, où l'on a découvert un grand nombre de médailles du règne de l'empereur Probus. On remarque aussi près de cette ville la belle chartreuse de Vauclaire, célèbre autrefois par l'étendue de ses bâtiments et par la beauté de son église gothique.

LIBOURNE (*Gironde*). Ancienne et jolie ville. Sous-préf. Trib. de 1re inst. et de comm. Bourse de comm. École d'hydr. de 1re classe. Coll. comm. ✉ ☞ 9,388 hab. — Libourne est dans une situation très-agréable, au milieu d'un riche et beau pays, sur la rive droite de la Dordogne, et au confluent de l'Isle, que l'on passe sur un pont suspendu d'une élégance remarquable. Peu de villes sont bâties sur un plan aussi régulier. La place du Centre est vaste et fort belle; les rues sont larges, tirées au cordeau, formées de maisons construites avec élégance et pour la plupart bordées de trottoirs; de bonnes murailles l'environnent, et de charmantes promenades ajoutent encore au charme de son admirable situation. Son port, où la marée s'élève de 3 m. 25 c. à 4 m. 87 c. (10 à 15 pieds), reçoit des navires de 300 tonneaux; il est sur la Dordogne, mais les bâtiments stationnent également sur l'Isle. — Cette ville possède une bibliothèque publique, renfermant 3,000 volumes; une salle de spectacle; un musée; un jardin de botanique; un beau quartier de cavalerie, auquel est joint un vaste manège couvert, dont on admire la superbe charpente cintrée. On y remarque aussi un beau pont, en pierres et en briques, de neuf arches à plein cintre, jeté sur la Dordogne; le passage de ce pont a été livré au public en 1825. — PATRIE du duc Decazes, ex-ministre de la justice. — Verrerie considérable. Corderies. Construction de navires. — COMMERCE considérable de vins et eaux-de-vie, merrain, fer, houille, etc. Entrepôt de sel. — A 43 kil. (11 l.) de Bordeaux, 559 kil. (143 l.) de Paris. — Hôtels : de France, de l'Europe, des Princes.

VOITURES PUBLIQUES. Tous les jours pour Paris et Bordeaux.
OUVRAGE A CONSULTER. *Essais sur la ville de Libourne*, par Souffrain, 2 vol. in-8°, 1806.

VAYRES (*Gironde*). Bourg très-agréablement situé dans un territoire fertile en excellents vins, sur la rive gauche de la Dordogne, à 10 kil. (2 l. 1/2) de Libourne. 1,500 habit. On y remarque un beau château de construction gothique.

DE LIMOGES A CLERMONT, 17 myr. 4 kil.

	m.k.
De LIMOGES au MAZET ☞	1,2
MAZET à * SAINT-LÉONARD ☞	1,0
SAINT-LÉONARD à SAUVIAT ☞	1,3
* EYMOUTIERS (à droite de la route).	
SAUVIAT à * BOURGANEUF ☞	1,5
BOURGANEUF à CHARBONNIER ☞	2,0
* FELLETIN (à droite de la route).	
CHARBONNIER à * AUBUSSON ☞	1,9
AUBUSSON au POUX ☞	1,3
POUX à LA VILLENEUVE (Creuse) ☞	1,0
LA VILLENEUVE à SAINT-AVIT ☞	1,0
SAINT-AVIT à PONT-AU-MUR ☞	1,2
PONT-AU-MUR à * PONT-GIBAUD ☞	1,8
PONT-GIBAUD à * CLERMONT (Puy-de-Dôme) ☞	2,2

LÉONARD (SAINT-) (*H.-Vienne*). Ville ancienne, située à 22 kil. (5 l. 1/2) de Limoges. ✉ ⟲ 5,705 hab. C'est une ville agréablement située, au sommet d'un mamelon, sur la rive droite de la Vienne, que l'on y passe sur un beau pont ; elle est entourée de boulevards ornés de belles plantations, d'où l'on découvre de superbes prairies. — FABRIQUES de grosse draperie. Manufact. de porcelaine. Papeteries. — HÔTELS : de la Poste, de la Boule-d'Or.

EYMOUTIERS (*Hte-Vienne*). Petite ville, située dans un vallon sauvage, mais très-pittoresque, sur la Vienne, à 34 kil. (8 l. 3/4) de Limoges. 3,456 h. L'église paroissiale, d'un style gothique plein de hardiesse et de légèreté, est une des plus belles du département, quoiqu'elle ait le défaut d'être un peu obscure : on admire surtout le chœur, dont les vitraux sont d'un travail très-remarquable.

BOURGANEUF (*Creuse*). Petite ville fort ancienne. Sous-préfecture. Trib. de 1re inst. ✉ ⟲ 2,849 hab. Cette ville est bâtie dans une position agréable, sur une éminence, près de la rive gauche du Taurion. Elle est célèbre par le séjour qu'y fit le prince Zizim, fils de Mahomet II, vaincu par Bajazet II, son frère puîné, auquel il disputa la couronne de l'empire ottoman. C'est à ce prince ottoman qu'on attribue la construction d'une grosse tour fort élevée qu'on remarque à Bourganeuf, et qui est toute revêtue de pierres taillées en bossage. — FABRIQUES de papiers gris et d'impression. — MANUFACT. de porcelaine. — A 29 kil. (7 l. 1/2) de Guéret, 47 kil. (12 l.) de Limoges, 357 k. (91 l. 1/2) de Paris. — HÔTELS : du Soleil-d'Or, de la Poste, du Lion-d'Or.

VOITURES PUBLIQUES De Lyon à Bordeaux, malle-poste de Moulins à Limoges. — Voitures de Bourganeuf à Limoges.

FELLETIN (*Creuse*). Petite ville, à 8 kil. (2 l.) d'Aubusson. Collège comm. ✉ 3,228 hab. Cette ville est bâtie dans une situation agréable et riante, sur le penchant d'un coteau au pied duquel coule la Creuse. Elle est dominée par une haute montagne, sur le sommet de laquelle existait autrefois un antique château. — FABRIQUES de draps, siamoises. Manufactures considérables de tapis ras veloutés. — HÔTELS : de Saint-Pierre, de Notre-Dame, du Dauphin.

AUBUSSON (*Creuse*). Ville ancienne. Sous-préf. Trib. de 1re inst. ✉ ⟲ 4,847 hab. Cette ville est située au milieu d'une contrée aride et inculte, dans une gorge entourée de montagnes et de rochers qui en rendent l'aspect très-pittoresque. Elle est traversée par la Creuse, et n'offre qu'une seule rue assez bien bâtie, où se trouvent une salle de spectacle, un cercle littéraire et des bains publics. — FABRIQUES de draps communs, tapis de table et de pied. Filat. hydrauliques de laine et de coton. — MANUFACT. de tapisseries de haute lisse et de tapis façon de Turquie. — A 35 kil (9 l.) de Guéret, 35 kil. (9 l.) de Bourganeuf, 66 kil. (17 l.) de Clermont, 392 kil. (100 l. 1/2) de Paris. — HÔTELS : du Lion-d'Or, du Grand-Monarque.

VOITURES PUBLIQUES. Tous les jours pour Limoges, Clermont-Ferrand, Guéret.
OUVRAGE A CONSULTER. *Histoire de la Marche et du pays de Combrailles*, par Joulliéton, 2 vol. in-8°, 1813-16.

PONT-GIBAUD (*Puy-de-Dôme*). Petite ville située sur la Sioule, à 23 k. (6 l. 1/2) de Riom. ✉ ⟲ 847 hab. Elle est bâtie sur une coulée de lave, dans une contrée abondante en produits minéralogiques très-variés, et dominée par un ancien château qui a appartenu aux dauphins d'Auvergne; c'est un vieux manoir très-solidement construit en grosses pierres de taille, qui s'élève sur un plan quadrilatère.

DE BORDEAUX A BERGERAC.

1re Route, par BRANNES, 9 myr. 6 kil.

	m. k.
De * BORDEAUX au PAVILLON ⟲	1,6
LE PAVILLON à BRANNES ⟲	1,9

	m. k.
Brannes à * Castillon ☞	1,2
* Saint-Émilion (à gauche de la route).	
Castillon à Sainte-Foy ☞	2,7
St-Michel-de-Montagne (à gauche de la r.).	
Sainte-Foy à Bergerac ☞	2,2

2ᵉ Route, par Libourne, 9 myr. 8 kil.

De * Bordeaux à * Libourne ☞	3,1
Libourne à * Castillon ☞	1,8
Castillon à * Bergerac ☞ (Voy. la 1ʳᵉ R.)	4,9

ÉMILION (SAINT-) (*Gironde*). Petite ville très-ancienne, située dans une gorge profonde, au milieu d'une contrée fertile en vins fort estimés, à 6 kil. (1 l. 1/4) de Libourne. 3,000 hab. On y remarque l'église paroissiale, édifice gothique plein de grâce et de légèreté; la façade du palais du cardinal de Canterac; l'ermitage de Saint-Émilion, un petit temple monolithe, et une rotonde, dédiés au solitaire qui a donné son nom à la ville. L'ermitage est creusé dans le roc, à 6 m. 49 c. (20 p.) au-dessous de la place publique : on y voit encore le lit, le siége et la table du solitaire, le tout ménagé dans le roc, ainsi qu'une fontaine remarquable par l'abondance et la limpidité de ses eaux. Le temple monolithe est également taillé dans le roc : il a 26 m. de long et 16 m. 25 c. de large; l'entrée, qui regarde l'orient, est décorée d'une arcade gothique, à plusieurs cintres en retraite les uns sous les autres, avec des personnages entre les arcs. Une galerie latérale, bordée de sépulcres, conduit dans la nef, dont la voûte décrit le sommet d'une étroite parabole, et repose sur huit piliers énormes. Des bas-reliefs et diverses sculptures ornent l'entrée et plusieurs autres parties de ce temple. Non loin de ce monument, à gauche, est la rotonde de Saint-Émilion, petit temple gothique d'une admirable légèreté. — Patrie de Guadet.

OUVRAGE A CONSULTER. *Ermitage antique de St-Émilion* (Mém. de la Soc. des antiq. de France, t. 6); il y a 12 vues gravées.

CASTILLON (*Gironde*). Petite ville, sur la rive droite de la Dordogne, à 27 kil. (7 l.) de Libourne. ⊠ 2,900 hab. On doit visiter, aux environs de Castillon, les restes du château de Michel Montaigne.

MICHEL (SAINT-) (*Dordogne*). Village à 31 kil. (8 l.) de Bergerac. On y voit le château où est né Michel Montaigne, l'immortel auteur des Essais. Il habitait ordinairement un pavillon qui est à l'angle droit de la basse-cour, et qui communique au corps de logis par une terrasse. Les chevrons du plancher de la chambre sont couverts de traits de la Bible, de sentences grecques et de vers d'Ovide. Au milieu de cet assemblage, qui peint le génie du philosophe qui l'a formé, on voit sur la muraille le portrait, peint à fresque, d'Éléonore, fille unique de Montaigne, et un tableau de Vénus surprise avec Mars et Vulcain : au-dessous est une inscription tirée des Proverbes de Salomon. On montre le lit où est mort Montaigne, quelques tablettes où étaient ses livres, et la table où il a écrit ses Essais.

BERGERAC (*Dordogne*). Jolie ville. Sous-préfect. Trib. de 1ʳᵉ inst. et de comm. Collége comm. ⊠ ☞ 8,557 h. Bergerac, que l'on croit être le *Trajectus* de l'Itinéraire d'Antonin, est une ville fort ancienne, située sur les bords de la Dordogne, au milieu d'une plaine vaste et fertile. Elle est en général très-mal bâtie, formée de ruelles étroites et tortueuses, au milieu desquelles on distingue cependant la rue et la place du Marché. Quelques maisons d'assez belle apparence se font aussi remarquer sur le pont, qui reçoit de ses communications journalières avec Bordeaux une grande activité. On y remarque un beau pont de cinq arches jeté sur la Dordogne; la salle de spectacle; la bibliothèque publique, où l'on voit un beau portrait de Gabrielle d'Estrées. — FABRIQUES de liqueurs fines. — A 43 k. (11 l.) de Périgueux, 86 k. (22 l. 1 2) de Bordeaux, 520 kil. (133 l.) de Paris. — HÔTELS : des Princes, de la Boule-d'Or.

VOITURES PUBLIQUES. Tous les jours pour Bordeaux, Agen, Périgueux, Angoulême, Lalinde, Eymet.

N° 78.

ROUTE DE PARIS A LONGWY (MOSELLE).

31 myriamètres 7 kilomètres.

	m. k.
De PARIS à * VERDUN ☞ (Voy. N° 60)............	25,1
VERDUN à ÉTAIN ☞...........................	2,0
ÉTAIN à SPINCOURT ☞.......................	1,4
SPINCOURT à LONGUYON ☞..................	1,4
LONGUYON * LONGWY ☞.....................	1,8

LONGWY (*Moselle*). Petite ville forte, située près de la rive droite du Chiers, à 39 kil. (10 l.) de Briey. Place de guerre de 4ᵉ classe. ☒ ☞ 2,483 h. Cette ville doit son origine à un camp retranché que les Romains avaient établi sur le plateau de Titelberg. On y remarque l'hôtel de ville ; l'église paroissiale, construite en 1690 ; l'hôpital ; la boulangerie militaire ; les casemates et les puits de la ville haute. La ville basse n'est qu'une espèce de village placé en amphithéâtre sur la partie inférieure de l'escarpement méridional de la montagne. — MANUFACTURES de faïence et de terre de pipe dite cailloutage.

VOITURES PUBLIQUES. Pour Metz, Verdun, Sedan.
OUVRAGE A CONSULTER. *Essais sur l'histoire de Longwy*, in-8°, 1829.

N° 79.

R. DE PARIS A LONS-LE-SAUNIER (JURA).

1ʳᵉ R., par ARNAY-LE-DUC et BEAUNE, 40 myr. 2 kil.

	m. k.
De PARIS à * ARNAY-LE-DUC ☞ (Voy. N° 82, R. de Lyon)..	28,6
ARNAY-LE-DUC à BLIGNY-SUR-OUCHE ☞.........	1,8
BLIGNY-SUR-OUCHE à * BEAUNE ☞............	1,7
BEAUNE à SAINT-LOUP-DE-LA-SALLE ☞.........	1,1
SAINT-LOUP-DE-LA-SALLE à SERMESSE ☞.......	1,8
SERMESSE à * PIERRE ☞.....................	1,6
PIERRE à BLETTERANS ☞....................	2,3
BLETTERANS à * LONS-LE-SAUNIER ☞.........	1,3

N° 79. ROUTE DE PARIS A LONS-LE-SAUNIER.

2ᵉ R., par Dijon et Dôle, 41°myr. 1 kil.

	m. k.
De Paris à * Dôle ☞ (Voy. N° 23)	35,9
Dôle à Tassenière ☞	2,0
Tassenière à Mantry ☞	1,8
Mantry à * Lons-le-Saunier ☞	1,4
* Chateau-Chalons (à gauche de la route).	

CHATEAU-CHALONS (*Jura*). Bourg situé sur une montagne élevée à douze cents pieds au-dessus de la plaine, près de la rive droite de la Scille, à 15 kil. (3 l. 3/4) de Lons-le-Saunier. 700 hab. Il est généralement mal bâti et formé de rues étroites et irrégulières. Sur le sommet de la montagne, au sud, on remarque les bâtiments d'une ancienne abbaye de bénédictines.

OUVRAGE A CONSULTER. *Mémoire et consultation pour servir à l'histoire de Château-Châlons*, par Lequinio, in-8°, 1766.

DE LONS-LE-SAUNIER A NANTUA, 7 myr. 3 kil.

	m. k.
De Lons-le-Saunier à * Orgelet ☞	1,9
Orgelet à Arinthod ☞ (vacant)	1,7
* Pressilly (à droite de la route).	
* Tour-du-Meix (sur la route).	
Arinthod à Thoirette ☞	1,7
Thoirette à * Nantua ☞	2,0
* Corveyssiat (à gauche de la route).	

ORGELET (*Jura*). Petite ville. ☞ 2,367 hab. Elle est située au pied d'une montagne, et dominée par les ruines d'un ancien château fort. On doit visiter dans les environs le pont de la Pile et la Tour-du-Meix.

PRESSILLY (*Jura*). Village à 15 kil. (3 l. 3/4) de Lons-le-Saunier. 250 h. On y remarque les ruines majestueuses d'un château des plus curieux dans ses détails et des plus pittoresques dans son ensemble.

TOUR-DU-MEIX (la) (*Jura*). Village à 24 kil. (6 l. 1/4) de Lons-le-Saunier. 400 hab. Il est bâti dans une situation pittoresque, au pied d'une montagne couronnée par les ruines d'un ancien château fort. — A un kilomètre de la Tour-du-Meix, la route de Saint-Claude passe entre deux pans de rochers, qui tous deux également s'élèvent dans une direction verticale; ils paraissent avoir 40 mètres de haut, et ne sont séparés que par le grand chemin. La montagne est coupée net et d'aplomb, mais ce n'est point perpendiculairement à son axe : la gorge formée par cette brisure décrit une courbe qui ne la rend que plus singulière. Pendant qu'on traverse cette espèce de puits allongé, sur le fond duquel on marche, la vue resserrée de tous côtés ne peut se porter qu'en haut, le firmament est le seul objet que l'on rencontre. A la suite de cette gorge, un spectacle extraordinaire frappe le spectateur; il semble qu'au sortir d'un profond souterrain il est enfin rendu au jour, et c'est pour voir une étendue presque illimitée de monts et de forêts. — A 194 m. 90 c. (600 p.) au-dessus du lit de la rivière de l'Ain, au milieu des bois, on rencontre une fissure dont les bords se resserrant à 3 m. 25 c. de profondeur ne laissent entre eux que le passage d'un homme. Ce couloir forme l'entrée d'une grotte d'environ 13 m. de long, sur environ 9 m. 74 c. de large et 3 m. 25 c. de haut, qui porte dans le pays le nom de Baume-à-Varoux. Non loin de cette fissure est le pont de la Pile, établi sur la rivière de l'Ain. Il est d'une seule arche de 38 m. 97 c. (120 p.) d'ouverture, et construit au moyen de poutres de 3 m. 89 c. de long chacune, arrangées bout à bout avec une inclinaison qui forme entre elles un angle très-obtus, de manière que les dix pièces qui font le cintre représentent chacune une corde d'une portion de cercle d'un diamètre considérable. Ces poutres sont recouvertes d'autres poutres de même longueur et de même grosseur qui se partagent avec égalité sur les poutres inférieures ; elles sont retenues par des liernes ou clefs de bois qui embrassent en même temps la poutre de dessous et celle qui couvre, à la manière usitée dans les charpentes des grands édifices. Cette sorte de cintre est d'une force incalculable ; et comme les culées sont appuyées par les rochers de part et d'autre, une voûte pareille doit subsister nécessairement plusieurs siècles, c'est-à-dire jusqu'à la pourriture des madriers qui composent les cintres sur lesquels se trouve établi le plancher qui porte le pavé.

CORVEYSSIAT (*Ain*). Village à 22 kil. (5 l. 1/2) de Bourg. ⊠ 600 h. Près de ce village, on remarque une belle grotte remplie de stalactites, d'où s'échappe une rivière qui forme une jolie cascade.

NANTUA. V. page 219.

DE LONS-LE-SAUNIER A TOURNUS, 5 myr. 5 kil.

	m. k.
De *Lons-le-Saunier à Beaurepaire ⚘.	1,3
Beaurepaire à *Louhans ⚘	1,4
Louhans à Brienne (Saône-et-Loire) ⚘	1,9
Brienne à Tournus ⚘	0,9

LOUHANS (*Saône-et-Loire*). Petite et ancienne ville. Sous-préf. Trib. de 1re inst. et de comm. Collége comm. 3,411 hab. Cette ville est située au centre d'une vaste et fertile plaine, sur la Seille, qui commence à y être navigable. C'est une ville longue et étroite, en grande partie formée d'anciennes maisons, dont les toits en forme d'auvents forment un aspect agréable. On y a trouvé plusieurs restes d'antiquités qui annoncent que les Romains y ont fait un séjour prolongé. — Commerce de blés très-recherchés, farines, maïs, volailles, etc. — A 51 kil. (13 l.) de Mâcon, 392 (100 l. 1/2) de Paris. — Hôtels : du Cheval-Blanc, de Saint-Martin, tenu par Martin fils.

VOITURES PUBLIQUES. Tous les jours de Tournus à Lons-le-Saunier et retour. — Tous les jours pour Châlons-sur-Saône et retour.

N° 80.

ROUTE DE PARIS A LORIENT (MORBIHAN).

49 myriamètres 7 kilomètres.

	m. k.
De Paris à *Rennes ⚘ (Voy. N° 31)	35,5
Rennes à *Ploermel ⚘ (Voy. N° 144)	5,9
Ploermel à *Josselin ⚘	1,2
Josselin à *Locminé ⚘	2,4
Locminé à Baud ⚘	1,5
Baud à *Hennebon ⚘	2,2
Hennebon à *Lorient ⚘	1,0

JOSSELIN (*Morbihan*). Petite ville à 12 k. (3 l.) de Ploërmel. ⊠⚘ 2,654 h. — Hôtels : de la Poste, de la Croix-d'Or. — Cette ville est bâtie dans une situation agréable, sur la rivière d'Oust : on y voit l'un des plus beaux châteaux qui existent dans le département. C'était jadis une forteresse de la plus haute importance, et dont l'histoire est liée intimement à celle de la Bretagne. Henri II, roi d'Angleterre, prit et rasa ce château en 1162; les ligueurs s'en emparèrent en 1589, après une longue résistance. Olivier de Clisson le fit réparer, et y mourut en 1407; il fut enterré dans la chapelle du château, où on lui éleva un mausolée magnifique, dont il ne reste plus que des débris, consistant en une table de marbre noir qui formait le dessus du sarcophage, et autour de laquelle est écrite en caractère gothique carré, l'inscription suivante :

Chi gist noble et puissant seigneur Monseigneur
Olivier de Clisson,
jadis connestable de France,
seigneur de Clisson, de Porhouet, de Belleville et de la Garnache,
qui trespassa en Avril le jour de Saint-Jorge
l'an MCCCC et VII.
Priez Dieu pour son ame. Amen.

Le magnifique château de Josselin appartient à M. le duc de Rohan, qui l'a fait réparer récemment. Le principal corps de logis est bien entier, et l'on admire surtout la façade qui donne sur la grande cour : toute la délicatesse, toute la richesse d'ornement dont est susceptible l'architecture gothique, y sont déployées avec magnificence. On remarque principalement les balustrades des croisées, formées par de grandes lettres découpées à jour et composant les mots *à plus, à moins*, devise de la maison de Rohan. Le côté extérieur de ce corps de logis, où l'on montre encore la chambre où mourut Clisson, ainsi que l'escalier où sa fille se cassa la cuisse en fuyant sa colère, donne sur la rivière d'Oust ; il est flanqué de tours et ses murs sont surmontés d'une galerie saillante à créneaux et machicoulis.

LOCMINÉ (*Morbihan*). Petite ville à 22 k. (5l. 3/4) de Pontivy. ✉⌾ 1,579 h.
— On voit dans son voisinage, devant la porte d'une maison particulière, deux statues provenant de la démolition du château de Quinipili, qui ont acquis une certaine célébrité par les dissertations auxquelles elles ont donné lieu.

DE LORIENT A BREST, 14 myr. 8 kil.

	m. k.
De Lorient à * Quimperlé ⌾.............	2,0
Quimperlé à * Brest ⌾ (V. N° 100, R. de Nantes à Brest).............................	12,8
De Josselin à * Pontivy ⌾................	3,4
D'Hennebon au Port-Louis ⌾............	1,5

N° 81.

ROUTE DE PARIS A LOUVIERS (EURE).

1re Route, par Vernon, 11 myr.

	m. k.
De Paris à Bonnières ⌾ (Voy. N° 43)...........	7,1
Bonnières à * Louviers ⌾ (Voy. N° 124)......	3,9

2ᵉ Route, par Évreux, 12 myr. 7 kil.

	m, k.
De Paris à *Évreux ☞ (Voy. N° 43)............	10,4
Évreux à * Louviers ☞....................	2,3

LOUVIERS (*Eure*). Ville ancienne. Sous-préf. Trib. de 1ʳᵉ inst. et de com. Ch. des manuf. Cons. de prud. ⌧ ☞ 9,885 h. — Louviers est située sur l'Eure, qui est navigable, et sur laquelle les bateaux de la Seine remontent jusqu'à Jarry. Elle est bâtie dans un vallon riant, et presque entièrement construite en bois dans sa partie vieille, composée de trois ou quatre larges rues, communiquant entre elles par un grand nombre de ruelles. La partie neuve, bâtie en briques et en pierres de taille, a de beaucoup agrandi son enceinte, dont les vieux quartiers rajeunissent aussi tous les jours. La rue longue et belle qui sert de passage à la grande route franchit le bras de l'Eure sur trois ponts, dont le plus considérable est bombé comme les vieux ponts, et large comme les ponts modernes. L'église est un magnifique édifice, qui paraît avoir été construit au temps des premières croisades. On reconnaît à ses ogives, plus élancées que celles du huitième siècle, les élégantes traditions de l'architecture syrienne La masse de l'édifice est cependant soutenue par d'énormes piliers d'architecture lombarde. Un certain nombre de croisées mauresques ont été percées dans les murailles. Des colonnes de même goût, admirables par leur élégance et le travail parfait de leurs bases et de leurs chapiteaux, décorent le grand portail. Dans sa partie principale, et dans le pilastre du milieu, on ne peut méconnaître l'époque de la renaissance. La porte extérieure du côté du midi est d'un gothique élégant, où commencent à se développer les brillantes réminiscences du Levant. — On remarque encore à Louviers : la maison des templiers, bâtie vers la fin du douzième siècle, dont le style et le caractère sont d'autant plus curieux qu'il reste infiniment peu d'habitations particulières d'une époque aussi reculée; la bibliothèque publique; la salle de spectacle ; les promenades, etc. — Manufactures importantes de draps fins. Filatures hydrauliques de laine et de coton. Blanchisseries de toiles. Nombreuses teintureries. — Commerce de grains, laines, chardons à cardes, draps, casimirs et articles de ses manufactures. — A 23 kil. (6 l.) d'Évreux, 16 kilom. (4 l.) d'Elbeuf, 27 kil. (7 l.) de Rouen, 107 kil. (27 l. 1/2) de Paris. — Hôtels : du Commerce, du Grand-Cerf, du Mouton.

* **Voitures publiques.** Tous les jours pour Paris, Évreux et Rouen.
* **Ouvrages a consulter.** *Description topographique de l'arrondissement de Louviers*, par Dutens, in-8°, an IX.
  Histoire de Louviers, par Morin, in-12, 1822.
  Essais historiques sur Louviers, par Dibon, in-8°.

DE LOUVIERS A ROUEN.

1ʳᵉ R., par le Port-Saint-Ouen (V. N° 124)...... 2,8

2ᵉ R., par Elbeuf, 3 myr. 7 kil.

	m. k.
De * Louviers à * Elbeuf ☞...................	1,6
Elbeuf au Grand-Couronne ☞...............	0,9
Le Grand-Couronne à *Rouen ☞...........	1,2

D'Elbeuf à Bourgtheroulde ☞ 1,0

N° 82.

ROUTE DE PARIS A LYON (RHONE).

(Voyez aussi l'Itinéraire descriptif de PARIS à MARSEILLE, N° 85, et l'Itinéraire descriptif de PARIS à GEX, N° 63.)

1re R., par AUXERRE, ARNAY-LE-DUC et CHALONS-SUR-SAÔNE, 46 myriamètres 8 kilomètres.

	m. k.
* BERCY (à droite de la route).	
De PARIS à CHARENTON ☞.....................	0,7
* MAISONS-ALFORT (sur la route).	
* CHOISY (à droite de la route).	
CHARENTON à * VILLENEUVE-SAINT-GEORGES ☞...	1,1
VILLENEUVE-SAINT-GEORGES à LIEUSAINT ☞......	1,3
* BRUNOY (à gauche de la route).	
LIEUSAINT à * MELUN ☞........................	1,3
MELUN au CHATELET ☞.........................	1,1
CHATELET à PANFOU ☞.........................	0,8
PANFOU à FOSSARD ☞..........................	1,4
FOSSARD à VILLENEUVE-LA-GUIARD ☞............	0,9
VILLENEUVE-LA-GUIARD à PONT-SUR-YONNE ☞....	1,2
PONT-SUR-YONNE à * SENS ☞....................	1,2
SENS à VILLENEUVE-LE-ROI ☞...................	1,4
VILLENEUVE-LE-ROI à VILLEVALLIER ☞..........	0,8
VILLEVALLIER à * JOIGNY ☞....................	0,9
JOIGNY à BASSOU ☞............................	1,2
* MONT SAINT-SULPICE (à gauche de la route).	
* PONTIGNY (à gauche de la route).	
BASSOU à * AUXERRE ☞.........................	1,5
AUXERRE à SAINT-BRIS ☞.......................	1,0
SAINT-BRIS à VERMANTON ☞.....................	1,3
VERMANTON à LUCY-LE-BOIS ☞...................	1,9
LUCY-LE-BOIS à * AVALLON ☞...................	0,9
AVALLON à SAINTE-MAGNANCE ☞..................	1,5
SAINTE-MAGNANCE à LA ROCHE-EN-BRENIL ☞......	1,1
LA ROCHE-EN-BRENIL à * SAULIEU ☞............	1,3
SAULIEU à MAUPAS ☞...........................	1,3
MAUPAS à ARNAY-LE-DUC ☞......................	1,5
ARNAY-LE-DUC à IVRY ☞........................	1,7
IVRY à LA ROCHEPOT ☞.........................	1,0
* MEURSAULT (à gauche de la route).	
LA ROCHEPOT à CHAGNY ☞.......................	1,2
CHAGNY à * CHALONS-SUR-SAÔNE ☞...............	1,8
CHALONS à SENECEY ☞..........................	1,8
SENECEY à * TOURNUS ☞........................	1,0
* BLANOT (à droite de la route).	

N° 82. ROUTE DE PARIS A LYON.

	m. k.
Tournus à Saint-Albin ☜.	1,6
* Cluny (à droite de la route).	
Saint-Albin à * Macon ☜.	1,4
Macon à Pontaneveaux ☜.	1,3
* Villefranche (sur la route).	
* Trevoux (à gauche de la route).	
Pontaneveaux à la Croisée ☜.	1,1
* Beaujeu (à droite de la route).	
La Croisée à Villefranche ☜ (Rhône).	1,4
* Saint-Cyr (à gauche de la route).	
* Saint-Rambert (à gauche de la route).	
Villefranche à Limonest ☜.	1,8
Limonest à * Lyon ☜.	1,1

BERCY (*Seine*). Grand et beau village, situé près de Paris, à la sortie de la barrière de son nom. ⌧ 3,939 h. Ce village s'est formé de quelques guinguettes et autres habitations construites hors de la barrière, où les boissons, franches du droit d'entrée, et à un prix moindre qu'à Paris, attirent journellement un grand nombre d'artisans. La plus grande partie des vins et autres liquides imposables arrivant par la haute Seine et passant nécessairement devant Bercy, le commerce sentit la nécessité d'y former un entrepôt, et bientôt toute la partie qui s'étend depuis la barrière de la Râpée jusqu'à la rue de la Grange-aux-Merciers fut achetée et couverte de magasins, dont les bâtiments, élevés sur le bord de la Seine, formèrent un quai nouveau, qui offre aujourd'hui un des plus beaux ports de Paris, communiquant avec la rive gauche du fleuve par un beau pont suspendu. On voit à Bercy un beau château, bâti dans une position agréable, au milieu d'un parc de neuf cents arpents, baigné par les eaux de la Seine. Non loin de là est le château du Petit-Bercy, maison de campagne fort agréable, dont le parc a été transformé en magasins.

MAISONS-ALFORT (*Seine*). Village situé à 9 kil. (2 l. 1/4) de Paris. ☜ 1,269 hab. Alfort, hameau dépendant de la commune de Maisons, est bâti vis-à-vis de Charenton, dont il n'est séparé que par la Marne. Il doit sa célébrité à une école vétérinaire fondée par Bourgelat, en 1766. Cet établissement renferme une bibliothèque spéciale de zoologie domestique, un très-beau cabinet d'anatomie comparée, et un autre de pathologie ; de vastes hôpitaux où les propriétaires d'animaux malades peuvent les placer en traitement. Des forges, un laboratoire de chimie, une pharmacie, un jardin de botanique, sont attachés à cet établissement. La ménagerie renferme plusieurs espèces d'animaux étrangers.

CHOISY-LE-ROI (*Seine*). Jolie petite ville, bâtie dans une charmante situation, sur la rive gauche de la Seine, que l'on y passe sur un beau pont et sur le chemin de fer de Paris à Orléans. A 12 kil. (3 l.) de Paris. ⌧ 3,075 hab. La ville de Choisy est une des plus agréables des environs de Paris : sa position dans un riant bassin, ses rues larges et tirées au cordeau, ses maisons construites élégamment et presque toutes embellies par des jardins, les restes des anciennes avenues du château, la proximité de la Seine, tout concourt à en faire un séjour des plus riants. — Fabriques de toiles cirées, savon, maroquin, produits chimiques. Manufacture de faïence fine, façon anglaise. Verrerie et cristallerie pour verres à vitres et gravures, verres à vitres de couleur, peintures sur verre pour églises et décoration de fenêtres d'appartement.

VILLENEUVE-SAINT-GEORGES (*Seine*). Joli bourg, situé sur la rive droite de la Seine, au confluent de l'Yères. Il est environné de plusieurs maisons de campagne, parmi lesquelles on distingue le château de BEAURE-GARD, bâti sur un coteau élevé, d'où l'on domine une grande partie du vaste bassin de la Seine. — A 18 kil. (4 l. 1/2) de Paris. ⊠ ⌖ *Auberge :* le Cygne.

BRUNOY (*Seine-et-Oise*). Village où l'on remarquait autrefois un magnifique château, aujourd'hui détruit et remplacé par plusieurs maisons de campagne, dont une des plus remarquables a été construite par le célèbre tragédien Talma. — A 24 kil. (6 l.) de Paris. ⊠

MELUN. Ancienne et jolie ville, chef-lieu du département de Seine-et-Marne. Trib. de 1re inst. Collége comm. ⊠ ⌖ 6,622 hab. Melun est une ville agréablement située au pied d'une colline, et traversée par la Seine, qui la divise en trois parties. Elle est généralement bien bâtie, bien percée et d'un aspect agréable. Dans la partie orientale d'une île que forment les deux bras de la Seine, existaient autrefois les ruines d'un palais que plusieurs rois de France ont habité, et où la reine Blanche, mère de saint Louis, tint sa cour pendant quelque temps. Près de là est l'église paroissiale de Saint-Aspaïs, remarquable par sa construction et par les peintures de ses vitraux, ouvrage des plus habiles maîtres en ce genre; le clocher est d'un aspect imposant. Dans le faubourg Saint-Barthélemy, près de la préfecture, s'élève le clocher de l'abbaye de Saint-Pierre, seul reste de l'église de ce monastère. On remarque encore à Melun la bibliothèque publique, contenant 8,000 volumes; la salle de spectacle; les promenades. — Maison centrale de détention pour cinq départements. — A 45 kil. (11 l. 1/2) de Paris, 51 kil. (13 l.) de Meaux, 49 kil. (12 l. 1/2) de Provins. — HÔTELS : de France, de la Galère, du Grand-Monarque.

VOITURES PUBLIQUES. Tous les jours pour Paris, Dijon, Lyon, Auxerre, Besançon; de Dijon à Paris par Fontainebleau.

BATEAUX A VAPEUR. Tous les jours pour Paris. — Passage des coches de Sens à Auxerre, Montargis, Montereau, Nogent.

OUVRAGES A CONSULTER, qui se trouvent à la librairie de Thomas, à Melun.
Histoire de Melun, par Rouillard, in-1°, 1628.
Dictionnaire topographique du département de Seine-et-Marne, par Oudrelle, in-8°.
Histoire topographique, etc., du département de Seine-et-Marne, par Pascal, 2 vol. in-3°.
Essai historique, statistique, etc., sur le département de Seine-et-Marne, 4 vol. in-6°, 1824.

SENS (*Yonne*). Grande, belle et très-ancienne ville. Sous-préfect. Trib. de 1re inst. et de comm. Collége comm. de plein exercice; grand séminaire. Archevêché. ⊠ ⌖ 10,204 hab. Sens est une ville ancienne de la Celtique, dont l'origine se perd dans la nuit des siècles. Sous Valens, elle devint la métropole de la quatrième Lyonnaise; elle a été beaucoup plus considérable qu'elle ne l'est aujourd'hui, et elle soutenait encore son lustre sous le règne de Charlemagne. Cette ville est dans une belle situation, sur la rive droite de l'Yonne, un peu au-dessous de son confluent avec la Vanne. Elle est remarquable par la beauté et la variété des promenades qui l'entourent, et par le grand nombre de ses jardins. C'est une ville généralement bien bâtie, dont les rues sont larges, bien percées, propres et rafraîchies par des ruisseaux d'eau courante dont on peut augmenter ou diminuer le volume. Sens est encore entourée de vieilles murailles, conservées, réparées et quelquefois défigurées dans les siècles féodaux, mais incontestablement de construction romaine. Toutefois, ces murs disparaissent tous les jours pour faire place à des terrasses ornées de grilles élégantes.

La CATHÉDRALE est un bel édifice gothique. L'intérieur présente un vaisseau d'une vaste dimension et d'un bel ensemble; les proportions en sont, dans toutes les parties, un peu au-dessous de celles de Notre-Dame de Paris. Le maître-autel est placé au centre de quatre colonnes corinthiennes en marbre, qui supportent un baldaquin élevé en 1742, d'après les dessins de Servandoni. Au chevet de l'église, derrière le rond-point du chœur, est la chapelle de

N° 82. ROUTE DE PARIS A LYON.

Saint-Savinien : un fort bel ouvrage en stuc représente le martyre de ce premier évêque de Sens. Au milieu du chœur on remarque un mausolée en marbre blanc, érigé en l'honneur du Dauphin, fils de Louis XV, qui y a été inhumé, ainsi que Marie-Josèphe de Saxe, son épouse. La première figure est celle de l'Amour conjugal, dont les regards se dirigent sur un enfant, qui, placé à ses pieds, brise l'hyménée. Sur le dernier plan apparait la figure du Temps, couvrant d'un voile funéraire deux urnes unies ensemble par des guirlandes de cyprès et d'immortelles. Sur le devant du monument, le Génie des sciences et des arts parait plongé dans la douleur, tandis que l'Immortalité réunit en faisceaux les attributs symboliques des vertus des deux époux, et que la Religion pose sur leur tête une couronne. Le trône archiépiscopal, construit en 1826, est un chef-d'œuvre de menuiserie. La cathédrale de Sens renfermait autrefois plusieurs autres mausolées, qui attiraient l'attention des amateurs. Ceux de l'archevêque Salazar, des deux Duperron, ainsi que celui du cardinal Duprat, d'odieuse mémoire, ont été détruits; il ne reste de ce dernier que les bas-reliefs qui entouraient la base du cénotaphe. Ces bas-reliefs sont dé la plus grande beauté : leur longueur totale est de 5 mètres. L'ancienne chapelle de l'Hôtel-Dieu est digne de fixer l'attention par la beauté de son architecture, par la hauteur prodigieuse de sa voûte, et par la légèreté des colonnes qui la soutiennent.

On remarque encore à Sens la salle de spectacle ; la bibliothèque publique renfermant 12,000 volumes ; le musée de la ville, où l'on conserve le célèbre diptyque qui contient l'office des fous et la prose de l'âne, l'un des plus curieux monuments de la folie humaine. Rue Dauphine, 102, on voit une maison en bois, construite en 1004, et ornée de sculptures dans toutes ses parties, représentant l'arbre généalogique de J. C., dont les rameaux s'étendent sur les deux façades de cette ancienne habitation.

Sens est la patrie de Jean Cousin, qui est né dans un village des environs. Cette ville conserve de nombreux et admirables vitraux de ce grand maître. On voit aussi, chez M. Chauley, propriétaire de la maison où a été élevé cet illustre peintre, un tableau sur bois de cet artiste, représentant Pandore nue et couchée. — FABRIQUES de blanc d'Espagne, de rasoirs renommés, d'acier poli et de boutons d'acier, de creusets et de phosphore. Fonderie de fonte et de cuivre, brasseries, nombreuses tanneries.— COMMERCE de grains, farines, vins, chanvre, laine, bois, charbon, merrain, feuillettes, briques, tuiles, tan, cuirs, etc. — A 57 kil. (14 l. 1/2) d'Auxerre, 62 kil. (16 l.) de Troyes, 107 kil. (27 l. 1/2) de Paris. — HÔTELS : de l'Écu, de Paris.

VOITURES PUBLIQUES. Tous les jours pour Paris, Troyes; tous les 2 jours de Paris à Dôle et Dijon.

BUTS D'EXCURSIONS : à l'*ermitage de St-Bon* (2 kil.), situé au sommet d'une montagne élevée de 100 m. au-dessus du niveau de l'Yonne; au *château de Fleurigny*, manoir du moyen âge.

OUVRAGES A CONSULTER, qui se trouvent à la librairie de Thomas Malvin, à Sens. *Recherches historiques sur la ville de Sens et ses environs*, par Tarbé, in-12. *Annuaires du département de l'Yonne*, par Tarbé.

MONT-SAINT-SULPICE (*Yonne*). Bourg situé à 16 kil. (4 l.) d'Auxerre. 1,300 hab. L'église paroissiale, remarquable par l'étendue de son vaisseau, est un des plus beaux édifices religieux de la contrée ; la solidité, la délicatesse des piliers, la forme extérieure des arcs-boutants, font présumer que sa construction remonte au moins au dixième siècle.

PONTIGNY (*Yonne*). Bourg situé dans une île formée par le Serain, que que l'on traverse sur un beau pont, à 16 kil. (4 l.) d'Auxerre. 500 hab. Il y avait dans ce bourg une ancienne abbaye de l'ordre de Citeaux, fondée en 1114, dont l'église a été conservée ; c'est, après les cathédrales de Sens et d'Auxerre, et l'église de Vezelay, le plus beau et le plus vaste édifice religieux du département. Sa longueur, dans l'intérieur, est de 94 m. 50 c.; sa largeur de 21 m. 75 c. ; sa hauteur, sous les clefs des voûtes, de 20 m. 45 c. La menuiserie du chœur est d'une grande beauté ; on admire surtout les ornements et les fleurs qui décorent les compartiments des stalles.

AUXERRE. Grande et très-ancienne ville, chef-lieu du département de l'Yonne. Trib. de 1re inst. et de com. École normale primaire. Coll. comm. ☞ ☞ 11,439 hab. — L'origine d'Auxerre remonte à une époque très-reculée. Sous la domination romaine, cette ville était déjà célèbre sous le nom d'*Antissiodorum* : Jules César la prit en 52. Cette ville est dans une situation agréable, au milieu d'un riche vignoble dont les produits jouissent d'une réputation méritée. Elle est bâtie au sommet et sur le penchant d'une colline qui s'abaisse jusqu'au bord de l'Yonne, rivière qui y forme un port commode et très-fréquenté, vis-à-vis duquel se trouve une île, ombragée de bouquets d'arbres et occupée par des moulins, dont l'aspect est on ne peut plus pittoresque. Dans l'intérieur on trouve plusieurs beaux quartiers, des rues larges et bien percées, et plusieurs constructions modernes qui ne sont pas dépourvues d'élégance. Le quai qui longe l'Yonne est bordé de maisons en général assez bien bâties. Une promenade en forme de boulevard enceint la ville jusqu'au quai.

La CATHÉDRALE, dédiée à saint Étienne, est un des plus beaux édifices gothique qui existent en France. L'église souterraine fut commencée en 1035. Le grand autel a été consacré en 1119. Le chœur est une construction de la fin du douzième et du commencement du treizième siècle. La nef et le grand portail datent du seizième siècle. Le portail du nord a été bâti en 1415 et 1426. La tour a été achevée vers l'an 1543. Cette cathédrale a 100 m. de long sur 38 m. de large ; les voûtes ont 34 m. 05 c. d'élévation sous clef, et la tour 59 m. 45 c. d'élévation au-dessus du sol. On ne peut se lasser d'observer la grandeur et la régularité des masses, la perfection des détails, la légèreté, l'élévation et le grand nombre des colonnes ; les moulures qui accompagnent les piliers, les roses, les ogives ; enfin cette variété étonnante d'ornements, de figures, de plantes et de bas-reliefs qui décorent les murs. Les vitraux sont principalement l'objet de l'admiration des étrangers : on n'en trouve plus de semblables, en aussi grand nombre et aussi bien conservés, dans aucune église de France. Le grand autel est d'une noble et belle simplicité : une croix, plantée sur un globe, deux beaux candélabres, et un tombeau en marbre bleu de Gênes, en composent tout l'ornement. Plus loin, on aperçoit entre les deux piliers du sanctuaire la statue de saint Étienne, en marbre blanc, sur un soubassement décoré d'un bas-relief qui représente la lapidation de ce premier martyr. A gauche de l'autel, contre le pilier de la porte latérale du chœur, on remarque un monument en marbre blanc, représentant un vieillard à longue barbe, priant dans une chaire ; c'est la figure d'un ancien évêque d'Auxerre, de Jacques Amyot, traducteur de Plutarque. A droite de l'autel est un autre monument en marbre blanc, élevé en 1713 à la mémoire de Nicolas Colbert, évêque d'Auxerre et frère du ministre de ce nom.

L'ÉGLISE SAINT-EUSÈBE, fondée en 640, fut consacrée en 1384. Le sanctuaire est d'une construction hardie : c'est un mélange d'architecture arabesque et romaine. Le clocher, construit en pierre de taille, présente un aspect agréable et pittoresque.

L'ÉGLISE SAINT-PIERRE fut commencée à la fin du seizième siècle et achevée en 1672 ; elle est remarquable par son étendue et par sa régularité. Les voûtes en ogive sont portées par dix-sept colonnes et trente-trois pilastres d'ordre corinthien. La tour est couverte de statues et d'arabesques : on y remarque les figures des apôtres prêchant au peuple l'Évangile écrit sur des rouleaux.

L'ÉGLISE SAINT-GERMAIN. L'architecture de cette église est très-belle ; les piliers et les voûtes ont un air de grandiose qui frappe au premier aspect. L'église souterraine est extrêmement curieuse ; elle renferme les tombeaux de soixante saints, d'un grand nombre d'évêques et de martyrs du premier siècle

N° 82. ROUTE DE PARIS A **LYON**.

du christianisme : un énorme tombeau, placé au centre de cette vaste et sombre demeure de la mort, est principalement en grande vénération : c'est celui de saint Germain, à qui les Parisiens ont dédié l'église de Saint-Germain-l'Auxerrois. A gauche de la porte d'entrée de cette crypte, un escalier conduit à une seconde église souterraine construite sous la première ; on y voit les tombes en grès de trois comtes d'Auxerre. Les bâtiments de l'ancienne abbaye sont occupés aujourd'hui par l'Hôtel-Dieu, l'un des plus beaux établissements en ce genre que possède la France.

L'HÔTEL DE LA PRÉFECTURE est l'ancien palais épiscopal. La façade sur la rue est remarquable par des ornements d'architecture d'un très-bon goût.

L'HORLOGE d'Auxerre mérite une attention particulière : elle est établie sur la porte de la Cité, contiguë aux bâtiments de l'ancien château des ducs de Bourgogne, et la sonnerie est placée dans la tour de cette porte, nommée la *tour Gaillarde*. Le double cadran de cette horloge, exécuté en 1670, est décoré d'arabesques, au-dessus desquelles on remarque les dernières armoiries de la ville; il contient deux divisions de douze heures, ou la mesure entière du jour, sur un cercle décrit avec un rayon d'un mètre cinquante centimètres. L'aiguille qui porte la figure du soleil correspond à une horloge solaire ; elle indique les heures solaires moyennes. Le cadran intérieur de cette horloge présente deux petites aiguilles ; l'une marque le temps moyen du cadran intérieur, l'autre le temps vrai. L'aiguille qui porte le globe de la lune correspond à une horloge lunaire, et marque par conséquent les heures lunaires : ces deux aiguilles se rencontrent à peu près à midi, dans les nouvelles lunes, et à minuit dans les pleines lunes. Ainsi, par un mécanisme très-simple et très-ingénieux, cette horloge indique à la fois l'heure solaire, le lever, le coucher et les phases de la lune.

La BIBLIOTHÈQUE PUBLIQUE contient environ 15,000 volumes, et près de 200 manuscrits ; un cabinet d'antiques et d'histoire naturelle ; des momies d'enfants et d'ibis, des armes et d'autres objets curieux, rapportés du Levant par M. le baron Crand d'Énon, qui les a donnés à la ville avec une collection de médailles grecques, trouvées dans sa terre d'Énon, près de Brinon. — On remarque encore à Auxerre le collège, la salle de spectacle; les promenades qui entourent une partie de la ville; le jardin de botanique, formé en 1827; l'hôpital général; les casernes; le haras. — FABRIQUES de grosses draperies, futailles, etc. —COMMERCE de vins estimés. — A 17 kil. (4 l. 1/2) de Sens, 76 kil. (19 l. 1/2) de Troyes, 164 kil. (42 l.) de Paris. — HÔTELS du Léopard, tenu par Bonard, situé près le quai et la poste aux chevaux et les bains; de Beaune, du Faisan.

VOITURES PUBLIQUES. Tous les jours, N.-D. des-Vict., de Paris à Lyon; tous les jours voit. pour Paris, correspond. avec Avallon; tous les jours voit. d'Auxerre à Dijon ; tous les jours pour Orléans et pour Troyes; messag. pour St-Fargeau, Avallon, Brienon, Noyer, St-Florentin. — Coche d'Auxerre à Paris.

BUTS D'EXCURSIONS : à *Druyes* (20 kil.). *Voy.* n° 12, route de Paris à Auxerre; à *Arcy-sur-Cure* (20 kil.). *Voy.* même route.

OUVRAGES A CONSULTER, qui se trouvent à la librairie de Maillefer, à Auxerre. *Histoire ecclésiastique et civile de la ville d'Auxerre*, par l'abbé Lebeuf, 2 vol. in-4°, 1743.

Annuaires statistiques de l'Yonne, par Tarbé.

Recherches historiques et statistiques sur Auxerre, par M. L. 2 vol. in-12, et atlas in-4°, 1850.

AVALLON (*Yonne*). Ancienne et jolie petite ville. Sous-préf. Trib. de 1re inst. et de comm. Collège com. ☐ 5,569 hab. — Avallon occupe l'emplacement de l'*Aballo* de l'Itinéraire d'Antonin et des tables de Peutinger. Cette ville est dans une charmante situation, sur la rive droite du Cousin, à l'issue d'une jolie vallée bordée de coteaux fertiles en excellents vins. Elle est régulièrement bâtie, formée de rues larges, propres, bien percées, et possède plusieurs belles promenades. De celle du Petit-Cours, on jouit d'une vue charmante sur les sites agréables qu'offrent les environs. A l'une des extrémités de la ville, la rivière du Cousin forme plusieurs sinuosités dans une vallée de près de cent pieds de profondeur, presque à pic, dont les hauteurs sont garnies de pointes de rocher qui percent à travers de riants bosquets ; çà et là des jardins en terrasses paraissent suspendus sur le penchant des collines ; et, à l'extrémité de cette étroite vallée, apparaît une vaste plaine cultivée, bordée de toutes parts par d'immenses forêts.— FABRIQUES de grosses draperies, merrain, feuillettes, etc. — HÔTELS du Lion d'or, de la Poste.—A 50 kil. (12 l. 1/2) d'Auxerre.

VOITURES PUBLIQUES. Tous les jours de Paris à Lyon, par Auxerre, Clamecy, Semur, Noyers et Lormes.

SAULIEU (*Côte-d'Or*). Petite et ancienne ville, située sur le penchant d'une montagne fort élevée, sur la route de Paris à Lyon. — A 28 kil. (7 l. 1/4) de Semur. ⊠ ☏ 3,023 hab. — On y remarque les anciennes églises de Saint-Saturnin et de Saint-Andoche. — COMMERCE de blé, bestiaux, bois de chauffage, de construction et merrain ; cire, navets recherchés, poisson d'étang excellent. — HÔTEL de la Poste, meublé et décoré à neuf, tenu par Caillot, maître de poste.

MEURSAULT (*Côte-d'Or*). Joli bourg, situé sur un coteau, près de la grande route de Paris à Lyon, au milieu d'un vignoble renommé par ses délicieux vins blancs. — A 8 kil. (2 l.) de Beaune. 2,066 hab.

CHALON-SUR-SAONE (*Saône-et-Loire*). Ancienne, grande et belle ville. Sous-préf. Trib. de 1re inst. et de comm. Collége comm. ⊠ ☏ 12,220 hab. — L'origine de Chalon remonte aux temps les plus reculés. Lors de la conquête des Gaules par les Romains, la situation avantageuse de cette ville détermina César à y former des magasins de grains à l'usage des troupes cantonnées dans cette contrée. Cette ville est dans une situation agréable, au milieu d'une vaste plaine couverte de prairies, de champs fertiles, de vignes et de taillis, sur la rive droite de la Saône et à l'embouchure du canal du Centre, qui joint la Loire à Digoin. Elle est avantageusement placée pour le commerce et généralement bien bâtie : la partie située sur le bord de la rivière, le long de laquelle règne un fort beau quai, offre surtout un aspect agréable et fort animé. Cependant on n'y trouve aucun édifice que l'on puisse citer pour sa grandeur et son architecture, mais seulement quelques maisons particulières remarquables par leur élégance. L'un des faubourgs, celui de Saint-Laurent, est bâti sur la rive gauche de la Saône, que l'on traverse sur un grand et beau pont de pierre, de style ancien, formé de cinq arches hardies ; les piles sont garnies de contre-forts surmontés de lourds obélisques qui s'élèvent de plusieurs mètres au-dessus des parapets et forment une décoration singulière. On remarque à Chalon la cathédrale, édifice gothique fondé en 532, mais dont la construction actuelle est de la fin du treizième siècle ; l'église Saint-Pierre, surmontée de deux hauts clochers à doubles dômes ; l'hospice Saint-Laurent, dont l'église est fort jolie ; l'hôpital Saint-Louis ; l'hospice de la Providence ; l'hôtel de ville ; la place Saint-Pierre, dont un des côtés est décoré de la façade de l'église du même nom ; le nouveau palais de justice et les prisons, établis sur la place de la Liberté ; la jolie place de Beaune, dont le centre est occupé par une des plus belles fontaines de la ville, qui verse ses eaux dans un bassin octogone, au milieu duquel s'élève un piédestal quadrangulaire surmonté d'une statue de Neptune ; la fontaine Saint-Vincent en forme de colonne, d'un bel effet ; l'île Saint-Laurent, bordée de belles allées d'arbres qui offrent de belles promenades ; l'obélisque érigé en 1793 et 1794, en mémoire de l'ouverture du canal du Centre ; la bibliothèque, renfermant 10,000 volumes ; le collége ; une petite salle de spectacle ; des bains publics, etc. — PATRIE de Roberjot ; de l'honorable député Caumartin. — COMMERCE de grains, farines, vins de Bourgogne et du Midi. — Entrepôt considérable de toutes sortes de marchandises pour le nord et le midi de la France. — A 58 kil. (15 l.) de Mâcon, 70 k. (18 l.)

N° 82. ROUTE DE PARIS A LYON. 439

de Dijon, 339 kil. (87 l.) de Paris. — HÔTELS : du Parc, l'un des mieux tenus et des plus confortables de Chalon, tenu par Prata ; des Trois-Faisans, de Bordeaux, de l'Europe, du Chevreuil.

VOITURES PUBLIQUES. Tous les jours pour Paris, Lyon, Dijon, Autun et Arnay; tous les jours pour Loubans.

BATEAUX A VAPEUR pour Lyon, par Tournus, Mâcon, Villefranche et Trévoux; départ tous les jours; prix : 6 et 8 fr. ; trajet, 8 heures.

TOURNUS (Saône-et-Loire). Ville ancienne, à 27 kil. (7 l.) de Mâcon. Trib. de comm. 5,311 hab. Elle est dans une situation agréable, au milieu d'une contrée fertile, sur la rive droite de la Saône, que l'on traverse sur un pont de cinq arches en bois, supporté par des piles en pierre de taille, et ayant pour appuis des grilles en fer. Parmi les édifices et établissements publics on distingue l'église paroissiale actuelle ; l'Hôtel-Dieu ; l'hospice de la Charité ; l'hôtel de ville ; la maison de correction.— Tournus est la patrie du célèbre peintre Greuze, mort à Paris en 1805. On remarque au-dessus de la porte de la maison où il naquit un marbre avec cette simple inscription :

ICI EST NÉ
JEAN-BAPTISTE GREUZE,
LE 21 AOUT 1725.

— COMMERCE de grains, vins, et pierres à bâtir qui descendent principalement à Lyon par la Saône.— HÔTELS : de la Ville-de-Lyon, du Sauvage, des Trois-Faisans.

CLUNY (Saône-et-Loire). Petite ville à 20 kil. (5 l.) de Mâcon. ⊠ Coll. comm. 3,368 hab. Elle doit son origine à un célèbre monastère, qui jouissait, avant la révolution de 1789, de plus de 300,000 fr. de revenu. Le palais abbatial a survécu à la destruction de l'abbaye ; mais il ne reste plus qu'une chapelle et une partie des clochers de sa superbe église gothique. La ville était autrefois ceinte de murs assez élevés, existant encore en partie. — PATRIE du peintre Prudhon. — HÔTELS : de la Ville-de-Rome, du Petit-Versailles.

CHAROLLES (Saône-et-Loire). Jolie petite ville. Sous-préf. Trib. de 1re inst. et de comm. Soc. d'agr. Collége comm. ⊠ 2,984 hab. Cette ville est dans une situation agréable, entre deux coteaux, au confluent de la Semence et de l'Arconce. Elle est assez bien bâtie, et dominée par une colline dont le sommet est couronné par les ruines pittoresques d'un ancien château.

POINT (SAINT-) (Saône-et-Loire). Village situé au pied d'un coteau dont le sommet est couronné par un ancien château, à 20 kil. (5 l.) de Mâcon. 1,208 hab. Le château de Saint-Point, situé dans une vallée profonde des premières montagnes du Charolais, offre plusieurs aspects pittoresques. C'est aujourd'hui la retraite favorite de M. A. de Lamartine, qui y a passé une partie de son enfance.

MACON. Très-ancienne ville, chef-lieu du département de Saône-et-Loire. Trib. de 1re inst. et de comm. Soc. d'agr., sciences, arts et belles-lettres. Coll. com. ⊠ ⚭ 10,998 hab. — Mâcon est une ancienne ville de la Gaule celtique, qui faisait partie de la république des Éduens. C'est une ville agréablement située, dans une contrée fertile, sur la rive droite de la Saône. Elle est bâtie sur le penchant et au pied d'un coteau, et, de même que la plupart des anciennes cités, ses constructions sont irrégulières, ses rues étroites, mal percées et pavées de cailloux roulés qui rendent la marche pénible, même sur les trottoirs dont quelques-unes sont bordées ; les places sont propres, mais petites et sans ornements. Toutefois, les constructions modernes dont cette ville s'embellit chaque jour sont grandes et de meilleur goût. Depuis la destruction de ses remparts, elle est entourée de promenades agréables, d'où la vue se repose avec plaisir sur les jardins et les maisons de campagne qui l'environnent. Le quai qui longe le cours de la Saône est large, élevé, très-long, bordé de jolies maisons et de beaux cafés ; il offre une promenade très-fréquentée, formée de belles allées d'arbres qui se prolongent au-dessus et au-dessous de la ville, le long de la rivière.—Les principaux édifices sont : l'hôpital, commencé en 1758 et achevé en 1770, sur les plans du célèbre Soufflot ; la maison de la Charité ; l'hospice de la Providence ; l'hôtel de ville, qui contient une salle de spectacle et la bibliothèque publique ; l'hôtel de la préfecture. — Patrie de M. Alphonse de Lamartine ; de M. Matthieu, astronome, membres de la chambre des députés.—Fabriques de couvertures, d'horlogerie, etc. — A 66 kil. (17 l.) de Lyon ; 397 kil. (102 l.) de Paris. — Hôtels : de l'Europe, du Sauvage.

Voitures publiques. Tous les jours de Paris à Lyon ; tous les jours pour Cluny, Moulins, Bourg ; petites carrioles pour Lyon.
Bateaux a vapeur pour Lyon et Chalon-sur-Saône.
Ouvrages a consulter, qui se trouvent à la librairie de Maillet, à Mâcon.
Géographie de nos villages, ou Dictionnaire mâconnais, par Puthod, in-12, an VIII.
Statistique géographique et historique du département de Saône-et-Loire, par Macquin, 1833.
Dictionnaire géographique de Saône-et-Loire (Annuaire de Saône-et-Loire, in-12, 1835).
Statistique du département de Saône-et-Loire, par Ragut, 2 vol. in-4°, 1838.

BEAUJEU (*Rhône*) Jolie petite ville située à 20 kil. (5 l.) de Villefranche. ☒ Pop. 1,596 hab. Elle est assez bien bâtie, dans une position agréable, sur l'Ardière, au pied d'une montagne dont le sommet est couronné par les ruines d'un ancien château fort des sires de Beaujeu. — Commerce considérable de vins d'excellente qualité, de grains, fer, cuirs, etc. — Entrepôt des productions qui s'échangent entre la Saône et la Loire. — Marché important tous les mercredis.

VILLEFRANCHE (*Rhône*). Jolie ville. Sous-préfect. Trib. de 1re inst. et de comm. Soc. d'agr. Coll. com. ☒ 6,460 hab. Cette ville est dans une des plus belles situations de la vallée de la Saône, près de la rive droite de cette rivière, sur le ruisseau de Morgon. Elle est bien bâtie, et consiste en une belle et large rue, qui a près d'une demi-lieue de long sans compter les faubourgs. Les environs sont remarquables par des vues pittoresques, des campagnes fertiles et de riches vignobles. Les femmes y sont belles, bien faites, d'une grande fraîcheur, et citées pour la vivacité et l'agrément de leur esprit. — Fabriques de toiles, basins, nanquinets, toiles peintes. Filatures de coton. Tanneries.— Commerce considérable de toiles qui se fabriquent à Villefranche et dans les montagnes environnantes, de vins estimés, etc. A 31 kil. (8 l.) de Lyon. — Hôtels : du Nord, du Faucon.

Voitures publiques. Tous les jours pour Lyon, par Neuville, Fontaine, Roche-Taillée ; pour Châtillon, Bourg.
Ouvrage a consulter. *Histoire de Villefranche* (Rhône), par Louvet, in-8°, 1671.

TRÉVOUX (*Ain*). Petite ville très-ancienne. Sous-préfect. Trib. de 1re inst. Soc. d'agr. ☒ 2,555 hab. Elle est bâtie en amphithéâtre sur le penchant d'une colline qui domine une vaste et fertile plaine, dans une situation riante et pittoresque, sur la rive gauche de la Saône. A 51 kil. (13 l.) de Bourg, 24 kil. (6 l. 1/2) de Lyon, 444 kil. (114 l.) de Paris.—Hôtels : de l'Europe, de l'Écu de France, du Sauvage.

ANSE (*Rhône*). Petite et ancienne ville, située au pied d'un long coteau de vignes, dans une plaine charmante, près de la rive droite de la Saône, à 5 kil. (1 l. 1/4) de Villefranche. ☒ ⚶ 1,700 hab. La fertilité prodigieuse du pays environnant a passé en proverbe, et l'on dit communément : *Depuis Anse jusqu'à Villefranche est la plus belle lieue de France*.

RAMBERT (SAINT-) (*Rhône*). Bourg situé sur la rive droite de la Saône, à 6 kil. (1 l. 1/4) de Lyon. 500 hab. L'église de ce bourg est l'une des plus anciennes des Gaules. L'architecture du portail porte les traces de la plus haute antiquité; elle a beaucoup de ressemblance avec celle du temps de Charlemagne, dont on voit encore des restes à Lyon.

- **LYON.** Ancienne, grande, belle et l'une des plus riches et des plus considérables villes de France. Chef-lieu du département du Rhône. Cour royale. Trib. de 1re inst. et de com. Ch. et bourse de com. Conseil de prud'h. Chef-lieu de la 19e division milit. Hôtel des monnaies (lettre D). Académie R. des sciences, belles-lettres et arts. Académie universitaire. Coll. R. École spéciale des beaux-arts. École d'économ. rurale et vétér. Instit. des sourds-muets. École d'arts et métiers, dite institution de la Martinière. Soc. d'agr., hist. naturelle et arts utiles. Faculté de théologie. Archev. ✉ ☞ Petite poste. 133,715 hab.

L'origine de Lyon se perd dans la nuit des siècles, et il paraît presque impossible de déterminer l'époque précise de sa fondation. Lors de la conquête des Gaules par César, c'était déjà une place de quelque importance et le principal marché des Ségusiens.

Lyon est dans une belle situation, sur la ligne du chemin de fer de la Méditerranée au Rhin, au confluent du Rhône et de la Saône, entre lesquels la plus grande partie de cette ville se trouve resserrée : au nord, elle est dominée par les montagnes de Fourvières et de Saint-Sébastien, qui s'élèvent en amphithéâtre sur le bord de la Saône. Le site en est infiniment riche et pittoresque; les deux fleuves qui le baignent, les coteaux couverts de verdure et de maisons qui le bornent, les aspects variés que présentent les deux rives de la Saône, la perspective des Alpes groupées à l'orient, concourent à en faire une des villes les plus intéressantes du monde. De la montagne de Fourvières on embrasse d'un seul coup d'œil l'ensemble de cette ville et tous ses grands monuments; l'aspect que présentent ses rues, ses ponts, ses places, ses quais, ses édifices, son active population, offre un des plus beaux panoramas de l'Europe. Bâtie en partie sur plusieurs collines et en partie sur un terrain uni, cette ville offre peu de régularité; l'intérieur, composé de rues étroites et tortueuses, bordées de maisons très-élevées, nuit à la beauté de son ensemble; mais elle est dédommagée de l'aspect peu agréable de quelques quartiers par la magnificence de plusieurs autres. Trois rangs de quais, entrecoupés de dix-sept ponts, presque tous de construction moderne, ainsi que les glacis, embrassent toute la partie située sur les deux rivières, et forment une superbe enceinte que l'on ne peut se lasser d'admirer. Sur les bords du Rhône, une ligne immense de maisons et de beaux édifices publics, depuis le faubourg Saint-Clair jusqu'à la porte Perrache, donne aux points de vue un caractère particulier de grandiose, qui tient à la nature des sites de Lyon; des trottoirs d'une lieue d'étendue, garnis d'un double rang d'arbres, et d'où la vue s'étend sur une belle plaine, bordent le cours majestueux du fleuve. Sur les quais de la Saône, la colline de Fourvières, les coteaux de Saint-Just et de Sainte-Foy offrent des tableaux rapprochés; les regards s'y promènent sur des scènes mouvantes que se multiplient et varient à chaque instant, sur une prodigieuse quantité de barques et de bateaux de formes différentes, qui présentent le tableau animé de la navigation au pied d'une colline pittoresque. Sur la Saône, cette navigation est tranquille comme le cours de la rivière ; mais sur le Rhône, les bateaux qui descendent le fleuve fuient avec la rapidité du trait. De toutes parts on voit des moulins, des foulons, des frises et de grands établissements hydrauliques, dont le mouvement et le bruit annoncent les travaux d'une ville de fabriques de premier ordre.

Lyon est entouré de plusieurs faubourgs : les plus remarquables sont Fourvières, la presqu'île Perrache, Serin, Vaize, la Guillotière, la Croix-Rousse ; ces deux derniers ont acquis depuis peu le droit de cité, et forment deux communes distinctes de Lyon.

RUES. On compte à Lyon 250 rues, dont plusieurs sont fort longues, quelques-unes larges et assez régulières. Cependant il en est peu de véritablement dignes de la seconde ville d'un grand État. Dans les quartiers nouveaux, les rues sont régulières et se coupent à angle droit; mais elles manquent de beaux édifices. En général, Lyon, surtout dans la partie basse, est percé de communications étroites, escarpées, tortueuses, et bordées de maisons si élevées, qu'elles permettent rarement au soleil de pénétrer jusqu'au pavé. Ces rues, presque toujours humides et fangeuses, sont d'ailleurs mal pavées de cailloux roulés et manquent de trottoirs. Des allées obscures, servant de passage d'une rue à l'autre, des cours étroites et sombres, une population surabondante, et surtout des habitudes de malpropreté assez générales, seraient des causes d'insalubrité funeste, si la nature ne faisait pour les détruire plus que les habitants eux-mêmes. La rue Mercière est une des plus longues, des plus fréquentées et des plus marchandes de Lyon; mais elle est aussi l'une des plus étroites, des plus tortueuses et des plus malpropres. La rue de la Juiverie était autrefois une des plus belles de la ville, et elle est encore aujourd'hui une des plus larges; c'est dans cette rue que Charles VIII et Louis XII donnèrent des fêtes et des tournois durant leurs séjours à Lyon. Les rues les plus belles et les plus régulières sont celles de Saint-Dominique, Royale, du Plat, Vaubecourt, Grenette, Neuve-des-Capucins, Saint-Pierre, Puits-Gaillot, Lafont, Sala, d'Auvergne, Clermont, Sainte-Hélène, de Puzy, Bourbon, Roger, de Jarente, de la Reine, du Commerce, et toutes les rues nouvellement percées dans le quartier de Perrache. — Lyon s'est embelli récemment d'un passage couvert, désigné sous le nom de galerie de l'Argue, qui communique de la place de la Préfecture à la rue de l'Hôpital. Ce passage a 150 mètres de longueur sur 4 m. 50 c. de large, et 96 arcs de magasins presque tous occupés par de jolies boutiques. Un nouveau passage par la place Grenouille met la galerie de l'Argue en communication directe avec la place des Terreaux : ce passage est plus étroit que l'autre, les boutiques en sont plus profondes et occupées par des étalagistes.

Quais. Les bords du Rhône et de la Saône sont bordés de larges quais et de cours spacieux, pour la plupart bien ombragés. La disposition et la forme particulière de chacun de ces quais sont assorties à la nature des lieux où ils sont placés. Les quais du Rhône forment une longue ligne droite et paraissent beaucoup plus grands que ceux de la Saône, dont les sinuosités cachent l'étendue. Les différents genres d'architecture qui distinguent les maisons de l'un et l'autre quai ne sont pas moins en opposition que les sites : sur les rives de la Saône, le bâtiment des Antiquailles, la bibliothèque de Saint-Jean, les prisons, l'église de Fourvières, le dôme des Chartreux, donnent aux divers points de vue un aspect majestueux, un caractère monumental; sur les bords du Rhône, l'architecture moderne a déployé dans les édifices publics et les maisons particulières toute la richesse convenable à chacun de ces genres de construction. Le contraste que présente le tableau des deux quais se retrouve encore dans la température qui règne sur les bords des deux rivières : sur les quais de la Saône on éprouve dans le printemps une chaleur douce et agréable, qui devient brûlante en été; tandis que sur les bords du Rhône l'atmosphère, glacée en hiver, est constamment rafraîchie en été par des courants d'air qui rendent la promenade délicieuse. — Le quai Saint-Clair, qui s'étend sur la rive droite du Rhône, est remarquable par l'élégance des édifices qu'on y a construits, par la promenade agréable qu'il offre, et par la vue enchanteresse dont on y jouit; c'est dans ce quartier qu'habitent la plupart des riches négociants. A la suite du quai Saint-Clair est celui de Retz, bordé de maisons magnifiques et de belles plantations qui se prolongent jusqu'à la place du Concert. Ce quai communique à celui de Bon-Rencontre, qui se joint au quai de l'Hôpital, lequel se lie par le quai d'Angoulême à la belle avenue de Perrache. — Sur la rive gauche de la Saône, les quais d'Occident, de Saint-Antoine, des Célestins, offrent une voie extrêmement large, bordée de maisons

N° 82. ROUTE DE PARIS A LYON.

généralement bien bâties, d'où l'on a en perspective de charmants points de vue. Ces quais se prolongent depuis le port du Change jusqu'à celui de Serin, et offrent des ports commodes pour la navigation.

Le nombre des ports de débarquement est de dix-huit, dont quatre sur le Rhône et quatorze sur la Saône. Celui de la Feuillée, sur la Saône, est la station ordinaire des *brèches*, petits bateaux munis de cerceaux recouverts d'une toile, qui servent à conduire les voyageurs ou les habitants de Lyon à l'île Barbe ou dans les campagnes environnantes. Ce sont ordinairement des femmes qui exercent la profession de batelier dans toute la partie de la Saône qui s'étend depuis le port de la Feuillée jusqu'à l'île Barbe. Ces batelières sont des femmes de tout âge, ou de jeunes filles souvent remarquables par leur beauté, qui aident à leurs mères, et qui même quelquefois conduisent seules à deux rames; leur habillement est blanc, d'une propreté recherchée, et ressemble à peu près à celui des paysannes du Lyonnais, à l'exception de la coiffure, qui est un grand chapeau de paille orné d'un ruban noué sous le menton. Les jours de dimanche et de fête toutes ces batelières sont assises sur le parapet du quai, à la file les unes des autres, cherchant à deviner au costume et à la démarche des passants s'ils arrivent pour faire une promenade sur la Saône; elles les engagent, les pressent par des phrases caressantes et sonores, et leur vantent les agréments d'un voyage par eau. Des familles entières ou des sociétés d'amis se placent dans ces bateaux, les uns pour se promener sur la Saône, d'autres pour se rendre à leurs campagnes. Souvent des amateurs s'y embarquent pour faire de la musique, et parcourent ordinairement, avec des bateaux éclairés où l'on place des pupitres, toute cette belle partie de la rivière qui s'étend de l'île Barbe à Lyon. Le mouvement de toutes ces brèches illuminées d'où partent des sons agréables produit un effet délicieux.

PLACES. Lyon possède plus de cinquante places publiques, dont quelques-unes seulement sont vastes, assez régulières et ornées de beaux édifices; les autres sont petites et n'offrent aucune régularité. Les principales sont : *la place Bellecourt*, une des plus belles et des plus vastes de l'Europe. Elle a la forme d'un parallélogramme très-allongé, de 310 mètres de long sur 200 mètres de large d'un côté, et 225 mètres de l'autre, irrégularité qu'on a fait disparaître par une plantation de tilleuls qui occupe toute la face méridionale et dérobe la vue des maisons de ce côté. Aux deux extrémités sont deux corps de bâtiments symétriques, présentant une façade de trois étages, dont un avant-corps décoré de huit pilastres occupe le centre. La statue équestre de Louis XIV, détruite pendant nos troubles civils, a été remplacée en 1826 par une statue semblable, ouvrage de Lemot. — *La place des Terreaux*, petite, mais régulière; huit rues y aboutissent. L'hôtel de ville et le palais des Arts en occupent deux côtés; les deux autres façades sont formées de différentes maisons particulières. — *La place du Méridien*, qui offre un des points de vue intérieurs de Lyon les plus intéressants : au milieu s'élève une colonne cannelée de plus de 20 mètres de hauteur, surmontée d'une statue colossale représentant Uranie, qui indique le méridien. — *La place des Célestins*. Elle est régulière, ornée de plusieurs cafés remarquables et de belles maisons nouvellement construites. L'un des côtés est occupé par le théâtre des Célestins, le plus fréquenté de Lyon. — *La place du Change*. Elle est assez régulière et ornée d'un joli édifice qui sert de temple aux protestants.—*La place Sathonay*. Elle doit son nom à la reconnaissance des habitants pour M. de Sathonay, maire de Lyon, dont l'administration fut marquée par un grand nombre de travaux importants. Cette jolie place sert d'entrée au jardin des plantes; elle est environnée de beaux édifices, bien pavée, et renferme dans son enceinte un vaste marché, etc., etc.

PONTS. Le Rhône, devant Lyon, a une largeur d'environ deux cents mètres; il est traversé par trois ponts : le pont Morand, le pont la Fayette et le pont de la Guillotière. La largeur de la Saône est d'environ cent cinquante mètres; on la passe à Lyon sur neuf ponts : le pont de Serin, le pont de la Gare, le pont Saint-Vincent, le pont de la Feuillée, le pont du Change, le pont Volant, le pont de Tilsit, le pont d'Ainay et le pont de la Mulatière.

FONTAINES PUBLIQUES. Lyon possède plusieurs fontaines publiques; mais leur nombre est loin d'être en rapport avec les besoins d'une cité aussi populeuse; celles qui existent sont d'ailleurs peu dignes d'attention sous le rapport monumental. Les plus remarquables sont la petite fontaine Saint-Irénée, celles de la place des Cordeliers, de la place Grollier, et une jolie au pied du chemin Neuf.

PROMENADES. Lyon a trois rangs de quais : deux sur la Saône et un sur le Rhône, qui offrent pour la plupart des promenades agréables. On remarque encore dans l'intérieur de la ville les promenades de Bellecourt, de la place des Célestins, le jardin de botanique, etc., dont nous avons déjà eu occasion de parler; et à l'extérieur, la promenade des Brotteaux, l'avenue Perrache, les Étroits, la Pépinière, l'île Barbe, etc., etc.

CATHÉDRALE SAINT-JEAN. La cathédrale de Lyon doit son origine à un baptistère fondé par saint Arège au commencement du septième siècle. Le sanctuaire et la croisée sont fort anciens; mais la grande nef parait postérieure au siècle de saint Louis. Le portail n'a été achevé que sous le règne de Louis XI; il présente, au-dessus des deux marches qu'il faut monter pour y arriver, trois portiques de forme semblable et de hauteur différente; celui du milieu est surmonté d'une vaste rose circulaire. Quatre tours carrées, richement sculptées, flanquent cette basilique : trois sont désertes et entièrement vides; la quatrième sert de clocher. Deux galeries à balustrades en pierre, et taillées à jour, règnent dans toute la largeur de la façade; les ornements y sont peu prodigués; le fronton triangulaire qui la termine en haut offre seul des détails un peu compliqués. L'intérieur de l'église est d'une grande simplicité; mais la longueur des nefs, l'élévation des voûtes, la multiplicité des colonnes, la richesse des sculptures, des vitraux qui ne laissent pénétrer qu'un jour sombre et mystérieux, donnent à cet édifice un grand caractère de majesté. La grande nef a 79 mètres de longueur dans œuvre, sur 11 mètres 30 centimètres de largeur entre les piliers. Le maitre-autel s'élève presque au centre de l'embranchement de la croisée; il n'est remarquable que par deux croix, qui rappellent que ce fut au concile œcuménique de Lyon, tenu dans cette basilique en 1274, que s'opéra la réunion momentanée de l'Église grecque à l'Église latine. Autour des petites nefs règnent une suite de chapelles, fondées à diverses époques par les archevêques et par les chanoines de cette église; la plus remarquable est celle fondée dans le quinzième siècle par le cardinal de Bourbon; c'est un des ouvrages gothiques les plus remarquables en ce genre, par la richesse, la variété et la délicatesse de ses ornements. Dans le bras gauche de la croisée, on remarque une fameuse horloge, chef-d'œuvre de mécanique pour son temps, qui offre un système complet d'astronomie en mouvement.

ÉGLISE SAINT-PAUL. Cette église, située rue de la Poterie, derrière le quai de Flandre, fut fondée vers l'an 549 par saint Sacerdos, archevêque de Lyon; elle fut ruinée par les Sarrasins, et restaurée sous Charlemagne par l'archevêque Leyderade.

ÉGLISE D'AINAY. Cette église présente dans sa construction le caractère de l'architecture qui s'introduisit en France du temps de Charlemagne, et qui est connue sous le nom d'architecture grecque moderne. Le dôme, la voûte du chœur, le clocher pyramidal, sont des ouvrages moins anciens que le reste de l'édifice. La chapelle qui est à gauche du chœur est décorée d'ornements de la plus grande délicatesse.

ÉGLISE DE FOURVIÈRES. Cette église occupe l'emplacement du forum ou marché, construit par Trajan à l'imitation de celui que l'on voyait à Rome

ANCIEN CHÂTEAU DE GRIGNAN.

PORTE NOTRE DAME A CAMBRAI.

Elle est bâtie sur le point le plus élevé de la colline de son nom. A côté se trouve une terrasse délicieuse qui domine les deux fleuves, d'où l'on découvre toute la ville de Lyon, les plaines fertiles et les charmants paysages qui l'environnent, bornés à l'horizon par l'immense chaîne des Alpes.

ÉGLISE SAINT-NIZIER. L'intérieur de cette église est remarquable par l'élévation et la hardiesse des voûtes, par la forme des piliers qui les soutiennent, par l'étendue de l'édifice, par la clarté qui y règne, et surtout par un certain caractère de sévérité imprimé à tout l'ouvrage. A gauche du chœur est la chapelle de la Vierge, décorée d'une statue de la mère du Christ, chef-d'œuvre du célèbre Coysevox.

ÉGLISE DES CHARTREUX. Cette église est surmontée d'un dôme d'une grande beauté, construit en partie d'après les dessins de Servandoni. Le chœur mérite une attention particulière, par sa grandeur, ses belles proportions, et la manière dont il est éclairé. L'autel, composé des marbres les plus rares, est surmonté d'un baldaquin d'une forme imposante et majestueuse.

HÔTEL DE LA PRÉFECTURE. Cet édifice se compose d'un corps de logis central, qu'accompagnent deux ailes parallèles réunies par une grille en fer, séparées par une cour entourée de portiques.

HÔTEL DE VILLE. L'hôtel de ville de Lyon est le plus bel édifice en ce genre qui existe en France; il fut commencé en 1646, et entièrement achevé en 1655, sur les dessins de Simon Maupin, alors voyer et architecte de la ville. Cet édifice forme un carré isolé, composé d'une façade de 40 mètres de large, qui règne sur la place des Terreaux, et de deux ailes en retour de 137 mètres de longueur, qui donnent sur deux des plus belles rues de Lyon, et se terminent à la place de la Comédie : ces deux ailes forment deux cours, dont la première est beaucoup plus grande et plus élevée que la seconde, et qui se communiquent au moyen de deux terrasses découvertes, soutenues sur des arcades; l'une de ces cours est pavée en dalles. La façade principale, qui donne sur la place des Terreaux, n'appartient à aucun ordre d'architecture; elle offre néanmoins une belle apparence, et se termine par une balustrade sur laquelle s'élèvent deux grandes statues d'Hercule et de Minerve. Les deux parties latérales sont flanquées de deux pavillons carrés, surmontés de frontons et terminés en dôme. Derrière la façade est la tour de l'horloge, haute de cent cinquante pieds et couronnée par une coupole; l'horloge placée dans cette tour répond à quatre cadrans; celui qui regarde la place des Terreaux est accompagné des deux figures du Rhône et de la Saône. Le second portail, donnant sur la place de la Comédie, est flanqué de deux pavillons carrés, et peu inférieur au premier. L'intérieur n'est pas moins digne d'attention que l'extérieur. A l'entrée par la porte principale est un beau vestibule en arc surbaissé d'une grande hardiesse; les deux extrémités sont occupées par deux groupes en bronze de grandeur colossale, qui ornaient autrefois le piédestal de la statue équestre sur la place Bellecourt : celui placé à gauche représente le Rhône appuyé sur un lion rugissant et sur sa rame; l'autre représente la Saône appuyée aussi sur un lion, mais dans une attitude paisible. A droite est l'escalier principal, large de huit pieds, porté en demi-berceau sans appui hors des murs, et terminé par une galerie en forme de balcon; le plafond est orné de peintures dans lesquelles Blanchet a représenté avec beaucoup d'art l'embrasement de Lyon décrit par Sénèque. Cet escalier conduit à une très-belle salle de quatre-vingt-deux pieds de longueur sur trente-huit de largeur, dont les peintures sont devenues la proie des flammes qui consumèrent cette partie de l'hôtel de ville en 1674.

PALAIS DE JUSTICE. Cet édifice occupe l'ancien palais des comtes de Roanne, qui fut rétabli en 1686; la grande salle, ornée de peintures de Blanchet, est fort remarquable.

BIBLIOTHÈQUE PUBLIQUE. Ce précieux dépôt est placé dans la partie des bâtiments du collège qui se trouve sur le quai de Retz. L'entrée ne répond point à la beauté du vaisseau : on y arrive par un petit escalier tortueux aboutissant à une porte de peu d'apparence qui sert d'entrée à une salle immense dont la longueur est de 50 mètres, la largeur de 11, et la hauteur de plus de 13. Le pavé est de marbre, et l'intérieur orné de quatre globes, de sphères, de planisphères, de tables précieuses, et de divers bustes et bas-reliefs. Six rangs d'in-folio règnent à l'entour et sont placés dans cinquante-trois armoires grillées, renfermant quatorze mille quatre cents volumes ; au-dessus règne une galerie à balustrade, où dix autres rangs offrent les in-4° et les in-8°, au nombre de cinquante mille. Une grille sépare cette vaste salle d'une aile collatérale, dite bibliothèque d'Adamaly, léguée à l'académie par l'honorable citoyen de ce nom. Une porte à glaces conduit de cette salle à celle des estampes, où sont réunis les gravures et les volumes atlantiques. Derrière cette pièce est le cabinet d'antiquités. A côté de la grande salle, il s'en trouve deux autres ; la première reçoit les lecteurs en hiver ; la seconde renferme une collection considérable de ce qui a été imprimé sous le titre d'œuvres, et toutes celles dont les auteurs sont Lyonnais. Au-dessus de ces pièces on parvient à la salle des manuscrits et des éditions antérieures au commencement du seizième siècle, et à un vaste dépôt où sont rassemblés presque autant de livres qu'il s'en trouve dans la grande salle. Une vaste terrasse, de soixante-dix pas de longueur, joint la grande salle de la bibliothèque et offre une promenade agréable, d'où l'on jouit d'un point de vue magnifique : un quai superbe, couvert d'arbres et bordé des plus belles maisons de la ville, longe le Rhône, dont les eaux rapides coulent dans un large canal traversé par trois ponts ; au dela s'étend une plaine immense, qui se prolonge à l'est jusqu'aux Alpes, tandis qu'au nord elle est bornée par les coteaux de la Bresse, et au sud par le mont Pila et les montagnes du Dauphiné.

PALAIS DES ARTS. Ce vaste bâtiment est composé de quatre grands corps de logis qui forment une cour dont on a fait un parterre, orné dans le centre d'une statue d'Apollon placée sur un autel antique. La façade principale, qui donne sur la place des Terreaux, est embellie de deux ordres d'architecture en pilastres, le dorique et le corinthien ; un troisième ordre en attique s'élève au milieu et accompagne un belvédère à l'italienne, qui domine sur tout le bâtiment. L'intérieur répond à l'apparence du dehors : la cour est entourée d'un portique solidement voûté, et dont le dessus forme une terrasse découverte, bordée d'une balustrade de fer. Au centre de cette cour, ombragée de deux côtés par des arbres, un autel antique porte l'inscription d'un vœu de Junius Sylvanus Mélanion, receveur augustal : on a élevé au-dessus de cet autel une statue en marbre blanc. Autour des portiques sont plusieurs morceaux d'antiquités. Dans le Palais sont établis : le musée des tableaux ; le cabinet des médailles ; le musée lapidaire ; la galerie des plâtres antiques ; le dépôt des pièces mécaniques pour la fabrication des étoffes de soie ; la bibliothèque du conservatoire ; l'école gratuite de dessin, et différents cours. Le musée est ouvert les dimanche et jeudi de chaque semaine, de onze à deux heures. On y remarque principalement :

Dans le salon de fleurs. N° 10. Vase de fleurs, d'Abrah. Mignon. — 11. Vase en bronze rempli de fleurs, de M. Bony, de Lyon. — 12. Cartouche entouré de fleurs, de D. de Heem. — 3. Vase rempli de roses, de J. Van-Huisum, chef-d'œuvre. — 17. Vase par madame Bruyère. — 21. Vase par Van-Broussel, d'Anvers.

Dans la galerie du Musée. N° 4. Racine, par Philippe de Champagne. — 8. Sacrifice d'Abraham, par Andrea del Sarto. — 9. Invention des reliques de sainte Véronique, de saint Protais, par Philippe de Champagne, tableau très-estimé. — 11. Adoration des bergers, de Jordaens. — 12. Vue de la cour du château de Fontainebleau, par Bouhot, tableau d'un effet piquant. — 18. Ballon, par de Boissieux. — 19. Saint François, saint Dominique et plusieurs autres saints, par Rubens, tableau capital. — 22. Une table de cuisine, par

N° 82. ROUTE DE PARIS A LYON.

Suyders d'Aupy. — 27. La pluie d'or de Danaé, attribué à Tintoret. — 30. Vendeurs chassés du temple, par Jean Jouvenet. — 31. Deux têtes d'étude, par Van Dyck. — 32. Le petit Rémouleur, par Grobon. — 34. Des soldats jouant dans un corps de garde, tandis qu'un ange délivre saint Pierre, de David Teniers, très-beau tableau. — 35. Vert-Vert, par Richard, charmante composition. — 37. Pigeonnier de Rochecardon, par Grobon. — 39. Adoration des anges, de Jacques Stella. — 43. Un tournoi, par Revoil, tableau d'un bel effet. — 46. Vue de Saint-Jean. — 47. Aqueducs, par Grobon, bel effet, belle couleur. — 52. Visitation, de Jordaens. — 59. Baptême de Jésus-Christ, par Louis Carrache. — 61. Le bon Samaritain, par Drolling. — 65. Saint François d'Assise, par l'Espagnolet. — 67. Le Christ à la colonne, par Palme le jeune. — 75. Ascension, par Pierre Pérugin. — 78. Circoncision, par Guerchin, beau tableau. — 83 Adoration des mages, par Rubens. — 84. Assomption, du Guide. — 85. Moïse sauvé des eaux, par Paul Véronèse.

Dans la salle des Antiques. Le Christ sur la croix, par Van Thulden, tableau qui a joui d'une grande réputation. — 2. Le repas chez Simon le pharisien, par Jean Jouvenet. — 4. Louis XII présenté à Jésus-Christ par saint Louis, de Charles Lebrun.

JARDIN DES PLANTES. Ce jardin est situé au centre de la ville, où il forme une promenade on ne peut plus agréable. On y entre par un perron qui donne sur la place Sathonay : à gauche est l'orangerie ; sur le devant est un parterre, à l'entrée duquel est placé le buste en marbre blanc du célèbre abbé Rozier ; le piédestal, couronné d'une guirlande, porte l'inscription suivante :

AU COLUMELLE FRANÇAIS, LYON, SA PATRIE.

La position en amphithéâtre de ce jardin et ses divers détours et allées peuvent donner une idée des sites de Lyon, qui varient à chaque instant par l'effet du mouvement des terrains. Dans la partie supérieure se trouve une esplanade ombragée d'arbres de différentes espèces, ainsi qu'un café très-bien tenu, environné de galeries couvertes soutenues par de légères colonnes. De cet endroit la vue domine sur une partie de la ville ; on distingue les principaux édifices et les ponts sur la Saône et le Rhône ; au levant, les regards s'étendent sur la colline de Fourvières, et dans le lointain sur les Alpes et les campagnes du Dauphiné. Au-dessous de l'esplanade est l'emplacement d'un vaste amphithéâtre de forme circulaire, qui, du temps des Romains, servait de naumachie.

On remarque encore à Lyon les églises Saint-Bonaventure, du Collége, de Saint-Irénée, des Antiquailles, de la Charité, Saint-François de Sales, Saint-Just et Saint-Louis ; l'archevêché ; le collége ; l'hôtel des monnaies ; la loge du change ; la condition des soies ; la halle aux grains ; le mont-de-piété ; les hôpitaux ; les prisons ; les casernes ; l'école d'équitation ; le grand théâtre ; le théâtre des Célestins ; le grenier à sel ; l'hôtel des postes ; le magnifique hôtel Tolozan, près du quai Saint-Clair ; l'hôtel Lavalette ; la maison Delgat ; l'ancien monastère de Sainte-Claire, affecté aujourd'hui à une fonderie ; la maison Auriol, vis-à-vis du pont Morand ; la maison des cariatides, place Saint-Pierre ; l'hôtel du Nord ; l'atelier de l'Argue ; les bains du Rhône, des Brotteaux, de Perrache, du quai Saint-Clair, des Célestins, du Palais-Royal, les bains romains, etc., etc., etc.

BIOGRAPHIE. Lyon a donné naissance à un grand nombre d'hommes célèbres, dont les principaux sont : les empereurs Marc-Aurèle, Caracalla et Claude ; Germanicus, dont l'empire romain pleura la mort prématurée ; Sidoine Apollinaire, écrivain du cinquième siècle ; saint Ambroise le Grand ; Philibert de l'Orme, Perrache, Rondelet, architectes ; les frères Coustou, Coysevox, Chinart, Lemot, sculpteurs ; les peintres Stella, Vivien, Revoil et Richard ; les graveurs Audeau, Drevet, Gryphe ; les naturalistes Rozier, Bernard et Adrien de Jussieu, la Tourette, Morel, Bourgelat, fondateur des écoles vétérinaires de Lyon et d'Alfort ; les historiens Paradis, Colonia, Ménétrier ; l'hydrographe Fleurieu ; les savants poëtes ou littérateurs Vergier, Louise l'Abbé, Terrasson, Borde, Morelet, Prud'homme, Philippon de la Madelaine, Brossette, Lémontey, Jal, de Gérando, Roquefort, Delandine ; le célèbre économiste J.-B. Say ; les mécaniciens Jambon, Thomé, Jacquard ; le maréchal Suchet ; les généraux Duphot, Servon, Lapoype ; le major Martin, fondateur de l'école de la Martinière ; l'orateur Bergasse ; l'infâme Châlier ; les députés Camille Jordan et de Corcelles, zélés défenseurs des libertés publiques.

INDUSTRIE ET COMMERCE. L'industrie de Lyon est immense : les étoffes de soie, renommées par la solidité de la teinture et le bon goût des dessins, en forment la base principale. Le nombre des ateliers, pour le travail de la soie dans toutes ses branches, s'élève à Lyon au delà de quinze mille. La chapellerie, la librairie, l'imprimerie, l'orfévrerie, la fabrication des liqueurs, sont les branches secondaires de l'industrie et du commerce de Lyon.

PRINCIPAUX HÔTELS GARNIS. Ambassadeurs, place Louis-le-Grand, 14 ; Commerce, rue St-Dominique, 16 ; Courriers, rue St-Dominique, 12 ; Europe, Pauche, place Louis-le-Grand, 26 ; Écu-de-France, rue de la Lanterne, 6 ; France, rue de l'Arbre-Sec, 13 ; Milan, tenu par Pascalon, au centre de la ville et du commerce, près du théâtre et des messageries, très-convenable pour les voyageurs ; écuries et remises, place des Terreaux, 8 ; Nord, Capler, rue Lafont, 24 ; Notre-Dame-de-Pitié, rue de la Sirène, 2 ; Provence, Joly, traiteur, salons grands et petits, beaux et vastes appartements, service particulier à toute heure, vastes écuries et remises, place de la Charité, 2 ; Parc, Lucotte, place des Carmes, 1 ; Quatre-Chapeaux, rue Quatre-Chapeaux, 8 ; Quatre-Nations, grande rue Sainte-Catherine, 7.

Lyon est à 107 kil. (27 l. 1/2) de Grenoble, 96 kil. (24 l. 1/2) de Chambéry, 339 kil. (87 l.) de Marseille, 469 kil. (119 l.) de Paris. |

COMMUNICATIONS. VOITURES PUBLIQUES. *Exploitation générale des messageries*, place des Terreaux, 7. Tous les jours deux voitures de Lyon pour Paris, l'une par la Bourgogne, l'autre par le Bourbonnais. — *Messageries du Midi*, quai St-Antoine, 29, et place des Terreaux, 7. Pour Avignon, Aix, Marseille, Toulon et route ; départ tous les jours, arrive à Marseille en 2 jours. — *Diligence du Languedoc*, passant par le Pont-St-Esprit, pour Nimes, Montpellier, Perpignan, Toulouse, Bordeaux, Bayonne et route ; part tous les jours et arrive à Nimes le deuxième jour. — Correspondance journalière établie à Valence pour Privas, Aubenas et toutes les villes de l'Ardèche. — *Fourgons accélérés*, tous les jours pour Aix, Marseille et Toulon, Nimes et tout le Languedoc. — *Messageries Laffitte, Caillard et Comp.*, rue Puits-Gaillot, tous les jours pour Paris, à 9 h. du matin et à 9 h. et demie du soir. — Diligence de Lyon pour Marseille tous les jours à cinq heures du matin, et pour Nimes également tous les jours à 7 heures du matin. — *Messageries d'Italie*, de Bonafous frères, rue Neuve, 7. — Diligences pour Chambéry, Turin, Gênes, Milan, Venise, Parme, Bologne, Rome, les mardis, jeudis et samedis, à 9 h. du soir, desservant Aix-les-Bains pendant la saison des eaux. — Chariots en poste pour les mêmes destinations, les lundis, mercredis, vendredis, à 8 h. du soir. — Le trajet de Lyon à Turin se fait en deux jours ; en quatre jours, de Lyon à Gênes et à Milan. — *Omnibus* pour l'intérieur de Lyon, pour l'île Barbe, Fontaine, Écully. — PAQUEBOTS. *Compagnie des bateaux à vapeur pour la navigation du Rhône et de ses affluents*, place des Terreaux, 16, quai et place de la Charité, 28. — Un paquebot part tous les jours, été et hiver, du port de la Charité. — Le trajet de Lyon à Avignon se fait en 10 heures, celui de Lyon à Marseille se fait en un jour et demi. — Deux bateaux pour Châlons tous les jours. — *Compagnie de l'Aigle*, quai de Retz, 43, et pl. de la Charité, à l'hôtel de Provence. — Départ des bateaux à vapeur tous les jours, en été, à 4 h. du matin, en hiver, à 7 h. Idem. — Le trajet de Lyon à Avignon se fait en 10 heures. — *Service des bateaux à vapeur Hirondelles*, sur la Saône. Départ tous les matins pour Mâcon et Châlons ; et corresp. à Châlons avec les messageries royales de Paris, et à Lyon avec les messageries de P. Gailine et Comp — Départs de Lyon et de Châlons tous les jours suivant les saisons, de 4 à 6 h. du matin. Prix 8 fr. et 6 fr. — *Service en poste*, faisant le trajet en 27 heures D'AUBENAS A LYON, par Privas et Valence. — SOCIÉTÉ LYONNAISE, port des Cordeliers, 89. — Service des PAPIN, bateaux à vapeur en fer à basse pression. — Service du Rhône pour voyageurs et marchandises, desservant Valence, Avignon, Beaucaire, Arles et Marseille. — Service de la Saône pour voyageurs de Lyon à Mâcon et Châlons. — *Compagnie des bateaux à vapeur du Rhône supérieur.* Service journalier de voyageurs et marchandises entre Lyon et Aix-les-Bains et Chambéry, correspondant avec Lagnieu, Ambérieux, St-Rambert, St-Jean le-Vieux. — Brucaux, cours d'Herbouville, près les barrières. — *Compagnie des Gondoles à vapeur sur la Saône* port Neuville, 43. — Départ tous les deux jours de Lyon à Châlons. — *Compagnie des bateaux à vapeur les Abeilles* num. 1 et 2. Service journalier pour le transport des voyageurs et des marchandises de Lyon et Châlons. Quai de la Peyrollerie. — *Bateaux à vapeur en fer.* Compagnie du Sirius. Départ tous les deux jours pour Avignon et Beaucaire, quai de la Charité; bureaux, quai Monsieur, 119. Prix : 10 fr. et 6 fr. — *Bateaux à vapeur :* le Crocodile et le Marsouin, le Mistral, le Siroco, desservant Valence, Avignon, Beaucaire et Arles, pour marchandises et voyageurs. Bonnardel frères et Four, propriétaires; bureaux, quai de l'Arsenal, près le Grenier à sel. — CHEMIN DE FER de Lyon à St-Étienne, par Givors, Rive-de-Gier, St-Chamond. Distance, 58 kil.; durée du trajet de Lyon à St-Étienne, 4 heures; de St-Étienne à Lyon, 3 h. 30 minutes. Quatre départs par jour. Prix : 7, 6, 5 et 4 fr. Bureau de départ, rue Pérat, 6. — Les voitures partent chaque jour de Lyon et de St-Étienne à 7 h. du matin, à midi, à 4 h. et à 10 h. du soir. Le service de nuit se compose d'une seule voiture à 20 places, correspondant avec le service de Vienne. Il y a en outre un service particulier entre Rive-de-Gier et Lyon, partant à 8 h. 1/2 du matin. — Les convois de wagons pour les marchandises partent à toute heure. — Tous les services de voyageurs correspondent avec les voitures établies entre Givors et Vienne.

BUTS D'EXCURSIONS: à l'*île Barbe*; on s'embarque au port de Vaise, dans un batelet guidé par une femme; à *Charbonnières* (*Voy.* ce mot); à *St-Bonnet-le-Froid*, d'où l'on jouit d'une belle vue.

OUVRAGES A CONSULTER, qui se trouvent à la librairie de Giberton et Brun, à Lyon.

Archives historiques, statistiques et littéraires du département du Rhône, in-8°, 1804-33.
Histoire de la ville de Lyon, in-fol. 1573, par Paradis.
Histoire de la ville de Lyon, par St-Aubin, in-fol., 1666.
Recherches des antiquités et curiosités de la ville de Lyon, par Spon, in-8°, 1675.
Antiquités de la ville de Lyon, par Colonia, in-12, 1701.
Histoire de la ville de Lyon, par Beaulieu, in-8°, 1837.
Histoire de Lyon, par Clerjon, 6 vol. in-8°, 1832 et suiv.
Description de la ville de Lyon, par Rivière de Brinais, in-12, 1741.
Description historique de Lyon, par Crochard, in-12, 1817.
Panorama de la ville de Lyon, in-18, 1823.
Conducteur de l'étranger à Lyon, par Lions, in-18, 1833.
Voyage pittoresque et historique à Lyon, par Fortis, 2 vol. in-8°, 1822.
Voyage pittoresque dans Lyon ancien et moderne, par Chapuy, in-4°, 1824.
Description historique et vues de Lyon, par Jolimont, in-4°, 1832.
Notice des tableaux du Musée de Lyon, par Artaud, in-8°, 1819.

2ᵉ R., par MONTBARD, SEMUR et BLIGNY, 47 myr. 4 kil.

	m. k.
DE PARIS à * SENS ⌀ (Voy. la 1ʳᵉ R.)	11,0
SENS à THEIL ⌀	1,1
THEIL à ARCES ⌀	1,7
ARCES à * SAINT-FLORENTIN ⌀	1,6
SAINT-FLORENTIN à FLOGNY ⌀	1,3
FLOGNY à * TONNERRE ⌀	1,5
TONNERRE à * ANCY-LE-FRANC ⌀	1,8
ANCY-LE-FRANC à AISY-SUR-ARMANÇON ⌀	1,6
AISY-SUR-ARMANÇON à MONTBARD ⌀	1,1
MONTBARD à SEMUR ⌀	1,7
SEMUR à SAINT-THIBAULT ⌀ (Côte-d'Or)	1,9
SAINT-THIBAULT à POUILLY-EN-AUXOIS ⌀ (Côte-d'Or)	1,4
POUILLY-EN-AUXOIS à BLIGNY-SUR-OUCHE ⌀	2,2
BLIGNY-SUR-OUCHE à * BEAUNE ⌀	1,7

	m. k.
BEAUNE à CHAGNY ⊙.	1,6
CHAGNY à * LYON ⊙ (Voy. la 1re Route)	14,3

3ᵉ Route, par AUXERRE et AUTUN, 47 myr. 5 kil.

De PARIS à SAULIEU ⊙ (Voy. la 1re R.)	25,8
SAULIEU à PIERRE-ÉCRITE ⊙	1,0
PIERRE-ÉCRITE à CHISSEY ⊙.	1,1
CHISSEY à * AUTUN ⊙	2,0
AUTUN à SAINT-ÉMILAN ⊙	1,7
* LE CREUSOT (à droite de la route).	
SAINT-ÉMILAN à SAINT-LÉGER ⊙	1,4
SAINT-LÉGER au BOURGNEUF ⊙	0,8
LE BOURGNEUF à * CHALON-SUR-SAÔNE ⊙	1,2
CHALON-SUR-SAÔNE à *LYON ⊙ (V. la 1re R.)	12,5

AUTUN. Voyez page 345.

CREUZOT (*Saône-et-Loire*). Village à 23 kil. (6 l.) d'Autun. 3,117 hab. Cette commune est très-importante sous le rapport des établissements industriels qu'elle renferme. 600 ouvriers étaient employés dans les hauts fourneaux, laminoirs à barreaux, chaufferies de tôles à l'anglaise, fourneaux pour la fonte de seconde fusion, aux tineries et à des travaux divers. Il existait au Creuzot une fabrique de cristaux qui a été réunie à celle de Baccarat.

CHEMIN DE FER de Creuzot au canal du Centre.

4ᵉ Route, par NEVERS et MOULINS, 47 myr.

De PARIS à ROANNE ⊙ (Voy. N° 85).	38,2
ROANNE à SAINT-SYMPHORIEN DE LAY ⊙	1,7
SAINT-SYMPHORIEN à PAIN-BOUCHAIN ⊙	1,5
PAIN-BOUCHAIN à * TARARE ⊙	1,2
TARARE aux ARNAS ⊙	1,1
* L'ARBRESLE (sur la route).	
ARNAS à SALVAGNY ⊙	1,9
SALVAGNY à * LYON ⊙	1,9

TARARE (*Rhône*). Petite ville située au pied de la montagne de son nom, dans une vallée agréable, sur la jolie petite rivière de Tardina, à 25 kil. (6 l. 1/2) de Villefranche. Ch. des manuf. Conseil de prud'h. ⊠ ⊙ 6,833 hab. Tarare est le centre d'une fabrique très-importante de mousselines unies et brodées de la plus grande finesse et de toute beauté, qui occupent de 50 à 60,000 ouvriers dans un rayon de 10 à 20 lieues. — PATRIE de M. Andrieux. — HÔTELS : de France, d'Europe, du Soleil, des Trois-Maries.

ARBRESLE (L') (*Rhône*). Petite ville située à 14 kil. (3 l. 1/2) de Lyon ⊠. 1,300 hab. Elle est bâtie dans une situation agréable au confluent de la Brevanne et de la Tardina, et dominée par les ruines pittoresques d'un ancien château. — Aux environs, on doit visiter les mines de cuivre de Chessy et de Saint-Bel.

CHARBONNIÈRES (*Rhône*). Joli village bâti dans une situation pittoresque, au milieu d'un vallon environné de bois et de rochers, à 6 kil. (1 l. 1/2) de Lyon. 300 hab. On y voit un beau château, dont le parc renferme une source d'eau minérale très-fréquentée dans la belle saison par les habitants de Lyon.

N° 82. ROUTE DE PARIS A LYON.

5ᵉ Route, par TROYES et DIJON, 49 myr. 6 kil.

	m. k.
De PARIS à *DIJON (Voy. N° 49)	30,1
DIJON à *TOURNUS (Voy. N° 29)	7,0
TOURNUS à *LYON (Voy. N° 82)	12,5

De ROANNE aux EAUX DE SAINT-ALBAN ☞	1,3

DE CHALON-SUR-SAONE A BESANÇON, 10 myr. 8 kil.

De CHALON-SUR-SAÔNE à SERMESSE ☞	2,3
SERMESSE à GRAND-NOIR ☞	1,9
GRAND-NOIR à *BESANÇON ☞ (Voy. N° 97)	6,6

De SERMESSE à { *SEURRE ☞	1,5
{ *PIERRE ☞	1,5

DE LYON A ANNONAY, 6 myr. 9 kil.

De LYON au PÉAGE DE ROUSSILLON ☞ (Voy. ci-après, de Lyon à Marseille)	4,8
LE PÉAGE DE ROUSSILLON à *ANNONAY ☞	2,1

De SAINT-RAMBERT à *ANNONAY ☞	2,0

ANNONAY (*Ardèche*). Ville très-ancienne située au confluent de la Canse et de la Deume, qu'on y passe sur un pont suspendu, à 83 kil. (21 l. 1/4) de Privas. Trib. de com. Ch. des manuf. Société de statistique. Collége com. ✉ 8,277 hab. — Annonay, que les auteurs latins nomment *Annoneum*, est dans une position agréable et pittoresque; ses maisons et leurs dépendances occupent la pente et le sommet de plusieurs coteaux, ainsi que le fond des petits vallons qui les séparent; aussi, cherche-t-on en vain l'ensemble de cette ville, dont toujours quelque partie se dérobe aux regards, et qui, vue de divers points, offre partout un nouveau coup d'œil. C'est la partie de M. Boissy d'Anglas, du général Abrial, des frères Montgolfier, à qui l'on doit la merveilleuse découverte de l'invention des aérostats, dont le premier essai fut fait à Annonay, le 5 juin 1783, en présence d'un concours immense de peuple. — Cette ville possède une multitude de fabriques de draps, bonneterie en laine, de cardes; filatures de soie et de coton, blanchisseries de cire, mégisseries renommées; papeteries dont les produits sont estimés sur tous les marchés de l'Europe.

VOITURES PUBLIQUES. Tous les jours pour Lyon, par Vienne, pour Valence et Tournon.

OUVRAGE A CONSULTER. *Mémoires historiques sur Annonay et le haut Vivarais*, par Poncer, 2 vol. in-8°.

DE LYON A BORDEAUX, 54 myr. 1 kil.

De *LYON au GRAND-BUISSON ☞	1,1
GRAND-BUISSON à LA BRALY ☞	1,4
LA BRALY à LA DUERNE ☞	1,1

N° 82. ROUTE DE PARIS A LYON.

	m. k.
Duerne à Saint-Barthélemy de l'Estra ☞....	1,9
Saint-Barthélemy à Feurs ☞............	1,1
Feurs à * Boen ☞......................	1,8
* St-Étienne le Molard (à G. de la R.).	
Boen à Saint-Thurin ☞.................	1,5
Saint-Thurin à Noiretable ☞............	1,2
Noiretable à la Bergère ☞.............	1,2
La Bergère à * Thiers ☞...............	1,4
* Olliergues (à gauche de la route).	
Thiers à Lezoux ☞....................	1,6
* Ravel-Salmeranges (à G. de la R.).	
Lezoux à * Pont-du-Chateau ☞.........	1,1
* Beauregard (à droite de la route).	
Pont-du-Chateau à * Clermont ☞ (P.-de-D.)..	1,5
* Billom (à gauche de la route).	
Clermont à * Rochefort ☞..............	2,9
* Chamalière (sur la route).	
Rochefort au * Bourg-Lastic ☞..........	2,5
Bourg-Lastic à * Chalons ☞ (Corrèze)......	1,2
* Bort (à gauche de la route).	
Chalons à Ussel......................	1,6
Ussel à la Chapelle ☞ (Corrèze)..........	1,4
La Chapelle à Égletons ☞..............	1,5
Égletons aux Champs de Brach ☞........	1,5
Les Champs de Brach à * Tulle ☞........	1,7
* Gimel (à gauche de la route).	
Tulle à la Borde ☞...................	1,5
La Borde à Brive ☞...................	1,5
Brive à * Terrasson ☞................	1,9
* Lacassagne (à gauche de la route).	
Terrasson à Azerac ☞................	1,5
Azerac à Saint-Crépin d'Auberoche ☞......	2,1
Saint-Crépin à * Périgueux ☞...........	1,7
Périgueux à * Bordeaux ☞ (Voy. N° 77)....	12,1

Du Bourg-Lastic au * Mont-Dore ☞............	2,9

ÉTIENNE LE MOLARD (SAINT-) (*Haute-Loire*). Village à 12 kil. (3 l.) de Montbrison. 600 hab. A peu de distance de ce village, on remarque l'important château de Labatie, séjour pittoresque, où Honoré d'Urfé écrivit son Astrée.

BOEN (*Haute-Loire*). Petite ville, située au pied des montagnes qui séparent le département de la Loire de celui du Puy-de-Dôme, à 12 kil. (3 l.) de Montbrison. ☒ ☞ 1,450 hab. Elle est bâtie sur le penchant d'un coteau, dans une vallée étroite, sur la rive gauche du Lignon, qu'on y passe sur un beau pont de pierre. Patrie de l'abbé Terray. — Papeteries.

OLLIERGUES (*Puy-de-Dôme*). Petite ville, située sur la Dore, à 16 kil. (4 l.) d'Ambert. 1,937 hab. On y voit un vieux château qui a appartenu à la maison de la Tour d'Auvergne et les débris d'un ancien pont.

RAVEL-SALMERANGES (*Puy-de-Dôme*). Village situé à 27 kil. (7 l.) de Clermont. 1,003 hab. On voit dans ce village un ancien château fort bien conservé qui a appartenu au roi Philippe le Bel. Ce château, flanqué de tours rondes, est bâti sur la croupe d'une montagne, et domine une des plus belles parties de la Limagne. Manufacture importante de poterie romaine, grès, creusets renommés.

THIERS (*Puy-de-Dôme*). Ville ancienne. Sous-préf. Trib. de 1ʳᵉ ins. et de com. Ch. des manuf. Conseil de prud'h. Collége com. ⌧ ✆ 9,836 hab. Thiers doit son origine à un ancien château qui existait dans les premiers temps de la monarchie. Cette ville est dans une situation on ne peut plus pittoresque, sur la croupe et le penchant d'une montagne qui domine au loin toute la contrée, et que l'on aperçoit distinctement de Clermont, qui en est à plus de neuf lieues. Elle est généralement bien bâtie, l'aspect en est riant et gracieux, mais les rues en sont étroites, tortueuses et escarpées. Ses environs offrent, d'un côté, des sites curieux et sauvages; de l'autre, des coteaux couverts de riches vignobles et de vertes prairies. De la partie la plus élevée de la ville, l'œil embrasse, dans toute son étendue, la fertile Limagne, avec ses villes, ses villages et ses innombrables monticules; tandis que, dans le lointain, on aperçoit les montagnes majestueuses qui, de toutes parts, hérissent l'Auvergne et la couvrent en grande partie. Au pied du rocher à pic sur lequel une portion de la ville est bâtie, la rivière la Durole roule avec fracas ses eaux resserrées dans une gorge étroite, fait mouvoir plusieurs forges et papeteries, et se réunit à la Dore un peu au-dessous de Thiers. — L'église Saint-Jean, bâtie sur un plateau élevé au-dessus du cours de la Durole, est remarquable par son site pittoresque; près de là, on peut voir la gorge du Trou d'Enfer et les cascatelles de Thiers, tout aussi dignes des pinceaux des artistes que celles de Terni. — FABRIQUES considérables de coutellerie, de grosse quincaillerie, de draps, broderies, fils à coudre, etc. — A 37 kil. (9 l. 1/2) de Clermont, 417 kil. (107 l.) de Paris. HÔTEL de la Poste.

VOITURES PUBLIQUES. Tous les jours pour Clermont, Lyon, Bordeaux, St-Étienne.
BUTS D'EXCURSIONS : au village de *St-Rémy*; au grun de *Chignor*, d'où l'on jouit d'une vue admirable; à la *pierre milliaire de Vollore*; à la *montagne de Montoncelle*.

BEAUREGARD (*Puy-de-Dôme*). Joli bourg à 20 kil. (5 l.) de Clermont. 1,427 h. Il est régulièrement bâti, et se compose de rues bien alignées, qui se coupent à angle droit. Ce bourg occupe le sommet d'un plateau élevé et fort uni, d'où l'on domine sur une vaste étendue de la Limagne, et c'est à cette heureuse situation qu'il doit le nom significatif de Beauregard. On doit voir dans l'église le maître-autel, orné de bas-reliefs et d'un grand nombre de figures en boiserie d'une exécution remarquable. Le château de Beauregard, ancienne maison de plaisance des évêques de Clermont, a été bâti dans le quinzième siècle; de ses terrasses on aperçoit distinctement onze villes et quatre-vingt-dix-huit bourgs ou villages.

BUTS D'EXCURSIONS : à *Culhat*, dont l'église est fort remarquable; aux *eaux minérales de Medagues*.

PONT DU CHATEAU (le) (*Puy-de-Dôme*). Petite ville bâtie dans une situation pittoresque, sur la rive gauche de l'Allier, à 15 kil. (3 l. 3/4) de Clermont. 3,420 hab. On y remarque un beau château bâti au bord de l'Allier, sur une colline très-élevée coupée presque verticalement; il est précédé d'une grande place plantée d'arbres, occupée autrefois par des fossés et par d'anciennes fortifications. De cette place, qui domine une grande partie du bassin de l'Allier, on jouit d'un point de vue magnifique sur les belles plaines et les riches vallées de la Limagne.

BILLOM (*Puy-de-Dôme*). Très-ancienne ville, à 24 kil. (6 l. 1/4) de Clermont. Trib. de com. ⌧ 4,746 hab. Billom passe pour une des plus anciennes villes de l'Auvergne. C'est une ville fort industrieuse, et favorablement située au milieu de la partie la plus fertile de la Limagne. Elle est bâtie sur une colline élevée, entourée de hautes montagnes; les orages y sont fréquents, et l'atmosphère y est si pluvieuse, qu'elle a souvent été nommée l'*égout de la basse Auvergne*. — L'église de Saint-Cerneuf est très-ancienne; on prétend qu'elle existait avant Charlemagne, et qu'elle fut enrichie des bienfaits de cet empereur. — FABRIQUES de fil de Bretagne, toiles, serges, faïence, poterie de terre, briques, etc.

BUTS D'EXCURSIONS : aux ruines des *châteaux de Turluron*, *de Montmorin*, *de Mozun*; au *château de Semiers*, dominé par une vieille tour d'où la vue est magnifique; au *puy de Cordelou*, entièrement formé de tronçons de prismes basaltiques.

CHAMALIÈRE (*Puy-de-Dôme*). Bourg très-ancien, à un kil. de Clermont. 2,067 hab. FABRIQUE de cordes d'instruments. Papeterie. Mine de bitume pisasphalte exploitée.

BUT D'EXCURSION. *Royat*, lieu célèbre dans la Limagne par l'abondance, la pureté et l'utilité de ses eaux, est une dépendance de la commune de Chamalière. Ce village est bâti dans une gorge, entre deux montagnes de basalte, sur un ancien courant de laves, et entouré de gibbosités énormes que la coulée a faites en se boursouflant. Au milieu de ces horreurs, on rencontre cependant, presque à chaque pas, des points de vue très-agréables; et les sources nombreuses qui jaillissent ou qui coulent de toutes parts, ont fait naître sur ces antiques masses de lave plusieurs vergers et quelques prairies, dont les nuances riantes réjouissent la vue : la fraîcheur et la solitude de ces retraites charmantes, le vaste ombrage qu'offrent les châtaigniers et les noyers qu'elles nourrissent, y forment, dans la belle saison, un asile délicieux. En remontant la gorge basaltique, on voit de toutes parts découler et dégoutter les eaux qui descendent des hauteurs voisines; mais à gauche sont des sources abondantes, qui, arrivant à travers la montagne, viennent sourdre sous le basalte qui la couvre. Dans une gorge étroite, au bas de Royat, en descendant un sentier cahotant, et après avoir traversé une petite rivière appelée la Tiretaine, qui court, en mugissant, des villages de Fontanat et de la Font de l'Arbre, on trouve une grotte charmante, formée de rochers basaltiques, d'où s'élancent sept jets d'une eau limpide et intarissable, qui va se joindre au joli torrent des sources de Fontanat. Cette grotte est véritablement délicieuse; un jour doux y pénètre à peine, et le soleil n'y jette quelques rayons que pour faire briller les parois humides de la caverne, couvertes de lichens, de mousse couleur d'émeraude, et de verts capillaires, attachés sous la voûte à des fragments de basalte, comme les ornements pendentifs de la clef d'une église gothique. La grotte a environ trente pieds de largeur sur autant de profondeur, et douze à quinze pieds de hauteur; l'aspect et le murmure de ses sources enchantent également les yeux et les oreilles; le site admirable où elle s'ouvre, les masses de rochers qui l'entourent, et les ruines d'édifices religieux qui existent dans le voisinage, concourent à rendre ce site un des plus remarquables du département. — *Saint-Marc* est aussi un hameau dépendant de la commune de Chamalière; il est situé dans un vallon charmant, et très-renommé par ses sources d'eau minérale. Les Romains y avaient établi des piscines considérables et des thermes d'une grande importance par leur voisinage de la capitale des Arvernes. L'établissement actuel se compose d'un petit appareil pour la douche et d'une demi-douzaine de cabinets de bains, étroits, malaisés, formés de planches mal jointes entre elles, et disposés circulairement autour de la source, sur un espace de quelques toises carrées, à plus de trois pieds au-dessous du niveau du sol. Les eaux se prennent depuis le mois de mai jusqu'en septembre. De nombreuses observations ont constaté les bons effets de leur usage interne dans la langueur des organes digestifs, dans la chlorose, les engorgements abdominaux, les catarrhes chroniques. Sous forme de bains ou de douches, elles sont très-efficaces dans la roideur des articulations, les ankyloses, les rhumatismes chroniques, les luxations, etc.

ROCHEFORT (*Puy-de-Dôme*). Petite ville située dans une profonde vallée sur la Sioule, à 32 kil. (8 l. 1/2) de Clermont. 1,443 hab. Elle est bâtie dans un pays pittoresque, au pied d'une montagne volcanique couverte de scories et dominée par les ruines d'un antique château qui a appartenu aux comtes d'Auvergne. Près de là sont deux grottes curieuses formées dans la lave.

BOURG-LASTIC (*Puy-de-Dôme*). Bourg situé à 39 kil. (10 l.) de Clermont. ⌧ 2,707 hab. On trouve aux environs, à Corue, une source d'eau minérale.

BORT (*Corrèze*). Petite ville, située dans un joli vallon, sur la rive droite de la Dordogne, à 20 kil. (5 l.) d'Ussel. ⌧ 2,291 hab. On voit de cette ville une montagne basaltique, appelée les Orgues de Bort, composée, dans sa partie supérieure, de prismes irréguliers, mais énormes, de phonolite compacte, quelquefois poreux, souvent maculé, et se dilatant rarement en feuilles min-

ces. Cette roche, qui forme près du tiers de la hauteur de la montagne, repose sur une couche de cailloux roulés et sur le gneiss; le plateau, dont l'étendue est considérable, est généralement couvert de bruyères, dont quelques parties sont successivement mises en culture. — Du haut des Orgues, dont la partie ouest est surmontée d'une pyramide construite pour la triangulation de la France, on a devant soi un horizon immense, un véritable et magnifique panorama : la vue embrasse à la fois une quantité innombrable de villages, de châteaux anciens et modernes, d'autres qui sont en ruine, de vallons couverts de la plus riche verdure, ainsi que des rivières et des ruisseaux qui les fécondent; sur le dernier plan s'élèvent les chaînes de montagnes du Mont-Dore, du Cezalier, du Cantal, etc. — PATRIE de Marmontel.
— FABRIQUE de toiles recherchées dans tout le midi. — COMMERCE de grains, fromage, cire, porcs gras, etc. Entrepôt du Cantal et de la Corrèze. — HÔTELS: du Cheval-Blanc, des Trois-Pigeons.

VOITURES PUBLIQUES. Pour Clermont et Aurillac.
BUT D'EXCURSION : à 4 kil. de Bort, la belle cascade du *saut de la Saule*.

USSEL (*Corrèze*). Ville ancienne. Sous-préf. Trib. de 1re inst. Soc. d'agr. Collége com. ⊠ ⚭ 3,963 hab. Cette ville, située au milieu de montagnes arides, entre les rivières de la Diége et de la Sarsonne, paraît avoir été construite sur l'emplacement d'un ancien camp romain. Elle était autrefois entourée de murailles et a soutenu plusieurs siéges. — A 57 kil. (14 l. 1/2) de Tulle, 68 kil. (17 l. 1/2) de Clermont, 454 kil. (116 l. 1/2) de Paris. — HÔTELS: du Dauphin, de Notre-Dame, des Trois-Pigeons.

OUVRAGE A CONSULTER. *Fragment d'histoire de la ville d'Ussel*, par Delmas, in-4°, 1809.

GIMEL (*Corrèze*). Village situé à 8 kil. (2 l.) de Tulle. 850 hab. Il est situé sur la Montane, rivière dont les eaux forment en ce lieu une cascade qui serait une des plus célèbres de France, si le volume de ses eaux répondait à la hauteur des rochers d'où elle se précipite. Ce n'est pas une seule chute, mais bien une suite de cascades, dont la hauteur totale est de 130 mètres; on en compte cinq principales, et au moins autant de secondaires. Il est impossible de voir toutes ces chutes d'un coup d'œil, et on ne peut en approcher que successivement, à cause des circuits du canal que les eaux se sont creusé entre les montagnes. La chute supérieure, divisée en trois parties par des roches aiguës, a environ 42 mètres de hauteur, et, quand les eaux sont abondantes, une largeur de 5 mètres; lorsque la rivière est grossie par les pluies, les trois cascades se confondent en une seule, qui offre alors un coup d'œil imposant. Au-dessous de cette première chute, on en trouve une seconde où l'eau suit un plan incliné, formé par un rocher d'une seule pièce d'environ 26 mètres de haut, et tombe dans un gouffre dont on n'a pu, jusqu'à présent, sonder la profondeur; il y a encore deux ou trois autres cascades au-dessous de celle-là.

LACASSAGNE (*Dordogne*). Village situé à 27 kil. (7 l.) de Sarlat. 600 hab. A peu de distance de ce village, à l'extrémité d'une gorge reculée qu'entourent des collines extrêmement arides et escarpées, on voit une des plus belles sources du département, connue sous le nom de *fontaine de Ladoux*.

TERRASSON (*Dordogne*). Petite ville, à 31 kil. (8 l.) de Sarlat. ⊠ ⚭ 2,935 hab. Terrasson, autrefois *Terracina*, est une ville fort ancienne, dont il est fait mention dans les annales de France en l'année 542. C'était autrefois une ville forte, qui fut prise et reprise plusieurs fois pendant les guerres étrangères, civiles et religieuses, qui ont désolé le pays. Cette ville est située en amphithéâtre sur le penchant d'une colline escarpée au pied de laquelle coule la Vézère, que l'on y passe sur un pont magnifique de construction récente : elle renferme quelques constructions d'assez bon goût, et un beau quai sur la Vézère; mais les rues en sont étroites, mal percées et d'un difficile accès. — COMMERCE de truffes.

MONT-DORE-LES-BAINS (*Puy-de-Dôme*). Village situé dans une vallée pittoresque, entourée de montagnes qui abondent en produits minéralogiques et en plantes médicinales, et célèbre par ses bains d'eaux thermales. ☞ 1010 hab. A 35 kil. (9 l.) d'Issoire.

EAUX THERMALES DU MONT-DORE. Le Mont-Dore n'était qu'un chétif et pauvre village, lorsqu'en 1810, sur les données de M. Ramond, alors préfet du Puy-de-Dôme, et dont le nom est demeuré si cher à l'Auvergne, les eaux furent acquises au nom du gouvernement. En 1819, les premiers fonds furent obtenus par M. de Rigny, l'un des successeurs de M. Ramond, et les travaux commencés alors n'ont plus été interrompus jusqu'à leur entier achèvement. L'industrie particulière, encouragée et sagement dirigée, a suivi l'impulsion donnée, et de nombreuses maisons bien construites sont venues remplacer les anciennes masures. — Le Mont-Dore se trouve adossé à la base de la montagne de l'Angle, d'où naissent les sources, et à peu près au milieu d'une profonde vallée qui se courbe en croissant, du nord au midi, et que la Dordogne, qui y prend naissance, sillonne dans toute sa longueur. Les montagnes qui ferment la vallée, quoique fort élevées, sont partout couvertes d'une végétation vigoureuse, et présentent de nombreuses et profondes écorchures souvent couronnées par d'énormes bancs de rochers, laissés à nu par les éboulements. Ces accidents de terrain sont surtout remarquables et nombreux sur les pics qui continuent l'enceinte vers le sud. La sévérité de leur aspect, leurs pentes perpendiculaires, les flancs noircis et absolument nus de ces étroites déchirures, leur ont fait donner le nom de *Cheminées* ou *Gorges d'Enfer*. D'énormes roches pyramidales restées debout au milieu de ce désordre s'élancent en aiguilles du fond de l'abime, et impriment à ce site une physionomie encore plus sauvage. Point de terres cultivées dans le fond de la vallée. Tout est en prairies. Sur les pentes, où une industrie opiniâtre dispute pas à pas le sol aux éboulements des cimes qui tendent sans cesse à l'envahir, croissent çà et là quelques hêtres et quelques arbustes. D'immenses forêts de sapins les couvraient naguère encore de leur sombre verdure; mais elles s'éloignent et reculent chaque année vers les crêtes. Comme le reste de l'Auvergne, cette contrée fut jadis tourmentée par des éruptions volcaniques. Tout y porte leur empreinte de désordre et de dévastation; tout dans cet amas confus de monts de formation secondaire, entassés pèle-mèle dans ces vallées profondes, parsemées d'énormes débris de laves, sillonnées de nombreux torrents qui se précipitent des cimes, tout, disons-nous, atteste d'une manière irréfragable les effets terribles de ces effrayantes convulsions qui, dans des siècles reculés, vinrent bouleverser ce sol. — On compte au Mont-Dore sept différentes sources, toutes d'une température assez élevée, à l'exception de la fontaine Sainte-Marguerite, qui est froide. — D'abord propriété particulière, la cession des bains fut ordonnée en 1810 pour cause d'utilité publique, et moyennant indemnité. Depuis cette époque, un vaste établissement s'est élevé aux frais du trésor public. Il est entièrement construit en lave volcanique, et présente trois grandes masses ou divisions principales appuyées l'une à l'autre : 1° Le pavillon où se trouvent, chacune avec leur douche, les cinq baignoires alimentées par les sources Saint-Jean; plus, deux autres cabinets placés sur les deux angles du carré. Cette partie est aussi connue sous le nom de Grand Bain. On s'y baigne dans l'eau minérale pure et à sa température native. 2° La grande salle attenante au pavillon, et présentant neuf cabinets de bains sur chacune de ses ailes, en tout dix-huit bains et autant de douches. C'est là que s'administrent les bains tempérés. Sur ces dix-huit cabinets, six sont munis d'une douche ascendante. 3° Enfin, un troisième corps de logis encore plus étendu, ou bâtiment de l'administration, qui vient se développer perpendiculairement aux deux précédents, et n'est séparé de la grande salle que par le palier du grand escalier de service. Là, se trouve le grand salon de réunion avec deux salles de billard, etc. Voilà ce qui constitue le premier étage. Au rez-de-chaussée, une partie des thermes, plus spécialement désignée sous le nom de *piscines*, est exclusivement affectée au service des indigents. Deux grandes piscines, onze douches et trois baignoires le composent. Toutes les eaux qui s'y rendent sont vierges et pures de tout contact avec les eaux de vidange des parties supérieures. En avant des piscines, et séparé seulement par l'entrée des deux rampes latérales du grand escalier, se trouve un beau promenoir couvert, où viennent jaillir les eaux destinées à la boisson, dans quatre grandes cuvettes en lave. Le promenoir, qui forme la partie inférieure de la façade et donne entrée dans le monument, est percé de cinq larges portes en arceau fermées par des grilles de fer. Les voûtes supportent le salon de réunion, qui est de même étendue. Aux deux extrémités du promenoir et sur les deux côtés qui terminent la façade des thermes, se trouvent les bains de pieds, les bains et les douches de vapeur. La couverture de ce vaste ensemble est surtout remarquable : elle imite la tuile romaine, mais en grandes proportions, et se compose tout entière de dalles en lave du pays. — La source de César vient sourdre dans un petit édifice isolé qui porte le caractère de la plus haute antiquité, et qui se rattache aux thermes par un des deux réservoirs qui leur sont adossés, et dans lequel ses eaux sont entreposées, pour aller ensuite, mêlées avec celles de la source Caroline, fournir toutes les douches de la grande salle et des piscines. — La saison des eaux du Mont-Dore commence vers le 20 ou 25 juin, pour se terminer du 15 au 20 septembre. Le village peut recevoir six à sept cents étrangers. Les sites voisins du Mont-Dore offrent aux curieux des buts de promenade aussi variés que pittoresques. Peu de baigneurs partent sans avoir visité la cascade du Queureilh, le lac Pavin, le château de Murol, le salon de l'arbre Rond, les bois du Capucin, les gorges d'Enfer, la vallée de la Cour; sans avoir gravi le pic de Sancy, ou fait un pèlerinage à la jolie et mystérieuse cascade de la Vernière. On se sert, pour faire ces courses, des chevaux du pays, habitués aux fatigues des montagnes, et que les habitants viennent offrir aux baigneurs moyennant une légère rétribution. Au retour, les charmes d'une réunion rendue plus aimable encore par l'abandon qui y règne, et deux fois par semaine les plaisirs plus bruyants du bal, appellent à d'autres distractions la population brillante, mais bien passagère, qui anime le Mont-Dore. Les eaux et les bains du Mont-Dore conviennent dans le catarrhe et la péripneumonie chroniques. On les voit réussir contre les rhumatismes, les embarras goutteux des articulations, et dans les paralysies dont la cause ne réside point dans le cerveau ou ses dépendances, etc.

BUTS D'EXCURSIONS : à la *grande cascade*; à la *cascade du Serpent*; au *pic de Sancy*; à la *montagne du Capucin*; à la *Gorge d'Enfer*; à la *cascade de la Vernière*; à la *Roche vendéenne*; aux *eaux de la Bourboule*; à la *cascade de Queureilh*; au *lac de Servières*; au *lac Pavin*, etc.

OUVRAGES A CONSULTER. *Essai topographique et d'histoire naturelle du Mont-Dore et de ses environs*, par Delarbre, 1795.
Le Mont-Dore et ses environs, description pittoresque, par Lecoq, in-8°.
Recherches sur les propriétés physiques, chimiques et médicinales des eaux du Mont-Dore, par le docteur Bertrand, 2e éd. in-8°, 1825.

DE LYON À VALENCE, 10 myr. 1 kil.

	m. k.
De Lyon à Saint-Fons ⚹............................	0,8
Saint-Fons à Saint-Symphorien d'Ozon ⚹.....	0,8
* Solaise (à droite de la route).	
Saint-Symphorien d'Ozon à * Vienne (Isère) ⚹..	1,2
Vienne à Auberive ⚹.............................	1,4
* Condrieu (à droite de la route).	

N° 82. ROUTE DE PARIS A LYON.

AUBERIVE au PÉAGE DE ROUSSILLON ☙............ 0,6
PÉAGE DE ROUSSILLON à * SAINT-RAMBERT ☙.... 0,9
SAINT-RAMBERT à SAINT-VALLIER ☙............ 1,2
  * LE GRAND-SERRE (à gauche de la route).
SAINT-VALLIER à * TAIN ☙................... 1,4
TAIN à * VALENCE (Drôme) ☙................. 1,8
  * TOURNON (à droite de la route).
  * SAINT-PERAY (à droite de la route).

SOLAISE (*Isère*). Bourg à 14 kil. (3 l. 1/2) de Vienne. 900 hab. C'était jad une station romaine, indiquée par une colonne milliaire, élevée sous le règr de l'empereur Claude. Cette colonne est encore debout, et l'inscription est tre lisible.

SYMPHORIEN D'OZON (SAINT-) (*Isère*). Bourg situé à 12 kil. (3 l.) c Vienne. ⊠ ☙ 1,550 hab. Ce bourg fut anciennement fortifié vers l'an 120 par un comte de Savoie. Il ne reste plus du château qu'une tour, qu'on a tor nouvellement convertie en café, et du haut de laquelle on aperçoit le châtea des anciens sires de Chaudieu. — PATRIE de Berchoux, auteur de la Gastro nomie. — FABRIQUES de couvertures. Blanchisseries de toiles.

OUVRAGE A CONSULTER. *Notice historique et statistique sur le canton de Sain Symphorien*, par Cochard, in-8°, 1827.

CONDRIEU (*Rhône*). Petite ville située à 30 kil. (7 l. 1/2) de Lyon. ⊠ 3,80 hab. Elle est bâtie dans une belle situation, sur la rive droite du Rhône, dar un territoire fertile en excellents vins blancs.

GRAND-SERRE (le) (*Drôme*). Bourg situé sur la Galaure, à 49 kil. (12 1/2) de Valence. 1,800 hab. Il est entouré de murailles percées de cinq porte et formé de deux principales rues qui aboutissent à une petite place sur le quelle s'élève une vaste halle. L'église paroissiale, quoique dégradée, est u assez bel édifice.

TAIN (*Drôme*). Jolie petite ville, à 20 kil. (5 l.) de Valence. ⊠ ☙ 2,400 Cette ville est assez bien bâtie, sur la rive gauche du Rhône qui la sépare d la ville de Tournon, avec laquelle elle communique par un beau pont en f de fer, composé de deux arches seulement. Elle est très-agréablement situé au pied de la montagne escarpée de l'Hermitage, qui la domine au nord produit les vins renommés qui portent son nom. On doit visiter près de Tai la montagne de Pierre Aiguillon, où se trouve une carrière des plus beau granits gris qui existent en France. — COMMERCE de vins fins de la côte d Rhône. — HÔTELS : de l'Assurance, de la Poste.

TOURNON (*Ardèche*). Ville ancienne. Sous-préf. Trib. de 1re inst. Sociét d'agric. Collège R. ⊠ 3,971 hab. L'origine de Tournon remonte à une époqu très-reculée, ainsi que le prouve une inscription trouvée sur les murs du ch teau, et conservée encore aujourd'hui dans l'église de Saint-Jean de Muzo Cette ville est bâtie dans une situation pittoresque, au pied d'un rocher for escarpé, sur la rive droite du Rhône et vis-à-vis de Tain, avec lequel el communique par un beau pont suspendu, le premier qui ait été construit e France sur une grande échelle. Son port est heureusement situé et favorab à l'abordage ; les coteaux qui le dominent sont couverts de vignes ou plante de mûriers et d'arbres fruitiers. Le château, déjà célèbre du temps de Charle Martel, est bâti dans une situation pittoresque. Parmi les édifices que ren ferme cette ville, on remarque les bâtiments du collège fondé par le cardina de Tournon, et qui devint, sous Louis XVI, une école militaire tenue par l oratoriens. Ce bel établissement est occupé aujourd'hui par le collège roya et conserve une ancienne réputation. — COMMERCE de vins fins, marrons, et — HÔTELS : de l'Assurance, du Lion-d'Or. — A 553 kil. (142 l.) de Paris.

VOITURES PUBLIQUES. Tous les jours pour Saint-Étienne et Valence.

PERAY (SAINT-) (*Ardèche*). Village à 20 kil. (5 l.) de Tournon. ⊠ 2,32 hab. Il est situé dans un riant et fertile vallon, dont les coteaux sont couverts de vignobles qui produisent le délicieux vin blanc si connu sous le nom de Saint-Peray. A quelque distance de Saint-Peray, on aperçoit l'ancien château de Beauregard, qui a servi de prison d'État et de maison de réclusion. Au sud de ce château, et sur le sommet d'un escarpement très-remarquable, apparaissent les restes de l'ancien manoir des seigneurs de Crussol, tige des ducs d'Uzès.

VALENCE. Très-ancienne ville, chef-lieu du département de la Drôme. Évêché. Trib. de 1re inst. Ch. des manuf. Soc. d'agr., comm. et arts. Société de statistique. Collége comm. École d'artillerie. Arsenal de construction. ⊠ ⚲ 10,406 hab. — L'origine de Valence se perd dans la nuit des temps. Avant la conquête des Gaules, elle était la capitale des Ségaluniens : Pline est le premier qui en ait fait mention sous le nom de *Valentia Sego Vellaunaurum*. Valence est dans une situation charmante, sur la rive gauche du Rhône que l'on traverse sur un beau pont suspendu, au centre d'un bassin régulier dominé par d'agréables coteaux. Cette ville est entourée de murailles flanquées de tours et percées de plusieurs portes : elle est en général mal bâtie ; ses rues sont étroites, sinueuses et peu susceptibles de se ployer à un plan uniforme ; toutefois les constructions modernes y sont assez bien ordonnées, mais elles y sont rares. Valence se divise en haute et basse ville ; elle a des casernes et une citadelle mal fortifiée, commencée par François Ier, où logeaient autrefois le gouverneur et l'état-major de la place, et d'où l'on jouit d'une perspective délicieuse ; l'œil y découvre le cours du Rhône, les jolies promenades qui le bordent, la tour et la fameuse côte de Saint-Peray, situées sur la rive opposée, et derrière lesquelles s'élèvent les montagnes du Vivarais. — Le polygone, qui sert aux manœuvres de l'école d'artillerie, est un des plus beaux et des mieux placés, à l'est et à peu de distance de la ville ; il se compose d'une vaste plaine plantée de platanes et de sycomores dans tout son pourtour. Les environs sont agréables et vivifiés par des sources abondantes que des canaux conduisent dans les prairies. Les femmes de Valence sont vives, piquantes, et d'une physionomie charmante. C'est dans cette ville qu'est mort le pape Pie VI, en août 1799.

L'ÉGLISE SAINTE-APPOLLINAIRE, consacrée en 1095 et réédifiée sur un nouveau plan en 1604, était remarquable par son clocher, bâti en forme de tour carrée à quatre étages, qui a été démoli par suite de l'incendie occasionné par le feu du ciel, en 1822. Le rez-de-chaussée est d'une grande simplicité, et pouvait bien être une construction romaine. La nef est accompagnée de bas côtés dépourvus de chapelles latérales ; les bas côtés qui règnent autour du chœur sont écrasés et privés de lumière. A l'un des piliers de la nef est accolé un fort beau buste de Pie VI, sculpté par Canova, supporté par un cénotaphe dans lequel on a déposé le cœur et les entrailles du saint-père. — Au nord de l'église Sainte-Appollinaire, dans l'emplacement occupé autrefois par un cimetière, s'élève un petit édifice à quatre faces égales, destiné à conserver les dépouilles mortelles de la famille Mistral. Ses angles sont flanqués de colonnes d'ordre corinthien à demi engagées ; sur les faces exposées au levant et au couchant, s'ouvrent deux grandes fenêtres, et sur la façade du nord une porte, ornées de petits travaux d'architecture d'une grande délicatesse. Les massifs de chaque face sont vermiculés et semés d'arabesques et d'animaux fantastiques. La corniche, qui offre des détails précieux, est surchargée des armoiries de la famille de Mistral. Une toiture à quatre faces et terminée en pointe couronne l'édifice. La voûte de ce monument attire l'attention des gens de l'art : c'est la première de ce genre qui ait été faite en France ; aussi a-t-elle conservé la dénomination de pendentif de Valence. — La maison occupée par M. Aurel est un des monuments les plus curieux de l'architecture du quinzième siècle. La façade est décorée de sculptures de fort bon goût, d'une grande quantité de figures en ronde-bosse, de plusieurs statues grotesques, et de quatre énormes têtes représentant les quatre vents. Les portraits sont entourés des légendes en écriture gothique. Les arceaux du rez-de-chaussée et les fenêtres ont été mutilés, ainsi qu'une partie de la façade. — On remarque encore à Valence : la bibliothèque publique, renfermant 15,000 volumes ; le palais de justice, édifice magnifique ; une jolie salle de spectacle ; le pont suspendu sur le Rhône, regardé comme un des plus beaux qui existent en France ; le jardin de botanique. — PATRIE de L. Joubert, savant médecin du seizième siècle; du général Championnet ; de M. François de Nantes ; de M. Béranger, membre de la Chambre des pairs. — FABRIQUES de toiles peintes, mouchoirs. Filatures de soie et de coton. — COMMERCE de vins de la côte du Rhône, eau-de-vie, fruits du Midi, soies, huiles d'olives et de noix, etc. — A 105 kil. (27 l.) de Lyon, 86 kil. (21 l. 1/2) de Grenoble, 571 kil. (146 l. 1/2) de Paris. — HÔTELS : de la Croix-d'Or, de la Poste, de l'Europe, du Commerce, de la Tête-d'Or.

VOITURES PUBLIQUES. Tous les jours pour Nimes, Marseille, Lyon, Annonay, Grenoble, Aubenas, Privas, St-Étienne.
OUVRAGES A CONSULTER, qui se trouvent à la librairie de Charoin, à Valence.
Antiquités de l'église de Valence, par Catellan, in-4°, 1724.
Statistique de la Drôme, par Delacroix, 2ᵉ édit. in-4°, 1835, cartes et vues.
Mémoire sur les antiquités du département de la Drôme, par l'abbé Challeu, in-4° et grav.
Histoire du Dauphiné, par Chapuys de Montlaville, 2 vol. in-8°, 1837.
Essai historique sur la ville de Valence, par Ollivier, in-8°.
Revue du Dauphiné, par le même, 6 vol. in-8°.
Annuaire bibliographique du Dauphiné, in-12, 1837.
Statistique minéralogique de la Drôme, par Scipion Gras, in-8°, 1835.
Album du Dauphiné, 4 vol. in-4° et 192 pl.

DE LYON AU PUY, 13 myr. 5 kil.

m. k.

* STE-FOY-LEZ-LYON (à gauche de la route).
* OULLINS (............)
De LYON à BRIGNAIS ⚘............................. 1,3
BRIGNAIS à * RIVE-DE-GIER ⚘...................... 2,2
* GIVORS (à gauche de la route).
* CHAMPONOST (sur la route).
RIVE-DE-GIER à * SAINT-CHAMOND ⚘............. 1,0
SAINT-CHAMOND à * SAINT-ÉTIENNE (Loire) ⚘.... 1,2
SAINT-ÉTIENNE à PONT-SALOMON ⚘............. 2,1
* SAINT-BONNET-LE-CHATEAU (à D. de la R.).
PONT-SALOMON à MONISTROL ⚘................. 0,9
MONISTROL à * YSSENGEAUX ⚘.................. 2,0
YSSENGEAUX au * PUY ⚘....................... 2,8
* ARLEMPDES (à gauche de la route).
* CHAUDEYROLLES à gauche de la route).
* SOLIGNAC (à gauche de la route).
* POLIGNAC (à gauche de la route).
* AIGUILHE (à droite de la route).

FOY-LEZ-LYON (SAINTE-) (*Rhône*). Gros bourg situé sur un coteau élevé, près de la rive gauche de la Saône, à 6 kil. (1 l. 1/2) de Lyon. 2,350 h. On y jouit d'une fort belle vue; le coteau de Sainte-Foy domine de toutes parts les contrées environnantes, où la vue s'étend au loin. Les diverses chaines des Alpes ne paraissent, dans cet immense espace, que comme des collines ou des aiguilles placées à différentes distances, qui se confondent souvent avec les nuages. Au nord l'on découvre le Mont-d'Or, formé de trois pyramides; à l'ouest les montagnes du Lyonnais et du Forez ; au sud, le Mont-Pila, terminé en forme de coupole presque toujours couverte de neige; à l'est, la grande chaîne des Alpes couronnée par le Mont-Blanc. Sur un plan moins éloigné, l'œil plonge sur un vaste bassin entrecoupé d'une innombrable quantité de maisons de campagne, de châteaux, de villages dispersés les uns sur des collines, les autres dans des prairies sur les bords de la Saône et du Rhône : on distingue le cours de ce fleuve depuis Montluel; en se rapprochant de Lyon, on voit tous les grands édifices qui couronnent les deux collines de Fourvières et de Saint-Sébastien, et une partie de la ville ; à l'ouest sont les montagnes du Lyonnais. A l'est, la vue se prolonge jusqu'aux Alpes : dans les beaux jours d'été et d'automne, lorsque l'atmosphère est épurée de vapeurs, le Mont-Blanc paraît sous la forme d'un dôme immense qui, vers la fin du jour, réfléchit les teintes rosées du soleil couchant.

OULLINS (*Rhône*). Village bâti en amphithéâtre dans une agréable situation, sur la petite rivière de son nom et près de la rive droite du Rhône, à 5 kil. (1 l. 1/4) de Lyon. 2,320 hab. Ce village, environné de plusieurs belles maisons de campagne, est un but ordinaire de promenade pour les habitants de Lyon, qui viennent s'y délasser de leurs travaux et admirer les sites charmants qu'offrent de ce côté les bords du Rhône. Les amis des lettres vont y visiter le tombeau de Thomas, l'un des grands écrivains du siècle dernier, mort au château d'Oullins, en 1785.

GIVORS (*Rhône*). Gros bourg ou plutôt jolie petite ville, située à l'embouchure du Gier, sur la rive droite du Rhône, à la jonction du canal de Givors et sur le chemin de fer de Saint-Étienne à Lyon. A 18 kil. (4 l. 1/2) de Lyon. ✉ 4,884 hab. Le canal de Givors a pour objet de faciliter le transport de la houille, dont abondent toutes les collines au bas desquelles coule le Gier. Il se termine à Givors, dans un vaste bassin de 267 mètres de long, sur 99 mètres de large, dont les murs sont revêtus de cette belle pierre de choin, dure comme le granit, et inaltérable aux impressions de l'air. Ce bassin est bordé de maisons alignées, formant un quai d'environ 7 mètres de largeur, le long duquel règnent plusieurs magasins pour les entrepôts et la construction des bateaux. — COMMERCE considérable de houille et de coke. Nombreuses verreries à bouteilles, à vitres et à gobleteries.

OUVRAGE A CONSULTER. *Statistique de Givors*, par Brachet, in-8°, 1852.

CHAMPONOST (*Rhône*). Village situé à 8 kil. (2 l.) de Lyon. 1,500 hab. On y remarque les ruines d'un magnifique aqueduc, dont il existe encore, sur le penchant de la colline, quatre-vingt-dix arcades bien conservées.

RIVE-DE-GIER (*Loire*). Ville importante, située à 20 kil. (5 l.) de Saint-Étienne. Chambre des manuf. ✉ ⚭ 9,706 hab. Elle est sur le chemin de fer de Saint-Étienne à Lyon, et sur le canal de Givors, qui s'y termine par une gare située entre le grand chemin de Saint-Étienne et la rivière ; un rang de peupliers d'Italie et de vastes magasins de houille bordent de chaque côté le port et la gare. En amont du canal on voit un barrage dans la rivière, en portion de cercle, qui forme une cascade bruyante dans les temps d'abondance d'eau. Au-dessus du barrage est l'ouverture d'un canal souterrain percé au travers de la montagne pour le passage des eaux du réservoir. Ce bassin, qui entretient la navigation dans les temps de sécheresse, est au midi de Rive-de-Gier, à une lieue de distance de cette ville. Là se trouve un vallon qui a pris son nom du ruisseau de Couzon. La chaussée, construite pour soutenir une masse d'eau énorme, est un des travaux les plus considérables de ce genre. La maçonnerie et les remblais en terre forment un massif de 117 mètres d'épaisseur. La maçonnerie se compose de trois murs parallèles, assis et liés pour former un corps inébranlable avec les remblais. La galerie supérieure a 60 mètres de longueur; on y entre à la lueur des torches; au fond on descend sur un plancher, d'où l'on aperçoit deux robinets. Lorsqu'on les ouvre tous deux à la fois, les eaux frappent l'air avec violence, produisent une détonation à peu près semblable à la foudre ; elles se précipitent avec un bruit effroyable qui retentit dans une galerie ténébreuse, éclairée par des lampes. En sortant de cette galerie, on passe dans le charmant vallon qui s'ouvre au-dessous de la chaussée, où des arbrisseaux forment un jardin arrosé par des rigoles. A droite, le ruisseau de Couzon forme une magnifique cascade d'environ 26 mètres. Le réservoir du canal de Givors, considéré comme monument, peut être comparé à tout ce que l'on a fait de plus beau en ce genre.

CHAMOND (SAINT-) (*Loire*). Ville manufacturière, située au pied d'une colline, dans un joli bassin tapissé de vergers, de bosquets et de vignes, au confluent du Gier et du Janon, à 10 kil. (2 l. 1/2) de Saint-Étienne. Ch. des manuf. Conseil de prud'h. ⌧ ☞ 7,475 hab. Cette ville est assez bien bâtie, et renferme plusieurs maisons élégantes, accompagnées de jolis enclos, qui annoncent l'aisance des habitants. On y remarque une belle église paroissiale, une jolie promenade et un bel établissement de bains publics. Aux environs, on voit une montagne dont la partie supérieure est une roche calcaire qui fournit de belles pierres à bâtir, tandis que la base n'offre, pour ainsi dire, qu'une masse de houille dans laquelle on a creusé des mines très-étendues. — FABRIQUES de rubans, quincaillerie. Moulins à soie. Teinturerie. Blanchisserie de coton. Exploitation de houille et de grès. Fonderies et clouteries. — HÔTELS : du Chapeau-Rouge, de la Tête-d'Or, de l'Étoile.

CHEMIN DE FER de Saint-Chamond à Lyon et à Saint-Étienne. (*Voy.* ci-après Saint-Étienne.)

ÉTIENNE (SAINT-) (*Loire*). Ville très-importante. Sous-préf. Trib. de Ire inst. et de com. Ch. des manuf. Conseil des prud'h. Coll. royal. École des mineurs. ⌧ ☞ Pop. 49,000 h. — Si l'on en croit l'abbé de Soleysel et le P. Foderé, l'origine de Saint-Étienne remonte aux Romains. Depuis quelques années cette ville a pris un grand accroissement, et le nombre de ses habitants s'est considérablement augmenté. Sa population, suivant Robert de Hesseln, était en 1804 de 25,000 habitants ; aujourd'hui elle atteint presque 50,000, et serait bien plus considérable encore, si l'on y ajoutait la population agglomérée dans les communes qui la touchent et l'environnent.

Cette ville, que l'on peut actuellement classer parmi les plus importantes du second ordre, doit cet avantage à la prodigieuse activité de ses habitants, à ses nombreuses manufactures qui chaque jour augmentent en nombre et en étendue, et à ses mines de houille qui furent la source primitive de sa prospérité, et qui en seront toujours le soutien. La vieille ville est mal bâtie ; mais la ville neuve a des constructions d'une grande magnificence, de vastes places, des rues larges et bien percées. On admire surtout la grande ligne formée par la route de Paris à Marseille, qui coupe la ville en deux, et a près de 6 kilomètres d'étendue en ligne droite.

Saint-Étienne est située entre les chemins de fer qui conduisent d'un côté à la Loire et à Roanne, et de l'autre au Rhône et à Lyon, et dont le développement est de 140 kilomètres, sur un ruisseau nommé le Furens, qui, dans un cours de 12 kil. (3 l.), fait mouvoir plus de cent usines pour le fer, le moulinage des soies, la fabrication des lacets, etc.

La proximité des mines de houille a favorisé à Saint-Étienne l'établissement d'un nombre considérable de manufactures d'armes et de quincaillerie, et d'une multitude de fabriques de toute espèce ; mais, ce qui fait surtout l'importance de cette ville, c'est sa fabrique de rubans, la première de l'univers, pour la beauté et la richesse des produits, qui s'élèvent annuellement à plus de quarante millions.

Saint-Étienne, ville toute récente, a peu de monuments remarquables ; une seule de ses églises mérite de fixer l'attention par son antiquité, qui remonte au onzième siècle. On peut citer encore l'hôtel de ville, assez vaste construction où se trouve un commencement de musée et de bibliothèque. L'étranger regrette de n'y trouver qu'une mauvaise salle de spectacle, bien peu digne d'une si grande population.—MANUFACTURE royale d'armes. Armes de chasse, armes blanches, quincaillerie, couverts en fer battu, coutellerie (principalement de petits couteaux, dits Eustaches, qui s'y fabriquent à vil prix et en immense quantité), serrures fines et communes, clous de toute espèce, acier cémenté, lames de scie, fleurets, limes, outils, enclumes, étaux et grosses pièces de forges pour la marine et la construction.— FABRIQUES de rubans de soie, padoux, velours, lacets. Teintureries, tanneries. AUX ENVIRONS : forges, aciéries, fabriques de faux et de machines à vapeur. Extraction de houille, dont l'exportation s'élève à près de 500,000 tonnes. — A 31 kil. (8 l.) de Montbrison, 51 kil. (13 l.) de Lyon, 70 kil. (18 l.) du Puy, 470 kil. (120 l. 1/2) de Paris. —HÔTELS : du Nord, de France, de l'Europe, de la Poste.

VOITURES PUBLIQUES. Tous les jours pour le Puy, Valence, Montbrison, St-Bonnet-le-Château, Clermont, Lyon.

CHEMIN DE FER de St-Étienne à Lyon par St-Chamond, Rive-de-Gier et Givors. Distance, 58 kilom.; durée du trajet de St-Étienne à Lyon, 3 h. 30 m.; de Lyon à St-Étienne, 4 heures. Quatre départs par jour. Prix : 7 fr., 6 fr., 5 fr. et 4 fr.

CHEMIN DE FER de St-Étienne à Roanne par Andrezieux (Renardière), St-Galmier, Montrond, Feurs, Bolbigny, Nullise, St-Symphorien et l'Hôpital. Deux départs par jour. Distance, 80 kilom.; durée du trajet, 5 h. 30 min. Prix : 6 fr. 80 c., 8 fr. 80 c., et 4 fr. 50 c. — De Montrond, on correspond avec Montbrison. Distance, 18 kilom.; trajet, 1 h. 30 m. Prix : 1 fr.

BUTS D'EXCURSIONS ; aux *hauts fourneaux et forges de Terre-Noire* ; à la *fabrique de faux*, près de la *Terrasse*; aux nombreuses mines de houille répandues autour de la ville; au tunnel du chemin de fer de St-Étienne à Lyon, de 1,800 mètres de longueur.

OUVRAGES A CONSULTER, qui se trouvent à la librairie de Delarue, à St-Étienne. *Coup d'œil sur l'arrondissement de St-Étienne*, par Smitte, in-8°, 1828.
Sur les mines de St-Étienne et de Rive-de-Gier (Annales des voyages, 1831, t. III).
Statistique industrielle de St-Étienne et de l'arrondissement, par Alp. Peyret, in-8°, 1835.
Annuaires de la Société d'agriculture de St-Étienne.

BONNET-LE-CHATEAU (SAINT-) (*Loire*). Petite ville située sur la belle route romaine ouverte par Agrippa le long des monts Cémènes, à 25 kil. (5 l.) de Montbrison. Pop 2,169 hab. Elle est bâtie sur une haute montagne, dans un pays âpre et sauvage. On y remarque l'église paroissiale, bel et vaste édifice de construction gothique, surmonté de deux clochers.

YSSINGEAUX (*H.-Loire*). Ville ancienne. Sous-préf. Trib. de 1re inst Soc. d'agr. ⊠ ☞ 7,166 h. Cette ville est située sur une colline rocailleuse fort élevée, que dominent d'autres collines plus âpres et encore plus dénudées. Elle est irrégulièrement bâtie et assez triste; cependant on y remarque une jolie église de construction moderne, et quelques maisons spacieuses et assez élégantes. Les environs offrent des curiosités naturelles du plus grand intérêt. — FABRIQUES de blondes, dentelles, rubans. A 23 kil. (6 l.) du Puy, 43 kil. (11 l.) de Saint-Étienne, 516 kil. (132 l. 1/2) de Paris. — HÔTELS : Chareyre, Mallet, Jamon.

ARLEMPDES (*H.-Loire*). Village situé sur la rive gauche de la Loire, à 16 kil. (4 l. 3/4) du Puy. 520 hab. On y remarque des grottes curieuses et les ruines d'un château qui passe pour avoir été très-fort.

Non loin de MASCLAUX, hameau dépendant de la commune d'Arlempdes, on remarque la coupe verticale d'une coulée basaltique, qui offre la façade d'une espèce de temple naturel.

CHAUDEYROLLES (*H.-Loire*). Village situé au haut de la chaîne du Mezenc, à 25 kil. (6 l. 1/2) du Puy. 704 hab. On y remarque une belle carrière de pierres. A Chanteloube sont des grottes spacieuses creusées dans le roc.

SOLIGNAC-SUR-LOIRE (*H.-Loire*). Petite ville située à l'extrémité d'un plateau basaltique qui domine la rive gauche de la Loire, à 8 kil. (2 l.) du Puy. On doit visiter aux environs la cascade de la Taume, dont la chute est de près de 30 mètres.

POLIGNAC (*H.-Loire*). Bourg situé à 3 kil. (3/4 de l.) du Puy. 2,093 hab.

Ce bourg est bâti autour d'une montagne formée d'une brèche volcanique, sur laquelle on aperçoit les ruines du château de Polignac, si fameux dans les fastes du Velay. Ce sont des tours rondes ou polygones, des constructions de toute espèce, élevées suivant les besoins du moment, sans ordre, sans régularité, quelquefois réunies par des murailles à demi démolies, le plus souvent séparées par des décombres, et offrant partout quelque chose de la confusion fortuite des roches qui leur servent de base. Vers le centre s'élève le donjon, qui est la partie la mieux conservée de cette ancienne demeure féodale, dont l'enceinte renferme un puits taillé dans le roc, de 13 m. 65 c. de circonférence. La tradition rapporte que ce château a été bâti sur l'emplacement d'un temple d'Apollon.

AIGUILHE (*H.-Loire*). Village situé à peu de distance du Puy, dont il est regardé comme un faubourg. 327 hab. Au milieu du village d'Aiguilhe, s'élève un rocher pyramidal de 91 mètres d'élévation sur 165 m. 67 c. de circonférence. C'est une brèche volcanique escarpée de toute part, sur laquelle a été bâtie par Truanus, vers la fin du dixième siècle, la chapelle de Saint-Michel. Ce morceau gothique, surmonté d'un clocher en aiguille, et confondu dans l'éloignement avec le roc pyramidal qu'il couronne, offre l'aspect d'un superbe obélisque : on y monte par un escalier de 218 marches, taillées en spirale dans le roc même, où l'on rencontre trois oratoires, consacrés, l'un à saint Raphaël, l'autre à saint Gabriel, et le troisième à Guignefort, martyr célèbre à Pavie. La singularité de cette pyramide, parfaitement isolée et façonnée par les mains de la nature de manière à laisser soupçonner le concours de l'art, attire les regards et l'examen des curieux et des voyageurs. La chapelle de Saint-Michel, plantée si pittoresquement sur la pointe du rocher, pourrait bien avoir été un temple du soleil ou d'Osiris. Cet édifice irrégulier est formé de parties dissemblables, construites les unes après les autres, mais toutes très-anciennes, et chargées de figures qui auraient besoin d'être expliquées. Au-dessous du roc d'Aiguilhe, et dans l'espace qui le sépare de Mont-Corneille, sur lequel s'élève une partie de la ville du Puy, est une ancienne chapelle dédiée à saint Clair, qui sert aujourd'hui de grange. Elle est bâtie jusqu'au comble en heptagone, et était éclairée par sept fenêtres.

PUY (le). Ancienne ville. Chef-lieu du départ. de la Haute-Loire. Trib. de 1re inst. et de com. Ch. des manuf. Soc. d'agr. Coll. com. Évêché. ⊠ ♂ 14,930 hab.— L'origine de cette ville est peu connue. On prétend qu'elle avait le titre de cité dès le huitième siècle, que les Sarrasins s'en emparèrent et en firent une de leurs places d'armes les plus considérables. Elle est bâtie en amphithéâtre sur le versant méridional du mont Anis, que couronne le rocher basaltique de Corneille, à la jonction de trois belles vallées qu'arrosent la Loire, la Borne et le Dolaison. Que le voyageur y descende par la route de Clermont, qu'il y arrive par celle de Lyon, du Languedoc ou de Saint-Flour, l'aspect de cette ville est d'un effet très-pittoresque. L'énorme masse du mont Corneille, recouverte d'édifices jusqu'à sa base, est ceinte vers le haut et dans sa partie orientale par le joli bois du Séminaire. Ce rocher, couronné par les ruines de l'antique château qui porte son nom, s'élève avec majesté au point d'embranchement des riches vallons du Dolaison et de la Borne : le premier s'ouvre au midi, et, se relevant insensiblement, va se confondre avec les bois de Taulhac et le mamelon aride d'Eyssenac, qui bornent l'horizon de ce côté ; il est couvert de prairies ; des groupes d'arbres ornent ses bords ou forment les limites des héritages ; quelques maisons de campagne, et surtout le village de Vals, animent ce beau paysage. Le vallon de la Borne se dirige de l'ouest à l'est. La portion que l'œil peut embrasser a moins d'étendue, mais est aussi riche et plus animée que le vallon du Dolaison : la vue du rocher pyramidal d'Aiguilhe, du sommet duquel s'élance la flèche du clocher de Saint-Michel ; le cours sinueux et paisible de la Borne ; les nombreuses et jolies maisons disséminées dans les vignes, dont la blancheur tranche si agréablement sur le

LE PUY.

VIEILLE PORTE AU PUY.

N° 82. ROUTE DE PARIS A LYON.

fond vert des pampres qui tapissent les coteaux de la rive gauche; des ponts, des jardins, des usines ; la perspective de l'allée d'Espaly et des ruines de cet ancien fort au pied duquel sont groupées les maisons de village, offrent au spectateur un tableau aussi rare qu'attachant. On peut jouir tout à la fois de la vue de ces deux vallons et de celui de la Loire, depuis Brives jusqu'à Chadrac, en se transportant au coin du plateau de Roure, qui domine les vignobles d'Aiguilhe au nord-est. Ce troisième paysage, sans être aussi varié et aussi pittoresque, offre dans ses plans reculés beaucoup d'intérêt. On découvre parfaitement la Mezenc et les montagnes qui bornent le département au sud-est, ainsi que la chaîne volcanique qui sépare l'arrondissement du Puy de celui d'Yssingeaux. De ce même point on peut distinguer, en totalité ou en partie, quinze communes sur seize dont se compose le canton du Puy. —
Quel que soit le côté par où l'on y arrive, la ville offre un aspect agréable : bâtie sur la pente du mont Corneille, dont le sommet est couronné par la cathédrale, surmontée elle-même par les crêtes déchirées du roc volcanique, elle présente différents étages de maisons à façades blanchies, à toits de tuiles rouges et courbes. Mais cette cité, si jolie en perspective, ne gagne pas à être vue intérieurement. Les rues en sont mal percées, étroites, malpropres, et dans la partie haute inaccessibles aux voitures : elles sont pavées avec les débris de la brèche volcanique de Corneille, et les pluies, la glace ou la sécheresse les rendent plus ou moins désagréables, glissantes et même dangereuses quand on n'a pas l'habitude de les parcourir.

La CATHÉDRALE du Puy, située sur la partie la plus haute de la ville, est un édifice remarquable par la hardiesse et la bizarrerie de sa construction, et par l'effet pittoresque de sa façade. La principale avenue de ce singulier édifice est fort remarquable ; c'est d'abord une suite de plans inclinés qui se haussent les uns sur les autres, et qu'il faut franchir pour parvenir au frontispice méridional de l'église. Là s'ouvre une belle voûte, de vingt mètres environ de hauteur sous clef, qui recouvre un magnifique escalier de 118 degrés, par lequel on arrive jusqu'à la porte principale ornée de deux belles colonnes de porphyre rouge. La façade n'a point de caractère déterminé ; elle tient également du roman et du gothique, et offre quatre ordonnances de colonnes, avec des portiques dont tous les arcs sont à plein cintre. L'église a trois nefs basses et lourdes, divisées par de gros piliers; celle du milieu est partagée en deux chœurs, l'un en face de l'endroit où se trouvait autrefois la porte d'entrée, l'autre placé à l'opposite, sur la voûte même qui recouvre le grand escalier. Le maître-autel, en marbres de diverses couleurs, l'orgue et la chaire, chargés de sculptures, sont fort beaux. Le clocher n'est pas une des parties les moins curieuses de l'édifice : il est isolé, carré, et d'un noir sombre jusqu'aux deux tiers de sa hauteur ; de ce point il s'élève et finit en forme de pyramide.

On remarque encore au Puy : l'église Saint-Laurent, située dans la ville basse, édifice assez vaste et intéressant par les cendres du connétable du Guesclin, qui y ont été transportées il y a quelques années ; la préfecture, bâtiment neuf d'un fort bon style, élevé sur la place du Breuil, la plus grande et la plus belle de la ville ; l'église du collège, décorée d'une jolie façade ; le musée, renfermant plusieurs débris d'antiquités romaines provenant des fouilles faites dans la ville ; la salle de spectacle, édifice que l'on croit avoir été consacré à Diane; le séminaire, etc.—FABRIQUES importantes de dentelles, de tulles de fil, de dentelles et de blondes noires, etc. A 117 kil. (30 l.) de Lyon, 113 kil. (29 l.) de Clermont, 491 kil. (126 l.) de Paris. — HÔTELS : Mouliade, Rougier-Bergerat, Fontanille.

VOITURES PUBLIQUES. Tous les jours pour Mende, Clermont-Ferrant, St-Étienne — *Voitures à volonté* pour Annonay, Brioude.

BUTS D'EXCURSIONS : à *Aiguilhe* (*Voy.* ci-dessus ce mot); au *château de Polignac* (*Voy.* ci-dessus) ; à *Espaly*, remarquable par ses orgues basaltiques ; à l'église

20.

N° 82. ROUTE DE PARIS A LYON.

souterraine creusée dans le rocher ; aux grottes et au *château de Ceyssac* ; au *château de St-Vidal* ; à la *grotte* et au *château de Loudes* ; au *lac de Limagne*, etc.

OUVRAGES A CONSULTER. *Histoire du département de la Haute-Loire*, canton du Puy, par Dissac-Latour, in-8°, 1813.
Dictionnaire topographique de la Haute-Loire, par Deribier, 2 vol. in-8°, 1824.
Essai sur les antiquités de la Haute-Loire, par Mangon de la Lande, in-8°, 1826.
Description géognostique des environs du Puy, par Bertrand Roux, in-8°, 1823.

DE LYON A STRASBOURG.

1ʳᵉ R., par LONS-LE-SAULNIER, 46 myr. 4 kil.

De LYON à MIRIBEL	1,3
MIRIBEL à *MONTLUEL	0,9
MONTLUEL à MEXIMIEUX	1,3
*LA BALME (à droite de la route).	
MEXIMIEUX à BUBLANNE	1,1
BUBLANNE au *PONT-D'AIN	1,1
PONT-D'AIN à *BOURG	1,9
BOURG à SAINT-ÉTIENNE-DU-BOIS	1,1
*LOISIA (à droite de la route).	
*CUISEAUX (sur la route).	
SAINT-ÉTIENNE-DU-BOIS à SAINT-AMOUR	1,8
SAINT-AMOUR à BEAUFORT	1,8
BEAUFORT à *LONS-LE-SAUNIER	1,4
LONS-LE-SAUNIER à MAUFFANS	1,4
MAUFFANS à *POLIGNY	1,5
POLIGNY à *ARBOIS	1,1
ARBOIS à MOUCHARD	0,8
MOUCHARD à *QUINGEY	1,7
QUINGEY à LARNOD	1,2
LARNOD à *BESANÇON	1,0
BESANÇON à ROULANS	1,9
*GROSBOIS (sur la route).	
*CHAUX-LES-PASSAVANT (à droite de la route).	
ROULANS à *BAUME-LES-DAMES	1,2
BAUME-LES-DAMES à CLERVAL	1,5
CLERVAL à L'ILE-SUR-LE-DOUBS	1,1
L'ILE-SUR-LE-DOUBS à MONTBELLIARD	2,3
MONTBELLIARD à HÉRICOURT	0,9
HÉRICOURT à *BELFORT	1,1
BELFORT à LA CHAPELLE (Haut-Rhin)	1,6
LA CHAPELLE à ASPACH	1,4
ASPACH à ISENHEIM	1,9
ISENHEIM à HATSTAT	1,4
HATSTAT à *COLMAR	1,0
COLMAR à OSTHEIM	1,0
OSTHEIM à *SCHELESTAT	1,3
*EBERSMUNSTER (à droite de la route).	
SCHELESTAT à *BENFELD	1,7
BENFELD à SAINT-LUDAN	1,2
*ILLKIRCH (à droite de la route).	
SAINT-LUDAN à *STRASBOURG	1,5

MONTLUEL (*Ain*). Petite ville à 23 kil. (6 l.) de Trévoux. ✉ ⚜ 2,927 h. Cette ville, située au pied d'un coteau planté de vignes, est bâtie à l'entrée d'une gorge, sur la petite rivière de Seraine qui s'y divise en plusieurs canaux, fait mouvoir de nombreux moulins à farine et un grand nombre de battoirs à chanvre. — MANUFACTURES de draps pour l'habillement des troupes.

BALME (la) (*Isère*). Village situé à peu de distance de la rive droite du Rhône, à 31 kil. (8 l.) de la Tour-du-Pin. 550 hab. Ce village est célèbre par une grotte curieuse, qui passait jadis pour une des merveilles du Dauphiné. La grotte de Notre-Dame de la Balme a quelque chose d'imposant; elle présente une hauteur d'environ 100 pieds sur 80 de large, couronnée, dans la partie supérieure, par une espèce de dôme occupé en partie par une chapelle de la Vierge bizarrement construite. On y monte par un chemin un peu rapide, mais très-facile; dès l'entrée on se trouve dans une salle spacieuse, répondant à l'excavation de la voûte et à celle de la grande arcade qui en forme l'ouverture. Cette salle présente une espèce de vestibule où aboutissent deux galeries, l'une en face, l'autre à droite. On commence ordinairement ce voyage souterrain par la première, nommée la salle du Lac; c'est la plus grande et la plus curieuse des deux, et il faut fréquemment monter et descendre pour parvenir à son extrémité. Deux reposoirs, que l'on appelle le grand et le petit Bassin, suspendent la marche et fixent l'attention. Ils sont composés eux-mêmes d'une infinité de petits bassins demi-circulaires, en forme de conques et en étages les uns sur les autres. Ces conques naturelles offrent aux curieux des gradins assez commodes, qu'il faut monter dans le premier bassin et descendre dans le second pour arriver au lac, qui occupe tout le fond de la galerie. On y a placé un petit bateau pour que l'on puisse aller d'un bout à l'autre. La navigation en est incommode : elle se fait toujours à la clarté des flambeaux et dure environ une heure, y compris le retour. Ce lac n'est autre chose qu'un canal étroit et tortueux, très-inégal et embarrassé par ses saillies de roc, dont les diverses directions gênent souvent le passage des navigateurs, qui sont obligés de se courber et même de se coucher dans la pirogue. L'eau de ce canal est de la plus belle limpidité; sa largeur varie entre un mètre et demi et deux mètres, et sa profondeur entre trois et quatre décimètres. Il faut revenir sur ses pas jusqu'à la salle d'entrée pour visiter la seconde galerie, nommée *grotte du Capucin*. On y remarque un assemblage de concrétions qui représentent de la manière la plus frappante des pièces de lard, des cervelas, des jambons suspendus à la voûte de la grotte comme au plafond d'une boutique de charcutier.

BOURG. Voyez page 216.

LOISIA (*Jura*). Village à 30 kil. (7 l. 3/4) de Lons-le-Saunier. 550 hab. A peu de distance de ce village on remarque les belles grottes de Loisia. L'entrée spacieuse de ces grottes offre une ouverture en forme de porte cintrée de 12 pieds de large sur 20 pieds de haut. A gauche de cette ouverture est un pilier taillé dans la roche; il a trois pieds d'épaisseur, monte jusqu'au plafond de la grotte, et laisse entre la paroi latérale gauche et lui un espace vide et large d'un pied, formant une fenêtre verticale. L'intérieur de la grotte est assez bien cintré : elle se porte en ligne droite à 115 mètres dans la montagne; à 16 m. 24 c. ou 19 m. 50 c. de l'entrée, elle s'élargit et la voûte s'élève; à 93 mètres, la voûte se rabaisse et va se terminer en cul-de-lampe. Vers les deux tiers de la longueur de cette grotte, s'ouvre sur la gauche une seconde grotte plus large, dont la longueur est de 23 m. 38 c.; au milieu, une ouverture d'environ quatre pieds introduit dans une troisième de 19 m. 50 c. de long; et, dans celle-ci, un trou de 48 cent. de large conduit dans une quatrième grotte de 26 mètres de long, qui est le dernier réduit où l'on puisse pénétrer. Les voûtes des quatre grottes et leurs parois latérales sont plus ou moins couvertes de stalactites et de pétrifications, représentant une multitude de figures bizarres. Les grottes de Loisia sont fréquemment visitées. Le lundi de Pâques est la fête réservée pour les pèlerins de Gigny : des vivres, des instruments de musique, de la gaieté, voilà les provisions de ce très-court voyage. On dîne, on chante, on danse; la troupe folâtre s'enivre de joie, et les échos ont souvent à répéter ce jour-là de tendres déclarations et de doux serments d'amour.

CUISEAUX (*Saône-et-Loire*). Petite ville située au pied de la chaîne du Jura, à 22 kil. (5 l. 1/2) de Louhans. 1,753 hab. Elle est célèbre par une vaste église paroissiale d'une construction hardie. Les stalles qui en décorent le chœur datent du quatorzième siècle, et sont remarquables par l'originalité des sculptures. Les dossiers sont couverts de figures grossières et fantastiques. Auprès d'une tête de moine, où l'expression de l'ennui a été saisie avec adresse, on trouve une tête de loup-garou, suivi d'une nonne à joues enflées. La décence n'était pas alors d'obligation : des positions bizarres, des nudités ridicules, des priapes, des animaux monstrueux, des saints, sont sculptés pêle-mêle ou séparément. Sur l'un des panneaux, l'artiste a représenté un renard affublé d'une longue robe et d'un capuchon de moine, un chapelet dans une patte, ayant l'autre étendue, la gueule ouverte, l'attitude d'un prédicateur; des poules semblent l'écouter avec attention, et se pressent pour l'entendre : elles ne s'aperçoivent pas qu'il en a déjà saisi une dont on voit la tête sous un pli de sa robe. — Aux environs, on remarque la belle fontaine de la Balme, qui sort de dessous un roc entouré de charmilles.

LONS-LE-SAUNIER. Voyez N° 63, 2ᵉ Route de Paris à Gex.
POLIGNY. Voyez N° 63, 1ʳᵉ Route de Paris à Gex.
BESANÇON. Voyez N° 23, Route de Paris à Besançon.
GROSBOIS (*Doubs*). Village à 4 kil. (I l.) de Baume. 100 hab. On y voit une grotte remarquable par les stalactites extrêmement brillantes qu'elle renferme.

CHAUX-LES-PASSAVANT (*Doubs*). Village à 9 kil. (2 l. 1/4) de Baume. 350 hab. A 2 kilomètres de ce village, on remarque la glacière naturelle de la Grâce Dieu, caverne singulière, située au milieu d'une antique forêt, dans le fond d'un massif de rochers. La cavité intérieure présente la figure d'un triangle, dont les côtés, à peu près égaux, ont environ 48 m. 72 c.; la hauteur, depuis le sol jusqu'à la voûte, est de 27 mètres, mais cette hauteur diminue vers le fond, qui n'est plus que de 13 mètres. La profondeur, depuis l'entrée jusqu'au fond, est de 20 m. 46 c., et la plus grande largeur de 20 m. 14 c. Lorsque l'on entre dans cette glacière, l'œil se repose dans tout l'intérieur sur des milliers de stalactites de glace, formées par l'infiltration de l'eau qui se congèle avant de tomber, ou qui tombe et se change au fond en une masse éclatante de cristaux. Le milieu de la voûte est la partie la mieux décorée : rien n'est beau comme cette foule de petites pyramides renversées et suspendues, paraissant vouloir se joindre à celles qui s'élèvent de dessous.

BAUME ou **BAUME-LES-DAMES** (*Doubs*). Petite et très-ancienne ville. Sous-préf. Trib. de 1ʳᵉ inst. Coll. comm. ☒ ☯ 2,447 hab. Cette ville est dans une situation agréable, sur la rive droite du Doubs et le canal du Rhône au Rhin, à l'extrémité d'une belle prairie. Elle est bâtie au pied de cinq montagnes, sur l'une desquelles on remarque les ruines d'une des plus importantes forteresses du comté de Bourgogne, détruite en 1476, après la défaite qu'essuya Charles le Téméraire aux journées de Granson et de Morat. — A 396 kil. (101 l. 1/2) de Paris.

VOITURES PUBLIQUES. Tous les jours pour Lyon et Strasbourg.

BELFORT. Voyez N° 22, Route de Paris à Belfort.
COLMAR. Voyez page 320.
SCHELESTAT. Voyez page 323.
EBERMUNSTER (*Bas-Rhin*). Jadis petite ville, aujourd'hui grand village situé sur l'Ill, à 6 kil. (I l. 1/2) de Schelestat. 1,100 hab. On attribue au duc Attic la fondation, en 667, de l'abbaye, dont les vastes bâtiments sont aujourd'hui une propriété particulière, où est établi un pensionnat dirigé par des ecclésiastiques. La belle église qui y est attenante est surmontée de trois clochers couverts en tuiles vernies, et ressemblant par leur forme à d'élégants

minarets. On y entre par un péristyle de trois arcades. La voûte est ornée partout de fresques, dont les plus remarquables sont celles de la coupole et du chœur. Le chœur, boisé, est garni d'un double rang de stalles dont les panneaux sont ornés de sujets sculptés en bosse. Le long des nefs latérales sont des confessionnaux enclavés dans la muraille, sculptés et dorés tous de la même manière.

BENFELD (*Bas-Rhin*). Petite ville située sur l'Ill et sur le chemin de fer de Strasbourg à Bâle, à 16 kil. (4 l.) de Schelestat. ⊠ ☞ 2,250 hab. Cette ville existait dès le septième siècle. Elle était jadis fortifiée de cinq bastions réguliers, d'un double fossé et de redoutes avancées. Ses fortifications furent rasées en exécution du traité de Munster.

ILLKIRCH (*Bas-Rhin*). Village situé sur l'Ill, à 7 kil. (1 l. 3/4) de Strasbourg. 1,766 hab. On y remarque la maison où fut signée la capitulation de Strasbourg, le 30 septembre 1681.

STRASBOURG. Voy. N° 127, Route de Paris à Strasbourg.

2ᵉ R., par CHALON-SUR-SAÔNE, 46 myr. 1 kil.

	m. k.
De LYON à * CHALON-SUR-SAÔNE (Voy. 1ʳᵉ Route de Lyon)..	12,5
CHALON-SUR-SAÔNE à * BESANÇON (V. ci-dessus, page 451)..	10,8
BESANÇON à * STRASBOURG (V. ci-dessus, p. 466).	22,8

De MEXIMIEUX à SAINT-DENIS-LE-CHOSSON ☞......	1,2
ST-DENIS-LE-CHOSSON à ST-RAMBERT (Ain) ☞...	1,4

D'ASPACH à THANN ☞........................	0,7
THANN à ISSENHEIM ☞........................	2,1

De LYON à SAINT-GENIS–POUILLY pour GENÈVE, 14 myr. 2 kil.

De LYON à PONT-D'AIN ☞ (Voy. ci-dessus, Route de Lyon à Strasbourg).........................	5,7
PONT-D'AIN à CERDON ☞.....................	1,3
CERDON à NANTUA ☞.........................	1,9
NANTUA à SAINT-GERMAIN-DE-JOUX ☞...........	1,3
SAINT-GERMAIN-DE-JOUX à BELLEGARDE (Ain) ☞.	1,2
BELLEGARDE à COLLONGES ☞...................	1,2
COLLONGES à SAINT-GENIS-POUILLY (Ain) ☞.....	1,6

Itinéraire descriptif de LYON à CHAMBÉRY.

En sortant de Lyon, on passe le Rhône sur le pont de la Guillotière. De Bron à Saint-Laurent de Mure, de Saint-Laurent à la Verpillière, et de ce dernier lieu à Bourgoin, la route traverse constamment un pays varié, fertile, parsemé de fermes, de belles habitations rurales et de riantes maisons de plaisance. Au sortir de Bourgoin, le pays est toujours agréablement varié; la route devient ensuite légèrement montueuse comme le pays, trois lieues avant d'arriver à la Tour-du-Pin. Une forte descente, du haut de laquelle on découvre à la fois le Rhône, les montagnes du Bugey, celles de la Chartreuse et de la Savoie, conduit au Pont-de-Beauvoisin, petite ville bâtie dans une situation pittoresque sur les deux rives du Guiers, que l'on franchit sur un pont d'une seule arche, et dont une partie appartient à la France et l'autre à la Savoie; la limite est au milieu du pont. Après le Pont-de-Beauvoisin, on côtoie la rive droite du Guiers, et l'on jouit toujours de la vue d'un pays riche et fertile. Peu après le moulin du Guiers, est le célèbre passage de la Chaille, gorge affreuse et profonde où le Guiers roule ses eaux entre deux montagnes d'une pente extrêmement rapide et d'une élévation prodigieuse: on sait que ce passage, dont le site extraordinaire frappe tous les voyageurs, sut captiver pendant plus de deux heures l'admiration de J.-J.-Rousseau. Au milieu de cette gorge, dont les hauteurs environnantes offrent quelques ruines d'anciens châteaux jadis fortifiés, est bâti le bourg des Échelles; au delà de ce bourg, se trouve le passage de ce nom qui offre le spectacle le plus extraordinaire. A peu de distance du relais de Saint-Thibault de Coux, on voit sur la droite, non loin du chemin, la belle cascade de Coux : le volume d'eau de cette cascade est peu considérable, mais très-limpide ; sa chute perpendiculaire peut s'évaluer à 120 pieds de haut. Cassin est le dernier village que l'on trouve sur la route avant d'arriver à Chambéry, ville ancienne, bâtie dans une situation délicieuse, au milieu d'une campagne riche, fertile et bien cultivée.

DE LYON A CHAMBÉRY, 7 myr. 4 kil. et 4 postes 1/2.

	m.k.
De Lyon à Bron	1,0
Bron à St-Laurent-des-Mures	0,8
St-Laurent-des-Mures à la Verpillière	1,1
La Verpillière à Bourgoin	1,2
Bourgoin à la Tour-du-Pin	1,5
La Tour-du-Pin au Gaz	0,8
Le Gaz au Pont-de-Beauvoisin	1,0
Pont-de-Beauvoisin aux Échelles (poste étr.).	1 p. 1/4
Des Échelles à St-Thibault-de-Caux	1 p. 3/4
Saint-Thibault à Chambéry	1 p. 1/2

N° 83.

ROUTE DE PARIS A MACON (SAONE-ET-LOIRE).

Voyez page 432, 1re Route de Paris à Lyon........ 40,1

N° 84.

ROUTE DE PARIS AU MANS (SARTHE).

1re Route, par Chartres, Voy. N° 100, 1re Route de Paris à Nantes................................. 21,4

2ᵉ Route, par BELLÊME, 21 myr. 4 kil.

De Paris à * Dreux (V. N° 31)............ 8,2
Dreux à * Bellême (Voy. N° 4)............ 7,9
Bellême au * Mans (V. N° 56)............ 5,3

N° 85.

R. DE PARIS A **MARSEILLE** (BOUCHES-DU-RHONE).

Itinéraire descriptif de Paris à Marseille.

On sort de Paris par le faubourg Saint-Marceau et la barrière d'Italie. Le premier relais que l'on rencontre est Villejuif; deux lieues plus loin est celui de Fromenteau, peu après lequel on passe l'Orge sur un pont d'une seule arche à plein cintre, de 40 pieds d'ouverture et de 50 pieds de hauteur. Après Essonne se présentent, sur la droite, le vallon de la Juine, et sur la gauche, la vallée de la Seine. Un peu plus loin, à droite, on voit le superbe château de Villeroy, et à 4 kil. (1 l.) de distance du côté opposé, le château de Saint-Assise, ancienne habitation du duc d'Orléans. Au delà de Chailly, on entre dans la belle forêt de Fontainebleau, qui s'étend jusqu'aux portes de la ville de ce nom, dont on ne sort que pour rentrer dans la forêt, que l'on quitte enfin au village de Bouron, pour parcourir une vaste plaine sablonneuse qui s'étend jusqu'à la jolie petite ville de Nemours. Peu après cette ville, on trouve des entassements de rochers semblables à ceux qu'on a eu occasion de voir dans la forêt de Fontainebleau. On côtoie ensuite la rive droite du Loing par un chemin ombragé fort agréable, et qui se prolonge jusqu'à Montargis, ville agréablement située sur la rivière et le canal du Loing. Nogent-sur-Vernisson est une petite ville bâtie sur le bord du canal; à peu de distance du relais de la Bassière, la route s'élève sur une colline d'où l'on découvre tout à coup les riants coteaux de vignes, les plaines fertiles et les charmants paysages qui bordent le cours de la Loire, dont les eaux sont couvertes d'une multitude de barques à voiles. La vue s'étend jusqu'à Briare, petite ville située à la naissance du canal de ce nom. Après Briare, on suit une plaine entrecoupée de champs fertiles et de coteaux couverts de vignes, qui bordent la rive droite du fleuve, que l'on rejoint à Bonny.—Au-dessous de Villeneuve, on passe du département du Loiret dans celui de la Nièvre. La route suit continuellement les bords riants de la Loire, meublés de châteaux, de parcs, de beaux villages, en passant à Neuvy, la Celle et Cosne, jolie petite ville bâtie au confluent de la Loire et du Nohain. Une plaine fertile et bien cultivée s'étend de cette ville au relais de Pouilly, bourg renommé par ses vignobles; à une lieue plus loin, on traverse le bourg de Merves, dont on doit visiter les forges. La route continue à border la rive droite de la Loire, sur laquelle on jouit d'une fort belle vue jusqu'à la Charité, ville assez mal bâtie, mais fort agréablement située au pied d'un coteau de vignes. Au sortir de cette ville, on longe la Loire de très-près, et l'on rase à droite le bourg de la Marche, après lequel la route s'élève et s'engage dans les collines qui règnent jusqu'à Pougues, joli village renommé par ses eaux minérales. En sortant de Pougues, la route s'élève de plus en plus à travers les vignes, jusqu'au sommet d'une colline d'où l'on découvre Nevers, où l'on entre par une porte en forme d'arc de triomphe. En quittant Nevers, on passe la Loire sur un beau pont. Saint-Pierre-le-Moutiers est une petite ville située au bord d'un étang considérable. Un peu avant d'arriver à Villeneuve-sur-Allier, un poteau qu'on voit au bord de la route indique le passage du département de la Nièvre dans celui de l'Allier.

En sortant du joli village de Villeneuve, la route parcourt une belle vallée jusqu'au passage d'un ruisseau provenant de divers étangs; elle offre peu après plusieurs montées et descentes, et traverse ensuite un pays fertile qui s'étend du hameau des Buissons à Moulins. La campagne, au sortir de cette ville, est riante et fertile, la route unie et fort belle. On aperçoit rarement l'Allier, quoiqu'on ne cesse d'en côtoyer à peu de distance la rive droite; mais on découvre les charmants coteaux, les bourgs, les bosquets et les beaux domaines qui bordent la rive opposée. A Varennes on passe le Valençon, et on s'éloigne de l'Allier. Sur la droite, on aperçoit le Puy-de-Dôme, et vers les confins de l'horizon, les cimes des Monts-d'Or. Huit kil. (2 l.) plus loin apparaissent à droite les montagnes d'Auvergne, en face celles du Forez, et à gauche une vaste plaine qui s'étend jusqu'à la Loire. Après Saint-Gérand, la route devient très-montueuse. A mesure que l'on avance, les belles campagnes de l'Allier disparaissent pour faire place à de maigres plaines de genêts et de fougères, qui se prolongent jusqu'aux environs de la Palisse, petite ville dominée par les ruines d'un antique château. Près du hameau de Droiturier, on passe un pont remarquable par son élévation, qui laisse à peine voir le ruisseau sur lequel il est jeté; 4 kil. (1 l.) après, un poteau qui s'élève sur la droite avertit qu'on passe du département de l'Allier dans celui de la Loire. La Pacaudière est un joli bourg où l'on arrive par une pente rapide, et Roanne, une jolie ville assez bien bâtie, percée de rues larges et fort étendues. En sortant de cette ville, on traverse la Loire sur un beau pont. Au hameau de l'Hôpital on commence à gravir la chaîne des montagnes de Tarare. Sur la hauteur est la petite ville murée de Sainte-Marguerite. Après beaucoup de montées et de descentes, on traverse le village de la Fontaine, et 2 kilomètres plus loin la ferme et le relais de Pain-Bouchain, qui avoisine le sommet de la montagne de Tarare, où l'on parvient par une rampe courte, bordée de poteaux de distance en distance, pour guider, en hiver, les voyageurs. La chaîne que l'on franchit forme ici la séparation des bassins du Rhône et de la Loire, dont le point de partage se trouve au hameau de la Chapelle. Du point culminant de la montagne, on descend continuellement jusqu'à Tarare, par une pente peu rapide, il est vrai, mais d'une longueur de plus de 4 kil. (1l.): ce passage, jadis très-fatigant, a été rendu plus facile, par une meilleure direction donnée à la route, il y a 10 à 12 ans. En sortant de la ville manufacturière de Tarare, on longe, pendant l'espace de 4 kilomètres, une jolie prairie arrosée par la Tardine. La route n'offre généralement qu'une pente insensible; mais dans une partie elle se trouve si rapide, et si resserrée entre un talus et un précipice, qu'elle devient souvent dangereuse pour les voitures. La vallée s'ouvre insensiblement avant le relais des Arnas; les montagnes s'abaissent ensuite et se transforment en de charmantes collines, surmontées de maisons de campagne agréables. L'Arbresle est une petite ville bâtie dans une situation pittoresque, au pied d'un coteau dont le sommet est couronné par les restes du château gothique de Bully. On doit visiter, à 6 kilomètres, les mines de cuivre de Saint-Bel; et à la même distance, vers le nord-est, les ateliers et les mines de cuivre de Chessy. Lyon s'annonce de loin par le mouvement qui précède les approches d'une ville populeuse, et par la riche enceinte de maisons de plaisance qui l'entourent; il est peu de pays où les sites présentent autant de variété et de magnificence que les campagnes qui environnent cette ville.

On sort de Lyon par le faubourg de la Guillotière. La route suit le cours

N° 85. ROUTE DE PARIS A MARSEILLE. 473

du Rhône, et offre une multitude de charmants points de vue sur les riants coteaux qui bordent la rive droite de ce fleuve, qu'une suite d'îles verdoyantes dérobent à la vue aux environs de Saint-Symphorien. Peu après ce relais, le pays perd de son agrément, et la route offre des inégalités continuelles. A mesure que l'on avance, les tristes collines que l'on parcourait se tapissent de vignobles, et se dessinent même en jolis paysages aux approches de Vienne, dont l'abord s'annonce par un beau quai sur le Rhône. En sortant de Vienne, on continue à suivre la rive gauche du fleuve; en laissant à droite le monument du Plan de l'Aiguille. A 6 kilomètres de distance, on gravit une montagne en partie formée d'amas de poudingues très-adhérents, qu'on exploite comme des carrières. Du haut de cette côte, on aperçoit, au delà du Rhône, la plaine et le riche coteau d'Ampuis, dominés par le Mont-Pila. On parcourt ensuite une plaine caillouteuse et peu fertile. Un peu avant Saint-Vallier, le pays devient plus agréable et plus fertile. La vallée que l'on parcourt se rétrécit fréquemment par le rapprochement des montagnes, qui resserrent quelquefois le fleuve de si près, qu'il a fallu leur disputer la largeur de la route, notamment aux approches de Serve et de Tain, où l'on arrive par deux hautes et longues terrasses. Sur la gauche se présente le célèbre coteau de l'Hermitage, renommé pour l'excellence de ses vins, et par la vue superbe dont on y jouit sur le cours du Rhône et sur la ville de Tournon. La riche plaine que l'on parcourt ensuite est parsemée d'habitations jusqu'aux environs de Valence, dont on longe circulairement les murs avant d'arriver à la porte du Sud, où sont les principales auberges. Au sortir de Valence, on suit une route plate et caillouteuse, et l'on jouit d'une belle vue sur les riches prairies qui tapissent les bords du Rhône. A Livron, on passe la Drôme sur un beau pont de marbre, d'où l'on aperçoit, à deux lieues de distance, la tour du château de Crest; sur la gauche se présente la petite ville de la Voulte, bâtie sur la rive droite du Rhône, et dominée par un ancien château. Quatre kilomètres au-dessous du bourg de Saint-Andéol on passe du département de la Drôme dans celui de Vaucluse.—LA PALUD est un bourg muré, célèbre par la capitulation du duc d'Angoulême en 1815. Peu après ce bourg, on entre dans les belles plaines de Vaucluse, circonscrites entre le Rhône et une chaîne de petites montagnes. Les bourgs de Montdragon, de Mornas et de Piolenc, près desquels on passe successivement, sont tellement semblables par leur position, entre la route qui les tourne et un roc calcaire surmonté d'un château ruiné qui les domine, que l'œil trompé du voyageur les confond et croit toujours voir le même. Après Piolenc, on perd de vue le Rhône, qui s'éloigne à l'ouest, et l'on se dirige à travers une plaine de la plus grande fertilité. Avant d'entrer à Orange, on aperçoit, au milieu d'un champ, l'arc de triomphe de Marius, un des plus beaux monuments que nous aient laissés les Romains. Sorgues est un bourg dominé par deux tours qui faisaient jadis partie d'un antique château des papes. L'aspect lointain d'Avignon ressemble à celui d'une ancienne ville de guerre, si l'on en juge par les hauts remparts formés de belles pierres de taille et bordés de créneaux qui l'entourent; mais on reconnaît une ville papale aux nombreux clochers de toutes formes qui la décorent encore, et qui lui ont fait donner par Rabelais le nom de Ville-Sonnante. —En sortant d'Avignon, on parcourt la plus belle partie du territoire de cette ville. Au Mas-des-Canes, on jouit d'une belle vue sur les îles bocagères de la Durance, que l'on traverse au village de Bon-Pas, sur un beau pont en bois très-long, qui joint le département de Vaucluse à celui des Bouches-du-Rhône. Le pays que l'on parcourt jusqu'au relais de Saint-Andiol est plat et fertile, mais sans intérêt. Peu après Orgon, la plaine est un peu moins monotone, mais le pays devient de plus en plus montueux et aride aux environs de Lambesc. Après Saint-Cannat, la route offre une continuité de hameaux qui se succèdent jusqu'à Aix. En sortant de cette ville, on s'élève par une montée peu rapide sur les hauteurs qui séparent le bassin d'Aix et celui de Marseille. Au hameau de Mainon, on passe l'Arc, puis on descend la pente rapide de Chansaud; vis-à-vis de Rampelin, on aperçoit le château de Luynes, et peu après on descend dans une gorge profonde, bordée de montagnes arides. Au hameau des Tours commence la longue descente de la Viste qui conduit à Marseille, et d'où l'on jouit d'un point de vue ravissant : à droite, la mer forme un golfe animé par une multitude de barques et de vaisseaux qui offrent le plus magnifique tableau, lorsque surtout les rayons du soleil couchant se réfléchissent sur les flots ; en face, apparait la ville, au milieu d'un amphithéâtre de montagnes, dont toutes les pentes sont peuplées d'un nombre infini de charmantes habitations, que l'on désigne sous le nom de bastides. On entre à Marseille par la porte d'Aix et par le faubourg de ce nom, d'où l'on a en perspective la superbe rue de Rome, qui traverse entièrement la ville.

1re Route de PARIS à MARSEILLE, par ROANNE et TARARE, 80 myriamètres 3 kilomètres.

	m. k.
* GENTILLY (à droite de la route).	
DE PARIS à * VILLEJUIF ☜...............	0,8
VILLEJUIF à FROMENTEAU ☜...............	1,1
FROMENTEAU à ESSONNE ☜...............	1,2
* RIS (sur la route).	
* CORBEIL (à gauche de la route).	
ESSONNE à PONTHIERRY ☜...............	1,1
PONTHIERRY à CHAILLY ☜...............	0,8
CHAILLY à * FONTAINEBLEAU ☜...............	1,0
FONTAINEBLEAU à * NEMOURS ☜...............	1,6
NEMOURS à LA CROISIÈRE ☜...............	1,3
LA CROISIÈRE à FONTENAY (Loiret) ☜...............	0,6
FONTENAY à * MONTARGIS ☜...............	1,3
MONTARGIS à NOGENT-SUR-VERNISSON ☜...............	1,7
NOGENT à * LA BUSSIÈRE (Loiret) ☜...............	1,2
LA BUSSIÈRE à * BRIARE ☜...............	1,2
BRIARE à NEUVY-SUR-LOIRE ☜...............	1,7
NEUVY-SUR-LOIRE à * COSNE ☜...............	1,4
* SANCERRE (à droite de la route).	
COSNE à * POUILLY (Nièvre) ☜...............	1,5
POUILLY à * LA CHARITÉ ☜...............	1,3
LA CHARITÉ à * POUGUES ☜...............	1,3
POUGUES à * NEVERS ☜...............	1,2
NEVERS à MAGNY (Nièvre) ☜...............	1,2
MAGNY à * SAINT-PIERRE LE MOUTIER ☜...............	1,1
SAINT-PIERRE LE MOUTIER à SAINT-IMBERT ☜...............	0,8
SAINT-IMBERT à VILLENEUVE-SUR-ALLIER ☜...............	1,0
VILLENEUVE-SUR-ALLIER à * MOULINS ☜...............	1,2
MOULINS à BESSAY ☜...............	1,4
BESSAY à VARENNES (Allier) ☜...............	1,5
VARENNES à SAINT-GÉRAND-LE-PUY ☜...............	1,1
SAINT-GÉRAND-LE-PUY à LA PALISSE ☜...............	1,0
LA PALISSE à DROITURIER ☜...............	0,8
DROITURIER à SAINT-MARTIN-D'ESTRÉAUX ☜...............	0,7
SAINT-MARTIN-D'ESTRÉAUX à LA PACAUDIÈRE ☜...............	0,7
LA PACAUDIÈRE à SAINT-GERMAIN-L'ESPINASSE ☜...............	1,2
* BRIENNON (à gauche de la route).	
* AMBIERLE (à droite de la route).	
* ST-HAON-LE-CHATEL (à droite de la R.)	

N° 85. ROUTE DE PARIS A MARSEILLE. 475

Saint-Germain-l'Espinasse à * Roanne ☞...... 1,2
Roanne à St-Symphorien-de-Lay ☞.......... 1,7
Saint-Symphorien à Pain-Bouchain ☞........ 1,5
Pain-Bouchain à * Tarare ☞................ 1,2
Tarare aux Arnas ☞....................... 1,1
Les Arnas à Salvagny ☞................... 1,9
Salvagny à * Lyon ☞...................... 1,4
Lyon à Saint-Fons ☞...................... 0,8
Saint-Fons à Saint-Symphorien-d'Ozon ☞..... 0,8
Saint-Symphorien-d'Ozon à Vienne ☞........ 1,2
Vienne à Auberive ☞...................... 1,4
Auberive au Péage de Roussillon ☞.......... 0,6
Péage de Roussillon à Saint-Rambert ☞..... 0,9
   * Albon (à gauche de la route).
Saint-Rambert à Saint-Vallier ☞............ 1,2
Saint-Vallier à Tain ☞.................... 1,4
   * Tournon (à droite de la route).
   * Saint-Peray (à droite de la route).
Tain à * Valence (Drôme) ☞............... 1,8
   * Montélégier (à gauche de la route).
   * Chabeuil (à gauche de la route).
Valence à la Paillasse ☞.................. 1,1
   * Étoile (à gauche de la route).
La Paillasse à Loriol ☞................... 1,1
   * Crest (à gauche de la route).
   * Privas (à droite de la route).
   * Antraigues (à droite de la route).
Loriol à Derbières ☞..................... 1,3
   * Rochemaure (à droite de la route).
   * Vals (à droite de la route).
   * Aubenas (à droite de la route).
Derbières à * Montélimart ☞............... 1,0
   * Dieu-le-Fit (à gauche de la route).
   * Villeneuve-de-Berg (à droite de la route).
   * Viviers (à droite de la route).
   * La Baume (à droite de la route).
   * L'Argentière (à droite de la route).
Montélimart à Donzère ☞.................. 1,4
   * Grignan (à gauche de la route).
   * Nyons (à gauche de la route).
   * Saint-Paul-Trois-Chateaux (à G. de la R.).
   * Ruoms (à droite de la route).
   * Bourg-Saint-Andéol (à droite de la R.).
   * Vallon (à droite de la route).
Donzère à la Palud ☞..................... 1,6
   * Vaison (à gauche de la route).
   * Mollans (à gauche de la route).
La Palud à * Mornas ☞.................... 1,2
Mornas à * Orange ☞..................... 1,1
   * Mont-Ventoux (à gauche de la route).
   * Caromb (à gauche de la route).
   * Carpentras (à gauche de la route).
Orange à * Sorgues ☞..................... 1,8
Sorgues à * Avignon ☞.................... 1,0
   * Chateau-Renard (à droite de la route).
Avignon à Saint-Andiol ☞................. 1,8

N° 85. ROUTE DE PARIS A MARSEILLE.

* CAVAILLON (à gauche de la route).
SAINT-ANDIOL à ORGON ☞................. 1,0
 * APT (à gauche de la route).
ORGON au PONT-ROYAL ☞................. 1,8
 * CADENET (à gauche de la route).
 * AURONS (à droite de la route).
LE PONT-ROYAL à SAINT-CANAT ☞............ 1,5
SAINT-CANAT à AIX ☞..................... 1,6
 * BERRE (à droite de la route).
AIX au PIN ☞.......................... 1,4
 * LA PENNE (à droite de la route).
 * LES MARTIGUES (à droite de la route).
LE PIN à * MARSEILLE ☞................. 1,5

GENTILLY (*Seine*). (LE GRAND ET LE PETIT). Village très-ancien, situé sur la Bièvre, à 6 kil. (1 l. 1/2) de Sceaux et à 5 kil. (1 l. 1/4) de Paris. 3,616 hab. Le Grand-Gentilly est bâti dans la vallée de la Bièvre; on y remarque l'ancien château de Villeroy, dont le parc renferme de belles eaux fournies par l'aqueduc d'Arcueil.

BICÊTRE est une dépendance de la commune de Gentilly. Il doit son origine à un couvent de chartreux, bâti en 1250, que Jean, duc de Berri, fit remplacer par un vaste château. Le plan de Bicêtre, à l'exception de quelques additions, offre un carré d'environ 300 mètres de côté. Le principal corps de bâtiment donne, au nord, sur un jardin qu'entourent des bâtiments moins élevés, qui sont à l'usage des ateliers. L'ensemble des parallélogrammes offre trois principales cours : la première sert d'entrée par une avenue aboutissant à la grande route; dans la deuxième, est l'église, en forme de croix; la troisième renferme un grand nombre de constructions disposées sans beaucoup de symétrie, et au nombre desquelles sont les prisons et les cachots. Les cours sont plantées d'arbres, et le reste de l'enclos est en jardins. Ces bâtiments sont distribués, suivant leur destination respective, pour le logement des vieillards indigents, qui occupent 2,200 lits, et qui ne sont reçus qu'à l'âge de soixante-dix ans; pour le logement des fous, et enfin pour celui des malfaiteurs, condamnés à la réclusion ou aux travaux forcés, et qui attendent le départ de la chaîne dont ils doivent faire partie : on porte à 4,500 le nombre des individus détenus ordinairement dans cette maison. ✉ — Le puits de Bicêtre, que tous les étrangers vont admirer, peut être placé parmi les morceaux d'architecture les plus étonnants qui existent, quoique ces sortes d'ouvrages ne soient guère que du ressort de la maçonnerie. Il a 5 m. 30 c. de diamètre sur 57 mètres de profondeur, et est creusé dans le roc vif, où sont les sources qui y entretiennent constamment 3 mètres d'eau, toujours intarissable. Par une machine très-simple qui sert à puiser l'eau, deux seaux, dont l'un monte, tandis que l'autre descend, sont toujours en mouvement. Le réservoir dans lequel ces eaux sont distribuées a 17 m. 53 cent. carrés, et contient, lorsqu'il est plein, 4,000 muids. Cette espèce de citerne est revêtue en plomb laminé; quatre piliers soutiennent la voûte en pierre de taille; des tuyaux souterrains distribuent l'eau dans toutes les parties de l'établissement.

VILLEJUIF (*Seine*). Joli bourg à 6 kil. (1 l. 1/2) de Sceaux, 8 kil. (2 l.) de Paris. ✉ ☞ 1,387 hab. On voit à Villejuif un télégraphe de la ligne de Lyon, et sur un tertre en avant de ce bourg, un obélisque qui détermine l'extrémité septentrionale d'une base trigonométrique, établie pour le levé de la carte de Cassini.

RIS (*Seine*). Village situé près de la rive gauche de la Seine, et sur le chemin de fer de Paris à Orléans. On y voit un beau château qui a été habité par Henri IV. — Au château de FROMONT, dépendance de Ris, on remarque un beau jardin de botanique consacré à l'enseignement et au perfectionnement des différentes parties de l'horticulture. A 25 kil. (6 l. 1/2) de Paris. ✉

N° 85. ROUTE DE PARIS A MARSEILLE.

CORBEIL (*Seine-et-Oise*). Petite ville, sous-préfect., agréablement située sur le chemin de fer de Paris à Orléans, sur la rive gauche de la Seine, et au confluent de l'Essonne qui s'y divise en plusieurs bras et y fait mouvoir de beaux moulins. Les environs de cette ville sont très-riants; mais la partie la plus agréable est celle qui s'étend dans le vallon qu'arrosent les ramifications de l'Essonne. On y remarque les vastes magasins à grains, les moulins mus par l'Essonne, la halle au blé, la salle de spectacle, et une petite bibliothèque publique de 4 à 5,000 volumes. A 33 kil. (8 l. 1/2) de Paris. ☒

VOITURES PUBLIQUES. Tous les jours pour Paris, trois départs.
BATEAUX A VAPEUR. Pour Paris, Melun et Montereau.
OUVRAGES A CONSULTER. *Antiquités de la ville et châtellenie de Corbeil*, par Delabarre, in-4°, 1747.
Notice périodique de l'histoire moderne et ancienne de la ville et du district de Corbeil, in-18, 1792.

Chemin de fer de Paris à Corbeil.

Corbeil communique avec Paris, par le chemin de fer de Paris à Orléans, en activité depuis 1840 jusqu'à Corbeil, et qui sera entièrement achevé en 1843. La station de départ est située sur le boulevard de l'Hôpital, vis-à-vis du pont d'Austerlitz. — En partant de Paris, on laisse à droite les immenses bâtiments de la Salpêtrière. Après avoir passé sous un pont soutenu par des piliers et par des arches en fonte, la vue s'étend à gauche sur le coteau où est bâti Charenton, dont les maisons, groupées en amphithéâtre, offrent un beau coup d'œil. En avançant, on voit, à gauche, le joli village du Port-à-l'Anglais, et l'on jouit pendant quelque temps de la vue du cours de la Seine. — La voie ferrée se dirige à travers une plaine unie jusqu'à Choisy-sur-Seine, qui se présente agréablement, avec sa jolie promenade et son petit pont suspendu. Deux ponts pittoresques, remarquables par la légèreté de leur construction, s'élèvent au-dessus du chemin de fer, qui abandonne momentanément le bord de la Seine, pour se diriger à travers une plaine bien cultivée, aboutissant à une petite tranchée, au sortir de laquelle on jouit d'une vue agréable sur un large bassin que bornent au loin de riants coteaux boisés. Sur la droite, on aperçoit Villeneuve-Saint-Georges. — Une station est établie à Ablon, village pittoresquement situé, sur la rive gauche de la Seine, bordée, à droite, par un charmant coteau où se groupent admirablement l'église, le château et la belle avenue d'Athis-Mons; plus loin est le château de Chaignes, derrière lequel se trouve Juvisy, où s'embranche le rail qui se dirige sur Orléans. — Une autre station est établie à Châtillon, où l'on côtoie la grande route de Fontainebleau. Vis-à-vis Châtillon, on jouit d'une belle échappée de vue sur la Seine et sur des coteaux couronnés par les villages de Draveil et de Champrosay. — En avançant, on découvre un beau pont suspendu construit par M. Aguado, vis-à-vis du joli coteau de Ris. Le chemin de fer traverse ensuite le parc de Fromont, en passant sous un pont qui réunit les deux parties de ce parc, coupe le parc du château de Grand-Bourg, et immédiatement après celui de Petit-Bourg, dont le beau château offre un admirable point de vue. En face de Petit-Bourg, on découvre les villages de Donjons, de Soissy et d'Étioles. Après la station d'Évry, on voit, à droite, les châteaux de Mousseau et de Beauvoir. Le chemin de fer passe ensuite sous deux ponts élevés, en se dirigeant sur Corbeil, dont on découvre l'antique église et le vaste grenier de réserve; immense bâtiment à six étages, appartenant à M. D'Arbley, propriétaire des moulins de Corbeil. Nous avons vu réunie dans ce grenier (en juin 1841) une quantité de grains suffisante pour nourrir, pendant quinze jours, toute la population de Paris. — Le trajet de Corbeil à Paris et retour par le chemin de fer se fait en 55 minutes.

N° 85. ROUTE DE PARIS A MARSEILLE.

FONTAINEBLEAU (*Seine-et-Marne*). Jolie ville. Sous-préf. Trib. de 1re inst. Coll. com. ✉ ✆ 8,122 hab. — Cette ville, située au milieu d'une des plus belles forêts de France, est régulièrement bâtie; les rues en sont larges, propres et bien percées. Elle doit sa formation à un château royal, dont l'origine remonte au delà du XIIe siècle, et qui servit souvent de résidence à Louis VII et à Philippe-Auguste. Saint Louis et tous les rois ses successeurs augmentèrent à l'envi cet agréable séjour; mais une partie des premiers bâtiments étant tombée en ruine, François Ier, qui affectionnait particulièrement ce séjour, fit presque entièrement reconstruire et décorer le château par les plus habiles artistes de l'Italie. Henri II, Charles IX et Henri III ont fait faire quelques constructions nouvelles; mais Henri IV les surpassa beaucoup; il y dépensa 2,440,850 liv. Louis XIII et Louis XIV l'imitèrent et mirent la dernière main à ce château magnifique. Sous le règne de Louis XV, on y exécuta aussi de grands travaux; Louis XVI y laissa quelques traces du sien; Napoléon y fit exécuter de notables embellissements, dont la dépense s'éleva à 6,242,000 fr. S. M. Louis-Philippe en a fait restaurer récemment toutes les peintures, ainsi que les appartements, qui ont été habités momentanément par la cour et par les nombreux conviés au mariage de S. A. R. le duc d'Orléans avec la princesse de Mecklembourg-Schwerin, dont l'union a été célébrée à Fontainebleau, le 30 mai 1837.

Le château de Fontainebleau est composé de six cours : la cour du Cheval-Blanc, la cour des Fontaines, la cour Ovale ou du Donjon, la cour ou jardin de l'Orangerie, la cour des Princes et la cour des Cuisines. Trois entrées principales y conduisent : l'entrée d'honneur, par la cour du Cheval-Blanc; la seconde par la cour des Cuisines; la troisième par l'allée de Maintenon, la Chaussée royale et la Porte-Dorée. Chaque cour est entièrement ou à peu près entourée de trois ou quatre corps de bâtiments. — La cour du Cheval-Blanc s'ouvre sur la place Ferrare; elle doit son nom à un cheval en plâtre, copie du cheval de Marc-Aurèle, moulé à Rome en 1560; elle est fermée par une belle grille de 104 mètres de longueur, construite en 1810. L'aile droite de cette cour fut commencée sous Louis XV et achevée sous Louis XVI. La façade qu'on voit au fond est ornée d'un superbe escalier en fer à cheval, placé à l'extérieur, dont les deux rampes s'élèvent à la hauteur d'une terrasse placée dans les appartements du premier étage. L'aile gauche fut bâtie sous François Ier; elle servait de logement aux ministres. Par la chaussée qui passe sous l'escalier, on se rend à la chapelle de la Trinité, remarquable par sa belle architecture. Le principal autel est décoré de quatre colonnes en marbre rare, avec des chapiteaux en bronze doré, de quatre anges aussi en bronze doré, et des statues en marbre blanc de saint Louis et de Charlemagne. — La cour des Fontaines, entourée de bâtiments de trois côtés, s'ouvre du côté du sud sur les jardins; elle est décorée d'un bassin dans lequel quatre mascarons versent de l'eau. — La cour Ovale est longue et peu large. Les bâtiments qui l'environnent sont plus anciens que ceux des autres cours; les deux tiers de ces bâtiments offrent un balcon extérieur que supportent 45 colonnes de grès. Dans l'intérieur sont la salle de bal, la bibliothèque, les appartements du roi et de la reine, les salles du trône, du conseil, etc. : on montre dans un salon une petite table en bois d'acajou, sur laquelle Napoléon signa en 1814 son abdication. C'est aussi par ces bâtiments qu'on arrive à la galerie de Diane, décorée par MM. Abel Pujol et Blondel. — Le jardin de l'Orangerie est aussi entouré de divers bâtiments, dans l'un desquels (la galerie des Cerfs) la reine Christine de Suède fit assassiner son grand écuyer Monaldeschi. Le jardin est dessiné en jardin paysager, et doit son nom à une belle statue de Diane, en bronze, placée au milieu d'un bassin. — La cour des Princes est la plus petite du château. C'est dans les bâtiments qui l'entourent que logeait la fameuse Christine de Suède. — La cour des Cuisines est vaste, régulière, et entourée de bâtiments construits sous le règne de Henri IV. — Le parc et les

N° 85. ROUTE DE PARIS A MARSEILLE. 479

jardins se divisent en plusieurs parties et répondent à la magnificence du château : un beau et vaste jardin, dessiné dans le genre pittoresque, orne la partie sud du parc, et s'étend le long de la façade extérieure de l'aile neuve de la cour du Cheval-Blanc; des eaux abondantes traversent et limitent ce jardin, et vont se perdre en passant sous un rocher dans la pièce appelée l'Étang. Le parterre, autrefois jardin du Roi ou du Tibre, est aujourd'hui riche d'ornements et de jets d'eau. Le parc doit ses principaux ornements à ses belles allées, à la superbe treille du roi, à une magnifique cascade qui alimente un beau canal de 585 toises de long sur 23 de large.

La ville de Fontainebleau possède deux beaux quartiers de cavalerie et plusieurs édifices et établissements remarquables. Les principaux sont : le Château d'eau, contenant un réservoir alimenté par une source dont les eaux sont distribuées dans les différentes fontaines et les bassins du château ; les hospices fondés par Anne d'Autriche et par madame de Montespan ; le collége ; les bains publics ; la bibliothèque publique, contenant 28,000 volumes. Au-devant de l'entrée méridionale de la ville, est un obélisque d'une hauteur considérable, érigé en 1786, à l'occasion du mariage de Louis XVI et de Marie-Antoinette. — PATRIE de Dancourt. — MANUFACTURES de porcelaine et de faïence. A 62 kil. (16 l.) de Meaux, 56 kil. (14 l. 1/2) de Paris. — HÔTELS : de la Ville-de-Lyon, de l'Europe, de la Sirène, du Cadran-Bleu.

VOITURES PUBLIQUES. Tous les jours 8 pour Paris, 4 pour Melun, 8 pour Nemours, 2 pour Montereau.

BUTS D'EXCURSIONS : dans la *forêt de Fontainebleau*. Cette forêt est peut-être l'une des plus intéressantes de la France par la multitude de sites pittoresques qu'elle renferme; sa surface est évaluée à près de 17,000 hectares ; elle est divisée en 176 triages et percée d'un grand nombre de routes. Tout cet espace présente de vastes plaines interrompues par des gorges dont les pentes offrent sur une multitude de points des roches de grès jetées pêle-mêle les unes sur les autres ; d'un côté d'arides sables, de l'autre des terrains où croissent des bois plus ou moins touffus, plus ou moins beaux, sur lesquels végètent d'immenses agarics. En sortant d'une vallée fertile, on se trouve dans un désert inhabitable. Partout le naturaliste trouve des plantes et des insectes en quantité et d'espèces différentes; le paysagiste peut venir y étudier la nature : des arbres et des rochers de toutes sortes de forme lui fourniront de quoi abondamment exercer ses pinceaux et ses crayons ; c'est là que Lantara, misérable vacher d'Achères, a puisé le goût et fait les premiers essais d'un art où il est parvenu à se faire un nom — On doit visiter aussi : le village d'*Avon*, dont l'église renferme le tombeau de Monaldeschi, assassiné par ordre de la reine de Suède, dont il était le favori ; et *Franchad*, objet d'un pèlerinage très-fréquenté le mardi de la Pentecôte ; le puits de ce village a plus de 68 mètres de profondeur.

OUVRAGES A CONSULTER, qui se trouvent à la librairie de Jacquin, à Fontainebleau.
Notice historique sur Fontainebleau, par Jamin, in-8°.
Description historique de Fontainebleau, par Guilbert, 2 vol. in-12, 1731.
Guide du voyageur à Fontainebleau, par Remard, in-12, 1820.

NEMOURS (*Seine-et-M.*). Jolie petite ville, à 16 kil. (4 l.) de Fontainebleau. 3,939 hab. Elle est généralement bien bâtie, percée de rues larges, spacieuses, et entourée par le canal du Loing, et par la rivière du même nom, sur laquelle est un beau pont, construit d'après les dessins du célèbre architecte Peyronnet. On y remarque un ancien château flanqué de quatre tours, devant lequel est une place assez vaste. Les bords du canal, ceux de Loing, et le vallon arrosé par cette rivière, offrent des promenades agréables.

BUSSIÈRE (la) (*Loiret*). Village remarquable par un joli château qui rappelle un donjon du quinzième siècle. Il est bâti au milieu d'une belle pièce d'eau qu'il faut traverser sur un pont-levis pour y arriver.

MONTARGIS, **BRIARE**. Voy. N° 105.

COSNE (*Nièvre*). Jolie petite ville. Sous-préf. Trib. de 1re inst. Soc. d'agr. Collége com. 5,987 hab. Cette ville est dans une situation agréable sur la rive droite de la Loire, au confluent du Nohain, petite rivière qui y met

en mouvement diverses usines', des coutelleries et des forges considérables d'ancres pour la marine. Elle est généralement bien bâtie, propre et bien percée. De la promenade située entre les forges et la Loire, on jouit d'une vue délicieuse sur le cours du fleuve qui serpente dans une belle vallée : vers l'ouest, on découvre les collines du Berri, et dans le lointain on aperçoit la ville de Sancerre, bâtie sur une colline élevée qui domine tous les environs.
—Entrepôt des fers provenant des forges environnantes. A 63 kil. (16 l. 1/4) de Nevers. — HÔTELS : du Commerce, du Grand-Cerf.

VOITURES PUBLIQUES. Pour Paris et Lyon. Marseille, Bourges par Sancerre, Clamecy, Auxerre par Donzy.

SANCERRE *(Cher)*. Petite ville très-ancienne. Sous-préf. Trib. de 1re inst. Soc. d'agr. Coll. com. ⊠ 3,032 hab. Cette ville est dans une situation pittoresque, sur une montagne dont les flancs sont couverts de vignes qui donnent d'assez bons vins. Elle est généralement mal bâtie, formée de rues mal percées, très-rapides et pour la plupart impraticables aux voitures. Toutefois la ville s'est beaucoup embellie depuis quelques années ; une belle promenade, qu'on nomme des Remparts, a remplacé ses anciennes fortifications ; elle renferme trois places principales, une fontaine, un collége, un hôpital et plusieurs édifices de construction gothique. De différents endroits de cette ville, notamment de l'esplanade et de la porte de César, on jouit d'une vue magnifique ; l'œil suit avec plaisir, au milieu d'une belle et fertile vallée, et dans un espace de quatorze lieues, le cours sinueux de la Loire, s'arrête un instant sur les nombreuses villes qui ornent ses bords, et après avoir erré sur l'horizon immense qui se développe devant lui, vient se reposer avec délices sur de charmants coteaux de vignes et sur les riants vallons du Sancerrois. — PATRIE du connétable Louis de Sancerre, du maréchal Macdonald, duc de Tarente.— FABRIQUES de bonneterie. — A 43 kil. (11 l.) de Bourges, 191 k. (49 l.) de Paris. — HÔTEL de l'Écu.

VOITURES PUBLIQUES. Tous les jours pour Bourges.

BUT D'EXCURSION. Près de Sancerre, on admire un énorme châtaignier, auquel on donne plus de neuf siècles d'existence.

OUVRAGES A CONSULTER. *Histoire mémorable du siége de Sancerre*, par Jean de Léry, in-8°, 1574.
Histoire de la ville de Sancerre, par Poupord, in-12, 1777.
Histoire de la ville de Sancerre, in-12, 1826.

POUILLY *(Nièvre)*. Jolie petite ville, bâtie dans une charmante situation, au pied de coteaux couverts de riches vignobles, sur la rive droite de la Loire. A 14 kil. (3 l. 1/2) de Cosne. ⊠ ⚭ 3,071 hab.

LA CHARITÉ. Voyez page 65.

POUGUES *(Nièvre)*. Joli bourg à 12 kil. (3 l.) de Nevers. ⊠ ⚭ 1,200 hab. Il est bâti dans une charmante vallée couverte de prairies et bordée de montagnes cultivées jusqu'à leurs sommets, qui offrent des points de vue agréables.

Dans une prairie à un kilomètre de ce bourg, à l'extrémité d'une promenade formée par de belles plantations, on trouve une source d'eau minérale gazeuse froide, dont la découverte remonte à une époque très-reculée. Les eaux de Pougues jaillissent dans deux réservoirs, dont le plus éloigné est abandonné pour l'usage des bestiaux, qui en préfèrent les eaux à toutes celles du voisinage. Le second, réservé pour l'usage des buveurs, offre un bassin en forme de puits, construit en pierre de taille et recouvert d'une table de fonte où l'on a pratiqué une ouverture d'environ un pied de diamètre, par où les eaux s'élèvent avec impétuosité. Cette source est entourée d'un joli jardin et d'une belle galerie dans laquelle les malades peuvent se promener. L'établissement offre en outre des promenades délicieuses : la route de la Charité à Nevers, qui traverse le bourg, s'élève insensiblement, à travers les vignes, jusqu'au sommet d'une colline d'où l'œil découvre un riche point de vue ; derrière soi on a le riant bassin de Pougues ; à l'est une échappée de vue se prolonge et va joindre la vallée de la Loire ; devant soi se développe cette immense vallée qu'embellissent mille nuances de verdure, et qu'argentent au loin les eaux brillantes du fleuve, auxquelles viennent se mêler celles de l'Allier, dont la surface ne s'aperçoit guère à cette distance que lorsqu'il est gonflé par les pluies. Pougues offre des auberges commodes et bien tenues ; on y trouve aussi un grand nombre d'habitations proprement meublées, où environ 150 étrangers peuvent trouver à se loger agréablement. L'air y est très-salubre.—Les eaux de Pougues se boivent depuis le commencement de mai jusqu'à la fin d'octobre. La propriété qu'elles ont de supporter le transport, lorsqu'on les renferme dans des bouteilles bien bouchées, fait qu'on les prend peu sur les lieux.—L'eau de Pougues a beaucoup d'analogie avec celles de Spa et de Seltz. Elle est essentiellement tonique et purgative, et convient dans toutes les maladies où il importe de rétablir les fonctions de l'estomac. On l'emploie avec succès dans les affections du foie et de la rate, les hydropisies, les jaunisses rebelles.

OUVRAGE A CONSULTER. *Observations sur les eaux minérales de Pougues*, par Raulin, in-12, 1769.

NEVERS. Grande et très-ancienne ville. Chef-lieu du département de la Nièvre. Trib. de 1re inst. et de comm. Ch. des manuf. Soc. d'agr., sciences et arts. Coll. comm. ⊠ ♋ 16,000 hab. — Nevers est une ancienne ville des Gaules, citée dans le septième livre des Commentaires de César sous le nom de *Noviodunum*. Cette ville est dans une belle situation, sur la rive droite de la Loire, au confluent de la Nièvre. Elle est bâtie en amphithéâtre sur le penchant d'une colline, et offre un bel aspect vue de la rive gauche de la Loire ; mais cette agréable position donne une pente rapide à ses rues, qui, dans la partie qui borde la rivière, sont en général étroites et mal percées. Dans la partie haute se trouvent le château et la cathédrale. L'entrée de la ville, par la route des Moulins, est fort belle ; du côté de Paris on y arrive par une belle porte en arc de triomphe, élevée à la gloire du vainqueur de Fontenoy, et l'on y traverse la Loire sur un beau pont. Les quais sont bordés de maisons étagées les unes au-dessus des autres et assez bien bâties.

L'ÉGLISE CATHÉDRALE date de diverses époques ; il y a deux chœurs : celui qui enferme l'autel de sainte Jutille est de la fin du douzième siècle ; la crypte qui est au-dessous est de la même époque, ainsi que les piliers ronds que l'on voit au bas de la nef. La nef est du treizième siècle ; le chœur et le grand autel du quatorzième : le portail septentrional est de 1290, et le portail méridional de 1491. La tour, de forme carrée, fut commencée en 1509, et achevée en 1528 ; elle est chargée de sculpture et de statues gothiques d'un bel effet. Les vitraux du chœur, fort endommagés par des restaurateurs ignorants, étaient remarquables par la richesse et la vivacité de leurs couleurs. Nevers a encore d'autres églises qui, comme la cathédrale, offrent de curieux détails d'architecture gothique. On cite principalement Saint-Étienne, belle église de la fin du douzième siècle : l'église Saint-Sauveru, dont le chœur s'élevait sur une crypte curieuse, est aujourd'hui détruite.

Le CHATEAU, dont la façade forme un des côtés de la principale place de la ville, parait avoir été bâti par les princes de la maison de Clèves. Le parc est devenu par acquisition une promenade publique.

On remarque encore à Nevers les restes de l'ancienne église de l'abbaye des Bénédictines, une magnifique salle du quatorzième siècle qui servait de réfectoire à ces religieuses, et les cloitres qui sont presque tous du style byzantin ; l'ancienne chapelle du collége des jésuites, aujourd'hui paroisse de Saint-Père, petit édifice d'un goût élégant, dont les peintures à fresque rappellent les jolis oratoires d'Italie ; le collége, fondé en 1525 ; la bibliothèque publique, contenant 8,500 volumes ; les casernes ; l'hôtel de la préfecture.—PATRIE de saint

21

Jérôme, du folliculaire Chaumette, d'Adam Billaut, menuisier et poëte; de Carpentier de Magny, de l'avocat général Simon Morion, etc., etc.—FABRIQUES de grosse draperie, boutons de métal, ouvrages en émail, cordes à violon, vinaigre, colle forte, etc. Nombreuses manufactures de faïence qui jouissent depuis plus de huit siècles d'une réputation justement acquise. — Fonderie royale composée de huit fours à réverbère et de douze bancs de forerie, et produisant annuellement 550,000 kil. ou 225 canons de fonte, et 50,000 kil. de mouleries diverses.—COMMERCE de bois de construction, charbon de bois, fer, acier, chaînes de fer, enclumes, étaux, porcelaine, faïence renommée, émail, caisses à eau pour la marine, vins, sels, cuirs, etc. A 55 kil. (14 l.) de Moulins, 62 kil. (16 l.) de Bourges, 226 kil. (58 l.) de Paris. —HÔTELS : de France, de l'Image-Saint-Louis, du Lion-d'Or, de l'Europe, du Poids-de-la-Ville, de Nièvre.

VOITURES PUBLIQUES. Tous les jours, de Paris à Clermont, Lyon, Marseille; tous les jours voitures pour Decize, Clamecy, Château-Chinon, Autun, la Charité.

BATEAUX A VAPEUR. Service des Inexplosibles de Nevers à Orléans et retour, et de Nevers à Moulins.

OUVRAGES A CONSULTER, qui se trouvent à la librairie de Duclos et Foy, à Nevers.

Histoire du pays et duché de Nivernois, par Guy Coquille, in-4°, 1612.
Recherches sur la ville de Nevers, par Ste-Marie, in-8°, 1810.
Mémoires pour servir à l'histoire civile, politique, etc., de la Nièvre, par J. Née de la Rochelle, 3 vol. in-8°, 1827.
Mémoires pour servir à l'histoire du Nivernois et du Donziois, par J. Née de la Rochelle, in-12, 1747.
Histoire abrégée de la province du Nivernois, par Parmentier, t. 1er (unique) in-4°, 1764.

PIERRE-LE-MOUTIER (SAINT-) (*Nièvre*). Petite ville à 29 kil. (7 l. 1/2) de Nevers. ✉ ⚞ 2,110 hab. Elle est bâtie sur un étang considérable et très-poissonneux. — COMMERCE de bois, briques, chandelles, etc.

MOULINS. Voyez page 306.

BRIANON (*Loire*). Village à 14 kil. (3 l. 1/2) de Roanne. 500 hab. On remarquait autrefois sur le territoire de ce village l'abbaye de Bénissons-Dieu, de l'ordre de Clairvaux, fondée par saint Bernard en 1138, dans un petit vallon arrosé par la Saône. L'église de Bénissons-Dieu, d'architecture gothique, est belle, vaste, et bien conservée; on y admire surtout une chapelle dont les murs sont revêtus des plus beaux marbres d'Italie. Le portail est flanqué de deux tours surmontées de deux flèches d'une forme élégante, et d'une grande élévation.

AMBIERLE (*Loire*). Bourg situé à 20 kil. (5 l.) de Roanne. 1,700 hab. Il possédait anciennement une abbaye convertie en prieuré en 938. L'église est vaste, d'une assez belle architecture gothique, et renferme le tombeau des seigneurs de Pierrefitte.

HAOND-LE-CHATEL (SAINT-) (*Loire*). Petite ville située à 11 kil. (2 l. 3/4) de Beaune. 600 hab. On remarque sur le territoire de cette commune le château de Boisy, l'une des forteresses les plus formidables du Forez, et construite sous le règne de Charles V : trois voitures pourraient marcher de front sur la terrasse du rempart extérieur. Sous le règne de Charles VII le château de Boisy devint la propriété du célèbre Jacques Cœur, qui avait fait placer sur une des portes extérieures l'inscription suivante :

𝔍𝔞𝔠𝔮𝔲𝔢𝔰 ℭœ𝔲𝔯 𝔣𝔞𝔦𝔱 𝔠𝔢 𝔮𝔲'𝔦𝔩 𝔳𝔢𝔲𝔱,
𝔈𝔱 𝔩𝔢 𝔯𝔬𝔦 𝔠𝔢 𝔮𝔲'𝔦𝔩 𝔭𝔢𝔲𝔱.

C'est dans ce château que naquit l'amiral Bonnivet, tué à la bataille de Pavie.

ROANNE. Voyez N° 92.

HÔTEL DE VILLE
Façade de la Comédie

N° 85. ROUTE DE PARIS A MARSEILLE.

GALMIER (SAINT-) (*Loire*). Petite et ancienne ville, à 16 kil. (4 l.) de Montbrison. 2,652 hab. Saint-Galmier occupe l'emplacement désigné, dans la carte de Peutinger, sous le nom d'*Aquæsegestæ*, qu'elle devait sans doute à une source d'eau minérale située à l'extrémité d'un de ses faubourgs. L'eau de cette source, connue dans le pays sous le nom de Pontfort, sourd dans un puits d'environ vingt pieds de profondeur, et se jette à quelques pas de là dans la petite rivière de Coize, où il se forme un bouillonnement très-marqué. L'usage de cette eau est très-salutaire dans les affections glaireuses et graveleuses des reins et de la vessie, et dans les maladies catarrhales chroniques.

SAINT-ÉTIENNE. Voyez page 462.

SAINT-CHAMOND. Voyez page 462.

ALBON (*Drôme*). Bourg formé de plusieurs villages et hameaux, situé à 40 kil. (10 l. 1/4) de Valence. 2,000 hab. Il est bâti près de la rive gauche du Rhône, et dominé par les ruines d'un antique château fort où se retirèrent les comtes de Grésivaudan, quand les Sarrasins s'emparèrent de Grenoble, en 730. Il reste encore une tour de cette forteresse, d'où l'on jouit d'une fort belle vue sur le cours du Rhône, avant Saint-Vallier.

VALLIER (SAINT-) (*Drôme*). Petite ville à 31 kil. (8 l.) de Valence. ⊠ ⚭ 2,500 hab. On présume qu'elle occupe la [place d'*Usoli*, mentionné dans la carte de Peutinger. On y remarque un château de forme gothique, dont la façade, embellie d'une architecture moderne et de peintures à fresque, offre un bel effet de perspective, vu de la grande route. Les sites de Saint-Vallier sont riants et pittoresques; des prairies arrosées, de jolis coteaux chargés de vignes, des vergers, des haies d'aubépine d'une hauteur peu commune, y reposent agréablement la vue. — HÔTEL du Grand-Sauvage.

BUTS D'EXCURSIONS. A une demi-lieue vers l'est, dans la gorge étroite et sauvage de la Galaure, sont les ruines du *château de Saint-Barthélemy de Vals*, et le curieux escarpement de *Roche-Taillée; c'est un roc qu'on a ouvert à pic, du haut en bas, pour le passage d'un chemin, dont l'importance actuelle n'est pas en proportion avec une aussi grande entreprise. Sur un roc isolé, presque inaccessible, et pour ainsi dire entouré par la rivière, sont les ruines du château gothique des anciens dauphins de Viennois.

TOURNON, SAINT-PERAY, VALENCE. Voyez pages 458 et 459.

MONTELÉGER (*Drôme*). Village situé sur le penchant d'un coteau, dans un territoire bien cultivé, à 12 kil. (3 l.) de Valence. 700 hab. Il est dominé par un château flanqué de tours, dont les protestants s'emparèrent en 1575, et qui fut repris peu de temps après par le marquis de Gordes.

CHABEUIL (*Drôme*). Petite et ancienne ville, située à 12 kil. (3 l.) de Valence. Collége comm. 4,500 hab. Selon d'Anville, Chabeuil est le *Cerebelliaca* mentionné dans les itinéraires, entre Aoste et Valence. C'est une ville assez mal bâtie, sur la rive gauche de la Veoure, et dominée par les ruines de l'ancien château, dont la tour subsiste encore.

ÉTOILE (*Drôme*). Bourg à 13 kil. (3 l. 1/4) de Valence. 2,900 hab. Il est bâti sur le penchant d'un coteau et entouré de murailles en partie démolies.

BUTS D'EXCURSIONS. De la *Maison des Trois-Croix*, dépendance de cette commune, on jouit d'une vue magnifique. Au hameau de la *Paillasse*, on voit une belle colonne milliaire, posée en 147, sous le règne d'Antonin le Pieux.

CREST (*Drôme*). Ville très-commerçante, située à 38 kil. (9 l. 3/4) de Die. Ch. des manuf. ⊠ 4,901 hab. Cette ville est bâtie dans une position pittoresque au pied d'un rocher, sur la rive droite de la Drôme. Elle est dominée par les restes d'un ancien château qui défendait le passage de la Drôme, et faisait de Crest une des plus fortes places du Valentinois; il en reste encore une tour, parfaitement conservée, curieuse par sa forme, son élévation, sa solidité et la hardiesse de sa construction. — PATRIE du général Digonnet, qui contribua avec Hoche à la pacification de la Vendée. — FABRIQUES de draps, erges, couvertures de laine, mouchoirs, etc.

PRIVAS. Ville ancienne, chef-lieu du département de l'Ardèche. Trib. de

1re inst. Société d'agr. Coll. comm. ⌧ ⚭ 4,342 hab. — Cette ville est dans une situation agréable, sur une colline qui domine le vallon de l'Ouvèze, à la jonction de trois petites rivières. Elle possède un hôtel de préfecture, auquel est joint un beau parc dessiné dans le genre paysager; un palais de justice nouvellement construit; une petite bibliothèque publique contenant 2,000 volumes; des prisons remarquables par leur belle situation et par leur bonne distribution; un hospice; un bureau de bienfaisance; un collège, qui compte environ deux cents élèves, etc., etc. — FABRIQUES de couvertures, étoffes de laine, soies ouvrées, organsins, trames. Distilleries d'eau-de-vie. — COMMERCE de soie, bestiaux de toute espèce, cuirs, houille, etc. —A 35 kil. (9 l.) de Valence, 610 kil. (156 l. 1/2) de Paris. — HÔTELS : du Nord, de la Croix-d'Or, du Lion-d'Or.

VOITURES PUBLIQUES. Tous les jours pour Paris, Lyon, Moulins.
OUVRAGES A CONSULTER, qui se trouvent à la librairie de Guirnaud, à Privas.
Notice historique sur le département de l'Ardèche, par Delichères.
Recherches sur les volcans éteints du Vivarais et du Velay, par Faujas de St-Fond, in-fol., 1778.
Annuaires historiques et statistiques de l'Ardèche, in-8°, 1830; in-12, 1839.

ANTRAIGUES (*Ardèche*). Bourg à 34 kil. (8 l. 3/4) de Privas. 1,974 hab. Ce bourg est bâti dans une situation très-pittoresque, sur le sommet d'une masse énorme de laves, à l'entrée d'une belle vallée qui se divise en trois vallons de l'aspect le plus riche et le plus majestueux. Antraigues les domine; ses maisons et sa tour antique s'étendent sur le mont élevé dont les eaux de trois torrents ont profondément miné la base; de tous côtés la vue est bornée par des forêts de châtaigniers surmontées de pics sourcilleux. Çà et là des colonnades de basalte à demi cachées sous le lierre, des cavernes creusées en cintres réguliers dans leurs flancs, des chutes d'eau tumultueuses, des ponts hardis diversifient cette retraite, triste séjour des neiges pendant l'hiver, mais ravissante quand elle est animée par la teinte chaude de juillet, et fécondée par sa douce température. Pour mieux juger de cet aspect enchanteur, il faut s'élever sur les sommités qui le dominent, en se dirigeant du côté de Genestelle. On doit visiter aux environs d'Antraigues la Coupe-d'Aisac, montagne volcanique qui offre le cratère le plus curieux, le mieux caractérisé et le plus remarquable de tout le département de l'Ardèche.

ROCHEMAURE (*Ardèche*). Bourg situé sur la rive droite du Rhône, à 23 kil. (6 l.) de Privas. 1,300 hab. Ce bourg est bâti en amphithéâtre sur le flanc d'une montagne volcanique, au pied de trois rochers de basalte, dont celui du milieu, taillé à pic et de 300 pieds d'élévation, est couronné par les restes d'un ancien château fort : les ruines de ce château et le rocher sur lequel il est élevé offrent un site très-pittoresque. Dans le bourg on remarque une butte considérable de basalte, sur la sommité de laquelle on voit encore les débris d'une espèce de fort; on passe tout auprès, par un chemin rapide et escarpé, pour monter à l'ancien château, situé sur la montagne supérieure. Ce château devait être immense : il est fortifié par des masses escarpées de basalte, par des murs fort élevés et d'une épaisseur considérable ; on y entre par plusieurs grandes avant-cours ; mais tout n'est que ruines, confusion, et ne présente que de vastes appartements renversés ou découverts, dont quelques-uns offrent des restes d'anciennes peintures à fresque qui ont conservé tout leur éclat. Lorsqu'on parvient à la dernière tour, on est frappé du spectacle qu'elle présente; c'est une butte basaltique prodigieusement élevée, qui étonne par son isolement sur ce plateau volcanique. Ce donjon inaccessible, placé comme dernier retranchement sur la sommité de la butte, présidait sans doute à la conservation du château; on y monte par un escalier de quatre-vingts marches, très-adroitement pratiqué dans une fissure de la lave. Parvenu au plus haut de la tour où il est impossible de monter, on est saisi d'étonnement et d'une espèce d'horreur de se trouver sur un mont isolé, d'une élévation si prodigieuse, taillé à pic, et escarpé de toutes parts : la partie qui fait face au Rhône est absolument inaccessible, et a plus de 60 pieds d'élévation ; du côté du sud, l'œil plonge dans un ravin volcanique escarpé, d'une largeur et d'une profondeur considérables ; on y découvre des chutes et des courants d'anciennes laves qui descendent par ondulation jusque dans la plaine ; un torrent d'eau coule avec fracas là où était jadis une rivière de feu, et y forme une cascade bruyante. Du côté de l'ouest on aperçoit une profonde déchirure, espèce d'abime d'autant plus effrayant que la terre est ici d'une couleur noire et brûlée, et qu'on ne peut pas douter que ce ne soit une ancienne bouche à feu. On doit visiter aussi, à peu de distance de Rochemaure, l'ancien volcan de Chenevari, dont l'aspect est des plus singuliers.

VALS (*Ardèche*). Bourg bâti dans un vallon charmant, entouré de montagnes fertiles, sur le torrent de la Volane, à 28 kil. (7 l. 1/4) de Privas. 2,360 h. La situation de ce bourg est on ne peut plus pittoresque. Le torrent de la Volane y forme de charmantes cascades dont la blancheur des eaux contraste singulièrement avec les roches volcaniques qui lui servent de digue. Au PONT DE BRIDON commence la plus belle suite de chaussée des prismes basaltiques qui existe dans tout le Vivarais.

EAUX MINÉRALES DE VALS. Vals possède des sources d'eaux minérales acidules ferrugineuses froides, très-fréquentées, qui sourdent à peu de distance du bourg ; elles sont au nombre de six : 1° la Madeleine ; 2° la Marie ; 3° la Marquise ; 4° la Dominique ; 5° la Saint-Jean ; 6° la Camuse. La Dominique est celle qui parait être la plus fréquentée. — On prend les eaux de Vals sur les lieux, depuis le commencement de juin jusqu'à la fin de septembre. Les environs offrent des promenades très-agréables, et le pays produit en abondance tout ce qui est nécessaire aux besoins de la vie. — Les eaux de Vals s'emploient en boisson, à la dose de deux ou trois verres, jusqu'à douze ou quinze. Elles conviennent dans la débilité de l'estomac, les engorgements des viscères abdominaux, la jaunisse, etc.

AUBENAS (*Ardèche*). Ville ancienne. Trib. de comm. Collége comm. ✉ 4,719 hab. Cette ville est située au milieu d'un magnifique bassin, entouré par les volcans du Vivarais, sur une colline qui domine le cours de l'Ardèche, dans un territoire couvert de vignes, de mûriers, d'oliviers, et d'une multitude d'arbres fruitiers. Elle est assez bien bâtie, et communique avec Vals par une route charmante d'une heure de marche, qu'on peut comparer à l'avenue d'un vaste jardin paysager. On y remarque les restes assez bien conservés de son antique château, aujourd'hui propriété communale et le siége de presque tous les établissements publics : l'hospice et le collége méritent aussi de fixer l'attention. — MANUFACTURES de draps, de mouchoirs de soie ouvrée. Filatures de soie blanche. Papeteries. Grand commerce et dépôt de soies de la partie méridionale de l'Ardèche et de quelques parties du département du Gard. — A 24 kil. (6 l. 1/2) de Privas.

MONTÉLIMART (*Drôme*). Jolie ville. Sous-préf. Trib. de 1re inst. Collége comm. ✉ ☞ 7,560 hab. Montélimart parait remonter à une haute antiquité : tout porte à croire que c'est l'*Acusio colonia* que les anciens géographes placent dans ces localités, sans précisément en déterminer la situation. L'ancien château, qui domine la ville et porte le nom de citadelle, est un monument d'une haute antiquité assez bien conservé, qui cependant n'offre aucun détail intéressant sous le rapport de l'art. Cette ville est remarquable par sa belle situation au milieu d'un riant paysage, sur le penchant d'une colline couverte de vignes, au confluent du Roubion et du Jabron, dont il se détache plusieurs canaux qui font mouvoir quelques fabriques, fertilisent la campagne environnante, et vont mêler leurs eaux paisibles aux flots majestueux du Rhône : le système d'irrigation des prairies, alimenté par ces canaux, est surtout digne d'attention. — Montélimart est une ville généralement bien bâtie, entourée de murailles, le long desquelles règne, en dedans et en dehors, une double allée qui permet d'en faire le tour en voiture ; elle est percée de quatre portes qui correspondent aux quatre points cardinaux. La grande rue, où passe la route, est pavée en basalte ; elle traverse le quartier le plus commerçant, le plus agréable et le mieux bâti. Sur le Roubion et le Jabron réunis, à la porte méridionale, est un beau port en pierre, rendu célèbre en 1815 par le combat qu'y soutinrent les troupes commandées par le duc d'Angoulême. Dans le quartier de Boudonneau existe une source d'eau minérale gazeuse assez abondante, dont les propriétés curatives sont attestées par une longue expérience. — FABRIQUES de soie ouvrée, ouvrages de vannerie, bonneterie, etc. — Centre et point de réunion de quarante ou cinquante villages qui y portent leurs denrées et les produits de leur industrie. — A 47 kil. (12 l.) de Valence, 27 kil. (7 l.) de Privas, 618 kil. (158 l. 1/2) de Paris. — HÔTELS : des Princes, du Palais-Royal, du Lion-d'Or.

VOITURES PUBLIQUES correspondant tous les jours avec Lyon, Marseille et Nîmes, Valence, Nyons, Dieu-le-Fit, Aubenas.

DIEU-LE-FIT (*Drôme*). Petite ville située dans un vallon resserré entre deux montagnes, à 28 kil. (7 l. 1/4) de Montélimart. ⌧ 3,952 hab. Cette ville possède deux sources d'eaux minérales acidules, que l'on emploie avec succès dans diverses maladies. On y voit un temple protestant de construction moderne, remarquable par son élégante simplicité. — MANUFACTURES de draps renommés. Filatures de laine, de coton et de soie. — A une petite lieue N.-E. de la ville, on voit une grotte curieuse, connue sous le nom de Tom-Jones, dans l'intérieur de laquelle se trouve une vaste salle carrée, recouverte d'une voûte majestueuse, dont les murs sont tapissés de stalactites de toute beauté.

VILLENEUVE-DE-BERG (*Ardèche*). Petite ville à 25 kil. (6 l. 1/2) de Privas. ⌧ 2,540 hab. C'est la patrie du célèbre Olivier de Serres, auteur du Théâtre d'agriculture ; de Jean de Serres, son frère, historiographe de France ; de Court de Gebelin, auteur du Monde primitif comparé. — On voit sur la place publique un obélisque érigé à la mémoire d'Olivier de Serres. — Éducation des vers à soie. Culture du mûrier.

VIVIERS (*Ardèche*). Petite ville située entre des rochers, sur la rive droite du Rhône, à 34 kil. (8 l. 3/4) de Privas. Évêché. ⌧ 2,550 hab. L'enceinte de Viviers est très-circonscrite ; comme toutes les villes anciennes, elle est mal bâtie, formée de rues étroites et mal percées. On y remarque la cathédrale, bâtie sur le sommet d'un rocher qui domine les environs : le chœur et le clocher sont de construction gothique ; la nef est moderne. L'évêché est un des plus beaux de France, par ses bâtiments, sa position et les jardins qui l'environnent.

BAUME (la) (*Ardèche*). Village à 11 kil. (2 l. 3/4) de l'Argentière. 800 hab. On remarque aux environs la chaussée du Pont de Baume, situé sur les bords de l'Ardèche : le pavé est un des plus curieux qui existent, tant par la configuration des prismes, par leur disposition et leur arrangement, que par la grandeur et l'ensemble de cette belle masse. On admire surtout une belle grotte volcanique, qui imite parfaitement un ouvrage de l'art.

ARGENTIÈRE (l') (*Ardèche*). Petite ville. Sous-préf. Trib. de 1re instance. Soc. d'agr. ⌧ 2,919 hab. Cette ville est située dans une vallée pittoresque, resserrée entre de hautes montagnes, sur le torrent de Ligne. L'église paroissiale, de construction gothique, est remarquable par son élégance et par sa légèreté : les trois nefs sont soutenues par des piliers d'une élévation hardie ; mais la voûte du chœur, la plupart des chapelles et le clocher sont beaucoup plus modernes que le reste de l'édifice. — On remarque à l'Argentière une grotte composée de plusieurs salles, dont l'entrée n'est pas très-accessible. — — FABRIQUES de soie ouvrée. Filatures de soie, etc. — A 41 kil. (10 l. 1/2) de Privas.

N° 85. ROUTE DE PARIS A MARSEILLE.

VOITURES PUBLIQUES. Tous les jours pour Aubenas, l'Argentière.

GRIGNAN (*Drôme*). Petite ville à 26 kil. (6 l. 3/4) de Montélimart. 2,025 h. Elle possédait un des plus beaux châteaux de la province, en partie démoli à l'époque de la première révolution, mais dont il reste encore d'importantes ruines. Cette ville est située sur le revers d'un coteau escarpé ; à l'exception du quartier qu'on nomme le faubourg, elle est mal bâtie, et en grande partie formée de rues d'un accès difficile.

NYONS (*Drôme*). Ville très-ancienne. Sous-préf. Trib. de 1re instance. ⊠ 3,397 hab. Nyons est une des cités principales des Voconces, dont l'origine se perd dans la nuit des siècles ; il en est fait mention dans la géographie de Ptolémée, sous le nom de *Neomagus*. Cette ville est dans une situation pittoresque, sur la rivière de l'Eygues, que l'on traverse sur un pont remarquable, au débouché d'une vallée délicieuse, qui présente, dans la belle saison, le spectacle d'un immense jardin arrosé par de nombreux canaux. Deux chaînes de montagnes servent comme d'amphithéâtre à cette plaine et l'enveloppent de deux rideaux couverts d'oliviers entremêlés de vignes et de mûriers : on y trouve une source d'eau minérale ferrugineuse. La ville est entourée de murailles flanquées de tours et généralement mal bâtie : on y entre par quatre portes. Elle est divisée en trois quartiers, selon ses différents accroissements, renfermant chacun une fontaine remarquable par l'abondance et la limpidité de ses eaux, et ne communique avec les autres que par de fausses portes renfermées dans la ville : le premier quartier est appelé les Forts ; le second (formant la ville actuelle proprement dite) est celui des Halles, nom qu'il tire d'un vaste carré de galeries, qui s'ouvrent de chaque côté par dix ou douze arcs, et sont, en tout temps, un lieu fort agréable de réunion et de promenade ; le troisième quartier est celui du Bourg, qui s'étend depuis la tour du clocher jusqu'au pont construit sur l'Eygues, à l'entrée de la gorge de Pilles. Ce pont, d'une hardiesse noble et frappante, consiste en une seule arche en pierre de taille, de 39 m. de large, et de 19 m. 50 c. de hauteur sous clef : au sommet de son cintre s'élève une petite tour carrée percée d'une porte ; la culée de gauche est aussi percée d'une porte par où passe le chemin de Mirabel. — FABRIQUES de savon, étoffes de laine. Éducation des vers à soie.—A 659 k. (169 l.) de Paris.

PAUL-TROIS-CHATEAUX (SAINT-) (*Drôme*). Ville ancienne, située au bas d'une colline, à 23 kil. (6 l.) de Montélimart. 1,700 h. Peu de villes en France peuvent revendiquer une plus haute antiquité. Avant la domination romaine, c'était la capitale des Tricastins. Elle offre encore plusieurs vestiges de sa grandeur passée. Au nord et sous les murs de l'ancien évêché, sont les débris d'un monument qu'on croit avoir été un amphithéâtre. Dans le quartier appelé Saint-Jean, on voit une portion de muraille qui porte des colonnes d'un goût exquis, et dans les caves des maisons environnantes existent des restes de mosaïques, des bas-reliefs et autres sculptures antiques. On y entrait autrefois par trois portes, dont la seule qui existe porte le nom de Fan-Jou, qu'on explique par *Fanum Jovis*, d'un temple de Jupiter qui se trouvait dans le voisinage. — Les montagnes des environs renferment des fossiles curieux et une source d'eau minérale.

OUVRAGES A CONSULTER. *Voyage à la Grande-Chartreuse et à la Trappe d'Aigue-Belle, suivi d'une Notice sur les pétrifications de St-Paul-Trois-Châteaux*, par Guérin. — *Histoire de l'église de Saint-Paul-Trois-Châteaux*, par Roger de Ste-Marthe, in-4°, 1710.

RUOMS (*Ardèche*). Village bâti sur la rive gauche de l'Ardèche, dans une situation pittoresque, à 11 kil. (2 l. 3/4) de l'Argentière. Les environs de Ruoms présentent un assemblage de rochers et de pics qui sont dans le désordre le plus singulier. De tous côtés on ne voit que des masses énormes brisées et isolées les unes des autres : on admire encore davantage les espèces d'auges creusées avec beaucoup de régularité dans le rocher qui porte toutes ces masses. Mais ce qui est encore plus singulier, ce sont les rochers cubiques du même canton : ici la régularité et l'ordre succèdent à la confusion qu'on remarque ailleurs : de toutes parts on voit des blocs de marbre s'élever au-dessus du sol ; ils ont quatre et quelquefois cinq faces, et pour fondement un grand rocher avec lequel ils ne font qu'un même corps. On voit des cubes d'une hauteur de vingt à trente pieds, d'autres de quatre à cinq ; il y en a qui ont 6 m. 50 c. de diamètre. La vue générale de tous ces cubes, et le contraste entre leur masse régulière et toutes les irrégularités des objets voisins, offrent le tableau frappant d'une ville ruinée, incendiée, ou renversée par des tremblements de terre : ce ne sont cependant que les ruines de la nature.

BOURG-SAINT-ANDÉOL (*Ardèche*). Petite ville très-ancienne et fort agréable, située sur la rive droite du Rhône, qu'on y passe sur un pont suspendu. A 49 kil. (12 l. 1/2) de Privas. 4,268 hab. A cent pas de la ville, près de la fontaine de Tournes, est une grotte curieuse, taillée dans le roc vif, située entre deux gouffres profonds. Cette grotte offre un des monuments gaulois les plus remarquables ; c'est un temple au dieu Mithras, où l'on voit encore un autel où sont sculptées plusieurs figures en bas-relief, représentant un jeune homme vêtu d'une draperie légère, et dont la tête est couverte d'un bonnet que les Perses appelaient tiare ; il saisit de ses mains un taureau qu'il s'efforce de dompter, et auquel il a déjà fait plier les deux jarrets de devant. Un chien s'élance et se dresse sur le cou du taureau, entre les pieds duquel on voit un scorpion, et au-dessous un grand serpent qui rampe. Au-dessus, et à droite de la figure du jeune homme, est une tête entourée de neuf rayons, représentant le soleil ; à gauche est une autre tête déformée par le temps, mais à laquelle on distingue encore de grandes cornes, que l'on croit être l'image de la lune. Au bas de l'autel est une espèce de cartouche où l'on voit bien qu'il y avait une inscription, mais dont il reste peu de caractères distincts. — FABRIQUES et filatures de soie.— HÔTELS : de France, du Luxembourg.

VALLON (*Ardèche*). Petite ville située dans un territoire fertile en vins et abondant en mûriers, noyers et autres arbres fruitiers, à 3 kil. (3/4 de l.) de l'Argentière. 2,450 hab. Aux environs de Vallon, la rivière de l'Ardèche offre plusieurs curiosités naturelles qu'on ne se lasse point d'admirer. Cette rivière est formée par trente-six ruisseaux qui se réunissent dans le bas-fond du Vivarais : un grand nombre de ces ruisseaux, en se précipitant en cascades des pics supérieurs des montagnes, offrent de tous côtés des vues pittoresques : mais elles cèdent toutes en beauté à celle que présente l'Ardèche à l'endroit où ses eaux descendent d'une pente presque perpendiculaire, non loin d'une cascade qui se jette du haut d'une roche basaltique (le *Ray-Pic*) élevée de vingt toises au-dessus du bassin creusé par la chute. On peut faire le tour de ce bassin et passer sans crainte entre la roche et l'énorme colonne d'eau qui s'engouffre avec fracas dans ce précipice. Lorsque l'hiver est rigoureux, l'eau de ce bassin se gèle ; alors on voit même la colonne d'eau former une masse de glace qui s'élève, à mesure que le froid augmente, jusqu'au haut de la roche d'où l'eau se précipite. Au-dessous de cette cataracte s'élève sur l'Ardèche un pont naturel appelé le Pont-d'Arc : deux hautes montagnes, coupées à pic, resserrent à droite et à gauche la rivière, et se rejoignent en forme de voûte, présentant ainsi le spectacle d'un pont naturel de marbre grisâtre, qui domine les eaux presque de la hauteur de deux cents pieds. L'arche de ce pont est la plus hardie peut-être qui existe en France ; elle est haute de quatre-vingt-dix pieds, depuis la clef jusqu'au niveau moyen de la rivière. Sa largeur, prise d'une pile à l'autre, est de cent soixante-trois pieds. — On remarque auprès de ce pont quelques cavernes remplies de stalactites et de coquillages, qui ont servi de retraite aux religionnaires pendant les guerres civiles, et ont été le théâtre de cruautés inouïes.

Parmi les grottes du Vivarais, celle de Vallon mérite une attention parti-

N° 85. ROUTE DE PARIS A MARSEILLE.

culière, à cause des variétés des stalactites et d'un grand nombre de singularités qu'elle présente. Le gouffre de la Goule offre aussi une curiosité fort remarquable. Il est situé dans une vallée des montagnes d'Usège, et présente, ainsi que ses environs, tous les caractères d'une nature sauvage. Les montagnes qui forment le bassin de la Goule ont 31 kil. (huit lieues) de tour; la plus élevée d'entre elles l'est d'environ 100 mètres au-dessus du gouffre dans lequel se précipitent les eaux, et elle domine d'environ 240 mètres le niveau de l'Ardèche. Le fond de ce bassin est une petite plaine arrosée de sept ruisseaux, dont les eaux, réunies dans un petit entonnoir, tombent en cataracte dans le précipice de la Goule, qui est de figure ovale : une seconde cataracte souterraine succède à la première, et une troisième à la seconde, jusqu'à ce qu'on perde les eaux de vue; l'on n'entend plus alors qu'un bruit sourd qui annonce des cataractes plus profondes encore.

VAISON (*Vaucluse*). Ville ancienne, située sur un rocher escarpé, près de l'Ouvèze, à 24 k. (6 l. 1/4) d'Orange. 2,562 h. Cette ville est bâtie à quelque distance de l'emplacement de l'antique *Vaisio*. Parmi les nombreuses antiquités qu'offre son territoire, on distingue un pont d'une seule arche jeté sur l'Ouvèze, appuyé des deux côtés sur le roc vif, et ayant au moins 19 m. 50 c. d'ouverture sur 10 m. de largeur; il est composé de quartiers de pierres d'une grosseur énorme, et paraît, par sa solidité, défier plus de siècles encore qu'il n'en a déjà vu. On remarque encore sur l'Ouvèze les débris d'un quai superbe, qui avait 900 pieds de long, avec des égouts d'une largeur et d'une profondeur étonnante; les ruines d'un cirque où l'on arrivait par un chemin de 90 pieds de long, creusé dans le roc; les fragments d'un temple de Diane ; les vestiges d'un aqueduc, etc.

OUVRAGE A CONSULTER. *Histoire de l'église cathédrale de Vaison*, par Boyer, in-4°, 1731.

MOLLANS (*Drôme*). Bourg à 20 kil. (5 l.) de Nyons. 1,200 h. Ce bourg est bâti dans une position pittoresque, sur un roc taillé à pic, au milieu d'une gorge fortifiée naturellement, sur l'Ouvèze, qu'on y traverse sur un beau pont décoré d'une magnifique fontaine qui sert d'avenue à la porte principale.—Au milieu d'un vallon, formé par la montagne du Chatelard et par celle de Soutein, on trouve une source d'eau minérale sulfureuse, dont on fait usage avec un grand succès dans diverses maladies, principalement dans celles de la peau et de la poitrine. — Aux environs, du côté de Malaucène, on remarque une grotte d'une étendue considérable, terminée par un petit lac dont on ne peut mesurer la profondeur, où les habitants de Mollans vont faire de fréquentes parties de plaisir; la voûte est irrégulière, fort élevée, et ornée de cristallisations.

MORNAS (*Vaucluse*). Petite ville à 12 kil. (3 l.) d'Orange. ☞ 1,050 h. Elle est bâtie près de la rive gauche du Rhône, entourée de murailles, et dominée par les ruines d'un château fort, d'où le féroce baron des Adrets forçait les catholiques qu'il avait faits prisonniers à se précipiter sur les piques de ses soldats.

ORANGE (*Vaucluse*). Très-ancienne ville. Sous-préfect. Trib. de 1re inst. Soc. d'agr. Collége comm. ☒ ☞ 9,123 hab. Au rapport de Ptolémée, qui l'appelle *Aurosio Cavarum*, Orange fut une des quatre villes du peuple cavare. Les Romains l'ont conservée pendant plusieurs siècles, et elle est célèbre par les monuments dont elle conserve les restes. Cette ville est située dans une plaine magnifique, arrosée par l'Aigues et par une multitude de petites rivières. Elle est généralement bien bâtie, et ornée de belles fontaines publiques dont les eaux sont excellentes ; mais les rues en sont étroites et mal percées.— A quatre cents pas d'Orange, sur la route de Lyon à Marseille, on trouve un bel arc de triomphe presque entier, érigé en mémoire de la victoire de Marius et de Catule sur les Cimbres. Il a 21m 49c de largeur, 19m 49c de haut, et est percé de trois arcades : celle du milieu, destinée au passage des voitures,

21.

est plus grande que les autres. A chaque côté des arcades, sont des colonnes corinthiennes cannelées; celles du milieu supportent un fronton triangulaire, au-dessus duquel est un attique couronné d'une belle corniche. Il n'y a pas à Rome même d'arc de triomphe aussi beau et aussi magnifique.—On remarque encore à Orange les ruines d'un théâtre romain, bâti en demi-cercle et adossé à une colline dont la pente portait les gradins. Cette partie de l'édifice et tout l'intérieur, qui étaient horriblement dégradés et parsemés de maisons construites avec ses débris, ont été réparés depuis peu et entièrement débarrassés de toutes constructions étrangères au monument. La partie rectiligne, ou la façade, se déploie sur une place de même longueur, mais de moitié moins large. C'est un mur immense de 40 mètres de hauteur, de 80 mètres de longueur et de 4 mètres d'épaisseur. — Ce ne sont point là les seuls témoins de la grandeur romaine que possède la ville d'Orange : belles et nombreuses mosaïques, verres, tombeaux, colonnes, statues, inscriptions, tauroboles, médailles (journellement on en découvre de nouvelles en vaquant aux travaux de l'agriculture), sont précieusement recueillis au *Muséum*, construit en face de l'arc de triomphe, et dont l'a dotée le modeste et savant archéologue français Artaud, ancien directeur du palais des arts de Lyon. D'autres collections particulières se recommandent au monde savant, et surtout celles de MM. Nogent-Saint-Laurent, Payan de Champié et Ravanier.

FABRIQUES de mouchoirs, toiles peintes, serges. Filatures de soie; moulins à garance. — COMMERCE de vins, eaux-de-vie, huiles, truffes, safran, garance, graines de toute espèce, essences, gomme du pays, etc. — A 27 kil. (7 l.) d'Avignon, 672 kil. (172 l. 1/2) de Paris. — HÔTELS : Villes, Morel-Ran.

OUVRAGES A CONSULTER, qui se trouvent à la librairie de Jules Escoffier, à Orange.
Description de la ville et des antiquités d'Orange, par Escoffier, in-12, 1700.
Histoire de la ville d'Orange et de ses antiquités, par Gasparin, in-12.
Histoire de la ville et principauté d'Orange, par B., in-4°, 1741.

VENTOUX (MONT). Montagne isolée, située dans la partie orientale du département de Vaucluse, près des confins de celui de la Drôme. La plus grande élévation du mont Ventoux est de 1,959 mètres au-dessus du niveau de la mer, et le sommet en est souvent couvert de neige pendant que de fortes chaleurs se font sentir à sa base. Sa forme est à peu près celle d'un cône placé sur un dôme immense. Du côté de Vaucluse il se prolonge par une pente assez douce; mais au nord il est très-escarpé et inaccessible sur beaucoup de points.
— Le sommet du mont Ventoux est éloigné de 10 kilomètres du village de Bedouin, d'où l'on part ordinairement pour en faire l'ascension. Il ne faut pas moins de quatre ou cinq heures pour en atteindre la cime, sur laquelle est bâtie une chapelle d'où la vue se perd de tous côtés dans un immense horizon; on y trouve une fontaine que la neige recouvre une partie de l'année, qui ne tarit jamais dans les chaleurs de l'été, et dont la température est constamment de + 4° R. Lorsque le temps est favorable, on aperçoit la chaîne des Alpes, les côtes de la Provence et du Languedoc; on découvre même les Pyrénées. Peu de montagnes offrent un aussi bel observatoire, une vue aussi étendue. Du côté de l'ouest, les plus grandes hauteurs ne semblent que de vagues ondulations; on découvre à peine les villes et les villages. Le Rhône offre plutôt l'aspect d'un ruban argenté négligemment étendu que celui d'un vaste fleuve. On ne voit que des masses; les collines à quatre ou cinq lieues se confondent avec la plaine. Un vert sombre indique les forêts; un vert moins rembruni les prairies. Plus loin, tout prend un aspect uniforme et une teinte plus ou moins azurée. La plaine bleuâtre qu'on distingue dans le lointain, vers le sud, c'est la mer. A l'orient apparaissent les Alpes avec leurs sommets couverts de noires forêts, de rocs azurés ou blanchis par la neige. On est vivement frappé du magnifique spectacle que développe aux regards et à la pensée un horizon aussi immense.

CAROMB (*Vaucluse*). Ville à 11 kil. (2 l. 3/4) de Carpentras. 2,552 hab. Elle est entourée de murailles en pierres de taille, avec poternes, fossés, pont-levis, et présente l'apparence d'une ville bien fortifiée. A une petite distance de Caromb, du côté du nord, on remarque un des plus importants travaux hydrauliques exécutés dans le département, connu sous le nom d'Écluse de Caromb.

CARPENTRAS (*Vaucluse*). Ville très-ancienne. Sous-préf. Trib. de 1re inst. Soc. d'économie rurale. Collége comm. ⊠ 9,817 hab. L'origine de cette ville est incertaine et remonte à une haute antiquité : l'opinion la plus probable est qu'elle était la capitale des Cavares, sous le nom de *Carpentoracte*. C'est une ville très-agréablement située dans un riche et fertile territoire, au pied du mont Ventoux sur la rive gauche de l'Auzon. Elle est entourée de belles murailles flanquées de tours et percées de quatre portes qui s'ouvrent dans des directions diamétralement opposées. Les rues en sont étroites, malpropres et mal percées; mais la plupart des maisons sont bien bâties, presque toutes pourvues d'eau provenant des fontaines abondantes qui décorent les places publiques. Les faubourgs sont agréables et formés de maisons d'une belle construction. En dehors des murs règne une large esplanade plantée d'arbres, qui forme de charmantes promenades d'où l'on jouit de plusieurs vues délicieuses; peu de villes ont des alentours aussi pittoresques et aussi variés. — On remarque à Carpentras : la cathédrale, édifice gothique, orné d'une belle façade et surmonté d'un clocher dont la construction remonte au siècle de Charlemagne : la nef est unique, mais fort belle; la porte d'Orange, que couronne une haute et belle tour; le palais de justice, qui occupe les bâtiments de l'ancien palais épiscopal, et dont l'une des cours renferme un bel arc triompha, antique, jadis enseveli dans une cuisine, et aujourd'hui isolé; l'Hôtel-Dieu; superbe édifice construit en 1751, décoré d'une façade majestueuse, et dont la chapelle, le grand escalier, sont dignes d'admiration : on voit dans l'intérieur le mausolée en marbre blanc du vertueux évêque Inguimbert; le lavoir public, composé de quatre immenses bassins couverts où l'eau se renouvelle sans cesse, la salle de spectacle; les halles; les prisons neuves, etc., etc. — Les fontaines de Carpentras sont alimentées par les eaux de plusieurs sources conduites en ville par un bel aqueduc, construit par Clément V, et dont l'étendue totale est d'environ deux lieues et demie; la longueur de la partie qui traverse le vallon de l'Auzon est de 850 mètres. — Carpentras possède une magnifique bibliothèque publique, formée dans le principe par le fameux Peyresc, augmentée par les Thomassin-Mazangue, et achetée, en 1745, par l'évêque Inguimbert, qui l'enrichit en outre de tous les livres qu'il avait lui-même rapportés d'Italie, et la légua ensuite à la ville de Carpentras. Cette bibliothèque se compose de 22,000 volumes imprimés, et d'environ 2,000 manuscrits, dont les plus précieux viennent de célèbre Peyresc; on y voit une belle collection d'estampes, plusieurs excellents tableaux, quelques antiquités, divers objets d'histoire naturelle et autres rares curiosités; son médaillier est riche de six mille médailles, or, argent et bronze. Ce dépôt des productions de l'esprit humain, l'un des plus complets de ceux que possèdent les départements, est placé dans un vaste bâtiment acheté par le fondateur, qui avait doté ce bel établissement d'une somme de plus de soixante mille francs, dont le revenu annuel était destiné à son accroissement et au traitement du conservateur. — FABRIQUES d'eau-de-vie, esprits, acide nitrique, colle forte, vert-de-gris. Filatures de coton. Moulins à soie et à garance. — COMMERCE de vins, eaux-de-vie, esprits, essences de différentes sortes, huile d'olive excellente, fruits, etc. — A 25 kil. (6 l. 1/2) d'Avignon, 723 kil. (185 l. 1/2) de Paris.

SORGUES (*Vaucluse*). Bourg situé à 12 kil. (3 l.) d'Avignon. ⚥ 2,510 hab. Ce bourg est bâti dans une situation agréable, sur la Sorgues, que l'on y passe sur un ancien pont de quatre arches, fort étroit, très-élevé, et singulièrement construit sur deux alignements différents.

AVIGNON. Grande, belle et très-ancienne ville. Chef-lieu du département de Vaucluse. Trib. de 1re inst. et de com. Ch. et bourse de com. Conseil de prud'h. Soc. d'agric. Académie de Vaucluse. Suc. de l'hôtel des Invalides. Collége royal. École gratuite de dessin. Maison de santé pour les aliénés. Archevêché. ✉ ☏ 33,786 hab. — L'origine d'Avignon remonte à une haute antiquité: avant la domination romaine, c'était la capitale des Cavares. Cette ville passa successivement sous la domination des Romains, des Goths, des Bourguignons, des Ostrogoths, des rois d'Austrasie et des comtes de Toulouse. Louis VIII la prit en 1226, après un siége de trois mois, où il perdit plus de 22,000 hommes. En 1348, Jeanne de Naples, reine des Deux-Siciles et comtesse de Provence, vendit Avignon au pape Clément VI, pour la somme de 80,000 florins d'or, qui ne fut jamais payée. — Dès l'année 1309, le pape Clément V, d'après un traité fait avec Philippe le Bel, avait transféré à Avignon la résidence du saint-siége: elle y resta fixée jusqu'en 1377, que le pape Grégoire XI la reporta à Rome, en 1408. Les Français chassèrent d'Avignon le dernier pape, Benoît XIII. Depuis ce temps les papes gouvernèrent la ville par des légats, jusqu'en 1791, où le comtat Venaissin et la ville d'Avignon furent réunis à la France par un décret de l'Assemblée constituante. La situation d'Avignon, sur la rive gauche du Rhône, est des plus agréables. La ville est traversée par une branche de la Sorgues et par un canal dérivé de la Durance, sur lesquels sont établies de nombreuses usines. Sur l'autre rive du fleuve s'élève un coteau que couronnent Villeneuve et la forteresse de Saint-André; une plaine d'une vaste étendue, variée de terres labourables, de prairies, de vignes, de jardins, de champs d'oliviers, l'environne presque entièrement. La forme de la ville est un ovale régulier, d'une surface légèrement onduleuse : à l'extrémité, se dresse le roc des Doms, coupé à pic vers le Rhône et élevé de 59 mètres au-dessus du fleuve. Cette ville est généralement bien bâtie, mais les rues en sont peu larges et mal percées ; la plus spacieuse est la rue Calade; la plus animée est celle de la Ferraterie, qui est étroite et sinueuse. Les quais qui bordent le Rhône sont magnifiques ; les remparts, construits en superbes pierres de taille, bordés de créneaux, flanqués de tours carrées de distance en distance et percés de belles portes, sont les plus beaux et les mieux conservés qui existent dans tout le midi de la France. Du haut de leur plate-forme, on jouit d'une des vues les plus agréables sur la ville et sur les' riantes campagnes qui l'entourent : on a sous les pieds le Rhône qui, divisé en plusieurs bras tortueux, forme un grand nombre d'îles couvertes d'arbres de la plus belle verdure ; il semble que ce soient plusieurs rivières qui se réunissent et se séparent pour se rejoindre encore. On découvre à l'ouest des plaines cultivées à perte de vue ; à l'est, les Alpes de la Provence, et au midi, la ville d'Avignon dont on embrasse toute l'étendue, sans en excepter les quais ni les promenades qui, dans un jour de fête, fourmillent de monde et étaient naguère animées par le son du tambourin et les danses gaies de la Provence. De belles allées d'arbres plantées autour des remparts offrent d'agréables promenades. La ville est entièrement nue extérieurement et n'a aucun faubourg. — Sur le Rhône, on voit les restes de l'ancien pont en pierre de Saint-Benezet, qui joignait autrefois Avignon et Villeneuve, et dont l'inondation de 1669 occasionna la destruction. Aujourd'hui, Avignon communique avec la rive droite par un pont en bois et par un pont de bateaux qui va être incessamment remplacé par un pont suspendu.

LA MÉTROPOLE, dite Notre-Dame des Doms, est un antique édifice, construit dans les premiers siècles du christianisme, sur les débris d'un temple païen ; elle fut détruite par les barbares, et rebâtie par Charlemagne. Cette église occupe le sommet du rocher des Doms : on y monte de la ville par des rampes et par un long escalier, dont le sommet est couronné d'un calvaire, au bas duquel se trouve l'hospice des aliénés. La chapelle de la Résurrection, que fit bâtir l'archevêque Libelli en 1680, est un chef-d'œuvre de sculpture ; elle est ornée aujourd'hui par une belle Vierge de Pradier. On y voit encore le mausolée de Jean XXII, ainsi que la tombe du brave Crillon et de sa famille.

L'ÉGLISE SAINT-AGRICOL, petite et sans apparence extérieure, renferme le tombeau de Mignard, la jolie chapelle de la famille Bianco, de Florence, et un bénitier remarquable.

L'ÉGLISE SAINT-PIERRE a été rebâtie en 1358; la façade, construite en 1612, est d'une belle architecture gothique; les portes offrent de riches sculptures en bois : la chaire, en pierre blanche très-fine, passe pour un chef-d'œuvre de sculpture.

L'ÉGLISE SAINT-MARTIAL avait autrefois trois nefs et renfermait plusieurs tombeaux aujourd'hui détruits ; l'intérieur est fort remarquable.

L'HÔTEL DE VILLE est un édifice de construction irrégulière, surmonté d'un beffroi remarquable par sa construction et par ses voûtes inférieures. La salle de la mairie et celle du conseil méritent de fixer l'attention par leurs peintures et leurs anciennes décorations.

PALAIS DES PAPES. Ce palais, bâti sur le penchant méridional du rocher des Doms, a été élevé par plusieurs des papes qui résidèrent à Avignon dans le quatorzième siècle. La grandeur de cet édifice, son élévation, sa majesté imposante, ses tours, l'épaisseur de ses murs, ses créneaux, ses ogives, cette architecture sans suite, sans régularité, sans symétrie, étonnent le spectateur. Aucun monument ne se présente peut-être sous un aspect aussi colossal. Dans son enceinte imposante, où tant de princes abaissèrent leurs sceptres devant la tiare, où l'on voyait naguère des salles armoriées, des peintures de la renaissance de l'art, on ne trouve que des murs à moitié démolis, des passages sombres, des enclos spacieux, de vastes casernes et des prisons. L'aspect de cette masse de bâtiments flanqués de hautes tours étonne l'étranger ; s'il en visite l'intérieur, il ne voit pas sans surprise l'épaisseur des murs, la grandeur des cours, la hauteur des salles, leur architecture gothique, les nombreuses voûtes portées les unes au-dessus des autres et ornées de belles et vives peintures à demi effacées.

L'ANCIEN HÔTEL DES MONNAIES, transformé en caserne pour la gendarmerie, est un vaste quadrilatère décoré de devises et couronné d'un balcon qui porte quatre aigles en pierre. La façade, d'une architecture noble, ornée de guirlandes et de griffons, a été bâtie sous le pape Paul V. Près de là, on remarque l'auberge où, en 1815, fut assassiné le maréchal Brune...!

L'HÔTEL DES INVALIDES, succursale de celui de Paris, occupe un immense local formé des bâtiments du ci-devant séminaire de Saint-Charles, des Célestins et de la maison Saint-Louis. Les salles en sont spacieuses et bien éclairées, les chambres commodes, les corridors larges et bien aérés. Le jardin, ouvert au public, est remarquable par la beauté de ses vieux ormeaux et la longueur de ses avenues : on est frappé, en y entrant, de sa majestueuse grandeur et de sa noble simplicité.

BIBLIOTHÈQUE PUBLIQUE. Cette bibliothèque, formée de la réunion de toutes les bibliothèques particulières des maisons religieuses supprimées à Avignon, et dans d'autres lieux du département, est placée dans un agréable et vaste local. Elle renferme 45,000 volumes et environ 500 manuscrits.

MUSÉUM CALVET. Une belle collection de médailles rares et d'une belle conservation ; une grande quantité d'inscriptions, de bas-reliefs, de statues et autres objets antiques de tout genre, découverts en différents lieux; une bibliothèque riche en ouvrages rares et précieux; une collection de tableaux et un cabinet d'histoire naturelle, composent ce musée, auquel la ville reconnaissante a donné le nom de Calvet, parce que cet estimable médecin avignonnais en est non-seulement le fondateur, mais a laissé des revenus pour son entretien et son accroissement.

Le MUSÉE de tableaux forme une collection nombreuse et bien choisie, où l'on remarque plusieurs bons tableaux de l'Albane, Salvator Rosa, A. Véronèse, l'Orizzonte, Caravage, le Dominiquin, D. Teniers, Berghem, Vanderveld, Ruysdal, Coypel, J. Vernet, Mignard, Parrocel, Carle et Horace Vernet, Granet, Regnault, Huet, Caminade; la Baigneuse d'Espercieux, et un Faune de Briant, etc., etc. — On remarque encore à Avignon l'église du Collége; la chapelle de l'Oratoire; le palais de l'archevêché; les hôtels Crillon et Deleutre; la salle de spectacle; le jardin de botanique; les casernes; le mont-de-piété, l'hospice des aliénés, etc., etc. — BIOGRAPHIE. Avignon a produit plusieurs hommes célèbres, dont les principaux sont : le brave Crillon; Folard, commentateur de Polybe; Joseph Vernet; le jeune et courageux Viala; le peintre Parrocel; l'abbé de Boulogne, évêque de Troyes; le docteur Calvet; MM. Fortia d'Urban et Arthaud, archéologues distingués; M. Castil Blaze, compositeur de musique, etc., etc. — FABRIQUES importantes d'étoffes de soie, taffetas, florence, velours, mouchoirs, toiles peintes, etc. — COMMERCE considérable de garance en racines et en poudre, chardons, farines, grains et légumes, dont Avignon est l'entrepôt. — A 58 kil. (15 l.) de Nîmes, 700 kil. (179 l. 1/2) de Paris. — HÔTELS : de l'Europe, Saint-Yves, du Bras-d'Or, du Luxembourg, du Palais-Royal, récemment agrandi et l'un des plus confortables d'Avignon, tenu par Crémieux.

VOITURES PUBLIQUES. Tous les jours pour Lyon, Marseille, Nîmes, Carpentras, Pertuis, Cavaillon, Bagnols, Tarascon, Saint-Rémy, Joncquières, Arles, Orange, Apt, Digne, etc.
BATEAUX A VAPEUR. Tous les jours pour Lyon et Arles.
BUTS D'EXCURSIONS : à la *fontaine de Vaucluse*; à l'*abbaye de Senanque*, pittoresque monument du douzième siècle; au *pont du Gard* et au *mont Ventoux*. (*Voy*. ces mots.)
OUVRAGES A CONSULTER, qui se trouvent à la librairie d'Aubanel, imp. de l'archevêché.
Mémoire sur le département de Vaucluse, par Maxime Pazzis, in-4°, 1808.
Antiquités et monuments du département de Vaucluse, par Fortia-d'Urban, en 2 parties, in-12, 1820.
Panorama d'Avignon, de Vaucluse et du mont Ventoux, par Guérin, in-18, 1829.
Voyage d'un Hollandais dans le département de Vaucluse, par Brachet, in-12, 1820.
Essai sur les monuments antiques et du moyen âge du département de Vaucluse, par Chaix (1er article), in-8°, 1842.
Études historiques, religieuses, etc., ou *Tableau de l'Église d'Apt sous la cour papale*, par l'abbé Rose, in-8°.
Avignon, son histoire, ses papes, ses monuments et ses environs, par Joudou, in-12 et pl.
Notice historique et artistique sur l'église Saint-Agricol d'Avignon, par l'abbé Moutonnet, in-12.

CHATEAU-RENARD (*Bouches-du-Rhône*). Bourg sur la rive gauche de la Durance, à 26 kil. (6 l. 3/4) d'Arles. 4,152 hab. Ce bourg est bâti sur le penchant d'un coteau où l'on voit les ruines d'un château fort, construit vers la fin du douzième siècle, dont il reste encore deux tours assez bien conservées. Il se compose de cinq rues principales assez grandes, auxquelles viennent aboutir plusieurs petites rues. Du côté du levant est un cours spacieux et fort long, ombragé de platanes, qui forme une jolie promenade. On y jouit d'un point de vue magnifique sur une vaste étendue de pays, peuplée de bastides en si grand nombre et si rapprochées, qu'elles forment une espèce de ville rurale.

CAVAILLON (*Vaucluse*). Ville ancienne, à 24 kil. (6 l. 1/4) d'Avignon. 2,215 hab. Cavaillon est une ancienne ville où les Romains fondèrent une colonie; les restes d'antiquités, qui dénotent le long séjour de ces conquérants, consistent en un grand nombre de médailles qu'on trouve journellement dans les terres; en quelques tombeaux et en un fragment d'arc de triomphe que l'on remarque près de l'ex-palais épiscopal. La ville est très-agréablement située, au centre d'une contrée fertile, sur la rive droite de la Durance. Elle est généralement mal bâtie, malpropre et mal percée : le seul de ses édifices qui mérite une mention particulière est l'hôtel de ville. Les alentours sont fort gracieux, et l'on y respire un air pur ; le territoire semble ne faire qu'un vaste jardin, où l'on recueille en abondance toutes sortes de fruits et de denrées. — On doit visiter aux environs de Cavaillon, dans la montagne du Léberon, une vaste grotte appelée poétiquement des Enfers, qui abrite, en été, plus de quatre mille bêtes à laine, et renferme une fontaine pour les abreuver. — FABRIQUE de vermicelle. Filatures de soie. Moulins à garance et à huile.

ORGON. Voyez page 132.

APT (*Vaucluse*). Ancienne et jolie ville. Sous-préf. Trib. de 1re inst. Soc. d'agr. Coll. comm. ⊠ 5,707 hab. — Apt est une des plus anciennes villes des Gaules. Jules César trouvant sa position avantageuse pour le passage des troupes qu'il envoyait en Espagne contre les enfants de Pompée, la fit reconstruire et lui donna le nom d'*Apta-Julia-Vulgientes*. Cette ville est avantageusement située, sur la rive gauche du Calavon, dans une large vallée entourée de coteaux couverts de vignes et d'oliviers. Elle est ceinte de vieilles murailles solidement construites, formée de rues larges, propres, ornées de fontaines, et bordées de maisons d'assez belle apparence ; quelques quartiers cependant offrent des rues étroites et mal percées. On y remarque un pont hardi d'une seule arche, jeté sur le Calavon, et une belle église de construction gothique, dont les cryptes attestent la haute antiquité. — Au quartier de Roque-Salière on trouve des schistes renfermant de belles empreintes de poissons. — FABR. d'étoffes de laine et de coton.—COM. de grains, vins, eau-de-vie, truffes noires, etc. A 55 kil. (14 l.) d'Avignon et à 754 kil. (193 l. 1/2) de Paris.—HÔTEL Boyer.

OUVRAGES A CONSULTER. *Histoire d'Apt*, par Boze, in-8°, 1813.

Tableau de l'église d'Apt sous la cour papale, par l'abbé Rose, in-8°.

CADENET (*Vaucluse*). Petite ville située sur la rive droite de la Durance, à 19 kil. (4 l. 3/4) d'Apt. ⊠ 2,595 hab. Un grand nombre d'antiquités trouvées dans les environs de cette ville font présumer qu'elle existait du temps des Romains. Les fonts baptismaux de l'église paroissiale (en marbre blanc orné d'un bas-relief admirable) ont vraisemblablement appartenu à un temple magnifique ; ils sont considérés comme un des plus antiques et des plus beaux monuments de ce genre que l'on connaisse. La ville moderne, située à l'ouest de l'ancienne, sur le penchant d'une colline, est défendue du côté du nord par une terrasse et par des ouvrages avancés qui étaient autrefois considérables.

AURONS (B.-du-Rhône). Village situé à 27 kil. (7 l.) d'Aix. 250 hab. On y voit un ancien château dont une partie des fondations paraît être de construction romaine. — Aux environs, sur la montagne de Caronte, sont les débris d'un fort et les restes d'une ville que l'on croit être l'*Aleria* de Strabon et de Pline.

AIX. Voyez page 375.

BERRE (B.-du-Rhône). Jolie petite ville, à 26 kil. (6 l. 3/4) d'Aix. 1,000 hab. Cette ville est dans une situation charmante, sur l'étang de son nom, au milieu d'une plaine agréable et fertile. Les rues en sont droites et formées de maisons bien bâties, les alentours charmants et les promenades fort agréables ; mais il n'y a point de fontaines; un seul puits fournit l'eau pour les besoins des habitants. Le port est sûr et la plage fort commode ; plusieurs môles facilitent l'embarquement et le débarquement des marchandises. Berre est environnée de riches salines qui donnent lieu à un cabotage très-actif, mais qui en rendent l'air malsain. Le territoire produit de très-bonne huile, qui se vend pour de l'huile d'Aix, de belles amandes et d'excellentes figues. La vue de l'étang de Berre est très-agréable : la scène est animée par les petites villes placées sur ses bords à des distances égales ; chacune a son petit port, d'où elle expédie des tartanes et des bateaux qui parcourent sans cesse cette espèce de mer. Pendant les belles nuits d'été les eaux sont couvertes de mollusques phosphoriques qui les rendent lumineuses. —Fab. de soude. — Com. considérable de sel, d'amandes fines, figues, huile d'olive, etc. Exploitation des marais salants. Petit cabotage.

PENNE (la) (*B.-du-Rhône*). Village à 8 kil. (2 l.) de Marseille. 700 hab. On voit sur un rocher, au-dessus de ce village, un édifice ruiné auquel on a donné le nom de Pennelle. C'est une pyramide irrégulière composée dans son état actuel de huit assises en retraite l'une sur l'autre. La base est un carré long, ayant 6 mètres sur les faces qui regardent le nord et le midi, et seulement 5 mètres sur les deux autres. La construction est en maçonnerie ordinaire, avec un parement extérieur en moellon semi-lié. Cette pyramide peu connue passe pour être de construction romaine; elle a été gravée dans l'atlas de la statistique des Bouches-du-Rhône.

MARTIGUES (les) (*B.-du-Rhône*). Ville maritime à 39 kil. (10 l.) d'Aix. École d'hydrogr. de 4ᵉ cl. ⊠ 7,400 hab. — Martigues est une des villes les plus curieuses du département, par sa position au milieu des étangs, qui lui a fait donner le nom de Petite-Venise de la Provence. Elle a été formée par trois petites villes, Saint-Geniez, Ferrières et Jonquières, qui ont été réunies pour former une seule communauté en 1581. Cette ville est dans une situation avantageuse, à l'entrée de l'étang de Berre et au fond d'un long canal dont l'entrée, en venant de la Méditerranée, est entre la tour de Bouc au sud, et la jetée Foucard au nord. Elle est en partie bâtie sur une île, et formée, ainsi que nous l'avons déjà dit, par la réunion de trois petites cités différentes, qui offrent l'aspect de villes flottantes au milieu des eaux. Pour en donner une idée exacte, nous la décrirons en commençant par le quartier de Jonquières, que l'on rencontre le premier en venant de Marseille. On longe d'abord les maisons qui bordent l'étang de Berre ; à gauche est un cours terminé en rotonde et bordé de maisons d'assez belle apparence, près duquel est une fontaine. Une grande rue, bien alignée, appelée Grande rue de Jonquières, conduit au pont du Roi, construit en pierre sur la Bourdigue ou canal de Galifet. Avant ce pont on voit, à gauche, une petite place où est une église. Au delà du pont on trouve une première île, occupée par la halle au poisson et par les chantiers de construction. De cette île on passe à une seconde par un petit pont appelé le Pontet. Sur celle-ci on remarque l'hôtel de ville, édifice vaste et régulier, dont la porte d'entrée donne sur la place Royale, qui borde un canal servant de port. On passe de cette seconde île à la troisième par un pont de pierre, à l'extrémité duquel est la tour de l'Horloge, construite en 1661, et l'église paroissiale, ornée d'une très-belle façade. Cette troisième île renferme aussi l'hôpital et plusieurs belles rues, dont la principale est la grande rue de l'Ile, où sont les habitations des vice-consuls étrangers ; elle conduit au pont de Ferrières, qui s'appuie sur la petite île de Terrayer, de laquelle on passe au quartier de Ferrières par le pont-levis établi sur le canal de navigation ; ce quartier est moins remarquable que les deux autres. Telle est la ville de Martigues. Sa situation entre l'étang de Berre et les canaux qui conduisent à Bouc lui procure des courants d'air qui corrigent les inconvénients résultant des eaux stagnantes. Les maisons sont proprement bâties et les rues généralement bien percées ; plusieurs canaux sont bordés de quais d'où l'on jouit d'une vue fort agréable. — Le port de Martigues est formé par une suite de petits canaux navigables, creusés dans l'étang de Caronte pour l'établissement des pêcheries, qui font la richesse du pays : le passage périodique des poissons de la Méditerranée dans l'étang de Berre est curieux à observer ; les pêcheurs les prennent presque tous. — Fab. d'huile d'olive. Construction de navires pour la marine marchande.

MARSEILLE. Belle, grande, riche et très-ancienne ville maritime. Chef-lieu du département des Bouches-du-Rhône. Trib. de Iʳᵉ instance et de comm. Ch. et bourse de comm. Conseil de prud'h. Syndicat maritime. Consulats étrangers. Chef-lieu de la 8ᵉ divis. milit. Direct. des douanes. Hôtel des monnaies (lettre M). Observatoire royal de la marine. Acad. des sciences, belles-lettres et arts. Athénée. Soc. R. de médecine. Soc. d'agr. prat. et d'économie rurale. École d'hydr. de 1re classe. Collége R. Institution des sourds-muets. École secondaire de médecine. Évêché. Église consistoriale réformée. Synagogue. ✉ ☞ Petite poste. 145,115 hab.

Marseille est regardée comme la plus ancienne ville des Gaules. On attribue son origine à une colonie de Phocéens, qui en jetèrent les fondements 599 ans avant notre ère. Cette ville est située au fond d'un golfe couvert et défendu par plusieurs îles, sur le penchant et au pied d'une colline placée entre la mer et une chaîne demi-circulaire de montagnes qui enferme un riche bassin. Elle se divise naturellement en vieille et en nouvelle ville. — L'ancienne ville, celle qu'habitaient les anciens Marseillais, couvre une surface très-inégale; elle a pour limites : le port, dont elle occupe un des côtés, la Cannebière, le Cours et la rue d'Aix. Deux rues principales et presque parallèles, la rue Sainte-Marthe et la Grande-Rue, la traversent de l'est à l'ouest; elles sont coupées presque à angle droit par les rues de Belzunce, Négrel et de l'Évêché, et par une multitude d'autres rues de moindre importance. Toutes ces rues sont en général étroites, mal percées et bordées de maisons fort hautes et d'une construction massive. On trouve dans cette partie de Marseille des places assez vastes et régulières; telles sont les places Neuve, des Grands-Carmes, du Palais, de Luiche, de Jauguin, de l'Observance, et la place Vivaux. L'esplanade de la Tourette offre une belle promenade, d'où l'on jouit dans les soirées d'été d'un point de vue des plus étendus; le boulevard des Dames est aussi une promenade fort agréable. Partout on voit des fontaines et des eaux courantes. Les quais du port sont la partie la plus fréquentée de la ville. — La nouvelle ville s'étend sur l'autre côté, dans le prolongement du port, et s'appuie au mamelon qui porte le fort de la Garde; elle est divisée, du nord au midi, par la longue et magnifique rue qui, de la porte d'Aix, vient aboutir en ligne droite jusqu'à la place Castellane. Peu de cités présentent une plus riche perspective que celle dont on jouit en venant de la porte d'Aix : on parcourt un espace d'une demi-lieue de longueur entre deux rangées de belles maisons dont l'élévation est en proportion avec la largeur de la rue. De quelque côté qu'on se dirige, on parcourt des rues larges, tirées au cordeau, bordées de trottoirs et ornées de superbes maisons; la plus belle de toutes est sans contredit celle de Cannebière, dont la largeur peu ordinaire permet de voir le port couvert de navires et fermé à son extrémité par des collines qui laissent douter de quel côté la mer y pénètre; c'est à la fois une rue superbe, un bazar et une promenade, point central de toute la ligne de communication entre le port et le grand Cours, et de jonction entre la vieille et la nouvelle ville. Le quartier du canal, enfermé dans une île entourée de canaux tirés du port, est un carré long, composé de quatre rues qui se croisent et forment dans le milieu une place dont les maisons sont fort belles. Toutes les places sont régulières et bien décorées; les principales sont : la place Royale, celles de Saint-Féréol, Montyon, du Grand-Théâtre, de la Porte de Rome. En général, on est frappé, dans cette partie de Marseille, de la grandeur et de l'alignement des rues, de l'élégance et de la régularité des maisons, de la variété et de l'agrément des promenades; mais on n'y voit pas de grands édifices ni de monuments remarquables, et, dans toute la ville, il n'y a que le seul hôtel de la préfecture qui s'écarte du système ordinaire de construction.

Le port de Marseille est un des plus beaux du royaume; il a la figure d'un parallélogramme de 940 mètres de longueur sur 300 mètres de largeur, et 282,000 mètres de superficie. L'accès n'en est pas facile, mais c'est ce qui en fait la sûreté; à cet égard, aucun port ne peut lui être comparé, et jamais la tempête n'y a causé le plus petit accident. Ce port est fréquenté par toutes les nations maritimes; il réunit leurs divers pavillons, et offre, rassemblés sur un même point, les habitants de toutes les parties du globe, dont les habitudes, le langage et les vêtements divers présentent un coup d'œil unique, qu'on chercherait inutilement dans toute autre ville de l'Europe. A l'heure fraîche du jour, on ne peut faire un pas sans entendre bourdonner à ses oreilles les langues les plus variées et les idiomes abâtardis qui en dérivent : l'espagnol, l'italien, l'arabe, le maltais, le grec, le suédois, le russe, se croisent dans l'air et font entendre leurs syllabes ou longues ou brèves, ou gutturales ou sonores, et, véritable Babel, lassent l'attention que l'on met à les comprendre ; car ceux qui parlent vont partir, les uns pour Trieste, les autres pour Riga ; ceux-ci pour l'île de Maurice, ceux-là pour les Échelles du Levant. On n'est pas moins ébloui par l'étrangeté du costume : c'est un bazar mobile de cafetans orientaux, de châles de Cachemire drapés sur les épaules d'un capitan, de hauts pantalons de velours attachés aux hanches d'un Catalan, de fourrures russes, de sandales siciliennes, de cravates de tissu rouge étranglant le cou des marins bretons, etc. — L'entrée du port de Marseille est défendue par les feux croisés du fort Saint-Nicolas et par ceux de la tour Saint-Jean, ouvrage du roi René. A une lieue sud-ouest du port sont trois îles, ou plutôt trois rochers, qui semblent placés là tout exprès pour offrir des lieux où les précautions sanitaires pussent se mettre en pratique d'une manière vraiment utile. Le château d'If, belle forteresse, qui a souvent servi de prison d'État, élevée par ordre de François Ier, est la première qui se présente à droite de l'île Ratoneau, dont le point culminant est couronné par un château entouré de quelques fortifications. A gauche est l'île de Pomègue, sur le côté méridional de laquelle on a formé, au moyen d'une digue et d'une jetée opposées aux vagues de la mer, un port qui a servi longtemps pour la quarantaine des navires du Levant. Les deux îles de Pomègue et de Ratoneau ont été jointes ensemble en 1824, par une digue de 300 m. de longueur, qui forme un port pouvant contenir 120 navires, destiné aux bâtiments venant de lieux suspects de contagion.

ÉGLISE DE LA MAJOR. Cette église passe pour être la plus ancienne de Marseille. Les titres les plus reculés en font mention, et la tradition rapporte qu'elle a été élevée sur les ruines d'un temple de Diane. Cette église n'offre rien de bien remarquable ; on y distingue seulement l'autel de Saint-Lazare, le devant du maître-autel, orné d'un bas-relief que l'on croit du onzième siècle ; le baptistère, quelques bons tableaux, et un superbe buffet d'orgues.

ÉGLISE DES ACCOULES. Cette belle église, d'architecture gothique, a été démolie lors de la première révolution. Le clocher seul a été conservé pour servir d'horloge ; il est d'une grande hauteur et domine tous les édifices de Marseille.

ÉGLISE DES CHARTREUX. Cette église, située hors de la ville, est un bel édifice construit vers le milieu du dix-septième siècle : Marseille n'en possède pas qui puisse lui être comparé. La façade est fort belle ; le vaisseau d'une structure noble, accompagné de deux campaniles, remarquables par leur légèreté.

HÔTEL DE VILLE. C'est un édifice d'un style lourd, composé de deux parties séparées par une rue, et communiquant par un pont élégant et léger placé à la hauteur du premier étage. La façade donne sur un des quais ; elle est ornée de bas-reliefs, de sculptures et d'un écusson aux armes de France, de la main du Puget, placé au-dessus de la grande porte. On remarque le grand escalier, où se trouve la statue de Libertat, et la salle du conseil, décorée de plusieurs bons tableaux.

L'HÔTEL DE LA PRÉFECTURE est le plus bel édifice de Marseille ; il occupe le fond d'une vaste cour, formée par deux ailes en retour surmontées de terrasses. On monte au principal corps de logis par un perron de quinze marches. Les façades qui donnent sur la cour et sur le jardin sont d'une architecture élégante ; les appartements intérieurs sont parfaitement distribués et meublés avec luxe. Une large terrasse, pavée en marbre, sépare le corps de logis du jardin, qui est planté pittoresquement et d'une assez grande étendue.

GRAND THÉATRE. Construit à l'instar de l'Odéon de Paris, il fut inauguré en 1787. C'est un bel et grand édifice isolé, dont la façade se déploie sur une place assez spacieuse. Le péristyle est à six colonnes élevées sur sept marches ; la salle est vaste, mais mal distribuée sous le rapport de l'acoustique et de la perspective.

THÉATRE FRANÇAIS. La salle est petite, mais bien disposée ; on y joue le vaudeville le dimanche seulement. Les autres jours elle sert occasionnellement de salle de concert.

FONTAINES PUBLIQUES. Elles sont très-nombreuses, surtout dans la ville vieille, et c'est un bienfait pour cette partie de Marseille, où la population surabonde; mais c'est dans la nouvelle ville que se trouvent les fontaines dignes d'être citées. Des inscriptions indiquent la dédicace de ces monuments. On remarque surtout la fontaine de la porte Paradis, élevée en 1820, à la mémoire des Marseillais qui se dévouèrent au salut de leurs concitoyens pendant la peste de 1720. — La fontaine de la rue d'Aubagne, élevée en 1803, est dédiée à Homère par les descendants des Phocéens. — La fontaine de la place Royale est un château d'eau, qui décore dignement la plus belle place de Marseille. — La fontaine de la place des Fainéants offre un bel obélisque de 7 m. 12 c., porté par quatre lions, le tout en marbre blanc : c'est un monument élevé en 1803, et qu'une longue inscription en vers français dédie au peuple marseillais. — La fontaine du Puget n'a rien de remarquable que le nom qu'elle porte, et dont elle est très-peu digne : c'est une petite pyramide qui porte le buste du Puget, et qui est située devant la maison construite et habitée ordinairement par ce grand artiste.

OBSERVATOIRE. C'est un des beaux établissements dont peut se glorifier Marseille. Du haut de la plate-forme du bâtiment, situé au point culminant de la ville, on jouit d'une vue magnifique sur Marseille, la campagne et la mer. Le bâtiment se compose de trois étages, dont les deux premiers sont voûtés : l'école de navigation et celle de géométrie et mécanique pratique sont au rez-de-chaussée; le concierge occupe le premier étage; les astronomes le second ; le troisième est destiné à l'observatoire proprement dit.

BIBLIOTHÈQUE PUBLIQUE. Elle occupe une partie des bâtiments de l'ancien couvent des bernardines, au premier étage de l'aile située du nord au sud; on y entre par le boulevard et en traversant la salle des Pas-Perdus du musée. La grande salle a 40 mètres de longueur sur 6 mètres de largeur : une galerie, pratiquée au-dessus des corniches qui couronnent les panneaux, règne tout autour et permet d'atteindre aux rayons les plus élevés. Le nombre des volumes imprimés est d'environ 49,000, et celui des manuscrits de 1,300. Cet établissement est ouvert au public les lundi, mercredi et vendredi de chaque semaine, depuis dix heures du matin jusqu'à deux heures de relevée.

MUSÉE DES TABLEAUX. Il occupe la nef et les deux galeries principales de l'église du couvent des bernardines. On y compte 141 tableaux de différents maîtres, dont 89 de l'école française, et le reste des écoles flamande et italienne, parmi lesquels on remarque : DE L'ÉCOLE FRANÇAISE : 3, Joseph reconnu par ses frères, de Coypel; 11, 12, portraits de Fauchier; 18, 19, 20, 21, de Mignard; 27, le Couronnement de la Vierge, par Parrocel; 33, le Triomphe de Flore, du Poussin; 35, le Sauveur du monde, du Puget, morceau capital ; 43, 44, 45, 46, 47, 48, 49 à 66, de Michel Serre; 67, J. C. chez Marthe et Marie; 68, la Présentation au temple, par le Sueur; 90, magnifique Christ en ivoire. — DE L'ÉCOLE ITALIENNE : 94, 95, d'Annibal Carrache; au plafond, Assomption de la Vierge, de Louis Carrache; 107, la Charité romaine, de Guido Reni; 111, Famille de la sainte Vierge, du Pérugin; 112, des Cavaliers (sur bois), par Pippi; 113, un Ermite contemplant une tête de mort, par Salvator Rosa; 114, saint Jean écrivant l'Apocalypse, de Sanzio (Raphaël).— DE L'ÉCOLE FLAMANDE : 118, un paysage (sur bois) de Brughel; 119, 120, de Philippe de Champagne; 124, Pêche miraculeuse, de Jordaens; 127 à 131, de Rubens; 134, portrait du comte de Stafort, par Van Dyck.

CABINET DES MÉDAILLES ET DES ANTIQUES. Ce cabinet occupe la salle qui précède celle du musée des tableaux. La collection des médailles est l'une des plus complètes que l'on puisse trouver en médailles des rois de la Grèce, du Bas-Empire, de la Grande-Grèce, des as et médailles consulaires, et des colonies. On trouverait bien difficilement ailleurs une plus riche collection des monnaies de France. Le cabinet possède une belle suite de médailles marseillaises en argent et en bronze, et une suite précieuse de monnaies de Provence depuis Bozon.

MUSÉUM D'HISTOIRE NATURELLE. Il est placé au-dessus de la salle de la bibliothèque. Ce muséum contient une assez belle collection de coquilles, de minéraux et de fossiles. On y compte 165 mammifères, dont 61 exotiques et 104 d'Europe; 1,820 oiseaux, dont 886 d'Europe; 251 reptiles, dont 218 exotiques et 33 d'Europe; 458 poissons, dont 158 exotiques et 300 d'Europe; enfin une grande quantité de mollusques, d'annélides, de crustacés, d'insectes, etc. — L'herbier se compose d'environ 8,000 plantes.

JARDIN DES PLANTES ET DE NATURALISATION. Ce jardin est situé au quartier des Chartreux. La principale porte d'entrée donne sur l'esplanade qui conduit au pont de Jarret, au sud du jardin et en face de la grande allée : une grille de fer en ferme l'entrée : en face, du côté du nord, se présentent les bâtiments, consistant dans le logement du directeur, celui du principal jardinier, les serres, les greniers, etc. La serre et l'orangerie en occupent toute la façade.

LAZARET. Le lazaret de Marseille est le plus bel établissement de ce genre qui existe sur les côtes françaises de la Méditerranée; au retour de l'expédition d'Égypte, il reçut une armée entière. Ce vaste enclos, situé au nord de la ville, à une distance d'environ 292 mètres, se prolonge du midi au nord, depuis la pointe de l'anse de la Joliette jusqu'à la pointe de Saint-Martin d'Aren; une double muraille l'environne extérieurement et forme une seconde ville, tout à fait distincte de la première : on y entre par trois portes du côté de terre. L'intérieur est divisé en sept enclos, séparés les uns des autres par des murailles; les portes en sont ouvertes seulement pendant le jour, encore faut-il qu'il ne s'y trouve rien de suspect.

BAINS DE MER. Marseille possède des bains de mer très-fréquentés, établis aux bassins d'Aren, situés à un quart de lieue de la ville.

On remarque encore à Marseille : le palais de justice, la bourse, la porte Joliette, l'arc de triomphe, la salle de concert, la maison du Puget, la corderie, la halle de la poissonnerie, la nouvelle halle, l'Hôtel-Dieu, les prisons, le palais épiscopal, les casernes, les chapelles Babon, de la Charité, de Notre-Dame-du-Mont, du Mont-Carmel, les temples grec et protestant, les allées de Meilhan, les cours et autres belles promenades, etc., etc. — Aux environs, on doit visiter le fort Notre-Dame de la Garde, placé sur une grande élévation qui domine Marseille; c'est dans ce fort que se trouve la chapelle Notre-Dame de la Garde, vulgairement appelée la Bonne-Mère, patronne de Marseille et des marins provençaux; le château offre un point de vue magnifique sur la mer et sur la campagne environnante.

BIOGRAPHIE. Marseille a produit plusieurs hommes illustres, dont les principaux sont : le généalogiste d'Hozier; P. Puget, sculpteur, peintre et architecte; Barbaroux, député à la convention nationale, etc. — INDUSTRIE. Manufactures importantes de savon. — FABRIQUES de cardes, de bas de laine et de bonnets façon Tunis; huile d'olive, soude, borax raffiné, produits chimiques, liqueurs fines, corail, parfumeries. Raffineries de sucre et de soufre. Manufacture R. des tabacs. — COMMERCE considérable de savon, d'huile d'olive, vins, eaux-de-vie, esprits, grains, farines, fruits secs et confits, et autres productions des départements méridionaux. Commerce d'importation et d'exportation avec l'Italie, l'Espagne, le Levant, et avec tous les principaux ports du globe. — Marseille est à 31 kil. (8 l.) d'Aix, 59 kil. (15 l.) de Toulon, 805 kil. (206 l. 1/2) de Paris. — HÔTELS : des Ambassadeurs, de la Croix-de-Malte, des Empereurs, d'Europe, des Bouches-du-Rhône, des Princes, de France, de Milan, du Midi, des Colonies, du Commerce, du Cours, des Deux-Indes, du Pérou, des Étrangers, du Var, d'York, des Deux-Pommes, de Pologne, etc.

VOITURES PUBLIQUES. Messageries royales; générales; diligences accélérées du Midi; service général pour diligences à six roues. Pour Avignon, Aix, Paris, Lyon, Tarascon, Beaucaire, Arles, les Martigues, Aubagne, Roquevaire, et routes; pour Nîmes, Toulon, Gap, Grenoble, Chambéry, Genève, Montpellier et Nice. — *Coches et bateaux couverts*, services accélérés sur le Rhône.

BATEAUX A VAPEUR. DE MARSEILLE A GÊNES, LIVOURNE ET NAPLES. *Le Leopoldo II*, *la Maria-Antoinetta* (chacun de 160 chevaux). Départs les 8, 18 et 28. Prix pour Gênes, 78 et 30 fr.; pour Livourne, 125 et 95 fr.; pour Civita-Vecchia, 160 et 110 fr.; pour Naples, 220 et 130 fr.; André et Abeille, place Royale, 4. — *Le Janus* (120 chevaux); Cucurny oncle et Comp. — DE MARSEILLE A GÊNES, CIVITA-VECCHIA ET NAPLES. *Le Pharamond* et *le Sully*. Départs de l'un et de l'autre port : 3, 13, et 23 de chaque mois. Prix pour Gênes, 75 et 50 fr.; pour Livourne, 100 et 80 fr; pour Civita-Vecchia, 150 et 103 fr.; pour Naples, 200 et 140 fr.; Bazin(A.), armateur. — *Le François Ier* et *la Marie-Christine* (de 160 chev. chacun). Départs de Marseille et de Naples, les 6, 16 et 26, et de Gênes pour Naples, les 8, 18 et 28. Prix pour Gênes, 90 et 80 fr.; pour Livourne, 127 et 110 fr.; pour Civita-Vecchia, 178 et 167 fr.; pour Palerme ou Messine, 300 et 280 fr. : Laplane, courtier, rue Cannebière, 48. — DE MARSEILLE A CADIX ET DE MARSEILLE A GÊNES. *Le Phénicien* (140 chevaux), touchant à Port-Vendres, Barcelone, Tarragone, Valence, Alicante, Carthagène, Malaga, Gibraltar; de Marseille à Cadix, touchant aux mêmes points. — Les bateaux espagnols *Mercurio* et *le Balear*. Départs de l'un et l'autre port les 10 et 20 de chaque mois. Prix : 1re place, 374 fr.; 2e place, 260 fr.; pont, 181 fr. — Touchant aussi aux mêmes points : *l'Océan* et *la Méditerranée* (65 chevaux chacun). Départs le 7 de chaque mois : Regay et Comp., armateurs. — DE MARSEILLE A AGDE, A CANNES ET A NICE. *Le Rhône* et *l'Hérault*. Départs de Marseille pour Cette et Agde les mardis, jeudis et samedis soir; pour Cannes, les mardis soir; pour Nice. les mardis soir. Prix pour Cette et Agde, 15 et 10 fr.; pour Cannes, 20 et 12 fr.; pour Nice, 15 et 25 fr., et *vice versâ*. — DE MARSEILLE A ARLES. *Le Saumon* (65 chevaux). Départs les mardis, mercredis et samedis; trajet, de 8 à 12 heures. — *Le Commerce* (30 chevaux). Départs d'Arles pour Marseille les dimanches, mardis et vendredis : trajet, 6 à 8 heures. — *L'Aigle* (100 chevaux). Deux fois par semaine, de l'un et de l'autre port. — *Paquebots à vapeur de l'administration des postes*. Ligne de Marseille à Malte, de Malte à Constantinople, d'Athènes à Alexandrie; deux départs par mois.

BUTS D'EXCURSIONS : au *château Vert*, au *Faro*, au *château Borelly*, promenades maritimes fort agréables; au *château d'If*, forteresse qui défend l'entrée du port de Marseille; aux *châteaux des Fontaniers* et *des Aygalades*.

OUVRAGES A CONSULTER, qui se trouvent à la librairie de Masvert, à Marseille.
Statistique du départ. des Bouches-du-Rhône, par le comte de Villeneuve-Bargemont, 4 vol. in-4°, 1811 et suiv.
Dictionnaire topographique de la Provence, par Garcin, in-8°, 1835.
Antiquités de la ville de Marseille, par Ruffi, 2 vol. in-fol. 1696.
Histoire de Marseille, par Augustin Fabre, 2 vol. in-8°, 1831.
Conducteur de l'étranger à Marseille, in-18.
Recueil d'antiquités et monuments marseillais, par Grosson, in-4°, 1773.
Manuel des bains de mer sur le littoral de Marseille, par Robert, in-8°, 1826.

2e Route de Paris à Marseille, par NEULISSE et ANNONAY, 78 myriamètres 7 kilomètres.

	m. k.
De PARIS à *ROANNE ☞ (Voy. la 1re Route)	38,2
ROANNE à NEULISSE ☞	1,9
NEULISSE à *FEURS ☞	2,0

N° 85. ROUTE DE PARIS A MARSEILLE.

Feurs à Montrond ⚐	1,1
Montrond à la Gouyonnière ⚐	1,4
La Gouyonnière à * Saint-Étienne ⚐	1,4
Saint-Étienne à la République ⚐	1,2
La République à Bourg-Argental ⚐	1,6
Bourg-Argental à * Annonay ⚐	1,5
Annonay à Saint-Vallier ⚐	2,1
Saint-Vallier à * Marseille ⚐ (V. la 1re R.)	26,4

Communication avec Vaucluse.

* D'Orange à Sorgues ⚐	1,8
Sorgues à l'Isle ⚐	2,1
L'Isle à * Vaucluse ⚐ (non monté)	0,7

D'Orange à * Carpentras ⚐ (non monté)	2,3
Carpentras à l'Isle ⚐	1,8
L'Isle à * Vaucluse ⚐ (non monté)	0,7

* D'Avignon à l'Isle ⚐	2,2

De Saint-Andiol à l'Isle ⚐	2,1

D'Orgon à l'Isle ⚐	1,7

VAUCLUSE, village à 29 kil. (7 l.) d'Avignon. La fontaine de Vaucluse illustrée par les vers de Pétrarque et l'une des plus belles que l'on connaisse, occupe près de ce village le fond d'une vaste et profonde caverne qui s'ouvre en arceau au pied d'un roc à pic, faisant partie d'une enceinte demi-circulaire de rochers très-escarpés. On y arrive par un vallon qui se resserre toujours davantage et change à tout moment de direction. Les coteaux de ce vallon sont hérissés de pointes blanches et arides; mais le fond en est délicieusement uni par une rivière limpide, qui arrose, en serpentant, les plus vertes prairies. A mesure que l'on avance, le chemin qui côtoie la rivière devient plus tortueux et plus escarpé; la pente des eaux est plus rapide; on les voit, soit sous le pont du village de Vaucluse, soit en avant de ce pont, s'empresser et fuir précipitamment. Tout à coup le sentier a tourné pour la dernière fois; il va du midi au nord, et la perspective obscurcie laisse apercevoir dans l'enfoncement le rocher qui ferme la vallée. Plus de prairies, plus d'arbres, plus de plantes: partout le roc aride et ses éclats; mais l'eau vive s'en échappe par mille sources qui sortent en foule de tous côtés. Au delà de ces sources se présente un entassement de blocs énormes de rochers, au fond desquels on découvre une grotte immense où dort une eau transparente et silencieuse. Quand les eaux de la source sont très-basses, ce qui arrive ordinairement au mois d'octobre, il s'en faut de plus de soixante pieds que l'eau parvienne au bord du bassin de la source. Alors on peut, en prenant de grandes précautions, descendre jusqu'à la surface de l'eau, qui est aussi unie qu'une glace, sans aucune espèce de mouvement, et d'une profondeur incalculable, tous les efforts pour sonder cet abîme ayant été infructueux. L'excavation du bassin s'étend sous les rochers et offre à l'œil de l'observateur une obscure voûte de roc et un lac souterrain aussi limpide que paisible dont on ne peut mesurer ni la profondeur ni l'étendue. On découvre à fleur d'eau de vastes canaux

N° 85.—ROUTE DE PARIS A MARSEILLE.

souterrains par où viennent se rendre dans le bassin les eaux abondantes que produit la fonte des neiges.

OUVRAGES A CONSULTER. *Description de la fontaine de Vaucluse*, par Guérin, in-12, 1804.
Mon dernier voyage à Vaucluse, par B., in-18.
Voyage à Vaucluse et retour à la fontaine de Vaucluse, in-8°, 1803.

DE MARSEILLE A ANTIBES pour NICE.

1ʳᵉ R., par TOURVES et BRIGNOLLES, 17 myr. 7 kil. et 3 postes.

De MARSEILLE (B.-du-Rhône) à AUBAGNE ✶......... 1,7
  * ALLAUCH (à gauche de la route).
  * CASSIS (à droite de la route).
AUBAGNE à ROQUEVAIRE ✶....................... 0,8
ROQUEVAIRE à * TOURVES ✶..................... 3,2
  * NANS (à droite de la route).
TOURVES à * ANTIBES ✶ (V. N° 8)............. 12,0
ANTIBES à NICE ✶ (poste étrangère).......... 3 postes.

ALLAUCH (*B.-du-Rhône*). Bourg à 12 kil. (3 l.) de Marseille. 3,720 hab. Allauch passe pour avoir été fondé peu après Marseille, sur une hauteur où l'on aperçoit encore une double enceinte de murailles avec des tours, dont une est assez bien conservée. Sa situation est on ne peut plus pittoresque : une suite de monticules couronnés de pinèdes s'élèvent par degrés jusqu'à la colline sur laquelle l'ancien Allauch était bâti ; des tours à demi ruinées, des pans de murailles isolées, au-dessus desquelles domine l'église, offrent un point de vue fort agréable. Au-dessous, et sur une roche formant un talus rapide, se trouve le bourg actuel, disposé en amphithéâtre.

CASSIS (*B.-du-Rhône*). Jolie petite ville maritime, située sur la Méditerranée, à 21 kil. (5 l. 1/4) de Marseille. 2,050 hab. Cassis est une ville fort ancienne, mentionnée dans l'Itinéraire d'Antonin sous le nom de *Carsicis Portus*. C'est une ville très-jolie, bien percée, formée de maisons d'une propreté et d'une élégance remarquables. La place publique est ornée d'une belle fontaine dont l'eau est abondante et d'une grande pureté. Le port, bordé de quais spacieux, est défendu par une longue jetée ; mais l'entrée en est dangereuse dans les gros temps. Ce port est remarquable par son étendue, par sa profondeur et par une belle source d'eau douce qui surgit du milieu de la mer, à travers des rochers qui en bordent l'entrée à gauche ; il offre un excellent abri, non-seulement aux bâtiments du commerce, mais encore à ceux de l'État. — PATRIE de l'abbé Barthélemy. — Pêche du corail. Construction de navires. Cabotage très-actif. Commerce de vin muscat estimé et de fruits.

AUBAGNE (*B.-du-Rhône*). Petite ville située à 16 kil. (4 l.) de Marseille. ✉ ✶ 6,350 h. Cette ville est bâtie sur un monticule argileux, recouvert d'une forte couche de poudingue, qui s'élève sur la rive gauche de l'Huveaune, et dont le sommet est occupé par les ruines d'un ancien château qui lui servait autrefois de défense. Elle s'étend dans la plaine des deux côtés de la grande route ; la rue où celle-ci passe est fort longue, mais elle n'est pas alignée. — FAB. de gros drap. — HÔTEL Notre-Dame.

ROQUEVAIRE (*B.-du-Rhône*). Bourg sur l'Huveaune, à 22 kil. (5 l. 3/4) de Marseille. ✉ 3,220 h. Il consiste principalement dans une longue rue assez large, mais mal percée, bordée de maisons hautes et de belle apparence, traversée par le torrent de Basseran, qui cause souvent des ravages. L'église paroissiale, consacrée en 1739, est un bel édifice d'une architecture simple et imposante, dont l'intérieur est orné avec goût. L'hôtel de ville est un bâtiment moderne construit d'après un bon modèle, sur une petite place décorée d'une fontaine. Toute cette partie du bourg est sur la rive gauche de l'Huveaune. De l'autre côté de la rivière est un faubourg qui vient d'être embelli d'une grande place plantée de plusieurs allées d'arbres. — FAB. de savon, d'huile d'olive. Filatures de soie. — COM. de figues superfines, raisins secs renommés, olives, câpres, amandes, noisettes, jujubes, etc. — HÔTELS : de l'Étoile, du Repos, de la Tête noire.

NANS (*Var*). Village situé près de la montagne la Sainte-Baume, à 23 kil. (6 l.) de Brignolles. 1,100 hab. La Sainte-Baume doit son nom à une grotte célèbre dans l'histoire de l'Église et dans les annales de la Provence, où l'on prétend que la Madeleine de l'Évangile avait établi sa retraite pendant les trente dernières années de sa vie. Cette grotte a été pratiquée dans un énorme rocher de nature calcaire, escarpé sur ses deux faces, qui domine une vaste forêt : elle a environ 20 m. de long sur 6 m. de hauteur, et une largeur moyenne de 25 m.; une source d'eau jaillit à peu de distance. A 80 mètres au-dessus du niveau de la grotte, et à 1,000 mètres au-dessus du niveau de la mer, on voit les ruines d'une petite chapelle, qui a reçu le nom de Saint-Pilon ; ce n'est qu'avec beaucoup de peine qu'on parvient à la cime de ce rocher, d'où la vue s'étend jusqu'à la mer. Le Saint-Pilon semble être le centre d'un superbe panorama, dans lequel se dessine, sous le ciel le plus brillant, dans l'atmosphère la plus pure, aux regards du voyageur tournant sur soi-même, la Provence avec ses côtes et ses montagnes, ses rivières et ses torrents, ses monuments et ses souvenirs, ses vallées où la main des hommes laborieux qui les habitent fait fleurir une agriculture digne d'attention et d'encouragement. Rien de plus magnifique que le spectacle qu'on découvre autour de soi, c'est-à-dire, à une hauteur de plus de mille mètres au-dessus du niveau de la mer : le territoire de Marseille, l'étang de Berre, la Crau, le cours du Rhône et les montagnes du Languedoc apparaissent à l'ouest ; au sud, on voit un immense horizon de mer, sur lequel se dessinent l'île Verte et le Bec de l'Aigle, l'emplacement de l'antique Taurventum, près de la Ciotat, le cap qui couvre Toulon de ce côté, la rade d'Hyères, et au loin les montagnes de la Corse ; tandis qu'à ses pieds se déploie la route de Toulon à Marseille, à travers les territoires de Cuges, du Bausset, de la Cadière, etc. : sur cette ligne, à la montagne de Coudon, près de Toulon, viennent se rattacher les chaînes des Maures, sur lesquelles on distingue si bien la chapelle de Notre-Dame de Grâce, près de Pignans ; et plus haut, les montagnes sous-alpines qui commencent à Bargemont, et se terminent au mont Viso et aux Hautes-Alpes ; au nord enfin, une autre chaîne des Basses-Alpes, liée à la Sainte-Victoire et au Leberon, au pied duquel un brouillard indique le cours de la Durance, conduit jusqu'à la montagne de Lure et au mont Ventoux.

ANTIBES. Voyez page 39.

2ᵉ Route, par TOULON, 19 myr. 6 kil.

De MARSEILLE (B.-du-Rhône) à * AUBAGNE ○✓..... 1,7
AUBAGNE à CUJES ○✓........................... 1,2
   * CEYRESTE (à droite de la route).
   * LA CIOTAT (à droite de la route).
CUJES à * TOULON ○✓ (V. N° 137)............. 3,1
TOULON au * LUC (Voy. N° 137)............... 5,1
LE LUC à * ANTIBES (Voyez N° 8)............. 8,5

AUBAGNE. Voyez la Route précédente.
CEYRESTE (*B.-du-Rhône*). Village à 31 kil. (8 l.) de Marseille. 722 hab. C'était jadis une forteresse bâtie par les Romains, dont on distingue parfaitement l'enceinte. Il est entouré de remparts, dans lesquels on a percé des fené-

tres pour les maisons qui y sont adossées. On voit à Ceyreste une fontaine de construction romaine ; c'est un beau carré long, construit en grandes pierres de taille, où l'on arrive par un canal ouvert sur un des flancs.

CIOTAT (la) (*B.-du-Rhône*). Petite ville maritime, à 28 kil. (7 l. 1/4) de Marseille. Trib. de com. Cons. de prud'h. École d'hydr. de 4° cl. ✉ 5,450 hab. La Ciotat occupe l'emplacement de l'ancienne Citharistes, fondée par les Marseillais 160 ans avant l'ère chrétienne. Cette ville est dans une situation des plus agréables, au milieu d'une campagne riante, couverte d'oliviers, de grenadiers et d'orangers. Elle est bâtie au fond d'une anse que forme la mer, sur le bord occidental du golfe de Lèques. L'enceinte, qui est fort grande, est formée par un ancien rempart en assez bon état. Les rues sont bien pavées, bien percées, et presque toutes tirées au cordeau ; les maisons sont en général bâties avec goût et très-proprement décorées, tant à l'extérieur qu'à l'intérieur. La plus grande longueur de la ville est du nord au sud ; l'exposition générale est à l'est. Une très-belle esplanade, appelée la Tasse, qui domine le golfe et s'étend au nord de l'entrée du port, sert de promenade et offre une vue magnifique. — L'église paroissiale est un vaste édifice, construit dans le XVIe siècle ; l'intérieur est très-orné. — L'hôtel de ville a peu d'apparence ; mais la principale salle est très-vaste, et la salle du conseil richement décorée. — PATRIE de l'amiral Gantheaume. — FAB. d'huiles. Construction de navires de toutes grandeurs. Armements pour la pêche. Cabotage. — COM. de vins très-estimés, fruits secs et figues blanches de son territoire.

CUJES (*B.-du-Rhône*). Bourg à 27 kil. (7 l.) de Marseille. ✉ ⚜ 1,900 hab. Il est construit en forme de croix, et traversé par la grande route dans le sens de sa longueur ; les rues en sont étroites et mal pavées. La place publique est ornée d'une fontaine abondante, qui fournit l'eau nécessaire aux besoins des habitants, et sert en outre à l'arrosage d'un grand nombre de jardins.

TOULON. Voyez N° 25, de Marseille à Antibes.

N° 86.

ROUTE DE PARIS A MAUBEUGE (NORD).
21 myriamètres 8 kilomètres.

	m. k.
De PARIS à * LAON ⚜ (Voy. N° 73).............	13,0
LAON à MARLE ⚜........................	2,2
MARLE à * VERVINS ⚜.....................	1,5
VERVINS à LA CAPELLE ⚜...................	1,6
LA CAPELLE à * AVESNES ⚜.................	1,7
AVESNES à * MAUBEUGE ⚜..................	1,8
De VERVINS à * GUISE ⚜...................	2,4
D'AVESNES à SOLRE-LE-CHATEAU ⚜...........	1,4
D'AVESNES à TRELON ⚜....................	1,6

VERVINS (*Aisne*). Ville située en amphithéâtre, sur le penchant d'une colline non loin du ruisseau de Vilpion, qui traverse son territoire. A 40 kil. (10 l.) N. N. E. de Laon. — ✉ ⚜ — 2,571 hab. — Vannerie, bonneterie.

VOITURES PUBLIQUES. Pour Laon, la Capelle, tous les jours. Douze voitures pour St-Quentin par Guise.

MAUBEUGE (*Nord*). Ville forte, à 18 kil. (4 l. 1/2) d'Avesnes. Place de guerre de 3ᵉ classe. ⊠ ⚛ 6,240 hab. Cette ville est dans une forte situation, sur la Sambre qui y est navigable. Elle est bien bâtie, propre et bien percée. — FAB. d'ouvrages en fer battu et coulé ; de ferblanterie, clouterie. — MANUF. royale d'armes à feu. — HÔTELS : de la Poste, du Nord, de la Couronne.

VOITURES PUBLIQUES. Tous les jours, pour Valenciennes, Sedan, Avesnes, Mons.

N° 87.

ROUTE DE PARIS A MELUN (SEINE-ET-MARNE).

1ʳᵉ Route, par VILLENEUVE-SAINT-GEORGES, V. N° 82.   4,4

2ᵉ Route, par BRIE-COMTE-ROBERT, 4 myr. 7 kil.

	m. k.
De PARIS à * CHARENTON ⚛	0,7
* SAINT-MAUR-LE-PONT (à gauche de la R.).	
CHARENTON à * GROSBOIS ⚛	1,4
GROSBOIS à * BRIE-COMTE-ROBERT ⚛	0,8
BRIE-COMTE-ROBERT à * MELUN ⚛	1,8

De * BRIE-COMTE-ROBERT à LIEUSAINT ⚛ 1,3

De * MELUN à PONTHIERRY 1,0

MAUR-LE-PONT (SAINT-) (*Seine*). Village situé à la naissance du canal de son nom, sur la rive gauche de la Marne, à 15 kil. (3 l. 3/4) de Sceaux et à 12 kil. (3 l.) de Paris. 300 hab. Le canal de Saint-Maur coupe la côte qui sépare les deux bassins que forme la Marne auprès de Saint-Maur, fait éviter aux bateaux le coude qu'elle fait en cet endroit, assure en tout temps une bonne navigation, et efface une des plus grandes sinuosités de cette rivière, en réunissant, sur une longueur de 1,110 mètres, deux parties que séparaient 10,000 mètres. Ce canal est formé d'un seul alignement, et se compose de deux parties distinctes : l'une souterraine, dont la longueur est de 600 m. environ.

MELUN. Voy. page 434.

DE MELUN A DAMMARTIN, 7 myr. 5 kil.

	m. k.
De MELUN à GUIGNES ⚛	1,5
* MAINCY (à gauche de la route).	
GUIGNES à FONTENAY (Seine-et-Marne) ⚛	1,0
FONTENAY a COUILLY ⚛	2,1
COUILLY à * MEAUX ⚛	0,9
MEAUX à * DAMMARTIN ⚛	2,0

MAINCY (*Seine-et-Marne*). Village situé à 4 kil. (1 l.) de Melun, 1,000 h. Le château de VAUX-LE-PRASLIN est une dépendance de cette commune. L'avant-cour est décorée de portiques et fermée, du côté de l'avenue, par une grille que soutiennent des cariatides; deux bassins, enrichis de groupes, l'ornent; et l'édifice est lui-même entouré de larges fossés remplis d'eau vive, et bordés d'une balustrade en pierre. Un superbe vestibule communique à un grand salon ovale dont l'architecture se compose d'arcades et de pilastres d'ordre composite. Les appartements sont ornés de figures en stuc et de peintures magnifiques. Du côté des jardins, la façade offre deux pavillons ornés de pilastres ioniques. Deux petits avant-corps qui les accompagnent sont surmontés d'une balustrade régnant pareillement sur le dôme, qui est terminé par un campanile. Le milieu de la façade est décoré de quatre colonnes doriques; au-dessus sont autant de pilastres ioniques avec un fronton ; et sur l'entablement s'élèvent quatre figures. De magnifiques bassins, une belle pièce d'eau, d'un arpent carré, au centre de laquelle est une figure en marbre représentant Neptune sur une conque marine tirée par trois chevaux; une chute d'eau; un canal d'un quart de lieue de long : tels sont les principaux ornements de cette immense propriété.

MEAUX. Voyez page 271.

DAMMARTIN (*Seine-et-Marne*). Jolie petite ville, située en amphithéâtre sur une montagne d'où l'on jouit d'une vue magnifique, qui s'étend de tous les côtés à plus de 62 kil. (15 ou 16 l.) ⊠ ☞ 1,712 hab. A la sortie de cette ville, près du grand chemin qui conduit à Nanteuil, sont les restes solides du fameux château de Dammartin, dont il est tant parlé dans l'histoire.

DE MELUN A LAON, 15 myr. 4 kil.

De MELUN à * MEAUX ☞ (V. ci-dessus)............ 5,5
MEAUX à MAY-EN-MULCIEN ☞.................. 1,8
MAY à * VILLERS-COTTERETS ☞ 2,5
   * LA FERTÉ-MILON (sur la route).
VILLERS-COTTERETS à * SOISSONS (Voy N° 126)... 2,3
SOISSONS à * LAON (V. N° 73)............,..... 3,3

MAY-EN-MULCIEN (*Seine-et-Marne*). Joli village à 18 kil. (4 l. 1/2) de Méaux. ⊠ 850 hab. L'église paroissiale est une des plus anciennes du département; les pleins cintres de ses deux portiques paraissent être du dix-neuvième siècle. Sa tour est la plus belle de toutes celles du diocèse, après celle de la cathédrale de Meaux.

FERTÉ-MILON (la) (*Aisne*). Petite ville à 27 kil. (7 l.) de Château-Thierry. ⊠ 4,716 hab. Cette ville, bâtie en amphithéâtre sur un coteau peu élevé, est traversée par la rivière de l'Ourcq, dont les sinuosités gracieuses à travers de belles prairies offrent un coup d'œil charmant. Elle est ceinte de murailles, et remarquable par les ruines d'un ancien château fort bâti dans le douzième siècle. C'est la patrie de Jean Racine, qui y est né le 23 décembre 1639. Cette ville possède la statue en marbre du poëte immortel dont elle se glorifie ; l'exécution de ce monument, destiné à décorer la place de l'hôtel de ville, a été confiée aux soins de M. David, ancien pensionnaire du roi à Rome. La bibliothèque publique du chef-lieu du département, qui renferme 16 à 17,000 volumes, a déjà été gratifiée d'un très-beau buste de Racine, en marbre blanc, exécuté par M. Stabinesky.—COMMERCE de grains, farines, bois de chauffage et charbon pour l'approvisionnement de Paris.—HÔTELS : du Soleil-d'Or, du Sauvage, du Lion-d'Argent.

VILLERS-COTTERETS (*Aisne*). Petite ville, à 29 k. (7 l. 1/2) de Soissons. ⊠ ☞ 2,688 hab. Elle est située au milieu de la forêt de Retz et traversée par la grande route de Paris à Soissons. On y remarque un ancien château, construit sous le règne de François Ier, où est établi le dépôt de mendicité du département de la Seine. Sur la place du marché est une belle fontaine. On voit près de Villers-Cotterets les ruines pittoresques de l'église de l'abbaye de Longpont, fondée au douzième siècle.— PATRIE de Demoustier; du général Dumas ; de

L.-G. Otto, diplomate.—FABRIQUES de bonneterie, châles, peignes de corne, boissellerie, etc.

VOITURES PUBLIQUES. Tous les jours pour Paris; à volonté pour Soissons.
CHEMIN DE FER de Villers-Cotterets au Port-aux-Perches, pour faciliter les transports des bois de la forêt.

DE MELUN A TROYES.

1re Route, par NANGIS, 12 myr. 2 kil.

                                                              m. k.
De MELUN à CHATILLON-LABORDE ⚐....... 1,1
    CHATILLON-LABORDE à * NANGIS ⚐....... 1,5
    NANGIS à * TROYES (Voy. N° 23)........ 9,6

2e Route, par SENS, 13 myr.

                                                             m. k.
De MELUN à * SENS ⚐ (V. N° 82)........ 6,6
    SENS à THEIL ⚐........................ 1,1
    THEIL à VILLENEUVE-L'ARCHEVÊQUE ⚐.... 1,3
    VILLENEUVE à ESTISSAC ⚐.............. 2,0
    * RIGNY-LE-FÉRON (à droite de la route).
    * BÉRULLES (à droite de la route).
    ESTISSAC à * TROYES ⚐................ 2,0

RIGNY-LE-FÉRON (*Aube*). Joli bourg sur la Vanne, à 39 kil. (10 l.) de Troyes. 1,226 hab. Ce bourg est formé de rues larges, droites, bien pavées, et bordées de maisons bien bâties, dont l'ensemble offre l'aspect d'une petite ville. Il est précédé de belles avenues, qui servent de promenades, et possède deux places publiques; une halle spacieuse; une belle église paroissiale, où l'on remarque de magnifiques vitraux, ouvrage du célèbre Jean Cousin, représentant la généalogie de Jésus-Christ et les principaux traits de la vie de saint Martin. C'est la patrie du célèbre cardinal de Bérulles.

BÉRULLES (*Aube*). Bourg situé à 31 kil. (8 l.) de Troyes. 782 hab. L'église de ce bourg est une des plus belles et des plus hardies de toute la contrée. La nef a 11 m. 36 c. de large sur 13 m. ou 16 m. de hauteur, et n'est soutenue sur aucun pilier; le chœur est un chef-d'œuvre d'architecture; deux seuls piliers, éloignés l'un de l'autre de 11 m. 36 c., soutiennent une voûte élevée de 19 m. 49 c. Les vitraux sont des morceaux achevés; enfin la tour est ce que les plus habiles architectes de ce temps ont pu faire de mieux pour éterniser leur mémoire.

TROYES. Voyez page 142.

N° 88.

ROUTE DE PARIS A MENDE (LOZÈRE),

56 myriamètres 7 kilomètres.

                                                                 m. k.
De PARIS à * MOULINS ⚐ (Voy. N° 98)........ 28,6
    MOULINS à * CLERMONT ⚐ (V. N° 44)....... 9,4
    CLERMONT à LEMPDE ⚐ (Voyez N° 114)...... 5,5

Lempde à Massiac ⚘	1,8
Massiac à la Baraque (Cantal) ⚘	0,9
La Baraque à *Saint-Flour ⚘	1,9
Saint-Flour à la Bessière-de-Lair ⚘	2,0
La Bessière à * Saint-Chély ⚘	1,8
Saint-Chély à Saint-Amans (Lozère) ⚘	2,6
Saint-Amans à * Mende ⚘	2,2

* Marvejols (à droite de la route).
* Saint-Laurent (à gauche de la route).
* Jaujac (à gauche de la route).

CHÉLY-D'APCHIER (SAINT-) (*Lozère*). Petite ville située au milieu des montagnes, à 31 kil. (8 l.) de Marvejols. ✉ ⚘ 1,651 hab. On trouve aux environs une source d'eau minérale.

MARVEJOLS (*Lozère*). Jolie petite ville. Sous-préfect. Trib. de 1re inst. Société d'agric. Collége comm. Ch. des manuf. ✉ ⚘ 3,885 hab. Cette ville est située sur la rive droite de la Colagne, dans un vallon très-ouvert, planté d'une grande quantité d'arbres fruitiers. Elle est régulièrement construite, bien pavée, ornée de fontaines, et possède une assez belle place décorée aussi d'une fontaine et de deux bassins. A 559 kil. (143 l. 1/2) de Paris.

VOITURES SUSPENDUES, partant tous les jours pour Mende, Paris et tout le midi.

LAURENT-DES-BAINS (SAINT-) (*Ardèche*). Village à 27 kil. !(7 l.) de l'Argentière. 700 hab. Ce village, bâti dans un vallon étroit et sauvage, semble être dédommagé des rigueurs de la nature par des eaux salines thermales, dont la réputation s'accroît tous les jours. La source sort par une ouverture horizontale, au pied d'un haut escarpement de rochers granitiques. Saint-Laurent offre trois établissements pour les bains, et dans chacun d'eux un local formant deux bassins collatéraux. La température du premier bassin, pour l'usage du bain, est déterminée depuis le 34° jusqu'au 37° centig.; celle du second, depuis 32 jusqu'à 34. Les eaux s'emploient en boisson, en bains et en douches. Elles sont très-salutaires dans le traitement des paralysies, des affections rhumatismales, de la goutte, des tumeurs blanches, et en général dans toutes les maladies chroniques. La saison commence en juillet, et se prolonge jusqu'en octobre.

JAUJAC (*Lozère*). Bourg à 14 kil. (3 l. 1/2) de l'Argentière. 1,700 hab. On y trouve une source d'eau thermale, dite de Peschier, située un peu au-dessous du cratère de la Coupe de Jaujac. — Aux environs on remarque le cratère de l'ancien volcan de Saint-Lager, enceinte circulaire formée par des roches granitiques disposées en amphithéâtre, et terminées en pic; l'intérieur offre des plaines cultivées et des nappes d'eaux minérales froides ou chaudes, qui sortent, les unes du centre du cratère, et les autres, des hauteurs d'alentour. Ce qui distingue ce cratère de celui des autres volcans, c'est que son élévation est peu considérable; il est placé au pied d'une montagne, et dans un vallon au fond duquel coule la rivière d'Ardèche, qui baigne ses laves. Cette situation contribue beaucoup sans doute au grand nombre et à la chaleur des eaux minérales qui en sortent, ainsi qu'aux phénomènes qu'il présente; car il faut savoir que ce cratère n'est qu'un grand crible, à travers lequel s'échappent en abondance des vapeurs méphitiques qui donnent la mort à tout être animé qui les respire.

MENDE. Ville ancienne. Chef-lieu du département de la Lozère. Trib. de 1re inst. Ch. des manuf. Soc. d'agr., sciences et arts. Collége comm. ✉ ⚘ 5,822 hab. Mende est une ville agréablement située sur le bord du Lot, dans un vallon entouré de montagnes d'où coulent de nombreux ruisseaux qui arrosent et fertilisent les jardins des bastides éparses aux alentours. La ville est entourée d'un petit boulevard qui sert de promenade, mais ses rues sont mal percées, étroites et tortueuses; elle renferme un assez grand nombre de fontaines publiques, parmi lesquelles on remarque celle du Griffon.— La cathédrale est une église gothique, remarquable par ses deux clochers, dont l'un passe pour un chef-d'œuvre de délicatesse et d'art. L'ancien palais épiscopal, devenu l'hôtel de la préfecture, renferme une belle galerie et un beau salon, dont les plafonds sont enrichis de bonnes peintures par Besnard. Mende possède une bibliothèque publique riche de 6,600 volumes.— Sur la montagne qui domine Mende, et qui s'élève en vue de la ville à plus de 200 mètres, est l'ermitage de Saint-Privat, taillé en partie dans le roc.— FABRIQUES et COMMERCE considérable de draps communs, connus sous le nom de serges de Mende, que l'on expédie pour l'Espagne, l'Italie, l'Allemagne et l'intérieur. Papeterie.

VOITURES PUBLIQUES. Tous les jours pour Montpellier, Nîmes, Clermont-Ferrand, St-Flour, le Puy (par Langogne), Marvejols, Meyrueis.

BUTS D'EXCURSIONS : à *Lanuejols* (7 kilom.). (*Voy.* ce mot, n° 101, route de Nîmes); aux *eaux de Bagnols* (9 kil. E.); aux ruines d'*Alène* (12 kil.); à l'*ermitage de Saint-Privat* (1 kil.).

OUVRAGES A CONSULTER. *Topographie de la Lozère*, par Dubois, in-12, 1839. *Mémoires historiques sur le pays de Gessandon et la ville de Mende*, in-8°, 1829. *Voyage dans les Cévennes et la Lozère*, par de Chesnel, in-18, 1829.

N° 89.

ROUTE DE PARIS A METZ (MOSELLE).

1re Route, par ÉPERNAY, V. N° 60............... 31,6

DE METZ A DEUX-PONTS, 11 myr. 8 kil.

              m. k.
De *METZ à COURCELLES-CHAUSSY ☞............... 1,8
COURCELLES-CHAUSSY à FOULIGNY ☞............ 0,8
FOULIGNY à SAINT-AVOLD ☞................... 1,7
SAINT-AVOLD à PUTTELANGE ☞................. 1,9
PUTTELANGE à *SARREGUEMINES ☞............. 1,3
SARREGUEMINES à RORBACH (Moselle) ☞....... 1,8
RORBACH à * BITCHE ☞....................... 1,3
BITCHE à ESCHWEILER ☞..................... 1,2
 * WALSCHBRONN (à droite de la route).
ESCHWEILER à DEUX-PONTS ☞ (poste étrang.)... 1,7

De PUTTELANGE à ALTROF ☞................... 1,6

SARREGUEMINES (*Moselle*). Petite ville. Sous-préf. Trib. de 1re instance. Soc. d'agric. Collége comm. Bureau de douanes. ⊠ ☞ 4,189 hab. Cette ville se nommait autrefois Guemonde, était fermée de murailles et défendue par un château, aujourd'hui détruit. Elle est bâtie dans une agréable situation, au confluent de la Sarre et de la Bélise. Le duc Léopold y avait fondé, en 1621, un couvent de capucins, dont les vastes bâtiments renferment aujourd'hui la sous-préfecture, le palais de justice et le collége; les prisons sont remarquables par leur construction et leur situation dans un lieu sain et aéré.—FAB. de tabatières en carton, qu'on établit dans plusieurs villages environnants et dont Sarreguemines est l'entrepôt : on en expédie annuellement plus de 100,000 douzaines. Manufacture renommée de faïence et de poterie façon anglaise. — A 70 kil. (18 l.) de Metz, 383 kil. (98 l. 1/2) de Paris. — HÔTELS : de la Couronne-d'Or, de la Croix-d'Or, du Lion-d'Or, nouvellement restauré et agrandi, tenu par V° Rouff.

VOITURES PUBLIQUES. Tous les jours pour Metz, Nancy, Strasbourg.

BITCHE (*Moselle*). Petite ville forte, à 39 kil. (10 l.) de Sarreguemines. Place de guerre de 4ᵉ classe. ⌧ ⚭ 3,132 hab. Cette place, destinée à défendre le défilé des Vosges, entre Weissembourg et Sarreguemines, domine d'étroites vallées, d'immenses forêts de sapins et des montagnes tapissées de bruyères. La ville basse, autrefois appelée *Kaltenhausen*, est bâtie au pied d'un rocher, près d'un grand étang où la Horne prend naissance. Le château, placé à 400 mètres au-dessus du niveau de la mer, est bâti sur un rocher de 50 mètres d'élévation au-dessus du fond de la vallée, isolé au milieu de la ville, et surmonté d'un autre rocher de plus de 25 mètres de haut. L'enceinte du fort se compose de quatre bastions avec une demi-lune couronnée et un ouvrage à cornes. Tout l'intérieur du rocher est voûté et casematé : on y a construit un local assez considérable pour y recevoir, en cas de siége, une centaine de malades ou de blessés. Cette forteresse est un vrai chef-d'œuvre, dans son ensemble comme dans ses parties; elle peut être armée de 80 pièces de canon de tout calibre : 1,000 hommes suffisent pour sa défense. L'eau ne lui manque pas : elle possède cinq citernes très-belles, et en outre un puits profond d'environ 80 mètres, taillé dans le roc, dont l'eau est excellente.

OUVRAGE A CONSULTER. *Topographie de Bitche*, par Reignier. (Mém. de méd. militaire, 1826.)

WALSCHBRONN (*Moselle*). Village à 41 kil. (10 l. 1/2) de Sarreguemines. 1,450 hab. Ce village, dont le nom signifie *Fontaine des Forêts*, est situé au pied d'une montagne d'où découle une source bitumineuse contenant du pétrole blanc.

DE METZ A LUXEMBOURG, 2 myr. 8 kil. et 4 postes.

	m. k.
De METZ à MONDELANGE ⚭	1,7
MONDELANGE à * THIONVILLE ⚭	1,1
THIONVILLE à FRISANGE ⚭ (poste étrangère)	1 p. 3/4
FRISANGE à LUXEMBOURG ⚭ (poste étrangère)	2 p. 1/4

THIONVILLE (*Meurthe*). Jolie et forte ville. Sous-préf. Place de guerre de 3ᵉ classe. Trib. de 1ʳᵉ inst. Soc. d'agric. Collége comm. ⌧ ⚭ 5,645 hab. — Thionville n'est connu que depuis le cinquième siècle ; c'était alors un des riches domaines que les rois de France habitaient pour y soigner la rentrée de leurs revenus territoriaux. Cette ville est la seconde du département par son importance militaire et par sa population. La ville et ses fortifications occupent une surface parfaitement plane ; on y entre par trois portes : celles de Metz, de Luxembourg et du Pont-Couvert. La plupart des rues sont larges, mais en général irrégulièrement percées. Les maisons sont solidement construites ; quelques-unes appartiennent au seizième siècle, époque que constate sur plusieurs bâtiments une date sculptée. La Moselle, large de 130 mètres, borne la ville au midi ; pour se rendre sur la rive droite, on la traverse sur un pont couvert qui est loin de mériter la réputation dont il jouit. La place d'armes est belle ; trois corps de casernes en occupent trois côtés ; le quatrième est occupé par le manége de cavalerie, regardé comme un des plus beaux qu'il y ait en France. — Parmi les édifices publics dignes de fixer l'attention, on cite l'église paroissiale, achevée en 1760. L'intérieur présente un chœur en hémicycle, entouré de pilastres ; une nef et des collatéraux séparés de chaque côté par six colonnes d'ordre ionique ; le tout voûté en berceau avec arcs doubleaux intermédiaires. On remarque encore à Thionville les casernes; la halle aux blés; la salle de spectacle; le manége; le collége; l'hôpital civil. — Le gouverneur habitait, avant la révolution, un vaste hôtel fort simple, occupé aujourd'hui par la sous-préfecture, le tribunal, la mairie et la caserne de gendarmerie; près de ce bâtiment est un jardin de botanique bien entretenu. — — FABRIQUES de bonneterie. Aux environs, nombreuses distilleries d'eau-de-vie de grains, de cerises et de prunes. — A 27 kil. (7 l.) de Metz, 339 kil. (87 l.) de Paris. — HÔTELS : de Saint-Hubert, de la Poste.

VOITURES PUBLIQUES. Tous les jours pour Metz, Longwy, Luxembourg et la Prusse, par Sierck.

OUVRAGE A CONSULTER. *Histoire de Thionville*, par Teissier, in-8°, 1808.

DE METZ A NANCY.

1re Route, par BELLEVILLE, 5 myr. 7 kil.

m. k.
De METZ à * PONT-A-MOUSSON ⚹ (V. la Route suiv.). 2,9
PONT-A-MOUSSON à BELLEVILLE (Meurthe) ⚹.... 1,1
  * DIEULOUARD (sur la route).
BELLEVILLE à * NANCY ⚹.................. 1,7

PONT-A-MOUSSON. Voyez page 110.

DIEULOUARD (*Meurthe*). Bourg situé au pied d'une côte escarpée, sur la rive gauche de la Moselle, à 21 kil. (5 l. 1/4) de Nancy. 1,335 hab. C'est un lieu très-ancien, bâti sur une partie de l'emplacement de l'antique ville de Scarpone, prise et saccagée par les Hongrois en 906. On y remarque les restes d'un antique château, ainsi qu'une église du moyen âge avec un portail d'architecture moderne d'ordre corinthien.

OUVRAGE A CONSULTER. *Ruines de Scarpone, l'antique Serpane, et histoire de cette ville*, par C. L. Mathieu, in-8°, 1834.

2e Route, par VELAINE, 8 myr. 5 kil.

m. k.
  * JOUY (à droite de la route).
De * METZ à LA LOUPE (Moselle)................... 1,8
LA LOUPE à * PONT-A-MOUSSON ⚹............ 1,1
PONT-A-MOUSSON à ROZIÈRES-EN-HAYE ⚹....... 1,6
  * LIVERDUN (à gauche de la route).
ROZIÈRES-EN-HAYE à * TOUL ⚹.............. 1,7
TOUL à * NANCY ⚹ (Voy. N° 127)............ 2,3

JOUY-AUX-ARCHES (*Moselle*). Village situé sur la rive droite de la Moselle, à 8 kil. (2 l.) de Metz. 800 hab. On y voit les restes d'un bel aqueduc romain, qui joignait, sur une longueur de 1120 mètres, les deux coteaux entre lesquels coule la Moselle, et était destiné à conduire les eaux de Gorze à Metz. La longueur totale de cet aqueduc, depuis le moulin de Gorze jusqu'aux vignes de Montigny, était de plus de 23 kil. (6 lieues) de poste. Il reste encore de ce beau monument cinq arches sur la rive gauche de la Moselle, et dix-sept dans le village de Jouy, sur la rive droite; l'arche sous laquelle passe à Jouy la route de Metz à Nancy a 18 m. 51 c. de haut.

LIVERDUN (*Meurthe*). Bourg bâti dans une situation extrêmement pittoresque, sur le revers d'une côte escarpée, au bas de laquelle coule la Moselle, à 20 kil. (5 l.) de Toul. 930 hab. Les rochers sur lesquels il s'élève en partie; les bois qui l'entourent à l'ouest et au sud; les prairies riantes que baignent les eaux de la Moselle; quelques vieux restes de fortifications encore intacts,

N° 90. ROUTE DE PARIS A MÉZIÈRES.   513

forment un ensemble admirable, qui a souvent exercé les pinceaux des artistes.
TOUL. Voyez N° 127. NANCY. Voyez page 285.

DE METZ A PHALSBOURG.

Par CHATEAU-SALINS, Voy. N° 127, 6ᵉ Route de Paris à Bordeaux.... 11,1

DE METZ A SARREBOURG, pour TRÈVES,

4 myr. 7 kil. et 3 postes.

De METZ à * THIONVILLE ⚘ (V. page 511)........ 2,8
THIONVILLE à * SIERCK ⚘................... 1,9
SIERCK à SARREBOURG ⚘ (poste étrangère) 3 p. ou 2,6

SIERCK (*Moselle*). Petite ville située sur la rive droite de la Moselle, à peu de distance des frontières belges et prussiennes, et à 20 kil. (5 l.) de Thionville. Bureau principal des douanes. ✉ ⚘ 2,028 hab. Cette ville est bâtie dans un fond, entre le Stromberg et les rochers du vallon de Montenach. Elle est entourée de murailles et défendue par le château situé sur une esplanade élevée qui commande le cours de la Moselle à une grande distance. Les plus belles habitations bordent la rive droite de la rivière, sur un quai où passe la chaussée de Trèves à Thionville; le reste est distribué en rues étroites et montueuses sur l'escarpement de la montagne. Les murs crénelés du château, l'ancien couvent des récollets qui y touche, le cours de la Moselle couverte de bateaux, une forêt d'arbres fruitiers plantés sur les coteaux, offrent un point de vue charmant que les étrangers ne se lassent pas d'admirer. — Au-dessous de Sierck est le camp de Künsberg, célèbre dans l'histoire de la castramétation, où le maréchal de Villars arrêta le célèbre Marlborough, commandant de l'armée anglo-batave.

DE METZ A SARRELOUIS, 3 myr. 8 kil.

m. k.
De METZ aux ÉTANGS ⚘................... 1,7
LES ÉTANGS à * BOULAY ⚘................ 1,0
BOULAY à TROMBORN ⚘................... 1,1
TROMBORN à SARRELOUIS ⚘ (poste étrangère)... 1,6

BOULAY (*Moselle*). Petite ville à 24 kil. (6 l. 1/4) de Metz. ✉ ⚘ 2,689 hab. Elle était jadis entourée de murailles et défendue par un château dont il reste encore quelques vestiges. Les rues sont étroites et assez mal percées; la place publique, sur laquelle s'élève l'hôtel de ville, est vaste et décorée d'une fontaine. On doit visiter l'église paroissiale, vaste édifice riche d'ornements, dont le chœur a été décoré récemment de belles peintures. — FABRIQUES de colle forte, noir d'ivoire, quincaillerie dite d'Allemagne, etc. — HÔTELS : du Milan-d'Or, du Cerf, du Lion-d'Or.

☙☙☙☙☙☙☙☙☙☙☙☙☙☙☙☙☙☙☙☙☙☙☙☙☙☙☙☙☙☙☙☙☙

N° 90.

ROUTE DE PARIS A MÉZIÈRES (ARDENNES).

23 myriamètres 6 kilomètres.

m. k.
De PARIS au BOURGET ⚘............... 1,1
BOURGET au MESNIL-AMELOT ⚘........... 1,6

22.

N° 90. ROUTE DE PARIS A MÉZIÈRES.

Le Mesnil à Dammartin ⚭	0,8
Dammartin à Nanteuil-le-Haudouin ⚭	1,4
Nanteuil à Lévignen ⚭	1,0
* Betz (à droite de la route).	
* Crépy (à gauche de la route).	
Lévignen à * Villers-Cotterets ⚭	1,5
Villers-Cotterets à Verte-Feuille ⚭	1,1
Verte-Feuille à * Soissons ⚭	1,2
Soissons à * Braine-sur-Vesle ⚭	1,8
Braine à * Fismes ⚭	1,3
* Mont-Notre-Dame (à droite de la route).	
Fismes à Jonchery ⚭	1,0
Jonchery à * Reims ⚭	1,7
Reims à Isle ⚭	1,7
Isle à * Rethel ⚭	2,0
Rethel à Saulces-aux-Bois ⚭	1,3
Saulces-aux-Bois à Launoy ⚭	1,0
Launoy à * Mézières ⚭	1,9
De Dammartin à * Ermenonville	1,2

BETZ (*Oise*). Bourg à 27 kil. (7 l.) de Senlis. 480 hab. On y voit un beau château en pierres de tailles, environné de belles plantations, dont le parc est distribué en vastes prairies, en bois, en potagers et en vergers. La rivière de Grinolle y fait différentes chutes, qui se terminent par une cataracte à travers des rochers. On y remarque un temple à l'amitié, un ermitage, et une ruine représentant les restes d'un vieux château flanqué d'une tour très-élevée. Au milieu d'un bois planté d'arbres verts, sont les tombeaux des chevaliers Thibault, Roger et autres, propriétaires de cette terre.

CRÉPY (*Oise*). Petite ville, anciennement capitale du duché de Valois. ⌧ 2,619 hab. A 23 kil. (6 l.) de Senlis. Ce n'était jadis qu'un château, construit à la fin du dixième siècle par Gauthier, comte d'Amiens. Il fonda ensuite l'abbaye de Saint-Arnould. Ce château et cette abbaye donnèrent naissance à la ville de Crépy, qui, par la suite et jusqu'à la fin du treizième siècle, fut l'une des plus fortes places de cette époque. On distinguait cinq quartiers dans la ville : celui du Donjon, celui du Château, le Bourg, la Ville et les Bordes. — Les fortifications de Crépy éprouvèrent des dégradations considérables par les guerres des Navarais et des Anglais. Louis, duc d'Orléans, frère du roi Charles VI, fit rétablir ces fortifications en 1431. La même année, les Anglais et les Bourguignons prirent Crépy, passèrent la garnison au fil de l'épée, pillèrent la ville et en incendièrent une partie ; plus de 1,500 maisons furent détruites. En 1433, Charles VII la fit reprendre par escalade et passer la garnison par les armes. Le duc d'Orléans répara tout ce qui avait échappé à l'incendie : cette restauration fut l'origine de la ville actuelle. L'ancienne ville de Crépy renfermait, dans l'espace actuellement découvert qu'on traverse en allant de Crépy à Duvy, deux vastes châteaux : le palais de Bouville et le château fort ou le donjon ; on y voyait huit beaux hôtels, cinq couvents et cinq églises. En 1588, la ville de Crépy fut prise par les ligueurs. Henri IV la reprit ensuite et fit réparer les fortifications. On y remarque l'église de Saint-Denis, dont le chœur est soutenu par deux colonnes de chacune deux pieds de diamètre, regardées comme un chef-d'œuvre d'architecture. Il reste encore de belles ruines de l'église Saint-Thomas ; le clocher, encore debout, est remarquable par son architecture gothique. L'ancien château ne présente plus que de vieilles murailles. La ville est environnée d'un cours planté d'arbres et de promenades agréables ; la place publique est vaste.

BRAINE-SUR-VESLE (*Aisne*). Petite ville sur la Vesle, à 16 kil. (4 l.) de

Soissons. ◨ ☞ 1,352 hab. Il y avait une abbaye de prémontrés, fondée en 1130, dont l'église est un monument que les gens de l'art regardent comme un des chefs-d'œuvre d'architecture du treizième siècle. — On trouve à Braine des sources d'eaux minérales qui approchent des eaux de Passy, près Paris.

MONT-NOTRE-DAME (*Aisne*). Village situé à 23 kil. (6 l.) de Soissons. 600 hab. Il est remarquable par les ruines d'une belle collégiale fondée sous le règne de Charles le Chauve.

REIMS (*Marne*). Grande et très-ancienne ville. Sous-préfect. Archevêché. Trib. de 1re inst. et de comm. Ch. et bourse de comm. Conseil de prud'h. Coll. royal. ◨ ☞ 35,791 hab. Reims existait longtemps avant l'invasion romaine; c'était la ville principale de la Gaule Belgique, qui portait le nom de *Durocortorum*. Cette ville est située au pied de montagnes calcaires, sur la rive droite de la Vesle, dans un vaste bassin entouré de collines plantées de vignes qui produisent d'excellents vins. Elle est en général bien bâtie, formée de rues larges et assez bien percées. Les places publiques sont vastes et pour la plupart régulières. Les remparts qui entourent la ville ont une lieue de circuit, sont plantés d'arbres, et forment d'agréables promenades; le cours est de toute beauté. Un château d'eau, élevé hors de la ville, renferme une machine hydraulique au moyen de laquelle les eaux de la Vesle sont conduites dans dix-sept fontaines réparties dans les différents quartiers.

La CATHÉDRALE est un des plus beaux édifices gothiques du treizième siècle qui existent en Europe. Le feu la détruisit en 1210, le 24 juillet, avec une partie de la ville. Robert de Coucy, célèbre architecte de Reims, entreprit de la reconstruire et la mit à peu près dans l'état où elle est aujourd'hui : l'office y fut célébré pour la première fois en 1241. La croisée et le chevet, ayant été brûlés en 1491, furent reconstruits peu de temps après. — La longueur totale de l'édifice est de 142 m. 32 c., sur 93 de large, et 42 m. 83 c. de hauteur jusqu'au sommet de la toiture. Le portail est composé de trois arcades en ogive, dont celle du milieu est la plus large et la plus haute, et de deux frontons chargés de figures. L'ouverture de celle du milieu est de 27 m. 62 c., et celle des deux autres 6 m. 81 c. Ces arcades sont remplies de statues, dont les premières en bas ont de hauteur 2 m. 53 c. Au-dessus de ces statues et sous la voûte de l'arcade du milieu, il y a cinq rangs de petites figures au nombre de 160. Les deux autres arcades ont chacune 97 figures, dont un grand nombre sont mutilées et tombent de vétusté. Chaque rang de ces figures est séparé par une guirlande de fleurs. Ce portail contient plus de 530 statues grandes et petites. Il y en a aussi sur le devant et le haut des arcades, terminées en pyramides. L'arcade gauche représente la passion, la droite le jugement dernier, et celle du milieu le couronnement de la Vierge. Entre les tours, au-dessus de la rose, est la représentation du baptême de Clovis, et plus bas celle du combat de David et de Goliath. Les tours sont composées d'arcades, de piliers, de chapiteaux de pyramides, le tout à jour et en découpures, et se terminent en une espèce de bonnet carré : chacune a 7 m. 78 c. carrés; autour des chapiteaux sont 35 statues d'évêques. La tour méridionale, plus basse que l'autre, ne fut achevée qu'en 1480. — La toiture de l'église est entièrement couverte de plomb. Au milieu de la croisée se trouve une horloge qui sonne tous les quarts d'heure et à deux carillons, l'un pour l'heure et l'autre pour la demi-heure. A l'extrémité de la toiture est placé le clocher à l'Ange : il a de hauteur 17 m. 36 c. et 4 m. 22 c. dans son plus grand diamètre. L'ange posé sur la flèche du clocher est en laiton doré, et a de hauteur 2 mètres. Il tient dans sa main droite une croix de 2 m. 21 cent. Autour du clocher, à sa base, sont huit statues de taille gigantesque, qui toutes représentent des personnes punies du dernier supplice. L'une tient une bourse d'où elle tire de l'argent; une autre porte des marques de flétrissure; plusieurs, percées de coups, présentent des livres ou rôles d'impositions qui paraissent être la cause de leur malheur. Vingt-deux piliers ou arcs-boutants, dont les arcades sont doubles, règnent autour de l'église. A chacun de ces piliers, vers le haut, est une statue d'ange ou de roi, entre deux colonnes. A la partie latérale gauche sont deux grandes portes voisines l'une de l'autre, ayant la même hauteur et la même largeur que les deux plus petites des nefs. D'un côté de la première porte sont les statues colossales de saint Nicaise, de saint Eutrope et d'un ange, et de l'autre celles de saint Remi, d'un ange et d'un roi. A la voûte de cette porte sont placées par étages quarante-quatre petites statues de pécheurs ou de démons, qui regardent d'un œil moqueur le martyre de saint Nicaise et les miracles de saint Remi. A l'autre porte voisine, qui est fermée depuis longtemps, sont encore un grand nombre de petites statues par étages, représentant le jugement dernier et les morts sortant de leurs tombeaux à demi ouverts. — La cathédrale est éclairée par un grand nombre de fenêtres, dont la plupart des vitraux sont peints, et par trois et même quatre roses. Sur celle du midi, à la croisée, on voit représentés les douze apôtres avec leurs attributs, dans des médaillons, au centre desquels le Père éternel est peint sous les traits et les attributs de Jupiter. La rose qui est du côté du nord, au-dessus de l'orgue, n'est pas moins belle : on y a représenté, dans des médaillons, les douze signes du zodiaque. Mais rien n'égale la richesse et la magnificence de la rose du portail, de la galerie vitrée placée au-dessous, et de la petite rose placée dans l'enfoncement au-dessous de celle dont nous venons de parler. La réunion de ces différents vitraux produit un effet admirable, et l'aspect en est ravissant, lorsque, placé au centre de la nef, on en considère l'ensemble au moment du coucher du soleil. En entrant dans l'église on voit d'abord autour de la grande porte cinquante-quatre statues dans des niches, et trente-quatre autour de chacune des portes latérales, sans compter le martyre de saint Nicaise, qui se trouve au haut du pourtour de la grande porte. Au côté droit de la nef on remarque le tombeau de Jovin, Rémois, général de cavalerie et d'infanterie romaine, avec cette inscription :

CÉNOTAPHE
ÉRIGÉ DANS LE QUATRIÈME SIÈCLE
A FLAVIUS JOVIN, RÉMOIS,
PRÉFET DES GAULES, CHEF DES ARMÉES, CONSUL ROMAIN ;
TRANSFÉRÉ DE L'ÉGLISE SAINT-NICAISE,
A LA FIN DU DIX-HUITIÈME SIÈCLE,
AN VIII (1800) DE LA RÉPUBLIQUE.

Ce coffre ou sépulcre est une des plus belles pièces de sculpture antique qu'il y ait en France. Il a 2 mèt. 72 cent. de longueur, 1 mèt. 45 cent. de largeur, et autant de profondeur. Le devant est sculpté, et représente une chasse faite par un prince que l'on voit à cheval, perçant un lion d'une lance qui lui sort entre les côtes. Ce tableau est composé de onze personnages, huit en relief et trois dans le lointain; de trois chevaux, d'un lion et de quatre bêtes de chasse renversées au bas du cadre. Les connaisseurs admirent l'ordonnance et les belles sculptures de ce tableau, dont le plan a deux parties. Dans la première, le principal personnage est en repos, ayant à son côté droit un homme à cheval, et à sa gauche une femme avec un bouclier ; c'est le bord de ce bouclier qui fait adroitement la séparation des deux parties. Dans la deuxième, plus étendue que la première, le principal personnage à cheval enfonce sa lance dans les côtes d'un lion. — Il y a neuf chapelles dans le rond-point de la cathédrale. L'une des plus belles est la chapelle de la Vierge. Vis-à-vis le sanctuaire à gauche on voit l'orgue, dont la hauteur est de 60 pieds; il a vingt-quatre sortes de jeux, et est compté parmi les chefs-d'œuvre en ce genre. A droite du sanctuaire est l'autel des fonts baptismaux, orné de sculptures qui représentent une descente de croix ; on prétend que la cuve a servi autrefois au baptême de Clovis. Les croisées du rond-point du chœur sont en vitraux, et représentent diverses actions de la vie de J. C. Les murs des deux nefs collatérales sont ornés de douze belles tapisseries.

L'ÉGLISE SAINT-RÉMI, la plus ancienne de Reims, fut construite en 1041; elle appartenait à une abbaye de bénédictins. Cette église, où l'on sacra pendant longtemps les rois de France, a 110 mètres de longueur. L'intérieur est d'architecture romaine; la façade, plus moderne, est surmontée de deux clochers à flèches couverts en ardoises. Dans l'intérieur, on remarque le tombeau de saint Remi, mausolée de forme circulaire, dont l'élévation est de 10 m. 1/2, et le diamètre de 5 1/2. L'intérieur est pavé en marbre, et le pourtour environné d'une marche. Autour sont les douze pairs de France, et saint Rémi cathéchisant Clovis.

La PORTE DE MARS est un arc de triomphe qu'élevèrent les Rémois en l'honneur de César et d'Auguste, lorsque Agrippa, gouverneur des Gaules, fit faire de grands chemins militaires qui passaient par cette ville. Cet arc triomphal est complétement enclavé dans le mur d'enceinte dont il fait partie, et ne présente à la vue qu'une de ses grandes façades, offrant deux arcades d'égale grandeur flanquant une arcade centrale et plus grande; huit colonnes corinthiennes la décorent; tous les détails de sculpture sont très-dégradés. La première arcade à gauche en entrant dans la ville représente à la voûte Rémus et Romulus sous une louve. A gauche et à droite sont Faustulus et Acca-Laurentia debout; le cadre est environné de rosaces, qui elles-mêmes sont entourées de trophées d'armes. L'arcade du milieu représente les douze mois de l'année; il ne reste que sept cadres des douze qui existaient. Sur la troisième arcade, on voit à la voûte Léda couchée, ayant un cygne sur elle; au-dessus est l'amour descendant du ciel.

L'HÔTEL DE VILLE, édifice dont la façade a été achevée récemment, a été construit en 1636. Cette façade a 61 mètres de longueur; au milieu, est un pavillon décoré d'une statue équestre de Louis XIII. L'aile gauche renferme une belle bibliothèque contenant 25,000 volumes et environ 1,000 manuscrits.

On remarque encore à Reims la place Royale, décorée d'une statue de Louis XV; la salle de spectacle; la porte de Vesle; l'hôtel des comtes de Champagne, rue du Tambour; l'hôtel de Joyeuse, sur la place de l'Hôtel de ville; l'hôtel de Chevreuse, rue des Gueux, etc., etc. — Plusieurs maisons offrent des inscriptions destinées à perpétuer d'honorables souvenirs. Telles sont celles qu'on lit : à l'hôtel de la Maison-Rouge,

L'an 1429, au sacre de Charles VII,
dans cette Hôtellerie, nommée alors l'Ane rayé,
le père et la mère de Jeanne d'Arc
ont été logés et défrayés par le conseil de ville.

A l'ancienne maison dite Long-Vêtu, rue de Cérès,

JEAN-BAPTISTE COLBERT,
MINISTRE D'ÉTAT SOUS LOUIS XIV,
EST NÉ DANS CETTE MAISON
LE 29 AOUT 1619.

Rue du Marc,

ANTOINE PLUCHE,
AUTEUR DU SPECTACLE DE LA NATURE,
L'UN DES BIENFAITEURS DE LA VILLE,
EST NÉ DANS CETTE MAISON
LE 13 NOVEMBRE 1688.

Outre Colbert et Pluche, Reims est encore la patrie de J. Godinot, qui consacra plus de 500,000 fr. pour la fondation de divers établissements utiles et pour l'embellissement de la ville de Reims, et en l'honneur duquel on n'a encore élevé aucun monument; de Linguet, jurisconsulte et homme de lettres; de Tronçon du Coudray; du célèbre graveur Robert Nanteuil, etc., etc.

INDUSTRIE. Manufactures de draps, silésies, casimirs, flanelles lisses et croisées, ras, burats, couvertures de laine, étoffes pour gilets, tissus, mérinos, châles façon cachemires. — FABRIQUES de bonneteries, étamines à bluteaux, savon noir, chandelles, pains d'épice et biscuits renommés. Nombreuses teintureries; filatures hydrauliques de laine; blanchisseries de cire; brasseries, tanneries et corroiries. — COMMERCE de grains, farines, vins de Champagne, laines peignées, cotons filés, laines, étoffes et tissus de ses nombreuses manufactures, etc. — A 41 kil. (10 l. 1/2) de Châlons, 154 kil. (39 l. 1/2) de Paris. — HÔTELS : de France, du Nouveau-Lion-d'Or, de Bourbon, de la Maison-Rouge, de la Croix-Blanche, des Trois-Maures, de l'Écu-de-France, du Mont-Saint-Michel, de la Croix-d'Or, du Cygne, du Grand-Cerf, de l'Arbre-d'Or.

VOITURES PUBLIQUES. Tous les jours pour Paris, Sedan, Épernay, Laon, Saint-Quentin, la Fère, Châlons, Troyes, Réthel, Place-Royale et au Lion-d'Or.

OUVRAGES A CONSULTER, qui se trouvent à la librairie de Brissard Person, à Reims.

Le Dessin de l'histoire de Reims, par Bergier, in-4°, fig. 1658.
. Histoire civile et politique de Reims, par Anquetil, 3 vol. in-12, 1766.
Description statistique de Reims, par Géruzez, 2 vol. in-8°, 1817.
Observations sur les monuments publics de la ville de Reims, par Derodé Géruzez, in-8°, 1827.
Histoire de toutes les villes de France, par Daniélo (2ᵉ livr., consacrée à l'histoire de Reims), in-8°, 1833.
Description de Reims, par Gérard Jacob, in-8°, 1825.
Essai historique sur la ville de Reims, par Camus d'Aral, in-8°.
Description historique de l'église Notre-Dame de Reims, par Gilbert, in-8°, 1825.

RETHEL (*Ardennes*). Ville ancienne. Sous-préf. Trib. de 1ʳᵉ inst. Ch. des manuf. Soc. d'agric. Coll. comm. ☒ ⌑ 6,585 hab. Cette ville est située sur une montagne, près de la rive droite de l'Aisne, qui y est navigable. C'était autrefois une place forte qui fut prise et reprise plusieurs fois. — FABRIQUES de draps, bonneterie, châles façon cachemires; filature de laine peignée et cardée, et de duvet cachemire. — COMMERCE d'étoffes de laine, fer, clouterie, etc. A 43 kil. (11 l.) de Mézières, 189 kil. (48 l. 1/2) de Paris — HÔTELS : de la Ville-de-Reims, du Commerce, du Cœur-d'Or, du Lion-d'Or.

CHARLEVILLE (*Ardennes*). Jolie ville, agréablement située, sur la rive gauche de la Meuse, à 500 mètres de Mézières, dont elle n'est séparée que par un pont et une belle chaussée bordée d'arbres. Trib. de 1ʳᵉ inst. et de com. Ch. des manuf. Coll. comm. Séminaire. ☒ ⌑ 8,378 hab. — Cette ville doit son origine à Charles de Gonzague, duc de Nevers et de Mantoue, qui la fit bâtir en 1606 et lui donna son nom. Elle est régulièrement bâtie; les rues sont propres, larges et tirées au cordeau. Au centre de la ville est une belle place publique entourée d'arcades et décorée d'une fontaine, où viennent aboutir les quatre rues principales. Les environs offrent de charmantes promenades, notamment celles des Allées, de la route de Flandre et du Petit-Bois. La Meuse, que l'on passe sur un beau pont suspendu, assez solide pour supporter les plus fortes charges, même les trains d'artillerie, y forme un port commode. — Charleville possède un hôpital, un collège, une belle salle de spectacle, une bibliothèque publique, renfermant 22,000 volumes. — PATRIE de l'abbé Longuerne, de P. Carpentier, continuateur de du Cange, du jésuite Courtois, etc. — FABRIQUE d'armes de luxe. — COMMERCE de grains, charbon de terre, fer, marbre, ardoises. Clouterie et ferronnerie. — A 20 kil. (5 l.) de Sedan, 234 kil. (60 l.) de Paris. — HÔTELS : du Commerce, de la Croix-d'Argent.

VOITURES PUBLIQUES. Tous les jours pour Sedan, Givet, Reims, Avesnes, Verdun Metz.

N° 90. ROUTE DE PARIS A MÉZIÈRES.

MÉZIÈRES. Petite ville forte, chef-lieu du département des Ardennes, dont le trib. de 1re ins. est à Charleville. Soc. d'agr., sciences, arts et comm. Place de guerre de 2e classe. ◨ ☞ 3,759 hab.

L'origine de Mézières date de l'année 847. Elle est entourée de fortifications considérables, et défendue par une citadelle située au pied et sur le penchant d'une colline, sur la rive droite de la Meuse, qui la sépare de Charleville. C'est une ville peu spacieuse et généralement mal bâtie. Les seuls édifices publics qu'on y remarque sont l'hôtel de ville, la préfecture, l'Hôtel-Dieu, dont l'établissement remonte à 1412; l'église paroissiale, remarquable par l'élévation des voûtes intérieures et par un beau portail. Le mariage de Charles IX y fut célébré en 1570. — FABRIQUE de ferronnerie. Tanneries renommées. A 21 kil. (5 l. 1/2) de Sedan, 78 kil. (20 l.) de Reims, 232 kil. (59 l. 1/2) de Paris.
— HÔTELS des Postes, du Palais royal.

VOITURES PUBLIQUES. Tous les jours pour Sedan, Givet, Reims, Rethel, Vouziers; Avesnes, Metz, Verdun.

ERMENONVILLE (*Oise*). Joli village à 12 kil. (3 l.) de Senlis, 44 kil. (11 l.) de Paris. 469 hab. — Ermenonville est connu pour l'une des plus belles habitations des environs de Paris; ce n'était autrefois qu'un simple château, que le bon goût de M. de Girardin a transformé en un séjour enchanteur. Le parc d'Ermenonville a été si souvent décrit qu'il serait superflu d'entrer ici dans aucun détail sur les beautés diverses et multipliées qu'il présente aux amateurs des jardins composés; cependant on fera remarquer que ce lieu célèbre se distingue des autres jardins paysagistes par une réunion d'effets opposés qu'on trouverait difficilement ailleurs. Les jardins ont en général un caractère dominant qui provient du mouvement naturel du terrain et de la qualité du sol. Quelque talent qu'on ait employé à les orner et à les embellir, le caractère du pays se montre toujours au milieu des nouveaux travaux. Ermenonville est du petit nombre des exceptions à cette règle. Par une circonstance heureuse et rare, il renferme les sites les plus opposés, les situations les plus variées. Là (le petit parc), une prairie arrosée par une rivière charmante, ornée de bosquets plantés avec goût. Ici (le grand parc), une forêt épaisse, un lac solitaire. Plus loin (le désert), de vastes bruyères, des sables arides, des montagnes boisées et entrecoupées de gorges profondes. Cet ensemble agréable et sauvage à la fois se trouve partagé par un château placé à peu près au centre du parc, et dans l'espace le plus étroit de la vallée. Les eaux, qui sortent toutes du côté du midi, après avoir coulé dans le vallon et formé un très-grand lac, viennent tomber devant les fenêtres du château par une chute très-haute; de là se répandent dans les fossés, et, tournant autour du bâtiment, elles commencent la rivière qui orne le côté opposé. — Le parc d'Ermenonville a reçu un grand accroissement de célébrité par la mort et la sépulture de J. J. Rousseau. On sait que ce philosophe, cédant aux sollicitations de M. de Girardin, vint habiter Ermenonville le 20 mai 1778, et que le 2 juillet suivant il succomba, dans l'espace de deux heures, à une attaque d'apoplexie séreuse, et qu'il fut inhumé dans la partie du grand parc si connue sous le nom d'île des peupliers. M. de Girardin fit établir son tombeau à la place d'un pupitre en pierre qui servait à de petits concerts, et qu'il orna de bas-reliefs sculptés par Lesueur.

OUVRAGES A CONSULTER. *Voyage à l'île des Peupliers*, in-8°, 1788.
Promenades itinéraires des jardins d'Ermenonville, par Mérigot, in-8°, 1811.
Voyage à Ermenonville, par Thiébaud de Burneaud, in-8°.

DE RETHEL A VERDUN, 9 myr. 9 kil.

	m. k.
De RETHEL à PAUVRE ☞	1,5
PAUVRE à VOUZIERS ☞	1,6

N° 90. ROUTE DE PARIS A MÉZIÈRES.

Vouziers à Grandpré ⊙	1,7
Grandpré à * Varennes ⊙	2,1
Varennes à Esnes ⊙	1,5
Esnes à * Verdun ⊙	1,5
De Varennes à { Dun ⊙	2,4
{ Clermont-en-Argonne ⊙	1,4

VARENNES (*Meuse*). Petite ville à 45 kil. (11 l. 1/2) de Montmédy. ⊠ ⊙ 1,652 hab. Varennes est célèbre dans les fastes de la révolution française ; c'est dans cette ville que, dans la nuit du 21 juin 1791, fut arrêté Louis XVI, fuyant de Paris avec sa femme, sa sœur et ses deux enfants.
VERDUN. Voyez page 349.

DE MÉZIÈRES A LUXEMBOURG, 10 myr. 6 kil. et 4 postes 1/2.

De Mézières à * Sedan ⊙	2,2
Sedan à Carignan ⊙	2,1
* Aviothe (à gauche de la route).	
Carignan à * Montmédy ⊙	2,2
Montmédy à Longuyon ⊙	2,3
Longuyon à * Longwy ⊙	1,8
Longwy à Auhange ⊙ (poste étrangère)	1 p.
Auhange à Luxembourg ⊙ (poste étrangère)	3 p. 1/2

AVIOTHE (*Meuse*). Village à 6 kil. (1 l. 1/2) de Montmédy. 450 h.—Avioth paraît avoir été construit sur l'emplacement de quelque étab.issement romain. En 1823, les ouvriers qui travaillaient à la réparation d'un chemin vicinal y découvrirent les traces de plusieurs édifices, des tronçons de colonnes, des chapiteaux, une multitude de pierres énormes diversement taillées, des débris de tuiles plates et à rebords, des carrelages longs de 1 m. à 1 m. 32 c., qui indiquaient assez un ouvrage romain. Tous ces objets existaient debout, dans l'attitude d'une ville enfouie, comme Herculanum, par l'effet de quelque grande catastrophe. — On voit à Aviothe une église gothique, dont la masse et l'architecture commandent l'admiration. Ses flèches élancées dominent les cabanes qui l'environnent. L'édifice, richement sculpté et orné de dentelures variées, étonne par sa splendeur, peu en rapport avec le site où il se trouve placé. Près de l'entrée, et entièrement séparée de l'église, est une chapelle d'architecture gothique remarquable par son élégance, par la perfection des sculptures qui la décorent, et dont le portique est surmonté d'un clocher en miniature de 1 m. 32 c. de hauteur seulement, mais admirablement sculpté.

MONTMÉDY (*Meuse*). Petite ville forte. Sous-préf. Place de guerre de 4° classe. Trib. de 1re inst. Coll. comm. ⊠ ⊙ 2,160 hab. — Montmédy fut prise sur les Espagnols en 1657, et sa possession fut assurée à la France par le traité des Pyrénées. Bâtie sur le penchant et au pied d'un coteau dont la base est arrosée par le Chiers, cette ville se divise en haute et basse ville : la ville haute, qui domine et protége la ville basse, est ceinte de murailles, entourée de fossés secs, et défendue par huit bastions; il n'y a qu'une porte et qu'une poterne pour communiquer avec la ville basse. Celle-ci est entourée d'une muraille d'enceinte construite par Louis XIV en 1681, et de sept bastions qui ne sont à proprement parler que des tours pentagonales : on y entre par trois portes. La ville haute renferme de vieilles casernes espagnoles et de belles casernes bâties vers le milieu du dix-huitième siècle ; la ville basse possède un hôpital militaire et un beau quartier de cavalerie. — FABRIQUES de bonneterie, tanneries, chamoiseries, tuileries, scieries hydrauliques, etc.—A 110

N° 90. ROUTE DE PARIS A MÉZIÈRES.

kil. (28 l.) de Bar-le-Duc , 257 kil. (66 l.) de Paris. — HÔTELS : Breton, Vincent.

VOITURES PUBLIQUES. Pour Metz, Verdun, Sedan et Stenay.
BUT D'EXCURSION : à *Aviothe* (7 kil.), où l'on voit une belle église d'architecture gothique. (*Voy.* ci-dessus.)

DE MÉZIÈRES A MONTMÉDY.

1re Route, par CARIGNAN, Voy. ci-dessus.......... 6,5

2e Route, par STENAY, Voy. ci-dessous............ 7,1

DE MÉZIÈRES A STRASBOURG.

1re Route, par THIONVILLE, 35 myr. 7 kil.

	m. k.
De MÉZIÈRES à * SEDAN ☞.............................	2,2
SEDAN à MOUZON ☞..................................	1,7
MOUZON à * STENAY ☞................................	1,7
STENAY à * MONTMÉDY ☞..............................	1,5
MONTMÉDY à * LONGWY ☞ (Voy. ci-dessus)	4,1
LONGWY à AUMETZ ☞..................................	1,9
AUMETZ à FONTOY ☞...................................	0,9
FONTOY à * THIONVILLE ☞.............................	2,2
* HAYANGE (à gauche de la route).	
* MOYEUVRE-LA-GRANDE (à droite de la R.).	
* BRIEY (à droite de la route).	
THIONVILLE à BOUZONVILLE ☞........................	3,0
BOUZONVILLE à SARRELOUIS ☞ (poste étrangère).	2,1
SARRELOUIS à * FORBACH ☞...........................	2,0
FORBACH à SARREGUEMINES ☞........................	1,8
* ALTWILLER (à droite de la route).	
SARREGUEMINES à SAAR-UNION ☞..................	3,0
SAAR-UNION à DRULING ☞............................	1,2
DRULING à * PHALSBOURG ☞..........................	1,5
PHALSBOURG à * STRASBOURG ☞ (Voy. N° 127)..	4,9

FORBACH. Voy. page 370.
SARREGUEMINES. Voyez page 510.
ALTWILLER (*Bas-Rhin*). Village à 36 kil. (9 l.) de Saverne. 796 hab. On remarque aux environs une source d'eau minérale ferrugineuse, connue sous le nom de Bonne-Fontaine, qui jouit d'une assez grande réputation. Un château d'une architecture élégante, un temple où la source fut renfermée, une rotonde pour les danseurs, des jardins délicieux, des logements commodes, attirèrent, en 1820 et 1821, la foule dans cette vallée, qui n'était naguère qu'une solitude. Cependant cet établissement n'a pu rivaliser avec Niederbronn ; il est aujourd'hui peu fréquenté, et n'est plus guère regardé que comme un lieu de plaisance.
HAYANGE (*Moselle*). Village à 10 kil. (2 l. 1/2) de Thionville. 1,185 hab. Il est bâti dans un site riant, borné par des collines cultivées et boisées, qui recèlent un minerai de fer abondant, exploité presque sans frais. La Fensch, ruisseau faible mais constant, est divisée avec art en étangs et canaux pour le besoin de nombreuses forges et usines, bâties de distance en distance sur 5 kilomètres de son cours, et liées l'une à l'autre par de belles avenues de peupliers. On y compte quatre corps d'usines à l'anglaise, renfermant deux

N° 92. ROUTE DE PARIS A MONTBRISON.

hauts fourneaux qui produisent divers objets de sablerie, projectiles de guerre, essieux d'artillerie, cylindres à cannelures, fers à repasser, médailles et bas-reliefs en fonte, etc.

MOYEUVRE-LA-GRANDE (*Moselle*). Village situé dans une riante vallée, à 15 kil. ,3 l. 3/4) de Thionville. 1,747 hab. Il est entouré de vastes forêts et de coteaux où le minerai de fer abonde et s'exploite presque sans frais. Hauts fourneaux, forges, ateliers de moulage en fonte, scieries hydrauliques. Filature de laine peignée à la mécanique.

BRIEY (*Moselle*). Petite et très-ancienne ville. Sous-préf. Trib. de Ire inst. Soc. d'agr. ⊠ 1,755 hab. — Briey doit son origine à un camp romain auquel aboutissaient trois voies militaires. Elle est bâtie en amphithéâtre au pied et sur le revers d'une montagne, et se divise en haute et basse ville. Ses jardins sont élevés en terrasses sur la pente de la colline, dont le pied est arrosé par le Rupt-de-Mance, qui serpente dans une agreste vallée que de superbes forêts entourent de toutes parts. L'église paroissiale a conservé dans toutes ses parties quelques ornements d'architecture gothique : on remarque au-dessus de l'ossuaire un fort beau bas-relief du quinzième siècle, représentant une danse des morts qui mérite de fixer l'attention.— FABRIQUES de grosses draperies. A 23 kil. (6 l.) de Metz, 333 kil. (85 l. 1/2) de Paris. —HÔTELS : du Lion-d'Or, de la Croix-Blanche, de la Boule-d'Or.

VOITURES PUBLIQUES. Tous les jours pour Metz, Longuyon, Fontoy.

2e Route, par METZ, 31 myr. 3 kil.

De MÉZIÈRES à LONGUYON ⚘ (Voy. ci-dessus, et page 520)... 8,8
LONGUYON à XIVRY-CIRCOURT ⚘ 2,1
XIVRY-CIRCOURT à BRIEY ⚘ 1,8
BRIEY à SAINTE-MARIE-AUX-CHÊNES ⚘........ 0,8
SAINTE-MARIE-AUX-CHÊNES à * METZ ⚘....... 1,8
METZ à * STRASBOURG ⚘ (V. N° 127)......... 16,0

N° 91.

R. DE PARIS A MONTAUBAN (TARN-ET-GARONNE).

Voy. N° 138, 1re Route de PARIS à TOULOUSE....... 63,6

N° 92.

ROUTE DE PARIS A MONTBRISON (LOIRE).

44 myriamètres 3 kilomètres.

                                                                  m. k.
De PARIS à *ROANNE ⚘ (V. N° 85)............ 38,2
ROANNE à NEULISE ⚘........................ 1,9
NEULISE à * FEURS ⚘....................... 2,0
FEURS à * MONTBRISON ⚘.................... 2,2
  * ÉCOTAY (à droite de la route).

N° 92. ROUTE DE PARIS A MONTBRISON. 523

ROANNE (*Loire*). Ville ancienne. Sous-préf. Trib. de 1re inst. Ch. des manuf. Collége comm. ⊠ ✆ 9,260 hab. Roanne est une ancienne cité des Ségusiens, dont Ptolémée fait mention sous le nom de *Rodumna*. On y a découvert des restes d'anciens murs de construction romaine, des sarcophages, des mosaïques, des urnes, des médailles d'or et d'argent, des pierres gravées, des fragments de poterie, qui offrent la preuve de son antiquité. Pendant plusieurs siècles, Roanne ne fut qu'un bourg sans importance, qui ne prit quelque accroissement qu'après l'achèvement du canal de Briare. C'est une ville bien bâtie, percée de rues larges et spacieuses, bordées de maisons d'assez belle apparence. On y remarque un pont nouvellement construit sur la Loire; la bibliothèque publique; le bâtiment du collége et le cabinet d'histoire naturelle, etc. — MANUFACTURES considérables de mousselines, calicots, draps, indiennes, etc. — COMMERCE de grains, vins, farines, planches. Entrepôt de charbon de terre qui occupe six cents mariniers.—A 58 kil. (13 l. 1/2) de Montbrison, 80 kil. (20 l. 1/2) de Lyon, 334 kil. (98 l. 1/2) de Paris. — HÔTELS : de Flandre, du Renard, du Parc.

VOITURES PUBLIQUES. Tous les jours pour Lyon, Paris, St-Etienne, Montbrison.
CHEMIN DE FER de Roanne à St-Étienne et à Lyon, correspondant avec Montbrison. Départ tous les jours à 7 h. du matin. Prix pour St-Étienne : 4 fr. 80 c., 8 fr. 80 c. et 6 fr. 80 c. (*Voy*. Lyon.)

FEURS (*Loire*). Petite et très-ancienne ville, autrefois capitale du Forez, ⊠ ✆ 2,250 hab. A 22 kil. (5 l. 3/4) de Montbrison. Feurs existait du temps des Romains, sous le nom de *Forum Segusianorum*. De toutes les villes du département de la Loire c'est celle qui offre le plus de vestiges d'antiquités ; le morceau le plus curieux est un pavé de mosaïque, découvert il y a quelques années sous la porte d'entrée d'une maison située à côté de l'église. Ce travail antique est fait avec soin et très-bien conservé; il offre un carré d'à peu près dix-huit pieds de côté, et se compose d'une large bordure d'arabesques, d'une belle rosace dans le milieu, et de différents ornements dans les angles. Dans la cour de la même maison, on voit un corps de logis dont la construction semble remonter à la fin de l'empire romain, si l'on en juge par l'architecture et les ornements, dont le style est encore assez pur. L'escalier est soutenu par des colonnes d'ordre corinthien, et le pourtour du puits, ainsi que le dôme qui le couronne, sont ornés de bas-reliefs d'un assez bon goût. Dans le mur extérieur du chœur de l'église, on voit encastrée une table de granit, sur laquelle on lit une inscription antique. La voûte et la façade de cette même église présentent des restes d'anciens autels, des pierres tumulaires sur lesquelles on aperçoit encore en relief des vases pour les sacrifices. Enfin, des restes d'anciens thermes, des colonnes chargées d'inscriptions, des statues, des médailles, découverts sur plusieurs points, attestent la splendeur dont jouissait autrefois l'ancien Forum Segusianorum. Cette ville est située dans une plaine fertile, près de la rive droite de la Loire, où elle a un port très-fréquenté ; sur le chemin de fer de Roanne à Saint-Étienne et à Lyon. — COMMERCE de grains et de chanvre. — Source d'eau minérale acidule.

MONTBRISON. Voyez page 313.
ÉCOTAY (*Loire*). Village situé à 3 kil. (3/4 de lieue) de Montbrison. 400 h. On y remarque les restes d'une ancienne abbaye dont l'aspect est très-pittoresque.

DE ROANNE A CLERMONT (P.-de-D.), 9 myr. 4 kil.

	m. k.
De ROANNE à VILLEMONTOIS ✆	1,2
VILLEMONTOIS à SAINT-JUST EN CHEVALET ✆	1,3
SAINT-JUST EN CHEVALET à LA BERGÈRE ✆	1,7
* CHAMPOLY (à gauche de la route).	

N° 92. ROUTE DE PARIS A MONTBRISON.

LA BERCÈRE à * CLERMONT (Voy. N° 82, de Lyon
à Bordeaux)............................ 5,2

CHAMPOLY (*Loire*). Village à 32 kil. (8 l.) de Roanne. 120 hab. On remarque dans cette commune le CHATEAU D'URFÉ, construit sur une montagne élevée, qui domine toute la contrée.

DE MONTBRISON A LYON.

1re Route, par MONTROND, 7 myr. 7 kil.

	m. k.
De MONTBRISON à MONTROND (Loire) ⌀...........	1,3
MONTROND à CHAZELLES ⌀.................	1,5
CHAZELLES à DUERNE ⌀..................	1,3
DUERNE à * LYON (Voyez N° 82, de Lyon à Bordeaux)...........................	3,6

2e Route, par FEURS, 8 myr. 8 kil.

De MONTBRISON à * FEURS ⌀.................. 2,2
FEURS à * LYON (V. N° 82, de Lyon à Bordeaux). 6,6

DE MONTBRISON AU PUY, 11 myr. 4 kil.

De MONTBRISON à LA GOUYONNIÈRE ⌀............ 2,2
 * MOINGT (à droite de la route).
 * ANDREZIEUX (à gauche de la route).
 * AMBERT (à droite de la route).
 * SAINT-RAMBERT (sur la route).
LA GOUYONNIÈRE à * SAINT-ÉTIENNE ⌀......... 1,4
SAINT-ÉTIENNE au PUY (Voy. N° 82, de Lyon au Puy)................................... 7,8

MOINGT (*Loire*). Bourg à 1 kil. (1/4 l.) de Montbrison. 620 h. C'était autrefois une ville considérable, citée par Ptolémée. Plusieurs ruines de constructions romaines, et des débris d'antiquités qu'on y découvre chaque jour, attestent que cette ancienne cité était jadis fort importante. Au couchant on aperçoit sur un coteau élevé les restes d'un édifice de forme circulaire, dont le diamètre est de 45 m. 47 c.; il est connu depuis longtemps sous le nom de *Palatium vetus*. Sur la route entre Moingt et Montbrison, s'élève un ancien monastère, dont le mur méridional, qui déborde en avant du portail, a fait autrefois partie d'un temple de Cérès. Enfin, dans les maisons, dans les rues, dans les jardins, il n'est pas rare d'extraire, à la moindre fouille, des débris de colonnes ou d'ornements, et des médailles d'empereurs romains. — Moingt possède une source d'eau minérale acidule, située à la droite du chemin qui conduit à Montbrison.

ANDREZIEUX (*Loire*). Village à 16 kil. (4 l.) de Montbrison. 700 hab. Il est sur la route de Saint-Étienne, à la naissance du chemin de fer exécuté dans le but de faciliter les transports des houilles du bassin de Saint-Étienne dans le bassin de la Loire et dans celui de la Seine jusqu'à Paris. Ce chemin forme la continuation de celui de Lyon à Saint-Étienne et de Saint-Étienne à la Loire; il traverse la plaine du Forez, et vient, après un trajet de vingt lieues, aboutir à Roanne, où la Loire commence à être navigable tant à la remonte qu'à la descente.

CHEMIN DE FER. Départ pour St-Étienne à 11 h. 30 m. du matin; prix : 1 fr. et 75 c. Départ pour Roanne à 9 h. du matin; prix : 5 fr. 50 c., 4 fr. 50 c., et 3 fr. 75 c.

AMBERT (*Puy-de-Dôme*). Petite ville. Sous-préf. Trib. de 1re inst. et de

N° 93. ROUTE DE PARIS A MONT-DE-MARSAM.

comm. Ch. des manuf. Soc. d'agric. ✉ ☞ 7,050 hab. Cette ville est agréablement située, au pied des montagnes, dans une longue et fertile vallée arrosée par la Dore et par de nombreux ruisseaux. Elle est généralement bien bâtie; mais les rues en sont étroites et tortueuses, ce qui en rend l'aspect triste; ses environs offrent des sites charmants et de jolies habitations. On y remarque l'église Saint-Jean, édifice d'une construction simple et solide, entièrement bâti en granit, et surmonté d'un clocher d'une grande élévation. Aux environs sont les eaux minérales froides de Talaru. — FABRIQUES d'étamines à pavillon pour la marine, lacets, rouleaux, jarretières, serges pour tamis, toiles dites rebattage, dentelles, épingles. Papiers fins pour impressions et gravures, etc. A 62 kil. (16 l.) de Clermont, 438 kil. (112 l. 1/2) de Paris par Moulins. — HÔTELS : de la Paix, de la Tête-d'Or, Croizet.

VOITURES PUBLIQUES. Tous les jours pour Clermont-Ferrand, Montbrison, Arlanc, le Puy, 2 départs.

BUTS D'EXCURSIONS : à la montagne de *Pierre-sur-Haute*, d'où l'on a une vue des Alpes; au panorama du *Mont-Fournol*, d'où l'on aperçoit le Cantal, le Mont-Dore, le Mézène et le Puy-de-Dôme.

RAMBERT-SUR-LOIRE (SAINT-) (*Loire*). Petite ville, située sur la rive gauche de la Loire, à 39 kil. (10 l.) de Montbrison. ☞ 3,015 h. On y remarque l'église paroissiale, qui paraît avoir été construite sur les ruines d'un édifice roma.n. ..e c..r rue côté du portail et du portique qui le surmonte, on voit incrustés dans la maçonnerie deux médaillons de pierre noire, qui représentent des figures fantastiques, d'un style qui indique une haute antiquité. L'intérieur de l'église est divisé en trois nefs, dont les voûtes portent sur des piliers carrés. A l'entrée d'une des chapelles, on remarque une archivolte ornée de groupes d'anges d'une belle exécution et rangés deux à deux ; cette singulière guirlande est soutenue par deux colonnes gothiques d'un grès très-fin. — Saint-Rambert est renommé par ses chantiers de construction, où se fabriquent annuellement 2,800 bateaux qui descendent à Roanne chargés de houille. — Entrepôt de vins. — Aux environs, forges et hauts fourneaux.

N° 93.

R. DE PARIS A MONT-DE-MARSAN (LANDES).

69 myriamètres 1 kilomètre.

	m. k.
De PARIS à * BORDEAUX (Voy. N° 25)............	56,2
BORDEAUX à * MONT-DE-MARSAN (V. N° 25, R. de Bordeaux à Bayonne)....................	12,9

DE MONT-DE-MARSAN A AUCH, 11 myr. 2 kil.

De MONT-DE-MARSAN à * AIRE (Landes) ☞ (V. N° 25).	3,2
AIRE à NOGARO ☞......................	2,1
NOGARO à VIC-FEZENSAC ☞..................	3,1
VIC-FEZENSAC à SAINT-JEAN-POUTGÉ ☞.........	0,8
SAINT-JEAN-POUTGÉ à * AUCH ☞..............	2,0

De VIC-FEZENSAC à * CONDOM ☞................	2,6

MONT-DE-MARSAN. Voyez page 192.
AUCH. Voyez N° 138, Route de Toulouse à Bayonne.

N° 94.

ROUTE DE PARIS AUX EAUX DU MONT-D'OR
(PUY-DE-DOME).
43 myriamètres 3 kilomètres.

De PARIS à * CLERMONT ⚲ (Voy. N° 44)............ 38,0
CLERMONT (P.-de-D.) à ROCHEFORT (P.-de-D.). ⚲ 2,9
ROCHEFORT au * MONT-D'OR ⚲ 2,4
* MURAT-LE-QUAIRE (sur la route).

A partir de Clermont, il y a une seconde route comme il suit :

De CLERMONT à RANDAN ⚲ (vacant)............... 2,1
RANDAN au * MONT-D'OR ⚲ 2,1

MURAT-LE-QUAIRE (*P.-de-D.*). Bourg à 49 kil. (12 l. 1/2) de Clermont. 1,023 hab.
LA BOURBOULE est un hameau dépendant de la commune de Murat-le-Quaire, où l'on arrive par la grande route qui conduit au Mont-d'Or, dont le bourg de Murat-le-Quaire n'est éloigné que d'une lieue. Arrivé dans ce bourg, on quitte la grande route, et l'on prend un chemin assez rapide, par où l'on descend à la Bourboule, éloignée de Murat d'un petit quart de lieue. Les sources, et les maisons qui en sont voisines et constituent le hameau, se trouvent situées dans une belle vallée, traversée par la Dordogne. — La saison de bains s'ouvre le 25 juin et finit le 30 septembre ; beaucoup d'étrangers arrivent même vers la fin de mai, et prolongent leur séjour jusqu'à la mi-octobre. Pendant ce temps, les malades peuvent jouir de très-belles promenades. Outre la Roche-Vendeix, la Cascade de la Vernière, ils peuvent encore visiter la Plaine Brûlée ou Bourlade, la Roche-des-Fées, et surtout les belles allées qui côtoient la Dordogne, tout auprès de l'établissement thermal, et qui simulent des charmilles taillées en berceau.

OUVRAGE A CONSULTER. *Observations sur les eaux thermales de la Bourboule*, par Choussy, in-8°, 1828.

MONT-D'OR. Voyez page 456.
RANDAN (*Puy-de-Dôme*). Petite ville à 20 kil. (5 l.) de Riom. ⚲ 1,745 h. Elle est remarquable par un riche manoir dont l'aspect pittoresque se marie admirablement avec celui des beaux sites qui l'entourent. Du haut des balcons, on aperçoit une vaste plaine formée au levant par les montagnes du Forez; à droite, les tours rougeâtres du château se détachent sur le Puy-de-Dôme et le Mont-d'Or, qui, du commencement de l'automne à la fin du printemps, sont blancs comme les géants des Alpes. La maison de Polignac posséda longtemps le château et la seigneurie de Randan; c'est aujourd'hui la propriété de Madame Adélaïde, sœur du roi Louis-Philippe, qui a fait agrandir et orner cette belle habitation, fondé diverses écoles à Randan, et rendu son nom cher aux habitants par d'innombrables bienfaits.

OUVRAGES A CONSULTER. *Recherches sur Randan*, par Rabany Beauregard, in-8°.
Recherches sur Randan, par de Bastard, in-8°, 1830.

MUROLS (*Puy-de-Dôme.*) Bourg à 21 kil. (5 l. 1/4) d'Issoire. 696 hab. Le château de Murols est une des plus importantes constructions du moyen âge :

CHÂTEAU DE RANDAN.

il est assis sur le sommet d'une pyramide revêtue de murailles construites avec le basalte de la montagne; tout autour règne une vaste terrasse circulaire, dont la perspective est admirable par son étendue et par sa variété. Murols est curieux par des produits volcaniques qui abondent dans ses environs ; on y trouve des colonnes de basalte de plusieurs formes, des scories, des pouzzolanes, etc. A Schat sont des sources abondantes sortant de la lave. A un quart de lieue au-dessus du bourg, est le lac Chambon, un des plus grands et des plus poissonneux de l'Auvergne.

. **BESSE** (*Puy-de-Dôme*). Ville située au milieu de montagnes volcaniques sur la Couze, à 29 kil. (7 l. 1/2) d'Issoire. ⊠ 2,075 hab. Elle est bâtie sur une masse énorme de lave basaltique; toutes les maisons sont construites en basalte, ce qui leur donne un aspect sombre et assez triste. A peu de distance de Besse, près de la rivière, jaillit d'un rocher une source d'eau minérale acidule froide, appelée la Villetour. Les eaux de cette source s'emploient avec succès dans les maladies de l'estomac, les engorgements des viscères, les affections nerveuses et hypocondriaques, et les douleurs de tête invétérées. On doit visiter à une demi-lieue de Besse le lac Pavin, vaste étendue d'eau limpide, à bords escarpés et basaltiques ; c'est un ancien cratère, profond de 94 m.

N° 95.

ROUTE DE PARIS A MONTMÉDY (MEUSE).

28 myriamètres 1 kilomètre.

	m. k.
De PARIS à ISLE ☞ (Voy. N° 90)............	17,2
ISLE à RETHEL ☞	2,0
RETHEL à PAUVRES ☞	1,5
PAUVRES à * VOUZIERS ☞	1,6
VOUZIERS à BOULT-AUX-BOIS ☞	1,3
BOULT-AUX-BOIS à * BUZANCY ☞	0,9
BUZANCY à * STENAY ☞	2,1
STENAY à * MONTMÉDY ☞	1,5

VOUZIERS. Petite ville située dans une contrée fertile, sur la rive gauche de l'Aisne et sur un embranchement du canal des Ardennes, à 50 kil. (12 l.) S. de Mézières. — ⊠ ☞ — 2,412 hab. — FABRIQUES de vannerie fine. Com. de grains, vin, pierres à bâtir, houille et ardoises; marchés considérables.

VOITURES PUBLIQUES. Tous les jours pour Mézières, Verdun, Stenay, Réthel, Reims.

BUZANCY (*Ardennes*). Joli bourg à 20 kil. (5 l.) de Vouziers. ⊠ ☞ 913 h. A l'extrémité orientale de ce bourg, sur l'emplacement de la citadelle, on remarque le CHATEAU DE LA COUR, ancienne habitation de saint Remi, archevêque de Reims, et aujourd'hui la propriété de M. le baron Nottret de Saint-Lys. Au nord et sur la partie haute du bourg, existe une mosquée, connue sous le nom de MAHOMET, bâtie par Pierre d'Anglure, comte de Bourlemont, à son retour des croisades.

DE MONTMÉDY A VERDUN, 5 myr.

De MONTMÉDY à WAVRILLE ☞	2,5
WAVRILLE à * VERDUN ☞	2,5

DE WAVRILLE à ÉTAIN ☞	2,5

N° 96.

ROUTE DE PARIS A MONTPELLIER (HÉRAULT).

1re Route, par CLERMONT et RHODEZ, 79 myr. 5 kil.

```
                                                        m. k.
De PARIS à *MOULINS ☞ (V. N° 85)...............  28,6
MOULINS à * CLERMONT ☞ (Voy. N° 44).........      9,4
CLERMONT à * RHODEZ ☞ (Voy. N° 44).........      22,2
RHODEZ au PONT-DE-SALARS ☞...............         2,5 ]
PONT-DE-SALARS au BOIS-DU-FOUR ☞...........       2,6
BOIS-DU-FOUR à * MILHAU ☞..................       2,1
   * SÉVÉRAC (à gauche de la route).
MILHAU à LA CAVALERIE ☞..................         1,7
LA CAVALERIE au CAYLAR ☞..................        2,2
CAYLAR à * SAINT-PIERRE-DE-FAGE ☞..........       1,3
SAINT-PIERRE-DE-FAGE à LODÈVE ☞............       1,5
   * ST-BAUZILLE-DU-PUTOIS (à gauche de la R.).
LODÈVE à * GIGNAC ☞.......................        2,4
   * ANIANE (à gauche de la route).
GIGNAC à LA BARAQUE-DE-BEL-AIR ☞...........       1,8
LA BARAQUE-DE-BEL-AIR à * MONTPELLIER ☞ ...       1,2
   * SAINT-GUILLEM-LE-DÉSERT (à G. de la R.).
   *.PRADES (à gauche de la route).
```

SÉVÉRAC-LE-CHATEAU (*Aveyron*). Petite ville près de la source de l'Aveyron, à 23 kil. (6 l.) de Milhau. ⊠ 2,800 hab. — Elle est en général assez mal bâtie, sur le penchant d'un cône fort élevé, dont le sommet est couronné par les restes d'un ancien château fort qui passait jadis pour imprenable; les rues en sont étroites, escarpées et tortueuses; les maisons très-anciennes et d'une solide construction. — Le château, bâti vers le milieu du XVIIe siècle, consiste en un grand corps de logis disposé en carré long, autrefois flanqué de tours qui ont été détruites. Il est entouré de remparts épais qui soutiennent deux plates-formes élevées en amphithéâtre l'une sur l'autre; de ces hautes terrasses plantées d'allées d'ormes, l'œil suit pendant plusieurs lieues le cours de l'Aveyron, dont les sinuosités sont dessinées par les frênes, les peupliers et les saules qui bordent ses rives.

BAUZILLE-DU-PUTOIS (**SAINT-**) (*Hérault*). Bourg agréablement situé sur la rive gauche de l'Hérault, à 31 kil. (8 l.) de Montpellier. 1,622 hab. — Dans un lieu voisin de ce bourg appelé le Roc-de-Thaurac, se trouve l'ouverture de la célèbre grotte ou *Baouma de las Doumaïselas*, appelée aussi grotte de Ganges. L'ouverture présente la figure d'un entonnoir; le haut peut avoir 6 m. 50 c. de diamètre, et sa profondeur peut être de 10 m. Une corde tendue, et accrochée à un rocher, permet de descendre, en s'y tenant fortement, jusqu'à l'endroit où est placée une échelle, au moyen de laquelle on arrive à l'entrée de la première salle. En face se voient de magnifiques piliers, ayant la forme de palmiers alignés, et formant galerie. C'est dans cette première salle, séparée en deux par ces piliers, que l'on allume des feux, que l'on déjeûne, et que l'on renonce pour longtemps à la clarté du jour. On entre dans la seconde salle par un passage fort étroit, où le corps ne peut passer que de côté..... Cette seconde salle est immense : vous voyez surtout, à gauche en montant, un rideau d'une hauteur qu'on ne peut mesurer, parsemé de brillants, plissé avec grâce, et touchant la terre de sa pointe, comme s'il avait été drapé par le plus habile artiste...; des cascades pétrifiées, blanches comme l'émail, d'autres jaunâtres; plusieurs colonnes ; la voûte chargée de festons et de lances ; des cristaux, des diamants, de la porcelaine, assemblage riche et bizarre, qui contribue à retracer ces fictions, amusements de notre enfance. En continuant sur la gauche, on passe dans une troisième salle assez large, et surtout fort longue; on y marche assez longtemps ; on s'arrête pour entrer sous une petite voûte très-écrasée, où l'on ne peut marcher que courbé. On entre ensuite dans une salle assez grande, où l'on ne voit que des rochers renversés, brisés, roulés, suspendus. On arrive enfin à un endroit où l'on a fait jouer la mine. Le passage est étroit ; l'on ne peut y entrer qu'en rampant. Ce trou conduit à une petite pièce d'où l'on entre dans une salle ouverte par le côté opposé à celui où l'on arrive, et on n'aperçoit devant soi qu'un espace dont l'œil ne peut mesurer les dimensions. Les murs sont couverts de stalactites et de stalagmites de toutes les formes, d'une blancheur éblouissante. Après avoir surmonté plusieurs difficultés, on se trouve dans une salle immense, dont les yeux ne peuvent mesurer l'élévation ni la profondeur ; on aperçoit des cavités où l'industrie humaine ne peut faire pénétrer; on est entouré d'une quantité prodigieuse d'objets qui causent la plus grande admiration; entre autres..... un obélisque aussi haut qu'un clocher, terminé en aiguille, parfaitement rond, de couleur roussâtre, ciselé dans toute son élévation, et dans les proportions les plus exactes; des masses aussi grosses que des églises, tantôt en forme de cascades, tantôt imitant des nuages ; des piliers brisés en toutes directions, et couverts d'un émail en ramifications ; des choux-fleurs, des dragées, tout ce que le hasard peut offrir de combinaisons bizarres et variées. Une des merveilles de cette grotte, c'est une statue colossale posée sur un piédestal, représentant une femme qui tient deux enfants. Ce morceau serait digne de la plus grande capitale de l'Europe, si, hors de la place où il est, il conservait la forme qu'on lui trouve très-distinctement, et sans se faire la moindre illusion. La salle est ronde; on pourrait la comparer à une basilique entourée de chapelles plus ou moins élevées. Le milieu est un dôme dont on ne peut déterminer l'élévation, que l'on évalue à environ cinquante toises.... Qu'on ne croie pas ceci le langage de l'enthousiasme : nous osons l'assurer, on peut passer un jour entier dans la grotte des Demoiselles sans avoir le temps de tout voir. La description de la grotte d'Antiparos, qu'on a crue fabuleuse dans M. de Tournefort, et qui n'est qu'exagérée, d'après les voyages intéressants de M. le comte de Gouffier, est une faible image de la grotte de Ganges... — Le chemin pour remonter est assez facile ; avec une échelle de corde bien faite, et d'autres cordes encore pour les endroits difficiles, on peut sans crainte pénétrer partout. Nous croyons bien qu'on peut trouver dans le sein de la terre une grotte aussi belle, mais nous sommes persuadés qu'il est impossible d'en trouver une qui la surpasse.

LODÈVE (*Hérault*). Ville ancienne. Sous-préf. Trib. de 1re inst. et de comm. Ch. de com. Conseil de prud'h. Soc. d'agr. Coll. com. ✉ 9,919 h. — Cette ville est agréablement située au pied des Cévennes, dans un joli vallon, sur la rive gauche de l'Ergue. Elle est entourée de bonnes murailles, mal bâtie et mal percée ; mais l'air y est pur et les environs sont délicieux. De belles avenues la précèdent, et l'on y arrive de Montpellier par un joli pont jeté sur l'Ergue, qui en embellit l'entrée. Les montagnes qui l'environnent sont cultivées jusqu'à leurs sommets. On y remarque l'abbaye de Saint-Sauveur, ancienne cathédrale, aujourd'hui église de Saint-Fulcran ; c'est une masse fort élevée que domine un clocher quadrangulaire à mâchicoulis, flanqué de tourelles, attenant duquel est un petit cloître. — Lodève possède des sources d'eau minérale, qui attiraient beaucoup d'étrangers avant la découverte de la source thermale de Balaruc. — Aux environs on voit la grotte dite des Juifs, qui mérite d'être visitée par les belles stalactites qu'elle renferme. — PATRIE du cardinal de Fleury, du conventionnel Brunel, du général Lagarde, etc. — MANUF. de draps pour les Échelles du Levant et l'habillement des troupes. A 49 kil. (12 l. 1/2) de Montpellier, 496 kil. (198 l. 1/2) de Paris. — HÔTEL du Cheval vert, etc.

VOITURES PUBLIQUES. Pour Bédarieux, Montpellier et Clermont, Pézénas et Millau.

ANIANE (*Hérault*). Petite ville à 23 kil. (6 l.) de Montpellier. 2,480 hab. Cette ville est bâtie dans une plaine riante et fertile, comme toute la vallée de l'Hérault. On y remarque l'ancienne et célèbre abbaye fondée en 782 par Aigulphe, comte de Maguelonne. — PATRIE de saint Benoît. — COM. considérable de cuirs.

GIGNAC (*Hérault*). Petite ville sur l'Hérault, que l'on traverse sur un pont très-remarquable, à 20 kil. (5 l.) de Lodève. 2,779 hab. On y remarque une belle église à trois nefs, surmontée d'un clocher carré, et une haute tour quadrangulaire à bossages, dont on ignore la destination primitive. — Non loin de la ville, on voit sur une hauteur l'église NOTRE-DAME-DE-GRACE, que l'on croit avoir été originairement un temple de Vesta; elle est remarquable par son architecture, et précédée de plusieurs chapelles. — FAB. de vert-de-gris, dont il se fait un grand commerce.

GUILHEM-LE-DÉSERT (SAINT-) (*Hérault*). Village à 30 kil. (7 l. 3/4) de Montpellier. 849 hab. Saint-Guilhem est un village éminemment intéressant par sa situation pittoresque au fond d'une gorge de l'Hérault. Il est entouré de hautes montagnes d'où sourdent plusieurs ruisseaux. Un rocher plus élevé domine majestueusement le village et sert de piédestal aux ruines d'un ancien et immense château, nommé le château Géant, célèbre dans la contrée par une légende traditionnelle qui s'y rattache, et qui est fidèlement conservée par les habitants : c'est le combat du géant *Gellone* (ancien nom de ce village) et de *saint Guilhem*.— Le Verdué forme près de ce lieu une jolie cascade, qu'il renouvelle une seconde fois en se précipitant ensuite dans l'Hérault. Les environs de Saint-Guilhem offrent des particularités remarquables aux naturalistes. On trouve à une lieue du village une vaste grotte ornée de belles stalactites dont on se sert pour des décorations architectoniques.

PRADES (*Hérault*). Village à 9 kil. (2 l. 1/4) de Montpellier. 275 hab. — On remarque près de ce village le château de Restinclières, derrière lequel se trouve la belle source de la rivière du Lez, qui prend naissance sous un large roc coupé à pic, dépendant de la chaîne du Saint-Loup. Le rocher est moins élevé que celui de la source de Vaucluse, mais le bassin d'où sort le Lez est bien plus vaste, et la chute établie à la source offre une cascade beaucoup plus belle que celle formée par les eaux de la Sorgues.

MONTPELLIER. Voyez page 85.

2ᵉ Route, par LYON, 76 myr. 2 kil.

	m. k.
De PARIS à * LYON (V. N° 82)...............	46,8
LYON à * VALENCE (V. N° 82, de Lyon à Marseille).................................	10,1
VALENCE à * LA PALUD (V. N° 85)..........	7,5
LA PALUD au PONT-SAINT-ESPRIT............	0,9
PONT-SAINT-ESPRIT à * BAGNOLS............	1,1
BAGNOLS à CONNAUX.......................	0,9
CONNAUX à VALLIGUIÈRES..................	1,1
* UZÈS (à droite de la route).	

N° 96. ROUTE DE PARIS A MONTPELLIER.

VALLIGUIÈRES à LA FOUX ☉
Par le pont suspendu de Remoulins........ 0,9
Par le pont du Gard...................... 0,0
LA FOUX à * NIMES ☉ (Voy. N° 13).........., 2,0
NIMES à * MONTPELLIER ☉ (Voy. N° 138)...... 4,9

PONT-SAINT-ESPRIT (le) (*Gard*). Petite ville à 32 kil. (8 l. 1/4) d'Uzès. ☒ ☉ 4,853 hab. Cette ville est dans une situation avantageuse pour le commerce, sur la rive droite du Rhône, qui y forme un port commode. Elle est généralement mal bâtie, formée de rues étroites et malpropres, et défendue par une citadelle construite par ordre de Louis XIII pour contenir les protestants : c'est une ville entourée de boulevards bien plantés qui en rendent l'aspect agréable. Elle portait autrefois le nom de Saint-Savournin, qu'elle changea dans le XIIIe siècle, pour celui du pont remarquable sur lequel on y traverse le Rhône. Ce pont étonnant par sa hardiesse, son élévation, sa longueur et sa solidité, fut commencé en 1265, sous le règne de saint Louis, et achevé en 1309, sous celui de Philippe le Bel ; il résiste par conséquent depuis plus de cinq siècles à l'impétuosité du Rhône, qui en cet endroit est d'une rapidité inconcevable. Sa longueur est de 812 m. 10 c. Il se compose de 23 arches à plein cintre, dont 19 grandes et 4 petites ; chaque pile est en outre percée d'une petite arcade au-dessus de l'éperon pour l'écoulement des grandes eaux. Les deux tiers du pont sont fondés sur le roc et le reste sur pilotis, et soit ignorance ou caprice de l'architecte, soit que la difficulté du terrain l'ait voulu ainsi, il n'est point bâti en ligne droite, mais forme un coude très-sensible.

VOITURES PUBLIQUES. Tous les jours, Nîmes, Uzès, Orange.

BAGNOLS (*Gard*). Petite ville sur la Cèze, à 22 kil. (5 l. 3/4) d'Uzès. Coll. comm. ☒ ☉ 4,902 hab. Elle est généralement mal bâtie. On y remarque toutefois une belle place carrée, entourée de portiques ; deux belles fontaines ; le bâtiment du collége et l'hôpital. — PATRIE de Rivarol.

VOITURES PUBLIQUES. Trois fois par semaine de Nîmes à Avignon.

UZÈS (*Gard*). Ville ancienne. Sous-préf. Trib. de 1re inst. Soc. d'agr. Coll. comm. ☒ ☉ 7,162 hab. Cette ville est fort agréablement située au milieu des montagnes, sur la rive droite de l'Auzon. Elle est bâtie sur un coteau au pied duquel jaillit la fontaine d'Eure, qui fertilise et vivifie un charmant paysage, et dont les eaux alimentaient autrefois les fontaines de Nîmes, au moyen de l'aqueduc ou Pont-du-Gard. On y remarque l'ancien palais épiscopal et l'antique château des ducs, entouré de hautes murailles flanquées de tours rondes, ayant beaucoup de ressemblance avec l'ancienne bastille de Paris. — FABR. de bonneterie en bourre de soie et filoselle, de grosse draperie, cartons façon anglaise très-estimés, etc.

VOITURES PUBLIQUES. Tous les jours pour Nîmes, Alais et le Pont-St-Esprit.

RUT D'EXCURSION. Un monolithe taillé dans le roc, connu dans le pays sous le nom de *Temple des druides*, et un bloc formidable qui rappelle les dolmens gaulois, sont les seules antiquités qu'on trouve dans les environs d'Uzès.

CLERMONT-L'HÉRAULT, ou **CLERMONT-LODÈVE** (*Hérault*). Ville essentiellement industrielle, avec trib. de comm. Conseil de prud. Coll. comm. ☒ 6,199 hab. Cette ville est dans une belle situation, sur le penchant d'une colline au pied de laquelle coule le ruisseau d'Ydromiel ; elle est dominée par les restes d'un ancien château d'où l'on jouit d'une fort belle vue. — Clermont possède une belle église gothique à trois nefs, remarquable par un clocher très-élevé, et par une abside d'un bel aspect. Au dessus de l'entrée principale est une rose en vitraux de différentes couleurs, d'un très-grand diamètre, regardée comme un chef-d'œuvre architectonique. — MANUFACTURES de draps renommée, mouchoirs, bas de laine et de coton, crème de tartre, etc. A 721 kil. (185 l.) de Paris.

N° 97.

ROUTE DE PARIS A MOULINS (ALLIER).

Voy. N° 85, Route de Paris à Marseille............ 28,6

DE MOULINS A BESANÇON, par AUTUN, 24 myr. 3 kil.

	m.k.
De MOULINS à CHEVAGNES ☞...................	1,8
* IZEURÉ (à droite de la route).	
CHEVAGNES à * BOURBON-LANCY ☞........'.........	1,8
* DOMPIERRE (à droite de la route).	
BOURBON-LANCY à LUZY ☞....................	2,6
LUZY à LA MAISON-DE-BOURGOGNE ☞............	1,4
LA MAISON-DE-BOURGOGNE à * AUTUN ☞........	2,1
AUTUN à LADRÉE ☞......................	1,7
LADRÉE à LA ROCHEPOT ☞...................	1,5
* NOLAY (sur la route).	
LA ROCHEPOT à * BEAUNE ☞...............'.........	1,5
BEAUNE à MOISEY ☞ (vacant).....	1,1
MOISEY à * SEURRE ☞.......................	1,4
SEURRE à ANNOIRE ☞.	1,4
ANNOIRE à * DÔLE ☞......................	2,0
DÔLE à * BESANÇON ☞ (Voy. N° 23)........,....	4,6

IZEURE (*Allier*). Bourg à 2 kil. (1/2 l.) de Moulins, dont il semble être un des faubourgs. 1,700 hab. L'église de ce bourg est assez grande, mais sombre et peu élevée ; sous le chœur existe une crypte ou église souterraine, qui annonce sa haute antiquité.

DOMPIERRE-SUR-BÈBRE (*Allier*). Bourg à 23 kil. (6 l.) de Moulins. ✉ 1,512 h. Il est assez bien bâti, dans une situation agréable, sur la rive gauche de la Bèbre.—A peu de distance de Dompierre, on remarquait autrefois l'abbaye de Sept-Fonds, l'une des plus célèbres du Bourbonnais.

BOURBON-LANCY (*Saône-et-Loire*). Petite ville très-ancienne. ✉ ☞ 2,848 hab. Bourbon-Lancy est désigné dans les itinéraires romains sous le nom d'*Aquæ Nisincii*, d'*Aquæ Borvonis*, etc. Elle est située au sommet et sur le penchant d'une colline élevée, près de la rive droite de la Loire, et dominée par les ruines d'un ancien château fort entouré de fossés profonds creusés dans le roc. Du haut du rocher granitique sur lequel il est construit, on découvre un charmant paysage entrecoupé de champs fertiles, de bois et de prairies arrosées par une multitude de ruisseaux.

Cette ville est célèbre par ses eaux thermales, dont la découverte remonte à la plus haute antiquité. Les sources sont au nombre de huit, dont sept thermales et une froide : quatre ont reçu des noms particuliers ; la plus abondante et la plus chaude s'appelle la Lymbe ; la seconde, Fontaine de la Reine, à cause des réparations qu'y fit faire Louise de Lorraine, en 1580 ; la troisième, fontaine Saint-Léger, patron du faubourg ; la quatrième, des Écures, nom de celui qui l'a découverte ; les trois autres n'ont pas de noms particuliers, non plus que la source froide. Les eaux de toutes ces sources s'écoulent par différents canaux qui se réunissent en un seul, et vont remplir un bain de forme elliptique, qui était autrefois orné avec la plus grande magnificence. — L'établissement thermal est situé près d'une place publique que l'on trouve dans le faubourg dit de Saint-Léger, au milieu d'une vaste cour qui renferme les sept fontaines chaudes, la fontaine froide, et deux vastes réservoirs pour alimenter les cabinets des bains. Le bâtiment thermal est composé de deux pavillons et d'un corps de logis à un étage, distribué en plusieurs appartements, dont fait partie le salon destiné aux baigneurs.—La saison des eaux s'ouvre à la fin de mai et se prolonge jusqu'à la fin de septembre : la durée du séjour est communément de 20 à 25 jours. L'expérience a prouvé que les eaux de Bourbon-Lancy sont utiles en boissons, bains et douches, contre plusieurs maladies. Prises en boissons, elles sont efficaces contre les fièvres prolongées, les circonstances d'atonie des organes digestifs, etc. Administrées en bains, douches et étuves, ces eaux sont d'un effet presque certain contre les différentes affections rhumatismales, les suites de fractures et de blessures. — Bourbon-Lancy est à 35 kil. (9 l.) de Moulins, à 55 kil. (14 l.) d'Autun, 96 kil. (24 l.) de Mâcon, 318 kil. (81 l. 1/2) de Paris.— Une diligence, qui part tous les jours de Moulins à Autun, rend très-faciles les communications avec Paris, Lyon et toute la Bourgogne.

OUVRAGES A CONSULTER. *Dissertation sur les eaux minérales de Bourbon-Lancy*, par Pinot, in-12, 1752.
Notice sur les eaux minérales en général, et sur celles de Bourbon-Lancy, par J. Verchère (Thèse, Montpellier, 1809).

NOLAY (*Côte-d'Or*). Bourg situé dans une contrée fertile en vins blancs d'excellente qualité, à 18 kil (4 l. 1/2) de Beaune. 1,320 hab. On y remarque une ancienne tour, reste d'un fort beau château ; une belle et vaste église, surmontée d'un clocher à flèche très-élevé ; une belle fontaine et une promenade on ne peut plus pittoresque. On doit visiter aux environs la belle source de la Cusanne, qui naît dans une grotte profonde, terminée par un bassin d'eau claire et limpide. Tout près de là est une cascade d'une élévation surprenante dont les eaux serpentent à travers une petite prairie, fermée de trois côtés par de hautes montagnes — A 2 kilomètres de Nolay sont les restes d'un camp romain qui couronnent la haute montagne de Châtillon.— PATRIE de Carnot.

DE MOULINS A BORDEAUX, 43 myr. 7 kil.

	m. k.
De MOULINS à PIERRE-PERCÉE ⚘	2,0
* SOUVIGNY (sur la route).	
PIERRE-PERCÉE au MONTET-AUX-MOINES ⚘	1,0
MONTET-AUX-MOINES à * MONT-MARAULT ⚘	1,3
MONT-MARAULT à DOYET ⚘	1,3
DOYET à * MONT-LUÇON ⚘	1,6
MONT-LUÇON à LAMAYD ⚘	1,5
LAMAYD à GOUZON ⚘	1,9
* ÉVAUX (à gauche de la route).	
GOUZON à PIERRE-BLANCHE ⚘	1,3
PIERRE-BLANCHE à * GUÉRET ⚘	1,8
GUÉRET à * LIMOGES (Voyez N° 138)	8,3
LIMOGES à * BORDEAUX (Voyez N° 77)	21,7

SOUVIGNY (*Allier*). Petite et très-ancienne ville, située à 15 kil. (3 l. 3/4) de Moulins ⚘ 2,681 hab. — Cette ville est la plus ancienne du Bourbonnais. Dès l'an 400 elle était désignée sous le nom de *Umbra-Vallis*, changé plus tard en celui de *Silviniacum*. En 913, Charles le Simple fit donation de Souvigny au chevalier Aimard, devenu la tige des premiers Bourbons, lequel, trois ans plus tard, jeta les fondements d'un monastère de l'ordre des bénédictins, de l'observance de Cluny. Souvigny devint la résidence des sires, puis des ducs de Bourbon. L'église du monastère est d'une belle construction gothique et remarquable par sa longueur : elle n'a conservé aucune trace des sépultures des premiers Bourbons; mais les tombeaux des ducs existent encore dans deux chapelles qui joignent le chœur : l'une s'appelle la chapelle Vieille, et l'autre la chapelle Neuve. La première, antérieure à la dernière construction de l'église, a été bâtie par le duc Louis XII, qui y a été enterré avec son épouse. Sur leur tombeau, on voit leurs statues couchées et les mains jointes; les écussons à leurs armes, qui ornaient les soubassements, portent la ceinture de l'ordre de l'Espérance, qu'ils avaient institué. La chapelle Neuve fut bâtie par Charles Ier, et le tombeau qui s'y trouve est le sien. Son épouse, Agnès de Bourgogne, y est aussi enterrée; ils sont représentés sur le tombeau les mains jointes, comme cela était assez l'usage. La ville de Souvigny est traversée par la grande route de Moulins à Limoges; elle est bâtie dans une situation agréable, sur le penchant d'un coteau, et domine d'excellentes prairies arrosées par la petite rivière de Queusne Cette ville est encore entièrement entourée de vieilles murailles totalement en ruine, au bas desquelles on retrouve les traces d'anciens fossés, qui sont maintenant cultivés; le long de ces murs, on a planté des arbres fruitiers dont les produits sont très-recherchés. — Verrerie à bouteilles.

OUVRAG A CONSULTER. *Notice sur les tombeaux de la famille royale à Souvigny*, in-8°.

MONT-MARAULT (*Allier*). Petite ville, située à 15 kil. (3 l. 3/4) de Mont-Luçon. 1,419 h. Elle est assez bien bâtie, dans une contrée riante, fertile et abondante en bons pâturages.

MONT-LUÇON. Voy. page 221.

ÉVAUX (*Creuse*). Petite ville très-ancienne, à 36 kil. (9 l. 1/4) d'Aubusson, 2,445 hab. Elle est bâtie sur un plateau de 300 mètres d'élévation, qui doit sa fécondité à une culture soignée.

EAUX THERMALES D'ÉVAUX. A 1 kil. (un quart de lieue) nord d'Évaux, et à plus de 200 mètres au-dessus du niveau de la ville, on trouve dans un vallon peu spacieux, borné à l'ouest par une chaine de montagnes, un établissement d'eaux thermales alimenté par plusieurs sources, dont la découverte paraît remonter à la plus haute antiquité. Les sources, au nombre de quinze, coulent la plupart de l'est à l'ouest, et paraissent avoir une origine commune ; elles sont disséminées dans l'établissement thermal, composé de trois bâtiments formant un triangle, renfermant chacun huit baignoires creusées dans le roc, ce qui forme 24 bains disponibles par heure dans la saison convenable. Parmi ces bâtiments, celui de Déglande étant le seul qui réunit le logement aux bains, a dû l'emporter sur les autres par la commodité qu'il offre aux malades.—Les eaux d'Évaux sont fréquentées pendant deux saisons, depuis le 30 mai jusqu'à la fin de juin, et depuis juillet jusqu'à la fin de septembre. Les promenades, tant à l'entour des eaux que dans les lieux voisins, fournissent une utile distraction aux malades ; le séjour de la petite ville où elles se trouvent sert aux buveurs d'une utile récréation, tant par les agréments des environs que par la réunion journalière de la meilleure société. — Les rhumatismes fibreux ou musculaires, les vieux ulcères, les engorgements articulaires indolents, les tumeurs scrofuleuses, les paralysies indépendantes des dispositions apoplectiques, toutes les maladies cutanées, les chloroses, etc., sont les maladies qui, soumises à l'action de ces eaux, sont la plupart du temps guéries.

OUVRAGE A CONSULTER. *Dissertation sur les eaux minérales d'Évaux*, par A. Gougnon (Thèse). 1810.

GUÉRET. Jolie ville. Chef-lieu du département de la Creuse. Trib. de 1re

inst. Soc. d'hist. natur. et d'antiquités. Collége comm. ⊠ ☞ 4,106 hab. Guéret doit son origine à un couvent fondé en ce lieu vers l'an 720, et autour duquel se forma dans la suite une petite ville, ancienne résidence des comtes de la Marche. On y voit encore une partie de leur château où séjourna Charles VII, lorsqu'il poursuivait le dauphin, son fils, depuis Louis XI, en guerre ouverte contre lui. Guéret était autrefois une place bien fortifiée. C'est une ville agréablement située sur le penchant d'une colline, à 6 kilomètres de la Creuse et à 9 kilomètres de la Gartempe; les rues, sans être bien percées, sont cependant assez belles, propres, et décorées de plusieurs fontaines jaillissantes; les places publiques sont fort jolies et les promenades agréables. On y remarque l'hôtel de la préfecture, le tribunal, la bibliothèque, renfermant 4,600 volumes; le collége; le cabinet d'histoire naturelle et d'antiquités; la prison, l'hôpital. — PATRIE d'Antoine Varilas, historien; de Rochon de Chabannes, auteur dramatique. — COMMERCE et EXPORTATION de bestiaux et de beurre. — A 39 kil. (20 l.) de Limoges, 74 kil. (19 l.) de Châteauroux, 327 kil. (84 l.) de Paris. — HÔTELS : du Lion-d'Or, de Saint-François, de la Promenade.

VOITURES PUBLIQUES. Pour Paris, Aubusson, Limoges, Moulins.

DE MOULINS AUX EAUX DE NÉRIS, 8 myr. 2 kil.

m. k.
De MOULINS à * MONT-LUÇON (Voy. ci-dessus)...... 7,4
MONT-LUÇON à * NÉRIS ☞............... 0,8

NÉRIS. Voyez page 221.

N° 98.

ROUTE DE PARIS A MULHAUSEN.

1ʳᵉ Route, par CHAVANNES, 47 myr. 4 kil.

m. k.
De PARIS à * BELFORT ☞ (V. N° 22, Route de Paris
à Belfort)................................ 42,2
BELFORT à CHAVANNES ☞................. 1,5
CHAVANNES à * ALTKIRCH ☞............... 1,9
ALTKIRCH à * MULHAUSEN ☞............... 1,8

ALTKIRCH (*Haut-Rhin*). Petite ville. Sous-préf. Trib. de 1ʳᵉ inst. Collége comm. ⊠ ☞ 2,819 hab. Cette ville, située sur une hauteur dont l'Ill arrose le pied, a été bâtie au treizième siècle, par Frédéric II. Elle est divisée en deux parties, la ville haute et la ville basse, et séparée par un fossé des restes d'un ancien château où les ducs d'Autriche faisaient leur résidence pendant leur séjour en Alsace. —FABRIQUES de poêles de faïence. A 51 kil. (13 l.) de Colmar, 31 kil. (8 l.) de Bâle, 18 kil. (4 l. 1/2) de Mulhausen, 430 kil. (110 l. 1/2) de Paris. — HÔTEL : de la Téte-d'Or.

VOITURES PUBLIQUES. Pour Mulhausen et Belfort.

MULHAUSEN (*Haut-Rhin*). Ancienne et jolie ville, à 18 kil. (4 l. 1/2) d'Altkirch. Trib. de comm. Ch. des manuf. Conseil de prud'h. Société industrielle renommée par les services qu'elle rend journellement au commerce et à l'industrie. ⊠ ☞ 20,300 habitants, non compris 7,000 ouvriers qui y viennent

N° 98. ROUTE DE PARIS A MULHAUSEN.

tous les jours des communes voisines. — Mulhausen est une ancienne ville qui devint ville libre impériale en 1268, et fut reçue comme alliée par la confédération helvétique en 1515. Elle renonça à ses rapports avec la Suisse en 1798, et fut incorporée à la France.

Cette ville est agréablement située dans une campagne fertile, au milieu d'une île formée par la rivière d'Ill, sur le canal du Rhône au Rhin, sur la ligne du chemin de fer de la Méditerranée au Rhin, et sur le chemin de fer aujourd'hui achevé de Strasbourg à Bâle. Elle est bien bâtie et ornée de beaux édifices, parmi lesquels on distingue les bâtiments de la place du nouveau quartier, l'église Saint-Étienne, affectée au culte réformé, qui existait à la fin du treizième siècle ; l'hôtel de ville; l'église paroissiale catholique; la synagogue ; l'hôpital; le collége; plusieurs places publiques, de belles maisons et de vastes manufactures. On distingue particulièrement l'établissement fondé par MM. A. Kœchlin, en 1827, à l'instar des établissements de construction de l'Angleterre. Mulhausen est depuis 1800 le centre de l'industrie du département du Haut-Rhin, industrie qui s'est développée avec une rapidité prodigieuse pendant l'espace de vingt et quelques années. Sur un rayon de deux lieues, la population des villages environnants s'est triplée. Les manufactures de cette ville étendent leurs ramifications, non-seulement sur tout le Haut-Rhin, mais encore dans les départements limitrophes. — INDUSTRIE. Vaste établissement de construction de machines de toute espèce pour tissage et filature, machines à vapeur, locomotives, etc. Manufactures considérables de toiles peintes, regardées comme les plus belles qui se fabriquent en France. Fabriques de draps, percales, toiles de coton, bonneteries, passementeries, chapeaux de paille. — Filatures de laine, de coton et de lin. Amidonneries ; teintureries; maroquineries; brasseries. — COMMERCE de grains, vins, eaux-de-vie, épiceries, draps, toiles peintes, quincaillerie, fer, etc. — HÔTEL de la Cigogne, tenu par Wagner Geney.

VOITURES PUBLIQUES. Tous les jours pour Paris, Colmar, Bâle, Épinal, Nancy, Huningue, Strasbourg, par les bateaux à vapeur du Rhin, Cernay, Thann, Willer, St-Amarin, Wesserling, Altkirch, Guebwiller, Soultz, Ste-Marie-aux-Mines.

CHEMIN DE FER de Strasbourg à Bâle et de Mulhouse à Thann.

OUVRAGES A CONSULTER, qui se trouvent à la librairie de Risler, à Mulhausen.

Graf, M. Geschichte der Stadt Mulhausen, von ihrem Ursprung an, bis auf ihre Vereinigung mit Frankreich im Jahr 1798, 4 vol. in-12. Prix : f. 8.

Notice historique sur la ville de Mulhouse, brochure in-12 , f. 1.

Lutz, Geographisch-statistische Beschreibung des oberrheinischen Departements, 1 vol. in-12, avec carte. Paix : f. 1. 28 c.

Statistique générale du département du Haut-Rhin, publiée par la Société industrielle de Mulhouse, 9 livrais. in-4° avec cartes. Frix : 20 fr.

Carte politique du département du Haut-Rhin, avec indication des chemins de fer; prix, 5 fr. — Carte géologique; prix, 3 fr.

Indicateur général du Haut-Rhin, contenant les adresses des administrations, des commerçants, industriels et principales professions du département. Prix : 1 f. 28 c. (paraît tous les ans).

Hanckler Geschichte der Stadt Colmar und der umliegenden Gegend, 8 livraisons in-12 avec carte. Prix : f. 8.

Merklen, Histoire de la ville d'Ensisheim, avec un précis des événements les plus mémorables qui se sont passés en Allemagne, 2 vol. in 8°. Prix : 10 fr.

J. Stoeber, Elsaessisches Sagenbuch, 1842, un gros vol. in-8°. Prix, avec 12 vignettes, 12 fr. ; sans vignettes, 6 fr.

DE MULHAUSEN A ÉPINAL, 10 myr. 6 kil.

	m.k.
De MULHAUSEN à * THANN ⌖............	2,2
* SAINT-AMARIN (sur la route).	.
THANN à ORBEY ⌖....................	1,6
* BUSSANG (sur la route).	
* WILDENSTEIN (à gauche de la route).	

N° 98. ROUTE DE PARIS A MULHAUSEN.

Orbey à Saint-Maurice (Vosges) ☜.........	1,3
Saint-Maurice à la Roche (Vosges) ☜ (vacant).	1,5
*Vagney (à droite de la route).	
*Sapois (à droite de la route).	
La Roche à *Remiremont ☜...............	1,4
Remiremont à Pouxeux ☜ (vacant)...........	1,2
Pouxeux à *Épinal ☜....................	1,4
De Mulhausen à Bantzenheim................	2,1

THANN (*Haut-Rhin*). Jolie petite ville située à l'entrée de la vallée de Saint-Amarin, sur la Thur, à 34 kil. (8 l. 1/2) de Belfort. ⊠ 3,937 hab. Elle est bâtie dans une position pittoresque, au pied d'une montagne environnée par les ruines du château d'Engelbourg. On y remarque l'église de Saint-Thibaut, magnifique édifice bâti dans le même style que la cathédrale de Strasbourg. La belle flèche pyramidale, haute de 100 mètres, a été achevée en 1516.—Manufactures de toiles peintes, bonneterie, mouchoirs, etc.

Chemin de fer de Thann à Mulhouse; départs tous les jours; prix : 1 fr. 25 c. 1 fr. 85 c., et 2 fr. 10 c.

AMARIN (SAINT-) (*Haut-Rhin*). Petite ville située dans la riante et pittoresque vallée de son nom, à 42 kil. (10 l. 1/2) de Belfort. 1,995 hab. On voit aux environs les ruines du vieux château de Frieldbourg, et, non loin de là, les restes de celui de Stoenbourg.

BUSSANG (*Vosges*). Bourg situé au milieu des montagnes des Vosges, sur la rive droite de la première source de la Moselle, à 37 kil. (9 l. 1/2) de Remiremont. 2,349 hab. Ce bourg est renommé par ses sources d'eaux minérales; il est bâti au fond d'une gorge sinueuse, dans un bassin resserré, dominé par des montagnes de 800 à 1400 mètres d'élévation au-dessus du niveau de la mer, et connues sous les noms de Ballons d'Alsace, de Comté et de Servance. Du haut de ces montagnes on jouit d'un point de vue admirable. Les sources minérales sont situées à deux kilomètres du bourg; elles sont au nombre de cinq; mais il n'y en a que deux dont on fait usage. Quelques tilleuls ombragent le bâtiment assez simple dans lequel elles sont réunies. Les eaux de Bussang sont indiquées dans beaucoup de maladies des voies urinaires. Elles s'emploient avec succès dans les engorgements lents des viscères, les fleurs blanches, les diarrhées chroniques, la langueur des forces digestives, les jaunisses rebelles et les fièvres d'automne et de printemps. Elles sont communément purgatives et laxatives.

Ouvrages a consulter. *Essai analytique sur les eaux de Bussang*, par J. Lemaire, in-12, 1750.
Examen sur les eaux minérales de Bussang, par Didelot, in-12, 1777.
Précis sur les eaux minérales de Plombières, suivi d'une notice sur les eaux de Bussang, par Grosjean, in-8°, 1829.

WILDENSTEIN (*Haut-Rhin*). Village à 58 kil. (15 l.) de Belfort. 518 hab. Près de ce village, sur une montagne environnée de toutes parts de précipices, sont les restes de l'immense fort de Wildenstein, où conduit un chemin taillé dans le roc. On voit à un kilomètre une magnifique cascade formée par la rivière de Thur, qui tombe verticalement de 10 mètres de hauteur, d'un rocher couvert de mousse, et forme une double chute fort pittoresque.

VAGNEY (*Vosges*). Village à 14 kil. (3 l. 1/2) de Remiremont. 2,992 hab. A un kilomètre de distance de la route qui conduit de ce village à Remiremont, se trouve la cascade de la Cave, formée par la rivière de Clurie, qui, avant sa jonction avec la Moselle, se précipite d'une montagne à pic très-élevée dans un bassin environné de rochers dont les fentes ouvrent passage à une végétation vigoureuse qui embellit ce site sauvage.

23.

SAPOIS (*Vosges*). Village à 18 kil. (4 l. 1/2) de Remiremont. 863 hab. On remarque, un peu au-dessus du village, la cascade du Bouchot, une des plus belles des Vosges, formée par la rivière de Vagney.

REMIREMONT (*Vosges*). Jolie petite ville. Sous-préf. Trib. de 1re instance. Collége comm. ✉ ✆ 4,686 hab. Remiremont doit son origine à une célèbre abbaye de chanoinesses, fondée vers 620 : l'église abbatiale est un magnifique édifice de construction italienne. Cette ville est bâtie dans une situation extrêmement pittoresque, au pied des Vosges, sur la rive gauche de la Moselle, un peu au-dessus du confluent des deux branches de cette rivière. Elle est formée de maisons peu élevées, mais propres, régulières, et, pour la plupart, ornées d'arcades. Presque toutes les rues sont larges, bien percées, et offrent plusieurs belles constructions, dont la plus remarquable, après l'église, est l'hôpital. Un ruisseau abondant arrose les rues principales ; les anciens fossés ont été convertis en jolis jardins. La ville possède une petite bibliothèque publique renfermant 5,000 volumes, et deux jolies promenades, dites du Tertre et du Châtelet. — On doit visiter aux environs, près du village de Vagney, les belles cascades du Bouchot et de la Cave. — FABRIQUES de toiles de coton, siamoises, etc. A 23 kil. (6 l.) d'Épinal, 16 kil. (4 l.) de Plombières, 398 kil. (102 l.) de Paris.

VOITURES PUBLIQUES. Tous les jours pour Épinal, Paris, Nancy, Mulhouse.

ÉPINAL. Voyez page 357.

DE MULHAUSEN A PLOMBIÈRES, 9 myr. 3 kil.

De MULHAUSEN à * REMIREMONT ✆ (V. ci-dessus)... 8,0
REMIREMONT à * PLOMBIÈRES ✆............... 1,3

De MULHAUSEN à ASPACH........................ 1,9
ASPACH à ORBEY............................... 2,3

PLOMBIÈRES (*Vosges*). Jolie petite ville, à 16 kil. (4 l.) de Remiremont. ✉ ✆ 1,402 hab. — Cette ville, célèbre par ses eaux thermales, est dans une situation des plus pittoresques, au fond d'un vallon extrêmement resserré, traversé dans toute sa longueur par le torrent de l'Eaugronne. L'aspect intérieur est assez agréable ; toutes les maisons y ont rarement plus de deux étages, mais elles sont en général propres, commodes, ornées d'un balcon, et presque toutes groupées à l'entour des établissements thermaux ; les plus éloignées qui servent de logement aux baigneurs n'en sont pas à plus de cent pas, ce qui est d'un très-grand avantage. Outre les maisons particulières où logent les étrangers, il y a dans la ville plusieurs hôtelleries très-bien tenues ; mais on n'y descend ordinairement que pour peu de temps, en attendant qu'on ait trouvé à se caser convenablement. La ville possède plusieurs belles promenades bien ombragées, entretenues avec soin et fort agréables. La promenade des Dames, située entre la ville et une belle papeterie, est un parallélogramme planté de quatre rangées d'arbres, et environné de deux canaux alimentés par les eaux de l'Eaugronne. A peu près au milieu, une grille de fer circulaire entoure le bassin dans lequel s'écoule la source ferrugineuse, à laquelle on descend par deux escaliers. Cette promenade, ainsi que la plupart des embellissements de la ville, est due à la munificence du roi Stanislas, qui la fit arranger en 1775, lors du voyage de Mesdames, sœurs de Louis XV. Près de là, deux jolis sentiers offrent à toutes les heures du jour une promenade fraîche et ombragée : le premier, en remontant le cours de l'Eaugronne, conduit à la Grange-Bernardin ; l'autre se dirige, en suivant le ruisseau Saint-Antoine, vers le moulin Joli. Ce moulin appartient à de pauvres gens, et offre de remarquable une futaie où Joséphine alla plusieurs fois déjeuner, lorsqu'elle prenaît les eaux à Plombières : c'est elle qui donna à ce moulin le nom de Moulin-Joli. À l'autre extrémité de la ville, la promenade dite de la Filerie conduit d'abord à la Forge, et ensuite à la fontaine de Stanislas, située sur un coteau, au milieu d'un petit bois et au pied d'un énorme rocher sur lequel sont gravées plusieurs inscriptions qui rappellent les vertus du bienfaiteur de la Lorraine. D'autres buts de promenades, tous intéressants par des sites gracieux ou romantiques, attirent encore l'attention des voyageurs. Ce sont, à des distances plus ou moins éloignées, la Ferme-Jaquot ; la maison du père Vincent ; la feuillée du Val-d'Ajou ; l'abbaye et la vallée d'Érival ; la vallée des Roches ; le saut du Dréhar ; celui du Géhar ; la pierre du Tonnerre, etc.

EAUX THERMALES DE PLOMBIÈRES. Les eaux thermales de Plombières paraissent avoir été connues des Romains ; depuis des siècles elles sont fréquentées par un grand nombre de Français et d'étrangers, qui viennent dans la saison des bains y chercher la guérison ou un soulagement à leurs maux. A cette époque, la ville offre le spectacle le plus animé, et réunit les divers genres de plaisirs qu'on trouve ordinairement à Bagnères et à Bath : les environs offrent des promenades délicieuses. — Les eaux minérales de Plombières sont de deux sortes, les unes froides et les autres thermales : des froides, l'une est ferrugineuse ; les autres sont dites savonneuses. — BAIN DES DAMES. Il est composé d'une piscine demi-circulaire à + 29° R., qui peut recevoir une vingtaine de baigneurs, d'une seconde piscine plus petite et beaucoup plus chaude, de deux cabinets de douches, et de trois grandes salles dans lesquelles sont rangées un certain nombre de baignoires : la température de la source est à + 42° R. — BAIN DES ANCIENS, OU GRAND BAIN. C'est le plus anciennement fréquenté. L'eau s'élève dans le bassin à 3 pieds et demi environ ; elle y arrive par deux sources, dont l'une marque + 44° et l'autre + 50° 1/2 R. La température du milieu du bassin est de + 36° ; celui où se baignent les malades de l'hospice, et qui y communiquent librement, est à + 30°. — BAIN TEMPÉRÉ. C'est un édifice de formée carrée, dont la voûte, élevée en arceaux, est soutenue par onze piliers ; au centre sont quatre petits bassins circulaires qui peuvent contenir une soixantaine de baigneurs. Autour de ces bassins et au premier étage se trouvent quatorze cabinets de bains, renfermant vingt et une baignoires et huit douches d'espèces diverses. La température des bassins est fixée de + 26° à + 28° R. — BAIN DES CAPUCINS. Il est alimenté par une source à + 42° R., et renferme un bassin de 18 pieds de long sur 12 de large, et 3 1/2 de profondeur, divisé en deux compartiments : dans l'un, la température de l'eau est entretenue à + 33° R., et dans l'autre seulement + à 26°. — BAIN ROYAL OU BAIN NEUF. Il est alimenté par cinq sources principales, dont la température est de 12 1/2, 28, 35, 45 et + 49° R. La piscine, qui a environ 15 pieds environ, est divisée en deux compartiments, qui peuvent contenir une quarantaine de baigneurs. Autour de cette piscine sont trente et un cabinets de bains. Les étuves ou bains de vapeur sont dans trois cabinets où passe une source thermale à + 43° 1/2 R. — FONTAINE DU CRUCIFIX. Cette source marque + 40° R. et ne sert qu'à la boisson. — FONTAINES SAVONNEUSES. Elles sont au nombre de deux : la première marque + 14° 1/2 R. ; la seconde marque + 12° 1/2 R. — FONTAINE FERRUGINEUSE, OU LA BOURDEILLE. Elle est placée au milieu d'une promenade plantée de tilleuls majestueux, longue d'environ six cents pas et bordée de chaque côté par le torrent qui traverse la ville. Sa température moyenne est de 12° R. — ÉTUVE BASSOMPIERRE. C'est une voûte très-basse qui ne sert que pour les bains de vapeur entiers ; la température de la chambre varie de + 46 à + 49° R. — A Plombières, la saison commence le 15 mai et finit le 15 octobre : les saisons les plus propices sont la fin du printemps et celle d'été. — Les eaux de Plombières sont stimulantes et activent la circulation. On les administre avec avantage dans le traitement de la chlorose et les affections des organes génitaux et urinaires, dans les maladies des voies digestives, dans les rhumatismes froids, les maladies des articulations, des os et des muscles, dans les maladies de l'encéphale et des nerfs, dans les maladies cutanées, les ulcères, etc. Plombières est à 20 kil. (5 l.) N.-N.-E. de Luxeuil, 72 kil. (18 l.) O. de Bourbonne, 401.kil. (103 l.) E.-S.-E. de Paris.

VOITURES PUBLIQUES. La malle poste de Besançon à Nancy passe tous les jours à Plombières ; il y a aussi un service de diligence régulier entre cette ville et Nancy, pendant la saison des eaux, et des voitures tous les jours pour Épinal et Vesoul.

OUVRAGES A CONSULTER. *Voyage à Plombières*, par Pirault-Deschaumes, in-18, 1825.

Une saison à Plombières, par Mengin Foudragon, in-18, 1825.
Coup d'œil sur Plombières, par un voyageur, in-8°, 1820.
Analyse des eaux de Plombières, par Vauquelin (Annales de chimie, t. 59).
Précis sur les eaux minérales de Plombières, par Grosjean, in-8°, 1829.

N° 99.

ROUTE DE PARIS A NANCY (MEURTHE).

1re Route, par ÉPERNAY et CHALONS, Voy. N° 60.... 33,9

2e Route, par MONTMIRAIL et CHALONS, 33 myr. 1 kil.

De PARIS à * CHALONS (Voy. N° 38)............. 16,2
CHALONS à * NANCY (Voy. N° 127)............. 16,9

DE NANCY A COLMAR.

1re Route, par RAON-L'ÉTAPE, 13 myr. 4 kil.

De NANCY à * LUNÉVILLE (Voy. N° 127)........... 2,7
LUNÉVILLE à COLMAR (Voy. N° 45)............ 10,7

2e Route, par RAMBERVILLERS, 14 myr. 5 kil.

De NANCY à * LUNÉVILLE (Voy. N° 127)........... 2,7
LUNÉVILLE à * RAMBERVILLERS ⌀ (V. ci-après).. 3,5
RAMBERVILLERS à L'HÔTE-DU-BOIS ⌀........... 1,6
L'HÔTE-DU-BOIS à * SAINT-DIÉ ⌀............. 1,1
SAINT-DIÉ à * COLMAR (Voy. N° 45)........... 5,6

DE NANCY A DEUX-PONTS, 12 myr. 5 kil.

De NANCY à * FÉNESTRANGE (Voy. N° 74).......... 6,7
FÉNESTRANGE à SAAR-UNION ⌀................ 1,3
SAAR-UNION à RORBACH (Moselle) ⌀........... 2,0
RORBACH à ESCHWILER....................... 2,5
ESCHWILER à DEUX-PONTS (poste étrangère)..... 1,7

DE NANCY A ÉPINAL.

1re Route, par CHARMES, Voy. N° 54............. 7,0

N° 99. ROUTE DE PARIS A NANCY.

2ᵉ Route, par RAMBERVILLERS, 9 myr.

*SAINT-NICOLAS-DU-PORT (sur la route).

	m. k.
De NANCY à DOMBASLE ☜.	1,5
DOMBASLE à *LUNÉVILLE ☜	1,2
LUNÉVILLE à *MOYEN ☜	1,8
MOYEN à *RAMBERVILLERS ☜	1,7
RAMBERVILLERS à GIRÉCOURT ☜	1,3
GIRECOURT à *ÉPINAL ☜	1,5
De RAMBERVILLERS à RAON-L'ÉTAPE ☜	1,8

NICOLAS-DU-PORT (|SAINT-) (*Meurthe*). Petite ville à 13 kil. (3 l. 1/4) de Nancy. ✉ 3,043 hab. On y admire une magnifique église de construction gothique, commencée en 1494 et achevée en 1544, remarquable par sa hardiesse et par la légèreté de ses piliers, qui sont fort grêles et ont plus de 28 mètres d'élévation ; les tours sont également très-légères et d'une construction fort délicate.

LUNÉVILLE (*Meurthe*). Ancienne et jolie ville. Sous-préf. Trib. de 1ʳᵉ inst. Soc. d'agr. Collége comm. ✉ ☜ 12,341 hab. L'origine de Lunéville, ainsi que celle de beaucoup d'autres villes, est enveloppée des plus épaisses ténèbres : on sait seulement que des fouilles faites aux environs firent découvrir autour d'une fontaine des médailles romaines représentant Diane ou la Lune. Cette ville possède un très-beau palais, construit par Léopold, et considérablement embelli par Stanislas : il ne reste des charmants bosquets qui l'environnaient que celui qui sert de promenade publique. La marquise du Châtelet, célébrée par Voltaire, a son tombeau dans l'église paroissiale, dont l'architecture moderne mérite d'être remarquée. Lunéville possède aussi un immense quartier de cavalerie ; un vaste manége couvert ; un champ de Mars de deux cents hectares de superficie. C'est la patrie du chevalier de Boufflers ; du comédien Monvel ; de Stanislas Girardin, élève de J. J. Rousseau ; du général Haxo, etc. — FABRIQUES de draps communs, bonneterie, broderies, gants de peau et de laine, etc. A 28 kil. (7 l.) de Nancy, 358 kil. (92 l.) de Paris. — HÔTELS : du Sauvage, de la tête d'or, du Chariot d'or.

VOITURES PUBLIQUES. Tous les jours pour Nancy, Strasbourg, Paris, Moyenvic, Blâmont, Baccarat.

OUVRAGES A CONSULTER, qui se trouvent à la librairie de George, à Nancy.
Histoire de Lunéville, par Maréchal, in-12.
Topographie médicale de Lunéville et de son arrondissement, par Sauccrotte, in-8°, 1824.
Annales de Lunéville, ou Essais historiques sur cette ville, par Guerrier, in-8°, 1817.

MOYEN (*Meurthe*). Village situé sur le revers d'un coteau que couronnent les ruines pittoresques d'un ancien château, à 17 kil. (4 l. 1/4) de Lunéville. ☜ 1,220 hab.

RAMBERVILLERS (*Vosges*). Jolie petite ville, à 27 kil. (7 l.) d'Épinal. ✉ ☜ 4,990 hab. C'est une ville bien bâtie, dont les rues sont arrosées par des rigoles d'eau courante ; quoiqu'elle n'offre aucun édifice monumental, elle possède de belles habitations, asile du bien être et de l'intelligence, et une bibliothèque de 10,000 volumes. — HÔTELS : du Canon d'or, du Cheval blanc, du Grand-Cerf.

DE NANCY A SAINT-LOUIS, 21 myr. 7 kil.

	m. k.
De NANCY à *DOMBASLE (Meurthe) ☜	1,5

N° 99. ROUTE DE PARIS A NANCY.

DOMBASLE à * LUNÉVILLE ☜...........	1,2
LUNÉVILLE à * SAINT-DIÉ ☜ (Voy. ci-dessus, de Nancy à Colmar).......................	6,2
SAINT-DIÉ à GEMAINGOTTE ☜.............	1,2
GEMAINGOTTE à * SAINTE-MARIE AUX MINES ☜...	1,2
SAINTE-MARIE AUX MINES à * SCHELESTAT ☜....	2,2
* SAINT-HIPPOLYTE (à droite de la route).	
SCHELESTAT à MARCKOLSHEIM ☜............	1,4
MARCKOLSHEIM à SAINT-LOUIS ☜ (Voy. N° 127)..	6,8

DOMBASLE, LUNÉVILLE. Voyez la Route précédente.

MARIE AUX MINES (SAINTE-) (*Rhin*). Ancienne et jolie ville à 34 kil. (8 l. 3/4) de Colmar. Cons. de prud'h'. Chambre des manuf ☒ ☜ 3,272 hab. Cette ville est dans une situation pittoresque, au fond du val de Liepvre, circonscrit par des montagnes élevées couvertes de bois, et au pied de la montagne de son nom, l'un des passages les plus élevés des Vosges. Elle est assez bien bâtie, et s'étend entre deux hautes montagnes sur une demi-lieue de longueur. La Liepvrette la partage en deux parties qui avaient deux seigneurs différents : la partie septentrionale appartenait au duc de Lorraine, et depuis 1736 au roi de France, elle était peuplée de catholiques : la partie méridionale appartenait à la maison de Deux-Ponts et était habitée par des protestants. — Le territoire de Sainte-Marie renferme de célèbres mines d'argent, de plomb et de cuivre. La mine de Surlatte est aujourd'hui la seule en activité : le minerai qu'elle fournit est un plomb sulfuré tenant une once d'argent au quintal ancien. Cette mine produit de 30 à 60 quintaux métriques de schlich par mois; elle a donné près de 400 quintaux dans le cours de 1830. Un chemin de fer y a été établi. — FABRIQUES importantes de bonneteries en coton. Teintureries en rouge d'Andrinople. Papeteries, etc.

VOITURES PUBLIQUES. Pour Mulhausen et Guebwiller.

HIPPOLYTE (SAINT-) (*Haut-Rhin*). Petite ville située au pied d'une montagne que couronnent les vastes ruines du château de HOH-KOENISBOURG, à 16 kil. (4 l.) de Colmar. 2,414 hab.

DE NANCY A MIRECOURT, 4 myr. 7 kil.

De NANCY à FLAVIGNY ☜.....................	1,5
FLAVIGNY à MONPLAISIR ☜................	1,5
MONPLAISIR à * MIRECOURT ☜...............	1,7
De MONPLAISIR à { COLOMBEY (Meurthe) ☜.......	2,2
{ CHARMES ☜...................	1,8

DE NANCY A SARRELOUIS.

1re Route, par BARONVILLE, 8 myr. 5 kil.

	m. k.
De NANCY à CHAMPENOUX ☜................	1,4
CHAMPENOUX à * CHATEAU-SALINS ☜.........	1,6
CHATEAU-SALINS à BARONVILLE ☜..........	1,6
BARONVILLE à FAULQUEMONT ☜............	1,2
FAULQUEMONT à FOULIGNY ☜..............	1,0
FOULIGNY à SAINT-AVOLD ☜...............	1,7
SAINT-AVOLD à SARRELOUIS ☜ (poste étrangère)..	2,2

N° 100. ROUTE DE PARIS A NANTES. 543

De Saint-Avold à Faulquemont ⚘............ 1,4
Faulquemont à Grostenquin ⚘............ 1,3

CHÂTEAU-SALINS (*Meurthe*). Petite ville. Sous-préf., dont le trib. de 1re inst. est à Vic. Soc. d'agr. ⚘ 2,708 hab. Château-Salins tire son nom des salines qui y furent établies en 1330, et d'un château bâti en 1342 par Isabelle d'Autriche. Avant la découverte de la mine de sel gemme de Vic, le gouvernement possédait dans cette ville une saline qui a été abandonnée en 1826, e dont les bâtiments ont été vendus. Château-Salins est une petite ville agréablement située dans un beau vallon, sur la petite Seille. On y voit encore quelques tourelles et des vestiges de murailles de ses anciennes fortifications. A 27 kil. (7 l.) de Nancy, 47 kil. (12 l.) de Metz, 357 kil. (91 l. 1/2) de Paris.— Hôtels : du Chariot, du Lion d'or, de la Couronne.

Voitures publiques. Tous les jours pour Paris, Strasbourg, Nancy, Dieuze, Vic, Lunéville, Sarreguemines, Sarrebruck, Metz.

2ᵉ Route, par Dieuze, 8 myr. 3 kil.

De Nancy à *Dieuze (Voy. N° 74)............. 4,4
Dieuze à Altrof ⚘.................... 1,9
Altrof à Saint-Avold ⚘.................... 2,0
Saint-Avold à Sarrelouis ⚘ (poste étrangère). 2,2

3ᵉ Route, par Grostenquin, 7 myr. 7 kil.

De Nancy à *Baronville (Voy. la 1re R.)........ 4,6
Baronville à Grostenquin ⚘............... 1,3
Grostenquin à Saint-Avold ⚘............... 1,8
Saint-Avold à Sarrelouis ⚘............... 2,2

DE NANCY A STRASBOURG.

1ʳᵉ Route, par Wasselonne,

Voy. N° 127, 1ʳᵉ route de Paris à Strasbourg....... 13,9

2ᵉ Route, par Stutzheim, 13 myr. 6 kil.

De Nancy à *Saverne (Voy. N° 127)............ 9,9
Saverne à Wilthéim ⚘.................... 1,5
Wilthéim à Stutzheim ⚘.................... 1,1
Stutzheim à *Strasbourg ⚘.................... 1,1

N° 100.

ROUTE DE PARIS A NANTES (LOIRE-INFÉRIEURE).

Itinéraire descriptif de Paris à Nantes. De Paris à Tours.

Voy. N° 25, Route de Paris à Bordeaux, page 160.

En sortant de Tours, on continue à suivre la levée, le long de laquelle règne, à droite, une espèce de corniche adossée au rocher qui borde le fleuve.

Le pays est couvert de riches vignobles, de jardins et de gracieuses maisons de plaisance ; la route parcourt sans cesse une chaussée bordée d'habitations charmantes : sur l'autre rive, on jouit d'une délicieuse perspective. Luynes est une petite ville adossée à un coteau que couronnent les ruines pittoresques d'un vieux château. La route suit toujours la levée, bordée dans cette partie par un coteau, dans lequel sont encore creusés des hameaux entiers, dont les habitations souterraines offrent des grottes d'une propreté et d'une élégance surprenante. Au hameau du Pont-de-Pile on remarque, sur la rive opposée, à travers de riants bosquets qui bordent la Loire, le beau château de Villandry. En arrivant au hameau de Gravier, on aperçoit dans le lointain, sur le sommet de la colline qui borde la route, la tour pittoresque de Cinq-Mars-la-Pile. La route quitte la levée, tourne à droite, et offre en perspective le joli château de la Farinière. La vallée s'élargit et présente un paysage gracieux, encadré par des collines boisées ou couvertes de vignes jusqu'à Langeais, petite ville remarquable par un château gothique d'une belle conservation. En quittant cette ville on se rapproche de la Loire, qui offre des tableaux de plus en plus enchanteurs. Au relais des Trois-Volets on jouit d'une belle perspective sur le magnifique château d'Ussé. La levée suit les sinuosités du fleuve à travers des vergers et des bosquets continuels, interrompus de distance en distance par de petits villages. Au hameau de Port-Boulet, la levée devient dangereuse, par le défaut de parapet, jusqu'à Chouzé. Au sortir de ce bourg, la levée traverse un verger continuel, au milieu d'un des plus riches pays de la France, peuplé des hameaux de Saint-Médard, de la Perche et de la Rivière. Sur le point de franchir la limite du départ. d'Indre-et-Loire, on aperçoit sur la rive gauche du fleuve la petite ville de Candes, bâtie dans une situation pittoresque, au confluent de la Loire et de la Vienne. — En quittant Chouzé, on voit une plaine plantée de vignes s'étendre à perte de vue sur la droite. A gauche, la rivière et la vallée sont masquées par une immense quantité d'arbres de toute espèce, qui finissent par s'emparer des deux côtés de la route, et l'on voyage au milieu d'un bosquet ou d'un verger continuel, à travers lequel serpente la levée. On traverse le village de Villebernier, vis-à-vis duquel on remarque, sur la rive opposée, celui de Dampierre, dernier séjour et tombeau de Marguerite d'Anjou, reine d'Angleterre. De cet endroit on découvre dans le lointain, le château fort de Saumur, bâti sur un roc qui domine les alentours. On arrive à cette ville par le faubourg de la Croix-Verte où est le relais de poste, Saumur étant situé sur l'autre rive de la Loire. — Après Saumur, la levée continue à serpenter le long de la rive droite du fleuve, qui se dérobe sous un massif d'arbres. Les fertiles campagnes qui s'étendent à droite, jusqu'au pied des collines, sont couvertes des plus riches cultures, distribuées en plates-bandes, comme nos jardins potagers. Des arbres fruitiers de toute espèce les ombragent sans en diminuer la richesse, et des treillages se communiquent d'un arbre à l'autre en forme de guirlande : c'est une cumulation de trois récoltes sur le même sol, en même temps qu'une suite continuelle de vergers et de paysages. En face le village de Saint-Martin on voit, sur l'autre rive, le village de Tufeaux, remarquable par ses belles carrières, et à peu de distance, sur la même rive, le lieu intéressant de Chenehutte, dont nous aurons occasion de décrire dans le cours de cet ouvrage (page 548). Vis-à-vis de Saint-Clément des Levées brillent, sur l'autre rive, à travers un bocage qui les entoure, diverses maisons d'une blancheur éclatante : du milieu de ce groupe d'arbres et de maisons s'élève une tour antique, reste du château de Trèves, et non loin de là l'église gothique de Cunault, monument remarquable du septième siècle, dont nous donnons aussi la description. Une lieue après Saint-Clément, on traverse le joli bourg des Rosiers : en face se présente la petite ville de Gennes, l'un des plus beaux sites qu'offre le cours de la Loire. Les vergers et les bosquets diminuent graduellement et font place à des terres cultivées, entremêlées de haies vives et de bosquets, jusqu'à une demi-lieue au delà de la Daguenière, où l'on quitte les bords charmants de la Loire pour entrer dans les plaines fertiles de l'Anjou. Avant d'arriver à Angers, on remarque de profondes carrières d'ardoises, exploitées à ciel ouvert. — En sortant d'Angers, on passe devant l'ancienne abbaye Saint-Nicolas. La route traverse des plaines fertiles jusqu'à Saint-Georges, joli bourg avec relais de poste. Une demi-lieue avant ce relais on longe, à gauche, la grille du magnifique château de Serrant. Au relais de Champtocé, on retrouve les rives de la Loire, qui présentent toujours des sites gracieux et pittoresques; vis-à-vis de ce village, sur l'autre rive du fleuve, apparaît le bourg de Montjean, renommé par ses houillères, qui communiquent sous le lit de la Loire avec celles de Montrelais. De Champtocé la route suit presque constamment le bord de la Loire jusqu'au hameau de la Riotère, bâti vis-à-vis de la petite ville d'Ingrande. En sortant d'Ingrande, ou plutôt du hameau de la Riotère, on passe du département de Maine-et-Loire dans celui de la Loire-Inférieure, et de l'Anjou dans la Bretagne. La route s'éloigne un peu du bord de la Loire, et traverse une contrée fertile, couverte en partie de riches vignobles qui donnent les meilleurs vins de toute la contrée. Sur la gauche, entre la route et la Loire, est le village de Montrelais, dont les houillères méritent d'être visitées. Le bourg de Varades domine agréablement la vallée. Au delà de ce bourg la route continue à être bordée de vignes. Ancenis est une jolie petite ville, intéressante par son agréable situation et par son port sur la Loire. Au delà, sur la rive gauche du fleuve, on remarque le bourg de Champtoceaux, et l'on jouit d'une belle vue sur le magnifique château de Clermont, qui occupe le sommet d'une colline escarpée. Un quart de lieue plus loin, sur le bord de la Loire, est Oudon, où se trouve une tour octogone bien conservée, dont la construction paraît remonter au neuvième siècle. La Sailleraye est un relais de poste, où l'on voit un magnifique château; après ce relais la route s'éloigne de la Loire, laisse entre elle et le fleuve plusieurs villages, dont le plus considérable est celui de Thouaré, dans les environs duquel on jouit d'une belle échappée de vue sur la Loire et la ville de Nantes, où l'on arrive par le long faubourg de Saint-Clément.

1ʳᵉ Route de PARIS à NANTES, par TOURS, 43 myr. 1 kil.

	m. k.
De PARIS à TOURS ☞ (V. N° 25, Route de PARIS à BORDEAUX).........................	23,2
TOURS à * LUYNES ☞........................	1,0
* CINQ-MARS-LA-PILE (sur la route).	
LUYNES à * LANGEAIS ☞.....................	1,4
* SAVONIÈRES (à gauche de la route).	
LANGEAIS aux TROIS-VOLETS ☞..............	1,2
* BOURGUEIL (à droite de la route).	
TROIS-VOLETS à CHOUZÉ ☞...................	1,2
CHOUZÉ à LA CROIX-VERTE ☞ (Saumur)........	1,6
* CHENEHUTTE (à gauche de la route).	
* BRAIN (à droite de la route).	
* CUNAULT (à gauche de la route).	
LA CROIX-VERTE aux ROSIERS ☞..............	1,5
* MAZÉ (à droite de la route).	
ROSIERS à SAINT-MATHURIN ☞................	1,0
* BRISSAC (à gauche de la route).	
SAINT-MATHURIN à * ANGERS ☞...............	2,1
ANGERS à SAINT-GEORGES-SUR-LOIRE ☞.......	1,7
* SAVENIÈRE (à gauche de la route).	
* SERRANT (à gauche de la route).	
* CHALONNE (à gauche de la route).	

		m. k.
Saint-Georges à Champtocé ⚓...		0,8
* Saint-Florent le Vieil (à G. de la R.).		
Champtocé à Varades ⚓...		1,3
* Bouzillé (à gauche de la route).		
Varades à Ancenis ⚓...		1,3
* Champtoceaux (à gauche de la route.		
Ancenis à * Oudon ⚓...		0,9
*Le Cellier.		
Oudon à * la Sailleraye ⚓...		1,5
La Sailleraye à * Nantes ⚓...		1,4

TOURS. Voyez page 174.

LUYNES (*Indre-et-Loire*). Petite ville dans une situation très-pittoresque, près de la rive droite de la Loire. Elle est adossée à un rocher calcaire, dans lequel sont creusées la plupart des habitations, et dont le sommet est couronné par les restes d'un ancien château, qui domine au loin la contrée. — A peu de distance de Luynes, on remarque les ruines d'un aqueduc fort ancien, dont une cinquantaine de piliers sont encore debout.— Luynes est la patrie de Paul-Louis Courier, savant helléniste et l'un des écrivains les plus originaux de notre époque, assassiné près de cette ville en 1824. Ses brochures politiques, remarquables par la naïveté du style, par la finesse et la vérité des observations, resteront comme des modèles en ce genre. ⚓ 2,400 h. — A 12 kil. (3 l.) de Tours.

CINQ-MARS-LA-PILE ou **CINQ-MARS** (*Indre-et-Loire*). Bourg bâti dans une situation pittoresque, près de la rive droite de la Loire, sur le penchant d'un coteau où l'on remarque les ruines d'un ancien château, à peu de distance desquelles s'élève une tour légère très-curieuse, dont plusieurs antiquaires se sont vainement efforcés de pénétrer l'origine. La pile Cinq-Mars est un pilier quadrangulaire de 28 m. 06 c. de hauteur, et de 4 m. 05 c. de largeur sur chacune de ses quatre faces. Cette largeur est égale depuis la base jusqu'au sommet, qui est surmonté de cinq piliers de 3 m. 25 c. de haut, assez semblables à ceux qu'on remarque sur les mosquées; celui du milieu a été renversé par un ouragan en 1750, et ceux des quatre angles sont seuls restés debout. Cette pile est un massif plein, qui n'a ni escalier ni fenêtres, entièrement composé de briques de la plus grande dimension (35 c. de longueur sur 25 c. de largeur, et 4 c. d'épaisseur), séparées par des couches de mortier à chaux et à ciment. La pile est placée sur le penchant du coteau, et l'on remarque sur la face qui regarde le midi ou la Loire onze carreaux figurés par des briques saillantes d'une couleur un peu plus pâle, disposées deux par deux, excepté celle du quatrième rang, qui est seule. La construction de cette tour, que l'on aperçoit de très-loin lorsque l'on parcourt la belle levée de Tours, est attribuée par quelques auteurs aux Romains, et par d'autres aux Visigoths ou aux Sarrasins. — A 18 kil. (4 l. 1/2) de Tours, 27 kil. (7 l.) de Chinon. 1,268 h.

LANGEAIS (*Indre-et-Loire*). Petite ville à 23 kil. (6 l.) de Tours. ⊠ ⚓ 2,500 hab. On y voit un château gothique d'une belle conservation, bâti vers le milieu du treizième siècle, et dont une partie sert aujourd'hui de prison. C'est dans la grande salle de ce château, actuellement convertie en écurie, que fut célébré, en 1491, le mariage de Charles VIII et de la duchesse Anne de Bretagne.

SAVONIÈRES (*Indre-et-Loire*). Bourg à 12 kil. (3 l.) de Tours. 1,400 h. A peu de distance de ce village, on remarque les caves gouttières de Villandry, qui ont beaucoup de ressemblance avec les fameuses grottes d'Arcy (Yonne).

BOURGUEIL (*Indre-et-Loire*). Petite ville, située dans un territoire fertile en vins rouges d'excellente qualité. On y voit les restes d'une abbaye de bénédictins fondée en 990. ⌧ Collège comm. 3,550 hab., et à 14 kil. (3 l. 1/2) de Tours.

SAUMUR (*Maine-et-Loire*). Grande et belle ville. Sous-préfect. Trib. de 1ʳᵉ inst. et de com. Coll. comm. École d'équitation. ⌧ (☞ à la Croix-Verte). 10,652 hab. La fondation de cette ville remonte à une époque très-reculée. Au neuvième siècle c'était déjà une ville importante, qui tomba au pouvoir de Foulques Nérą, comte d'Anjou. Cette ville est dans une situation charmante sur la rive gauche de la Loire ; que l'on traverse sur un magnifique pont en pierres de taille, qui joint la ville au faubourg de la Croix-Verte, construit sur la levée et sur plusieurs îles que forme la Loire. Elle est bâtie au pied et sur le penchant d'une colline, au sommet de laquelle s'élève un château fort, d'où l'on découvre les vastes et riants paysages qu'offre le cours majestueux de la Loire. La partie située sur la rive gauche du fleuve est formée de maisons construites avec élégance, le long desquelles règne un fort beau quai, qui aboutit au port : la ville haute est irrégulièrement construite ; les rues en sont mal percées, et quelques-unes même d'un accès difficile.

Le CHATEAU de Saumur, qu'on nomme le donjon, a été construit à plusieurs reprises, comme on le voit par les différentes hauteurs des étages et l'irrégularité de sa décoration extérieure. Tout porte à croire qu'il a été commencé au onzième siècle, sur l'emplacement de l'ancien château du Tronc, construit par Pepin, et achevé vers le milieu du treizième siècle. Ce château, bâti sur un roc à pic, domine au loin toute la contrée ; avant la révolution de 1789, il servait de prison d'État ; dans les troubles civils de l'Ouest, il a servi de boulevard contre l'armée vendéenne, qui s'en empara en 1793. Aujourd'hui il est consacré à un arsenal pouvant contenir cent mille fusils, sans compter beaucoup de pièces d'artillerie et de munitions de guerre.

L'ÉGLISE SAINT-PIERRE est un ouvrage du dixième ou du douzième siècle. Elle est construite en croix latine, et couverte de belles voûtes en ogive ; une tour carrée, placée à la rencontre de la nef, du chœur et des bras de la croisée, sert de clocher.

L'ÉGLISE DE NANTILLY est un des édifices les plus anciens et les plus curieux de Saumur ; sa nef mérite surtout de fixer l'attention. On ignore l'époque de sa construction, mais on peut la considérer comme appartenant au cinquième ou au sixième siècle. Son architecture est presque dans le style antique ; les deux murs latéraux sont ornés de colonnes engagées, portant sur leurs chapiteaux des arcs-doubleaux qui suivent le contour des voûtes de la nef, laquelle est en berceau. Il ne reste à l'extérieur que deux façades, une latérale du côté du nord, percée de six vitraux d'une belle proportion, et, du côté de l'occident, le frontispice où est la porte principale.

L'ÉGLISE NOTRE-DAME DES ARDILLIERS est une des plus jolies églises de Saumur. Sa construction date de 1553. César, duc de Vendôme, y vint en pèlerinage, et fit bâtir la belle sacristie qui est auprès. En 1634, le cardinal de Richelieu y vint aussi, et ajouta une jolie chapelle à l'église, en forme de bas côté, et vingt ans après, le marquis de Sablé en fit construire une absolument semblable, du côté opposé. Ce dernier décora en outre le retable de l'autel d'un tableau de Philippe de Champagne, représentant Siméon à l'entrée du temple de Jérusalem. En 1634, Abel Servien, surintendant des finances, fit élever au-devant de la nef un magnifique dôme, de quarante pieds de hauteur au-dessus du rez-de-chaussée ; l'intérieur, de 19 m. 50 c. de diamètre, est décoré d'un grand ordre corinthien en pilastres. Sa circonférence, au rez-de-chaussée, est percée de huit arcades, dont six forment l'entrée d'autant de petites chapelles, et deux servent de communication, l'une avec la nef, et l'autre avec le portail. Le dôme est éclairé par huit grands vitraux entre lesquels on voit des bas-reliefs en pierre représentant les évangélistes et quatre Pères de l'Église. Dans l'une des six chapelles on voit le tombeau, en marbre noir, de la duchesse de la Meilleraye. L'église, les bâtiments, les jardins et l'enclos de Notre-Dame des Ardilliers n'ayant point été vendus à l'époque de la première révolution, on y transféra l'hospice de la Providence, qui y est établi depuis cette époque.

La CASERNE de Saumur est l'un des plus beaux édifices de ce genre qui sont en France. Elle est composée d'un grand corps de bâtiment avec deux grandes ailes qui donnent à son plan la forme d'un H. Elle a quatre étages, compris le rez-de-chaussée, et peut loger 1,200 hommes. Au-devant est une vaste esplanade, autour de laquelle sont les écuries, le manége et les magasins.

On remarque encore à Saumur l'hôtel de ville; le pont sur la Loire, un des plus beaux de France, après ceux de Bordeaux et de Tours; la bibliothèque publique; la salle de spectacle; les promenades du Mail, etc. — PATRIE de madame Dacier. — FABRIQUES de toiles, mouchoirs, ouvrages en émail renommés pour leur fini. Chapelets en coco et en verroterie. Raffineries de salpêtre. Tanneries. — HÔTELS : des Trois-Pigeons, de la Boule-d'Or, de l'Épée. — A 43 kil. (11 l.) d'Angers, 58 kil. (15 l.) de Tours.

VOITURES PUBLIQUES. Pour Bressuire, Thouars, Poitiers, Limoges, Niort, Parthenay, Paris, Nantes, Bordeaux, le Mans et Bourbon-Vendée.

BATEAUX A VAPEUR. Pour Nantes et Orléans, tous les jours à 10 h. 1/2 du matin. Prix pour Orléans, 15 fr. et 17 fr. 70 c.; pour Nantes, 6 fr. 60 c. et 10 fr. 50 c.

OUVRAGE A CONSULTER, qui se trouve à la librairie de Godet, à Saumur. *Recherches historiques sur la ville de Saumur et le haut Anjou*, par Bodin, in-8°. 1812.

CHENEHUTTE (*Maine-et-Loire*). Village à 8 kil. (2 l.) de Saumur, sur la rive gauche de la Loire. 1,000 hab. On y remarque un camp romain sur le sommet d'un coteau dont le pied touche la rive gauche de la Loire, et qui s'élève à 120 ou 150 pieds au-dessus de ce fleuve, ce qui le rend inaccessible du côté du nord. A l'est et au sud il est défendu par un ravin profond, au milieu duquel coule un ruisseau qui entre dans la Loire au-dessus du bourg des Tufeaux. A l'ouest, il est séparé de la plaine par un large rempart, dans lequel on remarque de gros blocs de grès.

BRAIN (*Maine-et-Loire*). Bourg situé à 14 kil. (3 l. 1/2) de Saumur. 1,600 h. —Le château de la Coutancière fait partie de cette commune. Il était autrefois environné d'un large fossé rempli d'eau que l'on traversait sur un pont-levis; une grande galerie en aile réunissait le principal corps de logis à la chapelle. Aujourd'hui les fossés sont en partie comblés, la galerie et la chapelle ont été démolies; cependant tel qu'il est, ce château annonce encore l'habitation d'un puissant seigneur. Il fut le théâtre des derniers exploits de Bussy d'Amboise, gouverneur ou plutôt tyran de l'Anjou.

CUNAULT (*Maine-et-Loire*). Bourg sur la rive gauche de la Loire, à 14 kil. (3 l. 1/2) de Saumur. 450 hab. Ce village possède un monument très-remarquable, qui mérite de fixer l'attention de l'ami des arts ; c'est l'église Notre-Dame de Cunault, bâtie par Dagobert dans le septième siècle. Elle est composée de trois nefs; le plan est presque dans le genre de la décoration théâtrale; sa longueur, y compris une chapelle qui a été démolie, est d'environ 72 mètres, sa largeur du côté de la porte principale de 23, et à l'endroit où commence le rond-point, elle n'est que de 20 mètres. Plusieurs chapiteaux des colonnes sont curieux.

MAZÉ (*Maine-et-Loire*). Bourg à 20 kil. de Baugé. 3,900 hab.

BUT D'EXCURSION : au *château de Montgeoffroy*, dont la chapelle parait avoir été bâtie vers le milieu du seizième siècle, on voit le tombeau, en marbre noir, du maréchal de Contades, sans autre ornement que ses armoiries et une épitaphe.

BRISSAC (*Maine-et-Loire*). Petite ville à 12 kil. (3 l.) d'Angers. ⊠ 1,000 h. Elle est remarquable par un beau château, qui appartient par son architecture à différentes époques; malgré ses irrégularités et son défaut d'ensemble, il présente néanmoins une masse imposante, qui annonce bien la grandeur et la puissance des seigneurs qui l'ont fait élever.

ANGERS. Grande et très-ancienne ville. Chef-lieu du [département de *Maine-et-Loire.* Cour royale. Trib. de 1ʳᵉ inst. et de com. Bourse de comm. Ch. des manuf. École des arts et métiers. Académie universitaire. Institution des sourds-muets. Collége roy. Évêché. Société d'agric., sciences et arts. Soc. industrielle. Course de chevaux. ⊠ ⌣ 33,000 hab.—L'origine d'Angers se perd dans la nuit des temps. C'était autrefois la capitale des *Andecaves.* Sous les Romains elle fut embellie par de nombreux édifices dont il reste à peine quelques vestiges. Cette ville est dans une magnifique situation, sur la Mayenne, un peu au-dessous de son confluent avec la Sarthe. Elle est bâtie en amphithéâtre sur le penchant d'un coteau qui s'abaisse jusqu'au bord de la rivière, qui a dans cet endroit la largeur d'un grand fleuve et forme un port commode et très-fréquenté. La plupart des rues sont étroites, sombres, escarpées, d'un accès difficile (quelques-unes même impraticables pour les voitures), et bordées de vieilles maisons construites, les unes en pans de bois plaqués d'ardoises sur les façades, les autres en pierre d'ardoise, ce qui leur donne un aspect triste et désagréable à l'œil. On y trouve cependant quelques beaux quartiers, notamment celui qui avoisine la préfecture, et il règne tout autour de la vieille ville une ceinture de nouveaux édifices construits avec goût, alignés avec soin, des boulevards aérés et bien plantés, qui, au moyen de deux ponts, l'un suspendu, et l'autre d'après le système Polonceau, offrent une promenade circulaire autour de la ville de la plus grande beauté. Parmi les édifices et établissements remarquables, on cite principalement :

La CATHÉDRALE, qui est une belle église et n'a qu'une nef ; sa forme est celle d'une croix latine ; sa longueur, depuis la porte principale jusqu'au fond du chœur, est de 91 mètres, sa largeur de 16 m. 40 c. Cette nef est une des plus larges qu'il y ait en France ; les deux ailes ont chacune 14 m. 93 c. de longueur sur autant de largeur ; elles sont éclairées par de grandes roses d'une élégante construction et vitrées en verres de couleur de toute beauté. Des faisceaux de colonnes adossées au mur supportent de belles voûtes de forme ogive, avec des nervures sur les arêtes ; leur hauteur est de 26 mètres. On doit remarquer que ces voûtes n'ont pour appui que les murs ; il n'y a au dehors, malgré la grande largeur de la nef, aucun de ces arcs-boutants qu'on voit à presque toutes les anciennes églises, et qui ressemblent à des étais soutenant un bâtiment prêt à tomber en ruine. Le portail, décoré d'une imagerie et de statues de style byzantin, est surmonté de deux jolis clochers en pierre à flèches, séparés par un troisième en dôme, qui font un heureux effet ; l'église étant bâtie sur une éminence, on voit de divers endroits ces clochers à une distance de huit à dix lieues. — Le maitre-autel est formé de différents marbres précieux ; six belles colonnes corinthiennes en marbre rouge en supportent le baldaquin. Le buffet d'orgues, placé au-dessus de la porte principale, est un beau morceau de menuiserie ; il contient une des meilleures orgues de l'Europe, du célèbre facteur Danville, soutenu par quatre cariatides colossales. De l'orgue on peut faire le tour intérieur de l'église au moyen d'une belle balustrade en fer, passée sur la retraite des murs au-dessous des naissances des voûtes. Le principal bénitier est formé d'une magnifique pièce de vert antique donnée par le roi René.

L'ÉGLISE SAINT-SERGE, édifice construit vers le milieu du XIᵉ siècle, est un des plus beaux monuments d'architecture gothique que possède le département. Les voûtes du chœur, de forme ogive, sont portées en partie par six colonnes très-sveltes, qui rendent cette construction aussi hardie qu'elle est élégante. La nef est un ouvrage du XVᵉ siècle.

Le CHATEAU D'ANGERS, commencé sous le règne de Philippe-Auguste et achevé par Louis XI, est une ancienne forteresse bâtie sur un rocher escarpé du côté de la Mayenne, au-dessus de laquelle il s'élève à près de cent pieds ; il est entouré de dix-huit grosses tours en pierre d'ardoise, qui lui donnent un aspect imposant, et environné dans la moitié de son pourtour d'un fossé taillé dans le roc, de 39 m. 23 c. de largeur et de 10 m. 71 c. de profondeur. Du haut de la terrasse de cet édifice, qui servait tout à la fois d'habitation et de citadelle aux ducs d'Anjou, on jouit d'une vue agréable sur une partie de la ville et sur le cours de la Mayenne. Cette forteresse sert aujourd'hui de prison et de dépôt des poudres.

On remarque encore à Angers l'Hôtel-Dieu, fondé par Henri II, roi d'Angleterre, dont la grande salle est du XI° siècle; l'église de la Trinité où l'on voit une belle voûte du même siècle; les bâtiments de l'ancienne abbaye de Saint-Nicolas, située à l'extrémité du faubourg Saint-Jacques, dont la magnifique façade ressemble à celle d'un vaste palais; l'ancienne école d'équitation, d'une construction noble et élégante; la salle de spectacle; la jolie maison gothique connue sous le nom d'Hôtel d'Anjou, située au coin des deux rues Haute et Basse du Figuier; la bibliothèque publique, contenant 26,000 vol. et plusieurs manuscrits précieux; la galerie de tableaux, où l'on voit beaucoup de tableaux originaux des plus grands maîtres de l'école française et des meilleurs artistes de nos jours; le cabinet d'histoire naturelle; le beau jardin de botanique traversé par un cours d'eau vive, renfermant un grand nombre d'arbres exotiques, qui, groupés sur un terrain inégal, forment une heureuse diversité de promenades; la promenade du Bout-du-Monde, terminée par un parapet, d'où l'on domine la ville et une partie de la campagne; le dépôt d'étalons, un des plus beaux et des mieux tenus du royaume; les carrières d'ardoises exploitées à ciel ouvert, à 65 m. de profondeur, près de l'un des faubourgs. — Angers est la patrie de René, duc d'Anjou, roi de Sicile, comte de Provence; du voyageur Bernier; de Gilles Ménage, savant et célèbre écrivain du XVII° siècle; de la Réveillère-Lepeaux, ex-directeur de la république française; de M. J. F. Bodin, historien, auteur d'un excellent ouvrage sur le haut et le bas Anjou; de M. Félix Bodin, député; du statuaire David, aux chefs-d'œuvre duquel la ville d'Angers a consacré une salle entière du Musée, etc. — MANUF. R. de toiles à voiles, mouchoirs, bas de fil. — COMM. d'huiles, chanvre, fruits cuits, de grains, graine de trèfle, vins, etc. A 86 kil. (22 l.) de Nantes, 90 kil. (23 l.) de Tours, 90 kil. (23 l.) du Mans, 286 kil. (73 l. 1/2) de Paris. — HÔTELS : du Faisan, du Cheval blanc, de France; grand Hôtel de Londres, *distribué, meublé et servi dans le goût le plus confortable, appartements complets pour familles; administration des bateaux à vapeur les Inexplosibles.*

VOITURES PUBLIQUES. Tous les jours pour Paris par le Mans, par Tours; tous les jours pour Nantes, Orléans, Saumur, Tours; tous les jours pour Chartres, le Mans, Château-Gontier, Laval, Cholet, Sablé; deux fois par jour pour Laval, Château-Gontier, Le Lion d'Angers; tous les jours par Segré, Pouancé, Châteaubriant, Rennes, en 24 h., Tours et Saumur, le Mans et la Flèche, Cholet et Chemillé; tous les jours pour Brissac, Doué, Villiers; tricycles d'Angers aux Ponts-de-Cé, toutes les heures; pour Saumur et Tours, deux fois par jour.

BATEAUX A VAPEUR. *Les Riverains, les Inexplosibles*, pour Nantes, Tours, Orléans, Nevers et Moulins; correspond. d'Orléans à Paris; tous les jours pour Nantes. Prix pour Orléans, 18 fr. 60 c. et 22 fr. 20 c.; pour Nantes, 4 fr. et 6 fr. — Onze messag. par eau pour différents points.

BUTS D'EXCURSIONS : aux *Ponts-de-Cé* (4 kil.), petite ville formée de deux parois ses, et consistant en une suite de ponts et de chaussées, bordées de maisons, qui commencent à 4 k. d'Angers, et franchissent sur une longue étendue les bras et les îles de la Loire qui les séparent; le camp de César est situé au-dessous des Ponts-de-Cé, sur la rive droite du fleuve; à *Béhuard*, île délicieuse de fraîcheur et de beauté, où l'on voit une chapelle pittoresque, renfermant un beau portrait de Louis XI, peint, dit-on, par lui-même; aux *carrières d'ardoises* (4 kil.).

OUVRAGES A CONSULTER, qui se trouvent à la librairie de Launay-Gagnot, à Angers.
Dictionnaire topographique du Maine, par le Paige, 2 vol. in-8°, 1777.
Essais historiques et littéraires sur la ci-devant province du Maine, par Renouard, 2 vol. in-12, 1811.
Recherches historiques sur la ville d'Angers, par Moithey, in-4°, 1766.

N° 100. ROUTE DE PARIS A NANTES.

Annales d'Anjou, par Bourdigné.
Recherches historiques sur la ville d'Angers et le bas Anjou, par Bodin, 2 vol. in-8°.
Statistique du département de Maine-et-Loire, par Desvaux, in-4°.
Les chroniques d'Anjou, par Bourdigné, nouv. édition.
L'Anjou et ses monuments, par Godard-Fautrier, 2 vol. in-8° avec 100 grav.
Angers et le département de Maine-et-Loire, par Blordier-Langlois, 2 vol. in-8°.

SAVENIÈRES (*Maine-et-L.*). Bourg à 12 kil. (3 l.) d'Angers. 2,500 hab. L'église de ce bourg, encore très-bien conservée, est la plus ancienne de l'Anjou et peut-être de toute la France; on fait remonter l'époque de sa construction au IVe siècle.

SERRANT (*Maine-et-L.*). Magnifique château bâti dans un site très-agréable, entre la rive droite de la Loire et la grande route de Nantes à Angers, à 16 kil. (4 l.) de cette dernière ville. C'est un vaste édifice, composé de plusieurs corps de bâtiments élevés dans les trois derniers siècles. La façade qui donne sur la Loire est flanquée à ses deux extrémités de deux belles tours rondes, couronnées d'un entablement qui règne tout autour du château; la façade principale se trouve entre deux grandes ailes qui forment deux des côtés de la cour d'honneur. Le grand escalier est magnifique, et dut être un des plus beaux de la France à l'époque où il fut construit. Un fossé de 26 m. de large environne tout l'édifice. Les dehors du château de Serrant répondent à sa magnificence; le parc, qui l'environne presque de toutes parts, est dessiné dans le genre paysager; il contient près de 150 hectares. L'orangerie est une des plus belles de France, après celles des châteaux royaux. — Dans la chapelle on remarque un superbe tombeau, élevé à la mémoire du marquis de Vaubrun, tué à Altenheim, le 1er août 1675; ce tombeau est du célèbre Coysevox.

CHALONNES (*Maine-et-L.*). Petite ville à 23 kil. (6 l.) d'Angers. ⊠ 4,969 h. Elle est bâtie dans une position fort agréable, au pied d'un coteau, entre le Layon et la Loire, près des îles de la Lombardière, qui offrent l'un des plus beaux pays que présente le cours de ce fleuve.

FLORENT-LE-VIEIL (SAINT-) (*Maine-et-L.*). Petite ville bâtie dans une situation très-agréable, sur une colline escarpée qui borde la rive gauche de la Loire. On remarque dans l'église le monument élevé à la mémoire du marquis de Bonchamps, qui rappelle de douloureux souvenirs et un beau trait d'humanité.

BOUZILLÉ (*Maine-et-L.*). Village situé à 20 kil. (5 l.) de Beaupréau. 1,700 hab. — Le beau château de la BOURGONNIÈRE, bâti entre deux collines, fait partie de cette commune.

ANCENIS (*Loire-Inf.*). Jolie petite ville. Sous-préf. Trib. de 1re inst. Soc. d'agric. Coll. comm. ⊠ ⚓ 3,749 hab. Cette ville est dans une situation très-agréable, sur la rive droite de la Loire. Elle est environnée de riantes collines couvertes de vignes, et dominée par un coteau escarpé surmonté d'un gothique château, qui offre un des points de vue les plus remarquables de cette magnifique contrée. A 337 kil. (86 l. 1/2) de Paris.

BATEAUX A VAPEUR 2 fois par jour pour Nantes, Angers.

CHAMPTOCEAU (*Maine-et-L.*). Bourg bâti dans une charmante situation, sur la rive gauche de la Loire, presque en face d'Oudon, à 31 kil. (8 l.) de Beaupréau. 1,150 hab. — On y voit les ruines d'une des plus grandes demeures féodales qu'il y ait en Anjou; ses restes, imposants par leurs grandes masses, sont couverts de broussailles, d'arbustes, de lierre, et présentent, sous divers aspects, des points de vue pittoresques.

OUDON (*Loire-Inf.*). Petite ville très-agréablement située, sur la rive droite de la Loire, à 10 kil. (2 l. 1/2) d'Ancenis. ⊠ ⚓ 1,650 hab. Cette ville possède un des monuments les plus remarquables et le mieux conservé du département: c'est une tour octogone fort élevée et très-pittoresque, dont les historiens de Bretagne font remonter la fondation à l'année 840.

CELLIER (le) (*Loire-Inf.*). Bourg situé sur un coteau près de la rive droite de la Loire, à 16 kil. (4 l.) d'Ancenis. 2,000 hab.

On remarque dans cette commune le beau château de Clermont bâti sur un plateau élevé, et l'ancien château Guy dont les fortifications ont été démantelées en 1387. L'église paroissiale date de la fin du Xe siècle.

LA SAILLERAYE (*Loire-Inf.*). Village à 14 kil. (3 l. 1/2) de Nantes. On y remarque un des plus beaux châteaux de la Bretagne.

NANTES. Ancienne, grande, riche et belle ville maritime, chef-lieu du département de la Loire-Inférieure. Collége R. Soc. académique. Chef-lieu de la 12e division militaire. Évêché. 90,000 hab. — L'origine de Nantes se perd dans la nuit des temps. Avant la conquête des Gaules par les Romains, cette ville était la capitale des *Namnètes*, et elle formait déjà une cité puissante. Nantes est dans une situation avantageuse pour le commerce et fort agréable, à l'extrémité d'immenses prairies bordées de coteaux couverts de vignes, sur la ligne du chemin de fer de Paris à l'Océan, sur la rive droite de la Loire, qui s'y divise en plusieurs bras, au confluent de l'Erdre et de la Sèvre-Nantaise. C'est une ville généralement bien bâtie, bien percée et remarquable par la régularité de ses places publiques : l'île Feydeau, le quartier Graslin, la place Royale, peuvent être comparés aux beaux quartiers de la capitale. Les quais surtout sont superbes ; le coup d'œil frappant de la Loire couverte de navires et de bateaux de toute espèce ; les îles et les prairies qui s'étendent le long du fleuve ; les ponts au bout desquels on aperçoit pour ainsi dire une seconde ville ; le port de la Fosse, feront toujours l'admiration des étrangers. Les plus beaux quartiers de Nantes ont été bâtis sur la fin du siècle dernier, par M. Graslin, riche financier, dont le souvenir sera toujours cher à ses compatriotes, qui se sont empressés d'éterniser son nom en le donnant à la plus belle de leurs places publiques. Le quai ou port de la Fosse s'étend sur une étendue d'une demi-lieue, depuis le château jusqu'à l'ermitage. Du côté du fleuve il est ombragé de beaux arbres sur une grande partie de sa longueur, et bordé de très-belles maisons ornées de balcons somptueux et variés à l'infini. Les quais qui bordent ce port, couvert de navires de toutes les nations, forment une promenade très-fréquentée, qu'animent sans cesse les arrivages, les départs et les travaux de la navigation. La multitude des matelots et des ouvriers qui amènent les marchandises et qui font les déchargements ; les nombreux et vastes magasins qui occupent le rez-de-chaussée des hôtels de ce quai, d'une situation si précieuse pour tout ce qui tient au commerce ; la perspective du fleuve et de ses îles, tout contribue à donner à ce port un air de splendeur et de magnificence. Cette belle promenade vient d'être encore prolongée de toute la longueur des anciens chantiers de construction qui ont été transportés sur l'autre rive de la Loire en face, et dans la commune voisine de Chantenay ; de sorte qu'on peut longer la Loire, sur de magnifiques quais, dans toute l'étendue qu'elle baigne de la ville, c'est-à-dire, dans un espace qui n'est pas moins de 4 kilomètres : c'est une promenade unique dans l'ouest par la variété et la beauté de ses aspects. Les monuments les plus remarquables de Nantes sont :

LE CHATEAU, énorme masse de bâtiments irréguliers, flanquée de tours rondes ; l'ancienne chapelle sert de magasin à poudre.

LE CHATEAU DE BOUFFAY, bâti sur la fin du Xe siècle. La tour polygonale très-élevée qui le surmonte renferme l'horloge et la cloche du beffroi.

L'ÉGLISE CATHÉDRALE, bel édifice construit en 1434. Le portail est décoré d'un grand nombre de figurines en pierre d'un effet admirable. L'intérieur de l'église consiste presque tout entier dans une belle nef, soutenue par dix piliers ; un chœur lourd, bas et sombre, bâti au VIe siècle, et conservé lors de la reconstruction, fut bizarrement adapté dans le XVIIe siècle à cette majestueuse nef du XIVe. La partie qui se trouve à droite du chœur forme une espèce d'avant-sacristie où l'on voit le tombeau que la reine Anne fit élever à Fran-

N° 100. ROUTE DE PARIS A NANTES.

çois II, son père, dernier duc de Bretagne. C'est un magnifique mausolée en marbre blanc, noir et rouge, où sont couchées deux statues en marbre blanc, de grandeur plus que naturelle, représentant François II et Marguerite de Foix, sa seconde femme.

L'HÔTEL DE LA PRÉFECTURE, le plus bel édifice de Nantes. Dans l'intérieur on remarque le vestibule, l'escalier à double rampe qui conduit aux appartements, la vaste salle des pas perdus et la salle des délibérations du conseil.

LA BOURSE, édifice achevé en 1812. La façade du côté de la promenade est ornée d'un beau péristyle de dix colonnes ioniques supportant un entablement couronné d'autant de statues qui répondent à chaque colonne. La partie opposée offre aussi une belle façade : c'est un portique d'ordre dorique portant, au-dessus d'une balustrade servant de balcon, quatre statues représentant Jean Bart, Duguay-Trouin, Duquesne et Cassart. La salle où se tient la bourse est grande et belle; le plafond en est supporté par huit colonnes corinthiennes.

LA SALLE DE SPECTACLE, construite sur la place Graslin, en 1787. Un beau péristyle de huit colonnes d'ordre corinthien en forme la façade; les quatre colonnes du milieu sont répétées à l'entrée d'un vestibule auquel on arrive par un vaste perron qui occupe toute la largeur de la façade. L'intérieur, formé de quatre rangs de loges, peut contenir 1,300 personnes. C'est une des plus belles salles de spectacle des départements, après celles de Bordeaux et de Dijon. Huit statues représentant les Muses couronnent le frontispice.

LE MUSÉUM D'HISTOIRE NATURELLE offre un beau corps de bâtiment entre une grande cour et un jardin. La pièce du milieu, qui est octogone, a 8 mètres environ de diamètre; on y parvient par un vestibule d'un ordre d'architecture simple, mais élégant, qui fait face à une allée de lauriers. Deux salles latérales communiquent à cette pièce. La salle d'entrée est surmontée d'une coupole dont l'élévation a permis d'y établir un étage supérieur, dans lequel sont rangés exclusivement les produits minéralogiques du département. La salle du milieu est consacrée aux productions minéralogiques qui, pour leur nombre, leur richesse, et surtout leur variété, ne le cèdent qu'à celles de Paris.

LE MUSÉE DE PEINTURE, renfermant une belle collection de tableaux, parmi lesquels on remarque principalement : deux Murillo, n° 218; un vieillard aveugle assis sur une pierre, 219; vieillard se versant du vin rouge, 2; le baptême de St-Jean, par l'Albane, 63 bis; St-Pierre délivré de prison par l'Ange, par le Caravage, 70; Ste-Claire, par Carrache, 72; la Pentecôte, par Philippe de Champagne, 89; un magistrat flamand et sa famille, par Coques, 103; St-Janvier, attribué au Dominiquin, 118; Ste-Famille, par le Garofolo, 134; St-Jean-Baptiste, par le Guide, 162; Jésus portant sa croix, par Léonard de Vinci, 171; la femme adultère, par Lutto, 183; Judith, par Manfridi, 202 et 203; le chat emmailloté et les voleurs de bestiaux, par Michel-Ange Cercozzi, 281; Jésus reconnu par deux de ses disciples, par Rembrandt, 266 et 267; paysages, par Salvator Rosa, 279; triomphe d'un guerrier, 280; tête d'Hercule, 281; portrait de la femme de Rubens, par Rubens, 355; St-Sébastien, 356; élévation en croix, par Van Dyck, 363 et 364; Marines, par Joseph Vernet, 370; noces de Cana, par Paul Véronèse, 390; le retour de l'Enfant prodigue, par Corneille de Wael, 588; vision de St-Jérôme, par Bernardin Passeri, 764; paysage représentant le pont de Crevola, dans le Simplon, par Remond.

On remarque encore à Nantes l'église Saint-Similien; la chapelle de Saint-François de Sales; l'Hôtel-Dieu; l'hospice du Sanitat; l'ancien hôtel des monnaies, où l'on a transféré les tribunaux; la bibliothèque publique, renfermant 30,000 volumes imprimés et un grand nombre de manuscrits précieux; la halle au blé; la halle aux toiles; la maison dite du Chapitre, située sur la place de la Cathédrale, dont le balcon est décoré par quatre cariatides en bas-relief d'après les cartons de Pujet; l'hôtel Briord; l'hôtel de Rosmadec, ancienne demeure des sires de Goulaine; l'hôtel d'Aux; l'hôtel Deurbroucq; les maisons du quai Brancas, dont l'immense façade, ornée de pavillons et de pilastres d'ordre ionique et dorique, présente l'aspect d'un véritable palais ; l'observatoire de la marine ; la tour de la plomberie de Launay, etc. etc. ; et, dans les nouveaux quartiers, un grand nombre de beaux hôtels d'une riche architecture. — On compte à Nantes 33 places publiques, tant grandes que petites, et 450 rues. La place Royale est vaste et régulière. Son contour est formé de neuf masses de bâtiments élégamment construits sur un plan symétrique. Elle offre des boutiques magnifiques, comparables à celles de Paris et de Londres. La place Graslin, un peu moins grande que la place Royale, est, dans un de ses côtés, occupée par le bel hôtel de France (tenu sur le modèle des grands établissements en ce genre de la capitale) ; les autres côtés sont formés de maisons particulières bâties sur la même place que cet hôtel ; régulièrement carrée du côté du théâtre, cette place s'arrondit en fer à cheval du côté opposé. Les cours Saint-Pierre et Saint-André, situés à la suite l'un de l'autre, offrent une promenade spacieuse, formée de quatre rangs d'arbres et bordée de belles maisons. Ils s'étendent d'un côté jusqu'à la Loire, et de l'autre jusqu'à l'Erdre. Au bout du cours Saint-Pierre s'élève le vieux château des ducs de Bretagne, vis-à-vis duquel on a placé les statues d'Anne de Bretagne et d'Arthur III ; à l'extrémité du cours Saint-André sont celles d'Olivier de Clisson et de du Guesclin. — Le cours Henri IV est une jolie promenade formée d'une large allée et de deux contre-allées plantées de quatre rangs de beaux arbres. — Le boulevard est aussi une fort belle promenade bordée de maisons bien bâties ; en 1842, on a démoli, pour la prolonger, l'hôtel élégant qui la terminait, monument des débauches de l'infâme Carrier, qui attristait péniblement les regards des Nantais. — INDUSTRIE. Fabriques renommées de biscuit de mer, conserves alimentaires, de couvertures de laine, serge, flanelle, mouchoirs, toiles peintes, feutre pour doublage des navires, de cordages pour la marine, etc. Chantiers de construction pour des navires de 1,000 tonneaux et au-dessous, pour bateaux à vapeur et machines dites inexplosibles. Armements pour la pêche de la morue et de la baleine.

COMMERCE. Productions du territoire, charbon de terre, grès, bois propre à faire des cercles, biscuit de mer, farines étuvées, beurre pour la mer, vins, eaux-de-vie, vinaigre, outils aratoires, sels de Noirmoutier, du Croisic, etc. Mais c'est principalement au commerce maritime que Nantes doit toute sa splendeur : ce commerce emploie 200 bâtiments pour les voyages au long cours.

BIOGRAPHIE. Patrie d'Anne de Bretagne ; du poëte René le Pays ; du célèbre marin Cassart ; de l'historien Travers ; de l'architecte Boffrand ; de Cacault, littérateur et diplomate ; de l'ex-ministre Fouché ; du voyageur Caillaud ; du célèbre médecin Laennec, du général Cambrone, mort en 1842. — Nantes est à 82 kil. (21 l.) d'Angers, 109 kil. (28 l.) de Rennes, 374 kil. (96 l.) de Paris.

HÔTELS : de France, des Voyageurs, des Étrangers, du Cheval blanc, de la Belle Étoile, de la Boule d'or, du Pélican, de la Maison blanche, de l'Europe, des Trois Marchands, du Commerce, de la Fleur.

VOITURES PUBLIQUES. *Messageries de la r. Notre-Dame des Victoires. Bureaux :* pl. Graslin. Départs sur Paris : par le Mans, tous les jours, à 6 h. 1/2 du soir, en 44 h., et retour en 38 h. ; par la Levée, tous les jours à 6 h. du matin, en 34 h., corresp. avec le bateau à vapeur jusqu'à Angers. Service sur Bordeaux : tous les jours à 10 h. 1/2 du matin par la diligence, et tous les soirs à 6 h. par le courrier, en 36 h. Second service : tous les jours à 6 h. du soir. Service sur Rennes : tous les jours à 6 h. du soir. Service sur Lorient et Brest : tous les jours à 8 h. 1/2 du soir. Correspondance des Messageries royales ; départs tous les jours pour Vannes et Brest, à 3 h. du soir. *Berlines-postes :* pl. Graslin. Départs tous les jours pour Paris, à 10 h. du matin ; tous les deux jours pour Bourbon et la Rochelle, à 6 h. du matin ; tous les jours pour Rennes, par Châteaubriant, à 7 h. du matin. — *Messageries Laffitte et Caillard*, pl. Royale, 3. Pour Paris, par le Mans, tous les jours à 10 h. du matin ; pour Bordeaux, diligence tous les deux jours à 8 h. 1/2 du soir ; pour Rennes, tous les jours à 8 h. 1/2 du soir ; pour la Rochelle, de deux jours l'un à 10 h. 1/2 du matin. — *Entreprise Deshays et Comp.* Service de Nantes à Brest, en 36 h., dép. t. les j. à 8 h. du matin. — *Voitures pour divers.* Pour Vannes et la Roche-Bernard, dép. t. les j. à 6 h. du matin. Pour Savenay

N° 100. ROUTE DE PARIS A NANTES.

et Guérande, t. les j. à 6 h. du matin. Pour Guérande, t. les j. à 7 h. du matin; retour *idem* à 3 h. du soir. Pour Chalans par Machecoul, au train de poste, t. les j. à 3 h. du soir; retour le lendemain à 10 h. du matin. Pour Redon, tous les 2 j. à 6 h. du matin. — Voiture de Nantes à Poitiers (service des postes), par Clisson, Cholet, Châtillon, Bressuire, Parthenay. — Malle-poste de Poitiers, dép. t. les j. à 4 h. du soir; retour le lendemain à 4 h. du matin. — Omnibus de Nantes à Clisson.

BATEAUX A VAPEUR. De Nantes à Rio-Janeiro, trois steamers de la marine royale en construction. — De Nantes à Bordeaux, service interrompu depuis la perte du bateau à vapeur le *Sylphe*, mais qui doit être repris incessamment. — De Nantes à Paimbœuf. Les trois bateaux à vapeur les *Riverains du bas de la Loire* (24 à 36 chev.); départ et arrivée chaque jour. Prix : 2 fr. et 1 fr. 80 c. — De Nantes à Quimper, touchant au Croisic et à Port-Louis (l.orient); départ de Nantes tous les lundis matin, et de Quimper tous les jeudis matin. Prix : pour Quimper, 25 et 18 fr., pour Lorient, 20 et 12 fr., pour le Croisic, 6 et 8 fr.; pour Belle-Isle, 12 et 8 fr. — Les *Riverains du haut de la Loire:* de Nantes à Angers, tous les jou.s à 6 h. du matin; bureau, quai du Port-Maillard, 1. Prix : 6 et 4 fr. — De Nantes à Nevers. Bateaux à vapeur les *Inexplosibles* (18 à 24 chev.); départs de Nantes, en été, à 4 h. du matin; en hiver, à 8 h.; remonte en 6 j., descente en 3 et 4 j.; relâchent à Angers, Saumur, Tours, Amboise, Blois, Orléans, Gien, Briare, Châtillon, Cosne et la Charité. — De Nantes à Orléans et retour. Bateaux à vapeur en fer : de Nantes à Saint-Mathurin, les mardis, mercredis, vendredis et dimanches, à 6 h. du matin. De Saint-Mathurin à Tours : les lundis, mercredis, jeudis et samedis, à 8 h. du matin. De Tours à Blois : les mardis, jeudis, vendredis et dimanches, à 7 h. du mat. De Blois à Orléans : les lundis, mercredis, vendredis et samedis, à 7 h. du matin. D'Orléans à Tours : les mardis, jeudis, samedis et dimanches, a 6 h. du matin. De Tours à Nantes : les lundis, mercredis, vendredis et dimanches, à 8 h. du matin. — Prix de Nantes aux ponts de Cé, 6 et 4 fr.; à Saumur, 8 fr. 83 à 5 fr. 70 c.; à Tours, 12 fr. et 8 fr.; à Blois, 13 fr. 80 et 10 fr. 25; à Orléans, 18 et 12 fr.; d'Orléans à Blois, 6 et 4 fr.; à Tours, 6 et 7 fr.; à Saumur, 16 fr. 10 et 11 fr. 20; aux ponts de Cé, 20 et 14 fr.; à Nantes, 26 et 18 fr. — D'Orléans à Nevers : par Gien, Briare, Cosne et la Charité. Départs tous les deux jours, d'Orléans, les jours impairs, à 8 h. du matin; de Nevers, les jours pairs, à 8 h. du matin. — Prix : d'Orléans à Sully, 4 fr. et 3 fr. 80; à Gien, 8 fr. 78 et 4 fr. 80; à Briare, 6 fr. 78 et 8 fr. 78; à Nancy, 8 fr. 28 et 8 fr. 78 ; à Cosne, 10 fr. et 7 fr. 78; à la Charité, 11 fr. 30 et 6 fr. 75; à Nevers, 18 et 11 fr. — *L'Union de l'Erdre*, de Nantes à Niort. *Directeur :* Levalois, rue de Briord. Bureau, quai Ceyneray. Départ tous les jours à 7 h. du matin. — Bateau zoolique (mécanique), de Nantes à Vertou et de Vertou à St-Fiacre. Départs 2 et 3 fois par jour. Embarcadère à Pont-Rousseau. — *Le Messager*, num. 1 et 2, bateaux dits *Remorqueurs*, de Nantes à Angers. Compagnie Mazier et Azéma. Bureau et embarcadère, rue Crucy, 20. — *L'Industrie et le Progrès*, bateaux dits *Remorqueurs*, de Nantes à Angers. Compagnie Dugué et fils, St-Quentin et Comp. Bureau et embarcadère, rue Crucy, 16. *Directeur :* Piau. — *L'Hydrophile*, bateau dit *Remorqueur*, de Nantes à Tours, Blois et Orléans. Entreprise Petit (L). Bureau et embarcadère, quai Turenne, île Feydeau.

BUTS D'EXCURSIONS : à *Clisson* (*Voy.* n° 110, route de Paris à Poitiers); aux établissements d'Indret et de la Basse-Indre; au *Patel*, où naquit Abeilard.

OUVRAGES A CONSULTER, qui se trouvent à la librairie de Sébire, place du Pilori, à Nantes.

Notice sur le dép. de la Loire-Inf. et la ville de Nantes, p. le Boyer, 2 vol. in-12, 1840.
Recherches statistiques sur le dép. de la Loire-Inférieure, par Huet, in-4°, an XI.
Voyage pittoresque dans le département de la Loire-Inférieure, par Ed. Richer, in-4°, 1820-23.
Histoire de Bretagne, par le même, in-4°.
Notice sur la ville de Nantes, par le Cadre, in-8°, 1824.
Notice sur le tombeau de François II, in-8°.
Histoire nationale des communes de France (*Loire-Inférieure*), par Girault de St-Eargeau, in-8°, fig., 1829.
Histoire civile et politique de la ville et du comté de Nantes, par l'abbé Travers, 3 vol. in-4° (sous presse).
Histoire de Nantes, par Guépin, in-8°, 100 pl., 1839.
Annales nantaises, par Guimar, an III, in-8³.
Nantes au dix-neuvième siècle, par Guépin, 2 vol. in-18.
Archives curieuses de la ville de Nantes, par Verger, 8 vol. in-1°.
Panorama de la Loire, de Nantes à Orléans, in-18, 1829.
Guide de l'étranger à Nantes, in-18.
Panorama de Nantes, gravure en 2 feuilles.
Promenade de Nantes à la mer, in-18.

2ᵉ Route de Paris à Nantes, par Chartres et le Mans, 39 myriamètres 1 kilomètre.

	m. k.
De Paris à * Sèvres ☞	1,2
Sèvres à * Versailles ☞	0,7
* Jouars (à droite de la route).	
Versailles à Coignières ☞	1,8
* Chevreuse (à gauche de la route).	
Coignières à * Rambouillet ☞	1,4
Rambouillet à * Épernon ☞	1,3
Épernon à * Maintenon ☞	0,9
Maintenon à * Chartres ☞	1,9
Chartres à Courville ☞	1,9
* Villebon (à gauche de la route).	
Courville à * Montlandon ☞	1,8
Montlandon à * Nogent-le-Rotrou ☞	1,9
Nogent-le-Rotrou à * la Ferté-Bernard ☞	2,2
La Ferté-Bernard à * Conneré ☞	1,9
* Montfort (à droite de la route).	
Conneré à Saint-Mars la Bruyère ☞	1,0
Saint-Mars la Bruyère au * Mans ☞	1,5
Le Mans à Guécelard ☞	1,6
Guécelard à Foulletourte ☞	0,7
Foulletourte à * la Flèche ☞	1,9
La Flèche à * Durtal ☞	1,3
Durtal à Suette ☞	1,4
Suette à * Angers ☞	1,9
Angers à * Nantes ☞ (Voyez la 1ʳᵉ Route)	8,9

JOUARS (*Seine-et-Oise*). Village dont dépend le hameau de Pontchartrain, où l'on remarque un magnifique château d'un aspect très-agréable, dont le parc est bordé presque entièrement par la rivière de Maudre.

CHEVREUSE (*Seine-et-Oise*). Petite ville bâtie dans une situation pittoresque, sur la pente d'un coteau qui domine une vallée agréable arrosée par l'Yvette. C'était jadis un lieu important, défendu par l'un des plus forts châteaux de la province, dont il ne reste plus qu'un monceau de ruines. A 35 kil. (9 l.) de Paris.

RAMBOUILLET (*Seine-et-Oise*). Jolie petite ville. Sous-préf. ✉ ☞ 3,200 hab. Elle est située dans une belle vallée, près de la vaste forêt de son nom ; elle est bien bâtie, traversée par des rues larges, propres, bien percées, et remarquable par un ancien château royal environné de canaux et flanqué de cinq tours antiques, dans l'une desquelles est mort François Iᵉʳ, en 1547.

Le Chateau de Rambouillet est en partie construit en briques, sur un plan très-irrégulier. La décoration en est simple. Le rez-de-chaussée est peu élevé ; au-dessus de l'étage principal règne un deuxième étage, placé en partie dans les combles. Les appartements se ressentent de l'irrégularité de l'édifice. L'entrée, placée dans l'axe d'une belle avenue, est une construction moderne. La cour est étroite et petite. Les contours des jardins, dessinés par le Nôtre, se lient très-heureusement au parc et à la forêt qui les entourent. Leur plus bel ornement est une pièce d'eau, dont la surface, d'une étendue de 45 hectares, présente un trapèze que quatre grandes îles et deux petites, toutes couvertes de verdure et plantées d'arbres et d'arbustes, partagent en plusieurs canaux. Au delà de ces canaux, du côté de la forêt, est un jardin pittoresque,

N° 100. ROUTE DE PARIS A NANTES.

remarquable par l'abondance de ses eaux, par les monuments qui le décorent, et par la beauté des arbres exotiques qu'il renferme. Deux sarcophages antiques, placés au milieu d'une épaisse futaie, y produisent un effet tout à fait pittoresque. Plus loin, et toujours à peu de distance du château, sont un parc où on élève la bête fauve, et une vaste faisanderie. — Rambouillet est principalement connu par son beau parc, dans lequel fut fondée la première ferme-modèle établie en France, et par sa bergerie, qui servit de dépôt au premier troupeau de mérinos que nous ayons possédé, lequel a servi de souche à la race pure et aux races métis qui sont aujourd'hui une des plus grandes richesses de la France. La forêt, qui tient au parc, a une contenance de 30,000 arpents; elle est percée de belles routes et offre des promenades fort agréables. A 32 kil. (8 l. 1/4) de Versailles, 47 kil. (12 l.) de Paris. — AUBERGES : du Lion-d'Or, de Saint-Pierre, de la Croix-Blanche, de la Place-d'Armes.

VOITURES PUBLIQUES. Tous les jours pour Paris, Versailles, Chartres.
OUVRAGE A CONSULTER, qui se trouve à la librairie de Raynal, à Rambouillet. *Notice sur la ville et le domaine de Rambouillet*, in-12, 1836, 2 fr.

ÉPERNON (*Eure-et-Loir*). Petite ville, à 24 kil. (6 l. 1/2) de Chartres. ⊠ ✆ 1559 hab. Elle est dans une belle situation et possède un joli château bâti au milieu de belles prairies arrosées par plusieurs ruisseaux.

MAINTENON. Voyez page 281. — CHARTRES. Voyez page 277.

VILLEBON (*Eure-et-Loir*). Village à 35 kil. (9 l.) de Nogent-le-Rotrou. 1,590 hab. On y voit un château remarquable par sa belle conservation, où mourut le duc de Sully. La façade offre trois corps de logis entre les tours, qui sont au nombre de quatre de ce côté, et de trois sur le côté opposé. De larges fossés, avec pont-levis, entourent cet édifice, dont quelques appartements de l'intérieur sont encore meublés comme ils l'étaient du temps de Sully. Derrière le château est une chapelle où l'on voit la tribune royale, revêtue de velours brodé en argent et garnie d'un prie-Dieu et des chaises en tapisserie à l'usage de Henri IV. Dans une galerie basse se trouve le cabinet construit par la duchesse de Sully pour y placer la statue du duc après sa mort. Cette pièce est digne de fixer l'attention des amis des arts. Sully y est représenté armé de pied en cap, une couronne de laurier sur la tête, couvert du manteau ducal. — Le château de Villebon renferme un cabinet d'histoire naturelle et une galerie d'antiquités, où l'on voit des cuirasses, des armures, des boucliers de plusieurs cavaliers tués à la bataille d'Ivry, etc.

MONTLANDON (*Eure-et-Loir*). Village à 20 kil. (5 l.) de Nogent-le-Rotrou. 530 hab. Il était autrefois défendu par un château fort dont il existe encore une vieille tour en ruine.

NOGENT-LE-ROTROU (*Eure-et-Loir*). Petite ville. Sous-préf. Trib. de 1re inst. Ch. des manuf. Collége comm. ⊠ ✆ 6,825 hab. Cette ville est agréablement située dans une vallée riante arrosée par la rivière de l'Huisne, au pied d'un coteau escarpé, sur le flanc duquel s'élève un gothique château, ancienne demeure du vertueux Sully. Elle est généralement bien bâtie, très-longue et bien percée. A l'entrée de la ville on remarque une belle cascade formée par les eaux de la petite rivière d'Arcise, laquelle fait tourner trois moulins avec une étonnante rapidité. Dans l'intérieur on trouve une belle prairie carrée environnée de maisons et bordée d'une promenade agréable que forme une longue allée sablée et bien ombragée. — On remarque près du mur de l'hôpital, fondé par Rotrou III, en 1598, le tombeau élevé à la mémoire de Sully, ministre né pour la gloire d'un grand roi et le bonheur des Français. Il est représenté, ainsi que son épouse, en marbre, à genoux devant les tables de la loi. — FABRIQUES de serges, droguets, étamines. A 52 kil. (13 l.) de Chartres, 60 kil. (15 l. 1/2) du Mans, 136 kil. (35 l.) de Paris. — HÔTELS : du Soleil-d'Or, du Dauphin, Saint-Jacques.

VOITURES PUBLIQUES. Cinq départs pour Paris et le Mans. Voitures pour Orléans et Alençon.

FERTÉ-BERNARD (*Sarthe*). Ville ancienne sur l'Huisne, à 32 kil. (8 l. 1/4) de Mamers. ✉ ⚭ 2,535 hab. Elle est close de bons murs et de fossés dans lesquels coulent les eaux de l'Huisne : on y entre par une porte à arcade cintrée, formant un pavillon carré qui renferme une petite bibliothèque publique. De cette porte part une rue qui se termine par une place ornée d'une fontaine en forme d'obélisque entourée d'un bassin octogone ; sur un des côtés s'élève une jolie église gothique, qui renferme des sculptures précieuses. — L'hôtel de ville est un bâtiment en forme de pavillon carré, flanqué de deux tours rondes qui servent de prisons. — FABRIQUES de toiles, tissus de fil et de coton, etc. — HÔTEL du Chapeau-Rouge.

CONNÉRÉ (*Sarthe*). Bourg à 31 kil. (8 l.) du Mans. ✉ ⚭ 1,500 hab. Ce bourg est bâti sur la rive droite de l'Huisne, qui l'environne en partie ; il est clos de bons murs entourés de fossés remplis d'eau vive, et possède une belle église de construction gothique, surmontée d'un clocher pyramidal quadrangulaire. — A 2 kilomètres de ce bourg, on voit, près de la route qui mène à la verrerie de la Pierre, un dolmen remarquable par ses grandes proportions.

MONTFORT-LE-ROTROU (*Sarthe*). Petite ville située sur un coteau qui domine le cours de l'Huisne, à 19 kil. (4 l. 3/4) du Mans. 1,245 hab. Elle est bâtie près du village de Pont-de-Gesnes, qui en forme comme un faubourg, et se compose d'une assez jolie rue très-escarpée qui se termine par une place peu régulière ornée de plantations d'ormes, sur laquelle sont construites des halles. Sur le sommet du coteau s'élève un château de forme carrée en briques, remarquable par sa situation.

MANS (le). Grande et très-ancienne ville. Chef-lieu du département de la Sarthe. Trib. de 1re inst. et de comm. Ch. des manuf. Soc. d'agr., sciences et arts. Coll. comm. Évêché. ✉ ⚭ 23,164 hab. — Le Mans est une ancienne ville des Gaules, fondée dans le deuxième siècle par les Romains, qui en firent une place importante et l'entourèrent d'une muraille que l'on voit encore presque entière dans la partie nord-nord-est, et dont il reste encore trois tours rondes bien conservées. Cette ville du Mans est dans une situation agréable, sur la croupe et sur le penchant d'un coteau au pied duquel coule la Sarthe, que l'on y passe sur trois ponts : le premier, nommé le pont Ysoir, sépare le quartier de Gourdaine de celui du Pré ; le second, appelé pont Perrin ou de Saint-Jean, conduit au quartier de ce nom ; le troisième est le pont Napoléon, où passe la route de Bretagne et de Normandie, qui aboutit sur la place des Halles. La partie de la ville située sur les bords de la Sarthe est très-mal bâtie ; les rues en sont étroites, tortueuses et impraticables aux voitures. Mais la ville haute, sans être régulière, est belle, spacieuse et bien bâtie ; toutes les maisons sont construites en pierres de taille et couvertes en ardoises. Le quartier neuf est surtout agréable ; la place des Halles, où sont la plupart des auberges et où aboutissent les principales rues, est très-vaste et assez belle. Deux promenades publiques concourent à l'agrément de la ville : celle des Jacobins offre un vaste parallélogramme rectangle en gazon, entouré d'une double rangée de tilleuls et environnée de terrasses où l'on monte par des escaliers ; celle du Greffier longe la rive gauche de la Sarthe, le canal et le port, et a pour perspective les fertiles et verdoyantes prairies qui bordent la rive opposée, et le riche coteau où se font remarquer les belles maisons de campagne de la Futaie, du Buisson et de Château-Gaillard ; des quais bordent les rives de la Sarthe, à partir du port jusqu'au pont Napoléon.

LA CATHÉDRALE du Mans est un bel édifice gothique. La nef forme, avec ses bas côtés, qui en sont séparés par deux rangs de colonnes massives, un parallélogramme régulier de 58 mètres de long sur 10 de large. Le chœur est entouré de bas côtés circulaires divisés par un rang de colonnes : onze chapelles en occupent le pourtour. La longueur totale de l'édifice dans œuvre, à partir du grand portail jusqu'au fond de la chapelle du chevet, est de 136 mètres ; sa hauteur, du pavé du chœur jusqu'au sommet de la voûte, est de 32 m. 63 c. La hauteur du sommet de la tour est de 66 mètres au-dessus du pavé, et de 101 mètres au-dessus du niveau des eaux de la Sarthe. — La partie la plus ancienne de cette cathédrale est le pignon occidental et la tour située à l'angle droit de la nef. La grosse tour, de forme carrée, est soutenue dans toute sa hauteur par d'énormes contre-forts ornés de niches, dans lesquelles sont placées des statues de reines, de comtesses du Maine, de religieux, etc. : la porte de cette tour et la croisée qui la surmonte paraissent être de la fin du douzième siècle. La rose du bras méridional de la croix est remarquable par la richesse et l'élégance de ses découpures et par la beauté de ses vitraux. Le chœur offre dans les piliers et leurs arcades, les galeries et les croisées, l'emploi du style gothique le plus élégant : celui de l'église de Beauvais est, dit-on, le seul en France qui lui soit supérieur ; il est entouré à l'extérieur de trois rangs de galeries placées à distance les unes des autres, qui permettent de circuler tout autour. Cette partie de l'église est entourée d'une grande quantité d'arcs-boutants dont on admire l'élégante légèreté. On remarque dans l'intérieur de l'église le tombeau de la reine Bérangère ; le mausolée en marbre blanc de Laugey Dubellay ; le sarcophage de Charles IV, comte d'Anjou et du Maine.

Près de la cathédrale, rue Saint-Michel, n° 1, est la maison qu'habita Scarron.

L'ÉGLISE DE LA COUTURE est un édifice dont la construction date du milieu du treizième siècle, et réunit les deux styles roman et gothique. Le portail occidental est orné de figures de saints, placées dans des niches. Au-dessus et sur le linteau est sculptée une représentation du jugement dernier. Le pignon occidental, où se trouve le portail, est flanqué de deux énormes tours carrées. Les pendentifs de la voûte de la crypte, ou chapelle souterraine placée au-dessous du chœur, sont supportés par six colonnes grêles à chapiteaux du genre roman primitif.

L'ÉGLISE NOTRE-DAME DU PRÉ est l'un des anciens et des plus intéressants monuments en ce genre que possède la ville du Mans. Construite, à ce que l'on présume, dans le milieu du onzième siècle, elle présente la forme d'une croix latine. Le portail occidental, cintré, est orné de colonnes grêles adossées, et surmonté d'une fenêtre légèrement ogive.

On remarque encore au Mans l'hôtel de la préfecture ; le quartier de cavalerie, renfermant de superbes écuries ; la bibliothèque publique renfermant 46,000 volumes imprimés, et 500 manuscrits historiques, remarquables par la beauté de leur exécution et leur belle conservation ; le musée, où l'on voit une collection des productions naturelles du département, des armures du moyen âge, diverses antiquités romaines, de beaux vitraux coloriés, et plusieurs tableaux du Guide, d'Albert Durer, de Teniers, de Van Dyck, de Vander Meulen, de l'Albane, un beau portrait en cuivre émaillé de Geoffroy Plantagenet, un soleil couchant de M. Jolivard aîné, etc. etc. Le musée possède une belle momie apportée d'Égypte par M. Monthulé de la Sarthe. — Sur la principale place s'élève une halle de forme circulaire, qui a remplacé en 1822 une vaste halle en bois dont la construction remontait à l'année 1568. — FABRIQUES de toiles, grosses étoffes de laine, bougies, savon noir. Tanneries. Brasseries. — COMMERCE considérable de chanvre, porcs, toiles, fil, vieux linge, fer, sel, vins, eau-de-vie, marrons, noix, maïs, haricots, etc. — A 47 kil. (12 l.) d'Alençon, 78 kil. (20 l.) de Tours, 197 kil. (50 l. 1/2) de Paris. — HÔTELS : du Dauphin, de la Boule-d'Or, de France.

VOITURES PUBLIQUES. Trois voitures chaque jour, pour Chartres, Paris ; 2 voitures par jour pour Orléans, la Flèche, Angers, Nantes ; tous les jours pour Ballon, Beaumont, Alençon, Argentan, Rouen, Tours, Saumur, Bordeaux, Sillé, Laval, Rennes, le grand Lucé, Vendôme, St-Calais, Blois, le Lude, Fresnay, Bonnétable, Mamers,

N° 100. ROUTE DE PARIS A NANTES.

Bellême, Mortagne; service journalier de voitures pour tous les chefs-lieux de canton du département.

OUVRAGES A CONSULTER, qui se trouvent à la librairie de Pesche, au Mans.
Topographie du Maine, in-16, 1839.
Dictionnaire historique, généalogique et bibliographique du Maine, par le Paige, 2 vol. in-8°, 1777.
Dictionnaire historique et statistique du département de la Sarthe, par Pesche, 6 vol. in-8°, 1829-42.
Essai sur la statistique de l'arrondissement du Mans, par Chauvin, in-12, 1829.
Essais historiques et littéraires sur la ci-devant province du Maine, par Renouard, 2 vol. in-12.
Voyage pittoresque dans le département de la Sarthe, par St-Edme et Richelet, in-4°, 1829.
Description de la ville du Mans, et guide du voyageur dans la Sarthe, in-18.
Description topographique et industrielle du diocèse du Mans, suivie du Voyageur dans la Sarthe, par Desportes, in-18, 1830.
Le Mans ancien et moderne, par Richelet, in-18, 1830.

LA FLÈCHE. Voyez page 410.

DURTAL (*Maine-et-Loire*). Petite ville très-agréablement située au bas et sur le penchant d'une colline, sur la rive droite du Loir, qu'on y passe sur un joli pont en pierres de taille. ⊠ ⌀ 3,465 hab. On y voit les restes d'un château très-vaste, dont le principal corps de bâtiment, qui est du côté du pont, paraît avoir été construit vers le milieu du dix-septième siècle. — A 18 k. (4 l. 1/2) de Baugé, 251 kil. (64 l. 1/2) de Paris.

ANGERS. Voyez la Route précédente.

3ᵉ Route, par VENDÔME, BEAUMONT-LA-RONCE et NOYANT, 41 myr.

	m. k.
De PARIS à * CHARTRES ⌀ (V. la 2ᵉ Route)........	9,2
* MORANCEZ (à gauche de la route).	
CHARTRES à LA BOURDINIÈRE ⌀...............	1,5
* ALLUYES (à droite de la route).	
* ST-GERMAIN LES ALLUYES (à dr. de la R.).	
LA BOURDINIÈRE à BONNEVAL ⌀...............	1,6
BONNEVAL à * CHATEAUDUN ⌀...............	1,4
* COURTALIN (à droite de la route).	
CHATEAUDUN à CLOYE ⌀...................	1,2
* MONDOUBLEAU (à droite de la route).	
CLOYE à PEZOU ⌀..........................	1,6
PEZOU à * VENDÔME ⌀.....................	1,1
* SAINT-CALAIS (à droite de la route).	
* BESSÉ (à droite de la route).	
VENDÔME à NEUVE-SAINT-AMAND ⌀............	1,4
* LAVARDIN (à droite de la route).	
NEUVE-SAINT-AMAND à * CHATEAU-REGNAULT ⌀..	1,2
CHATEAU-REGNAULT à BEAUMONT-LA-RONCE ⌀...	2,0
* COUTURES (à droite de la route).	
BEAUMONT-LA-RONCE à LA ROUE...............	0,9
LA ROUE à CHATEAU-LA-VALLIÈRE.............	1,7
CHATEAU-LA-VALLIÈRE à NOYANT..............	1,7
De MONNAIE à { BEAUMONT-LA-RONCE ⌀...........	1,7
{ LA ROUE ⌀...................	2,3
{ LA FRILLIÈRE ⌀...............	1,4
NOYANT à BAUGÉ...........................	1,7
BAUGÉ à SUETTE...........................	2,0

N° 100. ROUTE DE PARIS A NANTES.

	m. k.
SUETTE à ANGERS...............	1,9
ANGERS à NANTES ☞ (Voy. la 1re Route).......	8,9

MORANCEZ *(Eure-et-Loir)*. Village à 5 kil. (1 l. 1/4) de Chartres. 500 hab. Il renferme une église d'une haute ancienneté, dont le plan est un carré long, sans bas côtés ni chapelles latérales; la façade, en pierres de taille, est appuyée de quatre contre-forts, entre lesquels se voient deux petites fenêtres cintrées, et une espèce d'avance tenant lieu de porche, sous lequel est le portail, de style gothique-lombard. Tout porte à croire que cette église date au moins du dixième siècle.

ALLUYES *(Eure-et-Loir)*. Petite ville très-ancienne, à 21 kil. (5 l. 1/2) de Châteaudun. 783 hab. Elle était autrefois défendue par un château fort qui ne consiste plus qu'en une tour assez élevée, joignant un grand bâtiment flanqué de deux tours moins élevées que la première.

GERMAIN-LES-ALLUYES (SAINT-) *(Eure-et-Loir)*. Village situé près du Loir, à 17 kil. (4 l. 1/4) de Châteaudun. On remarque dans cette commune, à environ cent pas du moulin de Baudouin, près du Loir, un dolmen incliné vers le nord; la pierre qui le forme est longue de 12 pieds, large de 8 à 9 à sa base. Non loin de là, sur le bord du chemin qui conduit à Houssay, se voit un dolmen circulaire et horizontal, dont il ne reste en place qu'une pierre formant la moitié de la table longue de 10 pieds, large de 6, sur environ 2 pieds d'épaisseur. Dans les environs, sur les bords de la rivière, sont plusieurs peulvans ou pierre fichées.

CHATEAUDUN. Voyez page 281.

COURTALIN. Bourg sur l'Yères, à 18 kil. (4 l. 1/2) de Châteaudun. 578 h. On y voit de vastes halles, et un beau château construit vers le milieu du quinzième siècle, qui appartient aujourd'hui à la famille de Montmorency.

MONDOUBLEAU *(Loir-et-Cher)*. Jolie petite ville, très-agréablement située sur une éminence. Un château fort, qui subsiste en grande partie avec ses tours et ses larges fossés, d'épaisses murailles flanquées de tourelles, dénotent que sa fondation remonte aux premiers temps de la féodalité. — A 27 kil. (7 l.) de Vendôme. 1,750 hab. ☒

OUVRAGE A CONSULTER. *Essai historique et statistique de Mondoubleau*, par Beauvais de Saint-Paul, in-8°.

VENDOME. Voyez page 280.

CALAIS (SAINT-) *(Sarthe)*. Petite ville. Sous-préf. Trib. de 1re inst. Coll. comm. ☒ 3,638 hab. Cette ville est située dans un bassin rendu productif à force d'industrie, sur la petite rivière de l'Anille. On y remarque une église gothique fort curieuse; le palais de justice récemment construit; deux jolies promenades; une assez grande place et une belle église paroissiale de construction gothique. — FABRIQUES de draps; filature de laine. — A 50 kil. (12 l. 3/4) du Mans, 199 kil. (51 l.) de Paris.

VOITURES PUBLIQUES. Pour Paris, Tours, Vendôme, le Mans, la Flèche, Ferté-Bernard.

OUVRAGES A CONSULTER, qui se trouvent à la librairie de Peltier-Voisin, à Saint-Calais.

Essais sur la statistique de Saint-Calais, par Chauvin, in-12, 1827.
Notice sur Matoral, ou origine de Saint-Calais, par l'abbé Voisin, in-8°.

BESSÉ *(Sarthe)*. Bourg à 11 kil. (2 l. 3/4) de Saint-Calais. 2,472 hab. Le château de COURTANVAUX, habitation de M. le comte Anatole de Montesquiou, est une dépendance de cette commune. Il est adossé à une colline boisée et présente une masse imposante où des constructions de différents siècles se trouvent bizarrement réunies. L'intérieur renferme une belle galerie de portraits.

LAVARDIN *(Loir-et-Cher)*. Bourg à 16 kil. (4 l.) de Vendôme. 500 hab. Il

24.

est bâti sur le penchant d'un coteau, au pied d'une tour antique, restes de l'ancien château de Lavardin, démantelé par ordre de Henri IV.

CHATEAU-REGNAULT (*Indre-et-Loire*). Petite et ancienne ville, située au pied et sur le penchant d'une colline, sur la Brenne, qui la divise en deux parties. Elle est généralement mal bâtie, et tire son nom d'un vieux château dont la construction remonte au onzième siècle. — A 27 kil. (7 l.) de Tours. ⚖ ⚘ 2,000 hab. — AUBERGES : de l'Écu de France, de Saint-Michel.

COUTURES (*Loir-et-Cher*). Village à 29 kil. (7 l. 1/2) de Vendôme. 900 hab. A un quart de lieue de ce village, on remarque le château de la POISSONNIÈRE, ou Ronsard est né en 1524. Sous ce poëte, le château de la Poissonnière devint le séjour de la volupté et de la licence. Les portes et les fenêtres offrent encore plusieurs inscriptions latines à moitié effacées. Sur la porte de la cave, on lit : *Vide qui ders....;* ailleurs, on trouve cette autre inscription plus apparente : *Voluptati et Gratiis*. Près de là coule encore la fontaine de la belle Iris, appelée par corruption dans le pays : *Fontaine de la Bellerie*. A une lieue du château, dans la forêt de Gatines, est la fontaine de Miracon, encore plus célèbre que la première. Aux environs, sur un coteau qui borde le Loir, s'élève l'antique château de la RIBAUCHÈRE. Tous ces lieux sont encore pleins du souvenir de Ronsard, dont le tombeau, placé dans l'église de Coutures, fut détruit à l'époque de la révolution.

4ᵉ Route, par VENDÔME, MONTOIRE, LA CHARTRE-SUR-LE-LOIR et LE LUDE, 41 myr. 1 kil.

	m. k.
De PARIS à * VENDÔME ⚘ (Voy. la 3ᵉ Route).	17,6
* TROO (à droite de la route).	
VENDÔME à MONTOIRE ⚘	1,9
MONTOIRE au PONT-DE-BRAYE ⚘	1,3
LE PONT-DE-BRAYE à LA CHARTRE-SUR-LE-LOIR ⚘	1,1
LA CHARTRE-SUR-LE-LOIR au * CHATEAU-DU-LOIR ⚘	1,6
LE CHATEAU-DU-LOIR au * LUDE ⚘	2,2
LE LUDE à LA * FLÈCHE ⚘	1,9
LA FLÈCHE à * NANTES ⚘ (Voy. la 2ᵉ Route)	13,5

TROO (*Loir-et-Cher*). Bourg bâti en amphithéâtre sur la rive droite du Loir, à 20 kil. (5 l.) de Vendôme. 1200 hab. Ce bourg est composé, en très-grande partie, de maisons et de grottes taillées en étages dans le tuf. On y voit le château de la Voûte, remarquable par ses jardins en terrasses, d'où la vue domine sur le plus gracieux paysage. Aux environs, carrières d'albâtre non exploitées.

5ᵉ Route, par CHATEAUNEUF, 39 myr. 3 kil.

De PARIS à * DREUX ⚘ (Voy. N° 31)	8,2
DREUX à MORVILLETTE ⚘	1,3
MORVILLETTE à CHATEAUNEUF-EN-THYMERAIS ⚘	0,8
CHATEAUNEUF à LA LOUPE (Eure-et-Loir) ⚘	2,2
LA LOUPE à * NOGENT-LE-ROTROU ⚘	2,2
NOGENT-LE-ROTROU à * NANTES ⚘ (V. la 2ᵉ R.)	24,3

DE NANTES A BORDEAUX, 34 myr. 9 kil.

De NANTES à AIGREFEUILLE ⚘	2,1
AIGREFEUILLE à MONTAIGU ⚘ (Vendée)	1,3
* LES LUCS (à droite de la route).	

N° 100. ROUTE DE PARIS A NANTES.

	m,k.
Montaigu à Belleville ⚘ (Vendée)	2,4
Belleville à * Bourbon-Vendée ⚘	1,3
Bourbon à Mareuil ⚘	2,2
Mareuil à * Luçon ⚘	1,0
Luçon à Moreilles ⚘	1,0
Moreilles à Marans ⚘	1,7
Marans à Grolaud ⚘	1,5
* Saint-Martin-de-Ré (à droite de la R.).	
* Ile de Ré (à droite de la route).	
Grolaud à * La Rochelle ⚘	1,1
La Rochelle à Trois-Canons ⚘	1,4
* Ile d'Aix (à droite de la route).	
Trois-Canons à * Rochefort (Char.-Inf.) ⚘	1,7
* Ile d'Oléron (à droite de la route).	
Rochefort à Saint-Hippolyte ⚘	1,2
* Marennes (à droite de la route).	
Saint-Hippolyte à Saint-Porchaire ⚘	1,3
* Sablonceau (à droite de la route).	
* Royan (à droite de la route).	
Saint-Porchaire à * Saintes ⚘	1,4
Saintes à la Jard ⚘	1,2
La Jard à Pons ⚘	0,9
* Soulac (à droite de la route).	
Pons à Saint-Genis (Char.-Infér.) ⚘	1,1
* Jonzac (à gauche de la route).	
Saint-Genis à Mirambeau ⚘	1,2
* Lesparre (à droite de la route).	
Mirambeau à Étauliers ⚘	1,7
* Pauillac (à droite de la route).	
Étauliers à * Blaye ⚘	1,3
Blaye à Gravier ⚘	1,5
* Bourg (à gauche de la route).	
Gravier à Cubzac ⚘	1,4
Cubzac au Carbon-Blanc ⚘	0,9
Carbon-Blanc à * Bordeaux ⚘	1,1

LUCS (les) (*Vendée*). Village à 23 kil. (6 l.) de Bourbon-Vendée. 2,300 hab. Cette commune est formée de deux villages désignés sous le nom de Grand et de Petit-Luc. Entre ces villages se trouve une multitude de pierres grisâtres qui, au premier coup d'œil, paraissent être les débris d'une antique cité ; tous les champs, tous les chemins sont hérissés d'énormes pierres en forme de menhir ou de dolmen. C'est ici que l'admirateur de la belle nature doit venir promener ses rêveries : un peintre a-t-il besoin de ces aspects romantiques où les eaux, les rochers et les bois se confondent, tantôt groupés en pyramides sur la cime des monts, tantôt courbés en berceaux mystérieux sur l'onde écumante qui se brise dans les vallées profondes, qu'il vienne s'asseoir au milieu de ces rochers pendants, au fond de ces vallées ombragées, auprès de ces chutes d'eau, et une foule d'effets plus pittoresques les uns que les autres, d'études heureuses et charmantes, viendront soudain se disputer le droit d'occuper ses pinceaux.

BOURBON-VENDÉE. Voyez page 212.

LUÇON (*Vendée*). Petite ville à 57 kil. (14 l. 3/4) de Fontenay-le-Comte. Évêché. ⚘ 3,786 hab. Cette ville est située au bord des marais, à l'extrémité du canal de son nom, qui traverse les marais desséchés de Fraissy, de Saint-Michel en l'Herm, et se jette dans la mer à l'anse d'Aiguillon. C'est une ville assez grande, mais triste, mal percée, malpropre et entourée de marais qui en rendent l'air malsain ; ses maisons sont vastes, commodes, d'un aspect assez agréable, et ont presque toutes une cour et un jardin. Le seul édifice qu'on y remarque est la cathédrale, grande église gothique à trois nefs spacieuses, surmontée d'un beau clocher à flèche travaillé à jour, qui n'a pas moins de 200 pieds d'élévation. — COMMERCE de grains, fèves, bois de construction, merrain, cercles, feuillards, grosse poterie, vins d'Aunis, de Saintonge, de Bordeaux, et autres produits du Midi.

MARANS (*Charente-Inf.*). Jolie petite ville, à 23 kil. (6 l.) de la Rochelle. Vice-consulats étrangers, syndicat maritime. ⚓ ✉ 4,041 hab. Cette ville est très-bien bâtie, propre et bien percée ; la principale rue est bordée de trottoirs. Elle est avantageusement située dans un pays entrecoupé de canaux, au confluent de la Sèvre niortaise et de la Vendée, rivière qui y forme une des belles rades foraines de la France. Les bâtiments de cent tonneaux et au-dessous peuvent seuls se mettre en quai ; ceux d'un tonnage supérieur opèrent leurs chargements et déchargements au bas de la rivière, où ils sont en sûreté. La marée monte jusqu'à l'endroit dit le Gouffre, une lieue au-dessus de la ville. — COMMERCE considérable de grains, légumes secs, graines oléagineuses, de luzerne et trèfle ; de vins, eau-de-vie, chanvre, lin, bois, cercles, et surtout de farines dites minot, recherchées pour leur excellente qualité, et que l'on exporte jusqu'aux Indes orientales.

VOITURES PUBLIQUES. Tous les jours pour Paris, Nantes, Rochefort, Bordeaux.

MARTIN-DE-RÉ (SAINT-) (*Charente-Inf.*). Jolie, petite et forte ville maritime. Place de guerre de 3ᵉ cl. Trib. de com. Syndicat maritime. Vice-consulats étrangers. ✉ 2,581 hab. (*Établissement de la marée du port, 3 heures.*) Cette ville est située à peu près au centre de l'île de Ré, dans une position très-avantageuse pour le commerce, sur le bord de l'Océan, où elle a un port commode précédé d'une rade sûre. Elle est assez bien bâtie, et défendue par une bonne citadelle. — COMMERCE de vins, eau-de-vie, vinaigre, sel, poisson frais, chanvre, bois, etc. — Armements pour la pêche de la morue et de la raie. — A 16 kil. (4 l.) de la Rochelle.

ROCHELLE (la). Grande, belle et forte ville maritime, chef-lieu du département de la Charente-Inférieure. Trib. de 1ʳᵉ inst. et de comm. Acad. R. des belles-lettres, sc. et arts. Soc. d'agr. École de navig. de 3ᵉ cl. Hôtel des monnaies (lettre H). Coll. comm. Dir. des douanes. Cons. étrangers. Évêché. ✉ ⚓ 14,632 hab. — La Rochelle doit son origine à un ancien château fort nommé Vauclair, construit dans le but d'opposer quelque résistance aux Normands. Elle est dans une situation très-avantageuse pour le commerce, sur l'Océan, au fond d'un petit golfe qui lui sert d'avant-port. En face du port, les deux îles de Ré et d'Oléron forment une immense rade, dont l'entrée est le pertuis d'Antioche. On voit encore à marée basse les restes de la digue que fit construire Richelieu pour forcer la ville à se rendre : c'est un long empierrement qui s'étend de la pointe de Coreille à celle du fort Louis, éloignées entre elles d'environ 1,500 mètres. Il est interrompu vers le milieu par un faible intervalle laissé pour le passage des vaisseaux. Ce port reçoit des navires de 4 à 500 tonneaux ; il est sûr, commode, garanti par une jetée qui s'avance considérablement dans la rade, et ne participe point à l'agitation de la mer. Quoique ce port soit réputé un des meilleurs de l'Europe, on a cru devoir y ajouter dans ces derniers temps un vaste bassin ou arrière-port, où les vaisseaux sont mis en carénage et reçoivent leur chargement, quelle que soit la hauteur des eaux de l'Océan. La Rochelle est une ville généralement bien bâtie, très-propre et bien percée. La plupart des maisons sont supportées par des portiques sous lesquels on marche à couvert, et dont le double rang donne aux rues un caractère de grandeur et de régularité qui plaît par sa physionomie hollandaise. — L'hôtel de ville est un beau bâtiment construit à l'époque de la renaissance des arts : on montre dans l'intérieur la chambre à coucher de

N° 100. ROUTE DE PARIS A NANTES.

Henri IV, et l'escalier d'où le maire Guiton haranguait le peuple et l'encourageait à la résistance pendant le siége. — La porte de l'Horloge, ornée de trophées et surmontée d'une flèche, offre une assez belle architecture, qui parait appartenir au seizième siècle. — La place du château, dont trois côtés, garnis d'allées, servent de promenades, est vaste et fort belle. On y jouit d'un coup d'œil magnifique sur l'Océan. Les allées de cette place et celles des remparts forment avec les quais du port de belles promenades intérieures. Hors des murs est la vaste et belle promenade du Mail. Une autre promenade, appelée le Champ de Mars et située hors de la porte Dauphine, conduit au village de Lafond, où sont les sources et les réservoirs qui alimentent les fontaines de la Rochelle.

On remarque encore à la Rochelle : la bibliothèque publique, renfermant 18,000 vol.; le superbe établissement de bains de mer, construits à l'instar des bains de Dieppe; le cabinet d'histoire naturelle, le jardin de botanique, la bourse, le palais de justice, la cathédrale, l'arsenal, les chantiers de construction, etc. — PATRIE de Réaumur, du président Dupaty et de ses trois fils, Emmanuel, Adrien et Charles Dupaty; de Billaud-Varennes, du contre-amiral Duperré, etc. — FABRIQUES de faïence. Verreries. Raffineries de sucre. Construction de navires. — COMMERCE considérable de vins, eau-de-vie et esprits, bois, fers, sels, denrées coloniales de toute espèce, fromage, beurre, huile, etc. — Armements pour les îles et pour la pêche de la morue. — A 32 kil. (8 l.) de Rochefort, 130 kil. (35 l.) de Nantes, 207 kil. (53 l.) de Bordeaux, 483 kil. (124 l.) de Paris. — HÔTELS des Postes, de France, des Trois Chandeliers.

VOITURES PUBLIQUES. Tous les jours pour Paris, Rochefort, Nantes, Bordeaux.
BATEAUX A VAPEUR. Tous les jours pour l'île de Ré.
OUVRAGE A CONSULTER. *Histoire de la Rochelle*, par Arcin, 2 vol. in-4°, 1756.

RÉ (ILE DE) (*Charente-Inf.*). Cette île est située vis-à-vis de la Rochelle, entre le pertuis Breton et le pertuis d'Antioche, à 4 kil. (une petite lieue) du point de la côte le plus rapproché. Sa plus grande longueur est de 27 kil., en y comprenant les rochers des Baleines, qui la prolongent de 4 kil.; sa largeur, extrêmement réduite dans son centre, où elle n'a que 2 kil., est d'environ 8 kil. en deçà et au delà de cette espèce d'isthme. Son territoire, généralement peu fertile, ne produit ni blé, ni pâturages; les arbres y sont rares, mais l'île abonde en vignes qui produisent beaucoup de vin, dont la majeure partie est convertie en eau-de-vie. Il s'y trouve des marais salants considérables qui fournissent une immense quantité de sel de première qualité. — La population de l'île de Ré est de 17,982 hab., pour la plupart pêcheurs ou occupés de l'exploitation des marais salants ; elle renferme plusieurs villages, les bourgs d'Ars, de la Flotte, et la petite ville Saint-Martin. Cette île est défendue par quatre forts.

BATEAUX A VAPEUR. Tous les jours pour la Rochelle.

AIX (ILE D') (*Charente-Inf.*). Cette île est située vis-à-vis l'embouchure de la Charente, entre la terre ferme et l'île d'Oléron. Elle a environ un kil. de long sur à peu près 500 mèt. de large, et offre un territoire fertile en vins et en pâturages. On y trouve un village dont la population est d'environ 240 habitants, pour la plupart occupés à la pêche. La population totale de l'île est de 400 à 500 habitants. — L'île d'Aix est bien fortifiée et défendue par un château fort.

ROCHEFORT (*Charente-Inf.*). Grande, belle et forte ville maritime. Sous-préf. Préfecture maritime. Trib. de 1re inst. et de com. Coll. comm. École d'hydrographie de 2e classe. Soc. des sciences et arts. École de médecine navale. ⊠ ∽ 14,040 hab. (*Établiss. de la marée du port, 4 heures 15 min.*)

— Rochefort est une ville nouvelle, fondée sous le règne de Louis XIV, à l'extrémité d'une plaine très-étendue, sur la rive droite de la Charente, et à 16 kil. (4 l.) de son embouchure dans l'Océan. Elle est ceinte de beaux remparts sans fossés, parfaitement ombragés, qui forment une promenade fort agréable. Les maisons sont toutes bâties avec une élégante simplicité; mais elles sont en général peu élevées, ce qui les rend peu imposantes. Les rues sont bien pavées, larges et coupées à angles droits : les trois principales, larges de 20 mètres, sont plantées de deux rangs de peupliers d'Italie et d'acacias. Au centre de la ville est la place d'armes, régulièrement carrée, ornée d'une belle fontaine, et bordée de chaque côté d'une double rangée d'ormes, dont la longueur est de 70 mètres. Diverses fontaines publiques reçoivent les eaux de la Charente, et y sont alimentées par une pompe à feu, elles servent à l'arrosement journalier de la ville et y entretiennent la propreté. — Le port de Rochefort est le troisième port militaire de France; il a 7 mètres de profondeur à marée basse, et près du double à marée haute; les plus gros vaisseaux de ligne y sont à flot en tout temps. Le port marchand reçoit des navires de 800 à 900 tonneaux, qui peuvent y entrer et en sortir avec leur cargaison.

L'HÔPITAL DE LA MARINE, situé hors de la ville, sur un terrain élevé, et où l'on arrive par une belle avenue, est le plus beau bâtiment de Rochefort : il se compose de neuf bâtiments isolés qui contiennent 1,200 lits en fer, distribués dans des salles vastes et très-élevées : au centre est une vaste cour fermée par une grille en fer placée sur un parapet bordé d'un large fossé, dont l'eau se renouvelle à volonté.

L'HÔTEL DU COMMANDANT DE LA MARINE, situé sur le port militaire, est remarquable par un superbe jardin ombragé d'arbres, servant de promenade publique.

L'ÉCOLE D'ARTILLERIE DE LA MARINE renferme tous les grands établissements, ateliers et magasins destinés à la construction, à l'équipement et à l'armement des plus gros vaisseaux de ligne. Les hangars ou chantiers couverts sous lesquels on construit des vaisseaux à trois ponts, étonnent par leur grandeur, leur élévation et leur légèreté; les bassins de construction sont remarquables par l'heureuse idée de forcer la mer à venir y chercher les vaisseaux.

LE BATIMENT DE LA CORDERIE est vaste, imposant par son étendue et étonnant par la sévérité de son architecture. Il est composé de deux étages; sa longueur est de près de 390 mètres, et sa largeur de 8 mètres.

On remarque encore à Rochefort l'hôpital civil et militaire; le bagne, le moulin à drager, le grand moulin à scier le bois; la salle de spectacle, etc.— FABRIQUES de vinaigre. Raffineries de sucre. Construction de navires. — HÔTELS : des Étrangers, du Bacha, de la Coquille-d'Or. — A 31 kil. (8 l.) de la Rochelle, 39 kil. (10 l.) de Saintes, 481 kil. (123 l. 3/4) de Paris.

VOITURES PUBLIQUES. Tous les jours pour Paris, Poitiers, Tours, Nantes, Bordeaux, Marennes, Royan, St-Jean d'Angély, la Rochelle.

BATEAUX A VAPEUR. Tous les jours pour Saintes. Prix : 2 et 3 fr.; trajet, 4 heures.

BUTS D'EXCURSIONS : aux *marais salants de Brouage*; aux *carrières de Saint-Savinien*.

OUVRAGES A CONSULTER, qui se trouvent à la librairie de Duguet, à Rochefort. *Notice historique sur la chapelle Notre-Dame-de-grâce de Rochefort*, in-12, 1831. *Mémoires pour servir à l'histoire de la ville et du port de Rochefort*, par Thomas, in-8°, 1826.

OLÉRON (ILE D') (*Charente-Inf.*). Cette île est située à 2 kil. (1/2 l.) du continent, vis-à-vis des embouchures de la Seudre et de la Charente; elle a environ 27 kil. (7 l.) de long, et 8 kil. (2 l.) dans sa plus grande largeur, et est traversée du sud-est au nord-ouest, dans presque toute son étendue, par une grande route qui vient aboutir à la tour de Chassiron, fanal élevé à l'extrémité septentrionale de l'île pour indiquer aux vaisseaux l'entrée du pertuis d'Antioche qui la sépare de l'île de Ré. Son territoire est fertile en blé, seigle, orge, maïs, fèves, bois, vins rouges et blancs, et en très-bons légumes. Il renferme de nombreux marais salants qui fournissent une quantité considérable de sels blancs recherchés pour leur légèreté. L'île est divisée en deux

N° 100. ROUTE DE PARIS A NANTES. 567

cantons ; elle renferme les deux villes de Château et de Saint-Pierre d'Oléron, les bourgs de Saint-Denis, Dolas, Saint-Trojan, Saint-Georges et plusieurs villages. Sa population est de 16,000 hab.

MARENNES (*Charente-Inf.*). Jolie petite ville maritime. Sous-préf. Trib. de 1re inst. et de comm. ⌧ 4,605 hab. Cette ville est située à 2 kil. (1/2 l.) de l'Océan, entre le havre de Brouage et l'embouchure de la Seudre, sur laquelle est un port de mer éloigné de la ville d'un kilomètre. Elle est bien bâtie, entourée de marais salants d'un grand produit, et serait devenue une place de commerce importante, sans l'insalubrité de l'air qu'on y respire. — COMMERCE considérable de sel, d'eaux-de-vie, vins rouges et blancs de première qualité, fèves de marais, etc. A 47 kil. (12 l.) de la Rochelle, 17 kil. (4 l. 1/2) de Rochefort, 499 kil. (128 l.) de Paris. — HÔTELS de France, de la Table-Royale.

VOITURES PUBLIQUES. Tous les jours pour Rochefort, Saintes, Nantes.

SABLONCEAUX (*Charente-Inf.*). Bourg à 20 kil. (5 l.) de Saintes. 600 h. A 2 kilomètres de ce bourg, près du village de Saint-Germain de Benest, on remarque une des belles antiquités qui nous restent des Romains ; c'est une pile massive construite en moellon et ciment, haute de 24 m. 30 c., et connue sous le nom de la pile de Pirelongue. Le plan de cette pile offre un carré dont chaque côté a 5 m. 84 c. de longueur : elle est couverte d'une maçonnerie, de forme conique, de 6 m. 49 c. de hauteur, composée de sept assises de pierres de taille sculptées en petites rigoles creusées par compartiments. — A 1 kilomètre de cette pile, sont les ruines d'une tour antique, nommée *Turris Longini*, placée au milieu d'un camp romain nommé dans le pays camp de César.

ROYAN (*Charente-Inf.*). Petite ville maritime, à 23 kil. (6 l.) de Marennes et à 51 kil. (13 l.) de la Rochelle. ⌧ 2,589 hab. Cette ville est bâtie sur une côte escarpée, à l'embouchure et sur la rive droite de la Gironde, où elle a un petit port de commerce défendu par un fort. Royan possède un établissement de bains de mer fondé en 1824, et très-fréquenté depuis le mois de juillet jusque vers la fin de septembre : un bateau à vapeur, spécialement affecté à cet établissement, facilite deux fois par semaine les communications avec Bordeaux. Prix : 5 fr. et 8 fr. ; trajet : 4 heures.

SAINTES (*Charente-Inf.*). Grande et très-ancienne ville. Sous-préf. Trib. de 1re inst. et de com. Soc. d'agr., arts et com. Collège com. ⌧ ⚭ 10,437 hab. — Saintes est une des plus anciennes villes des Gaules, mentionnée par les géographes sous les noms de *Civitas Santonum, Mediolanum Santonum*. Elle devint ensuite capitale des *Santones ;* elle était déjà florissante lorsque César fit la conquête des Gaules. Cette ville est très-agréablement située, dans une belle et fertile contrée, sur le penchant d'une montagne au pied de laquelle coule la Charente. On y arrive du côté de Rochefort par une belle promenade en forme d'avenue, à la suite de laquelle le quai Blair offre une promenade plus agréable encore. L'intérieur de la ville n'est composé que de rues mal percées et de maisons mal bâties, parmi lesquelles on en remarque cependant quelques-unes de construction moderne d'un assez bon goût. Mais si l'intérieur n'est pas brillant, de quelque côté qu'on y arrive, la ville présente un aspect pittoresque. — Parmi les restes d'antiquités les plus intéressants que possède la ville de Saintes, on remarque :

1° Les BAINS ROMAINS, situés sur la rive gauche de la Charente, et découverts en presque totalité depuis que la Sauvagère et Bourignon ont décrit les monuments de la capitale de la Saintonge ;

2° Les RUINES DE L'AMPHITHÉATRE situé hors des murs de la ville, dans un vallon resserré entre les deux collines sur lesquelles sont assis les faubourgs Saint-Eutrase et Saint-Macoul ;

3° Un ARC DE TRIOMPHE dédié à Germanicus, à Tibère et à Drusus, fils de cet empereur, élevé par les Santones, l'an 774, sur la voie militaire de Mediolanum Limonum (Poitiers) ; il formait l'entrée de cette voie à son point de départ de la première de ces deux cités.—Après ces antiquités romaines, les monuments les plus intéressants sont :

La CATHÉDRALE, dont la construction remonte à Charlemagne; elle a été rebâtie telle qu'elle est actuellement en 1568 et voûtée seulement en 1763. Cette basilique n'offre plus de sa construction primitive que le portail et la belle tour qui le surmonte; la voûte qui sert d'entrée, en face de la nef, est ornée de niches, de statues et de sculptures dentelées d'un travail admirable.

L'ÉGLISE DE SAINT-EUTROPE, dont il ne reste plus qu'une partie qui sert aujourd'hui de paroisse; elle est surmontée par un clocher d'une belle architecture, construit dans le XVe siècle.

On remarque encore à Saintes : la bibliothèque publique renfermant 25,000 volumes ; la salle de spectacle; le palais de justice ; la pépinière départementale; les cabinets d'histoire naturelle, de physique et d'antiquités. — Aux environs, on doit visiter les fontaines de Douhet et de Saint-Vénérand. — PATRIE de Bernard de Palissy. — COMM. de grains, maïs, eaux-de-vie dites de Cognac, esprits, etc. — A 70 kil. (18 l.) de la Rochelle, 487 kil. (125 l.) de Paris. — HÔTELS : de France, du Grand Bacha, de la Couronne, du Bateau à vapeur, tenu par Bessière, et situé dans une belle position près du pont suspendu, près de l'embarcadère des bateaux à vapeur et des messageries.

VOITURES PUBLIQUES. Tous les jours pour Nantes, Bordeaux, Angoulême, Niort.
BATEAUX A VAPEUR. Tous les jours pour Rochefort; prix : 2 et 3 fr.; trajet, 4 h.
BUTS D'EXCURSIONS : à *Sablonceaux* (25 kil.), (*Voy.* ci-dessus, page 567); à la *fontaine de St-Vénérand*, la plus belle du département (10 kil.).
OUVRAGES A CONSULTER. *Antiquités de la ville de Saintes et du département de la Charente-Inférieure*, par le baron Chaudruc de Crazannes, in-4°, 1820.
Statistique du département de la Charente, par Quénot, in-4°, 1818.

PONS (*Charente-Inf.*). Petite et ancienne ville, située à 20 kil. (5 l.) de Saintes. ✉ ⚜ 3,726 hab. Cette ville est dans une belle position, sur la rive gauche de la Seugne, qui y arrose un joli vallon, et que l'on passe sur trois ponts. Elle est bâtie sur une colline agréable et se divise en haute et basse ville. Sur la partie la plus élevée de la colline, et au centre de la ville, s'élèvent les restes de l'antique château des sires de Pons, dont il existe encore une tour carrée de 25 m. 23 c. de haut.

SOULAC (*Gironde*). Bourg situé près de l'embouchure de la Gironde, et vis-à-vis du phare de Cordouan, à 25 kil. (6 l. 1/2) de Lesparre. — 660 hab.

— Le phare ou TOUR DE CORDOUAN, qui fait l'admiration des navigateurs, est regardé comme le plus beau de tous ceux qui existent en ce genre, tant pour sa structure que pour la hardiesse de son exécution. On y arrive au moyen d'une jetée, nommée Peyrat, d'environ sept cents pieds de longueur sur neuf de large. Il est bâti en pyramide, pour que les vents y aient moins de prise, et se compose de trois ordres d'architecture superposés, dorique, corinthien et composite. Une lanterne en forme de dôme, à foyer tournant, d'après le système de M. Fresnel, occupe le sommet de la pyramide; elle est soutenue par quatre forts piliers de fer, de la hauteur de 7 m. 34 c.; tout le dessus de cette lanterne est couvert en plomb, revêtu de plusieurs couches de blanc de céruse, afin qu'on puisse la distinguer plus facilement de loin. La hauteur totale de la tour et de la lanterne est de 71 m. 49 c., celle du mur d'enceinte est de 7 m. 44 c.; le diamètre de ce mur, à la base, est de 40 m. 30 c. L'intérieur de la tour se compose d'un rez-de-chaussée voûté, d'un premier étage, où se trouve une grande salle avec ses dégagements, et d'un second étage occupé par une chapelle. Quatre gardiens y séjournent constamment pour veiller à l'entretien du foyer du phare : ils ont des vivres pour six mois; car, pendant une partie de l'année, la communication est impossible avec la terre.

JONZAC (*Charente-Inf.*). Petite et ancienne ville. Sous-préf. Trib. de 1re inst. ✉ 2,618 hab. Cette ville est située sur la Seugne, dans un territoire fertile en grains et abondant en vins dont on fait d'excellentes eaux-de-vie. Le château placé dans l'enceinte et à l'extrémité orientale de la ville, sur un ma melon dont le pied est baigné par la Seugne, présente un aspect majestueux. Il est entouré de trois côtés par un fossé creusé dans le roc. — FAB. de serges et autres grosses étoffes de laine. — COMM. d'eaux-de-vie supérieures, grains, bestiaux, œufs et excellentes volailles pour l'approvisionnement de Bordeaux. A 113 kil. (29 l.) de la Rochelle, 528 kil. (135 l. 1/2) de Paris.

VOITURES PUBLIQUES. Pour Saintes, Blaye, Barbezieux.

LESPARRE (*Gironde*). Petite ville. Sous-préf. Trib. de 1re inst. Soc. d'agr. ⊠ 1,232 hab. Elle est située dans une contrée extrêmement fertile en grains et en fort bons légumes, au milieu d'un riche vignoble. — COMM. de grains, chevaux, bœufs, porcs, vins, denrées du pays, etc. A 68 kil. (17 l. 1/2) de Bordeaux, 682 kil. (175 l.) de Paris. — HÔTEL Maurin.

PAUILLAC (*Gironde*). Petite ville maritime très-commerçante, située dans un riche vignoble, sur la rive gauche de la Gironde qui y forme un port commode et une rade très-sûre. A 20 kil. (5 l.) de Lesparre. ⊠ 3,352 hab. — Les vaisseaux de l'État et les navires marchands d'un fort tonnage, qui ne peuvent point remonter la Gironde jusqu'à Bordeaux, avec la totalité de leurs chargements, s'arrêtent à Pauillac.

BLAYE (*Gironde*). Ancienne et forte ville maritime. Sous-préf. Place de guerre de 4e cl. Trib. de 1re inst. et de comm. Soc. d'agr. ⊠ ⚓ 3,855 hab. Blaye est l'ancienne *Blavia* des Romains, qui y entretenaient une garnison. Elle est dans une situation très-agréable et très-avantageuse pour le commerce, sur la rive droite de la Gironde, qui a, dans cet endroit, près d'une lieue de large, et forme une superbe rade où mouillent une partie des bâtiments qui montent ou descendent ce fleuve. Cette ville est bâtie au pied et sur la croupe d'un rocher escarpé; la ville haute, nommée citadelle de Blaye, occupe le sommet du rocher : c'est une fortification moderne élevée autour d'un château gothique, flanqué de quatre grands bastions, et entouré de larges et profonds fossés; les glacis sont plantés d'arbres et forment une promenade agréable. Blaye est encore défendue par le fort Médoc, construit sur la rive gauche de la Gironde, et par le Pâté, tour fortifiée, élevée sur un îlot, au milieu du fleuve, dont les feux se croisant avec ceux du fort Médoc et de la citadelle, interceptent le passage de la Gironde. On y remarque une belle fontaine publique, une élégante mairie, et un fort joli hôpital. Le commerce et une grande partie de la population sont concentrés dans la ville basse. — Le port de Blaye est fréquenté par des navires français et étrangers, qui s'y arrêtent pour compléter leur chargement, et pour s'y approvisionner des productions de l'arrondissement, dont Blaye est en quelque sorte l'entrepôt. Construction de navires pour le grand et le petit cabotage. — COMM. de vins, eaux-de-vie, esprits, bois de construction, etc. A 53 kil. (13 l. 1/2) de Bordeaux, 44 kil. (11 l. 1/4) de Libourne, 557 kil. (143 l.) de Paris. — HÔTELS : de l'Union, des Trois Pigeons.

VOITURES PUBLIQUES. Tous les jours de Nantes à Bordeaux.
BATEAUX A VAPEUR. Pour Bordeaux et Pauillac.

BOURG (*Gironde*). Jolie petite ville à 17 kil. (4 l. 1/2) de Blaye. ⊠ 2,350 h. Elle est assez bien bâtie, ornée de fontaines publiques, et possède un petit port sur la Dordogne, où remontent des navires de trois à quatre cents tonneaux. On y remarque un joli château construit sur l'emplacement d'une ancienne citadelle, au sommet d'un coteau qui domine le cours de la Dordogne.

BORDEAUX. Voyez page 184.

DE NANTES A BREST, 30 myr. 4 kil.

	m. k.
De Nantes au Temple ⚓	2,3
Temple à la Moere ⚓	1,1

* PAIMBOEUF (à gauche de la route).
* PORNIC (à gauche de la route).

La Moere à Pont-Chateau ☞............... 1,5
  * Savenay (a gauche de la route).
  * Donges (à gauche de la route).
  * Saint-Nazaire (à gauche de la route).
  * Batz (à gauche de la route).
Pont-Chateau à * la Roche-Bernard ☞...... 1,9
  * Guérande (à gauche de la route).
  * Le Croisic (à gauche de la route).
  * Herbignac (à gauche de la route).
La Roche-Bernard à Muzillac ☞............ 1,5
  * Piriac (à gauche de la route).
Muzillac à Theix ☞....................... 0,9
Theix à Vannes ☞......................... 1,5
  * Belle-Ile (à gauche de la route).
  * Sarzeau (à gauche de la route).
Vannes à * Auray ☞....................... 1,8
  * Carnac (à gauche de la route).
  * Locmariaker (à gauche de la route).
Auray à Landevan ☞....................... 1,5
Landevan à * Hennebon ☞.................. 1,3
Hennebon à * Quimperlé ☞................. 2,3
Quimperlé à Rosporden ☞.................. 2,5
Rosporden à * Quimper ☞.................. 2,1
  * Pont-l'Abbé (à gauche de la route).
Quimper à * Chateaulin ☞................. 2,4
  * Plogoff (à gauche de la route).
  * Penmarck (à gauche de la route).
  * Douarnenez (à gauche de la route).
  * Pont-Croix (à gauche de la route).
  * Chateauneuf-du-Faou (à dr. de la route).
Chateaulin au * Faou ☞................... 1,9
  * Locqueffret (à droite de la route).
  * Poullaouen (à droite de la route).
Le Faou à * Landerneau ☞................. 1,9
Landerneau à * Brest ☞................... 2,0

De la Moere à Saint-Nazaire ☞............ 2,8
Saint-Nazaire à Guérande ☞............... 1,9
Guérande à la Roche-Bernard ☞............ 2,4

PAIMBŒUF (*Loire-Inf.*). Ville maritime. Sous-préf. Trib. de 1re inst' École d'hyd. Soc. d'agr. Coll. comm. ✉ 3,640 h. (*Établissement de la marée du port*, 5 *heures* 30 *minutes*.) — Cette ville, située sur la rive gauche de la Loire, n'était, au commencement du xviiie siècle, qu'un hameau habité par quelques pêcheurs. Sa position à l'embouchure d'un grand fleuve, son port, où peuvent mouiller les plus grands vaisseaux, et sa proximité de Nantes, en ont fait une ville importante. Elle consiste principalement en une seule rue bien bâtie sur un long quai qui borde le fleuve. On y remarque un môle de toute beauté, de 65 m. de long sur 6 m. 49 c. de large, entièrement revêtu de pierres de taille. A 44 kil. (11 l. 1/4) de Nantes, 409 kil. (105 l.) de Paris.

Voitures publiques. Tous les jours pour Pornic.
Bateaux a vapeur. Tous les jours pour Nantes; deux services en été et un en hiver. Prix : 1 et 2 fr.; trajet, 3 heures.

PORNIC (*Loire-Inf.*). Petite ville ancienne, à 16 kil. (4 l.) de Paimbœuf. ✉ 850 h. Elle est bâtie en amphithéâtre sur un coteau élevé de près de 26 m.

au-dessus du niveau de la mer, et se divise en haute et basse ville. Quelques-unes des rues sont de véritables escaliers, et plusieurs maisons, semblables à ces grottes creusées dans le coteau calcaire qui borde la Loire aux environs de Tours, ont leurs jardins au-dessus des toits. L'air y est vif et très-sain. — L'entrée du port a environ 400 mètres de large, et se prolonge, sur une longueur de 1200 mètres, entre deux coteaux hérissés de rochers jusqu'à la ville qui en forme le fond et dont la situation en amphithéâtre offre un aspect pittoresque. — Pornic est une ville très-fréquentée dans la belle saison pour ses bains de mer, que l'on prend à la lame sur une belle grève ou dans des grottes paisibles que le temps a creusées au pied des rochers, et dans lesquelles l'eau se renouvelle à chaque marée. A quelque distance de la ville et à environ un kilomètre sur la même côte, se trouve une source d'eau minérale salino-ferrugineuse.

SAVENAY (*Loire-Inf.*). Petite ville. Sous-préf. Trib. de 1re instance. Soc. d'agr. (☒ ⚹ à la Moëre). 1,800 hab. Elle est en général très-mal bâtie, sur le penchant d'un coteau, d'où la vue embrasse une immense étendue de pays. A 31 kil. (8 l.) de Nantes, 407 kil. (101 l. 1/2) de Paris.

OUVRAGE A CONSULTER. *Notice sur l'arrondissement de Savenay*, par M. de Frénilly, in-8°.

DONGES (*Loire-Inf.*). Bourg situé à l'extrémité des immenses marais de son nom, à 12 kil. (3 l.) de Savenay. 2,500 hab. A 3 kilomètres au nord-est de Donges, près de la route de Guérande à Savenay, se trouve la butte de Cosme, d'où l'on jouit d'un point de vue magnifique. Du sommet de cette butte on découvre six villes et vingt-six paroisses. Le sillon de Bretagne forme un demi-cercle de l'est à l'ouest. Toute la partie de cette colline s'y développe depuis Saint-Étienne jusqu'à Pont-Château. Le calvaire voisin de cette dernière ville se montre au loin comme un cordon noirâtre. A vos pieds, d'un côté sont des collines et des vallons qui descendent à la Loire jusqu'à Donges; de l'autre sont les immenses marais de Donges. Au midi, une lisière d'arbres borde la Loire, dont le bassin se déploie dans son entier. En face est Paimbœuf; dans le sud-ouest s'avance la pointe basse de Mindin; au delà fuit dans l'espace, à une distance de 48 kilomètres, la côte occidentale de Noirmoutiers. A l'ouest règne l'arc aplani de l'Océan.

NAZAIRE (SAINT-) (*Loire-Inf.*). Bourg maritime, situé à l'embouchure de la Loire dans l'Océan, à 39 kil (10 l.) de Savenay. 3,739 hab. Il possède un port assez fréquenté, qui ne peut contenir que des barques, à cause du grand nombre de rochers qui en encombrent le fond.

BATZ (*Loire-Inf.*). Bourg situé au milieu des marais salants, sur le bord de l'Océan, où il a un port très-favorable pour la pêche, à 18 kil. (4 l. 1/2) de Savenay. 3,643 hab. Il est fort agréable et bien bâti; les maisons, construites en granit et couvertes en ardoises, sont toujours garnies de fenêtres hautes; l'intérieur est remarquable par une propreté bien entendue, garni de meubles cirés et décoré avec soin; le costume des habitants est plus remarquable encore que l'ameublement.—Le bourg de Batz est presque entièrement environné de marais salants, exploités par les paludiers. Les salines sont de grands bassins, divisés en plusieurs compartiments ou œillets dans lesquels on introduit l'eau de la mer à chaque marée, par des canaux ou étiers bordés de chaussées élevées de quelques pieds au-dessus du marais, qui servent de chemins sur lesquels on dépose le sel nouvellement recueilli.—A 6 kilomètres E. de Batz, se trouvent le port et la petite ville de POULIGUEN, dépendant de cette commune; le port, assez vaste et bordé de quais réguliers, reçoit des chasse-marées d'une moyenne grandeur.

GUÉRANDE (*Loire-Inf.*) Ville fort ancienne, à 4 kil. (1 l.) de l'Océan et 47 kil. (12 l.) de Savenay. ☒ 8,190 hab. Elle est dominée par un château flanqué de vieilles tours, entourée de murs d'un aspect triste et bâtie presque entièrement en granit. Les remparts, revêtus d'un parement en pierres de taille, garnis de dix tours, forment une figure irrégulière. On y entre par quatre tours placées aux quatre points cardinaux.

OUVRAGE A CONSULTER. *Précis sur Guérande, le Croisic et ses environs*, par Morlent, in-8°, 1819.

CROISIC (le) (*Loire-Inf.*). Jolie petite ville maritime sur l'Océan, qui y forme un port excellent. École d'hydrographie. Syndicat marit. Bourse de com. ⊠ 2,288 hab. (*Établissement de la marée du port*, 4 heures 18 minutes.) L'intérieur en est triste, les rues sont mal pavées, et les maisons assez mal bâties. Elle est disposée sur une ligne demi-circulaire, dont les promenades élevées de l'Esprit et l'Enigo occupent les extrémités : au centre est l'église paroissiale, édifice très-vaste, surmonté d'un clocher en pierres de taille d'une forme élégante, et d'une hauteur extraordinaire ; il sert à diriger les navires qui cherchent l'embouchure de la Loire. Le port est très-riant : c'est une vaste baie, formée par la nature, qui peut contenir 200 navires.

BUT D'EXCURSION ; au *Four*. En face du Croisic, à deux ou trois lieues en mer, existe un écueil fameux en naufrages. C'est un banc de rochers nommé le Four, sur lequel on a fait élever, depuis quelques années, un phare indicateur, dont les feux perpétuels font connaître aux navigateurs les dangers qu'ils doivent éviter. La tour a soixante pieds de hauteur, et se divise en deux étages : là, deux gardiens, habitants assidus, sont chargés d'entretenir le feu sacré, se condamnant volontairement à une réclusion perpétuelle dans une tour de neuf pieds de diamètre, qui semble un vaisseau à l'ancre au milieu des flots. Lorsqu'aux approches de l'hiver les nuages épais s'amoncellent à l'horizon, que les vents d'ouest commencent à souffler avec violence, et que, sur la surface de l'Océan, l'on voit les vagues se gonfler, s'étendre et rouler sur le rivage une écume blanchissante ; lorsque enfin l'orage éclate avec violence, rien n'est plus majestueux que le spectacle dont on jouit du haut de la plate-forme du phare qui domine les rochers du Four.

OUVRAGE A CONSULTER. *Promenade au Croisic*, par Gustave Grandpré, 5 vol. in-18, 1828.

HERBIGNAC (*Loire-Inférieure*). Bourg situé sur une petite éminence, à 28 kil. (7 l.) de Savenay. 3,175 hab. A un kilomètre d'Herbignac, on remarque les ruines imposantes de l'antique manoir de Beuronet, grand bâtiment carré flanqué aux quatre angles de leurs tours rondes bien conservées, et environné de douves toujours remplies d'eau ; on y entrait par un pont-levis défendu par une demi-lune ceinte elle-même d'un fossé.

ROCHE-BERNARD (la) (*Morbihan*). Petite ville maritime, à 39 kil. (10 l.) de Vannes. ⊠ ⚭ 1,258 h. Cette ville est bâtie à 16 kilomètres de l'embouchure de la Vilaine, que l'on y passe sur un pont suspendu remarquable par la hardiesse de sa construction ; il a 177 m. 42 c. de long, et 32 m. 48 c. de hauteur au-dessus des plus hautes marées. Elle possède un port très-fréquenté par de petits bâtiments de commerce. (*Établissement de la marée du port*, 4 h. 30 minutes.)

PIRIAC (*Loire-Inférieure*). Joli bourg maritime sur l'Océan, à 47 k. (12 l.) de Savenay. 1,100 hab. L'aspect de ce bourg est riant ; toutes les maisons sont bâties en granit et couvertes en ardoises : il est dominé par un château construit sur un coteau élevé, et possède une belle église paroissiale, surmontée d'un élégant clocher qui s'aperçoit de très-loin en mer. Piriac possède aussi des bains de mer assez fréquentés dans la belle saison.

BELLE-ILE EN MER (île de) (*Morbihan*). Elle forme un canton composé de quatre communes, le Palais, Bangor, Locmarin et Sauzon : le Palais est le chef-lieu de l'île et du canton. Cette île, environnée de rochers, est située dans l'océan Atlantique, à 16 k. (4 l.) S.-O. de Quiberon, et à 39 kil. (10 l.) de Lorient et de Vannes. Elle a 16 kil. (4 l.) de longueur sur 8 kil. (2 l.) dans sa plus grande largeur, et environ 39 kil. (10 l.) de circonférence ; son territoire est fertile et agréable ; il produit de très-beau froment, et abonde en pâturages excellents, où l'on élève annuellement sept à huit cents chevaux de trait de la plus belle espèce bretonne. — Le Palais, chef-lieu de l'île, possède une église paroissiale

N° 100. ROUTE DE PARIS A NANTES.

bien bâtie et de beaux magasins; la citadelle est respectable et classée encore parmi les places de guerre.

SARZEAU (*Morbihan*). Petite ville à 23 kil. (6 l.) de Vannes. 6,126 hab. On remarque aux environs de cette ville plusieurs monuments druidiques, et le plus grand tumulus qui existe en France. Ses proportions sont si étonnantes, qu'on lui a donné le nom de Grand-Mont; il a 32 m. 48 c. de hauteur, et 98 mètres de circonférence à sa base.

VANNES. Ville maritime, chef-lieu du département du Morbihan. Trib. de 1re inst. et de comm. Société d'agric. Évêché. Collège comm. École d'hydr. de 4e classe. ⊠ ⚓ 10,393 hab. (*Établissement de la marée du port, 1 h. 52 min.*)
— Vannes est une ville fort ancienne ; mais c'est une erreur de croire que la cité actuelle est la même que celle qu'assiégèrent les troupes romaines, et qui leur opposa une si longue résistance. M. de Fréminville a prouvé, selon nous, d'une manière péremptoire, que l'oppidum gaulois assiégé du temps de César, se trouvait où existe aujourd'hui Locmariaker. — Cette ville est située à l'extrémité du golfe du Morbihan, à 20 kilomètres de l'Océan, sur le sommet et le versant méridional d'une colline et à la jonction de deux ruisseaux qui ont leur source à peu de distance ; deux quartiers, dont les maisons sont construites sur pilotis, s'étendent dans la vallée. Vannes se présente à l'extérieur sous un aspect assez pittoresque ; mais l'intérieur, à l'exception d'une seule rue nouvellement alignée, n'offre que des ruelles sombres, malpropres, mal pavées, bordées de laides et hautes maisons et de sales échopes. On y trouve pourtant quelques places publiques dont la principale est aujourd'hui plantée d'arbres. — Cette ville possède un petit port bordé d'assez beaux quais, mais qui ne peut recevoir que des bâtiments d'un faible tonnage, et dont l'entrée est obstruée par des vases. Un des côtés est planté d'arbres qui forment une jolie promenade, l'autre est en partie occupé par des chantiers de construction.

La **CATHÉDRALE** est l'édifice le plus remarquable. Les tombeaux de saint Vincent Ferrier et de l'évêque Bertin décorent cette église : le premier est remarquable par la simplicité sévère du style, et le second par une belle statue qui ne laisse rien à désirer pour le fini du travail.

L'ancien **CHATEAU DE LA MOTTE**, qui a longtemps servi de palais épiscopal, est aujourd'hui l'hôtel de la préfecture.

On remarque encore dans cette ville un collège; trois hôpitaux bien tenus; plusieurs promenades, parmi lesquelles on distingue le cours de la Garenne ; une belle bibliothèque publique, riche de 8,000 volumes, etc. — FABRIQUES de gros draps, toiles de fil et de coton, dentelles, etc. Chantiers de construction. — A 101 kil. (26 l.) de Nantes, 90 kil. (25 l. 1/2) de Rennes, 442 kil. (113 l. 1/2) de Paris. — HÔTELS : de France, du Commerce, du Dauphin, de la Croix-Verte.

VOITURES PUBLIQUES. Tous les jours de Nantes à Brest, de Rennes à Lorient, Pontivy, Rennes.

OUVRAGES A CONSULTER : *Essais sur les antiquités du Morbihan*, par Mahé, in-8°, 1826.
Antiquités du Morbihan, par de Fréminville, in-8°, 1820.
Lettres morbihanaises (Lycée armoricain), 1823-29.

CARNAC ou **KARNAC** (*Morbihan*). Bourg situé sur une hauteur, près la mer, à 30 kil. (7 l. 1/2) de Lorient. 1,620 hab. A un kilomètre de ce bourg, se trouve l'un des monuments celtiques les plus remarquables qui existent en France. Il est situé dans une vaste lande, et consiste en plus de douze cents énormes pierres brutes, rangées en ligne droite sur onze files parallèles, et s'étendant du sud-est au nord-ouest, sur une longueur de 1526 mètres et une largeur de 94 mètres. A l'extrémité nord-ouest de ces files, est un demi-cercle formé de pierres semblables. La majeure partie des pierres qui composent le bizarre monument de Carnac sont de véritables menhirs ou pierres plantées verticalement en terre, pour la plupart la pointe en bas, et dont les hauteurs varient autant que les formes. Les plus élevées ont 5 m. 84 c. à 6 m. 49 c. de haut, beaucoup en ont de 3 m. 25 c. à 4 m., et quelques-unes seulement 1 m. 29 c. à 1 m. 62 c.; d'autres enfin sont de gros blocs simplement posés sur le sol.

LOCMARIAKER (*Morbihan*). Village situé près de l'Océan, où il a un port qui peut recevoir des bâtiments de toute grandeur, à 49 kil. (12 l. 1/2) de Lorient. 2,268 hab. Locmariaker, aujourd'hui chétif village, occupe l'emplacement de *Dorioricum*, métropole de la belliqueuse peuplade des Vénètes. On y voit les restes d'un cirque, les débris d'une voie romaine, et de nombreux monuments druidiques; parmi ces derniers, le plus remarquable est un grand dolmen, dont la surface intérieure offre des caractères inconnus sculptés en creux, qui ont près d'un pied de longueur.

AURAY (*Morbihan*). Jolie petite ville maritime, à 35 kil. (9 l.) de Lorient. Collége comm. ⊠ ⚓ 3,734 h. (*Établissement de la marée du port, 3 h. 45 m.*) — Cette ville est bâtie sur une colline élevée qui prend naissance au bord de la mer et se termine par un vaste plateau où se trouve une promenade bien ombragée : elle est petite, fort agréable, et possède une petite place publique et un très-joli hôtel de ville. Derrière la partie haute de la ville, on remarque l'église du Saint-Esprit, vaste édifice d'architecture gothique-arabe, qui date de la fin du treizième siècle. Le port d'Auray, formé par l'embouchure de la rivière de ce nom dans le Morbihan, est excellent et peut recevoir des navires d'un fort tonnage; le quai est beau et bien entretenu; on y voit plusieurs chantiers de construction toujours en activité. — HÔTELS : des Pavillons, du Lion-d'Or.

HENNEBON (*Morbihan*). Jolie petite ville maritime, à 8 kil. (2 l.) de Lorient. ⊠ ⚓ 4,477 hab. Elle est bâtie à l'intersection de six grandes routes, sur le flanc d'une colline qui domine la rivière du Blavet, où elle a un port qui peut recevoir des navires de moyenne grandeur. L'église principale, d'architecture gothique, date du milieu du quatorzième siècle. Près des promenades, est une source minérale que l'on croit sulfureuse, et à 2 kilomètres de là une source minérale acidule froide.

QUIMPERLÉ (*Finistère*). Petite ville. Sous-préf. Trib. de 1re inst. Société d'agric. Collége comm. ⊠ ⚓ 5,275 hab. Cette ville est entourée de montagnes élevées; la partie de Saint-Michel, dominée par une église gothique, par le couvent des ursulines et par le couvent des capucins, couverte de maisons, de jardins et de vergers, offre l'aspect le plus riant; c'est un mélange heureux d'architecture, de cerisiers, de pommiers, de longs peupliers balancés par les vents, et de clochers se détachant sur la voûte azurée du ciel. Au pied de cette montagne, les deux rivières de l'Isole et de l'Ellé se réunissent et forment un joli port où remontent des bâtiments de cinquante tonneaux, qui pénètrent dans l'intérieur de la ville et déchargent leurs marchandises sur un quai large, très-commode, bordé de magasins et de jolies maisons. — COMMERCE de grains, légumes secs, bestiaux, cuirs, papiers, etc. — A 43 kil. (11 l.) de Quimper.

VOITURES PUBLIQUES. Tous les jours de Nantes à Brest, de Lorient à Morlaix.

PONT-L'ABBÉ (*Finistère*). Petite ville maritime, située au fond d'une anse où elle a un petit port très-fréquenté, à 16 kil. (4 l.) de Quimper. 2,787 hab.

QUIMPER ou QUIMPER-CORENTIN. Ville maritime, chef-lieu du département du Finistère. Trib. de 1re inst. Ch. des manufact. Soc. d'agric. Evêché. Coll. comm. ⊠ ⚓ 9,719 hab. Quimper est une ville ancienne qui reçut, dans le cinquième siècle, le nom de Quimper-Corentin, en l'honneur de son premier évêque. Elle est généralement mal bâtie, mais fort agréablement située sur le penchant d'une montagne, au confluent de l'Odet et du Stéyr, avec un port où remontent des navires de 300 tonneaux. La partie la plus ancienne, ou la cité, est bâtie en amphithéâtre et entourée de murs; la partie moderne offre plusieurs belles constructions particulières. A peu de distance de la préfecture, s'élève sur la gauche une masse de rochers de 1,200 mètres de hauteur, couverte de bois et de bruyères, que l'on a convertie en une charmante promenade plantée de belles allées de hêtres; de la plate-forme de ces rochers, on domine toute la ville et l'on jouit d'une fort belle vue sur une grande étendue de pays. La CATHÉDRALE est un très-beau monument d'architecture gothique du quinzième siècle, dont les détails d'ornements sont admirables. Le grand portail de la façade est pratiqué entre deux hautes tours, et consiste en trois arcades ogives, décorées autrefois de nombreuses statues. Un portail latéral donne sur la rue Sainte-Catherine, et est remarquable par ses belles proportions et par la délicatesse des ornements dont il est décoré : on y voit beaucoup d'écussons d'anciennes familles bretonnes. On remarque encore à Quimper un beau séminaire ; de belles casernes; les églises Saint-Mathieu et de Locmaria; l'hôpital militaire; le collège, vaste bâtiment qui appartint aux jésuites jusqu'au moment de leur expulsion; la salle de spectacle ; les bains publics; les promenades, etc. — FABRIQUES de faïence et de poterie de terre. Construction de navires. Pêche de la sardine. — COMMERCE de grains, vins, eau-de-vie, cire, miel, beurre, etc. — A 76 kil. (19 l. 1/2) de Brest, 62 kil. (16 l.) de Lorient, 108 kil. (27 l.) de Vannes, 548 kil. (140 l. 1/2) de Paris.

VOITURES PUBLIQUES. Tous les jours pour Rennes, Redon; tous les jours pour Brest et Nantes.

OUVRAGES A CONSULTER. *Voyage dans le Finistère*, par Cambry, 3 vol. in-8°, 1795.

Itinéraire descriptif du département du Finistère, par Gilbert-Villeneuve, in-4°, 1828.

Recherches statistiques sur le département du Finistère, par Duchatelier, in-4°.

Antiquités du Finistère, par de Fréminville, 2 vol. in-8°.

Voyage dans le Finistère, par le même, in-8°.

Recherches sur les antiquités de la Bretagne, par de Penhouet, in-4°.

PLOGOFF (*Finistère*). Village situé près de la pointe du Raz, à 49 kil. (12 l. 1/2) de Quimper. 1,264 hab. De la pointe du Raz, élevée de 100 mètres au-dessus de l'Océan, on voit avec effroi la mer saper les fondements du roc dépouillé, où les vagues, poussées par un vent de nord-ouest, se déploient avec une force, une puissance qu'il est impossible de calculer. Le plus intrépide matelot ne passe jamais, sans implorer la pitié du Très-Haut, devant la baie des Trépassés, dont le nom lui rappelle les milliers d'hommes qu'elle a dévorés et qu'elle engloutit tous les jours.

PENMARCK (*Finistère*). Village situé près de l'extrémité de la pointe de ce nom, à 29 kil. (7 l. 1/2) de Quimper. 1,500 hab. Il y a un phare de premier ordre à feu tournant. Long. O. 6° 39''. Lat. 47° 48' 45''. La pointe de Penmarck est un composé de rocs sauvages battus par les tempêtes, et d'un aspect singulièrement remarquable. « Tout ce que j'ai vu dans de longs voyages, dit Cambry, la mer se brisant sur les rochers d'Aitarelle, les côtes de Fer à Saint-Domingue, les longues lames du détroit de Gibraltar, la Méditerranée près d'Amalfi, rien ne m'a donné l'idée de l'Océan frappant les rochers de Penmarck pendant la tempête. Ces rochers noirs et séparés se prolongent jusqu'aux bornes de l'horizon; d'épais nuages de vapeurs roulent en tourbillons; le ciel et la mer se confondent. Vous n'apercevez, dans un sombre brouillard, que d'énormes blocs d'écume, qui s'élèvent, se brisent et bondissent dans les airs avec un bruit épouvantable; on croit sentir trembler la terre, et l'on est machinalement tenté de fuir ; un étourdissement, une frayeur, un saisissement inexplicable s'emparent de toutes les facultés de l'âme; les flots amoncelés menacent de tout engloutir, et l'on n'est rassuré qu'en les voyant glisser sur le rivage et mourir à vos pieds, soumis aux lois immuables de la nature. » La Torche de Penmarck est un rocher séparé de la terre par un espace nommé le Saut du Moine, où la mer se précipite avec fureur.

DOUARNENEZ (*Finistère*). Petite ville maritime, située au fond de la vaste baie de son nom, à 20 kil. (5 l.) de Quimper. 2,687 hab. Elle possède un petit port, où l'on arme annuellement 500 chaloupes pour la pêche de la sardine, dont il se fait un commerce considérable.

PONT-CROIX (*Finistère*). Bourg à 30 kil. (7 l. 3/4) de Quimper. ⌧ 1,698 hab. Il est généralement mal bâti, sur le penchant d'une colline qui s'abaisse jusqu'au bord de la rivière, où il a un port qui reçoit des navires de trente ou quarante tonneaux.

CHATEAUNEUF-DU-FAOU (*Finistère*). Petite ville agréablement située, à 24 kil. (6 l. 1/4) de Châteaulin. 2,506 hab. Elle est bâtie dans une position riante, sur un coteau bien abrité des vents de nord-ouest, au pied duquel coule l'Aulne, qui serpente à travers de riches prairies, et fait mouvoir plusieurs moulins.

CHATEAULIN (*Finistère*). Petite et ancienne ville. Sous-préf. Trib. de 1re inst. Société d'agric. ⌧ ⚘ 2,783 hab. Cette ville est située dans un vallon pittoresque entouré de montagnes schisteuses, sur la rivière d'Aulne, qui la divise en deux parties et y forme un petit port, où remontent des barques de 60 à 80 tonneaux. Elle est généralement mal bâtie, mais ses alentours sont riants et pittoresques : la digue qui barre la rivière, une belle prairie plantée de peupliers et de chênes, et parsemée de plusieurs groupes de rochers qui s'élèvent au-dessus de ses beaux tapis verts, donnent à son paysage un aspect séduisant. — COMMERCE de bestiaux, poissons, beurre, etc. Pêche du saumon et de sardines. — A 23 kil. (6 l.) de Quimper, 53 kil. (13 l. 1/2) de Brest, 577 kil. (148 l.) de Paris.

LOQUEFFRET (*Finistère*). Village à 24 kil. (6 l. 1/4) de Châteaulin. 1,861 h. On voit sur son territoire la belle cascade de Saint-Darbot, de 65 mètres de chute sur une longueur de 195 mètres et une largeur de 19 m. 50 c.; elle coule sur une montagne de granit couverte de chênes, de hêtres et de sorbiers.

FAOU (le) (*Finistère*). Petite ville située au fond de la rade de Brest, où elle a un petit port. ⌧ ⚘ 877 hab. C'est une ancienne ville, où l'on voit beaucoup de vieilles maisons bâties en colombage, avec des corniches en bois chargées de sculptures grotesques, bizarres et même souvent obscènes.

POULLAOUEN (*Finistère*). Village renommé par ses mines de plomb argentifère, situé à 30 kil. (10 l.) de Châteaulin. 3,544 hab. — La mine de Poullaouen comprend deux exploitations distinctes, l'une à Poullaouen, et l'autre près d'Huelgoat. La mine d'Huelgoat est ouverte sur un filon de galène qui traverse des roches de transition, et dont l'exploitation, commencée il y a environ trois siècles, atteint une profondeur de 200 mètres. Le filon de Poullaouen, découvert en 1741, se présentait d'abord avec une grande puissance, mais il s'est considérablement appauvri et divisé à mesure qu'on a creusé, ce qui n'a pourtant pas arrêté les travaux. On retire annuellement 7,500,000 kilog. de minerai brut, que l'on soumet à diverses opérations, afin d'en dégager le sulfure de plomb qui se trouve toujours mélangé et disséminé dans la gangue du filon. On en obtient environ 660,000 kilog. de minerai propre à la fonte. 330 ouvriers sont employés journellement aux travaux de la mine de Poullaouen, indépendamment de ceux qui travaillent à la fonderie. La mine d'Huelgoat donne environ 4,600,000 kilog. de minerai brut, que l'on réduit à 370,000 kilog. de minerai bon pour la fonte; elle occupe à peu près 280 ouvriers. Les minerais de Poullaouen et d'Huelgoat, mélangés, sont fondus dans quatre fourneaux à réverbère; on en retire annuellement environ 500,000 kilog. de plomb et 700 d'argent. De belles machines ont été construites récemment dans ces mines pour l'épuisement des eaux. Le système d'épuisement se compose de deux machines à colonne d'eau à simple effet, qui élèvent par minute 3 mètres cubes 58 centièmes d'eau à une hauteur de 230 mètres, au moyen d'une force motrice représentée dans la même unité de temps par 21 mètres cubes d'eau tombant de 60 mètres de hauteur; en d'autres termes, cette force motrice, exprimée en chevaux (la force d'un cheval étant égale à celle qui élève un poids de 75 kilog. à 1 mètre de hauteur par seconde), est de 280 chevaux, et l'effet utile de l'appareil complet, de 181 chevaux. Ces machines sont les seules de ce genre qui aient été construites en France. L'appareil moteur, se trouvant à une grande distance des pompes foulantes, il était surtout indispensable, pour réunir ces deux parties principales, de pourvoir à l'équilibre de tiges très-longues, très-rigides, et dès lors très-pesantes. Les difficultés ont été vaincues, et ces grandes et belles machines ont réalisé toutes les prévisions de la science : la régularité, la douceur de leurs mouvements et l'absence complète du bruit ont provoqué un juste tribut d'admiration des ingénieurs des divers pays qui les ont examinées.

LANDERNEAU, BREST. Voyez pages 243 et 244.

DE NANTES A ROUEN, 37 myr. 1 kil.

	m. k.
De Nantes à Carquefou ☞	1,1
Carquefou à * Nort ☞	1,8
Nort à la Meilleraie (Loire-Inf.) ☞	1,9
La Meilleraie à * Chateaubriant ☞	1,8
Chateaubriant à Pouancé ☞	1,6
Pouancé à Craon ☞	2,1
Craon à Cossé ☞	1,1
Cossé à * Laval ☞	1,8
Laval à Martigné ☞	1,7
Martigné à * Mayenne ☞	1,3
Mayenne au Ribay ☞	1,8
Le Ribay à Prez-en-Pail ☞	1,8
Prez-en-Pail à Saint-Denis (Orne) ☞	1,2
Saint-Denis à * Alençon ☞	1,1
Alençon à Seez ☞	2,1
Seez à Nonant ☞	1,2
Nonant à Gracé ☞	1,2
Gracé à Monnai (Orne) ☞	1,4
Monnai à Broglie ☞	1,6
Broglie à * Bernay (Eure) ☞	1,1
Bernay à Brionne ☞	1,5
Brionne à Bourgtheroulde ☞	1,8
Bourgtheroulde à * Elbeuf ☞	1,0
Elbeuf au Grand-Couronne ☞	0,9
Le Grand-Couronne à * Rouen ☞	1,2

N° 101.

ROUTE DE PARIS A NÉRIS (ALLIER).

32 myriamètres.

De Paris à * Bourges ☞ (Voy. N° 138)	21,9
Bourges à Levet ☞	1,8
Levet à Jariol ☞	1,3
Jariol à * Saint-Amand (Cher) ☞	1,3
Saint-Amand à Meaulne ☞	1,8

	m. k.
* DREVENT (à droite de la route).	
MEAULNE à REUGNY ☞........................	1,6
REUGNY à MONT-LUÇON ☞.......................	1,5
MONT-LUÇON à * NERIS ☞.......................	0,8

AMAND (SAINT-) (*Cher*). Jolie ville. Sous-préfect. Trib. de 1re inst. Soc. d'agr. Coll. comm. ✉ ☞ 6,936 hab. Cette ville est régulièrement bâtie, au confluent de la Marmande et du Cher, sur un embranchement du canal de ce nom. Elle est dominée par les ruines imposantes du château de Montrond, fortifié primitivement par le duc de Sully.— COMMERCE de bois merrain ; fers, laines, bestiaux gras, châtaignes, etc. — A 43 kil. (11 l.) de Bourges, 251 kil. (64 l. 1/2) de Paris.

VOITURES PUBLIQUES. Tous les jours pour Bourges, Montluçon, Dun-le-Roi, Moulins, Clermont, Paris.

DREVENT (*Cher*). Bourg à 3 kil. (3/4 de l.) de Saint-Amand. 260 hab. C'est un des lieux du département du Cher où l'on remarque le plus de débris d'antiquités romaines ; on y reconnaît parfaitement les restes d'un théâtre, et l'emplacement d'une ancienne ville, où l'on a découvert, à différentes époques, des débris de statues, des tombeaux, des salles de bains pavées ou revêtues de marbre, et d'autres constructions qui annoncent l'existence d'une cité florissante.

NÉRIS. Voyez page 221.

N° 102.

ROUTE DE PARIS A NEVERS (NIÈVRE).

Voy. N° 82, 1re Route de PARIS à LYON........... 23,3

DE NEVERS A AUTUN.

1re Route, par CHATILLON EN BAZOIS, 10 myr. 3 kil.

De NEVERS à LA MAISON-ROUGE (Nièvre) ☞.......	1,9
LA MAISON-ROUGE à CHATILLON EN BAZOIS ☞...	2,2
CHATILLON au MOULIN-MAUGUIN ☞ (vacant)....	1,0
MOULIN-MAUGUIN à * CHATEAU-CHINON ☞.......	1,5
CHATEAU-CHINON au SIÉGÉE ☞...............	1,8
LE SIÉGÉE à * AUTUN ☞.....................	1,9

CHATEAU-CHINON (*Nièvre*). Petite ville. Sous-préf. Trib. de 1re instance. Soc. d'agr. ✉ 3,855 hab. Cette ville est située en amphithéâtre sur le sommet d'une montagne élevée de trois cents toises au-dessus du niveau de la mer, et dominée de tous côtés par des hauteurs couvertes de bois. Elle est assez bien bâtie, près de la rive gauche de l'Yonne, et non loin des sources de cette rivière. L'air est sain, mais vif et très-froid.—FABRIQUES de grosses draperies. A 62 kil. (16 l.) de Nevers, 31 kil. (8 l.) d'Autun, 310 kil. (79 l. 1/2) de Paris.

VOITURES PUBLIQUES. Tous les jours pour Nevers, Bourges, Paris, partant à 7 h. du soir ; pour Clamecy, Auxerre, partant à 2 h. du soir. — Pour Autun, Châlons, Lyon, partant à 1 h. du matin.

2e Route, par DECIZE et LUZY, 11 myr. 2 kil.

De NEVERS à SAINT-OUEN ☞ (vacant).............	1,8
* IMPHY (à gauche de la route).	

	m.k.
Saint-Ouen à Decize ⚹	1,6
Decize aux Arreaux ⚹ (non monté)	1,3
Les Arreaux à Fours ⚹	0,8
Fours à Luzy ⚹	2,2
Luzy à la Maison de Bourgogne ⚹	1,4
La Maison de Bourgogne à * Autun ⚹	2,1

IMPHY (*Nièvre*). Village situé sur la rive droite de la Loire, à 15 kil. (3 l. 3/4) de Nevers. 500 hab. Imphy possède une usine importante pour la fabrication du fer-blanc, des cuivres et des tôles laminés de toute espèce. Les produits annuels sont d'environ deux millions de kilogrammes de fer, de deux millions cinq cent mille kilogrammes de tôle et cuivre, et de dix à douze mille caisses de fer-blanc de 225 feuilles. — L'établissement d'Imphy fournit à la marine de l'État les cuivres rouges, fers blancs, fers noirs, caisses à eau en tôle nécessaires au service des ports; et au commerce des tôles, fers blancs, planches de cuivre laminé de toute espèce, fonds de chaudière martelés en cuivre et en fer, et autres articles de chaudronnerie, cuivre en feuilles à doublage pour la marine, etc.

DECIZE (*Nièvre*). Petite et ancienne ville, à 39 kil. (10 l.) de Nevers. ⊠ 3,100 hab. Elle est très-avantageusement située pour le commerce, dans une île formée par la Loire, au confluent de l'Aron et à la naissance du canal du Nivernais. L'île sur laquelle elle est bâtie offre un coup d'œil singulier et pittoresque; c'est un rocher élevé, dont un des flancs est taillé à pic, et dont le sommet est couronné par un antique château construit par les ducs de Nevers; il communique avec les deux rives du fleuve par un pont de pierre d'une bonne construction et par un pont suspendu. — Fabriques de fer-blanc. — Commerce de bois, charbons, houille, etc. — Hôtels : Archambault, Giraud.

DE NEVERS A AVALLON, 10 myr. 5 kil.

De Nevers à Premery ⚹	2,9
* Guérigny (sur la route).	
Premery à Saint-Reverien ⚹	1,5
Saint-Reverien à Corbigny ⚹	1,7
Corbigny à Lormes ⚹	1,5
Lormes à Avallon ⚹	2,9

GUÉRIGNY (*Nièvre*). Village situé sur la rive gauche de la Nièvre, à 15 kil. (3 l. 3/4) de Nevers. 720 hab. C'est à Guérigny que sont établis les importants établissements métallurgiques de la Chaussade, composés de deux hauts fourneaux, trois grosses forges, six petites forges, trois forges pour les ancres, et trois martinets.

N° 103.

ROUTE DE PARIS A NIORT (DEUX-SÈVRES).

Par Blois et Poitiers, 40 myr. 9 kil.

De Paris à Croutelle ⚹ (Voy. N° 25)	34,3
Croutelle à * Lusignan ⚹	1,7

N° 103. ROUTE DE PARIS A NIORT.

	m. k.
Lusignan à La Villedieu du Perron ☞.......	1,2
La Villedieu du Perron à * Saint-Maixent ☞..	1,4
* La Motte-Saint-Heraye (à D. de la R.).	
Saint-Maixent à la Crèche ☞.............	1,0
* Cherveux (à droite de la route).	
La Crèche à * Niort ☞..................	1,3

MOTTE-SAINT-HERAYE (la) (*Deux-Sèvres*). Bourg très-ancien, à 14 kil. (3 l. 1/2) de Melle. ⌧ 2,676 hab. Il est bâti dans une situation fort agréable, sur la rive droite de la Sèvre Niortaise. On y voit un fort beau château, flanqué de tourelles et ceint de fossés alimentés par les eaux de la Sèvre. — Par son testament du 15 janvier 1816, M. Charles Benjamin Chameau a légué à la commune de la Motte-Saint-Heraye la somme de 60,000 fr., dont l'intérêt annuel est destiné à la dotation de trois jeunes filles vertueuses.

CHERVEUX (*Deux-Sèvres*). Village situé à 12 kil. (3 l.) de Niort. 1,300 h. On y voit un ancien château, fort remarquable par sa belle situation, par la régularité et la hardiesse de son architecture.

NIORT. Grande et belle ville. Chef-lieu du département des Deux-Sèvres. Trib. de 1re inst. et de comm. Ch. des arts et manuf. Conseil de prud'h. Soc. d'agr. Coll. comm. ⌧ ☞ 16,175 hab. Cette ville était déjà considérable sous les rois de la seconde race ; car elle donnait le nom de *Pagus niortensis* à une division territoriale de la province du Poitou. Elle est située sur le penchant de deux collines au pied desquelles coule la Sèvre Niortaise, et possède d'agréables promenades. On y arrive par de belles routes plantées d'arbres magnifiques ; les environs offrent des sites charmants, notamment les rives du ruisseau de Cambon, dont les eaux viennent se perdre dans la Sèvre. Cette ville, autrefois mal bâtie, est devenue, par les divers travaux qu'on y a exécutés depuis plusieurs années, une des cités les plus agréables du Poitou. Elle possède deux églises paroissiales, dont l'une, ouvrage des Anglais, est d'une t es-belle architecture gothique ; l'hôtel de ville était l'ancien palais d'Éléonore d'Aquitaine ; l'école d'horticulture, réunie au jardin de botanique, est vaste et bien entretenue.— On remarque encore à Niort des bains publics ; de belles casernes ; une fort jolie galerie vitrée qui porte le nom de passage du Commerce ; la salle de spectacle ; l'hôpital ; les halles, dont l'alignement est symétrique ; la belle fontaine du Vivier, une des premières obtenues au delà de la Loire par le forage artésien, dont les eaux sont distribuées dans tous les quartiers de la ville par un grand nombre de fontaines publiques ; la place de la Brèche ; la terrasse de Saint-Gelais ; l'hospice civil et militaire, édifice vaste et bien aéré, qui peut contenir 3 à 400 malades ; l'hôtel de la nouvelle préfecture ; le palais de justice ; le cabinet d'histoire naturelle ; la bibliothèque publique, renfermant 20,000 volumes remarquables par la beauté des éditions, le choix des ouvrages et la rareté des manuscrits. L'ancien château ou donjon subsiste encore et sert de maison d'arrêt ; mais l'enceinte du château et les murs très-élevés qui entouraient la ville ont été détruits, ainsi que les fossés très-profonds dont elle était ceinte ; ils ont été remplacés depuis la révolution par des rues bien alignées et par des maisons bâties avec goût et élégance. — Patrie de madame de Maintenon et de Fontanes. — Niort possède un grand nombre de chamoiseries, où la préparation se fait mieux que dans les fabriques anglaises, perfectionnement qu'elle doit aux travaux et à la savante industrie d'un de ses meilleurs citoyens, M. Minu, décédé à Niort en 1821. — Commerce de laines, plants d'oignons et d'artichauts, peaux, culottes et gants de daim, confitures d'angélique, etc. — A 64 kil. (16 l. 1/2) de la Rochelle, 74 kil. (19 l.) de Poitiers, 403 kil. (103 l. 1/2) de Paris. — Hôtels : de France, de l'Aigle-d'Or, du Grand-Cerf, du Raisin-de-Bourgogne.

Foires les 6 février (8 jours), 7 mai, jeudi de l'octave de la Fête-Dieu, 6 octobre, 30 novembre. Les foires des 6 février, 7 mai et 30 novembre, sont en grande réputation pour la vente des gros bestiaux, chevaux, mules, mulets. Grandes affaires en mercerie, quincaillerie, draperie, ganterie, angélique qui se fabrique à Niort, oignons pour planter. Les mères de famille du département des Deux-Sèvres qui ont des filles à marier ne manquent guère de les conduire aux foires de Niort, pour les faire connaître en les montrant dans les lieux de réunion. Dans le pays, on compte l'âge d'une fille à marier par les foires de Niort; on dit: *Elle a tant de foires, plus treize ans.*

VOITURES PUBLIQUES. Tous les jours pour Rouen, Abbeville, Amiens, Paris, la Rochelle, Rochefort, Saintes, Parthenay, Saumur, Saint-Maixent, Melle, Mauzé, etc.
OUVRAGES A CONSULTER. *Histoire des comtes de Poitou*, par Berly, in-fol. 1647.
Histoire générale du Poitou, par la Guerinière, 2 vol. in-8°.
Histoire générale du Poitou, par Dufour, t. 17 (seul publié), in-8°.
De l'ancien Poitou, par le même, in-8°.
Bibliothèque historique du Poitou, par Dreux-Duradier, 3 vol. in-12, 1731.
Abrégé de l'histoire du Poitou, par Thibaudeau, 2e édit., 3 vol. in-8°, 1839.
Statistique du département des Deux-Sèvres, par Dupin, 2 vol. in-4°.
Dictionnaire topographique, etc., du département des Deux-Sèvres, par Dupin, in-8°, an IX.
Mémoire sur les antiquités du Poitou, par Siauve, in-8°, fig., 1804.
Histoire de la ville de Niort, par Briquet, 2 vol. in-8°, fig., 1832.

DE NIORT A BOURBON-VENDÉE, 9 myr. 1 kil.

	m. k.
De Niort à Oulme ⚹	1,8
Oulme à * Fontenay (Vendée) ⚹	1,4
Fontenay à Mouzeil ⚹ (vacant)	1,4
Mouzeil à * Luçon ⚹	1,3
Luçon à Mareuil ⚹	1,0
Mareuil à * Bourbon-Vendée ⚹	2,2

FONTENAY-LE-COMTE (*Vendée*). Ville agréablement située, sur la rive gauche de la Vendée. Sous-préf. Trib. de 1re inst. Coll. comm. ⊠ ⚹ 7,960 h. Cette ville est située sur le penchant d'un coteau, au milieu d'une plaine étroite qui sépare le Marais du Bocage; on y arrive par quatre routes correspondant aux quatre points cardinaux : au nord, celle de Samur traverse le Bocage à travers des sites les plus pittoresques; au couchant, celle de Nantes parcourt une immense plaine; celle de la Rochelle, au midi, communique avec les fertiles campagnes du Marais; la quatrième, au levant, découvre au voyageur arrivant de Niort la ville de Fontenay s'élevant en amphithéâtre, avec ses toits presque plats et ses deux clochers gothiques. Peu de villes offrent un aspect plus gracieux : à droite et à gauche, des maisons propres et riantes couronnent les hauteurs; au midi se trouve une place élevée, entourée de beaux arbres, qui s'élève comme une île de verdure, et d'où l'on jouit d'un agréable point de vue. Au nombre des édifices publics, nous citerons : l'hôpital, lourde construction, qui n'offre rien de remarquable; le collége, dont les bâtiments élégants, entourés de murs et de jardins, peuvent contenir 400 pensionnaires; la prison, petit édifice de construction moderne; la salle de spectacle, dont la décoration est de fort bon goût.

Au centre de l'ancienne ville proprement dite, qui était autrefois ceinte de murs, se trouve l'église Notre-Dame, bel édifice d'architecture gothique, où l'ogive domine dans toute sa pureté : la flèche, l'une des plus élevées et des plus élégantes de France, présente un ensemble parfait de lignes grandes et pures, et de détails gracieux et finis; élevée de 81 m. 24 c., elle est coupée vers la moitié de sa hauteur par deux galeries travaillées à jour, et accompagnées de quatre petites aiguilles de la plus grande délicatesse. La porte qui s'ouvre sur la grande rue, quoique un peu dégradée, a un caractère d'originalité fort remarquable; le cordon qui suit l'ogive, les supports destinés à soutenir les statues des saints, et les baldaquins à jour qui les couronnent, sont du plus précieux travail. L'intérieur de l'église offre un aspect grandiose; on remarque dans la chapelle de Saint-Vincent une voûte à nervure hardie, dans le goût de la renaissance ; on voit aussi, dans la même chapelle, une des plus belles copies de la Transfiguration de Raphaël, et sur le maître-autel, un tableau de Robert Lefèvre, qui est peut-être la plus délicieuse création de ce grand artiste.

Des rues assez commerçantes, mais étroites et tortueuses, comme celles des vieilles cités, conduisent à la fontaine dont la ville prend le nom. Ce petit monument, dans le style de la renaissance, est simple et élégant ; au-dessous de l'attique, on aperçoit des ornements d'un gracieux travail, au milieu desquels sont sculptées les armes de la ville, consistant en une fontaine d'argent sur un champ d'azur, supporté par deux licornes. Au-dessus de la fontaine, s'élèvent les ruines de l'ancien château. Près de là est le quartier des halles, avec sa petite place carrée, où l'on a élevé récemment le buste du lieutenant général Belliard, en face de la maison où il est né.

Commerce de bois de construction, grains et graines potagères; entrepôt des vins du midi. Foires célèbres les 24 juin, 11 octobre, 25 mars.

A 57 kil. (14 l. 1/2) de Bourbon-Vendée, 47 kil. (12 l.) de la Rochelle, 31 kil. (8 l.) de Niort, 450 kil. (115 l. 1/2) de Paris. — Hôtels : du Chapeau-Rouge, de France, de la Coupe-d'Or.

Buts d'excursions : à la *grotte du père Mousent*, dans la forêt de Mervant; à la belle propriété de *Brillac*; au *château de Chassenon*; aux ruines de l'*église de Maillezais*.

Ouvrages a consulter, qui se trouvent à la librairie de Maizière-Fontaine, à Fontenay.
Statistique de la Vendée, par Cavoleau, 1 vol. in-4°.
Chroniques fontenaisiennes, par la Fontenelle de Vaudoré, 1 vol. in-8°.
Histoire de Maillezais, par Arnaud, in-8°.
Étrennes vendéennes, intéressant petit recueil où l'on trouve des notices sur toutes les villes du département et le résumé le plus complet de l'histoire du département de la Vendée, depuis les temps les plus reculés jusqu'à nos jours.
Notes et croquis sur la Vendée, par le comte de Monbail, 1 vol. in-4°, orné de lithographies.

MAILLEZAIS (*Vendée*). Petite ville à 19 kil. (4 l. 3/4) de Fontenay. 1,202 h. C'est une petite ville assez triste, bâtie au milieu d'un marais qui en fit un point militaire très-important pendant les troubles du seizième siècle.

DE NIORT A SAINTES, 7 myr. 1 kil.

	m. k.
De *Niort à Villeneuve (Char.-Inf.) ⌘............	2,7
*Tonnay-Charente (à droite de la route).	
Villeneuve à *Saint-Jean-d'Angely ⌘........	1,8
*Douhet (à droite de la route).	
*Saint-Vénérand (à gauche de la route).	
Saint-Jean-d'Angely à *Saintes ⌘............	2,6

TONNAY-CHARENTE ou **CHARENTE** (*Char.-Inf.*). Petite ville maritime, à 7 kil. (1 l. 3/4) de Rochefort. Syndicat maritime. Vice-consulats étr. ⊠ 3,206 hab. Elle est bâtie dans une situation agréable, sur la rive droite de la Charente, où elle a un port sûr et très-commode qui peut recevoir des navires de 600 tonneaux. — Commerce considérable d'eaux-de-vie et esprits. — Hôtels : des Trois-Marchands, du Point-du-Jour, du Bien-Nourri.

JEAN-D'ANGELY (**SAINT-**) (*Charente-Inf.*). Ville ancienne. Sous-préfect.

Trib. de 1re instance et de comm. Soc. d'agr. Coll. comm. ⌧ ⚭ 6,031 h. C'es une ville agréablement située sur la rive droite de la Boutonne, qui commence à cet endroit à être navigable pour des barques de 30 à 40 tonneaux. Elle est assez mal bâtie et mal percée, mais embellie de la propreté générale qui distingue les habitations de cette partie de la Saintonge, où l'on a pour usage de reblanchir à neuf les maisons tous les ans, ce qui leur donne un ton ravissant de fraîcheur et de gaieté. Le milieu de la place principale est occupé par une jolie halle, dont l'enceinte est formée par une petite colonnade; sur la même place est un superbe wauxhall. La maison de l'ancienne abbaye des Bénédictins est remarquable par sa façade : elle renferme un beau vaisseau de bibliothèque et un bel escalier. — On remarque encore dans cette ville la salle de spectacle, les bains publics, sur la rivière de la Boutonne, etc.

INDUSTRIE. Minoterie importante, dont les produits sont considérables, établie sur l'emplacement des anciens moulins à poudre; distilleries d'eau-de-vie dont les produits sont répandus dans le commerce sous le nom d'eau-de-vie de Cognac. — A 60 kil. (15 l. 1/2) de la Rochelle, 62 kil. (16 l.) d'Angoulême, 462 kil. (118 l. 1/2) de Paris. — HÔTELS : de France, des Voyageurs, de Notre-Dame.

VOITURES PUBLIQUES. Tous les jours pour Niort, Saintes, Rochefort, Poitiers.

BUT D'EXCURSION : à *Pellouailles*, remarquable par ses promenades et par la beauté de son site.

OUVRAGES A CONSULTER, qui se trouvent à la librairie de Durand, à Saint-Jean-d'Angély.
Histoire de la Saintonge et de l'Aunis, etc., par Massion, c vol. in-8°, 1810.
Vue de l'ancienne et magnifique église abbatiale de Saint-Jean-d'Angély, une feuille grand-raisin.

DOUHET (*Charente-Inf.*) Bourg situé à 12 kil. (3 l.) de Saintes. 1,000 hab. A peu de distance, on remarque la fontaine Douhet, portion de l'aqueduc romain destiné à conduire les eaux à Saintes; il est ici creusé dans le roc, à une hauteur prodigieuse, et voûté à plein cintre. C'est un des plus beaux ouvrages en ce genre; le fond est occupé par un canal bordé de deux larges trottoirs.

VÉNÉRAND (SAINT-) (*Charente-Inf.*). Village à 10 kil. (2 l. 1/2) de Saintes. 300 hab. On remarque en cet endroit une belle source, qui peut être comparée à la célèbre fontaine de Vaucluse; elle sort de même du pied d'un rocher coupé à pic, en forme de souterrain, dont l'œil ne peut mesurer la dimension. Une petite rivière s'échappe de cet antre, parcourt, au fond d'une espèce de vallon sans débouché, un canal de quelques toises, et fait tourner un moulin bâti à quarante pieds de profondeur, au-dessous duquel elle s'engouffre dans le sein de la terre, pour ne plus reparaître.

N° 104.

ROUTE DE PARIS A NIMES (GARD).

1re Route, par CLERMONT, MENDE et FLORAC,
71 myriamètres 5 kilomètres.

m. k.
De PARIS à * MENDE ⚭ (Voy. N° 88)............ 56,7
MENDE à MOLINES ⚭........................ 2,6
* LANUÉJOLS (à gauche de la route).

N° 104. ROUTE DE PARIS A NIMES.

MOLINES à FLORAC ℔................... 1,1
* SAINTE-ÉNIMIE (à droite de la route).
FLORAC au POMPIDOU ℔.................. 2,3
* MEYRUEIS (à droite de la route).
* PREJET (à droite de la route).
LE POMPIDOU à SAINT-JEAN DU GARD ℔......... 3,0
* LE VIGAN (à droite de la route).
SAINT-JEAN DU GARD à LEDIGNAN ℔........... 2,7
* ANDUZE (sur la route).
* SAINT-HIPPOLYTE (à droite de la route).
* GANGES (à droite de la route).
* ALAIS (à gauche de la route).
LEDIGNAN aux BARAQUES-DE-FONS ℔........... 1,3
LES BARAQUES-DE-FONS à * NIMES ℔.......... 1,8

LANUÉJOLS (*Lozère*). Village à 7 kil. (1 l. 3/4) de Mende. 650 hab. — Un monument romain, le mieux conservé et le plus considérable de tous ceux du Gévaudan, se trouve à l'entrée de ce village. C'est un quadrilatère dont chaque côté est tourné vers un des points cardinaux, et dont chaque angle est décoré de pilastres d'ordre corinthien. L'ordonnance générale de l'édifice offre quatre portiques diversement décorés.

ÉNIMIE (SAINTE-) (*Lozère*). Petite ville à 18 kil. (4 l. 1/2) de Florac. 1,219 hab. Cette petite ville est bâtie au milieu de montagnes hautes et escarpées ; il est difficile de trouver quelque chose de plus sauvage et de plus curieux que son site, qui mérite, sous beaucoup de rapports, l'attention du voyageur.

FLORAC (*Lozère*). Petite ville. Sous-préfect. Trib. de 1re inst. Soc. d'agr. ✉ ℔ 2,194 hab. Elle est agréablement située, sur la rive gauche du Tarnon, près de son confluent avec le Tarn et la Mimente, dans un étroit vallon couvert de prairies et parsemé d'arbres fruitiers; les coteaux qui le dominent sont plantés de vignes, surmontés à l'est par des châtaigniers et des chênes, et à l'ouest par des rochers élevés ; à leur base on voit une crevasse pittoresque d'où jaillit une source abondante et limpide dont les eaux traversent la ville, y forment deux bassins tombant en cascade l'un dans l'autre, et font mouvoir plusieurs moulins avant de se mêler à celles du Tarnon : les eaux de cette source sont rangées dans la classe des eaux minérales acidules. — Florac ne se compose guère que d'une seule rue, où passe la grande route, et d'une petite place. On y a construit récemment une église catholique, un temple protestant et un palais de justice. — A 36 kil. (9 l. 1/2) de Mende, 575 kil. (147 l. 1/2) de Paris.

VOITURES PUBLIQUES. Pour Clermont-Ferrand et Montpellier, tous les jours.

MEYRUEIS (*Lozère*). Petite ville à 25 kil. (6 l. 1/2) de Florac. ✉ 2,292 h. On voit à peu de distance trois grottes remarquables par les congélations qu'elles renferment.

PREJET (*Lozère*). Village bâti dans une situation pittoresque, sur la rive gauche du Tarn, à 35 kil. (9 l.) de Florac. 400 hab. On remarque près du village le site pittoresque du Pas du Souci, formé par deux montagnes escarpées de 1,800 pieds d'élévation, entre lesquelles coule le Tarn, dont les eaux s'engouffrent avec un bruit épouvantable sous d'énormes rochers.

VIGAN (le) (*Gard*). Jolie petite ville. Sous-préf. Trib. de 1re inst. Ch. des manufact. Soc. d'agric. ✉ 4,909 hab. Cette ville est généralement bien bâtie, dans une situation charmante, au pied des Cévennes, et près de la montagne de Lespéron. Elle est entourée de sites délicieux et de riantes maisons de campagne; c'est la plus jolie, la plus gracieuse et la plus salubre des petites villes des Cévennes, et c'est chez elle que les riches habitants de Nimes et de Montpellier viennent chercher la fraîcheur et la santé pendant les chaleurs de l'été. — PATRIE du chevalier d'Assas : on voit sur la principale place un monument érigé par les habitants à la mémoire de cet intrépide guerrier ; il consiste en une statue de bronze, élevée sur un piédestal de marbre blanc, représentant d'Assas debout, la tête découverte et appuyé sur une épée nue. Sur le plan principal du piédestal est un bas-relief en bronze, représentant l'action où il perdit la vie, avec ses dernières paroles : *A moi, Auvergne! ce sont les ennemis!* — FABRIQUES de bas de soie et de coton, peaux blanches. — A 70 kil. (18 l.) de Nîmes, 55 kil. (14 l.) de Montpellier, 678 kil. (171 l. 1/2) de Paris.

VOITURES PUBLIQUES. Pour Nîmes, Nègres frères ; Cabanis, Verdier et Comp. ; pour Montpellier, Bimar et Glaise ; pour Milhau, Bimar.

OUVRAGE A CONSULTER. *Topographie statistique et médicale du Vigan*, par F. A. Rouger, in-8°, 1819.

JEAN DU GARD (SAINT-) (*Gard*). Petite ville sur la rive gauche du Gardon d'Anduze, à 28 kil (7 l.) d'Alais. ⊠ 4,128 hab. Elle est généralement mal bâtie et formée, pour ainsi dire, d'une seule rue fort longue et malpropre ; mais le paysage qui l'environne est délicieux. — FABRIQUES de bonneterie de soie.

ANDUZE (*Gard*). Petite ville à 14 kil. (3 l. 1/2) d'Alais. Trib. de comm. ⊠ 5,554 hab. Cette ville est dans une situation pittoresque, sur la rive droite du Gardon d'Anduze, entre des rochers escarpés d'un côté et des coteaux couverts de vignes et d'oliviers de l'autre. Elle est généralement fort mal bâtie, mais ses environs, qu'on peut comparer à un vaste jardin anglais productif, sont réellement enchanteurs. — FABRIQUES de bonneterie de soie, draps, molletons, etc.

VOITURES PUBLIQUES. Tous les jours pour Nîmes, Alais, Clermont-Ferrand.

OUVRAGE A CONSULTER. *Notice sur Anduze et ses environs*, par Vignier, in-8°, 1828.

HIPPOLYTE (SAINT-) (*Gard*). Jolie petite ville à 27 kil. (7 l.) du Vigan. Trib. de comm. Ch. des manuf. ⊠ 5,214 hab. C'est une ville bâtie dans une agréable situation, et traversée par un canal d'eau courante qui alimente plusieurs fontaines. — FABRIQUES de bas de soie.

GANGES (*Hérault*). Ancienne et jolie ville, à 35 kil. (9 l.) de Montpellier. ⊠ 4,193 hab. Cette ville est dans une jolie situation, au milieu d'une plaine fertile environnée de montagnes, près de la rive gauche de l'Hérault. Elle est environnée de maisons agréables, et dominée par un vieux château, qui rend son aspect fort pittoresque. — FABRIQUES de bas et de gants de soie.

ALAIS (*Gard*). Ancienne et forte ville. Sous-préf. Trib. de 1re inst. et de comm. Conseil de prud'h. Soc. d'agr. Coll. comm. ⊠ 12,077 hab. Cette ville est située au pied des Cévennes, dans une belle prairie, sur la rive gauche du Gardon d'Alais et sur le chemin de fer de Beaucaire à la Grand'Combe. Elle est ancienne, assez bien bâtie, et remarquable par une belle église de construction gothique.

EAUX MINÉRALES D'ALAIS. On trouve aux environs d'Alais des sources d'eaux minérales froides, ferrugineuses et vitrioliques, assez fréquentées. La saison commence avec le mois de juillet et se prolonge jusqu'à la fin de septembre. On les prend ordinairement pendant une quinzaine de jours. Ces eaux passent pour excellentes dans les dyssenteries épidémiques, les fleurs blanches, les maladies bilieuses, et en général dans toutes les maladies de l'estomac.

FABRIQUES de bas, de gants de soie et de filoselle, soie à coudre, rubans ; filatures de soie. — A 39 kil. (10 l.) de Nîmes, 641 kil. (164 l. 1/2) de Paris. — HÔTELS : du Luxembourg, du Louvre, du Lion-d'Or.

VOITURES PUBLIQUES. Tous les jours pour Nîmes, St-Ambroise.

CHEMIN DE FER pour la Grand'Combe, et pour Nîmes et Beaucaire ; deux départs

N° 105. ROUTE DE PARIS A ORLÉANS.

par jour. Prix d'Alais à la Grand'Combe, 1 fr., 75 c. et 1 fr. 25 c. ; d'Alais à Nîmes, 6 fr., 4 fr. et 2 fr. 50 c.; de Nîmes à Beaucaire, 3 fr., 2 fr. 25, 1 fr. 75 et 1 fr. 25 c.

NIMES. Voy. page 80.

2ᵉ Route, par LYON, 71 myr. 3 kil.

	m. k.
De PARIS à * LYON (Voy. N° 82)	46,8
LYON à * VALENCE (V. N° 82, de Lyon à Valence.)	10,1
VALENCE à * LA PALUD (Voy. N° 85)	7,5
LA PALUD à NÎMES (Voy. N° 96)	6,9

DE NIMES A MARSEILLE, 13 myr. 7 kil.

De * NÎMES à CURBUSSOT ☛	1,1
CURBUSSOT à * TARASCON ☛ (Bouch.-du-Rhône).	1,5
TARASCON à * SAINT-REMY ☛	1,5
SAINT-REMY à * ORGON ☛	1,8
ORGON à * MARSEILLE ☛ (Voy. N° 85)	7,8

N° 105.

ROUTE DE PARIS A ORLÉANS (LOIRET).

Voy. N° 25, 1ʳᵉ R. de PARIS à BORDEAUX. 11,8

D'ORLÉANS A CHATEAUROUX.

1ʳᵉ Route, par VATAN, Voy. N° 138, 1ʳᵉ R. de PARIS à TOULOUSE............ 13,6

2ᵉ Route, par ISSOUDUN, 14 myriamètres 3 kilomètres.

D'ORLÉANS à MASSAY ☛ (Voy. N° 138)	9,0
MASSAY à ISSOUDUN ☛	2,5
ISSOUDUN à NEUVY-PAILLOUX ☛	1,3
NEUVY-PAILLOUX à * CHATEAUROUX ☛	1,5

D'ORLÉANS A LA FERTÉ-SOUS-JOUARRE, 16 myr. 9 kil.

D'ORLÉANS à LA MAISON-BLANCHE ☛	1,4
LA MAISON-BLANCHE à * CHILLEURS-AUX-BOIS ☛	1,4
CHILLEURS à * PITHIVIERS ☛	1,4
* YÈVRE-LE-CHATEL (à droite de la route).	
PITHIVIERS à * MALESHERBES ☛	1,9
MALESHERBES à LA CHAPELLE ☛ (Seine-et-Marne)	1,3
LA CHAPELLE à * FONTAINEBLEAU ☛	1,4
FONTAINEBLEAU à * MELUN ☛	1,7
MELUN à GUIGNES ☛	1,5
GUIGNES à FONTENAY ☛ (Seine-et-Marne)	1,0
FONTENAY à * COULOMMIERS ☛	2,2
COULOMMIERS à * LA FERTÉ-SOUS-JOUARRE ☛	1,7

CHILLEURS-AUX-BOIS (*Loiret*). Village à 14 kil. (3 l. 1/2) de Pithiviers. On y remarque le château de Chamerolles, une des baronnies de l'Orléanais qui jouissaient des droits les plus étendus ; il est flanqué de quatre tours et entouré de larges fossés remplis d'eau vive.

YÈVRE-LE-CHATEL (*Loiret*). A 4 kil. (une lieue) de Pithiviers, au milieu d'une plaine immense animée par la plus belle végétation ; s'élèvent sur un monticule les restes de l'antique château fort d'Yèvre-le-Grand. Les tours de cette forteresse dominent au loin sur la campagne, et les murailles assez bien conservées d'une vieille église qui l'avoisine ajoutent à leur aspect pittoresque. Un charmant vallon, ombragé par de nombreux peupliers, entoure ce château au nord et à l'est. Des fossés larges et profonds en défendaient autrefois l'accès ; deux portes, dont l'une est presque entière, fortifiées de deux tours, d'un pont-levis et d'une double herse, conduisaient dans la première enceinte, où se trouvaient quelques bâtiments remplacés maintenant par des habitations villageoises et par un oratoire qui sert aujourd'hui d'église paroissiale.

PITHIVIERS (*Loiret*). Petite ville. Sous-préfect. Trib. de 1re inst. 3,957 hab. Cette ville, appelée aussi Piviers, et autrefois Pluviers, est située sur la croupe et le penchant d'une colline, sur le ruisseau de l'OEuf. Elle est assez bien bâtie, bien percée, et possède une place publique très-vaste, mais irrégulière. Son territoire offre des sites très-pittoresques et quelques lieux intéressants, tels que le château d'Yèvre-le-Châtel, la fontaine minérale de Segrais, la grotte de Saint-Grégoire d'Arménie, etc. — COMMERCE de laines, vins, miel, et particulièrement de safran estimé, que l'on récolte sur le territoire. Les gâteaux d'amandes et les pâtés d'alouettes qu'on fabrique à Pithiviers font les délices des gastronomes, et jouissent à juste titre d'une renommée européenne.
— A 35 kil. (9 l.) d'Orléans, 80 kil. (20 l. 1/2) de Paris. ⊠ ⚜ — HÔTELS : de l'Écu, de la Ville-d'Orléans.

VOITURES PUBLIQUES. Tous les jours pour Orléans, Paris, Fontainebleau, Étampes, Beaune et Boiscommun.

MALESHERBES (*Loiret*). Petite ville située dans un vallon marécageux, sur la rivière d'Essonne. Elle est dominée par un coteau boisé, dont le sommet est couronné par un joli château, d'où l'on jouit d'une vue riante et pittoresque. A 18 kil. (4 l. 1/2) de Pithiviers. 1,650 hab. ⊠ ⚜

COULOMMIERS (*S.-et-Marne*). Petite ville. Sous-préfecture. Trib. de 1re inst. ⊠ ⚜ 3,335 hab. Cette ville est située dans une belle et fertile contrée, sur le Grand-Morin, qui y fait mouvoir plusieurs moulins. Elle n'offre rien de bien remarquable ; les rues en sont étroites et en général assez mal percées.
— PATRIE du bibliographe Barbier ; du général Beaurepaire, qui préféra se brûler la cervelle à signer la capitulation de la ville de Verdun, dont il était commandant en 1792. — COMMERCE considérable de grains, farines, de fromages de Brie, melons, laines, cuirs, chevaux et bestiaux. Nombreuses tanneries et moulins à tan. — AUBERGES : de la Croix-Blanche, du Coq-Gaulois, de l'Ours, du Palais-Royal. — A 47 kil. (12 l.) de Melun, 58 kil. (15 l.) de Paris.

VOITURES PUBLIQUES. Tous les jours pour Paris, Sézanne.
OUVRAGE A CONSULTER. *Notice sur la ville de Coulommiers*, in-8°, 1829.

D'ORLÉANS A LYON.

1re R., par CHATEAUNEUF et OUZOUER, 39 myr. 3 kil.

	m. k.
D'ORLÉANS à CHATEAUNEUF ⚜ (Loiret)	2,6
CHATEAUNEUF à OUZOUER ⚜	2,2
OUZOUER à GIEN ⚜	1,5

	m. k.
* FLEURY-SUR-LOIRE (à gauche de la route).	
GIEN à * BRIARE ⚹.............................	0,9
BRIARE à ROANNE (Voy. N° 85).............	23,3
ROANNE à * LYON ⚹ (Voy. N° 82)...........	8,8

FLEURY-SUR-LOIRE (*Loiret*). Bourg connu généralement sous le nom de Saint-Benoît, situé sur la rive droite de la Loire, à 31 kil. (8 l.) d'Orléans.—Ce bourg était autrefois considérable, et célèbre par une abbaye regardée comme la première de la règle de Saint-Benoît qui ait été fondée en France. Il ne reste plus aujourd'hui de ce somptueux monastère qu'une église qui offre aux archéologues des restes de construction du neuvième siècle. La tour Saint-Michel, qui date du onzième siècle, est remarquable par ses voûtes et ses piliers, flanqués de colonnes dont les chapiteaux sont chargés de figures historiques, allégoriques ou bizarres, assez grossièrement exécutées en demi-relief. L'entrée principale de l'église est sous les piliers de cette tour, qui lui forment un imposant péristyle. L'intérieur de l'église figure une croix latine, dont le centre est formé d'un grand pendentif, surmonté d'un clocher. La nef principale est étroite relativement à son élévation et à sa longueur; la simplicité et la forme de ses piliers dépourvus de tout ornement lui donnent un aspect sévère et imposant.

GIEN (*Loiret*). Petite ville. Sous-préfect. ✉ ⚹ 5,177 hab. Elle est bâtie dans une situation agréable, sur la rive droite de la Loire, qu'on y passe sur un beau pont. Son aspect est remarquable du côté du sud, où elle s'étend en amphithéâtre sur le penchant d'un coteau, couronné par l'église Saint-Louis et par un antique château qui renferme la sous-préfecture, la mairie et le tribunal de première instance.— MANUFACTURE de faïence, façon anglaise. — A 66 kil. (17 l.) d'Orléans, 144 kil. (37 l.) de Paris. — AUBERGES : de l'Écu, de la Madeleine, de la Levrette.

VOITURES PUBLIQUES. Tous les jours pour Orléans, Montargis, Bourges, Nevers.
OUVRAGE A CONSULTER. *Notice sur le comté et la ville de Gien*, par Sylvestre de St-Abel (manuscrit).

BRIARE (*Loiret*). Petite ville très-agréablement située sur la rive droite de la Loire, à la jonction du canal de Briare avec ce fleuve. La partie construite sur le bord du canal offre une suite de maisons bien bâties, le long desquelles règne un joli quai bordé de deux rangs d'arbres, qui forme un port commode et un abri pour les bateaux pendant la mauvaise saison ou le chômage du canal. L'autre partie de la ville ne consiste qu'en une seule rue, traversée par la grande route.—Le canal de Briare est le premier ouvrage de ce genre qui ait été exécuté en France ; il a été commencé sous Henri IV, et ne fut achevé qu'en 1740, sous le règne de Louis XV. Ce canal établit avec celui du Loing une communication entre la haute Loire et la Seine, et joint à Montargis le canal du Loing. — COMMERCE de vins, bois, charbons. — A 8 kil. (2 l.) de Gien. 2,250 hab. ✉ ⚹

VOITURES PUBLIQUES. Tous les jours pour Orléans.

2ᵉ R., par JARGEAU et SULLY, 39 myr. 7 kil.

D'ORLÉANS à JARGEAU ⚹............................	2,0
JARGEAU à * SULLY-SUR-LOIRE ⚹.............	2,4
SULLY à * GIEN ⚹.....................................	2,3
GIEN à * LYON (Voy. la 1ʳᵉ Route)............	33,0

SULLY-SUR-LOIRE (*Loiret*). Petite ville bâtie sur la rive gauche de la Loire, et remarquable par un beau château. A 22 kil. (5 l. 1/2) de Gien.

GIEN. Voyez la Route précédente.

D'ORLÉANS A ALENÇON, 16 myr. 1 kil.

	m. k.
D'Orléans à Tournoisis ☉	2,4
Tournoisis à * Chateaudun ☉	2,4
Chateaudun à Brou ☉	2,1
Brou à Beaumont-le-Chartif ☉	1,7
Beaumont à * Nogent-le-Rotrou ☉	1,5
Nogent le-Rotrou à * Bellême ☉	2,1
Bellême à * Mamers ☉	1,5
Mamers à * Alençon ☉	2,4

D'ORLÉANS A TROYES, par Montargis, 18 myr. 6 kil.

D'Orléans à Chateauneuf ☉ (Loiret)	2,6
Chateauneuf à * Lorris ☉	2,3
Lorris à * Montargis ☉	2,2
Montargis à * Courtenay ☉	2,5
Courtenay à * Sens ☉	2,6
Sens à * Troyes ☉ (Voy. N° 87)	6,4

LORRIS (*Loiret*). Petite ville fort ancienne, située dans une contrée marécageuse. ✉ 1,750 hab. Cette ville possédait jadis un manoir royal, qui a été habité par plusieurs rois de France. Elle est célèbre par ses coutumes, qui passaient pour les plus anciennes du royaume, et qui ont régi pendant longtemps une assez grande partie de la France. — A 20 kil. (5 l.) de Montargis.

MONTARGIS (*Loiret*). Ville très-ancienne. Sous-préf. Trib. de 1re inst. et de comm. ✉ ☉ 6,781 hab. Montargis est une ville assez mal bâtie, près de la forêt de ce nom, à la jonction des canaux de Briare, d'Orléans et du Loing, dans une plaine que domine un coteau élevé, sur le sommet duquel on voyait naguère les restes d'un vaste et beau château, construit par Charles V.— C'est la patrie de P. Manuel, homme de lettres et membre de la Convention nationale, mort sur l'échafaud en 1793 ; de Girodet-Trioson, l'un des grands peintres de l'école moderne; de madame Guyon, quiétiste. — Fabriques de draps communs.— A 70 kil. (18 l.) d'Orléans, 107 kil. (27 l. 1/2) de Paris.— Hôtels : de Lyon, de la Poste, de Saint-Antoine, de l'Ange.

VOITURES PUBLIQUES. Tous les jours pour Paris, Orléans, Lyon, Bourges, Troyes, Auxerre.

COURTENAY (*Loiret*). Petite ville bâtie dans une situation agréable, au pied d'une colline, sur le ruisseau de Clare. On y voit un ancien château qui fut le berceau de l'ancienne maison de Courtenay. — A 24 kil. (6 l. 1/4) de Montargis. 2,300 hab.

N° 106.

ROUTE de paris a PAU (basses-pyrénées).

1re Route, par Bordeaux, 75 myr. 6 kil.

De Paris à * Bordeaux ☉ (Voy. N° 25)	56,2
Bordeaux à * Aire ☉ (Voy. N° 25)	14,5
Aire (Landes) à Garlin ☉	1,7

N° 106. ROUTE DE PARIS A PAU.

	m. k.
* Saint-Loubouer (à droite de la route).	
Garlin à Auriac ⌧	1,2
Auriac à * Pau ⌧	2,0

AIRE (*Landes*). Ancienne et jolie ville, située à 30 kil. (7 l. 3/4) de Saint-Sever. Évêché. ⌧ ⌧ 3,957 hab. Cette ville est située dans un pays agréable et fertile, sur le penchant d'une montagne qui borde la rive gauche de l'Adour, que l'on passe sur un beau pont en pierres de taille. Elle est assez bien bâtie et formée de rues propres et assez belles. On y remarque les bâtiments de l'ancien grand séminaire, où sont établis le collége et une école secondaire ecclésiastique.

LOUBOUER (SAINT-) (*Landes*). Village situé dans une contrée fertile en vins estimés, à 19 kil. (4 l. 3/4) de Saint-Sever. 1,150 hab. Il possède un établissement de bains d'eaux thermales sulfureuses, très-fréquenté dans la belle saison par les habitants des cantons environnants.

PAU. Jolie ville, chef-lieu du département des Basses-Pyrénées. Cour royale. Trib. de 1re inst. et de comm. Soc. d'agr. Académie universitaire. Société des sciences, lettres et arts. Coll. R. ⌧ ⌧ 14,000 hab. — La ville de Pau doit son origine à un château bâti par un des premiers princes de Béarn, vers le milieu du onzième siècle. Elle est située à l'extrémité d'un vaste plateau élevé, qui domine une vallée délicieuse où coule le gave de Pau; les aspects qui l'environnent de toutes parts, mais surtout au midi, sont admirables; la perspective des Pyrénées qu'on aperçoit du château, du pont jeté sur le gave, du parc, de la place Royale, et de plusieurs autres points, est majestueuse; la vue se promène avec plaisir sur la vallée où s'enfonce le gave, sur les prairies dont elle est couverte, et sur les riches coteaux qui la bordent; au delà de ces coteaux s'élève le pic du Midi de Béarn qui, par son élévation, domine les plus hautes montagnes, sur la ligne centrale desquelles il se trouve placé. — Pau, ancienne capitale du royaume de Navarre, fut le siége d'une cour souveraine et d'un parlement. C'est une ville pittoresquement bâtie, sur deux collines, et traversée par le ruisseau le Héas et la rivière de l'Ousse, qui se réunissent au gave d'Osseau : on remarque surtout la grande et large rue qui parcourt cette ville dans toute sa longueur de près d'une demi-lieue; les rues transversales sont très-courtes, parce que la ville par elle-même est fort étroite. Pau possède quelques édifices publics, tels que la préfecture, le collége, et de belles habitations particulières, entre autres, les hôtels de Gassion et de Jasses. — La place Royale, qui fait face à l'église Saint-Louis, est plantée de beaux arbres, et forme une belle promenade qui s'étend jusqu'au bord du gave; c'est, durant les soirs de l'été, la promenade de prédilection du monde élégant et des nombreux étrangers que le délicieux climat de cette ville y fait affluer. Au centre de cette place va s'élever la statue pédestre de Henri IV, en marbre blanc, exécutée par Raggi, et dont le roi des Français a fait présent à la ville; elle remplacera la statue de Louis XIV qui occupait le même emplacement avant la révolution.—La plus grande et la plus belle place de la ville est celle de la Comédie, qui communique avec un des faubourgs par un large pont jeté sur le profond ravin qui traverse la ville et la sépare en deux parties inégales. Nous avons déjà dit un mot des promenades charmantes qui environnent la ville; celle de la Basse-Plante est un superbe quinconce, dont la plantation est due à la reine Marguerite; le parc est un bosquet situé sur une éminence qui domine le gave; il faisait jadis partie du château, et sur ses antiques pentes on voyait naguère les ruines de Castel-Beziat (joli château), que la reine Jeanne avait fait bâtir pour la princesse Catherine; c'est une des promenades les plus agréables qu'il y ait en France, par ses allées, ses beaux arbres, et surtout par ses admirables points de vue.

Le CHATEAU DE PAU, où naquit Henri IV, offre une masse assez considé-

rable par ses tours et ses corps de logis. Élevé à l'extrémité occidentale de la ville, sur un rocher taillé à pic qui domine le gave, sa situation est des plus pittoresques, et le paysage qui l'environne est d'autant plus imposant, qu'au delà des rives du gave se dessinent au loin les monts Pyrénées. Il est d'une forme anguleuse, irrégulière, bizarre, et n'offre de remarquable qu'un assez grand escalier en pierre, orné de belles rosaces sculptées, et une superbe terrasse qui règne sur le gave; on y entre par un pont-levis et par un portail où on lit cette simple inscription : *Château de Henri IV*. Dans la cour est un beau puits ; à gauche est une grande tour, qui servait jadis de prison. Les encadrures des portes et des croisées sont enrichies d'arabesques dans le style antique. Les appartements, dont on avait fait une caserne, sont actuellement en voie de restauration ; ils se composent, au premier, de l'appartement de Marguerite de Navarre, dont la cour fut si brillante; de ceux de la reine Jeanne, au second; de la salle du trône des rois de Navarre, et de plusieurs autres chambres, dont la plus intéressante est sans contredit celle où est né Henri IV. Le roi Louis-Philippe fait exécuter, aux frais de la liste civile, de grands et beaux travaux, et déjà, parmi les embellissements opérés, on remarque les salles du rez-de-chaussée et du premier étage ; l'élégante chapelle et le pont qui joint le château à la promenade de la Basse-Plante.—On remarque encore à Pau le haras ; la bibliothèque publique, renfermant 18,000 vol , etc.
— Patrie de Henri IV ; de J. Gassion, maréchal de France ; du vicomte d'Orthez ; du roi de Suède Bernadotte ; du célèbre médecin Antoine Bordeu , etc.
— Fabriques de mouchoirs, toiles de Béarn, linge de table renommé. Tapis de table et de pieds.—Commerce de vins renommés, jambons dits de Bayonne, cuisses d'oie, etc. — A 117 kil. (30 l.) de Bayonne, 39 kil. (10 l.) de Tarbes, 770 kil. (197 l. 1/2) de Paris. — Hôtels : de France, de la Poste, de la Dorade, de l'Europe, des Ambassadeurs.

VOITURES PUBLIQUES. Tous les jours pour Toulouse, Bordeaux, Bayonne, Oloron, les Eaux-Chaudes, les Eaux-Bonnes, Orthez, Tarbes et Bagnères. En été, tous les jours pour Barèges, St-Sauveur, Cauterets.
BUTS D'EXCURSIONS. Les environs de Pau sont charmants et offrent une foule de délicieux sites que les étrangers ne peuvent se lasser d'admirer. Tels sont notamment les coteaux de *Jurançon*, de *Gan*, de *Gelos*, où l'on voit un beau haras ; la plaine fertile et pittoresque de *Nay*, qui conduit à *Bétharram*, lieu célèbre de pèlerinage; la grotte de *Lestelle* ; les *cascatelles du Néez*, etc.
OUVRAGES A CONSULTER, qui se trouvent à l'imprimerie de Vignacourt, à Pau, et chez Chamerot, quai des Augustins, 55, à Paris.
Histoire de Foix, Béarn et Navarre, par Olhagaray, in-4°, 1609.
Histoire de Béarn, par Marca, in-fol., 1640.
Essai historique sur le Béarn, par Faget de Baure, in-8°, 1818.
Essai historique sur les provinces basques, par Dralet, in-8°, 1836.
Dissertation sur les Basques, par de la Bastide, in-8°.
Souvenirs des pays basques et des Pyrénées, par M. G. R., 1823.
Statistique générale des départements pyrénéens, par du Mége, 2 vol. in-8°, 1828.
Description des Pyrénées, par Dralet, 2 vol. in-8°.
Voyage au pic du Midi de Pau, par Delfau, in-8°.
Notice sur la ville et le château de Pau, par Palassou, in-8°, 1822.
Observations sur la vallée d'Aspe, par le même, in-8°, 1828.
Tableau des Pyrénées françaises, par Arbanère, 2 vol. in-8°, 1828.
Un Mois de séjour dans les Pyrénées, par Azaïs, in-8°, 1809.
Lettres sur la vallée d'Osseau, par Bordeu.
Histoire du Béarn et du pays basque, par Mazure.
Itinéraire aux Eaux-Bonnes et aux Eaux-Chaudes, par un touriste.
Panorama de Pau et de ses environs, contenant la description de tous les lieux remarquables du pays et l'indication des souvenirs historiques et anecdotiques qui s'y rattachent, par Tugenne.
Description du château de Pau, par Saget, in-8°, 1858.

N° 106. ROUTE DE PARIS A PAU.

2ᵉ R., par Limoges, Périgueux, Auch et Tarbes, 79 myr. 2 kil.

De Paris à * Limoges ☞ (Voy. N° 133)	38,0
Limoges à Aixe ☞ (Haute-Vienne)	1,2
Aixe à * Chalus ☞	2,4
Chalus à la Coquille ☞	1,3
La Coquille à * Thiviers ☞	1,5
Thiviers aux Palissous ☞	1,3
Les Palissous à * Périgueux ☞	1,9
Périgueux à Rossignol ☞	1,2
Rossignol à Saint-Mamest ☞ (Dordogne)	1,7
Saint-Mamest (Dordogne) à Bergerac ☞	2,0
Bergerac à Castillonnès ☞	2,4
Castillonnès à Cancon ☞	1,4
Cancon à Villeneuve-sur-Lot ☞	1,9
Villeneuve à la Croix-Blanche ☞ (Lot-et-Gar.)	1,4
La Croix-Blanche à Agen ☞	1,3
Agen à Astaffort ☞	1,9
Astaffort à Lectoure ☞	1,8
Lectoure à Montastruc ☞	1,8
Montastruc à * Auch ☞	1,8
Auch à Vicnau ☞	1,5
Vicnau à * Mirande ☞	0,9
Mirande à Miélan ☞	1,3
Miélan à Rabastens ☞	1,5
Rabastens à * Tarbes ☞	1,9
Tarbes à Bordes-d'Expoey ☞	2,3
Bordes-d'Expoey à * Pau ☞	1,6

DE PAU A BAGNÈRES DE BIGORRE.

1ʳᵉ Route, par Tarbes, 6 myriamètres.

De Pau à * Tarbes ☞ (V. N° 138, de Toulouse à Bayonne)	3,9
Tarbes à * Bagnères ☞	2,1

2ᵉ Route, par Lourdes, 6 myr. 1 kil.

De Pau à Lestelle ☞	2,4
* Nay (à droite de la route).	
* Bétharram (à droite de la route).	
Lestelle à Lourdes ☞	1,6
* Coarraze (à gauche de la route).	
Lourdes à Bagnères ☞	2,1

NAY (*B.-Pyrénées*). Petite ville agréablement située sur le gave de Pau, à 18 kil. (4 l. 1/2) de la ville de ce nom. 3,290 hab. C'est une ville industrieuse qui possède, depuis 1542, plusieurs manufactures de draps et autres étoffes de laine.

BÉTHARRAM (*H.-Pyrénées*). Calvaire et chapelle célèbres, situés dans une belle vallée qui est la communication naturelle des établissements thermaux du département des Basses-Pyrénées à ceux du département des Hautes-Pyrénées. A 23 kil. (6 l.) de Pau et non loin du relais de poste de Lestelle. —

N° 106. ROUTE DE PARIS A PAU. 593

La chapelle de Bétharram, dédiée à Notre-Dame, est un charmant sanctuaire, objet de grandes solennités religieuses au 15 août et au 8 septembre. L'église est bâtie près du gave de Pau, que l'on traverse sur un pont d'une seule arche ornée de lierre, au pied d'une colline couverte de chênes; elle est d'une architecture simple, mais régulière, et d'un goût antique; plusieurs statues en marbre décorent la façade; au-dessus du portail est celle de la Vierge. De cette chapelle, près de laquelle on a construit récemment un séminaire, on monte, par un chemin qui serpente en rampe douce, à neuf chapelles ou stations d'un beau calvaire, d'où la vue embrasse en panorama le vaste horizon de la plaine et du bassin du gave d'un côté, et, de l'autre, les innombrables accidents que présente la vaste base de l'amphithéâtre des monts Pyrénées et leurs cimes chenues.

COARRAZE (*B -Pyrénées*). Ville agréablement située sur la rive droite du gave de Pau, à 19 kil. (4 l. 3/4) de Pau. 2,320 hab. Coarraze est célèbre par l'antique château de ce nom où Henri IV vit s'écouler les premières années de son enfance; il ne reste plus de ce château qu'une tour et l'enceinte d'une cour.

DE PAU A BARÈGES.

1re Route, par LESTELLE, 7 myr. 8 kil.

De Pau à * Lourdes ☞ (Voy. ci-dessus)......... 4,0
Lourdes à * Barèges ☞ (Voy. N° 19)......... 3,8

2e Route, par PONTACQ, 7 myr. 6 kil.

De Pau à Bordes-d'Expoey ☞................. 1,6
Bordes-d'Expoey à Pontacq ☞ (non monté)... 1,1
Pontacq à * Lourdes ☞....................... 1,1
Lourdes à * Barèges ☞ (Voy. N° 19)........ 3,8

DE PAU AUX EAUX-BONNES, 4 myr. 4 kil.

De Pau à Louvie ☞........................... 2,7
Louvie aux * Eaux-Bonnes ☞................. 1,7

EAUX-BONNES ou **AIGUES-BONNES** (*B.-Pyrénées*). Village du canton de Laruns, commune d'Aas. Ce village, célèbre par ses eaux minérales, est situé au fond d'une gorge étroite, à 4 kil. (1 l.) sud-est de Laruns. Il n'est composé que d'une quinzaine de maisons, dont quelques-unes, nouvellement construites, sont grandes, assez bien bâties, et adossées de tous côtés au roc, qu'il a fallu faire sauter avec la mine pour se procurer l'espace nécessaire à la construction de l'hôpital destiné aux militaires qui viennent prendre les eaux. On respire dans l'étroit vallon des Eaux-Bonnes un air tempéré très-convenable aux santés délicates et altérées; des promenades en labyrinthe, de belles avenues ajoutent aux beautés naturelles du voisinage, parmi lesquelles doit être citée l'une des plus jolies cascades des Pyrénées, formée par un petit torrent, qui, à peu de distance du village, se précipite d'un rocher escarpé. — Les sources minérales sourdent au pied de la montagne, au confluent des ruisseaux de la Sonde et du Valentin. Elles sont au nombre de trois. La première, appelée la Vieille, sort d'une grotte qui semble formée par la nature. L'eau est renfermée dans un bassin qui fournit, par un canal pratiqué pour cet usage, non-seulement trois bains, mais encore à la boisson par le moyen d'un robinet. La seconde source, nommée la Neuve, est située un peu au-dessus de la précédente, le long du ruisseau de la Sonde. La troisième, appelée source d'Ortechy, est à cent pas environ des autres. Ces trois sources alimentent seize baignoires en marbre. On prend les eaux de Bonnes depuis le mois de mai jusqu'à celui d'octobre. L'établissement est annuellement fréquenté par près de quatre cents personnes des deux sexes: les quatorze ou quinze maisons des Eaux-Bonnes renferment environ deux cent trente chambres tant de maîtres que de domestiques. — Les eaux de Bonnes s'emploient avec succès dans les affections chroniques des viscères abdominaux, les fièvres intermittentes rebelles, les maladies de la peau, l'hystérie, l'hypocondrie. Elles sont spécifiques dans les affections catarrhales vulgairement connues sous le nom de rhumes, dans la plupart des maladies chroniques de la poitrine, et sont en grande réputation pour les pulmoniques des deux sexes qui y affluent de toutes parts.

INDICATIONS UTILES AUX VOYAGEURS. Dans le temps de la grande affluence, les chambres se payent fort cher; 3, 5, 10 ou 15 francs par jour, suivant leur grandeur. Les hôtels garnis sont généralement bien tenus; les principaux sont l'hôtel de France, l'hôtel du Petit-Paris, l'hôtel de l'Europe. — Cabinet littéraire. — Jolies promenades. — On trouve à toute heure des chevaux et des voitures de louage; les chevaux se payent 3 francs pour la journée, et 2 francs pour une promenade.

BUTS D'EXCURSIONS : à la *cascade des Eaux-Bonnes*; à la *cascade du pont de Discoo* (2 kilom.); à la *cascade du gros Hêtre* (3 kil.); à la *cascade de Larrese* (9 kil); aux *Eaux-Chaudes* (*Voy.* ci-après ce mot).

OUVRAGES A CONSULTER. *Analyse et propriétés médicales des eaux des Pyrénées*, par Fournier, in-8°, 1815.
Guide du voyageur aux Eaux-Bonnes, par Ed. Vatel.

DE PAU AUX EAUX-CHAUDES, 4 myr. 4 kil.

De Pau à Louvie ⚒............................ 2,7
Louvie aux * Eaux-Chaudes ⚒ (vacant)...... 1,7
   * Laruns (à droite de la route).
   * Gabas (à droite de la route).

LARUNS (*B.-Pyrénées*). Bourg situé à 32 kil. (8 l. 1/4) d'Oloron, dans le fond d'une vallée assez large où débouchent les deux vallées étroites des Eaux-Bonnes et des Eaux-Chaudes. C'est le premier dépôt des mâtures et autres bois de marine qui s'exploitent dans les montagnes au-dessus de Gabas. On y remarque de vastes hangars pour les mâts, et des forges où l'on répare les outils employés à l'exploitation.

GABAS (*B.-Pyrénées*). Hameau à 6 kil. (1 l. 1/2) de Laruns. C'est ordinairement de ce hameau que partent les voyageurs qui se proposent d'escalader le pic du Midi d'Ossau, dont l'ascension est fort pénible; on gravit sur le rocher nu, et les spartilles ou souliers de cordes sont indispensables. On monte d'abord sur un rocher un peu incliné et large d'environ deux mètres qu'on trouve à droite au pied du pic, après avoir fait quelques pas, se présente, entre autres rochers, un passage un peu escarpé, mais où l'on gravit facilement, parce qu'il y a des fentes et des saillies, auxquelles il est aisé d'accrocher les mains et de placer les pieds. Cette première difficulté vaincue encourage, et bientôt l'aisance avec laquelle on franchit les autres passages fait qu'on est étonné de ne pas trouver de plus grands obstacles. Après avoir grimpé pendant près d'une heure et demie sur des quartiers de roc, tantôt à pic, tantôt faiblement inclinés, mais toujours avec une certaine facilité, quelquefois même en marchant sur un gazon formé d'une espèce de petits joncs, on parvient presque aux trois quarts du pic, qui prend alors la forme d'un toit écrasé, hérissé de débris de rocher faciles à escalader. Du côté de l'est se présente un rocher isolé de médiocre étendue, qui a la forme d'un pain de sucre et plus d'élévation que le reste de la masse; c'est le seul endroit qui soit véritablement dangereux, parce qu'il est très-escarpé, et que l'immense précipice qui s'ouvre au-dessous est capable de causer de la frayeur. L'espace au sommet est si étroit que, si la tête n'est point faite aux aspects des montagnes, la vue du précipice circulaire qui environne le voyageur est capable de donner des vertiges. Du côté de l'ouest, la montagne plonge perpendiculairement sur le plus effroyable précipice qui puisse frapper les yeux. Vers le sud-ouest est la seconde cime, qui se lie à la principale par un isthme inaccessible. — Le pic du Midi d'Osseau s'élève au milieu d'une vaste enceinte de montagnes, qui offrent un immense cirque de fronts chauves et tristes : les forêts de sapins ne montent qu'à moitié de sa hauteur ; au-dessus sont des pâturages. Du sommet de ce pic, la vue se repose avec plaisir sur les riantes cultures des vallées d'Aspe et d'Osseau ; elle s'étend jusqu'au pic du Midi de Bigorre ; Vignemale apparaît avec son imposante et perpendiculaire masse ; le Marboré et le Mont-Perdu se montrent avec les éternels glaciers qui les parent. Plus loin encore, à l'extrémité de l'horizon, on reconnaît la Maladetta. Au sud se dessine au loin le sol montueux de l'Espagne. Il faut de quatre heures et demie à cinq heures pour gravir le pic, que l'on peut descendre en moins d'une heure et demie.

EAUX-CHAUDES ou **AIGUES-CHAUDES** (*B.-Pyrénées*). Village et établissement thermal situé sur le gave de Pau, dans la principale gorge de la vallée d'Osseau. L'établissement est alimenté par diverses sources, qui sourdent en partie du granit ; l'Esquirette fournit à sept baignoires en marbre ; la fontaine du Roi alimente également sept baignoires, et a une douche de quatre pieds d'élévation ; ces deux sources sont dans un assez bel édifice en pierre. La fontaine du Clot ou de l'Arresec n'a que deux baignoires ; sa température est moins élevée que les précédentes, qui ont environ 29° de R.; c'est celle dont on fait le plus d'usage en boisson. Il y a une quatrième source qui est froide et porte le nom de Mainville. La saison des eaux commence au mois de juin et se prolonge jusque vers le 15 septembre. On les emploie avec succès dans les rhumatismes chroniques, les paralysies, les engorgements des viscères abdominaux. Elles réussissent aussi dans les vertiges, les migraines, la colique et les diarrhées chroniques.

BUTS D'EXCURSIONS : au *pont d'Enfer* ; au hameau du *Goût*, et à la belle grotte qui en est voisine.

OUVRAGE A CONSULTER. *Parallèle des Eaux-Bonnes et des Eaux-Chaudes*, par Labaig, in-8°, 1730.

DE PAU A URDOS ET A CAMPFRANC, 8 myr. 4 kil.et 3 postes 1/4.

De Pau à la Maison la Coste-Belair ♻	1,6
La Maison la Coste-Belair à * Oloron ♻	1,6
Oloron à * Bédous ♻	2,4
* Sainte-Marie (sur la route).	
* Mauléon (à droite de la route).	
Bédous à * Urdos ♻	1,7
Urdos à Paillette (non monté)	1,1
Paillette à Campfranc (relais étranger), 3 postes 1/4 ou	2,8

OLORON (*B.-Pyrénées*). Ville ancienne. Sous-préf. Trib. de 1re inst. ⊠ 6,458 hab. Oloron était une ancienne ville de la Novempopulanie, connue sous le nom d'*Iluro* ou *Elorensium civitas*. Elle est située au sommet et sur le penchant d'une colline, au confluent des gaves d'Osseau et d'Aspe, qui s'y réunissent et forment le gave d'Oloron, que l'on passe sur un pont très-élevé, avec lequel on communique à la petite ville de Sainte-Marie. On trouve sur son territoire deux sources d'eau minérale : l'une porte le nom de Féas, l'autre celui d'Armendion. — FABRIQUES de draps, bas et bonnets de laine ; papeteries. — COMMERCE considérable de laines, jambons dits de Bayonne, salaisons, chevaux navarrins, etc. — Dépôt général de bois de mâture pour la marine, exploités dans les Pyrénées. — A 31 kil. (8 l.) de Pau, 813 kil. (208 l. 1/2) de Paris. — HÔTELS : de France, des Voyageurs, de la Providence.

VOITURES PUBLIQUES. Tous les jours pour Bayonne, Pau, Mauléon, St-Palais, Bédous, Jaca, Sarogosse ; à volonté pour toutes les eaux des Pyrénées.

MARIE (SAINTE-) (*B.-Pyrénées*). Jolie petite ville, située vis-à-vis d'Oloron, dont elle n'est séparée que par le gave d'Aspe. 4,371 hab. Elle est bien bâtie, bien percée, et fait pour ainsi dire partie d'Oloron, auquel elle est réunie par un pont très-élevé, où sont adossés plusieurs moulins dont le fougueux gave d'Aspe menace l'existence lors de ses crues.

MAULÉON (*B.-Pyrénées*). Petite ville. Sous-préf. dont le trib. de 1re inst. est à Saint-Palais. ⊠ 1,145 hab. Elle est dans une situation agréable, sur le gave de Gaïson, et se divise en haute et basse ville : la première occupe la pente d'un monticule que surmonte un vieux château ; l'autre est dans la plaine, sur les bords de la route et du gave. — A 64 kil. (16 l. 1/2) de Pau, 840 kil. (215 l. 1/2) de Paris.

BÉDOUS. Bourg fort agréablement situé, près de la rive droite du gave d'Aspe, dans une belle vallée qui forme, en s'élargissant, une grande étendue de paysages agréablement diversifiés. A 23 kil. (6 l.) d'Oloron. 1,100 hab.

URDOS. Village situé à 42 kil. (10 l. 3/4) d'Oloron, sur la rive droite du gave d'Aspe, et près des frontières d'Espagne. — Forges.

N° 107.

ROUTE DE PARIS A PÉRIGUEUX (DORDOGNE).

47 myriamètres 7 kilomètres.

	m. k.
De PARIS à * LIMOGES (Voyez N° 138)............	38,0
LIMOGES à * PÉRIGUEUX (Voyez N° 75).........	9,6

DE PÉRIGUEUX A CAHORS, 14 myr. 3 kil.

DE PÉRIGUEUX à SAINT-CRÉPIN D'AUBEROCHE ⚬⚲.....	1,7
SAINT-CRÉPIN à THENON ⚲................	1,6
THENON à * MONTIGNAC ⚲.................	1,4
MONTIGNAC à * SARLAT ⚲.................	2,5
* LE BUGUE (à droite de la route).	
SARLAT à * GOURDON ⚲..................	2,5
* MEYRALS (à droite de la route).	
GOURDON à PONT-DE-RODES ⚲...............	1,3
PONT-DE-RODES à * CAHORS ⚲ (Voyez N° 133)..	3,3

De MONTIGNAC à TERRASSON, par les FARGES ⚲....	1,8

MONTIGNAC (*Dordogne*). Jolie petite ville sur la Vézère, à 23 kil. (6 l.) de Sarlat. ⊠ 3,922 hab. Elle est dominée par les restes imposants d'un ancien château qui a joué un rôle important durant les guerres contre les Anglais et dans les guerres de religion.

BUGUE (le) (*Dordogne*). Jolie petite ville à 23 kil. (6 l.) de Sarlat. ⊠ 2,661 h. — On remarque sur le territoire de Bugue, à 8 kil. (2 l.) de cette ville et près du village de Privaset, la célèbre grotte de Miremont, regardée comme une des plus belles qui existent en France. Sa profondeur, depuis l'ouverture jusqu'à l'extrémité de la plus grande branche, est de 1,090 mètres, et la totalité de ses ramifications est de 4,340 mètres. Si l'on compte tous les détours de la grotte et ceux que le voyageur fait ordinairement pour observer les objets attachés à la paroi, l'espace entier à parcourir est de 9 kil. (plus de deux lieues); il serait dangereux de s'avanturer dans ce souterrain immense sans le secours du guide qui demeure sur les lieux. — L'entrée de la grotte est un peu étroite: il faut se coucher pendant quelques pas pour y pénétrer; mais le souterrain s'abaisse à mesure qu'on avance, et l'on chemine bientôt sans obstacle. On parcourt d'abord la branche qui est à droite, et le premier objet curieux qui se présente est une stalactite appelée par le peuple le *tas de la Vieille*. Plus loin on trouve une belle pièce de forme elliptique, et appelée la *chambre des Gâteaux*, longue de 10 mètres et haute de 27 mètres; elle est ornée, à hauteur d'appui, de branches de silex, formant tout autour un double rang de rameaux entrelacés qui, disposés avec autant d'élégance que de symétrie, font un effet admirable, et représentent assez bien diverses figures de pâtisserie. A quelque distance de cette pièce, on entre dans une autre plus petite et moins élevée, dont la voûte et les parois sont toutes couvertes d'un spath trièdre de la plus belle transparence. La chambre des coquillages qui vient ensuite est un assez vaste appartement tout parsemé de coquilles incrustées dans le roc; elle est suivie d'une autre chambre cristallisée, presque entièrement semblable à la première. Après avoir visité toute cette partie de la grotte, on arrive au grand embranchement par un large chemin appelé la *grande Route*, qui, dans quelques endroits, a 14 mètres de largeur et une voûte de 12 mètres d'élévation, parsemée de coupoles d'une beauté parfaite et des plus régulières. Vers l'extrémité de la grande Route, on entre dans une allée appelée *allée de Labanche*, remarquable par une quantité de très-beaux choux-fleurs. On quitte la Labanche pour passer dans une pièce dont l'entrée est étroite et pénible : il faut descendre par un escalier assez rapide; mais bientôt la voûte s'élève, et l'on découvre une vaste place dont la structure est très-belle. En sortant de cette pièce on arrive enfin à l'ouverture de la grande branche, aussi longue à parcourir que tout le reste de la grotte.

SARLAT (*Dordogne*). Ville ancienne. Sous-préf. Trib de 1re inst. et de comm. Collége comm. ☒ 6,056 hab. Cette ville est située dans un fond resserré de toutes parts par des collines arides. Elle est en général assez mal bâtie, et formée de rues excessivement étroites. On y trouve toutefois quelques édifices publics, parmi lesquels on remarque le collége et l'hôpital. A 23 kil. (12 l.) de Périgueux, 542 kil. (139 l.) de Paris.

VOITURES PUBLIQUES. Tous les jours pour Périgueux, par Montignac. Tous les jours pour Cahors par Gourdon.

MEYRALS (*Dordogne*). Village situé à 16 kil. (4 l.) de Sarlat. 841 hab. On voit à peu de distance le beau CHATEAU DE LA ROQUE, habitation de M. le comte de Beaumont; il est bâti dans une situation des plus pittoresques.

GOURDON (*Lot*). Ancienne ville. Sous-préf. Collége comm. Soc. d'agr. ☒ 5,325 hab. Cette ville est située sur une butte sablonneuse et adossée à un rocher coupé par des crevasses de terre humide, d'où s'élèvent des touffes de peupliers qui couronnent la ville et le rocher. Elle était naturellement fortifiée par sa position, et entourée d'épais remparts; on y entrait par quatre portes flanquées de tours et protégées par des ouvrages avancés. L'édifice le plus remarquable est l'église principale, bâtie dans la partie la plus élevée de la ville, et surmontée de deux hautes tours. Elle est entourée d'une belle promenade qui domine un riant et frais paysage. — FABRIQUES de toiles, chapeaux, étoffes de laine. Nombreuses fabriques d'huile de noix pour l'exportation. A 23 kil. (12 l.) de Cahors, 549 kil. (141 l.) de Paris.

CAHORS. Voyez page 56.

N° 108.
ROUTE DE PARIS A PERPIGNAN
(PYRÉNÉES-ORIENTALES).

1re R., par CLERMONT, RODEZ, LODÈVE, PÉZÉNAS et NARBONNE, 88 myriamètres 9 kilomètres.

DE PARIS à * CLERMONT (Voy. N° 44)............ 38,0
CLERMONT à * RODEZ ☞ (Voy. N° 44).......... 22,2
RODEZ à * MILLAU ☞ (Voy. N° 96)............ 7,2
MILLAU à LODÈVE (Voyez N° 25, de Bordeaux à Marseille)................................ 6,6
LODÈVE à * CLERMONT ☞ (Hérault)............ 1,7
CLERMONT à * PÉZÉNAS ☞.................... 2,1
PÉZÉNAS à * NARBONNE ☞ (Voyez N° 158, de Toulouse à Marseille)...................... 4,9
NARBONNE à * PERPIGNAN ☞ (V. ci-après)...... 6,2

2e R., par CLERMONT, RODEZ, ALBI, CASTRES et CARCASSONNE, 90 myr. 7 kil.

DE PARIS à * CLERMONT ☞ (Voy. N° 44)........ 38,0
CLERMONT à * RODEZ ☞ (Voy. N° 44)......... 22,2
RODEZ à LA MOTHE ☞........................ 2,5
LA MOTHE aux FARGUETTES ☞................ 3,0
LES FARGUETTES à * ALBI ☞................. 2,2
* SAINT-JUÉRI (à gauche de la route).
* TANUS (à gauche de la route).
* MONESTIÉS (à droite de la route).
ALBI à RÉALMONT ☞......................... 1,9
RÉALMONT à * CASTRES ☞ (Tarn)............. 2,2
CASTRES à MAZAMET ☞...................... 1,9
MAZAMET aux MARTYS ☞..................... 1,6
LES MARTYS à VILLARDONNEL ☞.............. 1,4
* CAUNES (à gauche de la route).
VILLARDONNEL à * CARCASSONNE ☞........... 1,7
CARCASSONNE à * LIMOUX ☞................. 2,5
LIMOUX à COUIZA ☞......................... 1,6
* ALET (sur la route).
* CHALABRE (à droite de la route).
* RENNES-LES-BAINS (à gauche de la route).
COUIZA au PONT DE CHARLAT ☞.............. 0,9
* QUILLAN (sur la route).
* BÉLESTA (à droite de la route).
LE PONT DE CHARLAT à CAUDIÈS ☞........... 2,0
CAUDIÈS à * SAINT-PAUL DE FENOUILLET ☞..... 1,1
* PRADES (à droite de la route).
* VILLEFRANCHE (sur la route).
SAINT-PAUL DE FENOUILLET à ESTAGEL ☞...... 1,8

N° 108. ROUTE DE PARIS A PERPIGNAN. 599

* ILLE (à droite de la route).
ESTAGEL à * PERPIGNAN ✡........................ 2,2

Autres lieux remarquables des Pyrénées-Orientales.
MOLIGT, CAROL, FONTPEDROUSE, PRATS DE MOLLO, THUÈS EN TRAVAILLS, CERET, ARLES-SUR-TECH.

JUÉRI (SAINT-) (*Tarn*). Village sur le Tarn, à 6 kil. (1 l. 1/2) d'Albi. 1,425 hab. Ce village occupe le côté gauche de la belle cataracte dite le Saut de Sabo. Depuis Ambialet, le Tarn, qui coule sur un roc schisteux, a un cours assez régulier; mais, arrivé au Saut de Sabo, il se précipite tout à coup avec une extrême rapidité dans les tranchées qu'il a pratiquées lui-même à travers un barrage naturel de près de 20 mètres de hauteur. Depuis quelques années, une compagnie a utilisé une partie de la force motrice de ce cours d'eau, sur lequel elle a établi une papeterie et une aciérie magnifique, avec laminoirs, fourneaux à réverbère, aiguiseries, etc.

TANUS (*Tarn*). Village situé à 29 kil. (7 l. 1/2) d'Albi. 700 hab. Ce village est bâti au fond d'un vallon sauvage et pittoresque, sur le Viaur, que l'on traverse sur un ancien pont jeté d'une montagne à l'autre. On y voit un château gothique qui domine le village, avec lequel il se groupe agréablement et forme un charmant point de vue. — Mine de plomb exploitée.

MONESTIÈS (*Tarn*). Petite ville sur la rive droite du Cérou, à 20 kil. (5 l.) d'Albi. 1,467 hab. On remarque sur son territoire les ruines du château de Combefa, édifice construit pendant le treizième siècle et l'une des nombreuses possessions des évêques d'Albi. De hautes tours couronnées de créneaux, une enceinte fortifiée et enveloppée d'un fossé creusé dans le roc, lui donnent l'aspect de la demeure d'un souverain. L'intérieur était décoré avec magnificence et la chapelle était digne d'attirer les regards; on y voit des figures plus grandes que nature, sculptées en pierre et parfaitement conservées.

ALBI. Ancienne ville. Chef-lieu du département du Tarn. Trib. de 1re inst. et de comm. Ch. des manuf. Bourse de com. Coll. comm. Archevêché. ✉ ✡ 11,605 hab. — L'origine d'Albi se perd dans la nuit des temps. Elle est mentionnée dans les notices de l'empire sous le titre de *civitas Albiensium*. Cette ville est située dans une belle plaine, sur une éminence dont la base est baignée par le Tarn. Comme la plupart des anciennes villes, ses rues sont étroites, mal percées et bordées de maisons en général fort mal construites. Les places intérieures sont petites et peu remarquables, à l'exception de celle du nouveau quartier du Vigan, qui est vaste et régulière, sans pourtant être belle. Les avenues et les promenades qui aboutissent à cette place sont charmantes. De la place du Vigan aux bords de la rivière, vers le nord, c'est une large voie publique entre des terrasses uniformes et des parapets à hauteur de siège, garantissant une double allée d'ormes; vers le sud, est un beau jardin public planté de tilleuls et de marronniers, entouré pareillement d'ormes à haute futaie. Dans chaque quartier sont des fontaines abondantes et salubres: celle de Verdusse réunit les eaux de quatre sources qu'elle jette continuellement par cinq bouches de bronze, et ces eaux formeraient une grande rivière si, à quelques centaines de pas, elles ne débouchaient dans le Tarn, après avoir toutefois mis en mouvement deux moulins à blé. — Les faubourgs d'Albi, depuis qu'il n'existe plus de remparts, agrandissent la ville et l'embellissent; leurs rues sont larges et populeuses. Un seul faubourg pourtant, celui de Castelveil, se trouve dans une position qui ne lui permet ni de s'agrandir ni de s'embellir; on y voit les vestiges d'un château fort qui commandait le Tarn et garantissait la petite cité de Castelviel, aujourd'hui réunie à la ville d'Albi. Ce qu'on appelle le faubourg du Pont est un quartier sur la rive droite du Tarn, traversé par deux grandes rues principales, dont l'une aboutit à la route de

Cahors et l'autre à celle de Rodez; c'est principalement dans ce faubourg que se trouvent les manufactures.

La CATHÉDRALE D'ALBI, dédiée à sainte Cécile, est l'un des édifices les plus remarquables du département. L'évêque Bernard de Castanet en posa la première pierre en 1282, mais elle ne fut entièrement achevée qu'en 1512. La longueur totale du vaisseau dans œuvre, y compris deux chapelles des extrémités opposées, est de 105 mèt. 25 cent.; la largeur est de 27 mèt. 28 cent.; l'épaisseur des murs, avec les chapelles des deux côtés, prend 15 mèt. 6 cent.; la hauteur de la voûte, au-dessus du pavé de l'église, est de 30 mètres; celle du clocher, prise du même pavé, est de 94 mèt. 2 cent., et de 130 mètres prise du niveau des eaux du Tarn. Ce clocher est terminé sans flèche par une plate-forme octogone symétrique de 64 mètres de surface. L'église est divisée en deux parties : la nef et le chœur. Trois portes, pratiquées dans le jubé et décorées avec la plus grande recherche, conduisent dans celui-ci. La magnificence de ce jubé étonne l'imagination; les pierres dont il est composé sont taillées avec tant de facilité et de délicatesse qu'on les croirait plutôt moulées que sculptées. — Le vaisseau offre cela de singulier, qu'il n'a ni croix ni bas côtés, ce qui le fait paraître en dedans d'une longueur au-dessus de la réalité. L'intérieur des murs est décoré de pilastres peu saillants qui soutiennent la voûte, laquelle est entièrement recouverte de peintures appliquées sur un fond d'azur éclatant et remarquable par sa belle conservation. Ces peintures, commencées en 1502, forment un vaste tableau de l'Ancien et du Nouveau Testament. Les arêtes des voûtes servent de cadres aux différents sujets représentés sur cette vaste surface; des arabesques, peintes en blanc et rehaussées d'or, présentent aux yeux des artistes le type de la grâce et du bon goût, des formes enchanteresses et un contour non moins pur qu'élégant. Des anges s'y balancent dans les enroulements des feuillages; les patriarches, les prophètes, les saints, les vierges, les martyrs paraissent au milieu de ces arabesques, sur ces voûtes étincelantes d'or et d'azur. Le style du dessin, le jet des draperies, la simplicité des poses de ces peintures magnifiques, tout annonce en elles l'école italienne à l'époque de sa gloire. Le chœur, remarquable par l'élégance et la délicatesse des sculptures qui le décorent, est entouré de 72 statues d'une grande beauté.

L'ÉGLISE DE SAINT-SALVI paraît occuper l'emplacement d'un édifice religieux construit dès les premiers siècles du christianisme. Son architecture annonce qu'il a été construit au plus tôt vers le treizième siècle. La tour du clocher est entièrement dans le goût arabe; la nef offre un aspect majestueux.

L'HÔTEL DE LA PRÉFECTURE, ci-devant palais épiscopal, et dans des temps plus reculés celui des anciens comtes de l'Albigeois, est un immense édifice qui a plus de majesté que d'élégance.

L'HOSPICE est un superbe bâtiment placé entre une grande cour, précédée d'une belle avenue plantée de mûriers, et un jardin spacieux. Les salles sont vastes et communiquent entre elles par de grandes portes; elles sont éclairées par un nombre suffisant de fenêtres qui entretiennent la libre circulation de l'air.

On remarque encore à Albi le pont sur le Tarn; le collége; la bibliothèque publique, contenant 12,000 vol.; le musée; le cabinet d'histoire naturelle; la salle de spectacle, etc. — PATRIE des généraux Duga, et d'Hautpoult.— MANUFACTURES de draps et tricots de laine pour l'habillement des troupes, de toiles d'emballage, linge de table, etc. — COMMERCE de grains, fruits secs, safran, pastel, indigo, etc. A 647 kil. de Toulouse, 166 lieues de Paris. — HÔTELS : des Ambassadeurs, de l'Europe, du Commerce, de France, du Nord, tenu par Deprats, commissionnaire de roulage : cet hôtel, un des plus confortables d'Albi, possède une magnifique salle à manger remarquable par la beauté de ses peintures.

N° 108. ROUTE DE PARIS A PERPIGNAN.

VOITURES PUBLIQUES. Tous les jours pour Toulouse, Castres, Rodez et le bas Languedoc, Milhau, Gaillac, matin et soir, Caussade, Villefranche (Aveyron); pour Montauban en 6 h.

OUVRAGES A CONSULTER, qui se trouvent à la librairie de Rodéére, à Albi.
Histoire générale du Languedoc, par dom Vaissette, 8 vol. in-fol. 1730.
Mémoires archéologiques sur le département du Tarn, par Dumége (Annuaire statistique du Tarn, 1829).
Description du département du Tarn, par Massol, in-8°, 1818.

RÉALMONT (*Tarn*). Jolie petite ville à 20 kil. (5 l.) d'Albi. ⊠ 2,660 hab. Elle est formée de rues tirées au cordeau qui aboutissent à une place centrale, et est entourée de fort belles promenades.

CASTRES. Voyez page 100.

CAUNES (*Aude*). Bourg à 22 kil. (5 l. 1/2) de Carcassonne. 2,245 hab. Ce bourg est bâti sur le penchant d'une montagne, dans une situation agréable sur la petite rivière d'Argent-Double. Il est célèbre par ses carrières de beaux marbres qui ont servi à l'ornement de plusieurs palais. Les montagnes qui recèlent ces carrières sont situées dans une position pittoresque, à peu de distance du bourg. On remarque sur l'une d'elles un ermitage fort ancien et très-révéré, appelé le Cros, dont l'enclos renferme une halle anciennement construite pour l'étalage des marchandises, pendant la foire qui s'y tient les 8 et 9 septembre.

CARCASSONNE. Voyez page 96.

LIMOUX (*Aude*). Jolie ville. Sous-préf. Trib. de 1ʳᵉ inst. et de comm. Ch. des manuf. Soc. d'agr. Coll. comm. ⊠ ⚑ 6,518 hab. — Il est fait mention pour la première fois de Limoux, en 854, dans un diplôme de Charles le Chauve. Cette ville est dans une situation charmante, au milieu d'un fertile vallon, sur la rive gauche de l'Aude. Elle est arrosée à ses deux extrémités par le Cougain, et par l'Agagnoux et la Corneilla. Les coteaux qui l'entourent sont entièrement couverts de vignes, et se lient à des montagnes élevées qui entourent le vallon de trois côtés, et donnent au paysage un aspect pittoresque. Les rues sont en général bien percées, et bordées d'assez belles maisons : on y compte quatre fontaines, dont la principale est située sur une place irrégulière, où se trouvent deux halles. La ville est environnée de charmantes promenades et de jardins potagers qui contribuent à son embellissement : vue du côté de la montagne, où était anciennement bâtie la ville de *Rheda*, elle présente l'aspect le plus riant et le plus pittoresque ; de cette montagne, la vue s'étend avec délices sur une belle vallée arrosée par l'Aude, et bornée à l'horizon par des masses de montagnes. Au nord-est, on aperçoit la ville qui se développe sur les deux rives de l'Aude, réunies par des ponts d'architecture ancienne, et l'on suit le cours ombragé de cette belle rivière, dont les eaux serpentent à travers de riches campagnes. On remarque avec plaisir la belle habitation créée par M. de Caudeval, sur l'emplacement d'un ancien couvent ; les riants coteaux couverts de vignes qui avoisinent la ville, et surtout ces jolies cabanes où les habitants ont su réunir tout ce qui peut plaire au goût, et dans lesquelles ils vont, dans les soirées d'été, jouir des agréments de la campagne. — Manufactures importantes de draps qui produisent annuellement de 11 à 12,000 pièces, de 6 à 17 fr. l'aune. Nombreuses filatures de laine. — COMMERCE de vins, huiles, savon vert, cuirs, etc. — A 29 kil. (7 l. 1/2) de Carcassonne, 776 kil. (199 l.) de Paris. — HÔTEL du Parc.

VOITURES PUBLIQUES. Tous les jours pour Carcassonne, Quillan, de Perpignan à Toulouse, Carcassonne à Foix.

OUVRAGE A CONSULTER. *Notice sur la ville de Limoux*, par Fons-Lamothe, in-8° 1838.

ALET (*Aude*). Bourg sur l'Aude, à 10 kil. (2 l. 1/2) de Limoux. 1,119 hab. Alet doit son origine à une abbaye de l'ordre de Saint-Benoît, fondée vers 813. Ce bourg est très-agréablement situé au pied des Pyrénées, sur la rive droite de l'Aude, dans un vallon resserré, regardé comme le jardin du département de l'Aude.

EAUX THERMALES D'ALET. Alet renferme des bains d'eaux thermales alimentés par quatre sources, dont trois thermales et une froide, appelée les Eaux rouges. La première est appropriée à l'usage d'un établissement de bains situé sur la ligne de poste, au midi d'Alet. La deuxième coule au nord de cette commune, à la même distance de la rive droite de l'Aude. La situation de la troisième n'a pas encore été indiquée. La quatrième est, à l'égard d'Alet, dans la même position que les bains, à 600 mètres plus loin. Les eaux thermales n'excèdent pas + 22° de Réaumur ; ainsi, pour les prendre en bains, on est obligé d'en élever la température en y versant de l'eau chauffée. Il faut pourtant excepter le n° 3, qui atteint + 28°. Cette source a été découverte depuis quelques années. — Toutes ces eaux sont claires, limpides, ferrugineuses et légèrement styptiques. On leur accorde la propriété de guérir les maladies de la peau, les paralysies, les vieilles plaies, et certaines affections chroniques que laissent les maladies vénériennes.

CHALABRE-SUR-LERS (*Aude*). Jolie petite ville, à 11 kil. (2 l. 3/4) de Limoux. Ch. des manuf. ⊠ 3,435 hab. Cette ville est dans une situation agréable, sur la rive droite du Lers, à l'extrémité de deux vallons arrosés par le Blau et le Chalabreil. On y arrive, en venant de Limoux, par une route pittoresque. — MANUFACTURES considérables de draps, fabriquant annuellement 14 ou 15,000 pièces. Filatures de laine. — HÔTELS : d'Espagne, du Lion-d'Or, du Cheval-Blanc.

RENNES-LES-BAINS (*Aude*). Village à 21 kil. (5 l. 1/2) de Limoux. 430 h. Ce village est situé dans une gorge, et traversé par la Sals, qui le divise en deux parties, dont la plus considérable occupe la rive droite de cette rivière. Il est remarquable par un établissement de bains connus généralement sous le nom de Bains de Rennes.

BAINS DE RENNES. Le site de Rennes est agréable, pittoresque, doux et tempéré. Il existe dans ses environs cinq sources minérales qui diffèrent entre elles, soit par leur température, soit par leurs principes constituants; trois de ces sources sont thermales, les deux autres sont froides. On les désigne sous les noms de Bain Fort, Bain Doux, Bain de la Reine, Eau du Cercle et Eau du Pont. — Le Bain Fort est situé dans une auberge de la partie du village qui est à la droite de la Sals ; l'eau sourd dans un grand bassin d'environ 10 pieds de longueur sur 8 de largeur : l'eau du Bain Fort marque 41 degrés. — Le Bain Doux ou des Ladres est alimenté par une source qui jaillit à une élévation de huit mètres au-dessus du niveau de la rivière : il possède un local très-bien distribué, et cinq piscines. L'eau est un peu salée et marque + 32 degrés R. — La source qui alimente le Bain de la Reine sourd au bord de la rivière, d'où elle se distribue, au moyen de neuf conduits, dans des cabinets très-propres. L'eau de cette source marque + 32 degrés. — L'Eau du Cercle est froide, acidule, et a une saveur fortement styptique. — L'Eau du Pont est légèrement laxative; les malades la boivent en y ajoutant du sulfate de magnésie, et en prennent depuis 12 jusqu'à 20 verres. — Une grande affluence d'étrangers se rend annuellement aux bains de Rennes ; et il n'est pas rare, dans certaines années, d'y voir arriver une multitude de personnes qui viennent y chercher un remède à leurs maux ; des eaux vives, l'abandon de ses affaires, une société agréable et bien choisie, en rendent le séjour charmant et contribuent à l'efficacité des eaux.

OUVRAGES A CONSULTER. *Dissertation sur les eaux minérales de Rennes-les-Bains*, par Julia de Fontenelle, in-8°, 1814.
Voyage à Rennes-les-Bains, par Labouisse Rochefort, in-8°, 1832.

QUILLAN (*Aude*). Petite ville, située au centre de vastes forêts, à 31 kil. (8 l.) de Limoux. ⊠ 1,472 hab. On y voit les ruines d'un vieux château fort. — FABRIQUES de draps et de chapellerie. Forges : l'une des plus importantes est celle appartenant au maréchal Clausel, où sont réunis tous les ateliers nécessaires à la fabrication du fer, des martinets, des foulons à draps, des moulins un puits très-profond à l'usage de la garnison, alimenté par une fontaine intarissable dans les plus grandes sécheresses.

Les dehors de Perpignan sont charmants; ils sont couverts de jardins, d'orangers, de grenadiers, de vignes et d'oliviers. Les campagnes sont bien cultivées, remplies de toutes sortes d'arbres et très-fertiles en grains. Comme cette ville domine toute la plaine, de ses remparts l'œil se repose avec plaisir sur le tableau ravissant qu'offre cette belle plaine, ayant au couchant le Canigou ; au nord, les montagnes de Corbières ; au levant, la mer cachée par de riants coteaux ; et au midi, la route de Catalogne serpentant au milieu de riches vignobles et de belles plantations d'oliviers, formant d'immenses vergers qui s'étendent jusqu'au pied des Albères ; enfin partout des sites piquants, des paysages divers, des aspects romantiques : telle est la célèbre plaine du Roussillon. L'aspect de la ville, du côté de la France, est pittoresque et imposant : elle ne peut pas être classée parmi les villes qui sont bien bâties; les quartiers occupés par les ouvriers agricoles, particulièrement les paroisses de Saint-Jacques et de Saint-Mathieu, ont l'air village. Les constructions dans les autres quartiers s'améliorent tous les jours, le bon goût et les connaissances des règles de l'art y étant pratiqués avec succès depuis quelques années. Trois places sont sa seule décoration : celle de la Loge, où est situé l'hôtel de ville, la place d'Armes et la place de la Liberté, qui s'est élevée sur l'emplacement qu'occupait jadis le couvent des jésuites, démoli pendant la révolution. C'est la plus vaste et la plus belle place de la ville ; on vient d'y élever une jolie fontaine, construite par les soins et aux frais de M. le baron Després, ancien maire, dont le zèle et le patriotisme sont connus de tous les habitants de Perpignan. Les rues sont généralement étroites et mal percées ; on ne peut citer que celles de Notre-Dame et de Saint-Martin, pour leur beauté, leur largeur et leur alignement. Il y a quelques autres belles rues, mais en très-petit nombre ; la seule paroisse ou quartier de Saint-Mathieu est en grande partie tirée au cordeau ; les maisons y sont en général mal construites. Les rues, pavées avec de petites pierres ovales que l'on retire du lit de la Tet, fatiguent beaucoup l'étranger, peu accoutumé à marcher sur un pavé aussi pointu. — Perpignan possède une très-belle promenade, établie depuis 1810, entre le glacis de la ville et le canal d'arrosage des jardins Saint-Jacques ; elle offre une belle avenue plantée d'arbres, qui ne laisse à désirer qu'une fontaine ou un bassin avec jet d'eau. Une promenade non moins agréable est la pépinière départementale, située à l'extrémité du faubourg, entre la rive droite de la Tet et la route royale de Perpignan à Puycerda, par Prades et Mont-Louis : elle est moins fréquentée que la précédente, quoique ses allées en soient plus variées. Les principaux édifices de Perpignan sont :

L'ÉGLISE DE SAINT-JEAN LE VIEUX, élevée au commencement du onzième siècle, sur l'emplacement d'une petite église fort ancienne. Elle est à trois nefs, et a, dans sa partie supérieure, une autre nef transversale, qui, considérée relativement aux premières, paraît former une croix ; sa voûte est très-élevée, et soutenue par de gros piliers de pierre de taille, qui séparent les nefs ; un clocher ou tour carrée surmonte l'édifice. Quatre figures grossièrement sculptées décorent la porte de cette ancienne église, appelée vulgairement Saint-Jean le Vieux, pour la distinguer de l'église cathédrale de St-Jean, qui y est contiguë.

L'ÉGLISE CATHÉDRALE DE SAINT-JEAN est une superbe basilique qui remonte au quatorzième siècle, sous la domination des rois de Majorque : elle ne fut achevée que vers la fin du quinzième siècle, sous la domination de Louis XI. Cette église a 240 pieds de longueur, 60 de largeur et 87 de hauteur. Elle est remarquable par la grandeur et la beauté de son vaisseau et par la hardiesse de sa voûte, l'une des plus belles qu'il y ait en France ; elle est sans colonnes ni piliers, soutenue par des arceaux de pierre de taille, qui portent sur les murs de séparation des chapelles. L'édifice est terminé par un cul-de-lampe, qui forme le sanctuaire et contient le maître-autel; c'est un retable de marbre

N° 108. ROUTE DE PARIS A PERPIGNAN.

blanc très-élevé, orné de bas-reliefs, séparés les uns des autres par de petits pilastres chargés de figures ; il est très-estimé pour le fini et le précieux de son travail.

On remarque encore à Perpignan l'hôtel de ville ; l'université ; l'hôtel des monnaies, le collége, la bibliothèque publique, renfermant 13,000 volumes ; le musée ; le jardin de botanique ; la salle de spectacle ; les casernes ; le palais de justice ; la prison de Sainte-Claire ; les anciennes églises des Cordeliers, des grands Carmes, et des Dominicains, dignes de fixer l'attention par la beauté, la grandeur, l'étendue et la hardiesse de leurs vaisseaux. Le bâtiment de l'ancien couvent des grands carmes est situé sur l'esplanade ; il est occupé depuis longtemps par l'arsenal : on y voit encore les restes d'une belle citerne dans laquelle on descend par un escalier très-large, d'environ quatre-vingts marches. — Perpignan est la patrie de plusieurs hommes célèbres, parmi lesquels nous citerons : P. Barrère, médecin et naturaliste ; Blanca, premier consul de Perpignan, qui il défendit avec une constance héroïque, en 1475 ; Formit de Perpignan, troubadour de la fin du douzième siècle ; A. Rigaud, célèbre peintre de portraits; dom Brial, savant modeste, continuateur de l'Histoire littéraire ; Étienne Arago, auteur dramatique, etc. — FABRIQUES de draps et étoffes de laine, bouchons de liége, cartes à jouer, françaises et catalanes, manches de fouets d'alisier, dits perpignans. — COMMERCE de vins de Rivesaltes et autres, bouchons, productions du Midi, etc. A 140 kil. (36 l.) de Montpellier, 144 kil. (37 l.) de Barcelone (Espagne), 861 kil. (221 l.) de Paris. — HÔTELS : des Ambassadeurs, de l'Europe, du Commerce, du Petit-Paris.

VOITURES PUBLIQUES. Tous les jours pour Narbonne, Prades, Ceret, Ille, Vinça, l'Espagne, Arles-sur-Tech, Port-Vendres, Caudies, Toulouse, commun. avec les dilig. de Montpellier et de Toulouse à Paris; pour Limoux, Carcassonne, Castelnaudary ; pour Barcelone en 2 j. — Route de Ceret à Arles.

OUVRAGES A CONSULTER, qui se trouvent à la librairie d'Alzine, à Perpignan.
Essai historique sur la province du Roussillon, in-8°, 1787.
Essai historique et militaire sur le Roussillon, par de la Grave, 1787.
La Catalogne française, par Caseneuve, in-4°, 1644.
Voyage pittoresque dans les Pyrénées-Orientales, par le chevalier de Basterot, in-4°, 1821-25.
Géographie des Pyrénées-Orientales, par Jalabert, in-3°, 1819.
Voyage aux ermitages des Pyrénées-Orientales, par le chevalier de Basterot, in-fol., 1829.
Voyage pittoresque dans les Pyrénées françaises, par Melling, in-fol., 1826.
Mémoires sur les eaux thermales sulfureuses, par Anglada, 2 vol. in-8°, 1828.
Les Pyrénées et le midi de la France, par A. Thiers, in-8°, 1823.

MOLIGT (*Pyrénées-Or.*) Village renommé par ses eaux thermales, situé à 6 kil. (1 l. 1/2) de Prades. 600 hab. Les sources thermales de Moligt sourdent d'une masse granitique, à 1 kil. environ de cette commune, dans le fond d'une gorge de la vallée de Castellane. Il y a deux établissements : le plus ancien, construit sur le bord du Riel, présente un bâtiment renfermant dix cabinets, où l'on trouve un pareil nombre de baignoires. Dans les divers bains, la chaleur de l'eau est de 29 à + 30° du therm. de R. Le second établissement, presque sur les bords de la rivière de Castellane, renferme huit baignoires et une douche, dans autant de petits appartements donnant sur une galerie qui sert de lieu d'attente pour les baigneurs ; tous les bains s'y donnent de 26 à + 27°. Les dix-huit baignoires que renferment et contiennent les deux établissements sont toutes en marbre d'Italie. — Les eaux thermales de Moligt sont fréquentées depuis le mois de mai jusqu'à la fin d'octobre ; néanmoins, ce n'est que du 15 juillet au 15 septembre qu'on y trouve la plus grande affluence. Ces eaux minérales sont plutôt recommandées par l'énergie particulière dont la nature les a douées, que par l'agrément qu'elles offrent à ceux qui les visitent, attendu que la commune de Moligt n'offre presque point de société. — Les maladies chroniques des tissus dermoïdes et musculaires, dartres, ulcères, etc. ; les catarrhes pulmonaires, vésicaux et utérins ;

à sciés et à farine. Pour le service de cette usine, une montagne a été percée sur une longueur de 80 toises, pour dériver l'eau de la rivière d'Aude, qui forme une belle nappe d'environ 30 pieds de chute et fournit constamment à tous les besoins du service de l'usine.

BÉLESTA (*Ariége*). Petite ville à 35 kilom. (9 l.)' de Foix. 2,293 habit. On remarque aux environs la célèbre fontaine intermittente de FONTESTORBE, qui sort d'un angle large et profond, au pied d'une montagne. Cette source offre une vue magnifique, dont plusieurs peintres ont profité pour composer de charmants tableaux : elle est particulièrement remarquable par son intermittence.

PRADES (*Pyrénées-Or.*). Petite ville. Sous-préfect. Trib. de 1re inst. ✉ ⚭ 2,836 hab. Cette ville est située sur la rive droite de la Tet, dans une situation très-agréable, au milieu de vastes et belles prairies, à l'extrémité occidentale d'une jolie vallée boisée. On y remarque un hospice, un petit séminaire, et une belle et grande église, qui s'élève au milieu d'une jolie place de forme circulaire, plantée d'ormes et de beaux micocouliers. A 45 kil. (11 l. 1/2) de Perpignan, 904 kil. (232 l.) de Paris.

VOITURES PUBLIQUES. Tous les jours pour Perpignan.

VILLEFRANCHE (*Pyrénées-Or.*). Petite ville à 5 kil. (1 l. 1/4) de Prades, sur la rive droite de la Tet. Place de guerre de 3e classe. 646 hab. Cette ville est située dans une gorge étroite, entre deux hautes montagnes, dont elle n'est séparée d'un côté que par un fossé, et de l'autre par la rivière la Tet. Elle ferme tout à fait la vallée du Conflent, est presque entièrement bâtie en marbre rouge, et n'a que deux rues, parallèles au cours de la Tet, qui se communiquent par une petite rue collatérale. Ses fortifications sont très-irrégulières et se composent de six bastions, avec une demi-lune à chacune des trois portes de la ville; une quatrième, celle des Boucheries, est établie pour la communication avec le château, situé à mi-côte d'une montagne voisine qui domine les chemins de France et d'Espagne et la gorge qui conduit au Canigou; les fortifications suivent le terrain sur lequel la ville est bâtie: elles se composent de trois enceintes établies l'une au-dessus de l'autre, auxquelles on communique par un escalier. Les batteries sont toutes casematées. Les deux premières enceintes n'ont point de fossés; elles sont bâties perpendiculairement sur l'escarpement du roc; la troisième, la plus élevée, a un bon fossé dont la contrescarpe contient une galerie casematée. On y remarque de belles casernes, deux grandes citernes, plusieurs casemates et une caverne très-curieuse, appelée la COBA-BASTÈRE, dont l'ouverture se trouve dans la contrescarpe du fossé, du côté du midi de la place ; cette grotte a une large ouverture d'où l'on découvre les portes de Villefranche ; mais on l'a fermée par une muraille crénelée et garnie de meurtrières, pour empêcher l'approche de l'ennemi et défendre l'entrée de la ville.

PAUL DE FENOUILLET (**SAINT-**) (*Pyrénées-Or.*). Petite ville, à 39 k. (10 l.) de Perpignan. ✉ 1,743 hab. Cette ville est située sur la rive gauche de l'Agly, près du confluent de la Boulsane. Elle est bâtie sur une éminence, entourée en partie de montagnes arides sur lesquelles sont les restes des châteaux de Fenouillèdes, de Puylaurens et de Quéribus. On trouve sur son territoire deux sources d'eaux minérales, l'une chaude, l'autre froide : la première est reçue dans un bassin appelé autrefois le Bain du pont de la Font; sa température, prise à la source, s'élève à 22°, et seulement à 20° du thermomètre de Réaumur dans le bassin. La source froide jaillit d'un rocher situé sur la rive droite de l'Agly : on la croit ferrugineuse. — A une lieue de Saint-Paul, on voit l'ermitage de SAINT-ANTOINE DE GALAMUS, situé dans un vallon étroit et sauvage, traversé par la rivière de l'Agly.

ILLE (*Pyrénées-Or.*). Petite ville sur la rive droite de la Tet, à 17 kil. (4 l. 1/4) de Prades. 3,102 hab. Cette ville est assez bien bâtie, dans une contrée fertile, à l'extrémité de la plaine de Perpignan. Elle est entourée de murailles flanquées de tours, qui étaient autrefois bordées de belles plantations d'orangers, et de jardins qui produisent les meilleurs fruits du département, notamment des pêches qu'on expédie dans tout le Languedoc. L'église paroissiale est un édifice d'une belle construction, dont les murs extérieurs sont revêtus en marbre non poli.

ESTAGEL (*Pyrénées-Or.*). Joli bourg, situé à 21 k. (5 l. 1/2) de Perpignan. 2,003 hab. Il est bien bâti, au milieu d'une contrée couverte de vignes et d'oliviers, sur la rive droite de l'Agly, que l'on y passe sur un pont de pierre. Ce bourg, aussi agréable par son site, par l'élégance de ses constructions, que par l'aisance dont jouissent ses habitants, ressemble par le mouvement qui y règne et par les belles boutiques qui s'y font remarquer, à une charmante ville. C'est la patrie du savant M. Arago, directeur de l'Observatoire de Paris, membre de l'Institut et de la chambre des députés. — FABRIQUES d'huile d'olive. Éducation en grand des abeilles. Distilleries d'eau-de-vie. Exploitation des carrières de marbre gris. — COMMERCE de vins, eau-de-vie, esprits, laines et bestiaux. — On remarque aux environs d'Estagel l'ermitage de NOTRE-DAME DES PEINES, situé au sommet d'une montagne aride, où l'on ne parvient que par un chemin taillé dans les rochers.

PERPIGNAN. Ancienne, grande et forte ville. Chef-lieu du département des Pyrénées-Or. Pl. de guerre de 1re cl. Trib. de 1re inst. et de comm. Directions d'artillerie, du génie et des douanes. Soc. d'agric., arts et comm. Collége comm. Évêché. ☒ ☞ 17,114 hab. — Perpignan, autrefois capitale du Roussillon, s'est élevé sur l'emplacement d'une ancienne ville municipale bâtie par l'empereur Flavius Vespasien. Cette ville est située en partie sur une colline douce et peu élevée, en partie dans une belle plaine vaste et fertile. Elle s'élève sur les bords de la rivière la Basse, et s'étend jusqu'à la rive droite de la Tet ; la première de ces rivières baigne les murailles de la ville et la sépare de la ville neuve ou Blanqueries ; l'autre, du seul faubourg que possède Perpignan. On passe ces rivières sur deux beaux ponts : celui de la Basse est d'une seule arche construite en cintre surbaissé, qui fait l'admiration des connaisseurs ; le pont de la Pèdre au delà de la Tet est de sept arches : on y jouit d'une vue des plus pittoresques.— Perpignan est une des plus fortes places du royaume ; ses murs sont bâtis de briques, avec un cordon et des chaînes de pierre de taille ; ils sont très-hauts, fort épais et flanqués de plusieurs bastions, avec des tenailles, des demi-lunes, de bons fossés, des chemins couverts.

La PORTE NOTRE-DAME est défendue par un château construit en briques, appelé le Castillet, remarquable par son aspect et sa construction singulière qui remonte, dit-on, au cinquième siècle, et d'autant plus curieux qu'il est le seul de son genre en France ; son architecture a beaucoup d'analogie avec celle des monuments bâtis en Espagne du temps des Mores, et ne laisse pas que d'être très-solide encore. La porte Canet est extrêmement fortifiée par des ouvrages extérieurs et de larges fossés ; une enceinte avancée et demi-circulaire protége la partie qui fait face au nord. Cette porte a été faite par Vauban ; elle a un rempart très-élevé, deux bastions et plusieurs ouvrages avancés ; c'est la ville neuve, qu'on appelle vulgairement les Blanqueries, à cause du grand nombre de tanneries qui y sont établies. — La citadelle domine et défend la ville ; une double enceinte la rend susceptible de résister à deux attaques : l'approche en est défendue par un grand nombre d'ouvrages avancés. La place d'armes est un carré long qui peut contenir cinq mille hommes en bataille : toute la longueur, à gauche, est occupée par un beau corps de caserne. Au centre de cette forteresse et au sommet de la colline qu'elle couvre, est un donjon, qui a été l'habitation des comtes de Roussillon, des rois d'Aragon et de Majorque ; c'est un ouvrage carré, composé de huit grosses tours carrées, unies ensemble par de hautes murailles. La chapelle est double : celle qui est au-dessous et au rez-de-chaussée sert de magasin ; celle au-dessus est grande, belle et voûtée en église. Outre l'eau de la citerne, il y a la dyspepsie, les vomissements et crampes d'estomac, occasionnés par des sécrétions vicieuses de cet organe ; les pâles couleurs ; les douleurs nerveuses et autres maladies de ce dernier caractère, générales ou partielles, sont les divers accidents pathologiques qui y amènent un plus grand nombre de personnes, et qui ont donné à ces eaux le peu de vogue dont elles jouissent.

CAROL (*Pyrénées-Or.*). Village situé dans la vallée de son nom, à 25 kil. (12 l. 1/2) de Prades. 1,496 hab. La vallée de Carol est à l'extrême frontière de la Cerdagne espagnole ; elle est bornée à l'ouest par la vallée d'Andorre, et au nord-ouest par le département de l'Ariége. Cette vallée est exposée au midi dans toute sa longueur, qui est d'environ quatre lieues ; elle offre l'aspect le plus sauvage, le plus âpre, le plus aride, le plus horrible que l'on puisse voir. Sa dure monotonie est à peine interrompue par la vue de quelques cascades, et par quelques sites un peu plus frais sur le bord du torrent qui creuse le fond du vallon et va se jeter dans la Sègre.

FONTPEDROUSE (*Pyrénées-Or.*). Joli village situé dans un riant vallon, près de la rive gauche de la Tet, à 23 kil. (6 l.) de Prades. 815 h. On y voit une belle cascade encadrée dans un charmant paysage qui offre des points de vue on ne peut plus pittoresques.

PRATS-DE-MOLLO (*Pyrénées-Or.*). Petite ville forte. Place de guerre de 3ᵉ classe. ☞ 3,484 hab. A 30 kil. (7 l. 3/4) de Ceret. Cette ville est située dans une contrée sauvage, environnée de montagnes agrestes, sur la rive gauche du Tech. Elle est bâtie en amphithéâtre sur le penchant d'une montagne, dont l'église paroissiale couronne le sommet : un souterrain bien voûté conduit de cette église au fort la Garde, construit par Vauban pour dominer une hauteur qui commande la ville. C'est une place très-irrégulière, entourée d'une vieille muraille flanquée de tours rondes gothiques et de plusieurs bastions.

EAUX THERMALES DE LA PRESTE. Le village de la Preste, renommé par ses bains d'eaux thermales sulfureuses, est une dépendance de la commune de Prats-de-Mollo. Il est dans une situation très-pittoresque, au milieu des montagnes, sur un plateau qui domine la vallée du Tech. Les sources sont au nombre de trois. L'établissement thermal est un des mieux tenus des Pyrénées. Une jolie fontaine, embellie par des colonnes de stalactites, reçoit l'eau thermale, qui de là se dirige par différents conduits dans des cabinets pourvus de baignoires en marbre blanc tiré des carrières environnantes. Un vaste réservoir, construit à côté de la principale source, reçoit l'eau minérale qu'on laisse refroidir pour tempérer les bains. Chaque baignoire est pourvue de deux robinets, l'un d'eau chaude et l'autre d'eau froide, afin de procurer aux malades la facilité de varier à leur gré la température des bains. Un autre avantage inappréciable pour les malades est celui d'être logés dans la maison où se trouve la salle de bains ; de sorte que sans sortir, sans être exposés aux intempéries de l'atmosphère, ils suivent leur traitement, boivent l'eau, prennent les bains, les douches, et au sortir des baignoires rentrent, si bon leur semble, dans leurs chambres et dans leurs lits. L'établissement thermal de la Preste, récemment restauré, est aujourd'hui un des plus beaux des Pyrénées ; les malades sont logés avec commodité et élégance, et peuvent y jouir d'une table d'hôte bien servie.

BUTS D'EXCURSIONS. A peu de distance des bains, on voit la *grotte de Britchot*, très-curieuse par les colonnes immenses et de toute beauté de stalactites qui décorent les nombreux compartiments qu'elle renferme. Les torches qu'on allume pour se guider dans cette caverne produisent un effet curieux : toutes les colonnes et la voûte semblent incrustées de cristaux de toutes couleurs, et offrent à l'œil du voyageur un spectacle admirable et d'une grande majesté. Dans le voisinage, on trouve des carrières de marbre blanc rubané, et des brèches variées.

OUVRAGE A CONSULTER. *Historique succinct de Prats-de-Mollo*, par Anglade, in-8°.

THUÈS-EN-TRAVAILLS (*Pyrénées-Or.*). Village situé sur la rive droite de la Tet, à 20 kil. (5 l.) de Prades. 260 hab. On y remarque plusieurs sources d'eaux thermales sulfureuses; la plus remarquable est la magnifique source du Torrent ou de la Cascade, dont la température s'élève à + 62° 25 du therm. de Réaumur.

CERET (*Pyrénées-Or.*). Petite ville très-ancienne. Sous-préfect. Trib. de 1re inst. Coll. comm. ✉ 3,251 hab. Cette ville est située au pied des Pyrénées, à peu de distance des frontières d'Espagne, près de la rive droite du Tech, que l'on traverse sur un pont d'une seule arche, remarquable par la hardiesse de sa construction. Elle est entourée de hautes murailles flanquées de tours de distance en distance, autour desquelles règne une belle promenade plantée d'arbres. Les rues sont généralement étroites et mal percées. Dans un faubourg très-agréable se trouve une belle place ornée d'une fontaine en marbre blanc, qui jette continuellement, par huit côtés en forme d'arc, une grande quantité d'eau que reçoit un grand bassin de forme ronde. Le pont sur le Tech, dont l'élévation prodigieuse fait l'admiration des connaisseurs, est bâti sur deux rochers et a 45 m. 48 c. d'une culée à l'autre. Aux environs on remarque le célèbre ermitage de Saint-Féréol. — FABRIQUES de bouchons de liège. Tanneries et tixeranderies. Batterie de cuivre. — A 28 kil. (7 l. 1/4) de Perpignan, 892 kil. (229 l.) de Paris.

ARLES-SUR-TECH (*Pyrénées-Or.*). Petite ville située au pied du Canigou, sur la rive gauche du Tech, à 12 kil. (3 l.) de Ceret. ✉ 2,166 hab. On y remarque une fort belle église et les restes d'une abbaye de l'ordre de Saint-Benoît, fondée en 778. Cette église est célèbre par le tombeau de saint Abdon et de saint Sennen, placé dans une petite cour, à côté de la porte d'entrée. Aux environs est l'établissement thermal très-fréquenté des bains d'Arles ou d'Arles-sur-Tech, village où l'on trouve des logements fort agréables, pour plus de 300 personnes; la nourriture y est bonne, le poisson et le gibier excellents. Les communications entre Arles et Perpignan sont des plus faciles.

VOITURES PUBLIQUES. Tous les jours pour Perpignan.
BUT D'EXCURSION. A 4 kil. N.-O. d'Arles, près du village de Corsavy, on voit un précipice affreux de plus de 270 mètres de profondeur.

3e Route, par ORLÉANS, 90 myr. 1 kil.

De PARIS à * TOULOUSE ⌘ (Voyez N° 138)........	68,7
TOULOUSE à * NARBONNE ⌘ (Voyez N° 178, de Toulouse à Marseille)......................	15,2
NARBONNE à * SIGEAN ⌘........................	2,1
* AURIAC (à droite de la route).	
SIGEAN à FITOU ⌘.............................	1,5
FITOU à * SALCES ⌘..........................	1,1
SALCES à * PERPIGNAN ⌘......................	1,5

SIGEAN (*Aude*). Petite ville située sur l'étang de son nom, à 23 kil. (6 l.) de Narbonne. ✉ ⌘ 3,296 hab. L'étang de Sigean a son embouchure dans la Méditerranée, non loin de cette ville, par le Grau de la Nouvelle, où se trouve un petit port qui sert de débouché important au canal du Midi.

AURIAC (*Aude*). Village et ancien château situés à 58 kil. (15 l.) de Carcassonne. 277 hab. Il est presque adossé aux ruines d'un vieux fort au pied duquel le ruisseau de Laurio forme une belle cascade. — Forges.

SALCES (*Pyrénées-Or.*). Bourg situé sur l'étang de son nom, à 16 kil. (4 l.) de Perpignan. 900 h. Aux environs on remarque les restes d'un château fort, bâti dans le quatorzième siècle pour défendre l'entrée du Roussillon.

4e Route, par LYON, 92 myr. 2 kil.

De PARIS à * LYON (Voy. N° 82)................	46,8
LYON à * VALENCE (Voyez N° 82, de Lyon à Marseille)..	10,1

N° 108. ROUTE DE PARIS A PERPIGNAN.

Valence à la Palud (Voyez N° 85)............ 7,5
La Palud à *Montpellier (Voy. N° 96)....... 11,8
Montpellier à *Narbonne (Voyez N° 138, de
  Toulouse à Marseille).................... 9,8
Narbonne à *Perpignan (Voy. la 3ᵉ route).... 6,2

De Mazamet à Saint-Amans-la-Bastide ♄......... 1,2

De Castres (Tarn) à Dourgne ♄................ 2,1
Dourgne à *Revel ♄........................... 1,2
Revel à *Sorrèze ♄........................... 0,7

De Dourgne à *Sorrèze ♄...................... 0,7

De Perpignan au Boulou ♄..................... 2,2

DE PERPIGNAN A OLETTE (*Eaux minérales*), 5 myr. 8 kil.

De *Perpignan à Ille ♄ (Pyrénées-Orientales).... 2,4
Ille à Prades ♄.............................. 1,8
Prades à Olette (non monté)................. 1,6
  *Casteill (à droite de la route).
  *Prunet (à droite de la route).

CASTEILL (*Pyr.-Or.*). Village situé à 13 kil. (3 l. 1/4) de Prades, au fond du vallon de Vernet. 167 h. A un quart de lieue de ce village, et sur le revers septentrional du mont Canigou, se trouvent les ruines du monastère de Saint-Martin du Canigou, qui fut fondé en 1101, par Guiffre ou Guiffred, comte de Cerdagne et de Conflent. (*Voyez la gravure du titre.*) La position de ce monastère est pittoresque : il est environné de rochers, de précipices, et n'offre plus que des ruines dont le style s'accorde parfaitement avec la triste solitude environnante et le climat qui y règne, Saint-Martin du Canigou étant situé à l'entrée des forêts qui couronnent les deux tiers du sommet de la montagne. Ces ruines, pendant l'hiver, sont couvertes de neige et servent de repaire aux loups qui descendent des sommets voisins ; l'été, le voyageur qu'y entraîne la curiosité peut juger, par la force de l'aquilon, de la rigueur du climat sous lequel le comte Guiffred expia le meurtre de son neveu.

PRUNET (*Pyrénées-Or.*). Village situé au fond d'un vallon étroit, à 19 k. (4 l. 3/4) de Prades. 300 hab. On remarque dans les environs, au pied d'un mamelon couronné par les ruines du château de Belpuig, l'ermitage de la Trinité, dont la construction remonte au règne de Charlemagne ; les objets consacrés au culte sont aussi presque tous de ce temps.

DE PERPIGNAN A PORT-VENDRES, 3 myr. 1 kil.

De Perpignan à *Elne ♄....................... 1,4
Elne à *Port-Vendres ♄....................... 1,7

ELNE (*Pyrénées-Or.*). Petite ville à 12 kil. (3 l.) de Perpignan. ⊠ 1,800 h. Cette ville est située, partie sur une colline et partie dans une plaine riante et très-fertile, non loin de la rive gauche du Tech, à peu de distance de la mer. C'était jadis une des plus fortes places de la province du Roussillon, entourée de hautes murailles, flanquée de tours rondes, de remparts et de fossés. L'église, construite dans le milieu du onzième siècle, est un vaisseau très-vaste et très-élevé, partagé en trois nefs très-larges, dont la voûte est soutenue par de gros piliers carrés de pierre de taille. Le chœur est placé au milieu de l'église et remplit une partie de la nef du milieu. La façade présente une masse colossale sans ornements, remarquable par la hardiesse de sa construction en pierres de taille d'un volume très-considérable. Deux clochers en forme de tours carrées surmontent l'édifice.

COLLIOURE (*Pyrénées-Or.*). Ancienne et très-forte ville maritime. École d'hydr. de 4ᵉ classe. ⊠ ☞ 3,272 hab. A 37 kil. (9 l. 1/2) de Ceret. Cette ville est dans une belle situation, sur le penchant d'une colline, au bord de la Méditerranée, avec un port qui y favorise un assez grand commerce, mais qui ne peut recevoir que de petits bâtiments. Elle est généralement mal bâtie, mal percée, et défendue par plusieurs forts.

PORT-VENDRES (*Pyrénées-Or.*). Petite ville maritime, à 41 kil. (10 l. 1/2) de Ceret. Place de guerre de 4ᵉ classe. Vice-consulats étr. ☞ 676 hab. — Port-Vendres doit son nom au *Portus Veneris*, célèbre dans l'antiquité. Il est situé sur les bords de la mer, dans un bassin entouré de hautes montagnes. Ce port, formé par une espèce de langue d'environ 780 mètres de longueur sur 195 mètres de large, est le seul port, depuis Marseille jusqu'à la côte d'Espagne, qui puisse offrir un refuge aux vaisseaux et recevoir des escadres; les quais et les places de débarquement sont de la plus grande beauté. Son bassin présente une surface de 140,000 mètres carrés; il peut contenir jusqu'à cinq cents bâtiments marchands, et est maintenant assez profond pour que des frégates puissent y entrer. La place qui se trouve en face du port est très-belle : elle est carrée et élevée de 5 m. 20 c. au-dessus du quai; on y monte par un escalier à double rampe de 32 marches. Au centre s'élève un superbe obélisque de marbre du Roussillon, de 33 mètres de haut, érigé en l'honneur de Louis XVI.

N° 109.

ROUTE DE PARIS A **PLOMBIÈRES** (VOSGES).

1ʳᵉ Route, par TROYES et VESOUL, 41 myr. 2 kil.

DE PARIS à * VESOUL ☞ (Voyez N° 98).......... 36,2
VESOUL à * PLOMBIÈRES ☞ (Voyez N° 23)....... 5,0

2ᵉ Route, par ÉPINAL, 39 myr. 8 kil.

DE PARIS à LIGNY par STAINVILLE ☞ (Voy. N° 127). 24,2
LIGNY à * PLOMBIÈRES ☞ (Voy. la 3ᵉ route).... 15,5

3ᵉ R., par BAR-LE-DUC et ÉPINAL, 40 myr. 4 kil.

DE PARIS à LIGNY par * BAR-LE-DUC ☞ (V. N° 127).. 24,9
LIGNY à * ÉPINAL ☞ (Voyez N° 54)............ 12,7
ÉPINAL à XERTIGNY ☞... 1,7
XERTIGNY à * PLOMBIÈRES ☞................. 1,1

4ᵉ R., par MONTMIRAIL, CHALONS, STAINVILLE et ÉPINAL, 40 myr. 9 kil.

DE PARIS à *VITRY-SUR-MARNE ☞ (V. N° 127, 6ᵉ r.). 19,5

N° 109. ROUTE DE PARIS A PLOMBIÈRES.

Vitry-sur-Marne à * St-Dizier ⌑ (V. N° 127).	2,8
Saint-Dizier à Ligny ⌑ par Stainville (Voyez N° 127).	3,3
Ligny à * Plombières ⌑ (Voy. la 3e route).	15,5

5e Route, par Montmirail, Chalons, Bar et Épinal, 41 myr. 8 kil.

De Paris à *Vitry-sur-Marne ⌑ (V. N° 127, 6e r.).	19,5
Vitry à Ligny, par *Bar-le-Duc ⌑ (V. N° 127).	6,8
Ligny à * Plombières ⌑ (Voy. la 3e route).	15,5

6e R., par Épernay, Chalons, Stainville et Épinal, 41 myr. 9 kil.

De Paris à * Chalons-sur-Marne ⌑ (Voy. N° 60).	17,0
Chalons-sur-Marne à * Vitry-sur-Marne ⌑ (Voy. N° 127).	3,3
Vitry-sur-Marne à *St-Dizier ⌑ (V. N° 127).	2,8
Saint-Dizier à Ligny, par Stainville ⌑ (Voyez N° 127).	3,3
Ligny à *Plombières ⌑ (Voy. la 3e route).	15,5

7e Route, par Épernay, Chalons, Bar et Épinal, 42 myr. 6 kil.

De Paris à * Chalons-sur-Marne ⌑ (Voy. N° 60).	17,0
Chalons-sur-Marne à * Vitry-sur-Marne ⌑ (Voy. N° 127).	3,3
Vitry-sur-Marne à Ligny, par Bar-le-Duc ⌑ (Voy. N° 127).	6,8
Ligny à * Plombières ⌑ (Voy. la 3e route).	15,5

De *Bains à { * Luxeuil ⌑	2,4
Saint-Sauveur ⌑ (Haute-Saône)	2,6

BAINS-LES-BAINS (*Vosges*). Joli bourg à 31 kil. (8 l.) d'Épinal. ✉ ⌑ 2,407 hab. Ce bourg, célèbre par ses eaux thermales, est bâti dans un beau vallon. Les sources thermales sont au nombre de dix, et leur température varie de + 27° 1/2 à + 40° R. L'établissement thermal consiste en trois bâtiments : le Vieux Bain, le Bain Neuf et le pavillon de la Fontaine de la Vache. Le Vieux Bain, situé au milieu de la ville, est d'une architecture lourde, et recouvert d'une plate-forme en dalles, qui sert de promenade à quelques baigneurs ; il contient trois bassins, dont le plus petit reçoit la grosse source, et conserve une température de + 36°. Il n'est d'aucun usage pour les baigneurs, à cause de son excès de chaleur. Le second bassin, placé au-dessous du précédent, dont il reçoit les eaux, est deux fois plus étendu ; sa température de + 32° le rend presque inutile aussi. Le troisième bassin, aussi grand que les deux autres ensemble, jouit de + 30° et convient à un grand nombre de malades ; il peut contenir au moins vingt personnes. — Le Bain Neuf offre un bâtiment peu élégant, mais la distribution intérieure est aussi avantageuse qu'il est possible de le désirer. Il y a dans la même salle trois bassins, l'un de + 26°, le deuxième de + 27°, et le troisième de + 28° de température ; ces bassins peuvent contenir chacun de vingt-cinq à trente personnes. Au couchant de cette salle se trouvent quatre cabinets de douche, ayant chacun un bassin particulier dont la température de l'eau est graduée. Au pourtour sont des cabinets renfermant des baignoires mobiles en bois. — Le pavillon de la Fontaine de la Vache est un lieu fort maussade de douze pieds carrés, qui renferme la seule source dont la vertu laxative soit reconnue pour beaucoup de personnes.

Bains possède un joli salon, où l'on trouve des journaux, des tables de jeu, etc., et où l'on s'abonne pour 4 fr. par saison. A côté de ce salon est une vaste salle de danse et de réunion. Au Bain Neuf est jointe une promenade formée de trois rangs de grands arbres. Des bois et des forêts d'un facile accès, où l'on trouve des chemins bien entretenus, offrent aux baigneurs des buts agréables de promenade ; la plus fréquentée est un joli bois situé à un quart de lieue de la ville, et traversé par de belles allées sinueuses, le long desquelles serpente un joli ruisseau ; çà et là sont de jolis points de repos, où se rendent souvent les amateurs de la danse et des jeux champêtres. — La saison des eaux commence au 15 mai, et se prolonge jusqu'au 15 septembre. Il y a à Bains seize maisons de logeurs qui reçoivent chacune de quinze à vingt-cinq malades. Les eaux de Bains sont principalement indiquées : 1° pour les maladies chroniques de l'estomac et des autres viscères abdominaux ; 2° pour les différentes affections nerveuses ; 3° pour les rhumatismes ; 4° pour les convalescences pénibles ; 5° pour les santés altérées, sans lésion grave d'organes ; 6° enfin pour les symptômes variés qui accompagnent l'âge critique des femmes de 45 à 50 ans.

VOITURES PUBLIQUES. Tous les jours pour Épinal.

N° 110.

ROUTE DE PARIS A POITIERS (VIENNE).

1re Route, par ORLÉANS (Voy. N° 23).............. 32,4

2e Route, par CHARTRES, 33 myr. 3 kil. (Voy. N° 25).

DE POITIERS A BORDEAUX, 25 myr. 2 kil.

	m. k.
De POITIERS à CROUTELLE ⌑.	0,7
CROUTELLE à LUSIGNAN ⌑.	1,7
LUSIGNAN à CHENAY ⌑.	1,7
CHENAY à * MELLE ⌑.	1,5
MELLE à BRIOUX ⌑.	1,2
BRIOUX à AULNAY ⌑.	1,7
AULNAY à * SAINT-JEAN D'ANGÉLY ⌑.	1,8
SAINT-JEAN D'ANGÉLY à * SAINTES ⌑.	2,6
* SAINT-VÉNÉRAND (à gauche de la route).	
SAINTES à * BORDEAUX ⌑ (Voy. N° 25).	12,3

De CHATILLON-SUR-SÈVRES à CHOLET ⌑.	2,2
CHOLET à TORFOU ⌑.	1,9

N° 110. ROUTE DE PARIS A POITIERS.

LUSIGNAN (*Vienne*). Petite ville, bâtie dans une situation agréable sur la petite rivière de Vanne, à 27 kil. (7 l.) de Poitiers. ✉ ⚭ 2,350 hab. Cette ville conserve quelques restes d'un des plus beaux et des plus anciens châteaux forts de France, que nos romanciers disent avoir été construit par la fameuse fée Mélusine. Cette vaste forteresse, un des plus puissants boulevards de la féodalité, fut démolie l'an 1622. Elle était entourée de trois enceintes, distantes l'une de l'autre de deux cents pas, dominait sur la ville, et en était séparée par une grande esplanade. Sur son emplacement on a formé une promenade publique, où l'on jouit d'une vue agréable; mais le château n'offre plus qu'une faible idée des nombreux édifices qui l'entouraient, et dont la grandeur gigantesque exerça l'esprit de nos vieux romanciers.

MELLE (*Deux-Sèvres*). Petite ville ancienne. Sous-préf. Trib. de 1re inst. Coll. comm. ✉ 2,512 hab. Cette ville est située sur une colline escarpée, au pied de laquelle coule la petite rivière de Béronne. Elle est en général fort mal bâtie, mais l'aspect en est agréable; les environs sont riants, pittoresques, et les promenades charmantes. On voit à peu de distance une tour remarquable, désignée sous le nom de Mellezéard. Aux environs on trouve la fontaine sulfureuse de Fontadan, dont les eaux jouissent d'une assez grande réputation pour la guérison des maladies cutanées. — PATRIE de M. Auguis, savant érudit, membre de la chambre des députés. — COMMERCE considérable de grains, graines de trèfle, laine, bestiaux. C'est particulièrement dans l'arrondissement de Melle qu'on élève des mulets de belle race, regardés comme les meilleurs de l'Europe. A 27 kil. (7 l.) de Niort, 60 kil. (15 l. 1/2) de Poitiers, 438 kil. (112 l. 1/2) de Paris.

VOITURES PUBLIQUES. Tous les jours pour Niort, Poitiers, Saintes, Chef-Boutonne.

DE POITIERS A NANTES, 17 myr. 8 kil.

	m. k.
De POITIERS à AYRON ⚭	2,5
AYRON à * PARTHENAY ⚭	2,4
PARTHENAY à * BRESSUIRE ⚭	3,1
BRESSUIRE à * CHATILLON-SUR-SÈVRES ⚭	2,2
CHATILLON à * MORTAGNE ⚭ (Vendée)	1,8
MORTAGNE (Vendée) à TORFOU ⚭	1,6
TORFOU à * CLISSON ⚭	1,4
CLISSON à TOURNEBRIDE ⚭	1,5
TOURNEBRIDE à * NANTES ⚭	1,3

CLISSON (*Loire-Inf.*). Petite ville très-ancienne, située dans un pays extrêmement couvert, au confluent de la Sèvre et de la Maine, à 27 kil. (7 l.) de Nantes. ✉ 1,200 hab. Cette ville est bâtie sur le penchant de deux collines qui encaissent les deux rivières qui s'y réunissent, dont les bords riants offrent des sites délicieux, comparables à ceux de la Suisse et de l'Italie, et où l'on trouve, distribué par des hasards heureux, tout ce que ces deux pays offrent de plus curieux. Sur un roc qui domine la ville et ses charmants alentours, s'élèvent les ruines majestueuses du vaste et antique château de Clisson, dont les hautes tours, d'une couleur rougeâtre, et les créneaux festonnés de lierre, offrent un aspect imposant et des plus pittoresques. Ce château, un des plus remarquables qu'il y ait en France, par son étendue, par son genre de construction et par la majesté de ses ruines, a été acquis par M. Lemot, membre de l'Institut, qui y a fait faire les réparations nécessaires pour en arrêter l'entière destruction. — Parmi les sites enchanteurs qu'offrent les environs de Clisson, on cite surtout la garenne, l'un des plus beaux jardins paysagers que l'on connaisse. Notre cadre ne nous permettant pas de décrire tous les objets remarquables que renferme cette garenne, nous nous contenterons d'indiquer la grotte d'Héloïse; l'ancien musée Cacault; le bain de Diane; le temple de

Vesta; l'obélisque; le moulin à papier de la Feuillée; enfin des masses de rochers, des cascades, des îles bocagères, des chemins formés d'arbres raboteux et encore revêtus de leur écorce, et plusieurs autres beautés de tous les genres que la nature s'est plu à réunir en ce lieu avec une profusion vraiment extraordinaire; un magnifique pont, d'une grande hardiesse, a été construit à Clisson, en 1841, par l'ingénieur Fégon.

VOITURES PUBLIQUES. Omnibus pour Nantes.
OUVRAGES A CONSULTER. *Voyage pittoresque dans le bocage de la Vendée*, par Lemot, in-4°.
Vues de Clisson, par Thiénon, 2 vol. in-4°, dont 1 de planches.

TIFFAUGES (*Vendée*). Petite ville agréablement située, au confluent de la Crume et de la Sèvre Nantaise, à 51 kil. (13 l.) de Bourbon-Vendée. ⊠ 847 h. Tiffauges est un des lieux les plus pittoresques de la pittoresque Vendée. Son site est digne d'admiration, et les ruines de son antique forteresse méritent de fixer l'attention; elles sont situées au nord, sur une élévation qui sépare les hauteurs de la ville des rives de la Sèvre et de la Crume, et embrassent une vaste étendue.

N° 111.

ROUTE DE PARIS A PONTARLIER (DOUBS).

1re Route, par SALINS, 44 myriamètres 4 kilomètres.

	m. k.
De PARIS à *DÔLE ☞ (Voy. N° 23)...............	35,9
DÔLE à MONT-SOUS-VAUDREY ☞...............	1,8
MONT-SOUS-VAUDREY à MOUCHARD ☞...........	1,6
MOUCHARD à *SALINS ☞......................	0,9
*NANS (à gauche de la route).	
SALINS à LEVIER ☞..........................	2,1
LEVIER à *PONTARLIER ☞....................	2,1

NANS-SOUS-SAINTE-ANNE (*Doubs*). Village à 14 kil. (3 l. 1/2) de Besançon. 270 hab. Sur le territoire de cette commune, dans une gorge bordée de montagnes élevées, couronnée de forêts, et terminée par un rocher à pic, on remarque la source du Lison, jolie rivière qui s'échappe d'une belle grotte taillée dans le roc vif. Sur la gauche de cette source on voit une autre source très-curieuse, connue sous le nom de Bief-Sarrazin.

PONTARLIER (*Doubs*). Jolie petite ville. Sous-préf. Trib. de 1re inst. Collége comm. ⊠ ☞ 4,707 hab. Cette ville est agréablement située au pied de la seconde chaîne du Jura, à l'extrémité d'une vaste plaine arrosée par le Doubs et par le Drageon. Elle est régulièrement bâtie, formée de rues droites, propres, et bordées de maisons d'une architecture élégante. On y remarque un beau corps de caserne de cavalerie; le collége; l'hôpital; la halle; l'hôtel de ville; la bibliothèque publique; une jolie promenade, et de belles forges. C'est la patrie du général du génie d'Arcon et du général Michaud. — FABRIQUES d'absinthe, de boissellerie, de faux, outils divers. Forges, martinets, feux d'affinerie, haut fourneau. Papeterie. Scieries hydrauliques. Usine à cuivre, Brasserie. Tanneries. — COMMERCE actif avec la Suisse. — HÔTELS : des Voyageurs, National, de Saint-Pierre, du Lion-d'Or. — A 62 kil. (16 l.) de Besançon, 421 kil. (108 l.) de Paris.

VOITURES PUBLIQUES. Tous les jours pour Besançon, Salins, Lausanne, Morteau et Mouthe, hôtel National.

N° 111. ROUTE DE PARIS A PONTARLIER. 615

OUVRAGE! A CONSULTER. *Mémoire pour servir à l'histoire du bailliage de Pontarlier*, par Droz, in-8°, 1760.

2ᵉ R., par BESANÇON, 46 myr. 5 kil.

De PARIS à *BESANÇON ☞ (Voy. N° 23)........... 40,5
BESANÇON à MEREY ☞........................ 1,7
MEREY à * ORNANS ☞........................ 1,0
ORNANS à LA GRANGE D'ALEINE ☞............. 1,6
LA GRANGE D'ALEINE à *PONTARLIER ☞........ 1,7
  * LE LAC (à gauche de la route).
  * OUHANS (à gauche de la route).

De PONTARLIER à JOUGNE ☞.................. 1,9
  *FORT DE JOUX (à gauche de la route).

ORNANS (*Doubs*). Petite ville, située dans le riant vallon de la Loue, à 27 kil. (7 l.) de Besançon. ⊠ ☞ 2,982 hab. Elle est divisée par la Loue en deux parties qui communiquent entre elles par deux ponts de pierre : la partie qui se trouve sur la rive gauche est la plus ancienne et la moins considérable : tous les quartiers sont pourvus de fontaines jaillissantes. L'église paroissiale paraît être une construction du quinzième siècle ; elle est composée de trois nefs vastes et bien éclairée. L'hôtel de ville, qui renferme la halle et les prisons, est un édifice solidement construit ; l'hospice civil a plutôt l'apparence d'un château de plaisance que d'un hôpital : on y entre par une grille en fer d'un assez bon goût. — Dans une petite gorge au nord-ouest de la ville, sur un plateau élevé dominé par de hautes montagnes, on remarque d'assez beaux restes du château d'Ornans, ancienne résidence des comtes de Bourgogne. — FABRIQUES de papier. Fruiteries ou fromageries, qui fournissent chaque année au commerce 80 à 90 milliers de fromages façon de Gruyère de première qualité. — AUBERGES : de la Poste, de la Ville de Lyon.

LAC (le) (*Doubs*). Village à 35 kil. (9 l.) de Pontarlier. 1,500 hab. A peu de distance de ce village on remarque le lac de Chaillaxon, au-dessous duquel le Doubs coule entre des rochers agrestes couronnés de sapins, qui, se rapprochant à leur extrémité septentrionale, ne laissent plus à la rivière qu'un passage de douze mètres de largeur, par où elle s'élance et se précipite perpendiculairement de 82 pieds de hauteur ; le bruit solennel de cette cataracte, son aspect imposant et celui des rochers qui lui servent d'enceinte, font sur le spectateur une impression ineffaçable, que les descriptions les plus animées ne sauraient produire.

OUHANS (*Doubs*). Village à 16 kil. (4 l.) de Pontarlier. 600 hab. A peu de distance d'Ouhans, on remarque la belle source de la Loue, qui jaillit avec impétuosité d'un antre creusé par la nature, au pied d'un rocher majestueux de plus de 300 pieds de hauteur verticale.

JOUX (FORT DE) (*Doubs*). Château fort, bâti dans une situation pittoresque, sur un mamelon isolé d'environ 195 mètres de hauteur, au pied duquel coule le Doubs. Il défend l'entrée des gorges de la Cluse et de Verrières, et se compose de trois enceintes entourées de larges fossés, sur lesquels sont jetés trois ponts-levis. A 4 kil. (1 l.) de Pontarlier.

PONTARLIER. Voy. la Route précédente.

DE PONTARLIER A NEUFCHATEL (Suisse).

De PONTARLIER aux VERRIÈRES-DE-JOUX ☞ (non monté)... 1,1
LES VERRIÈRES-DE-JOUX à MOITIÉ-TRAVERS ☞ (relais étranger), 1 p. 3/4, ou............ 1,4
MOITIÉ-TRAVERS à NEUFCHATEL ☞, 4 p.

N° 112.

R. DE PARIS AU **PONT-DE-BEAUVOISIN** (ISÈRE).

54 myriamètres 2 kilomètres.

	m.k.
De Paris à *Lyon ☞ (Voyez N° 82)............	46,8
Lyon à Bron ☞........................	1,0
Bron à Saint-Laurent des Mures............	0,8
Saint-Laurent des Mures à la Verpillière ☞.	1,1
La Verpillière à Bourgoin ☞..............	1,2
Bourgoin à *La Tour-du-Pin ☞.............	1,5
La Tour-du-Pin au Gaz ☞.................	0,8
Gaz au * Pont-de-Beauvoisin ☞............	1,0

TOUR-DU-PIN (la) (*Isère*). Petite ville. Sous-préf. dont le tribunal de 1ʳᵉ inst. est à Bourgoin. ✉ ☞ 2,334 hab. Elle est située sur la rive gauche de la Bourbre, et traversée par la grande route de Lyon à Chambéry. A 64 kil. (16 l. 1/2) de Grenoble, 520 kil. (133 l. 1/2) de Paris.

PONT-DE-BEAUVOISIN (*Isère*). Petite ville située à 18 kil. (4 l. 1/2) de la Tour-du-Pin. ✉ ☞ 2,139 hab. Elle est bâtie dans une situation pittoresque, sur les deux rives du Guiers, que l'on y passe sur un pont d'une seule arche remarquable par sa hardiesse; le milieu de ce pont forme la limite entre la France et la Savoie, et sépare cette ville en deux parties; la plus considérable occupe la rive étrangère.

N° 113.

ROUTE DE PARIS A **PRIVAS** (ARDÈCHE).

61 myriamètres 7 kilomètres.

De Paris à Lyon (Voy. N° 82)...............	46,8
Lyon à Valence (V. N° 82, de Lyon à Marseille).	10,1
Valence à la Voulte ☞..................	2,3
La Voulte à Privas ☞...................	2,5

N° 114.

ROUTE DE PARIS AU **PUY** (HAUTE-LOIRE).

50 myriamètres 4 kilomètres.

De Paris à *Moulins ☞ (Voy. N° 85).........	28,6
Moulins à * Clermont ☞ (Voy. N° 44).......	9,4

N° 114. ROUTE DE PARIS AU PUY.

	m. k.
Clermont (Puy-de-Dôme) à Coudes ⚐........	2,4
* Vic-le-Comte (à gauche de la route).	
Coudes à * Issoire ⚐........................	1,1
Issoire à Lempde ⚐........................	2,0
* Usson (à gauche de la route).	
Lempde à * Brioude ⚐......................	1,5
Brioude à Saint-Georges d'Aurat ⚐.........	2,1
* La Chaise-Dieu (à gauche de la route).	
Saint-Georges d'Aurat à Limandre ⚐.......	1,8
* Saint-Vidal (à droite de la route).	
* Allègre (à gauche de la route).	
- Limandre au * Puy ⚐.....................	1,9

VIC-LE-COMTE (*Puy-de-Dôme*). Petite ville à 20 kil. (5 l.) de Clermont. 3,153 hab. On trouve aux environs une source d'eau minérale très-fréquentée.

ISSOIRE (*Puy-de-Dôme*). Ville ancienne. Sous-préf. Trib. de 1re inst. et de com. Coll. comm. ⊠ ⚐ 5,990 hab. Cette ville est située agréablement dans la partie la plus vivante de la Limagne, au milieu d'un beau bassin entouré de montagnes, et près du confluent de la Couse et de l'Allier. Elle est en général bien bâtie, propre et bien percée; au centre est une place très-vaste où se tiennent les marchés. L'église paroissiale est remarquable par ses décorations extérieures.—Patrie du chancelier Duprat.— On doit voir à Issoire les décorations extérieures de l'église paroissiale, et aux environs les eaux minérales de Leins, ainsi que plusieurs rochers volcaniques d'une forme singulière.— —Fabriques de chaudrons et ouvrages en cuivre.—A 29 kil. (7 l. 1/2) de Clermont, 409 kil. (105 l.) de Paris. — Hôtels : de la Paix, du Mont-d'Or, des Voyageurs, du Saint-Esprit.

voitures publiques. Tous les jours de Clermont au Puy St-Flour, Nîmes, Montpellier, 6 départs par jour.

buts d'excursions : à la *tour de Boulade;* au *pont de Parentignat;* aux ruines du *château d'Usson*, prison de Marguerite de France ; au vieux *château de Villeneuve;* à la *tour de Maurifolet;* à l'*éboulement de Pardines.*

USSON (*Puy-de-Dôme*). Petite ville à 8 kil. (2 l.) d'Issoire. 881 hab. Elle est bâtie sur une montagne escarpée, dont le sommet est couvert par les ruines d'un antique château fort, que sa situation avantageuse et sa triple enceinte ont fait regarder pendant plusieurs siècles comme une [place imprenable.

BRIOUDE (*Haute-Loire*). Très-ancienne ville. Sous-préf. Trib. de 1re inst. et de com. Coll. com. Soc. d'agr. ⊠ 5,099 hab. Cette ville est agréablement située, dans un spacieux bassin entouré de montagnes dominées au loin par les cimes du mont Culet et du Puy-de-Dôme. Elle est généralement mal bâtie, mal percée et malpropre. Les constructions les plus remarquables sont les bâtiments du collége, situés sur une colline d'où l'on jouit de charmants points de vue, et l'église cathédrale de Saint-Julien. Cette église, dont le style remonte au Bas-Empire, est en ce genre un des monuments les plus remarquables de l'Auvergne. A 43 kil. (11 l.) du Puy, 57 kil. (14 l. 1/2) de Clermont, 442 kil. (113 l. 1/2) de Paris.—Hôtels : Belmont, Courtet et Rolle-Peletan.

voitures publiques. Tous les jours pour Clermont et le Puy.

CHAISE-DIEU (la) (*H.-Loire*). Petite ville à 23 kil. (6 l.) de Brioude. 1,835 hab.—Cette ville doit son origine à une célèbre abbaye de bénédictins fondée par saint Robert, vers le milieu du onzième siècle. L'église abbatiale, une des plus belles qui existent en France, est d'architecture gothique, à ogives et à nervures. Elle a 92 mètres de longueur et 29 de largeur, les dimensions des chapelles non comprises. Le chœur a 40 mètres de long jusqu'à la grille du sanctuaire, et ses deux côtés sont bordés de cent cinquante-six stalles sculptées avec beaucoup de richesse et de goût : les voûtes, aussi solides que hardies, sont supportées par vingt-deux colonnes de 8 mètres de circonférence. Au milieu du chœur s'élève un monument funèbre en marbre noir, sur lequel est couchée une statue en marbre blanc, revêtue d'habits pontificaux et la tiare sur la tête ; c'est le tombeau du pape Clément VI, qui voulut être inhumé dans cette église, qu'il avait fait construire par reconnaissance pour l'instruction qu'il avait reçue à la Chaise-Dieu. L'orgue offre des sculptures en bois d'une composition large et riche. Le portail est orné de bas-reliefs, de figures de saints de différentes dimensions. Des peintures fort curieuses, et maintenant assez rares, entourent le chœur ; elles représentent la danse macabre, ou la danse des morts, branle de personnages que la mort et les démons, qui lui servent de satellites, animent à cette fête fantastique au son du rebec ou du psaltérion.

ALLÈGRE (*Haute-Loire*). Petite ville située à 21 kil. (5 l. 1/4) du Puy. 2,033 hab. Cette ville est bâtie sur le revers méridional d'une montagne élevée, que domine le dôme de Bar, montagne volcanique remarquable par sa belle forme conique, par sa hauteur et son isolement. Cette belle masse est presque entièrement composée de laves scorifiées : au sommet est un superbe cratère de forme circulaire, de 500 mètres de diamètre et de 40 mètres de profondeur.

LE PUY. Voyez page 464.

N° 115.

ROUTE DE PARIS A QUIMPER (FINISTÈRE).

54 myriamètres 7 kilomètres.

m. k.
De Paris à * Mayenne ☞ (Voy. N° 31)............ 25,3
Mayenne à * Ploermel ☞ (Voy. N° 144)....... 15,2
Ploermel à * Hennebon ☞ (Voy. N° 80)...... 7,3
Hennebon à * Quimper ☞ (Voy. N° 100)........ 6,9

N° 116.

R. DE PARIS A RAMBOUILLET (SEINE-ET-OISE).

1re R., par COIGNIÈRES (Voy. N° 100)............. 5,1

2e Route, par PONTCHARTRAIN, 6 myr. 3 kil.

De Paris à * Versailles ☞ (Voyez N° 100)....... 1,9
Versailles à * Pontchartrain ☞............. 1,9
* Saint-Cyr (à droite de la route).
Pontchartrain à * Rambouillet ☞.......... 2,5
* Montfort-l'Amaury (à droite de la route).

N° 118. ROUTE DE PARIS A REIMS.

DE RAMBOUILLET à	à ABLIS.............................	1,5
	à DOURDAN........................	2,2

D'ABLIS à *DOURDAN ☉........................ 1,7

De DOURDAN à ARPAJON ☉....................... 2,3

D'ARPAJON à	BONNELLE......................	1,9
	ESSONNE.......................	2,2

CYR (SAINT-) (*Seine-et-Oise*). Village à 5 kil. (1 l. 1/4) de Versailles. Il doit sa formation à une magnifique habitation construite sur les dessins de Mansard et fondée par Louis XIV, à la sollicitation de madame de Maintenon, pour l'instruction gratuite de 250 demoiselles nobles. La révolution ayant changé la destination de cette maison, on en fit d'abord une succursale des militaires invalides; ensuite le Prytanée français y fut établi ; maintenant elle est affectée à une école militaire spéciale, créée pour former des officiers de l'armée. — La maison de Saint-Cyr se divise en douze corps de bâtiments principaux qui renferment cinq cours. Le tout forme, avec les jardins et autres dépendances, un polygone de 140,000 mètres de surface. Les jardins sont dignes d'attention; on y remarquait jadis seize bassins ou jets d'eau; dans le fond, au nord, était un pavillon destiné aux visites mystérieuses que Louis XIV faisait à madame de Maintenon.

MONTFORT-L'AMAURY (*Seine-et-Oise*). Jolie petite ville, bâtie en amphithéâtre sur un coteau, dont le pied est baigné par une petite rivière. C'était autrefois une place forte, défendue par un bon château dont on voit encore les ruines sur un mamelon escarpé qui domine la ville. — L'église est d'une belle construction et ornée de riches vitraux. A 41 kil. (10 l. 1/2) de Paris. ✉.

N° 117.

ROUTE DE PARIS A RANDANS (PUY-DE-DOME).

36 myriamètres 5 kilomètres.

m. k.

De PARIS à AIGUEPERSE ☉ (Voy. N° 44)............ 35,1
AIGUEPERSE à RANDANS ☉...................... 1,4

N° 118.

ROUTE DE PARIS A REIMS (MARNE).

1re Route, par SOISSONS (Voy. N° 126)............ 15,5

2ᵉ R., par MEAUX, ÉPERNAY et MONCHENOT, 16 myr. 4 kil.

	m. k.
De PARIS à *ÉPERNAY ⚘ (Voy. N° 60)	13,7
ÉPERNAY à REIMS (Voy. ci-après)	2,7

DE REIMS A TROYES.

1ʳᵉ Route, par SILLERY, 12 myr. 2 kil.

De REIMS à SILLERY ⚘	1,1
SILLERY aux GRANDES-LOGES ⚘	1,9
LES GRANDES-LOGES à *CHALONS ⚘	1,4
CHALONS à *TROYES ⚘ (Voy. N° 38)	7,8

2ᵉ Route, par ÉPERNAY, 13 myr. 8 kil.

De REIMS à MONCHENOT ⚘	1,2
MONCHENOT à *ÉPERNAY ⚘	1,5
ÉPERNAY à JALONS ⚘	1,8
JALONS à CHALONS-SUR-MARNE ⚘	1,5
CHALONS à *TROYES ⚘ (Voy. N° 38)	7,8

N° 119.

ROUTE DE PARIS A RENNES (ILLE-ET-VILAINE).

1ʳᵉ Route, par ALENÇON (Voy. N° 31) 35,5

2ᵉ Route, par FOUGÈRES, 34 myr. 6 kil.

De PARIS à *MAYENNE (Voy. N° 31)	25,3
MAYENNE à *RENNES (Voy. N° 144)	9,3

DE RENNES A NANTES.

1ʳᵉ Route, par CHATEAUBRIANT, 11 myr. 7 kil.

De RENNES à CORPS-NUDS ⚘	1,8
CORPS-NUDS à THOURIE ⚘ (Ille-et-Vilaine)	1,7
*ESSÉ (à gauche de la route).	
THOURIE à *CHATEAUBRIANT ⚘	1,8
CHATEAUBRIANT à LA MEILLERAYE ⚘ (Loire-Inf.)	1,8
LA MEILLERAYE (Loire-Inférieure) à NORT ⚘	1,7
NORT à CARQUEFOU ⚘	1,8
CARQUEFOU à *NANTES ⚘	1,1

ESSÉ *(Ille-et-Vilaine).* Village à 27 kil. (7 l.) de Vitré. 1,705 hab. — A peu de distance de ce village, au milieu d'un champ qui dépend de la métairie de Rouvray, on voit un des monuments celtiques les plus curieux de la France,

N° 119. ROUTE DE PARIS A RENNES.

qui porte le nom de la Roche aux Fées. Il est composé de 42 pierres, dont 34, assez larges et d'une médiocre épaisseur, sont fichées debout en terre, et supportent huit pierres beaucoup plus grosses qui s'appuient sur leur extrémité. La forme de ce monument est à peu près celle d'un carré long, situé du sud-est au nord-ouest, et coupé par une cloison transversale. Sa plus grande longueur est de 19 mètres ; sa plus grande largeur, de 4 mètres ; sa hauteur au-dessus du sol est aussi de 4 mètres.

2e Route, par DERVAL et NOZAY, 10 myr. 7 kil.

De RENNES au BOUT DE LANDE ☞	1,6
BOUT DE LANDE à ROUDUN ☞	1,1
ROUDUN à LA BREHARAYE ☞	1,7
LA BREHARAYE à * DERVAL ☞	0,9
DERVAL à NOZAY ☞	1,2
NOZAY à BOUT DE BOIS ☞	1,4
BOUT DE BOIS à GESVRES ☞	1,4
* TREILLIÈRES (à gauche de la route).	
GESVRES à * NANTES ☞	1,4
* CHAPELLE-SUR-ERDRE ((à gauche de la R.).	

DERVAL (*Loire-Inférieure*). Petite ville à 21 kil. (5 l. 1/2) de Châteaubriant. 1,850 hab. A 2 kilomètres au nord de cette ville existait autrefois un château que l'on regardait comme une des places fortes les plus considérables de la Bretagne, et dont il ne reste plus aucune trace de remparts ni de fortifications.

TREILLIÈRES (*Loire-Inf.*). Bourg situé dans une vallée agréable, à 15 k. (3 l. 3/4) de Nantes. 1,220 hab. On remarque aux environs la chapelle pittoresque des DONS, dont l'entrée est obstruée par les troncs de deux ifs énormes qui attestent son ancienneté.

CHAPELLE-SUR-ERDRE (la) (*Loire-Inf.*). Bourg bâti dans une situation pittoresque, sur la pente d'un coteau, près de la rive gauche de l'Erdre. 2,250 hab. Aux environs on remarque le vieux château de la Gâcherie, où la reine de Navarre composa une partie des contes enjoués et naïfs qui portent son nom. — A un kilomètre de ce bourg, et à peu de distance du pont de Forges, on trouve dans un site pittoresque une source d'eau minérale ferrugineuse.

DE RENNES A SAINT-LO.

1re Route, par AVRANCHES, 13 myr. 4 kil.

De RENNES à SAUTOGER ☞	2,7
SAUTOGER à ANTRAIN ☞	1,7
ANTRAIN à PONTORSON ☞	1,2
* MONT-SAINT-MICHEL (à gauche de la route).	
PONTORSON à * AVRANCHES ☞	2,2
AVRANCHES à VILLEDIEU-LES-POÊLES ☞	2,2
VILLEDIEU à VILLEBAUDON ☞	1,7
VILLEBAUDON à * SAINT-LÔ ☞	1,7

MONT-SAINT-MICHEL (*Manche*). Bourgade forte située à 16 kil. (4 l.) d'Avranches. 390 hab. Le Mont-Saint-Michel est un des lieux les plus célèbres de la Normandie : on croit qu'avant l'arrivée des Romains, les Celtes y avaient un collège de druidesses. Les premiers apôtres du christianisme y placèrent quelques ermites et y bâtirent ensuite un monastère. Le Mont-Saint-Michel est presque partout entouré de hautes et épaisses murailles, flanquées de tours et de bastions. Le couchant et le nord ne présentent que des pointes de noirs rochers. La pente la plus inclinée au levant et au midi est seule habitée : on y voit une petite église paroissiale antique et obscure, un groupe de maisons avec quelques petits jardins formés de terres apportées sur le roc. La mer couvre les grèves immenses qui entourent le rocher, et le transforme en une île. Ces grèves, que chaque marée couvre et découvre, ont plusieurs myriamètres carrés de superficie, et sont composées, en certaines parties, de sables mouvants redoutés, et qui ont englouti plus d'un voyageur imprudent. Ces sables mouvants, la vélocité de la marée montante, les brouillards épais et fréquents dans ces parages augmentent les dangers des grèves. La route la plus sûre pour se rendre au Mont-Saint-Michel est de partir d'Ardevon : là on trouve des guides qui connaissent l'heure où la mer monte, et qui, lorsqu'elle s'est retirée, conduisent les voyageurs qui sont à cheval ou en voiture sur un terrain solide où ils ne courent aucun danger. — L'abbaye du Mont-Saint-Michel est aussi extraordinaire par son style que par son site, et également curieuse comme monument historique. On y remarque la porte d'entrée, flanquée de deux hautes tours semblables à deux immenses pièces de canon plantées sur leur culasse. Au nord se trouve un vaste édifice très-bien conservé, remarquable par son élévation et sa hardiesse, et désigné sous le nom de la Merveille. Il comprend, au rez-de-chaussée, des salles immenses, connues sous le nom de salles de Montgommery. Au premier étage se trouve, à l'est, une pièce d'environ 29 mètres de longueur, servant autrefois de réfectoire aux moines : c'est un des plus beaux morceaux gothiques qui existent en France ; à l'ouest, est la magnifique salle des Chevaliers, admirable vaisseau du onzième siècle, dont la voûte est soutenue par trois rangs de colonnes en granit d'une grande légèreté et d'un travail parfait : elle a 28 mètres de longueur. A l'étage supérieur se trouvent encore des appartements de la même dimension que le réfectoire des moines. Sur le même niveau, du côté de l'ouest, on remarque l'aire de plomb couvrant la salle des Chevaliers, et, autour de cette aire, la charmante galerie appelée le Cloître, soutenue par un triple rang de colonnettes à voûtes en ogive et à nervures d'une délicatesse admirable. Au midi, on voit des constructions presque toutes établies les unes sur les autres, au moyen de voûtes bâties sans plan et sans goût, divisées en une foule de petits appartements servant autrefois de prison, et désignés encore aujourd'hui sous ce nom. Au milieu de tous ces bâtiments s'élève l'église, dont la nef vient d'être dévorée par les flammes, et dont le magnifique chœur d'architecture gothique est parfaitement conservé. L'église est élevée, ainsi que les chapelles qui environnent le chœur et la plate-forme. Sous l'édifice règne le souterrain dit des gros Piliers, où l'on voit un groupe central d'énormes piliers de granit qui supporte la masse de l'église.

OUVRAGES A CONSULTER. *Voyage au Mont-Saint-Michel*, par Noël de la Houssaie, in-18, 1811.
Notice historique et topographique du Mont-Saint-Michel, de Tombelaine et d'Avranches, par Blondel, in-12, 1823.
De l'état ancien et actuel de la baie du Mont-Saint-Michel, par Manet, in-8°, 1829.
Histoire pittoresque du Mont-Saint-Michel, par Max. Raoul, in-8°, 1833.
Du Mont-Saint-Michel au péril de la mer, par Maud'huy, in-8°, 1833.

AVRANCHES. Voyez page 248.

LO (SAINT-). Ville ancienne. Chef-lieu du département de la Manche. Trib. de 1re inst. et de com. Ch. des manuf. Coll. comm. Soc. philharmonique. Dépôt royal d'étalons. ⊠ ⚓ 8,421 hab. — Saint-Lô paraît devoir son origine à Charlemagne, qui y fit construire une forteresse quand il visita les côtes septentrionales de la France, et fortifia les embouchures des rivières pour garantir le pays contre les incursions des Normands. La partie centrale de la ville est bâtie sur un roc qui domine la rivière de Vire, et jette sept ou huit rues en tous sens, comme les longues pattes d'une araignée faucheuse. Ces rues n'ont rien de régulier; presque toutes ont une pente plus ou moins rapide. Peu de maisons sont bien bâties, mais celles que l'on construit depuis plusieurs années ne manquent pas d'élégance. La place du Champ de Mars est belle et bien plantée. Les environs de la ville sont très-pittoresques et offrent de délicieuses promenades. — Les monuments antiques ne sont pas nombreux à Saint-Lô; plusieurs cependant sont dignes de fixer l'attention des voyageurs. L'église Notre-Dame est une basilique remarquable, surmontée de deux tours d'une grande hauteur. L'église de Sainte-Croix est une des plus anciennes du royaume; elle est de 805, et fort curieuse par les accessoires en sculpture ou en bas-reliefs. Un des monuments les plus curieux de Saint-Lô est sans contredit le célèbre marbre de Torigni. (Voyez plus bas.) — FABRIQUES de rubans de fil, dentelle, etc. — COMMERCE de chevaux propres à la remonte de la cavalerie. A 275 kil. (70 l. 1/2) de Paris.

VOITURES PUBLIQUES. Tous les jours pour Caen, Cherbourg, Paris, Coutances, Périers, Villedieu, Torigni.
OUVRAGES A CONSULTER. *Notes sur l'histoire du département de la Manche*, par Houel, in-8°, 1823-26.
Annuaires de la Manche, par Travers, in-12, 1829-41.

2ᵉ Route, par VIRE, 15 myr. 3 kil.

De RENNES à * FOUGÈRES ☞ (Voy. N° 144)....... 4,8
FOUGÈRES à LOUVIGNÉ ☞...................... 1,6
LOUVIGNÉ à SAINT-HILAIRE DU HARCOUET ☞.... 1,2
SAINT-HILAIRE DU HARCOUET à * MORTAIN ☞. ... 1,5
MORTAIN à SOURDEVAL ☞.................... 1,0
SOURDEVAL à * VIRE ☞...................... 1,3
VIRE à * TORIGNI ☞........................ 2,5
TORIGNI à * SAINT-LÔ ☞.................... 1,4

* MORTAIN (*Manche*). Petite ville. Sous-préf. Trib. de 1ʳᵉ inst. Coll. com. 2,511 hab. On y remarque les ruines pittoresques de l'ancien château, à peu de distance duquel se trouve un rocher en forme de pyramide étroite, et quelques pas plus loin une très-belle cascade entourée d'admirables rochers de 35 mètres de hauteur perpendiculaire, entre les interstices desquels croissent de jolis buissons et des lichens recherchés par les naturalistes. Il faut visiter l'église, un des monuments les plus curieux pour l'antiquaire ; fondée en 1082, elle offre le modèle le mieux conservé de l'architecture de transition. — A 55 kil. (14 l.) de Saint-Lô, 271 kil. (69 l. 1/2) de Paris.
VOITURES PUBLIQUES. Pour Rennes, Caen, Domfront, Avranches.

VIRE. Voyez page 250.

TORIGNI (*Manche*). Petite ville assez bien bâtie et fort agréablement située, à 12 kil. (3 l.) de Saint-Lô. 2,184 hab. Cette ville possédait avant la révolution de 1789 un magnifique château, dont il ne reste guère plus qu'une aile, qui sert d'hôtel de ville, et dans laquelle il existe encore une galerie de tableaux, la plupart historiques et rappelant les faits d'armes des Matignon. On trouve aussi dans une pièce des tentures des Gobelins. De belles avenues dominent un côté du grand étang près du château, et servent de promenade publique. Torigni a possédé pendant près de trois siècles un marbre antique, trouvé, en 1580, enseveli dans les ruines de Vieux, près de Caen. Ce monument, l'un des plus anciens de l'ancienne Gaule que les ravages des siècles aient épargnés, est connu des savants sous le nom de *marbre de Torigni* : c'est un stylobate ou piédestal en marbre rougeâtre, qui a dû servir à supporter une statue élevée dans le troisième siècle de l'ère vulgaire à *Titus Sennius Solemnis*. Sa face antérieure et ses deux faces latérales sont toutes trois chargées d'inscriptions. La troisième, qui est très-bien conservée, constate l'antique organisation des assemblées représentatives dans les Gaules. — Le marbre de Torigni est aujourd'hui placé dans une des salles de l'hôtel de ville de Caen.

OUVRAGE A CONSULTER. *Marbre de Torigni* (Mém. de la Soc. des Antiq. de France, t. 8, 1833).

DE RENNES A SAINT-MALO.

1re Route, par CHATEAUNEUF, 7 myr. 1 kil.

De RENNES à HÉDÉ 2,3
HÉDÉ à SAINT-PIERRE DE PLERGUEN 2,0
SAINT-PIERRE à CHATEAUNEUF (Ille-et-Vil.).. 1,3
CHATEAUNEUF à * SAINT-MALO 1,5
Et pendant la hauteur de la marée, 4 kilomètres en sus.
* SAINT-SERVAN (sur la route).

HÉDÉ (*Ille-et-Vil.*). Jolie petite ville. ⌧ 840 hab. Cette ville doit probablement son origine à un ancien château fort dont on voit encore de fort belles ruines. On y arrive du côté de Rennes par une chaussée en terre fort élevée d'où l'on domine, à droite, un vaste étang, et à gauche, une belle vallée au fond de laquelle coule un ruisseau qui met en mouvement sept moulins. Elle est bien bâtie en pierres, et formée de maisons ayant presque toutes un joli jardin ; au milieu est une place publique sablée et plantée de tilleuls où se croisent les routes de Dol et de Saint-Malo. On y trouve trois fontaines publiques et une fontaine d'eau minérale ferrugineuse.

CHATEAUNEUF (*Ille-et-Vil.*). Petite et très-ancienne ville, à 13 kil. (3 l. 1/4) de Saint-Malo. ⌧ 694 hab. On y voit un fort hexagone, construit sous terre en 1777, d'après les plans de Vauban ; il ne s'élève pas au-dessus du sol qui l'environne, et est entièrement caché par le glacis qui défend l'abord du fossé. Sous les bastions sont des casemates où peuvent loger 600 hommes. — La ville était autrefois défendue par un château fort, dont il reste encore des ruines imposantes enclavées dans le parc d'un château moderne qui domine Châteauneuf, et dont les jardins descendent jusque sur la grande route.

SERVAN (SAINT-) (*Ille-et-Vil.*). Jolie ville maritime, située à l'embouchure et sur la rive droite de la Rance, vis-à-vis de Saint-Malo, dont elle n'est séparée que par un large bras de mer à sec à toutes les marées. ⌧ 9,975 h. Saint-Servan est la partie continentale d'une ville dont Saint-Malo est la partie insulaire. La première a pendant longtemps été regardée comme un faubourg de la seconde, et le 1er mai 1755, elles furent réunies pour ne faire qu'une communauté, jouir des mêmes avantages, et payer les mêmes charges : elles forment aujourd'hui deux communes distinctes. Saint-Servan est séparée de Saint-Malo par une grève très-étroite, que l'on traverse en voiture en moins de dix minutes lorsque la mer est retirée, ce qu'elle fait deux fois dans vingt-quatre heures ; quand la marée est haute, elle recouvre de trente à quarante pieds d'eau la grève que, quelques heures auparavant, on avait traversée à pied sec ; le passage s'opère alors dans de petits canots. Lorsqu'on aura achevé la construction du bassin à flot dont nous parlerons à l'article Saint-Malo, cette ville sera jointe à Saint-Servan par une chaussée pleine ou barrage de 26 m. 50 c. de largeur, qui rendra le trajet plus court, la communication constante et beaucoup plus rapide entre les deux villes. — La tour SOLIDOR est une fortification isolée fondée en 1382 par Guillaume le Conquérant : elle a 18 mètres de haut, non compris le parapet qui la couronne, et qui est porté sur des encorbellements de pierre de taille ; son élévation est divisée en 4 étages, y compris celui du mâchicoulis et le rez-de-chaussée ; sa forme, figurée en as de trèfle, n'offre dans la réalité qu'une liasse de trois tours, une grosse et deux petites, jointes ensemble par un petit carré dont le dedans n'a que 5 m. 1/2 de face. Le port Solidor est très-commode et très-sûr; on y construit de grands navires et même des frégates. — La ville de Saint-Servan est bien bâtie, et le séjour en est très-agréable. Presque toutes les habitations ont de jolis jardins; les campagnes des environs sont charmantes.

VOITURES PUBLIQUES. Tous les jours diligences de St-Malo à Rennes; voitures de St-Malo à Dinan tous les jours.

MALO (SAINT-) (*Ille-et-Vil.*). Ville forte et maritime. Sous-préf. Trib. de 1re inst. et de comm. Ch. des manuf. Direct. des douanes. École d'hydrographie de 1re classe; consulats étrangers. Société d'agr. Place de guerre de 3e cl. ⌧ ⚯ 9,981 h. (*Établissement de la marée du port*, 6 *heures*). — Saint-Malo est bâti sur l'île d'Aron, qui ne tient au continent que par une chaussée baignée deux fois le jour par les eaux de la mer, et défendue par des ouvrages avancés, ainsi que par d'immenses troncs d'arbres fichés sur la grève pour amortir la violence des flots. Le port, formé par une espèce de goulet compris entre une pointe de rocher et un commencement de jetée qui part de la ville, est vaste, sûr, commode et très-important sous les rapports nautiques et commerciaux. Il est très-fréquenté, mais d'un accès difficile, à cause des nombreux récifs qui en défendent en quelque sorte l'entrée; c'est sans contredit un des plus beaux et des plus sûrs de France. C'est un port de marée, et les vaisseaux y restent à sec à basse mer; dans les grandes marées le flot s'y élève à 15 mètres au-dessus du niveau de la basse mer. Dans la session de 1836, les chambres ont adopté le projet de construction d'un bassin à flot dans l'anse qui sépare les villes de Saint-Malo et de Saint-Servan; il aura 132 hectares de superficie, et s'étendra entre les deux villes sur toute la grève que la mer recouvre aujourd'hui. — A l'ouest de Saint-Malo se trouve la rade, protégée par sept forts, dont le plus remarquable est la Conchée, ouvrage du célèbre Vauban, élevé à deux lieues en mer sur un rocher presque inaccessible, où l'on ne peut aborder que d'un côté. — On voit à Saint-Malo quelques fontaines alimentées par des sources qui se trouvent au delà de Saint-Servan : les aqueducs passent sous la mer à travers la grève. Les murs de Saint-Malo sont d'une extrême force et d'une grande beauté ; construits sur les dessins de Vauban, ils sont élevés sur le roc, flanqués de tours et de bastions, et garnis d'une nombreuse artillerie. Ces murs sont très-larges], pavés en grandes pierres plates, et forment une belle promenade d'où l'on jouit d'une vue magnifique et extrêmement étendue. D'un côté on aperçoit la campagne, Saint-Servan et le port; sur un autre point, la rade et les rivages baignés par la Rance; vers le nord, la pleine mer et les forts avancés. L'œil peut de là se porter très-loin, et plusieurs personnes assurent que l'on voit jusqu'à Jersey. Tous les aspects sont variés et offrent des tableaux différents. Cependant, si le spectacle que l'on a sous les yeux est sublime lorsque la mer est pleine, qu'elle vient battre les murs et lancer l'écume de ses vagues jusque sur les curieux qui bordent les remparts, il est en revanche bien triste lorsqu'elle est retirée, qu'on ne l'aperçoit plus qu'au loin, que les bâtiments sont à sec, et que l'œil ne se repose que sur une plage abandonnée. — Plusieurs rues de la ville sont bordées de maisons bien bâties, et on y voit de magnifiques hôtels. La ville est jolie, et cependant le séjour en est peu agréable. La cathédrale est dans le genre gothique. — Le château, bâtiment de forme carrée, flanqué de quatre grosses tours à chacun de ses angles, fait partie des fortifications : quoique très-ancien, il a mérité d'être conservé dans le nouveau plan. L'enceinte de Saint-Malo est ouverte par les portes Saint-Vincent et Saint-Thomas, toutes les deux attenantes au château; par la grande porte située à l'extrémité du bastion Saint-Vincent, et par la porte de Dinan. De ce côté Saint-Malo a un quai fort étendu, entre le bastion Saint-Philippe et celui de Saint-Louis, et deux autres quais au levant de la ville; l'un s'étend depuis le bastion Saint-Louis jusqu'à la grande porte, et l'autre, plus large que les deux premiers, commence à quelque distance de la bourse et s'étend jusqu'à la porte Saint-Vincent. A la pointe du bastion Saint-Louis, on a construit un éperon qui s'avance dans la mer. Depuis quelques années les bains de mer attirent à Saint-Malo beaucoup d'étrangers durant la belle saison. — C'est la patrie de Duguay-Trouin; de Jacques Cartier; de Maupertuis; de la Bourdonnaye, vainqueur des Anglais à Madras; de la Mettrie; de M. Broussais, l'un des plus célèbres médecins de notre époque; de M. l'abbé de Lamennais, etc., etc. — FABRIQUES de filets de pêche, fils à voiles, poulies, cordages, savon, hameçons perfectionnés. Corderies pour la marine. Construction de navires. — Manufacture royale des tabacs. — COMMERCE de grains, fruits, vins, eaux-de-vie, salaisons, tabac excellent, sel, etc. Armements considérables pour l'île Bourbon, les Indes orientales et occidentales, l'Afrique et le Sénégal. Armements pour la pêche de la morue, de la baleine et du maquereau. Grand et petit cabotage. — A 68 kil. (17 l. 1/2) de Rennes, 2 kil. (1/2) N. de Saint-Servan, 360 kil. (92 l 1/2, O. de Paris. — HÔTELS de France, des Voyageurs, Franklin, de la Paix : ces hôtels sont justement renommés pour la bonne chère et la modération des prix.

VOITURES PUBLIQUES. Pour Rennes, Saint-Brieuc, Brest par Dinan, et pour Caen, tous les jours.

PAQUEBOTS A VAPEUR. Un des bateaux de la compagnie du Sud, d'Angleterre, se rend de Jersey à St-Malo tous les mercredis et vendredis, à l'arrivée des bateaux de Southampton, et également à Grandville, tous les lundis matin, retournant les jeudis et samedis de Saint-Malo, et les mardis de Grandville. Prix de Guernesey à Jersey, 4 sh. et 2 shell 6 p.; de St-Malo à Jersey, 10 shell, et 7 shell.

OUVRAGES A CONSULTER, qui se trouvent à la librairie de Coni-Beaucaire, à Saint-Malo.

Antiquités historiques et monumentales, à visiter de Montfort à Corseul, et au retour par Jugon, avec addition des antiquités de St-Malo et de Dol, par Poignand, in-8°, 1820.

Biographie des célèbres Malouins, par Manet, in-8°.

2ᵉ Route, par COMBOURG, 8 myr. 2 kil.

De RENNES à * HÉDÉ ⚜............................ 2,3
HÉDÉ à * COMBOURG ⚜ (vacant)............... 1,4
COMBOURG à * DOL ⚜......................... 1,7
DOL à * SAINT-MALO ⚜........................ 2,8

De DOL à SAINT-PIERRE DE PLESGUEN ⚜........... 1,9
SAINT-PIERRE DE PLESGUEN à * DINAN ⚜...... 1,4

De REDON à ROZAY ⚜.............................. 1,9
ROZAY à BOUT DE BOIS ⚜..................... 2,4
* BLAIN (sur la route).
BOUT-DE-BOIS à NORT ⚜....................... 1,2
NORT à * ANCENIS ⚜.......................... 2,7

COMBOURG (*Ille-et-Vilaine*). Bourg situé près d'un bel étang, à 43 kil. (11 l.) de Saint-Malo. ⊠ ⚜ 4,774 hab. On y remarque un ancien château flanqué de quatre tourelles, bien conservé. — Patrie de M. de Chateaubriand.

DOL (*Ille-et-Vilaine*). Ville ancienne, à 21 kil. (5 l. 1/4) de Saint-Malo. ⊠ ⚜ 3,939 h. Cette ville est située à l'intersection de plusieurs grandes routes, au milieu de marais desséchés extrêmement fertiles. Elle est bâtie sur une hauteur qui domine la partie des marais qui n'est pas boisée, et s'aperçoit d'assez loin. De vieux murs et de larges fossés, restes de ses anciennes fortifications, l'environnent de toutes parts. Des promenades charmantes ont été établies récemment sur les glacis de ses remparts. Dol est une ville triste et mal bâtie : la plupart des maisons offrent même une construction bizarre ; le premier étage se détache du rez-de-chaussée et s'avance sur la rue, où il forme une saillie de six à huit pieds, soutenue par des piliers; cependant beaucoup de constructions modernes se font remarquer à côté de ces anciens manoirs ; la Grande-Rue, qui est presque la seule à laquelle on puisse donner ce nom, est spacieuse et bordée de maisons construites sur une ligne assez régulière. — L'ancienne cathédrale de Dol est une des plus belles églises de la Bretagne. Elle est très-vaste; sa nef est élevée, et il y a de la légèreté, de la hardiesse dans l'ensemble de son architecture gothique. Les piliers sont remarquables ; quatre petites colonnes séparées les flanquent et s'élèvent jusqu'à leur sommet. Les tours de cet édifice sont très-hautes; l'église est construite avec une grande solidité et bien conservée.

DINAN. Voyez page 246.

REDON (*Ille-et-Vilaine*). Jolie ville. Sous-préf. Trib. de 1re inst. Coll. com. ⊠ 4,763 h. Société littéraire. Cette ville est située au pied d'une montagne sur la Vilaine, à l'intersection de trois chaussées qui y aboutissent de trois points différents; elle a un bassin à flot, un port très-fréquenté, assez grand, très-sûr, et garni de beaux quais; il peut contenir 60 à 80 bâtiments. — Redon est une ville généralement bien bâtie. On y voit plusieurs beaux hôtels, une jolie fontaine publique, et une belle promenade plantée de quatre rangs d'arbres, dont la vue est délicieuse. L'église de l'ancienne abbaye, maintenant l'église paroissiale, est un fort bel édifice dont le rond-point passe pour un chef-d'œuvre d'architecture; les bâtiments du monastère ont été affectés à un collège. — L'HORLOGE, d'une belle architecture, est surmontée d'une flèche magnifique. — Le CHATEAU DE BEAUMONT, d'une construction fort ancienne, est une dépendance de la commune de Redon ; il est composé de parties très-irrégulières et assez modernes, à l'exception de trois tours qui paraissent remonter à une époque éloignée. — FABRIQUES de serges. Exploitation de carrières d'ardoises. Construction de navires pour le grand et le petit cabotage. — COMMERCE de grains, vins, sel, beurre, miel, etc. A 63 kil. (16 l. 1/4) de Rennes, 401 kil. (103 l.) de Paris. — HÔTEL du Lion-d'Or.

BLAIN (*Loire-Inf.*). Petite ville fort ancienne, située près de la rive droite de l'Isaac, à 18 kil. (4 l. 1/2) de Savenay. 4,899 h. Blain était autrefois défendu par un château fort, construit en 1106 par Alain Fergent, duc de Bretagne. Il ne reste plus qu'une aile entière de ce vaste édifice; des neuf tours disposées en jeu de quilles qui l'ornaient jadis, deux seulement sont encore debout. L'une d'elles, construite par Olivier de Clisson, conserve encore le nom de tour du Connétable.

N° 120.

R. DE PARIS A ROCHEFORT (CHARENTE-INFÉRIEURE).

46 myriamètres 9 kilomètres.

m. k.
De PARIS à CROUTELLE (Voy. N° 25). 34,3
   CROUTELLE à *NIORT (Voy. N° 103). 6,6

N° 120. ROUTE DE PARIS A ROCHEFORT.

	m. k.
Niort à Frontenay ⚘	1,0
Frontenay à Mauzé ⚘	1,3
Mauzé à Surgères ⚘	1,1
Surgères à Muron ⚘	1,0
Muron à *Rochefort ⚘	1,6
Rochefort à Bordeaux (Voy. N° 25, de Bordeaux à Nantes)	16,2

DE ROCHEFORT A BOURBON-VENDÉE, 11 myr. 4 kil.

De *Rochefort ⚘ (Char.-Inf.) à Trois-Canons ⚘	1,7
Trois-Canons à *La Rochelle ⚘	1,4
La Rochelle à Grolaud ⚘	0,9
Grolaud à *Marans ⚘	1,5
Marans à Moreilles ⚘	1,7
Moreilles à *Luçon ⚘	1,0
Luçon à Mareuil ⚘	1,0
Mareuil à *Bourbon-Vendée ⚘	2,2

DE ROCHEFORT A ANGOULÊME, 1 myr. 1 kil.

De Rochefort à *Saintes ⚘ (Voy. N° 25)	3,9
Saintes à Pontreau ⚘	1,3
Pontreau à *Cognac ⚘	1,4
Cognac à *Jarnac ⚘	1,5
Jarnac à Hiersac ⚘	1,5
Hiersac à *Angoulême ⚘	1,5

COGNAC (*Charente*). Petite ville. Sous-préf. Trib. de 1re inst. et de com. Soc. d'agr. Coll. com. ⚘ 3,409 hab. Cette ville est située sur une éminence, dans un pays charmant, sur la rive gauche de la Charente, qui y est navigable, et dont les eaux limpides fertilisent de vastes et belles prairies. Elle est en général assez bien bâtie, fort mal percée et dominée par les restes d'un ancien château qui lui servait autrefois de défense ; le parc est bien conservé et sert de promenade aux habitants. — Patrie de François Ier. — COMMERCE de vins, eaux-de-vie, esprits, graine de lin, genièvre. Entrepôt des excellentes eaux-de-vie qui se fabriquent dans les communes environnantes, dont Cognac fait des expéditions immenses dans toutes les parties de l'Europe et de l'étranger. A 39 kil. (10 l.) d'Angoulême, 503 kil. (129 l.) de Paris. — HÔTELS : de France, du Faisan, des Trois-Marchands.

VOITURES PUBLIQUES. Tous les jours pour Saintes, Angoulême.

JARNAC (*Charente*). Jolie petite ville située au milieu de vastes prairies, sur la Charente, que l'on y passe sur un beau pont suspendu, et qui forme en cet endroit un petit port. A 12 kil. (3 l.) de Cognac. ⚘ 2,282 hab.

VOITURES PUBLIQUES. Tous les jours d'Angoulême à Saintes.

N° 121.

ROUTE DE PARIS A LA ROCHELLE
(CHARENTE-INFÉRIEURE).

1re Route, par MAUZÉ, 47 myr. 2 kil.

	m. k.
De PARIS à *CROUTELLE ☞ (Voy. N° 25)	34,3
CROUTELLE à *NIORT ☞ (Voy. N° 103)	6,6
NIORT à *MAUZÉ ☞ (Voy. N° 120)	2,3
MAUZÉ à FERRIÈRES ☞	1,5
FERRIÈRES à GROLAUD ☞	1,6
GROLAUD à *LA ROCHELLE ☞	0,9

2e Route, par SURGÈRES, 47 myr. 5 kil.

De PARIS à *NIORT ☞ (Voy. la 1re Route)	40,9
NIORT à *SURGÈRES ☞ (Voy. N° 120)	3,4
SURGÈRES à PUY-DROUARD ☞	1,2
PUY-DROUARD à *LA ROCHELLE ☞	2,0

N° 122.

ROUTE DE PARIS A ROCROY (ARDENNES).
26 myriamètres 3 kilomètres.

De PARIS à *MÉZIÈRES ☞ (Voy. N° 90)	23,4
MÉZIÈRES à LONNY ☞	1,2
LONNY à *ROCROY ☞	1,7

N° 123.

ROUTE DE PARIS A RODEZ (AVEYRON).
60 myriamètres 2 kilomètres.

De PARIS à *CLERMONT (Voy. N° 44)	38,0
CLERMONT à *RODEZ (Voy. N° 44, de Clermont à Toulouse)	22,2

N° 124.

ROUTE DE PARIS A **ROUEN** (SEINE-INFÉRIEURE).

Voyez l'Itinéraire descriptif de PARIS au HAVRE, p. 392.

1re R. par GISORS et ÉCOUIS.

(Voy. 2e R. de Paris au Havre, 12 myr. 6 kil., et les autres Routes de Paris au Havre).

2e Route, dite Route D'EN HAUT, 13 myr. 3 kil.

	m. k.
De PARIS à COURBEVOIE ⌾	0,9
COURBEVOIE à HERBLAY ⌾	1,4
HERBLAY à *PONTOISE ⌾	0,9
PONTOISE à BORDEU DE VIGNY ⌾	1,4
BORDEU DE VIGNY à MAGNY ⌾	1,3
MAGNY à TILLIERS ⌾	1,7
TILLIERS à ÉCOUIS ⌾	1,5
*BOURG-BAUDOUIN (sur la route).	
ÉCOUIS à FLEURY-SUR-ANDELLE ⌾	1,9
FLEURY-SUR-ANDELLE à LA FORGE-FÉRET ⌾	1,2
LA FORGE-FÉRET à *ROUEN ⌾	1,1

PONTOISE, GISORS. Voyez pages 132 et 133.
ROUEN. Très-ancienne, grande et riche ville maritime. Chef-lieu du département de la Seine-Inférieure. Cour R. Trib. de 1re inst. et de com. Ch. et bourse de com. Banque. Conseil de prud'h. Chef-lieu de la 15e div. milit. Hôtel des monnaies (lettre B). Acad. royale des sciences et arts. Académie universitaire. Collége R. Soc. d'agr. École d'hydr. de 3e classe. Archevêché. École de peinture, de sculpture et d'architecture. ✉ ⌾ 96,002 hab. (*Établissement de la marée du port*, 1 *heure* 15 *minutes*.) — La ville de Rouen était déjà considérable avant la conquête des Gaules : elle était connue des Romains sous le nom de *Rothomagus*. Cette ville est dans une situation très-agréable sur la rive droite de la Seine, au bas d'une vallée très-ouverte, autour de laquelle règne une chaîne de montagnes coupées par les vallées de Déville et de Darnetal. Elle est en général très-mal bâtie ; la plupart des maisons sont construites en bois, les rues sont étroites et mal percées; quelques quartiers cependant ont des maisons bâties avec élégance. Le quai est superbe et offre une vue magnifique sur le cours de la Seine, couverte de navires et de bateaux de toute espèce. La marée, qui s'y élève très-haut, lui procure l'avantage de recevoir des bâtiments de 200 tonneaux, et la met au rang des villes maritimes de la France. L'aspect de cette ville est riant et pittoresque : les coteaux qui l'environnent et s'élèvent en amphithéâtre, les îles et les prairies qui s'étendent le long de la Seine, les cours et les promenades qui l'entourent, la beauté du fleuve, couvert de bâtiments de commerce de presque toutes les nations, offrent le coup d'œil le plus animé, le plus agréable et le plus varié qu'il soit possible de voir. Ses remparts, ses murailles ont disparu pour faire place à de jolis boulevards dont les allées, de la plus belle verdure,

ÉGLISE ST OUEN
à Rouen.

TOUR DE LA GROSSE HORLOGE
A ROUEN.

procurent aux habitants de charmantes promenades. Deux rivières, l'Aubette et le Robec, contribuent puissamment à la salubrité de cette ville et à l'industrie de ses habitants. Les monuments et autres objets remarquables de Rouen sont :

La tour de la grosse Horloge, édifice de forme carrée et d'un gothique simple, où est placée l'horloge principale de la ville, ainsi que la cloche du beffroi.

Le palais de justice, vaste et admirable bâtiment d'un gothique extrêmement délicat et très hardi dans son exécution, dont la façade a été restaurée récemment avec un talent et un soin qui méritent les plus grands éloges. La principale salle, dite la salle des Procureurs, est remarquable par sa longueur, qui est de 55 m. 21 c., sur 16 m. 24 c. de largeur : la charpente qui lui sert de voûte est le morceau le plus rare en ce genre; elle représente parfaitement la carcasse d'un vaisseau renversé Au fond de la salle des Procureurs, à droite, est une porte qui communique dans l'ancienne grand'chambre, regardée comme la plus belle du royaume.

L'église métropolitaine, ouvrage de plusieurs siècles, à partir du treizième jusqu'au seizième inclusivement, en exceptant la base de la tour Saint-Romain, qui offre des traces d'une antiquité plus reculée. La façade principale offre un majestueux ensemble et une grande richesse de détails. La longueur de cette église, depuis le grand portail jusqu'à l'extrémité de la chapelle de la Vierge, est de 132 m. 59 c.; la largeur d'un mur à l'autre est de 31 m. 82 c.; la hauteur de la nef est de 27 m. 29 c., celle des collatéraux de 13 m. 65 c.; la croisée a 53 m. 26 c. de longueur sur 7 m. 44 c. de large; au centre est la lanterne, élevée de 51 m. 97 c. sous clef de voûte, et soutenue par quatre gros piliers supportant le soubassement d'une tour carrée, sur laquelle s'élève une belle pyramide en fer fondu, de 132 mètres de hauteur, qui a remplacé la belle flèche en pierre, détruite par le feu du ciel le 15 septembre 1822. La tour méridionale, dite Georges-d'Amboise, est d'une belle structure; la tour dite de Saint-Romain, depuis la base jusqu'à la partie supérieure, est d'une construction très-simple. Le portail, avec ses trois portes ornées de riches sculptures, fut élevé au commencement du seizième siècle. L'intérieur du temple présente un bel aspect; il reçoit le jour par 130 fenêtres, garnies pour la plupart de vitraux de couleur, exécutés partie dans le treizième siècle, et partie à l'époque de la renaissance.

L'abbaye de Saint-Ouen, la plus ancienne de toute la ci-devant province de Normandie, fut réédifiée en 1318; l'église a la forme d'une croix latine. Quoique construite à quatre reprises différentes, c'est cependant l'un des temples qui offre la plus grande symétrie dans les différentes parties qui la composent et dans ses détails. On ne peut rien voir d'aussi beau que le vaisseau de cette admirable basilique : du grand portail occidental on aperçoit le chœur dans tout son ensemble; c'est un cercle ou plutôt un ovale entouré de hauts piliers formés de colonnes réunies en faisceaux, et dégagé de toute espèce de cloison qui pourrait en masquer la vue; il est impossible de rien imaginer, sous ce rapport, de plus aérien, de plus séduisant : le fini et la délicatesse de ces piliers est une chose vraiment étonnante. Onze chapelles, y compris celle de la Vierge, environnent le chœur de l'église, dont la longueur dans œuvre est de 135 m. 19 c.; sa largeur, en y comprenant les collatéraux, est de 25 m. 33 c.; sa hauteur est de 32 m. 18 c. sous clef de voûte; elle reçoit le jour par 120 fenêtres sur trois rangs, sans y comprendre les trois rosaces. Le second rang de ces fenêtres éclaire une galerie circulaire intérieure qui règne au-dessus des collatéraux, où plusieurs de ces fenêtres présentent des vitraux d'une grande beauté. Il faut surtout remarquer une sibylle dans la deuxième travée du bas côté à gauche en entrant, et les dais gothiques de la verrière en face de la grille du chœur, dans le collatéral du midi. Contre le premier pilier de droite, en entrant par le portail occidental, est un grand bénitier de marbre; par un effet d'optique assez curieux, on voit, en regardant au fond de ce bénitier, la voûte de l'église dans toute son étendue. — Le portail présente la porte principale de l'église entre deux tours tronquées, placées diagonalement et construites, l'une à la hauteur de 16 m. 24 c., l'autre à 13 mètres au-dessus du sol de la place. Indépendamment du portail principal, on entre dans ce temple par deux autres portes situées au midi. Au centre de l'édifice s'élève majestueusement une magnifique tour, dont la base carrée présente sur chaque face deux grandes fenêtres surmontées de pignons à jour, du style le plus riche et le plus élégant : la partie supérieure, de forme octogone, est flanquée de quatre tourelles qui se rattachent aux angles de la tour par de légers arcs-boutants dont l'extrados est orné de jolies découpures; cette partie de la tour, percée d'une fenêtre sur ses quatre faces, est surmontée d'une couronne ducale travaillée à jour, de l'effet le plus pittoresque. La hauteur totale de la tour, depuis le pavé de l'église jusqu'à sa sommité, est de 78 mètres.

L'ÉGLISE DE SAINT-MACLOU, à l'extérieur, est un diminutif de celle de Saint-Ouen ; c'est à peu près le même genre de construction ; le style pyramidal s'y retrouve partout. L'intérieur mérite toute l'attention des curieux : nous signalons particulièrement ici le charmant escalier à jour qui conduit à l'orgue, ainsi que les portes sculptées, dignes du grand maître auquel on les attribue. Cette église a conservé presque toute son ancienne vitrerie, décorée en général de figures isolées, dans le style de la renaissance. On y remarque le tombeau de Richard Cœur de Lion.

L'ÉGLISE DE SAINT-PATRICE, bâtie en 1535, est une des productions les plus brillantes de la renaissance. Elle offre des vitraux de la période la plus brillante de la peinture sur verre en France.

L'ÉGLISE DE SAINT-ROMAIN, quoique moderne, mérite d'être visitée dans tous ses détails ; sa construction date de 1679. Elle renferme le tombeau en granit de saint Romain, et est décorée de charmants vitraux provenant des églises de Saint-Maur, de Saint-Étienne des Tonneliers et de Saint-Martin-sur-Renelle, supprimées pendant la révolution.

L'ÉGLISE SAINT-VINCENT est une jolie production de la renaissance. L'architecture intérieure est légère et gracieuse ; les vitraux en sont remarquables et dans un bel état de conservation.

L'ÉGLISE SAINT-GERVAIS renferme une crypte extrêmement curieuse, qui n'a pas moins de seize siècles d'existence.

FONTAINES PUBLIQUES. Peu de places à Rouen méritent de fixer l'attention ; mais plusieurs sont décorées de fontaines. La plus remarquable est celle qu'on nomme la fontaine de Lisieux : elle est de forme pyramidale, et représente le Parnasse ; les muses décorent dans toute sa longueur cette pyramide, que couronne le cheval Pégase. La partie inférieure de la fontaine offre une cuve qui en reçoit les eaux très-abondantes et qui passent pour les plus saines de la ville. — La fontaine dite la Pucelle, élevée sur le lieu du supplice de Jeanne d'Arc, à l'endroit même où se fit l'exécution, est moderne, d'assez mauvais goût, et surmontée d'une statue de peu de mérite, représentant Jeanne d'Arc. — La fontaine de la Croix-de-Pierre présente trois étages en forme de pyramide; son aspect est infiniment gracieux.—Les fontaines de la Crosse et de la grosse Horloge sont anciennes et méritent aussi une attention particulière.

Les HALLES. Les halles bordent les trois côtés d'une place dont le milieu est abandonné à des marchands ambulants. Elles répondent, par leur construction, au grand commerce qui s'y fait en tout temps, et peuvent passer pour les plus belles et les plus commodes du royaume par leur distribution et surtout par leur proximité du port. Chaque espèce de marchandise a sa halle particulière. On monte à la halle aux rouenneries, qui est la plus fréquentée, par un double escalier en pierre, formant sur le reste du bâtiment un avant-corps décoré de quelques colonnes. C'est une salle de 88 m. 38 c. de long sur 16 m. 24 cent. de large, voûtée en plein cintre, et soutenue de distance en distance par des colonnes en pierre. Le rez-de-chaussée de cette salle, également soutenu par de fortes colonnes, sert de magasin pour les marchandises arrivant de la mer. Les diverses halles sont ouvertes tous les vendredis, depuis six heures du matin jusqu'à midi. Elles sont alimentées en grande partie par les immenses fabriques des pays environnants.

Le PORT de Rouen est peut-être l'un des mieux situés du royaume pour la commodité du commerce et le déchargement des navires. Ses quais, d'une fort belle largeur, se prolongent depuis le pont de pierre sur lequel s'élève la statue de Pierre Corneille, jusqu'à la barrière du Mont-Riboudet, et laissent voir dans toute sa longueur une file de bâtiments qui présentent l'image d'une forêt de mâtures et de cordages. Au-dessous du pont de pierre est un pont suspendu, dont le milieu s'ouvre pour donner passage aux navires. Deux promenades fort agréables terminent le port à ses deux extrémités.

Le GRAND COURS est l'une des plus belles et des plus agréables promenades de France. L'œil y contemple avec plaisir le canal du fleuve, bordé de hêtres de la plus belle verdure, couronné par la roche Sainte-Catherine, les côtes de Bon-Secours et la chaîne de montagnes qui semble se perpétuer à perte de vue. A droite, une longue suite de prairies qui se prolongent jusqu'à l'horizon, et le village de Sotteville, dont les maisons et le clocher, de forme assez pittoresque, occupent généralement la vue; tandis que la rive gauche offre de jolies maisons de plaisance et diverses manufactures.

PROMENADES DANS ROUEN. Les monuments et endroits les plus remarquables de la ville de Rouen sont: *au sud-ouest :* le théâtre des Arts, la maison Jouvenet, l'ancien bureau des finances, le palais de justice, la tour de la grosse Horloge, deux anciennes maisons en bois, Grande-Rue, numéros 115 et 129; la maison de Boïeldieu, l'église Saint-Vincent, l'église Saint-Éloi, la place de la Pucelle, l'hôtel Bourgtheroulde, le vieux Marché, la maison de Fontenelle, la maison du grand Corneille, l'hôtel de la préfecture, l'Hôtel-Dieu, l'église de la Madeleine, l'avenue du Mont-Riboudet, la douane, le bâtiment des consuls, en face lequel est la statue de Boïeldieu.— *Au nord-ouest :* l'église Saint-Godard, l'ancienne église Saint-Laurent, la tour du Donjon, l'église Saint-Romain, les boulevards, la tour Bigot, l'église Saint-Patrice, une ancienne maison en pierre, rue Etoupée, n° 4; l'église Saint-Gervais et sa crypte. — *Au nord-est :* la fontaine de la Crosse, l'église Saint-Ouen, l'hôtel de ville, le musée, la bibliothèque publique, contenant 34,000 vol. et près de 1,200 manuscrits; le collége, les musées d'antiquités et d'histoire naturelle, l'église Saint-Nicaise, le Boulingrin, le cimetière monumental, la Visitation, la fontaine de la Croix-de-Pierre, l'église Saint-Hilaire. — *Au sud-est :* la fontaine Lisieux, la maison dite de Caradas, les halles, le monument dit de Saint-Romain, l'église Saint-Maclou, la cathédrale, l'archevêché, plusieurs vieilles maisons rue du Change, l'ancienne chambre des comptes, l'ancienne abbaye Saint-Amand, l'église Saint-Vivien, la prison de Bicêtre, les eaux minérales de la Marèquerie, l'hospice général, l'église Saint-Paul, le cours Dauphin, la caserne Martinville, le jardin des plantes, la montagne Sainte-Catherine. — *Au midi, faubourg Saint-Sever :* les quais, les ponts, la statue de Corneille, le Cirque, les casernes Saint-Sever et Bonne-Nouvelle, l'hospice des aliénés, le nouveau jardin des plantes, les abattoirs, le grand Cours.

BIOGRAPHIE. Rouen est la patrie de Benserade, poëte du seizième siècle; du P. Brumoy, à qui l'on doit une traduction du théâtre des Grecs; de Corneille (Pierre), le père de la tragédie française; de Corneille (Thomas), poëte tragique, frère du précédent; de l'historien Daniel; de madame du Bocage; d'Édouard Adam, célèbre chimiste, à qui l'on doit le perfectionnement de l'art de la distillation; de Fontenelle; de Jouvenet, peintre célèbre du dix-septième siècle; de Lucas (Paul), célèbre voyageur; de Pradon; du peintre Restout; du célèbre compositeur Boïeldieu; de Lémery, de Basnage, de Samuel Bo-

27.

chart, de Berruyer, de Sanadon, de Letellier, Colombel, Lemonnier, Géricault; de mademoiselle Champmeslé, d'Armand Carrel, et d'un grand nombre d'hommes dont les noms, plus ou moins fameux, pourraient figurer avec honneur après ceux que nous venons de citer.

INDUSTRIE. Manufactures importantes de tissus de coton, connus sous le nom général de rouenneries. Fabriques de draps, calicots, indiennes, siamoises, nankin, draps de coton, mouchoirs, châles de coton, velours, bonneterie, couvertures, molletons, flanelles, savon, acides minéraux et produits chimiques de toute sorte. Nombreuses filatures de coton et de laine, mues par l'eau et par la vapeur. Teintureries renommées. Raffineries de sucre, blanchisseries, tanneries, curanderies, etc. L'art de confire les fruits y est porté au plus haut degré de perfection; c'est une branche de commerce considérable. — COMMERCE. La ville de Rouen est très-avantageusement située pour le commerce; la marée, qui lui procure l'avantage de recevoir dans son port des bâtiments marchands, peut la faire regarder comme ville maritime. Le commerce d'importation et d'exportation se fait principalement avec l'Amérique, le Levant et l'Italie, l'Espagne, le Portugal, la Hollande, l'Angleterre et les puissances du Nord, et avec tous les départements maritimes de la France. — A 82 kil. (21 l.) E. du Havre, 55 kil. (14 l.) S. de Dieppe, 111 kil. (31 l.) N.-O. de Paris. —

HÔTELS : Vatel, de France, de la Pomme de-Pin, de la Ville-de-Paris, de Bourgogne, du Midi; grand hôtel d'Angleterre, quai du Havre, cours Boïeldieu, sur le port, près de la bourse, du théâtre et des bateaux à vapeur, restaurant et table d'hôte; de Rouen, d'Albion.

VOITURES PUBLIQUES. Tous les jours pour Paris, Dieppe, le Havre, Neufchâtel, Elbeuf, Évreux, Rolleboise, Amiens, Bernay, Caen, Caudebec, Lisieux, Fécamp, Pont-Audemer, Yvetot, Fleury, Louviers, Eu, Lions, Pavilly, Deville, Darnetal, Maromme, Bondeville, le Houlme; plusieurs fois par semaine pour Beauvais, Bolbec, Doudeville. — *Omnibus* pour Darnetal.

BATEAUX A VAPEUR pour Paris et le Havre. (*Voy.* le Havre, page 396.)

BUTS D'EXCURSIONS : à *Darnetal*, où l'on remarque l'église de Long-Paon et la tour de l'église de Carville, beaux monuments gothiques; à la *montagne Ste-Catherine*; au *mont aux Malades*, d'où l'on jouit d'une vue magnifique sur Rouen et sur ses gracieux alentours.

OUVRAGES A CONSULTER, qui se trouvent à la librairie de François, grande Rue, 55, à Rouen.

Histoire de la Normandie, par Orderic Vital, 4 vol. in-8°.
Recherches sur l'histoire de Rouen, etc., par Th. Licquet, in-8°, 1826.
Descript on géographique de la haute Normandie, par Toussaint Duplessis, 2 vol. in-4°, 1740.
Essai sur le département de la Seine-Inférieure, par Noël, 2 vol. in-8°.
Description géologique du département de la Seine-Inférieure, par Antoine Passy, ouvrage couronné par l'Académie des Sciences de Rouen, 2 vol. in-4°, 1832.
Description géographique, statistique, etc, de la Seine-Inférieure, par Viel, in-8°, 1834.
Lettres d'un voyageur à l'embouchure de la Seine, par Masson St-Amand, in-8°, 1857.
Annuaire statistique de la Seine-Inférieure, 2 vol. in-8°, 1823.
Histoire nationale des communes de France (Seine-Inférieure), par Girault de St-Fargeau, in-8°, fig., 1828.
Itinéraire de la Normandie, par Dubois, in-8°, fig., 1828.
Histoire de l'église cathédrale de Rouen, par Pommeraye, in-4°.
Description de la cathédrale de Rouen, par Gilbert, in-8°, 1816.
Tombeaux de la cathédrale de Rouen, par Deville, in-8°, 1837.
Statues de la cathédrale de Rouen, par Langlois, in-8°, 1838.
Description de l'abbaye de St-Ouen, par Gilbert, in-8°, 1822.
Histoire de l'abbaye royale de St-Ouen, par Pommeraye, in-fol., fig., 1662.
Histoire de la ville de Rouen, par Farin, 2 vol. in-4°.
Histoire de la ville de Rouen, et Essai sur la Normandie littéraire, par Servin, 2 vol. in-12.
Voyage bibliographique, archéologique et pittoresque en Normandie, par Dibdin, 2 vol. in-8°, fig., 1825.

N°. 124. ROUTE DE PARIS A ROUEN. 635

Voyage pittoresque dans l'ancienne France (Normandie), par Taylor et Ch. Nodier, 2 vol. in-fol.
Ports et côtes de France de Dunkerque au Havre, par Lefebvre Duruflé, in-4°, 1832.
Costumes des femmes du pays de Caux, par Lanté et Gatine, in-4°, 1827.
Mémoires biographiques sur les grands hommes de la Seine-Inférieure, par Guilbert, 2 vol. in-8°.
Archives de la Normandie, par Dubois, 2 vol. in-8°.
Antiquités et singularités de la ville de Rouen, in-12, 1587.
Rouen, revue monumentale, historique et critique, par Delaquerrière, in-18, 1833.
Rouen, Dieppe, le Havre et ses environs, in-18, 1827.
Description des maisons de Rouen, par Delaquerrière, 2 vol. in-8°, 1821 et 1842.
Rouen, son histoire et ses monuments, par Th. Licquet, 4ᵉ édit., in-18, 1829.
Voyage dans la haute Normandie, par Vitet, in-8°, 1833.
Voyage sur la Seine en bateau à vapeur, par Morlent, in-18, 1829.

3ᵉ Route, par Argenteuil, 12 myr. 6 kil.

De Paris à Argenteuil ⌧............................... 1,4
Argenteuil à Herblay ⌧............................. 0,9
Herblay à *Rouen (Voy. la 2ᵉ Route)......... 10,3

4ᵉ R., par St-Germain, dite Route d'en bas, 13 myr. 8 kil.

De Paris à Bonnières ⌧ (Voy. N° 43)........... 7,1
Bonnières à *Vernon ⌧......................... 1,1
Vernon à Gaillon ⌧................................ 1,4
Gaillon à *Louviers ⌧............................. 1,4
  *Notre-Dame du Vaudreuil (à dr. de la R.).
Louviers au Port-Saint-Ouen ⌧............... 1,7
Port-Saint-Ouen à *Rouen ⌧..................... 1,1

Vernon (*Eure*). Ville ancienne. Coll. comm. ⌧ ⌧ 4,888 hab. Cette ville est dans une belle situation, au milieu d'une plaine fertile, sur le chemin de fer de Paris à Rouen, et sur la rive gauche de la Seine, que l'on traverse sur un pont de vingt-deux arches qui la sépare du faubourg de Vernonnet. Elle est en général assez mal bâtie, formée de rues étroites, tortueuses, mais arrosées pour la plupart par des ruisseaux d'eau courante. De jolies promenades l'environnent en forme de boulevards : la plus belle est l'avenue du château de Bisy, qui part de l'extrémité occidentale de la ville, en longeant à droite l'arsenal de construction, et se prolonge jusqu'à ce château, situé à un demi-quart de lieue vers le nord, sur le penchant d'un des jolis coteaux qui dominent le charmant bassin dont Vernon occupe le centre. — L'église paroissiale est un assez bel édifice de construction gothique ; une des chapelles renferme un tombeau en marbre blanc, curieux par les costumes du temps qu'il représente. — Fabriques de plâtre et de chaux. Parc de construction du train des équipages militaires. — Hôtels : du Grand-Cerf, du Lion-d'Or. — Petite salle de spectacle. — A 29 kil. (7 l. 1/2) d'Évreux.

Gaillon (*Eure*). Bourg à 12 kil. (3 l.) de Louviers. ⌧ ⌧ 1,150 hab. On y remarquait autrefois le château des archevêques de Rouen, l'un des plus beaux monuments d'architecture du quinzième siècle, sur l'emplacement duquel le gouvernement a fait construire une maison centrale de détention pour 1,500 condamnés des départements de l'Eure, d'Eure-et-Loir, de l'Oise et de la Seine-Inférieure. Plusieurs parties de cet édifice, précieuses par la délicatesse des sculptures, ainsi qu'un escalier admirable de légèreté, ont été transportés au palais des Beaux-Arts, à Paris, dont ils sont un des beaux monuments. Les quatre belles tours gothiques qui flanquaient jadis l'entrée du château épiscopal ont été conservées et forment aujourd'hui l'entrée de la maison de détention. On a conservé également et adapté aux nouvelles constructions

N° 124. ROUTE DE PARIS A ROUEN.

une galerie plus gothique encore et une belle terrasse, célèbre par le coup d'œil ravissant qu'elle offre sur la riche plaine de Gaillon.
LOUVIERS, Voyez page 431.

5ᵉ Route, par LE PETIT-ANDELY, 14 myr. 4 kil.

De PARIS à * VERNON ☞ (Voy. ci-dessus)......... 8,2
VERNON au * PETIT-ANDELY ☞............... 2,2
LE PETIT-ANDELY au PONT-SAINT-PIERRE ☞..... 1,9
PONT-SAINT-PIERRE à LA FORGE-FERET ☞....... 1,0
* ROMILLY (à droite de la route).
LA FORGE-FERET à * ROUEN ☞............... 1,1

Du GRAND-ANDELY
{ au THILLIERS EN VEXIN ☞........... 1,5
à LOUVIERS ☞................... 2,2
à ÉCOUIS ☞..................... 1,2
* GRAND-ANDELY (à D. de la R.). }

Du PONT-ST-PIERRE
{ à PORT-SAINT-OUEN ☞............ 1,4
à * LOUVIERS ☞................. 2,2
à * ELBEUF ☞.................. 2,3
* PONT-DE-L'ARCHE (sur la route).
à FLEURY-SUR-ANDELLE ☞.......... 0,7 }

ROMILLY-SUR-ANDELLE (*Eure*). Village à 18 kil. (4 l. 1/2) des Andelys. 1,050 hab. Ce village possède une superbe fonderie en cuivre formant un immense établissement, qui occupe 300 ouvriers et fait subsister plus de 800 personnes : on y emploie annuellement 1,200,000 kil. de cuivre brut du Levant, de Russie, de Suède et du Pérou ; 300,000 kil. de zinc de Silésie; 50,000 kil. de fer de Conches ; 26,400 hectolitres de charbon de terre d'Anzin, de Saint-Étienne et de Belgique; 300,000 kil. de produits sont exportés par la Seine.

ANDELYS (les) (*Eure*). Petite et ancienne ville. Sous-préfect. Trib. de 1ʳᵉ inst. 5,168 hab. On comprend sous le nom d'Andelys, deux villes séparées l'une de l'autre par une chaussée d'un quart de lieue. Celle qui passe pour la plus ancienne s'appelle le grand Andely ; elle est située dans un vallon, sur le ruisseau de Gambon ; l'autre, sur la rive droite de la Seine, s'appelle le petit Andely : on dit communément les Andelys. — Andely (le grand) doit son origine à une abbaye dont l'église est une des plus remarquables de la province par la beauté et la conservation de ses vitraux. Le portail principal offre un exemple intéressant de ces doubles rangées de colonnes à jour qui soutiennent les larges ornements de l'ogive. — L'histoire des Andelys rappelle les souvenirs les plus chevaleresques. C'est un des principaux théâtres des exploits de Philippe-Auguste et de Richard Cœur de Lion. Mais tous les événements mémorables de cette grande époque se rattachent aux annales tragiques du château Gaillard, dont les ruines majestueuses dominent le cours de la Seine et le petit Andely. — Le Poussin, l'un des plus célèbres peintres de l'école française, naquit dans une chaumière au hameau de Villiers, près d'Andely, en 1594. — FABRIQUES de draps fins. Pêche d'ablettes pour la fabrication des perles fausses. — A 49 kil. (12 l. 1/2) d'Évreux, 39 kil. (10 l.) de Rouen, 84 kil. (21 l. 1/2) de Paris. — HÔTELS : du Grand-Cerf, de l'Espérance, des Trois-Rois.

VOITURES PUBLIQUES. Pour Paris, Rouen, Gisors.

N° 124. ROUTE DE PARIS A ROUEN.

OUVRAGES A CONSULTER. *Notice historique sur l'arrondissement des Andelys*, par J. de la Rochefoucauld, in-8°, 1813.
Histoire de château Gaillard, par Deville, in-4°, 1827.

PONT-DE-L'ARCHE (*Eure*). Petite et ancienne ville à 12 kil. (3 l.) de Louviers, 1,500 hab. Elle est située sur la rive droite de la Seine, que l'on traverse sur un pont de vingt-deux arches, un peu au-dessus du confluent de l'Eure : la marée se fait sentir jusqu'à cet endroit. On y remarque une jolie église gothique, ainsi qu'une promenade agréable, élevée sur l'emplacement des anciens remparts.

ELBEUF, Voyez page 356.

DE ROUEN A ABBEVILLE, 9 myr. 9 kil.

	m. k.
De ROUEN au VERT-GALANT ◯	1,7
VERT-GALANT à la BOISSIÈRE ◯	1,4
LA BOISSIÈRE à * NEUFCHATEL ◯ (Seine-Infér.).	1,5
NEUFCHATEL à FOUCARMONT ◯	1,7
FOUCARMONT à BLANGY ◯	1,1
* RAMBURES (à droite de la route).	
BLANGY à HUPPY ◯	1,4
HUPPY à * ABBEVILLE ◯	1,1

DE ROUEN A BORDEAUX PAR ALENÇON, 60 myr. 7 kil.

De ROUEN à BRIONNE (Voy. ci-après de Rouen à Caen) ◯	4,3
BRIONNE à * BERNAY (Eure) ◯	1,5
BERNAY à BROGLIE ◯	1,1
BROGLIE à MONNAI (Orne) ◯	1,6
MONNAI à GACÉ ◯	1,4
GACÉ à NONANT ◯	1,2
NONANT à SÉEZ ◯	1,2
SÉEZ à * ALENÇON ◯	2,1
ALENÇON à LA HUTTE ◯	1,4
LA HUTTE à BEAUMONT-SUR-SARTHE ◯	0,9
BEAUMONT-SUR-SARTHE à LA BAZOGE ◯	1,5
LA BAZOGE au * MANS ◯	1,2
LE MANS à * LA FLÈCHE ◯	4,2
LA FLÈCHE à * SAUMUR ◯	5,1
SAUMUR (la Croix-Verte) à MONTREUIL-BELLAY ◯	1,8
MONTREUIL-BELLAY à * THOUARS ◯	1,8
* BRESSUIRE (à droite de la route).	
* NOIRTERRE (à droite de la route).	
* AIRVAULT (à gauche de la route).	
THOUARS à LA MAU-CARRIÈRE ◯	1,7
LA MAU-CARRIÈRE à * PARTHENAY ◯	2,0
* SAINT-LOUP (à gauche de la route).	
PARTHENAY à REFFANNE ◯	1,3
REFFANNE à * SAINT-MAIXENT ◯	1,7
SAINT-MAIXENT à * NIORT ◯	2,3
NIORT à VILLENEUVE ◯ (Charente-Inférieure)...	2,7
VILLENEUVE à * SAINT-JEAN-D'ANGELY ◯	1,8
SAINT-JEAN-D'ANGELY à SAINTES ◯	2,6
SAINTES à * BORDEAUX ◯ (Voy. N° 25, de Bordeaux à Nantes)	12,3
NONANT à SÉEZ ◯	1,2
SÉEZ à * ALENÇON ◯	2,1

N° 124. ROUTE DE PARIS A ROUEN.

De BERNAY (Eure) { à LA RIVIÈRE-THIBOUVILLE ⚹....... 1,3
au MARCHÉ-NEUF ⚹............... 1,4

De BRIONNE à { LA RIVIÈRE-THIBOUVILLE ⚹............ 0,6
* PONT-AUDEMER ⚹.................. 2,6

BERNAY (*Eure*). Ville ancienne. Sous-préf. Trib. de 1re inst. et de comm. Ch. des manufact. Soc. d'agr. Coll. comm. ⊠ ⚹ 6,605 hab. — Cette ville est agréablement située, sur la rive gauche de la Charentonne. On y remarque l'église paroissiale et les bâtiments d'une abbaye de bénédictins, fondée en 1018.—MANUFACTURES de draps, frocs, flanelles, rubans de fil et de coton, toiles de lin, percales, basins. Blanchisseries de toiles, etc. — COMMERCE de grains, cidre, draps, fers, papiers, chevaux, bestiaux, etc. — Foire très-renommée pour la vente des beaux chevaux, le 15 mars. Il se trouve à cette foire de 40 à 50,000 personnes, qui s'y rendent de 60 à 80 kilomètres (15 à 20 lieues) des environs. — A 48 kil. (12 l. 1/4) d'ÉVREUX, 105 kil. (42 l. 1/2) de Paris.—HÔTELS : de la Poste, du Lion-d'Or.

ALENÇON. Voy. N° 31, Route de Paris à Brest.
LE MANS, LA FLÈCHE. Voy. N° 100, Route de Paris à Nantes.
THOUARS (*Deux-Sèvres*). Ancienne ville, à 27 kil. (7 l.) de Bressuire. Coll. comm. ⊠ ⚹ 2,575 hab. L'origine de cette ville se perd dans la nuit des siècles. Elle était autrefois beaucoup plus peuplée qu'elle ne l'est aujourd'hui : le décroissement de sa population eut pour cause la révocation de l'édit de Nantes. Cette ville est située sur le penchant d'une colline dont le sommet est de niveau avec la plaine, et dont l'extrémité touche à un rocher qui lui donne la forme d'un amphithéâtre. Le Thouet, en se courbant en arc vers le sud et l'ouest, l'entoure dans plus de la moitié de son étendue, et lui sert ainsi de fortification naturelle. Tout ce qui n'est pas entouré par la rivière est fortifié de murs bâtis dans le treizième siècle, flanqués de grosses tours à la distance de 15 mètres les unes des autres. Presque partout les murs ont 9 mètres de hauteur et 2 de largeur ; ils sont bâtis de moellons choisis et piqués ; quelques tours même sont construites en pierre de taille ; quatre cents ans de vétusté et les sièges que ces murailles ont éprouvés leur ont à peine fait éprouver quelques dégradations. — Le CHATEAU DE THOUARS est situé sur un rocher de granit, élevé de plus de 33 mètres au-dessus du niveau des eaux de la rivière du Thouet. Il fut bâti en 1635, par Marie de la Tour d'Auvergne, épouse de Henri de la Trémouille, sur le plan du palais des Tuileries. Ce château est composé d'un grand corps de logis surmonté d'un dôme, et de quatre pavillons formant une seule ligne de 120 mètres de longueur sur 27 de largeur. Le Thouet l'environne à l'est, au sud et à l'ouest. Quatre terrasses, formant autant de jardins en amphithéâtre placés au-dessus les unes des autres, offrent un aspect pittoresque : sur la plus élevée se trouve le parterre, composé de terres rapportées sur un roc originairement aigu et escarpé. Chacune de ces terrasses est revêtue d'un mur en talus et pourvue d'un escalier. — La façade du château est à l'ouest : elle est précédée d'une tour carrée à portiques voûtés, surmontés d'une terrasse bordée de balustrades. L'escalier qui conduit aux appartements du premier étage est couvert d'un donjon bordé de balustrades, qui forme aussi une coupole intérieure ; les appuis et les rampes sont de marbre jaspé. Les appartements sont très-vastes et bien distribués. Les offices, placées sous le rez-de-chaussée et taillées dans le roc, sont vastes, bien éclairées ; on y voit deux puits intarissables creusés dans le rocher.—Au nord du château est une grande et belle chapelle, qui offre la rare singularité de quatre chapelles superposées les unes au-dessus des autres.

VOITURES PUBLIQUES. De Saumur à Niort tous les jours et retour.
OUVRAGE A CONSULTER. *Histoire de la ville de Thouars*, par Bournisseaux, in-8°, 1824.

BRESSUIRE (*Deux-Sèvres*). Petite ville. Trib. de 1re inst. Soc. d'agr. ✉
2,000 hab. Cette ville est bâtie sur une colline au bas de laquelle serpente la petite rivière de l'Argenton. On y remarque une fort belle église entièrement construite en granit, et surmontée d'une belle tour de 110 mètres d'élévation, en forme de clocher. — FABRIQUES de mouchoirs façon cholet, etc. — COMMERCE de grains et de bestiaux. — A 66 kil. (17 l.) de Niort, 357 kil. (91 l. 1/2) de Paris.

AIRVAULT (*D.-Sèvres*). Jolie petite ville, à 20 kil. (5 l.) de Parthenay. ✉ 1,925 hab. Elle est généralement bien bâtie, sur la rive droite du Thouet. Au milieu de la principale rue est une fontaine qui, à peu de distance de la ville, fait tourner un moulin ; le canal qui y conduit l'eau passe par dessous la ville, et forme dans chaque maison un bassin propre et commode. On y remarque une église d'architecture gothique, dont la tour élevée sur quatre piliers est d'une grande légèreté. — FABRIQUES d'étoffes de laine.

LOUP (SAINT-) (*D.-Sèvres*). Petite ville à 20 kil. (5 l.) de Parthenay. 1,799 hab. On y voit un assez beau château, bâti sous Louis XIII par le cardinal de Sourdis.

PARTHENAY (*D.-Sèvres*). Ancienne ville. Sous-préf. Trib. de 1re inst. Collége com. ✉ ☞ 4,024 hab. Parthenay est une ville ancienne dont l'origine est inconnue : on sait seulement qu'elle était autrefois très-forte, qu'elle était entourée de doubles fossés et de triples murailles, et qu'elle a soutenu glorieusement plusieurs siéges. Elle est située près du Thouet, dans une contrée entrecoupée de montagnes et de forêts, sur une colline qui la divise en haute et basse ville. C'est une ville en général fort mal bâtie, où l'on remarque les restes d'un ancien château, entouré de fossés et flanqué de cinq tours, construction du douzième siècle, surmontée de créneaux et flanquée de deux tours elliptiques de vingt mètres de hauteur; l'église Saint-Jean, bâtie dans le neuvième siècle ; d'anciennes prisons très-fortes, élevées de 70 pieds au-dessus du Thouet, et dont font partie les tours de l'horloge ; l'hôpital ; l'hôtel de ville ; le palais de justice, etc.—FABRIQUE de draps.—A 39 kil. (10 l.) de Niort, 47 k. (12 l.) de Poitiers, 355 kil. (91 l.) de Paris.

OUVRAGES A CONSULTER. *Le Siége de Parthenay en 1419*, par de la Fontenelle de Vaudoré, in-8°.
Notice sur Parthenay, par Dupin (Mém. de la Soc. des Antiquaires, t. 4, p. 104).

MAIXENT (SAINT-) (*D.-Sèvres*). Ville ancienne, fort agréablement située sur la rive droite de la Sèvre Niortaise, à 18 kil. (4 l. 1/2) de Niort. Coll. com. ✉ ☞ 4,329 hab. Elle est bâtie sur le penchant d'une colline baignée par la Sèvre Niortaise, et généralement très-mal construite ; mais les promenades sont charmantes ; la campagne environnante est de la plus grande richesse; les bords de la Sèvre sont couverts de peupliers et offrent des points de vue délicieux. La ville est entourée de vieilles murailles, et a soutenu plusieurs siéges. Le séminaire est un vaste et spacieux édifice où l'on voit de beaux morceaux de sculpture, et deux églises l'une sur l'autre. — FABRIQUES importantes de serges. — Dépôt royal d'étalons. — COMMERCE considérable de mules et de mulets, de chevaux étalons.

VOITURES PUBLIQUES. Tous les jours pour Niort, Poitiers, Parthenay, Saumur, Paris.

BUT D'EXCURSION. A un quart de lieue de Saint-Maixent, grande route qui conduit de cette ville à Poitiers, à gauche, on admire le coteau du *Puy d'Enfer*, d'où jaillit une nappe d'eau qui tombe du milieu des rochers par une infinité de cascades.

OUVRAGE A CONSULTER. *Recherches sur les chroniques de St-Maixent*, par la Fontenelle de Vaudoré, in-8°.

PONT-AUDEMER (*Eure*). Jolie petite ville. Sous-préf. Trib. de 1re inst. et de com. ✉ ☞ 5,305 hab. Cette ville est fort agréablement située, dans une contrée fertile, sur la rive gauche de la Rille, qui commence en cet endroit à être navigable et y forme un petit port assez fréquenté. Elle est ceinte de murailles, environnée de fossés qui se remplissent d'eau vive, bien bâtie, bien percée, rafraîchie par des ruisseaux d'eau courante, et n'est pas moins agréable par elle-même que par son site.—MANUFACTURES de cuirs renommé on compte 40 tanneries, 12 corroieries et 12 mégisseries). — A 66 kil. (17 l.) d'Évreux, 47 kil. (12 l.) de Rouen, 166 kik (42 l. 1/2) de Paris. — HÔTELS : du Louvre, du Plat-d'Étain.

VOITURES PUBLIQUES. Tous les jours pour Honfleur, Rouen, Bourg-Achard, Quillebeuf, Pont-l'Évêque.

OUVRAGES A CONSULTER. *Essai historique et archéologique de l'arrondissement de Pont-Audemer*, par Canel, in-8°, 1833.
Histoire communale de l'arrondissement de Pont-Audemer, par Guilmeth, in-8°, 1832.

DE ROUEN A BREST, 50 myr. 8 kil.

De ROUEN à L'HÔTELLERIE ☞ (Voyez ci-après)	6,8
L'HÔTELLERIE à *LISIEUX ☞	1,3
LISIEUX à LIVAROT ☞	1,8
LIVAROT à SAINT-PIERRE-SUR-DIVES ☞	1,6
*COURCY (à gauche de la route).	
SAINT-PIERRE-SUR-DIVES à *FALAISE ☞	2,0
FALAISE à *BREST ☞ (Voyez N° 31)	37,3

De LISIEUX à ORBEC ☞	2,0
ORBEC à *BERNAY ☞ (Eure)	1,6

D'ORBEC à LIVAROT ☞	2,2

FALAISE (*Calvados*). Ville ancienne. Sous-préf. Trib. de 1re inst. et de com. Collége com. ☒ ☞ 9,581 hab. Falaise est une ancienne ville dont on ignore l'époque de la fondation. Suivant la chronique de Normandie, c'était déjà un lieu remarquable en 949, soit comme ville, soit comme château. Cette ville est bâtie sur un sol inégal et se divise en trois quartiers distincts : la partie haute, où se trouve le faubourg de Guibray, la partie moyenne, ou la ville proprement dite, et la partie basse, qui comprend les faubourgs du Val d'Ante et de Saint-Laurent. — La vieille ville, où l'on pénétrait autrefois par six portes, est presque entièrement ceinte de murailles, restes de ses anciennes fortifications, ou élevées pour soutenir des terrasses : on y compte quatre places principales décorées de fontaines, dont la construction remonte à plus d'un siècle.—Le faubourg de Guibray occupe les hauteurs qui dominent la ville à l'est ; il est célèbre depuis plusieurs siècles par la foire qui s'y tient tous les ans au mois d'août, dans un espace étendu en forme de parallélogramme allongé, percé de rues parallèles, qui aboutissent à deux rues principales : ce faubourg, si animé, si bruyant pendant le mois d'août, est calme et silencieux pendant le reste de l'année. — Le Val d'Ante n'est à proprement parler qu'un village, composé de plusieurs hameaux ; mais les accidents de son site escarpé et rocailleux, les terrasses de la ville qui le dominent au midi, avec leurs maisons à tourelles, le plateau de bruyères qui s'élève au nord, ses rues ou plutôt ses sentiers tortueux, le ruisseau d'Ante qui, de réservoir en réservoir et de cascade en cascade, ne s'écoule qu'après avoir mis en mouvement une foule d'usines, rendent ce quartier généralement pittoresque et animé.—Le quartier Saint-Laurent est situé au nord de Falaise ; il se compose de plusieurs hameaux, dont le plus remarquable, celui de Vaton, est éloigné d'un kilomètre. — La chaîne des rochers de Noron, brusquement scindée par le faible ruisseau de l'Ante, se relève tout à coup en escarpements formi-

N° 124. ROUTE DE PARIS A ROUEN.

dables, sur lesquels est assis le château, comme l'aire d'un aigle au sommet d'une montagne. Les pans brisés de ses murailles, ses fenêtres étroites et à plein cintre, ses angles échancrés, sa tour bâtie par les Anglais, rappellent ce moyen âge si original, si barbare et si aventureux. L'espace renfermé dans l'enceinte du château est d'environ un hectare et demi. Ses remparts ont depuis 5 mètres jusqu'à 13 mètres d'élévation. La tour et une partie du donjon ont résisté jusqu'à présent aux outrages du temps, de la guerre et de la cupidité. On montre dans l'épaisseur des murs une étroite enceinte où naquit Guillaume le Conquérant. Les bâtiments du collége communal occupent aujourd'hui une partie de cette forteresse. — On remarque encore à Falaise les églises Saint-Laurent, Saint-Gervais et de Guibray; l'hôtel de ville, bel édifice élevé sur la place Trinité en 1785; l'hôpital général; l'Hôtel-Dieu; la bibliothèque publique, renfermant 4,000 volumes. — Fabriques de bonneterie en coton, dentelles, tulles brodés. — Commerce de bonneterie, coton filé, laines, mérinos. — La foire de Guibray, célèbre dans toute l'Europe, commence le 10 août pour les chevaux, et le 15 pour les autres branches de commerce; elle finit le 25 : on évalue à quinze millions la somme des affaires qui s'y font aujourd'hui. — A 39 kil. (10 l.) de Caen, 206 kil. (53 l.) de Paris. — Hôtels : de France, du Grand-Cerf.

Voitures publiques. Tous les jours pour Paris, Caen, Vire, Lizieux, le Mans.
Ouvrages a consulter, qui se trouvent à la librairie de Levavasseur, à Falaise.
Statistique de l'arrondissement de Falaise, 1826.
Histoire et description de Falaise, par Galeron (Revue normande, t. 1, p. 104).

DE ROUEN A CAEN.

1re Route, par Brionne, 12 myr. 8 kil.

	m. k.
De Rouen au Grand-Couronne ⚭	1,2
Le Grand-Couronne à Bourgthéroulde ⚭	1,3
Bourgtheroulde à Brionne ⚭	1,8
Brionne au Marché-Neuf ⚭	1,1
Marché-Neuf à l'Hôtellerie ⚭	1,4
L'Hôtellerie à *Caen ⚭ (Voy. N° 43)	6,0

2e Route, par Honfleur, 13 myr. 5 kil.

De Rouen au Grand-Couronne ⚭	1,2
* Jumiéges (à droite de la route).	
Le Grand-Couronne à Bourgachard ⚭	1,5
Bourgachard à *Pont-Audemer ⚭	2,3
Pont-Audemer à *Honfleur ⚭	2,3
Honfleur à *Pont-l'Évêque ⚭	1,6
Pont-l'Évêque à Dozulé ⚭	1,8
Dozulé à Troarn ⚭	1,2
Troarn à *Caen ⚭	1,6

HONFLEUR. Voyez page 401.[1]

JUMIÉGES (Seine-Inf.). Bourg situé fort agréablement, à 21 kil. (5 l. 1/4) de Rouen, 1,600 hab. Il doit son origine à un monastère fondé en 661, brûlé par les Normands en 841 et 851, et relevé par Guillaume Longue-Épée, qui fit construire le bel édifice dont on admire aujourd'hui les ruines majestueuses, mais trop délabrées pour pouvoir donner une juste idée de son ancienne splendeur. L'extrémité orientale n'est plus qu'un monceau de débris : au centre, les restes encore subsistants de la lanterne laissent deviner la grandeur des dimensions de la tour. Le toit de la nef a disparu aussi bien que celui qui surmontait la voûte des collatéraux. Ces voûtes elles-mêmes, ébranlées, crevassées dans toute leur longueur, grossiront bientôt par leur chute l'amas de ruines accumulées au-dessous d'elles. Les tours du portail occidental sont encore debout, et signalent au loin, comme deux phares, la route des caboteurs de la Seine.

OUVRAGES A CONSULTER. *Histoire de l'abbaye de Jumiéges*, par Deshayes, in-8°, fig., 1829.
Jumiéges, par Guttinguer, in-18.

DE ROUEN A DIEPPE.

1re Route, par Cambres (Voy. N° 47).............. 5,7

2e Route, par LA BOISSIÈRE, 7 myr. 4 kil.

                                                                          m.k.

De ROUEN à LA BOISSIÈRE ☞ (V. ci-dessus, de Rouen à Abbeville)............................ 3,1
LA BOISSIÈRE à POMMEREVAL ☞............. 1,4
POMMEREVAL à BOIS-ROBERT ☞............. 1,7
BOIS-ROBERT à * DIEPPE ☞................. 1,2

DE ROUEN AUX EAUX DE FORGES.

De ROUEN à LA BOISSIÈRE ☞ (Voy. ci-dessus)...... 3,1
LA BOISSIÈRE à * FORGES ☞..................... 2,4

DE ROUEN AU HAVRE, 4 myr. 3 kil.

De ROUEN au VERT-GALANT....................... 1,7
LE VERT-GALANT à BUCHY......................... 1,2
BUCHY à FORGES................................. 1,4

1re Route, par BARENTIN (Voy. N° 68)............ 8,7

2e Route, par CAUDEBEC (Voy. N° 68)............ 8,5

De LILLEBONNE à BOLBEC ☞..................... 0,9
BOLBEC à GODERVILLE ☞........................ 1,2
GODERVILLE à *FÉCAMP ☞....................... 1,2

De DUCLAIR à LA MAILLERAYE..................... 1,2

DE ROUEN A ORLÉANS, 19 myr. 9 kil.

De ROUEN à * LOUVIERS ☞ (Voy. N° 124)......... 2,8
LOUVIERS à * ÉVREUX ☞......................... 2,3
ÉVREUX à * CHARTRES ☞ (Voyez N° 40)......... 7,6
CHARTRES à ALLONNE ☞.......................... 1,9
ALLONNE à ALLAINES ☞........................... 1,9
ALLAINES à ARTENAY ☞.......................... 1,4
ARTENAY à ORLÉANS (Voy. N° 25)............... 2,0
  * LE PUISET (à gauche de la route).

N° 124. ROUTE DE PARIS A ROUEN.

	m. k.
Artenay à Chevilly ⌾.	0,6
Chevilly à * Orléans ⌾.	1,4
D'Allaines à Toury ⌾ (Eure-et-Loir).	1,0

PUISET (le) (*Eure-et-L.*). Village situé à 43 kil. (11 l.) de Chartres. 650 h. On y remarque les restes du fameux château de Puiset, si renommé jadis par la puissance de ses seigneurs, et par les guerres si longues dont il a été l'objet. Il a fallu, pour le réduire, toutes les forces de Louis le Gros et trois années de combats. Outre les débris de son château, le village de Puiset possède une église du dixième siècle, qui mérite l'attention de l'observateur.

DE ROUEN A REIMS, 23 myr. 4 kil.

De Rouen à Martinville ⌾.	1,7
Martinville à Richebourg ⌾.	1,7
Richebourg à Gournay en Bray ⌾.	1,7
Gournay au Vivier d'Anger ⌾.	1,6
Vivier d'Anger à * Beauvais ⌾.	1,4
Beauvais à * Clermont ⌾.	2,6
* Bresles (sur la route).	
Clermont au * Bois de Lihus ⌾.	1,7
* Marissel (sur la route).	
Bois de Lihus à * Compiègne ⌾.	1,5
Compiègne à Jaulzy ⌾.	1,8
* Pierrefonds (à droite de la route).	
Jaulzy à * Soissons ⌾.	1,9
Soissons à Braine ⌾.	1,8
Braine à * Reims ⌾ (Voy. N° 90).	4,0

BRESLES (*Oise*). Grand village à 15 kil. (3 l. 3/4) de Beauvais. ⌾ 1,726 hab. — D'anciens marais ont été convertis en une tourbière considérable. Cette exploitation a fait de Bresles la localité rurale la plus riche du département; elle dispose maintenant d'un revenu annuel de trente mille francs. Une grande partie de la population travaille dans ces tourbières; une autre partie cultive des jardins maraîchers. On y trouve, en outre, un four à chaux et trois tuileries.

Bresles est, dans une charte du roi Robert, de 1015, appelé *villa episcopi*, parce que l'évêque de Beauvais était seigneur de ce lieu : il y avait une maison de campagne que conservèrent ses successeurs. En 1210, cette maison de plaisance fut convertie en un château fort par Philippe de Dreux, 57e évêque de Beauvais, plus connu par ses faits d'armes que par les fonctions de son épiscopat. Ce château soutint plusieurs sièges, et fut démantelé de 1699 à 1708 par ordre du cardinal de Janson. On reconstruisit alors à neuf une aile sur une longueur de 40 toises. Détruit en partie dans la révolution, ce qui en reste, devenu propriété communale, sert à loger le curé, la brigade de gendarmerie, la mairie et trois écoles.

Entre ce village et l'ancienne abbaye de Froidmont, est un camp de forme ovale, placé sur une éminence fort escarpée, nommée Mont-César.

MARISSEL (*Oise*). Village limitrophe de Beauvais. 773 hab. — L'église est un joli édifice dont le portail est fort curieux; il est orné de guirlandes de vigne, copiées peut-être d'après les ruines d'un temple de Bacchus qui existait jadis dans les environs sur un monticule appelé le Mont-Caperon.

COMPIÈGNE (*Oise*). Ancienne ville. Sous-préf. Trib. de 1re inst. et de com. ⌾ 8,579 hab. — Compiègne fut, dans l'origine, une maison de chasse ou un de ces palais où les rois des deux premières races faisaient de fréquents voyages. Cette ville n'offre rien d'imposant à la curiosité du voyageur; la plupart des rues sont mal percées, mal bâties; néanmoins, les environs du château, et principalement la place d'armes, se garnissent de jolies habitations; la rue Sainte-Corneille se fait aussi remarquer depuis qu'elle a été reconstruite. Cette ville est assise sur la rive gauche de l'Oise, dans une situation très-agréable, entre cette rivière et la forêt; on y traverse l'Oise sur un beau pont de trois arches. — L'église Saint-Jacques offre une tour fort élevée qui paraît dater de l'époque de la renaissance des arts; elle est surmontée par une lanterne décorée d'un ordre grec. L'église Saint-Antoine est d'une belle architecture gothique. — L'hôtel de ville est un monument gothique, remarquable par ses tourelles et par les sculptures qui décorent sa façade.

Le château de Compiègne, rebâti sous Louis XV sur les dessins de l'architecte Gabriel, a toute l'étendue et la magnificence qui conviennent à un palais; les péristyles et la salle des gardes sont surtout remarquables; tous les appartements, au nombre desquels se trouve une superbe galerie, se communiquent de plain pied. La salle de bal est superbe, et celle de spectacle, qui vient d'être construite, est fort jolie. La façade qui donne sur la forêt, et se développe sur une longueur de 97 toises et demie, est magnifique. De la terrasse on descend, par une pente douce et par plusieurs escaliers, dans des jardins remarquables par la beauté de leurs plans; ils communiquent avec les avenues de la forêt, qui paraît en être la continuation. On y remarque un berceau en fer d'une longueur considérable. — Fabriques de cordages. Construction de bateaux. — A 27 kil. (7 l.) de Clermont, 51 kil. (13 l.) de Beauvais, 39 kil. (10 l.) de Soissons, 31 kil. (8 l.) de Senlis, 74 kil. (19 l.) de Paris. — Hôtels : de la Cloche, du Lion-d'Argent, du Barillet.

Voitures publiques. Tous les jours pour Paris, Soissons, Noyon, Beauvais, St-Quentin, Cambrai, Lille; 2 fois par semaine pour Ressons, Crépy.
Bateaux a vapeur pour le Pecq, dim. et merc.
Ouvrages a consulter, qui se trouvent à la librairie de Dubois, à Compiègne.
Description du château royal de Compiègne, in-8°, 1829.
Les huit barons ou fiefs de l'abbaye royale de Ste-Corneille de Compiègne, par Gaya, in-12, 1686.
Compiègne et ses environs, par Éwig, in-8°, fig.
Notice sur Compiègne et Pierrefonds, in-8°, 1836.

PIERREFONDS (*Oise*). Bourg situé sur la lisière orientale de la forêt de Compiègne, à 4 kil. (3 l. 1/4) de cette ville. 1,500 hab. Ce bourg est fameux dans l'histoire du Valois, à cause de son château et de la puissance de ses seigneurs. Les ruines de ce fameux édifice conservent encore un air de majesté qui imprime au spectateur une sorte de respect et d'admiration; elles forment un des monuments les plus curieux des environs de Paris.

N° 125.

ROUTE de paris a SARREBRUCK.

37 myriamètres 7 kilomètres et 1 p. 1/2.

	m. k.
De Paris à Metz ☞ (Voy. N° 89)	31,6
Metz à Courcelles-Chaussy ☞	1,8
Courcelles à Fouligny ☞	0,8

FOULIGNY à SAINT-AVOLD ☞................ 1,7
SAINT-AVOLD à FORBACH ☞................ 1,8
FORBACH à SARREBRUCK ☞ (poste étrangère).
1 poste 1/2 ou......................... 0,9

N° 126.

ROUTE DE PARIS A SEDAN (ARDENNES).

25 myriamètres 6 kilomètres.
m. k.
DE PARIS à *MÉZIÈRES ☞ (Voy. N° 90)........... 23,2
MÉZIÈRES à *SEDAN ☞................... 2,4

N° 127.

ROUTE DE PARIS A STRASBOURG (BAS-RHIN).

Itinéraire descriptif de PARIS à STRASBOURG.

On sort de Paris par le faubourg Saint-Martin, en laissant, à gauche, la Villette et la route de Senlis; à droite, Belleville et les près Saint-Gervais. On longe, à gauche, le canal de l'Ourcq jusqu'à Bondy. Au delà est le château de la Porte, et à la sixième borne celui de Raincy; un peu plus loin, on entre dans la forêt de Bondy. A Claye, on passe la Beuvronne et le canal de l'Ourcq, que l'on côtoie à droite jusqu'aux environs de Meaux, où l'on entre par le faubourg Saint-Remy. En sortant de cette ville, on longe la promenade des Amourettes et l'on entre dans une belle plaine; la route est magnifique, à double allée d'arbres. Après une descente assez rapide, on passe la Marne sur un beau pont qui a remplacé celui que les Français firent sauter en 1814. La route est agréablement variée par les riants coteaux qui bordent la Marne jusqu'à la Ferté-sous-Jouarre, où l'on passe de nouveau cette rivière. Au-dessous de Montreuil-aux-Lions on passe du département de Seine-et-Marne dans celui de l'Aisne. Deux lieues plus loin on retrouve la Marne, que l'on passe sur le pont de Château-Thierry. Au delà du relais de Paroy, où l'on jouit d'une belle vue sur la vallée de la Marne, on entre dans le département de ce nom; on continue à suivre le cours de la Marne jusqu'à Épernay. En sortant de cette ville on aperçoit sur la gauche Aï, si connu par ses vins mousseux, et l'on jouit d'une vue charmante sur la grande côte de vignes que couronne la forêt de Reims. En avançant, on découvre les coteaux d'Avise, du Ménil, d'Oger, de Vertus, renommés par leurs bons vins. A Jalons, on passe la Somme-Soude près d'un joli moulin. On monte et l'on descend ensuite deux ou trois côtes avant d'arriver à Châlons, où l'on entre par le faubourg de Marne. — On sort de Châlons par la porte Saint-Jean. Après avoir gravi une montée peu rapide, on descend à Notre-Dame de l'Épine, village remarquable par sa magnifique église. Au moulin de Courtisols, on traverse une voie romaine, près de laquelle on place le camp d'Attila. Pont-de-Somme-Vesle et Orbeval sont deux hameaux après lesquels la route traverse un pays coupé de côtes et de vallons, qui se prolonge jusqu'à Sainte-Menehould, où l'on entre par la porte de France. On en sort par la porte de Bois; on passe l'Aisne, qui entoure la ville et en forme une île, puison monte une côte dont le revers conduit dans un vallon où l'on jouit d'une fort belle vue. On passe ensuite entre des rochers et des précipices, après lesquels on entre dans un vallon traversé par la Biesme, et à l'issue duquel est le village des Grandes-Islettes. Une pente longue et rapide conduit ensuite au bourg de Clermont, d'où l'on jouit d'une belle vue. On descend dans un vallon, on passe l'Aire, on monte et on descend plusieurs côtes avant d'arriver à Verdun, où l'on entre par la porte de France. On sort de cette ville par la porte Saint-Victor, en laissant à droite la route de Saint-Michel. Après avoir passé le ruisseau de Bellerupt, on traverse deux lieues de la forêt du Haut-Bois par une large tranchée, en passant entre les bois de Claire-Côte et ceux de Gévaumont. Après Mars-la-Tour, on monte et l'on descend plusieurs côtes dont quelques-unes offrent de beaux points de vue, puis on descend dans le bassin de la Moselle; la route suit le cours de la rivière, bordée à gauche par de hautes montagnes qui se prolongent jusqu'aux environs de Metz, où l'on entre par la porte de France. — On sort de Metz par la porte de la Moselle. La route longe la montagne et conduit par une pente rapide au relais de la Horgue, d'où elle se dirige dans un joli vallon; elle passe ensuite entre les bois de Mesclure et d'Orny. Au hameau des Grèves commence la côte des Dixmes, du sommet de laquelle on découvre à plus de vingt lieues du côté des Vosges et de l'Allemagne. Au bas de la côte est le village de Delme, après lequel on entre dans un pays boisé, qui se prolonge jusqu'aux environs de Château-Salins. On sort de cette ville en suivant la rue des Salines; on passe la petite Seille; puis, après avoir rasé à gauche le bois de Feuilly, la route suit une chaîne de collines, descend dans le vallon de Salival, et traverse à Moyenvic le canal de ce nom. Le pays que l'on parcourt offre une suite presque continuelle de vallons, de montées et de descentes, jusqu'au relais de Heming, situé sur le sommet d'une côte assez élevée : une route pavée conduit de cet endroit à Sarrebourg, d'où l'on sort par la porte d'Alsace. On entre à Phalzbourg par la porte de France et l'on en sort par celle de Saverne, en laissant à gauche la route de Bitche. A une lieue de distance, on traverse des bois et la chaîne des hautes montagnes des Vosges, en passant à la demi-lune d'où l'on aperçoit la flèche de la cathédrale de Strasbourg, à plus de vingt lieues de distance. La route taillée en corniche qui descend la montagne de Saverne est bordée de précipices dont l'aspect est singulièrement pittoresque. Cette montagne, autrefois presque impraticable par le mauvais temps, offre un chemin assez commode parmi des montagnes escarpées; c'est un des ouvrages les plus curieux de l'industrie humaine; de sa partie la plus élevée, l'Alsace semble offrir aux yeux du voyageur un vaste jardin entrecoupé d'une multitude de collines, de vignes, de champs, de prés, de vergers, de bois, et de quantité de villages, de bourgs, de villes et de maisons de plaisance. Dans le lointain, on découvre le Rhin, qui coule majestueusement au pied des montagnes. Deux routes conduisent de Saverne à Strasbourg; celle de gauche est la plus courte; mais on prend ordinairement celle de droite, qui passe au milieu d'un bois, au sortir duquel on voit Sindelsberg. Une descente rapide conduit à Krastatt. Après Wasselone, la route, très-sinueuse, suit le revers d'une montagne, et descend ensuite dans la belle vallée de Marlenheim. Au delà du relais d'Ittenheim, on gravit une côte, puis on descend dans une plaine fertile, où l'on jouit d'une belle vue sur le Rhin; peu après on longe le canal de Molsheim, et l'on arrive à Strasbourg, où l'on entre par la porte de Saverne.

1ʳᵉ Route de PARIS à STRASBOURG, par CHALONS et METZ,
47 myriamètres 6 kilomètres.

De PARIS à METZ ⌂ (Voy. N° 60, route de Paris à
  Forbach)... 31,6
METZ à LA HORGNE ⌂................................ 1,1
LA HORGNE à SOLOGNE ⌂..........................,........ 1,0
SOLOGNE à DELME ⌂................................... 1,2
DELME à * CHATEAU-SALINS ⌂..................... 1,1
  * VIC (sur la route).
CHATEAU-SALINS à * MOYENVIC ⌂............... 0,8
MOYENVIC à BOURDONNAY ⌂..................... 1,4
BOURDONNAY à HEMING ⌂........................ 2,0
HEMING à * SARREBOURG ⌂....................... 0,8
SARREBOURG à * HOMMARTING ⌂............... 0,8
HOMMARTING à * PHALSBOURG ⌂............... 0,9
PHALSBOURG à * SAVERNE ⌂..................... 0,9
SAVERNE à WASSELONNE ⌂....................... 1,5
WASSELONNE à ITTENHEIM ⌂..................... 1,2
ITTENHEIM à * STRASBOURG ⌂................... 1,3

CHATEAU-SALINS. Voy. page 543.
SARREBOURG (*Meurthe*). Ancienne ville. Sous-préfect. Trib. de 1ʳᵉ inst. Soc. d'agric. ⊠ ⌂ 2,164 hab. Cette ville est située sur la rive droite de la Sarre, dans une contrée fertile. Sa position au principal débouché des Vosges l'ayant fait considérer comme propre à servir d'entrepôt de subsistances militaires en cas de guerre sur le Rhin, on y a construit des boulangeries et des magasins immenses. — FABRIQUES de toiles de coton, limes.—A 66 kil. (17 l.) de Nancy, 45 kil. (11 l. 1/2) de Sarreguemines, 405 kil. (104 l.) de Paris. — HÔTELS : du Sauvage, de l'Abondance.
  VOITURES PUBLIQUES. Tous les jours pour Lunéville, Nancy, Strasbourg, Paris, Maurice (Vᵉ). —Thomas. — Laye.
  BUTS D'EXCURSIONS : à la *manufacture de glaces de St-Quirin*. — Les montagnes des Vosges méritent d'être parcourues pour leurs beaux sites pittoresques.

VIC (*Meurthe*). Ville ancienne, située dans un vallon resserré, sur la Seille, à 3 kil. (1 l. 1/2) de Château-Salins. Siége du trib. de 1ʳᵉ inst. de l'arrond. de Moyenvic. ⊠ 3,186 hab. Vic est une petite ville assez bien bâtie, où l'on remarque la collégiale de Saint-Étienne, fondée en 1240 ; un château bâti en 1190, fermé de murs et entouré de fossés larges et profonds. On trouve sur son territoire de nombreuses sources d'eau salée, et un précieux banc de sel gemme, gisant à 65 mètres au-dessous du sol, découvert en 1819 par MM. Thonnelier et compagnie.
  VOITURES PUBLIQUES. Tous les jours pour Nancy, Château-Salins, Dieuze.
  OUVRAGE A CONSULTER. *Précis sur la mine de sel gemme de Vic*, par Darcet; in-8°, 1824.

PHALSBOURG. SAVERNE. Voy. page 325.
MOYENVIC. Voy. page 408.
* **STRASBOURG.** Ancienne, grande, riche et très-forte ville, chef-lieu du département du Bas-Rhin. Trib. de 1ʳᵉ inst. et de comm. Bourse et ch. de comm. Conseil de prud. Chef-lieu de la 5ᵉ div. mil. Place de guerre de 1ʳᵉ cl. Dir. des douanes. Hôtel des monnaies (lettres BB). École d'artillerie. Arsenal. Académie universitaire. Faculté de théologie du culte protestant. Facultés de droit, de médecine, des sciences et des lettres. Soc. d'agric., sciences et arts. Coll. royal. Évêché. Consistoire général des protestants des départements du Haut et du Bas-Rhin. Synagogue consistoriale des juifs, etc. ⊠ ⌂ 57,000 hab.—

N° 127. ROUTE DE PARIS A STRASBOURG.

Strasbourg, avant sa réunion à la France, était une des principales villes impériales libres et immédiates d'Allemagne. Sa première origine est incertaine; il est probable qu'elle fut bâtie sur l'emplacement d'un des cinquante forts construits sur le Rhin, quelques années avant la naissance de J. C., par Drusus, beau-fils d'Auguste. Cette ville présente un triangle presque isocèle, à sommet tronqué, dont la base, formée par les trois faubourgs situés à l'ouest, est large de 1,500 mètres, et dont le sommet, situé vers la citadelle et le Rhin, a 500 mètres. Le front du levant est défendu par la citadelle, pentagone régulier composé de cinq bastions et d'autant de demi-lunes : le bastion du côté du Rhin est couvert par un grand ouvrage à cornes, à la tête duquel est une demi-lune entourée d'un fossé où l'on peut amener toute la rivière d'Ill. A la tête de l'ouvrage à cornes sont placées trois redoutes formant entre elles une sorte d'ouvrage couronné, le tout enveloppé d'un fossé et d'un chemin couvert, dont les glacis s'étendent jusqu'aux bords du Rhin. D'importants travaux ont été ajoutés à ces fortifications de 1825 à 1828. A 2 kil. sud de Strasbourg se trouve le polygone destiné aux exercices de l'artillerie, orné à son entrée d'un monument élevé en l'honneur de Kléber. — Strasbourg est une ville fort agréablement située sur la ligne du chemin de fer de Paris à la frontière d'Allemagne, et sur le chemin de fer de Strasbourg à Bâle, dans une contrée extrêmement fertile, sur les rivières d'Ill et de la Bruche, qui s'embouchent dans le Rhin à un kilomètre de distance des murs de la place. Elle est généralement bien bâtie; les rues en sont larges, propres et bien percées; les places publiques, vastes et régulières : les principales sont la place d'Armes, la place de la Cathédrale, du Château, du Marché aux Herbes, de la Comédie, Saint-Thomas, Saint-Pierre le Jeune, du Marché-Neuf, etc. On y entre par sept portes, désignées les noms de porte Nationale, de Saverne, de Pierre, des Juifs, d'Austerlitz, de l'Hôpital, des Pêcheurs. Il y a peu de places fortes dont les environs soient aussi agréables que le sont ceux de Strasbourg. Hors des portes on voit quantité de jardins de plaisance et de guinguettes, parmi lesquelles on remarque le jardin Lips et le jardin Bonnard au Contades; l'ancien jardin Christian à la Robertsau, etc. Le Contades et la Robertsau sont deux promenades publiques fort belles et très-fréquentées : cette dernière commence dès les glacis, en sortant du fort Mutin, hors la porte des Pêcheurs, et va jusqu'à l'orangerie, où elle s'élargit et se partage en plusieurs allées de vieux et gros tilleuls plantés par le Nôtre, en 1692 : l'allée du milieu aboutit à un gros village composé de maisons de plaisance, de maisons rustiques et de jardins; sur la droite, en venant de Strasbourg, sont de vastes serres destinées à recevoir 140 pieds d'orangers et d'arbres exotiques, que l'on place en été sur un terrain très-bien disposé pour cet usage. Le Contades est une belle promenade ombragée par toutes sortes d'arbres exotiques et indigènes, par des tilleuls plantés en quinconce, située près de la ville, hors la porte des Juifs. Après la bataille de Hohenlinden, elle reçut le nom de cette bataille, mais le nom primitif de Contades est celui sous lequel elle est plus généralement connue. — Indépendamment de ces deux belles promenades, les bords du Rhin, de l'Ill et de la Bruche, offrent un grand nombre de promenades naturelles, remplies d'agrément, d'où l'on jouit d'une vue magnifique sur les Vosges et sur les montagnes Noires, dont les sommités se perdent dans les nues, tandis que leurs mamelons les plus rapprochés de la plaine présentent des sites enchanteurs, que couronnent d'anciens châteaux, de beaux villages, d'immenses forêts et de riches vignobles. Dans l'île du Rhin, sur la route de Kehl, on voit un monument consacré au général Desaix. Depuis 1840, un beau canal destiné à joindre le Rhin à l'Ill traverse la Robertsau, sans rien ôter des charmes de cette promenade. Du reste, d'importants travaux d'embellissement se font annuellement à Strasbourg, grâce à l'activité et au zèle du maire actuel de la ville.

CATHÉDRALE. Cette église fut frappée de la foudre en 1007, et il n'en resta que le chœur. L'évêque Wernher Ier entreprit de la reconstruire en pierres de taille, sur un beau et large plan qui existe encore. Les fondements en furent jetés en 1015, mais l'ouvrage ne fut achevé qu'en 1439, sous l'évêque Guillaume de Diesth, de manière que ce superbe édifice n'a été terminé que dans l'espace de quatre cent vingt-quatre ans. La hauteur de la tour, depuis le rez-de-chaussée jusqu'au sommet, est de 142 mètres 118 millimètres, ou environ 437 pieds. On monte aisément jusqu'à la couronne : à la première galerie ou plate-forme, on a gravé sur les murs du clocher près de deux mille noms, parmi lesquels on distingue ceux de Klopstock, Lavater, Voltaire, etc., que les gardiens de la tour ont incisés dans la pierre. Au premier étage de la tour on voit les statues de Clovis, de Dagobert, de Rodolphe de Habsbourg, de Louis XIV ; au-dessus est la grande rosace en vitraux peints ; éclairée par les rayons du soleil, elle produit dans l'église un bel effet ; la plate-forme commence le deuxième étage de la tour : la flèche est le troisième étage de l'édifice, admirable ouvrage, découpé comme de la dentelle ; au sommet se trouvent la lanterne, puis la couronne, et enfin le bouton octogone qui termine l'édifice et supporte une croix de pierre de 5 pieds 4 pouces de hauteur. La base de l'église est décorée de trois portails, auxquels on arrive par un parvis élevé de plusieurs marches. Le portail du milieu est orné de colonnes et de statues. Au-dessus de ce portail, on voit les statues équestres de Clovis, de Dagobert, de Rodolphe de Habsbourg et de Louis XIV. Immédiatement au-dessus est une rosace admirable de 50 mètres de circonférence et de 13 m. 97 c. de diamètre. La longueur de la nef est de 108 m. 80 c., et la largeur de 10 m. 39 c. ; la hauteur, depuis le pavé jusqu'à la voûte, est de 23 m. 38 c. environ. A droite et à gauche, neuf piliers énormes séparent cette nef et forment des bas côtés. On remarque près de l'horloge le pilier des anges, qui soutient toute la voûte de cet édifice : il mérite une attention toute particulière. Vers le bas, à 3 m. 89 c. de hauteur, sont les quatre évangélistes ; au milieu, quatre anges avec des trompettes ; plus haut, quatre autres dont l'un tient une croix et l'autre une couronne. La chaire à prêcher, d'architecture gothique, restaurée en 1834, fait honneur aux artistes du quinzième siècle. L'horloge, nouvellement réparée ou plutôt reconstruite par M. Schvilgué, passe à juste titre pour un des mécanismes les plus beaux et les plus curieux en ce genre : elle indique la marche des constellations, le cours du soleil et de la lune, les heures, les jours, etc. Cette cathédrale, si célèbre par sa hauteur gigantesque et la magnificence de sa nef, ne reçoit le jour que par des vitraux de couleur, exécutés dans les quatorzième et quinzième siècles ; on remarque surtout les portraits des rois et des empereurs bienfaiteurs de cette métropole.

Le CHATEAU ROYAL est situé sur le bord de la rivière ; c'était autrefois le palais épiscopal. La construction en fut commencée en 1728, et terminée en 1741. Le rez-de-chaussée, formant premier étage sur la terrasse du bord de l'eau, contient de beaux appartements décorés de tableaux, de statues et de bronzes d'un grand prix. La façade sur la terrasse est importante par sa noble simplicité ; elle a près de 80 mètres de longueur, et est ornée au milieu d'un pavillon en saillie, formé de quatre colonnes qui soutiennent un entablement surmonté d'un dôme.

La BIBLIOTHÈQUE PUBLIQUE, l'une des plus belles du royaume, est placée dans la vaste enceinte du Temple-Neuf. Elle se compose de trois sections. La première est celle de l'ancienne université protestante, qui appartient au séminaire protestant. Jacques Sturm en est le fondateur. La seconde appartient à la ville ; elle est formée par la bibliothèque de Schœpflin. La troisième section se compose de la réunion des bibliothèques des couvents et d'autres établissements. Les trois sections réunies contiennent ensemble plus de 130,000 volumes, et un grand nombre de manuscrits, dont quelques-uns, d'auteurs du moyen âge, sont du plus haut intérêt. La ville possède aussi un musée composé de 52 tableaux, parmi lesquels on voit des ouvrages de Philippe de Champagne, du Pougens, du Guide, etc., et une collection de modèles en plâtre de grande dimension, de toutes les statues, chefs-d'œuvre de l'antiquité.

La SALLE DE SPECTACLE est précédée d'un péristyle de six colonnes d'ordre ionique, répondant à autant de pilastres séparés l'un de l'autre par des portes cintrées, garnies de belles grilles bronzées et dorées : l'entablement que supporte cette colonnade est orné de six statues colossales. — ¡On remarque encore à Strasbourg les églises Saint-Pierre, Saint-Jean, Sainte-Aurélie, Saint-Thomas, Saint-Louis, Saint-Guillaume ; le Temple-Neuf ; l'hôtel de la préfecture ; la mairie ; la halle au blé, la halle au gibier ; le palais de justice ; le tribunal de commerce; l'académie ; le collège; les statues de Kléber et de Guttemberg ; les hospices ; l'arsenal ; les casernes; l'orangerie, etc., etc.

BIOGRAPHIE. Strasbourg est la patrie de Guttemberg, l'un des inventeurs de l'imprimerie ; du célèbre ingénieur militaire Specklin ; des poëtes Andrieux et Desmahys ; des statuaires Ohmacht et Frédéric ; des philologues Brunck et J. J. Oberlin ; du maréchal Kellermann, vainqueur des Prussiens à Valmy ; du général Kléber, l'un de ceux qui ont le plus illustré les armées de la république française ; du général Coehorn, mort par suite des blessures qu'il reçut à la bataille de Leipzig; de l'historien Schœpflin ; du vertueux pasteur Oberlin, etc., etc.

INDUSTRIE. Fabriques de draps, toiles, étoffes de coton, toiles à voiles, coutellerie, crics, boutons de métal, bijouterie d'acier, papiers peints, cartes à jouer, poêles de faïence, balances à bascules, horlogerie, produits chimiques. Imprimeries en lettres. Filat. de coton, blanchisseries de toiles. Teintureries. Brasseries considérables. Manufacture royale des tabacs. — A 64 kil. (16 l. 1/2) de Colmar, 470 kil. (120 l. 1/2) de Paris. — HÔTELS : de la Ville de Metz, Vieux-Marché aux vins, 88, tenu par Metz fils, *déjeuners et soupers à la carte, table d'hôte à 1 heure et à 5 heures;* de Paris, de la Fleur, de Lyon, de la Maison-Rouge, du Corbeau, de la Haute-Montée, etc., etc. — CAFÉS : Adam, Baur, du Miroir, etc.

VOITURES PUBLIQUES. Tous les jours pour Paris, Barr, Belfort, Colmar, Mulhouse, Bâle, Haguenau, Metz, Niederbronn, Saverne, Schelestadt, Weissembourg, Baden et Francfort; six fois par semaine pour Bischwiller et Molsheim; quatre fois la semaine pour Mayence; trois fois la semaine pour la Suisse et l'Italie par la Kinsig et Constance; pour l'Allemagne, Francfort, Leipzig, Berlin, Hambourg, Stuttgard, Ulm, Augsbourg, Munich, Vienne; pour Fribourg, Bâle, Schaffouse, Constance, St-Gall, Coire et Milan.

CHEMIN DE FER de Strasbourg à Bâle, par Benfeld, Schelestadt, Colmar, Mulhouse.
OUVRAGES A CONSULTER, qui se trouvent à la librairie de Lagier, rue Mercière, et à la librairie de Derivaux, rue des Hallebardes, à Strasbourg.
Histoire d'Alsace, par Laguille, in-fol., 1727.
L'Alsace, description historique et topographique des deux départements du Rhin, par Aufschlager, 2 vol. in-8°.
Antiquités de l'Alsace, par Golbéry et Schweigœuser, in-fol., fig., 1826-27.
Topographie de l'Alsace, par Strobel, in-8°, 1824.
Dictionnaire géographique de l'Alsace, in-4°, 1787.
Description historique et topographique de l'Alsace, in-8°, 1826.
Promenades alsaciennes, in-8°, 1824.
Notice sur Strasbourg, par Hermann, 2 vol. in-8°, 1819.
Description de Strasbourg, par Fagès-Méricourt, in-12, 1825.
Description de la cathédrale de Strasbourg, par Miler, in-18, fig.
Essai sur l'histoire de la cathédrale de Strasbourg, par Grandidier, in-8°, 1782.
Strasbourg, ses monuments et ses curiosités, ou Description de sa cathédrale, de ses édifices, etc., in-18, 1831.

2ᵉ Route, par SÉZANNE, VITRY-SUR-MARNE, BAR-LE-DUC et NANCY, 45 myr. 6 kil.

* VINCENNES (sur la route).
* LAGNY (sur la route).

DONJON DE VINCENNES.

N° 127. ROUTE DE PARIS À STRASBOURG.

	m. k.
De Paris à Neuilly-sur-Marne ☞	1,5
Neuilly à Pomponne ☞	1,4
Pomponne à Couilly ☞	1,3
Couilly à * Coulommiers ☞	2,0
Coulommiers à la Ferté-Gaucher ☞	1,8
La Ferté-Gaucher à Retournelout ☞	2,2
Retourneloup à * Sézanne ☞	1,3
Sézanne à Fère-Champenoise ☞	2,1
Fère-Champenoise à Sommessous ☞	1,6
Sommessous à Coole ☞	1,4
Coole à * Vitry-sur-Marne ☞	1,5
Vitry-sur-Marne à Longchamp ☞	1,6
Longchamp à * Saint-Dizier ☞	1,2
Saint-Dizier à Saudrupt ☞	1,2
Saudrupt à * Bar-le-Duc ☞	1,2
Bar-le-Duc à * Ligny ☞	1,6
Ligny à Saint-Aubin ☞	0,9
Saint-Aubin à Void ☞	1,4
Void à Lay-Saint-Remy ☞	1,1
Lay à * Toul ☞	1,1
* Pierre (à droite de la route).	
Toul à Velaine ☞	1,1
Velaine à * Nancy ☞	1,2
Nancy à Champenoux ☞	1,4
Champenoux à Moyenvic ☞	1,7
Moyenvic à * Strasbourg (V. la 1re Route)	10,8

VINCENNES (*Seine-et-Oise*). Joli bourg et château fort, situé à l'extrémité d'une avenue qui commence à la barrière du Trône, près du bois qui porte son nom, à 13 kil. (3 l. 1/4) de Sceaux et à 6 kil. (1 l. 1/2) de Paris. École d'artillerie. ⊠ 2,684 h. Vincennes doit son origine à Philippe-Auguste, qui fit entourer le bois de ce nom d'épaisses murailles, et construisit à son extrémité un hôtel ou maison de plaisance, qui fut rasé en 1337, et remplacé par le donjon que nous voyons aujourd'hui. La disposition générale du château de Vincennes forme un rectangle d'environ 340 mètres de longueur sur 200 de largeur. Autour de ce parallélogramme, on voit encore des restes de tours carrées, disposées avec symétrie, et dont la seule aujourd'hui conservée, et qui fut la plus célèbre, est le donjon. De larges fossés avec revêtements, autrefois remplis d'eau vive, et maintenant à sec, entourent l'ensemble de l'édifice, dans lequel on entre par deux ponts-levis : la première partie, située du côté du bourg, est divisée en plusieurs cours par divers bâtiments irréguliers et sans symétrie, dont une partie remonte au temps de la construction du premier château. A l'extrémité de la première cour, on en trouve une seconde, à droite de laquelle s'élève le donjon, et à gauche, la Sainte-Chapelle. Le donjon est entouré d'une enceinte et de fossés particuliers, profonds de 13 mèt. (40 p.), avec un revêtement à pic. La tour est carrée et flanquée de quatre tourelles; elle a cinq étages, auxquels on monte par un escalier d'une construction hardie. Chaque étage est composé d'une vaste salle carrée, dont la voûte en pierre est soutenue par un gros pilier, et dans laquelle est une immense cheminée. Chaque tourelle forme aux angles de la grande salle une chambre de 4 mèt. 22 cent. (13 p.) de diamètre avec une cheminée. A la hauteur du quatrième étage, on fait extérieurement le tour de l'édifice sur une galerie qui règne en saillie. Le comble qui termine le cinquième étage est voûté en pierres d'une coupe très-curieuse, et forme une terrasse d'où l'on jouit de la vue la plus magnifique. A l'un des angles de cette terrasse s'élève une guérite en pierre, dont l'exécution est de la plus grande délicatesse.—La Sainte-Chapelle, fondée par Charles V en 1379, et rebâtie en partie sous les règnes de François Ier et de Henri II, est un bel édifice gothique, dont les différentes parties sont de la plus grande richesse. L'intérieur, très-simplement orné, n'est remarquable que par les restes de ses riches vitraux, peints par Jean Cousin sur les dessins de Raphaël.—La troisième cour, dite cour Royale, dans laquelle on parvient en traversant des portiques qui ne manquent pas de beauté, est formée par deux grands bâtiments modernes, renfermant de vastes appartements richement décorés et embellis de peintures assez bien conservées, ainsi qu'une salle d'armes magnifique. — Dans le fossé du côté de l'esplanade, à droite du pont-levis et dans l'angle rentrant formé par la tour de la Reine, on remarque sur un fût de colonne en granit rouge, élevée sur une base de marbre noir, cette simple inscription :

HIC CECIDIT!

qui rappelle que là est tombé le duc d'Enghien, tandis qu'une petite croix de pierre, située à quelques pieds plus loin, indique la fosse dans laquelle son corps a reposé 15 ans. Un beau saule pleureur ombrage ce monument. Les restes mortels du prince ont été déposés dans une salle basse du pavillon du milieu faisant face au bois. Sur le cercueil est une inscription qui indique son âge et le jour de sa mort. On exécute en ce moment (1842) de grands travaux au fort de Vincennes, qui en feront l'une des forteresses les plus importantes de la ligne fortifiée de Paris.

Le bois de Vincennes est, ainsi que nous l'avons déjà fait remarquer, contigu au bourg; son étendue est de 2,959 hectares ; au centre d'une étoile où neuf routes viennent aboutir, on a élevé un obélisque d'ordre rustique, surmonté d'un globe et d'une aiguille dorée, avec deux écussons portant des inscriptions indiquant que la nouvelle plantation du bois de Vincennes eut lieu en 1731. Ce bois offre une multitude de promenades charmantes, très-fréquentées dans la belle saison par les habitants de la capitale. On voit dans l'intérieur une jolie maison de campagne dite des Minimes, qui forme une retraite charmante au milieu de la forêt. La fête patronale, qui a lieu chaque année le 15 août, est une des plus renommées des environs de Paris, et attire une grande affluence.

[. OUVRAGE A CONSULTER. *Histoire du donjon et du château de Vincennes*, 3 vol. in-12, 1818.

LAGNY, petite ville très-ancienne, située sur la rive gauche de la Marne, à 20 kil. S. O. de Meaux. — ⌧ 1,879 hab. — Fort marché de grains, fruits, volailles; chaudronnerie, plâtre, albâtre gris en quantité dans trois souterrains; fromages de Brie. — HOTELS : de l'Ours, tenu par Marquoyn jeune.

VITRY-LE-FRANCAIS (*Marne*). Jolie ville sur la Marne et le canal de la Marne au Rhin. Sous-préf. Trib. de 1re inst. Coll. comm. ⌧ ⚘ 6,976 hab. Vitry-le-Français est une ville moderne que François Ier fit construire sur la Marne et fortifier en 1545, à un quart de lieue de Vitry en Perthois, brûlé, par les troupes de Charles-Quint, en 1544. Cette ville, entourée de remparts, destinés à former l'enceinte d'une ville de guerre de quelque importance, est régulièrement bâtie; les rues en sont larges, propres, spacieuses, avec trottoirs, et bordées de maisons entièrement construites en bois, mais d'une élégante simplicité. Dans ces rues coule une eau abondante de 27 bornes-fontaines. La place centrale est vaste, régulière et plantée d'un double rang de tilleuls; au centre s'élève une jolie fontaine en fonte, coulée par M. Muel; sur l'un des côtés est l'église paroissiale, bel et spacieux édifice de style corinthien et composite, et le premier monument important exécuté en France depuis la renaissance des arts ; malheureusement il n'a jamais été achevé ; le chœur est fermé par une abside en bois et plâtre, qui ne répond pas à la beauté du reste de l'édifice ; le portail, surmonté de deux tours, offre un aspect im-

posant. Abattoir. Lavoir public. Les promenades sont très-agréables. — FAB.
de bonneterie. Tanneries. — COMMERCE important de grains, huile, laines, etc.
Port pour les bateaux destinés à l'approvisionnement de Paris. A 31 kil. (8 l.)
de Châlons, 197 k. (50 l. 1/2) de Paris.—HÔTELS : des Voyageurs, de la Cloche.

VOITURES PUBLIQUES. Tous les jours de Paris à Metz, Nancy, Strasbourg, Châlons, St-Dizier. — *Messag. pour Paris.*

BAR-LE-DUC ou BAR-SUR-ORNAIN. Ancienne et jolie ville. Chef-lieu du département de la Meuse. Trib. de 1re inst. et de com. Ch. cons. des manuf. Conseil de prud'h. Soc. d'agr. Coll. com. Soc. philharmonique. ⌧ ⚥ 12,496 hab. Cette ville est dans une situation agréable, sur le penchant d'un coteau et dans un beau vallon arrosé par l'Ornain : elle se divise en haute et basse ville. La première s'élève en amphithéâtre, et occupe le sommet de la colline : les maisons sont bien bâties, et plusieurs même peuvent passer pour des hôtels; mais elle n'est point commerçante. Il ne reste plus du château que les vestiges de l'ancienne chancellerie des ducs, et une terrasse d'où l'on jouit d'une vue magnifique sur la riante vallée de l'Ornain. — La ville basse s'étend dans le vallon traversé par l'Ornain, que l'on y passe sur trois ponts en pierre. Elle est vivifiée par une multitude de fabriques, d'ateliers, de boutiques, de magasins, d'hôtelleries; les rues sont larges et bien percées : celles de la Rochelle et des Capucins, que borde une double rangée de tilleuls, sont particulièrement remarquables. Cette ville offre un port commode sur l'Ornain, pour le flottage des planches de chêne et de sapin qui s'expédient pour Paris. Les alentours offrent d'agréables promenades. — On remarque à Bar les églises de Saint-Étienne et de Notre-Dame. Les édifices publics sont fort ordinaires, ils se composent de l'hôtel de la préfecture, du palais de justice, de l'hôtel de ville, du collège, d'une petite salle de spectacle et d'une bibliothèque souscriptionnelle. Dans une église de la ville haute, on voit le mausolée de René de Châlons, prince d'Orange, tué en 1544 au siège de Saint-Dizier. Ce monument se compose d'un autel de marbre noir sur lequel est debout un squelette en marbre blanc tenant un sablier dans la main gauche ; des muscles desséchés, des fragments de peau échappés à la destruction couvrent çà et là ces ossements décharnés. Cette sculpture, belle comme morceau d'art, mais manquant de vérité anatomique, est du célèbre Ligier Richier, élève de Michel-Ange et auteur du sépulcre de Saint Mihiel. Les environs offrent de vastes forêts, des vignobles qui produisent un vin léger et agréable, de nombreuses forges et fonderies. — PATRIE du maréchal duc de Reggio, du général Excelmans. FABRIQUES considérables de cotonnades. COMMERCE étendu de délicieuses confitures de groseilles.

VOITURES PUBLIQUES. Tous les jours pour Paris, Strasbourg, St-Dizier, Châlons-sur-Marne, Ligny, Verdun, Revigny, Metz, St-Mihiel, Pont-à-Mousson, Neufchâteau, Ligny et Gondrecourt.

BUTS D'EXCURSIONS : au *château de Jean-d'Heure*, remarquable par ses jardins, sa belle collection d'armes et ses usines ; à la *grotte des Sarrasins* ; à *Ancerville* ; aux *forges d'Alumville* ; aux *fonderies de Tussy* ; aux *ruines de Nasium*, etc.

OUVRAGES A CONSULTER, qui se trouvent à la librairie de F. d'Olincourt, à Bar le-Duc.
Mémoire sur la Lorraine et le Barrois, par Deureval, in-4°, 1783.
Description de la Lorraine et du Barrois, par le même, 2 vol. in-4°, 1778.
Histoire des duchés de Lorraine et de Bar et des Trois Évêchés, par Begin, 2 vol. in-8°, fig., 1833.
Voyage pittoresque sur les ruines de Nasium, de Bar-le-Duc et dans les environs, in-18, 1825.
Les Veillées de Lorraine, 4 vol. in-12.

LIGNY (*Marne*). Jolie petite ville, à 16 kil. (4 l.) de Bar le-Duc. ⌧ ⚥ 3,212 h. Ligny est une ville agréablement située, dans une belle plaine, sur la rive gauche de l'Ornain. Les rues en sont larges, propres, bien percées et aboutissent à une belle place publique ; il ne reste plus des anciennes fortifications qu'une tour d'une belle construction, qui domine le cours de l'Ornain. Les promenades du parc de l'ancien château passent à juste titre pour les plus belles et les plus agréables du département. Les sinuosités du territoire couvert de vignes qui entoure la ville offrent plusieurs aspects pittoresques : au sud-ouest, à mi-côte, apparaît un joli paysage, dont la ville est le centre. — Entre le bastion de la grosse tour et l'arcade qui supporte l'hôtel de ville, existe un écho qui répète plusieurs mots tout entiers. — FABRIQUE d'enclumes. Filatures de coton.— COMMERCE de vins. — HÔTELS : de la Cloche, du Soleil-d'Or, du Sauvage, hôtel vaste et confortable, situé près de la poste aux chevaux, tenu par Varnerot Bardot.

TOUL (*Meurthe*). Ancienne et forte ville. S.-préf. Place de guerre de 4ᵉ clas. Trib de 1ʳᵉ inst.Soc. d'agr. Coll. com. ✉ ⚘ 7,314 hab.Toul était la capitale des Leuquois, qui furent soumis par César. Elle fut jadis ville libre, sous la protection des empereurs d'Allemagne. Cette ville est située au pied de coteaux couverts de vignes, dans une plaine fertile, sur la Moselle, qu'on y traverse sur un beau pont en pierre de sept arches. Les rues sont peu régulières et pavées en cailloux. La place d'Orléans, plantée de beaux arbres est la seule remarquable.—Les principaux édifices publics sont : La cathédrale, superbe basilique d'architecture gothique, commencée par saint Gérard, en 965, et achevée, par l'architecte Jacquemin de Commercy en 1496,; elle est surtout estimée par sa légèreté; la voûte plate qui supporte l'orgue passe pour un chef-d'œuvre.—On remarque encore à Toul l'église de la ci-devant collégiale de Saint-Gengoult; l'hôtel de ville, autrefois palais épiscopal, édifice moderne qui se distingue par son étendue, par l'élégance et la légèreté de son architecture; l'hôpital civil; le quartier de cavalerie et celui de l'infanterie; des magasins pour le service de la cavalerie; le manège couvert; la halle au blé, construite en 1823; le collège; l'abattoir public. — Toul est la patrie du maréchal Gouvion Saint-Cyr; du général Gouvion, tué au siége de Nancy; des généraux d'artillerie Dedon et Bicquilley; du baron Louis, ancien ministre des finances; du comte de Rigny, amiral et ancien ministre de la marine.—FABRIQUE de broderies. — MANUFACTURES de faïence.—A 23 kil. (6 l.) de Nancy, 60 kil. (15 1/2) de Metz, 308 kil. (79 l.) de Paris.—HÔTELS : de l'Europe, d'Angleterre, de la Cloche.

VOITURES PUBLIQUES. De Paris à Strasbourg, de Nancy à Toul, à Troyes, de Toul à Colombey.

OUVRAGES A CONSULTER, qui se trouvent à la librairie de Bastien, à Toul. *Histoire ecclésiastique de la ville et du diocèse de Toul*, par Benoit, in-4°, 1707. *Pouillé ecclésiastique et civil du diocèse de Toul*, par Benoit, 2 vol. in-8°, 1711 (bonne description ancienne de ce diocèse).

PIERRE (*Moselle*). Village à 6 kil. (1 l. 1/2) de Toul. On remarque aux environs une carrière d'albâtre gypseux, formant une grotte naturelle qui renferme plusieurs salles spacieuses ornées de belles stalactites.

SARREBOURG (*Meurthe*). Sous-préf. A 68 kil. (17 l.) de Nancy.

3ᵉ Route, par VITRY, STAINVILLE, CHAMPENOUX et NANCY, 44 myr. 9 kil.

	m. k.
De PARIS à * SAINT-DIZIER ⚘ (Voy. la 2ᵉ Route)..	20,9
SAINT-DIZIER à STAINVILLE ⚘	2,0
STAINVILLE à * LIGNY ⚘	1,3
LIGNY à * STRASBOURG ⚘ (Voy. la 2ᵉ Route)...	20,7

4ᵉ Route, par MONTMIRAIL, CHALONS, VITRY, STAINVILLE, CHAMPENOUX et NANCY, 46 myr.

De PARIS à * CHALONS ⚘ (Voy. N° 38)	16,2

N° 127. ROUTE DE PARIS A **STRASBOURG**.

	m. k.
CHALONS à LA CHAUSSÉE ⌑...............	1,8
LA CHAUSSÉE à * VITRY-SUR-MARNE ⌑........	1,5
VITRY à * STRASBOURG ⌑ (Voy. la 2ᵉ Route)....	26,5

5ᵉ Route, par ÉPERNAY, CHALONS, VITRY, STAINVILLE, CHAMPENOUX et NANCY, 47 myr. 8 kil.

De PARIS à * CHALONS (Voy. N° 60).............	17,0
CHALONS à * STRASBOURG (Voy. la 1ʳᵉ Route)...	30,6

6ᵉ Route, par MONTMIRAIL, CHALONS et METZ, 46 myr. 6 kil.

De PARIS à *⸝CHALONS (Voy. N° 38).............	16,2
CHALONS à * STRASBOURG (Voy. la 1ʳᵉ Route)....	30,6

7ᵉ Route, par ÉPERNAY, CHALONS, VITRY, BAR-LE-DUC et NANCY, 48 myr. 5 kil.

De PARIS à * CHALONS (Voy. N° 60).............	17,0
CHALONS à VITRY-SUR-MARNE (Voy. la 4ᵉ R.)...	3,3
VITRY à NANCY (Voy. la 1ʳᵉ Route)...........	13,6
NANCY à DOMBALLE (Meurthe)................	1,5
DOMBALLE à * LUNÉVILLE ⌑.................	1,2
LUNÉVILLE à BÉNAMÉNIL ⌑..................	1,5
BÉNAMÉNIL à * BLAMONT ⌑.................	1,5
* SAINT-QUIRIN (à droite de la route).	
BLAMONT à HEMING ⌑.....................	1,5
HEMING à * STRASBOURG (V. la 1ʳᵉ Route)......	7,4

BLAMONT (*Meurthe*). Petite ville très-ancienne, située sur la Vezouze, à 28 kil. (7 l.) de Lunéville. ⌧ ⌑ 2,681 hab. On y remarque les ruines d'un château fort flanqué de tours; deux places publiques assez spacieuses; plusieurs belles rues et quatre fontaines publiques. C'est la patrie de Regnier, duc de Massa, ministre et grand juge sous l'empire. — FABRIQUES de calicots. Fil. de laine.

QUIRIN (SAINT-) (*Meurthe*). Beau village situé dans une gorge resserrée, à 17 kil. (4 l. 1/4) de Sarrebourg. 1,960 hab. Saint-Quirin est renommé par une importante manufacture de glaces, dont les produits sont on ne peut plus remarquables.

DE METZ A STRASBOURG, par SAINT-AVOLD et SAAR-UNION, 15 myr. 7 kil.

De METZ à PUTTELANGE ⌑ (V. N° 89)...........	6,2
PUTTELANGE à SAAR-UNION ⌑...............	1,9
SAAR-UNION à * PHALSBOURG (V. N° 90).......	2,7
PHALSBOURG à * STRASBOURG ⌑ (V. la 1ʳᵉ R.)..	4,9

DE STRASBOURG A SAINT-LOUIS, pour BASLE.

1ʳᵉ Route, par NEUFBRISACH, 12 myr. 1 kil.

De STRASBOURG à KRAFFT ⌑.................	1,9

N° 127. ROUTE DE PARIS A STRASBOURG.

	m. k.
Krafft à Frisenheim ⌂...	1,4
Frisenheim à Marckolsheim ⌂.	2,0
Marckolsheim à * Neufbrisach ⌂.	1,7
Neufbrisach à * Fessenheim ⌂.	1,2
Fessenheim à Bantzenheim ⌂.	1,0
* Ottmarsheim (sur la route).	
Bantzenheim à Gros-Kembs ⌂.	1,6
Gros-Kembs à Saint-Louis ⌂.	1,3

NEUFBRISACH (*Haut-Rhin*). Jolie et forte ville, située près de la rive gauche du Rhin, sur le canal de son nom, à 12 kil. (3 l.) de Colmar. ⌂ ⌂ 2,005 hab. Cette ville passe pour avoir été fondée par les Romains. Le traité de Munster en ayant assuré la possession à la France, Louis XIV, après la cession du vieux Brisach à l'Autriche, chargea Vauban, en 1699, d'en faire une place de guerre de première classe. Elle forme un octogone régulier, toutes les rues sont tirées au cordeau, toutes les maisons d'une construction semblable et de la même hauteur. Au centre est une belle place d'armes carrée, entourée d'arbres, d'où l'on aperçoit les quatre portes de la ville. Les remparts offrent des promenades agréables ; de vastes casernes et l'église paroissiale sont les seuls édifices remarquables. C'est la patrie du lieutenant général Brayer. A un quart de lieue de distance, sur les bords du Rhin, est le FORT MORTIER, près duquel est un bureau de douanes.

OTTMARSHEIM (*Haut-Rhin*). Village à 29 kil. (7 l. 1/2) d'Altkirch. 900 h. L'église de ce village, que l'on croit un temple romain, est un des monuments les plus remarquables du département : ses trente-deux colonnes n'offrent toutefois aucun des caractères de celles des temples du paganisme. Cette église est octogone, et offre entre l'enceinte et les piliers une galerie voûtée; dans l'épaisseur des murs sont pratiqués des escaliers qui conduisent à l'étage supérieur. Là s'ouvrent sur la nef huit grands arcs à plein cintre, de 7 m. 14 c. de haut, tandis que le rez-de-chaussée n'en a que 5. Ces grands arcs sont ensuite divisés par une multitude de petites colonnes, et au sommet des arcs supérieurs une coupole s'élève et s'arrondit dans de belles proportions. La corniche est entourée de festons semblables à ceux de l'architecture lombarde ou romaine, ce qui parait dénoter une construction des derniers temps de l'empire romain.

2ᵉ Route, par COLMAR, 13 myr. 8 kil.

De Strasbourg à Saint-Ludan ⌂...	1,5
Saint-Ludan à Benfeld ⌂.	1,2
Benfeld à Schelestadt ⌂.	1,7
Schelestadt à Ostheim ⌂.	1,4
Ostheim à * Colmar ⌂	1,0
Colmar à Meyenheim ⌂.	1,9
* Ensisheim (sur la route).	
Meyenheim à * Mulhausen ⌂.	2,2
Mulhausen à Sierentz ⌂.	1,7
Sierentz à Saint-Louis ⌂	1,2

ENSISHEIM (*Haut-Rhin*). Jolie petite ville, fort agréablement située sur la rive droite de l'Ill et à la jonction du canal de Neufbrisach, à 24 kil. (6 l. 1/4) de Colmar. ⌂ 2,568 hab. On y remarque l'hôtel de ville, ancien et vaste bâtiment ; l'ancien collège des jésuites, converti en une maison centrale de détention pour huit départements ; l'église paroissiale, dans laquelle était suspendu autrefois un énorme aérolithe tombé près de la ville en 1492, et transporté au musée de Colmar. — FABRIQUES de calicots et de chapeaux de paille.

N° 127. ROUTE DE PARIS A STRASBOURG.

DE STRASBOURG A DEUX-PONTS, 8 myr. 5 kil. et 2 postes.

	m. k.
De Strasbourg à Haguenau ⚜ (V. N° 148)........	2,9
Haguenau à * Niederbronn ⚜...............	2,1
Niederbronn à * Bitche ⚜................	2,3
Bitche à Echweiler ⚜....................	1,2
Echweiler à Deux-Ponts ⚜ (poste étr.), 2 p. ou	1,7

De Niederbronn à Sultz ⚜...............	2,2
Sultz à Beinheim ⚜...................	2,2
Beinheim à Baden ⚜ (poste étrang.), 1 p. 3/4 ou	1,9

De Beinheim à { Rastadt ⚜ (poste étr.), 1 p. 1/2 ou 1,1
{ Stollhofen ⚜ (poste étrangère).. 1,7

NIEDERBRONN *(Bas-Rhin).* Joli bourg, à 20 kil. (5 l.) de Wissembourg ⊠ ⚜ 2.467 hab. Ce bourg, situé entre deux promontoires, dans une vallée évasée, près de l'entrée d'une gorge par où on pénètre d'Alsace en Lorraine, est borné par des montagnes presque vers tous les points, excepté à l'est où la vallée commence à s'élargir et les monts à s'abaisser pour se perdre enfin dans la plaine. Il est formé de deux rues larges et spacieuses, bordées de maisons et de jardins ; l'air y est très-sain ; les habitants y jouissent en général d'un tempérament robuste. Au milieu du bourg se trouvent deux fontaines minérales renfermées dans deux bassins hexagones, séparés de quelques pas l'un de l'autre, et dont les bords excèdent à peine la surface du sol. — L'un de ces bassins, l'inférieur, est plus petit que le supérieur. Celui-ci a de chaque côté six pieds de longueur ; il en sort à peu près six pieds cubes d'eau par minute ; au milieu se trouve une pyramide creuse, tronquée, formant un réservoir particulier ; elle est placée immédiatement sur l'endroit d'où l'eau minérale sourd d'un banc de gravier, et est assurée à sa place par un bon ciment. Cette pyramide s'élève ainsi toute en pierre à la hauteur de trente pieds environ ; sa base doit être formée d'une pierre carrée, large de six pieds et demi sur un pied et demi d'épaisseur, percée au milieu d'une grande ouverture de huit pouces. Par ce moyen l'eau minérale s'élève dans la pyramide creuse jusqu'à son ouverture extérieure, sans pouvoir se mêler avec celle du bassin, qui n'est que le superflu de ce qui entre dans celle-là, altéré par les eaux de pluie. C'est dans l'ouverture supérieure de la pyramide qu'on va puiser l'eau qu'on veut boire ; celle du bassin ne sert qu'aux usages externes. Les bains se prennent dans les maisons des particuliers et dans les auberges ; on compte environ 40 maisons où l'on trouve des logements et des bains, et environ 150 baignoires dans ces différentes maisons. — Sur la place où se trouvent les sources est une promenade plantée de platanes, bien entretenue, près de laquelle on a construit depuis sept à huit ans, aux frais de la commune et du département, et à la sollicitation de M. Esmangart, alors préfet du Bas-Rhin, un vaste bâtiment servant de lieu de réunion pour les baigneurs ; le rez-de-chaussée sert de promenoir couvert ; les premier et deuxième étages servent de salles de danse, de réunion, de spectacle, cabinet de lecture, café et restaurant, etc. — Les bains, combinés avec l'usage interne des eaux, sont efficaces dans les engorgements froids des viscères du bas-ventre, les faiblesses d'estomac et des intestins, les fièvres intermittentes opiniâtres, la jaunisse rebelle, les affections hémorroïdales, la goutte chronique, les rhumatismes, etc., etc.

OUVRAGE A CONSULTER. *Description de Niederbronn et de ses eaux minérales,* par Kuhn, 1838.

28.

N° 128.

R. DE PARIS A **SAINT-BRIEUC** (COTES-DU-NORD).

Voyez N° 31........................ 45,5

DE SAINT-BRIEUC A MORLAIX.

1re Route, par BELLE-ILE-EN-TERRE (V. N° 31).. 8,4

2e Route, par LANNION, 9 myr. 9 kil.

	m. k.
De SAINT-BRIEUC à CHATELAUDREN ⚜............	1,7
CHATELAUDREN à GUINGCAMP ⚜............	1,4
*LANLEFF (à droite de la route).	
GUINGCAMP à *LANNION ⚜...............	3,2
*TREGUIER (à droite de la route).	
LANNION à *PLESTIN ⚜...................	1,6
PLESTIN à *MORLAIX ⚜...................	2,0
*SAINT-JEAN DU DOIGT (à dr. de la R.).	

LANLEFF (*Côtes-du-Nord*). Village à 29 kil. (7 l. 1/2) de Saint-Brieuc. 501 h. Ce village possède un monument antique connu sous le nom de temple de Lanleff, qui excite depuis des siècles la curiosité des savants. C'est une double tour ronde, construite en granit et en tuffeau, dont on suppose que la hauteur a dû être de 14 m. 61 c., et qui sert de vestibule à une vieille église, dans laquelle on descend par plusieurs marches. Cette tour, ou plutôt ces tours, sont formées par une double enceinte de murailles, l'une intérieure, l'autre extérieure, dont la première renferme un espace circulaire de 10 mètres de diamètre; la seconde est à 3 mètres de la première, et lui est concentrique. Au milieu de la plus petite enceinte s'élève un if majestueux auquel on donne trois cents ans d'existence, dont la cime sert de dôme au monument. L'enceinte intérieure est percée de douze arcades voûtées en plein cintre, décorées de pilastres et d'une largeur inégale; douze colonnes de grandeurs diverses sont adossées à la muraille, une entre chaque arcade; les plus petites, au nombre de huit, ont 8 pieds et quelques pouces de haut, y compris les chapiteaux et les soubassements; les quatre plus grandes sont hautes de 5 mètres, sans chapiteaux, et placées aux quatre points cardinaux. L'enceinte extérieure, située à 3 mètres de l'autre, présente aussi douze colonnes qui paraissent avoir soutenu une voûte à clef. Il ne reste qu'un tiers de cette voûte; c'est la partie située du côté de l'église. Deux arcades voisines de la porte, fermées par une maçonnerie, forment aujourd'hui la sacristie; une autre sert à soutenir l'escalier du clocher; enfin une quatrième a été convertie en chapelle. Entre les colonnes qui soutiennent la voûte, et en face des grandes arcades, sont douze fenêtres décorées de colonnes et construites comme les meurtrières des anciennes fortifications. Au-dessus de chaque couple d'arcades se trouve une grande ouverture cintrée par en haut. L'enceinte du temple a été couverte; on aperçoit encore les traces de l'endroit où le toit s'appuyait; il n'y avait qu'une seule porte d'entrée, voûtée en plein cintre et large de 3 m. 25 c. sur

N° 128. ROUTE DE PARIS A SAINT-BRIEUC.

4 m. 22 c. de hauteur; elle est située du côté de l'orient. — Les savants bretons sont loin d'être d'accord sur le monument de Lanleff : les uns y voient un ancien temple armoricain, les autres une construction romaine consacrée au culte du soleil, quelques-uns un ancien hôpital pour les pèlerins revenant de la terre sainte, ceux-ci une église bâtie par les templiers, ceux-là un baptistère des chétiens primitifs, etc.

TREGUIER (*Côtes-du-Nord*). Petite ville maritime, située sur le Trieux, où elle a un port sûr et commode, à 20 kil. (5 l.) de Lannion. ✉ 3,178 hab. — *Établissement de la marée du port*, 5 heures 30 *minutes*. Cette ville est bâtie en amphithéâtre sur un coteau qui fait face à la mer. Quelques-unes de ses rues sont propres, bien pavées, et formées de maisons bien bâties. On y remarque une jolie promenade plantée d'arbres; un beau quai orné aussi de plantations d'arbres; une belle place centrale, décorée d'une fontaine publique; une belle halle en pierre, de forme octogone; l'hôpital; la cathédrale, bel édifice gothique, surmonté d'un clocher percé à jour et décoré de belles sculptures, etc. Le port est éloigné de près de deux lieues de l'embouchure du Trieux. Il est très-avantageusement placé, et susceptible de devenir le plus important du département. La marée s'y élève de 5 m. 84 c. à 7 m. 78 c. à basse mer, et y monte de 10 m. à 10 m. 65 c. dans les grandes marées. La rade reçoit des navires de tout tonnage. — FABRIQUE d'huile de lin. Armements pour la pêche du maquereau et de la morue. — HÔTEL de France.

LANNION (*Côtes-du-Nord*). Petite ville. Sous-préf. Trib. de 1re inst. Soc. d'agric. Collége com. ✉ ☞ 5,371 hab. Cette ville est dans une situation avantageuse pour le commerce, sur le Leguer, où elle a un port peu éloigné de l'Océan et d'un accès facile. La ville proprement dite est triste, mal bâtie, formée de rues étroites et escarpées; elle possède deux petites places, deux fontaines, un collége, une caserne et deux hôpitaux. L'église paroissiale est un édifice dont la construction remonte au douzième siècle. Le port de Lannion est bordé d'un quai large et spacieux; d'un côté, il est bordé de maisons, de l'autre se trouve l'hôpital; à l'extrémité du quai est une jolie promenade d'où la vue s'étend sur une belle campagne. — Lannion possède une source d'eau minérale ferrugineuse froide, dont les eaux sont employées avec succès principalement pour la maladie de la vessie. — FABRIQUES de toiles. — COMMERCE important de grains, chanvre, graines de chanvre et de lin, etc. — A 55 kil. (14 l.) de Saint-Brieuc, 455 kil. (117 l. 1/2) de Paris.

VOITURES PUBLIQUES. Pour Tréguier, Morlaix.

PLESTIN (*Côtes-du-Nord*). Joli bourg, à 18 kil. (4 l. 1/2) de Lannion. ☞ 5,040 hab. La principale rue est droite et formée de maisons bien bâties. L'église est un édifice gothique où l'on voit le tombeau de saint Efflam. — Plestin a un petit havre, nommé le Toul-an-Hery, situé à une demi-lieue du bourg, avec lequel il communique par une fort belle route.

JEAN DU DOIGT (SAINT-) (*Côtes-du-Nord*). Village situé au bord de la mer, à 12 kil. (3 l.) de Morlaix, 1,402 hab. Le site de ce village est riant, agréable et borné. On y voit une église dont l'architecture gothique est un chef-d'œuvre de délicatesse et de légèreté; elle est surmontée d'un joli clocher.

MORLAIX. Voyez page 241.

N° 129.

ROUTE DE PARIS A SAINT-GENIS-POUILLY.

52 myriamètres 3 kilomètres.

	m.	k.
De Paris à Lons-le-Saulnier (V. N° 63, 3ᵉ Route).	39,7	
Lons-le-Saulnier à Nantua (V. N° 79)	7,3	
Nantua à Saint-Genis (V. N° 82, de Lyon à Genève).	5,3	

N° 130.

R. DE PARIS A SAINT-GERMAIN EN LAYE

(SEINE-ET-OISE).

Voy. N° 43 2,3

DE SAINT-GERMAIN A DREUX, 6 myr. 5 kil.

De Saint-Germain à Pontchartrain............. 2,3
Pontchartrain à Dreux (V. N° 31)............. 4,4

De Mantes à Septeuil ☞.................... 1,2
Septeuil à Houdan ☞..................... 1,4
Houdan à Anet ☞........................ 1,8
Anet à Dreux ☞......................... 1,6

De Septeuil à Pontchartrain ☞............. 2,2
* Thiverval (à droite de la route).

Anet (*Eure-et-L.*). Joli bourg, à 15 kil. (3 l. 3/4) de Dreux. ✉ ☞ 1,416 h. Anet était autrefois célèbre par un magnifique château, bâti par Henri II pour Diane de Poitiers. Tout ce que l'art et la galanterie peuvent imaginer de noble et de gracieux, Delorme le fit entrer dans son plan, et il produisit un monument grand dans son ensemble, précieux dans ses détails, riant par sa position, et pittoresque par la variété des mouvements qu'il sut donner à son architecture. La première révolution, qui a détruit tant de monuments, n'en a laissé que des débris; une aile, ou principal corps de bâtiment, a été restaurée, et deux beaux parcs de 250 arpents en dépendent encore.

Thiverval (*Seine-et-Oise*). Village situé à 35 kil. (9 l.) de Paris, remarquable par une belle ferme expérimentale, établie dans le domaine de Grignon. Le château de GRIGNON, remarquable par l'étendue et par la belle distribution de son parc, est solidement construit en briques, d'une architecture simple, et se compose d'un corps central flanqué de deux pavillons carrés, à la suite desquels se trouvent deux ailes qui forment retour à angle droit sur le corps principal, et qui se terminent par des pavillons semblables à ceux de la façade. — La terre de Grignon, dont la valeur est d'un million, a été réunie au domaine de la couronne et mise gratuitement à la disposition d'une société d'actionnaires qui l'exploitent par les meilleurs procédés aujourd'hui connus, et où 300 élèves reçoivent un enseignement théorique et pratique sur la culture des champs et des jardins. — Grignon est connu des naturalistes par un amas étonnant de coquilles fossiles, fréquemment visité par les géologues et les conchyliologistes de tous les pays.

DE SAINT-GERMAIN A ÉVREUX, 10 myr. 5 kil.

m. k.
De SAINT-GERMAIN à PONTCHARTRAIN.............. 2,3
PONTCHARTRAIN à HOUDAN ☉ (V. N° 31)....... 2,5
HOUDAN à * ANET ☉........................ 1,8
ANET à PACY-SUR-EURE ☉................... 2,1
PACY à *ÉVREUX ☉......................... 1,8

N° 131.

ROUTE DE PARIS A SAINT-LO (MANCHE).

Voyez N° 43, Route de CHERBOURG............ 28,5

DE SAINT-LO A GRANVILLE.

1re Route, par COUTANCES, 5 myr. 4 kil.

De SAINT-LÔ à LA FOSSE ☉ 1,1
LA FOSSE à * COUTANCES ☉.................... 1,4
COUTANCES à BRÉHAL ☉....................... 1,9
BRÉHAL à * GRANVILLE ☉..................... 1,0

2e Route, par VILLEBAUDON, 6 myr. 3 kil.

De SAINT-LÔ à VILLEBAUDON ☉ (vacant)......... 1,7
VILLEBAUDON à VILLEDIEU-LES-POÊLES ☉...... 1,7
VILLEDIEU-LES-POÊLES à * GRANVILLE ☉....... 2,9

N° 152.

R. DE PARIS A SAINT-MALO (ILLE-ET-VILAINE).

Par Alençon, 37 myr. 6 kil.

	m. k.
De Paris à * Mayenne (V. N° 31)	25,3
Mayenne à * Ernée ⚘	2,4
Ernée à * Fougères ⚘	2,1
Fougères à Saint-Brice ⚘ (vacant)	1,5
Saint-Brice à Antrain ⚘	1,1
Antrain à Trans ⚘ (vacant)	0,9
Trans à Dol ⚘	1,5
Dol à * Saint-Malo ⚘	2,8
De Dol au faubourg de Saint-Servan (vacant)	3,0

ERNÉE (*Mayenne*). Jolie petite ville, très-agréablement située sur la rivière de son nom, à 23 kil. (6 l.) de Mayenne. ✉ ⚘ 5,467 hab. Ernée est une ville bien bâtie, formée de rues larges, droites et bordées de maisons d'une belle apparence. Près de la ville, sur le coteau qui s'élève au-dessus de la rivière, on remarque la façade du château de Panard, édifice moderne d'une belle construction. — Fabriques de toiles et de fil écru. — Hôtels : de la Poste, du Cheval-Blanc.

FOUGÈRES (*Ille-et-Vilaine*). Jolie ville. Sous-préf. Trib. de 1re inst. Coll. com. ✉ ⚘ 7,677 hab. L'origine de cette ville est inconnue, et se perd, comme tant d'autres, dans la nuit des temps. C'était jadis une ville très-forte et l'une des clefs de la Bretagne, avant la réunion de cette province à la couronne. Elle est très-agréablement située, à l'intersection de cinq grandes routes, sur une hauteur qui lui procure un air sain et un fort bel horizon. C'est une ville régulièrement bâtie, dont les rues sont larges, bien percées et bordées de maisons agréables; mais on n'y trouve aucune place remarquable. Derrière l'église paroissiale est une promenade en terrasse, d'où l'on jouit d'une vue charmante sur un riant et frais vallon arrosé par le Nançon. Des maisons rustiques, disséminées dans ce joli paysage, et le château bâti par Raoul de Fougères, dont les vieux remparts et les gothiques tours subsistent encore, forment un ensemble agréable et romantique. — Patrie de René Pommereul, littérateur, général de division et ancien préfet; du comte Gaston de la Riboissière, lieutenant général, inspecteur de l'artillerie de la garde impériale; de A. J. M. Bachelot de la Pylaie, naturaliste voyageur et antiquaire. — Manufactures importantes de toiles à voiles, de toiles de chanvre et d'emballage. — Commerce de grains, gruau d'avoine renommé, beurre, miel, etc. A 43 kil. (11 l.) de Rennes, 288 kil. (74 l.) de Paris. — Hôtels : Saint-Jacques, des Voyageurs.

Voitures publiques. Tous les jours pour Caen, Rennes, Laval, Mayenne, Avranches, St-Malo.

DE SAINT-MALO A SAINT-BRIEUC.

Par Chateauneuf, 9 myriamètres 2 kilomètres.

De Saint-Malo à Chateauneuf ⚘ (Ille-et-Vilaine). 1,5

N° 135. ROUTE DE PARIS A SAINT-VALLERY EN CAUX. 663

Et pendant la hauteur de la marée...	1,9
CHATEAUNEUF à DINAN ⍟.	1,8
DINAN à JUGON ⍟.	2,2
JUGON à * LAMBALLE ⍟.,	1,7
LAMBALLE à * SAINT-BRIEUC ⍟.	2,0

N° 133.

ROUTE DE PARIS A SAINT-QUENTIN (AISNE).

V. N° 143, Route de PARIS à LILLE......... 13,7

N° 134.

R. DE PARIS AUX EAUX DE ST-SAUVEUR

(HAUTES-PYRÉNÉES).

82 myriamètres 9 kilomètres.

m. k.
De PARIS à * PAU ⍟ (V. N° 106).	75,6
PAU à * LOURDES ⍟ (V. N° 106, Route de PARIS à PAU).	4,0
LOURDES à * LUZ ⍟ (V. N° 18).	3,1
LUZ à * SAINT-SAUVEUR ⍟.	0,2

SAINT-SAUVEUR. Voyez page 117.

N° 135.

R. DE PARIS A SAINT-VALLERY EN CAUX

(SEINE-INFÉRIEURE).

18 myriamètres 2 kilomètres.

m. k.
De PARIS à * ROUEN ⍟ (V. N° 24).	12,2
ROUEN à BARENTIN ⍟.	1,7
BARENTIN à DOUDEVILLE ⍟.	2,5
DOUDEVILLE à * SAINT-VALLERY ⍟.	1,8
De DOUDEVILLE à * YVETOT ⍟.	1,4

SAINT-VALLERY. Voyez page 10.

N° 136.

ROUTE DE PARIS A **TARBES** (HAUTES-PYRÉNÉES).

Voy. N° 106 75,3

N° 137.

ROUTE DE PARIS A **TOULON** (VAR).

83 myriamètres 4 kilomètres.

	m. k.
DE PARIS à AIX (V. N° 85)............	75,9
AIX à ROQUEVAIRE ☜...............	2,8
* MIMET (à droite de la route).	
ROQUEVAIRE à CUJES ☜............	1,6
CUJES à BEAUSSET ☜...............	1,4
* LA CIOTAT (à droite de la route).	
* OLLIOULES (à droite de la route).	
BEAUSSET à * TOULON ☜............	1,7

MIMET (*B.-du-Rhône*). Village situé à 12 kil. (3 l.) d'Aix. 500 h.—Aux environs, à mi-côte du sommet du Puy-de-Mimet, on voit, au fond d'un escarpement, une fort belle grotte creusée en partie de main d'homme, qui offre une belle église souterraine de plus de 180 pieds de longueur; elle est ornée de stalactites de formes singulières, et terminée par une double grotte, dont l'une, inférieure, forme le sanctuaire de l'église, et l'autre, supérieure, contenait un autel dédié à saint Philippe de Néré. Le sanctuaire communique, par un arceau naturel très-pittoresque, avec la Baoumo Vidalo, transformée en une grande chapelle, à laquelle l'ouverture du clocher sert de dôme. Cette grotte est fréquentée dans la belle saison par une foule de curieux qui vont admirer la beauté romantique de ce désert et le magnifique point de vue dont on y jouit.

OLLIOULES (*Var*). Jolie petite ville à 8 kil. (2 l.) de Toulon. 3,132 h. Cette ville est bâtie dans une situation charmante, à la sortie des gorges dites Vaux-d'Ollioules, au milieu d'une belle campagne, abritée par des hauteurs qui rendent sa température si douce que les orangers y viennent en plein vent et donnent des récoltes assurées. On y voit les ruines d'un ancien château dont la construction paraît être du treizième siècle.—Le défilé qui porte le nom de Vaux-d'Ollioules est traversé par la route du Beausset à Toulon. C'est une gorge affreuse, resserrée entre deux montagnes, ou plutôt entre deux rochers calcaires coupés à pic, de la plus bizarre conformation et de la plus complète aridité, dont les sommets semblent se réunir en certains endroits par des masses saillantes qui menacent d'écraser par leur chute le voyageur La route étroite, sinueuse et privée de verdure, qui circule entre ces deux escarpements a été dérobée partie au torrent qui coule au fond de ces tristes gorges, et partie à la montagne dont il ronge la base. Au sortir de cet affreux défilé, la vue se repose avec plaisir sur la jolie ville d'Ollioules et sur le charmant paysage qui l'environne.

TOULON (*Var*). Ancienne, grande, belle et forte ville maritime. Souspréf. Préfect. maritime. Trib. de 1re inst. et de comm. Direction des douanes. École d'hydrographie de 2e classe. Académie. Coll. comm. ⊠ ⌑ 28,419 hab.

— Toulon passe pour avoir été fondé par Telo-Martius. Cette ville est dans une admirable situation, sur un terrain légèrement incliné vers la mer, au pied de hautes collines qui la dominent du côté du nord, et au fond d'une petite baie dont une presqu'île ferme presque l'entrée. La rade, vaste, sûre et à l'abri de tous les vents, peut recevoir en tous temps les vaisseaux de toutes grandeurs. Elle est entourée de fortifications élevées d'après le système de Vauban, et généralement bien bâtie, mais mal percée : l'espace y manque, les rues sont étroites, et les places, excepté une seule, sont petites et irrégulières. Toutefois le quartier neuf, où se trouvent les établissements de la marine, est de toute beauté. La plus grande rue, la rue la Fayette, traverse toute la ville et débouche, vers le port, sur une belle place carrée, entourée d'un double rang de beaux arbres et décorée de plusieurs édifices majestueux. Le vieux quartier présente l'aspect d'une colonie formée par des peuples étrangers, dont le langage est un mélange de plusieurs idiomes.

Le PORT de Toulon est l'un des plus vastes et des plus sûrs que l'on connaisse ; il se divise en deux parties, le port marchand et le port militaire, qui communiquent ensemble par un chenal. Le premier est bordé d'un superbe quai et décoré de plusieurs édifices. Le port militaire contient les chantiers de construction, les forges, la mâture, la corderie, la voilerie, les magasins et l'arsenal maritime, un des plus considérables de l'Europe. On y admire surtout les chantiers de construction, où se trouvent deux cales couvertes, dont les immenses toitures sont destinées à abriter du soleil brûlant de l'été et des frimas de l'hiver les vaisseaux de premier rang qu'on met sur le chantier. Ces cales ont 91 m. 24 c. de long sur 20 m. de large.

MAGASIN GÉNÉRAL. Cet édifice monumental a 98 m. de long sur 16 m. 55 c. de large ; il est composé d'un rez-de-chaussée et de trois étages, ayant chacun 7 m. 78 c. de hauteur. Deux rangs de piliers en divisent l'intérieur en trois nefs.

ARSENAL MARITIME. Cet arsenal, le premier en ce genre que possède la France, est fermé à tout étranger. 3,000 ouvriers et autant de forçats y sont journellement employés.

PARC D'ARTILLERIE. Il est remarquable par le nombre des bouches à feu et par l'immense quantité de projectiles qui s'y trouvent réunis.

La SALLE D'ARMES contient une grande quantité d'armes de toutes les espèces, disposées de manière à présenter l'histoire des progrès de l'artillerie.

La CORDERIE est un vaste bâtiment composé d'un long corps de logis avec pavillon à chaque extrémité. La façade extérieure est régulière et symétrique dans la distribution des arches et des fenêtres. Celles-ci sont au nombre de soixante-six, placées de champ et correspondant aux portes voûtées en plein cintre. L'intérieur offre une succession de voûtes d'arêtes, soutenues par un double rang de piliers en pierre dure supportant le massif de 198 nefs disposées trois par trois. La longueur du local destiné à la confection des cordages est de 350 m.

L'ÉCOLE D'ARTILLERIE DE MARINE, créée en 1822, occupe une partie de la caserne dite des Minimes : elle renferme une bibliothèque ; des cabinets de physique et de chimie ; un conservatoire des modèles de bouches à feu, affûts, voitures, armes de toute espèce en usage aux départements de la guerre et de la marine.

BAGNE. Ce lieu est spécialement consacré à la détention des condamnés aux travaux forcés à temps ; il est établi sur de vieux vaisseaux auxquels on a donné le nom de bagnes flottants.

N° 137. ROUTE DE PARIS A TOULON.

Musée de la marine. Ce bel établissement, où tous les arts de la marine ont déposé leur tribut, peut être considéré comme le dépôt des types ou modèles, soit de leur matière première, soit de leurs instruments, de leurs outils et de leurs machines, soit de leurs produits. Il offre l'image complète de tout ce qui se fait aujourd'hui, et reproduit une idée de ce qui se faisait autrefois. Les objets y sont classés en trois séries générales : 1° les modèles des bâtiments, 2° ceux des machines, 3° les objets divers. On y voit en outre des figures en ronde-bosse et des bas-reliefs qui concourent en grand à la décoration de la salle.

On remarque encore à Toulon les forts la Malgue, Faron et la Grosse-Tour; l'hôtel de ville; le grand hôpital de la marine; l'observatoire; la cathédrale; le cours; la bibliothèque publique, renfermant 8,600 vol.; le collége; l'arsenal de terre; les casernes; l'entrepôt général des voiles et cordages, ainsi que plusieurs autres beaux établissements de la marine; la tour de l'horloge; la préfecture maritime; la salle de spectacle; la maison du Puget; le jardin botanique de naturalisation, etc., etc. — Fabriques de draps, bonneterie, savon, etc. Construction de navires. Fonderies de canons.— Commerce de grains, farines, salaisons, huile, câpres, figues, raisins secs, amandes, oranges et autres fruits excellents.—A 78 kil. (20 l.) de Draguignan, 58 kil. (15 l.) de Marseille, 846 k. (217 l.) de Paris. — Hôtels : de la Croix-de-Malte, de la Croix-d'Or, du Lion-d'Or, de la Croix-Blanche, du Petit-Saint-Jean.

Voitures publiques. Tous les jours pour Marseille, 6; Hyères, 2; Cuers, 2; Solliès-Pont, 1; tous les jours pour le Beausset, 1, tous les jours pour Marseille, 1; mardi, jeudi, samedi, pour Brignoles et le Pujet, 1; lundi pour Draguignan, 1.

Bateaux a vapeur de Toulon à Alger, Bone, Oran et Bougie. Quinze à vingt bateaux à vapeur de l'État sont alternativement employés au service de cette ligne de navigation. La force de leurs machines est de 160 à 220 chevaux. Le trajet est de 120 lieues marines, dont le parcours est de 50 à 60 heures. Dix de Toulon à Alger, et réciproquement; 100 fr. et 70 fr.; d'Alger à Bone, 36 fr. et 37 fr.; d'Alger à Oran, 43 fr. et 32 fr.; d'Alger à Bougie, 22 fr. et 15 fr.; de Bougie à Bone, 33 fr. et 22 fr. Départs de Toulon et d'Alger le mardi à 8 h. du matin. — Paquebots pour Ajaccio; départ tous les dimanches à 8 h. du soir; prix, 16 et 25 fr.; trajet, 20 h.; départ d'Ajaccio tous les jeudis à 8 h. du matin; pour Bastia, départ tous les jeudis à 8 h. du matin; prix, 16 et 25 fr.; trajet, 24 heures. — Paquebot pour la Seyne, départ tous les jeudis à 8 h. du matin; prix, 10 et 20 c.; trajet, 10 minutes.

But d'excursion : à Hyères (16 kil.).

Ouvrages a consulter. *Mémoire pour servir à l'histoire de la ville de Toulon*, par Pons, in-8°, 1825..
L'Ermite toulonnais, par Belluc, in-12, 1827.
Révolution de Toulon en 1745, par Gauthier de Bray, in-8°, 1828.

DE TOULON AU LUC, pour Antibes, 5 myr. 1 kil.

De Toulon à Cuers ⚹.......................... 2,1
Cuers à Pignans ⚹........................... 1,5
Pignans au Luc ⚹............................ 1,5
* Grimaud (à gauche de la route).
* Saint-Tropez (à gauche de la route).
* Trans (à droite de la route.)

Grimaud (*Var*). Village à 42 kil. (10 l. 3/4) de Draguignan. 1,264 hab. On y voit plusieurs vieilles maisons d'architecture moresque, italienne et du moyen âge. Entre la Grande-Rue et la rue des Juifs se trouve, sur la place du Cros, un puits remarquable par son antiquité, creusé au ciseau dans le roc vif. A l'autre extrémité de la rue des Juifs se voit l'église paroissiale en forme de croix latine, bâtie en granit grossier; tous les arcs sont à plein cintre. Le chœur est formé par une niche immense creusée dans un massif carré, au-dessus duquel on a bâti postérieurement un clocher assez élevé, sans que le poids énorme suspendu sur l'arceau d'ouverture ait nui à sa solidité.

TROPEZ (SAINT-) (*Var*). Petite ville maritime, située sur le bord occidental du golfe de Grimaud, à 49 kil. (12 l. 1/2) de Draguignan. Trib. de comm. École d'hydr. de 4ᵉ classe. Cons. de prud'h. pêcheurs. ⊠ 3,756 h. — Cette ville occupe l'emplacement de l'ancienne cité romaine d'*Heraclea Caccabaria;* des tronçons de colonnes en granit, qui servent de bornes dans plusieurs rues, des débris d'inscriptions, de mosaïques, des médailles, etc., trouvés à diverses époques dans la ville et aux environs, ne laissent aucun doute qu'elle ne fût une station maritime importante. Cette ville est bâtie dans une situation riante, sur le bord du golfe de Grimaud; d'anciennes tours la défendent du côté de la mer; son port est à l'abri des vents les plus dangereux, et son magnifique golfe offre presque partout un mouillage sûr. Les jardins des environs sont plantés de beaux orangers et de palmiers dont les fruits nouent et atteignent leur grosseur naturelle, sans cependant parvenir à une parfaite maturité. — FABRIQUES de bouchons de liége. Vaste chantier de construction de navires. Grand et petit cabotage. — HÔTEL de la Tête-Noire.

TRANS (*Var*). Village situé sur l'Arluby, à 4 kil. (1 l.) de Draguignan. On y voit les restes très-pittoresques de l'antique et célèbre château de Trans, siége du premier marquisat de France à date certaine.

DE BASTIA A AJACCIO, 15 myr. 1 kil.

De BASTIA à CASA BIANCA ☞............	2,0
CASA BIANCA à PONTE LECCIA ☞.........	2,6
PONTE LECCIA à CORTE................	2,1
CORTE à VIVARIO ☞...................	2,3
VIVARIO à BOCOGNANO ☞...............	2,1
BOCOGNANO à CARAZZY ☞...............	2,2
CARAZZY à AJACCIO ☞.................	1,8

N° 158.

ROUTE DE PARIS A TOULOUSE (HAUTE-GARONNE).

Itinéraire descriptif de PARIS à TOULOUSE.

De PARIS à NOGENT-SUR-VERNISSON (V. Itinéraire descriptif de PARIS à MARSEILLE).

Après Nogent-sur-Vernisson, le pays commence à devenir un peu gai et la route plus agréable. On descend à Gien par un joli coteau de vignes, et on passe la Loire au sortir de cette ville sur un beau pont de pierre, où aboutit une belle avenue de peupliers. La route est droite, le pays plat et inégalement fertile jusqu'au vallon de la grande Sauldre, qui sépare de ce côté le département du Loiret et celui du Cher. Après Argent, on entre dans une grande plaine où la route suit pendant un trajet de 17 lieues une ligne droite presque jusqu'à Bourges. On sort de cette ville par le pont et le faubourg de l'Arnon. Après Saint-Florent, on traverse le Cher sur un fort beau pont en pierre. Au-dessous de Charost on passe du département de l'Indre dans celui du Cher, et on entre ensuite dans une grande plaine, que l'on parcourt en ligne droite jusqu'à Issoudun. Au sortir de cette ville la route continue à se diriger en ligne directe, à travers une plaine plate et monotone qui se prolonge jusqu'à Châteauroux. On rencontre ensuite quelques bosquets de bois, auxquels succèdent environ deux lieues de landes. La sauvage monotonie de cette contrée vient expirer au petit vallon de la l'ouzanne, où on traverse la rivière de ce nom sur un beau pont en pierre de taille; des collines calcaires et des vignobles bordent le reste de la route jusqu'à Argenton, où on traverse la Creuse. Le pays que l'on parcourt ensuite offre une continuité de montées et de descentes jusqu'aux environs de Limoges. Une rue longue et très-escarpée conduit de l'intérieur de la ville au pont Saint-Martial, où l'on passe la Vienne. Immédiatement après, on gravit, en décrivant plusieurs zigzags, une côte escarpée d'où l'on jouit d'une belle perspective sur Limoges et ses alentours. En avançant, on continue à monter et à descendre en parcourant un pays agréable; on laisse à droite la route de Saint-Yrieix, et après avoir traversé une lande, on passe entre deux monts, sur l'un desquels s'élève le château de Beauregard; à une demi-lieue au delà est Boisseuil, où l'on traverse sur un pont en pierre la rivière de Roselle. On ne doit pas manquer de faire une halte en cet endroit, pour aller visiter à un quart de lieue de distance, sur la droite, les ruines du château de Chalusset. Après Pierre-Buffière, ville où l'on remarque les restes assez bien conservés d'un ancien château fort qui sert d'hôtel de ville, la route n'offre que de continuelles montées et descentes à travers des landes peu fertiles. Au delà de Saint-Georges on franchit la montagne de la Terrasse, que l'on descend par une pente roide, d'où l'on jouit d'un coup d'œil pittoresque sur la ville d'Uzerche, où l'on entre par le faubourg Sainte-Eulalie, à l'extrémité duquel on passe la Vézère. En sortant de cette ville, de continuelles montées et descentes conduisent à Saint-Pardoux et à Donzenac. La longue descente par laquelle on quitte cette ville conduit, en tournant la montagne, à un pont de pierre sur lequel on traverse le Momont, dont le vallon frais, verdoyant, et bordé de charmants coteaux, offre le plus riant paysage. L'on passe la Corrèze sur deux ponts avant d'entrer à Brives, ville située de la manière la plus gracieuse, dans un joli vallon tapissé de prairies et entouré de collines boisées, et de coteaux couverts de vignes. Au sortir de Brives, la route offre plusieurs sinuosités qui conduisent à la partie supérieure d'une montagne aussi agréable que pittoresque, où l'on remarque plusieurs habitations creusées dans le roc. Au sommet de la côte se présente le bourg de Noailles, dont le château gothique domine la route, qui, après plusieurs montées et descentes, entre dans une plaine parsemée de garennes, et se prolonge jusqu'à Cressensac. Une descente rapide conduit peu après dans une belle vallée, dont le fond est occupé par la petite ville de Souillac, où l'on franchit la Dordogne sur un pont magnifique, de construction récente. La route n'offre que des montées et des descentes continuelles à travers un pays nu, aride et peu fertile jusqu'à Payrac. Au village de Soucirac commence une belle vallée, qui paraît d'autant plus agréable qu'on vient de traverser un pays monotone. La route suit ensuite la croupe des montagnes et devient très-sinueuse, mais elle est assez agréable à parcourir jusqu'à Cahors, où l'on entre par le faubourg de la Barre. En sortant de cette ville, on traverse le Lot. Le pays que l'on parcourt est planté de noyers et d'arbres fruitiers; sur la droite, on aperçoit, à une demi-lieue de distance, la petite ville de Montpezat, bâtie sur une éminence. Les montagnes calcaires et peu fertiles du Quercy, au milieu desquelles on voyage depuis qu'on a quitté celles du Limousin, finissent par s'abaisser insensiblement, comme pour se fondre avec les plaines grasses et fertiles qui précèdent et entourent Caussade, petite ville aussi agréable par sa situation dans un pays riche, découvert et ombragé, que par les jolis faubourgs qui l'environnent. De cette ville à Montauban, la route bordée d'une double rangée de beaux arbres offre une ligne droite et traverse la belle vallée du Leyre. On sort de Montauban par le faubourg de Ville-Bourdon et l'on côtoie, pendant près de 8 ki-

N° 138. ROUTE DE PARIS A TOULOUSE. 669

lomètres, la rive gauche du Tarn. Après Pompignan, on traverse le bourg de Castelneau de Stréfond, dominé par un monticule sur lequel s'élève un antique château. Vis-à-vis de Caprais on traverse le Lers sur deux ponts; un peu plus loin, on est entre Acapie et Martres, d'où l'on découvre une belle vue sur le cours majestueux de la Garonne et sur les charmants paysages qui bordent ses rives; on traverse ensuite Saint-Jory; après ce village, la route, assez droite, entre dans une riche vallée bordée d'un côté par le Lers et de l'autre côté par la Garonne. Cette vallée est peuplée d'un grand nombre d'habitations éparses et d'agréables maisons de campagne; à gauche, on voit le village et l'ancien couvent de Bruguières, bâtis au milieu d'une des plus belles et des plus productives contrées de la France. Au village de l'Espinasse, on jouit d'une vue enchanteresse sur les Pyrénées, que l'on aperçoit à l'horizon, et sur les sites frais et gracieux qui environnent la ville de Toulouse, où l'on arrive par le faubourg d'Arnaud-Bernard, en traversant le canal du Languedoc.

1ʳᵉ Route de PARIS à TOULOUSE par FONTAINEBLEAU, BOURGES et CHATEAUROUX, 70 myr. 9 kil.

	m. k.
De PARIS à * NOGENT-SUR-VERNISSON ⚐ (V. N° 85).	12,3
NOGENT à * GIEN ⚐	2,1
* CHATILLON-SUR-LOING (à gauche de la route).	
GIEN à ARGENT ⚐	2,0
* AUBIGNY (sur la route).	
ARGENT à LA CHAPELLE-D'ANGILLON ⚐	2,2
LA CHAPELLE à LA GRANGE-NEUVE ⚐	1,3
GRANGE-NEUVE à * BOURGES ⚐	1,8
BOURGES à SAINT-FLORENT ⚐	1,5
SAINT-FLORENT à * ISSOUDUN ⚐	2,1
ISSOUDUN à NEUVY-PAILLOUX ⚐	1,3
NEUVY-PAILLOUX à * CHATEAUROUX ⚐	1,5
CHATEAUROUX à LOTHIERS ⚐	1,5
* LE BLANC (à droite de la route).	
LOTHIERS à * ARGENTON ⚐	1,4
ARGENTON au FAY ⚐	1,5
LE FAY à LA VILLE-AU-BRUN ⚐	1,9
* ST.-BENOIT-DU-SAUT (à droite de la route).	
* CHAMBORANT (à gauche de la route).	
* CROZANT (à gauche de la route).	
LA VILLE-AU-BRUN à MORTEROLLES ⚐	1,7
* SAINT-GERMAIN (à gauche de la route).	
* LE DORAT (à droite de la route).	
MORTEROLLES à CHANTELOUBE ⚐	1,2
* BELLAC (à droite de la route).	
CHANTELOUBE à LA MAISON-ROUGE ⚐ (H.-Vienne).	1,5
LA MAISON-ROUGE à * LIMOGES ⚐	1,4
LIMOGES à PIERRE-BUFFIÈRE ⚐	2,0
* BOISSEUIL (sur la route).	
* SOLIGNAC (à droite de la route).	
PIERRE-BUFFIÈRE à * MAGNAC (vacant) ⚐	1,1
MAGNAC à BEAUSOLEIL ⚐	1,0
BEAUSOLEIL à * UZERCHE ⚐	1,8
* TREIGNAC (à gauche de la route).	
UZERCHE à DONZENAC ⚐	2,5
* POMPADOUR (à gauche de la route).	
DONZENAC à * BRIVES ⚐	0,9

N° 138. ROUTE DE PARIS A TOULOUSE.

Brives à Cressenzac ⊗.	2,0
Cressenzac à Souillac ⊗.	1,6
* Carenac (à gauche de la route).	
Souillac à Payrac ⊗.	1,6
Payrac au Pont-de-Rodes ⊗.	1,8
* Saint-Médard (à gauche de la route).	
* Rocamadour (à gauche de la route).	
Pont-de-Rodes à Pélacoy ⊗.	1,7
Pélacoy à * Cahors ⊗.	1,6
Cahors à la Madeleine ⊗.	2,1
La Madeleine à Caussade ⊗.	1,7
* Castelnaa (à droite de la route).	
[Caussade à * Montauban ⊗ (Tarn-et-Garonne).	2,2
* Fronton (à gauche de la route).	
Montauban à Grisolles ⊗.	2,2
Grisolles à Saint-Jory ⊗.	1,2
Saint-Jory à * Toulouse ⊗.	1,7

NOGENT-SUR-VERNISSON (*Loiret*). Village à 18 kil. (4 l. 1/2) de Montargis. 650 hab. ⊠ ⊗ A une lieue de ce village, on voit, dans l'enclos d'un château appelé Chenevier, d'assez beaux restes d'un amphithéâtre romain. Ce monument, ignoré de la plupart des antiquaires, n'en est pas moins un des plus remarquables que possède la France, et le seul qui existe dans les environs de Paris.

GIEN. Voy. page 588, Route d'Orléans à Lyon.

CHATILLON-SUR-LOING (*Loiret*). Petite ville située dans une vallée agréable, sur la rivière et le canal du Loing. Elle est dominée par un ancien château où est né l'amiral Coligny, dont le tombeau se voit dans la chapelle de cet édifice, avec ceux des seigneurs de Châtillon. A 21 kil. (5 l. 1/2) de Montargis. ⊠ 2,100 hab.

BOURGES. Grande et très-ancienne ville, située sur la ligne du chemin de fer de Paris au centre de la France. Chef-lieu du département du Cher. Cour R. Trib. de 1re inst. et de comm. Acad. univ. Coll. R. Soc. d'agr. Soc. des sciences et arts. Chef-lieu de la 21e division militaire. Direct. d'artillerie. Archevêché. Conservation des forêts. ⊠ ⊗ 19,730 hab. — L'origine de Bourges remonte à l'antiquité la plus reculée. Cent trente-neuf ans après la fondation de Rome, et six cent quinze ans avant l'ère chrétienne, elle était la capitale de la Gaule celtique, et jouissait du privilége de lui fournir des souverains; c'est l'ancien *Avaricum*, si célèbre dans l'histoire par le siége qu'il soutint contre César. Cette ville est dans une situation agréable, sur les deux versants d'un coteau, à la jonction des rivières d'Auron, d'Yèvre et d'Yévrette. Elle était entourée de remparts défendus par 80 tours, qui ont été convertis en promenades publiques; quelques tours sont encore debout, et l'on retrouve en plusieurs endroits les murs de la muraille gallo-romaine. L'enceinte de la ville, qui, à différentes époques, a reçu divers accroissements, peut être d'environ quatre kilomètres; mais la population est loin de répondre à son étendue. Les rues y sont en général assez larges, mais tristes et désertes, ce qui tient au peu de population et au genre de construction des maisons, dont plusieurs sont situées entre cour et jardin. L'intérieur de la ville renferme des espaces considérables où on ne trouve aucune construction; tels sont le pré Fichau, la partie qui longe le rempart des Pauvres, celles qui bordent les remparts Villeneuve et Saint-François, où l'on ne voit également que de vastes jardins. Bourges possède plusieurs promenades agréables, et, sous ce rapport, peu de villes sont aussi bien partagées; il n'est pas une seule petite place dans son intérieur qui n'ait été utilisée par des plantations. Les plus remarquables sont : la place Séraucourt, qui a pris le nom de l'intendant auquel on doit sa création; le

No 138. ROUTE DE PARIS A TOULOUSE.

jardin de l'archevêché, ouvert au public tous les jours, et entretenu aux frais de la ville, dont il est la propriété ; la place Saint-Pierre, plantée de tilleuls, sous lesquels se tient le marché aux fleurs dans la belle saison ; le pré Fichau, planté de très-beaux peupliers ; la place Villeneuve, plantée en 1816, sous l'administration du préfet de ce nom, auquel on doit la jolie promenade du rempart Saint-Paul ; les remparts d'Auron, Saint-Louis et des Pauvres, plantés ou embellis sous l'administration de M. de Fussy. Parmi les édifices et établissements publics de Bourges, on remarque particulièrement :

La CATHÉDRALE, dédiée à saint Étienne, un des plus beaux monuments d'architecture gothique qui existent en France ; on ignore la date précise de la construction de la première basilique, dont on voit encore des restes dans les catacombes ; l'église actuelle fut commencée au treizième siècle. La cathédrale de Bourges est située sur le terrain le plus haut de la ville, et domine la vaste plaine qui l'environne. Le plan de l'édifice est un parallélogramme qui, comme les anciennes basiliques, se termine à l'orient par un hémicycle, et qui est décoré à l'occident d'un grand portail surmonté de deux belles tours d'inégale hauteur ; ce portail est à trois étages ornés de plusieurs galeries à balustrades gothiques et d'une magnifique rosace ; la largeur du portail est de 54 m. 89 c. ; il est posé sur un perron de douze marches, au-dessus desquelles s'ouvrent cinq portiques qui donnent entrée dans l'église. Le portique principal et central est décoré d'un bas-relief représentant le jugement dernier ; les autres sont ornés de diverses sculptures dont les sujets sont pris dans l'Ancien et le Nouveau Testament : de nombreuses statues d'apôtres et de saints étaient autrefois placées dans les niches qui existent au portail ; ces statues ont été détruites par les protestants, pendant les guerres du seizième siècle ; il en reste à peine quelques-unes qui aient échappé à la mutilation. L'intérieur de l'église, dont l'aspect est on ne peut plus majestueux, présente cinq rangs de nefs formées par les hautes colonnes qui, au nombre de soixante, soutiennent la voûte de l'église : la longueur totale de l'édifice est de 113 mètres, et sa largeur de 40 mètres. La nef principale a 37 mètres de hauteur sous clef, et 12 m. 33 c. de largeur, d'une colonne à l'autre ; la hauteur moyenne des colonnes, jusqu'aux chapiteaux, est d'environ 16 m. 89 c. La voûte est composée d'une suite d'arceaux à ogives. L'église est éclairée par 59 grandes croisées ornées de vitraux magnifiques, dont une grande partie est du douzième siècle ; la grande rosace, dont le plus grand diamètre est de 8 m. 76 c., est d'une richesse de couleur admirable. Outre la sacristie, magnifique chapelle gothique, construite aux frais de Jacques Cœur, l'église possède dix-huit autres chapelles remarquables, décorées pour la plupart de sculptures et de vitraux. Le chœur est orné de stalles en bois sculpté, d'un beau travail : le maître-autel est en marbre, et d'une grande magnificence. L'église possède aussi un très-beau jeu d'orgues. Sous le chœur et le chevet de la cathédrale, se trouvent les catacombes et l'église souterraine, où l'on voit le tombeau de Jean Ier, duc de Berri, ainsi que quelques statues dépendantes des anciennes tombes qui décoraient l'église, et qui ont été détruites à la révolution : une de ces statues est celle du maréchal de Montigny. Parmi les ouvrages d'art que renferme cette crypte, on remarque un vaste morceau de sculpture, ouvrage du seizième siècle, représentant un saint sépulcre. On voit aussi, sous une des arcades des bas-côtés de la cathédrale, auprès de la vieille tour, un chef-d'œuvre d'horlogerie gothique qui porte la date de 1423, et qui marque le cours du soleil et de la lune.

L'ÉGLISE NOTRE-DAME, bâtie en 1157, détruite par un incendie en 1487, et reconstruite en 1520.

L'ÉGLISE SAINT-BONNET, bâtie en 1250, détruite ainsi que la précédente par l'incendie de 1487, et dont la reconstruction a été commencée en 1510. On y remarque plusieurs chapelles décorées de vitraux magnifiques.

L'ARCHEVÊCHÉ, remarquable par un beau pavillon contenant le grand escalier, la chapelle et les appartements d'honneur. On admire dans le jardin, dessiné par le Nôtre, une magnifique allée couverte et un monument élevé à la mémoire du duc de Béthune-Charost, qui contribua si puissamment à l'amélioration des bêtes à laine dans le département du Cher.

L'HÔTEL DE LA PRÉFECTURE, autrefois l'intendance, occupe l'emplacement de l'ancien palais des ducs de Berry.

L'HÔTEL DE VILLE est l'ancien hôtel que Jacques Cœur, célèbre et infortuné argentier de Charles VII, l'un des plus illustres citoyens dont s'honore la ville de Bourges, fit construire en 1443. C'est un édifice gothique, d'excellent goût, dont les murailles intérieures et extérieures sont décorées de sculptures gothiques d'un beau fini. Partout se trouvent les armes parlantes de Jacques Cœur, qui se composent de coquilles de pèlerin de Saint-Jacques et de cœurs: on lit encore sur une balustrade en pierres découpées à jour, et qui communique au campanile de l'horloge, ces mots écrits en caractères gothiques, précédés de cœurs et de coquilles:

A vaillans cœurs rien impossible.

Dans l'intérieur de l'hôtel, on remarque une tour très-élevée, au haut de laquelle sont des fenêtres qui permettent d'observer dans toutes les directions et à une grande distance. Outre la mairie, l'hôtel de Jacques Cœur renferme les salles de la cour royale, des tribunaux de 1re instance et de commerce, et la justice de paix. La salle destinée aux audiences civiles est très-belle, et précédée d'une salle des pas perdus presque aussi grande.

La CASERNE. Ce bel édifice est l'ancien grand séminaire, construit en 1682, par Phelippeaux de la Vrillère, archevêque de Bourges. Dans une partie des jardins, du côté des remparts, se trouvait la grosse tour de Bourges.

La MAISON DES ALLEMANDS, appelée maison de Louis XI ou des Sœurs-Bleues, délicieuse construction de la renaissance, parfaitement conservée.

On remarque encore à Bourges: la bibliothèque publique, renfermant 20,000 volumes, parmi lesquels se trouvent des ouvrages rares; le collège; le grand séminaire; l'hôpital général; la maison qu'occupait Cujas, dans la rue des Arènes; la salle de spectacle; les prisons; le dépôt, autrefois dépôt de mendicité, maintenant maison de refuge où on reçoit les aliénés, les incurables, et les filles publiques que l'état de leur santé met dans la nécessité de séquestrer et de traiter; la fontaine de Fer, source d'eau minérale ferrugineuse, entourée de plantations; les caves de l'ancien palais du duc Jean, qui ont longtemps servi de salpétrière, remarquables par leur grande étendue; le musée Jacques Cœur, collection récemment formée, mais déjà fort intéressante d'objets d'art, d'archéologie, d'histoire naturelle et de numismatique.— Bourges est la patrie de Louis XI; de Jacques Cœur; de Bourdaloue; du peintre Boucher; de Jean l'Écuyer, célèbre peintre sur verre, etc. - FABRIQUES de draps, couv. de laine, coutellerie, hauts fourneaux, bel établissement fondé récemment à la porte de la ville. A 55 k. (14 l.) de Châteauroux, 210 k. (54 l.)de Paris.

—HÔTELS: du Bœuf couronné, de France, de la Boule-d'Or, du Cheval-Blanc.

VOITURES PUBLIQUES. Pour Paris, Vierzon, Orléans, la Châtre, Guéret, Châteauroux, Saint-Amand, Sancerre, la Charité, Nevers, Issoudun, Montargis, Clermont.

OUVRAGES A CONSULTER, qui se trouvent à la librairie de Vermeil, à Bourges.
Antiquités et privilèges de la ville de Bourges, par Chenu, in-4°, 1621.
Statistique du département du Cher, par Butet (bonne description de ce départ.), in-8°, 1829.
Description historique et monumentale de l'église métropolitaine de Bourges, par Romelot, in-8°, 1824
Chroniques populaires du Berry, par Vermond, in-8°, 1830.
Essai sur la topographie de la Sologne, par Bigot de Morogues, in-8°, 1811.
Description physique du département du Cher, in-8°, 1838.

CHATEAUROUX. Ville ancienne. Chef-lieu du département de l'Indre. Trib. de 1re inst. et de com. Ch. des manuf. Soc. d'agr., sciences et arts. Col.

comm. ✉ ☞ 11 587 hab. — **Châteauroux** doit son nom et son origine à un château qu'y fit bâtir Raoul le Large, de la maison des princes de Déols, de 935 à 940. Cette ville est située sur une colline et sur un terrain légèrement onduleux, au milieu d'une belle et vaste plaine, près de la rive gauche de l'Indre, qui y arrose de belles prairies. Elle était autrefois mal bâtie, mal percée, et surtout très-mal pavée ; la plupart de ses maisons étaient anciennes, petites, irrégulières et sombres; les places publiques étaient petites et sans symétrie ; mais, depuis environ vingt ans, elle a entièrement changé de face. Aujourd'hui, on y trouve des rues assez droites, larges et mieux pavées ; les places publiques sont agréables et spacieuses. — On remarque à Châteauroux l'hôtel de la préfecture, vaste et beau bâtiment construit en 1823, près de l'ancien château, dont une partie sert aux bureaux et renferme les archives du département; l'hôtel de ville, où se trouvent réunis la mairie, le palais de justice et la bibliothèque publique ; la nouvelle salle de spectacle, de construction moderne; l'église gothique des Cordeliers, où l'on voyait jadis les tombeaux des chevaliers de la Tour-Landry ; le jardin public ; les promenades qui entourent la ville et celles qui bordent le cours de l'Indre, etc., etc. — Le château qui a donné naissance à la ville existe encore en partie dans un bon état de construction. Il est élevé sur une colline qui s'élève au bord de l'Indre, flanqué de tourelles d'une hauteur assez remarquable, et offre un aspect pittoresque. On jouit des fenêtres de cet ancien édifice, ainsi que de celles de l'hôtel de la préfecture qui l'avoisine et le comprend dans son enclos, d'une fort belle vue sur la vallée qu'arrose la rivière d'Indre, sur une riche et fertile plaine et sur les belles forêts de Saint-Maur et de Châteauroux. — Châteauroux est la patrie de l'évêque Othon, qui accompagna saint Louis dans ses croisades. C'est aussi le lieu de naissance du général Bertrand, connu du monde entier par son dévouement à Napoléon et par son noble caractère. — FABRIQUES de draps, bonneterie en coton. Filatures de laine. A 55 kil. (14 l.) de Bourges, 255 kil. (65 l 1/2) de Paris. — HÔTELS : du Dauphin, de la Promenade, de Sainte-Catherine, de France.

VOITURES PUBLIQUES. Tous les jours pour Paris, Orléans, Toulouse, Tours, Bordeaux, la Châtre, Blois, Bourges et Poitiers.

BUTS D'EXCURSIONS : à *Déols*, où l'on voit encore quelques restes d'une magnifique abbaye du dixième siècle ; aux ruines de *l'abbaye de Fontgombauld* ; à *Gargilesse*, ancien prieuré où l'on voit une église curieuse; au *château de Valançay*.

OUVRAGES A CONSULTER, qui se trouvent à la librairie de Nuret, à Châteauroux. *Nouvelle histoire du Berri*, par Palet, 8 vol. in-8°, 1783.
Statistique du département de l'Indre, par d'Alphonse, in-8°, 1804.
Esquisses pittoresques sur le département de l'Indre, in-4°, texte et pl., 1839-42.

BLANC (*Indre*). Petite ville. Sous-préf. Trib. de 1re inst. ✉ 4,804 hab. Le Blanc était autrefois une ville très-forte, entourée de murailles flanquées de tours, et défendue par trois châteaux. Elle est dans une situation pittoresque, au milieu d'une contrée peu fertile remplie de bois et d'étangs, sur la Creuse qui la divise en haute et basse ville : la première est généralement mal bâtie et possède une place assez vaste ; la seconde n'offre que des rues étroites, tortueuses et très-escarpées. On aperçoit encore quelques vestiges de ses fortifications. — FABRIQUES de grosses draperies. A 55 kil. (14 l.) de Châteauroux, 268 kil. (76 l.) de Paris. — HÔTELS : Lelarge, Thuilier.

VOITURES PUBLIQUES. Tous les jours pour Châteauroux, Argenton, Poitiers, Paris, Blois et Châtellerault.

ARGENTON (*Indre*). Petite et très-ancienne ville, située sur la Creuse, à 25 kil (6 l. 1/2) de Châteauroux. ✉ ☞ 3,964 hab. Elle est sur la Creuse, que l'on passe sur un pont de pierre de taille qui partage cette ville en haute et basse : la ville haute, bâtie sur un rocher d'une surface inégale, forme un amphithéâtre d'un accès difficile ; elle a son enceinte particulière et quatre portes, dont une communique à la ville basse, placée à l'extrémité d'un bassin fermé par des coteaux plantés de vignes.

BENOIT-DU-SAUT (*Vienne*). Petite ville à 39 kil. (10 l.) du Blanc. ⊠ 1,243 hab. Elle est assez bien bâtie, dans une situation remarquable par ses beautés pittoresques : on admire surtout aux environs les rochers et la cascade de Montgerno, qui forme la jolie rivière de Portefeuille, un des affluents de l'Anglain.

CROSANT (*Creuse*). Village situé à 30 kil. (7 l. 3/4) de Guéret. 120 hab. Ce village possède les restes imposants d'un ancien château fort, où l'on aperçoit des traces d'architecture romaine et gothique. Il est bâti sur le sommet d'une montagne très-escarpée, hérissée de rochers granitiques, et élevée de près de 65 mètres au-dessus du niveau des eaux de la Creuse. Près du puits est une tour carrée, haute d'environ 22 m. 75 c. et bâtie sur le roc ; plus loin sont cinq autres grandes tours, deux carrées et trois rondes, entre lesquelles existaient des édifices qui ne présentent plus que des ruines.

GERMAIN-BEAUPRÉ (SAINT-) (*Creuse*). Bourg situé à 28 kil. (7 l. 1/4) de Guéret. 400 hab. On y remarque un beau château flanqué de tours. Mademoiselle de Montpensier fut exilée dans ce château, qui a été aussi habité par Henri IV : on montre encore l'appartement qu'occupa ce monarque, et dans lequel se trouve son portrait ainsi que ceux de Louis XIV, de madame de Montespan, de madame de Maintenon, de mesdames de Mailly, de la Tournelle, de Châteauroux, etc. Une belle orangerie, de vastes jardins, un étang considérable et une grande forêt, font de cette propriété une des plus belles habitations de la province.

DORAT (le) (*H.-Vienne*). Jolie petite ville, à 13 kil. (3 l. 1/4) de Bellac. ⊠ 2,237 hab. Cette ville, entourée de promenades fort agréables, est dans une charmante position, sur la rivière de Sèvre ; on y jouit d'un coup d'œil magnifique qui embrasse un horizon très-étendu. L'église de l'ancienne collégiale est un édifice du dixième siècle, très-spacieux, d'un bel effet, mais fort obscur : il a extérieurement la forme d'une forteresse ; ses murs sont terminés par des tourelles placées de distance en distance, et par des créneaux ; au milieu de la croisée s'élève un dôme surmonté d'un beau clocher, dont la flèche hardie est terminée par une figure d'ange en cuivre doré, orné de deux grandes ailes et soutenant une croix que le vent fait tourner avec la plus grand facilité, malgré son extrême pesanteur. Au-dessous de l'église se trouve un souterrain assez vaste qu'on appelle la Basse-Église, et qui offre la même disposition.

BELLAC (*H.-Vienne*). Petite ville. Sous-préf. Trib. de 1re inst. ⊠ 3,607 h. Cette ville est bâtie sur le penchant d'un coteau rapide qui domine le Vincon du côté du nord. Ce qui reste encore de son ancien château, bâti sur la partie la plus élevée de la ville, forme aujourd'hui la maison d'arrêt et le palais de justice. — FABRIQUES de draps, couvertures. A 37 kil. (9 l. 1/2) de Limoges, 425 kil. (109 l.) de Paris.

VOITURES PUBLIQUES. Tous les jours pour Poitiers, Limoges, Confolans, la Souterraine.

LIMOGES. Grande et très-ancienne ville. Chef-lieu du département de la Haute-Vienne. Cour royale. Trib. de 1re inst. et de comm. Ch. des manuf. Académie universitaire. Collège royal. Société d'agriculture, sciences et arts. Évêché. ⊠ ✆ 30,000 hab. — L'origine de cette ville est inconnue. Tout porte à croire qu'elle était la capitale des *Lémovices*, tribu gauloise qui se soumit volontairement aux Romains. Elle est située au sommet et sur le penchant d'une colline dont le pied est baigné par les eaux de la Vienne, que l'on traverse sur trois ponts, dont l'un, récemment construit en granit, est remarquable par son élévation. Comme toutes les anciennes cités, elle est assez mal bâtie : ses maisons sont presque toutes construites en bois, à partir du premier étage ; mais on y voit aussi beaucoup de constructions modernes d'une belle apparence ; quelques rues ont été réparées à neuf, élargies et alignées, et un grand nombre d'améliorations en tout genre se sont effectuées dans ces derniers temps. Depuis qu'on a renversé les tours et les murailles qui la rendaient obscure et malsaine, la ville est entourée de larges boulevards bien ombragés. L'air qu'on y respire est extrêmement pur et tempéré ; de nombreuses fontaines y versent continuellement une eau limpide et extrêmement légère : aussi le sang y est-il très-beau, notamment chez les personnes du sexe. On y trouve plusieurs places publiques, dont deux seulement sont remarquables. La première, qu'on regarde à juste titre comme la plus belle de la ville, est le Champ de Juillet ; la seconde est la place d'Orsay, dont une partie a été consacrée à l'emplacement d'un palais de justice. La place de la Mairie offre un aspect gracieux et aéré.

L'ÉGLISE ACTUELLE DE SAINT-ÉTIENNE, qui est très-bien conservée, doit être remarquée parmi les monuments gothiques qui nous restent. Elle a toute la hardiesse et la majesté du genre, et le rond-point du sanctuaire est surtout d'un effet très imposant ; son aspect, vu de l'autre côté de la Vienne, est d'un effet très-remarquable, et rien n'est plus pittoresque que le contraste qu'on observe entre la teinte sombre de ses vieux murs et la blancheur des constructions modernes qui l'entourent. Un des accessoires les plus remarquables de cette église est le jubé, que l'on doit à M. de Langeac. Il a 11 m. 03 c. de longueur, et fut exécuté en 1533. La partie qui sert de tribune, et qui forme une saillie en encorbellement, est soutenue par quatre colonnes demi-arabesques ; leurs intervalles sont occupés par six niches, dont les statues ont été enlevées ; au-dessous sont des bas-reliefs qui représentent les travaux d'Hercule. Le devant de la tribune offre six culs-de-lampe très-élégants, ornés de statues et surmontés de petites colonnes d'une extrême délicatesse. — Non terminée comme celle de Beauvais et de Narbonne, la cathédrale de Limoges n'a que le chœur, et ce chœur est de toute beauté. Elle est destinée à une durée d'autant plus longue qu'elle a été bâtie en granit ; aussi est-elle parfaitement conservée.

ÉGLISE SAINT-MICHEL-DES-LIONS. C'est un monument gothique, remarquable par la légèreté de la voûte, et surtout des piliers, au nombre de dix, qui la soutiennent, et par la hardiesse du clocher, terminé par une boule d'une grosseur extraordinaire.

ÉVÊCHÉ. Ce palais, entièrement bâti en granit, comme la cathédrale, est d'une architecture noble, qui en fait le plus beau bâtiment moderne de la ville ; le prélat qui l'habite peut se considérer comme un des mieux logés de France. Il faut en voir les deux façades : celle de derrière est la plus belle. Les jardins qui accompagnent cet édifice règnent en terrasses sur la Vienne, et offrent une fort belle vue.

FONTAINE D'AIGOULÈNE. Parmi les monuments du moyen âge les plus anciens que possède la ville de Limoges, on doit sans doute placer la belle fontaine d'Aigoulène, qui fournit en toute saison, à la partie supérieure de la ville, et même à la plupart des autres quartiers, des eaux aussi pures qu'abondantes.

On remarque encore à Limoges la bibliothèque publique, renfermant 12,000 volumes ; le cabinet d'antiquités de M. Maurice Ardent ; le quartier de cavalerie ; l'hôtel de la préfecture: la salle de spectacle ; les hôpitaux, etc., etc. — Limoges a des courses de chevaux de premier ordre, pour trente-deux départements. — C'est la patrie de d'Aguesseau ; de Vergniaud, l'un des grands orateurs de la Convention ; du maréchal Jourdan ; du botaniste Ventenac ; de l'ex-ministre Bourdeau ; de Dupuytren ; de Michel Chevalier ; du docteur Cruveilher. — INDUSTRIE. Limoges est une ville importante par son imprimerie, par son grand commerce de librairie, et par ses manufactures considérables de porcelaines et de creusets. — FABRIQUES de draps, casimirs, droguets, cuirs de laine, etc. — COMMERCE de grains, châtaignes, vins, eaux-de-vie, liqueurs, sel, fer, cuivre jaune, laiton, émaux, kaolin. — Entrepôt du commerce de Toulouse et des départements méridionaux. A 96 kil. (24 l. 1/2) d'Angoulême, 113 kil. (29 l.) de Poitiers, 38 : kil. (98 l.) de Paris. — HÔTELS : de Périgord, de la Bonne-Foi, des Diligences, de l'Aigle-d'Argent, de la Boule-d'Or.

VOITURES PUBLIQUES. Tous les jours pour Paris, Châteauroux, Moulins, Poitiers, Angoulême, Bordeaux, Toulouse, Lyon, Périgueux, Clermont-Ferrand, Eymoutiers, Saint-Junien, Saint-Yrieix, Bellac, Saint-Léonard le Dorat, Rochechouart.

BUTS D'EXCURSIONS : aux coteaux de la Vienne, entre Limoges et Isle; au point de vue du *Puits-Vincent*, près de St-Lazare; aux ruines de *Chalusset*: au *château de Labastide*; aux usines de M. Parant, de *Romanet-sous-Isle* et de *Parpaillac*.

OUVRAGES A CONSULTER, qui se trouvent à la librairie de Martial Ardent, à Limoges.

Éphémérides de la généralité de Limoges, in-18, 1765.
Indicateur du diocèse de Limoges, in-12, 1788.
Nouvelles éphémérides de Limoges, par Laurent, in-8°, 1837.
Statistique du département de la Haute-Vienne, par Texier Olivier, in-4°, 1808.
Essai historique sur la sénatorerie de Limoges, par Duroux, in-4°, 1811.
Histoire de Limoges et du Limousin, mœurs, coutumes, etc., par Baruy de Romanet, in-8°, 1821.
Description des monuments de la Haute-Vienne, par Allou, in-4°, 1821.
Le Limousin historique, par A. Leymarie.
Tableau descriptif de la ville de Limoges, par Gillier, in-8°, 1838.
Histoire monumentale de l'ancienne province du Limousin, par Tripon, 3 part. in-4°, fig.

BOISSEUIL (*H.-Vienne*). Village à 8 kil. (2 l.) de Limoges. 700 hab. Non loin de Boisseuil, et à un kilomètre du pont de Roselle, on remarque les ruines imposantes de l'ancien château de Chalusset, ruines les plus curieuses et les plus considérables de toutes celles qui existent dans le département de la Haute-Vienne. Les tours de Chalusset, si remarquables par l'étendue qu'elles couvrent de leurs débris, le sont peut-être davantage par leur position singulièrement pittoresque.

SOLIGNAC (*H.-Vienne*). Petite ville à 12 kil. (3 l.) de Limoges. 2,784 hab. Cette ville doit son origine à une abbaye de bénédictins, fondée vers le milieu du septième siècle par saint Éloi, ministre du roi Dagobert. L'église de ce monastère, qui, par un hasard également heureux et difficile à comprendre, n'a point été dégradée pendant une longue succession de siècles, est un des monuments les plus curieux du département : elle offre intérieurement la forme d'une croix latine sans piliers ni collatéraux ; seulement, les parois des murs de la nef, se présentent en saillie des arcades à plein cintre, soutenues par des colonnes sans proportion, dont les chapiteaux offrent des têtes d'animaux, des figures monstrueuses accroupies, et d'autres ornements d'un style barbare. Sa voûte est formée d'une suite de pendentifs ; les chapelles, disposées autour du sanctuaire, forment au dehors des saillies circulaires assez considérables. Il est probable que cette église date du neuvième siècle et du règne de Louis le Débonnaire. On reconnaît, dans les accessoires, le goût bizarre de cette époque, et jusqu'aux figures monstrueuses et obscènes qu'on retrouve si souvent avec la même surprise sur presque tous les monuments religieux du moyen âge.

TREIGNAC (*Corrèze*). Petite ville située à 40 kil. (10 l. 1/4) de Tulle. Coll. comm. ⊠ 2,704 hab. Cette ville est située sur la rive gauche de la Vezère, que l'on y passe sur un pont d'une seule arche, d'une hardiesse et d'une beauté remarquables. Elle est dominée par les ruines imposantes d'un antique château bâti sur un roc escarpé, entouré de trois côtés par un circuit de la Vezère :

N° 138. ROUTE DE PARIS A TOULOUSE.

rien n'est plus varié que ses alentours. En remontant la Vezère, à 4 kilom est de Treignac, se trouve une cascade célèbre dans le pays, et digne d'être visitée par l'amateur des beaux accidents de la nature. Les eaux de la Vezère ont longtemps coulé dans un étroit défilé que barre, à son issue, une haute muraille de rochers; là, ce défilé devient tout à coup large et profond, et forme un vaste entonnoir où les eaux se précipitent avec fracas de près de 23 mètres d'élévation.

UZERCHE. Voyez page 47.

POMPADOUR (*Corrèze*). Hameau dépendant de la commune d'Arnac, situé à 32 kil. (8 l. 1/4) de Brives. Il est remarquable par un antique château, où l'on avait établi un haras, remplacé aujourd'hui par un dépôt d'étalons. Les bâtiments du château, qu'un incendie avait fortement endommagés dans la nuit du 29 au 30 janvier 1834, ont été restaurés récemment. L'édifice, remarquable par sa masse et par ses tours gothiques, s'élève au milieu d'une haute et belle plate-forme, dont on a circulairement entouré la roche, sans doute escarpée, sur laquelle il était primitivement assis; cette terrasse, de 400 mètres de circonférence, bordée d'une balustrade en pierre et flanquée de tours de distance en distance, est d'un fort bel aspect.

BRIVES ou **BRIVES-LA-GAILLARDE** (*Corrèze*). Ville fort agréablement située. Sous-préf. Trib. de 1re inst. et de comm. Soc. d'agricult. Coll. comm. ⊠ ⚭ 8,031 hab. Cette ville est bâtie de la manière la plus gracieuse, dans le joli vallon de la Corrèze, au milieu d'un bassin de prairies et de vergers, entre des coteaux de vignes d'un côté, et des collines boisées de l'autre. Elle est entourée d'une allée de beaux ormes, en manière de boulevards, et de jolies maisons en pierre de taille. Ces allées offrent, du côté de la rivière, une promenade aussi fraîche que pittoresque. Mais les voyageurs, pour emporter de cette ville l'idée avantageuse que semble indiquer son aspect intérieur, ne doivent pas pénétrer dans son enceinte; ils n'y trouveraient ni belles places, ni belles rues, quoique les unes et les autres soient bordées de maisons construites en pierres bien taillées; une seule rue, celle des Nobles, offre un peu de largeur et quelques constructions de bon goût. — Le collége est un assez beau bâtiment, dont on remarque surtout le portail orné de colonnes; non loin de là s'élève une tour en belvéder qui domine toute la ville, et n'est dominée elle-même que par le clocher de Saint-Martin. L'hôpital est aussi un fort bel édifice. On remarque à Brives : la bibliothèque publique, renfermant 2,000 vol., et la maison gothique de M. de Verilliac, bâtie, dit-on, du temps des Anglais; cette maison est surtout curieuse par les sculptures qui la décorent intérieurement et extérieurement. — Brives est la patrie du cardinal Dubois; du maréchal Brune; du général Treilhard, ancien membre du Directoire. — FABRIQUES de bougies. — COMMERCE de vins, de marrons, moutarde violette, truffes, dindes truffées renommées, etc. — A 23 k. (6 l.) de Tulle, 70 kil. (18 l.) de Périgueux, 483 kil. (124 l.) de Paris. — HÔTELS : de Toulouse, de Bordeaux.

VOITURES PUBLIQUES. Paris, Bordeaux, Toulouse, Lyon.
OUVRAGE A CONSULTER. *Considérations sur la topographie de Brives*, par Lestourgie, in-8°, 1803.

CARENNAC (*Lot*). Bourg situé sur la rive gauche de la Dordogne, à 51 kil. (13 l.) de Gourdon. 1,200 hab. On y remarque les vastes bâtiments d'une ancienne abbaye de l'ordre de Cluny, où l'on voit des morceaux de sculpture précieux pour l'histoire de l'art. Dans l'un des corps de logis on visite, au quatrième étage d'une tour carrée, le cabinet de Fénelon, retraite où l'on assure que cet illustre écrivain composa une partie de ses ouvrages; cet appartement n'offre aujourd'hui que les quatre murs, et une cheminée dont l'architecture est très-ornée; toutes les pierres y sont couvertes de noms des admirateurs de Fénelon qui sont venus visiter Carennac.

MÉDARD-DE-PRESQUE (SAINT-) (*Lot*). Village à 32 kil. (8 l. 1/4) de Figeac. 850 hab. Ce village, où l'on voit un ancien château, possède une des plus belles grottes du département; sa forme est celle d'un corridor tortueux, qui s'élargit et se rétrécit alternativement; elle est ornée de nombreuses colonnes d'albâtre, et ses parois sont couvertes de stalactites brillantes et très-diversifiées.

ROCAMADOUR (*Lot*). Bourg à 28 kil. (7 l.) de Gourdon. 1,400 hab. Ce village, adossé à des rochers à pic, ne consiste que dans une seule rue, qui descend du sommet de la montagne à la vallée; et comme la pente est très-rapide, il est des maisons bâties sur le bord de cette pente où l'on entre par le troisième étage. — Sur le sommet du rocher qui domine la vallée de l'Alzou, s'élève le célèbre oratoire de Rocamadour, où l'on parvient par un escalier de deux cents marches : il se compose de deux églises, l'une dédiée à la Vierge et l'autre à saint Amadour; celle-ci, en quelque sorte souterraine, se trouve directement au-dessous de l'autre, et n'est éclairée que du côté de la vallée : on y descend par quinze degrés; elle n'a de remarquable que les boiseries de l'autel qui paraissent très-anciennes, et la châsse de saint Amadour. Au-dessus de l'église on voit sur le sommet du rocher les ruines d'un vaste fort, construit, à ce qu'on présume, pour défendre l'oratoire.

CAHORS. Voy. page 56.

CASTELNAU-DE-BRETENOUX (*Lot*). Village dépendant de la commune de Prudhomat, à 38 kil. (9 l. 3/4) de Figeac. Il est remarquable par un ancien château de forme triangulaire, flanqué d'une grosse tour ronde à chacun des angles et sur les côtés : du milieu de la masse que forme le corps de logis du sud-ouest, s'élance une tour carrée qui servait de beffroi, dont l'élévation est de 61 m. 71 c. au-dessus du sommet de la montagne. Ce que l'intérieur présente de plus remarquable est une galerie de 39 m. de long sur 6 m 8 c. de large, qui aboutit à un balcon exposé au sud-ouest; elle était partout ornée de tableaux et de peintures que le mauvais état du toit a entièrement dégradés : deux appartements, appelés, l'un, le salon des Muses, et l'autre, le salon Doré, présentaient aussi de belles peintures; mais ces appartements n'ont plus ni toits ni plafonds, et sont encore plus dégradés que la galerie. La bibliothèque est la seule pièce encore bien conservée : on voit sur le plafond des peintures d'une fraîcheur admirable et du coloris le plus suave. Près de là, se trouve une chapelle d'une construction fort ancienne, dont les boiseries de l'autel sont couvertes d'ornements variés et d'une exécution soignée, mais du goût le plus étrange.

MONTAUBAN. Voyez page 60.

TOULOUSE. Grande, belle, riche et très-ancienne ville. Chef-lieu du département de la Haute-Garonne. Cour royale. Trib. de 1re inst. et de com. Ch. et bourse de com. Chef-lieu de la 10e divis milit. Hôtel des monnaies (lettre M). Archevêché. Académie universitaire. Faculté de droit, des sciences, des lettres et de théologie pour la confession helvétique. Académie royale des sciences, inscriptions et belles-lettres. Académie des jeux floraux, dont l'institution remonte à l'année 1323. Soc. R. d'agric. Soc. archéologique. Soc. des beaux-arts. Éc. d'artill. Éc. R. vétérinaire. ⊠ ⌑ 59,630 hab. Il est peu de villes en France dont l'origine soit aussi ancienne que celle de Toulouse : quelques auteurs prétendent même que sa fondation est plus ancienne que celle de Rome. Ce qui paraît constant, c'est que cette ville a effectivement été une des plus grandes, des plus populeuses et des plus florissantes cités des Gaules, chef-lieu du pays habité par les Volces Tectosages.

Toulouse est une grande et assez belle ville, fort agréablement et fort avantageusement située, sur la ligne du chemin de fer de l'Océan à la Méditerranée, et sur la rive droite de la Garonne, que l'on y passe sur un beau pont en pierre de taille, qui communique au grand faubourg Saint-Cyprien, traversé par une belle et large rue. Au nord du faubourg, des jardins, des promenades et de belles habitations le séparent du canal du Midi, qui s'y joint au canal de Brienne. Cette jonction est une des belles choses qu'offre Toulouse aux étrangers, tant pour le bas-relief dont est décoré le pont jeté sur les deux canaux au point même où ils se réunissent, pour la double et magnifique allée qui borde ces canaux, que pour la doub'e et magnifique écluse par laquelle leurs eaux s'épanchent. La ville se présente agréablement du côté de la Garonne par les beaux quais qui bordent le fleuve; du côté opposé, elle est entourée de remparts flanqués de grosses tours rondes, placées de distance en distance, dont on a commencé la démolition, et qui disparaîtront bientôt entièrement. La forme de l'enceinte est un ovale irrégulier qui comprend l'île de Tounis, située en face du faubourg Saint-Cyprien. L'intérieur de cette ville ne répond à sa belle position, ni par l'éclat de ses édifices, ni par l'élégance de leurs formes; elle est presque toute composée de grandes maisons d'une architecture surannée, construites en briques rouges mal cimentées avec de la glaise ou du mauvais mortier, qui lui donnent un air assez triste; les plus anciennes maisons et les bas quartiers sont construits en pans de bois dont les interstices sont remplis avec du torchis. Les rues joignent le défaut d'être étroites, et dès lors incommodes, à celui d'être tortueuses et désagréables; elles sont on ne peut plus mal pavées en cailloux roulés tirés de la Garonne, et leurs nombreuses sinuosités sont loin de contribuer à la salubrité de l'air sous un ciel dont l'ardeur tend sans cesse à le corrompre. Toutefois, il est juste de dire que depuis quelques années l'administration municipale s'est livrée à de grandes améliorations en élargissant ou redressant les principales rues, en rajeunissant les anciennes constructions, en assainissant les quartiers qu'on ne peut embellir. La place du Capitole est vaste, ornée de quatre jolies fontaines placées à chacun de ses angles; les deux façades parallèles aux angles du Capitole sont régulières; plusieurs projets sont présentés pour embellir celle qui est en face. La place la Fayette est circulaire, environnée de bâtiments uniformes, ornée d'une magnifique fontaine, et très belle; du milieu, on voit vers l'est une fort belle promenade, composée de trois allées parallèles qui conduisent au bord du canal du Midi; l'un des côtés est occupé par l'hôtel de l'Europe, près duquel sont des bains de santé fort agréables. La place de la Trinité est aussi décorée d'une belle fontaine. Outre les belles allées qui bordent les canaux de Brienne et du Midi, Toulouse possède plusieurs autres promenades, dont les plus remarquables sont : le cours Dillon situé sur la rive gauche de la Garonne; la magnifique avenue de la Porte, Neuve; l'esplanade, dont les allées se réunissent comme autant de rayons à un boulingrin circulaire, au centre duquel on a placé un jet d'eau en gerbe; le jardin public; le jardin des plantes, le plus vaste et le plus beau de France après celui de Paris, etc.

Le CAPITOLE, ou l'HÔTEL DE VILLE, est situé à peu près au centre de Toulouse, sur la place qui porte le même nom; sa façade, exposée à l'ouest, a été terminée en 1769; elle a 120 mètres de longueur, et est composée d'un arrière-corps et de trois avant-corps, dont deux terminent les extrémités ; la grande entrée est dans le troisième. Cet ouvrage est décoré d'un ordre d'architecture ionique colossal, qui porte un soubassement continu, avec des portiques refendus, et dont les claveaux sont ornés de têtes. L'avant-corps du milieu est enrichi de huit colonnes de marbre rouge de Carrare. Il est terminé par un fronton triangulaire, dans le tympan duquel on a figuré les médaillons de Louis XIII, de Napoléon et de Louis XVIII, auxquels on a substitué, depuis la révolution de 1830, cette légende en lettres dorées : LIBERTÉ, ORDRE PUBLIC. Le grand escalier, dont l'entrée est sous le vestibule, introduit dans la première galerie, appelée salle des Pas-Perdus, et, par cette galerie, dans la salle des Illustres Toulousains. Là, sont placés dans des niches, au bas desquelles on lit des inscriptions latines, les bustes des grands hommes auxquels la ville de Toulouse se glorifie d'avoir donné le jour. La salle de Clémence Isaure est le lieu où l'académie des jeux floraux tient ses séances; elle est située à l'extrémité de celle des Illustres; une porte grillée, placée à la droite du buste du roi, y donne entrée. La statue en marbre de Clémence Isaure, placée autrefois sur son tombeau dans l'église de la Daurade, a été placée dans cette salle, où elle semble présider.

La CATHÉDRALE, dédiée à saint Étienne, est digne de fixer l'attention par la différence des genres empreints sur ses diverses parties; la plus ancienne construction est la nef, bâtie vers le commencement du treizième siècle, par les ordres de Raymond VI, comte de Toulouse, dont on voit encore les armes sculptées sur une des clefs de la voûte. Le grand portail, d'un style tout différent de celui de la nef, a été construit par Pierre Dumoulin, archevêque de Toulouse; on remarque au-dessus une grande rosace, dont les compartiments sont sculptés fort délicatement. Le chœur, brûlé vers le commencement du dix-septième siècle, a été reconstruit de 1609 à 1612, ainsi que l'atteste une inscription gravée en lettres d'or sur une table de marbre noir placée au-dessus de la porte du chœur; il est aisé de voir que ce chœur est le commencement d'une nouvelle église, qui n'a pas été continuée, et dont on a changé l'emplacement, de manière que l'axe du chœur ne répond plus à celui de la nef. Le maitre-autel, placé dans un angle de la nef, est d'ordre corinthien; les colonnes, frises et panneaux sont en marbre du Languedoc.

L'ÉGLISE DE SAINT-SERNIN, ou Saint-Saturnin, ne promet pas, par son extérieur, le vaste grandiose qu'offre son intérieur. Elle a la forme d'une croix allongée et est remarquable en ce que, bâtie avant l'introduction en France de l'architecture gothique, et au moment de la décadence de l'architecture romaine, elle est néanmoins construite dans les principes de celle-ci; on voit partout e plein cintre, qui est employé jusque dans les moindres détails. Cette église passe pour avoir été bâtie vers le onzième siècle. La coupole, dont la voûte est ornée de peintures d'un assez bon style, est formée par quatre piliers qui supportent un clocher à flèche fort élevé; autour du chœur se trouvent des chapelles renfermant plusieurs reliquaires. Sous le maitre-autel, qui est très-élevé et surmonté par un baldaquin, existent des chasses fort anciennes, parmi lesquelles figure celle de saint Saturnin: on descend dans ces caveaux, qu'on a érigés en chapelles, par deux escaliers en pierre.

L'ÉGLISE DE LA DAURADE est un édifice moderne dont l'intérieur est fort beau; mais les bas côtés ne sont pas en rapport avec la nef principale. — On croit généralement que Clémence Isaure fut inhumée dans cette église; et c'est pour cela que la bénédiction des fleurs en or et en argent, destinées aux vainqueurs du concours des jeux floraux, a lieu tous les ans dans cette église.

L'HÔTEL DE LA PRÉFECTURE, anciennement l'archevêché, est remarquable par sa masse imposante; c'est le plus bel édifice moderne de Toulouse, après le Capitole. L'intérieur est très-beau; les appartements du rez-de-chaussée, la salle du synode et les jardins méritent surtout de fixer l'attention.

Le MUSÉE est établi dans le beau vaisseau de l'église des Augustins; on y arrive par un cloître où l'on remarque quelques fragments de sculpture et d'inscriptions antiques. Comme tous les musées, celui de Toulouse renferme quelques tableaux originaux et un plus grand nombre de copies. Le milieu est occupé par une large et longue table sur laquelle sont rangés divers objets de curiosité, entre autres un beau torse antique, des vases, des lampes, et deux roues de char antique en bronze, bien conservées. Le cloître attenant au musée renferme le riche produit des fouilles faites en 1827 près de la ville de Martres Dans un assez petit espace, on a trouvé, à quatre pieds au-dessous du sol, soixante bustes d'empereurs et d'impératrices, en marbre d'Italie; une statue' de Jupiter Sérapis, plusieurs fragments de bas-reliefs représentant les travaux d'Hercule, un grand nombre de chapiteaux corinthiens, de frises et d'ornements d'architecture, d'un très-beau style. Au milieu de ces marbres si remarquables par leur nombre et par leur exécution, on distingue une tête de Vénus

N° 138. ROUTE DE PARIS À TOULOUSE.

en marbre grec, qui le dispute, par la pureté du style et la beauté des formes, à tout ce que l'antiquité a produit de plus parfait.

FONTAINES PUBLIQUES. Toulouse possède un grand nombre de fontaines, alimentées par les eaux de la Garonne, qui sont élevées au moyen d'une machine hydraulique construite par M. Abadie. Les eaux sont distribuées par cent et une bornes-fontaines, par cinq fontaines monumentales, par trois abreuvoirs, et par deux gerbes jaillissantes; leur distribution ne se borne pas au service public ; 15 pouces d'eau, ou 30,000 litres par vingt-quatre heures, sont réservés pour être concédés aux particuliers qui désirent en avoir à domicile. La fontaine la plus remarquable est celle de la place de la Trinité; elle se compose de trois marches circulaires en pierre de taille, supportant un bassin ou vasque de 5 mètres de diamètre, au milieu duquel s'élève un double socle triangulaire en marbre blanc ; il supporte trois sirènes en bronze, entre lesquelles est un balustre de même métal. Ce groupe soutient, à 3 m. 89 c. au-dessus du sol de la place, une coupe, également en marbre blanc, de 2 m. 10 c. de diamètre : sur les pans coupés du socle sont trois têtes de lion ou mascarons en bronze. L'eau qui jaillit du milieu de la coupe s'élève à 8 mètres au-dessus du sol; après être retombée dans la cuvette supérieure, la majeure partie tombe en nappe, et forme comme un voile d'eau au devant des sirènes.

Le PONT qui réunit les deux rives de la Garonne est remarquable par sa largeur et sa solidité; il est percé de sept arches, dont celle du milieu a cent pieds d'ouverture ; les piles sont percées elles-mêmes de trous en forme de coquilles, pour l'écoulement des eaux dans les grandes crues. Une porte en arc de triomphe et en briques, qu'on attribue à François Mansard, le termine du côté du faubourg Saint-Cyprien, qu'elle sépare de la ville. — On remarque encore à Toulouse les hôtels de Malte, de Levy, de Mac-Carthy ; le palais de justice et celui de la cour royale; l'observatoire, que l'excellence des instruments qu'il renferme et le talent de ses observateurs ont rendu célèbre ; l'école vétérinaire ; l'abattoir ; le château d'eau ; l'hôtel des monnaies ; les bibliothèques publiques, contenant ensemble 60,000 volumes ; l'école d'artillerie ; les casernes ; l'arsenal ; le polygone ; le moulin à poudre ; l'hôpital de la Grave et l'Hôtel-Dieu, qui, réunis, peuvent contenir 2,000 individus; la maison d'arrêt; les moulins de Basacle et du Château; le temple calviniste ; la synagogue, etc.

— Toulouse a vu naître un grand nombre de personnages remarquables, parmi lesquels nous citerons : Clémence Isaure ; Gui Dufaur de Pibrac ; le vertueux président Duranti ; le célèbre jurisconsulte Cujas ; le poëte Maynard ; l'historien Catel; le peintre Antoine Rivalz; Palaprat ; l'annaliste Germain Lafaille; Campistron; l'immortel Paul Riquet ; l'ingénieur Deville ; l'ex-ministre Bertrand de Molleville; le général Dupuy, mort au Caire, les armes à la main; les généraux Roguet et Verdier ; MM. Picot et Lapeyrouse, de Villèle, Baour-Lormian, Soumet, Esquirol, Lamothe-Langon, de Puymaurin, de Montbel, Laïs, etc.

Beaucoup d'esprit et de gaieté; beaucoup de penchant à l'obligeance et aux sentiments affectueux; beaucoup de douceur et d'amabilité dans le commerce de la vie, tels sont, avec un grand fonds de vivacité, source ordinaire d'une excessive promptitude dans le jugement comme dans la détermination, les traits éminemment caractéristiques du Toulousain. L'étude des lois et leur application, les travaux scientifiques et littéraires, la culture des arts, particulièrement de la musique et de la danse, les plaisirs et les fêtes, tels sont les principaux et divers éléments des occupations auxquelles il se livre avec le plus d'ardeur. Extrême dans le bien comme dans le mal, il met, il porte tout au superlatif Malgré les excès trop nombreux que nous nous dispenserons de citer, le peuple de Toulouse, si prompt à s'exalter, n'a pas dans son assiette naturelle les mœurs brutales qu'on reproche à certaines autres contrées du midi : on remarque même une certaine douceur dans son langage, dans son patois, son accent et ses manières, comparés surtout au langage rude, à l'accent désagréable et aux manières brusques du peuple marseillais. — Le sexe, à Toulouse, surtout dans les classes inférieures, allie à la vivacité de l'esprit le charme séduisant de la beauté ; les Toulousaines sont, en général, petites, et quoiqu'elles aient ordinairement les cheveux noirs, la blancheur de leur teint ne peut être surpassée. Dans leurs traits, le piquant s'allie à la grâce ; la fraîcheur de leur visage, l'incarnat de leurs lèvres attestent la pureté du sang ; des dents petites et perlées, des yeux superbes, presque toujours fendus en amande et voilés par de longues paupières, ajoutent à leurs agréments. A ces qualités extérieures, elles joignent une âme aimante et un caractère d'une pétulance singulière ; elles font de l'amour la principale affaire de la vie : c'est là le besoin de leur jeunesse. Ce sentiment leur plaît, les entraîne, les enivre et les occupe constamment, même au milieu de leurs travaux ; elles sont franches, gaies, communicatives. De tout temps, on a accusé les grisettes de Toulouse d'avoir un faible pour les étudiants en droit : c'est encore aujourd'hui comme avant la révolution ; toutefois, aussi bien partagées du côté du cœur que sous une foule d'autres rapports, elles ne songent pas à tirer parti de l'amour de leur amant ; aucune idée d'intérêt ne se mêle à leur tendresse ; elles reçoivent peu, et presque toujours des cadeaux sans conséquence, faits à de longs intervalles ; elles ont une sorte de délicatesse naïve qui leur fait attacher un grand prix à se donner, et point à se vendre. — La jeunesse toulousaine est douée, à un haut degré, du génie musical, et dans aucune ville de France il n'existe des oreilles plus sensibles à l'harmonie. Le Toulousain chante, pour ainsi dire, en naissant. Pour se faire une idée de son goût exquis et de l'expression délicieuse de ses chants, il faut l'avoir entendu pendant ces belles nuits d'été, où des centaines de groupes, parcourant les rues, font entendre des accents pleins de charmes ; tantôt c'est un air simple ou mélancolique, tantôt un mouvement gai, vif, pressé, mais toujours un chant pur et mélodieux : chacun des musiciens fait sa partie avec une rare intelligence. On ne peut se lasser d'écouter les chants nocturnes de ces Orphées populaires. Jamais, dans nos contrées du nord, on n'a éprouvé une pareille jouissance. A Paris, surtout dans les dernières classes de la société, les voix sont rauques, et comme noyées dans le vin ou les liqueurs spiritueuses : on souffre en entendant chanter les enfants de Paris, tandis que ceux de Toulouse et de la France méridionale paraissent faire partie de ces troupes d'intelligences éthérées, envoyées pendant la nuit pour consoler les malheureux, ou pour donner à quelque dévot personnage un avant-goût des concerts du ciel.

INDUSTRIE. Fabriques de grosse draperie, couvertures de laine, soieries, gazes, indiennes, amidon, vermicelle, bougies, cartons, cordes d'instruments. Filatures de coton, teintureries, distilleries d'eau-de-vie. Manufactures importantes de faux et d'acier. Fonderie de canons. Manuf. R. des tabacs. — COMMERCE de grains et de farine pour les colonies, vins, eau-de-vie, denrées coloniales, etc., etc — A 48 kil. (12 l.) de Montauban, 65 kil. (16 l. 1/2) d'Albi, 707 kil. (181 l. 1/2) de Paris. — HÔTELS : de France, du Grand-Soleil, des Ambassadeurs, d'Espagne, Baichères.

VOITURES PUBLIQUES. Deux fois par jour pour Castelnaudary, Carcassonne, Narbonne, Béziers, Montpellier, Nîmes ; tous les jours pour Carcassonne, Limoux, Quillan, Perpignan ; 2 fois par jour pour Moissac, Agen, Marmande, Bordeaux, tous les jours pour l'Ile-en-Dodon, Tarbes, Pau, Bayonne, l'Ile-en-Jourdain, Gimont, Auch, Mirande, Montauban. Dans la saison des eaux elles desservent Eaux-Bonnes, Bagnères, Cauterets, St-Sauveur, Barèges. Tous les jours pour Rabasteins et Montauban ; tous les jours pour Montauban, Moissac, Agen, Marmande, Langon, Bordeaux, Castelnaudary, Carcassonne, Narbonne, Perpignan, Béziers, Pézénas, Montpellier, Nîmes, Avignon, Marseille, Lyon, Limoux, Rabasteins, l'Ile, Gaillac, Albi, Fronton, Grenade, Muret, Grizolles, Castel-Sarrazin, Puylaurens, Revel, Castres, Mazamet, St-Pons ; to us les 2 jours pour Montauban, Cahors, Limoges, Orléans, Paris, Auch, Tarbes, Pau, Bayonne, Auterive, Pamiers, Foix, Tarascon, Ax, St-Gaudens, Bagnères-de-Luchon, Bagnères-

N.° 138. ROUTE DE PARIS A **TOULOUSE.**

de-Bigorre, Barèges et Cauterets; 2 fois la semaine pour Lavaur, Lezat, Montesquieu de Volvestre et Lombez. — Il y a 40 Toulousaines, Citadines, Languedociennes, etc., établies sur les places comme les fiacres de Paris. Elles vont hors ville à 1 fr. 50 c. à l'heure. — Un bateau de poste, destiné au transport des voyageurs et de leurs effets, passe et repasse tous les jours sur tous les points de la ligne navigable du canal du Midi, depuis Toulouse jusqu'à Cette : un autre bateau conduit jusqu'à Beaucaire.

OUVRAGES A CONSULTER, qui se trouvent à la librairie de Devers, à Toulouse.
Annales de la ville de Toulouse, par Lafaille, 2 vol. in-fol., 1687.
Histoire de la ville de Toulouse, par Raynal, in-4°, 1759.
Annales de la ville de Toulouse, par de Rozoi, 4 vol. in-4°, 1771.
Monuments religieux des Volces Tectosages, par du Mège.
Annuaires statistiques de la Haute-Garonne.
Guide des étrangers à Toulouse, in-12, 1833.
Biographie toulousaine, par du Mège, 2 vol. in-8°, 1823.
Histoire de la ville de Toulouse, par d'Aldeguier, 4 vol. in-8°.

2ᵉ Route, par ORLÉANS, 60 myr. 2 kil.

	m. k.
De PARIS à * ORLÉANS ☞ (Voy. N° 25)	11,8
ORLÉANS à LA FERTÉ-SAINT-AUBIN ☞	2,1
LA FERTÉ-SAINT-AUBIN aux GYONS ☞	1,2
GYONS à NOUAN-LE-FUZELIER ☞	1,1
NOUAN à SALBRIS ☞	1,3
SALBRIS à LA LOGE ☞	0,9
LA LOGE à * VIERZON ☞	1,4
VIERZON à MASSAY ☞	1,0
MASSAY à VATAN ☞	1,6
VATAN à LA MAISON-NEUVE ☞ (Indre)	1,4
LA MAISON-NEUVE à * CHATEAUROUX ☞	1,6
CHATEAUROUX à * TOULOUSE ☞ (V. la 1ʳᵉ Route).	42,8

VIERZON-VILLE (*Cher*). Ville ancienne, à 15 kil. (3 l. 3/4) de Bourges. ☒ ☞ 4,766 hab. Cette ville est située au confluent du Cher et de l'Yèvre, entourée de riants coteaux et de vastes prairies. Elle est bien bâtie, bien percée; la plupart de ses maisons sont couvertes en ardoises, ce qui contribue à lui donner un aspect gracieux. La rue droite et large qui sert de passage à la route serait une des belles rues de France, si elle avait des trottoirs. — FABRIQUES de draps. Manuf. de porcelaine et de faïence.—HÔTELS : des Messageries Royales, de la Croix-Blanche.

3ᵉ Route, par BOURGES, GUÉRET et LIMOGES, 73 myr. 1 kil.

De PARIS à * BOURGES ☞ (Voy. la 1ʳᵉ Route)	21,7
BOURGES à LEVET ☞	1,8
LEVET à * LIGNIÈRES ☞	2,7
LIGNIÈRES à * LA CHATRE ☞	2,5
LA CHATRE à GENOUILLAC ☞	2,7
* CHATEAUMEILLANT (à gauche de la route).	
GENOUILLAC à * GUÉRET ☞	2,7
* ANZÈME (à droite de la route).	
GUÉRET à DROUILLE ☞	1,5
DROUILLE à * BOURGANEUF ☞	1,8
BOURGANEUF à SAUVIAT ☞	1,5
SAUVIAT à SAINT-LÉONARD ☞	1,3
SAINT-LÉONARD au MAZET ☞	1,0
MAZET à * LIMOGES ☞	1,2
LIMOGES à * TOULOUSE ☞ (Voy. N° 138)	30, ̃

LIGNIÈRES (*Indre*). Petite ville à 25 kil. (6 l. 1/2) de Saint-Amand. ⊠ ⌂ 1,987 hab. On y voit un château qui fut longtemps le séjour de l'infortunée Jeanne de France ; une ancienne chronique rapporte ainsi le fait : « Jeanne de Valois, épouse de Louis XII, duchesse d'Orléans, fut élevée à Lignières, et même après qu'elle eut été répudiée, elle habita de nouveau ce château de Lignières. »

CHATRE (la) (*Indre*). Ancienne et jolie ville. Sous-préfecture. Trib. de 1re inst. et de commerce. Coll. comm. ⊠ 4,471 hab. La Châtre est une ville fort ancienne, qui, selon quelques auteurs, a été élevée sur l'emplacement d'un camp romain. Elle est bâtie dans une situation pittoresque, sur une colline qui borde la rive droite de l'Indre, et domine une étroite et profonde vallée qu'embellissent des jardins et des vergers. Les rues sont, en général, bordées de maisons irrégulièrement construites, mais l'ensemble en est agréable ; l'église paroissiale est propre et fort jolie ; les promenades qui entourent la ville offrent de charmants points de vue sur la vallée et sur le cours de l'Indre. Il ne reste plus de l'ancien château fort qui lui servait autrefois de défense, qu'une tour énorme, convertie aujourd'hui en maison d'arrêt.—FABRIQUES de draps. Tanneries et corroieries importantes. Beaux moulins à farine. — COMMERCE considérable de laine, de draps, peaux de chèvre, plumes, châtaignes, etc. — A 72 kil. (22 l.) de Bourges, 7 kil. (1 l. 3/4) de Châteauroux, 277 kil. (71 l.) de Paris. — HÔTEL Saint-Germain, tenu par Morillonet, où descendent les voitures publiques.

VOITURES PUBLIQUES. Tous les jours pour Bourges, Châteauroux, Guéret, Issoudun, Aubusson.

BUT D'EXCURSION : au *château de la Motte-Feuilly*, où l'on voit un if gigantesque, de 8 mètres de tour au bas du tronc, et dont les branches couvrent une étendue de 22 mètres.

OUVRAGE A CONSULTER, qui se trouve à la librairie de Muret, à la Châtre. *Histoire de la Châtre*, par Piecquin de Gembloux, in-8°, 1840.

CHATEAUMEILLANT (*Indre*). Petite ville très-ancienne, à 27 kil. (7 l.) de Saint-Amand. ⊠ 2,453 hab. On y remarque un ancien château entouré d'eau, qui offre un singulier mélange d'architecture de plusieurs siècles et de genres opposés. De grosses tours carrées, avec des meurtrières et des mâchecoulis, s'y trouvent accolées à des tours et à des tourelles octogones décorées de précieuses sculptures et d'arabesques fantastiques.—COMMERCE de châtaignes.

ANZÈME (*Creuse*). Village à 10 kil. (2 l. 1/2) de Guéret. 1,450 h. Il est bâti sur la rive gauche de la Creuse, que l'on passe sur un pont remarquable par la hardiesse de sa construction. Ce pont a été d'autant plus difficile à exécuter, qu'on a été obligé, non-seulement de tailler le roc sur lequel il est assis et qui en fait partie, mais encore de percer un chemin dans une masse de rochers très escarpés, dont les aspérités et les teintes rembrunies ajoutent à l'horreur de ce site romantique.

4e Route, par BLOIS et VALENÇAY, 69 myr. 8 kil.

De PARIS à * BLOIS ⌂ (Voy. page 165)............ 17,5
   BLOIS à CONTRES ⌂..................... 2,1
   CONTRES à SELLES-SUR-CHER ⌂.. 1,9
     * CHENONCEAUX (à droite de la route).
   SELLES-SUR-CHER à * VALENÇAY ⌂............ 1,4
   VALENÇAY à * LEVROUX ⌂................. 2,1
   LEVROUX à * CHATEAUROUX ⌂. 2,0
   CHATEAUROUX à * TOULOUSE ⌂ (V. la 1re Route). 42,8

CHENONCEAUX (*Indre-et-Loire*). Bourg à 27 k. (7 l.) de Tours, sur le Cher, où l'on remarque un des plus beaux châteaux que possède le département.

360 hab. La fondation du château de CHENONCEAUX paraît remonter au treizième siècle. Il est construit sur un pont qui traverse le Cher, et c'est dans les premières piles, qui sont creuses, que sont pratiquées les cuisines. Au-dessus règne une longue et belle galerie, à l'aide de laquelle on est porté sans s'en apercevoir sur la rive opposée. Ce château est parfaitement conservé, et de beaux tableaux en décorent l'intérieur.

VALENCAY (*Indre*). Petite ville agréablement située, sur la rivière de Nahon, à 35 kil. (9 l.) de Châteauroux. ✉ 3,095 h. On y remarque un magnifique château bâti par la famille d'Étampes sous le règne de François Ier, sur les dessins de Philibert de Lorme. Quoique le plan primitif ait subi des changements, suivant les caprices des différents propriétaires qui s'y sont succédé, le château a encore l'apparence d'un palais.

LEVROUX (*Indre*). Petite et très-ancienne ville, défendue autrefois par un château fort dont on voit encore de beaux restes, à 20 kil. de Châteauroux. ✉ ⚘ 3,058 hab. L'église paroissiale est une des plus belles du ci-devant bas Berry.

DE TOULOUSE A BAGNÈRES DE BIGORRE.

1re Route, par SAINT-GAUDENS, 14 myr. 4 kil.

De TOULOUSE à * MURET ⚘	2,0
MURET à NOÉ ⚘	1,3
NOÉ à MARTRES ⚘	2,7
MARTRES à * SAINT-GAUDENS ⚘	2,8
SAINT-GAUDENS à MONTREJEAU ⚘	1,4
MONTREJEAU à LANNEMEZAN ⚘	1,6
LANNEMEZAN à L'ESCALEDIEU ⚘	1,4
* BEAUDÉAN.	
L'ESCALEDIEU à * BAGNÈRES DE BIGORRE ⚘	1,2

MURET (*H.-Garonne*). Jolie ville. Sous-préf. Trib. de 1re inst. Soc. d'agr. ✉ ⚘ 3,787 hab. Cette ville est agréablement située, dans une belle vallée, au confluent de la Louge et de la Garonne, qu'on y passe sur un pont suspendu d'une dimension et d'une solidité remarquables. Elle est assez bien bâtie en briques, sur le penchant d'un coteau, et célèbre par le siège qu'elle soutint contre le roi d'Aragon, en 1213. — FABRIQUES de grosse draperie, de faïence blanche et façon anglaise. Tanneries. — A 20 kil. (5 l.) de Toulouse, 725 kil. (186 l.) de Paris.

VOITURES PUBLIQUES. Tous les jours pour Toulouse.

2e Route, par TARBES, 16 myr. 8 kil.

De TOULOUSE à * TARBES ⚘ (Voy. ci-dessous)	14,7
TARBES à * BAGNÈRES DE BIGORRE ⚘	2,1

DE TOULOUSE A BAGNÈRES DE LUCHON, 13 myr. 5 kil.

De TOULOUSE à * SAINT-GAUDENS ⚘ (V. ci-dessus)	8,8
SAINT-GAUDENS à ESTENOS ⚘	2,7
ESTENOS à * BAGNÈRES DE LUCHON ⚘	2,1
* SAINT-BÉAT (à gauche de la route).	
* CADÉAC (à droite de la route).	
* SARRANCOLIN (à droite de la route).	
* Oo (frontière d'Espagne).	

GAUDENS (SAINT-) (*H.-Garonne*). Jolie ville. Sous-préfect. Trib. de 1re

Inst. et de comm. Soc. d'agr. Coll. comm. Direction des douanes. ◻ ⚐ 6,179 hab. Cette ville est fort agréablement située, près de la rive gauche de la Garonne ; elle se compose principalement d'une rue spacieuse, propre et bordée de plusieurs maisons bien bâties, parmi lesquelles on remarque une magnifique auberge (l'hôtel de France). On y voit une des plus anciennes églises de la contrée, dont les voûtes sont à plein cintre et à double archivolte. Saint-Gaudens est la véritable clef des montagnes, sur la partie orientale des Hautes-Pyrénées. Sur le bord de la Garonne règne une esplanade d'où l'on jouit de charmants points de vue sur la vallée. — FABRIQUES de cadis, rubans de fil. Scieries hydrauliques, etc. — A 62 kil. (16 l.) de Tarbes, 82 kil. (21 l.) de Toulouse, 787 kil. (202 l.) de Paris.— HÔTEL de France.

VOITURES PUBLIQUES. Tous les jours pour Toulouse et Saint-Girons. — Trois fois la semaine pour Tarbes, Bagnères de Bigorre, Barèges, Cauterets, Saint-Sauveur, Bagnères-de-Luchon.

BÉAT (SAINT-) (*H.-Garonne*). Petite ville à 26 kil. (6 l. 3/4) de Saint-Gaudens. ◻ 1,272 hab. Cette ville est située sur la Garonne, entre deux montagnes élevées, ce qui lui donne un air sombre et triste. Elle est assez bien bâtie, en marbre provenant des carrières environnantes, et préservée des inondations de la Garonne par une forte digue. Saint-Béat ne se compose que de deux rues qui communiquent par un beau pont en pierre : sur la rive gauche est la rue principale qui s'élargit en une place à l'une de ses extrémités ; à l'autre est un édifice dont le rez-de-chaussée forme la halle aux grains, et dont le premier et unique étage contient l'hôtel de ville ; sur l'autre rive on remarque plusieurs grandes et belles maisons, une longue promenade ombragée, et une tour carrée en ruine, reste d'anciennes fortifications qui, à une époque très-reculée, défendaient cette porte des Pyrénées. De ce côté de la Garonne, et au-dessous du pont, est un mamelon de roches que couronnent, de la manière la plus pittoresque, les débris d'un château fort du moyen âge. — On ne doit pas manquer de visiter aux environs de Saint-Béat les sources de la Garonne. Après avoir passé Bososte, et près des ruines de Castel-Léon, on laisse à droite l'embouchure et l'étroite gorge d'Artigues-Telline, qui fournit les principales sources du fleuve. Cette gorge n'est qu'une forêt continuelle de la plus grande beauté. A son centre se voit le beau village d'Artigues, pittoresquement placé dans un site sauvage, d'où l'on contemple, d'une part, le beau vallon où elle débouche, et de l'autre, la chute rapide et tumultueuse du torrent dont les eaux viennent sans cesse se briser contre les roches qui encombrent son lit. On passe cette branche de la Garonne sur un pont de pierre, et bientôt les habitations éparses sur le penchant des monts diminuent, ainsi que les champs, et ensuite les prairies. Après avoir dépassé la station d'un antique ermitage auquel tient une maison hospitalière, on s'enfonce dans l'épaisseur des forêts par un sentier assez uni, et qui monte insensiblement au-dessus des précipices du torrent et sous de magnifiques ombrages. Ils abritent le voyageur jusqu'au point où se présente à ses regards surpris, au lieu nommé le Plan de Gouéou, l'énorme gouffre qui vomit par deux bouches la noble source de la Garonne, l'une des singularités les plus remarquables des Hautes-Pyrénées, et la plus digne d'être visitée par les voyageurs et les curieux.

CADÉAC (*Hautes-Pyrénées*). Village situé à 42 kil. (10 l. 3/4) de Bagnères. 520 hab. Ce village, surmonté d'une vieille tour féodale, est situé dans la vallée d'Aure, sur la rive gauche de la Neste ; il est renommé par ses sources d'eau minérale sulfureuse froide, qui sourdent dans la vallée d'Aure, l'une sur la rive droite et l'autre sur la rive gauche de la Neste. L'établissement des bains se compose d'un rez-de-chaussée, où sont six baignoires et une douche, et d'un premier, où l'on trouve trois appartements et une galerie faisant face aux Pyrénées ou au sud ; la maison est saine, bien bâtie et très-bien aérée.

Les autres bains, situés sur la rive droite de la Neste et dominés par un rocher fort élevé, offrent des chambres commodes, propres et bien éclairées. Les eaux de Cadéac sont fréquentées depuis les premiers jours de juin jusqu'à la fin d'octobre ; elles sont exclusivement recommandées contre toute espèce de maladies cutanées, les douleurs articulaires, les affections arthritiques, les suites de blessures. L'expérience a démontré leur efficacité dans les maladies du sexe, telles que les pâles couleurs ou chlorose, l'hystérie, maux de nerfs ou vapeurs, et dans un grand nombre de maladies chroniques.

SARRANCOLIN (*H.-Pyrénées*). Petite ville à 35 kil. (9 l.) de Bagnères. 1,114 hab. Elle est resserrée entre deux collines et généralement mal bâtie ; c'est une ville ancienne, regardée autrefois comme la capitale d'Aure, où l'on voit encore des restes de fortifications, quelques portes, et une église dont on attribue la construction aux templiers. — Il existe près de l'enceinte de la ville, du côté de l'ouest, une source remarquable par sa position et son volume, nommée le Vivier. Elle sort du creux d'un rocher et ne tarit jamais ; ses eaux claires et limpides servent aux besoins de toute la ville. Au-dessus est une grotte profonde creusée dans le voisinage d'un ravin à pic, où se précipite, à la suite des grands orages et lors de la fonte des neiges, une cascade qui étonne par son volume et sa rapidité. — Sur le versant gauche de la vallée est la célèbre marbrière de Sarrancolin, qui fournit un beau marbre d'un rouge foncé, avec des veines et des taches blanches et grises. Sur le versant opposé sont les magnifiques carrières de Beyrède, où l'on exploite un marbre veiné, et ayant les mêmes taches que le précédent, mais d'un rouge bien plus vif.

OO (*H.-Garonne*). Village à 40 k. (10 l. 1/2) de St-Gaudens. 376 h. Ce village occupe un bassin en forme d'entonnoir, qui semble être sans issue. Avant d'y arriver, on laisse sur la droite une petite gorge qui conduit au port de Peyre-Sourde, pour aller dans la vallée de Louron, qui est peuplée de charmants villages pittoresquement situés. A partir d'Oo, pour se diriger vers les montagnes du Larbouts, la vallée devient très-étroite ; on monte d'abord un peu, et bientôt se présente, à droite, une belle cascade qui s'étend en nappe sur la pente unie d'un rocher. Après avoir gravi pendant une demi-heure un sentier qui suit le cours du torrent, dont les eaux tombent en hautes et bruyantes cataractes, on arrive, au sortir du lac de Séculéjo, à sa première chute, la plus forte de toutes. Cette cataracte est d'un effet admirable, mais moins belle toutefois que l'énorme cascade qui alimente le lac, qui est à 1,436 mèt. d'élévation, selon M. Charpentier. Là se présente, dans tout son ensemble et toute sa majesté, l'un des plus beaux spectacles de la nature sauvage : un lac de forme ovale de deux cent mille toises carrées ; une enceinte presque entièrement circulaire de hautes montagnes qui, partant de la digue du lac, ne cessent de s'exhausser et s'escarpent toujours plus jusqu'à leur centre ; de ce centre, une cascade, la plus volumineuse des Hautes-Pyrénées, tombe perpendiculairement de huit cents pieds de haut, un léger ressaut seulement partageant sa chute en deux parties qui paraissent égales.

DE TOULOUSE A BAYONNE, 29 myr.

	m.k.
De Toulouse à Léguevin ☞	1,8
Léguevin à * L'Ile en Jourdain ☞	1,5
L'Ile en Jourdain à * Gimont ☞	1,8
* Lombez (à gauche de la R.).	
Gimont à Aubiet ☞	0,8
Aubiet à * Auch ☞	1,7
Auch à Vicnau ☞	1,5
Vicnau à * Mirande ☞	0,9
Mirande à Miélan ☞	1,3

N° 138. ROUTE DE PARIS A **TOULOUSE**.

Miélan à Rabasteins ⚐.	1,5
Rabasteins à *Tarbes ⚐.	1,9
Tarbes à Bordes d'Expoey ⚐.	2,3
Bordes d'Expoey à Pau ⚐.	1,6
Pau à Artix ⚐.	2,0
Artix à * Orthès ⚐.	2,0
Orthès à Puyoo ⚐.	1,2
* Amou (à droite de la route).	
* Gaujac (à droite de la route).	
Puyoo à Peyrehorade ⚐.	1,6
* Pouillon (à droite de la route).	
Peyrehorade à Biaudos ⚐.	1,9
Biaudos à * Bayonne ⚐.	1,7
* Saint-Esprit (sur la route).	

De Tarbes à Pontacq ⚐ (non monté).	1,9

ISLE-JOURDAIN (l') (*Gers*). Jolie petite ville, à 21 kil. (5 l. 1/2) de Lombez. ⚏ ⚐ 4,307 hab. C'est une ville propre, bien bâtie et bien percée : on y remarque une belle place, une belle église paroissiale et une vaste halle.

LOMBEZ (*Gers*). Petite ville. Sous-préf. Trib. de 1re inst. ⚏ 1,541 hab. Elle est située dans une plaine de la plus grande fertilité, sur la rive gauche de la Save, dont les débordements causent souvent des ravages considérables. —Fabrique de cuirs. A 36 kil. (9 l.) d'Auch, 750 kil. (192 l. 1/2) de Paris.

GIMONT (*Gers*). Petite ville à 20 kil. (5 l.) d'Auch. Coll. com. ⚏ ⚐ 2,952 hab. Elle consiste en une seule et longue rue, qui passe sous les halles, et à laquelle aboutissent quelques rues transversales assez bien percées. L'église paroissiale est un bel édifice gothique, construit en briques, qui mérite d'être vu pour sa large nef sans piliers. On trouve dans ses environs une mine de turquoises non exploitée, que l'on cite comme différant peu des turquoises d'Orient.

ORTHEZ (*B.-Pyrénées*). Ancienne et jolie ville. Sous-préf. Trib. de 1re inst. Coll. comm. ⚏ ⚐ 7,121 hab. Cette ville est fort agréablement située, sur le penchant d'une colline dont le pied est baigné par le gave du Pau, qui coule en cet endroit dans un lit très-étroit et d'un aspect pittoresque. Elle est bien bâtie, bien percée, et s'est embellie depuis quelques années de plusieurs édifices remarquables, tels que l'hôtel de ville ; la halle, dont l'étage supérieur doit servir de salle de spectacle ; les fontaines publiques, etc., etc. On y remarque les restes du château de Moncade, ancienne résidence des princes de Béarn, où vécut et mourut Gaston de Foix, surnommé Phœbus. De ces ruines, autour desquelles on dispose une promenade, on jouit d'un des points de vue les plus étendus du Béarn. Le pont gothique jeté sur le gave, et surmonté d'une tour en partie ruinée, r monte à une antiquité reculée. — Fabriques d'étoffes de laine, d'huile de lin. Filature de lin. Tanneries. Scieries mécaniques. — Commerce considérable de cuirs, jambons dits de Bayonne, plumes d'oie, etc. A 39 kil. (10 l.) de Pau, 58 kil. (15 l.) de Bayonne, 809 kil. (207 l. 1/2) de Paris. — Hôtels : Bergerot, Sené.

Voitures publiques. Tous les jours de Toulouse à Bayonne, et d'Orthez à Pau et Mont-de-Marsan.

Buts d'excursions : à *Salies* (14 kil.), remarquable par une fontaine salée à laquelle on attribue la qualité des jambons de Bayonne ; à *Sauveterre* (28 kil.), ancienne place forte où l'on voit une tour antique et de nombreuses ruines ; à *Labastide-Villefranche*, qui renferme une ancienne tour connue sous le nom de *tour de Béarn* ; à *Bellocq* (14 kil.), où l'on voit les ruines d'un ancien château et un beau pont suspendu ; à la papeterie mécanique de *Maslacq* (4 kil.).

AMOU (*Landes*). Joli bourg à 20 kil. (7 l. 1/2) de Saint-Sever. 2,000 hab.

On y remarque de vastes places, une fort belle halle et une belle fontaine qui verse ses eaux par trois tuyaux dans un vaste bassin qui ne tarit jamais. L'église paroissiale est un assez bel édifice d'architecture gothique, surmonté d'un clocher qui passe pour le plus beau du département. A l'extrémité nord d'Amou on voit un beau château construit sur les dessins de Mansard; et, du côté de l'est, un fort beau camp de forme ovale, fermé tout autour par un fossé et par une terrasse de 8 mètres 11 c. de haut.

GAUJAC (*Landes*). Bourg à 24 kil. (6 l. 1/4) de Saint-Sever. 1,018 hab. C'était autrefois une petite ville qui fut détruite par les Sarrasins, et dont il reste à peine quelque trace; elle ne forme plus aujourd'hui qu'un grand village répandu sur un espace considérable. On y voit un château à demi ruiné, remarquable par l'étendue de ses bâtiments. — Gaujac possède une source salée très-abondante, qui jaillit presque perpendiculairement, et dont les eaux, reçues dans un beau bassin, sont employées par les habitants pour remplacer le sel. Près du château est une source bitumineuse. Aux environs, riches minières de bitume dans lesquelles se trouvent des fossiles très-variés.

POUILLON (*Landes*). Gros bourg à 13 kil. (3 l. 1/4) de Dax. 3,136 hab. On remarque aux environs l'ancien château fort de Lamothe, entouré de murs et de fossés. A peu de distance de ce bourg on trouve, entre deux chaînes de montagnes, une source d'eau saline thermale très-abondante, qui jouit d'une assez grande réputation, et paraît avoir été connue des anciens. On recommande les eaux de Pouillon dans les maladies chroniques de l'estomac, la jaunisse, les fièvres intermittentes, la chlorose, les rhumatismes chroniques, l'hypocondrie, etc.

ESPRIT (SAINT-) (*Landes*). Petite ville maritime, située à l'extrémité sud-ouest du département, sur la rive droite de l'Adour, qui la sépare de Bayonne, avec laquelle elle communique par un long pont de bois. 5,895 h. Le Saint-Esprit n'est, à proprement parler, qu'un faubourg de Bayonne, dont cependant il est tout à fait indépendant, puisqu'il n'appartient pas au même département. Il renferme la citadelle, ouvrage de Vauban, qui commande tout à la fois Bayonne, le port, la campagne et une vaste étendue de mer; on y jouit d'un des aspects les plus pittoresques qu'il soit possible de voir.

BAYONNE. Voyez page 128.

De Toulouse à Marseille, 44 myr. 4 kil.

	m. k.
De Toulouse à Castanet ☞............................	1,2
Castanet à Baziége ☞.................................	1,2
Baziége à Villefranche-de-Lauragais (Haute-Garonne) ☞	1,1
Villefranche à *Castelnaudary ☞....................	2,2
Castelnaudary à Villepinte ☞......................	1,2
Villepinte à *Alzonne ☞.............................	0,8
Alzonne à *Carcassonne ☞...........................	1,6
Carcassonne à Barbaira ☞...........................	1,4
Barbaira à Moux ☞.....................................	1,3
Moux à Cruscades ☞...................................	1,4
Cruscades à *Narbonne ☞.............................	1,8
Narbonne à Nissan ☞...................................	1,7
Nissan à *Béziers ☞...................................	1,0
*Brescou (île) (à droite de la route).	
Béziers à la Bégude-de-Jordy ☞.....................	1,2
*Puissalicon (à gauche de la route).	
La Bégude-de-Jordy à Pézenas ☞...................	1,0
Pézenas à Mèze ☞......................................	1,8

N° 138. ROUTE DE PARIS A TOULOUSE.

	m. k.
Mèze à Gigean ⌘	1,2
Gigean à Fabrègues ⌘	0,8
Fabrègues à *Montpellier ⌘	1,1
*Lunel Vieil (à droite de la route).	
Montpellier à Colombiers ⌘	1,3
Colombiers à *Lunel	1,0
Lunel à Uchaud ⌘	1,4
Uchaud à *Nîmes ⌘	1,2
Nîmes à Curbussot ⌘	1,1
Curbussot à Tarascon (Bouches-du-Rhône) ⌘	1,5
Tarascon à *Arles-sur-Rhône ⌘	1,6
Arles au Lion-d'Or ⌘	1,7
Le Lion-d'Or à Salon ⌘	2,3
Salon à Saint-Cannat ⌘	1,8
Saint-Cannat à *Aix ⌘	1,6
Aix au Pin ⌘	1,4
Le Pin à Marseille ⌘	1,5

DE TOULOUSE A SORÈZE.

1re Route, par Caraman, 5 myriamètres 8 kilomètres.

De Toulouse à Caraman ⌘	2,8
Caraman à *Revel ⌘	2,3
Revel à *Sorèze ⌘	0,7

2e Route, par Fourquevaux, 6 myriamètres.

De Toulouse à *Fourquevaux ⌘	1,9
Fourquevaux à Beauville ⌘	1,5
Beauville à *Revel ⌘	1,9
Revel à Sorèze	0,7
Saint-Paul (Tarn) à *Puylaurens	1,0
Puylaurens à *Revel	1,3
Revel à *Castelnaudary	1,9

PAUL-DE-CAP-DU-JOUX (SAINT-) (*Tarn*). Bourg sur l'Agout, à 12 kil. (3 l.) de Lavaur, 1,182 hab. C'était jadis une ville assez considérable, si l'on en juge par l'enceinte de ses anciens fossés, par les ruines de ses fortifications et des édifices dont on trouve chaque jour des débris sur son premier emplacement.

PUY-LAURENS (*Aude*). Village à 52 kil. (13 l. 1/4) de Limoux, dans le vallon de la Boulzanne, 1,100 hab. Sur la hauteur qui le domine, on voit une vieille forteresse assez bien conservée, remarquable par sa force et ses moyens de défense; chaque angle est flanqué d'une tour, et dans l'enceinte règne une esplanade assez grande. Quand les Espagnols étaient maîtres du Roussillon, cette forteresse, qui domine les montagnes voisines du mamelon de la chaîne des Pyrénées où elle est située, devait être une place très-importante; une garnison de vétérans l'a longtemps occupée dans les derniers siècles; elle est aujourd'hui abandonnée.

REVEL (*Haute-Garonne*). Petite ville à 29 kil. (7 l. 1/2) de Villefranche. ✉ 5,456 hab. Elle est bâtie sur une hauteur qui domine une plaine fertile, et d'où l'on jouit d'une vue fort agréable. On doit visiter, aux environs, le beau bassin Saint-Ferréol (*voy*. ci-après Sorèze). —Fabriques de bas, bonnets, toiles, couvertures, liqueurs. Filatures de coton. Teintureries. Tuileries. Tanneries.— Commerce de grains, farines.

N° 138. ROUTE DE PARIS A TOULOUSE.

SORÈZE (*Tarn*). Petite ville dans une plaine, sur le ruisseau de Sor, à 27 kil. (7 l.) de Castres. 3,142 hab. C'était autrefois une place importante dont les protestants s'emparèrent en 1580 ; ses fortifications ont été rasées en 1629. — Cette ville possédait autrefois une riche abbaye de bénédictins, fondée dans le neuvième siècle par Pepin, roi d'Aquitaine, et connue sous le nom d'abbaye de la Paix. Cette ancienne abbaye fut ruinée dans les guerres du seizième siècle ; mais on en rétablit les bâtiments, affectés aujourd'hui à un collége célèbre. Ces bâtiments sont disposés de manière à recevoir 430 pensionnaires : on y trouve un observatoire, un cabinet d'histoire naturelle, un jardin de botanique, une école de natation, un manége, un arsenal pour les exercices militaires, un laboratoire de chimie, un théâtre où les élèves s'exercent à la déclamation. Le prix des études est fixé à 1,000 fr., non compris la rétribution universitaire.

Au midi de Sorèze et sur le revers de la montagne Noire, on remarque une grotte, nommée en langage du pays *lou traouc d'el Calel*. On y entre par une première cavité de 2 m. 50 c., semblable à ces trous qu'on ne forme que pour extraire du gravier. A l'un de ses côtés se trouvent quelques noisetiers, qu'il faut écarter pour pénétrer dans une longue allée, tantôt assez large pour y marcher à l'aise, tantôt au contraire si étroite qu'on craint de s'y engager de manière à ne pouvoir bientôt ni avancer ni reculer ; et ce n'est pas la seule crainte qu'on éprouve ; on ne marche en effet dans ce séjour ténébreux que sur un sol de terre glaise ou de cailloux, également glissants, également humectés par les abondantes filtrations, et environnant des puits sans nombre, dont la profondeur n'est pas connue ; tandis que dans le haut, des pièces de roc menacent de se détacher des voûtes sur le curieux observateur. Après bien des sinuosités ainsi parcourues, on aboutit à une salle assez vaste, de forme circulaire, où le premier objet qui attire les regards est une colonne de plus de 3 m. de hauteur sur 40 c. de diamètre. Cette colonne, ou plutôt cette stalagmite, qui a resté suspendue au plafond, après que sa partie inférieure a été cassée, est de couleur roussâtre et veinée en forme de cannelure, ayant une espèce de noyau dans le centre. Toutes les autres stalactites qu'on trouve dans cette salle et qui en tapissent les parois n'ont rien d'extraordinaire, quand on connaît l'effet des eaux qui filtrent à travers des couches de terre et de roche calcaire ; ce sont, comme toutes les concrétions de ce genre, des aiguilles plus ou moins grandes, plus ou moins blanches, des cônes ou des cylindres d'un albâtre plus ou moins susceptible de poli ; il n'est pourtant d'aucun usage, parce qu'il est impossible de l'extraire en grande masse, tant les passages sont impraticables, surtout lorsqu'il faut nécessairement se traîner sur les mains et sur le ventre. Cependant, quand on a le courage de franchir ces divers obstacles, l'on rencontre plusieurs autres salles et des galeries très-variées, soit par leurs formes et leurs dimensions, soit par les ornements dont les concrétions terro-aqueuses ont embelli les plafonds et les parois. Quelques-unes de ces parois présentent le plus beau marbre statuaire, mais dont l'extraction coûterait des sommes et des soins qui ne seraient pas compensés par la solidité de la jouissance. Introduisez un naturaliste doué d'une imagination vive : elle transforme tout ce qu'il rencontre sur ses pas, ici en draperies flottantes, là en décorations arabesques ; plus loin ce sont des jeux d'orgues, des champignons, des choux-fleurs, des gâteaux de toute espèce..... Eh ! que ne voyait pas don Quichotte dans la caverne de Montesinos ! La vérité pourtant oblige l'homme le moins enthousiaste à convenir qu'il trouve, dans la grotte du Calel, des albâtres si beaux, qu'un bloc épais de 20 c. est encore diaphane.—Sorèze a des fabriques de bonneterie en laine et en coton ; plusieurs tanneries et des filatures de coton.

BUT D'EXCURSION. On doit aussi visiter aux environs de Sorèze l'immense réservoir de Saint-Ferréol, destiné à alimenter le canal du Midi. Ce bassin, un des plus beaux ouvrages de construction en ce genre, a été formé d'un vallon dans lequel coule le ruisseau du Laudot : les deux collines qui forment le vallon, se resserrant un peu au-dessous d'un endroit assez large, ont été réunies par une énorme muraille de 820 mètres de longueur à sa base, de 23 mètres de hauteur, garnie des deux côtés d'un terrassement dont le pied est soutenu par un mur plus bas et plus court que celui du milieu, et qui forme une chauss e de 120 mètres de largeur. A la base de ce grand ouvrage est un corps solide de maçonnerie fondé et enclavé de toutes parts dans le roc vif. Ce vaste bassin contient 27 millions de mètres cubes d'eau : huit jours suffisent pour le vider, mais il faut plus d'un mois pour le remplir. Pour faire écouler les eaux, on a construit des vannes dont la première vide les eaux de superficie jusqu'à 1 m. 98 c. de profondeur, à compter de la surface du bassin; la seconde fait descendre l'eau jusqu'à 7 m. 47 c.; tout le reste, jusqu'à 1 m. 95 c. au-dessus du fond, se vide par trois tubes ou robinets en bronze de neuf pouces de diamètre, scellés dans le mur avec les plus grandes précautions. Au-dessous est une dernière issue fermée par une porte qui s'ouvre lorsque les robinets ne donnent plus d'eau; elle sert à mettre le réservoir entièrement à sec; et quand on donne passage aux dernières eaux, elles forment un courant si rapide, que le limon est entraîné à 200 mètres de distance. On parvient aux robinets par une longue voûte qui se termine par un escalier où l'on descend aux robinets d'où les eaux s'échappent dans une autre voûte inférieure : c'est un large aqueduc bordé de deux trottoirs et appelé voûte d'Enfer, à cause du bruit effrayant de la chute des eaux quand les robinets sont ouverts.

OUVRAGES A CONSULTER. *Notice historique sur Sorèze et ses environs*, par Clos (Annales de statistique, 13ᵉ livr.).
Voyage à Sorèze, par Lalanne, in-8°, 1802.

POMARÈDE (la) (*Aude*). Village à 56 kil. (11 l. 1/4) de Carcassonne. 450 h. On y remarque un ancien château environné de murailles et de fossés, et dominé par une tour fort élevée et très-bien conservée.

CASTELNAUDARY. Voy. N° 13. Route d'Avignon à Toulouse.

N° 139.

ROUTE DE PARIS A TOURS (INDRE-ET-LOIRE).

1ʳᵉ R., par ORLÉANS (Voy. N° 25)............... 23,2

2ᵉ Route, par VENDÔME (Voy. N° 100).......... 23,1

DE TOURS A LYON, par CHATEAUROUX et GUÉRET, 48 myr. 7 kil.

	m. k.
De TOURS à CORMÉRY ☞....................	2,0
*COURÇAY (à gauche de la route).	
CORMÉRY à * LOCHES ☞....................	2,1
LOCHES à * CHATILLON-SUR-INDRE ☞..........	2,1
*PALLUAU (à gauche de la route).	
CHATILLON-SUR-INDRE à BUZANÇOIS ☞.........	2,3
BUZANÇOIS à * CHATEAUROUX ☞..............	2,4
CHATEAUROUX à LA CHAPELLE ☞ (Indre)......	2,2
LA CHAPELLE à * LA CHATRE ☞.............	1,5
LA CHATRE à GENOUILLAC ☞................	2,7
GENOUILLAC à * GUÉRET ☞.................	2,7
GUÉRET à PIERRE-BLANCHE ☞...............	1,8
PIERRE-BLANCHE à GOUZON ☞...............	1,3
GOUZON à LAMAYD ☞.......................	1,9
*CHAMBON (à droite de la route).	

N° 139. ROUTE DE PARIS A TOURS.

Lamayd à * Mont-Luçon ⌬	1,5
Mont-Luçon à Doyet ⌬	1,6
Doyet à * Mont-Marault ⌬	1,3
Mont-Marault à Saint-Pourçain ⌬	2,8
Saint-Pourçain à Varennes ⌬	1,0
Varennes à * Roanne (V. N° 85)	6,7
Roanne à Lyon ⌬ (v. N° 82)	8,8

LOCHES (*Indre-et-Loire*). Ville très-ancienne. Sous-préfect. Trib. de 1re instance. Coll. comm. ⌬ ⌬ 4,774 hab. Cette ville est très-agréablement située, dans une contrée fertile, sur la rive gauche de l'Indre, à peu de distance de Beaulieu, dont elle n'est séparée que par une suite de ponts jetés sur plusieurs bras de l'Indre. Elle est bâtie en amphithéâtre, et dominée par les restes d'un antique château, dont la construction paraît remonter au commencement de la monarchie française. La partie la plus ancienne est une tour carrée à quatre étages, d'environ 124 pieds de haut, qui pouvait contenir environ 1,200 hommes de guerre. Le donjon, qui sert aujourd'hui de maison de détention, est parfaitement conservé, ainsi que la partie des bâtiments où on a établi la sous-préfecture. A moins de l'avoir vu, il est difficile de se faire une idée de l'étendue immense, de la masse imposante et de tout l'intérêt qu'inspire cet ancien édifice, malgré son état d'abandon et de dégradation. C'est réellement l'un des restes les plus remarquables que nous possédions des anciennes forteresses du moyen âge. Au plus haut du château est bâtie une église (ancienne collégiale fondée vers 450), couverte en pierre, qui offre à son sommet deux pyramides hautes d'environ 50 mètres, accompagnées de deux clochers; entre ces deux tours est la nef, surmontée dans toute sa longueur de deux voûtes pyramidales en pierre de forme octaèdre, recouvertes en ardoises, et dont les sommets sont élevés de 26 mètres au-dessus du pavé de l'église. Au milieu du chœur se voit le tombeau d'Agnès Sorel, restauré en 1806, ainsi que sa statue, placée dans une tour dont l'entrée donne sur la terrasse du château.—Fabriques de toiles et de grosses draperies.—A 39 kil. (10 l.) de Tours, 60 kil. (15 l. 1/2) de Chinon. — Hôtels : de France, du Cheval-Blanc, de la Promenade.

⚑ **Voitures publiques.** Tous les jours pour Tours, Châteauroux, Amboise, Montrésor, Lahaye, Preuilly.

Ouvrage a consulter. *Histoire lochoise*, etc., par Hervé de la Queue, in-fol.

CHATILLON-SUR-INDRE (*Indre*). Petite ville à 43 kil. (11 l.) de Châteauroux. ⌬ ⌬ 3,339 hab. Cette ville est dans une situation agréable, sur une éminence que couronnent les ruines d'un ancien château fort, près de la rive gauche de l'Indre. Elle est entourée d'une promenade charmante, traversée par une longue rue qui donne passage à la grande route de Tours à Châteauroux, et possède une assez jolie place publique, d'où l'on aperçoit une belle échappée de vue. Les ruines du château sont vastes, pittoresques et fort curieuses; au milieu de leurs énormes pans de murailles délabrées s'élève sur un mamelon de roc une tour de forme ronde, de 25 mètres de diamètre et d'environ 10 mèt. de haut, qui supporte une autre tour d'un diamètre moitié moindre, mais de 20 mètres de haut. La singulière construction de ces tours, leur bizarre agglomération, leur grande masse, les vertes draperies de lierre qui couvrent leurs ruines, offrent l'aspect le plus pittoresque. De leur sommet on jouit d'une fort belle vue sur les bords de l'Indre et sur le bourg de Palluau, que couronnent les restes d'un manoir gothique. — Fabriques d'étoffes communes.

BUZANÇOIS (*Indre*). Petite ville à 22 kil. (5 l. 3/4) de Châteauroux. ⌬ ⌬ 4,416 hab. Cette ville est fort agréablement située sur un coteau qui s'élève sur la rive droite de l'Indre, que l'on y passe sur cinq ponts. Les rues en sont étroites, sombres et mal percées; les maisons en général fort mal bâties; mais les alentours sont délicieux. — FABRIQUES de grosse draperie. — HÔTEL de la Tête-Noire.

CHAMBON (*Creuse*). Petite ville à 23 kil. (6 l.) de Boussac. Trib. de 1re inst. de l'arrond. ✉ 1,136 hab. — Suivant M. Baraillon, auteur de Recherches historiques sur le département de la Creuse, Chambon était la capitale des *Cambiovicenses*, peuple indiqué dans la Table de Peutinger. — COMMERCE de bestiaux. Tanneries et corroieries.

DE TOURS A NANTES.

1re Route, par CHOUZÉ (Voy. N° 100)............ 19,9

2° Route, par CHATEAU-LA-VALLIÈRE et BAUGÉ, 20 myr.

DE TOURS à LA ROUE ⚲....................
  LA ROUE au CHATEAU-LA-VALLIÈRE ⚲......... 2,1
  CHATEAU-LA-VALLIÈRE à SUETTE (Voyez N° 100). 1,7
    * JARZE (sur la route). 5,4
  SUETTE à *ANGERS ⚲..................
    *LE PLESSIS-MACÉ (à gauche de la route). 1,9
  ANGERS à * NANTES ⚲ (V. N° 100)........... 8,9

JARZÉ (*Maine-et-L.*). Joli bourg à 8 kil. (2 l.) de Baugé. 1,600 hab. Le château de Jarzé, placé sur un coteau élevé, est un des plus grands et des plus beaux édifices de l'Anjou.

PLESSIS-MACÉ (*Maine-et-L.*). Bourg à 12 kil. (3 l.) N.-E. d'Angers. 600 h. On y remarque les restes de l'ancien château de Plessis-Macé, une des plus belles ruines qui existent en Anjou. Ce château est abandonné depuis environ un siècle; l'enceinte, formée d'une epaisse muraille flanquée de tours de distance en distance, existe encore presque en entier; le fossé circulaire qui l'environne est rempli de grands arbres qui annoncent que des siècles se sont écoulés depuis qu'il a cessé de servir à la défense de cette forteresse. Le donjon est la partie la mieux conservée; sa forme est carrée; des tourelles, placées sur les angles, et un pavillon qui occupe le milieu de la face principale, s'élèvent au-dessus des créneaux et des machicoulis, et lui donnent une forme pyramidale qui produit un bon effet.

DE TOURS A SAUMUR, 7 myr. 7 kil.

                                                                                         m. k.

DE TOURS à * AZAY-LE-RIDEAU ⚲...............
  AZAY-RIDEAU à * CHINON ⚲,............. 2,5
    * RIGNY (à droite de la route). 2,1
  CHINON à * SAUMUR ⚲ (la Croix-Verte)......... 3,1
    * CANDES (sur la route).
    * MONTSOREAU (à droite de la route).
    * FONTEVRAULT (à gauche de la route).

De CHINON à { * LOUDUN ⚲.................. 2,5
                SAINTE-MAURE ⚲............ 3,2 }

AZAY-LE-RIDEAU (*Indre-et-L.*). Petite ville à 20 k. (5 l.) N.-E. de Chinon. ✉ 1,760 hab. On y remarque un beau château, qui, par sa belle situation dans une île formée de l'Indre, est digne d'être cité comme l'un des plus pittoresques de France, et doit être mis, par la richesse des détails de son architecture, au nombre des plus beaux monuments de la renaissance. Ce château, élevé sur pilotis, est flanqué de tourelles qui forment, avec les deux principaux

N° 139. ROUTE DE PARIS A TOURS.

corps de bâtiment, une masse aussi imposante que remarquable par l'élégance de son architecture. Il est entouré au nord et au midi par la rivière d'Indre, qui, au couchant, se divise de manière à former plusieurs petites îles couvertes d'arbres. A l'extrémité, du côté de la route de Chinon à Tours, se trouve une belle chute d'eau, formée par le bras de la rivière qui sépare les jardins d'un ancien pont, sur lequel on voit un passage continuel. Le portail du château d'Azay sert de façade à l'entrée de l'édifice, et rappelle, par l'élégance, la pureté du style, le beau faire de Jean Goujon ; les frises et les bas-reliefs qui le décorent retracent de toutes parts les devises de François Ier et de Diane de Poitiers. Ce portail, composé de trois ordres d'architecture, pris dans les modèles de la renaissance, renferme un escalier des plus curieux. Les deux bas-reliefs de la première frise représentent l'un une hermine, l'autre une salamandre au milieu des flammes. Cinq colonnes surmontées de niches, dans la frise desquelles est écrit :

ung seul désir,

servent à lier le rez-de-chaussée avec les étages supérieurs, dont les pilastres, les architraves et toutes les autres parties sont recouverts d'arabesques du meilleur goût. Le portail se termine par un fronton, sur lequel on distingue quelques traces d'armoiries, le chiffre de Diane de Poitiers, et des ornements d'une exécution très-soignée. L'intérieur du château renferme un riche collection de portraits historiques d'un très-beau choix et des meilleurs maîtres.

RIGNY (*Indre-et-L.*). Village à 8 kil. (2 l.) de Chinon 1,100 hab. On y remarque une fontaine intermittente, qui tarit et qui reparaît plusieurs fois dans le jour.—Le château d'Ussé, situé sur la rive gauche de la Loire, au confluent de l'Indre, fait partie de la commune de Rigny. Ce château est dans un bel état de conservation ; il est en partie l'ouvrage du célèbre Vauban, qui venait quelquefois dans cette agréable retraite passer chez son gendre les courts instants de loisir que lui permettaient les innombrables occupations qui remplirent sa vie.

CHINON (*Indre-et-L.*). Ville ancienne. Sous-préf. Trib. de 1re inst. Collège comm. 6,959 hab. A 43 kil. (11 l.) de Tours. Cette ville est bâtie dans une situation on ne peut plus pittoresque, sur la rive droite de la Vienne, et resserrée entre cette rivière et la montagne, sur laquelle on remarque les ruines de son ancien château. — C'est la patrie de Rabelais, qui y naquit en 1483.

VOITURES PUBLIQUES. Tous les jours pour Tours et Saumur.
OUVRAGE A CONSULTER. *Recherches historiques sur la Touraine et sur la ville de Chinon*, par la Sauvagère, 1772.

CANDES (*Indre-et-L.*). Petite ville, bâtie dans une situation très-pittoresque, sur la rive gauche de la Loire, au confluent de la Vienne et à peu de distance de Montsoreau (Maine-et-Loire). On y voit une belle église de construction gothique, qui renferme le tombeau de saint Martin. A 16 kil. (4 l.) de Chinon. 600 hab.

MONTSOREAU (*Maine-et-L.*). Petite ville bâtie dans une situation très-agréable, sur la rive gauche de la Loire, à 12 k. (3 l.) de Saumur. ⊠ 850 h. Son ancien château offre aux voyageurs, qui passent sur la levée, un point de vue très-pittoresque : sa longue façade, percée d'une multitude de portes et de croisées, ses hautes tours crénelées, ses toits pyramidaux produisent un bel effet ; mais pour jouir de ce que cet antique manoir conserve encore de noble, de grand, il faut le voir de loin ; de près il n'offre plus qu'une masse irrégulière.

FONTEVRAULT (*Maine-et-L.*). Petite ville à 12 kil. (3 l.) S.-E de Saumur. ⊠ 1,500 h. Cette ville est bâtie dans le fond d'un vallon, au milieu d'un bois. Elle doit sa fondation à la célèbre abbaye de ce nom, une des plus belles et des plus riches de France, et la seule dans son genre qui existât dans le monde chrétien. Des cinq églises qu'elle renfermait, il n'en reste qu'une, la plus grande de toutes, qui ressemble à une cathédrale: c'est un monument du douzième siècle, remarquable par son genre de construction. Ce bel édifice n'est plus église que par son extérieur ; en dedans c'est une prison, comme tout le reste de l'abbaye, transformée en maison centrale de détention pour onze départements. — Dans la seconde cour de l'abbaye de Fontevrault on voit un monument fort intéressant sous le rapport de l'art, nommé la tour d'ÉVRAULT; elle s'élève sur trois plans ; le premier octogone, le second carré, et le troisième aussi octogone, dont les angles répondent au milieu des faces du premier ; chaque face du premier plan est ouverte par une arcade ogive, portée par deux colonnes, et donne entrée dans une chapelle demi-circulaire, percée de trois petites fenêtres. On remarque aussi à Fontevrault le cimetière des rois d'Angleterre, comtes d'Anjou, dont il reste encore quatre tombeaux, ceux de Henri II, de Richard Cœur de Lion, son fils, d'Aliénor ou Éléonore de Guienne, femme du premier et mère du second, et d'Elisabeth, épouse de Jean sans Terre.

LOUDUN (*Vienne*). Ville ancienne. Sous-préf. Trib. de 1re ins. Société d'ag. Coll. comm. ✉ 5,098 hab. Cette ville est située sur un cote a élevé qui domine une plaine très-étendue, entourée de coteaux couverts de bois et de vignobles qui produisent des vins délicats et fort estimés. Elle est assez grande, mais elle n'est pas peuplée en raison de son étendue, la destruction du château sous le ministère du cardinal Richelieu, et la révocation de l'édit de Nantes, en ayant considérablement diminué le nombre des habitants. On y trouve de grandes rues bien percées et des maisons spacieuses. Sur l'emplacement de l'ancien château, dont il reste encore une tour assez bien conservée, on a formé une jolie promenade dont la position est fort agréable, la vue variée et très-étendue. — FABRIQUES de serges, droguets, broderies de tulle, objets d'orfévrerie remarquables par leur fini. — A 58 kil. (15 l.) de Poitiers, 36 kil. (9 l.) de Saumur, 318 kil. (81 l. 1/2) de Paris. — HÔTELS: de France, du Lion-d'Or.

VOITURES PUBLIQUES. Pour Poitiers, Saumur, Chinon, Thouars.
OUVRAGE A CONSULTER. *Essai sur l'histoire de la ville de Loudun*, par Lafend, in-8°, 1778.

N° 140.

ROUTE DE PARIS A TROYES (AUBE).

Voy. N° 23.................................. 16,0

DE TROYES A AUXERRE, 7 myriam. 7 kilom.

De TROYES à AUXON ⚮........................	2,7
AUXON à * SAINT-FLORENTIN ⚮...............	2,0
* ERVY (à gauche de la route).	
SAINT-FLORENTIN à MONTIGNY-LE-ROI ⚮........	1,7
MONTIGNY-LE-ROI à * AUXERRE ⚮.............	1,3

ERVY (*Aube*). Jolie petite ville, à 30 kil. (7 l. 3/4) de Troyes. ✉ 1,821 hab. Cette ville est située sur le sommet d'une colline qui domine presque à pic, à 40 mètres d'élévation, une magnifique prairie située au midi, large d'environ une demi-lieue, et s'étendant de l'est à l'ouest depuis Saint-Florentin jusqu'à Chaource. Des promenades qui aboutissent à cette prairie, et des maisons bâties sur le revers méridional de la colline, on jouit d'une vue enchanteresse, que les étrangers ne se lassent pas d'admirer. Au nord, la vue est moins étendue, mais peut-être plus pittoresque : on découvre de ce côté, où l'horizon est borné par la forêt d'Othe, une infinité de villages placés sur les sommets des tertres qui couvrent le canton. Il est peu de pays qui offrent des variétés de vues aussi agréables. — La ville se compose d'un pâté de maisons assez mal bâties, séparé par une rue presque circulaire, d'un rang extérieur de maisons beaucoup mieux construites que celles du centre, et ayant leur plus belle façade sur les fossés, dont les douves, plantées de deux rangées d'ormes, servent de promenades. L'Amance arrose le pied de la colline sur laquelle est construite la ville. — Ervy possède un petit hôpital, une église gothique qui n'a rien de bien remarquable, et une ancienne porte, précédée d'un pont jeté sur les fossés, qui sert aujourd'hui de prison. Au bas de la côte sur laquelle est bâtie la ville, entre le chemin de Davré et la rivière d'Amance, on voit deux tumulus d'égales dimensions, entourés de fossés : sur le premier, qui est resté intact, on a établi un calvaire; l'autre est presque détruit. — FAB. de coutils, treillis, toiles communes, canevas, clous, etc.

VOITURES PUBLIQUES. Tous les jours pour Troyes et Auxerre.

SAINT-FLORENTIN. Voyez page 339.

DE TROYES A LYON.

1re Route, par ARNAY-LE-DUC, 35 myr. 4 kil.

m. k.
De TROYES à * SAULIEU ⚹ (V. ci-après la 3e route). 14,4
SAULIEU à LYON * ⚹ (Voyez N° 82)............ 21,0

2e Route, par DIJON, 34 myr. 4 kil.

De TROYES à * DIJON ⚹ (Voy. N° 23).......... 14,9
DIJON à CHALON-SUR-SAÔNE (V. N° 29).......... 7,0
CHALONS à LYON (Voy. N° 83)................ 12,5

3e Route, par MONTBARD, 36 myr. 1 kil.

De TROYES à * CHATILLON-SUR-SEINE ⚹ (V. N° 23). 6,8
CHATILLON-SUR-SEINE à COULMIER-LE-SEC ⚹ ... 1,4
COULMIER à * MONTBARD ⚹................ 1,9
MONTBARD à * SEMUR ⚹................. 1,7
SEMUR à LA MAISON-NEUVE ⚹ (Côte-d'Or)..... 1,3
* FLAVIGNY (à gauche de la route).
LA MAISON-NEUVE à SAULIEU ⚹............... 1,3
SAULIEU à * LYON ⚹ (Voy. N° 82)............ 21,7

CHATILLON-SUR-SEINE (*Côte-d'Or*). Ancienne et jolie petite ville. Souspréf. Trib. de 1re ins. et de comm. Coll. comm. ⊠ ⚹ 4,175 hab. Cette ville est dans une situation pittoresque, au centre d'un pays montagneux, sur la Seine qui y reçoit la petite rivière de la Douix; cependant, comme dans les grandes sécheresses il arrive que les eaux de la Seine ne parviennent pas jusqu'à Châtillon, il en résulte que ce fleuve prend réellement naissance à la belle fontaine de la Douix qu'on n'a jamais vue tarir. Châtillon est une ville très-bien bâtie, propre, bien pavée, qui s'embellit et s'augmente tous les jours de nouveaux quartiers. L'air y est tempéré et très-sain ; on voit assez souvent des

30

étrangers venir y habiter pour se rétablir de longues et graves maladies. — Les édifices les plus remarquables sont: l'hôtel de ville, environné de beaux jardins qui servent de promenade publique; il occupe une partie de l'ancien couvent des Bénédictines, où se trouve aussi la sous-préfecture; le nouveau palais de justice, établi dans l'ancien couvent des Carmélites; l'église Saint-Nicolas, située au centre du quartier du Bourg, dont la construction remonte au douzième siècle; l'église Saint-Vorle, ancienne chapelle du château des ducs de Bourgogne; le château du quartier de Chaumont, entouré d'un vaste et superbe parc, traversé par la Seine (autrefois Châtelot) : il a été fondé par les ancêtres du duc de Raguse, qui l'a embelli avec toute la magnificence dont sa situation le rendait susceptible, et y a fondé plusieurs établissements industriels importants. — On remarque encore à Châtillon la bibliothèque publique, renfermant 7,000 volumes; le collége; les hospices, la fontaine de la Douix, et les restes d'une voie romaine qui allait de Langres à Auxerre. — Patrie du maréchal Marmont. — FABRIQUES de draps, serges, toiles, futailles. Hauts fourneaux, forges, etc. — COMMERCE de fers de tous échantillons, de bois, laines, cuirs, meules à aiguiser. Entrepôt des produits des nombreuses forges des environs. — A 78 kil. (20 l.) de Dijon, 64 kil. (16 l. 1/2) de Troyes, 216 kil. (55 l. 1/2) de Paris. — HÔTELS : de la Côte-d'Or, du Soleil d'Or, du Commerce, tenu par Noirot Gois.

VOITURES PUBLIQUES. Pour Dijon, Châlons, Lyon; correspondance avec Paris et le Midi.

OUVRAGES A CONSULTER, qui se trouvent à la librairie de Cormilhac, à Châtillon-sur-Seine.
L'Histoire sainte de Châtillon-sur-Seine, par Leyraud, in-8°, 1631.
Histoire de Châtillon-sur-Seine, par la Peyrousse, 2 vol. in-8°, 1837.
Archéologie cello-romaine de l'arrondissement de Châtillon-sur-Seine, par Leclerc, in-8°.

FLAVIGNY (*Côte-d'Or*). Petite ville sur le sommet d'une montagne très-élevée et escarpée de trois côtés, d'où l'on domine sur un charmant vallon arrosé par l'Ozerain. — A 12 kil. (3 l.) de Semur. ⌂ 1,300 hab. Cette ville paraît devoir son origine à une abbaye fondée vers la fin du sixième siècle, dont les bâtiments existent encore en partie. L'église est un bel édifice gothique décoré de beaux vitraux; les voûtes sont d'une grande solidité. On en doit la construction à Quentin Menard, archevêque de Besançon, né à Flavigny, qui fit élever ce monument pour illustrer le lieu de sa naissance. Le chœur renferme les reliques de sainte Reine, placées dans des châsses revêtues d'argent; ces reliques attirent chaque année dans ce lieu un grand concours d'étrangers. Au-dessus des chapelles règne une longue galerie qui couronne toute la nef, séparée du chœur par un magnifique jubé, dont les balustrades en pierre sont richement sculptées. La voûte inférieure de cette vaste tribune, d'où l'œil plonge sur toutes les parties du temple, offre un fond d'azur semé de paillettes d'or, sur lequel sont représentés les attributs des quatre évangélistes. Les stalles du chœur sont remarquables par la délicatesse de leur sculpture et par la bizarrerie des figures qui le décorent. — On remarque encore à Flavigny un superbe hôtel, transformé depuis peu en un couvent d'ursulines, dont les jardins, vastes et élevés en terrasses, ont été de tout temps visités par une foule d'étrangers.

DE TROYES A NANCY, 18 myr. 1 kil.

	m. k.
De TROYES à PINEY ⌂.............................	
PINEY à * BRIENNE ⌂.............................	2,1
BRIENNE à * TRÉMILLY ⌂.........................	1,9
* CIREY (à droite de la route).	2,0

N° 142. ROUTE DE PARIS A VALENCE.

	m. k.
Trémilly à Dommartin-le-Saint-Père ☞	1,3
Dommartin à * Joinville ☞	1,9
Joinville à Saudron ☞	1,6
Saudron à Houdelaincourt ☞	1,3
Houdelaincourt à * Vaucouleurs ☞	1,7
Vaucouleurs à * Toul ☞	2,0
Toul à Velaine ☞	1,1
Velaine à * Nancy ☞	1,2

BRIENNE. Voyez page 148.
TRÉMILLY (*H.-Marne*). Village à 21 kil. (5 l. 1/2) de Vassy. ☞ 395 hab. On y voit un château flanqué de deux tourelles et entouré de fossés larges et profonds, qui a dans ses dépendances un beau parc symétriquement planté.
CIREY (*H.-Marne*). Village à 15 kil. (3 l. 3/4) de Vassy. 700 hab. Cirey possède un beau château, qui appartenait autrefois à la duchesse du Châtelet et où Voltaire a passé cinq années consécutives, pour se mettre à l'abri des persécutions de ses ennemis, qui le croyaient hors de France. On voyait encore naguère dans ce château l'appartement et la bibliothèque qui servirent à Voltaire.

DE TROYES A CLAIRVAUX (non montée), 6 myr. 7 kil.

De Troyes à * Bar-sur-Aube (V. N° 98, R. de Belfort).	5,3
Bar-sur-Aube à * Clairvaux ☞	1,4

CLAIRVAUX. Voyez page 148.

N° 141.

ROUTE de paris a TULLE (corrèze).

46 myr. 9 kil.

De Paris à * Uzerche ☞ (Voy. N° 138)	43,9
Uzerche à * Tulle ☞	3,0

DE TULLE A TOULOUSE, 24 myr. 2 kil.

De Tulle à La Borde ☞	1,5
La Borde à * Brive ☞	1,5
Brive à * Toulouse ☞ (Voy. N° 138)	21,2

N° 142.

ROUTE de paris a VALENCE (drome).

Par Lyon, Voy. N° 85, 1re Route de Paris à
Marseille... 57,1

N° 142. ROUTE DE PARIS A VALENCE.

DE VALENCE A GRENOBLE, 9 myr. 4 kil.

	m. k.
De VALENCE à * TULLINS ☞ (Voy. ci-après)	6,6
TULLINS à VOREPPE ☞	1,2
VOREPPE à * GRENOBLE ☞	1,6

DE VALENCE AU PONT DE BEAUVOISIN, 10 myr. 3 kil.

De VALENCE à * ROMANS ☞	1,8
* BOUVANTE (à droite de la route).	
* SAINT-NAZAIRE (à droite de la route).	
* SAINT-JEAN EN ROYANS (à D. de la R.)	
ROMANS aux FAURIS ☞	1,2
FAURIS à * SAINT-MARCELLIN ☞	1,4
* PONT EN ROYANS (à droite de la route).	
* CHORANCHE (à droite de la route).	
SAINT-MARCELLIN à L'ALLÉGRERIE ☞	1,1
L'ALLÉGRERIE à * TULLINS ☞	1,1
TULLINS à * VOIRON ☞	1,2
VOIRON à MONTFERRAT ☞	1,6
MONTFERRAT au * PONT DE BEAUVOISIN ☞	0,9

De ROMANS à * TAIN ☞	1,8

BOUVANTE (*Drôme*). Village situé au milieu des plus hautes montagnes du Royanais, à 55 kil. (14 l.) de Valence. 1,050 h. On voit aux environs la source de la Bourne, qui naît au-dessous du domaine d'Ambel, au pied de la montagne de Touleau; plus bas, elle se précipite par le saut de la Truite dans la vallée de Bouvante. Le banc des rochers d'Ambel d'où elle tombe est si élevé, l'eau se divise tellement dans sa chute, qu'un courant d'air l'enlève entièrement, et la rejette en pluie fine sur la montagne, de manière à mouiller les passants au pas de la Truite dans les temps les plus secs. — Non loin de là, on doit visiter aussi la perte de la rivière de Lionne, qui s'engouffre dans un précipice d'une grande profondeur, au centre des prairies d'Ambel : elle s'échappe de la vallée du Haut-Bouvante, entre deux montagnes dont les bords, garnis de rochers à pic très-élevés, ressemblent à deux murs immenses, parallèles et très-rapprochés, qui forment un encaissement de plus d'une lieue.

NAZAIRE EN ROYANS (SAINT-) (*Drôme*). Bourg à 34 kil. (8 l. 3/4) de Valence. 1,100 hab. Un pont remarquable par son élévation est jeté sur la Bourne. Aux environs existe une grotte remarquable que l'on ne doit pas manquer de visiter.

JEAN EN ROYANS (SAINT-) (*Drôme*). Bourg à 43 kil. (11 l.) de Valence. ⊠ 2,750 hab. Il est dans une vallée délicieuse entourée de hautes montagnes, qui rappelle les belles vallées de la Suisse; c'est le rendez-vous des peintres paysagistes, et les plus habiles artistes en ce genre se sont plu à reproduire sur la toile les nombreux sites pittoresques des environs. — Au CHATEAU DE LA CHARTRONNIÈRE, dépendance de cette commune, on voit deux tombeaux romains d'une parfaite conservation.

ROMANS (*Drôme*). Jolie ville à 16 kil. (4 l.) de Valence. Trib. de com. Ch. des manuf. ⊠ ☞ 9,400 hab. Romans est une ville généralement bien bâtie, et fort agréablement située, sur la rive droite de l'Isère, que l'on y passe sur un fort beau pont de pierre par lequel elle communique avec le bourg du Péage, et d'où l'on jouit d'une vue magnifique. Elle est ceinte de murailles flanquées de tours carrées et entourée d'un fossé; on y entre par cinq portes. Cette ville ne possède aucun édifice remarquable. On cite cependant l'église

gothique de Saint-Antoine. La salle de spectacle, située au milieu de la belle promenade du Champ de Mars, est petite, mais bien décorée. — Patrie de l'infortuné Lally-Tolendal ; de Michel Servan, avocat général au parlement de Toulon ; de Floquet, célèbre troubadour du treizième siècle ; du général Bon, tué au siége de Saint-Jean d'Acre. — FABRIQUES de bas de soie et de filoselle. — HÔTELS : de la Coupe-d'Or, du Lion-d'Or.

OUVRAGE A CONSULTER. *Mémoire sur la ville de Romans*, par Dochier, in-8°, 1812.

PONT EN ROYANS (*Isère*). Bourg à 14 kil. (3 l. 1/2) de Saint-Marcellin. ⊠ 1,250 hab. Ce bourg est bâti dans une situation pittoresque, au milieu d'une gorge étroite, sur la rive droite de la Bourne. Deux montagnes, toutes hérissées de débris de vieilles forteresses, dont l'étonnante construction paraît être aujourd'hui l'œuvre de la puissance infernale, laissent entre elles une étroite vallée que la Bourne, furieuse et resserrée, remplit tout entière de son atmosphère humide et retentissante. Un pont, dont on attribue mal à propos la construction aux Romains, a été jeté entre ces deux montagnes, à 72 pieds au-dessus du niveau des eaux de la rivière ; et là où l'aigle trouverait à peine assez de place pour son aire, des hommes suspendirent de fragiles demeures. Tout le bourg est, pour ainsi dire, en relief sur le flanc des rochers. On ne sait ce qui étonne le plus, ou de l'horreur du lieu ou de l'audace de ceux qui en font leur séjour.

CHORANCHE (*Isère*). Village à 16 kil. (4 l.) de Saint-Marcellin. 450 hab. Il est situé sur la rive droite de la Bourne, dans l'enfoncement d'une gorge sauvage, bordée, à droite et à gauche, par une longue file de montagnes sans végétation, qui conduisent les regards jusqu'à d'autres montagnes plus élevées et encore plus stériles. Des sentiers de chèvre, des ponts tremblants suspendent à chaque instant le voyageur au-dessus de l'abîme ; il entend sous ses pieds la rivière, qui tantôt s'élance en cascatelles, tantôt s'épand en nappes blanchissantes, tantôt mugit entre de grosses pierres amoncelées par sa fureur et noircies par le dépôt ferrugineux qu'elle abandonne. Ce village possède une source d'eau minérale sulfureuse froide, qui jouit d'une grande réputation pour la guérison de la paralysie, les rhumatismes et autres maladies.

MARCELLIN (SAINT-) (*Isère*). Jolie petite ville. Sous-préf. Trib. de 1re inst. Coll. com. ⊠ ☞ 2,775 hab. Cette ville est située dans une contrée charmante, au pied d'un coteau fertile en excellents vins ; à peu de distance de la rive droite de l'Isère. Elle est ceinte de murailles percées de quatre portes, et généralement bien bâtie ; les rues sont droites et ornées de belles fontaines d'eau vive. On y remarque une jolie place publique, une halle bien construite, et un joli cours. Les dehors en sont délicieux. — COMMERCE de vins, soies écrues, fils, toiles, fromages de chèvre très-recherchés, etc. — A 32 kil. (8 l.) de Grenoble, 39 kil. (10 l.) de Valence, 579 kil. (148 l. 1/2) de Paris. — HÔTELS : du Petit-Paris, du Palais-Royal, de l'Assurance, des Courriers.

VOITURES PUBLIQUES. Tous les jours pour Grenoble, Valence et Lyon.

N° 143.
ROUTE DE PARIS A VALENCIENNES (NORD).

1re R., par SENLIS et PÉRONNE, 20 myr.

m. k.
DE PARIS à * SENLIS ☞ (Voy. ci-après)............ 4,3

N° 143. ROUTE DE PARIS A **VALENCIENNES**.

Senlis à Péronne ⚲ (Voy. N° 76)	8,7
Péronne à Fins ⚲	1,5
Fins à Bonavy ⚲	1,2
Bonavy à * Cambrai ⚲	1,1
Cambrai à * Valenciennes ⚲ (Voy. 2ᵉ route).	3,2
De Valenciennes au Quesnoy ⚲	1,5
De Valenciennes à * Condé ⚲	1,1

Condé (*Nord*). Ville forte, à 22 kil. (5 l. 3/4) de Valenciennes. Place de guerre de 4ᵉ cl. ⚲ 5,350 hab. Cette ville est dans une forte situation, au confluent de la Hayne et de l'Escaut, d'où part un canal qui communique directement avec Mons. Elle est généralement bien bâtie, assez bien percée, et possède un bel hôtel de ville, un superbe arsenal, une écluse qui sert à la défense de la place, et de jolies fortifications construites par Vauban. Aux environs, on doit visiter le beau château de l'Ermitage, propriété du duc de Croï. — Patrie de Mlle Clairon, célèbre actrice du Théâtre-Français. — Fabriques d'amidon, de chicorée-café. Raffineries d'huile et de sel. Construction de bateaux. — Commerce de houille, cordages, bestiaux, etc.

VALENCIENNES. Voyez page 45.

2ᵉ Route, par Noyon et Saint-Quentin, 21 myr. 1 kil.

De Paris au Bourget ⚲	1,1
Bourget à Louvres ⚲	1,3
Louvres à la Chapelle-en-Serval ⚲	1,0
* Baron (à droite de la route).	
La Chapelle-en-Serval à * Senlis ⚲	0,9
Senlis à Villeneuve-sur-Verberie ⚲	1,2
* Verberie (à gauche de la route).	
Villeneuve à la Croix-Saint-Ouen ⚲	1,2
La Croix-Saint-Ouen à * Compiègne ⚲	1,0
Compiègne à Ribecourt ⚲	1,4
Ribecourt à Noyon ⚲	1,0
Noyon à Guiscard ⚲	0,9
Guiscard à * Ham ⚲	1,0
Ham à Roupy ⚲	1,2
Roupy à * Saint-Quentin ⚲ (Aisne)	0,9
Saint-Quentin à Bellicourt ⚲	1,3
Bellicourt à Bonavy ⚲	1,4
Bonavy à * Cambrai ⚲	1,1
Cambrai à Bouchain ⚲	1,5
Bouchain à * Valenciennes ⚲	1,7

DE VALENCIENNES A MAUBEUGE, 3 myr. 5 kil.

De Valenciennes à Jenlain ⚲	0,9
Jenlain à * Bavay ⚲	1,2
Bavay à * Maubeuge ⚲	1,4
De Maubeuge à Coursolre ⚲	1,4
Coursolre à Beaumont (poste étrang.), 1 p. ou.	0,8

De Coursolre à Rancé (poste étr.), 1 poste 1/4 ou 1,7

..BAVAY (*Nord*). Petite ville très-ancienne, à 24 kil. (6 l. 1/4) d'Avesnes. ✉ ⚭ 1,635 hab. Bavay, *Bagacum*, n'était au temps de César qu'un rassemblement de cabanes entourées d'un fossé et de palissades ou d'un mur de terre, dont Auguste fit une place importante. Des restes d'aqueducs et d'autres édifices publics qu'on y a découverts prouvent que Bavay fut une cité très-considérable. Cette ville, qui n'a plus aujourd'hui qu'une faible population, renferme des traces visibles du long séjour de ses fondateurs. On remarque au milieu de la place publique une colonne septangulaire qui indique sur chacune de ses faces les sept voies romaines, dites chaussées Brunehaut, qui se réunissaient en ce point, et conduisaient, 1° à Maestricht et à Cologne, par Tongres; 2° à Reims ; 3° à Soissons ; 4° à Amiens ; 5° à Mardyck, par Valenciennes et Tournai; 6° à Utrecht; 7° à Gand. Cette colonne n'est point antique; elle a remplacé celle des Romains, qui existait encore, dit-on, au dix-septième siècle.
— Fabriques d'instruments aratoires et de ferronnerie.

N° 144.

ROUTE DE PARIS A VANNES (MORBIHAN).

44 myr. 9 kil.

	m. k.
De Paris à * Mayenne ⚭ (Voy. N° 31)..........	25,3
Mayenne à Ernée ⚭................•......	2,4
Ernée à * Fougères ⚭.	2,1
Fougères à Saint-Aubin du Cormier ⚭........	2,0
Saint-Aubin du Cormier à Liffré ⚭..........	1,0
Liffré à *Rennes ⚭....................	1,8
Rennes à Mordelles ⚭...................	1,5
Mordelles à Plélan ⚭...................	2,0
Plélan à * Ploermel ⚭...................	2,4
* Paimpont (à droite de la route).	
* Guer (à gauche de la route).	
Ploermel au Roc-Saint-André ⚭............	1,0
Roc-Saint-André à Pont-Guillemet ⚭.......	1,6
Pont-Guillemet à * Vannes ⚭.............	1,8
* Elven (sur la route).	

AUBIN DU CORMIER (SAINT-) (*Ille-et-Vilaine*). Petite ville située sur une colline escarpée, près de la forêt de son nom, à 19 kil. (4 l. 3/4) de Fougères. ✉ ⚭ 1,729 hab. Elle doit son origine à un château fort construit en 1223, et sa position élevée lui procure un air très-vif et un horizon très-étendu. Elle a été assiégée et prise sur les Bretons par les Français, dans la guerre que termina glorieusement pour ces derniers la célèbre bataille de Saint-Aubin, gagnée par le vicomte de la Trimouille, général en chef de Charles VIII, à l'âge de dix-huit ans, contre le duc de Bretagne François II, le prince d'Orange et le duc d'Orléans (depuis Louis XII). Il ne reste plus que quelques pans de murs et une tour très-élevée, qui signale au loin cette ancienne demeure, habitée passagèrement par la duchesse Anne. A côté de cette ruine pittoresque est une chaîne d'énormes rochers, plus pittoresques encore.

N° 144. ROUTE DE PARIS A VANNES.

PAIMPONT (*Ille-et-Vilaine*). Village situé dans la forêt de son nom, sur un étang où la rivière d'Aff prend sa source, à 22 kil. (5 l. 1/2) de Montfort. 3,305 hab. La forêt de Paimpont, la plus considérable de toutes celles de l'ancienne Bretagne, est située partie dans le département d'Ille-et-Vilaine et partie dans le département du Morbihan. Cette forêt n'est autre que l'ancienne et célèbre forêt de Brescilien ou Brocéliande, où coulait la fameuse fontaine de Baraton, dont les eaux, répandues sur le perron de l'enchanteur Merlin, excitaient les tempêtes ; c'est là où était le val Périlleux, ou val des faux Amours, parce que tout amant volage qui s'y engageait n'en pouvait sortir; cette mystérieuse forêt est, en un mot, toute conforme à la forêt enchantée de la Jérusalem délivrée. — FABRIQUE considérable de fil blanc et écru. Blanchisseries de fil et de toiles. Forges et hauts fourneaux.

GUER (*Morbihan*). Petite ville à 25 kil. (6 l. 1/2) de Ploermel. 3,488 hab. Elle doit son origine à un ermitage où vivait saint Malo en 541, sur l'emplacement duquel fut construite une église. — On voit aux environs un peulvan de 4 mètres de hauteur.

PLOERMEL (*Morbihan*). Petite ville. Sous-préf. Trib. de 1re inst. Coll. comm. ⊠ ⚐ 4,851 hab. C'est une ville assez jolie, dont les rues sont généralement larges, propres, et bordées de maisons bien bâties ; elle possède deux places publiques et un vaste champ de foire. Le tribunal est un édifice commode et bien distribué. L'église paroissiale date du douzième siècle ; elle est basse et lourde, appuyée sur quinze arcades voûtées. Sa tour, qui a servi à la triangulation des cartes de Cassini, est soutenue par quatre gros piliers. Cette église est décorée de beaux vitraux ; on y remarque les tombeaux, surmontés des statues en marbre blanc, des ducs Jean II et Jean III, en habits de guerre. — Le couvent des Ursulines possédait une église qui existe encore et qui est fort belle ; le rétable est décoré de colonnes de marbre et d'un beau tableau de la Présentation de la Vierge. — COMMERCE d'étoffes de laine, fil, chanvre, etc. — A 41 kil. (10 l. 1/2) de Vannes, 401 kil. (103 l.) de Paris. — HÔTELS : du Commerce, du Lion-d'Or.

ELVEN (*Ille-et-Vilaine*). Bourg situé sur la route de Rennes, à 16 kil. (4 l.) de Vannes (⚐ au pont Guillemot). 3,815 hab. Le territoire de cette commune renferme plusieurs antiquités celtiques : on y voit un cromlech ou cercle druidique, deux beaux dolmens et plusieurs menhirs. Mais le monument le plus remarquable est, sans contredit, le château d'Elven, un des plus beaux restes d'antiquité du moyen âge que possède la Bretagne. M. de Freminville attribue la construction du château d'Elven à Eudon de Malestroit, qui le fit ériger en 1256, sur le plan et le même modèle qu'un château fort qu'il avait pris d'assaut en Palestine.

VANNES. Voyez page 573.

DE VANNES AU PORT-LOUIS, 5 myr. 2 kil.

De VANNES à AURAY ⚐.	1,8
D'AURAY à LANDEVAN ⚐.	1,5
LANDEVAN au * PORT-LOUIS ⚐.	1,9

PORT-LOUIS (*Morbihan*). Ville forte et maritime, située à l'entrée de la rade de Lorient, à 4 kil. (1 l.) de cette ville. ⊠ ⚐ 2,591 hab. C'est une ville petite et généralement mal bâtie ; ses rues sont étroites et sinueuses. L'église paroissiale est un édifice de construction assez élégante. Les casernes sont belles et bien situées ; la citadelle est très-forte, entourée d'eau : son approche est défendue par des rochers d'autant plus dangereux qu'ils sont cachés sous l'eau. L'intérieur renferme des casernes pour les soldats, des pavillons pour les officiers, de vastes souterrains, des casemates bien abritées, un arsenal, un magasin à poudre et des citernes qui peuvent contenir toute l'eau nécessaire à la garnison. Le port est assez vaste pour contenir plusieurs vaisseaux de guerre, et un assez grand nombre de vaisseaux marchands : la tenue y est bonne, mais l'entrée en est assez difficile. Bel établissement de bains de mer, très-fréquenté dans la belle saison.

DE VANNES A SAINT-BRIEUC, 13 myr. 2 kil.

De VANNES à LOCMINÉ ⚲......................	2,7
LOCMINÉ à * PONTIVY ⚲...................	2,3
PONTIVY à * LOUDÉAC ⚲...................	2,2
LOUDÉAC à PONTGAND ⚲ (vacant)...........	1,3
PONTGAND à MONCONTOUR ⚲...............	1,2
MONCONTOUR à * LAMBALLE ⚲..............	1,5
LAMBALLE à *SAINT-BRIEUC ⚲...............	2,0

PONTIVY (*Morbihan*). Ville ancienne. Sous-préf. Trib. de 1re inst. Collége roy. ✉ ⚲ 5,936 hab. Pontivy, placé sur la rive gauche du Blavet et point central de toute la Bretagne, avait fixé l'attention de Napoléon, qui y ordonna d'immenses travaux, que la chute de l'empereur fit cesser. La nouvelle ville, qui est un prolongement de l'ancienne, ne renferme que quelques rues larges et tirées au cordeau, une sous-préfecture non achevée, une prison, une caserne pour la cavalerie avec un très-beau champ de manœuvres, une vaste place publique nommée place Napoléon et une jolie promenade. Pontivy est une ville très-commerçante, dont les foires ont une grande importance. — A 47 kil. (12 l.) de Vannes, 448 kil. (115 l.) de Paris. — HÔTELS : des Voyageurs, de la Grande-Maison.

LOUDÉAC (*Côtes-du-Nord*). Petite ville. Sous-préf. Trib. de 1re instance. Ch. des manufact. Société d'agric. Coll. comm. ✉ ⚲ 6,736 habitants. Cette ville est le centre d'une fabrication très-étendue de toiles dites de Bretagne. On y remarque une belle église paroissiale surmontée d'un clocher fort élevé, et un marché couvert pour la vente des toiles. — FABRIQUES de toiles. — A 43 kil. (11 l.) de Saint-Brieuc, 434 kil. (111 l. 1/2) de Paris. — HÔTEL de la Croix-Blanche.

VOITURES PUBLIQUES. Pour Pontivy, Rennes, Saint-Brieuc, Uzel. — Frélicot. — Muby.

N° 145.

ROUTE DE PARIS A VERSAILLES (SEINE-ET-OISE).

Voy. page 225...................... 1,9

VERSAILLES. Voyez page 228.

DE VERSAILLES A ALENÇON.

Voy. page 225.................... 17,5

DE VERSAILLES A COMPIÈGNE, 10 myr. 1 kil.

	m.k.
De VERSAILLES à * SÈVRES ⚲...................	0,7
SÈVRES à * SAINT-DENIS ⚲ (Seine)...........	1,8
SAINT-DENIS à LOUVRES ⚲..................	2,3
LOUVRES à LA CHAPELLE-EN-SERVAL ⚲.......	1,0

N° 145. ROUTE DE PARIS A VERSAILLES.

La Chapelle à * Senlis ☞....................	0,9
Senlis à Villeneuve-sur-Verberie ☞........	1,2
Villeneuve à la Croix-Saint-Ouen ☞.......	1,2
La Croix-Saint-Ouen à * Compiègne ☞.......	1,0

DE VERSAILLES A ÉVREUX.

Par Dreux, 10 myr. 5 kil.

De Versailles à * Dreux ☞ (Voy. N° 31)........	6,3
Dreux à * Évreux ☞ (Voy. N° 40)............	4,2

DE VERSAILLES A FONTAINEBLEAU.

1re Route, par Essonne, 6 myr. 7 kil.

De Versailles à Longjumeau ☞................	
Longjumeau à Essonne ☞.....................	1,8
Essonne à * Fontainebleau ☞ (Voy. N° 85)....	2,0
	2,9

2e Route, par Fromenteau, 6 myr. 7 kil.

De Versailles à Berny ☞.....................	1,5
Berny à Fromenteau ☞.......................	1,1
Fromenteau à * Fontainebleau ☞ (V. N° 85)..	4,1

DE VERSAILLES A ORLÉANS, 11 myr. 6 kil.

De Versailles à Longjumeau ☞................	1,8
* Buc (à droite de la route).	
* Jouy (à droite de la route).	
Longjumeau à Arpajon ☞.....................	1,2
Arpajon à * Orléans ☞ (Voy. N° 25).........	8,6

BUC (*Seine-et-Oise*). Joli village, bâti en amphithéâtre sur le penchant d'un coteau, au pied duquel la Bièvre coule entre des coteaux boisés d'un aspect très-pittoresque. On y admire un bel aqueduc de 21 m. 43 c. de hauteur, percé de dix-neuf arches, construit en 1688 pour conduire à Versailles les eaux de plusieurs étangs. Ce village, dont le site est un des plus gracieux des environs de Paris, est embelli par une multitude de maisons de campagne, parmi lesquelles on remarque celle dite de la Guérinière. A 18 kil. (4 l. 1/2) de Paris.

JOUY (*Seine-et-Oise*). Joli village, situé dans un vallon agréable sur la Bièvre, qui y fait mouvoir plusieurs moulins. Jouy possède un magnifique château, dont dépendent un parc de 300 arpents et une belle orangerie. Il est célèbre par une manufacture considérable de toiles peintes, qui occupe douze cents ouvriers. — Haras. A 16 kil. (4 l.) de Paris.

ORSAY (*Seine-et-Oise*). Village situé en amphithéâtre sur le penchant d'une colline au bas de laquelle coule l'Ivette. On y voit un vaste et beau château entouré de fossés remplis d'eau vive. A 25 kil. (6 l. 1/2) de Paris ☞.

DE VERSAILLES A PITHIVIERS, 9 myr. 1 kil.

De Versailles à * Orsay ☞....................	1,5
Orsay à * Dourdan ☞........................	2,6
Dourdan à * Étampes ☞......................	1,7

N° 146. ROUTE DE PARIS A **VESOUL.** 707

ÉTAMPES à SERMAISES ⌫............... 1,8
SERMAISES à * PITHIVIERS ⌫............... 1,5

DOURDAN (*Seine-et-Oise*). Ancienne ville, située près de la forêt de son nom, dans la riante et spacieuse vallée de l'Orge. C'était autrefois une place importante, défendue par un château fort, qui existe encore en partie. Il est composé d'une très-grosse tour et de huit autres tours qui se joignent l'une à l'autre par une courtine flanquée de bastions, bordée de larges et profonds fossés. On remarque encore à Dourdan l'église paroissiale, dont le portail est surmonté de deux flèches semblables à celles de la cathédrale de Chartres, et la halle aux grains. — A 58 kil. (15 l.) de Paris. ✉ ⌫ — Dourdan est la patrie du célèbre moraliste la Bruyère.

OUVRAGE A CONSULTER. *Mémoires de la ville de Dourdan*, par de Lescornay, in-8°, 1624.

DE VERSAILLES A RAMBOUILLET.

1re Route, par COIGNIÈRES (Voy. N° 100)..... 3,2

2e Route, par PONTCHARTRAIN (Voy. N° 116)........ 4,4

DE VERSAILLES A ROUEN, 12 myr. 8 kil.

De VERSAILLES à * SAINT-GERMAIN EN LAYE ⌫...... 1,3
SAINT-GERMAIN à * BONNIÈRES ⌫ (V. N° 43).... 4,8
BONNIÈRES à * ROUEN ⌫ (Voy. N° 124)........ 6,7

DE VERSAILLES A SAINT-DENIS, 3 myr.

De VERSAILLES à SÈVRES ⌫................ 0,7
SÈVRES à ST.-DENIS   { LE BOIS DE BOULOGNE... 1,8
(Seine) par   { ST.-CLOUD et * NEUILLY.. 2,0

De SAINT-DENIS (Seine) au BOURGET ⌫........... 0,9

De PARIS au CHATEAU DE * NEUILLY ⌫.......... 0,7

De PARIS à SAINT-CLOUD ⌫................ 1,1

N° 146.

ROUTE DE PARIS A **VESOUL** (HAUTE-SAONE).

Voyez N° 98................ 36,2

N° 147.

ROUTE DE PARIS AUX EAUX DE VICHY
(ALLIER).

34 myr. 6 kil.

	m. k.
De Paris à Saint-Gérand le Puy ☞ (V. N° 85)....	32,6
Saint-Gérand le Puy à * Vichy ☞............	2,0
* Cusset (sur la route).	

CUSSET (*Allier*). Petite et ancienne ville, siége du trib. de 1ʳᵉ inst. de l'arrondissement. ⌧ 4,916 hab. Cette ville est bâtie dans une situation agréable, à l'extrémité d'une double vallée assez profonde et très-fertile, formée par les rivières du Sichon et du Jolan ; le voisinage de l'Allier, qui ne passe qu'à 2 kilomètres ; une promenade qui va jusqu'à Vichy, en suivant les bords riants du Sichon ; des plantations qui remplacent les remparts, concourent à son agrément. — A 22 kil. (5 l. 1/2) de la Palisse.

VICHY (*Allier*). Petite ville très-ancienne, à 32 kil. (8 l.) de la Palisse. ⌧ 985 hab. Cette ville, célèbre depuis un temps immémorial par ses sources d'eaux thermales acidules, est très-agréablement située, dans un beau et large vallon, bordé de riants coteaux, sur la rive droite de l'Allier. C'était autrefois une petite place forte, entourée de murs flanqués de tours de distance en distance : il existe encore au milieu de cette ancienne cité une tour isolée qui domine toutes les autres, et d'où l'on pouvait observer l'ennemi de tous côtés. La ville est composée de maisons mal bâties et de rues étroites ; mais le quartier des eaux, séparé de Vichy par une large promenade ombragée d'arbres, offre un grand nombre d'habitations charmantes, et de vastes et beaux hôtels où cinq à six cents étrangers trouvent à se loger commodément. Les environs offrent plusieurs promenades fort belles. — On compte à Vichy sept principales sources, pour la plupart abondantes, dont les eaux sont destinées à l'usage des malades. Trois de ces sources sont renfermées dans le bâtiment thermal : elles sont désignées par les noms de Grande-Grille, Grand-Puits-Carré ou Bassin des Bains, et Puits-Chomel. Deux autres sont à l'est de celles-ci, sur le chemin de Cusset : l'une a reçu son nom des acacias qui l'ombragent ; l'autre porte le nom du docteur Lucas, nom cher au pays et à toutes les personnes qui ont été chercher leur guérison à Vichy. Au midi du bâtiment thermal, sur une place qui sépare l'hôpital de la petite ville de Vichy, se trouve la source dite de l'Hôpital. Enfin, sur le bord de l'Allier, au pied d'un rocher sur lequel était jadis bâti un couvent de célestins, se trouve une source qui porte le nom de cet ancien monastère. — Les deux sources les plus employées en bains et en douches sont les sources du Grand-Puits-Carré et de l'Hôpital. La saison commence le 15 mai et finit le 15 septembre. Les eaux de Vichy conviennent dans les lésions des fonctions du système digestif ; dans les engorgements des viscères du bas-ventre, à la suite des fièvres dites adénoméningées, fièvres bilieuses, fièvres muqueuses, péritonites, etc. ; dans les désordres de la circulation du sang veineux abdominal. Elles sont nuisibles dans les maladies inflammatoires, dans les lésions organiques du système artériel, dans les irritations essentielles du système nerveux. Leur utilité est constatée depuis longtemps dans les engorgements du foie, dans les coliques hépatiques, dans les engorgements de la rate, du mésentère, dans les lésions des fonctions.— Vichy est à 58 kil. (15 l.) S. de Moulins, 349 kil. (89 l. 1/2) S.-S.-E. de Paris. Il part tous les jours de Moulins, de Gannat et de Roanne, des diligences qui se rendent à Vichy, ce qui établit les communications les plus faciles et les plus actives avec Paris, l'Auvergne, Lyon et le Midi. — HÔTEL Guilliermen, situé en face de l'établissement thermal.

INSTRUCTIONS UTILES AUX ÉTRANGERS. Les étrangers qui vont à Vichy trouvent dans les maisons du docteur Noyer, médecin de l'hôpital, maisons situées, l'une à l'entrée du parc, l'autre près de la fontaine des Célestins, des chambres et appartements meublés dont la vue est délicieuse. On pourra adresser ses demandes pour retenir un logement quelques jours avant le 15 mai, époque de l'ouverture de la saison des eaux.

VOITURES PUBLIQUES. Départs et arrivées tous les jours de Paris par le Bourbonnais, Lyon, Clermont, Roanne, Moulins et Thiers. — *Omnibus.* De Cusset à Vichy, Randan, Effiat et ses environs.

OUVRAGES A CONSULTER. *Souvenirs de Vichy*, par le Moine, in-fol. et 12 pl. 1828.

Analyse des eaux minérales de Vichy, par Longchamps, in-8°, 1828.
Physiologie des eaux minérales de Vichy, in-8°, 1836.
Lettres topographiques sur Vichy et ses eaux minérales, par Noyer, in-8°, 1833.

Communication du relais de **VICHY.**

NOTA. Le relais de Vichy n'est monté que pendant la saison des eaux.
De VICHY à GANNAT ☞ (Route de Clermont)...... 1,9

De VICHY à LA PALISSE ☞ (1re Route de Marseille).. 2,3

De VICHY à RANDAN ☞ 1,6

PALISSE (la) (*Allier*). Petite ville. Sous-préfect., dont le trib. de 1re inst est à Cusset. ☒ ☞ 2,245 hab. Cette ville est agréablement située, dans un beau et fertile vallon, sur la Bèbre. Elle est assez bien bâtie, au pied d'un coteau dont le sommet est couronné par les restes d'un ancien château qui était jadis considérable. — FABRIQUES de bottes et de souliers de pacotille. Filature de coton. — A 53 kil. (13 l. 1/2) de Moulins, 335 kil. (86 l. 1/2) de Paris. — HÔTEL de la Poste.

N° 148.

ROUTE DE PARIS A WISSEMBOURG (BAS-RHIN).

1re Route, par METZ, BITCHE et SOULTZ, 48 myr. 1 kil.

De PARIS à SOULTZ ☞ (Voy. N° 74)............ 46,7
SOULTZ à *WISSEMBOURG ☞ 1,4

2e Route, par NANCY, 48 myr. 1 kil.

De PARIS à *NANCY ☞ (Voy. N° 99)........... 31,7
NANCY à *HAGUENAU ☞ (Voy. N° 74)........ 13,4
HAGUENAU à *WISSEMBOURG ☞ (Voy. ci-après). 3,0

De LAUTERBOURG à* WISSEMBOURG ☞ 2,0

N° 148. ROUTE DE PARIS A WISSEMBOURG.

3ᵉ Route, par STRASBOURG, 51 myr. 5 kil.

De Paris à * Strasbourg ⟨⟩ (Voy. N° 127).......	45,6
Strasbourg à Brumath ⟨⟩...................	1,7
Brumath à * Haguenau ⟨⟩..................	1,2
Haguenau à Soultz ⟨⟩.....................	1,6
Soultz à Wissembourg ⟨⟩..................	1,4
De Wissembourg à Soultz ⟨⟩................	1,4
Soultz à Benheim ⟨⟩......................	2,2
Benheim à Baden ⟨⟩ (poste étr.), 1 p. 3/4 ou	1,9

BRUMATH (*B.-Rhin*). Petite ville située sur la Zorn, à 17 kil. (4 l. 1/4) de Strasbourg. ⊠ ⟨⟩ 4,062 hab. Brumath est une ville ancienne dont l'existence remonte au temps des Romains : elle occupe l'emplacement de l'antique *Brocomagus*, l'une des deux villes que Ptolémée attribue au peuple triboque. — A un kilomètre de Brumath, on remarque le bel établissement de Stephansfelden, fondé vers l'an 1220, par les comtes de Werd, pour servir d'hospice aux enfants abandonnés. Brumath possède une source d'eau minérale acidule froide, découverte en 1824.

WISSEMBOURG (*B.-Rhin*). Ancienne et forte ville. Sous-préfect. Trib. de 1ʳᵉ inst. Pl. de guerre de 4ᵉ cl. Coll. comm. ⊠ ⟨⟩ 6,097 hab. Cette ville doit son origine à une abbaye fondée au septième siècle par le roi Dagobert II, et autour de laquelle se forma un village qui fut élevé au rang de ville libre impériale en 1247. Elle est assez bien bâtie, au pied des montagnes, sur la rive droite de la Lauter. On y remarque l'ancienne église collégiale, vaste édifice gothique reconstruit en 1288; l'hôtel de ville; les casernes; la tour Mittelthurm, qui sert de prison ; l'église protestante de Saint-Jean, dans laquelle on a placé, lors de la troisième fête séculaire de la réformation, le buste en grès de Luther; l'hôtel de la sous-préfecture. Une belle promenade publique plantée d'arbres précède la porte de Hagueneau ; les remparts offrent aussi des promenades agréables. A quelque distance de la ville, on découvre, sur différents points, des tours fortes qui servaient jadis de défense à l'abbaye de Wissembourg. — Un rempart avec un fossé s'étend jusqu'à Lauterbourg, et forme ce qu'on appelle les lignes de Wissembourg, célèbres dans l'histoire de la révolution ; ces lignes furent prises en 1793 par les Autrichiens, et reprises la même année par les Français. — FABRIQUES de bonneterie, chapeaux de paille, potasse, savon, faïence, poterie de terre. Brasseries. Tuileries et briqueteries. — A 55 kil. (14 l.) de Strasbourg, 511 kil. (131 l.) de Paris. — HÔTELS : de la Ville-de-Paris, de l'Ange, de la Couronne, de la Ville-de-Lyon, du Cygne.

VOITURES PUBLIQUES. Pour Strasbourg, par Soultz, Hagueneau; pour Mayence, par Landau, Neustadt, Worms.

FIN DES ROUTES.

TABLE ALPHABÉTIQUE

DES LIEUX INTÉRESSANTS DÉCRITS DANS LE COURS DE L'OUVRAGE.

A.

Abbeville (*Somme*), page 1.
Affrique (St-) (*Aveyron*), p. 203.
Agde (*Hérault*), p. 201.
Agen (*Lot-et-Garonne*), p. 115.
Ahun (*Creuse*), p. 282.
Aï (*Marne*), p. 369.
Aigle (l'), (*Orne*), p. 360.
Aiglun (*Var*), p. 42.
Aigueperse (*Puy-de-Dôme*), p. 307.
Aiguesmortes (*Gard*), p. 84.
Aiguilhe (*Haute-Loire*), p. 464.
Aiguillon (*Lot-et-Garonne*), p. 198.
Aire (*Pas-de-Calais*), p. 354.
Aire (*Landes*), p. 590.
Airvault (*Deux-Sèvres*), p. 639.
Aix (Ile d') (*Charente-Inf.*), p. 565.
Aix (*B. du-Rhône*), p. 375.
Alais (*Gard*), p. 585.
Albert (*Somme*), p. 19.
Albi (*Tarn*), p. 599.
Albon (*Drôme*), p. 483.
Alençon (*Orne*), p. 233.
Alet (*Aude*), p. 601.
Alise-Ste-Reine (*Côte-d'Or*), p. 341.
Allanche (*Cantal*), p. 311.
Allauch (*Bouches-du-Rhône*), p. 503.
Allègre (*Haute-Loire*), p. 618.
Allevard (*Isère*), p. 391.
Alluyes (*Eure-et-Loir*), p. 561.
Altkirch (*Haut-Rhin*), p. 535.
Altwiller (*Bas-Rhin*), p. 521.
Amand (St-) (*Cher*), p. 578.
Amand-les-Eaux (St-) (*Nord*), p. 420.
Amans-la-Bastide (St-) (*Tarn*), p. 100.
Amarin (St-) (*Haut-Rhin*), p. 537.
Ambert (*Puy-de-Dôme*), p. 524.
Ambierle (*Loire*), p. 482.
Amboise (*Indre-et-Loire*), p. 173.
Amiens (*Somme*), p. 259.
Amou (*Landes*), p. 688.
Ancenis (*Maine-et-Loire*), p. 551.
Ancy-le-Franc (*Yonne*), p. 341.
Andelys (les) (*Eure*), p. 636.
Andiol (St-) (*Bouch.-du-Rh.*), p. 132.
Andlau (*Bas-Rhin*), p. 324.
Andrezieux (*Loire*), p. 524.
Anduze (*Gard*), p. 585.
Anet (*Eure-et-Loir*), p. 660.
Angers (*Maine-et-Loire*), p. 549.
Angerville (*Seine-et-Oise*), p. 168.
Angoulême (*Charente*), p. 182.
Aniane (*Hérault*), p. 530.
Annebault (*Eure*), p. 402.
Annonay (*Ardèche*), p. 451.
Annot (*Basses-Alpes*), p. 337.
Anse (*Rhône*), p. 440.
Antibes (*Var*), p. 39.
Antraigues (*Ardèche*), p. 484.
Anzème (*Creuse*), p. 684.
Apt (*Vaucluse*), p. 495.
Aragnouet (*H.-Pyrénées*), p. 106.
Arbis (*Gironde*), p. 191.
Arbois (*Jura*), p. 388.
Arbresle (l') (*Rhône*), p. 450.
Arche (l') (*H.-Alpes*), p. 372.
Arcis-sur-Aube (*Aube*), p. 148.
Arcueil (*Seine*), p. 276.
Arcy-sur-Cure (*Yonne*), p. 66.
Ardres (*Pas-de-Calais*), p. 267.
Argelès (*H.-Pyrénées*), p. 122.
Argentan (*Orne*), p. 14.
Argentat (*Corrèze*), p. 49.
Argentière (l') (*Ardèche*), p. 486.
Argenton (*Indre*), p. 673.
Arlay (*Jura*), p. 387.
Arlempdes (*H.-Loire*), p. 463.
Arles (*Bouches-du-Rhône*), p. 69.
Arles-sur-Tech (*Pyrénées-Or.*), p. 608.
Armentières (*Nord*), p. 355.
Arnay-le-Duc (*Côte-d'Or*), p. 345.
Arnouville (*Seine-et-Oise*), p. 257.
Arpajon (*Cantal*), p. 52.
Arpajon (*Seine-et-Oise*), p. 167.
Arques (*Seine-Inf.*), p. 328.
Arras (*Pas-de-Calais*), p. 3.
Arreau (*H.-Pyrénées*), p. 107.
Arthenay (*Loiret*), p. 168.
Artins (*Loir-et-Cher*), p. 15.
Asnières-sur-Oise (*Seine-et-Oise*), p. 265.
Assier (*Lot*), p. 54.
Aubagne (*B.-du-Rhône*), p. 503.

TABLE ALPHABÉTIQUE.

Auban (St.) (*Var*), p. 338.
Aubenas (*Ardèche*), p. 485.
Aubeterre (*Charente*), p. 184.
Aubin (*Tarn-et-Gar.*), p. 58.
Aubin d'Écrosville (St.-) (*Eure*), p. 297.
Aubin du Cormier (St.-) (*Ille-et-Vilaine*), p. 704.
Aubrac (*Aveyron*), p. 316.
Aubussou (*Creuse*), p. 425.
Auch (*Gers*), p. 114.
Aumale (*Seine-Inférieure*), p. 23.
Auray (*Morbihan*), p. 574.
Auriac (*Aude*), p. 608.
Aurillac (*Cantal*), p. 51.
Aurons (*B.-du-Rhône*), p. 495.
Auteuil (*Seine*), p. 226.
Autoire (*Lot*), p. 55.
Autun (*Saône-et-Loire*), p. 345.
Auxerre (*Yonne*), p. 436.
Auxonne (*Côte-d'Or*), p. 150.
Auzers (*Cantal*), p. 51.
Availles (*Vienne*), p. 182.
Avallon (*Yonne*), p. 67.
Avesnes (*Nord*), p. 420.
Avignon (*Vaucluse*), p. 492.
Aviothe (*Meuse*), p. 520.
Avit (St.-) (*Gers*), p. 116.
Avize (*Marne*), p. 369.
Avold (St -) (*Moselle*), p. 370.
Avranches (*Manche*), p. 249.
Ax (*Ariège*), p. 365.
Azay-le-Rideau (*Indre-et-Loir*), p. 694.

B.

Baccarat (*Meurthe*), p. 320.
Bagnères de Bigorre (*H.-Pyrénées*), p. 101.
Bagnères de Luchon (*H.-Garonne*), p. 107.
Bagneux (*Seine*), p. 276.
Bagnoles (*Orne*), p. 109.
Bagnols (*Gard*), p. 531.
Bailleul (*Nord*), p. 355.
Bains-les-Bains (*Vosges*), p. 611.
Balme (la) (*Isère*), p. 467.
Baraux (*Isère*), p. 391.
Barbaste (*Lot-et-Gar.*), p. 198.
Barbentane (*Bouches-du-Rh.*), p. 69.
Barbezieux (*Charente*), p. 184.
Barcelonnette (*H.-Alpes*), p. 371.
Barèges (*H.-Pyrénées*), p. 126.
Barjols (*Var*), p. 34.
Bar-le-Duc (*Meuse*), p. 653.
Bar-sur-Aube (*Aube*), p. 144.

Bar-sur-Seine (*Aube*), p. 149.
Baroche (la) (*H.-Rhin*), p. 320.
Barr (*Bas-Rhin*), p. 324.
Barsac (*Gironde*), p. 191.
Bassée (la) (*Nord*), p. 419.
Bastide-Fortunière (la) (*Lot*), p. 56.
Batz (*Loire-Inf.*), p. 571.
Baud (*Morbihan*), p. 305.
Baume (la) (*Ardèche*), p. 486.
Baume des Arnauds (la) (*H.-Alpes*), p. 374.
Baume-les-Dames (*Doubs*), p. 468.
Baux (les) (*B.-du-Rhône*), p. 74.
Bauzille-du-Putois (St.-) (*Hér.*), p. 528.
Bavay (*Nord*), p. 703.
Bayeux (*Manche*), p. 300.
Bayonne (*Basses-Pyrénées*), p. 128.
Bazas (*Gironde*), p. 192.
Béat (St.-) (*H.-Garonne*), p. 685.
Beaucaire (*Gard*), p. 130.
Beaugé (*Maine-et-Loire*), p. 412.
Beaugency (*Loiret*), p. 171.
Beaujeu (*Rhône*), p. 440.
Beaulieu (*Charente*), p. 183.
Beaumont-le-Roger (*Eure*), p. 357.
Beaumont-sur-Oise (*S.-et-Oise*), p. 133.
Beaumont-sur-Sarthe ou le Vicomte (*Sarthe*), p. 15.
Beaumont-sur-Vingeanne (*Côte-d'Or*), p. 153.
Beaune (*Côte-d'Or*), p. 217.
Beaupréau (*Maine-et-Loire*), p. 211.
Beauregard (*Puy-de-Dôme*), p. 453.
Beauvais (*Oise*), p. 265
Beauval (*Somme*), p. 354.
Bécherel (*Ille-et-Vilaine*), p. 246.
Bédeillac (*Ariège*), p. 365.
Bedous (*Basses-Pyrénées*), p. 596.
Béfort (*Haut-Rhin*), p. 146.
Belesta (*Aude*), p. 603.
Bellac (*Haute-Vienne*), p. 674.
Bellegarde (*Ain*), p. 220.
Belle-Ile-en-mer (île de) (*Morbihan*), p. 572.
Bellesme (*Orne*), p. 13.
Belley (*Ain*), p. 218.
Belmont (*Aveyron*), p. 203.
Belleville (*Seine*), p. 271.
Benfeld (*Bas-Rhin*), p. 469.
Benoît du Saut (St-.) (*Vienne*) p. 674.
Bercy (*Seine*), p. 433.
Bergerac (*Dordogne*), p. 426.
Bergues (*Nord*), p. 7.
Bernaville (*Somme*), p. 3.
Bernay (*Eure*), p. 638.
Berre (*B.-du-Rhône*), p. 495.

TABLE ALPHABÉTIQUE.

Berulles (*Aube*), p. 508.
Besançon (*Doubs*), p. 151.
Besse (*Puy-de-Dôme*), p. 527.
Bessé (*Sarthe*), p. 561.
Betharram (*H.-Pyrén.*), p. 592.
Béthune (*Pas-de-Calais*), p. 43.
Betz (*Oise*), p. 514.
Beurre (*Doubs*), p. 158.
Béziers (*Hérault*), p. 92.
Bezons (*Seine-et-Oise*), p. 327.
Biarritz (*Basses-Pyrénées*), p. 129.
Billom (*Puy-de-Dôme*), p. 453.
Biron (*Dordogne*), p. 114.
Bitche (*Moselle*), p. 511.
Bizanet (*Aude*), p. 96.
Bize (*Aude*), p. 99.
Blain (*Loire-Inf.*), p. 627.
Blamont (*Meurthe*), p. 655.
Blanc (le) (*Indre*), p. 673.
Blaye (*Gironde*), p. 569.
Blois (*Loir-et-Cher*), p. 172.
Boen (*Haute-Loire*), p. 452.
Boisseuil (*Haute-Vienne*), p. 676.
Boissy-Saint-Léger (*Seine-et-Oise*), p. 139.
Bolbec (*Seine-Inférieure*), p. 395.
Bonnétable (*Sarthe*), p. 15.
Bonnet-le-Château (St.-) (*Loire*), p. 463.
Bonnieux (*Vaucluse*), p. 375
Bordeaux (*Gironde*), p. 184.
Bort (*Corrèze*), p. 454.
Bossée (*Indre-et-Loire*), p. 176.
Bouchain (*Nord*), p. 45.
Bougival (*Seine-et-Oise*), p. 293.
Boulay (*Meurthe*), p. 513.
Boulogne (*Seine*), p. 227.
Boulogne-sur-Mer (*P.-de-C.*), p. 260.
Bourbon l'Ancy (*S.-et-Loire*), p. 532.
Bourbon l'Archambault (*Allier*), p. 209.
Bourbonne-les-Bains (*H.-Marne*), p. 156.
Bourbon-Vendée (*Vendée*), p. 212.
Bourg (*Ain*), p. 216.
Bourg (*Gironde*), p. 569.
Bourganeuf (*H.-Vienne*), p. 425.
Bourges (*Cher*), p. 670.
Bourg-la-Reine (*Seine*), p. 276.
Bourg-Lastic (*Puy-de-Dôme*), p. 454.
Bourgoin (*Isère*), p. 330.
Bourg-Saint-Andéol (*Ardèche*), p. 488.
Bourgueil (*Indre-et-Loire*), p. 546.
Bourmont (*Haute-Marne*), p. 288.
Boussac (*Creuse*), p. 282.
Boussay (*Indre-et-Loire*), p. 177.

Bouvante (*Drôme*), p. 700.
Bouxwiller (*Bas-Rhin*), p. 408.
Bouzillé (*Maine-et-Loire*), p. 551.
Brain (*Maine-et-Loire*), p. 548.
Braisne-sur-Vesle (*Aisne*), p. 514.
Brantôme (*Dordogne*), p. 422.
Brède (la) (*Gironde*), p. 190.
Bredon (*Cantal*), p. 315.
Brengues (*Lot*), p. 58.
Bréolle (la) (*H.-Alpes*), p. 371.
Bresles (*Oise*), p. 643.
Bressuire (*Deux-Sèvres*), p. 639.
Brest (*Finistère*), p. 244.
Breteuil (*Eure*), p. 360.
Breteuil (*Oise*), p. 133.
Briançon (*Hautes-Alpes*), p. 373.
Briare (*Loiret*), p. 588.
Brie-Comte-Robert (*S.-et-M.*), p. 139.
Brienne-le-Château (*Aube*), p. 148.
Briennon (*Loire*), p. 482.
Brieuc (St-) (*Côtes-du-N.*), p. 240.
Briey (*Moselle*), p. 522.
Briguolles (*Var*), p. 34.
Brinon (*Yonne*), p. 345.
Brioude (*Haute-Loire*), p. 617.
Bris (St-) (*Yonne*), p. 66.
Brissac (*Maine-et-Loire*), p. 548.
Brissarthe (*Maine-et-Loire*), p. 25.
Brives (*Corrèze*), p. 677.
Broons (*Côtes-du-Nord*), p. 239.
Brumath (*Bas-Rhin*), p. 710.
Bruniquel (*Tarn-et-Garonne*), p. 60.
Brunoy (*Seine-et-Oise*), p. 434.
Bruyères (*Aisne*), p. 407.
Buc (*Seine-et-Oise*), p. 706.
Buglose (*Landes*), p. 193.
Bugue (le) (*Dordogne*), p. 596.
Bures (*Seine-et-Oise*), p. 295.
Bussang (*Haut-Rhin*), p. 537.
Bussière (la) (*Loiret*), p. 479.
Bussy-le-Grand (*Côte-d'Or*), p. 341.
Buzançois (*Indre*), p. 693.
Buzancy (*Ardennes*), p. 527.

C.

Cabasse (*Var*), p. 35.
Cadéac (*Hautes-Pyrénées*), p. 686.
Cadenet (*Vaucluse*), p. 495.
Cadillac (*Gironde*), p. 191.
Caen (*Calvados*), p. 298.
Cahors (*Lot*), p. 56.
Cajare (*Haute-Garonne*), p. 59.
Calais (*Pas-de-Calais*), p. 263.
Calais (St-) (*Sarthe*), p. 561.
Camaret (*Finistère*), p. 245.

TABLE ALPHABÉTIQUE.

Camargue (la) (*B.-du Rhône*), p. 73.
Cambo (*Basses-Pyrénées*), p. 195.
Cambrai (*Nord*), p. 416.
Campan (*Hautes-Pyrénées*), p. 105.
Canal du Midi, ou du Languedoc, p. 91.
Candes (*Indre-et-Loire*), p. 695.
Cannes (*Var*), p. 38.
Cannet (le) (*Var*), p. 42.
Canteleu (*Seine-Inférieure*), p. 398.
Cany (*Seine-Inférieure*), p. 10.
Cap-Breton (*Landes*), p. 195.
Capelle (la) (*Aisne*), p. 22.
Capendu (*Aude*), p. 96.
Capestang (*Hérault*), p. 98.
Captieux (*Gironde*), p. 192.
Carcassonne (*Aude*), p. 96.
Cardailhac (*Lot*), p. 54.
Carennac (*Lot*), p. 677.
Carentan (*Manche*), p. 301.
Carhaix (*Finistère*), p. 241.
Carlat (*Cantal*), p. 313.
Carnac (*Morbihan*), p. 573.
Carol (*Pyrénées-Or.*), p. 607.
Caromb (*Vaucluse*), p. 491.
Carpentras (*Vaucluse*), p. 491.
Carviu-Épinoy (*P.-de-Cal.*), p. 21.
Cassel (*Nord*), p. 6.
Cassis (*Bouches-du-Rhône*), p. 503.
Cast (St-) (*Côtes-du-Nord*), p. 250.
Castanet (*Haute-Garonne*), p. 98.
Casteill (*Pyrénées-Or.*), p. 609.
Castel-Jaloux (*Lot-et-Gar.*) p. 198.
Castellane (*Basses-Alpes*), p. 337.
Castelmoron (*Gironde*), p. 207.
Castelnaudary (*Aude*), p. 98.
Castelnau de Bretennoux (*Lot*), p. 678.
Castelnau-Magnoac (*H.-Pyr.*), p. 101.
Castel-Sarrasin (*Tarn-et-Gar.*), p. 201.
Castera-Verduzan (*Gers*), p. 200.
Castets (*Landes*), p. 193.
Castets (*Gironde*), p. 206.
Castillon (*Gironde*), p. 426.
Castillonnès (*Lot-et-Gar.*), p. 114.
Castres (*Tarn*), p. 100.
Cateau-Cambresis (*Nord*), p. 419.
Catherine de Fierbois (Ste-) (*Indre-et-Loire*), p. 176.
Caudebec (*Seine-Inf.*), p. 398.
Caune (*Aude*), p. 601.
Caussade (*Tarn-et-Gar.*), p. 60.
Cauterets (*H.-Pyrénées*), p. 269.
Cavaillon (*Vaucluse*), p. 494.
Caylar (le) (*Hérault*), p. 90.
Celle-lez-St-Cloud (la) (*Seine-et-Oise*), p. 293.
Cellier (le) (*Loire-Inférieure*), p. 552.

Cenery-le-Gerey (St-) (*Orne*), p. 234.
Cénevières (*Lot*), p. 58.
Cerdon (*Ain*), p. 219.
Céré (St-) (*Lot*), p. 56.
Ceret (*Pyrénées-Or.*), p. 608.
Cernin (St-) (*Cantal*), p. 50.
Cette (*Hérault*), p. 90.
Ceyreste (*B.-du-Rhône*), p. 504.
Chabannais (*Charente*), p. 30.
Chabeuil (*Drôme*), p. 483.
Chaise-Dieu (la) (*H.-Loire*), p. 617.
Chalabre-sur-Lers (*Aude*), p. 602.
Chalancey (*Côte-d'Or*), p. 348.
Chalonnes (*Maine-et-Loire*), p. 551.
Châlon-sur-Saône (*S.-et-L.*), p. 438.
Châlons-sur-Marne (*Marne*), p. 273.
Chalus (*Haute-Vienne*), p. 421.
Chalvignac (*Cantal*), p. 49.
Chamalière (*Puy-de-Dôme*), p. 454.
Chamas (St-) (*B.-du-Rhône*), p. 75.
Chambois (*Orne*), p. 14.
Chambou (*Creuse*), p. 694.
Chambord (*Loi.-et-Cher*), p. 172.
Chamigny (*Seine-et-Marne*), p. 367.
Chamond (St-) (*Rhône*), p. 462.
Champagnole (*Jura*), p. 158.
Champaubert (*Marne*), p. 272.
Champigny (*Indre-et-Loire*), p. 214.
Champlitte (*Haute-Saône*), p. 153.
Champmoteux (*Seine-et-O.*), p. 168.
Champoly (*Loire*), p. 524.
Champonost (*Rhône*), p. 461.
Champs (*Orne*), p. 232.
Champtoceau (*Maine-et-L.*), p. 551.
Chantes (*Haute-Saône*), p. 351.
Chantilly (*Oise*), p. 258.
Chaource (*Aube*), p. 149.
Chapelle-Blanche (la) (*Indre-et-Loire*), p. 176.
Chapelle-sur-Erdre (la) (*Ille-et-Vilaine*), p. 621.
Charbonnières (*Rhône*), p. 450.
Charenton (*Seine*), p. 138.
Charité (la) (*Nièvre*), p. 65.
Charleville (*Ardennes*), p. 518.
Charmes-sur-Moselle (*Vosges*), p. 359.
Charolles (*Saône-et-Loire*), p. 439.
Charroux (*Vienne*), p. 181.
Chartres (*Eure-et-Loir*), p. 277.
Chartreuse (la grande) (*Isère*), p. 333.
Châteaubriant (*Loire-Inf.*) p. 409.
Château-Châlons (*Jura*), p. 428.
Château-Chinon (*Nièvre*), p. 578.
Château-du-Loir (*Sarthe*), p. 16.
Châteaudun (*Eure-et-Loir*), p. 281.
Château-Gontier (*Mayenne*), p. 25.

Châteaulin (*Finistère*), p. 576.
Château-Meillant (*Indre*), p. 684.
Châteauneuf (*Ille-et-Vilaine*), p. 624.
Châteauneuf du Faou (*Finist.*), p. 576.
Châteauneuf-en-Thimerais (*E.-et-L.*), p. 12.
Château-Regnault (*I.-et-L.*), p. 562.
Château-Renard (*B.-du-Rh.*), p. 494.
Château-Verdun (*Ariége*), p. 366.
Châteauronx (*H.-Alpes*), p. 673.
Châteauroux (*Indre*), p. 372.
Château-Salins (*Meurthe*), p. 543.
Château-Thierry (*Aisne*), p. 367.
Château-Villain (*Jura*), p. 384.
Châtelaudren (*C.-du-Nord*), p. 241.
Châtellerault (*Vienne*), p. 177.
Châtillon-sur-Indre (*Indre*), p. 693.
Châtillon-sur-Loing (*Loiret*) p. 670.
Châtillon-sur-Seine (*C.-d'Or*), p. 697.
Châtre (la) (*Indre*), p. 684.
Chaudes-Aigues (*Cantal*), p. 315.
Chaudeyrolles (*H.-Loire*), p. 463.
Chaumont (*L.-et-Cher*), p. 173.
Chaumont (*H.-Marne*), p. 145.
Chaumont-Oise (*Oise*), p. 135.
Chauny (*Aisne*), p. 406.
Chaux-les-Passavant (*Doubs*), p. 468.
Chély d'Apcher (St-) (*Loz.*), p. 509.
Chenehutte (*Maine-et-L.*), p. 548.
Chenonceaux (*Indre-et-L.*), p. 684.
Cherbourg (*Manche*), p. 302.
Chéron (St-) (*Seine-et-Oise*), p. 167.
Cherveux (*Deux-Sèvres*), p. 580.
Chevreuse (*Seine-et-O.*), p. 556.
Chilleurs-aux-Bois (*Loiret*), p. 587.
Chinian (St-) (*Hérault*), p. 99.
Chinon (*Indre-et-Loire*), p. 695.
Choisy-le-Roi (*Seine*), p. 433.
Cholet (*Maine-et-Loire*), p. 210.
Choranche (*Isère*), p. 701.
Chorges (*Hautes-Alpes*), p. 371.
Christophe (St-) (*Aveyron*), p. 318.
Cinq-Mars-la-Pile (*I.-et-L.*), p. 546.
Ciotat (la) (*B.-du-Rhône*), p. 505.
Cirey (*H.-Marne*), p. 699.
Civaux (*Vienne*), p. 181.
Civray (*Vienne*), p. 181.
Clairvaux (*Aube*), p. 148.
Clairvaux (*Aveyron*), p. 318.
Clairvaux (*Jura*), p. 387.
Claix (*Isère*), p. 334.
Clamecy (*Nièvre*), p. 64.
Claude (St-) (*Jura*), p. 385.
Claviers (*Var*), p. 353.
Clermont (*Puy-de-D.*), p. 308.
Clermont en Argonne (*Meuse*), p. 369.

Clermont l'Hérault (*Hérault*), p. 531.
Clermont-Oise (*Oise*), p. 258.
Cléry-sur-Loire (*Loiret*), p. 171.
Clisson (*Loire-Inférieure*), p. 613.
Cloud (St-) (*Seine*), p. 227.
Cluny (*Saône-et-Loire*), p. 439.
Coarraze (*H.-Pyrénées*), p. 593.
Cognac (*Charente*), p. 628.
Collioure (*Pyrénées-Or.*), p. 610.
Colmar (*Haut-Rhin*), p. 320.
Colombières (*Hérault*), p. 85.
Combourg (*Ille-et-Vilaine*), p. 626.
Commarin (*Côte-d'Or*), p. 345.
Commercy (*Meuse*), p. 110.
Compiègne (*Oise*), p. 643.
Condé (*Nord*), p. 702.
Condom (*Gers*), p. 199.
Condrieu (*Rhône*), p. 458.
Conflans-Ste-Honorine (*Seine-et-O.*), p. 399.
Confolens (*Charente*), p. 28.
Connéré (*Sarthe*), p. 558.
Conques (*Aveyron*), p. 318.
Conquet (*Finistère*), p. 246.
Contrexeville (*Vosges*), p. 215.
Corbeil (*Seine-et-Oise*), p. 477.
Cordouan (Tour de). *Voyez* Soulac, p. 568.
Corre (*Haute-Saône*), p. 156.
Corseul (*Côtes-du-Nord*), p. 250.
Corveyssiat (*Ain*), p. 429.
Cosne (*Nièvre*), p. 479.
Côte-St-André (la) (*Isère*), p. 330.
Coucy-le-Château (*Aisne*), p. 405.
Coulans (*Sarthe*), p. 411.
Coulommiers (*S.-et-Marne*), p. 587.
Courcelles (*Sarthe*), p. 16.
Courpalais (*S.-et-Marne*), p. 139.
Courtalin (*Eure-et-Loir*), p. 561.
Courtenay (*Loiret*), p. 589.
Courtomer (*Orne*) p. 246.
Coutance (*Manche*), p. 304.
Coutures (*Loir-et-Cher*), p. 562.
Coye (*Oise*), p. 258.
Cransac (*Aveyron*), p. 319.
Crau (la) (*B.-du-Rhône*), p. 73.
Crécy (*Somme*), p. 4.
Crépy (*Oise*), p. 514.
Crest (*Drôme*), p. 483.
Creyssel (*Aveyron*), p. 204.
Croisic (le) (*Loire-Inf.*), p. 572.
Creusot (le) (*Saône-et-L.*), p. 450.
Crosant (*Creuse*), p. 674.
Cuers (*Var*), p. 403.
Cuiseaux (*Saône-et-Loire*), p. 468.
Cujes (*Bouches-du-Rhône*), p. 505.

TABLE ALPHABÉTIQUE.

Cunault (*Maine-et-Loire*), p. 548.
Cusset (*Allier*), p. 708.
Cussy-la-Colonne (*Côte-d'Or*), p. 386.
Cyr (St-) (*Seine-et-Oise*), p. 621.

D.

Dammartin (*Seine-et-Marne*), p. 507.
Dampierre (*Aube*), p. 148.
Darnetal (*Seine-Inférieure*), p. 23.
Dax (*Landes*), p. 194.
Decize (*Nièvre*), p. 579.
Denis (St-) (*Seine*), p. 256.
Derval (*Loire-Inférieure*), p. 621.
Die (*Drôme*), p. 334.
Dié (St.-) (*Vosges*), p. 320.
Dieppe (*Seine-Inférieure*), p. 328.
Dieu (île) (*Vendée*), p. 213.
Dieulefit (*Drôme*), p. 486.
Dieulouard (*Meurthe*), p. 512.
Dieuze (*Meurthe*), p. 408.
Digne (*Basses-Alpes*), p. 336.
Dijon (*Côte-d'Or*), p. 342.
Dinan (*Côtes-du-Nord*), p. 246.
Dizier (St.-) (*H.-Marne*), p. 284.
Dol (*Ille-et-Vilaine*), p. 626.
Dôle (*Jura*), p. 383.
Domfront (*Orne*), p. 252.
Dompierre-sur-Bèbre (*Allier*), p. 532.
Domremy-la-Pucelle (*Vosges*), p. 348.
Donges (*Loire-Infér.*), p. 571.
Dorat (le) (*Haute-Vienne*), p. 674.
Dormilhouze (*Hautes-Alpes*), p. 372.
Douai (*Nord*), p. 351.
Douarnenez (*Finistère*), p. 575.
Doué (*Maine-et-Loire*), p. 210.
Douhet (*Charente-Infér.*), p. 583.
Doulens (*Somme*), p. 3.
Dourdan (*Seine-et-Oise*), p. 707.
Douvres (*Calvados*), p. 300.
Draguignan (*Var*), p. 352.
Dreux (*Eure*), p. 232.
Drevent (*Cher*), p. 578.
Drugeac (*Cantal*), p. 50.
Druyes (*Yonne*), p. 64.
Duclair (*Seine-Inférieure*), p. 398.
Dunkerque (*Nord*), p. 8.
Durtal (*Maine-et-Loire*), p. 560.

E.

Eaubonne (*Seine-et-Oise*), p. 399.
Eauxbonnes (*B.-Pyrénées*), p. 593.
Eauxchaudes (*B.-Pyrénées*), p. 595.
Ebersmunster (*Bas-Rhin*), p. 468.

Echenoz-la-Moline (*Haute-Saône*), p. 154.
Ecotay (*Loire*), p. 523.
Écouen (*Seine-et-Oise*), p. 257.
Éguishem (*Haut-Rhin*), p. 321.
Elbeuf (*Seine-Inférieure*), p. 356.
Elne (*Pyrénées-Or.*), p. 609.
Elven (*Ille-et-Vilaine*), p. 704.
Embrun (*Hautes-Alpes*), p. 371.
Émilion (St.-) (*Gironde*), p. 426.
Enghien(*Seine-et-Oise*), p. 265.
Énimie (Ste.-) (*Lozère*), p. 584.
Ensisheim (*Haut-Rhin*), p. 656.
Epaubourg (*Oise*), p. 134.
Épernay (*Marne*), p. 368.
Épernon (*Eure-et-Loir*), p. 557.
Épinal (*Vosges*), p. 357.
Épinay-Champlatreux (*Seine-et-Oise*, p. 258.
Épinay-sur-Seine (*Seine*), p. 399.
Épine (l') (*Marne*), p. 369.
Époisses (*Côte-d'Or*), p. 67.
Ermenonville (*Oise*), p. 519.
Ernée (*Mayenne*), p. 662.
Ervy (*Aube*), p. 696.
Escale (*B.-Alpes*), p. 336.
Espalion (*Aveyron*), p. 316.
Esprit (St.-) (*Landes*), p. 689.
Esquelbecq (*Nord*), p. 355.
Essarts (les) (*Vendée*), p. 212.
Esse (*Charente*), p. 182.
Essé (*Ille-et-Vilaine*), p. 620.
Essey (*Meurthe*), p. 408.
Estagel (*Pyrénées-Or.*), p. 604.
Estaing (*Aveyron*), p. 316.
Este (*Gironde*), p. 192.
Etables (*Côtes-du-Nord*), p. 241.
Etampes (*Loiret*), p. 167.
Étienne (St.-) (*Loire*), p. 462.
Étienne-le-Molard (St.-), p. 45.
Étoile (*Drôme*), p. 483.
Étrechy (*Seine*), p. 167.
Eu (*Seine-Inférieure*), p. 9.
Évaux (*Creuse*), p. 534.
Évreux (*Eure*), p. 296.
Évron (*Mayenne*), p. 411.
Eymoutiers (*Haute-Vienne*), p. 425.

F

Falaise (*Calvados*), p. 640.
Fangeaux (*Aude*), p. 97.
Faou (le) (*Finistère*), p. 576.
Fargeau (St-) (*Yonne*), p. 63.
Faucogney (*Haute-Saône*), p. 160.
Fauquembergues (*P.-de-Calais*), p. 5.

TABLE ALPHABÉTIQUE. 717

Faurie (la) (*Hautes-Alpes*), p. 335.
Fayel (*Oise*), p. 412.
Fayence (*Var*), p. 39.
Fécamp (*Seine-Inférieure*), p. 10.
Felletin (*Creuse*), p. 425.
Fère (la) (*Aisne*), p. 406.
Fère-en-Tardenois (*Aisne*), p. 406.
Ferney-Voltaire (*Jura*), p. 385.
Ferrette (*Haut-Rhin*), p. 147.
Ferrières-sur-Rille (*Eure*), p. 278.
Ferté-Bernard (la) (*Sarthe*), p. 558.
Ferté-Milon (la) (*Aisne*), p. 507.
Ferté-sous-Jouarre (*S.-et-M.*), p. 292.
Feurs (*Loire*), p. 523.
Figeac (*Lot*), p. 53.
Flavigny (*Côte-d'Or*), p. 698.
Flèche (la) (*Sarthe*), p. 410.
Fleury-sur-Loire (*Loiret*), p. 588.
Flogny (*Yonne*), p. 340.
Florac (*Lozère*), p. 584.
Florent-le-Vieil (St-) (*Maine-et-Loire*), p. 551.
Florentin (St.-) (*Yonne*), p. 339.
Flour (St.-) (*Cantal*), p. 314.
Foix (*Ariège*), p. 363.
Follembray (*Aisne*), p. 405.
Folleville (*Somme*), p. 133.
Fontainebleau (*Seine-et-M.*), p. 478.
Fontaine-Française (*Côte-d'Or*), p. 153.
Fontanges (*Cantal*), p. 312.
Fontenay-aux-Roses (*Seine*), p. 277.
Fontenay-le-Comte (*Vendée*), p. 581.
Fontevrault (*Maine-et-Loire*), p. 695.
Fontpedrouse (*Pyrénées-Or.*), p. 607.
Fontvieille (*B.-du-Rhône*), p. 78.
Forbach (*Moselle*), p. 370.
Forcalquier (*B.-Alpes*), p. 375.
Forges-les-Eaux (*Seine-Infér.*), p. 20.
Fort (St.-) (*Charente*), p. 184.
Fougères (*Ille-et-Vilaine*), p. 662.
Four (le), voy. Croisic, p. 572.
Foux (la) (*Gard*), p. 80.
Foy-lez-Lyon (Ste.-) *Rhône*, p. 460.
Fréjus (*Var*), p. 36.
Fresnay (*Sarthe*), p. 15.
Fresne-Camilly (le) (*Calvados*), p. 300.
Fresne-St-Mamès (*H.-Saône*), p. 351.
Frétigney (*Hte.-Saône*), p. 154.
Fruges (*P.-de-Calais*), p. 5.
Fumay (*Ardennes*), p. 389.

G.

Gabas (*Basses-Pyrénées*), p. 594.
Gabian (*Hérault*), p. 92.
Gaillac (*Tarn*), p. 11.

Gaillon (*Eure*), p. 635.
Gallargues (le grand) (*Gard*), p. 84.
Galmier (St.-) (*Loire*), p. 483.
Gamarde (*Landes*), p. 193.
Ganges (*Hérault*), p. 585.
Gannat (*Allier*), p. 307.
Gap (*Hautes-Alpes*), p. 335.
Garde-Freinet (la) (*Var*), p. 35.
Gauden (St.-) (*H.-Garonne*), p. 685.
Gaujac (*Landes*), p. 689.
Gavarnie (*Hautes-Pyrénées*), p. 124.
Gèdres (*Hautes-Pyrénées*), p. 124.
Genies-de-Rive-d'Olt (St.-) (*Aveyron*), p. 316.
Genlis (*Côte-d'Or*), p. 150.
Gentilly (*Seine*), p. 476.
Gerardmer (*Vosges*), p. 320.
Germain (St.-) (*Charente*), p. 28.
Germain-Beaupré (St-) (*Creuse*), p. 674.
Germain-en-Laye (St.-) (*Seine-et-Oise*), p. 293.
Germain-les-Alluyes (St.-) (*Eure-et-Loir*), p. 561.
Germer (St.-) (*Oise*), p. 327.
Gex (*Ain*), p. 384.
Gien (*Loiret*), p. 588.
Gignac (*Hérault*), p. 530.
Gilles-les-Boucheries (St.-) (*Gard*), p. 77.
Gimel (*Corrèze*), p. 455.
Gimont (*Gers*), p. 688.
Girons (St.-) (*Ariège*), p. 364.
Gisors (*Eure*), p. 133.
Givet (*Ardennes*), p. 389.
Givors (*Rhône*), p. 461.
Gobain (St.-) (*Aisne*), p. 407.
Gourdon (*Lot*), p. 597.
Gourdon (*Var*), p. 338.
Gournay (*Seine-Inférieure*), p. 134.
Gradignan (*Gironde*), p. 190.
Gramat (*Lot*), p. 56.
Grancey-le-Châtel (*Côte-d'Or*), p. 347.
Graud-Serre (le) (*Drôme*), p. 458.
Granville (*Manche*), p. 304.
Grasse (*Var*), p. 41.
Grasse (la) (*Aude*), p. 96.
Grave-en-Oisans (la) (*Hautes-Alpes*), p. 373.
Gravelines (*Nord*), p. 267.
Gray (*Haute-Saône*), p. 154.
Grenade (*Landes*), p. 205.
Grenoble (*Isère*), p. 331.
Gréoux (*Basses-Alpes*), p. 338.
Grignan (*Drôme*), p. 487.
Grimaud (*Var*), p. 666.

Grosbois (*Doubs*), p. 468.
Grosbois (*Seine-et-Oise*), p. 139.
Guebwiller (*Haut-Rhin*), p. 322.
Guer (*Morbihan*), p. 704.
Guérande (*Loire-Inférieure*), p. 571.
Guerbeschwihr (*Haut-Rhin*), p. 322.
Guerche (la) (*Indre-et-Loire*), p. 176.
Guéret (*Creuze*), p. 534.
Guériguy (*Nièvre*), p. 579.
Guilhem-le-Désert (St.-) (*Hérault*), p. 530.
Guingamp (*Côtes-du-Nord*), p. 241.
Guiole (la) (*Aveyron*), p. 316.
Guise (*Aisne*), p. 22.

H.

Haguenau (*Bas-Rhin*), p. 408.
Ham (*Aisne*), p. 24.
Haond-le-Châtel (St.-) (*Loire*), p. 482.
Harfleur (*Seine-Inférieure*), p. 397.
Haubourdin (*Nord*), p. 419.
Hautefort (*Dordogne*), p. 422.
Havre (le) (*Seine-Inférieure*), p. 395.
Hayange (*Moselle*), p. 521.
Haye-Descartes (la) (*Indre-et-Loire*), p. 176.
Hazebrouck (*Nord*), p. 355.
Hedé (*Ille-et-Vilaine*), p. 624.
Hennebon (*Morbihan*), p. 574.
Herbiers (les) (*Vendée*), p. 211.
Herbignac (*Loire-Inf.*), p. 572.
Héricourt (*Haute-Saône*), p. 146.
Hesdin (*Pas-de-Calais*), p. 4.
Hières (*Var*), p. 402.
Hippolyte (St.-) (*Gard*), p. 585.
Hippolyte (St.-) (*H.-Rhin*), p. 542.
Hirson (*Aisne*), p. 420.
Hombourg-l'Évêque (*Moselle*), p. 370.
Honfleur (*Calvados*), p. 400.
Huningue (*Haut-Rhin*), p. 402.
Husseren (*Haut-Rhin*), p. 321.

I.

Ille (*Pyrénées-Or.*), p. 603.
Illkirch (*Bas-Rhin*), p. 469.
Imphy (*Nièvre*), p. 579.
Isigny (*Manche*), p. 301.
Isle Jourdain (l') (*Gers*), p. 688.
Isseugeaux, *voyez* Ysseugeaux.
Issoire (*Puy-de-Dôme*), p. 617.
Issoudun (*Indre*), p. 220.
Istres (*B.-du-Rhône*), p. 75.

Izernore (*Ain*), p. 219.
Izeure (*Allier*), p. 532.

J.

Jarnac (*Charente*), p. 628.
Jarzé (*Maine-et-Loire*), p. 694.
Jaujac (*Lozère*), p. 509.
Jean d'Angely (St.-) (*Charente-Inférieure*), p. 582.
Jean de Losne (St.-) (*Côte-d'Or*), p. 350.
Jean de Luz (St.-) (*Basses-Pyrénées*), p. 130.
Jean d'Erve (St.-) (*Mayenne*), p. 411.
Jean du Doigt (St.-) (*Côtes-du-Nord*), p. 659.
Jean du Gard (St.-) (*Gard*), p. 585.
Jean en Royans (St.-) (*Drôme*), p. 700.
Jean Pied de Port (*B.-Pyr.*), p. 195.
Joigny (*Yonne*), p. 345.
Joinville (*Haute-Marne*), p. 283.
Jonzac (*Charente-Inférieure*), p. 568.
Josselin (*Morbihan*), p. 429.
Jouars (*Seine-et-Oise*), p. 556.
Joux (fort de) (*Doubs*), p. 615.
Jouy (*Seine-et-Oise*), p. 706.
Jouy-aux-Arches (*Moselle*), p. 512.
Jublains (*Mayenne*), p. 234.
Jueri (St.-) (*Tarn*), p. 599.
Juilly (*Seine-et-Marne*), p. 271.
Jumiéges (*Seine-Inférieure*), p. 641.
Junien (St.-) (*H.-Vienne*), p. 30.
Jussey (*Haute-Saône*), p. 156.
Just-en-Chaussée (St.-) (*Oise*), p. 17.

K.

Kaysersberg (*Haut-Rhin*), p. 320.
Klingenthal (*Bas-Rhin*), p. 323.

L.

Labarben (*B.-du-Rhône*), p. 76.
Lac (le) (*Doubs*), p. 615.
Lacassagne (*Dordogne*), p. 455.
Lagny (*Seine-et-Marne*), p. 652.
Lamballe (*Côtes-du-Nord*), p. 239.
Landerneau (*Finistère*), p. 243.
Landivisiau (*Finistère*), p. 243.
Landrecies (*Nord*), p. 407.
Langeais (*Indre-et-Loire*), p. 546.
Langoiran (*Gironde*), p. 191.
Langon (*Gironde*), p. 191.
Langres (*Haute-Marne*), p. 145.
Langrune-sur-Mer (*Calvados*), p. 300.

TABLE ALPHABÉTIQUE.

Lanleff (*Côtes-du-Nord*), p. 658.
Lannion (*Côtes-du-Nord*), p. 659.
Lanuejols (*Lozère*), p. 584.
Laon (*Aisne*), p. 405.
Laruns (*B.-Pyrénées*), p. 594.
Lassay (*Mayenne*), p. 234.
Laurent-des-Bains (St-) (*Ardèche*), p. 509.
Lauterbourg (*Bas-Rhin*), p. 409.
Lauzun (*Lot-et-Gar.*), p. 114.
Laval (*Mayenne*), p. 234.
Lavardin (*Loir-et-Cher*), p. 561.
Lavaur (*Tarn*), p. 201.
Lectoure (*Gers*), p. 116.
Lehon (*Côtes-du-Nord*), p. 250.
Lens (*Pas-de-Calais*), p. 21.
Léonard (St-) (*H.-Vienne*), p. 424.
Lérins (îles de) (*Var*), p. 39.
Lesneven (*Finistère*), p. 244.
Lesparre (*Gironde*), p. 569.
Leu d'Esserent (St-) (*Oise*), p. 258.
Levroux (*Indre*), p. 63.
Lezay (*Deux-Sèvres*), p. 182.
Liancourt (*Oise*), p. 253.
Libourne (*Gironde*), p. 424.
Liesse (Notre-Dame de) (*Aisne*), p. 407.
Lignières (*Indre*), p. 684.
Ligny (*Meuse*), p. 653.
Lille (*Nord*), p. 413.
Lillebonne (*Seine-Inf.*), p. 398.
Lillers (*Pas-de-Calais*), p. 43.
Limay (*Seine-et-Oise*), p. 296.
Limoges (*Haute-Vienne*), p. 674.
Limoux (*Aude*), p. 601.
Lion d'Angers (le) (*Maine-et-Loire*), p. 25.
Lisieux (*Calvados*), p. 298.
Liverdun (*Meurthe*), p. 512.
Livry (*Seine*), p. 271.
Lizier (St-) (*Ariége*), p. 364.
Lô (St-) (*Manche*), p. 622.
Loches (*Indre-et-Loire*), p. 693.
Locmariaker (*Morbihan*), p. 574.
Locminé (*Morbihan*), p. 430.
Lodève (*Hérault*), p. 529.
Loisia (*Jura*), p. 467.
Lombez (*Gers*), p. 683.
Longpont (*Seine-et-Oise*), p. 167.
Longwy (*Moselle*), p. 427.
Lons le Saulnier (*Jura*), p. 387.
Loqueffret (*Finistère*), p. 576.
Lorient (*Morbihan*), p. 305.
Lorris (*Loiret*), p. 589.
Lortet (*Hautes-Pyrénées*), p. 364.
Louan (*Seine-et-Marne*), p. 141.
Loubouer (St-) (*Landes*), p. 590.

Loudéac (*Côtes-du-Nord*), p. 705.
Loudun (*Vienne*), p. 696.
Louhans (*Saône-et-Loire*), p. 429.
Louis (St-) (*Haut-Rhin*), p. 147.
Loup (St-) (*Deux-Sèvres*), p. 639.
Lourdes (*H.-Pyrénées*), p. 121.
Louveciennes (*Seine-et-O.*), p. 293.
Louviers (*Eure*), p. 431.
Luc (le) (*Var*), p. 36.
Lucelle (*Haut-Rhin*), p. 147.
Luçon (*Vendée*), p. 563.
Lucs (les) (*Vendée*), p. 563.
Lude (le) (*Sarthe*), p. 410.
Lunel (*Hérault*), p. 84.
Lunéville (*Meurthe*), p. 541.
Lure (*Haute-Saône*), p. 146.
Lusignan (*Vienne*), p. 613.
Luxeuil (*Haute-Saône*), p. 159.
Luynes (*Indre-et-Loire*), p. 546.
Luz (*Hautes-Pyrénées*), p. 122.
Lyon (*Rhône*), p. 441.

M

Mâcon (*Saône-et-Loire*), p. 439.
Maguelonne (*Hérault*), p. 89.
Maignelay (*Oise*), p. 17.
Maillezais (*Vendée*) p. 582.
Mailly (*Somme*), p. 19.
Maincy (*Seine-et-Marne*), p. 506.
Maintenon (*Eure-et-Loir*), p. 281.
Maisons (*Seine-et-Oise*), p. 397.
Maisons-Alfort (*S.-et-O.*), p. 433.
Maixent (St-) (*Deux-Sèvres*). p. 639.
Malesherbes (*Loiret*), p. 587.
Mallièvre (*Vendée*), p. 211.
Malo (St-) (*Ille-et-Vilaine*), p. 625.
Mamers (*Sarthe*), p. 13.
Mandailles (*Cantal*), p. 312.
Manosque (*Basses-Alpes*), p. 375.
Mans (le) (*Sarthe*), p. 558.
Mantes (*Seine-et-Oise*), p. 296.
Marans (*Charente-Inf.*), p. 564.
Marc (St-) (*B.-du-Rhône*), p. 33.
Marcellin (St-) (*Isère*), p. 701.
Marcillac (*Lot*), p. 55.
Marennes (*Charente-Inf.*), p. 567.
Marie (Ste-) (*B.-Pyrénées*), p. 596.
Marie aux Mines (*H.-Rhin*), p. 542.
Marie du Cantal (Ste-) (*Cantal*), p. 315.
Maries (les Saintes) (*B.-du-Rhône*), p. 76.
Marissel (*Oise*), p. 643.
Marmande (*Gironde*), p. 207.
Marmoutiers (*Bas-Rhin*), p. 325.
Marsal (*Meurthe*), p. 408.

Marseille (*B.-du-Rhône*), p. 496.
Marsillargues (*Hérault*), p. 84.
Marssal (*Tarn*), p. 203.
Martigues (les) (*B.-du-Rh.*), p. 496.
Martin de Boscherville (St-) (*Seine-Inférieure*), p. 397.
Martin de Ré (St-) (*Ch.-Inf.*), p. 564.
Martin d'Uriage (St-) (*Isère*), p. 334.
Martin-ès-Vignes (St-) (*Aube*), p. 142.
Martory (St-) (*H.-Garonne*), p. 364.
Marvejols (*Lozère*), p. 509.
Masseube (*Gers*), p. 101.
Massiac (*Cantal*), p. 311.
Maubeuge (*Nord*), p. 506.
Mauléon (*B.-Pyrénées*), p. 596.
Mauriac (*Cantal*), p. 49.
Maurice (St-) (*Charente*), p. 30.
Maur-le-Pont (St-) (*Seine*), p. 506.
Maurs (*Cantal*), p. 52.
Maximin (St-) (*Var*), p. 34.
May en Mulcien (*S.-et-M.*), p. 507.
Mayenne (*Mayenne*), p. 234.
Mazé (*Maine-et-Loire*), p. 548.
Meaux (*Seine-et-Marne*), p. 271.
Médard de Presque (St-)(*Lot*), p. 677.
Mélan (*Basses-Alpes*), p. 336.
Melle (*Deux-Sèvres*), p. 613.
Mello (*Oise*), p. 265.
Melun (*Seine-et-Marne*), p. 434.
Menars-le-Château (*L.-et-Cher*), p. 171.
Mende (*Lozère*), p. 509.
Menehould (Ste-) (*Marne*), p. 369.
Méréville (*Seine-et-Oise*), p. 168.
Merléac (*Côtes-du-Nord*), p. 305.
Méru (*Oise*), p. 132.
Merville (*Nord*), p. 355.
Méry-sur-Seine (*Aube*), p. 147.
Mesnil-sur-l'Estrées (le)(*Eure*), p. 232.
Metz (*Moselle*), p. 110.
Meudon (*Seine*), p. 228.
Meulan (*Seine-et-Oise*), p. 295.
Meun ou Mehun (*Loiret*), p. 171.
Meursault (*Côte-d'Or*), p. 438.
Mévoisin (*Eure-et-Loir*), p. 280.
Meyrals (*Dordogne*), p. 597.
Meyrueis (*Lozère*), p. 584.
Mèze (*Hérault*), p. 89.
Mézières (*Ardennes*), p. 519.
Michel Montaigne (St-) (*Dordogne*), p. 426.
Michel-Mout-Mercure (St-) (*Vendée*), p. 211.
Miélan (*Gers*), p. 119.
Mihiel (St-) (*Meuse*), p. 348.
Milhau (*Aveyron*), p. 203.
Mimet (*B.-du-Rhône*), p. 664.

Minerve (*Hérault*), p. 99.
Mirande (*Gers*), p. 119.
Mirecourt (*Vosges*), p. 215.
Mirepoix (*Ariège*), p. 362.
Mitre (St-) (*B.-du-Rhône*), p. 74.
Moingt (*Loire*), p. 524.
Moissac (*Tarn-et-Garonne*), p. 208.
Mollans (*Drôme*), p. 489.
Molligt (*Pyrén.-Or.*), p. 606.
Mollkirch (*Bas-Rhin*), p. 324.
Molsheim (*Bas-Rhin*), p. 324.
Mondoubleau (*Loir-et-Cher*), p. 561.
Monestier (le) (*H.-Alpes*), p. 373.
Mouesties (*Tarn*), p. 599.
Monflanquin (*Lot-et-Cher*), p. 114.
Mons (*Var*), p. 353.
Moutargis (*Loiret*), p. 589.
Montauban (*Tarn-et-Gar.*), p. 60.
Montaut (*Landes*), p. 193.
Montbard (*Côte-d'Or*), p. 341.
Montbéliard (*Doubs*), p. 158.
Montbrison (*Loire*), p. 313.
Montbrun (*Drôme*), p. 375.
Mont-de-Marsan (*Landes*), p. 192.
Montdidier (*Somme*), p. 18.
Mont-d'Or-les-Bains (*Puy-de-Dôme*), p. 456.
Montcléger (*Drôme*), p. 483.
Montélimart (*Drôme*), p. 485.
Montereau (*Seine-et-Marne*), p. 344.
Montesquieu (*Ariège*), p. 364.
Montferrand (*Puy-de-D.*), p. 308.
Montferrier (*Hérault*), p. 85.
Montfort-l'Amaury (*S.-et-O.*), p. 619.
Montfort-le-Rotrou (*Sarthe*), p. 558.
Montfort-sur-Meu (*Ille-et-V.*), p. 239.
Montfort-sur-Rille (*Eure*), p. 401.
Mout-Genèvre (*H.-Alpes*), p. 373.
Montignac (*Dordogne*), p. 596.
Moutivilliers (*Seine-Inf.*), p. 11.
Montjoie (*Ariège*), p. 364.
Montlandon (*Eure-et-Loir*), p. 556.
Montlhéry (*Seine-et-Oise*), p. 167.
Montluçon (*Allier*), p. 221.
Montluel (*Ain*), p. 466.
Montmarault (*Allier*), p. 534.
Montmartre (*Seine*), p. 256.
Montmédy (*Meuse*), p. 520.
Montmirail (*Marne*), p. 272.
Montmorency (*Seine-et-O.*), p. 264.
Montmorillon (*Vienne*), p. 181.
Moutmort ou Montmaur (*Marne*), p. 272.
Mout-Notre-Dame (*Aisne*), p. 515.
Montpellier (*Hérault*), p. 85.
Montpont (*Dordogne*), p. 424.

jean (*H-Garonne*), p. 107.
il (*Pas-de-Calais*), p. 44.
nt-Michel (le) (*Manche*), p.
nt-Sulpice (*Yonne*), p. 435.
vy (*Cantal*), p. 52.
ur (*Ariège*), p. 365.
reau (*Maine-et-Loire*), p. 695.
cez (*Eure-et-Loir*), p. 561.
(*Seine-et-Marne*), p. 344.
.euil (*Somme*), p. 18.
ez (*Jura*), p. 384.
ix (*Finistère*), p. 241.
.nant (*Seine-et-Marne*), p. 139.
ornas (*Vaucluse*), p. 489.
Mortagne (*Orne*), p. 232.
Mortagne (*Vendée*), p. 211.
Mortain (*Manche*), p. 623.
Mortefontaine (*Oise*), p. 326.
Mortrée (*Orne*), p. 14.
Motte-Ste-Héraye (la) (*Deux-Sèvres*), p. 580.
Motte-Tilly (la) (*Aube*), p. 141.
Mouaus (*Var*), p. 40.
Moulins (*Allier*), p. 306.
Moustiers (*Basses-Alpes*), p. 337.
Moyen (*Meurthe*), p. 541.
Moyenvic (*Meurthe*), p. 408.
Moyeuvre (la grande) (*Mos.*). p. 522.
Mulhausen (*Haut-Rhin*), p. 535.
Munster (*Haut-Rhin*), p. 321.
Murat (*Cantal*), p. 311.
Murat-le-Quaire (*P.-de-D.*), p. 527.
Muret (*H.-Garonne*), p. 685.
Murols (*Puy-de-Dôme*), p. 526.
Murviel (*Hérault*), p. 99.
Mussy-sur-Seine (*Aube*), p. 150.
Mutzig (*Bas-Rhin*), p. 324.
Muy (*Var*), p. 36.

N.

Nancy (*Meurthe*), p. 285.
Nans (*Var*), p. 504.
Nans-sous-Ste-Anne (*Doubs*), p. 614.
Nant (*Aveyron*), p. 203.
Nanterre (*Seine*), p. 293.
Nantes (*Loire-Inférieure*), p. 552.
Nantua (*Ain*), p. 219.
Narbonne (*Aude*), p. 94.
Nay (*Basses-Pyrénées*), p. 592.
Nazaire (St.-) (*Loire-Inf.*), p. 571.
Nazaire en Royans (St.-) (*Drôme*), p. 700.
Négrepelisse (*Tarn-et-Gar.*), p. 60.
Nemours (*Seine-et-M.*), p. 479.

Nérac (*Lot-et-Garonne*), p. 199.
Néris-les-Bains (*Allier*), p. 221.
Nesle (*Somme*), p. 416.
Neubourg (le) (*Eure*), p. 297.
Neufbrisach (*Haut-Rhin*), p. 656.
Neufchâteau (*Vosges*), p. 284.
Neufchâtel (*Seine-Inf.*), p. 19.
Neuilly (*Seine*), p. 292.
Neuwiller (*Bas-Rhin*), p. 325.
Nevers (*Nièvre*), p. 421.
Nicolas du Port (St.-) (*Meurthe*), p. 541.
Niederbronn (*Bas-Rhin*), p. 657.
Niederhaslach (*Bas-Rhin*), p. 324.
Nîmes (*Gard*), p. 80.
Niort (*Deux-Sèvres*), p. 580.
Nissan (*Hérault*), p. 94.
Nogent-le-Rotrou (*Eure-et-Loir*), p. 656.
Nogent-sur-Seine (*Aube*), p. 141.
Nogent-sur-Vernisson (*Loiret*), p. 670.
Noirmoutiers (île de) (*Vendée*), p. 213.
Nolay (*Côte-d'Or*), p. 533.
Nontron (*Dordogne*), p. 422.
Noyon (*Oise*), p. 406.
Nozeroy (*Jura*), p. 404.
Nuits (*Côte-d'Or*), p. 217.
Nyons (*Drôme*), p. 487.

O.

Oberhaslach (*Bas-Rhin*), p. 324.
Obernay (*Bas-Rhin*), p. 324.
Oléron (île d') (*Charente-Inférieure*), p. 566.
Olliergues (*Puy-de-Dôme*), p. 452.
Ollioules (*Var*), p. 664.
Oloron (*Basses-Pyrénées*), p. 595.
Omer (St.-) (*Pas-de-Calais*), p. 5.
Oo (*Haute-Garonne*), p. 687.
Orange (*Vaucluse*), p. 489.
Orbey (*Haut-Rhin*), p. 320.
Orchies (*Nord*), p. 46.
Orgelet (*Jura*), p. 428.
Orgon (*B.-du-Rhône*), p. 131.
Origuy (*Aisne*), p. 22.
Orléans (*Loiret*), p. 168.
Orlu (*Ariège*), p. 366.
Ormes (les) (*Vienne*), p. 176.
Ornans (*Doubs*), p. 615.
Orsay (*Seine-et-Oise*), p. 707.
Orschwiller (*Bas-Rhin*), p. 323.
Orthez (*Basses-Pyrénées*), p. 688.
Ottmarsheim (*H.-Rhin*), p. 656.
Oudon (*Loire-Inf.*), p. 551.

31

Ouen (St.-) (*Seine*), p. 256.
Oulhans (*Doubs*), p. 615.
Oullins (*Rhône*), p. 461.

P.

Pacy-sur-Eure (*Eure*), p. 296.
Paimbœuf (*Loire-Inf.*), p. 570.
Paimpont (*Ille-et-Vilaine*), p. 704.
Palisse (la) (*Allier*), p. 709.
Pamiers (*Ariége*), p. 362.
Paris (*Seine*), p. 11.
Parthenay (*Deux-Sèvres*), p. 639.
Passy (*Seine*), p. 226.
Pau (*Basses-Pyrénées*), p. 590.
Pauillac (*Gironde*), p. 569.
Paul de Cap de Joux (St.-) (*Tarn*), p. 690.
Paul de Fenouillet (St.-) (*Pyr.-Or.*), p. 603.
Paul-lez-Dax (St.-) (*Landes*), p. 194.
Paul-Trois-Châteaux (St.-) (*Drôme*), p. 487.
Peccais (*Gard*), p. 84.
Penmark (*Finistère*), p. 575.
Penne (la) (*Bouches-du-Rhône*), p. 496.
Peray (St.-) (*Ardèche*), p. 458.
Périgueux (*Dordogne*), p. 422.
Péronne (*Somme*), p. 21.
Perpignan (*Pyrénées-Or.*), p. 604.
Pertuis (*Vaucluse*), p. 375.
Pézenas (*Hérault*), p. 92.
Phalsbourg (*Meurthe*), p. 325.
Pierre (*Moselle*), p. 654.
Pierre (*Saône-et-Loire*), p. 386.
Pierrefite (*H.-Pyrénées*), p. 122.
Pierrefonds (*Oise*), p. 644.
Pierre le Moutier (Saint-) (*Nièvre*), p. 483.
Pignan (*Hérault*), p. 89.
Piriac (*Loire-Inf.*), p. 572.
Pithiviers (*Loiret*), p. 587.
Planches (les) (*Jura*), p. 383.
Plessis-Grimoult (le) (*Calvados*), p. 248.
Plessis-Macé (*Maine-et-Loire*), p. 694.
Plestin (*Côtes-du-Nord*), p. 659.
Ploermel (*Morbihan*), p. 704.
Plogoff (*Finistère*), p. 575.
Plombières (*Vosges*), p. 538.
Plougonvelin (*Finistère*), p. 245.
Pluohn (*Côtes-du-Nord*), p. 241.
Point (St.-) (*Saône-et-L.*), p. 439.
Poissy (*Seine-et-Oise*), p. 295.

Poitiers (*Vienne*), p. 177.
Poitte (*Jura*), p. 387.
Poix (*Somme*), p. 23.
Pol (St.-) (*Pas-de-Calais*), p. 43.
Pol de Léon (St.-) (*Finist.*), p. 242.
Polignac (*H.-Loire*), p. 463.
Poligny (*Jura*), p. 383.
Pomarède (la) (*Aude*), p. 692.
Pompadour (*Corrèze*), p. 677.
Pons (*Charente-Inf.*), p. 568.
Pons de Thomières (St.-) (*Hérault*), p. 99.
Pont-à-Mousson (*Meuse*), p. 110.
Pontarlier (*Doubs*), p. 614.
Pont-Audemer (*Eure*), p. 639.
Pont d'Ain (*Ain*), p. 219.
Pontcharra (*Isère*), p. 391.
Pontcroix (*Finistère*), p. 576.
Pont de Beauvoisin (*Isère*), p. 616.
Pont de l'Arche (*Eure*), p. 637.
Pont du Château (*P.-de-D.*), p. 453.
Pont en Royans (*Isère*), p. 701.
Pont-Gibaud (*P.-de-D.*), p. 425.
Pontigny (*Yonne*), p. 435.
Pontivy (*Morbihan*), p. 705.
Pont-l'Abbé (*Finistère*), p. 574.
Pont-l'Évêque (*Calvados*), p. 400.
Pontoise (*Seine-et-Oise*), p. 132.
Pont-St-Esprit (*Gard*), p. 531.
Pont-Ste-Maxence (*Oise*), p. 415.
Pont-sur-Seine (*Aube*), p. 142.
Pornic (*Loire-Inf.*), p. 570.
Port-Louis (*Morbihan*), p. 705.
Port-Marly (*Seine-et-Oise*), p. 293.
Port-Sainte-Marie (*Lot-et-Garonne*), p. 200.
Port-sur-Saône (*H.-Saône*), p. 155.
Port-Vendres (*Pyrén.-Or.*), p. 610.
Pougues (*Nièvre*), p. 480.
Pouillon (*Landes*), p. 689.
Pouilly (*Nièvre*), p. 480.
Poullaouen (*Finistère*), p. 576.
Ponzauges-la-Ville (*Vendée*), p. 211.
Prades (*Hérault*), p 530.
Prades (*Pyrén.-Or.*), p. 603.
Prats de Mollo (*Pyr.-Or.*), p. 607.
Préchacq (*Landes*), p. 193.
Prejet (*Lozère*), p. 584.
Pressilly (*Jura*), p. 428.
Privas (*Ardèche*), p. 483.
Provins (*Seine-et-Marne*), p. 140.
Prunet (*Pyrénées-Or.*), p. 609.
Puiset (le) (*Eure-et-Loire*), p. 643.
Purgerot (*Haute-Saône*), p. 155.
Puy (le) (*Haute-Loire*), p. 464.
Puy-Laurens (*Aude*), p. 690.

TABLE ALPHABÉTIQUE.

Puyloubier (*B.-du-Rhône*), p. 32.

Q.

Quesnoy (*Nord*), p. 407.
Quentin (St-) (*Aisne*), p. 417.
Quillan (*Aude*), p. 602.
Quillebœuf (*Seine-Inf.*), p. 398.
Quimper (*Finistère*), p. 574.
Quimperlé (*Finistère*), p. 574.
Quirin (St-) (*Meurthe*), p. 655.

R.

Rabastens (*H.-Pyrénées*), p. 119.
Rabastens (*Tarn*), p. 12.
Radegonde (Ste-) (*Indre-et-L.*), p. 176.
Rambert (St-) (*Rhône*), p. 440.
Rambert-sur-Loire (St-) (*Loire*), p. 525.
Rambervillers (*Vosges*), p. 541.
Rambouillet (*Seine-et-Oise*), p. 556.
Ramdan (*Puy-de-Dôme*), p. 526.
Ravel-Salmerauges (*Puy-de-Dôme*), p. 425.
Ré (île de) (*Charente-Inf.*), p. 566.
Réalmont (*Tarn*), p. 601.
Redon (*Ille-et-Vilaine*), p. 627.
Regmalard (*Orne*), p. 12.
Reims (*Marne*), p. 515.
Remi (St-) (*B.-du-Rhône*), p. 77.
Remiremont (*Vosges*), p. 538.
Remy (St-) (*H.-Saône*), p. 155.
Rennes (*Ille-et-Vilaine*), p. 236.
Rennes-les-Bains (*Aude*), p. 602.
Réole (la) (*Gironde*), p. 207.
Rethel (*Ardennes*), p. 518.
Revel (*Haute-Garonne*), p. 690.
Rhodez (*Aveyron*), p. 317.
Ribeauvillé (*Haut-Rhin*), p. 322.
Ribérac (*Dordogne*), p. 423.
Riceys (les) (*Aube*), p. 150.
Riche (*Indre-et-Loire*), p. 175.
Richelieu (*Vendée*), p. 214.
Riez *Basses-Alpes*), p. 338.
Rigny le Féron (*Aube*), p. 508.
Rigny (*Indre-et-Loire*), p. 695.
Riom (*Puy-de-Dôme*), p. 308.
Riquier (St-) (*Somme*), p. 2.
Ris (*Seine*), p. 476.
Rive de Gier (*Loire*), p. 461.
Rives (*Isère*), p. 330.
Roanne (*Loire*), p. 523.
Rocamadour (*Lot*), p. 678.
Roche-Bernard (la) (*Morb.*), p. 5.
Rochechouart (*H.-Vienne*), p. 30.

Roche-Corbou (*Indre-et-L.*), p. 176.
Rochefort (*Charente-Inf.*), p. 565.
Rochefort (*Puy-de-Dôme*), p. 454.
Rochefoucauld (la) (*Char.*), p. 28.
Rocheguyon (la) (*S.-et-O.*), p. 296.
Rochelle (la) (*Char.-Inf.*), p. 564.
Rochemaure (*Ardèche*), p. 484.
Roche-Posay (la) (*Vienne*), p. 177.
Rocroi (*Ardennes*), p. 389.
Romainville (*Seine*), p. 271.
Romans (*Drôme*), p. 700.
Romilly-sur-Andelle (*Eure*), p. 636.
Romilly-sur-Seine (*Aube*), p. 142.
Roquebrou (la) (*Cantal*), p. 50.
Roque d'Antheron (*B.-du-Rhône*), p. 35.
Roquefort (*Landes*), p. 192.
Roquevaire (*B.-du-Rhône*), p. 503.
Rosheim (*Bas-Rhin*), p. 324.
Rosny (*Seine-et-Oise*), p. 296.
Roubaix (*Nord*), p. 414.
Rouen (*Seine-Inférieure*), p. 630.
Rouffach (*Haut-Rhin*), p. 322.
Rouge-Périers (*Eure*), p. 298.
Rousses (les) (*Jura*), p. 384.
Roville (*Meurthe*), p. 359.
Royan (*Charente-Inf.*), p. 567.
Roye (*Somme*), p. 134.
Rue (*Somme*), p. 260.
Ruel (*Seine*), p. 293.
Ruelle (*Charente*), p. 28.
Ruffec (*Charente*), p. 182.
Rugles (*Eure*), p. 360.
Ruoms (*Ardèche*), p. 487.

S.

Sablé (*Sarthe*), p. 25.
Sables d'Olonne (les) (*Vendée*), p. 213.
Sablonceaux (*Char.-Inf.*), p. 567.
Sailleraye (la) (*Loire-Inf.*), p. 552.
Saintes (*Charente-Inf.*), p. 567.
Salces (*Aude*), p. 608.
Salernes (*Var*), p. 352.
Salins (*Cantal*), p. 50.
Salins (*Jura*), p. 157.
Salles-Comteaux (*Aveyron*), p. 318.
Salles-la-Vauguyon (les) (*H.-Vienne*), p. 28.
Salon (*B.-du-Rhône*), p. 75.
Samblançay (*Indre-et-L.*), p. 17.
Samer (*Pas-de-Calais*), p. 260.
Sancerre (*Cher*), p. 480.
Sapois (*Vosges*), p. 538.
Sarlat (*Dordogne*), p. 597.
Sarrancolin (*H.-Pyrénées*), p. 687.

Sarrebourg (*Meurthe*), p. 647.
Sarreguemines (*Moselle*), p. 510.
Sarron (*Oise*), p. 415.
Sarzeau (*Morbihan*), p. 573.
Sassenage (*Isère*), p. 331.
Saulieu (*Côte-d'Or*), p. 438.
Saumur (*Maine-et-Loire*), p. 547.
Sauveur (St-) (*H.-Pyr.*), p. 122.
Sauveur-en-Puisaye (*Yonne*), p. 63.
Savenay (*Loire-Inf.*), p. 571.
Savenières (*Maine-et-Loire*), p. 551.
Saverdun (*Ariége*), p. 362.
Saverne (*Bas-Rhin*), p. 325.
Savonières (*Indre-et-L.*), p. 546.
Sceaux (*Seine*), p. 276.
Scey-sur-Saône (*H.-Saône*), p. 155.
Schelestadt (*Bas-Rhin*), p. 323.
Sedan (*Ardennes*), p. 349.
Séez (*Orne*), p. 251.
Segré (*Maine-et-Loire*), p. 409.
Seine-l'Abbaye (St-) (*C.-d'Or*), p. 150.
Selongey (*Côte-d'Or*), p. 347.
Semur (*Côte-d'Or*), p. 67.
Senlis (*Oise*), p. 417.
Sens (*Yonne*), p. 434.
Sept-Moncel (*Jura*), p. 385.
Sernin (St-) (*Aveyron*), p. 203.
Serrant (*Maine-et-L.*), p. 551.
Servan (St-) (*Ille-et-Vil.*), p. 624.
Seurre (*Côte-d'Or*), p. 386.
Sever (St-) (*Landes*), p. 205.
Sévérac le Château (*Aveyr.*), p. 528.
Sèvres (*Seine*), p. 227.
Seyssel (*Ain*), p. 218.
Sézanne (*Marne*), p. 273.
Sierck (*Moselle*), p. 513.
Sigean (*Aude*), p. 608.
Signy le Graud (*Indre-et-L.*), p. 176.
Silvain (St-) (*Calvados*), p. 14.
Simiane (*Basses-Alpes*), p. 375.
Sisteron (*Basses-Alpes*), p. 335.
Soissons (*Aisne*), p. 404.
Solaise (*Isère*), p. 458.
Solesme (*Nord*), p. 44.
Solignac (*Haute-Vienne*), p. 676.
Solignac-sur-Loire (*H.-L.*), p. 463.
Sombernon (*Côte-d'Or*), p. 68.
Sommières (*Gard*), p. 84.
Sorèze (*Tarn*), p. 691.
Sorgues (*Vaucluse*), p. 491.
Souchous (les) (*Isère*), p. 334.
Soulac (*Gironde*), p. 568.
Soultz (*Haut-Rhin*), p. 322.
Sourzac (*Dordogne*), p. 423.
Souvigny (*Allier*), p. 533.
Stenay (*Meuse*), p. 349.

Strasbourg (*Bas-Rhin*), p. 647.
Sully-sur-Loire (*Loiret*), p. 588.
Sulpice (St-) (*Tarn*), p. 12.
Suzanne (Ste-) (*Mayenne*), p. 411.
Symphorien d'Ozon(St-) (*Isère*),p. 458.

T.

Tain (*Drôme*), p. 458.
Tancarville (*Seine-Inf.*), p. 399.
Tanlay (*Yonne*), p. 340.
Tanus (*Tarn*), p. 599.
Tarare (*Rhône*), p. 450.
Tarascon (*Ariége*), p. 365.
Tarascon (*B.-du-Rhône*), p. 201.
Tarbes (*H.-Pyrénées*), p. 119.
Tarquinpol (*Meurthe*), p. 408.
Tartas (*Landes*), p. 193.
Taverny (*Seine-et-Oise*), p. 399.
Terrasson (*Dordogne*), p. 455.
Teste-de-Buch (la) (*Gironde*), p. 191.
Thann (*Haut-Rhin*), p. 537.
Thibéry (St-) (*Hérault*), p. 92.
Thiers (*Puy-de-Dôme*), p. 453.
Tiézac (*Cantal*), p. 312.
Thil-Châtel (*Côte-d'Or*), p. 347.
Thionville (*Moselle*), p. 511.
Thiverval (*Seine-et-Oise*), p. 660.
Thiviers (*Dordogne*), p. 422.
Tholonet (le) (*B.-du-Rh.*), p. 32.
Thouars (*Deux-Sèvres*), p. 638.
Thuès-en-Travails (*Pyr.-Or.*), p. 607.
Thury-Harcourt (*Calvados*), p. 251.
Tiffauges (*Vendée*), p. 614.
Tilloloy (*Somme*), p. 416.
Tonnay-Charente (*Char.-Inf.*),p. 582.
Tonneins (*Lot-et-Gar.*), p. 207.
Torigni (*Manche*), p. 623.
Tonnerre (*Yonne*), p. 340.
Toucy (*Yonne*), p. 63.
Toul (*Meurthe*), p. 654.
Toulon (*Var*), p. 665.
Toulouse (*Haute-Garonne*), p. 6-8.
Tourcoing (*Nord*), p. 414.
Tour du Meix (la) (*Jura*), p. 428.
Tour du Pin (la) (*Isère*), p. 616.
Tournehem (*Pas-de-Calais*), p. 356.
Tournemire (*Cantal*), p. 50.
Tournon (*Ardèche*), p. 458.
Tournus (*Saône-et-L.*), p. 439.
Tours (*Indre-et-L.*), p. 174.
Tourves (*Var*), p. 34.
Trans (*Var*), p. 667.
Trèbes (*Aude*), p. 96.
Tréguier (*Côtes-du-Nord*), p. 659.
Treignac (*Corrèze*), p. 676.

TABLE ALPHABÉTIQUE.

Treillères (*Loire-Inf.*), p. 621.
Tremilly (*H.-Marne*), p. 699.
Trets (*Bouches-du-Rhône*), p. 33.
Trévoux (*Ain*), p. 440.
Trie-Château (*Oise*), p. 135.
Troo (*L.-et-Cher*), p. 562.
Tropez (St-) (*Var*), p. 667.
Troyes (*Aube*), p. 142.
Tulle (*Corrèze*), p. 48.
Tullins (*Isère*), p. 339.

U.

Ubaye (*Basses-Alpes*), p. 371.
Urdos (*Basses-Pyr.*), p. 596.
Ussel (*Corrèze*), p. 455.
Usson (*Puy-de-Dôme*), p. 617.
Uzerche (*Corrèze*), p. 47.
Uzès (*Gard*), p. 531.

V.

Vagney (*Vosges*), p. 537.
Vaison (*Vaucluse*), p. 489.
Valderoure (*Var*), p. 337.
Valençay (*Indre*), p. 685.
Valence (*Drôme*), p. 459.
Valenciennes (*Nord*), p. 45.
Valéry (St-) (*Somme*), p. 134.
Vallery-en-Caux (St-) (*Seine-Infér.*), p. 10.
Vallier (St-) (*Drôme*), p. 483.
Vallier (St-) (*Var*), p. 338.
Vallon (*Ardèche*), p. 488.
Vallouise (*H.-Alpes*), p. 373.
Valmont (*Seine-Inf.*), p. 361.
Valmy (*Marne*), p. 369.
Valognes (*Manche*), p. 302.
Vals (*Ardèche*), p. 485.
Vals (*Ariége*), p. 362.
Val-Suzon (*Côte-d'Or*), p. 138.
Vannes (*Morbihan*), p. 573.
Varennes (*Meuse*), p. 520.
Varilhes (*Ariége*), p. 363.
Varzy (*Nièvre*), p. 65.
Vassy (*Haute-Marne*), p. 283.
Vattay (la) (*Jura*), p. 384.
Vauchamp (*Marne*), p. 272.
Vaucluse (*Vaucluse*), p. 502.
Vaucouleurs (*Meuse*), p. 348.
Vauvenargues (*B.-du-Rhône*), p. 33.
Vayres (*Gironde*), p. 424.
Venansault (*Vendée*), p. 212.
Vendeuvre (*Aube*), p. 144.
Vendôme (*Loir-et-Cher*), p. 280.

Vénérand (St-) (*Charente-Inférieure*), p. 583.
Ventoux (Mont) (*Vaucluse*), p. 490.
Verdun (*Meuse*), p. 349.
Vermanton (*Yonne*), p. 66.
Vernantes (*Maine-et-Loire*), p. 412.
Vernon (*Eure*), p. 635.
Versailles (*Seine-et-Oise*), p. 228.
Vertus (les) (*Marne*), p. 273.
Verune (la) (*Hérault*), p. 201.
Vervins (*Aisne*), p. 505.
Vesoul (*H.-Saône*), p. 154.
Vézelay (*Yonne*), p. 64.
Vic (*Meurthe*), p. 647.
Vic-en-Bigorre (*H.-Pyr.*), p. 205.
Vichy (*Allier*), p. 708.
Vic-le-Comte (*P.-de-Dôme*), p. 617.
Vic-sur-Cère (*Cantal*), p. 312.
Vidauban (*Var*), p. 36.
Vienne (*Isère*), p. 390.
Vierzon-Ville (*Cher*), p. 683.
Vigan (le) (*Gard*), p. 584.
Viliers (*Maine-et-Loire*), p. 210.
Villandraut (*Gironde*), p. 191.
Villebon (*Eure-et-Loir*), p. 556.
Villecrosse (*Var*), p. 352.
Ville-d'Avray (*Seine*), p. 228.
Villeferry (*Côte-d'Or*), p. 68.
Villefranche (*Aveyron*), p. 59.
Villefranche (*Pyrénées-Orientales*), p. 603.
Villefranche (*Rhône*), p. 440.
Villefranche de Lauraguais (*Haute-Garonne*), p. 98.
Villejuif (*Seine*), p. 476.
Villenauxe (*Aube*), p. 141.
Villeneuve d'Agen (*Lot*), p. 114.
Villeneuve de Berg (*Ardèc.*), p. 486.
Villeneuve-lez-Avignon (*Gard*), p. 79.
Villeneuve-Saint-Georges (*Seine*), p. 433.
Villers-Bretonneux (*Somme*), p. 21.
Villers-Cotterets (*Aisne*), p. 507.
Villersexel (*H.-Saône*), p. 154.
Villetertre (la) (*Oise*), p. 327.
Villette (la) (*Seine*), p. 417.
Ville-Vieille (*H.-Alpes*), p. 372.
Vimoutiers (*Orne*), p. 400.
Vincennes (*Seine-et-Oise*), p. 651.
Vire (*Calvados*), p. 248.
Vitré (*Ille-et-Vilaine*), p. 235.
Vitry-le-Français (*Marne*), p. 652.
Vitteaux (*Côte-d'Or*), p. 68.
Viviers (*Ardèche*), p. 486.
Vizille (*Isère*), p. 334.
Voiron (*Isère*), p. 339.

Volvic (*Puy-de-Dôme*), p. 222.
Vouziers (*Ardennes*), p. 527.
Vrain (St-) (*Seine-et-Oise*), p. 167.

W.

Walschbronn (*Moselle*), p. 511.
Wandrille (St-) (*Seine-Inf.*), p. 398.
Wasselonne (*Bas-Rhin*), p. 325.
Westhofen (*Bas-Rhin*), p. 325.
Wildenstein (*Haut-Rhin*), p. 537.
Wimereux (*Pas-de-Calais*), p. 263.

Wissembourg (*Bas-Rhin*), p. 710.

X.

Xaintrailles (*Lot-et-Garonne*), p. 198.

Y.

Yèvre le Châtel (*Loiret*), p. 587.
Yrieix (St-) (*H.-Vienne*), p. 421.
Yssengeaux (*H.-Loire*), p. 463.
Yvetot (*Seine-Inf.*), p. 394.

FIN DE LA TABLE ALPHABÉTIQUE DES LIEUX INTÉRESSANTS DÉCRITS DANS LE COURS DE L'OUVRAGE.

Avis au relieur

POUR LE PLACEMENT DES GRAVURES.

Statue de Henri IV (Seine), à placer page XI.
Palais des Thermes (Seine), p. XII.
Hôtel de ville de Béthune (Pas-de-Calais), p. 43.
Pont du Gard (Gard), p. 80.
La Maison Carrée à Nimes (Gard), p. 82.
Cathédrale de Beziers (Hérault), p. 92.
Château de Chambord (Loir-et-Cher), p. 172.
Château de Thouars (Deux-Sèvres), p. 638.
Fontaine Delille à Clermont (Puy-de-Dôme), p. 309.
Chapelle de Versailles (Seine-et-Oise), p. 228.
2ᵉ vue de Dinan (Côtes-du-Nord), p. 246.
Cathédrale d'Amiens (...
Château de Maintenon (Eure-et-Loir), p. 281.
Vue de Grenoble (Isère), p. 331.
Entrée du Désert à Fourvoisie (Isère), p. 333.
Moustiers (Basses-Alpes), p. 337.
Château de Tanlay (Yonne), p. 340.
Hôtel de ville de Douai (Nord), p. 351.
Fort de Queyraz, près de Ville-Vieille (Hautes-Alpes), p. 372.
Hospice du Lautaret, près la Grave-en-Oysans (H.-Alpes), p. 373.
Porte Notre-Dame à Cambrai (Nord), p. 416.
Hôtel de ville de Lyon, façade de la Comédie (Rhône), p. 445.
Vue du Puy (Haute-Loire), p. 464.
Vieille-Porte au Puy (Haute-Loire), p. 465.
Ancien château de Grignon (Drôme), p. 487.
Château de Randans (Puy-de-Dôme), p. 526.
Porte de la grosse Horloge à Rouen (Seine-Inf.), p. 631.
Église St-Ouen à Rouen (Seine-Inf.), p. 631.
Donjon de Vincennes (Seine), p. 651.
Pont-en-Royans (Isère), p. 701.
Carte routière de la France, à la fin du volume.

ERRATA.

Page 17, reporter la dernière ligne de la page au haut de la page 20.
Page 80, ligne 44, au lieu de St-Julien, *lisez* ST-JUNIEN.
Page 154, ligne 10, au lieu de Brétigny, *lisez* FRÉTIGNY.
Page 193, ligne 23, au lieu de Montant, *lisez* MONTAUT.
Page 220, ligne 16, au lieu de N° 138, 3ᵉ route, etc., *lisez* 1ʳᵉ ROUTE.
Page 265, ligne 1, au lieu de Enghein, *lisez* ENGHIEN.
Page 482, ligne 32, au lieu de Brianon, *lisez* BRIENNON.

www.ingramcontent.com/pod-product-compliance
Lightning Source LLC
Chambersburg PA
CBHW070715020526
44115CB00031B/1096